第 4 版

債權總論

李 銀 榮 著

博 英 社

第4版 머리말

근래의 입법 중에 특기할 만한 것은 그동안 지연되어 왔던 약자보호를 위한 특별법이 드디어 제정되었다는 사실이다. 하나는 부활된 이자제한법이고 다른 하나는 보증인 보호를 위한 특별법이다. 이번의 책 개정작업에서는 앞의 두 법률 이외에 공탁법, 근로기준법, 신원보증법 등 개정 법령을 반영하였다.

판례 중에서는 다음의 것들과 그 밖의 주요판례들을 모두 인용하였다.

• 이자제한법이 부활되기 전 사회통념상 허용한도를 초과하는 현저하게 고율로 정해진 이자 약정에 대해 선량한 풍속 기타 사회질서에 위반된 것으로 무효로 보고, 대주의 불법성이 차주의 불법성보다 크다고 보아 그 초과 이자의 반환을 긍정한 판례(대판[전합] 2007. 2. 15, 2004다50426)

• 대상청구권의 전제가 되는 매매계약 자체가 토지거래허가 구역 내의 토지를 대상으로 하는 것이어서 유동적 무효인 상태인 경우, 그것이 토지수용 등으로 이행불능이 된 경우라도 대상청구권이 발생하지 않는다는 판례(대판 2008. 10. 23, 2008다54877)

• 이행거절의 전보배상의 기준으로 이행거절 당시의 목적물의 시가로 본 판례(대판 2007. 9. 20, 2005다63337)

• 손해배상액 예정에 있어 채무불이행시 채무자는 자신의 귀책사유 없음을 주장, 입증하여 그 예정배상액의 지급책임을 면할 수 있다는 판례(대판 2007. 10. 12, 2006다42566)

• 채권자취소권을 규정한 제406조 1항이 채무자와 수익자의 일반적 행동의 자유 및 수익자의 재산권을 침해하는 것으로 볼 수 없다고 한 헌법재판소의 합헌결정(헌재 2007. 10. 25, 2005헌바96)

• 여러 채권자가 제기하거나 수인의 수익자를 상대로 한 채권자취소소송에 있어 채권자별이나 수익자별로 안분하여 반환을 명할 것이 아니라, 각 채권자의 피보전채권액 전액의 반환을 명해야 한다는 판례(대판 2008. 6. 12, 2008다8690 · 8706; 대판 2008. 11.

(13, 2006다1442)

• 이미 채무초과의 상태에 빠져 있는 채무자가 그의 부동산을 채권자 중의 어느 한 사람에게 채권담보로 제공하는 행위는 사해행위가 되고, 이는 반드시 그 부동산이 채무자의 유일한 부동산인 경우에 한하는 것은 아니라는 판례(대판 2008. 2. 14, 2005다47106 등)

• 채권자취소권의 효과로서 원상회복으로 가액반환을 하는 경우 반환의 상대방은 채권자이어야 한다는 판례(대판 2008. 4. 24, 2007다84352)

• 특정채무 보증에 대한 신의칙에 기한 예외적 보증인 책임의 제한 가능성을 인정한 판례(대판 2004. 1. 27, 2003다45410)

• 파산자의 보증인이 그 보증채무의 일부만을 변제한 경우, 그로 인해 취득한 구상권은 채권자가 채권 전액에 대해 만족을 얻은 것이 아니므로 이를 자동채권으로 하여 파산자에 대한 채무와 상계가 불가능하다는 판례(대판 2008. 11. 13, 2006다1442)

• 보험약관대출금의 경제적 실질은 보험금이나 해약환급금에 대한 선급금으로 보아 이 대출 원리금을 공제하고 지급한다는 것이 민법상의 상계와는 성격이 다르다는 판례(대판[전합] 2007. 9. 28, 2005다15598)

이 책의 개정작업을 도와준 김우택 사법연수원생, 김선민 님에게 깊은 감사를 드린다.

2009년

이 은 영

머 리 말

近代 啓蒙思想家들은 인간의 理性을 철저하게 신뢰하고 시대와 장소를 초월한 보편적인 自然法이 존재한다고 믿었다. 그러나 우리는 일정한 상황 속에 던져져서 그 狀況의 地坪 위에서 움직이고 있다. 절대 변하지 않는 법을 주장하였던 근대법사상은 당시의 역사적 상황이 요구한 하나의 관점일 뿐이다. 20세기 후반의 철학자 가다머(Gadamer)는 어떤 대상을 순수하게 중립적인 시각에서 접근하는 것은 불가능하며, 우리는 존재의 역사성을 구성하는 관점으로부터 출발할 수밖에 없다고 했다. 이러한 인식은 법학도로 하여금 시대와 장소를 초월한 普遍的인 法原理가 존재한다는 망상에서 벗어나 歷史的 現實에 맞는 법원리를 찾도록 요구한다. 우리 법학은 현시대의 한국인의 갈등을 해소하기 위해 필요한 법규범을 발견해 내는 일에 몰두해야 한다. 현재 우리 나라에서는 1980년대에 제기된 政治民主化, 分配의 公平, 社會正義의 具現 등의 문제가 정치적 여건의 후퇴에도 불구하고 각 분야별로 정교한 이론 및 실천과제로 구체화되고 있는 추세이다. 그에 발맞추어 법학의 분야에서도 근대법의 폐해와 미비점을 수정 · 보완하기 위한 이론과 실천방안이 모색되고 있다.

식민지시대의 依用民法을 버리고 우리 손으로 만든 現行民法을 시행한 지 30여년이 지났다. 그 동안 우리 나라는 많은 정치적 · 경제적 · 사회적 변혁을 겪어왔지만, 民法의 財産編規定은 거의 제정 당시와 같은 모습으로 유지되고 있다. 반면에 財産法理論은 그 동안 비약적인 발전을 했다. 제정직후에는 식민지시대의 잔재를 청산하지 못한 채 일본의 법이론을 우리의 민법규정에 꿰맞추던 수준에 지나지 않았다. 그러나 그 후 곧 우리 학자들은 일본을 통하지 않고 독일 등 선진국의 법제와 이론을 직접 습득하여 우리의 것으로 소화하려고 노력했다. 식민지시대를 답습한 이론과 최근의 선진이론은 서로 혼합하여 學說과 判例로서 정착되었다. 오늘날은 그 단계에서 더 나아가 현실적 적용에서 야기되는 문제점을 발견해 내어 우리 현실에 맞는 解釋論과 立法論을 모색하려는 움직임이 일고 있다. 그러나 이러한 학문적 변화는 분야별로 약간의 차이가 있다. 초창기 民法學은 物權法에 관심이 치중되어 債權法에 관한 연구가 소홀한 상황이었다. 경제성장에 따라 거래가 활발해지자 채권법분야의 법률문제가 급속도로 증가했고, 그 결과 채권법이론에 관심이 집중되었다. 작년에는 社會適應力을 상실한 債權法規定을 되살리기 위한 改正論議도 전개되었다. 이 債權總論이 民法施行 30년에 즈음하여 출판되는 것은 결코 우연이 아니라고 생각한다.

이 책을 쓰면서 나는 일정한 價値를 추구할 것과 일관된 論理를 정립할 것을 목표로 세웠다. 한편으로는 去來의 公正性確保와 균형 있는 損害賠償制度를 통해 잘못된 財産歸屬을 바로잡는 일이 현재 우리 채권법이 당면하고 있는 과제라고 생각하여 이를 해석론에 반영하고자 시도했다. 종래에는 채권자에게 채권의 실행을 보장해 주기 위해 債權의 效力에 관한 민법규정을 확장하여 해석하는 경향이 있었다. 그러나 私見으로는 채권의 효력을 지나치게 강화하는 것은 債權推尋의 無秩序를 조장할 우려가 있으므로 民法과 民事訴訟法 등 전체 民事法體系와 조화를 이루는 범위로 한정되어야 한다고 생각한다. 다른 한편으로 채권총론이 명료한 槪念定義를 통한 債權法의 體系的 理解라는 총론적 과제를 안고 있음에 유념했다. 총론은 各論에서 전개된 개별제도의 사상과 논리를 취합한 것이어야 한다. 우리의 債權各則은 프랑스 · 독일 · 일본 등 여러 立法例를 모법으로 삼고 있어 서로 다른 제도들을 체계화하여 일관된 해석방향을 제시하기 어렵다. 만약 어느 한 나라의 이론을 그대로 도입한다면 절름발이 총론이 될 것이다. 比較法的인 觀點에서 외국의 입법례와 법이론을 연구하여 우리의 民法規定과 去來現實에 맞는 獨自的인 體系로 구성되어야 한다. 독자적인 체계를 갖춘 채권총론이어야 우리의 契約法 · 不當利得法 · 不當行爲責任法에서 구체화되는 총론으로서의 실질적 역할을 할 수 있다.

이 책의 마지막 원고지를 덮으면서 나는 문득 約款規制法 · 債權各論 · 債權總論의 순서로 채권법분야의 책을 쓰는 데 1980년대를 꼬박 다 보냈고, 그와 동시에 나의 30대 연국생활도 마감되었다는 것을 깨달았다. 각론을 먼저 쓴 것은 실제사례의 類型論的 考察을 통해 거래실정에 맞는 一般原則을 찾아보려는 의도에서였다. 개념에서 출발해서 그 개념을 사회현실에 적용할 것이 아니라 사회문제에서 출발해서 그를 해결할 법적 방안을 모색함으로써 理論과 實踐이 융합될 수 있으리라 생각했다. 각론을 먼저 공부한 것은 총론을 이해하고 구성하는 데 큰 도움을 주었다. 그러고 보니 위의 세 권의 책들이 모두 겨울에 탈고되었다. 約款規制論을 탈고할 당시의 시련과 혼란, 債權各論을 탈고한 재작년 겨울의 열정과 불안에 비해 이 번 겨울에는 탈진과 후회가 앞선다. 債權總論이 본래 내 계획과 달리 미완성인 채 출간되는 느낌이기 때문이다. 그럼에도 불구하고 서둘러 탈고한 것은 債權法의 總論과 各論을 한 저자의 것으로 갖추기 원하는 독자들의 요구도 있었고, 나 자신도 교과서를 쓰는 일에서 벗어나 자유로운 연구를 하고 싶은 유혹을 물리치기 어려웠기 때문이다. 앞으로 강의와 현실참여를 통해 채권법의 문제점을 계속 발견해 내고 진지한 마음가짐과 폭넓은 자료해득을 통해 좀더 깊이 연구함으로써 오늘의 부족함을 보완하리라 다짐해 본다. 그리고 민법의 개별법리들을 취합하여 일반원리로 정립할 思想的 · 方法論的 基盤을 닦는 일도 게을리하지 않을 생각이다.

이 책이 발간되기까지 지도와 격려를 해 주신 母校의 恩師님께 깊은 감사를 드린다. 討論을 통해 좋은 의견을 제시해 주고 校訂을 도와 준 金聖天 硏究員, 郭守鎬 助教, 朴先夏 助教, 金佑鍾 學士에게 감사드리며, 이들이 훌륭한 법학자로 성장하기를 기대한다. 이 책의 출판을 맡은 博英社의 安鍾萬 社長과 李明載 常務, 그리고 편집과 교정을 맡은 李一成 課長께 감사드린다. 그리고 나에게 용기와 편안함을 마련해 준 가족에게 진정으로 고맙다고 말하고 싶다.

1991. 2. 28

李 銀 榮

차　　례

제 1 장　채권법의 개관

제 2 장　채권의 의의와 효력

제3장 채권의 목적

제4장 채무의 임의이행과 강제이행

제5장 채무불이행책임

제1절 개 설

제2절 채무불이행책임의 요건

제 6 장 손해의 배상

제 2 절　채권자취소권

제 8 장 수인의 채권자 및 채무자

제 9 장 채권양도와 채무인수

제10장　채권의 소멸

주요 참고문헌

강봉석, 債權總論: 民法講義, 3, 法英社, 2005.

곽윤직, 채권총론[민법강의 Ⅲ](신정판), 박영사, 1999.

김기선, 한국채권총론(제3전정판), 법지사, 1987.

김대정, 채권총론, 도서출판 피데스, 2006.

김상용, 채권총론(전정판), 법문사, 2000.

김석우, 채권법총론, 박영사, 1977.

김용한, 채권법총론, 박영사, 1983.

김주수, 채권총론[민법강의 Ⅲ](제2판), 삼영사, 1996.

김증한, 채권총론[민법강의 Ⅲ], 박영사, 1988.

김증한 · 김학동, 채권총론(제6판), 박영사, 1998.

김현태, 신채권법총론, 일조각, 1982.

김형배, 채권총론(제2판), 박영사, 1998.

소성규, 債權總論/3, 法律時代, 2002.

윤철홍, 債權總論, 法元社, 2006.

이상욱, (Quick review)債權總論, 영남대학교출판부, 2005.

이태재, 채권총론(개정판), 진명문화사, 1987.

임정평, 채권총론, 법지사, 1989.

장경학, 채권총론, 교육과학사, 1994.

정기웅, 채권총론(전정판), 법원사, 2000.

진승록, 債權總論, 高麗出版社, 1956.

황적인, 현대민법론 Ⅲ[채권총론](증보판), 박영사, 1987.

현승종, 채권총론, 일신사, 1982.

곽윤직 편집대표, 민법주해(Ⅰ)~(ⅩⅥ), 박영사, 1992~1997.

김증한 편집대표, 판례학설 주석채권총칙(상)·(하), 한국사법행정학회, 1984.

민의원 법제사법연구위원회 민법안심의소위원회, 민법안심의록(상권), 1957.

민사법연구회 편, 민법안의견서, 일조각, 1957.

민사판례연구회 편, 민사판례연구(Ⅰ)~(ⅩⅩ), 경문사, 박영사, 1977~1998.

한국민사법학회 편, 민사법학(1)~(16), 한국사법행정학회, 1978~1998.

한국재산법학회 편, 재산법연구(1)~(15)-1, 1984~1998.

제 1 장 채권법의 개관

제1장 채권법의 개관

§1. 채권법의 의의와 성격

1. 채권법의 의의

(1) 채권법이란 무엇인가

채권법(債權法)은 채권을 둘러싼 채권자와 채무자 사이의 사법적 법률관계(私法的 法律關係)를 규율하는 법이다. 채권법은 물권법과 더불어 재산법의 2대분야를 구성하는데, 재산법이란 국민들 사이에 생긴 재산적 이익의 대립을 규범적으로 판단해 줄 목적으로 만들어진 법이다.

채권법은 한편으로는 한 개인이 다른 개인에 대하여 한 자율적 약속을 승인하고 그에 법적 구속력을 부여하며(약정채권관계), 다른 한편으로는 국민의 사회생활에서 야기되어진 잘못된 재산관계를 조정하기 위하여 일정한 채무를 타율적으로 부과한다(법정채권관계). 채권법에 의하여 채무자가 이행해야 할 채무의 내용이 확인되고, 그에 상응하는 채권자의 권리가 승인된다.

(2) 채권법의 발달

채권법은 상업이 활발했던 로마에서 발달했으며, 중세에는 침체되었다가 근대에 이르러 비약적인 발달을 하였다. 근대사회는 중세봉건사회의 계층적 권력구조와 신분적 구속을 타파하고, 모든 개인을 국가에 대한 관계에서 자유·평등한 주체로 다룬다. 근대사회는 개인인격의 독립성을 존중하고 개인 사이의 계약적 결합을 사회구성의 이념으로 한다. 또한 각 개인은 자기책임(自己責任)의 원리(原理)에 따라 자신의 생존을 스스로의 힘으로 유지해야 한다.

근대법에서 채권법의 역할은 주로 채권의 권능을 강화하여 채권의 만족을 확보해 주는 데에 있었다. 근대국가는 채권의 만족가능성을 보장해 줌으로써 채권자의 자력구제(自力救濟)에 의한 무질서를 없애고 거래질서를 확립하려 하였다. 국가는 채무자가 채무를 이행하지 않는 경우에 사법권을 동원하여 강제집행을 해 준다든가 손해배상의무를 부과하는 등의 방법으로 채권자의 권리를 실현하게끔 해 주었다. 그 밖에 채권자로 하여금 보증채무 · 연대채무 · 상계 · 위약금약정 등의 제도를 활용하도록 함으로써 채권의 만족가능성을 높일 수 있도록 하며, 채권의 보전을 위해 제3자에게까지 채권의 효력을 확장시키는 채권자대위권과 채권자취소권을 부여하는 등 채권의 만족가능성을 높이는 다양한 제도를 발전시켰다.

2. 채권법의 사회경제적 기능

(1) 채권법은 자본주의의 경제적 거래질서를 정한다

(가) 채권법과 자유시장경제 채권법은 자본주의의 시장경제에서는 없어서는 안 될 중요한 법이다. 채권법은 사유재산제도를 바탕으로 하여 시장의 활성화와 안정성을 도모한다.

첫째, 채권법은 각자에게 자기의 재산권을 임의로 처분할 수 있도록 도와 준다. 자본주의국가의 재산법은 개인의 영리추구에 대해 법적 승인을 함으로써 이윤추구를 보장한다. 재산법은 물권법과 채권법이라는 두 개의 대립적인 법영역으로 구성되는데, 채권법이 사유재산의 처분에 중요한 역할을 담당한다.

둘째, 채권법은 물권법과 더불어 재산권의 보장이라는 사회적 기능을 담당한다. 계약법은 약속한 것을 이행케 하고, 불법행위법은 타인의 재산을 침해하지 않도록 배려함으로써 재산권을 보장한다.

셋째, 채권법은 재화의 교환 즉 거래관계를 규율하여 시장의 질서와 안정을 도모한다. 채권법은 1차적으로 상품교역을 통해 부를 축적할 수 있도록 도와 주며, 2차적으로 사회적 분업협동과정에서 타인의 협력을 얻는 수단으로서 중요한 역할을 담당한다. 즉 채권법은 타인의 협력에 대하여 법적 구속력을 주어 이를 법률로서 강제하는 힘을 부여함으로써 산업사회에서 매우 중요한 의의를 가진다. 시장경제의 발달은 재화의 이동에 대한 법적 보호를 필요로 한다.

넷째, 채권법은 거래당사자의 권리와 의무를 확정해 주는 역할을 담당한다. 1차적으로 법적으로 구속력을 갖는 합의를 기초로 계약당사자 사이의 법률관계를 확정한다. 2차적으로 당사자가 구체적으로 합의한 것 이외의 사항에 관하여 그 계약관계로부터 생길 권리와 의무를 규범적으로 보충해 준다. 그리고 계약의 위반에 따른 법적 효과를 규정함으로써 간접적으로 이행을 강제하고 불이행에 따른 당사자의 손실을 적정하게 분담시킨다.

(나) 채권법과 물권법의 상호보완관계 재화이동의 안전과 질서를 확보하기 위하여 물권법과 채권법은 서로 역할을 분담하면서 상호의존적으로 작용한다. 재화를 이전하는 거래에는 채권관계와 물권관계가 공존한다. 근래에는 가등기담보와 같은 비전형담보제도가 이용되고 부동산임차권이 대항력을 갖게 됨으로써 물권과 채권의 경계가 모호해졌다. 그러나 재산권을 채권과 물권으로 분리하는 기본체계는 민법의 골간으로서 건재하다.

과거에는 물권법이 주로 부동산의 소유 및 이용의 법률관계를 대상으로 하여 정적인 측면이 강했으나, 현대에 와서는 어떤 것이 정적이고 어떤 것이 동적이라는 구분은 정확치 않게 되었다. 예를 들면 시장경제에서 동산매매(動産賣買)가 큰 비중을 차지하는데, 동산매매는 1차적으로는 채권법에 의해 당사자의 권리의무가 규율되고, 그 다음 단계로 채권자의 소유권취득은 물권법에 의해 완결된다. 동산거래의 원활화를 위하여 중요한 역할을 하는 것은 우선 채권법의 채권만족을 위한 규정들이지만, 물권법의 동산소유권이전에 관한 공시의 원칙과 선의취득제도 등은 채권법에 못지않게 거래의 원활에 중요한 역할을 한다. 또한 채권의 확보를 위해 담보물권을 설정함으로써 채권관계가 안심하고 이루어지는데, 그것은 물권법의 역할이다.

(2) 채권법은 자유시장경제에서 이익조정의 모범을 제시한다

(가) 거래당사자간의 이익조정 채권법은 거래당사자에게 계약자유를 부여함과 동시에 법이념상 가장 이상적이라고 생각하는 이익조정의 모델을 제시한다. 그러한 이익조정절차를 갖추어 개인적 필요와 일반적 복지를 촉진하는 일이 채권법의 과제이다. 그러한 이익조정의 모델 제시에 의해서 법치국가의 이상이 달성될 수 있다. 만약 그에 관한 규범이 존재하지 않는다면, 당사자는 아무 규칙에 구애됨이 없이 멋대로 행동하게 되어 무질서를

초래할 우려가 있다. 그러므로 아무런 모델을 제시하지 않고 당사자의 계약자유에 방치하는 것은 법의 무관심으로서 용납되지 않는다.[1)]

(나) 신종계약에 관한 모범제시 거래계에서 새로 생겨나는 계약유형에 대하여도 채권법의 탄력적 운용을 통하여 적절한 모델을 제시하는 기능을 하게 된다. 채권법이 거래계의 변화에 신속히 대응하지 못하여 법의 공백을 방치하게 되면 채권법의 기능이 쇠퇴하게 되므로, 항상 채권법을 보완하여 현실과 일치시키는 일이 필요하다.

(다) 배분적 정의의 실현 채권법은 현대에 들어 배분적 정의(配分的 正義)를 실현하는 도구로서 새로이 인식되고 있다.[2)] 배분적 정의에 대한 고려를 재화의 교환을 규율하는 법원칙에 반영함으로써 채권법에 사회적 도덕성을 부여해야 한다는 요청이 높아지고 있다.

현대사회의 문제점인 부의 편재를 시정하기 위해서 국가는 계획적으로 한 집단에서 다른 집단으로 부를 재분배하는 역할을 해야 하며, 국민은 배분적 정의를 수행하는 국가의 행위를 사회윤리적으로 받아들여야 한다. 국회나 법원은 채권법의 배분적 효과를 활용하여 사회구성원간에 부의 공정한 분배를 꾀하도록 노력해야 한다.

자유시장의 경제체제 아래에서는 부의 재분배의 방법으로서 조세제도와 사적 거래에 대한 규제의 두 가지가 주로 논의된다. 자유주의적 보수주의자들은 사적 거래에 대한 규제를 기피하고 단지 조세제도만에 의해서 재분배를 꾀하여야 한다고 주장한다.[3)] 반면에 진보적 수정주의자들은 조세제도만으로는 재분배의 효과가 미약하다고 보며, 계약과 관련한 배분적 효과를 얻기 위해서는 사적인 거래에 대해 규제할 필요가 있다고 본다.[4)]

(3) 채권법은 거래당사자에게 행위규범을 제시하고 위험을 예고한다

(가) 행위규범의 제시 채권법이 사회인에게 요구되는 주의를 위반한

---

1) Esser-Schmidt, *Schuldrecht I*, 6. Aufl., S. 24ff.는 당사자의 자유에 맡겨져 있는 채권관계의 구성을 법치국가적 및 사회국가적 교정을 하도록 노력해야 한다고 주장한다.

2) 아더 M. 오쿤 · 정용덕 역, 평등과 효솔, 성균관대학교 출판부, 1984, 19 이하; 루드비히폰 미제스 · 이지순 역, 자유주의, 한국경제연구원, 1988, 84 이하.

3) A. T. Kroman, Paternalism and the Law of Contracts, 92 *Yale Law Journal* 763(1983); 이에 대한 반대론자로서는 E. J. Weinrif, Legal Formalism: on the Immanent Rationality of Law, 97 *Yale Law Journal* 949(1988).

4) A. T. Kronman, Contract Law and Distributive Justice, 89 *Yale Law Journal* 472~511(1980).

자에게 손해배상책임을 부담시키는 것은 시민들로 하여금 사회생활상의 주의의무를 준수하도록 하는 효과를 가져온다. 시민들은 어떤 정도의 주의를 기울이면 면책되고, 그 정도의 주의에 미달하면 손해배상의무를 진다는 것을 알게 되어 자신의 행동양식을 조절할 수 있게 된다.

(나) 계약법의 위험분배기능 채권법 중에서도 특히 계약법은 거래질서를 선도해 나가는 행위규범으로서의 기능이 중요시된다. 법은 한편으로는 사회현실에 의해 영향을 받는 반면에, 다른 한편으로는 도달되어야 할 목표를 향해서 사회를 움직여 나가는 하나의 수단으로 이해될 수 있다.[1)]

계약법은 계약의 체결과 이행에 있어서 귀감(龜鑑)이 되어야 한다. 각자는 자기가 약속한 채무를 이행할 의무를 지고 상대방에게 야기한 신뢰에 대하여 책임을 진다. 계약법은 재화나 용역의 교환을 원활히 하고, 채무불이행이나 거래위험에 대비하여 당사자의 이익을 조정하기 위한 지침이 된다. 거래당사자는 채무를 이행하지 않을 경우에 어떤 제재적 효과가 발생한다는 것을 미리 알게 되어 불이행에 따른 거래손실을 미리 예측하게 된다. 당사자는 거래에서 생기는 위험(당사자의 귀책 사유 없는 손실)이 당사자에게 어떻게 분담될 것인가를 채권법규정을 통해 미리 알 수 있으므로, 그 위험부담을 사전에 계산할 수 있게 된다. 그러나 최근 사회적 위험의 증가로 당사자가 미리 예측할 수 없는 불의의 사고가 많아지게 되자 채권법의 위험조정기능(危險調整機能)은 떨어지고 있다.

(다) 채권법의 사회적응력 채권법이 행위규범으로서의 기능을 충분히 발휘하기 위해서는 일반인이 존중하는 사회규범과 괴리(乖離)되지 않아야 한다. 채권법의 내용이 시대에 뒤떨어지게 되면 사회적응력을 상실하게 되어 일반인이 외면하게 된다. 사회적응력을 상실한 규범은 「생명 없는 법」으로서 법전 속에 잠들게 된다.

현행민법의 채권법규정은 행위규범 및 재판규범으로서의 기능을 다 하지 못하고 있어, 학설, 판례, 입법 등에 의해 현행채권법이 보완, 수정될 필요가 있다.

첫째, 사회적응력을 갖기 위하여는 채권법이 경제현실과 부합되도록

---

1) G. H. v. Wright, Handlungslogik, in Handlung, Norm und Intention, Berlin-New York, 1977; v. Mincke, Handlung und Recht, *ARSP* 1981, 480.

계속해서 개정되어야 한다. 거래변화에 따라 새로 규율할 필요가 생긴 부분은 법의 공백으로 남겨 두지 말고 신속히 보충해야 한다. 입법론으로서 전형계약의 숫자를 늘리고 그 규정내용도 구체화시키는 등 현실에 맞게 보완할 것이 제안된다.

둘째, 학설이나 판례를 통해 기존의 법원칙의 내용을 풍부하게 하거나 파생원칙들을 발전시킴으로써 일반원칙의 내용을 현실사회에 적응시키도록 해야 한다. 채권법의 14개의 전형계약 이외에 새로운 계약유형이 거래계에 계속 등장하는데, 이러한 거래변화에 불구하고 법의 공백을 줄이는 방법은 채권법의 일반원칙을 강화하는 것이다. 예를 들어 채권총칙의 외화채무·보증채무 · 채권양도 등과 관련해서 새로운 거래관행이 형성되고 민법의 규정은 시대에 뒤떨어지게 되었는데, 그러한 일반적 규정을 보완하는 법리를 발전시킴으로써 민법의 낙후성을 무마할 수 있다.

3. 채권법의 임의법규성

(1) 임의법규의 성격 및 한계

채권법은 원칙적으로 임의법규이다. 채권은 물권과 달리 배타성이 없기 때문에 그 성립 및 내용을 당사자의 의사에 맡기고 있다. 특히 채권의 발생원인 중의 하나인 계약의 영역에서는 사적자치를 기초로 한 계약자유가 기본이 되어 있다. 그 결과 채권관계의 구성에 있어서는 당사자의 의사와 거래관행이 중요성을 갖는다(제105조~제106조).

임의법규는 첫째 당사자의 의사를 보충하며, 둘째 당사자의 의사를 해석하는 데 보조적인 역할을 하며, 셋째 당사자의 이익조정의 규범을 제시하는 세 가지의 중요한 역할을 담당한다.

채권법의 이익조정 모델은 보통 임의규정으로 규정되어 당사자의 선택에 맡겨지지만, 강자의 횡포가 우려되는 거래영역에서는 그 모델을 받아들이도록 강제할 필요가 생긴다. 약관규제법(約款規制法)은 채권관계의 공정성확보를 보장하며 당사자의 균형을 유지시키는 역할을 하는데, 채권법의 이익조정 모델은 당사자간에 부당하게 이익이 치우치지 않는가를 심사하는 중요한 기준으로 된다. 사업자가 채권법의 임의규정에서 제시하는 이익조정에서 벗어나 자기에게 유리한 약관조항을 만든 경우에 그 조항은 불공정한 것으로 추측될 수 있다.

(2) 채권법의 강행규정화

근래에는 채권법의 임의규정성이 약화되고 강행규정화하는 추세이다. 채권법에 관련된 새로운 특별법이 증가하고 있는데, 그들 내용은 대개 강행규정성을 갖는다. 근대채권법의 기초인 계약자유 및 자기책임의 원칙이 사회경제적 변동에 따라 그 기능이 쇠퇴되어 사회문제를 초래하는 원인이 되었다. 이를 해결하기 위하여 채권법의 임의규정성을 수정하여 근로기준법·주택임대차보호법·소비자보호법 등의 특별법을 통하여 근로자·임차인·소비자를 보호하는 사회적 요청을 충족한다.

채권법에서 강행규정의 목적은 당사자간에 이익조정을 흐트리지 않으려는 데 있다. 물권법의 강행규정성이 소유관계를 비롯한 물권관계에 공시성을 부여하고, 물건에 대한 지배질서를 확립하려는 데에 목적이 있는 것과 대조적이다. 물권법의 강행규정은 주로 사회질서와 관련되지만, 채권법의 강행규정은 주로 거래당사자간의 공정성확보와 관련된다. 물권법의 강행규정은 대개 쌍방적 강행규정(雙方的 强行規定)인 데 반해서, 채권법의 강행규정은 대개 「편면적 강행규정(片面的 强行規定)」이다. 쌍방적 강행규정은 누구에 대한 관계에서나 어떤 내용의 회피행위라도 무효로 만든다. 그러나 편면적 강행규정은 경제적 강자에 대한 관계에서만 그의 횡포를 규제하기 위한 목적에 한정하여 무효로 만든다. 편면적 강행규정의 경우 그보다 약자에게 더욱 유리한 합의는 유효하다. 채권법에서는 재화교환에 있어서의 공정성을 확보하고 약자를 보호하기 위하여 강행규정을 설치한다.

(3) 채권법의 경제적 정당성

이상에 설명한 움직임은 근대채권법의 윤리적 기초인 형식적 자유윤리(形式的 自由倫理)(개인의 자유로운 행위는 그 자체가 윤리적 정당성을 지닌다는 입장)를 극복하고, 실질적 책임윤리(實質的 責任倫理)로 대체하여 변화하는 정치경제적 인식변화와 보조를 같이하는 것이다.[1] 특히 최근 법경제학과 경제적 분배에 관한 관심이 높아지게 되자 채권법에 관해서도 경제윤리적 정당성이 요구되기 시작하였다.

---

1) D. Reuter, Die ethischen Grundlagen des Privatrechts-: formale Freiheitsethik oder materiale Verantwortungsethik?, *AcP* 189(1989), 199~222.

독일에서는 사법이념이 사적자치(Privatautonomie)에서 사회적 자치(Sozialautonomie)로 변천하고 있다는 이론이 주장된다.[1] 이는 사적자치에 의한 법률관계의 분야에서도 사회질서(재산법에 관해서는 건전한 경제질서) · 공정성(당사자간의 이익형량)이 자유 못지않게 중요한 법이념으로 부각되고 있는 것을 가리키는 것이다.

그 밖에 채권법이론에서 위험책임론 · 신뢰책임론 · 안전배려의무론 등은 현대사회의 실질적 책임윤리를 반영하는 것이다.

4. 채권법의 국제화 · 보편화

세계는 유사한 재산적 법률문제에 부딪치고 있으며, 그를 해결해 나가는 방법도 상호 접근하고 있다. 그것은 각국의 사회구조가 접근되어 가고 있는 결과이기도 하다.

첫째, 각국의 채권법은 전통에 충실하기보다는 합리성을 추구한다는 점에서 공통된다.

둘째, 어느 곳에서나 경제적 강자의 재산확장의도는 비슷한 병리현상을 초래하기 때문에 약자보호가 채권법의 중요한 과제로 된다는 점에서 공통된다.

셋째, 현대의 자본주의경제는 국가간의 거래가 원활할 것을 추구하는데, 이러한 경제적 요청은 각국 채권법을 국제화 · 보편화 · 통일화시킨다. 통일화는 국제매매를 출발점으로 하여 다른 채권분야에 번져나가고 있다. 특히 유럽공동체에서 성공적으로 진행되고 있는 사법의 통일화 움직임은 채권법의 새로운 시대를 예견케 한다. 그러나 지역적 관행에 뿌리를 두고 있는 부동산의 이용권, 소비신용 등은 각국간에 차이가 심하여 보편화 · 통일화되기에 어려움이 크다.

---

1) E. Schmidt, Von der Privatautonomie zur Sozialautonomie, *JZ* 1980, 153~161; Wieaker, F., Das Sozialmodell der Hassischen Privatrechtsgesetzbücher und die Entwicklung der modernen Gesellschaft: Industriegesellschaft und Privatrechtsordnung, Frankfurt, *Athenäum Fischer Taschenbuch*, 1974.

§2. 채권법의 체계

1. 채권법의 개관

(1) 물권과 채권의 준별

우리 민법은 독일식의 판덱텐체계에 따라 물권과 채권의 이분체계(二分體系)를 기본으로 하고 있다. 채권은 계약당사자, 불법행위당사자 등 행위당사자 사이에서의 권리관계가 구체적 타당성을 갖도록 규율하기 위한 권리관계를 말한다. 반면에 물권은 당사자간의 채권을 기초로 하여 제3자에 대한 관계에서 효력을 주장할 수 있는 배타적 권리(排他的 權利)의 성격을 가진다. 물권 중에서도 가장 중요한 의미를 갖는 것은 소유권이다. 채권을 발생시키는 법률원인 중 대표적인 것은 계약이며, 계약에서 당사자간에 자발적으로 체결된 합의에 기해 채권과 채무가 발생한다. 결국 민법의 재산관계에서 기초를 이루는 것은 당사자간의 채권관계이고, 그 채권관계를 형성하는 것은 당사자의 의사, 관습, 임의법규이다.

(2) 채권총칙과 채권각칙의 구조

채권법의 앞부분에는 채권법 전반에 적용되는 총칙이 마련되어 있고 그 이후에 계약, 부당이득, 사무관리, 불법행위에 관한 각칙이 규정되어 있다. 채권총칙은 물권총칙에 비해 매우 방대하다. 이는 채권관계의 다양성·복잡성에 기인한다. 채권총칙이 채권 전반에 대한 총칙으로서 일반성을 갖는가는 의문이다. 채권총칙의 많은 부분은 계약에 의하여 생긴 채권만을 염두에 둔 규정이다. 또한 채권의 목적, 변제, 보증채무 등의 규정에서는 거의 목적물이나 금전의 인도채무만을 염두에 두고 규정했으며 행위채무에 관한 배려가 매우 부족하다.

판덱텐체계의 장단점

민법의 규정방식은 19세기 독일법학이 탄생시킨 판덱텐식 체계(Pandekten-system)에서 유래한다. 판덱텐 체계의 특색은 일반적 원칙으로부터 점차 특수사항으로 향하는 연역적 접근방식을 취하는 데에 있다. 또한 판덱텐식 민법체계의 특징은 채권과 물권의 준별에 있는데, 이러한 재산권의 이분은 사법의 역사적 발달 및 근대철학의 이원론에서 유래한다.[1] 그리고 어떤 법률문제를 규율함에 있어 앞에 총칙을 두고나서 각칙을 규정하는 입법방식도 판덱텐식 체계에서 도입한 것이다.

판덱텐식 체계가 갖는 장점은 첫째, 법규정을 논리적으로 체계화함으로써 개념과 법규정 사이의 관계를 밀접히 한다는 점, 둘째, 같은 법률문제를 중복하여 규정할 필요가 없어지므로 조문을 간략하게 할 수 있다는 점, 셋째, 장래 일어날 다양한 법률문제를 일반원칙적인 규정으로 대응하는 탄력성을 가질 수 있다는 점 등이 있다. 그러나 판덱텐식 체계는 채권관계가 개념으로 분해되어 구성됨으로써 난해하다는 결점을 갖는다. 법률문제가 하나의 주제에 집중되어 있지 않고 여러 단계의 법률문제로 분해되어 단계별 문제상황을 하나도 빼놓지 않고 정확히 이해하는 법률가만이 풀 수 있도록 구성되어 있다. 예를 들면 거래계에서는 유상쌍무계약이 중심이 되어 있는데, 채권총칙에서는 하나의 추상적인 채권개념을 다루는 결과 그 규정이 그대로 적용될 수 있는 경우는 무상편무계약뿐이다.

이러한 개념중심의 법률구성은 일반인의 접근을 막아 채권법과 일반인의 사회규범이 상호 분리되는 원인으로 작용할 우려가 있다. 그러한 괴리현상을 막기 위해서 법률가는 직역을 넓혀 다양한 법률 서비스를 제공하여 일반인의 법률이해의 가교가 되도록 노력해야 한다.

(가) 개개의 채권과 쌍무계약의 관계 채권총칙에서는 개개의 채권을 여러 측면에서 고찰하고 나서, 채권각칙의 계약의 장에서 쌍무계약의 문제를 다룬다. 쌍무계약에서는 두 개의 상환적 채무가 견련성을 갖고 성립, 존속, 소멸한다. 현대의 거래사회에서 자주 이용되는 매매, 임대차, 도급 등은 모두 쌍무계약으로서 급부와 반대급부가 상호 조건적으로 연결되어 있어, 한 개의 채무씩 개별적으로 고찰해서는 그 견련관계를 간과하기 쉽다. 따라서 어떤 채권법의 사례에 대해 옳은 법적 해결책을 제시하기 위하여는 채권총칙에서 규정하는 채권의 속성과 채권각칙에서 규정하는 쌍무계약의 속성

1) 근대법은 근대철학의 인식론적 이원론에 근거를 두었다. 공법과 사법, 실체법과 소송법, 채권과 물권의 법체계상의 이원론과 실질과 형식, 주관과 객관 등의 법인식상의 이원론이 지배한다. J. Esser, Möglichkeiten und Grenzen des dogmatischen Denkens im modernen Zivilrecht, *AcP* 172(1972), 97~130; 헤겔 · 임석진 역, 법철학 I, 지식산업사, 1989.

을 종합적으로 고찰해야 한다. 채권총칙의 개개의 채무에 관한 규정은 채권법의 논리체계를 이해하는 데 중요한 역할을 하므로 소홀히 할 수는 없다.

(나) 채무불이행책임과 담보책임의 관계 채권총칙에서 중심을 이루는 부분은 채무불이행책임(債務不履行責任)에 관한 규정들이다. 이는 채무자가 채무에 따른 이행을 하지 않았을 때 손해배상의무를 부과하는 것을 주요내용으로 한다. 그러나 채권각칙에서는 매매 등의 유상계약에 관하여 매도인이 담보책임(擔保責任)을 지도록 규정하는데, 이 담보책임은 그 본질에 있어서 채무불이행책임의 성격을 가진다. 대부분의 거래가 유상거래이며, 유상거래에서의 채무의 불이행은 채무불이행책임(제390조 이하)과 담보책임(제570조 이하)의 법조경합(法條競合)을 초래한다. 이 경우 원칙적으로 담보책임이 특칙으로서 우선적으로 적용되고, 그 담보책임으로 보상되지 않는 손해에 관해서만 채무불이행책임이 적용된다.

(다) 계약에 관하여 적용할 규정들 시민들의 법률관계를 규율함에 있어서는 사적자치가 기본이념을 이루므로 계약이 그 중심에 있게 된다. 민법은 계약을 민법총칙, 채권총칙, 채권각칙의 세 단계에 걸쳐서 단계적으로 규정한다. 계약의 성립에 관해서는 민법총칙의 법률행위에 관한 규정(제103조 이하)들이 일반규정을 이루지만, 채권법 제2장 계약편의 제1절 총칙에서 규정하고(제527조 이하), 매매(제563조 이하), 임대차(제618조 이하) 등 개개의 계약유형별로 또다시 규정한다. 이러한 단계적 규정방식으로 인해, 법적 문제를 해결하는 사고도 단계적으로 접근해 나갈 수밖에 없지만, 그렇다고 하여 여러 조문의 종합적 의미를 간과해서는 안 된다. 특히 총칙만을 알고 각칙을 모름으로써 법적 논리는 파악하지만 구체적 타당성 있는 규범을 간과하는 우를 범해서는 안 된다. 이러한 문제는 일반법인 민법과 특별법 사이의 관계에서도 빈번히 발생한다.

2. 채권각칙

민법은 채권각칙에서 네 종류의 채권의 발생원인을 정한다. 채권의 발생원인은 법률행위 또는 법률의 규정의 두 종류로 분류될 수 있다. 법률행위에 해당하는 것은 계약 하나뿐이며, 법률의 규정에 의한 채권발생원인으로는 사무관리 · 부당이득 · 불법행위가 규정되어 있다. 사적자치의 원칙이 지배하는 민법체계 아래에서는 계약에 의한 법률관계의 형성이 주도적 위치에 있고, 법정채권관계는 보충적인 지위에 놓인다. 특히 부당이득 · 사무관리의 보충성의 원칙에 따라 이들에 관한 규정은 계약이나 불법행위에 해당하지 않을 때에만 적용되는 2차적 규범성을 띤다.

채권총칙의 규정 중에서 법률의 규정에 의한 채권관계에 적용될 것은 적다. 또한 법률의 규정에 의한 채권의 성립에 관해서는 민법총칙에 일반원칙이 거의 규정되어 있지 않다. 계약에 관한 규정이 민법총칙에서부터 광범위한 영역에 걸쳐 단계적으로 규정되어 있음에 반하여, 법률의 규정에 의한 채권관계에 관해서는 채권편의 제3장 내지 제5장에 비교적 자체완결적으로 규정되어 있다.

(1) 계　　약

당사자의 의사의 합치를 요소로 하는 법률행위에 의해 성립되는 채권관계를 계약이라고 한다. 계약에 의해서 주된 채무, 부수적 채무, 신의칙상 주의의무 등이 발생한다. 계약상의 채무의 불이행은 채무불이행책임 또는 담보책임을 발생시킨다. 채권편의 「제2장 계약」에서는 계약법의 총칙과 14개의 전형계약에 관하여 규정한다. 계약은 법률행위의 대표적인 형태로서 채권편의 적용을 받는 이외에 민법총칙의 법률행위에 관한 규정의 적용을 받는다. 14개의 전형계약은 증여, 매매, 교환, 소비대차, 사용대차, 임대차, 고용, 도급, 현상광고, 위임, 임치, 조합, 종신정기금, 화해이다. 거래계에서는 이들 전형계약 이외에 거래의 필요에 따라 새로운 종류의 계약유형을 만들어 가고 있다. 이러한 신종계약의 성질을 어떻게 파악할 것인가 그리고 어떤 규범을 적용할 것인가 하는 문제는 법해석학의 과제이다.

(2) 사무관리

사무관리는 부탁 없이 타인의 사무를 처리한 자의 행위에 법적 원인을 부여하고, 그로 인하여 생긴 재화귀속을 정리하는 채권관계이다. 사무관리라는 채권발생원인에 기해서 관리자의 본인에 대한 비용상환청구권이 발생하며, 그 밖에 손해배상청구권, 취득물인도의무 등이 발생하기도 한다.

(3) 부당이득

부당이득은 잘못된 재화의 귀속을 정리하여 제자리로 돌리기 위한 채권관계이다. 부당이득이란 법률상 원인 없이 타인의 재산 또는 노무로 인하여 얻은 이득을 말한다(제741조). 부당이득이라는 채무발생원인에 의해서는 부당이득반환청구권이 발생한다. 그 반환방법은 원물(原物) 그대로 반환하는 방법과 가액(價額)을 반환하는 방법이 있다. 비록 법률상 원인 없이 얻은 이득이라도 그 급여행위가 도의관념에 적합한 경우(제744조) 또는 그 급여를 반환하는 것이 정의관념에 어긋나는 경우(불법원인급여의 경우, 제746조)에는 부당이득반환이 부정된다.

(4) 불법행위

가해자가 피해자에게 고의·과실로 위법한 손해를 가한 때에 불법행위(不法行爲)가 성립한다. 불법행위라는 채권발생원인에 의해서는 피해자에게 손해배상청구권이 발생한다. 불법행위는 사회의 보호할 가치 있는 이익(보호법익)을 불법한 침해로부터 보호하고, 가해자에게 금전적 손해배상의 방법으로 피해자의 손해를 전보하도록 하는 채권관계이다. 민법은 불법행위책임에 일반적으로 과실책임주의(過失責任主義)를 취하지만, 사용자책임·감독자책임·공작물책임 등에 관하여는 책임성립요건에서 과실의 요소를 약화시킴으로써 과실책임과 위험책임의 중간책임으로서 규정한다. 환경정책기본법, 원자력손해배상법 등의 특별법에서는 위험의 야기를 기초로 손해배상책임을 부과하는 위험책임제도가 도입되어 있다.

3. 채권법에 관련된 특별법

(1) 민사특별법

사인간의 재산적 법률관계는 민법의 채권편 이외에 여러 특별법에 의해 규율되어 민법을 수정 또는 보완하고 있다. 채권법은 채권관계 전반에 대한 일반적이고 기초적인 질서를 제시함에 반하여, 특별법에서는 일정한 목적으로 제한된 대상에 대하여 특별한 법리를 적용시킨다. 채권관계를 규율대상으로 하는 특별법에는 다음의 것들이 있다.

(가) 민법의 중요한 특별법으로서 독자의 영역을 형성하고 있는 상사법 중에서 채권법과 관련이 깊은 것으로서는 상법(1962년 법률 제1000호)·어음법(1962년 법률 제1001호)·수표법(1962년 법률 제1002호)이 있고, 노동법 중 채권법과 관련이 깊은 것으로서는 근로

기준법(1953년 법률 제286호) · 최저임금법(1986년 법률 제3927호) · 남녀고용평등법(1987년 법률 제3989호)이 있다.

(나) 채권총칙에 관련한 특별법 중에서 중요한 것으로서는 소송촉진 등에 관한 특별법(1981년 법률 제3361호), 공탁법(1958년 법률 제492호), 신원보증법(1967년 법률 제449호), 신탁법(1961년 법률 제900호), 가등기담보 등에 관한 법률(1983년 법률 제3681호)이 있다. 이자제한법(1962년 법률 제971호)은 1997년 12월에 폐지되었다.

(다) 계약에 관해 일반적으로 적용되는 특별법으로서 약관의 규제에 관한 법률(1986년 법률 제3922호)이 있다.

(라) 임대차계약에 관한 특별법으로서는 주택임대차보호법(1981년 법률 제3379호), 농지법(2000년 법률 제6188호)이 있다.

(마) 손해배상책임에 관한 특별법으로서는 실화책임에 관한 법률(1961년 법률 제607호), 자동차손해배상보장법(1964년 법률 제1314호), 국가배상법(1967년 법률 제1899호), 산업안전보건법(1969년 법률 제2094호), 산업재해보상보험법(1963년 법률 제1438호)이 있다.

(바) 경제법 및 소비자보호를 위한 특별법으로서는 독점규제 및 공정거래에 관한 법률(1990년 법률 제4198호), 물가안정에 관한 법률(1995년 법률 제4861호), 하도급거래공정화에 관한 법률(1984년 법률 제3779호), 소비자보호법(1986년 법률 제3921호), 부정경쟁방지 및 영업비밀보호에 관한 법률(1986년 법률 제3897호), 도·소매진흥법(1986년 법률 제3896호), 여신전문금융업법(1997년 법률 제5374호)이 있다.

(2) 상법 · 민사소송법 · 근로기준법

민법과 상법은 현재 우리의 법전상으로는 엄격히 분리되어 있지만, 거래현실에서는 양자의 구분이 모호할 정도로 접근되어 있어 민법과 상법 사이의 독자성 및 법리상 차이도 사라져 가는 추세이다. 특히 시민의 일상생활과 직접 관계가 깊은 일방적 상행위에 관해서는 양자의 적용영역이 불분명하여 법적용에 혼란을 가져오므로 시민생활을 규율하는 민법전에서 종합적으로 규율하는 것이 좋다는 입법론이 주장된다.[1] 미국과 이탈리아는 민상법의 통합법전을 갖고 있다.

민법과 민사특별법은 제정과정에서 다른 법률로 분리된 것일 뿐이며 본질적으로 융합할 수 없는 것은 아니다. 그 밖에 민법과 노동법의 접근현상도 보인다. 근대법시대에는 민법이 계약자유를 추구하는 반면에 노동법은 그에 대한 예외로서 자유를 제한한다는 분리사상이 지배적이었지만, 현

1) 졸고, "서독의 채권법개정개혁," 법조 1984년 2월호 · 3월호 참조.

대에는 민법과 노동법이 공정성확보라는 하나의 공통된 이념을 지향하게 되자 양자의 분리필요성이 사라지게 되었다. 최근 근로기준법은 계약법의 일환으로 취급하자는 주장이 높아지고 있으며, 노동계약에 관한 규정을 민법전 속에 흡수하려는 입법론이 제기된다.[1)]

1) 앞의 글 참조.

§3. 외국법의 영향

1. 개　　설

민법의 제정 당시 입법자는 일본 · 독일 · 프랑스 · 스위스 · 중국 · 만주 등 많은 외국의 민법전을 참조하였다.[1] 그 중 가장 큰 영향을 미친 것은 일제시대부터 민법제정 전까지 의용되었던 일본민법이다. 그런데 일본민법은 프랑스민법전과 독일민법 제1초안의 양법체계를 결합하여 만들어진 것이다. 프랑스민법과 독일민법은 채권법의 영역에서는 로마법의 영향을 강하게 받았다. 프랑스나 독일의 중세사회는 거래가 활발하지 않은 농경사회였기 때문에 채권법에 관해 고유의 전통법을 발전시킬 여건이 되지 않았다. 19세기의 독일법학은 로마법에서 발달시킨 개별적 법원칙들을 결합하여 일반원칙으로 구성함으로써 채권법의 논리적 체계를 구성하였다.

로마법이 매매 · 임대차 등의 개개의 계약유형만을 알고 있었던 것에서 나아가서 독일법학은 계약개념 · 채권개념 · 청구권개념을 정리하여 법원리를 추상화시켰다. 또한 로마법은 개개의 불법행위책임유형만을 알고 있었는데, 그들이 공통적으로 갖고 있는 요소를 일반화하여 불법행위책임의 이론 및 체계를 구성한 것도 근대법학의 성과이다(그러나 독일민법은 불법행위책임에 관해 포괄적 규정을 두지 않고 개별구성요건주의를 취하였다.). 로마법은 실체법과 절차법이 혼합된 소권법체계(訴權法體系)를 취한 까닭으로 엄격한 요건을 갖추어 소권을 획득한 자만을 보호하였으나, 근대법은 실체법과 소송법을 분리한 민사법체계를 갖추고 모든 실체적 권리 및 법익에 대해 소송절차를 통한 보호를 부여한다.

다른 한편 게르만법에서는 채무와 집행부담(책임)을 구별했지만, 근대법에서는 게르만법의 분리체제를 배제하고 모든 실체적 권리에 대하여 강제집행의 가능성을 부여하였다.

---

1) 김증한, "한국민법에 대한 독일법의 영향," 서장석박사화갑기념논문집, 1983; 양창수, "민법안의 성립과정에 관한 소고," 서울대 법학 제30권 3호, 1989; 정종휴, "한국민법전의 비교법적 계보," 민사법학 8호, 1990.

2. 독일민법의 영향

(1) 독일식 판덱텐체계

우리 민법은 독일식의 판덱텐체계를 취하고 있으므로 채권법의 영역에서도 독일법의 영향이 매우 크다고 볼 수밖에 없다. 개개의 채권관계를 규정하기 전에 민법총칙과 채권총칙에서 일반원칙을 규정하는 점, 그리고 채권과 물권을 준별하는 체계를 취하는 점은 독일과 같다. 그러나 독일은 민법총칙 다음에 채무관계법을 두고, 그 다음에 물권에 관해서 규정함으로써 우리 민법의 총칙 · 물권 · 채권의 순서와 다르게 되어 있다.

(2) 채권법의 총칙설치

채권총칙의 전반적 구성에 있어서도 독일법의 영향을 강하게 받았다. 채무관계의 내용(우리 법에서는 채권의 목적으로서 규정한다)을 규정하고 나서 채무불이행책임을 규정하는 점은 우리와 흡사하다. 특히 채권양도, 채무인수, 다수당사자의 채권관계를 독립된 절로서 규율하는 점은 독일민법에서 유래한다. 단 독일민법에는 계약총칙이 없고 채권총칙에 계약에 의한 채권관계라는 장을 두어 쌍무계약, 제3자를 위한 계약, 계약해제 등을 규율하는데, 우리 민법에서는 계약의 장에 다시 총칙을 두어 그들을 규율한다. 그리고 2002년 개정된 독일채권법은 장래 우리 채권법의 개정에 중요한 입법례로서 그 방향을 시사해 주고 있다.

(3) 의용민법의 보완

민법을 제정할 당시에 과거의 의용민법에는 없거나 빈약했던 제도를 독일민법을 본받아 보완했는데, 그러한 대표적인 입법사항으로서 이행보조자의 과실, 채권자지체, 채무인수가 있다.

3. 프랑스민법의 영향

우리 민법에는 프랑스민법으로부터 유래하는 제도가 상당부분 존재하고 있는데 특히 채권법은 프랑스민법의 요소가 강한 편이다.[1)]

1) 최종고, "법학을 통한 한불관계 100년사," 서울대 법학 제27권 1호, 1986; 동, 불란서의 사법제도, 입법참고자료 159호, 국회도서관 입법조사국, 1972; 프랑스와 빼디 페랑디/김성태 역, 프랑스법제가 독일에 미친 영향, 경희법학 제18권 1호, 1983; Terré/Simler/Lequette, *Droit civil Les obligations*,

(1) 채권자대위권과 채권자취소권

채권자대위권은 프랑스민법 제1166조, 채권자취소권은 프랑스민법 제1167조에 유래한다. 독일은 채권자대위권은 인정하지 않고 채권자취소의 절차를 특별법으로서 규율하므로 채권의 권능 속에 채권자대위권과 채권자취소권이 포함되지 않는다.

(2) 다수당사자의 채권관계

수인의 채권자 및 채무자에 관한 절은 대체로 프랑스민법의 영향을 강하게 받았다. 연대채무의 많은 규정이 프랑스민법의 규정과 흡사하다. 특히 보증채무에서 보증인이 주채무의 불이행의 경우에 이행책임을 지도록 하는 민법 제428조는 프랑스민법 제2011조에서 유래한다(독일민법과 스위스민법은 보증인이 주채무의 이행을 담보하는 것으로 규정한다. 독민 제765조; 스민 제492조).

(3) 변제에 관련된 법률관계

변제에 관한 많은 규정이 프랑스민법에서 유래한다. 특정물의 현상인도는 프랑스민법 제1245조, 변제로서 타인의 물건의 인도는 프랑스민법 제1238조 1항, 양도능력 없는 소유자의 물건인도는 프랑스민법 제1238조 1항, 채권자의 선의소비 및 양도와 구상권은 프랑스민법 제1238조 2항, 채권의 준점유자에 대한 변제는 프랑스민법 제1240조, 권한 없는 자에 대한 변제는 프랑스민법 제1239조, 변제자대위제도는 프랑스민법 제1249조 이하에서 유래한다.

(4) 경개와 혼동

기타의 채권소멸인으로서 경개는 프랑스민법 제1271조 이하, 혼동은 프랑스민법 제1300조 이하에서 유래한다.

4. 일본민법과의 관계

1958년에 제정된 민법의 채권편은 1895년의 일본민법의 규정을 거의 대부분 수용하였다. 그 결과 우리 민법은 20세기에 제정되었지만 19세기의 근대민법에서 크게 벗어나지 못했다. 그러나 일본민법에다 몇 가지 제도를

Dalloz, 1996; Roland/Boyer, *Droit Civil*, Litec, 1989; Deuxieme/Chabas, *Lecons de Droit civil*, Montchrestien, 1978.

개선 · 신설하여 독자적인 내용을 갖추려고 노력하였다.

(1) 책임법의 강화

책임법에 대해서는 채무불이행책임과 관련하여 과거 신의성실의 원칙에 의해 학설상 인정되던 이행보조자의 고의 · 과실에 관한 명문규정을 두었다(제391조). 불법행위책임의 성립요건을 과거의 권리침해에서 위법성요건으로 전환하였으며(제750조), 불법행위책임에서의 손해배상의 범위를 채무불이행책임에서와 같이 민법 제393조를 준용하도록 명문화하였다.

(2) 채권자지체의 보완

채권자지체에 관한 규정을 채무불이행책임의 뒤로 옮기고, 채권자지체의 효과에 관해 몇 개의 조항을 삽입하여 상세히 규정하였다(제400조 이하).

(3) 채권자대위권과 채권자취소권의 보완

채권자대위권의 행사에 관련하여 채권자에게 채무자에 대한 통지의무를 부과하였다(제405조). 채권자취소권의 내용을 사해행위의 취소에서 나아가 일탈재산의 회복까지 청구할 수 있도록 명문화하였다(제406조).

(4) 연대채무와 보증채무의 보완

연대채무의 내용에 관한 규정을 두고(제413조), 채권자지체를 절대적 효력사유로 명문화하였으며(제422조), 연대채무자의 부담부분을 균등한 것으로 추정하였다(제424조). 그 밖에 절대적 효력사유에 관한 과거의 불합리를 시정하였다. 즉 면제 · 혼동 · 소멸시효의 절대적 효과를 당해 채무자의 부담부분에 한정하도록 하였다(제419조~제421조).

보증채무에 관하여는 보증인의 최고 · 검색의 항변권(抗辯權)을 통합하여 하나의 항변권으로서 재구성하였다(제437조). 그 밖에 보증인이 주채무자의 항변권으로서 대항할 수 있도록 하고(제433조), 주채무자의 취소권이 있는 동안 이행을 거절할 수 있도록 하는(제435조) 등 보증인의 지위를 강화하였다.

(5) 채권양도의 보완

채권양도의 통지와 관련하여 금반언의 원칙을 명문화하였다(제452조). 지시채권에 관한 절을 새로 만들어 증권적 채권의 양도에 관한 일반원칙을 상세히 규정하였다(제508조 이하). 채무인수에 관한 절을 새로 만들어 그의 법률관계를 명확하게 규율하였다(제453조 이하).

(6) 변제규정의 보완

변제기 전의 변제를 허용하는 명문규정을 두고, 그로 인한 채권자의 손해를 배상할 의무를 부과하였다(제468조). 제3자가 변제 이외의 방법에 의한 출재로 채무자의 채무를 면하게 한 경우에 변제자대위(辨濟者代位)의 규정을 준용하도록 규정했다(제486조).

(7) 계약총칙의 보완

계약총칙에 있어서는 교차청약으로 인한 계약의 성립을 명문화하였으며(제533조), 급부의 원시적 불능으로 인한 계약좌절의 경우에 유책당사자에게 계약체결상의 과실에 대한 신뢰책임을 부과하는 책임원인규정을 새로 두었다(제535조).

또한 쌍무계약에서 위험부담을 종전의 채권자부담주의에서 채무자부담주의로 바꾼 중요한 변화를 도모하였다(제537조). 채무자위험부담주의는 물권법이 물권변동에 관해 종래의 의사주의를 버리고 형식주의로 전환한 것과 균형을 이룬다. 그 밖에 계약의 해지에 관한 규정들을 정비하였다.

(8) 증여 · 매매의 보완

증여계약에 있어서 수증자의 망은행위(忘恩行爲)가 있을 때 또는 증여자의 재산상태가 악화된 때에 증여자가 계약을 해제할 수 있도록 함으로써 증여계약의 구속력을 약화시켰다(제556조, 제557조).

매매계약에 관하여 종류물의 하자에 대한 매도인의 담보책임규정을 두고(제581조), 하자담보책임의 행사에 관한 제척기간을 하자를 안 날로부터 6개월 이내로 정했다(제582조).

(9) 소비대차 · 임대차의 보완

현대법의 약자보호사상을 반영하여 소비대차(消費貸借)의 차주를 보호하는 규정을 설치하였다. 이자계산의 시기를 차주가 차용물을 인도받은 때로부터 하도록 명문화하고(제600조), 대물대차의 차용액을 차주가 인도받은 것의 인도시가액으로 정하였다(제606조). 그리고 대물반환의 예약은 차용액 및 그 이자의 합산액의 범위에서만 유효하도록 하는 규정을 두어(제607조, 제608조) 후에 제정된 가등기담보법의 기초를 제공했다.

임대차(賃貸借)에 관한 규정도 현대법이념에 맞게 대폭적으로 보완하였다. 건물등기 있는 토지임대차에 대항력을 부여하였으며(제622조), 임차인에게 부속물매수청구권(제646조)과 갱신청구권(제643조) 등을 부여하였고, 전차인의 권리를 보호하는 몇 개의 규정을 두었다(제631조, 제638조, 제644조). 그 밖에 임대인과 임차인에게 차임증감청구권을 부여하였으며(제628조), 임차인이 2기 이상 차임을 연체한 경우에 임대인에게 임대차계약의 해지권을 부여하였고(제640조), 임대인을 위하여 법정질권·법정저당권의 설정을 인정하였다(제648조~제650조).

§4. 채권법의 해석방향

1. 법해석의 방향

채권법은 고정불변의 진리를 갖는 항구적인 규범은 아니다. 역사적인 상황에 따라서 변화하는 규범이다. 채권법을 해석함에 있어서 입법자의 의도와 당시의 정치적 · 경제적 · 사회적 상황을 외면할 수는 없다. 그러나 법의 해석을 전적으로 입법 당시의 지평선에 의존한다면, 법이 사회의 변동을 수용하지 못해 무력하게 될 것이다.

법의 해석에 있어서는 전통적인 법해석을 현재에 전승하고, 이에 새로운 해석이론을 더하는 과정이 필요하다. 채권법의 현대적 해석을 위해서는 우선 근대채권법의 본질을 검토하여 그 문제점을 가려내고 대안을 제시하는 작업을 해야만 한다. 철학에 있어서의 탈근대주의가 서서히 법학에까지 밀려오자 현대법학은 철학이론의 발달에 힘입어 근대 이후에 배태(胚胎)된 문제점들을 새로운 시각에서 분석하고 해결책을 모색하려는 움직임을 보인다.[1] 법학이 근대초기의 패러다임으로부터 탈피해야 한다는 의식은 실천법학[2]과 비판법학 등으로부터 확산되기 시작하였다.

---

1) 탈근대주의란 근대주의에서 탈피하고자 하는 20세기 후반의 이론으로서 탈구조주의 · 비판철학 · 철학적 해석학 등을 포섭하는 것이라고 할 수 있다. 탈구조주의의 일파인 해체주의란 프랑스의 철학자인 작크 데리다(Derrida)의 해체사상에서 유래하는데, 해체란 무차별한 파괴나 무조건의 비판을 의미하는 것이 아니라 데리다와 그 이론의 추종자들이 취하는 문헌의 해석에 관한 기법과 철학적 사상을 의미한다. 그 기법이란 우리의 언어 속에 숨겨진 모순을 끈질기게 찾아 내는 방법이다. 해체기법은 특히 다음의 점에서 법률가의 관심을 끈다. 해체기법은 이론적 논의가 어떻게 채워지고 이념적 사고가 어떻게 위장되는가를 보여 준다. 해체적 독해의 과정을 통하여 어떤 원칙을 유지하기 위한 논의가 와해되고, 다른 반대되는 원칙이 수립되는 과정을 보여 준다. 그러므로 해체기법은 현재의 법이론을 비판하는 방법을 제공한다. 나아가서 해체기법은 새로운 해석의 전략을 제공한다. 아울러 가다머(Gadamer)의 철학적 해석학에 기초한 동적 해석학은 채권법의 해석이 구성적이며 비판적인 관점에서 행해질 수 있도록 도와 주리라고 생각한다. Alan Hunt, The Big Fear: Law Confronts Postmodernism, 35 *Mcgill Law Journal* 507~540(1990) ; J. M. Balkin, Deconstructive and Legal Theory, 96 *The Yale Law Journal* 743~786 (1987) ; W. N. Eskridge, Gadamer/Statutory Interpretation, 90 *Columbia Law Review* 609(1990).

2) Posner, D. A. The Jurisprudence of Skepticism, 86 *Michigan Law Review* 827(1988).

2. 대륙법과 영미법의 접근

(1) 독일법의 연구경향

현대의 채권법이론의 특색은 대륙법(大陸法)과 영미법(英美法)의 접근이라는 현상에서 발견된다. 대륙법계에서는 법률의 권위를 낮추고 판례의 가치를 높이려는 노력을 기울이고 있다. 독일법은 18세기 사비니(Savigny)의 이론 이래 19세기에 이르러 사법의 개념 및 기초이론에 관해 눈부신 발전을 하였다. 현재 독일민법학은 사회주의국가이념에 충실한 채권법의 이론이 무엇인가를 모색하는 입장, 개별적인 채권관계에 관한 신이론을 확립하는 입장, 판례의 분석을 통해 판례에 의해 형성된 법리를 이론적으로 정리하는 입장 등 다양한 관심방향으로 펼쳐지고 있다.[1] 판덱텐 민법체계에 충실하게 개념을 중심으로 분석해 나가는 방법은 현재에는 별로 이용되지 않으며, 실제적인 법률문제의 해결을 위한 해석론과 입법론에 관심이 쏠려 있다. 1980년대 초에 채권법의 개정을 둘러싼 연구가 행해진 이래 그 문제에 관하여는 더 이상의 연구발표가 적고, 최근에는 새로운 거래유형을 규율하기 위한 특별법에 관심이 많다.

(2) 영미법의 연구경향

영미법학에서는 판례법의 이론적 공백을 메우기 위해 체계적 이론을 모색하고 있는 등 대륙법계와는 대조적인 이론경향을 보인다. 선례구속의 원칙은 장점과 단점을 동시에 갖고 있다는 것이 인식되었다. 그 단점의 보완책으로 법령의 제정과 이론의 구속성을 강조하는 경향을 보인다.[2] 통일상법전의 제정과 계약법 · 불법행위법에 관한 리스테이트먼트 등을 통해 영미의 판례이론을 법전에 담아 그의 해석에 충실하려는 경향을 보인다. 나아가서 계약법과 불법행위법 등을 공통적으로 규율하는 채권총론을 구성하고자 하는 이론도 있다. 이런 일반화추세의 한 예로서 계약책임 · 불법행위책임 · 소유권보장의 세 문제를 하나의 기본원칙에 의해 처리하자는 특이한

---

1) 독일에는 그 밖에 채권법에 법사학적 의미를 모색하는 움직임이 있다. Heldrich, A., Die Bedeutung der Rechtssoziologie für das Zivilrecht, *AcP* 186(1986), 75ff.

2) 그 한 예로서 영미계약법에서도 신의성실의 원칙이 기본원칙이 되어 가고 있다는 점을 들 수 있다. D. M. Patterson, Wittgenstein and the Code: A Theory of Good Faith Performance and Enforcement under Article Nine, 137 *U. Penn. L. R.* 335~429(1988).

주장을 들 수 있다.[1] 그들 세 문제는 보상·배상에 있어서의 정의의 문제와 비용을 최소화하려는 효율의 문제가 공존한다는 점에서 공통성을 갖는다고 한다. 책임을 일정한 범위로 한정하여 정액만을 배상토록 함으로써 가해자에게는 정액의 범위만을 부담시키고, 피해자에게는 그 정액을 초과하는 실손해를 감수토록 하는 손해분배의 방식을 취하고자 주장한다. 이러한 손해분배의 법사상은 계약책임과 불법행위책임에서뿐 아니라 개인의 소유권을 박탈하는 토지수용의 경우에도 동일하게 적용되어야 한다고 설명한다.[2]

3. 우리 해석법학의 방향

위의 검토과정에서 우리는 각국이 자신의 법체계를 비판하고 취약점을 발견하여 이를 보완할 방안을 제시하는 방향으로 가고 있음을 알 수 있다. 우리는 대륙법체계가 안고 있는 단점을 정확히 파악하고 그 보완책을 모색해 보아야 한다.

우리 민법은 비록 많은 부분을 다른 법제에서 도입한 제도로 채우고 있기는 하지만, 그들을 주체적인 관점에서 조합·배열함으로써 하나의 독자적인 법제를 이루고 있다. 우리 민법이 취한 프랑스민법과 독일민법의 결합은 양 법전의 장점만을 취합한 것으로서 우수한 법전을 탄생시키는 계기가 되었으나, 각국법의 내재적인 조화의 구도를 깨뜨린다는 약점도 갖는다. 이러한 점을 감안하여 우리 채권법을 해석할 때에는 우리의 민법규정이 이루는 체계에 맞추어 이론을 전개해 나가야 할 것이다. 예를 들어 어떤 법규정의 해석론에 관해 독일법이론을 도입하기에 앞서 프랑스법에서 유래한 규정들과 조화를 이루는가를 생각해야 한다.

아울러 우리 사회의 고유한 발전과정에서 적합한 규범을 찾는 일도 매우 중요하다. 우리의 법규정과 법생활에 바탕을 둔 법리를 전개하면서 비교법적 고찰을 통하여 함축성을 풍부히 하는 일이 해석법학의 과제라고 생각한다.

---

1) Robert Cooter, *Unity in Tort,* Contract and Property: The Model of Precaution, 73 *California Law Review* 1~5(1985).

2) 이와 미국법학의 최근·움직임은 비판법학운동, 시카고 학파를 중심으로 한 법의 경제적 분석, 법의 심리학적 분석으로 요약될 수 있다. 법의 심리적 분석의 한 예로서 계약의 교섭·체결·이행의 관계를 사회과학의 의사소통이론을 통해 접근해 나가는 방법이 있다. F. Kessler, Metamorphosen im Amerikanischen Vertragsrecht, *JZ* 1988, 109~116.

제 2 장 채권의 의의와 효력

제2장 채권의 의의와 효력

§5. 채권의 의의

1. 채권의 개념

(1) 개 념

채권(債權)이란 채권자가 채무자에 대하여 채무의 이행을 청구하고 채무자가 이행한 것을 수령하여 보유할 재산적 권리를 말한다. 채권의 핵심을 이루는 것은 이행청구권(履行請求權)과 급부보유력(給付保有力)인데 이는 재화의 획득수단이며 재화를 소유할 수 있는 정당한 법적 원인이다. 채권은 채무자의 이행을 통하여 채권자에게 재화를 이전시키는 기능을 담당한다. 채권자가 타인으로부터 재화를 획득하는 방법은 재화의 보유자와 거래(계약)를 함으로써 그 재화에 대한 채권을 취득하고, 그 후에 채무자의 이행을 통하여 재화에 대한 물권 등의 지배권을 취득하게 된다. 그러므로 타인의 재화에 대한 지배권을 취득하기 위한 과정으로서 채권의 획득이 필수적이다.

(2) 채권의 한시성

채권은 채무자로부터 이행을 받을 때까지 한시적으로 존재의의를 갖는 권리이다. 채권은 채무자의 이행을 통해 만족을 얻게 되면 그 목적달성으로 인해 소멸하는 속성을 가진다. 채무의 이행에 해당하는 변제 · 대물변제 · 상계 · 공탁 등은 채권의 소멸사유이다. 물건의 인도채무에서 물건의 양도로 채권은 목적을 달성하여 소멸하고, 채권자는 그 채권을 법적 원인으로 하여 물권(소유권)을 취득하게 되고 그 물권이 타인에게 양도되기까지 권리자의 수중에 계속 남게 된다. 채권이 채무이행을 통해 소멸하지 않더라도 소멸시효의 기간(원칙적으로 10년)이 경과하면 자동적으로 소멸하게 되는데, 이 점은 시효로 소멸하지 않는 소유권과 대조적이다.

(3) 채무자의 책임재산

채권은 채무자로부터 이행을 받는 권리이므로 채무자에게 채무를 이행할 재산이 있을 때에만 만족을 얻을 수 있고, 채무자가 무자력인 때에는 채권의 만족을 얻을 수 없다. 채무자가 재산은 갖고 있으나 자발적으로 이행하지 않고 있을 때에는 채권이 갖는 소구력(訴求力)과 집행력(執行力)을 활용하여 채무자의 재산에 대해 강제집행할 수 있다. 그러나 채무자에게 강제집행에 복종할 책임재산이 없는 때에는 채권의 집행력은 공허한 것이 된다. 결국 채권은 채무자가 무자력으로 되어 만족을 얻지 못하게 될 무자력위험(無資力危險)을 갖는다고 할 수 있다.

채권자는 채무자의 무자력위험을 줄이기 위해 담보물권을 설정해 줄 것(물적담보)을 요구하거나 보증인을 세울 것(인적담보)을 요구하기도 한다. 이러한 담보가 제공되어 있는 경우에는 무자력위험이 훨씬 줄어들게 된다. 채권 자체에도 채무자의 책임재산을 확보하여 무자력위험을 줄이기 위한 권능으로서 채권자대위권과 채권자취소권이 포함되어 있다. 채권의 만족을 도와 주는 채권자대위권과 채권자취소권은 실체법상의 권리로서 채권으로부터 필요한 때에 파생되는 권능이다.

2. 실체법상의 청구권과 소송법상의 청구

(1) 소송상 청구

민법규정은 1차적으로 재판규범의 기능을 담당하며, 민사소송절차에 있어서 민법은 실체법으로서 재판의 법적 근거가 된다. 소송당사자의 주장을 실체법에 비추어 판단하기에 앞서 소를 제기한 원고(原告)가 무엇을 원하는지를 밝혀야 심리가 진행될 것인데, 원고가 자기의 소송목적을 밝히는 것이 소송상 청구(訴訟上 請求)이다. 원고는 소송상 청구에서 피고에 대하여 물건의 인도를 청구한다든가, 일정액의 금전을 지급할 것을 청구한다든가, 일정액의 손해배상금의 지급을 청구한다든가 하는 등 피고(被告)에 대한 청구내용을 밝히게 된다. 그 청구가 실체법상의 법적 근거를 가지는 것인지는 법관의 심리를 거쳐 본안판결을 통해 판정된다. 소송상 청구가 실체법상의 청구권에 의해 뒷받침되는 때에는 청구인용의 판결이 행해지는 반면에, 그렇지 않은 때에는 청구기각의 판결이 행해진다.

(2) 실체법상 청구권

특정인에 대하여 일정한 작위 또는 부작위를 청구할 수 있는 권리가 실체법상의 청구권이다. 이 청구권은 소송상 청구와 대비되는 개념이다. 실체법상 청구권(實體法上 請求權)을 갖는 자가 그것을 소송상 실현하는 방법이 소송상 청구 및 본안판결이다. 원래 로마법에서는 실체법상의 청구권과 소송상 청구를 구별하지 않고 양자를 합쳐서 소권(actio)으로 파악했으나, 근대독일법학자들이 이 소권을 실체법적 측면과 소송법적 측면의 두 부분으로 분해하여 실체법상의 청구권개념을 만들었다. 청구권개념의 확립에 커다란 공헌을 한 것은 독일민법학자인 빈트샤이드(Windscheid)의 연구이었다. 실체법상의 청구권개념이 확립되면서 실체법과 소송법의 관념적인 분리가 가속화되었다.[1]

실체법상의 청구권이란 그 청구권을 발생시키는 다양한 법적 근거에도 불구하고 「타인에게 무엇을 청구할 수 있는 실체법상 권리」라는 공통성을 갖고 있다. 실체법상 청구권이 발생하는 권리의 종류에 따라 「채권에서 파생되는 급부청구권」, 「물권에서 파생되는 물권적 청구권」(목적물의 반환이나 방해의 제거 및 예방에 관한 청구), 친족권에서 파생되는 비재산적 청구권(인지청구권, 자의 인도 등에 관한 청구권 등), 친족권이나 상속권에서 파생되는 재산적 청구권(이혼시 재산분할청구권, 상속회복청구권 등) 등이 있다.

(3) 채권과 청구권

채권(債權)과 청구권(請求權)은 법학이 만들어 낸 추상개념이라는 점에서는 공통성을 갖지만, 그 용도가 각각 다르다. 채권은 재산권의 일종으로서 물권과 대비되는 개념으로 만들어진 반면에, 청구권은 실체법상 권리의 대표적인 모습으로서 소송상 청구에 대비되는 개념으로 만들어졌다.[2] 따라서 채권이나 물권은 실체법상의 권리이지만, 이에 기해 소송을 제기하기 위하여는 채권으로부터의 급부청구권 또는 채권자취소권 등의 특정한 권능을

1) 호문혁, "19세기 독일에 있어서의 청구권개념의 생성과 변천," 황적인박사화갑기념 손해배상법의 제문제, 1990, 601 이하.

2) Rimmelspacher, *Materiellrechtliche Anspruch und Streitgegenstandsprobleme im Zivilprozess*, 1970; 奧田昌道, 請求權概念の生成と展開, 1979, 239 이하에서는 청구권에 가치귀속지위인 법적 지위(Rechtsposition)의 요소와 그의 실현수단인 법적 구제(Rechtsabehelfe)의 요소가 있다고 설명하고, 채권에서는 법적 지위가 중요한 요소이고, 청구권에서는 법적 구제가 중요 요소라고 주장한다.

행사하게 된다. 실제 소송에서 채권과 급부청구권은 명확히 구별되지 않으며, 채권을 주장하면 통상 급부청구권을 행사하는 것으로 이해된다. 물권에 기하여서는 특정물의 인도를 구하는 물권적 반환청구권 또는 타인으로부터의 방해를 제거할 것을 요구하는 물권적 방해제거청구권을 행사한다. 실체법상의 청구권을 소송상 행사하여 피고에게 급부를 청구하는 소송을 이행의 소라고 한다.[1] 채권에는 급부청구권 이외에 급부보유력, 채권자대위권 등의 권능이 포함되어 있다. 채권의 한 권능인 채권자취소권에는 형성권인 취소권과 청구권인 원상회복청구권이 포함되어 있다. 채권과 청구권은 각각 별개의 규범목적을 가진 법개념으로서 양자가 중첩되는 영역이 매우 크지만 각각 고유의 영역을 갖고 있다.

3. 채권관계와 채권

(1) 채권관계

채권 · 채무로서 연결되어 있는 당사자의 법적 결합관계를 채권관계(債權關係)라고 한다. 채권(債權)이란 채권자와 채무자 사이의 계약, 불법행위 등의 인적 관계에서 파생되는 권리 중 한 개일 뿐이며, 채권의 내용과 존속 여부는 그 인적 관계에서 직접적인 영향을 받는다. 따라서 채권관계 없는 고립의 채권이란 존재하지 않는다.

채권관계는 채권의 발생원인인 계약 · 사무관리 · 부당이득 · 불법행위에 따라 다른 내용으로 구성되는데, 당사자의 자발적인 의사에 의해 구성되는 계약의 채권관계가 그 중에서 가장 중요한 자리를 차지한다.[2]

사례연구

A가 B에 대하여 1백만원의 금전채권을 갖고 있다고 하는 것은 하나의 채

1) 민사소송에는 이행의 소 이외에 형성권의 행사를 목적으로 하는 형성의 소, 권리의 확인을 구하는 확인의 소가 있다.

2) 이러한 복합적인 관계를 광의의 채권관계라고 하고, 그를 구성하는 개개의 채권에 관한 당사자관계를 협의의 채권관계라고 구분하는 견해도 있다. Medicus, *Schuldrecht I*, S. 4; 김형배(2판), 23~24에 설명 있음. 사견으로는 그러한 구별은 필요 없다고 생각한다. 매매라는 채권관계를 구성하는 목적물인도채권은 채권의 효력으로서 파악하면 충분하지 그것을 별도로 떼어 협의의 채권관계로서 이중적 구조로 어렵게 설명을 할 필요는 없기 때문이다.

권만을 고찰하는 것이지만, A가 B에 대하여 판매한 물품대금으로서 1백만원의 대금채권을 갖고 있다고 하는 것은 그 금전채권의 기초가 되는 매매계약의 채권관계를 염두에 둔 서술이다. 그 1백만원의 채권은 추상적으로(무인적) 존재하는 것이 아니라, 채권관계에 결합되어 존재한다. 채권은 채권관계로부터 생기는 인적 항변을 포함하게 됨이 원칙이다(어음채권의 경우는 예외). 물품의 인도의무와 동시이행의 관계에 놓임으로서 채무자에게 상대방의 급부제공이 있을 때까지 이행거절의 항변권을 발생시킨다. 쌍방의 이행이 완료되었더라도 물건에 하자가 있으면 대금을 감액하거나 계약해제와 함께 환불을 청구해 올 수도 있다. 이와 같이 채권은 그 기초가 되는 채권관계로부터 영향을 받게 된다. 채권을 파생시키는 채권관계, 그 중에서도 계약관계는 당사자의 의사 및 이행태도에 따라 계속해서 변화하는 인적 관계이고 이로부터 인적 항변이 나온다.

(2) 쌍무계약관계

계약의 채권관계를 계약관계라고 하는데, 계약의 성격에 따라 그 내용에 차이가 생기게 된다. 편무계약(片務契約)에서와 같이 채권관계가 하나의 채권을 중심으로 구성되어 있는 경우에는 그 채권관계가 채권과 유사한 내용으로 구성된다. 그러나 쌍무계약(雙務契約)과 같이 여러 개의 채권이 함께 얽혀 있는 채권관계에서는 그들 채권이 상호 영향을 미치므로 채권관계 전반에 대한 종합적인 고찰이 필요하다. 쌍무계약의 채권관계는 상황의 전개에 따라 계약의 성질, 당사자의 의사, 법률의 규정 등에 의해 여러 가지의 청구권 · 항변권 · 형성권 등을 생성시키는 모체로서의 성질을 갖는다. 예를 들면 매매라는 채권관계에서는 목적물인도채권 · 대금채권을 중심으로 그에 부수하는 여러 권리 · 의무가 공존하고 있다.

§6. 채권의 효력

채권의 속성　민법 및 민사소송법은 채권에 다음의 6가지 속성을 부여한다. 원칙적으로 모든 채권은 그 6가지의 속성을 지니지만, 예외적으로 그 중의 한두 가지 속성을 결여한 불완전한 채권이 존재할 수 있다.

1. 청 구 력

채권은 채권자가 채무자에 대하여 채무의 이행을 청구(請求)할 권리를 부여한다. 이행청구를 이행의 최고(催告) 또는 추심청구(推尋請求)라고도 부른다. 청구력은 소구력의 실체법상 기반을 이룬다.

(1) 청구의 내용

채권에 기한 청구는 본래의 채무를 원칙으로 하며, 채무불이행이 생긴 때에는 손해배상을 청구할 권리를 갖는다. 이 손해배상채무는 본래의 채무의 확장 또는 변형으로 양자는 동일한 근원을 갖는다. 손해배상의 청구내용은 본래채무와 함께 지연배상을 청구하는 경우, 본래채무 대신에 전보배상을 청구하는 경우, 또는 본래채무와 직접 관련이 없는 확대손해를 청구하는 경우로 분류된다.

(2) 급부청구권의 발생시기

채권은 그 발생원인인 계약이나 불법행위를 한 때에 발생한다. 채무 없는 계약은 없으며, 손해배상의무가 발생하지 않는 불법행위는 없다. 급부청구권은 채권의 발생, 즉 계약이나 불법행위의 성립과 동시에 발생한다. 그렇다고 하여 그 급부청구권을 발생과 동시에 이행해야 하는 것은 아니다. 계약의 경우에는 당사자의 합의나 거래관습에 의하여 채무자에게 일정한 유예기간을 부여하는데 이를 기한의 이익이라고 하며 그 유예기간이 끝나는 시점을 변제기라고 한다. 기한의 이익은 다른 약정이 없는 한 채무자를 위한 것이므로, 채무자는 변제기 전에 변제할 수 있지만 채권자는 변제기 전에 이행청구할 수 없다. 불법행위에서는 이론상으로는 그 행위시에 손해배상의무가 발생하지만, 손해를 확인하고 배상액을 결정하는 등의 시간이 걸리므로 실제로는 손해가 확인된 후 피해자가 가해자에게 손해배상청구를 하는 때에 즉시 변제해야 한다. 채권은 원래 그 속성으로 청구력을 갖지만, 그 청구력은 채권의 변제기가 도래하여야 현실화되는 것이 보통이다. 변제기가 도래하기 전에 채권자는 이행을 청구할 권리가 없음이 원칙이지만, 채권의 보전필요성이 급박한 때에는 미리 이행청구를 할 수 있는 예외가 인정된다. 강제이행을 구하는 소는 미리 그 청구의 필요가 있는 경우에 한하여 제기할 수 있으며(민소법 제251조), 이러한 소송절차에 의하여 「장래의 이행판결」을 받을 수 있다(강제집행에 관하여는 민집법 제30조 2항).

(3) 소송외 이행청구

채무자에 대한 이행청구는 소송에 의하지 않고 직접 채무자에 대하여 간편하게 할 수 있다. 이행청구의 방식에는 제한이 없다. 구두 · 서신 · 전신 · 광고 등 어떤 방식으로 하여도 무방하지만, 채무자에게 상식에 벗어나는 협박이나 폭력을 동원하여 이행을 강요하는 것은 위법한 행위가 된다.

2. 보 유 력

채권자는 채무자가 이행을 위하여 급여한 재화나 용역을 보유할 권리를 갖는다. 타인의 재산이나 노무로 인하여 이득을 얻는 것은 법률상 정당한 원인이 있는 경우에만 허용되는데, 채무자의 변제제공에 대한 채권자의 수령은 수령물을 보유할 정당한 법적 원인을 제공한다.

(1) 반환청구의 금지

채무자는 채권자에게 변제로서 인도한 것을 반환하라고 청구할 수 없다. 채무자의 반환청구에 대하여 채권자는 그의 급부보유력을 갖고 대항할 수 있다. 채무자가 채권자에게 인도한 물건이 부동산인 경우에 채권자가 그것을 인도받아 아직 소유권이전등기를 하고 있지 않아 제3자에 대한 관계에서 소유권은 채무자에게 귀속되어 있는 상태라도 채무자는 채권자에게 그 부동산의 점유를 반환할 것을 청구할 권리가 없다. 채권자의 급부보유력은 채무자에 대한 관계에서만 주장할 수 있을 뿐이며, 제3자에 대한 관계에서는 이를 갖고 대항할 수 없다. 비록 채무자가 채무의 변제로서 타인의 물건을 인도한 경우라도 채무자는 다시 유효한 변제를 하지 않으면 그 물건의 반환을 청구하지 못한다(제463조).

(2) 부당이득반환의 경우

채무가 없음에도 불구하고 채무의 변제라고 착각하여 인도한 물건에 대하여는 수령자에게 급부보유력이 생기지 않는다. 이 경우는 비채변제가 되어 제공자에게 부당이득반환청구권이 생긴다. 급부의 수령자에게 채권이 있어야 급부보유력이 인정되는데, 채권이 없으면 정당한 원인이 없이 타인으로부터 이득을 취한 부당이득이 되어 그 급부를 급부자에게 반환해야 한다(제741조). 급부를 수령할 때에는 채권이 있었으나, 그 후 계약이 취소되어 채권이 소급적으로 소멸한 경우에도, 그 급부는 부당이득으로서 급부자에게 반환되어야 한다.

(3) 물권적 청구권과의 관계

채권자의 변제수령물에 대한 급부보유력은 물권적 효력을 갖지 않는다. 채권자의 급부보유력은 채무자에 대한 상대적 효력을 가질 뿐이므로, 제3자가 채권자에 대하여 물권적 청구권을 행사하면 물권자에게 인도해야 한다. 채무자가 변제로서 타인의 소유물을 인도한 경우에, 물건의 소유자는 채권자에 대하여 소유권에 기한 물권적 청구권을 행사하여 반환받을 수 있으나(제213조), 이 때에도 채권자가 선의취득의 요건을 갖춘 때에는 반환할 필요가 없다(제249조).

3. 소 구 력

채권은 채무자가 임의로 이행하지 않는 경우에 민사소송에 의해 그 목적실현이 가능한데, 채권에 주어진 이러한 권능을 소구력(訴求力)이라고 한다. 소구력은 채권에 주어진 강제적 효력 중의 하나이다.

(1) 이행판결의 실체법상 요건

채무자가 임의로 이행하지 않는 때에 채권자는 법원에 민사소송(이행의 소)을 제기하여 채무자에 대한 이행판결을 받을 수 있다. 소송상 청구는 청구력의 내용에 따라 본래의 급부 또는 손해배상을 목적으로 한다. 채권 중에는 예외적으로 소구력이 배제된 것도 있는데, 자연채무 및 패소의 확정판결 있는 채권이 이에 해당한다.

(2) 강제집행의 전제

채권자가 채무자의 재산에 대하여 강제집행하기 위하여는 소구절차(판결절차)를 선행해야 함이 원칙이다. 판결절차에서는 법관이 증거에 의해 채권의 존재·범위 등을 심리하여 채무자에게 채무를 이행할 것을 명한다. 강제집행에 들어가기 위하여는 채무명의(집행력을 증명하는 문서)를 제시해야 하는데, 이행판결(확정판결이나 가집행선고 있는 종국판결), 화해조서, 조정조서, 공증인이 작성한 채무증서 등이 채무명의가 된다.

4. 집 행 력

채권은 채무자가 임의로 이행하지 않는 경우에 채권자는 집행기관(법원)의 힘을 빌려 채무자의 재산으로부터 만족을 얻을 수 있는데, 이러한 채권의 권능을 가리켜 집행력(執行力)이라고 한다. 집행력은 채권에 부여된 강제적 효력의 대표적인 내용을 이룬다.

(1) 자력집행의 금지

채권은 채무자의 이행을 통하여 만족을 얻게 되며, 채권자가 스스로 강제력을 동원하여 만족을 얻는 자력집행(自力執行)은 금지된다. 단 채권의 만족을 위하여 담보물이나 보증금 등이 채권자에게 제공된 경우에는 이로부터 직접 변제받을 수 있다. 채권자가 채무자에 대하여 동종의 채무를 지는 경우에는 그와 상계함으로써 채권의 만족을 얻을 수 있다. 상계는 한편 채무의 이행방법이면서 다른 한편 채권의 자력집행의 방법이기도 하다.

(2) 채권자의 강제집행청구권

채권자는 채무명의에 표시된 청구권의 목적을 실현하기 위하여 국가권력의 발동을 요구할 강제집행청구권(强制執行請求權)을 갖는다. 채권자는 소송절차를 통해 법원으로부터 이행판결을 받아 강제집행의 절차에 들어갈 수 있다. 채무자의 임의이행이 없으면 채권자는 강제이행을 법원에 청구할 수 있는데(제389조 1항), 이 권리는 채권의 집행력(공취력 또는 책임이라고도 함)으로부터 나온다. 강제집행이란 국가가 채무자에 대하여 강제력을 가하여 청구권의 내용을 실현하도록 하는 것을 말한다. 강제력을 가한다는 것은 채무자의 의사에 반하

더라도 그를 억압하고 만일 저항하는 경우에는 위력을 사용한다는 의미이다.[1)]

(3) 강제집행의 허용범위

집행력이 미치는 범위는 채무자의 재산에 한정된다(물적 집행의 원칙). 채무자의 인신에 대하여는 채권의 효력이 미치지 않음이 원칙이다. 채권의 행사를 강제집행의 방법에 의존하더라도 채무자의 신체나 자유에 필요 이상의 희생을 주어서는 안 된다. 또한 채무자의 재산에 대한 집행에 있어서도 채무자나 그의 가족의 최소한의 인간다운 생활에 위협을 준다면 사권의 공공성 및 사회성에 배치되어 허용될 수 없다. 채무자가 보유하는 전재산은 채권의 집행력의 대상이 됨이 원칙이다. 단 압류가 금지되는 재산은 집행대상에서 제외되며, 채무자의 재산에 대하여 우선변제권 있는 담보물권이 있는 경우에는 집행력이 그 나머지 부분으로 한정된다. 민사소송법은 강제집행의 종류와 정도를 엄격히 규정하고 채무자의 생활보장을 위하여 압류금지의 범위를 법률로 정함으로써 사권의 공공성을 유지하고자 한다.

5. 채권자대위권

채권의 대외적 권능으로서 채권자대위권과 채권자취소권이 부여된다.

(1) 의 의

채권자는 자기의 채권을 보전하기 위해 그의 채무자에게 속하는 권리를 행사할 수 있는 권한을 갖는데, 그 권한을 채권자대위권(債權者代位權)이라고 한다(제404조 1항). 채권의 만족가능성을 높이기 위해 필요한 경우에는 채권자에게 채권자대위권이라는 파생권능이 부여된다. 채권자는 채권자대위권에 기하여 채무자의 재산관리에 간섭할 수 있는데, 제3채무자(채무자의 채무자)에 대해 채무자에게 이행할 것을 대위청구할 수 있다. 그 대위행사는 소송 외에서도 할 수 있고 소송상으로도 할 수 있다. 채권자대위권을 소송상 행사하는 경우에, 원고는 대위채권자가 되고 피고는 제3채무자가 되어, 원고가 소송상 청구의 권리자가 되는 통상의 소송과 다른 형태를 띠게 된다.

---

1) 방순원, 민사소송법(하), 1987, 23~24.

(2) 제 3 자에 대한 효력

채권자대위권은 채권의 효력을 제3자에 대한 관계에까지 확장하는 것이다. 이것은 채권자가 자기의 채무자에 대하여만 채권의 효력을 미치게 한다는 상대권성에 대한 예외이다. 그러나 자세히 분석해 보면 채권자가 제3채무자에 대하여 행사하는 권리는 자기의 채권이 아니라, 채무자의 채권을 대위행사하고 있는 데에 불과하다. 채권자는 채무자의 권리를 대위행사할 자격을 부여받는 것이지, 제3자에 대한 관계에서 자기의 채권을 행사하는 것은 아니므로, 채권자의 채권 그 자체가 제3자에게 효력을 미치는 것은 아니다. 이 점에서 대항력 있는 임차권이 채권의 효력을 제3자에게까지 확장하는 것과는 다르다.

6. 채권자취소권

(1) 의 의

채권자는 채권의 만족가능성을 높이기 위해 채무자의 책임재산의 일탈을 방지하고 일탈한 재산을 원상회복하기 위한 권능으로서 채권자취소권(債權者取消權)을 행사할 수 있다. 채무자가 채권자를 해함을 알고 제3자와 재산권을 목적으로 한 법률행위를 한 경우에 채권자는 자기의 이름으로 제3자에 대하여 그 사해행위를 취소하고 일탈재산의 원상회복을 소구할 수 있는 권리를 갖는다(제406조 1항). 채권자취소권을 행사함으로써 채무자의 책임재산을 확보하여 강제집행의 대상이 되는 재산을 마련함으로써 채권의 만족을 가능케 한다. 채권자취소권은 종종 강제집행의 전단계로서 이용된다. 채권자취소권은 채권의 집행력의 확장이므로 집행불능의 채권으로부터는 채권자취소권이 파생되지 않는다.

(2) 제 3 자에 대한 집행력확장

채권자는 채권자취소권을 행사함으로써 채무자와 제3자(수익자 또는 전득자) 사이에 행해진 법률행위를 취소할 수 있다. 채권자취소권은 타인의 재산관리의 자유를 제한하는 권리이다. 이 취소권은 채권으로부터 파생되는 형성권이지만, 그 채권의 기초가 되는 계약이 아니라 채무자와 제3자 사이의 계약을 취소할 수 있는 권리가 생긴다는 점에 특징이 있다. 또한 채권자취소권의 행사로써 수익자나 전득자가 취득한 재산을 다시 채무자에게로 원상회복하도록 요구할 수 있는 청구권이 파생되어 나온다. 채권자취소권을 통해 채무자가 제3자와 행한 사해행위를 취소하고 일탈재산을 회복하는 것은 채권의 집행력(執行力)의 확장(擴張)이라고 볼 수 있다.

§7. 도의적 의무와 자연채무

1. 법적 의무와 도덕적 의무

(1) 개 념

채권법에서 다루는 의무는 원칙적으로 법적 의무에 한정된다. 법적 의무(法的 義務)는 법률의 규정, 관습법 또는 채무자의 자발적 약속에 의해 부과됨을 원칙으로 하며, 법적 의무의 이행은 사법절차를 통해 강제된다. 그 밖에 우리가 사회생활을 해 나감에 있어서는 도덕적 의무(道德的 義務)가 부과되고, 도덕적 의무의 준수는 법적으로 강제되지는 않지만 도덕적 의무를 준수하여야 사회생활을 원만히 할 수 있고 주위사람들의 신뢰를 얻을 수 있다. 어떤 의무가 재산적 의의를 갖는 경우에 그것이 단순히 사회생활상 · 도덕상 요구되는 의무로서 강제될 수 없는 것인지 또는 법적 구속력을 갖는 의무인지 그 의무의 성격이 규명되어야 한다.[1)]

판례는 권리보호의 이익이 있는 경우에 법적 의무로 인정하여 채무가 발생하지 않는 도덕적 의무와 구별한다. 당사자들이 단순히 도의상으로 어떤 의무를 부담할 의사가 아니라 법적으로 어떤 의무를 부담할 의사로 그와 같은 급부를 하기로 정한 것이라면, 그것이 그대로 이행되더라도 당사자의 재산이나 신분상의 권리관계에 어떠한 영향도 없다는 이유만으로, 그와 같은 약정에 기한 청구가 법률상 보호받을 자격이 없다고 할 이유는 없다고 한다(대판 1998. 2. 24, 97다48418).[2)]

다른 한편 판례는 원고가 차용증서에 "협조를 최대한 한다"라고 기재한 표시행위에 의하여 부여한 객관적인 의사는 피고측이 제시한 의무를 법률

1) 법과 도덕의 구별은 법철학의 주요 테마이다. 법은 그의 강제가능성으로서 도덕과 결정적인 차이를 갖는다고 이해된다(심헌섭, 법철학, 79 참조). 그러나 재산적 의무에 관한 한은 쉽게 양자의 차이를 도출해 내기 어렵고 양자를 구분하기도 어렵다. 심헌섭, "법으로부터 자유로운 영역," 서울대 법학 제19권 2호(1979), 61 이하.

2) 상위종중이 족보를 편찬하면서 직근 하위종중 종시조의 서차 문제와 관련하여 어느 일방의 직근 하위종중에게 새로운 증거가 제출되지 않는 한 그 직근 하위종중의 종시조를 장자로 기재하고 다른 직근 하위종중의 종시조를 장자로 기재하지 않겠다고 약정하였다면, 특별한 사정이 없는 한 이는 상위종중이 법적으로 의무를 부담할 의사로 약정을 체결한 것으로 보아야 한다. 따라서 이에 기한 금지청구에 권리보호이익이 있다.

적으로 부담할 수 없지만 사정이 허락하는 한 성의껏 이행하겠다는 취지로 해석하였다(대판 1996. 10. 25, 96다16049).

(가) 법적 의무의 강제력 채무는 법규범에 의해 승인되고 또한 그 이행이 강제되는 법적 의무의 일종이다. 법규범은 국가에 의해 준수가 강제되는 사회적 규범이므로, 법규범에 의해 승인된 사인간의 관계는 법적 구속력을 갖는다. 법적 구속력을 갖는 의무는 이행이 국가에 의해 강제된다. 법적 구속력을 갖는 의무 중에서 그것이 재화 및 용역의 이동을 내용으로 하는 것인 때에는 채무라고 부른다. 그러므로 채무에 관해서는 법질서가 채권자의 이행청구권을 보호하고 채무자에 대해 이행강제(履行强制)를 행한다. 채권자는 채무자에 대하여 소송 및 강제집행의 절차를 통하여 채권의 만족을 실현할 수 있다.

(나) 도의적 의무의 임의성 도덕적 의무는 강제적 의무성을 띠지 않는다. 권리자는 상대방에 대하여 그 이행을 청구할 법적 권리를 갖지 않으며, 의무자는 법적 이행의무를 지지 않는다. 법적 이행청구권이 없는 권리를 기초로 해서는 소송상 청구나 강제집행이 성립하지 못한다. 그러나 의무가 자발적으로 이행된 경우에 권리자가 그 급부를 수령하는 것은 부당하지 않다. 민법은 도의적 의무가 임의로 이행된 경우에 「도의관념(道義觀念)에 적합한 비채변제(非債辨濟)」로 보아 의무자가 그 급부의 수령자에 대하여 반환을 청구할 수 없다고 규정함으로써 간접적으로 급부보유의 법적 원인을 부여한다. 채무 없는 자가 착오로 인하여 변제한 경우에 그 변제가 도의관념에 적합한 경우에는 그 반환을 청구하지 못한다(제744조).[1] 의무자는 자기가 이행한 것에 대해 부당이득반환청구권을 갖지 않는다.[2] 도의적 의무는 이행청구의 단계에서는 법적 강제력이 미치지 않는 도덕세계에 속하지만, 일단 이행된 후에는 그 결과에 대해 법적인 보호를 받게 된다. 만약 도의적 의무의 이행으로 수령한 것에 대해 급부보유력을 부여하지 않는다면 법규범이 그 것의 반환청구권을 법적권리로서 인정하고 강제이행에 협력해야 하는데,

---

1) 이와 유사한 입법으로서 독일민법 제814조는 "채무이행의 목적으로 급부한 것은 급부자가 급부의무가 없음을 안 때 또는 급부가 도덕적 의무 또는 예의상 배려에 상응하는 때에는 그 반환을 청구할 수 없다"고 한다. 프랑스민법 제1235조 1항에서는 "모든 변제는 채무를 전제로 한다. 채무 없이 지급된 것은 반환청구될 수 있다"고 하고, 동조 제2항에서는 "임의로 변제된 자연채무에 대하여는 그의 반환청구가 인정되지 않는다"고 규정한다.

2) 졸저, 채권각론, 704 참조.

이러한 결과는 부당하기 때문이다.

(2) 무상행위의 구속력

민법은 무상계약(無償契約)(증여, 사용대차 등)과 유상계약(有償契約)(매매, 임대차 등)을 구별하지 않고 당사자의 합의에 대하여 법적 구속력을 인정한다.[1] 비록 무상으로 급부하기로 약속한 경우라도 일단 계약을 체결한 후에 그 채무자는 임의로 계약관계에서 벗어날 수 없게 된다. 그러나 실제로는 무상의 급부를 제공하기로 하는 약속은 도의적 의무에 그치는 경우도 많이 있으며, 이런 경우까지 그 이행을 법적으로 강제하거나 불이행에 대하여 손해배상의무를 부과하는 것은 사회통념과 부합하지 않는다. 친구의 생일에 무료로 사진을 찍어 주기로 약속한 경우와 위임계약에 의해 결혼식사진을 찍어 주기로 약속한 사진사의 경우를 같이 취급할 수는 없다. 친구의 경우에 약속한 대로 사진을 찍어 주지 않았다고 해서 손해배상청구를 하는 것은 사회통념에 맞지 않는다. 그러나 직업사진사가 신혼여행사진의 현상에 실패하여 그 기념사진을 갖지 못한 경우에, 위임인이 사진촬영비를 환불받음은 물론 위자료까지 청구해서 받아낸 사례가 있다(하급심판례).

사례연구

다음과 같은 사례에서 도덕적 의무와 법적 의무의 경계가 문제된다.

(1) 부자인 형 놀부가 가난한 동생 흥부의 가족을 보살펴야 한다는 것은 형제가 생계를 같이하지 않는 한(제974조 3호) 도덕적 의무일 뿐이다. 그러나 부모가 어린 자녀를 보살펴야 한다는 것은 도덕적 의무이자 법적 의무이며, 미성년자의 생활비와 교육비를 부담할 부양의무가 부모에게 강제로 부과된다. 친척이나 친지가 사망했을 때 문상하고 부의금을 내야 하는 것은 도의적 의무이므로, 그 부의금을 청구하거나 강제집행할 수 없다. 반면에 가해자가 피해자에게 사망에 따른 배상금을 지급해야 하는 것은 법적 의무이며, 가해자가 피해자의 병실을 방문하여 위로금을 지급한 경우에 특별한 사정이 없는 한 손해배상금의 일부지급으로 해석된다.

---

1) 외국에서는 무상계약의 경우에 법적 구속력을 제한하여 소구불능의 채무(자연채무)로 파악하는 견해도 주장된다 우리 나라에는 정면으로 이를 주장하는 견해가 없으나, 김형배, 157의 사례해결에서는 이 경우를 자연채무로 설명한다. 프랑스와 일본의 학설과 판례는 무상의 증여약속을 자연채무라고 본다. 日大判 昭 10(1935). 4. 25, 법률신문 3835호, 5는 술집손님이 여급에게 서면으로 한 금전의 증여약속을 자연채무라고 해석하였다.

(2) 가난한 친구 A의 60만원의 등록금을 마련하기 위해 친구 B와 C가 등록일까지 A에게 각각 30만원씩 주기로 약속한 경우에, 그러한 약속이 도덕적 의무를 발생시킬 뿐인지 아니면 법적 의무를 발생시키는지 의문이 생기게 된다. 이 경우 당사자의 합의에 법적 구속력을 인정하는 민법의 원칙에 따르면 법적 의무가 발생된다. A와 B, A과 C는 각각 구두의 증여계약을 체결한 것이다. 민법은 계약이 청약과 승낙으로 구성된 합의만으로 성립함을 원칙으로 하고, 당사자의 합의에 어떤 법적 근거, 대가의 약속, 특정한 형식이나 절차 등을 요구하지 않는다.[1] 구두의 증여계약은 그것만으로 완전한 법적 의무를 발생시킨다. 다만 채무자에게 아무런 대가 없이 강한 법적 구속력을 부여하는 것은 가혹하므로, 민법은 일정한 경우에 계약의 해제권을 부여한다. 즉 증여의 의사가 서면으로 표시되지 않은 경우에는 각 당사자가 증여계약을 해제할 수 있으며(제555조), 증여자의 재산상태악화(제557조) 또는 수증자의 배은행위가 있는 때에 해제권이 발생한다. 당사자는 해제권을 행사함으로써 스스로 계약의 구속력을 풀고 그에서 벗어날 수 있다. 그러나 계약이 해제되기 전까지는 채권자가 채무자에 대하여 그 이행을 소송상 청구할 수 있고 강제집행을 청구할 권리를 갖는다.

(3) 호의행위중의 사고에 대한 책임[2]

호의관계(好意關係)는 사회적인 예의나 호의에 기초한 무상의 의무부담을 말한다. 예를 들면 만취한 친구를 집에 데려다 준다든가, 동네사람을 시내까지 태워다 주는 일 등이다. 호의관계는 법적 강제력과 관련하여 양면성을 갖는다. 이 호의관계에 기한 급부 자체는 법적 채무가 되지 않으므로 그 이행이 강제될 수는 없다는 점에서는 도의적 의무에 속한다. 반면에 그 호의행위중에도 사회생활상 요구되는 주의의무는 준수해야 하며 그에 위반한 경우에는 불법행위 등에 기한 손해배상책임을 지게 된다는 점에서 그 사회생활상 주의의무는 법적 의무성을 띤다.[3]

1) 영미법에서는 구두의 증여계약에 대하여는 일반적으로 법적 구속력을 인정하지 않는다. 단 계약체결의 법적 원인(consideration)이 인정되는 경우에는 구속력을 인정한다. 졸저, 채권각론, 29 참조. Craswell, R., Contract Law, Default Rules, and the Philosophy of Promising, 88 *Michigan Law Review* 489(1989).

2) 참고문헌: 박인호, "교통사고에 있어서 무상동승과 배상액의 감경," 대법원판례해석 7호, 법원행정처; 송흥섭, "무상동승자에 대한 손해배상액의 감경," 민사판례연구 제11권, 박영사, 1989; 이영애, "호의동승과 배상액의 감경," 대법원판례해설 9호.

3) 송덕수, "호의관계의 법률문제," 민사법학 15호, 1997, 431에서는 호의관계를 둘로 분류하는데 "순수한 호의관계의 경우에는 주된 급부의무뿐만 아니라 기타의 행위의무도 존재하지 않는다"고 하며, "호의관계 가운데에는 기타의 행위의무는 존재하는 경우도 있다"고 한다.

불법행위책임이나 위험책임의 영역에서 가해자가 호의로 베푸는 서비스의 과정에서 사고가 발생하여 손해가 발생한 경우에, 유상서비스의 경우와 마찬가지의 손해배상의무를 부과할 것인가 아니면 그보다 감경된 배상의무만을 부과할 것인가가 특히 자동차사고를 둘러싸고 논쟁의 대상이 되고 있다.

(가) 감 경 설　법률에 규정이 없더라도 호의동승자에 대한 자동차운행자의 책임이 감경(減輕) 또는 면책(免責)되어야 한다는 견해이다.[1] 그 근거로서 무상동승을 의뢰한 사람은 자동차사고에 관한 위험을 승인하였으므로 손해배상을 청구할 수 없다든가(위험승인설) 운전자와 동승자 사이에 묵시의 면책특약이 있다고 보아야 한다(면책특약설)는 설명 등이 행해진다.

(나) 동일배상설　호의동승자에 대한 책임경감이 규정되어 있지 않은 민법 및 자동차손해배상보장법의 입법취지를 살려 유상동등자(有償同等者)와 같은 손해배상을 하도록 해야 한다는 견해이다. 다만 호의동승자가 음주운전이나 교통법규 위반행위를 권유하는 등 사고의 야기에 공동원인을 제공한 경우에는 과실상계의 법리에 의해 책임이 감경 또는 면책되지만, 단지 호의동승이라는 이유만으로는 책임경감이 되지 않는다고 한다. 사견으로는 동일배상설(同一賠償說)을 취한다.[2]

(다) 제한적 배상액감경설　손해배상의무를 면제 또는 감경하되 일정한 경우에 한해 제한적으로 적용하자는 견해이다. 판례는 무상의 호의동승에 있어서 운행목적, 동승자와 운행자의 인적 관계, 동승경위, 동승요구의 목적과 적극성 등 제반사정에 비추어 가해자에게 일반의 교통사고와 같은 책임을 지우는 것이 신의칙이나 형평의 원칙에 비추어 매우 불합리한 것으로 인정되는 경우에는 그 배상액을 감경할 사유로 삼을 수 있다고 한다(대판 1997. 11. 14, 97다35344). 그러나 사고차량에 단순히 호의로 동승하였다는 사실만 가지고 바로 이를 배상액 경감사유로 삼을 수 있는 것은 아니며(대판 1999. 2. 9, 98다5314), 과실상계와 관련하여 자동차에 동승한 승객들 사이에 상호간 예상할 수 있는 모든 위험에 대하여 미리 주의를 환기시킬 신의칙상 주의의무가 있는 것은 아니다(대판 1999. 9. 21, 99다31667).

1) 송덕수, "호의관계의 법률문제," 민사법학 15호, 1997, 439.
2) 졸저, 채권각론, 668 참조.

2. 자연채무[1)]

(1) 의 의

자연채무(自然債務)란 채권자가 채무자에 대하여 급부를 청구할 권리와 채무자가 제공한 급부를 수령하여 보유할 권리는 인정하지만, 그 채권을 기초로 소송을 제기하여 이행판결을 받거나 강제집행을 청구하는 것은 금지되는 경우를 말한다. 즉 채권의 임의적 효력은 인정되지만 강제적 효력은 인정되지 않는 경우를 가리킨다. 채권자는 채무자에 대한 이행의 소를 법원에 제기하여 이행판결을 받아 그를 기초로 채무자의 재산에 대한 강제집행으로 채권의 만족을 얻을 수 있다. 그러나 소구불능의 채권을 기초로 한 소송은 이행판결에 이르지 못한다.[2)]

민법은 원칙적으로 모든 채권에 대하여 청구력, 보유력 이외에 소구력과 집행력을 부여한다. 그럼에도 불구하고 법률행위의 불완전무효, 당사자의 부제소합의, 민사소송법상의 제소금지 등의 사유가 있는 경우에는 자연채무가 생기게 된다. 자연채무는 민법의 입법자가 의도한 것은 아니지만, 법의 운영에서 불가피하게 생기게 된다. 자연채무의 개념은 채권이 존재함에도 불구하고 그 이행청구를 소구할 수 없게 되는 법현상을 실체법적으로 설명하기 위한 도구이다.[3)]

---

1) 참고문헌: 김기선, "자연채무의 도의성에 관하여," 재산법연구 4호, 1987, 1 이하; 김상용, "채무와 책임," 월간고시 1994년 2월호; 김현태, "이른바 자연채무란 우리 민법상 인정할 것인가," 사법행정 제5권 8호, 1964; 양창수, "자연채무, 채무와 책임," 월간고시 1992년 5월호; 이준성, "자연채무와 소멸시효," 월간고시 1981년 7월호; 정종휴, "Naturalis Obligatio의 성격," 전남대 사회과학논총 제8집, 1981.

2) 소의 제기에 있어서는 원고가 자기에게 어떤 채권이 있으니 그의 만족을 위해 채무자에게 채무이행을 명령해 달라고 주장하는 소송상 청구로서 충분하다. 소송절차가 진행되면서 과연 채권자가 주장한 권리가 존재하는가가 밝혀지며, 그 채권이 인정된 후에야 채무자에 대한 이행판결이 행해진다. 그런데 소송절차는 소송요건을 갖추었는가를 심사하는 소송판결의 단계와 소송요건의 충족이 인정된 후에 주장사실을 실체법적으로 심사하는 본안판결의 단계로 나누어진다. 만약 채권자의 청구가 소송요건을 갖추지 못한 때에는 본안심리에 들어가지 못한 채 각하되고 만다.

3) 자연채무의 개념을 인정하지 말자는 견해도 있다. 소구불능의 채무가 생기는 경우를 총괄하여 자연채무라는 개념을 쓰는 것은 법기술적으로 무의미하며 불필요하게 사고의 혼란을 가져온다는 이유를 든다. 양창수, "자연채무, 채무와 책임," 월간고시 1992년 5월호, 67; 윤철홍, "자연채무," 월간고시, 1994년 3월호, 40.

불완전채권

불완전채권(不完全債權)이란 채권이 갖는 권능 중에서 한두 가지의 것을 결여한 채권을 말한다. 불완전채권 중 소구력과 집행력을 결여하여 강제력이 전혀 없는 채권을 소구불능채권(訴求不能債權)이라고 하고, 소구력은 있으나 집행력 및 그의 연장적 권능인 채권자취소권을 결여한 채권을 집행불능채권(執行不能債權)이라고 한다. 종래부터 소구불능채무를 자연채무라고 불러왔다.[1)]

자연채무(自然債務; obligatio naturalis)의 개념은 로마법의 엄격한 형식주의적 소권법체계에서 유래한다. 일정한 형식을 갖춘 계약만이 제소가능한 채권을 발생시키고, 그러한 형식을 갖추지 않은 채권은 당사자 사이에서 자발적으로 이행될 뿐 법적 구속력이나 법적 구제를 부여받을 수 없었다. 근대의 자연법사상으로 계약성립에 있어서 엄격한 형식이 요구되지 않고 당사자의 계약구속의사만 표시되면 계약의 성립을 인정하게 되었다. 모든 실체법상의 권리에 대해 소권을 인정하고 있는 근대법 이후의 사법체계에서는 법적 구속력이 없거나 소구할 수 없는 자연채무란 원칙적으로 존재하지 않게 되었다. 다만 불가피하게 소권에 의해 보호되지 않는 채무가 예외적으로 생기게 된다. 프랑스민법은 「임의로 변제된 자연채무에 대하여는 그의 반환청구가 인정되지 않는다」고 자연채무개념을 정면으로 인정한다(프민 제1235조 2항). 프랑스의 학설과 판례도 도덕적 의무와 채무의 중간단계에 있는 자연채무라는 개념을 광범위하게 인정한다.[2)] 독일민법, 일본민법, 우리 민법 등에서는 자연채무에 관한 규정을 두지 않고 있다.

자연채무에 관한 광의설과 협의설

종래부터 자연채무가 어떤 경우를 포용하는가에 대하여 광의설(廣義說)과 협의설(狹義說)이 대립해 왔다.

1) 장경학 89; 김주수, 66에서는 자연채무라는 표현보다는 불완전채무 및 소구불능의 채권이라는 표현이 타당하다고 함.

2) 프랑스의 학설과 판례는 무능력자의 취소 이후의 채무, 법정형식을 갖추지 않아 무효로 된 증여계약의 채무, 소멸시효에 의한 소권소멸 후의 채무, 형제자매간의 부양의무, 인지하지 않은 자에 대한 부양의무 등을 자연채무로 본다(이들 사례는 우리 민법과 법상황이 다른 경우가 대부분이다). Roland/Boyer, *Droit Civil, Obligations 2. Contract*, 3e edition, 1989, 755.

① 협 의 설: 유효한 채무로서 제소가 금지되는 경우(부제소합의 · 소송법상 제소금지)에 한정하여 자연채무를 좁게 인정하는 견해이다.[1] 협의설에서는 자연채무 역시 법적 채무라는 점을 근거로, 법률상 의의가 있는 것에 한정한다. 자연채무로서 인정되기 위해서는 급부의 반환청구가 배제되는 것만으로는 부족하고, 그 채무가 경개 · 준소비대차의 기초가 되거나, 담보가 설정될 수 있는 등 법률적 의의를 가져야 한다고 주장한다. 따라서 단순한 도덕상의 의무는 원칙적으로 법이 관여할 사항이 아니므로 채무가 되지 않고, 사회질서에 위반한 법률행위는 무효이므로 그에 의해 발생할 예정인 채무는 성립하지 않는다고 한다.

② 광 의 설: 제소금지의 채무 이외에 도덕상 의무나 불법급여의 경우까지 자연채무에 포함시키는 견해이다.[2] 광의설에서는 채무자의 임의이행이 있으면 그 수령물의 반환을 법적으로 청구하지 못하는 경우를 모두 자연채무라고 했다. 이 견해에 의하면 자연채무에 세 유형이 포함된다. 첫째, 제소금지의 채무(부제소합의 · 소송법상 제소금지), 둘째, 도덕적 의무도 의무자가 착오로 이행하면 그에 대한 반환청구가 금지되므로 자연채무에 해당한다(제744조). 소멸시효완성의 효과에 관해 절대적 소멸설을 취하면 시효완성 후에 채무자는 도덕적 의무만을 지게 되고, 그를 알고 이행하면 반환청구할 수 없다. 그러나 상대적 소멸설을 취하면 채무자의 원용이 있기까지 채무로서 존속한다. 타인을 위하여 사무를 처리한 사무관리의 경우에 타인은 법적으로는 사무관리자에게 비용상환의무만을 지고 보수지급의무는 지지 않는다. 그러나 사무관리자의 노고가 커서 타인이 그에게 사례하는 것이 도덕상 요구되는 경우에는 보수지급에 관한 도덕적 의무가 부과된다. 셋째, 반사회행위 및 불공정한 법률행위로 인한 의무도 양 당사자에게 불법원인이 있으면 반환청구가 금지되므로 자연채무에 해당된다(제746조). 불륜관계에 대한 대가, 도박을 위해 빌린 돈, 이자제한법의 제한이율을 초과하는 이자(이자제한법 폐지 전), 채무액을 초과하는 대물변제의 예약 등이 이에 해당한다.

③ 사견으로는 절충설(折衷說)을 취하겠다. 반사회적 행위로 인한 자연채무를 인정한다는 점에서는 협의설보다 넓지만, 도의적 의무와 불법원인급여에서 이득반환청구를 배제한다는 점에서는 광의설보다 좁다. 민법이 모든 채무에 법적 구속력을 인정하려 했다는 입법의도를 존중하여 자연채무는 꼭 필요한 최소한의 범위에서 인정되어야 한다. 자연채무의 범위를 정할 때에는 자연채무의 확대가 법질서의 이완을 초래하며, 권리자의 재판청구권(소권)을 침해하게 된다는 점을 잊어서는 안 될 것이다.

---

1) 곽윤직, 68; 김용한, 93; 김증한 · 김학동, 61; 김형배, 119 이하; 임정평, 120; 장경학, 91.
2) 김기선, 44; 김증한, 41; 이태재, 48; 현승종, 87 이하; 황적인, 39.

(2) 성질과 효력

자연채무는 청구력과 보유력은 갖지만, 소구력과 집행력은 갖지 않는다.

(가) 임의이행　채무자가 채권자에게 임의로 채무를 이행하면, 그것은 비채변제(非債辨濟)가 되지 않고 채무 있는 정상적 변제(辨濟)에 해당한다. 변제로서 채권·채무는 소멸하고, 채권자는 채무자가 제공한 급부를 보유할 법적 원인을 가지므로 채무자로부터 반환청구되지 않는다. 채권자가 변제로서 수령한 것은 부당이득이 되지 않는다.

(나) 상　계　자연채무도 정상의 채무와 상계(相計)할 수 있다. 자연채무자는 상대방에 대한 보통의 채권과 상계함으로써 자기의 채무이행을 대신할 수 있으나, 자연채무의 채권자는 자연채무자에 대한 채무와 상계할 수 없다고 해석된다. 자연채무자가 채무를 이행할 것인가는 임의에 맡겨져 있음에도 불구하고 자연채권자의 상계의 의사표시로 그 채무이행을 강제하는 것과 같은 효과를 가져오기 때문에, 이러한 상계는 허용될 수 없다.

(다) 자연채무를 기초로 한 계약　자연채무를 기초로 대물변제의 예약, 경개, 준소비대차에 관한 계약을 체결할 수 있다. 경개의 경우에는 구채권과 단절된 무인(無因)의 채권(債權)이 생기므로 구채권의 자연채무성이 경개로 인하여 소멸하게 된다. 그러나 대물변제의 예약이나 준소비대차에 있어서는 자연채무성이 승계된다.

(라) 담보설정　자연채무를 피담보채권으로 하여 물적담보나 인적담보를 설정할 수 있다. 질권 · 저당권 등의 물적담보가 설정되었더라도 피담보채무가 자연채무라면 소구도 할 수 없고 강제집행도 할 수 없으며, 단지 담보물의 임의처분이나 귀속정산 등에 의한 만족이 가능하다. 그 담보물에 의한 만족으로 자연채무는 사실상의 집행력을 갖게 된다. 보증채무의 경우에 채권자는 주채무자에 대하여는 소구할 수 없으나 보증인에게 소구할 수 있다고 하면 보증채무의 부종성(附從性)에 어긋나게 되므로(보증채무는 주채무를 초과해서는 안 됨) 보증채무도 자연채무성을 띠게 된다.

(마) 채권양도와 채무인수　불완전한 채권이 제3자에게 양도되는 경우에 그 양수인이 선의라도 자연채무성은 유지된다.[1] 다만 채무자가 선의의 양수인에 대하여 이의(異議) 없는 승낙(承諾)을 한 경우에는 그 자연채무

1) 같은 취지: 김증한 · 김학동, 64.

성을 가지고 양수인에게 대항할 수 없다(제451조). 채무인수의 경우에도 채무는 동질성을 유지하므로 인수인은 자연채무를 부담하게 된다.

(바) 소송요건의 흠결로 되는 경우　자연채무 중에서 소송법상 제소가 금지되는 경우(확정판결이 있는 경우 등, 뒤에 설명)에는 소송요건이 흠결된 것으로 취급되므로, 이러한 자연채권에 기해 소송을 제기한 경우에 본안심리로 가지 않고 소송요건 흠결을 이유로 각하된다. 이러한 사유 이외의 자연채권은 본안판결로서 그 자연채권성에 따른 효과만이 인정된다.

자연채무와 도덕적 의무의 구별

자연채무(自然債務)는 그 권리실현을 민사소송절차에 의해 구제받을 수 없지만 법적 의무에 속한다. 그러나 도덕적 의무(道德的 義務)는 아예 법적 구속력이 없는 도덕규범, 사회규범일 뿐이다. 자연채무는 상계로서 결제할 수도 있고, 담보를 설정할 수도 있으며, 채권양도나 채무인수가 가능하다. 그러나 도덕적 의무는 그 임의이행에 따른 급부보유만이 허용될 뿐이며, 상계, 담보설정, 채권양도, 채무인수는 불가능하다. 도의적 의무는 법적인 측면에서 반드시 이행되어야 하는 것은 아니고, 그 이행이 도덕적으로 바람직하다는 것뿐이기 때문이다. 결국 임의이행을 요구할 수 있을 뿐 소구할 수 없다는 점에서는 자연채무와 도덕적 의무가 같지만 그것이 속하는 영역이 법의 세계와 도덕의 세계라는 점에서 기본적 성격을 달리한다.

(3) 자연채무가 발생하는 경우

민법은 원칙적으로 모든 채권에 강제적 효력을 부여하지만, 예외적으로 다음의 경우에는 강제력 없는 채권이 발생한다.

(가) 반사회적 행위로 인한 자연채무　어떤 계약이 선량한 풍속 기타 사회질서에 위반하여 무효인 경우에(제103조), 그 무효인 계약상의 채무는 자연채무의 성격을 띠는가에 관하여 학설이 대립한다.

1) 부 정 설　사회질서에 위반한 법률행위는 무효이므로, 그에 의해 발생할 예정인 채무는 처음부터 성립하지 않으므로 자연채무도 성립할 여지가 없다는 견해이다.[1] 민법 제746조는 이 때 임의의 급부가 있으면 반환

1) 곽윤직, 68.

청구를 인정하지 않지만 이는 사회적 타당성 없는 행위의 결과를 복구하려고 꾀하는 자에게 협력을 거절하려는 법정책적 입법이라고 한다. 자연채무는 법적 개념이므로 법률상 채무로서 다룰 의의가 있는 것에 한정된다고 한다. 자연채무로서 인정되기 위해서는 급부의 반환청구가 배제된다는 것만으로는 부족하고, 그 채무가 경개 · 준소비대차의 기초가 되거나 담보가 설정될 수 있는 등 법적 의의를 가져야 하기 때문이라고 한다. 그러므로 자연채무는 부제소합의가 있는 경우와 소송법상 제소가 금지되는 경우에만 성립한다고 한다.

2) 제한적긍정설　　법률행위의 반사회성의 정도에 따라 자연채무로서 성립하는 것과 자연채무조차 성립하지 않는 것으로 구분하여 그 무효의 효과에 차등을 두어야 한다는 견해이다.[1] 사견으로는 반사회적 행위의 효과로서 완전무효와 불완전무효의 두 종류를 인정함으로써 제한적긍정설(制限的肯定說)의 입장을 취해 왔다.[2] 반사회성이 경제적 질서 · 행정적 질서의 위반에 기인한 것으로서 질서위반의 정도가 미약한 경우에, 그 법률행위를 전면적으로 무효로 할 필요 없이 아직 이행되지 않은 급부를 소송상 이행청구할 수 없도록 하는 것으로 충분한 경우가 있다. 이러한 경우에 그 효력이 제한되는 법률행위에 의해 발생하는 채무는 자연채무가 된다. 반사회적 계약에 관하여 이행강제를 거부할 뿐이지 당사자간의 임의이행까지 부인할 필요가 없다고 판단되는 경우(행위의 반사회성의 정도) 또는 임의이행을 단속 · 처벌하는 것이 불가능하다고 판단하는 경우에는(규제의 실효성 측면) 그 반사회적 행위로 인한 채무를 자연채무로 방치하는 것도 법정책상 현명한 판단이다. 이렇게 기이행급부(旣履行給付)는 보유시키고 미이행급부(未履行給付)의 이행청구만을 금지시킨다는 취지를 강행법규에서 명문으로 정할 수도 있고 민법 제103조의 법해석상 이러한 결론을 도출할 수도 있을 것이다.

과거 판례가 이자제한법의 최고이율제한을 초과한 이자약정은 아직 이행되지 않은 것에 한하여 무효라고 한 것은 그 제한초과 이자채무를 자연채

1) 반사회적 행위의 효과를 이행단계에 따라 차등을 두는 이러한 이론을 이행단계설이라고 한다. 김상용, 민법총칙, 437; 이영준, 민법총칙, 204. 독일에서 이행단계설을 주장하는 학자는 파울로스키와 메디쿠스 등이다. Pawlowski, *Allgemeiner Teil des BGB*, 2. Auf., 1983, Rz. 489ff.; Medicus, *Allgemeiner Teil des BGB*, 3. Auf., 1988, S. 238ff.

2) 졸저, 민법총칙, 400 이하.

무로 파악한 것이다(대판 1960. 6. 30, 4292민상838).[1)]

가등기담보법에서는 이 법 시행(1984년) 전에 성립한 담보계약에 대하여는 이 법을 시행하지 않는다고 규정하므로, 법시행 전에 채권자가 청산금을 지급하지 않고 담보부동산의 소유권이전 본등기를 경료한 것은 학설에 따라 유효라거나(신탁적 양도설) 일부무효라고(일부무효설) 해석된다. 청산 없는 본등기 이후에 채무자가 채권자에 대하여 채무를 변제하고 부동산소유권의 반환청구권을 갖는 것은 법시행 전에는 보장되지 않았으므로 그 반환채무는 자연채무가 된다.

불법원인급여는 자연채무를 발생시키지 않음

반사회적 행위의 무효의 효과로서 완전무효와 불완전무효의 두 종류를 생각할 수 있다. 완전무효(完全無效)는 채무 자체를 발생시키지 않는 경우를 말하고, 불완전무효(不完全無效)는 채무는 발생시키지만 미이행급부의 청구를 소구할 수 없도록 하는 자연채무의 경우를 말한다. 민법 제103조에 의해 무효로 되는 것은 반사회적 법률행위이고, 이것이 채무에 어떤 영향을 미치는가는 법해석에 의해 판단될 수 있다. ① 채무불성립의 경우에는 임의의 급부청구권과 급부보유력조차 인정될 수 없다. 그 채무에 기해 이미 이행을 완료한 경우에는 급여자에게 원칙적으로 부당이득반환청구권(제741조)이 발생한다. ② 채무불성립의 경우로서 불법원인급여에 관한 민법 제746조 본문에 의해 이득반환이 금지되는 경우가 있다. 불법원인이 급여자와 수익자에게 공통함으로 인하여 이득반환이 금지되는 경우에 제746조 본문의「그 이득의 반환을 청구하지 못한다」는 규정에 따라 이득반환청구권이 실체법상 아예 발생하지 않는다. 이 경우 그 이득반환청구권을 자연채무로 파악하는 것은 옳지 않으며, 급부의 수령자는 법의 반사적 효과로서 급부보유력을 갖게 된다.[2)] ③ 자연채무의 경우에는 채권자에게 급부보유력이 인정되어 채무자에게 부당이득반환청구권이 발생하지 않는다.

---

1) 이자제한법초과의 기지급이자를 반환청구할 수 있는가에 대하여는 반환긍정설과 반환부정설이 대립했고, 판례가 반환부정설을 취한 것에 대하여는 비판이 있었다. 이자채무의 부분에서 자세히 설명함.

2) 반사회적 법률행위에 기해 급부를 수령한 자가 급여의 목적물을 급여자에게 임의로 반환한다면 급여자는 다시 이를 정당하게 보유할 수 있다고 해석되는데, 이는 반사적 효과이다. 이러한 반사적 효과를 인정하는 이유는 민법 제746조의 취지상 수령자의 임의반환마저 금지할 필요는 없으며, 그 임의반환을 금지한다면 그 이후에 생긴 부동산거래에서 선의의 제3자를 희생시키게 될 우려가 있기 때문이다. 결국 민법 제746조는 급여자의 부당이득반환청구권의 소구가능성만을 탈락시키는 것이 아니라, 부당이득반환청구권의 발생 자체를 실체법적으로 부정하는 것이다.

(나) 부제소의 합의 계약당사자가 계약을 체결할 때에 또는 체결 이후에 그 계약채무의 이행을 소구하지 않겠다는 합의를 하는 경우가 있는데, 이러한 부제소합의(不提訴合意)가 있으면 그 계약채무는 자연채무로 된다. 계약으로 인한 분쟁을 중재절차에 의해 종결짓기로 하는 중재계약도 소제기를 배척하는 내용을 포함하는 경우에는 부제소합의에 해당한다(중재법 제3조).

1) 성 격 민사소송법의 분야에서는 부제소합의를 유효하다고 해석하는 점에는 일치하지만, 그의 법적 성격에 관해서는 사법계약설과 소송계약설이 대립한다. 사법계약설(私法契約說)은 부제소합의가 소송상의 법률효과를 목적으로 하지만, 그의 요건과 효과는 소송법에 규정이 없어 전적으로 실체법의 규율을 받을 수밖에 없다고 한다.[1] 반면에 소송계약설(訴訟契約說)은 부제소합의에 의하여는 소송상의 법률효과가 발생하므로 소송계약으로 파악한다. 다만 부제소합의는 소송절차의 밖에서 체결된 계약이므로 당사자의 주장이 있는 때부터 효과가 생긴다고 한다.[2] 판례는 사법계약설을 취한다.[3] 사견으로도 부제소합의에 법률행위의 규정에 의한 요건과 효과를 부여하는 것이 필요하므로(적법성 · 사회적 타당성 · 의사표시 등) 사법계약설이 타당하다고 생각한다.

2) 요 건 부제소합의의 요건으로서는 ① 부제소합의가 법률행위의 요건을 갖출 것. 행위능력, 의사표시, 목적의 적법성 · 사회적 타당성 등의 요건을 갖추어야 하며, 사기나 강박에 의한 부제소합의는 취소할 수 있다. ② 합의대상이 되는 법률관계가 특정되어 있을 것, 그 법률관계는 합의당사자의 권리에 관한 것이어야 한다. ③ 합의대상인 법률관계에 대해 당사자의 자유로운 처분권이 인정될 것의 요건을 갖추어야 한다. 부제소합의가 강자의 우월적 지위를 이용한 것으로서 타당성을 결여한 때에는 반사회질서의 법률행위(제103조) 또는 불공정한 법률행위(제104조)에 해당하여 무효이다. 또한 약관에 의한 부제소합의는 약관규제법 제14조에 의하여 무효이다. 판례는 퇴직금청구권을 사전에 포기하는 것은 강행법규인 근로기준법을 위반하는

1) 강현중, 469; 방순원, 208; 송상현, 201; 이시윤, 298; 이영섭, 229(이상 모두 민사소송법 교과서); 강현중, "소송계약에 관한 소고," 법조 1989년 11월호.
2) 김홍규, 322; 정동윤, 362.
3) 대판 1965. 4. 13, 65다15; 대판 1968. 11. 5, 68다1665. 과거의 판례는 소권은 국가에 대한 공권이므로 당사자의 합의로서 그를 포기할 수 없다는 입장을 취했었다(대판 1961. 11. 2, 4293행상90).

것으로서 퇴직금청구 부제소합의는 아무런 효력이 없다고 한다(대판 1998. 4. 10, 97다49718).[1)]

3) 효 과 부제소합의에 위반하는 소제기는 상대방의 신뢰를 저버리는 소송행위로서 부적법한 소가 된다. 일방당사자인 원고가 그에 위반하여 제소하는 경우에 상대방인 피고가 부제소합의의 존재를 항변으로서 주장하면 소의 이익 없음이 밝혀져 소송요건흠결로 소각하의 소송판결이 내려진다.[2)] 판례도 「특정한 권리나 법률관계에 관하여 분쟁이 있더라도 제소하지 않기로 한 합의에 위반하여 제소한 소는 권리보호의 이익이 없다」고 한다.[3)]

배상액합의와 부제소합의

피해자가 가해자(또는 그를 위한 보험회사)로부터 일정액의 손해배상금을 받으면서 "민·형사상 일체의 청구를 포기한다"는 내용의 각서를 쓰는 배상액합의(賠償額合意)의 경우에도 부제소합의가 포함된 것으로 해석될 수 있다.[4)] 배상액합의 및 부제소합의는 당사자간의 계약으로서의 성질을 가지며 사적자치원칙에 따라 유효(有效)하다.[5)] 다만 합의된 배상액이 실제 손해액에 비하여 현저하게 소액인 경우, 배상금계산에 착오가 있었던 경우에 피해자가 가해자에게 소송 외에서 추가배상액을 청구하여 받는 경우가 있는데, 그 추가청구액은 자연채무성을 가진다. 다만 부제소합의가 궁박하거나 부자유스러운 상황에서 행해진 경우, 후유증이 유발된 경우 등의 사례에서는 추가손해배상금에 대한 소송이 허용되므로 이 경우에는 강제력 있는 채권이 발생한다.[6)]

(다) 소송법상 채권자의 제소가 금지되는 경우 민사소송법상 다음의 경우에는 소제기가 금지되므로 부득이 자연채무가 발생한다. ① 당해 채권에 대한 확정판결(確定判決)·제소전화해(提訴前和解)·소송상 화해(訴訟上

1) 판례평석: 문일봉, "강행법규에 반하는 부제소특약의 효력," 판례월보 335호, 24 이하.
2) 이시윤, 민사소송법, 34.
3) 대판 1968. 11. 5, 68다1655; 대판 1979. 3. 13, 77후50.
4) 최근에는 손해배상금의 합의를 실체법상의 청구권의 포기로서 이해하는 견해도 있다(대판 1974. 5. 28, 73다399; 대판 1977. 4. 12, 76다2737). 반대판례 있음: 대판 1997. 8. 29, 96다46903.
5) 곽윤직(1998년판), 101; 김기선, 41; 김석우, 88; 김용한, 94; 김주수, 96; 김증한·김학동 62; 김형배, 122, 이태재, 47; 임정평, 121; 현승종, 88; 황적인, 39.
6) 김형배, 121은 부제소의 합의는 공권인 소권의 포기를 의미하므로 이를 엄격히 해석해야 한다고 설명한다.

和解) · 민사조정(民事調停) · 중재판정(仲裁判定)이 있었던 경우에는 비록 채권이 그 절차에 의해 충분히 실현되지 않았더라도 소송을 제기할 수 없다. ② 채권자가 승소의 종국판결을 받은 후에 소를 취하한 경우(민소법 제267조 2항), ③ 채무자가 법원으로부터 면책결정을 받아 그 결정이 확정된 경우(채무자회생 및 파산에 관한 법률 제556조, 제625조) 등이다.

3. 집행불능채무

(1) 의 의

㈎ 집행부담의 뜻 집행부담(執行負擔)(책임이라 고도 함)이란 채권자의 집행에 복종하도록 채무자에게 부과되는 부담으로서 채권의 집행력에 대립되는 개념이다.[1] 부집행합의(不執行合意)가 있는 때에는 집행이 금지 또는 제한되는데, 그러한 예외적 경우를 설명하기 위하여 집행부담이란 개념이 필요하다. 집행부담은 채무를 전제로 하지만, 채무와 집행부담은 개념상 구별된다. 채무란 계약이나 불법행위 등에 의해 생긴 급부의무 등으로서 채권에 대립되는 개념이다. 반면에 집행부담은 급부의무의 이행에 복종하는 재산관계를 말한다. 채무는 관념적임에 반하여 집행부담은 채무자의 재산에 대한 현실적 지배가능성을 의미한다.

채무와 집행부담의 관계에 대하여는 다음의 견해가 대립된다. ① 집행부담이 채무나 채권의 내용이 아니며 채무나 채권과 별도로 채권자에게 주어진 효력이라고 파악하는 견해,[2] ② 채무와 집행부담의 개념적 구별을 부정하고 집행부담이 채무 속에 흡수되어 있다고 파악하는 견해,[3] ③ 집행부담은 급부의무를 위해 봉사하지만 그와 대등한 요소로서 양자가 결합하여 채권관계를 구성한다고 보는 견해[4] 등이다. 사견으로는 ③의 견해에 따르

1) 근래에는 책임이 집행부담의 의미보다 손해배상의무라는 의미로 더 많이 사용되므로 이 곳에서는 혼란을 피하기 위하여 집행부담이라고 표현하겠다.

2) 곽윤직, 19; 김기선, 41; 임정평, 128; 현승종, 24, 98; 황적인, 42.

3) 김상용, 108; 김형배, 128. 방순원, 민사소송법(하), 137에서는 "집행청구권은 사법상의 청구권이 있는 곳에 성립할 수 있기 때문에 국가의 집행권능이 어떠한 대상물에 대하여 발동하느냐 함은 사법상의 청구권과 무관계한 것이 아니라 오히려 그의 속성이라고 생각할 수 있을 것이다. 현대법에서 채권의 본질을 기능적으로 본다면 단지 채무자 자신의 일정한 행위를 목적으로 하는 것이 아니고 실질적으로 채무자를 통하여 그에 소속된 재산에 대하여 일정액의 금전가치를 간접적으로 지배하여 이를 취득하는 데 있다"고 한다.

4) 김용한, "채무와 책임론," 건대 법경논총 6호(1971)(동, 재산법의 과제와 판례, 103); 장경학, 98.

겠다. 채권의 권능으로서 집행력과 채권자취소권이 포함되는 것과 같이 채무의 속성으로서 집행부담이 부과된다.

> **물상보증인의 집행부담**
>
> 물상보증인이나 저당부동산의 제3취득자가 그 소유의 담보물에 대한 담보권의 실행에 복종해야 하는 것을 가리켜 「채무 없는 책임」이라고 부르는 견해가 있으나 이 명칭은 정확하지 않다고 생각된다. 사견으로는 물상보증인은 「타인채무에 대한 책임(집행부담)」을 부담하는 것이지 채무 없는 집행부담을 지는 것은 아니다. 채무 없는 집행부담은 있을 수 없다. 집행부담은 채권의 실현과정이기 때문이다. 물상보증인 등은 자기 스스로 채무를 부담하지 않고 단지 채권담보를 위해 담보물을 제공한 데에 불과하다. 채무자는 그와 별도로 전재산으로서 채권자의 집행에 복종해야 한다. 실제로 1차적인 집행부담을 지는 사람은 물상보증인이고, 그 담보물에 의해 충분한 만족을 얻지 못했을 때에 채무자의 일반재산으로 집행부담을 지게 된다. 채무자는 채무 및 집행부담을 지며, 이와 병행하여 물상보증인은 타인채무에 대해 담보물의 한도에서 집행부담을 진다.

(나) 집행불능채권의 뜻 집행불능(執行不能)의 채권(책임 없는 채무라고도 함)은 집행력을 갖지 않으며, 그 밖에 청구력 · 보유력 · 소구력을 갖는다. 집행불능채권(執行不能債權)은 자연채권과 같이 임의적 효력을 갖는 이외에 소구력을 갖는다. 채권자는 채무자에 대하여 이행을 청구할 수 있고, 채무자의 임의이행이 있으면 그를 수령하여 보유할 권한을 갖는다. 채권자는 소구불능채무로서 상계할 수 있고, 그에 대한 담보를 설정할 수 있고, 채권양도나 채무인수 등의 처분행위를 할 수 있다. 자연채무에 소구력과 집행력이 모두 없는 것과 달리, 집행불능채권은 소구력은 가지나 집행력은 없다. 집행불능채권에 기하여도 이행의 소를 제기하여 이행판결을 받을 수 있다. 그러나 그 이행판결에 기해 강제집행을 하지 못하므로 실효성이 적다. 집행력을 전제로 하는 채권자취소권은 자연채무와 집행불능채권에 모두 부여되지 않는다.

(2) 부집행합의

당사자가 채무불이행이 있더라도 집행하지 않겠다는 합의를 하면 채권의 집행력이 상실된다. 부집행합의(不執行合意)는 보통 채무명의를 일시적 또는 영구적으로 사용하지 않겠다는 포기각서의 방법에 의한다. 부집행합의는 원칙적으로 유효하다.[1] 부집행합의의 성격 및 효력에 대하여는 견해가 대립한다.

(가) 소송계약설 채권자가 부집행합의에 불구하고 강제집행을 하려고 하면, 그에 대해 채무자가 집행에 관한 이의(異議)(민집법 제16조. 2002 제정)를 신청할 수 있다는 견해가 있다.[2] 이 견해는 부집행합의를 소송법상의 합의로 이해하여 합의에 위반한 집행행위에 대해 집행방법의 이의를 신청하도록 한다.

(나) 사법계약설 부집행합의를 단순히 상대방에 대하여 집행하지 않을 부작위채무를 발생시키는 사법상(私法上)의 계약으로 파악하는 견해이다. 이 견해에 의하면 합의에 위반한 집행은 부당한 집행이 되므로 채무자가 그에 대해 청구에 관한 이의의 소(민집법 제44조)를 제기해야 한다. 사견으로는 사법계약설이 타당하다고 생각한다.

판례는 사법계약설(私法契約說)을 취한다. 즉 부집행계약은 사법상의 계약으로서 채권자가 이에 위반하여 강제집행을 할 경우 채무자가 집행을 저지할 수 있는 사유로 내세울 수 있으나 소송절차에서 이를 주장하여 판결의 집행력을 배제할 사유는 되지 못한다고 한다.[3] 그리고 부제소합의는 합의당사자가 처분할 권리 있는 범위 내의 것으로서 특정한 법률관계에 한정될 때 허용되며, 그 합의시에 예상할 수 있는 상황에 관한 것이어야 유효하다고 한다(대판 1999. 3. 26, 98다63988).

(3) 유한책임

채무자는 그의 전재산을 갖고 집행에 복종함이 원칙이지만, 예외적으로 법률의 규정에 의하여 채무자의 재산 중 한정된 범위의 재산만으로 채무

1) 곽윤직, 75; 김기선, 42; 김석우, 94; 김용한, 106; 김주수 103; 김증한, 50; 김증한 · 김학동, 65; 김형배, 129; 임정평, 128; 현승종, 95.

2) 곽윤직, 75; 김기선, 42; 김석우, 94; 김용한, 106; 김주수 103; 김증한 · 김학동, 65; 김형배, 129; 임정평, 128; 현승종, 95; 방순원, 민사소송법(하), 105.

3) 서울고판 1996. 10. 15, 96나22947: 경매대금에 대한 배당이익의 소를 제기하여 본안판결이 있는 때에는 위 이의의 대상이 되었던 채권의 존부와 순위 등에 관한 다툼은 종국적으로 해결된 것으로 취급되어 다시 배당액을 부당이득이라고 주장하는 부당이득반환청구소송으로 다툴 수 없다.

가 제한되거나 집행범위가 제한될 수 있다. 이러한 채무를 「유한책임(有限責任)의 채무(債務)」라고 하는데, 유한책임에는 집행범위가 한정되는 경우와 채무가 한정되는 경우가 있다.

㈎ 책임재산의 한정 채무자의 일정범위의 재산에 대하여만 강제집행할 수 있는 채권의 경우에 유한책임(有限責任)이라고 한다. 이와 대비하여 채무자의 총재산에 대해 집행할 수 있는 통상의 경우를 무한책임(無限責任)이라고도 부른다. ① 채권자는 이행청구 및 소구를 채무 전액에 대하여 할 수 있고, 단지 강제집행의 단계에서 그 집행대상이 제한될 뿐이다. 판결문은 「피고는 원고에 대하여 ○○의 범위 내에서 ○○원을 지급하시오」라는 내용으로 된다. ② 채권자가 한정범위를 초과하여 집행하려는 경우에 집행에 관한 이의(민집법 제16조)를 신청함으로써 이를 막을 수 있다. ③ 책임재산으로부터 만족을 얻지 못한 채권은 그 소멸시효가 완성할 때까지 존속한다.

책임재산이 한정되는 유한책임

(1) 합의에 의한 유한책임 채권자와 채무자는 계약으로서 책임재산의 범위를 특정재산에 한정할 수 있다. 채무의 부담이 당사자의 계약자유에 맡겨져 있는 영역에서는 책임재산한정도 당사자의 자유에 맡겨짐이 원칙이다. 그러나 그러한 유한책임으로 계약의 공정성이 위협받는 경우에는 허용되지 않는다.

(2) 상속의 한정승인 상속인은 재산상속의 한정승인을 함으로써 상속으로 취득할 재산의 한도에서 피상속인의 채무와 유증을 변제한다(제1028조). 한정상속인의 고유재산은 상속받은 채무를 위한 책임재산이 되지 않는다. 상속의 한정승인의 성격은 집행부담의 한정으로 해석된다.[1)]

(3) 법정재산관리인 파산관재인, 유언집행자, 상속재산관리인, 신탁재산의 수탁자와 같은 재산관리인이 그 관리업무의 수행과 관련하여 채무를 진 경우에는 관리자산으로 책임재산이 한정된다. 이 경우에 관리자산을 초과하는 금액의 채무는 소멸한다고 해석된다.

(4) 주주 등의 책임 주식회사에서의 주주의 책임과 같이 회사채무를 일정한 금액의 한도에서 변제할 의무를 지는 경우를 금액유한책임(金額有限責任) 또는 인적유한책임(人的有限責任)이라고도 한다. 합자회사의 유한책임사원의 책

1) 곽윤직, 76; 김기선, 42; 김석우, 95; 김용한, 107; 김주수, 103; 김증한, 50; 김증한 · 김학동, 66; 김현태, 17; 김형배, 130; 임정평, 129; 현승종, 95.

임(상법 제279조), 주주의 책임(상법 제331조)이 이에 해당한다.

(나) 채권액의 한정 「채권액의 제한」은 「책임재산의 제한」과 구별된다. 채권액제한의 예로써 손해배상범위(損害賠償範圍)의 제한을 들 수 있다. 손해배상액의 제한 없이 발생한 모든 손해를 상당인과관계의 범위에서 배상해야 하는 보통의 경우를 무한책임(無限責任)이라고 부르기도 한다. 산업재해로 인한 요양보상, 휴업보상, 장해보상은 근로기준법에 정한 금액으로 한정된다(근로기준법 제78조 이하). 이러한 손해배상액의 제한은 채무가 제한되는 것이지 단지 집행범위가 제한되는 것이 아니다. 선박소유자는 인체손해나 재산손해에 대한 손해배상채무를 법률에 정한 금액의 한도로 제한할 수 있다(상법 제746조, 제747조). 법정한도액을 초과하는 손해배상채무는 발생하지 않는다.

손해배상범위제한의 특징은 다음과 같다. ① 손해배상이 일정범위로 한정되는 경우에는 처음부터 범위초과의 채권은 발생하지 않는다. ② 손해배상액제한의 경우에는 판결절차에서 그 제한액 이상의 이행판결을 얻을 수 없다. ③ 채무자의 책임재산이 제한액보다 초과하는 경우에도 그 재산에 대하여 강제집행할 손해배상청구권이 없게 된다.

§8. 제3자 채권침해와 대항력 있는 임차권

1. 채권의 상대성원칙

(1) 상대성원칙

채권은 채무자라는 특정인에 향해진 권리이므로 채무자에 대한 관계에서만 관철될 수 있다. 이렇게 특정인에 대한 관계에 한정된 권리로서의 성격을 상대성(相對性)이라고 부르며, 그러한 상대성을 갖는 권리를 상대권(相對權)이라고 한다.

채권의 상대적 효력은 첫째, 재산권을 물권과 채권의 이원체계로 하는 민법의 기본체계에서 유추된다. 둘째, 물권자에게는 제3자의 침해에 대해 물권적 청구권과 손해배상청구권을 부여하지만 채권자에 대하여는 그렇지 않다는 점으로부터 민법의 기본정신임을 알 수 있다. 셋째, 민사소송법의 강제집행규정에서는 누가 소송절차나 집행절차를 먼저 밟았는가에 관계 없이 모든 채권자를 동등하게 취급하는 채권자평등의 원칙을 취하고 그러한 자유경쟁법리를 채권자에 대한 경락금배당에 이르기까지 관철하고 있는데, 이는 채권의 상대적 효력을 전제로 한 것이다(강제집행에서 뒤에 설명).

(2) 사적자치의 지배

채권은 상대방 권리이므로 당사자 사이에서 자유로 성립시킬 수 있고, 채권 · 채무의 내용도 자유로 결정할 수 있다. 당사자가 결정한 사항은 그것이 사회질서에 위반하거나 불공정한 것이 아닌 한 적법하게 다루어져 법적 구속력을 부여받는다. 채권성립의 적법성판단에 있어서는 주로 채권자와 채무자의 이익이 형평을 이루는가에 관심을 갖는다. 채권은 상대적 권리이므로 그의 존재 및 내용이 제3자에게 공시되지 않아도 무방하다.

(3) 제3자에 대해 관철불가

채권자는 제3자에 대한 관계에서 자기의 권리실현을 관철할 수 없다. 예를 들어 채권의 목적물이 제3자의 수중에 있거나 제3자의 권리의 객체가 된 경우에 제3자를 배제하고 그 목적물을 차지할 수 없다. 제3자가 물권자인 때에 채권자는 물권자보다 열등한 지위에 서므로 채권의 만족이 좌절당하거나 후순위로 만족을 얻게 된다. 이 점에서 제3자에 대하여도 물권의 실현을 관철할 수 있는 물권의 절대적 효력(絶對的 效力)과 대비된다. 다만 대항력 있는 채권은 제3자에 대해서도 관철가능하다.

예외적으로 채권의 만족을 위하여 반드시 필요한 경우에 한하여 채무자와 거래한 특정의 제3자에 대하여 채권자대위권과 채권자취소권이 인정된다.[1] 그 밖에 채권자와 채무자가 제3자를 채권관계에 끌어들일 것을 합의한 경우에는 제3자도 채권관계(계약)의 당사자가 된다. 제3자가 채권자의 편에 편입되는 경우는 제3자를 위한 계약(제539조)이고 채무자의 편에 편입되는 경우는 병존적 채무인수이다.

㈎ 우선적 효력의 부인　채권에는 물권에서와 같은 우선적 효력(優先的 效力)이 부여되지 않는다. 하나의 권리객체에 대하여 채권과 물권이 경합관계에 놓일 경우에, 채권은 물권보다 후순위에 놓인다. 다수의 채권상호간(債權相互間)에도 우선순위가 인정되지 않으므로 당해 채권의 성립 선후에 관계 없이 동등한 지위를 갖는다. 하나의 목적물에 관하여 두 개의 채권이 성립한 경우에 두 채권자는 동등한 지위에서 목적물에 대한 취득기회를 가지며, 채무자가 어떤 채권자에게 이행하는가에 의해 만족 여부가 결정된다. 예외적으로 대항력 있는 임차권은 보증금반환채권에 관하여 담보물권자와 같은 우선변제권을 갖는다.

㈏ 방해배제청구권의 부인　채권에는 제3자에 의한 방해를 배제할 권리가 부여되지 않음이 원칙이다. 이 점에서 물건의 반환이나 물권의 방해를 배제하기 위해 물권적 청구권이 파생되는 물권과 구별된다. 예외적으로 대항력 있는 임차권에는 방해배제청구권(妨害排除請求權)을 인정하는 것이 타당하다.

㈐ 배타성의 부인　채권은 동일한 내용의 다른 채권이나 물권의 성립을 배제할 힘을 갖지 않는다. 하나의 물건에 대한 이중양도계약도 가능하다. 매도인이 제1매수인과 매매계약을 체결하였더라도 같은 목적물에 대하여 제2매수인과 매매계약을 체결하는 것이 가능하다. 제1매수인과 제2매수인은 각각 채무자(매도인)에 대하여 목적물인도채권을 가진다. 제1매수

1) 독일민법학에서는 채권의 효력을 제3자에게 확장시키기 위해 여러 가지 새로운 이론들이 주장되고 있다. 즉 제3자손해정산(Drittschadensliqudation), 제3자보호효를 갖는 계약(Vertrag mit Schutzwirkung)에 관한 이론이 그에 해당한다.

인은 목적물인도채권의 만족을 확보하기 위하여 제2매수인을 배제할 권리를 갖지 않는다. 제1매수인이 만족을 얻지 못한 경우에 채무자에 대하여 채무불이행에 따른 손해배상의 청구를 할 수 있을 뿐이다. 단 제2매수인이 거래관념에 어긋나는 위법(違法)한 수단을 사용하여 목적물을 인도받은 경우에는 제1매수인에 대하여 불법행위책임을 진다(제3자 채권침해로 인한 불법행위책임).

사례연구

부동산소유자 A는 부동산을 B(제1매수인)에게 1억원에 팔기로 하고 1천만원의 계약금을 받았다. 그 다음날 A는 C(제2매수인)와 1억 2천만원에 팔기로 계약하고 1천 2백만원의 계약금을 받았다. ① A가 B로부터 계약금만 받은 단계에서는 그 계약금액을 해약금으로서 지급하고(원래 계약금반환과 합계 2천만원 지급) 계약을 해제할 수 있다(제565조 1항). 그러나 A가 B와의 계약을 해제하지 않고 C와의 이중계약관계를 유지하더라도 아직 '이행기가 도래하지 않는 채권'의 단계에서는 위법성을 띠지 않는다. ② A가 B로부터 중도금 4천만원을 받은 이후에는 이미 이행이 착수되었으므로, A는 B에 대한 임의의 해제권을 상실하게 된다. 이 단계에서도 이중적 계약관계 자체는 위법성을 띠지 않는다. 만약 이행기가 도래하여 B가 잔금을 변제제공했음에도 불구하고 A가 소유권이전을 해 주지 않으려 하는 때에는, 강제이행을 청구하여 등기이전을 받을 수 있다. 만약 A가 이미 C에게 양도한 후여서 소유권이전을 해 줄 수 없는 경우에, B는 A에 대하여 채무불이행에 기한 손해배상청구권(부동산의 현재시가)을 갖는다. ③ A가 B로부터 잔금을 받고 부동산의 점유를 이전해 주었으나 아직 등기는 경료하지 않은 경우에, B는 A에 대한 관계에서는 물건에 대한 사용, 수익, 처분권을 갖지만 제3자에 대항할 수는 없는 채권자의 지위에 머물게 된다(사실적 소유권이라고도 함). 제3자에 대한 관계에서는 아직 A가 소유자이다. 이 시점 이후에 A가 C에게 소유권이전등기를 해 준 경우에, C는 소유권을 취득하고 B는 소유권취득의 가능성을 상실한다. ④ 만약 C가 B의 사실상소유권취득 이후에 그 사실을 알고 A와 매매계약을 체결한 경우라면, C는 적극적으로 A의 배임행위에 가담한 것이 되어 A와 C의 매매계약은 반사회적 법률행위로서 무효이다. 이 경우 반사회적 이중양도의 법리가 문제된다.[1)]

결국 채권자간의 자유경쟁의 가능성은 매수인 중의 한 명이 잔금을 지급하고 점유를 이전받아 사실상의 소유권을 취득하기 전까지 존재한다고 할 수 있다.

1) 대판 1995. 2. 10, 94다2534: 이중매매를 사회질서에 반하는 법률행위로서 무효라고 하기 위해서는 양수인이 이중양도 사실을 알았다는 사실만으로는 부족하고, 양도인의 배임행위에 적극 가담하여 그 양도가 이루어져야 한다.

※ 참고판례: 부동산소유권이전등기청구권자는 양도인이 제3자에게 이중양도한 경우, 자신의 소유권이전등기청구권보전을 위해 양도인과 제3자 사이에서 이루어진 이중양도행위에 대해 채권자취소권을 행사할 수 없다(대판 1999. 4. 27, 98다 56690).

2. 제3자의 채권침해로 인한 불법행위책임[1)]

(1) 의 의

제3자가 타인의 채권을 위법하게 침해함으로써 채권자에게 손해를 입힌 경우에 그 제3자는 불법행위(不法行爲)로 인한 손해배상의무(損害賠償義務)를 진다(제750조). 비록 채권이 상대적 효력을 갖는 권리라고 하더라도, 예외적으로 제3자의 행위로 채권이 소멸하거나 만족가능성을 상실하게 된 경우에는 그 제3자에게 불법행위책임을 묻는 것이 타당하다. 제3자의 채권침해는 채권의 상대성을 해치지 않는 범위에서 인정되며, 채권의 만족불가능한 상태가 채권의 상대성, 물권에 대한 열등성(劣等性)으로 말미암아 야기된 경우에는 불법행위책임이 성립하지 않는다. 제3자의 채권침해는 채권의 상대성(相對性)의 한계 내에서 제한된 사례에 국한하여 인정될 뿐이다.

학설의 변천

과거 의용민법시대에는 불법행위책임이 「권리침해(權利侵害)」를 요건으로 했었기 때문에 제3자의 권리침해와 관련하여 주로 채권도 불가침의 권리에 해당하는가가 논쟁의 대상이 되었었다. 이러한 논의는 19세기에서 20세기 초 사이의 독일과 일본에서 행해졌던 「채권의 상대성」 대 「모든 권리의 불가침성」의 논쟁에 기원을 둔다.[2)] 그들의 논쟁은 일본민법의 특수성을 기초로 채권침해가 그

---

1) 참고문헌: 김형배, "제3자에 의한 채권침해," 고려대 법학논집 제22집, 1984, 105 이하; 서광민, "제3자에 의한 채권침해," 월간고시 1992년 10월호, 26 이하; 송덕수, "제3자의 채권침해와 불법행위," 고시계 1994년 10월호, 189 이하; 어인의, "제3자에 의한 채권침해," 배경숙교수화갑기념논문집, 박영사, 1991, 539 이하; 윤진수, "제3자의 채권침해와 부동산의 이중양도," 사법논집 제16집, 법원행정처, 1985, 99 이하; 정기웅, "제3자의 채권침해와 불법행위," 월간고시 1992년 11월호, 70; 조성민, "방해배제청구권이 인정되는 제3자의 채권침해," 고시계 1993년 4월호, 78 이하.

2) 서달주, "권리의 불가침성론," 민사법학 16호, 1998, 469는 모든 권리에 불가침성을 인정하면서, 불가침성이란 타인의 위법 부당한 침해로부터 권리의 실현을 보호하는 권리의 방어작용이라고 정의한다.

들의 불법행위책임요건인 권리침해에 해당하는가의 해석학적 논쟁에 초점이 맞추어졌으며(독민 제823조 1항; 일민 제709조), 거래질서가 어떤 침해의 경우를 불법행위책임으로 응징할 필요가 있는가 하는 사회규범에 관한 논쟁은 거의 행해지지 않았다. 20세기 후반에는 독일과 일본에서 그러한 불법행위책임의 성립 여부에 관한 논쟁은 끝나고, 제3자의 채권침해가 몇몇 사례에 한해서 불법행위책임을 발생시킨다는 데에 일치된 견해를 갖게 되었다. 그리하여 현재의 관심은 어떤 경우에 어떤 범위에서 불법행위책임을 인정할 것인가에 있다.[1)]

우리 나라에서도 과거 독일 · 일본과 유사한 내용의 학설대립이 있기는 하였으나 그리 깊은 이론은 전개되지 않았으며, 현행민법이 시행된 얼마 후 일단락을 맺었다. 그 논의의 결과 제3자의 채권침해도 경우에 따라서는 불법행위책임을 발생시킬 수 있다는 점, 그리고 우리의 불법행위책임규정(제750조)은 외국의 입법례와는 달리 그를 불법행위로 구성하는 데에 특별한 문제를 야기하지 않는다는 점, 우리의 불법행위책임규정에서는 위법성의 판단에 중점이 놓여 있다는 점에 귀결되었다.[2)] 이제 남은 과제는 우리의 법질서가 어떤 침해유형을 위법하다고 보아 불법행위책임을 부과하느냐를 세부적으로 해부하는 일이다. 그것은 곧 우리 사회가 어떤 침해행위를 제재 내지 억제할 필요가 있느냐의 규범적 판단이기도 하다. 그 작업에 있어서 우리는 제3자의 채권침해가 채무불이행책임 · 부당이득반환 · 불법행위책임의 세 영역 사이에 획을 긋는 논점이라는 사실을 충분히 인식하고 임해야 한다.

(2) 채무불이행과 채권침해의 관계

채무자가 채무를 이행하지 않는 경우 그로 인해 채권자에게 손해를 입히게 되는데, 이 경우에는 채무불이행책임(債務不履行責任)만이 발생하며 불

---

1) Larenz, *Schuldrecht Ⅱ*, §72, S. 534~535에서는 독일불법행위법은 채권 자체를 보호하는 것이 아니라 채권의 귀속(Forderungszuständigkeit)을 보호하는 것이라고 한다. Esser/Weyers, *Schuldrecht Ⅱ*, §55, S. 464에서는 채권침해에 소유권침해에서와 같은 무조건적인 보호를 주지 않는 것은 독일민법의 제823조 1항의 제한적 해석에서 비롯하는 것이지 절대권과 상대권의 개념적인 구별에 기인하는 것은 아니라고 한다. 독일에는 근래에 독일민법 제726조의 선량한 풍속 및 사회질서에 위반한 불법행위의 유형으로서 제3자의 채권침해에 관한 판결이 많이 등장하였다. 일본민법학에 관해서는 吉田邦彦, "第3者の債權侵害に關する基礎的考察(1)~(9)," 법협 제102권 9호 ~ 제104권 7호, 1987.

2) 종래 우리 나라의 채권총론교과서에서는 일본의 구학설의 영향으로 제3자채권침해에 관한 설명이 일본의 권리불가침성설에 유사하거나(김기선, 13; 김현태, 9; 현승종, 97), 또는 일본의 상대권설에 유사하였다(곽윤직, 79; 김용한, 111). 그러나 양자는 불법행위책임의 성립에 관한 설명방법에 약간의 차이가 있을 뿐 근본적으로 이념을 달리하는 것은 아니며, 또한 채권침해의 구체적 사례에서 각 설명방법에 따라 견해의 대립을 가져온 것도 아니었다. 그들 약간의 설명방법의 차이를 두고, 현재 우리 나라에 대단한 학설대립이 있는 것처럼 다룰 필요는 없다고 생각한다. 같은 취지: 서광민, 앞의 글, 30.

법행위책임은 발생하지 않는 것이 원칙이다(불법행위책임 불성립의 원칙). 매도인이 자기소유의 동산이나 부동산을 제1매수인에게 양도하기로 매매계약을 체결하고 나서 제2매수인과 이중의 매매계약을 체결한 경우(이중매매), 또는 채무자가 제1채권자와 노무제공계약을 맺고 제2채권자와 같은 기간의 양립할 수 없는 노무공급계 약을 맺은 경우에 그러한 이중계약의 체결만으로는 채권이 침해되지 않으며 두 개의 채권은 자유경쟁관계(自由競爭關係)에 놓인다. 채무자가 경쟁채권자 중의 어느 한 사람에게 이행할 것인가는 채무자의 자유이다. 채무자는 이행받지 못한 채권자에게 채무불이행책임을 질 뿐 불법행위책임은 지지 않는 것이 원칙이다.[1]

채무자가 채권자를 해할 목적으로 또는 해함을 알고 침해행위를 하는 경우에 그를 채무불이행책임만으로 다룰 것인가, 아니면 불법행위책임의 발생도 함께 인정할 것인가 의문이다. 이러한 문제는 채무자가 단독으로 침해행위를 한 경우에 문제되는 이외에 채무자가 제3자와 공모하여 침해행위를 한 경우에도 문제된다. 독일이나 프랑스의 학설과 판례는 고의(故意)의 채권침해행위가 불법행위를 구성한다고 해석한다.[2] 그렇게 해석하는 중요한 이유는 그들 입법례에서는 피해자가 불법행위책임으로 청구해야만 정신적 손해의 배상(위자료)을 받을 수 있기 때문이다. 우리의 채무불이행책임법에서는 위자료의 배상을 배제하는 규정을 두고 있지 않으며, 채무불이행에 의한 정신적 손해에 대한 위자료청구가 허용된다고 해석하고 있다.[3] 그렇게 해석할 경우에 채무자의 고의의 불이행을 불법행위책임으로 다루어야 할 실익은 없다.[4] 그러므로 사견으로는 침해원인이 단지 채무를 이행하지 않은 것뿐이라면 그 사유가 고의이든 과실이든 채무불이행책임으로 다루는 것이 원칙이라고 생각한다.

---

1) 우리 나라에서는 채무불이행책임이 발생하는 경우를 「채무불이행」이라고 하지 「채권침해」라고는 표현하지 않는 것이 보통이다. 단 채무불이행의 한 유형인 적극적 채권침해는 제3자의 채권침해가 아닌 채무자에 의한 채권침해로서의 불이행이다. 곽윤직, 77; 김용한, 159; 임정평, 162; 현승종, 129; 황적인, 109.

2) BGHZ 12, 308 등 다수판례: *Müchener Komm. BGB*, §826, Rn. 119ff.에 독일의 학설과 판례가 상세히 소개되어 있음.

3) 같은 취지: 곽윤직, 138.

4) 고의의 불이행을 불법행위책임으로 다루자는 견해가 우리 나라에서도 독일법이나 프랑스법을 연구하는 학자들 사이에서 비공식적으로 주장되고 있으나 아직 정면으로 그를 주장하는 문헌은 없다. 우리 나라에서 불법행위를 구성한다는 견해로는 김기선, 170; 현승종, 97.

(3) 불법행위책임의 성립요건

(가) 불성립의 원칙 제3자가 비록 채권자에게 불이익이 되는 행위를 했더라도 특별히 위법한 사정이 없는 한 불법행위책임이 발생하지 않음이 원칙이다. 채권은 채무자에 대하여 이행을 요구하는 권리이므로 제3자에 대하여 어떤 작위(作爲)나 부작위(不作爲)를 요구할 권리를 갖지 않는다.[1] 그리고 어떤 채권자와 채무자 사이에 채권관계가 존재한다는 사실은 대외적으로 공시되지 않으며, 제3자가 그 채권관계의 존재를 알았더라도 그에 구속되지 않는다. 채권에 의해서는 목적물에 대한 소유권이나 목적한 노무급부에 대한 지배권을 아직 취득하지 않은 상태이므로, 비록 제3자에 의해 그 물건이나 노무의 취득이 위협받더라도 채권자에게 그를 배제할 권리가 주어지지 않는다. 아직 지배권(支配權)을 취득하지 않은 자 사이에는 자유경쟁이 보장되며, 채권의 취득만으로 이 원칙에 대한 예외가 인정되지 않는다. 동일한 급부를 목적으로 하는 채권자 상호간에는 채권취득의 선후에 관계 없이 자유경쟁이 유지되며, 먼저 물권이나 기타 지배권을 취득한 자가 경쟁자를 제치고 급부에 대한 배타적 지배를 하게 된다.

판례는 제3자에 의한 채권침해가 불법행위가 성립되는지 여부는 그 채권침해의 태양에 따라 구체적으로 검토 결정한다. 돈을 가로챈 사실행위로 채권이 소멸된 것이 아니고 채무자의 책임재산이 감소되었을 뿐이므로 불법행위가 성립되지 않는다고 하였다. A가 B에게 소 8마리를 인도해 주면서 서울에 가서 팔아 줄 것을 위탁하였다. B가 그 소들을 판 대금 1,100,000원이 든 가방을 들고 기차를 타려던 순간에 C가 그 가방을 편취하여 착복하였다. 이에 A가 C를 상대로 위 금액에 대해 불법행위에 기한 손해배상을 청구한 사건이었다(대판 1975. 5. 13, 73다1244).

독립한 경제주체간의 경쟁적 계약관계에 관한 사건에서 판례는 "단순히 제3자가 채무자와 채권자간의 계약내용을 알면서 이에 위반되는 내용의 계약을 체결한 것만으로는 제3자의 고의 · 과실 및 위법성을 인정하기에 부족하다"고 하며 불성립의 원칙을 취하고 다만 제3자가 채무자와 적극적 공모 또는 제3자의 기망 · 협박 등 사회상규에 위반하는 수단을 사용한 경우

---

1) 단 채권자에 대하여는 원칙적으로 채무불이행만 문제될 뿐 불법행위법에 기초한 보호가 행해지지 않는다. 같은 취지: *Müchener Komm. BGB,* § 826 Rn. 123, S. 1753.

에 예외적으로 제3자의 채권침해를 인정하였다(대판 2001. 5. 8, 99다38699).

(나) 예외의 허용 채권자 상호간 또는 채권자와 일반인 사이에 자유경쟁을 보장하는 법리에는 몇 가지 예외가 인정된다.

① 대항력취득에 의한 경쟁배제 등기 기타의 공시방법을 통해 채권의 존재를 제3자에게 알렸으며, 제3자에 대한 대항력도 인정되는 물건의 인도채권은 「물권화된 채권」으로서 물권과 유사한 배타적 효력이 인정된다. 그러한 채권으로서는 등기된 부동산임차권(제621조), 대항요건을 갖춘 주택임차권(주임법 제3조), 가등기된 소비대차의 대물반환의 예약(제607조; 가담법 제2조1호), 기타 가등기된 부동산에 관한 채권 등이 있다. 채권자로부터 채권을 이전받을 채권을 갖는 자가 여러 명인 경우에, 먼저 대항요건을 갖춘 자가 다른 자보다 우선적 효력을 갖는다(제450조).

② 위법한 수단에 의한 경쟁금지 대항력 취득 전이라도 경쟁은 법질서가 허용하는 범위 내에서 공정하고 건전한 것임을 전제로 한다. 제3자가 채권자를 해한다는 사정을 알면서도 법규를 위반하거나 선량한 풍속 기타 사회질서를 위반하는 등 위법한 행위를 함으로써 채권자의 이익을 침해하였다면 이로써 불법행위가 성립한다. 다른 사람 사이의 계약체결을 방해하거나 계약갱신을 하지 못하게 하여 타인의 정당한 법률상 이익이 침해되는 경우에 불법행위가 성립한다(대판 2007. 5. 11, 2004다11162).

(다) 불법행위의 요건충족 제3자의 채권침해가 불법행위책임을 발생시키기 위해서는 첫째, 제3자가 가해행위(채권침해행위)를 했을 것, 둘째, 채권자가 그로 인해 손해를 입었을 것, 셋째, 가해자에게 고의 또는 과실이 있을 것, 넷째, 가해행위가 위법성을 띨 것의 네 가지 요건이 충족되어야 한다.[1]

① 가해행위 채권자가 채권을 보유하는 것은 법률상 보호되어야 할 이익이므로 그를 소멸시키는 것은 보호법익에 대한 침해로서 가해행위(加害行爲)가 된다. 그 밖에 채권을 소멸시키지는 않아도 채권의 만족가능성을 사실상 박탈하거나 또는 곤란케 하는 것도 가해행위에 해당한다. 채권침

1) 정기웅, "제3자의 채권침해와 불법행위," 월간고시 1992년 11월호, 70에서는 "제3자의 채권침해에 의하여 불법행위가 성립하는가의 검토는 위법성의 유무에 따라 결정하는 위법성설이 타당하다"고 하며 채권이 상대권이라는 점을 강조하여 위법성에 관한 판단을 개별적으로 하는 학설을 채권상대권설이라고 명명할 필요는 없다고 한다.

해행위는 이론상 채권의 귀속을 침해한 경우와 채권의 목적인 급부를 침해한 경우로 분류되는데, 실제로 모든 채권침해가 양자로 분명히 구분되지는 않는다.

② 손해발생 채권은 재산권이므로 채권의 소멸은 그의 가치상당의 재산적 손해(財産的 損害)를 가져오며, 채권의 만족가능성을 사실상 박탈하는 것도 같다. 그 밖에 채권의 소멸과 상당인과관계에 있는 손해도 배상범위에 포함된다.

③ 고의 · 과실 고의(故意)란 가해행위를 의도적으로 하는 경우이고, 과실(過失)이란 사회생활에서 일반적으로 요구되는 주의의무를 게을리함으로 인해 가해행위가 행해진 경우를 말한다. 가해자에게 고의가 인정되기 위해서는 침해되는 채권의 존재를 알았다는 것만으로는 부족하고, 채권침해를 적극적으로 의욕했어야 한다. 가해자에게 과실이 인정되기 위해서는 사회생활상 요구되는 주의의무를 게을리했어야 하는데, 현재 거래계에서 채권과 관련하여 그러한 주의의무를 부과하는 경우는 드물다. 그러한 주의의무 중에는 제3자로 하여금 채권의 존재를 인식하고 그를 존중할 것을 요구하는 경우도 있다. 공시방법 및 대항력을 갖춘 채권의 경우나 증권적 채권의 경우가 그러하다. 그러나 일반적으로 채권은 물권과 달라서 공시방법이 없으므로 가해자가 채권을 알 수 없음이 보통이며, 그 알지 못함에 아무 과실도 인정되지 않는다.[1] 제3자채권침해는 과실의 불법행위보다 고의의 불법행위가 더 많은 것이 특징이다.

④ 위 법 성 위법성(違法性)이란 법규위반, 선량한 풍속, 기타 사회질서에 위반하는 것을 의미한다. 위법성이란 제3자의 행위에 대한 사회적 평가의 문제이다. 자유경쟁의 보장으로 말미암아 동일한 급부를 목적으로 하는 채권을 발생시키는 이중매매나 기타 이중계약은 정당한 행위가 된다. 그러나 자기채권의 만족을 얻기 위해 경쟁상대방을 비열한 방법으로 물리치는 것은 위법하다. 사업자의 유사상표의 사용, 허위광고 등의 부정경쟁

1) 대판 1997. 6. 10, 95다28120: 외국영화 수입업자인 갑이 외국 영화제작자인 을로부터 국내의 독점적 배급권을 부여받아 수입하기로 한 영화를 을과 기존의 프랜차이즈계약에 의하여 독점적 선매권을 가지고 있던 A회사의 한국 내 자회사인 B회사가 A회사를 매개로 국내에서의 독점적 배급권을 부여받아 국내에서 상영한 경우, B회사는 A회사를 통하여 간접적으로 수입배급한 것에 불과하여 중간매개자를 통한 행위가 채무자인 을과 직접적인 공모와 동일하게 평가받을 수 있을 정도에까지 이르지 않은 이상 갑은 B회사에 대하여 불법행위책임을 물을 수 없다.

은 부정경쟁방지및영업비밀보호에관한법률(1986)에 의해 금지되므로 그러한 행위는 위법성을 띤다. 사업자의 시장지배, 기업결합, 부당한 공동행위, 불공정거래행위 등은 독점규제및공정거래에관한법률(1990)에 의해 금지되므로 그러한 행위는 위법하다. 그 밖에 법률의 금지규정이 없더라도 건전한 사회상식에 비추어 경쟁질서에 어긋나는 행위는 위법하다.[1)]

영국법에서 노무제공계약에 관한 채권침해

(1) 중세의 영국법 영국보통법(英國普通法)은 피용자의 노동에 대해 손실을 가져오는 제3자의 행위를 사용자에 대한 가해행위로 간주하였고, 사용자가 그 제3자를 상대로 직접 제소하여 구제를 받을 수 있었다. 종래 영국보통법(common law)의 법원칙에 의하면 사용자와 피용자(master & servant)의 고용관계에 있어서는 제3자가 피용자를 유인해 내어 피용자로서의 채무를 불이행하게 한 경우에 사용자는 그 제3자에 대하여 손해배상청구 등의 소권을 가졌다. 이 경우 소송상의 권리구제에 있어서 사용자와 피용자가 동일한 사람으로 간주되었기 때문이다. 이러한 고용계약의 보호는 농노제가 존재하던 시대에서 유래한다. 1349년 영국에서는 노동칙령(Ordinance of Labourers)이라는 법률을 제정하여 구체적인 구제방법을 규정하였다. 그 후 타인의 노동자를 유인해 내거나 도주노동자를 숨겨 주는 것은 불법침입(trespass)이라는 유형의 불법행위소송으로서 엄하게 다루어졌다.[2)]

(2) 제3자계약침해 19세기에 들어 영국법은 타인의 계약에 대한 침해를 독자적인 불법행위유형으로 인정하기 시작하였다. 제3자의 계약침해(契約侵害)에 관한 일반원칙을 수립한 대표적인 판례가 1853년에 나타났다(Lumley v. Gye 사건판례). 이 판례는 새로운 법리를 전개하였는데, 그것은 비록 종래의 법원칙이 고용관계에 대한 보호를 위하여 수립되었지만 이 원리는 그 밖의 노무제공관계에 확장되어야 한다는 것이다. "노무제공계약에 의해 일정기간 서비스를 제공해야 하는 자로 하여금 주인(서비스 수령권자)의 서비스영역 밖으로 유인해 내거나 그 주인과 손을 끊은 후에 자기와 노무제공계약을 하도록 약속함에 의하여

1) 독일판례는 제3자의 채권침해가 선량한 풍속에 어긋나는 경우란 행위가 전반적으로 법률가의 성실한 교제의 가치관에 현저히 어긋난 경우를 가리킨다고 한다(BGH *NJW* 1981, 2184). 계약상 의무에 특히 성실성이 강하게 요구될수록 선량한 풍속위반에 가깝다. 계약상 부수의무의 침해에 관해서는 풍속위반이 드물다고 한다(BGH *NJW* 1960, 1853).

2) 타인의 사유지에 대한 불법침입과 노동자에 대한 유인 등은 실제 사례에서 하나의 소송유형으로 통합되었다. Prosser and Keeton, *Torts*, fifth Edition(1984), West publishing Co., p. 980.

원래의 서비스제공을 방해한 제3자는 위법한 행위를 한 것이므로 법에 의해 책임을 져야 한다"는 종전보다 확장된 법원칙이 선언되었다. 이 원칙은 제3자의 위법한 방해가 이미 약정된 서비스제공기간 동안 서비스제공을 방해하는 모든 경우에 적용된다고 하였다. 당사자 사이에 구속력 있는 노무제공계약이 존재하는 경우에는 그것이 종전 법리에 적합한 고용관계인가를 묻지 않고 언제나 불법행위책임이 발생한다고 하였다. 제3자가 방해할 때에 계약당사자 사이에 실제로 서비스제공이 시작되지 않았었다거나 계속되지 않았었다는 것은 책임발생에 아무 장애요인이 되지 않았다. 즉 타인과 1년간 계약한 정원사를 유인한 것이 작업개시 전이었는가 작업첫날이었는가 정원수를 심은 다음날이었는가는 문제되지 않았다. 이 원칙은 피용자 또는 서비스제공자가 현재의 계약관계에서 실제로 떠난 후에야 제3자가 그를 자기의 피용자나 서비스제공자로 받아들일 수 있다는 것을 의미했다.

(3) Lumley v. Gye사건판례[2 El. & Bl. 216, 118 Eng. Rep. 749(1853)]

사실관계: 원고는 「퀸」극장을 오페라공연을 위해 빌려 사용하는 임차인이며 공연사업을 운영하는 매니저(감독)이었다. 「조안나 와그너」는 이 극장에 일정기간 동안 출연하기로 원고와 계약을 체결했는데, 그녀가 그 출연기간 동안 원고의 서면동의 없이 다른 장소에서 노래를 하는 등 그녀의 재능을 발표해서는 안 된다는 약속이 계약조건으로 포함되었다. 피고는 이러한 계약체결의 사실과 계약내용을 알면서 원고를 해치려는 의도를 갖고 와그너양에게 그 출연기간 동안 출연을 거절하도록 유혹하고 종용하였다. 와그너양은 계약이 유효하게 존속함에도 불구하고 피고의 유혹과 종용에 따라 출연을 하지 않았다.

판결요지: 원고와 와그너양의 서비스제공계약이 종전 법원칙에서 말하는 고용관계는 아니지만 제3자의 계약침해로부터 보호되어야 할 성질의 것이라고 인정되며, 피고의 고의 및 행위와 손해 사이의 인과관계가 존재한다고 판단되므로 피고는 손해배상책임을 진다(원고승소). 서비스제공의무자는 피고의 불법행위로 인하여 생긴 손해액을 전부 배상할 능력이 없을 것이므로 피고에게 배상책임을 지우지 않으면 원고에게 발생한 손해는 전보되기 어려울 것이다. 만약 불법행위자가 그의 고의의 위법한 행위에 의해 야기된 손해에 대하여 책임지지 않는다면 정당치 못한 결과로 되어 법의 기본이념에 어긋나게 될 것이다. 피고에게 불법행위책임을 지우기 위하여는 피고에게 계약상의 채권자를 해치려는 나쁜 의도를 가졌음(malicious)이 전제되어야 한다. 그리고 피고가 고의로 이러한 방해행위를 하였고, 그 행위가 서비스제공의 채무를 지는 계약당사자로 하여금 그 서비스제공을 하지 못하게 하는 원인이 되었다는 점이 전제되어야 한다. 즉 그 방해행위가 없었더라면 그 채무자가 서비스를 제공하였으리라는 것이 예상

되어야 한다.[1)]

(4) 제3자 채권침해의 유형

(가) 제3자의 변제수령 제3자가 채권의 준점유나 영수증소지를 기화로 마치 채권자인 양 변제를 받은 경우에 채무자는 준점유자(準占有者)에 대한 선의변제로서 면책되므로 채권이 소멸(消滅)한다(제470조, 제471조). 이 때 채권자는 변제수령자인 준점유자에 대해 부당이득반환청구권을 갖는다(제741조). 그 밖에 변제수령자의 불법행위책임을 인정하여 채권자에게 손해배상청구권도 허용할 것인가는 의문이다. 제3자가 부정한 목적으로(예: 자기가 그 수령금을 횡령할 목적으로) 변제받아 그 수령액을 가로챈 경우에는 고의의 채권침해로서 불법행위책임이 발생한다.[2)] 그러나 제3자가 채권자에게 인도할 목적으로 수령하여 갖고 있는 경우에는 채권자가 제3자에 대해 사무관리의 취득물인도청구권(제738조, 제684조) 및 부당이득반환청구권만을 가지며 불법행위는 성립하지 않는다.

(나) 제3자의 채권처분 제3자가 채권자의 대리인으로 사칭하여 채권의 입질·양도 등의 처분행위를 했는데, 그 행위의 상대방이 표현대리(表見代理)의 상대방으로서 보호받아 처분이 유효하게 된 경우(제125조, 제126조, 제129조)에 채권자는 채권을 상실한다. 이 경우 제3자의 행위는 채권침해에 해당한다.[3)]

채권양도인이 제1양수인과 제2양수인에게 이중으로 채권을 양도하고 제1양수인이 대항요건(對抗要件)(채무자의 승낙이나 채무자에 대한 통지)을 갖추기 전에 채무자에게 제2양수인에게 양도하였음을 통지하여 제2양수인에게 대항요건을 갖추게 한 경우에 제1양수인은 유효하게 양수받은 채권을 상실하게 된다(제450조). 이 경우 채권양도인은 제2양수인에게 양도할 당시 이미 채권자가 아니므로 처분권을 갖지 않았다. 이렇게 처분권 없는 자의 양도행위에 관하여 제3자채

---

1) 제3자가 계약관계를 침해하면 불법행위책임을 지게 된다는 원칙이 판례에 의해 수립된 후에 이러한 불법행위책임에 대해 반대하는 견해도 많이 발표되었다. 일부 반대의견에도 무릅쓰고 이 원칙은 영국 판례에 의해 재확인되었고 적용에도 점차 확장되었다. 이 원칙은 노동공급 이외의 계약분야를 포함하게 되었고, 그 적용요건에 있어서도 가해자에게 나쁜 의도가 없는 방해의 경우에까지 포함하게 되었다. 현재의 영국법은 고의의 계약침해라면 모든 유형의 계약에 관해서 포용한다.

2) 곽윤직, 80; 김기선, 171; 김석우, 99; 김용한, 114; 김주수, 90; 김증한·김학동, 71; 김형배, 326; 임정평, 116; 현승종, 100; 황적인, 47.

3) 같은 취지: 곽윤직, 80; 김석우, 99; 김용한, 114; 김주수, 90; 김형배, 326; 임정평, 116; 현승종, 100; 황적인, 47.

권침해에 해당하여 불법행위책임이 발생한다는 견해가 주장된다.[1] 사견으로는 이 때 채무불이행책임으로 처리하는 것이 좋다고 생각한다. 채권양도행위는 채권의 처분행위로서 그의 배후에는 채권양도인과 제1양수인 사이에 양도의 원인이 된 계약관계가 존재한다. 채권양도인은 제1양수인에게 채권을 양도함과 더불어 그를 위해 채무자에게 양도통지를 할 의무를 진다. 그 통지의무는 채권양도의 원인관계에서 발생하는 채권이전채무에 포함되므로 채권양도인이 제1양수인을 위하여 통지를 하지 않은 것은 채무불이행이 된다고 생각한다. 당사자 사이에 계약관계가 존재하고 계약채무의 불이행이 있는 경우를 구태여 불법행위책임으로서 처리할 필요가 없다.

(다) 증권적 채권에서 증서의 훼손·절취　타인의 지시증서(指示證書)(어음·수표 등)나 무기명증서(無記名證書)(자기앞수표·상품권 등)를 파손시키는 것은 채권자의 증권적 채권의 행사를 곤란하게 하므로 채권침해에 해당할 수 있다. 지명채권의 채권증서를 파손한 것은 특별한 사정이 없는 한 침해행위가 아니다. 지시채권에서 채권자는 변제받기 위해서 채무자에게 증서를 제시해야 하며(제517조) 배서가 연속된 증서의 소지인은 정당한 채권자로 추정되는데(제513조, 제514조), 증서가 멸실되면 그러한 채권자로서의 추정을 받지 못해 증서제시에 의한 간이한 지급청구를 할 수 없고 다른 방법으로 자기가 정당한 채권자임을 증명하여야 변제받을 수 있다. 증서가 파손되었다고 해서 일단 유효하게 취득한 채권이 당연히 소멸하는 것은 아니다.[2]

무기명증서를 절취한 자가 그 증서를 선의의 제3자에게 양도한 경우에 제3자는 채권을 선의취득(善意取得)하게 되고, 채권자는 채권을 상실하게 되므로 채권침해에 해당한다(제524조, 제514조). 무기명증서를 횡령하여 선의의 제3자에게 취득케 하는 것도 채권자의 채권을 상실케 하므로 채권침해이다. 채권

1) 곽윤직, 80; 김기선, 171; 김석우, 99; 김용한, 114; 김주수, 90; 김형배, 326; 임정평, 116; 현승종, 100; 황적인, 48. 대판 1967. 9. 5, 67다1255 판결은 부동산매수인의 소유권이전청구권이 매도인과 공모한 제3자의 등기이전으로 침해되었다는 이유로 매도인과 제3자의 공동불법행위책임을 인정하였다. 사견으로는 매도인의 채무불이행책임과 제3자의 불법행위책임을 인정하고 양자 사이를 부진정연대채무관계로 하는 것이 옳다고 생각한다. 윤진수, "제3자의 채권침해와 부동산의 이중양도," 사법논집 제16집, 1985, 156에서는 이 경우에 불법행위책임을 인정하는 외에 그의 효과로서 손해배상청구권이 아닌 원상회복청구권을 부여해야 한다는 독특한 견해를 주장한다.

2) 대판 1960. 10. 17, 4292민상906 판결은 선일자의 당좌수표를 발행한 자가 그 지급일 전에 당좌예금거래를 해지한 경우에 수표소지인의 채권을 침해했으므로 불법행위책임을 진다고 한다. 사견으로는 수표발행인은 채무자로서 지급의무를 지므로 채무불이행책임으로서 처리하는 것이 타당하다고 생각한다.

자가 제3자의 선의취득을 막기 위해서 공시최고절차에 의해 증서를 무효로 할 수 있다(제521조).

(라) 인도채권의 급부불능 제3자의 가해행위로 급부불능이 생긴 경우에 채무자의 귀책사유가 없으면 채무불이행책임을 발생시키지 않으므로 채권자는 채무자로부터 급부도 받지 못하고 불수령으로 인한 손해배상도 받을 수 없다. 즉 채권은 만족을 얻지 못한 채 소멸한다. 인도채무(引渡債務)의 급부불능은 특정물채무에서 목적물이 멸실된 경우, 종류채무에서 목적물특정 이후에 그 물건이 멸실된 경우에 생긴다.

특정물채무에서 제3자가 목적물을 멸실케 한 경우에 채무자에게 선관의무위반이 없으면 채권이 소멸하므로 제3자의 채권침해가 성립할 수 있다(예: 채무자가 목적물을 자동차에 싣고 채권자에게 인도하기 위해서 가는 도중 제3자의 고의로 사고가 발생해서 목적물이 파손된 경우). 편무계약(증여)상의 인도채권인 경우에는 채권자가 제3자에게 불법행위에 기초한 손해배상을 청구할 실익이 크다. 그러나 쌍무계약(매매)에서 채무자의 귀책사유 없는 특정물멸실은 채무자위험부담으로서 이익조정이 완료되므로, 채권자가 제3자에 대해 손해배상청구권을 갖지 않는다(제537조).[1] 채권자의 손해의 내용은 그가 매수인이냐 임차인이냐에 따라 달라진다. 매수인은 목적물의 교환가액 전부에 대해 이익을 갖지만, 임차인은 목적물에 대해 사용이익만을 갖는다(특정물채무의 설명 참조).

(마) 행위채권에 대한 침해 제3자가 채권을 침해할 의도로 채무자를 유괴·감금·협박하거나 또는 채무자를 사망·중상케 하여 행위채무를 이행하지 못하도록 한 경우는 채권침해(債權侵害)에 해당한다(예: 공연에 참석하고자 가는 가수를 제3자가 납치하거나 사고로 다치게 하여 가수가 공연을 못한 경우). 이 경우 채무자에게 귀책사유가 없으면 채권이 소멸한다. 이러한 행위채권에 대한 침해행위에 대해서는 채무자의 손해배상청구권과 별도로 채권자의 독자적인 손해배상청구권을 인정하지 않으면 채권자는 구제받지 못하게 될 것이다. 채권자의 손해와 채무자의 손해가 다른 내용이기 때문이다. 채권자의 손해는 행위급부(行爲給付)를 수령하지 못함으로 인한 불이익이다(위의 예에서 채권자인 극장측이 손님들에게 입장료를 환불해 주고 신용도 실추됨으로 인한 손해).[2] 반면에 채무자의 손해

---

1) 송덕수, "제3자의 채권침해와 불법행위," 고시계 1994년 10월호, 197에서는 "쌍무계약상의 채권이 제3자의 채권침해에 의하여 소멸한 경우에 채권자는 민법 제537조에 의하여 의무를 면할 수도 있지만 그 때에는 제3자에 대한 손해배상청구권을 행사할 수 없다고 하여야 하며, 반대로 채권자가 손해배상청구권을 행사한 때에는 — 대상청구권을 행사하는 때와 마찬가지로 — 상응하는 비율로 반대급부의무를 부담한다고 새겨야 한다"고 해석한다.

2) 직접적 피해자인 채무자의 손해배상청구권 이외에 간접적 피해자인 채권자의 손해배상청구권도 인정

는 인체손해 및 반대급부의 불수령 등이다(위의 예에서 납치의 정신적 고통에 대한 위자료와 공연을 갖지 못함으로 인해 출연료를 받지 못한 일실이익). 그러므로 채권자는 채권자대위권으로 구제될 수 없으며, 제3자채권침해로 인한 불법행위책임에 의해서만 구제된다.

(바) 제3자와 채무자의 공동행위 채무자와 제3자가 함께 채권의 목적물을 파손시켰거나 행위채무의 채무자를 중상케 하여 채무이행을 불가능하게 한 경우에 채무자 쪽에 불이행의 책임이 있고, 제3자의 행위는 채무불이행에의 가담행위에 지나지 않으므로 위법성의 인정에 있어서 신중한 고려를 베풀어야 한다.[1] 제3자가 채무자의 이행보조자와 공동으로 급부불능을 야기한 경우에도 같다.

제3자가 채무자와 이중매매나 기타의 이중계약을 체결하는 것은 자유경쟁의 소산으로서 합법적으로 성립한다. 그러나 제3자의 채권취득행위가 형식적으로는 정당한 행위이더라도 부정한 경업을 할 목적으로 행해지거나, 제3자가 채무자를 교사·협박하여 이중매매계약을 체결하고 등기나 인도를 받아 소유권을 취득한 경우에 그러한 양수는 건전한 거래질서를 해치는 위법행위로서 불법행위가 된다.[2] 제3자가 채무자의 배임행위에 적극적으로 가담한 경우에 매매계약이 사회질서위반의 법률행위로서 무효가 된다는 이론에 의하면 이 경우에 불법행위책임을 추궁할 실익이 적다.

(사) 책임재산의 감소 채무자의 일반재산을 감소(減少)시키는 제3자의 행위도 채권의 실행을 곤란케 하므로 채권의 침해행위가 될 수 있다. 정당한 거래행위에 의하지 않고 채무자의 일반재산을 감소시키는 행위는 위법성이 인정될 수 있다.[3] 제3자가 채무자와 공모하여 허위의 채권을 만들거나 그를 기초로 채무자의 재산을 가압류하여 채권자의 집행을 방해한 때,

할 것인가에 대하여는 책임법의 일반적 문제로서 논의되어야 할 것이다. 이 문제는 배상범위에 관한 인과관계의 문제(제393조)가 아니라 책임성립에 관한 인과관계의 문제(제750조)로서 다루어져야 한다. 윤진수, 앞의 글, 146 이하 참조.

1) 같은 취지: 곽윤직, 82.

2) 같은 취지: 곽윤직, 83; 김석우, 100; 김용한, 115; 김주수, 89; 김증한·김학동, 71; 김형배, 329; 장경학, 106; 임정평, 116; 현승종, 102. 판례는 이중매매의 경우에 매수인이 매도인에게 이중으로 매도할 것을 적극적으로 권유하는 등으로 매도인의 배임행위에 적극 가담하여 이루어진 매매계약은 사회정의관념에 반하는 반사회적 법률행위로서 위법성을 띠게 되어 무효라고 한다. 대판 1975. 11. 25, 75다1311; 대판 1979. 1. 11, 76다2083.

3) 같은 취지: 곽윤직, 82; 김용한, 115; 김주수, 91; 김증한·김학동, 72; 김형배, 328; 장경학, 109; 임정평, 116; 현승종, 102; 황적인, 49. 대판 1975. 5. 13, 73다1244 판결은 위탁판매한 소외 매매대금을 편취한 제3자의 행위로는 위탁인의 채권이 소멸하지 않고 단지 채무자(판매인)의 책임재산이 감소되어 위탁인이 간접적 손해를 본 데에 불과하므로 채권침해로 인한 불법행위책임이 성립하지 않는다고 한다.

채무자의 유일한 재산을 은닉하기 위해 가장행위(假裝行爲)를 한 때에는 채권자취소권으로서 사해행위를 취소하고 책임재산을 회복할 수 있다(제406조). 채권자취소권을 행사할 수 있는 대부분의 경우에 사해행위를 한 제3자에게 불법행위책임이 성립한다. 제3자가 이미 책임재산을 선의의 자에게 처분하여 채권자가 채권자취소권을 행사해도 그 재산을 회복할 수 없는 때에 제3자에게 대한 불법행위의 손해배상청구로서 구제받을 수 있게 된다. 채권자취소권으로서 사해행위를 취소하고 책임재산을 회복한 경우에는 보통 그로서 채권자의 이익이 충분히 보호되었으므로 불법행위책임을 추궁할 실익이 적다. 제3자가 단순히 채무자 재산의 감소행위에 관여하였다는 것만으로는 불법행위가 성립하기에 부족하나(대판 1999. 4. 27, 98다56690), 채무자와 적극 공모하였다거나 사회상규에 반하는 부정한 수단을 사용하였다는 등 채권침해의 고의·과실 및 위법성이 인정되는 경우 불법행위를 구성한다(대판 2007. 9. 21, 2006다9446).

미국법상 불공정행위에 의한 경제적 침해[1)]

20세기에 들어 타인의 경제적 이익을 위법하게 침해하는 행위는 「경제적 침해(economic harms)」라고 하는 불법행위(tort)의 일종으로 인정되고 있다. 경제적 침해의 법리는 결국 불법행위책임을 확장하는 것인데, 이 책임은 "가해자가 어떤 사업상의 관계를 방해할 목적으로 또는 그 행동의 결과 불가피하게 방해가 생길 것을 알고 행동했다는 사실"에 기초를 둔다.[2)] 초기에 미국판례는 다음의 이유에서 경제적 침해를 좁게 파악해 왔다. 첫째, 정서적 억압, 과실에 의한 부실표시와 유사하게 경제적 이익의 일반적 보호는 감당할 수 없을 정도로 많은 소송사건을 유발한다. 둘째, 불공정한 경쟁행위를 넓게 파악하게 되면 통상정인 경쟁이 위축되고 경쟁이 제공하는 사회적 이익도 감소될 것이 우려된다.[3)] 미국이 경제적·사회적으로 불안하였던 1930년대를 전후하여 경제적 침해로 인한 불법행위소송은 급격히 증가하였다. 미국인들은 「자유경쟁의 조장」이냐 「경제적 이익의 보호」냐 하는 상충되는 목표 사이에서 균형을 찾는 일이 중요하며 이 일은 판사가 해야 할 일이라고 생각했다. 이 시기에 제3자의 계약침해뿐 아니라 경제적 침해로 인한 불법행위의 법원칙들이 세부적 요건 및 효과에 이르기까

1) 졸고, "제3자의 채권침해와 경쟁질서," 김형배화갑기념, 채권법에 있어서 자유와 책임, 박영사, 1994, 343~365; 졸고, "채권침해 및 경제적 침해로 인한 불법행위책임," 민사법학 14호 게재.

2) Keeton & Sargentich, *Tort and Accident Law*, second ed. West Publishing Co., pp. 1304~1305.

3) Epstein, *Cases & Materials on Torts*, fifth ed.(1990), Little Brown and Company, p. 1303.

지 정립되었다. 현재 경제적 침해에 의한 불법행위는 미국판례법상 몇 가지 유형으로 분류된다. ① 어떤 계약의 채무자를 채무불이행으로 유인하는 행위(inducement of breach of contract), ② 장래이득을 방해하는 행위(interference with prospective advantage), ③ 불공정한 경쟁을 하는 행위(unfair competition)이다.[1)]

3. 대항력 있는 채권

(1) 의 의

채권도 예외적으로 대항요건을 갖추어 물권과 비슷한 배타적 효력을 가질 수 있는데, 법정의 대항요건을 갖추어 물권과 유사한 효력을 갖게 된 채권을 「대항력(對抗力) 있는 채권」 또는 「물권화(物權化)된 채권」이라고 한다. 대항력(對抗力)이란 제3자에 대한 관계에서도 자기의 권리를 승인받아 그의 실현을 관철할 수 있는 권한을 말한다.

대항력 있는 채권으로서 대표적인 것은 부동산임차권이다.

(가) 등기된 임차권 부동산임차권(不動産賃借權)은 원칙적으로 등기(登記)에 의해 대항력을 취득한다. 부동산임차인은 당사자간에 반대약정이 없으면 임차인에 대하여 그 임대차등기절차에 협력할 것을 청구할 수 있으며, 그 등기를 한 때에는 그 때부터 제3자에 대하여 효력이 생긴다(제621조 1항·2항).

(나) 주민등록된 주택임차권 주거용건물의 임대차는 그 등기가 없는 경우에도 임차인이 주택의 인도(引渡)와 주민등록(住民登錄)을 마친 때에는 그 다음날부터 제3자에 대하여 효력이 생긴다(주임법 제3조 1항).

(2) 임차권의 대항력의 내용

대항력 있는 임차권은 실제로 지상권, 전세권 등의 용익물권과 같은 효력을 갖는다.

---

1) International News Service v. Associated Press 사건판례[248 U.S. 215 (1918)]

사실관계: 미국언론협회는 그의 회원과 정보교환 등의 방법으로 세계의 뉴스와 신문독자에게 흥미있는 사건 및 행사정보를 수집하여 그것을 매일 회원에게 배급하였다. 언론협회는 국제뉴스서비스사가 언론협회회원에 의해 발간되는 신문사의 직원을 매수하여 협회뉴스를 신문발간 이전에 빼내어 서비스사에 제공토록 하고 서비스사는 그 뉴스를 전화나 전보를 통해 그의 고객에게 전달하는 등의 방법으로 언론협회뉴스를 표절하였다는 주장과 함께 지방법원에 제소하였다.

판결요지: 미국대법원은 가처분의 부작위명령(preliminary injunction)을 내린 지방법원의 판결을 지지하였다. 대법원은 뉴스의 문장이나 구성을 그대로 베끼는 것은 그것이 뉴스로서의 상업적 가치가 사라질 때까지는 금지된다는 이유를 들었다.

(가) 양수인에 대한 효력 임대차의 목적이 된 부동산이 제3자에게 양도되어 그 제3자가 소유권이전등기를 경료하는 경우에, 임대차는 제한물권과 같이 부동산의 부담으로 함께 이전한다. 양수인(讓受人)은 임대인의 지위를 승계한 것으로 간주된다(주임법 제3조 2항). 통상의 임대차에 있어서 "매매는 임대차를 깨뜨린다"는 원칙은 대항력 있는 임대차에 관해서는 적용되지 않는다. 양수인은 임차인에 대하여 임대기간 동안 목적물을 사용토록 하고 월세를 수령할 권한과 의무를 동시에 갖게 된다. 임대차가 종료한 때에는 전임대인이 받았던 보증금을 반환해 줄 의무를 진다.

(나) 보증금의 우선변제권 임차인이 임대인에 대하여 임대차종료시에 갖는 보증금반환채권은 부동산에 대한 담보물권과 같은 효력을 갖는다. 임대인이 목적부동산을 제3자에게 양도하더라도 그 양수인에 대하여 보증금반환청구권(保證金返還請求權)을 행사할 수 있다. 임대 부동산이 경매되는 경우에, 임차인은 그 경락대금에서 다른 채권자보다 우선변제권(優先辨濟權)을 갖는다. 다른 채권자가 담보물권자인 경우에는 임차권의 대항력취득시점과 담보물권의 등기시점을 비교하여 그 우선순위를 정한다. 다만 이 때에는 인도와 주민등록 이외에 임대차계약서상에 확정일자를 모두 갖춘 때를 대항력취득시점으로 본다(주임법 제3조의 2).

(다) 방해배제청구권 제3자가 목적부동산을 불법점거하거나 기타의 방법으로 사용·수익을 방해하는 경우에 임차인은 자신의 대항력 있는 임차권에 기초하여 제3자에 대해 방해배제(妨害排除)를 청구할 권리를 갖는다.[1] 그 밖에 목적물에 대해 점유를 취득한 임차인은 그 점유권에 기초한 물권적 청구권(물건반환·방해제거·방해예방)을 행사할 수 있다(제204조~제206조).[2] 임대인의 허락하에 부동산을 점유하고 있는 제3자에 대하여 임차인이 자기의 임차권이나 점유권에 기한 방해배제를 함으로써 임차물에 대한 점유를 회복할 수 있다. 제3자가 임대인의 허락 없는 불법점거자인 경우에, 임차인은 임대인이 그 불법

1) 같은 취지: 곽윤직, 85; 김기선, 173; 김석우, 101; 김용한, 118; 김증한, 52; 김증한·김학동, 72; 김형배, 340; 임정평, 47; 정기웅, 184; 김상용, "제3자에 의한 채권침해," 고시연구 1994년 6월호, 147; 조성민, 앞의 글, 86.

2) 채권의 일반적 성질로서 침해배제청구권이 생긴다는 주장도 있었다. 김주수, 85; 현승종, 103; 황적인, 53. 사견으로서는 모든 채권에 방해배제청구권을 부여하는 것은 물권·채권을 준별하는 민법체계와 맞지 않으며, 민법이 물권에 관하여만 물권적 청구권을 규정한 취지와도 어긋나므로 옳지 않다고 생각한다.

점거자에 대해 갖는 소유권에 기한 방해배제청구권을 대위행사할 수 있다. 그러나 임차인이 불법점거자에 대하여 직접 부동산의 인도를 청구할 수는 없다(대판 1981. 6. 23, 80다1362). 이렇게 채권자대위권을 행사하는 경우에는 임차인의 대항력취득이 그 행사요건이 되지 않는다.

대항력 있는 임차권에 기한 반환청구권(返還請求權)은 인정되지 않는다. 목적물을 제3자가 불법점유하고 있는 경우에 임차인이 제3자에 대하여 그 물건의 인도를 청구하는 것은 방해배제의 범위를 넘는 것이어서 인정되지 아니한다. 임차인은 임대인이 불법점거자에 대하여 갖는 소유물반환청구권(제213조)을 대위행사하여 물건을 임대인에게 반환할 것을 청구하고, 그 반환 이후에 임대인으로부터 자기에게 인도받을 수 있다. 임차인이 자기의 점유권에 기한 반환청구권을 행사하는 것은 허용된다(제204조 1항).

제 3 장 채권의 목적

제3장 채권의 목적

§9. 급 부

1. 급부의 의의

(1) 급 부

급부(給付)란 「채무의 내용에 좇은 이행」, 즉 「채무의 이행으로서 목적물이나 노무를 제공하는 것」을 의미한다(제373조, 제374조, 제390조 참조).

채권자는 채무자로부터 채무의 이행을 받을 것을 목적으로 채권을 취득하므로, 채권자의 편에서 본 채권의 목적은 채무자의 편에서는 곧 채무의 이행이 된다.

인도채권(引渡債權)의 목적은 목적물의 수령 및 보유에 있는데, 그것은 결국 「목적물」에 향하여진 것이라고 볼 수 있다. 민법 제375조, 제376조, 제399조의 「채권의 목적」은 인도채권의 목적물을 가리킨다. 행위채권의 목적은 채무자의 일정한 행위 또는 행위결과이며, 부작위채권의 목적은 채무자가 일정한 작위를 하지 않는 상태의 계속이다.

급부란 민법학자들이 사용하는 용어이며, 민법은 급부라는 표현을 사용하지 않는다. 그러나 특별법인 약관규제법 제10조는 「상당한 이유 없이 급부의 내용을 변경」한다는 표현을 사용하고 있다. 급부라는 용어는 원래 독일어의 라이스퉁(Leistung)을 번역한 것이다. 독일법의 라이스퉁(Leistung)은 채권의 목적이라는 의미 이외에 채무의 주내용 · 이행 · 변제 · 이행행위 등 여러 표현으로 번역될 수 있다.

(2) 급부행위와 급부결과

채권의 목적인 급부(이행)는 급부행위(給付行爲)(이행행위)와 급부결과(給付結

果)(이행결과)의 이중적 요소를 갖는다고 분석된다.[1] 이 두 요소 중에서 어느 것이 급부의 본질을 구성하느냐에 관하여는 독일에서 이론이 대립한다. 사견으로는 채권관계에 서 급부결과와 급부행위의 두 요소가 각자 다른 역할을 담당하고 있으며, 그들 사이에 경중을 판단하기는 곤란하다고 생각한다. 채권은 급부결과(예: 특정물채권에서 특정물의 인도 및 수령)를 향하고 있으므로 급부결과에 이르지 못하면 불이행이라고 보아야 한다. 급부결과에 이르지 못하면 채권이 만족을 얻지 못하므로 변제의 효과가 생기지 않는다(변제에 관한 설명을 참조). 단 채무내용이 채무자의 작위나 부작위를 목적으로 하는 경우에는 통상 이행행위의 존부가 채권의 만족 여부를 좌우한다. 급부결과에 이르지 못했더라도 충분한 급부행위가 있었다면 채무자에게 귀책사유(과실)가 없으므로 채무불이행책임을 물을 수 없다. 결국 계약의 해석을 통해 채권자가 급부행위를 요구하는 것인가 아니면 급부결과까지 요구하는 것인지가 밝혀져야 할 것이다.

(3) 급부의 내용

계약에 의해 발생한 채무의 내용은 계약(契約)의 해석(解釋)에 의해 밝혀진다. 계약의 공정성을 확보하기 위하여 법률이 이에 개입하여 합의를 수정하거나 보완하는 경우도 종종 있다(제607조 등). 사무관리(事務管理)·부당이득(不當利得)·불법행위(不法行爲)의 법정채권관계에 기초한 채무의 내용은 법률의 규정에 의해 정해진다.

민법은 채권을 중심으로 규정하고 민사소송법은 그 채권에 기한 소송상 청구를 인용하도록 구성하고 있지만, 민법학에서는 채무의 내용을 고찰함으로써 채권의 실체를 밝힌다. 채권은 추상적으로 이해될 수밖에 없지만, 그의 반대측면인 채무는 그의 핵심인 급부와 변제기·변제장소 등의 부수적 조건을 종합함으로써 구체적으로 파악될 수 있다.

2. 급부의 종류

(1) 인도채무·행위채무

물건의 인도를 내용으로 하는 채무를 인도채무(引渡債務) 또는 「주는 급

---

1) 이러한 분석은 Wieaker, Leistungshandlung und Leistungserfolg, *Festschrift für Nipperdey I*, 1965, S. 783에서 유래한다.

부」라고 하며, 채무자가 일정한 행위를 해야 할 의무를 지는 경우를 행위채무(行爲債務) 또는 「하는 급부」라고 한다. 민법은 채권총론에서 인도채무를 중심으로 삼아 특정물채권, 종류채권, 금전채권 등을 규정한다. 행위채무에 관해서는 총론적 규정을 두지 않고, 채권각칙의 고용, 도급, 위임, 임치 등의 계약유형별로 규정한다.

행위채무에는 채무자 자신이 직접 급부행위를 해야 하는 일신전속적 행위채무와 이행보조자를 사용하여도 무방한 보통의 행위채무가 있다. 이행보조자를 사용하여 이행하는 경우에 그 이행보조자의 고의 · 과실로 인한 손해에 대하여 채무자가 채무불이행책임을 진다. 행위채무의 이행에 있어서 채무자가 약정한 행위를 한다는 것만으로는 부족하고, 그 행위를 하기 위한 전제조건으로서 능력, 자격증, 전문성 등이 요구되는 경우가 있다. 이러한 경우에 채무자가 그 요구되는 자질을 갖추지 못하거나 충분한 주의를 기울이지 못한 때에는 전문가책임이라는 엄격한 손해배상책임을 져야 한다.

(2) 작위채무 · 부작위채무

㈎ 채무의 내용　채무자가 채권자에 대한 관계에서 일정한 행위를 하지 않을 의무 또는 일정한 상태를 유지할 의무를 지는 경우에 부작위채무(不作爲債務)가 발생한다. 부작위채무가 아닌 통상의 채무는 채무자의 일정한 급부행위를 내용으로 하는데, 이 경우를 부작위채무와 대비하기 위해 작위채무라고 부른다. 인도채무와 행위채무는 통상적으로 작위채무(作爲債務)에 속한다.

부작위채무는 단순부작위채무(單純不作爲債務)와 인용의무(忍容義務)로 나뉜다. 단순부작위채무의 예로서는 일정고도 이상의 건축을 하지 않을 의무를 지는 건축제한, 임원에서 퇴직한 후 일정기간 경쟁적인 영업을 하지 않을 의무를 지는 등의 경업금지 등이다. 인용의무의 예로서는 이웃의 건축기간 동안 차량이나 사람들이 토지에 출입하는 것을 참을 의무, 임대인이 집수리를 위해 임차인의 주택에 드나드는 것을 참을 의무 등을 들 수 있는데, 이는 다른 측면에서 보면 그 부동산을 비독점적으로 사용할 권리라고도 할 수 있다.

판례는 화해계약 등에 의하여 간판의 부착사용을 방해하지 아니하기로 하는 내용의 부작위채무를 부담하고 있는 경우에, 간판에 대한 옥외광고물

설치허가신청서에 첨부할 목적으로 건물의 구분소유자들에게 사용승낙을 요청하였음에도 이를 거절하고 오히려 허가관청에 구분소유자들의 승낙이 없었으므로 옥외광고물설치허가는 취소되어야 한다는 진정서를 제출하였으면 위 행위는 부작위채무를 위반한 것으로 본다(대판 1996. 12. 10, 95다22870).

(나) 강제이행 작위채무의 불이행시에는 직접강제(直接强制)를 할 수 있다. 다만 작위채무라도 그 성질이 직접강제를 하지 못할 것인 때에는 간접강제(間接强制)의 방법에 의하거나 강제이행을 포기해야 한다(제389조 1항). 부작위채무의 불이행시 강제집행은 대체집행(代替執行) 또는 간접강제의 방법에 의한다. 단순부작위의무를 위반한 경우에는 가시적인 결과(건축물)가 나타나고 그 결과물을 철거함으로써 채권의 목적을 달성할 수 있을 때에는 대체집행의 방법으로 강제집행할 수 있다(제389조 3항). 인용의무를 위반하는 상태가 계속되는 경우 또는 단순부작위의무를 위반한 상태가 계속되는 경우(경업행위)에는 간접강제가 가능하다. 인용의무를 위반하는 경우에도 그 결과물이 가시적으로 나타나는 경우(출입을 막는 차단물)에는 대체집행이 가능하다.

(3) 특정물채무 · 종류채무 · 금전채무

민법은 인도채무를 그 목적물의 특성에 따라서 특정물채무(特定物債務), 종류채무(種類債務), 금전채무(金錢債務)로 분류한다. 특정물채무는 채권의 목적이 된 특정물이 멸실되면 이행이 불가능하게 된다는 점에 특색이 있다. 따라서 특정물채무자는 목적물이 멸실되거나 훼손되지 않도록 선량한 관리자의 주의로서 보존할 주의의무를 진다. 종류채무에서는 시장에 그 종류물이 얼마든지 많이 있다는 전제 아래 급부불능을 인정하지 않는다. 다만 「종류채무의 특정」이라는 제도를 두어 그 특정요건이 충족된 이후에는 특정물채무에서와 같이 급부불능을 인정한다. 금전채권은 국가의 화폐정책에 따라 일정한 명목가치를 목적으로 하는 채권으로서 원칙적으로 급부불능이 생기지 않으며, 채무불이행에 따른 손해배상에 있어서도 특칙이 인정된다.

(4) 주된 급부 · 종된 급부 · 부수적 주의의무

채무자가 지는 급부의무를 분석해 보면 세 가지 요소로 구성되어 있는 것을 알 수 있다. 계약에서는 대개 주(主)된 급부만을 합의하지만, 그 주된 급부를 이행함에 필수적으로 수반되는 종(從)된 급부의무가 있을 수 있다. 종된 급부의무의 예는 전기제품을 살 때 연결코드, 설명서 등이 함께 인도되는 것, 가구를 살 때 집에까지 운반하여 설치해 주는 것 등이다. 그 밖에 채무를 이행함에 있어서 채무자가 준수해야 할 주의의무가 채무내용에 포함된다. 부수적(附隨的) 주의의무의 예는 렌트카를 대여해 줄 때 차량의 안전상태를 점검해 주는 것, 약품을 팔 때 부작용을 경고해 주는 것 등이다. 종된 급부의무와 부수적 주의의무는 당사자의 추정적 의사, 신의칙, 법률의 규정에 의해 발생한다. 이러한 채무의 내용은 채무불이행책임의 성립 여부를 판단할 때에 기준이 된다.

(5) 일회적 급부 · 계속적 급부

채무의 이행이 약정기간 동안 계속되는 경우를 계속적(繼續的) 급부 또는 계속적 채무라고 부르며, 채무의 이행이 한번의 행위로 끝나는 통상의 경우를 1회적(一回的) 급부 또는 1회적 채무라고 부른다. 1회적 급부와 계속적 급부의 구별은 주로 인도채무를 염두에 둔 구분이다. 행위채무에서는 일의 완성을 목적으로 하는 경우와 일정기간 동안 근무할 것을 목적으로 하는 경우로 구별하는 것이 의미가 크다. 인도채무는 통상적으로 1회적 급부를 목적으로 하지만, 계속적 공급계약에서는 매일, 매달 등 정기적으로 또는 채권자의 주문에 따라 비정기적으로 물건을 인도하는 계속적 급부를 목적으로 한다. 정기적으로 급부를 제공하는 경우를 특히 회귀적(回歸的) 급부 또는 정기적(定期的) 급부라고 하는데, 이는 계속적 급부의 특수형태이다.

계속적 급부를 발생시키는 계약을 계속적 계약이라고 하는데, 계속적 계약은 당사자가 기본적인 합의(기본계약)를 한번 해 두면 그 합의에 정한 요건을 충족할 때마다 급부의무가 발생하는 것이다. 근래에는 소비대차와 관련하여 약정기간 동안 필요에 따라 신용을 주는 신용카드계약, 당좌대월계약 등을 계속적 신용계약(繼續的 信用契約)이라고 하는데, 이에 종속된 담보계약, 보증계약 등도 계속적 계약의 성격을 띠게 된다. 계속적 계약에서는 과거 이행부분의 불이행을 이유로 장래의 이행부분에 대하여 수령을 거절하기 위한 해지권이 인정되며, 그 밖에 사정변경에 따른 해지권도 인정될 여지가 넓다.

(6) 가분급부 · 불가분급부

채무의 이행을 분할하여 여러 번에 걸쳐서 하더라도 채권의 만족에 방해를 가져오지 않는 경우를 가분(可分)급부라고 하고, 한번에 완료하여야 채권만족을 얻을 수 있는 경우를 불가분(不可分)급부라고 한다. 금전채무는 특별한 사정이 없는 한 가분급부이다. 그 밖의 경우에 가분급부냐 불가분급부냐는 계약의 해석에 의해 판단된다.

가분급부의 효과로서는 첫째, 채무자가 일부를 이행하려 하는 경우에, 그것은 채무의 내용에 따른 일부변제의 제공이 된다. 채권자는 그 일부급부를 수령하여야 하며, 수령하지 않는 때에는 일부의 채권자지체에 빠지게 된다. 채무자는 그 일부급부에 관하여는 지체책임을 지지 않는다. 채권자가 그 일부급부를 수령하면 일부변제가 되어 채무는 잔여부분으로 축소된다. 불가분급부에 관해서는 일부변제 또는 일부변제제공이 인정되지 않는다. 둘째, 여러 사람이 거래상 하나의 행위에 의하여 채무를 부담하는 경우에 가분급부에 관하여는 연대의 특약이 없는 한 분할채무가 발생한다(제408조). 각 채무자는 자기의 분할부분에 관해서는 채무를 지며, 다른 채무자의 불이행이나 무자력에 대하여 책임지지 않는다. 채무자가 한 명이고 채권자가 여러 명인 경우에는 분할채권이 발생한다. 불가분급부의 경우에는 불가분채무(제409조)·연대채무 또는 불가분채권·연대채권이 발생한다. 셋째, 가분급부를 목적으로 하는 채무를 발생시킨 계약은 일부무효·일부취소가 가능하다. 급부의 일부에 관하여만 무효·취소사유가 있는 때에는 그 부분만 효력을 상실시키는 것이 합리적이다.

3. 채권성립을 위한 급부의 요건

채권은 채권자와 채무자의 법률행위인 계약을 통해서 성립하거나, 또는 채권자와 채무자 사이에 채권을 발생시키는 법률의 규정을 충족하는 사무관리·부당이득·불법행위 등의 사실관계의 존재로부터 생긴다. 이들의 요건은 민법총칙 및 채권각칙에서 규정한다. 여기서는 채권의 발생과 급부와의 관계에 관하여 서술하겠다.

(1) 급부의 실현가능성

급부는 채권성립시에 실현가능성을 가져야 한다. 채권의 성립시에 이미 급부의 불능이 확정적이라면 그 채권은 유효하게 성립하지 못한다. 이런 경우를 「원시적 불능으로 인한 계약좌절」이라고 한다.[1] 급부불능의 시점에

1) 이러한 원시적 불능의 법리는 제535조 1항에 의해 간접적으로 선언되어 있다. 이는 로마법의 문답계

따라 채권의 성립 전에 생긴 급부불능을 원시적 불능(原始的 不能)이라고 하고, 성립 후에 생긴 것을 후발적 불능(後發的 不能)이라고 한다. 후발적 불능은 채무불이행책임 또는 위험분담의 문제를 야기한다(급부불능에 관하여는 채무불이행에서 자세히 설명함).

(가) 원시적 불능 　원시적 불능은 원칙적으로 채권을 성립시키지 못한다. 계약목적을 달성하는 데 지장이 없을 정도의 일부불능은 채권의 성립을 방해하지 않는다(제137조, 제572조, 제575조 참조). 관청의 인허가를 얻어야 하는 계약에서 계약체결 당시 인허가의 부존재는 급부를 원시적 불능으로 만들지 않는 경우(대판 1989. 11. 28, 89 다카11777)와, 계약 자체를 무효로 하는 경우(토지거래허가제, 졸저, 물권법 423면 이하 참조.)가 있다. 계약의 불성립시에는 「계약체결상의 과실책임」이 발생한다. 계약체결을 하였으나 원시적 불능으로 그의 성립이 실패로 끝난 경우(계약좌절)에 그 불능을 알았거나 알았거나 알 수 있었던 당사자는 상대방에 대하여 그 계약의 유효를 믿었음으로 인하여 받은 손해(신뢰이익)를 배상해야 한다(제535조).

이와 같이 계약체결시에 급부가 불능인 상태에서는 계약 자체가 성립하지 않는다는 원칙을 「원시적 불능(原始的 不能)의 법리」라고 하는데, 민법은 계약체결상의 과실책임에 관한 제535조에서 이러한 원시적 불능의 법리를 간접적으로 규정하고 있다. 그러나 이 법리를 철저하게 관철할 경우에는 불합리한 결과가 생기게 되므로, 이 원칙을 완화하여 여러 예외를 인정한다.[1] 원시적 주관적 불능의 경우로서 장래 채무자의 이행이 사회통념상 가능하다고 볼 여지가 있는 경우에는 「타인의 권리의 매매」(제569조)로서 유효한 매매계약이 체결된 것으로 보고, 매도인(채무자)이 그 권리를 취득하여 이전할 수 없는 때에 담보책임을 지도록 한다(제570조). 그리고 매매목적물에 원시적 하자 또는 원시적 일부불능(수량부족, 일부멸실)이 있는 경우에, 계약은 합의에 따라 완전한 목적물에 대하여 체결되어 그 완전한 급부의무가 발생한 것으로 보고, 매도인이 하자 있는 물건을 인도한 경우에 하자담보책임을 지도록 한

약에서 "매도되는 물건 없이는 매매가 인정될 수 없다"는 법리에서 유래하며, 독일의 보통법학에 의해 독일민법에 수용되었다고 한다. 그의 위당성에 대하여 의문을 제기한 논문이 있다. 양창수, "원시적 불능론(1-3)," 서울대 법학 제27권 2호 · 제28권 3호 · 제9권 1호(1986~1988).

1) 양창수, "원시적 불능론(1-3)," 서울대 법학 제27권 2호 · 28권 3호 · 29권 1호에서는 원시적 불능론의 근거가 박약함을 비판하였다. 당사자의 귀책사유로 인한 후발적 불능의 경우에 「원시적 불능을 무효로 하는 이유가 그러한 급부실현에의 법의 조력은 무의미하기 때문이다」라는 설명은 설득력이 없다고 한다. 판례는 매매목적부동산이 이중매매되어 등기이전되면 이를 후발적 불능으로 보는 반면, 민법 제569조는 타인소유물의 매매를 유효한 것으로 보는데, 이는 「원시적 불능=무효」라는 법리와 상충된다고 한다.

다(제574조, 제580조).

(나) 후발적 불능 일단 채권이 성립한 후에 급부의 실현가능성이 없어진 이행불능은 채권을 무효로 만들지 않고, 「채무불이행책임(債務不履行責任)」이나 「위험부담(危險負擔)」의 새로운 법률관계를 전개시킨다. 이행불능이 채무자의 귀책사유로 야기된 경우는 그로 인한 「손해」를 배상하는 채무불이행책임이 발생하고(제390조), 채무자에게 귀책사유가 없이 생긴 이행불능은 「위험」으로 처리되어 채무자와 채권자 사이의 위험분담의 문제로 처리된다(제537조, 제538조).

(2) 급부의 사회적 효용성

(가) 사회적 효용성 채권은 재산권의 일종이므로 채권의 목적인 급부가 효용성(效用性)을 가져야 한다. 법적 의무로 되는 것은 「법적으로 보호할 가치 있는 급부이익」이 있는 경우에 한정된다.[1] 채권법은 재화 및 용역의 시장교환과 관련된 법이므로 급부의 경제성 내지 잠재적 교환가능성을 원칙적인 전제로 하지만 채권법에는 그러한 경제성을 전제로 하지 않는 경우도 있다. 그리고 효용성이 있는 급부를 목적으로 하는 의무 중에도 도덕적 의무에 해당할 뿐 법적 의무로 되지 못하는 경우도 많다. 친구 사이에 동업하여 가게를 내기로 한 약속은 조합계약이라는 채권관계를 형성하여 법적 구속력을 갖는다. 친구와 영원히 우정을 나눌 것을 약속한 것은 사회적 효용성의 결여로 채권이 성립되지 않으므로 친구의 배신에 대하여 강제이행이나 손해배상 등의 법적 구제책이 부여되지 않는다.

(나) 금전적 가치산정의 불필요 채권이 성립하기 위하여 급부가 금전(金錢)으로 가액(價額)을 산정(算定)할 수 있어야 한다는 것은 요건이 아니다(제373조). 급부가 경제성을 갖는다는 것과 금전으로 산정가능하다는 것은 다르다. 대부분의 행위(용역·노무 등)는 그 자체를 금전으로 산정하기 곤란하지만, 유상계약에서 어떤 급부에 대한 대가의 지불이 약정된 때에는 그 대가가 급부의 금전적 가치라고 추정된다. 특히 부작위급부(건축제한, 경업금지)는 그 급부 자체를 금전으로 산정하기 어렵고, 불이행이라는 가시적인 결과가 야기되었을 때 손해배상으로 산정된다. 이와 같이 그 자체를 금전으로 산정할 수 없거나

1) 송덕수, "채권의 목적의 의의와 내용," 이대 법정대 사회과학논집 제12집, 1992, 32 이하; 동, "채권의 목적과 재산적 가치," 고시연구 1993년 7월호, 65에서는 채권자의 보호할 가치 있는 이익이 없는 것도 채권의 목적이 될 수 있다고 한다.

극히 곤란한 급부이더라도 불이행으로 인한 손해배상시에는 금전으로 산정되어 배상된다(금전배상주의, 제394조). 손해배상에 있어서는 정신적 고통도 위자료의 금액으로 산정된다. 손해배상시에 금전으로 산정되는 객체는 급부 자체가 아니라 「채권자가 급부를 받지 못함으로 인하여 입은 손해」이다.

(다) 상식에 기한 판단 어떤 급부가 효용성 및 경제성을 갖느냐는 사회상식에 비추어 판단해야 하는데, 같은 성질의 급부라도 시대·장소·당사자·기타 상황에 따라 달라질 수 있다. 예를 들어 친구가 고민의 상담을 해 주기로 약속하고, 그를 하지 않은 경우라면 그 상담의무는 단순한 도덕상의 의무일 뿐으로 법률로 강제하거나 그의 불이행에 대한 손해배상청구를 할 수 없다. 그러나 상담료를 선불받은 전문상담소에서 상담전문가가 나오지 않아 상담을 못해 주었다면 상담료를 부당이득한 것이 되어 반환의무가 발생하고, 상담의 불이행으로 인한 손해를 금전으로 산정하여 배상해야 한다. 부작위급부를 예로 든다면 임대차계약시 임차인이 아이들을 떠들지 않도록 주의시키겠다고 약속한 경우와 그 집에서 음악교습을 하지 않겠다고 약속을 한 경우는 그 법적 효과면에서 다르다.

법률행위의 사회적 타당성과 급부

채권이 유효하게 성립하기 위하여는 그 기초가 되는 계약이 사회적 타당성 및 공정성을 가져야 한다(제103조, 제104조). 그 사회적 타당성의 판단에 있어서 급부의 내용이 문제되는 경우가 종종 있다. 토지거래, 인삼거래, 마약거래, 밀수품거래 등에 있어서는 정책적 목적에 의해 그 거래를 제한하는 법령이 있기 때문이다. 법령위반이라든가 반사회성의 판단은 기계적으로 행해지는 것이 아니라 거래의 사정을 종합하여 규범적 판단으로서 행해진다. 따라서 급부 하나만 분리해 놓고 그의 사회적 타당성, 적법성을 판단하는 것은 옳지 않다.[1] 계약에 대하여 계약목적이나 쌍방급부의 균형 등 제반사정에 비추어 적법성·사회적 타당성을 심사해야 한다. 예를 들면 마약의 인도라는 급부만을 놓고 그 사회적 타당성을 판단하는 것보다, 그 마약이 환자의 치료를 위하여 적법한 경로로 매매되었는가 또는 일반인에 대한 환각작용을 위하여 밀매되었는가라는 매매계약의 모든 상

1) 종래에는 채권이 원칙적으로 법률행위에 의해 발생하므로 채권의 목적인 급부도 법률행위의 목적에 관한 일반적 요건인 적법성과 사회적 타당성을 갖추어야 한다고 설명되었다. 곽윤직, 30; 김석우, 34; 김용한, 33; 김상용, 34; 김주수, 42; 김증한, 17; 김증한·김학동, 17; 김형배, 46~47; 임정평, 53; 장경학, 28; 정기웅, 25; 현승종, 42; 민법주해(8), 78~79.

황을 참작하여 타당성을 판단하는 것이 바람직하다(법률행위의 적법성 · 사회적 타당성은 민법총칙에서 제103조와 관련하여 설명되고, 계약의 공정성은 채권각론에서 설명된다).

(3) 급부의 확정가능성

채권성립시 급부는 확정되어 있거나 적어도 확정가능성(確定可能性)을 가져야 한다. 급부의 내용은 계약의 해석, 법률의 규정, 관습에 의해 정해지는데, 채권의 성립을 위해서는 확정될 필요가 없지만 채무의 이행을 위해서는 확정되어야 한다. 채권의 성립에는 목적의 확정가능성만 있으면 되며, 물권의 성립에서와 같은 엄격한 객체의 확정은 필요 없다. 채권은 물권과 같은 배타적 권리도 아니며 공시할 의무가 없기 때문이다. 계약체결시에 급부에 관해 개략적인 것만 합의하고, 급부의 선택이나 확정을 일방당사자 또는 제3자에게 맡겨도 무방하다. 급부가 지나치게 막연하게 정해져 있어 그것만으로 구체적인 행위를 기대하기 어려운 때에는 채권이 성립되지 않는다(예: 경제적으로 어려운 상황에 있는 친구에게 최선을 다해서 도와 주겠노라고 말한 경우). 채무의 이행을 강제하거나 손해배상을 청구할 때에는 소송상 청구의 내용을 구성하는 급부가 확정되어야 한다.

계속적 계약에서는 기본계약을 통해 장래 발생할 채권의 성립요건을 정하며, 채권은 그 요건을 충족한 때에 발생한다. 예를 들어 신용카드회사와 회원이 신용카드계약을 체결함으로써 장래 회원의 물품구입시 그 매매대금을 회사가 선불하고 회원에게 청구하기로 합의하고, 회사가 회원에 대하여 채권을 갖는 것은 회원의 구매와 회사의 지급이 행해지는 때이며, 그 채권액은 구매한 물품대금액으로 정해진다. 이와 같이 신용카드계약에 기해 카드회사가 회원에게 채권을 갖게 되는 때에 급부내용도 확정된다.

§10. 특정물채권

1. 의 의

(1) 특정물채권의 개념

채권의 목적이 특정물의 양도 및 인도인 경우에 그 채권을 특정물채권(特定物債權)이라 하고 그에 상응하는 채무를 특정물채무(特定物債務)라고 한다. 특정물채무는 특히 부동산의 양도 · 대차계약에서 중요성을 갖는다.

(2) 특정물의 개념

특정물(特定物)이란 당사자가 지정한 그 물건만이 목적물이 되며 다른 물건으로 대체할 수 없는 것을 말한다. 특정물인가 아닌가는 당사자의 의사와 계약의 유형에 의해 정해진다. 거래상 대체물로 다루어진다고 해서 특정물이 될 수 없는 것은 아니다. 예를 들면 임대차계약이나 임치계약에서는 임차인이나 수치인이 인도받았던 그 물건을 반환해야 하는 것이 계약상의 의무이므로 특정물채권이 발생하며, 위임계약에서도 수임인이 위임사무를 처리함에 있어 받은 물건으로서 위임인에게 인도할 목적물은 그것이 대체물이더라도 당사자간에서는 특정된 물건과 같은 것으로 보아야 한다(대판 1969. 12. 16, 67다1525). 어떤 물건이 통상적으로는 종류물로 매매되지만 할인판매점에서 약간의 흠이 있어 싸게 판매한 경우에, 그 목적물은 특정물로 되어 특정물매매가 성립한다.

토지의 매매에 있어 목적물을 등기부상의 면적에 따라 특정한 경우라도 당사자가 그 지정된 구획을 전체로서 평가하였고 면적에 의한 계산이 하나의 표준에 지나지 아니하여 그것이 당사자들 사이에 대상토지를 특정하고 그 대금을 결정하기 위한 방편이었다고 보일 때에는 수량을 지정한 매매가 아니라 특정물매매이다(대판 2003. 1. 24, 2002다65189).

아파트분양계약이 아파트 ○층 ○○호로 특정된 아파트 1동씩을 특정하여 매매한 경우에, 이는 수량을 지정한 매매가 아니라 특정물을 목적으로 한 매매로서 설사 분양안내 카다로그가 잘못되어 피고들이 분양받은 아파트의 실제면적이 분양계약서상에 표시된 분양면적보다 다소 넓다 하더라도 매수인이 법률상 원인 없이 이득을 얻은 것이 아니다(대판 1991. 3. 27, 90다13888).

(3) 특정물인도의 유형

특정물채무에서 말하는 인도의 내용은 계약의 유형에 따라 다르다.

(가) 목적물의 소유권과 함께 점유를 이전해야 하는 채무 매매(賣買)·증여(贈與)·교환(交換)에서의 목적물이 특정물인 경우의 인도의무가 이에 해당한다. 위임(委任)에서 수임인이 위임사무처리로 취득한 물건의 인도의무(제684조)에 있어서는 수임인이 소유권을 취득하여 그를 위임인에게 이전해야 할 경우가 이에 해당한다. 도급(都給)에서는 수급인이 완성시킨 물건의 소유권이 누구에게 있는가에 따라 다른데, 예를 들어 수급인이 자기의 재료로 물건을 만들어 소유권을 원시취득한 때에는 그 소유권을 도급인에게 이전하여야 한다(제665조 참조).

(나) 목적물의 점유만 이전할 채무 사용대차(使用貸借)·임대차(賃貸借)·임치(任置)에서는 특정물의 점유이전과 사용수익권이 부여될 뿐 목적물의 소유권은 이전되지 않는다. 이러한 계약에서는 계약종료시에 목적물 반환의무가 발생하는데, 이 의무도 특정물채무가 된다.

2. 특정물의 보존의무

(1) 선관의무

특정물채무자는 그 물건을 인도하기까지 선량(善良)한 관리자(管理者)의 주의(注意)로 보존할 의무를 진다(제374조, 제324조).[1] 보존(保存)이란 목적물을 멸실·훼손으로부터 보호하기 위해 필요한 행위를 하는 것이다. 구체적으로 어떠한 보존행위를 필요로 하는가는 목적물의 특성, 계약종류에 따라 다르다. 채무자는 계약체결에 의해 물건의 인도채무가 발생한 후에도 계약 전과 마찬가지로 목적물을 점유하는 것이 보통이다. 이 기간 동안 채권자가 목적물의 완전성에 대한 이해관계를 갖게 되며, 채무자는 점유기간 동안 목적물을 보존하기 위한 주의를 소홀히하기 쉽다. 따라서 민법은 채무자에게 선관

---

1) 독일민법 제276조 1항은 채무자에게 「거래상 필요한 주의」(die im Verkehr erforderliche Sorgfalt)를 일반적으로 부과하여 그를 해태하는 경우를 과실이라 한다. 프랑스민법 제1374조에서는 사무관리자에게 「선량한 가부의 주의」(les soins d'un bon père de famille)를 부과한다.

의무를 부과함으로써 채무자의 주의를 촉구하고 채권자의 이익을 보호한다.

(2) 선관의무의 객관성

선량한 관리자의 주의란 어느 정도의 주의를 기울이는 것을 말하는가에 관하여는 객관적으로 판단된다. 계약상 채무자의 지위에 대하여 거래관행상 요구되는 능력을 기준으로 하여 채무자가 그 특정물을 충분히 관리하였는가를 판단하며, 채무자 개인의 능력을 기준으로 삼지 않는다.

채무자가 선관의무를 다하지 못하여 목적물이 멸실 · 훼손된 경우 과실에 따른 채무불이행책임을 지게 된다. 결국 선관의무는 채무자의 과실인정의 근거가 된다. 거래관행을 기준으로 한 과실을 「객관적 과실개념(客觀的過失槪念)」이라고 하며, 민법은 제374조를 통해 채무불이행책임에서의 과실이 객관적 과실임을 선언하고 있다고 해석된다(상세한 설명은 채무불이행책임의 귀책사유를 참조).

(3) 무상계약에서 주의의무의 경감

대가를 지급할 의무가 없는 무상계약에서는 채무자에게 무거운 주의의무를 부과시키는 것이 가혹하므로 선관의무보다 약한 주의의무만을 부과한다. 예를 들면 무상임치(無償任置)에서 수치인은 임치물을 「자기재산(自己財產)과 동일(同一)한 주의(注意)」로 보관하면 되는데, 자기재산과 동일한 주의란 선량한 관리자의 주의보다 약한 주의의무로 해석된다(제695조).[1] 다만, 상인이 그 영업범위 내에서 물건의 임치를 받은 경우에는 무상이더라도 선량한 관리자의 주의를 기울여야 한다(상법 제62조).

자기재산과 동일한 주의를 수치인의 개인적 능력에 따른 주의의 정도로 파악하여 주관적(구체적) 과실개념으로 이해하는 견해가 있다.[2] 그러나 사견으로서는 자기재산과 동일한 주의란 「선관의무보다 낮은 정도의 객관적 과실개념」으로 파악하겠다.[3] 첫째, 무상임치에서 주의의 정도는 거래관

---

1) 이와 유사한 민법규정으로서 친권자는 법정대리행위를 할 때 「자기의 재산에 관한 행위와 동일한 주의」를 하도록 하는 제922조와 상속인이 상속재산을 「고유재산에 대하는 것과 동일한 주의」로 관리하도록 하는 제1022조가 있다(제1044조에 준용됨).

2) 곽윤직, 49; 김기선, 63; 김상용, 40; 김석우, 45; 김용한, 43; 김주수, 50; 김증한, 22; 김증한 · 김학동, 80; 김현태, 41; 김형배, 53; 이태재, 60; 임정평, 62; 정기웅, 30; 최식, 38; 현승종, 49; 황적인, 5; 송덕수, 「채권의 목적」의 의의와 내용, 이대 법정대 사회과학논집 제12집, 1992; 동, "특정물채권," 고시계 1993년 8월호, 36.

3) 같은 취지: 남효순, "특정물의 보존의무에 관한 소고," 고시계 1993년 7월호, 127에서는 자기재산과 동일한 주의란 평균인으로서 소유자에게 일반적으로 요구되는 주의, 즉 객관적 주의의무라고 해석한다. 비판적 견해: 민법주해(8), 111(송덕수 집필부분)→"이러한 해석은 구체적인 주의의무를 규정한 민법의 조문에도 반하고 개인차를 인정하지 않는 점에서 타당하지 않다"고 한다.

행상 유상임치에서 보다 낮게 정해지며, 민법은 이러한 거래관행을 반영하여 「자기재산과 동일한 주의」라고 표현한 것이다. 자기재산과 같은 주의란 선관주의보다 한 단계 낮은 주의정도를 가르키며, 수치인의 개인적인 능력에 의해 좌우되는 것은 아니다. 둘째, 과실개념은 유상계약에서나 무상계약에서나 그 판단기준의 설정에 일관성을 가져야 하며, 거래상 요구되는 주의를 기준으로 삼는 객관적 과실개념을 기초로 함이 타당하다. 유상임치에는 객관적 과실을 그리고 무상임치에는 주관적 과실을 요구하는 견해는 과실개념을 파악함에 있어 일관성 있는 기준을 제시하지 못한다.

(4) 선관의무의 존속기간

채무자는 「물건을 인도하기까지」 선량한 관리자로서의 보존의무를 짐이 원칙이다(제374조). 인도하는 때란 원칙적으로 비록 변제기가 지났더라도 채권자에게 실제로 물건이 이전되는 「현실적 인도시점」을 의미하는 것으로 「변제기」와는 다르다. 구체적인 사례에서는 변제기를 넘긴 이유가 무엇인가에 따라 보존의 주의정도가 달라지며, 선관의무가 요구되는 경우는 「불가항력(不可抗力)으로 인한 이행기도과(履行期徒過)」의 경우에 한정된다.

(가) 이행지체의 경우 채무자의 귀책사유로 이행기를 넘긴 경우에는 이행지체(履行遲滯)중의 책임가중으로 인하여 과실 없이 생긴 손해에 대하여도 채무불이행책임을 진다(제392조).

(나) 채권자지체의 경우 채권자가 수령하지 않음으로 이행기에 이행하지 못한 경우는 채권자지체(債權者遲滯)중의 책임경감으로 인하여 고의·중과실이 없으면 배상책임을 지지 않는다(제401조).

(다) 불가항력 등 불가항력, 유치권, 동시이행의 항변권, 최고·검색의 항변권의 존재 등 양 당사자의 책임 없는 사유로 변제기를 넘긴 경우에, 채무자는 제374조에 따라 현실인도시까지 선관주의(善管注意)로써 보관하여야 한다.

(5) 보존비용

목적물의 보존(保存)에 드는 비용(費用)은 채무자가 부담함이 원칙이다. 그러나 채권자가 목적물을 수령하지 않음으로 인하여 증가된 비용은 채권자가 부담하여야 한다(제403조).[1]

---

1) 대판 1981. 5. 26, 80다211: 특정물매매에서 목적물이 인도되지 않았으면 매수인이 대금지불을 지체하

(6) 입증책임

채무불이행에 관해 채무자는 자신의 과실 없음을 입증(立證)해야 함이 원칙이다. 판례는 "임대목적물이 멸실 · 훼손된 경우 임차인이 그 책임을 면하려면 그 임차건물의 보존에 관하여 선량한 관리자의 주의의무를 다하였음을 입증하여야 한다"고 하여(대판 1991. 10. 25, 91다22605), 그 입증책임을 채무자에게 지우고 있다. 다만 건물구조의 일부를 이루고 있는 전기배선의 합선으로 인한 건물의 소실 · 훼손은 임차인의 선관의무위반으로 보지 않고 임대인의 건물보수의무위반으로 본다(대판 2000. 7. 4, 99다64384).

임차인의 선관의무

임차인은 임대인으로부터 임차물을 인도받은 때부터 그 임대물을 반환할 때까지 선량한 관리자의 주의로써 임대물을 보존할 의무를 진다. 임차인의 과실로 임차물을 반환할 수 없을 때에는 채무불이행에 따른 손해배상의무를 지게 된다.[1] 임대목적물이 멸실 · 훼손된 경우 임차인이 그 책임을 면하려면 그 임차건물의 보존에 관하여 선량한 관리자의 주의의무를 다하였음을 입증하여야 한다(대판 1994. 10. 14, 94다38182).[2] 단, 임대인의 지배관리 영역 내에 있는 부분에서 화재로 인해 임차목적물이 소훼된 경우라면 오히려 임차인에게 임차목적물 보존에 관한 선량한 관리자의 주의의무를 다하지 아니하였다고 볼 만한 특별한 사정이 있다는 점에 대해 임대인이 주장 · 입증하여야 한다(대판 2006. 2. 10, 2005다65623). 화재로 인하여 임차물을 반환할 수 없게 된 사례에서, 임차인은 임차물 자체의 반환불능으로 인한 채무불이행책임과 임대인 소유물(임차물 이외의 공간 포함)의 파손으로 인한 불법행위책임의 두 가지 책임을 부담하게 되는 경우가 많다. 채무불이행책임이 문제되는 경우에, 임차인은 자기가 선관의무를 다하였음(과실 없음)을 입증해야 하며 이를 입증하지 못하면 손해배상의무를 지게 된다. 반면에 불법행위책임이 문제되는 경우에는 임대인이 임차인의 과실을 입증해야 한다(헌재 1995. 3. 23, 92헌가4. 합헌).

여도 매도인은 인도시까지의 관리보존비의 상환이나 대금의 이자상당액의 손해배상청구를 할 수 없다.

1) 졸고, "실화시 임차인의 손해배상범위," 민사판례연구 제10권, 1988, 172~183.

2) 판례평석: "임차건물이 화재로 인하여 소실된 경우에 있어서의 임대인과 임차인 사이의 법률관계," 인권과 정의, 통권 268호, 144 이하.

3. 특정물의 불인도에 따른 책임

특정물채무의 급부불능은 채무자의 귀책사유가 있는 경우에는 채무불이행책임을 발생시키고, 그것이 없는 경우에는 위험부담의 문제로 처리된다.

특정물의 변제장소
특정물의 인도는 다른 합의가 없으면 채권성립 당시에 물건이 있었던 장소에서 하여야 한다(제467조). 그러나 채무의 성질에 비추어 다른 변제장소가 적당한 경우에는 그 장소에서 인도하여야 한다. 특정물인도를 위한 변제제공이 있었는가 없었는가는 변제의 장소를 기준으로 판단된다. 변제장소에서 채무자의 변제제공이 없으면 채무불이행이 되고, 그 곳에서 변제제공이 있었으나 채권자가 수령하지 않은 경우에는 채권자지체가 된다. 변제장소에서 채무자의 변제제공이 있고 채권자의 수령이 행해진 경우에 채무는 변제로 인하여 소멸한다.

(1) 채무불이행책임

채무자의 귀책사유로 인해 이행기에 목적물을 인도하지 못하였다면 채무불이행책임(債務不履行責任)이 발생한다(제390조). 채무자나 그의 이행보조자가 선관주의로 보존하지 못하여 목적물이 멸실 · 훼손된 경우에 채무자의 과실이 인정된다. 매매에서와 같이 물건과 함께 소유권도 이전해야 하는 경우에는 목적물의 점유이전과 소유권이전이 모두 행해지지 않으면 채무불이행책임이 발생한다. 채무불이행책임은 금전에 의한 손해배상을 내용으로 한다.

인도를 구하는 특정물이 멸실되어 시가상당의 손해배상을 구하는 경우 그 손해액은 이행불능 당시의 시가와 그에 대한 지연손해금 상당이고 장차 그 물건을 사용수익할 수 있었을 이익은 그 시가인 교환가격에 포함되어 있다고 할 것이어서 이를 따로 청구할 수는 없다(대판 1990. 10. 16, 90다카20210). 임차물 반환지체로 인한 부당이득의 반환은 손해의 배상과 달라서 임차목적물의 임대인이 손해를 입은 것만으로는 부족하고 임차인이 얻은 이익이 있어야 그 반환을 청구할 수 있다. 임대차계약에 있어서 임대인의 채무불이행으로 인하여 임차인이 임차의 목적을 달할 수 없게 되어 손해가 발생한 경우, 이로 인하여 임차인이 받은 정신적 고통은 그 재산적 손해에 대한 배상이 이루어짐으로써 회복된다고 보아야 할 것이므로, 임차인이 재산적 손해의 배상만으로는 회복될 수 없는 정신적 고통을 입었다는 특별한 사정이 있고, 임대인이 이와 같은 사정을 알았거나 알 수 있었을 경우에 한하여 정신적 고통에 대한 위자료를 인정할 수 있다(대판 1994. 12. 13, 93다59799).

(2) 위험부담

채무자의 귀책사유 없이 목적물이 멸실되어 인도되지 못한 경우에는 위험부담(危險負擔)의 문제로 처리된다. 위험은 원래 물건의 소유자가 부담하는 것이 당연하지만, 권리이전과정에 위험이 발생한 경우에 그 불이익을 채권자에게 부담시킬 것인가 또는 채무자에게 부담시킬 것인가 하는 것이 채권법의 주요쟁점으로 대두된다.

㈎ 급부위험의 채권자에의 귀속 특정물인도채무에 관하여 볼 때 귀책사유 없는 목적물멸실은 후발적 급부불능으로 급부의무를 소멸케 한다. 급부의무가 소멸하는 결과 채권은 만족을 얻지 못한 채 소멸하게 된다. 채권자는 특정물의 획득의도가 좌절되는 불이익을 받는데, 이것을 가리켜 "급부위험(給付危險)을 채권자가 부담한다"고 표현한다. 증여(贈與)와 같은 편무계약(片務契約)에서는 급부위험만이 존재하므로 결국 물건의 멸실로 인한 불이익은 채권자의 부담으로 된다. 그러나 쌍무계약에서는 대가위험이 급부위험보다 중요한 역할을 담당한다. 쌍무계약에서도 채권자는 목적물의 취득의도에 좌절을 겪게 되므로 급부위험이 존재한다고 할 수 있지만, 채무자가 대가위험을 부담하여 채권자는 대가를 지급할 필요가 없게 되는 때에는 급부위험은 중요하지 않게 된다(급부는 대가와 등가관계에 놓이기 때문임).

㈏ 대가위험의 채무자에의 귀속 쌍무계약에서 채무자는 채권자에게 목적물을 인도하지 못하는 대신에 대금지급도 청구하지 못하게 되는데, 이렇게 채무자가 대금을 받지 못하게 되는 불이익을 입는 것을 가리켜 "대가위험(對價危險)을 채무자가 부담한다"고 표현한다. 쌍무계약에서는 존속상의 견련성으로 말미암아 하나의 채무가 소멸하면 그와 상환관계에 있는 대가채무도 함께 소멸한다(제537조). 쌍무계약에서 대가위험은 채무자에게 부담지워지는데 대가위험을 부담하는 자가 결국에는 불이익을 입게 된다. 쌍무

계약에서 채무자가 대가위험을 부담하도록 하는 입법주의를 가리켜 채무자위험부담주의(債務者危險負擔主義)라고 한다(채권각론의 설명 참조).

(다) 채권자가 대가위험을 부담하는 경우 쌍무계약에서 채권자의 귀책사유로 목적물이 멸실된 경우 또는 채권자지체중에 불가항력으로 멸실된 경우에, 채권자는 목적물을 취득하지 못한 채 대가를 지불해야 하는데(제538조) 이를 가리켜 "채권자가 대가위험(代價危險)을 부담하게 된다"고 말한다.

사례연구

A는 자신이 소유하는 중고차를 B에게 인도하기로 하는 계약을 맺고(9월 1일) B에게 9월 5일에 인도하기로 약속하였다. 만약 9월 3일에 자동차가 전부 파손되었다면 그 법률관계가 어떻게 되는가? 특정물의 멸실사유에 따라 분류해 보면 다음과 같다.

① 채무자의 귀책사유로 파손된 경우: 특정물의 급부청구권은 급부불능으로 인하여 소멸하는 대신에 채무불이행에 기한 손해배상청구권으로 전환된다. A는 B에 대하여 파손시 중고차의 시가상당액을 손해배상으로서 지급해야 한다.

② 불가항력으로 인하여 파손된 경우: 채무자나 채권자의 귀책사유 없이 특정물이 멸실한 경우에 급부청구권은 소멸하고 위험의 부담문제가 발생한다. 증여의 경우에는 채권자(수증자)가 그 급부위험을 부담하게 되어 그 자동차를 취득할 가능성을 상실하게 된다. 매매나 교환의 경우에는 채무자(매도인)가 대가위험을 부담하게 되므로, A의 B에 대한 반대급부청구권이 소멸하게 된다(제537조). 물론 B의 A에 대한 급부청구권도 특정물의 멸실로 인해 소멸하게 된다. 이와 같이 쌍무계약에서는 위험이 발생한 경우에 급부청구권과 반대급부청구권이 모두 소멸하게 되어 견련성이 유지된다. 다만 B의 채권자지체중에 자동차가 파손된 경우에는 채권자(매수인)가 위험을 부담하게 되어 자동차를 취득하지 못해도 그 대금은 지급해야 한다(제538조 1항 뒷문장). 위험은 채권자지체로 인하여 채무자로부터 채권자에게로 이전해 있는 상태이기 때문이다.

③ 채권자의 귀책사유로 파손된 경우: 증여, 매매, 교환 어떤 경우에나 채권자가 위험을 부담하게 된다. 증여에서는 채권자가 자동차를 얻지 못하는 불이익을 감수하는 것으로 법률관계가 끝난다. 매매, 교환에서는 채권자가 자동차를 얻지 못해도 대금은 지급해야 한다(제538조 1항 앞문장). 이 경우 채권자는 대가위험을 부담하므로 급부청구권은 소멸해도 반대급부청구권은 존속한다.

(3) 불법행위에 기한 손해배상청구권의 발생

목적물이 채무자의 귀책사유 없이 제3자의 불법행위로 인해 멸실한 경우에, 채무자는 목적물의 소유자 또는 점유자로서 제3자의 불법행위로 인한 침해에 대하여 손해배상청구권을 갖게 된다.[1] 다른 한편 채권의 목적이 급부불능으로 됨에 따라 채권자는 그 멸실한 목적물의 인도청구권을 상실하게 되고 채무자는 목적물의 인도의무를 면한다. 채권자는 목적물의 소유자 또는 점유자가 아니므로 「제3자의 채권침해」가 성립하는 경우에 한해서 제3자에 대한 불법행위의 손해배상청구권을 갖게 될 것인데, 실제 이러한 경우는 드물다(제3자 채권침해에서 설명).

(4) 대상청구권의 발생

채무자가 급부목적물에 갈음하여 물건, 금전 또는 채권을 취득한 경우에 그것들을 대상(代償)이라고 한다. 민법에 규정은 없지만, 학설과 판례(대판 1992. 5. 12, 92다4581)는 목적물의 멸실로 급부청구권이 소멸하는 대신에 대상청구권이 발생하는 경우가 있음을 인정한다(채무불이행에서 상세히 설명함). 그 대표적인 경우로서 증여에서 증여할 특정물이 멸실하고 그 대신 증여자가 손해배상금 등 대상을 취득한 경우에, 수증자는 그 손해배상금 등의 대상을 자기에게 인도할 것을 증여자에게 청구할 수 있다고 해석된다.

4. 흠있는 물건의 인도

(1) 현상인도의 원칙

채무자는 이행기의 현상대로 특정물을 인도하여야 한다(제462조). 이행기의 물건의 현상이 채무성립시보다 좋아졌거나 또는 같을 때에는 문제가 없으나 나빠진 경우에는 해석상 문제가 생긴다. 현상인도(現狀引渡)에 관한 제462조의 취지에 관하여는 학설이 대립한다. 특정물의 현상인도는 하자담보책임의 본질에 관한 법정책임설과 채무불이행책임설의 대립과 관련이 있다

1) 대판 1991. 4. 12, 90다20220: 특정물에 대한 소유권을 멸실케 한 불법행위시를 기준으로 하여 그 당시의 교환가격에 의하여 그 손해액을 산정하여야 함이 원칙이고, 다만 그 특정물이 불원간 적법한 절차에 의하여 철거를 당할 운명에 있다든가 하는 등 특별한 사정이 있는 경우에만 위 원칙은 적용되지 않는다고 할 것인바, 가옥이 빈 집 상태로 방치되어 있으며 또 인근 건축공사로 인하여 붕괴될 위험성이 있고 도시 미관상 혐오감을 유발한다고 하여 관할 구청장으로부터 가옥주와 협의하여 철거를 요청받은 일이 있다는 사정은 위와 같은 특별한 사정으로 보기 어렵다.

(채권각론 참조).[1]

(가) 완전이행설　민법 제462조는 채무자가 선관주의로서 보존했음에도 불구하고 훼손된 물건은 이행기의 현상대로 인도하면 충분하다는 뜻을 규정한 것이라고 보는 견해이다.[2] 이 경우 흠있는 물건의 인도로 완전한 이행이 된 것으로 해석한다.

(나) 변제제공설　특정물에 생긴 변화가 동일성을 잃을 정도에 이르지 않은 경우에 물건의 현상인도는 유효한 변제의 제공이 된다는 의미로 해석하는 견해이다.[3] 물건의 훼손에 따른 채무불이행책임(불완전이행)이나 담보책임은 이와 별개로 고찰되어야 한다는 입장이다.

사견으로도 변제제공설(辨濟提供說)이 타당하다고 생각한다. 민법 제462조가 이행기의 현상대로 인도해야 한다는 규정을 둔 의미는 채권자의 수령거절을 막는 데 있다고 해석된다. 채무자는 특정물을 이행기의 현상대로 인도할 의무를 지고 채권자는 그 수령을 거절할 수 없으며, 인도시에 존재하는 흠이 채무자의 과실로 인하여 생긴 것일 때에는 그 부분에 대하여 채무불이행책임을 져야 한다. 이행기에 발견된 특정물의 흠이 계약 이전부터 존재하던 것인가(원시적 하자) 또는 계약 이후에 생긴 것인가는 중요하지 않고, 채무자는 그 흠에 대한 채무불이행책임(과실 있는 경우에 한함)이나 담보책임(채무자의 과실은 요건이 아님)을 진다고 해석된다. 다만 계약 당시에 채권자가 흠의 존재를 안 때에는 목적물이 흠있는 물건으로 특정된 것이므로 채무불이행책임을 지지 않는다.[4]

(2) 특정물채권의 발생원인과 현상인도

이행기에 목적물에 흠이 있는 채로 인도한 경우에 어떤 법률관계가 전개되는가는 그 인도의무의 발생원인에 따라 다르게 된다.

(가) 계약의 경우　계약당사자가 완전한 물건의 인도를 합의한 경우에, 채무자가 훼손된 현상대로 인도하는 것은 채무의 내용에 따른 이행이 아니므로 채무불이행으로 인한 손해배상의무가 발생함이 원칙이다. 완전한 물

---

1) 졸저, 채권각론, 308 이하를 참조.

2) 곽윤직, 38; 김기선, 64; 김석우, 46; 김용한, 45; 김주수, 51; 김증한, 24; 김증한 · 김학동, 30; 김현태, 42; 이태재, 59; 현승종, 50; 황적인, 7; 임정평, 63; 최식, 38; 주석 채권각칙(상), 67(이영준 집필부분).

3) 김용한, 508; 김형배, 56, 764; 남효순, "특정물의 보존의무에 관한 소고," 고시계 1993년 7월호, 133; 서광민, "특정물채권," 법정고시 1997년 1월호, 37; 송덕수, "특정물채권," 고시계 1993년 4월호, 44.

4) 민법주해(8), 118(송덕수 집필부분)에 사견에 대한 비판 있음.

건의 인도를 합의했는가 아니면 하자 있더라도 이행기의 현상대로 인도할 것을 합의했는가는 계약의 해석에 관한 문제이다.

(나) 유상계약의 특칙 매매와 같은 유상계약에서 완전한 물건을 전제로 하여 대가의 약정이 이루어진 경우에, 채무자는 완전물을 인도할 의무를 지게 되며 흠있는 채로 인도한 경우에는 민법 제580조에 따라 매도인은 매수인에 대하여 하자담보책임을 져야 한다. 그러나 당사자가 흠(欠)있는 특정물을 목적물로서 합의한 경우 또는 매수인이 계약 당시부터 흠이 있음을 알았던 경우(악의)에는 흠있는 물건의 인도라도 채무이행이 된다(채권각론의 설명 참조).

(다) 법률상 인도의무의 경우 물권적 청구권(物權的 請求權)에 기한 반환(返還), 부당이득반환(不當利得返還) 등 법정채권관계에서는 이행기의 현상대로 물건을 인도하는 것이 원칙이지만, 이 경우에 반환자에게 손해배상의무가 발생한다. 점유자의 회복자에 대한 특정물반환에 있어서는 점유자의 책임 없는 사유로 인한 멸실·훼손에 대해서도 손해배상책임을 진다. 이 때 악의의 자주점유자와 타주점유자는 손해 전부를 배상해야 하며, 선의의 자주점유자는 현존이익의 범위에서 배상해야 한다(제202조, 물권법 참조). 부당이득반환의 경우에는 악의의 수익자만이 손해배상책임을 진다(제748조 2항).

(3) 흠있는 인도의 효과

흠있는 특정물을 인도한 데에 따라 생기는 효과는 흠이 채무자의 귀책사유로 인하여 생겼는가 아니면 불가항력에 의해 생겼는가에 따라 달라진다.

(가) 채무자의 귀책사유로 인한 흠 흠의 존재에 대해 채무자의 귀책사유가 있는 경우에, 채무자는 채무불이행으로 인한 손해배상책임을 진다. 유상계약의 경우, 법정채권관계의 경우에는 특칙이 규정되어 있다(앞에 설명).

(나) 불가항력으로 인한 후발적 하자 특정물의 흠이 채무자나 채권자의 과실 없이 발생한 경우에는 위험부담의 원칙에 따라 처리된다. 무상계약에서는 채권자가 그 불이익을 부담하게 되고, 유상계약에서는 채무자가 그로 인한 불이익을 부담한다.

(다) 보완의 청구와 허락 목적물의 흠이 수리, 기타의 방법으로 쉽게 보완할 수 있는 경우에, 신의칙(信義則)에 기초해 채권자의 보완청구권(補完請求權) 및 채무자의 보완허락청구권(補完許諾請求權)을 부여하는 것이 옳다. 채권자의 보완청구권은 채무자에게 채무의 내용에 따른 완전한 이행을 청

구할 권리(완전물인도청구권이라고도 함)에서 파생된 권리라고 할 수 있다. 채무자의 보완허락청구권은 채무자의 노력으로 쉽게 보완할 수 있음에도 채무불이행에 따른 손해배상을 부과하는 것이 가혹한 경우로서 채무자의 보완청구가 있는 때에 신의칙상 부여되는 권리이다.

목적물의 흠

목적물에 존재하는 흠은 채권법에서 여러 가지 용어로 분석된다. ① 채무불이행책임에서는 목적물의 「불완전성」 또는 「부적합성」을 이유로 불완전이행에 따른 손해배상청구권이 발생한다. ② 매매 등 유상계약의 담보책임에서는 목적물의 「하자」를 이유로 계약해제권 · 대금감액청구권 · 손해배상청구권 등이 발생한다. ③ 불법행위의 특수한 모습인 제조물책임에서는 제조물의 「결함」을 이유로 손해배상청구권이 발생한다. ④ 종류채권에서는 채무자가 변제제공한 목적물에 흠이 있는 경우에, 채권자는 그것의 수령을 거절할 수 있다. 이 때 채무자의 유효한 변제제공은 없었던 것으로 취급된다.

5. 과실의 귀속

(1) 원 칙

특정물로부터 발생한 과실의 수취권(收取權)은 언제 채무자로부터 채권자에게 이전하는가에 관하여 학설이 대립한다. 민법은 채권총칙에서는 과실수취권의 이전시기에 관한 규정을 두지 않고 매매 등 유상계약에 관해서만 규정한다. 매매계약에서 목적물로부터 분리된 과실은 모두 매도인에게 속하며(제587조), 이는 교환 등의 다른 유상양도계약에서도 같다(제567조). 매수인이 대금을 지급한 이후에 분리된 과실은 매수인에게 귀속된다.

(가) 이행기기준설 채무자가 과실수취권을 갖는 경우에 채무자는 이행기까지 목적물로부터 분리한 과실을 수취할 수 있으나, 이행기 이후 실제로 인도할 때까지 분리된 과실은 채권자에게 인도할 의무를 진다는 견해이다.[1] 다만 민법 제587조는 유상계약의 경우에 예외를 인정하는 것이라고 설

1) 곽윤직, 38; 김기선, 64; 김상용, 42; 김석우, 46; 김용한, 45; 김증한, 24; 김형배(2판), 57; 임정평, 63; 장경학, 40; 정기웅, 32; 현승종, 50; 황적인, 7; 민법주해(8), 123(송덕수 집필부분).

명한다.

(나) 소유권이전시설 특정물로부터 발생한 천연과실은 민법 제102조 1항과 제211조에 의하여 특정물의 소유자가 취득하게 된다고 해석하는 견해이다.[1] 특정물의 소유권은 동산의 경우 물건 인도시 그리고 부동산의 경우 등기시에 채무자로부터 채권자에게 이전되며, 과실수취권도 그 소유권 이전시점을 기준으로 이전하게 된다고 한다. 유상계약에 관한 민법 제587조는 예외규정이 아니라 천연과실귀속에 관한 기본원칙을 정한 것이라고 설명한다.

(다) 사견으로는 이행기기준설(履行期基準說)에 찬동한다. 학설대립의 차이는 증여계약과 같은 편무계약의 경우에 생기게 된다. 이 경우 채무자가 특정물의 인도를 지연시키거나 등기이전을 지연함으로 인하여 변제기 이후의 과실을 자기가 취득하려 하더라도 이를 허용해서는 안 될 것이다. 변제기가 정하여져 있는 이상 채무자는 변제기 이후에 수취한 과실을 채권자에게 양도함으로써 변제기 이후의 이익을 채권자에게 돌리는 것이 타당하다. 계약당사자 사이에서는 특정물채권의 과실취득에 관한 법리가 물권법규정보다 우선하여 적용되어야 한다고 생각한다(채권법 우선적용의 원칙). 쌍무유상계약에서는 물건의 소유권이전과 대금지급이 동시이행관계에 있는 경우가 많으므로, 그 현실인도시에 과실수취권이 함께 넘겨지는 것으로 해석하는 것이 타당하므로, 민법 제587조는 예외를 인정하는 것이라고 이해된다.

판례는 특정물의 매매에 있어서 매수인의 대금지급채무가 이행지체에 빠졌다 하더라도 목적물이 매수인에게 인도될 때까지는 매도인은 그 목적물에서 생기는 과실을 수취할 수 있는 반면 그 목적물의 관리보존비용도 자기가 부담하여야 하는 것이고 매수인은 매매대금의 이자를 지급할 필요가 없으므로, 매도인은 매수인의 대금지급의무 이행지체를 이유로 하여 그 목적물 인도가 이루어지기 이전의 기간 동안의 목적물의 관리보존비용의 상환이나 매매대금의 이자상당액의 손해배상청구를 할 수 없다고 한다(대판 1981. 5. 26, 80다211).

(2) 점유회복의 경우

소유자가 불법점유자 등으로부터 점유를 회복한 경우에, 불법점유기간 동안 수취한 과실이 누구에게 귀속하는가에 관하여는 물권법에 특칙을 규

1) 명순구, "특정물채권의 목적물로부터 발생한 천연과실의 귀속," 법정고시 1996년 9월호, 71.

정한다. 선의의 점유자는 점유물의 과실을 취득하지만(제201조 1항), 악의의 점유자는 수취한 과실을 반환해야 하며 소비하였거나 과실로 인하여 훼손 또는 수취하지 못한 경우에는 그 과실의 대가를 보상해야 한다(제201조 2항). 이 때 점유자는 자주점유자 또는 용익물권이 있다고 믿은 점유자를 말한다.

§ 11. 종류채권

1. 의 의

(1) 개 념

일정한 종류와 일정한 수량으로 정해진 물건을 인도하여야 하는 채무를 종류채무(種類債務)라고 하며, 그러한 급부를 목적으로 하는 채권을 종류채권(種類債權)이라고 한다. 종류란 물건을 확정할 수 있는 일반적인 표식를 말한다. 종류채무의 목적물을 종류물이라고 하는데, 대개 거래관행상 대체물이 종류물에 해당한다. 그러나 종류물인가 특정물인가는 계약의 종류와 당사자의 의사에 의해 결정되므로 거래관행상 대체물로 취급되는 물건(대량생산품)도 특정물이 되는 경우가 있고(대판 1969. 12. 16, 67다1525), 비대체물로 취급되는 물건(그림·골동품 등)도 종류물이 될 수 있다.

(2) 발생원인

매매(종류매매, 제581조)·증여(제554조)·교환(제596조)·사용대차(제609조)·임대차(제618조) 등의 계약에서 종류채무가 발생할 수 있다. 단, 임대차에서는 임대인이 임차인에게 빌려 주는 물건이 대체물이더라도 임대기간종료 후의 반환물은 특정물이 된다(사용대차에서도 같음). 종류매매는 현대의 대량적 상품거래에서 매우 큰 비중을 차지한다. 종류물의 임대차도 자동차(렌트카 계약)·복사기 등 사무용기계·생산용기계·의료기기 등에 관해 널리 이용되고 있다.

소비대차(제598조)·소비임치(제702조)에서는 특정물인도채무는 발생하지 않고 언제나 종류채무가 발생한다. 소비대차에서의 차용물과 반환물, 그리고 소비임치에서 임치물과 반환물은 언제나 종류물이며, 양자 사이에는 종류·수량·품질이 모두 같아야 한다.

(3) 한정종류채권의 특칙

목적물이 종류와 수량 이외에 지정범위 내의 물건일 것을 요건으로 하는 경우를 한정종류채권(限定種類債權)이라고 한다.

(가) 성립요건 한정종류채무가 되기 위해서는 약정된 수량이 지정범위의 총량의 일부분으로서 기타 부분과 대체성이 있어야 한다. 목적물의 종

류가 매우 세부적으로 정해진 경우에(예: 어느 제조회사의 몇 년도의 특정 모델) 한정종류채무가 된다. 판례는 특정 창고에 있는 백미의 일부를 목적으로 한 매매(대판 1956. 3. 31, 4288민상232)나 보유주식의 일정량을 담보로 제공하기로 한 담보제공약정에 의하여 제한종류채권이 발생한다고 한다(대판 1994. 8. 26, 93다20191).

(나) 한정적 조달의무 한정종류채무에서 채무자는 한정된 범위 내에서만 조달의무를 진다. 한정된 종류의 물건이 멸실, 생산중지, 수입금지 등의 사유로 품절된 경우에는 급부불능으로 된다. 일반적 종류채무에서 급부불능이 원칙적으로 부인되는 것과 대조적으로 한정종류채무에서는 급부불능이 발생할 가능성이 높다.

(다) 목적물의 특정 한정종류채무에서도 종류채무에서와 같은 요건 아래 목적물이 특정된다. 특정 이후에는 특정물채무에서와 같이 급부불능이 생길 가능성이 높아진다. 제한종류채권에 있어 급부목적물의 특정은, 원칙적으로 종류채권의 급부목적물의 특정에 관하여 민법 제375조 2항이 적용되므로(대판 2007. 12. 13, 2005다52214), 채무자가 이행에 필요한 행위를 완료하거나 채권자의 동의를 얻어 이행할 물건을 지정한 때에는 그 물건이 채권의 목적물이 되는 것이나, 당사자 사이에 지정권의 부여 및 지정의 방법에 관한 합의가 없고, 채무자가 이행에 필요한 행위를 하지 아니하거나 지정권자로 된 채무자가 이행할 물건을 지정하지 아니하는 경우에는 선택채권의 선택권 이전에 관한 민법 제381조를 준용하여 채권의 기한이 도래한 후 채권자가 상당한 기간을 정하여 지정권이 있는 채무자에게 그 지정을 최고하여도 채무자가 이행할 물건을 지정하지 아니하면 지정권이 채무자에게 이전한다(대판 2003. 3. 28, 2000다24856).

2. 목적물의 품질

(1) 품질의 결정근거

목적물의 품질(品質)은 목적물의 종류를 정할 때에 그 약정에 포함되어 정해짐이 보통이다. 그러나 목적물의 종류를 정할 때 품질을 명시하지 않은 경우에는 다음의 기준에 의하여 품질을 결정한다(제375조 1항).

첫째, 법률행위의 성질에 의해 목적물의 품질이 결정되는 경우에는 이에 따른다. 소비대차 · 소비임치에서 계약종료 후 반환하여야 하는 물건은 차용물 및 임치물과 같은 품질의 것이다(제598조, 제702조).

둘째, 당사자의 의사를 해석하여서 품질을 정한다. 의사해석에 있어서는 당사자의 묵시적 의사를 탐구하는데, 이 때 거래관행도 참고한다.

셋째, 유상계약에서는 목적물의 품질을 정함에 있어서 대가와의 균형을 고려해야 한다.

넷째, 이상의 방법에 의해서 품질을 정할 수 없는 때에는 중등품질(中等品質)의 물건으로 이행하여야 한다(제375조 1항). 어떤 물건이 중등품질의 것인가는 거래관행에 비추어 객관적으로 정해진다.

(2) 적합하지 않은 품질의 경우

채무자는 이상의 근거에 의하여 정해진 품질의 종류물을 인도할 의무를 진다. 적합하지 않은 물건의 인도는 채무의 이행이 되지 못한다. 정해진 품질보다 고급품질의 물건이 인도되더라도 그것이 채권자에게 이익을 주지 못하는 경우에는 채무불이행이 될 수 있다. 부적합한 물건이 인도된 경우 채권자는 적합한 물건으로 다시 인도할 것을 청구할 수 있다(대물인도청구).

3. 조달의무와 채무불이행책임

(1) 조달의무의 의의

(가) 개 념 　채무자는 지정된 종류 · 수량의 물건을 이행기까지 구하여 채권자에게 인도할 의무를 지는데, 이러한 의무를 가리켜 조달의무(調達義務)라고 한다. 종류채무에서 채무자가 채무성립 당시 인도할 종류물을 보유하고 있는 경우에는 현실적으로 조달의 필요성은 생기지 않지만, 그렇다고 해서 조달의무가 면제되는 것은 아니다. 조달의무는 종류채무자가 급부의무를 이행하기까지 부담하는 의무를 추상적으로 표현한 것이기 때문이다.

(나) 조달의무와 선관의무의 비교 　종류채무에서의 조달의무(調達義務)는 특정물채무에서의 선량한 관리자로서의 보존의무(선관의무)와 대조적인 성격을 갖는다. 조달의무는 변제기까지 어떻게 해서든 종류물을 구해서 인

도해야 하는 채무인 반면에, 특정물채무는 계약시부터 현존하는 특정물을 잘 보존하였다가 인도해야 할 의무이다. 조달의무의 이행 여부는 이행결과에 치중하여 판단되는 반면에, 선관의무의 이행 여부는 보존행위의 과정을 고려하여 보존행위를 다하였으나 목적물이 멸실 · 훼손된 경우에는 채무자를 면책시킨다. 이러한 의무내용의 차이는 양 채무의 성격의 차이에서 온다.[1] 특정 물채무에서도 채무성립 당시에 채무자가 특정물을 보유하고 있지 않으며 그것을 제3자로부터 구하여 인도해야 할 경우에는 조달의무를 지지만, 그 경우는 예외적으로 생기므로 특정물채무의 속성으로 이해하는 것은 곤란하다.[2]

(2) 조달의무위반으로 인한 채무불이행책임

종류채무자는 그의 조달의무로 말미암아 다음과 같은 무거운 책임을 부담한다.

첫째, 채무자는 이행기까지 어떠한 방법에 의하든 지정된 종류물을 조달하여야 하며, 자기의 자금 · 능력 · 기타 여건의 악화로 이를 조달하지 못하였더라도 조달 못한 사유가 불가항력(不可抗力)(전쟁, 내란, 동종물건의 생산 및 거래금지조치 등)이 아닌 한 채무불이행책임을 져야 한다.

둘째, 채무자가 이행을 위하여 지정된 종류물을 준비해 놓았는데 그것이 인도 전에 멸실 · 훼손된 경우(이에 대한 채무자의 과실은 문제되지 않는다) 「목적물의 특정」이 일어나지 않은 한, 그로 인한 손실은 채무자 스스로 감수하고 다시 그러한 종류물을 조달하여 인도하여야 한다. 만약 이 때 새 물건을 조달하여 인도하지 않으면 채무불이행이 된다.

셋째, 하자(瑕疵) 있는 물건이 인도된 경우 그것은 채무이행으로 인정되지 않으며, 채무자는 다시 완전한 물건을 조달하여 인도해야 한다(채권자는 완전물인도청구권을 가짐). 그러나 하자가 미미하여 계약목적을 달성하는 데 지장이 없는 정도이거나 또는 보수에 의해 쉽게 치유될 수 있는 때에는 신의칙에 비추어 단지 보완청구권(補完請求權)이나 대금감액청구권(代金減額請求權)(유상계약에 한함)만을 인정하는 것이 옳다.

넷째, 한정종류채무(限定種類債務)에서 채무자는 한정된 범위 내에서만

---

1) 같은 취지: 주석 채권총칙(상), 65(이영준 집필부분).

2) Medicus, *Schuldrecht I*, 1988, S. 160.

조달의무를 진다. 그 한정범위 내의 물건이 모두 멸실하여 물건을 인도할 수 없게 된 때에는 특정물채무자와 같은 성질의 책임을 진다.

종류채권의 입법의견

2004년 민법개정안에서는 학설상 인정되고 있는 종류채권의 조달의무를 명문으로 규정하자는 입법의견이 있었다. "채무자는 전항의 종류의 물건을 채권자에게 인도할 의무를 지며, 채무자가 그 종류의 물건을 입수하였으나 채권자에게 인도하지 못하였거나 또는 처음부터 입수하지 못했다는 등의 사정이 있는 경우에도 채무를 면하지 못한다. 다만 객관적으로 그 종류의 물건을 조달하는 것이 불가능하다고 판단되는 때에는 채무자는 그 종류채무를 면한다"는 조항을 제375조에 추가하자는 것이었다.

그 밖에 종류채무의 변제장소를 현행의 "지참채무의 원칙"(제467조 2항)에서 "추심채무의 원칙"(채무자의 현주소 또는 현영업소에서 인도)으로 변경하자는 의견도 있었다.

그러나 2004년 민법개정안에서는 제375조 2항의 신설과 추심채무 원칙으로 변경은 개정대상에서 제외되었다.

4. 목적물의 특정

(1) 특정의 의의

특정(特定)이란 종류채무에서 채무자가 인도할 물건이 어느 지정된 종류물에 한정되어 마치 그 물건에 대한 특정물채무와 유사한 법률효과가 생기게 되는 것을 가리킨다. 채무자가 이행에 필요한 행위를 완료하거나 채권자의 동의를 얻어 이행할 물건을 지정한 경우에 그 때부터 목적물은 그 물건에 특정된다(제375조 2항).

종류채무에서 특정은 채무자가 지는 조달의무의 부담을 덜어주고, 급부위험을 채권자에게 이전시킬 것을 목적으로 한다. 편무계약에서는 이러한 효과가 채무자의 이익으로 나타난다. 그러나 쌍무계약에서 채무자의 조달은 대금채권을 확보하는 수단이 되기 때문에, 채무자에게 조달의무를 오래 부담시키는 것이 그만큼 거래목적의 달성가능성도 오래 보유하게 한다. 종류채무의 특정을 현실인도 이전에 미리 인정하는 경우에, 그 특정된 물건의 멸실의 경우에 매도인은 목적물인도의무를 면하는 대신에 대금지급청구권도 상실하여 이윤을 얻을 수 있는 기회가 없어진다. 이러한 결과는 매도인에게 불이익이 될 뿐 아니라, 그 종류물을 입수하려 하는 매수인에게도 불이익이 되는 경우가 많다.[1]

(2) 특정의 요건

다음 (가)에서 (마)의 요건 중에서 하나만 충족하면 특정의 효과가 생긴다.

(가) 채무자가 이행에 필요한 행위를 완료하였을 것

1) 이행행위의 완료　민법 제375조 2항의 「이행에 필요한 행위의 완료」가 무엇을 의미하는가에 대하여는 의문이 있다. 민법에서 사용되는 이와 유사한 표현으로서 채권자지체의 요건인 「이행의 제공 있는 때」(제400조)와 채무불이행책임의 면책요건으로서 「변제제공」(제460조)이 있다. 이행의 제공과 변제제공은 내용면에서 같은 것이라고 해석되는데, 변제제공의 용어가 더 자주 사용된다(채권자지체에 관한 설명을 참조). 다른 한편 「채무자의 이행행위(履行行爲)의 완료(完了)」와 「이행(履行)의 완료(完了)」는 다르다. 이행의 완료는 곧 채권의 만족을 의미하며, 이로 인하여 채권·채무는 소멸한다. 그러나 이행행위의 완료란 채무자가 하여야 할 모든 행위를 다하였다는 것을 의미할 뿐이다. 그 후 이행의 완료를 위해서 채권자의 수령행위나 기타의 협력, 주무관청의 허가나 인가, 공무원의 행위(등기부에 기재) 등의 채무자의 행위 이외의 요소가 첨가되어야 하는 경우가 많다.

> **하자 있는 종류물에는 특정이 일어나지 않는다**
>
> 하자 있는 종류물의 변제제공은 종류채무를 특정시키지 않는다. 채무자가 변제제공한 목적물에 하자가 있는 경우에, 채권자는 다른 종류물(완전물)로 다시 인도할 것을 청구할 수 있다. 또한 하자 있는 물건의 제공은 유효한 변제제공이 아니므로, 채권자는 그 물건의 수령을 거절할 수 있고 그것을 수령하지 않더라도 채권자지체에 빠지지 않는다. 이 점을 고려할 때 하자 있는 물건의 제공은 특정의 효과를 발생시키지 않고, 채무자는 계속해서 조달의무를 진다.

---

1) Wolfgang Ernst, Die Konkretisierung in der Lehre vom Gattungskauf, *Gedächtnisschrift für BRIGITTE KNOBBE-KEUK*, Verl. Dr. Otto Schmidt, 1997. 49ff.

2) 현실제공과 목적물지정　이행행위의 완료가 있다고 하기 위해서는 「현실제공의 방법에 의한 변제제공」이 있어야 하며, 그 밖에 「목적물이 어느 특정한 물건으로 지정되는 상황」도 갖추어야 한다. 변제의 제공에는 현실제공과 구두제공이 있다(제460조). ① 현실제공(現實提供)이란 채무자가 채권자의 협력 없이 이행을 위한 거의 대부분의 행위를 할 수 있는 경우에 채무내용에 따른 이행을 위해 자신이 할 수 있는 모든 행위를 하는 것을 말한다. 종류채무에 있어서 현실제공이 있는 때에는 변제제공의 효과와 함께 특정의 효과도 발생한다. ② 구두제공(口頭提供)은 채권자가 미리 변제받기를 거절하거나 채무의 이행에 채권자의 행위를 요하는 경우에 채무자가 변제준비의 완료를 통지하고 그의 수령을 최고하면 된다. 구두제공은 채무자가 종류물을 조달하여 그 물건을 분리 · 포장하는 등의 구체적인 준비를 필요로 하지 않고, 장래에 조달할 가능성을 확보하여 두는 것만으로 충분하므로 구두제공에 의해서는 목적물이 특정될 수 없다. 채권자의 수령거절이나 협력거절이 있는 경우라도 채무자가 현실제공과 함께 목적물의 분리 · 지정을 해 둔 경우에는 특정이 생길 수 있다.

3) 변제장소에 따른 특정시점　종류채무의 변제장소가 채권자의 주소지인가 채무자의 주소지인가 등에 따라 특정의 시점이 달라지게 된다(변제장소에 관한 설명 참조). 변제장소에 관한 약정이 있으면 그 약정에 의하고, 약정이 없으면 거래관행에 의하고, 거래관행도 없으면 민법 제467조에 의하여 정한다.

① 지참채무(持參債務)의 경우　민법은 특정물인도 이외의 채무이행은 채권자의 주소나 영업소에서 함을 원칙으로 하는데(제467조 2항), 이러한 지참채무에서는 채무자가 모든 이행의 준비를 해서 채권자의 주소에서 현실로 목적물을 제공함으로써 그 제공한 목적물에 대해 특정된다. 그러므로 채무자가 채권자의 주소로 목적물을 발송한 것만으로는 특정되지 않는다. 채권자가 미리 변제받기를 거절한 경우에는 구두제공과 함께 인도한 목적물을 분리 · 지정해 놓으면 특정된다.

② 추심채무(推尋債務)의 경우　채권자가 채무자의 주소나 영업소에 와서 목적물을 인도받는 추심채무에서도 채권자의 수령거절이 없는 한 목적물을 준비하여 현실제공하고 목적물을 분리 · 지정해 놓아야 특정

이 생긴다. 추심채무에서 채무자가 구두제공과 함께 인도할 목적물을 분리 · 지정해 놓으면 특정된다고 하는 견해도 있으나[1] 구두제공은 인도할 목적물을 현실적으로 준비해 놓을 필요가 없는 경우를 가리키므로 현실제공 없이는 목적물의 특정이 생기지 않는다. 설사 추심채무에서 채권자의 추심행위가 「채무의 이행에 채권자의 행위를 요하는 경우」에 해당하므로 채무자는 구두제공만으로 이행지체의 책임을 면하게 된다고 해석하더라도, 이 경우 변제목적물이 준비되지 않았기 때문에 목적물특정은 생기지 않는다.

③ 송부채무(送付債務)의 경우 채무자가 채권자의 주소나 영업소 또는 제3의 장소(채권자가 지정한 제3자의 주소 등)로 발송하면 모든 의무를 면하는 송부채무에서는 「채무자가 목적물을 분리 · 지정하여 운송기관을 통해 발송할 때」에 특정된다(변제장소에서 송부채무의 특성을 설명함).[2] 송부채무의 특징은 채무자가 발송만으로 이행행위를 완료한 것이 되고 운송중에 생긴 멸실, 훼손에 대해 책임지지 않는다는 점이다. 지참채무에서 채무자가 채권자의 주소지로 발송하는 경우는 송부채무에서와는 달리 물건이 채권자의 주소에 도달한 때에 목적물특정이 생기게 된다.[3] 지참채무에서 채권자의 부탁으로 채권자의 주소가 아닌 제3의 장소에 발송하는 경우에도 그 도달시에 특정이 생긴다.

---

1) 곽윤직, 41; 김기선, 68; 김상용, 47; 김석우, 51; 김용한, 53; 김주수, 53; 김증한, 27; 김증한 · 김학동, 34; 김현태, 88; 이태재, 64; 임정평, 69; 정기웅, 37; 장경학, 48; 현승종, 55; 황적인, 12; 주석 채권총칙(상) 79(변재승 집필부분); 민법주해(8), 154(송덕수 집필부분).

2) 같은 취지: 송덕수, "종류채권(하)," 고시연구 1989년 8월호, 81.

제3지가 본래의 이행장소인 때에는 그 곳에서의 현실제공으로 특정되지만, 제3지가 본래의 이행장소가 아닌 데도 채무자의 호의로 그 곳에 송부하는 경우에는 채무자의 발송만으로 특정된다는 견해: 곽윤직, 42; 김용한, 54; 김주수, 56; 김증한, 28; 김증한 · 김학동, 34; 김현태, 47; 김형배, 63; 임정평, 70; 현승종, 56; 황적인, 13; 주석 채권총칙(상), 80(변재승 집필부분). 본래의 채무가 추심채무인 경우에는 목적물의 발송과 함께 채권자에게 통지하고 수령을 최고하면 특정되지만, 지참채무인 경우에는 제3의 장소에서 현실제공을 한 때에 특정된다는 견해: 김석우, 51; 이태재, 64. 과거의 학설대립은 송부채무의 본질을 정확히 파악하지 못한 데에 기인하였다.

3) 독일민법은 매매에서 매도인이 매수인의 요청으로 원래의 이행장소 이외의 제3의 장소에 송부하는 경우에 매도인이 물건을 운송업자나 기타 화물운송인에게 인도한 때에 위험이 매수인에게 이전한다고 규정한다(제447조 1항). 이 규정은 매매에서 대가위험의 이전시기에 관한 것으로서 특정물매매와 종류매매에 모두 적용된다. 즉 매도인은 운송중에 목적물이 멸실하더라도 채무를 이행한 것이 되어 대금을 받게 된다. 그러한 명문규정이 없는 우리 법 아래서 이와 같이 해석하는 것은 부당하며, 제538조의 채권자지체에 의한 위험이전의 법리에 따르는 수밖에 없다고 생각한다. 송부채무에서는 특정시와 채권자지체시가 다르므로, 특약이 없는 한 제3의 장소에 발송하는 것만으로 채권자지체에 빠뜨리거나 위험을 이전시킬 수 없다(채권각론의 설명 참조).

(나) 채무자가 채권자의 동의를 얻어 이행할 물건을 지정한 때 　채권자의 동의란 채무자가 목적물을 임의로 정해서 그것으로 특정시키는 데에 대한 허락으로서 실질적으로 채무자에게 목적물의 지정권(指定權)이라는 형성권을 부여하는 효과를 발생시킨다. 채무자가 이 지정권을 갖고 목적물을 분리·지정한 때에 특정이 된다.

(다) 제3자가 지정권에 기해 물건을 지정한 때 　채무자와 채권자의 합의로 제3자에게 이행할 물건의 지정권을 주어 그 제3자가 목적물을 분리·지정한 때에도 특정된다고 해석된다.

(라) 채무자가 목적물을 분리·지정한 후 그에 대해 채권자의 동의를 얻은 경우, 또는 채권자가 물건을 골라 그것으로 특정시킬 것을 제안하고 채무자가 이에 동의한 경우도 특정이 생긴다.

(마) 종류채무의 강제집행은 집행관이 당해 종류물을 채무자로부터 수취하여 채권자에게 인도하는 방법으로 행해지는데(민집법 제257조), 집행관의 수취로 특정된다.[1]

(바) 목적물에 하자가 있는 등 채무내용에 적합하지 않은 경우에는 이행행위나 지정권의 행사가 있었다 하더라도 특정되지 않는다.[2] 적합성을 결여한 물건의 인도는 민법 제375조 2항의 「이행에 필요한 행위를 완료한 때」라는 요건을 충족시키지 못한다. 채권자의 동의를 얻어 채무자가 지정한 경우도 하자 있는 물건에 대한 지정행위는 무효라고 해석된다.[3] 그러므로 채권자가 본래부터 갖는 하자 없는 완전물의 인도청구권은 특정을 위한 행

---

1) 종류채무에 관하여 본래의 급부를 명하고, 그 급부불능시에 배상액지급을 명한 판결의 집행은 채권자가 본래의 급부에 대해 강제집행하여도 목적을 달성하지 못한 경우에만 배상금에 대해 강제집행할 수 있으며, 채무자도 그 경우에만 배상금을 지급할 수 있다(대판 1958. 5. 29, 4291민상15).

2) 같은 취지: 김형배, 66; 주석 채권총칙(상), 65(이영준 집필부분).

3) 그러나 김형배, 56에서는 당사자의 약정에 의한 특정의 경우 「채권자 자신도 하자 있는 물건의 선정에 가담하였으므로 채권자가 하자 없는 물건의 급부를 청구할 수 있으려면 그의 의사표시를 착오에 의한 것임을 이유로 취소해야 한다는 것이 선결문제가 될 것」이라고 한다. 사견으로서는, 채권자와 채무자가 목적물을 지정하고 동의하는 행위를 종류채무의 발생을 위한 계약체결 등의 법률행위와 동일시하는 것은 옳지 않다고 생각한다. 채무자는 이미 계약에 의해 하자 없는 종류물을 인도할 의무를 지는 것이며, 채권자의 지정이나 동의에 의해 그러한 완전물인도의무가 소멸하는 것은 아니라고 해석된다. 만약 착오법리에 따른다면 채권자는 중요부분의 착오와 중과실 없음의 두 요건을 갖춘 때에만 취소할 수 있게 되어 부당한 결과로 된다. 채권자의 지정과 동의에는 그 지정된 물건이 채무의 내용에 적합할 것이라는 점이 당연한 전제로 되어 있으므로 그 전제가 충족되지 않는다면 지정 및 동의의 의미도 상실된다. 단 특약으로 설사 목적물에 하자가 있더라도 다른 완전물로 교환하지 않을 것을 합의한 때에는 그러하지 아니하다.

위에도 불구하고 그대로 보유하게 된다.

변제장소와 종류채무의 특정

채무자 A는 채권자 B에게 유리공예품(종류물)을 10만원에 매도하고 다음날 인도하기로 약정하였다.

(1) 지참채무의 경우 A가 B의 집으로 배달해 주기 위해 자동차에 싣고 가던 중 불가항력에 의해 사고가 나서 그 유리공예품이 파손된 경우에, 그 파손은 아직 변제장소에 도착하기 전에 일어난 것이므로 전적으로 A의 불이익으로 된다. A는 아직 조달의무를 지므로 다른 물건을 구해다가 B의 집에 배달해 주어야 한다. 만약 A가 약속시간에 B의 집에 배달하러 갔으나(변제제공) 부재중이라 인도하지 못하고 돌아오게 되었다면, B는 채권자지체에 빠지게 된 것이고 그 시점에 목적물은 특정된 것이다. A가 다시 그 물건을 가지고 귀가하던 중 불가항력적 교통사고로 물건이 파손되었다면, 그 위험은 채권자인 B의 부담으로 된다. B는 A에게 대금 10만원은 지급하고 유리공예품은 손에 넣지 못하는 불이익을 입게 된다.

(2) 추심채무의 경우 인도하기로 약정한 날 아침 A는 B에게 인도할 물건을 분리하여 포장지로 포장하고 B의 이름을 적어 두었다면, 이 때에 변제제공을 한 것이고 목적물도 특정된 것이다. 만약 A가 창고에 같은 종류의 유리공예품이 많이 쌓여 있으므로 언제든지 B가 오면 하나 꺼내 주리라 생각하고 분리포장은 하지 않은 경우라면, 변제제공은 있으나 특정은 일어나지 않는다. 어떤 경우이든 B가 A에게 와서 물건을 인도받게 되면 변제로 종류채무는 소멸하고 B는 소유권을 취득한다. 그 이후에 B가 유리공예품을 깨뜨렸더라도 그것은 자기 소유물을 파손시킨 데에 불과할 뿐 위험부담의 문제로 되지 않는다.

(3) 송부채무의 경우 A가 B가 지정한 C의 주소에 발송해 주기로 약정했을 뿐 아니라, A는 우편 또는 운송회사를 통해서 발송하는 것까지만 책임진다는 것도 약정한 경우에, A는 송부채무를 부담한다. A가 파손방지포장을 해서 우편으로 발송하기 위해 우체국에 맡기는 순간 목적물은 특정되며 A의 조달의무도 종료하게 된다. 만약 우체국에서 그 물건을 분실한 경우에, B는 우체국에 대하여 손해배상청구권을 가질 뿐 A에 대하여는 손해배상청구권을 갖지 않는다. B는 우체국에서 손해배상을 받지 못하더라도 A에게 대금 10만원을 지급해야 한다.

(3) 특정의 효과

(가) 특정물의 인도의무와 변경권 종류채무의 특정 이후 채무자는 특정된 물건으로 인도할 의무를 진다. 다른 물건의 인도는 원칙적으로 채무의 이행이 되지 못한다. 채무자는 특정 전까지만 인도할 물건을 임의로 정할 수 있다. 그러나 채무자가 특정 후 다른 물건으로 바꾸어 인도하더라도 그 물건이 본래의 종류채무의 내용에 적합한 것이라면 채권자는 그것을 수령하여야 한다. 이 경우 채무자에게 목적물의 변경권(變更權)이 있다고 말한다. 단 채권자에게 특정된 물건의 인도를 고집할 정당한 이익이 존재하는 경우에는 다른 대물의 제공은 허용되지 않는다(예: 목적물을 감정시킨 경우, 목적물에 자기 물건을 부착시킨 경우).

(나) 선관의무와 손해배상청구권 특정 이후 채무자는 조달의무를 면하고 특정된 물건을 선량한 관리자로서 보존할 의무를 진다. 이 보존의무(保存義務)에 관하여는 특정물채무에 관한 제374조가 준용된다. 특정된 물건이 멸실되면 급부불능이 발생하게 된다. 채무자의 귀책사유로 인한 급부불능은 채무불이행책임을 발생시키는데, 채무자가 특정 전에 본래의 급부를 해야 할 의무를 지던 것이 손해배상의무로 성질이 바뀌게 된다. 채무자의 귀책사유의 판단에는 선관의무가 기준이 된다.

(다) 위험부담의 문제발생 특정은 위험분담의 문제와 관련하여 중요한 의미를 갖게 된다. 목적물의 특정 전에는 목적물의 멸실로 인하여 채무를 이행할 수 없다는 급부위험이 존재하지 않으며, 그 결과 대가위험의 문제도 발생할 여지가 없다. 특정 전의 멸실은 채무자가 조달의무를 다하지 않은 것으로 되어 채무자는 다른 종류물로 인도해야 한다. 결국 종류채권에서 목적물의 특정은 쌍무계약에서 채권자지체를 기점으로 위험(危險)을 이전(移轉)시키는 중요한 역할을 담당한다.

위험의 이전

특정에 의해 목적물에 대한 급부위험은 채무자로부터 채권자에게 이전한다. 즉 특정된 물건이 멸실되면 채무자는 채무를 면하고 채권자는 만족을 얻을 수 없게 된다. 채무자는 동종의 다른 물건을 조달하여 인도할 의무를 지지 않는다. 따라서 편무계약에서 특정 이후의 목적물멸실은 채권자의 위험부담으로 된다.

특정은 쌍무계약에서 대가위험을 이전시키는 전제조건이 된다. 쌍무계약에서 대가위험은 채권자지체에 의해 이전하고(제538조), 채권자지체는 변제제공만에 의하여 발생한다(제400조). 쌍무계약에서는 대가위험을 채무자가 부담하는 것이 원칙이지만(채무자위험부담주의. 제537조), 종류채무의 특정시점에 채권자지체가 발생하므로 특정 이후의 채무자귀책사유 없는 목적물멸실은 채권자의 위험부담으로 된다(제538조).

㈑ **특정물채무와의 차별성** 종류채무는 특정 후에 특정물채무에서의 선관의무(善管義務)와 위험부담(危險負擔)의 법리가 준용되는 등 특정물채무에서와 유사한 법률관계가 생기지만, 종류채무가 특정에 의해 특정물채무로 변경되는 것은 결코 아니다.[1] 당사자가 최초에 종류채무로서 약정하였다는 사실은 특정 후에도 법률관계의 기본성격으로 남아 있게 된다. 이러한 기본성격은 특정된 물건 이외의 대물인도가 허용된다는 점이나 하자 있는 물건에 대한 지정이 특정의 효과를 가져오지 못한다는 점에서 잘 드러난다.

대물의 인도

특정 후 목적물의 멸실에도 불구하고 종류채무가 존속하는 경우에, 채무자에게 동종의 다른 물건으로 인도할 것을 허용함이 타당하다. 쌍무계약에서 특정이 채권자지체보다 먼저 행해지는 경우에(예: 채무자가 채권자의 동의를 얻어 이행할 물건을 지정한 때), 대가위험은 채무자가 부담하게 된다. 위험의 법리대로 한다면 이 경우 채무자는 다시 다른 물건으로 이행할 의무가 없는 대신 대금지급청구권을 상실하게 되고, 채권자는 다른 물건의 인도를 청구할 권리가 없는 대신 대금지급의무를 면하게 된다. 이러한 결과는 물건을 팔아 이윤을 얻고자 하는 채무자의 의도에 어긋나고, 또한 대금을 내고 당해 종류의 물건을 얻으려 했던 채권자의 의도에도 어긋난다. 특정의 효과를 마치 특정물채무에서와 동일하게 형식논리적으로 해석함으로써 위와 같은 결과를 고집할 이유가 없으며, 그것은 거래관행에 어긋난다. 이 경우 종류채

1) 특정시부터 종류채무가 특정물인도채무로 변경된다고 설명하는 견해: 곽윤직, 42; 김기선, 70; 김상용, 54; 김석우, 52; 김용한, 54; 김주수, 57; 김증한, 28. 특정 후에는 일종의 특정물채권이면서 여전히 종류성을 가지므로 종류채권의 성질도 갖는다는 견해: 김증한·김학동, 36; 김현태, 49; 김형배, 64; 이태재, 65; 임정평, 71; 현승종, 56; 황적인, 14.

무의 기본성격에 비추어 채무자가 대물(代物)(특정된 물건이 아닌 종류물)로써 인도하면 채권자는 정당한 이유 없이 수령을 거절할 수 없으며, 채권자가 채무자에게 대물의 인도를 청구하면, 채무자는 정당한 이유 없이 그를 거절하지 못한다고 현실에 맞게 해석하여야 한다.[1] 이렇게 채무자가 특정된 물건 이외의 종류물로서 이행할 수 있는 권한을 변경권(變更權)이라고 부르기도 한다.[2]

---

1) 증여와 같은 편무계약에서는 위험분담의 원칙에 따라 특정된 물건의 멸실로 채무자는 인도채무를 면하므로, 채권자가 대물의 인도를 청구할 수 없다.

2) 민법주해(8), 160(송덕수 집필부분)에서는 특정의 구속성을 부인한다. "특정에의 구속이 인정되지 않는 경우에는, 특정된 종류채권은 다시 종류채권의 상태로 되돌아간다. 그리하여 채무자는 같은 종류의 다른 물건으로 급부할 수 있다"고 한다.

§12. 금전채권과 이자채권

1. 의 의

(1) 개 념

금전채무(金錢債務)란 일정액의 금전을 인도하여야 할 채무인데, 채무의 내용이 원칙적으로 통화의 명목가치로 결정된다는 데에 특징이 있다.[1] 그렇다고 하여 반드시 명목가치로 국한되는 것은 아니고, 이를 뒷받침할 실질가치(구매력)가 상당량 존재할 것을 전제로 한다. 통화(通貨)란 국가에 의하여 강제통용력을 부여받은 화폐 및 주화를 말한다(한국은행법 제47조 및 제54조 참조).

(2) 특 성

금전채무는 채무자의 주관적 사정으로 인한 불이행은 생길 수 있지만, 객관적 급부불능은 생기지 않음이 원칙이다. 따라서 금전채무에서는 물건의 인도채무에서와 달리 특정 · 하자 · 급부불능 · 위험부담의 문제가 생기지 않는다. 민법은 금전채무의 불이행에 관하여 과실책임보다 무거운 책임을 지우는 대신 배상범위를 법정(法定)의 범위로 고정시킨다(제397조). 채무의 내용이 금전의 인도일지라도 그 금전이 봉함되어 특정된 금전인 경우는 특정물채무이고, 수집용의 화폐나 주화의 경우는 특정물채무 또는 종류채무이다.

(3) 발생원인

금전채무는 금전의 증여 · 소비대차 · 소비임치에서와 같이 계약의 중심목적을 이루는 경우도 있고, 매매 · 임대차 · 도급 · 고용 등의 유상계약에서 중심이 되는 급부의 대가채무(즉 반대급부)로서 발생하는 경우도 있다. 그 밖에 부당이득에 기한 가액반환의무(價額返還義務) · 불법행위에 기한 손해배상의무(損害賠償義務)는 법률의 규정에 의해 발생하는 금전채무의 예이다(제394조).

---

1) 어인의, "금전에 관한 법률상의 지위," 월간고시 1994년 1월호, 90에서는 "금전은 가치의 표상으로서의 금전 그 자체이므로, 금전에 대한 물건으로서의 특성은 전혀 문제되지 않고 교환가치의 측면만을 중시한다"고 한다.

2. 금전채무의 이행

(1) 내국통화의 원칙

민법의 적용을 받는 법률관계에서는 우리 나라의 통화로 지급함이 원칙이다. 외화채권이 발생하기 위하여는 당사자의 합의, 관습, 법률의 규정에 의해 외화로 지급하도록 정해졌어야 한다. 채무자는 국내의 어떤 종류의 통화라도 자유로 선택하여 약정액을 지급할 수 있다(제376조). 금전을 대신하여 유통성 있는 수표나 어음으로 지급하는 것은 그에 의한 현실지급이 이루어지지 않음을 해제조건으로 한 변제에 해당한다. 신용카드나 기타 다른 지불수단을 매개로 하여 지급한 경우에는 그로부터 채권자가 현실로 만족을 얻은 때에 변제의 효과가 생긴다.

(2) 금종채무

당사자의 약정이나 법률의 규정에 의해 내국통화 중 일정한 종류 또는 외국통화 중 일정한 종류를 지정할 수 있다. 금전채무 중에서 특히 이 경우를 가리켜 「금종채무(金種債務)」라고 부른다. 채권의 목적이 어느 종류의 통화로 지급할 것인 경우에 그 통화가 변제기에 강제통용력을 잃은 때에 채무자는 다른 통화로 지급하여야 한다(제376조).

(3) 외화채무

(가) 의 의 외화(外貨)로 지정된 채무의 이행은 그 지정된 나라의 통화로 지급함이 원칙이다(제377조 1항).[1] 그 외국통화가 강제통용력을 잃은 경우에는 그 나라의 다른 통화로 지급하여야 한다(제377조 2항). 채권자는 외화지급의 판결을 국내법원으로부터 받을 수 있다(대판 1978. 7. 8, 74다2172). 국내거래에서도 상품가격을 달라($)나 엔(¥) 등 외화로 약정하는 경우가 있다. 우리 나라 회사의 해외근무자의 봉급을 외화로 약정하는 경우도 많다. 국내통화로 지급하되 금액의 결정을 특정국의 외화에 연동시킨 경우 그 외화를 계산통화라고 하는데, 이 경우는 외화채무가 발생하지 않는다(예: 외화연동예금).[2]

---

1) 대판 1975. 7. 8, 74다2172: 공임을 미화로 지급하기로 한 원고와 피고 사이의 약정이 외국환관리법 제23조에 위반되더라도 동 규정은 단속법규에 속하므로 약정은 유효하다고 하여 미화로 지급을 명한 원심판결은 정당하다.

2) 대판 1980. 11. 11, 80다1696: 항공운송인이 수출품목을 인수하지 않고 화물을 적재한 것처럼 운송장을 작성 · 교부한 후 은행이 그를 믿고 환어음을 매입한 경우에, 그 어음이 결제되지 않음으로 인한 은

(나) 국내통화의 대용권 외화채무의 이행을 위하여 국내통화로 지급하는 것도 다른 약정이 없는 한 허용된다. 민법은 채무자로 하여금 지급할 때의 이행지의 환금시가에 의하여 우리 나라 통화로 지급할 것을 허용한다(제378조. 민법의 적용범위에 관하여는 섭외사법을 참조). 이 경우는 약정통화(約定通貨)와 지급통화(支給通貨)가 서로 다르게 된다. 국내통화로 환산하는 기준시인 「지급할 때」란 국내통화가 현실로 지급되는 때를 의미한다. 당사자간에 변제기를 약정했더라도 그 변제기 전에 지급하거나 후에 지급하는 때에는 그 현실지급시(現實支給時)를 기준으로 환금액을 정해야 한다.[1] 판례도 현실이행시(現實履行時)의 외국환시세에 의해 환산한 우리 나라 통화로 지급할 것을 명한다(대판[全合] 1991. 3. 12, 90다2147; 대판 2006. 6. 9, 99다56912).[2]

채권자도 외화 대신 국내통화로 지급할 것을 청구할 수 있다고 해석된다(같은 취지: 대판[全合] 1991. 3. 12, 90다2147). 이렇게 해석하는 것이 국내통화의 원칙에 부합한다. 그리고 국내통화로 지급을 청구하는 편이 국내에서의 강제집행을 쉽게 한다.[3]

(다) 외화금종채무 지정된 국가의 지정된 종류의 통화로 지급해야 하는 외화채무를 외화금종채무(外貨金種債務)라고 한다. 그 지정된 종류의 통화가 변제기에 강제통용력을 잃을 경우에는 그 나라의 다른 통화로 지급하여야 한다(제377조 2항). 이 경우 채무자는 현실지급시의 외환시세에 따른 국내통화로 변제할 수 있다(제378조).

판례도 채권액이 외국통화로 지정된 금전채권인 외화채권을 채무자가 우리 나라 통화로 변제함에 있어서 이행기가 아니라 현실로 이행하는 때의 외국환시세에 의하여 환산한 우리 나라 통화로 변제하여야 한다고 해석한다(대판[全合] 1991. 3. 12, 90다2147). 채권자가 외화채권을 대용급부의 권리를 행사하여 우리 나라 통화로 환산하여 청구하는 경우에, 법원은 그 이행을 명함에 있어서 채

행의 손해 중에서 은행의 환어음매입시 환율과 어음이 제대로 결제될 때의 환율 사이의 인상차액은 특별손해이며, 환율인상이 당연히 예견되는 것은 아니다.

1) 같은 취지: 곽윤직, 47; 김기선, 73; 김석우, 52; 김용한, 59; 김주수, 62; 김증한, 35; 김증한·김학동, 40; 김현태, 55; 김형배, 73; 이태재, 68; 임정평, 75; 현승종, 60; 황적인, 17; 최공웅, "외화채권의 변제와 환산시기," 사법논집 제13집(1983).

2) 과거 대판 1978. 5. 23, 73다1347은 채무자가 외화로 변제할 특약이 없었다면, 「변제기」의 환율로 계산한 한화로 변제하면 족하다고 하였으나, 1991년 변경되었다. 이공현, "외화채권의 변제," 민사판례연구 제17권, 1992.

3) 같은 취지: 주석 채권총칙(상), 107(최공웅 집필부분).

무자가 현실로 이행할 때에 가장 가까운 사실심변론종결 당시의 외국환 시세를 우리 나라 통화로 환산하는 기준시로 삼아야 한다.[1)]

(4) 금연동의 금전채무

금전거래에서 화폐의 명목가치로 채무액을 정하지 않고 일정량의 금의 시가로서 채무액을 정하는 경우가 있는데, 이 경우에 금(가치)연동의 금전채무가 발생한다. 예를 들어 돈을 10만원 예금하고자 할 때 금연동(金連動) 예금을 하면 예금일의 금시가에 따라 계산된 10만원 상당의 금의 중량으로 예금액을 표기하고, 인출할 때 그 중량의 시가액의 금전을 돌려 받게 된다. 금연동거래는 인플레이션에 따른 화폐가치의 하락에 대비해 약정시의 실질가치를 보유시키기 위한 목적으로 이용된다.

화폐가치하락과 금전채권

계약체결시와 현실지급시 사이에 시간적 간격이 오래되어 그 사이 인플레이션으로 인해 화폐가치가 현저히 하락한 경우에, 사정변경으로 인한 금전채무액의 변경이 필요한가에 관해 논의가 되고 있다. 예를 들어 9년 전에 물품대금으로 10만원을 지급하기로 한 것은 현재 화폐가치나 그 물건의 시가를 감안할 때 약 90만원의 실질가치에 해당한다고 할 때, 채무액을 10만원과 그 지연이자를 합한 액(14만 5천원)으로 고정할 것인가 아니면 90만원으로 변경할 것인가에 관해 견해가 대립한다.

(i) 변 경 설 　사정변경에 따른 계약의 수정을 인정하여 화폐가치하락에 따른 등가관계의 파괴를 보완하자는 견해이다.[2)] 법률의 규정이나 가치보장약관

1) 이 전원합의체 판결의 소수의견: 우리 민법은 제378조에서 외국통화의 채무자에게 우리 나라 통화로 변제할 수 있는, 이른바 대용권을 인정하면서도 채권자에게는 그에 관한 아무런 규정을 두고 있지 아니하므로 채무자에게만 임의채권으로서의 대용권을 인정하고 있는 우리 나라 민법체계에서는 채권자는 특별한 사정이 없는 한 본래의 급부목적인 외국통화의 지급만을 청구할 수밖에 없으며, 가사 이 사건에서와 같이 원심에서 원고가 청구한 대로 우리 나라 화폐의 지급을 명하는 판결이 선고되고, 이에 대한 피고의 상고가 없어 우리 나라 통화에 의한 청구를 용인할 수밖에 없다 하더라도 민법 제378조가 정한 그 환산시기는 재판상의 청구와 재판 외의 청구를 가릴 것 없이 현실지급시로 보아야 하되, 이는 같은 법조에 의하여 채무자가 대용권을 행사하는 경우에 그렇다는 것에 그치므로, 이 사건에 있어서와 같이 원고가 그 급부의 목적인 외국통화의 지급을 구하지 아니하고 우리 나라 통화에 의한 지급을 구하는 경우에는 민법 제378조에 의할 것이 아니라, "청구할 때"를 환산시기로 잡는 것이 옳다.

2) 김석우, 60; 김용한, 62; 백태승, "금전채권," 고시연구 1996년 10월호, 114; 이태재, 68. 참고문헌: 정조근, 사정변경의 비교법적 연구, 제일문화사, 1982.

이 없는 경우에도 판결에서 급부와 반대급부의 등가관계가 현저히 불균형을 이루어 당사자가 인수한 위험을 초과한 때에 「물가변동에 따른 금전채무액의 수정」을 할 것을 제안한다.[1]

(2) 고 정 설 판례는 "채무자가 금전채무를 이행하지 않는 동안에 경제사정이 변화하여 화폐가치가 떨어지고 물가가 올라간 경우에도 그러한 사정을 감안하여 원채권액보다 많은 금액을 청구할 수 없다"고 함으로써, 인플레이션이라는 사정변경에 의한 채무변경을 불허한다(대판 1955. 9. 22, 4288민상161). 대판 1963. 9. 12, 63다452에서는 원고가 1948년 국가로부터 부동산을 매수한 후, 6·25를 겪어 화폐가치가 폭락한 후, 제기한 소유권이전등기청구 사건에서 "매매계약을 맺은 때와 그 잔대금을 지급할 때와의 사이에 장구한 시일이 지나서 그 동안에 화폐가치의 변동이 극심하였던 탓으로 매수인이 애초에 계약할 당시의 금액 표시대로 잔대금을 제공한다면 그 동안에 앙등한 매매목적물의 가격에 비하여 그것이 현저하게 균형을 잃은 이행이 되는 경우라 할지라도 민법상 매도인으로 하여금 사정변경의 원리를 내세워서 그 매매계약을 해제할 수 있는 권리는 생기지 않는다"고 하였다.

최근 판례에서도 "부동산매매계약 후 잔대금지급이 이루어지지 않은 채 9년과 19년이 경과하여 부동산의 가격이 올랐다 하더라도 그것만으로 소유권이전등기청구가 신의칙에 위반된다고 볼 수 없다"고 판시하여 고정설의 입장을 고수하고 있다(대판 1991. 2. 26, 90다19664; 대판 1992. 6. 12, 92다12384·12391).

사견으로도 사정변경에 의한 채무액변경을 부정하는 고정설(固定說)을 취하겠다. 정부의 채무액변경에 관한 긴급조치, 행정명령 등이 없는 한 단순히 현행법의 해석론에 의해 채무액을 변경하는 것은 사회적 불안정을 야기하므로 피해야 한다.

3. 채무불이행책임의 특칙

(1) 책임발생의 특칙

채무자가 변제기에 금전채무를 이행하지 않은 때에는 그 사실만으로 곧 이행지체로 인한 채무불이행책임이 발생한다. 금전채권자에게 다음과

1) 독일에서는 화폐가치하락에 따른 등가관계의 파괴를 행위기초상실의 예로 파악하고 계약은 원래의 내용을 유지할 수 없으므로 실효되거나 또는 내용이 수정되어야 한다는 이론이 주장되었다.

같이 책임요건이 면제되기 때문이다(제397조 2항). 다만 쌍무계약에서 동시이행관계에 있는 금전채무는 상대방이 자기채무의 변제제공을 한 때에만 이행지체에 빠진다. 즉 특정물의 매매에 있어서 매수인의 대금지급채무가 이행지체에 빠졌다 하더라도 그 목적물이 매수인에게 인도될 때까지는 매수인은 매매대금의 이자를 지급할 필요가 없는 것이므로, 그 목적물의 인도가 이루어지지 아니하는 한 매도인은 매수인의 대금지급의무의 이행지체를 이유로 매매대금의 이자상당액의 손해배상청구를 할 수 없다(대판 1995. 6. 30, 95다14190).

(가) 손해의 입증면제　　채권자는 금전채무의 불이행으로 인하여 손해가 발생하였음(손해발생사실)이나 얼마의 손해가 발생하였는가(손해정도)를 증명할 필요가 없다. 채권자가 불이행의 사실, 손해의 사실, 불이행과 손해 사이의 인과관계를 증명하는 것이 원칙이지만, 금전채권의 경우에는 예외가 인정되어 채권자에게 매우 유리하다. 금전채무의 불이행은 언제나 일정액의 손해가 발생하는 것으로 간주되므로, 채무자가 채권자측의 손해불발생을 증명하여 면책될 수 없다.

(나) 과실의 간주　　금전채권불이행의 경우에 불이행에 대한 채무자의 과실(過失)이 언제나 인정된다. 통상의 경우에 채무자는 자기나 이행보조자의 고의·과실로 인한 불이행에 대하여만 책임지는 것이 원칙이며, 채무자는 자기 쪽에 과실이 없었음을 입증하여 면책될 수 있다. 그러나 금전채권에서는 채권자가 채무자의 과실로 불이행이 야기되었음을 주장할 필요가 없고, 채무자는 자기에게 과실이 없었음을 입증하여 면책되지 않는다.[1]

지급유예(Moratorium)를 명하는 긴급조치나 특별법에 의한 지급유예·채무면제의 경우에는 채무자의 면책이 예외적으로 허용된다. 긴급조치나 특별법에 의한 지급유예의 경우에 채무자는 불이행에 따른 손해배상의무를 지지 않는다.[2]

채무자는 그 밖의 불가항력(不可抗力)의 사유로서 항변할 수 있는가에 관해서는 견해가 대립한다.

1) 백태승, "금전채권," 고시연구 1996년 10월호, 109에서는 "우리 민법에서처럼 과실 없는 금전채무자에게 절대적 책임을 지우는 것은 아무리 금전의 특수성을 고려하여도 입법론상 타당하다고 할 수 없다"고 비판한다.

2) 1953년의 긴급명령 15호·16호, 1962년의 긴급통화조치법 제15조·제19조, 1972년의 경제안정과 성장에 관한 긴급명령 제19조에 의해 지급유예가 행해졌었다.

① 부 정 설 불가항력에 의한 면책을 부정하는 견해이다.[1)]

② 긍 정 설 사견으로서는 전쟁 · 내란 · 천재지변 등의 불가항력의 경우에, 채무자는 지연배상의 면제를 청구할 수 있다고 해석하겠다.[2)]

(2) 손해배상의 특칙

금전채무의 불이행에 대한 손해배상에서는 변제기부터 현실지급시까지의 지연손해(遲延損害)만이 문제된다. 배상액은 채무액에 대한 일정비율로 정해짐이 보통이지만, 확정액으로 결정되는 경우도 있다.

㈎ 당사자의 약정 금전채무의 불이행에 대비하여 손해배상의 예정, 위약금의 약정이 있는 경우에는 이에 따른다(제398조). 불이행 이후에 손해배상금의 합의가 있는 경우에도 그 합의에 따른다(제397조는 임의규정). 손해배상의 명시적 약정은 없으나, 금전채권이 이자부 소비대차에 의한 것으로서 약정이자가 정해져 있는 경우에, 손해배상은 그 약정이율에 의하여 산정된다(제397조 1항 단서).

판례는 별도의 약정이 있음을 이유로 하여 법정이율보다도 낮은 비율에 의한 지연손해금을 인정하기 위하여는 법정이율보다 낮은 이자율 또는 지연손해금률의 약정이 있다는 점에 관하여 당사자 사이에 다툼이 없거나 증거에 의하여 적극적으로 인정되는 사정이 존재하여야 할 것이고, 피고가 법정이자율보다 낮은 비율에 의한 이자율 또는 지연손해금률의 약정이 있음을 자인한다 하여 그에 따른 금원의 지급을 명할 수는 없다고 한다(대판 1995. 10. 12, 95다26797).

약정이율은 민법 제379조의 「이자 있는 채권의 이율」을 의미하며, 그것은 법령의 제한의 범위 내여야 한다.[3)] 약정이율이 법령의 제한에 위반하는

---

1) 김기선, 74; 김석우, 58; 김용한, 60; 김증한, 36; 김현태, 57; 임정평, 76; 현승종, 61; 황적인, 22; 주석 채권총칙(상), 93.

2) 같은 취지: 곽윤직, 48; 김주수, 63; 김형배(2판), 70; 주석 채권총칙(상), 328(정만조 집필부분). 참고로 구민법 제419조는 「과실」 대신에 「불가항력」을 가지고 항변하지 못한다고 규정하였으므로 불가항력으로 면책될 수 없었다. 프랑스민법(제1153조)과 독일민법(제285조)에서는 불가항력에 의한 면책을 허용한다.

3) 대판 1970. 3. 10, 69다2269: 소비대차에 있어 그 변제기가 지난 후에 이자의 약정이 없는 경우, 특별한 의사표시가 없는 한 당초의 약정이자를 지급하기로 한 것으로 보는 것이 상당하다. 대판 1987. 10. 28, 87다카1409; 대판 1989. 2. 28, 88다카214: 변제기 이후에 지급하는 지연이자는 금전채무의 이행을 지체함으로 인한 손해배상금이지 이자가 아니고, 또 민법 제163조 제1호 소정의 1년 이내의 기간으로 정한 채권도 아니므로 단기소멸시효의 대상이 되지 않는다.

경우에, 법령위반의 초과부분만 무효로 하는 것이 타당하다.[1] 이자약정 전부를 무효로 보아 손해배상금을 법정이율로 산정하는 것은 지나치게 당사자의 합의를 무시하는 태도이므로 피해야 할 것이다.

연체이자의 약정

거래계에서는 금전채무불이행에 대비해 일정비율의 배상금을 예정하는 경우가 빈번한데, 이를 연체이자(延滯利子)라고 부른다. 연체이자는 소비대차의 약정이자와 그 성격과 이율을 달리하는 경우가 많다.[2] 약정이율(約定利率)은 채무불이행에 빠지기 전에 지급해야 할 이율을 말하고 연체이율은 불이행에 빠진 이후에 지급할 이율을 말한다. 민법 제397조는 임의규정이므로, 약정이율 대신에 연체이율을 적용토록 하는 「연체이자의 약정」은 유효하다. 다만 연체이율이 부당히 높은 경우에 법원이 적당히 감액할 수 있다(제398조 2항).[3] 약관으로 연체이율을 정한 경우에, 고객에 대하여 부당하게 과중한 지연손해금을 부담시키는 약관조항은 무효이다(약관법 제8조). 할부매매법은 연체이율의 최고한도를 제한한다(할부거래법 제9조). 민법이나 특별법의 이율제한은 최고한도를 제한할 뿐 최저한도를 제한하는 경우는 거의 없다. 위약금이 부당히 과소한 경우에 그를 증액할 수 있는 조치도 입법론으로서 고려해 볼 필요가 있다. 판례는 약정이자가 부당히 과소한 경우에 증거채택의 법리에 따라 법정이율까지 증액하는 간접적 방법을 사용한 바 있다.

(나) 거래관습 거래관습(去來慣習)에 의하여 금전채무불이행의 경우에, 그 손해배상액이 법률의 규정과 다르게 정해지는 경우에는 그에 따른

---

1) 같은 취지: 대판 1971. 3. 23, 70다2950(약정이율이 법정최고이율을 초과하는 경우 법정최고이율에 의하여 지연손해금의 지급을 명한 것은 정당하다).

2) 소비대차에서 이러한 연체이자가 약정된 경우에는 비록 원금에 대한 약정이율이 있더라도 연체이율이 우선적으로 적용된다. 그리고 약정이자에 대하여 연체이율을 약정하는 것도 가능한데, 특히 이 때에는 연체이율이 복리로 계산되므로 원금에 비해 너무 과다하게 될 우려가 크다. 예를 들면 할부매매에서 1회의 할부금을 연체하였을 때 지우는 연체이자는 할부금에 포함된 이자에 대해 다시 연체이율을 복리로 계산하는 것이 되어 원금에 대한 이율은 매우 높다. 할부매매 · 팩토링금융 · 신용카드거래 등의 소비자금융에 대한 연체이율은 특별법으로 최고이율을 제한하는 것이 바람직하다.

3) 대판 1977. 3. 8, 75다80: 금전채무의 불이행에 관하여도 손해배상액을 예정할 수 있다. 대판 1976. 9. 28, 76다582: 이자제한법 제2조는 금전대차에 관한 계약상의 이자에 대하여 적용된다 할 것이므로 공사금채무의 이행지체로 인한 손해배상액예정의 경우 같은 법 제1조, 제2조는 적용될 수 없다.

다. 예를 들면 임대인이 임대차보증금을 약정일에 반환하지 않아, 임차인이 이사가려고 정한 다른 주택의 보증금을 지급하지 못해 그 계약금을 몰수당한 경우에, 그 계약금상당액은 관습상의 손해배상금으로 해석될 수 있다(1998년 하급심 판결 있음).

㈐ 법률의 규정 금전채무의 불이행으로 인한 손해배상에 관하여 당사자의 약정(約定)도 없고 관습(慣習)도 없는 경우에는 법률의 규정(規定)에 의한다. ① 민법 제397조 1항 본문 "손해배상액은 법정이율에 의한다"가 적용된다. 민사거래의 법정이율은 연(年) 5분(分)이고(제379조), 상사거래의 법정이율은 연 6분이다(상법 제54조).[1] ② 위임계약에서 수임인이 위임인에게 인도할 금전을 소비한 경우에는 지연이자 이외의 손해를 배상할 의무를 진다(제685조). 사무관리(제738조), 후견인(제958조 2항)에게도 위임에서와 같은 효과가 생긴다. 그 밖에 조합계약에서 조합원이 출자시기를 지연한 경우에도 같다(제705조). ③「소송촉진등에관한특례법」(1981)은 의도적 소송지연을 방지하기 위해 채무자에게 소장(訴狀)이 송달된 때부터 연 40% 이내의 대통령령으로 정하는 이율의 지연이자를 부과할 수 있도록 규정한다(소송촉진법 제3조, 2003년 개정). 채무자가 민법의 법정이율이 지나치게 낮은 것을 악용하여 고의로 이행을 지체하거나, 채권자가 제기한 이행청구소송에서 소송지연을 획책할 우려가 있기 때문에, 소제기 이후의 법정이율을 높게 정한다(헌재 97헌바 49 참조).

㈑ 실손해의 배상 약정이자 또는 지연이자에 관한 약정이 없는 경우에, 금전채무불이행으로 인한 손해배상은 법정이율을 초과할 수 있는가, 채권자는 자기에게 발생한 실손해액(實損害額)을 증명하여 그것을 배상받을

---

1) 대판 1983. 7. 12, 82다카1015: 금원을 차용한 후 제소전 화해를 하여 화해조서가 작성되었으나 지연손해금에 대하여 아무런 화해사항이 없었다면, 그 변제기 이후의 채무원리금은 화해조서상에 기재된 금원과 이에 대한 변제기 이후의 민사법정이율에 의한 지연손해금의 합산액이 된다.

대판 1992. 7. 28, 92다10173: 건설업자가 A으로부터 수회에 걸쳐 합계 금 120,000,000원을 차용하였다가 원리금의 변제를 제대로 하지 못하자 A으로 하여금 4세대의 아파트를 임의로 타인에게 처분하여 위 채무원리금에 충당하도록 하고, A이 부담하게 될 위 아파트 등에 대한 제세금과 은행융자금에 대한 이자 등을 합한 채무원리금 변제에 충당하고도 남는 채무액은 이를 금 40,000,000원으로 하여 정산합의를 한 경우에 있어 건설회사가 A으로부터 위 금 120,000,000원을 차용할 때 이자의 약정이 있었던 사실을 인정하였음에도 위 정산합의에 의한 잔존채무가 종전의 채무와 어떠한 관계에 있는 것인지를 밝히지도 아니하고 또 위 잔존채무에 대한 지연손해금에 대하여 종전의 약정이율이 적용되지 않을 이유를 명백히 설시하지도 않은 채 민사법정이율인 연 5푼의 이율을 적용한 원심판결에 이유불비 또는 심리미진의 위법이 있다. 이 경우 약정이율이 적용되지 않는 것이 정당하다고 하더라도 위 잔존채무에 대한 정산약정은 상인인 건설회사가 그 영업을 위하여 한 상행위로 추정된다고 할 것이어서 연 6푼의 상사법정이율에 의하여야 할 것이다.

수 있는가에 관하여 학설이 대립한다.

① 부 정 설 금전채무불이행의 손해배상액은 실제로 발생한 손해액에 관계 없이 법정이율로 한정된다는 견해이다.[1] 채권자는 실제손해액이 법정손해액보다 크다는 것을 증명하여 초과분을 청구할 수 없으며, 채무자는 실제손해액이 적다는 것을 증명하여 감액을 항변할 수 없다고 한다.

② 긍 정 설 금전채권자가 법정이율보다 많은 손해가 발생했음을 입증하면 그 초과손해도 배상받을 수 있다는 견해이다.[2] 민법 제397조의 취지는 금전채무불이행의 경우 전형적인 손해는 통상이자로 보전된다는 것이지, 그 밖의 손해를 채권자가 민법 제390조에 의거 일반손해배상의 일환으로 청구하는 것을 배척하는 것은 결코 아니라고 한다. 사견으로도 긍정설을 취하겠다. 법정이율을 초과하는 손해의 배상을 금지하는 것은 채무자가 악의로 이행을 지연하게 만드는 요인이 되며, 이러한 지연의 경우에 채권자는 불이익을 입을 수밖에 없어 부당하다. 소송촉진법이 소제기 이후에 높은 이율의 지연배상을 명함으로써 금전채무의 고의적 지체를 방지하는 기능을 담당함에도 불구하고, 소제기 이전에 발생한 실손해를 전보시켜 줄 필요는 여전히 존재한다. 채무자가 고의 · 과실로 이행을 지체한 경우에, 채무불이행책임의 법리에 따라 상당인과범위 내의 손해를 배상청구할 수 있다고 해석함이 타당하다.[3]

4. 이자채권

(1) 의 의

㈎ 개 념 이자채무(利子債務)란 원본채무에 부종하여 원본에 대

---

1) 곽윤직, 49; 김기선, 75; 김석우, 59; 김용한, 61; 김주수. 63; 김증한, 37; 김증한 · 김학동, 42; 임정평, 77; 장경학, 56; 정기웅, 45; 현승종, 61; 황적인, 21.

2) 백태승, "금전채권," 고시연구 1996년 10월호, 110; 제철웅, "민법 제397조의 법적지위," 법정고시 1996년 12월호, 116.

3) 서울지법 98가합31399 판결에서는 "집주인 이씨는 원고 김씨가 다른 집을 계약한 사실을 알고 있었고 전세금(4천 5백만원)을 그 날짜에 빼 주기로 약속한 만큼 약속을 지키지 않을 경우 원고 김씨가 계약금(6백만원)을 떼일 것이라는 사실을 알고 있었다고 보여지므로 손해가 발생한 계약금까지 지불해야 한다"고 판시하였다.

한 일정비율의 이자를 지급해야 하는 채무를 말한다. 이자(利子)란 금전이나 대체물의 이용대가로서 원본액과 이용기간에 대한 일정비율로서 계산되는 것이다. 이자채무는 일정기간 동안 매기마다 정기적으로 지급되어야 하는 계속적 채무이다. 이자채무는 이자약정(利子約定)으로부터 발생하거나 법률의 규정에 의하여 발생한다.

(나) 이자채무의 특성 이자채무는 다음과 같은 특성을 갖는다. ① 이자채무는 이자약정 또는 법률의 규정으로부터 발생하는 채무이다. 이자채무가 언제 얼마의 금액으로 발생하는가는 이자약정의 내용 또는 법률의 규정에 좌우된다. ② 이자채무는 원본에 대한 일정비율로 계산된다. ③ 이자채무는 매월, 매분기 등 일정한 주기로 정기적으로 발생한다. 예외적으로 원본사용에 대한 대가를 한번으로 선불 또는 후불하는 경우가 있다. ④ 이자채무는 다수가 발생하며 각 이자채무마다 변제기가 다르다. 그 금액은 매 이자채무마다 같은 경우가 많다. ⑤ 각 이자채무는 상호 독립성을 갖는다. 각 이자채무를 타인에게 양도, 입질할 수 있다. ⑥ 각 이자채무는 상호 독립적으로 변제, 상계, 공탁의 대상이 된다. ⑦ 이자채무는 원본채무와 별도로 제163조 1호의 단기소멸시효(短期消滅時效)에 걸린다. 각 이자채무는 소멸시효도 각각 다르게 진행된다.

기본적 이자채무와 지분적 이자채무

종래 민법학에서는 이자채무의 개념을 둘로 나누어 파악하였다.[1)] 기본적 이자채무(基本的 利子債務)는 일정기간 원본에 대한 이율로서 계산되어 지급되어야 할 채무를 총체적으로 일컫는 개념이다. 지분적 이자채무(支分的 利子債務)란 매기마다 변제기가 도래하는 개개의 이자지급의무를 가리키는 개념이다. 예를 들면 원금 100만원을 1년간 소비대차하는 계약과 함께 1분의 이자를 매월 말일 지급하기로 하는 약정을 한 경우, 그 약정에 의해 하나의 기본적 이자채무와 매월 말 지급해야 할 1만원씩의 지분적 이자채무 12개가 발생한다고 파악하였다. 사견으로는 이자약정의 개념 이외에 기본적 이자채무를 인정할 실익이 없다고 여겨진다. 기본적 이자채무는 이자약정의 존재로부터 생기게 될 추상적이고 총

1) 곽윤직, 53; 김기선, 77; 김석우, 61; 김용한, 63; 김주수, 79; 김증한, 39; 김증한 · 김학동, 46; 임정평, 79; 장경학, 62; 현승종, 63; 황적인, 23; 민법주해(8), 197(이공현 집필부분).

체적인 이자채무개념으로서 이로부터 급부청구권이 나오지도 않고, 강제집행할 수도 없고, 지연배상을 청구할 수도 없고, 타인에게 원본채권과 분리하여 양도할 수도 없기 때문이다. 지분적 이자채무만으로 이자채무를 파악하는 것이 합리적이다.

예를 들어 원본채권 1천만원에 월 1.5%의 이자약정이 붙어 있는 것을 타인에게 양도하는 경우에는 소비대차계약의 양도(계약양도)의 방법에 의하는 것이 보통이다. 다른 약정이 없는 한 양도일 이전에 발생한 이자는 양도인에게 귀속되고, 양도일 이후의 이자는 양수인이 취득한다. 양수인이 소비대차의 대주로서 채무자(차주)에게 원본의 사용을 제공한 것이기 때문이다. 원본채권을 양수받은 것만으로 이자채권이 발생하는 것이 아니라, 원본을 사용하게 해 주었기 때문에 발생하는 것이다(제600조 참조). 그러나 원본의 채권양도 없이 장래의 특정한 지분적 이자채권(또는 채권들의 집합)을 양도하는 것은 허용된다.

(2) 이자채무의 발생원인

(가) 이자약정 이자약정(利子約定)은 원본채무의 발생에 관한 소비대차(消費貸借)(제598조) 또는 준소비대차(準消費貸借)(제605조)에 포함되어서 행해진다. 그 밖에 이자부소비임치(利子附消費任置)(제702조)에도 이자채무가 발생한다. 상인간의 금전소비대차는 이자부를 원칙으로 한다(상법 제55조).

소비대차계약에는 이자부소비대차(利子附消費貸借)와 무이자소비대차(無利子消費貸借)의 두 종류가 있다. 어떤 소비대차계약이 이자부인가 무이자인가는 계약해석의 문제로서 당사자의 의사, 거래관습, 법률의 규정에 기초하여 해석된다.[1] 이자부소비대차계약은 일정액의 원본을 대차해 줌과 더불어 그 원본사용에 대한 이자를 지급하기로 하는 약정으로 구성된다. 이자약정을 소비대차계약과 별개의 계약으로서 소비대차계약에 부종하여 행해지는 것이라고 파악하는 견해도 있을 수 있지만, 사견으로는 이자약정을 소비대차계약의 일부로서 파악하려 한다.

(나) 법률의 규정에 의한 이자채무 당사자 사이에 이자약정이 없더라도 법률(法律)의 규정(規定)에 의하여 이자채무가 발생하는 경우가 있다. 수

1) 대판 1960. 2. 25, 4292민상125: 금전소비대차에서의 이자의 약정은 법률상 반드시 수반되어야 하는 것도 아니고, 거래관념상 그 약정이 있었음이 추정되지도 않는다.

임인이 위임인에게 인도할 금전을 소비한 경우(제685조), 사무관리자(事務管理者)가 본인에게 인도할 금전을 소비한 경우에(제738조) 이자채무가 발생한다.

금전채무불이행으로 인한 손해배상이 지연이자(遲延利子)로서 계산되는 경우에 그 지연이자를 법률의 규정에 의한 이자채무로서 파악할 것인가에 관해서는 견해가 대립한다. 판례는 지연이자는 이자가 아니므로 제163조 1호의 단기소멸시효에 걸리지 않는다고 한다(대판 1981. 5. 26, 80다211). 그러나 사견으로는 지연이자도 이자채무의 일종으로 파악하는 것이 합리적이라고 생각한다. 지연이자는 이자채무와 같은 속성을 가지기 때문이다. 민법은 지연이자는 본래의 금전채무에 관하여 이자약정이 있는 경우는 그 약정이자에 의하고 이자약정이 없는 경우는 법정이율(法定利率)에 의한다고 규정하는데, 이로부터 이자채무로서의 성질을 유추할 수 있다.

(3) 이자채무의 원본채무에 대한 부종성과 수반성

(가) 성립상 부종성 이자채무가 발생하기 위해서는 그의 전제가 되는 원본채무(元本債務)가 존재해야 한다. 원본채무는 소비대차계약의 차용금반환의무인 경우가 많으나, 그 밖에 매매대금지급의무, 손해배상의무 등이 원본채무로 되는 경우도 있다. 원본채무는 소비대차계약의 체결만으로는 발생하지 않고, 차주가 대주로부터 차용금을 인도받은 때에 원본채무가 발생한다. 소비대차계약이 무효·취소됨으로써 원본채무의 법적 근거가 상실된 경우에는 그에 기초한 이자채무도 존재할 수 없다. 단 원본채무의 변제, 소비대차계약의 해지 등의 사유로 원본채무가 장래에 향하여 소멸한 때에는 이미 발생한 지분적 이자채무에 영향을 주지 않는다.

(나) 내용상 부종성 이자채무는 원본채무에 대한 일정비율로 계산되며, 그 급부의 내용도 원본채무와 동일한 성질의 것임이 원칙이다. 원본채무가 금전채무인 경우 이자도 금전으로 지급함이 원칙이나, 당사자의 약정으로 곡물 등의 대체물로 지급하도록 정할 수 있다. 이 때 이자의 지급에 대하여는 종류채무의 법리가 적용된다. 원본채무가 상행위성을 띠면 이자채무도 상행위성을 띤다. 원본채권에 대한 물적·인적담보(物的·人的擔保)는 이자채권도 담보하는 것이 원칙이다.

(다) 원본채권에의 수반성 원본채권이 양도(讓渡)되면, 그 이전 시점

이후의 이자채권은 원본채권의 양수인에게 귀속한다. 이자채무는 원본사용에 대한 대가이므로 원본의 제공자가 이자채권자로 된다. 양도시에 이미 변제기가 도래한 이자채권은 다른 특약이 없는 한 원본채권과 함께 양도되지 않는다. 판례도 이자채권은 원본채권에 대하여 종속성을 갖고 있으나 이미 변제기에 도달한 채권은 원본채권과 분리하여 양도할 수 있고 변제 또는 시효로 소멸하기도 하는 등 어느 정도 독립성을 갖게 되는 것이므로, 원본채권의 양도 당시 이자채권에 대하여 양도한다는 의사표시가 없는 한 이자채권은 양도되지 않는다고 해석한다(대판 1989. 3. 28, 88다카12803).

(라) 변제기도래한 이자채무의 독립성 이자채권은 원본채권에 대한 사용기간이 경과하여 변제기가 도래한 이후에는 원본채권에 대한 독립성(獨立性)을 가질 수 있다. 채권자는 원본채권과 분리하여 이자채권만을 양도(讓渡), 입질(入質), 면제(免除)할 수 있다. 변제기가 도래한 이자채권은 독립하여 소멸시효(消滅時效)가 진행된다. 이자채무를 원본사용기간만료 전에 선지급토록 하는 경우에, 그 선지급이자채권(先支給利子債權)은 원본과 분리하여 양도하는 등 독립성을 갖지 않으며, 이미 변제기가 도래한 이자채무만이 독립성을 갖는다.

(마) 변제충당의 순위 채무자가 원본채무와 이자채무 모두를 소멸시키기에 부족한 급여를 한 경우에, 다른 약정이 없는 한 이자(利子)·원본(元本)의 순서로 변제(辨濟)에 충당(充當)된다(제479조 1항). 민법규정에 의하면 변제기가 도래한 이자채무에 먼저 충당하고 남은 금액이 있을 때에 원본액에 충당하므로 채권자에 유리하다. 반면에 원본채무를 먼저 변제하기로 합의한 경우에는 원본액이 먼저 감소하며 그 이후 이자계산에 있어서 채무자에게 유리하다.

(4) 이 율

(가) 약정이율 이자채무의 원본채무에 대한 비율로서 당사자의 약정에 의하여 정해진 것을 약정이율(約定利率)이라고 한다. 약정이율의 수치는 원칙적으로 당사자의 자유로운 합의에 맡겨져 있으나, 법률에 최고이율의 제한이 있는 경우에는 그 최고이율의 범위에서만 유효하다(1998년 이전의 이자제한법). 연체이자의 최고이율을 제한하는 법률규정도 있다(할부거래법 제9조).

(나) 법정이율 이자채무의 이율은 약정이율이 없으면 법률의 규정에 의한다. 민법은 연 5푼을 원칙으로 삼는다(제379조).[1] 상법은 상행위로 인한 이자채무의 이율을 연 6푼으로 정한다(상법 제54조). 법정이율(法定利率)은 차용금의 사용대가(이자) 및 금전채무의 이행지체 따른 손해배상금(연체이자)에 모두 적용된다(제397조 1항). 공탁금에 관한 법정이율은 연 1.8푼이다(공탁법 제5조; 공탁금의 이자에 관한 규칙 제2조).

(다) 복 리 변제기가 도래한 이자를 지급하는 대신 그 금액을 대차원금에 산입하여 그에 대하여도 약정이율에 따른 이자가 발생하도록 합의한 경우 또는 이자의 이행지체에 대하여 연체이자를 지급토록 하는 경우에 복리(複利)가 발생한다. 복리는 당사자의 복리약정에 의해 발생한다. 복리약정이 있으면 이자를 변제기에 지급하지 않을 때에 그 이자에 대한 약정이율의 복리가 추가된다.

복리약정(複利約定)이 없는 경우에 이자의 지급이 지체되었더라도 원본에 대한 이자만 계속 붙고 이자에 대한 이자는 붙지 않는다고 할 것인가 아니면 그 이자에 대한 이자도 붙는다고 할 것인가에 관하여는 견해가 대립한다. 부정설(否定說)은 지체된 이자채무에 대하여도 약정이율의 지연이자를 지급해야 한다고 해석하는 것은 민법이 복리를 원칙으로 한다고 해석하는 것이 되는데 민사거래에 복리를 원칙으로 한다는 것은 타당하지 않다고 한다.[2] 사견으로도 복리약정이 없는 한 이행지체에 빠진 이자는 원본에 산입되지 않는다고 해석한다. 그러나 판례는 이미 발생한 이자에 관하여 채무자가 이행을 지체한 경우에 그 이자에 대한 지연손해금을 청구할 수 있다고 긍정한다(대판 1996. 9. 20, 96다25302).

---

1) 민법 제379조의 법정이율 연 5%는 너무 낮아서 거래현실과 맞지 않는다. 법정이율이 현실의 금융거래와 균형을 이루도록 법률을 개정해야 한다. 법정이율을 현실화할 경우에 이자와 연체이자의 이율을 같이할 것인지 다르게 할 것인지 검토해야 한다. 입법방법으로는 대통령령에 위임하는 편이 민법에서 직접 이율을 지정하는 것보다 현실적응력을 높일 수 있다고 생각한다. 1957년 민사법연구회가 낸 민법안의견서(133 이하)에서는 법정이율 연 5푼이 해방 후 물가상승의 현실에 맞지 않으므로 불합리하다고 지적한 바 있다(정범석 집필부분). 그리고 민법에 수치를 고정시켜 두는 것보다 대통령령에 위임하여 정부가 금융전문가의 의견을 들어 적정한 이율을 정할 수 있도록 하자는 입법의견을 제출하였다.

2) 같은 취지: 김석우, 65; 김용한, 68; 김주수, 70; 김증한, 40; 이태재, 71; 임정평, 86; 현승종, 67; 주석 채권총칙(상), 121(최공웅 집필부분). 의용민법에서는 이자가 1년 이상 연체된 경우에 채권자가 최고를 하여도 채무자가 그 이자를 지급하지 않는 때에는 채권자는 이를 원본에 산입할 수 있다고 규정하였으나(의용민법 제405조), 현행민법에서는 그 규정을 삭제하였다. 의용민법 아래서는 특약이 없는 한 지체된 이자에 대한 지연이자는 지급하지 않는 것으로 해석하였다. 반대설: 김증한 · 김학동, 46; 김형배, 82에서는 연체이자에 대한 지연배상이 발생하는데 이는 복리는 아니라고 한다.

(5) 이자의 계산

(가) **계산의 시기와 종기** 이자의 계산(計算)은 차주(借主)가 차용금의 인도를 받은 때로부터 하며, 차주가 그의 책임 있는 사유로 수령을 지체한 때에는 대주(貸主)가 이행을 제공한 때로부터 한다(제600조).[1] 이 규정은 소비대차의 성격이 과거 의용민법의 요물계약에서 현행민법의 낙성계약으로 바뀜으로써 차주가 차용금을 인도받기 전부터 이자를 지급하도록 불리한 약정이 행해질 우려가 있으므로 이를 방지하기 위하여 현행민법제정시에 신설한 것이다. 당사자가 차용금인도일을 약정하였더라도 대주가 그 날 인도하지 않았다면 이자계산의 시기(始期)는 현실인도시(現實引渡時) 또는 변제제공시(辨濟提供時)이다.

이자계산의 종기(終期)는 원금반환시(元金返還時) 또는 원금반환의 변제제공시(辨濟提供時)이다. 대주가 원금을 반환받음에 있어 채권자지체에 빠진 때에는 차주에게 그 기간 동안의 이자지급을 면제시킨다(제402조).

(나) **계산방법** 이자는 원금에 이율을 곱하여 계산하는데, 이자계산의 기초가 되는 원금은 차주가 대주로부터 실제로 인도받은 금액이다. 소비대차의 약정액에 미달하는 금액만을 인도받았거나 약정액을 수차에 나누어 인도받은 때에는 인도금액(引渡金額)과 인도시기(引渡時期)를 기초로 계산되어야 한다. 이자란 원본의 이용대가이므로 차주가 현실로 인도받아 이용한 금액에 대하여만 대가를 지불하는 것은 당연하다.

(다) **지급시기** 이자는 매계산기(每計算期)의 말(末)에 지급해야 한다. 이자는 원본의 이용대가이므로 매기 말에 그 기의 이용대가를 지불함이 타당하기 때문이다. 민법은 소비대차의 이자지급시기(利子支給時期)에 대하여 아무런 규정을 두지 않는다. 임대차의 차임지급시기를 매월 말(末)로 하며(제633조), 고용(제656조)·도급(제665조)·위임(제686조 2항) 등의 보수지급시기를 후불(後佛)로 하는 취지에 비추어 이자도 후불을 원칙으로 한다고 해석함이 타당하다.

(6) 이자제한법에 의한 규제

(가) **이자제한법의 역사** 1962년부터 시행되어 오던 구이자제한법은

---

1) 민법안심의록(상)(1957), 348에서는 "초안은 대주와 차주간의 이해조절과 차주의 지위보호를 위하여 만주민법의 입법례에 좇아 신설하였다"고 심의경과를 밝힌다.

1998년 외환채무초과 상태에서의 긴급대책으로서 자금의 수급상황에 따라 금리가 자유롭게 정해지도록 하기 위해 잠정적으로 폐지되었다. 구이자제한법은 고리대금의 부작용을 근절하는 효과를 거두지는 못하였다. 고리약정을 한 차주는 대주에 대하여 약정의 무효를 주장하여 법률상 허용범위를 초과하는 이자의 지불을 거절할 권리를 가졌지만, 대주의 돈을 차용하는 차주로서 소비대차의 해지통고를 받을 위험을 무릅쓰고 지불거절을 하기란 사실상 곤란했다.

1998년 이자제한법(利子制限法)이 폐지된 후 지나친 고율의 사채이자가 횡행하자 대부업의 등록 및 금융이용자 보호에 관한 법률(2002년 제정, 2008년 12월 말까지 적용, 부칙 제2조 1항)에 의해 사채업의 폐해를 부분적으로 해소하려 하였다. 당시 정부는 이자의 최고한도를 현행보다 낮출 경우 사채 이용이 증가해 서민금융이 더 어려워지거나, 합법적인 사금융 대출시장의 위축으로 음성적 사채시장이 양산될 것이라는 이유로 이자제한법의 부활을 반대하였다. 반면에 시민단체 등은 서민금융의 안정과 고리사채로 인한 개인 파산을 막기 위한 정부의 보다 적극적인 개입을 주장하였다. 결국 2007. 3. 29에 국민경제생활을 보호하기 위한 사회적 안전장치로서 이자제한법(법률 제8322호)이 제정되어 이자의 적정한 최고한도를 정하게 되었다.

이자제한법이 없는 상황에서 대법원은 "금전 소비대차계약과 함께 이자의 약정을 하는 경우, 양쪽 당사자 사이의 경제력의 차이로 인하여 그 이율이 당시의 경제적 · 사회적 여건에 비추어 사회통념상 허용되는 한도를 초과하여 현저하게 고율로 정하여졌다면, 그와 같이 허용할 수 있는 한도를 초과하는 부분의 이자 약정은 대주가 그의 우월한 지위를 이용하여 부당한 이득을 얻고 차주에게는 과도한 반대급부 또는 기타의 부당한 부담을 지우는 것이므로 선량한 풍속 기타 사회질서에 위반한 사항을 내용으로 하는 법률행위로서 무효이다"(대판[全合] 2007. 2. 15, 2004다50426)라는 전원합의체 판결을 내림으로써 이자제한법의 부활을 촉진하는 계기를 마련하였다.

(나) 이자약정의 제한　이자제한법은 이자의 적정한 최고한도를 정함으로써 국민경제생활의 안정과 경제정의의 실현을 목적으로 한다(동법 제1조). 소비대차계약에서 대주와 차주는 경제력과 계약교섭력에 있어서 현격한 차이가 있으므로 그들의 자유로운 합의에 맡겨서는 공정한 계약내용을 기대하기

어려우며 대주의 우월한 지위는 고율의 이자약정으로 나타나기 때문에, 이자제한법은 고율의 이자에 대한 규제를 목적으로 하였다. 이자제한법은 법정 최고이율을 규정하고 이를 초과하는 이자약정에 대해 실체법적 무효의 효과를 부여함으로써 누구라도 구제를 받을 수 있게 했다는 점에 특징이 있다.

① 이자의 최고한도　　금전대차에 관한 계약상의 최고이자율은 연 40퍼센트를 초과하지 아니하는 범위 안에서 대통령령으로 정한다(동법 제2조 1항).[1] 이때의 최고이자율은 약정한 때의 이자율을 말한다(동법 제2조 2항).

② 금전대차　　대통령령에 의한 최고이율의 제한은 「금전대차(金錢貸借)에 관한 계약」에 적용된다(동법 제2조 1항). 금전을 주요 내용으로 하는 소비대차계약이 적용대상이며, 이자가 다른 물건으로 지급된다든가 원금반환에 대비해 대물변제 예약이 있더라도 무방하다. 단, 대차원금(貸借元金)이 10만원 이하인 때에는 적용되지 않는다(동법 제2조 5항). 금전대차에 관한 계약으로는 소비대차(消費貸借)·준소비대차(準消費貸借)·소비임치(消費任置)가 있다. 그 밖에 계(契)·할부금융(割賦金融)·리스계약 등 금전대차의 성격이 뚜렷한 금융목적의 계약에는 이자제한법이 적용된다.

③ 현물대차에의 적용배제　　이자제한법 제2조에서 금전대차(金錢貸借)라고 표현한 것은 그 밖의 경우에 확대하여 적용하는 것을 금지하는 취지라고 해석하고 곡물대차(穀物貸借)에서의 고리(高利)는 민법 제104조에 의해 불공정(不公正)한 법률행위로서 무효로 된다고 해석된다(유추적용 반대설). 판례도 유추적용을 반대하였다. 반면에 곡물의 소비대차계약에도 이자제한법을 유추적용(類推適用)해야 한다는 견해가 있었다(유추적용 긍정설). 즉 소비신용보호의 입법취지에 비추어 쌀·벼 등의 대차에 관하여도 제한이율을 적용해야 한다는 것이었다. 사견으로는 이자제한법의 적용범위를 금전대차에 한정하는 것이 바람직하다고 생각한다. 현물대차(現物貸借)에 관해서도 이자제한법의 최고이율에 상응하는 비율을 요구할 것인가는 구체적인 거래의 성격을 반영하여 민법 제104조의 공정성의 심사를 거쳐 구체적 타당성을 꾀하는 것이 좋기 때문이다.

④ 선이자　　채권자가 선이자를 사전에 공제한 경우에, 그 공제액이 채무자가 실제 수령한 금액을 원본으로 하여 최고이자율에 따라 계산한 금

1) 2007년 6월 30일 이래 최고이자는 연 30%로 정하여져 있다(대통령령 제20118호).

액을 초과하는 때에는 그 초과부분은 원본에 충당한 것으로 본다(동법 제3조). 이자 후지급의 원칙에 따라 이자지급의 변제기는 회기 말로 됨이 원칙이고,[1] 이자는 원본에 대한 사용대가이므로 먼저 원본을 사용하고 난 뒤에 이자를 지급하는 것이 순리이다. 새로 부활된 이자제한법은 이자의 부당한 사전공제를 금지하고 그 금액의 원본충당을 명한다.

선이자약정(先利子約定)이란 차주가 이자계산의 회기 초에 그 회기의 이자를 선불하기로 당사자가 합의한 경우를 말한다. 사채업자의 금융에서는 선이자의 약정이 빈번히 행해진다. 종래 이러한 선이자약정의 유효성에 대해 무제한유효설과 제한적유효설 등의 견해가 대립하고 있었고, 사견으로서 제한적유효설을 주장하였다.[2] 판례는 1개월분의 선이자약정은 유효하지만, 이자제한법을 초과하는 이자를 선이자로 공제한 경우에 그 제한초과부분은 무효라고 보아(대판 1981. 1. 27, 80다2694) 제한적인 범위에서 그 유효성을 인정한 바 있다.

⑤ 간주이자 예금(禮金), 할인금(割引金), 수수료(手數料), 공제금(控除金), 체당금(替當金), 그 밖의 명칭에도 불구하고 금전의 대차와 관련하여 채권자가 받은 것은 이자로 간주되어 이율이 제한된다(동법 제4조). 그러나 계약체결 · 공증 · 담보설정을 위하여 실제로 지출한 비용(費用)은 간주이자(看做利子)에 포함되지 않는다.

⑥ 복 리 이자에 대해 다시 이자를 붙이는 이른바 복리가 가능하고, 그 복리약정 역시 최고이자율을 초과하는 부분에 해당하는 금액에 대하여는 무효로 된다(동법 제5조).

⑦ 연체이자 당사자가 금전을 목적으로 한 채무의 불이행(不履行)

---

1) 일본 利殖制限法 제2조는 "이자를 미리 공제한 경우 그 공제액이 채무자의 수령액을 원본으로 하여 제한이율에 따라 계산한 금액을 넘는 때에는 그 초과부분은 원본의 지급에 충당한 것으로 본다"는 규정이 있었고, 구이자제한법에는 그러한 규정이 없었다.

2) 이은영, 채권총론(초판~3판)에서는 "이자는 후지급(後支給)이 원칙이지만 당사자가 그와 다른 약정을 한 경우에 그를 무효로 할 법적 근거는 없다. 그러나 수개월의 이자를 선불받는 것은 이자가 매월 지급되는 거래관행에 지나치게 어긋나서 대주의 횡포라고 여겨지므로 무효라고 해석된다. 그리고 차용금에서 수개월의 이자를 공제하고 차용금을 인도하는 사채업의 관행적 행위는 차주의 궁박을 악용한 불공정한 법률행위(제104조)로서 그 선이자약정은 무효라고 해석한다. 민법 제600조의 취지에 비추어 볼 때 차주는 자기가 실제 이용할 수 있었던 금액에 대하여만 이용대가를 지불하도록 하는 것이 타당하다. 약정차용금에서 선이자를 공제한 나머지만을 인도한 경우에 실제의 인도액이 원금이라고 보아야 한다"라고 하여 종래의 선이자유효설을 반박하였다.

에 관하여 예정한 배상액에 대하여는 최고이율의 제한이 없으며, 단지 법원이 부당하다고 인정한 때에 상당한 액까지 이를 감액할 수 있다(동법 제6조).

㈐ 초과부분의 무효

① 초과 이자채무의 부존재 계약상의 이자로서 대통령령으로 정한 최고이자율을 초과(超過)하는 부분은 무효로 된다(동법 제2조 3항). 무효인 약정에 의하여는 채무가 발생하지 않는다. 채무자는 초과이자를 지급할 의무가 없으며, 채권자는 초과이자의 지급을 청구할 권리가 없다. 만약 채권자가 초과하는 금액의 이자를 청구하더라도 채무자는 그것이 이자제한법상 초과이자임을 주장하여 지급을 거절할 수 있다. 채권자가 초과이자채권을 자동채권(自動債權)으로 하여 상계하려고 하여도 상계의 효과가 생기지 않는다. 초과이자채무를 기초로 한 원금산입의 약정, 경개계약(제500조), 대물변제의 예약(제607조), 재매매의 예약, 환매(제590조, 제608조) 및 그를 확보하기 위한 담보계약과 가등기(가등기담보 등에 관한 법률, 1983)도 무효로 된다.

② 초과이자의 반환 이자제한법은 채무자가 임의로 지급한 초과이자는 원본에 충당되고, 원본이 소멸한 때는 그 반환을 청구할 수 있다(동법 제2조 4항)고 규정하여 과거의 논쟁을 입법적으로 해결하였다. 채무자가 이미 초과이자를 임의로 지급한 경우에 그것은 채무 없는 변제(비채변제)가 되는데, 종래 채무자가 그 지급액의 반환을 청구할 수 있는가에 대하여 견해가 대립하였던 것이다. 판례는 이자제한법이 부활하기 이전에 전원합의체 판결로서 그 초과이자의 반환청구를 긍정하여 종래의 견해를 변경한 바 있다. 대주가 사회통념상 허용되는 한도를 초과하는 이율의 이자를 약정하여 지급받은 것은 그의 우월한 지위를 이용하여 부당한 이득을 얻고 차주에게는 과도한 반대급부 또는 기타의 부당한 부담을 지우는 것으로서 그 불법의 원인이 수익자인 대주에게만 있거나 또는 적어도 대주의 불법성이 차주의 불법성에 비하여 현저히 크다고 할 것이어서 차주는 그 이자의 반환을 청구할 수 있다고 하였다(대판[全合] 2007. 2. 15, 2004다50426).[1]

---

1) 대판[全合] 2007. 2. 15, 2004다50426 판례 소수의견은 "적정이율을 초과하는 이자 약정이 민법 제103조에 위반되어 무효라고 보더라도 당사자 사이의 약정에 따라 이자가 지급된 이상 그 불법원인은 대주와 차주 쌍방 모두에게 있다고 볼 수밖에 없고, 일반적으로 차주가 대주보다 경제적으로 열악한 지위에 있다는 점을 감안하더라도 대주가 불법성을 명확하게 인식했다고 평가하기는 어렵다는 점에 비추어 보면, 일률적으로 대주의 불법성이 차주의 그것에 비해 현저히 크다고 단정할 수만은 없으며, 임

㈑ 적용범위[1] 이자제한법은 개인과 무등록대부업자(혹은 사실상 대부업자)가 적용대상이다. 따라서 다른 법률에 따라 인가·허가·등록을 마친 금융업 및 대부업에는 이 법을 적용하지 아니한다(동법 제7조). 무등록대부업자의 최고이자율은 이자제한법에 따른 제한을 받지만(2007년, 연 30%), 등록대부업자는 「대부업의 등록 및 금융이용자 보호에 관한 법률」에 따른 제한을 받는다(2007년, 연 49%).[2]

의로 이자를 지급함으로써 이미 거래가 종료된 상황에서 다시 차주의 반환청구를 허용한다면 법적 안정성을 해칠 우려도 있으므로 결국 민법 제746조 본문에 따라 차주의 반환청구는 허용될 수 없다"고 하여 종래의 반환불허설의 논지를 폈다.

1) 이자제한법은 공포 후 3개월이 경과한 날인 2007년 6월 30일부터 시행한다(부칙 제1항). 한편 이 법 시행 전에 성립한 대차관계에 관한 계약상의 이자율에 관하여도 이 법 시행일 이후부터는 이 법에 따라 이자율을 계산하도록 경과규정을 두고 있다(부칙 제2항).

2) 종전「대부업의 등록 및 금융이용자 보호에 관한 법률」의 최고이자율은 2002년 10월 28부터 연 66%였지만, 2007년 10월 4일부터 연 49%로 인하되었다.

§13. 선택채권

1. 의　　의

(1) 개　　념

선택채무(選擇債務)란 채무의 내용이 수개의 급부 중에서 장래 선택권자의 선택에 따라 확정될 채무를 가리킨다(제380조). 선택대상이 되는 채무내용은 채권의 목적인 급부(給付)를 가리키며, 기타 변제기 · 변제장소 · 부수조건 등에 선택가능성이 부여되어 있다고 하여 선택채무가 되지 않는다. 특정물채무 · 종류채무 · 금전채무 · 이자채무 등은 모두 인도채무로서 채무내용이 확정되어 있으며, 그들 사이에는 인도목적물의 종류에 차이가 있을 뿐이다. 그러나 선택채무는 채무내용이 몇 개 정해져 있고, 그 중에서 하나가 선택됨으로써 급부가 확정되는 것으로 이상의 채무분류와 성격이 다르다.

선택채무는 선택대상이 여러 개의 급부일 뿐 채무는 한 개 존재하며, 채권자는 한 개의 급부청구권을 갖는다. 예를 들어 말 한 필을 매매하기로 계약하면서 매수인이 두 필의 말 중 하나를 선택하기로 약정하고 전문가를 시켜 어떤 말이 우수한가를 테스트해 본 후에 매매목적물을 결정하는 경우가 그러하다. 채무자는 선택권자의 선택이나 기타의 사유로 인한 확정이 있어야만 이행할 수 있다. 강제집행은 채무의 확정 후에만 가능하다.

선택채무는 계약에 의해 발생함이 보통이나, 법률의 규정(제203조 2항의 점유자의 유익비상환청구권 등)으로 발생하는 경우도 있다.

(2) 임의채무와의 구별

㈎ 임의채무　　임의채무(任意債務)란 채무의 내용이 하나의 급부로 정해 있고, 당사자가 다른 대용급부로서 이행하거나 이행청구할 수 있는 경우를 가리킨다. 외화채무에서 채무자가 약정한 외화 대신 우리 나라 통화로 변제할 수 있도록 규정한 민법 제378조는 임의채무의 대표적인 예이다. 그리고 대물반환의 예약에서 차용금반환과 담보물양도(제607조)도 본래급부와 대용급부의 관계에 있으므로 임의채무이다. 실제사례에서는 임의채무와 선택채무의 구별이 모호한 경우가 많다.

(나) 동등관계와 보완관계 임의채무(任意債務)에서는 본래의 급부와 대용급부라는 상호 보충적인 관계가 뚜렷하여 채무자가 대용급부를 하려고 하더라도 그의 이행이 완료되기까지는 본래의 급부의무는 그대로 존속한다. 그러나 선택채무에서는 선택권자에게 여러 개의 급부 중에서 자유로 하나를 택할 수 있도록 여러 급부가 동격의 관계에 있으며, 선택이 행해진 후에는 다른 급부의무는 소멸한다.

(다) 급부의 확정 임의채무에서는 급부가 확정(確定)되어 있어 선택이란 과정을 거치지 않아도 채무가 이행될 수 있다. 그러나 선택채무에서는 선택 전에는 급부가 불확정된 상태에 있으므로 선택을 통해 급부가 확정된 후에야 이행이 가능하다.

(라) 급부불능 임의채무에서 본래급부의 불능(不能)은 보통의 채무에서와 같이 채무를 불성립(원시적 불능의 경우) · 위험부담 · 채무불이행으로 만든다. 그러나 선택채무에서 하나의 급부의 불능은 그를 선택대상에서 제외시킬 뿐 잔존급부에 대한 채권은 그대로 존속한다(제385조).

(3) 청구권의 선택적 경합과의 구별

(가) 청구권의 선택적 경합 채권자가 하나의 채권관계로부터 여러 개의 청구권을 선택적으로 취득하는 경우는 「청구권의 선택적 경합(選擇的 競合)」이라고 하여 선택채권과 다른 법률문제로 다룬다. 무권대리인의 상대방이 계약의 이행 또는 손해배상을 선택적으로 청구하는 경우(제135조)가 청구권의 선택적 경합에 해당한다. 그 밖에 청구권의 선택적 경합에 해당하는 경우로서는 종류매매의 하자담보책임에서 매수인이 해제 및 손해배상청구 또는 완전물인도청구를 선택적으로 행사하며(제581조), 제한물권이 설정된 부동산의 경매에서 경락인이 해제 또는 대금감액을 선택적으로 청구하며(제578조 1항), 수급인의 담보책임에서 도급인이 하자보수나 손해배상을 선택적으로 청구하는 경우(제667조 2항)가 있다(이는 손해배상청구권의 경합과는 다른 문제이다).[1)]

(나) 차 이 점 청구권의 선택적 경합(選擇的 競合)과 선택채권(選擇債權)은 다음의 점에 차이가 있다. ① 청구권의 선택적 경합은 서로 배척하는 청구권이 수개 발생하여 경합하는 경우로서, 하나의 청구권이 발생하고 단

1) 단, 무권대리인의 책임에 관해서는 선택채권이 발생한다고 해석하는 견해가 다수설이다. 곽윤직, 57; 김석우, 71; 김용한, 77; 김주수, 80; 김증한, 30; 김형배, 96; 임정평, 98; 이태재, 77; 현승종, 76; 황적인, 30; 주석 채권총칙(상), 144(박재윤 집필부분).

지 급부확정의 과정에서 선택이 행해지는 선택채권과 다르다. ② 청구권의 선택적 경합의 경우는 청구권자가 소송상 수개의 청구권을 선택적으로 청구하는 것이 가능하다(소의 선택적 병합). 그러나 선택채권에서 채권자는 선택에 의해 확정된 급부 하나만을 청구할 수 있다. ③ 청구권의 선택적 경합에서 채권자는 한번 행한 선택의 의사표시에 구속되지 않지만, 선택채권에서 선택의 의사표시는 급부를 그것에 확정시키는 효력을 갖는다.

2. 선택의 대상

(1) 선택대상의 급부

선택대상(選擇對象)은 2개 이상의 채무이다. 그들은 각각 확정된 채무로서 상호간에 개성이 뚜렷해야 한다. 선택대상이 한 종류의 채무일 수도 있고(예: 점유자의 유익비상환청구권에서 지출금액이나 가치증가액. 제203조 2항), 또는 특정물채무와 종류채무, 금전채무와 종류채무, 행위채무와 금전채무와 같이 서로 성격이 다른 채무 상호간에서 선택할 것을 정할 수 있다.

(2) 급부불능에 의한 한정

선택대상인 수개의 급부 중에서 원시적 불능인 것이나 후발적 불능인 것이 있으면 선택채무는 잔존(殘存)하는 이행가능한 급부에 대하여 존재한다(제385조 1항). 그러나 선택권 없는 당사자의 과실로 인하여 후발적 불능이 된 때에는 그러하지 아니하다(동조 제2항). 여기서의 과실은 당사자의 고의·과실과 이행보조자나 피용자의 고의·과실을 포함하는 귀책사유를 의미한다고 해석된다. 후발적 불능의 경우 선택권자와 귀책사유에 따라 다음의 효과가 생긴다.

(가) 선택권자가 채무자인 경우 불능이 채권자의 귀책사유로 야기된 때에 채무자는 불능으로 된 급부를 선택하여 채무를 면할 수 있다. 이 때 쌍무계약(雙務契約)의 채무자는 반대급부(反對給付)를 청구할 수 있다(제538조). 그러나 불가항력이나 채무자의 귀책사유로 불능이 야기된 때에는 제385조 1항이 적용되어 선택대상은 잔존급부에 한정되므로 채무자는 가능한 급부 중에 하나를 선택하여 이행하여야 한다.

(나) 선택권자가 채권자인 경우 채무자의 귀책사유로 급부가 불능으로 된 때에 선택대상은 처음의 선택채권 발생시와 같다. 채권자는 가능한

급부를 선택하여 그의 이행을 청구하거나, 또는 불능으로 된 급부를 선택하여 그에 대한 채무불이행책임으로서 손해배상을 청구할 수 있다. 불가항력이나 채권자의 귀책사유로 급부불능이 야기된 때에는 제385조 1항이 적용되어 선택대상은 잔존급부에 한정된다. 채권자의 귀책사유로 인한 불능의 경우에는 그와 별도로 채권자는 과실행위에 대해 불법행위책임의 손해배상의무를 진다. 사견으로는 이 때 채권자로 하여금 불능인 급부를 선택케 함으로써 그의 귀책사유의 결과를 감수하도록 하는 것이 타당하다고 생각한다.

㈐ 선택권이 제 3 자에게 있는 경우　불가항력, 선택권자인 제3자의 과실, 기타 제3자의 불법행위로 인하여 급부불능이 야기된 때에만 선택대상이 잔존급부에 한정되고, 그 밖에 당사자의 과실로 인한 때에는 채권법의 일반법리(一般法理)에 따른다.

3. 급부의 확정

(1) 선택에 의한 확정

㈎ 선 택 권　선택채무에서는 선택권자의 선택에 의하여 급부가 확정됨이 원칙이다(제380조). 선택권자가 갖는 「급부를 확정할 권한」을 「선택권(選擇權)」이라고 한다. 선택권은 일방적 의사표시에 의해 급부확정의 법률효과를 초래하는 형성권이다. 선택권은 선택권자가 선택함으로써 소멸된다. 선택이 있기까지 선택권은 보호되어야 하며, 그에 대한 위법한 침해행위는 불법행위책임을 발생시킨다.

㈏ 선택권자　선택권자(選擇權者)는 다른 법률의 규정이나 당사자의 약정이 없으면 채무자가 된다(제380조). 그러나 선택권자가 일정기간 동안 선택권을 행사하지 않음으로써 채무이행 및 채권만족에 지장을 초래하는 것을 막기 위하여 민법은 일정기간의 경과로 선택권이 다른 당사자에게 이전할 것을 규정한다. ① 선택권에 행사기간이 정해져 있는데 선택권자(일방당사자)가 그 기간 내에 행사하지 않은 경우, 상대방이 상당한 기간을 정하여 선택을 최고하여도 선택권자가 그 기간 내에 행사하지 않은 때에는 선택권이 상대방에게 이전한다(제381조 1항). ② 선택권에 행사기간이 없는 경우에는 채무의 변제기가 도래한 후 상대방이 상당기간을 정하여 최고하여도 선택권자(일방

당사자)가 그 기간 내에 선택하지 않으면 선택권이 상대방에게 이전한다(동조 제2항). ③ 선택권자인 제3자가 선택할 수 없는 경우에 선택권은 채무자에게 이전한다(제384조 1항). ④ 선택권자인 제3자가 선택하지 않는 경우에 채권자나 채무자는 상당기간을 정하여 최고하고, 제3자가 그 기간 내에 선택하지 않으면 선택권이 채무자에게 이전한다(동조 제2항).

(다) **선택권의 행사** 채권자나 채무자가 선택하는 경우에 그 선택은 상대방에 대한 의사표시로서 하며, 이 의사표시는 상대방의 동의가 없으면 철회(撤回)하지 못한다(제382조).[1] 제3자가 선택하는 경우에 선택은 채무자 및 채권자에 대한 의사표시로서 하며, 그 의사표시는 채권자 및 채무자의 동의가 없으면 철회하지 못한다(제383조). 선택의 의사표시에 관하여는 의사표시에 관한 민법 제107조 내지 제113조의 규정이 적용된다. 선택권자가 선택의 의사표시를 한 뒤라도 상대방의 방해행위 등으로 선택의 목적을 달성할 수 없는 경우와 같이 특별한 사정이 있으면, 상대방의 동의 없이 의사표시를 철회하고 새로운 선택을 할 수 있다(대판 1972. 7. 11, 70다877).

(2) 급부불능에 의한 확정

선택대상이 급부불능으로 인하여 잔존급부에 한정되는 경우(제385조 1항), 잔존급부가 하나뿐이면 채무는 그 잔존급부로 확정된다. 모든 급부가 불능으로 되어 잔존하는 것이 없는 때에는 급부불능에 관한 채권법의 일반법리에 따른다. 잔존급부가 둘 이상인 때에는 그에 대한 선택권이 존속한다.

4. 선택의 효과

(1) 급부의 확정

선택이나 불능으로 급부가 확정된 후에는 채무는 그 선택된 급부에 한정된다. 그 급부가 어떤 성질의 것(특정물인도 · 종류물인도 · 금전지급 · 행위 등)이냐에 따라 그에 상응하는 법리가 적용된다. 선택되지 않은 급부에 대한 구속은 소멸하여 채권자는 그에 대해 아무 권리도 갖지 않는다.

---

1) 대판 1972. 7. 11, 70다877: 선택권자가 선택의 의사표시를 한 뒤라도 상대방의 방해행위 등으로 선택의 목적을 달성할 수 없는 경우와 같이 특별한 사정이 있으면 상대방의 동의 없이 의사표시를 철회하고 새로운 선택을 할 수 있다.

(2) 선택의 소급효

선택의 효력은 그 채권이 발생한 때에 소급(遡及)한다(제386조 본문). 선택된 채무가 특정물채무인 경우에 채무자는 채권발생시부터 선관보존의무를 부담하게 되어 그의 해태로 인한 손해를 배상해야 한다(예: 선택 전에 특정물이 부주의한 관리로 파손된 경우). 후발적 불능인 급부를 선택한 경우에, 채권은 처음부터 그에 대해 성립했던 것으로 다루어져서 채무불이행 · 위험부담 등의 법리로 처리된다. 이자채무의 경우는 채권발생시부터 이자가 발생한다. 소멸시효도 그 채권발생시부터 진행한다.[1] 단, 급부불능으로 인한 확정의 경우에는 소급효를 부여하는 규정이 없다.

선택의 소급효(遡及效)는 제3자의 권리를 해하지 못한다(제386조 단서).[2] 따라서 선택이 있기 전에 제3자가 한 행위에 영향을 미치지 못한다. 실제로 선택에 의해서 확정된 채권이 제3자의 권리를 해칠 가능성은 거의 없다.

행위채무

민법은 채권의 목적에 관한 규정을 인도채무만을 대상으로 하여 규정하고 행위채무(行爲債務)에 관한 규정은 전혀 두고 있지 않다. 그러므로 행위채무에 관한 법률관계는 학설과 판례에 의해 해결해야 하는데, 아직 그에 관한 학설이나 판례가 충분히 전개되지 않고 있다.

(1) 채무자의 성실의무 행위채무에서 채무자는 맡은 일을 성실히 수행해야 할 성실의무(誠實義務)를 진다. 성실의무의 구체적인 내용은 노무공급을 채무자가 직접 해야 하는 경우나(일신전속적 행위채무), 다른 사람을 시켜서 해도 되는 경우냐에 따라 다르다. 후자의 경우에도 채무자의 지휘 · 감독을 받는 자에게 시키는 경우냐, 독립하여 업무를 수행하는 자에게 시키는 경우냐에 따라 법률효과에 차이가 있다. 행위채무에 관하여는 최근 채무자나 그의 이행보조자가 노무의 제공시에 갖추어야 할 기능 · 자격 · 전문지식을 결여함에 대한 채무불이행책임이 빈번히 문제된다.[3]

(2) 채권자의 협력의무와 보호의무 채권자는 채무자가 원활하게 작업할

---

1) 대판 1965. 8. 24, 64다1156: 무권대리인에 대한 상대방의 계약이행 또는 손해배상청구권의 소멸시효의 기산점은 그 어느 권리를 행사할 것인가를 선택할 수 있었을 때로부터 진행된다.

2) 민법 제386조 단서는 물권변동에 관해 의사주의를 취하던 의용민법 제411조에서 그대로 답습된 것으로서, 형식주의를 취하는 현행민법에서는 의미가 적다.

3) 상법 제382조의 3에는 이사의 충실의무가 규정되어 있는데, 이는 성실의무, 선관의무의 일종이라고 해석된다. 전삼현, "이사의 충실의무에 관한 재고찰," 인권과 정의 268호, 1998, 121.

수 있도록 재료 · 설비를 준비하여 제공하고 적당한 작업지시를 해야 할 의무를 진다. 채무자의 노무는 채권자가 수령하지 않으면 가치를 상실하게 되며 저장했다가 다음 기회에 판다는 일이 불가능하므로, 채권자지체에 따른 책임이 무겁게 된다. 그 밖에 채권자는 채무자의 생명 · 건강을 해치지 않을 작업조건을 마련해 줄 보호의무(안전배려의무라고도 함)를 진다. 채권자가 협력의무(協力義務)나 보호의무(保護義務)를 위반한 경우에는 채권자지체 또는 불법행위책임이 발생하며, 채무불이행책임으로 처리되지 않는 것이 원칙이다.

(3) 위험영역 행위채무에서는 채무불이행책임 · 채권자지체 · 위험부담의 한계설정이 매우 어려운데, 이 판단은 각 당사자의 위험영역(危險領域)에 비추어 판단되어야 한다. 예를 들어 버스회사의 파업으로 작업장에 출근하지 못한 경우에는 채무자의 위험영역에서 사고가 발생한 것이므로 채무자가 위험을 감수해야 하지만, 작업장에 단전, 단수로 인해 작업이 불가능한 때에는 채권자의 위험영역에서 생긴 사고이므로, 채권자가 그 위험을 감수하고 채무자에게 보수를 지급해야 한다. 그리고 행위채무의 불이행이 채무자의 귀책사유로 인한 것인가, 채권자의 수령불능으로 인한 것인가, 불가항력으로 인한 것인가의 판단을 각 행위채무의 특성에 맞게 하여야 한다.

(4) 취소의 소급효제한 행위채무에 있어서는 그의 기초가 되는 노무공급계약이 무효 · 취소되더라도 이미 제공한 노무를 없었던 것으로 하는 소급효는 제한된다. 계약당사자는 이미 제공된 노무부분에 해당하는 보수청구권을 갖는다.

(5) 입 법 론 현대의 산업구조가 1 · 2차산업에서 3차산업으로 이동하게 됨에 따라 서비스 제공계약의 이용이 급격히 증가하고 있다. 서비스이용의 법률관계에 관하여는 노무제공계약으로서 이미 민법전에 도급 · 고용 · 위임 · 임치 등의 전형계약이 규정되어 있긴 하지만, 규정내용이 매우 빈약할 뿐 아니라 그러한 계약에서 발생하는 채권관계를 포용할 수 있는 총칙이 없다. 행위채무에 관한 규정을 민법에 보충해 넣을 필요가 있다.[1]

---

1) 프랑스민법은 작위 · 부작위채무에 관하여 제1142조~제1145조에 통칙을 두고 있다.

제 4 장 채무의 임의이행과 강제이행

§ **14**. 임의이행

§ **15**. 강제이행

제4장 채무의 임의이행과 강제이행

§14. 임의이행

1. 임의이행과 변제

(1) 이행과 채권소멸

채무(債務)의 이행(履行)이란 채권을 만족시킴을 말하며, 그 이행은 채권을 만족시키기 위한 모든 요건이 충족되어 그로서 채권이 소멸하게 되는 사유를 가리킨다. 채권은 채무자로부터 채무내용에 적합한 이행을 받는 것을 목적으로 하여 발생·존속한다. 채무의 이행은 곧 채권의 만족(滿足)을 의미한다. 채무가 이행되면 채권은 목적달성으로 인해 소멸한다. 채권이 만족을 얻을 때 소멸하는 것은 채권의 본래의 속성이다. 채무자가 변제기까지 채무를 이행하지 않으면 채무불이행책임을 지게 된다.

(2) 임의이행과 강제이행

채권의 만족을 얻는 방법은 채무자의 자발적인 이행행위에 의하는 임의이행(任意履行)과 법원의 강제집행에 의하는 강제이행(强制履行)으로 나뉜다. 그 밖에 금전채권의 확보를 위하여 담보물권이 설정되어 있는 경우에는 그 담보권(擔保權)의 실행(實行)에 의해서 채권의 만족을 얻을 수 있다. 보통 이행이라고 하면 임의이행을 의미한다.

강압적 채권회수의 문제점
채권자들이 채권회수를 하는 과정에서 채무자에 대하여 폭언, 협박, 폭력 등을 행사하여 정신적 고통을 가하거나 신체상해를 가하거나 명예·사생활을

침해하는 사례가 빈번하여, 이에 관한 대책이 필요하다. 우리 나라에서는 합법적인 채권추심업이 활발하지 않아 채권자가 직접 회수를 시도하는 경우가 많고, 이 과정에서 종종 강압적 행위가 동원되고 있다. 채권자나 채권추심회사의 강박행위를 규제하는 법제도가 없다는 점도 강압적 행위가 빈번히 행해지는 한 원인이 된다. 미국 부정신용거래방지법(Extortionate Credit Transactions)과 공정채무회수관행법(Fair Collection Practice Act)은 채권자 부정행위를 금지하고, 채무자와의 통신을 제한하며, 채권회수업자의 강박행위를 규제한다. 일본 대금업법은 과잉대부와 강제적 회수행위를 금지한다.[1)]

(3) 임의이행의 방법

임의이행(任意履行)의 방법에는 여러 가지가 있다. 채무자가 본래의 채무내용대로의 급부를 제공하고 채권자가 이를 수령하는 것을 변제(辨濟)라고 한다(제460조 이하). 그 밖에 채권자의 승낙을 얻어 다른 급여로서 대신 이행하는 것을 대물변제(代物辨濟)라고 한다(제466조). 채권자의 수령거절이나 수령불능의 경우에 채무자는 변제의 목적물을 공탁소에 공탁함으로써 채무를 면할 수 있다(제492조 이하). 상계(相計)도 이행의 특수한 방법인데, 상계는 채무자가 채권자에 대한 관계에서 상계적상의 채권을 가질 것과 채권자에 대해 상계의 의사표시를 할 것을 요건으로 한다. 그 밖에 채무의 이행은 아니지만 채무를 소멸시킨다는 점에서 이행에 준하여 다루어지는 경개(更改)(제500조 이하) · 면제(免除)(제506조 이하) · 혼동(混同)(제507조)이 있는데, 이것들도 채권의 소멸원인이 된다.

위에 열거한 여러 이행방법 가운데에서 가장 통상적이고 원칙적인 것은 변제이다. 변제는 협의의 「채무내용에 적합한 이행」에 해당한다. 그러므로 이행이라고 하면 대개 변제를 떠올리게 된다(여기서는 변제의 의의만을 고찰하고 기타 자세한 사항은 뒤에 채권소멸원인의 장에서 설명함). 변제 이외의 이행방법은 광의의 「채무내용에 적합한 이행」에 해당하므로 그 중 하나가 충족되면 채무자는 채무불이행책임을 면하게 될 뿐 아니라(제390조) 채무에서 해방된다(단 경개에서는 구채무에서 해방되는 대신 신채무를 부담한다).

1) 한국소비자보호원, "채권자의 가정부채 회수상의 문제점과 대책," 생활경제 98-15, 1998. 8 참조.

2. 변제의 의의

(1) 채권소멸의 법률요건

변제(辨濟)란 변제행위와 채권자의 수령에 의해 채권의 실현이라는 결과가 달성된 데에 부여되는 채권소멸효과를 위한 법률요건이다. 권리의 발생 · 변경 · 소멸은 법률효과(法律效果)에 해당하고, 그 법률효과를 발생케 하는 법적인 사유를 법률요건(法律要件)이라고 하는데, 채권소멸의 법률효과를 발생케 하는 변제는 법률요건이 된다. 변제라는 법률요건은 변제행위와 수령이라는 법률사실로 구성된다.

변제가 채권소멸원인이 되는 것은 채무자가 채무의 내용에 적합한 변제행위를 하고 채권자가 그를 수령함으로써 채권의 목적이 달성된다는 객관적인 사실에 의한다. 변제는 변제를 위한 채무자의 행위인 변제행위와 구별된다. 채무의 이행에서 중요한 것은 채권의 만족이란 결과달성이며, 그 결과달성에 이르는 변제행위는 반드시 채무자에 의할 필요는 없으며, 제3자의 급여로 이루어져도 무방하다(제3자변제, 제469조).

(2) 변제의 의사

㈎ 변제의사의 필요성　변제는 변제자의 변제의사(辨濟意思)를 요건으로 하는데, 이 변제의사는 채무의 존재를 인식하고 그 채무를 소멸시키겠다는 의도를 가짐을 요건으로 한다. 변제의사는 법률행위의 의사표시는 아니다.[1] 변제의사가 적극적으로 입증되어야 하는 것은 아니고, 어떤 행위에 변제의사가 있었으리라고 객관적으로 추단되는 정도로 충분하다. 변제행위가 법률행위인 경우에 어떤 채무를 이행하겠다는 변제자의 의사는 그 법률행위의 동기를 구성한다.

이상에 설명한 변제의 성질은 다음의 구체적인 법률문제로 나타난다. ① 채무자의 채무내용에 적합한 변제행위는 별도의 의사가 표시되지 않는 한 채무의 변제로서 행한 것으로 추정된다. 변제의 효과를 주장하는 채무자는 적극적으로 변제의 의사를 주장 · 입증할 필요가 없다. ② 채무자가 채권자에게 증여의 의사로써 물건을 인도한 경우에는 변제가 아니다. 변제의사

---

1) 같은 취지: 김형배(2판), 647. 김형배 교수는 변제의사를 「채무의 이행으로서 급부를 하는 사실적 의사」라고 하며 이는 독일의 목적적급부실현설과 같은 취지라고 한다.

가 없기 때문이 아니라 증여의 의사표시에 따른 증여의 효과가 부여되기 때문이다. ③ 채무자가 자신이 한 변제를 행위능력이나 의사표시의 흠결을 이유로 취소한다는 일은 이론상 엄격히 고찰하면 있을 수 없다. 무능력·착오·사기·강박을 이유로 취소할 수 있는 대상은 법률행위일 경우의 변제행위이며 변제는 아니다. 변제행위가 취소되면 변제의 효과가 상실된다. ④ 대리인은 변제를 대리하는 것이 아니라 법률행위인 변제행위를 대리한다. 변제행위가 사실행위인 때에는 보조자에 의해 대행될 수 있을 뿐이며, 대리는 원칙적으로 불가능하다. 변제의 수령도 그것이 법률행위로서 이루어지는 경우에는 대리가 가능하다. ⑤ 변제자의 충당지정(充當指定)은 변제의사가 아니다. 채무자가 채권자에 대하여 여러 개의 채무를 지는 경우에 그들 채무를 모두 소멸시키기에 부족한 급여는 변제자의 지정에 따라 변제에 충당된다(제476조). 변제자가 지정하기 않으면 변제수령자가 지정할 수 있다. 당사자의 충당지정이 전혀 없어도 무방하며 지정이 없으면 법정충당에 의한다(제477조). ⑥ 변제행위가 사실행위인 때에 변제자의 명시적 변제의사를 요구하는 것은 부당하다. 특히 부작위급부에까지 그러한 의사를 요구하는 것은 부작위채무의 성질과 맞지 않는다. 채무자가 한 사실행위가 채무내용에 적합할 때에 어떤 의사표시를 기다리지 않고 채권은 소멸한다.

(나) 비채변제로 인한 부당이득반환 급여자가 채무가 없음에도 불구하고 채무가 있는 것으로 오인하여 변제행위를 한 경우에는 변제의 효과가 생기지 않는다. ① 변제행위가 법률행위인 경우에, 채무가 없음에도 채무가 있다고 잘못 알고 출재를 한 변제자는 자기에게 변제의사가 없었음 및 그 행위가 착오에 기한 것이었음을 입증하여 법률행위를 취소할 수 있다. 급여자는 이미 급여한 것에 대해서는 부당이득반환청구권을 갖는다. ② 변제행위가 사실행위로서 행해진 경우에도 채무가 있다고 착각하고 행위한 자는 수령자에 대하여 그로 인한 이득을 부당이득반환청구권으로써 회복할 수 있다. 다만 채무의 존재를 모르고 변제에 해당하는 결과를 달성한 경우에는 행위자의 다른 의사표시가 없는 한 변제로서 이루어진다.

(다) 변제는 법률행위가 아니다 변제가 법률행위가 아니라는 점에 대해서는 근래 의견이 일치하고 있다.[1] 20세기 초 독일과 일본에서는 변제를

1) 곽윤직, 327; 김기선, 303; 김석우, 355; 김용한, 493; 김주수, 405; 김증한·김학동, 338; 김현태,

법률행위로 이해하는 학설(법률행위설)이 주장되었다. 법률행위설은 채무자와 채권자가 변제에 있어서 채권소멸합의(債權消滅合意)(단독행위설에서는 변제자의 삭감의사표시)를 하고, 그 합의의 효과로서 채권이 소멸된다는 가정을 기초로 하였다. 법률행위설은 채권이 만족을 얻어 소멸한다는 점을 간파하지 못한 채 당사자의 합의에 의해 소멸하는 것이라고 의제한 잘못을 범했다. 법률행위설에 대한 비판으로는 ① 변제에 요구되는 변제의사 및 수령의사를 의사표시로 보는 것은 잘못이다. 예를 들면 변제로서 물권적 합의를 하는 경우에 채권자와 채무자는 물건의 소유권 이전에 관한 의사표시를 하면 충분하고, 그 밖에 채권을 소멸시킨다는 의사표시를 할 필요는 없다. ② 법률행위설(法律行爲說)에서는 채무자와 채권자의 행위능력이 필요하게 되는데, 변제행위가 사실행위인 경우에 행위능력을 요구하는 것은 옳지 않다. 변제와 변제행위를 구별한다면 어떤 하나의 행위로 구성되는 것은 변제행위이지 변제가 아니다. ③ 법률행위설에 의하면 변제가 채무내용에 적합한 것이어야 한다는 요건을 설명하기 곤란하다. 이상의 이유에서 변제를 법률행위로 보는 것은 잘못이라는 점이 명확해졌고, 근래에는 변제를 채권소멸의 법률효과를 가져오는 법률요건으로 파악한다.

변제의 성질에 관한 독일의 이론

20세기 중엽에 이르기까지 독일민법학에서는 변제의 성질에 관해 여러 견해가 대립하였다. 그들 학설대립의 논점은 주로 "변제자의 변제의 의사와 변제수령자의 수령의 의사가 변제의 요건인가," "변제자와 변제수령자의 행위능력은 변제의 요건인가," 그리고 "변제에 관해 법률행위규정이 준용될 것인가"에 집약되었다.[1)]

(1) **법률행위설-계약설**(Vertragstheorie)　독일보통법학시대와 독일민법의 제정초기에는 변제를 법률행위로 파악하는 견해가 지배적이었다. 법률행위설은 학자에 따라 내용을 약간씩 달리했으나 변제를 채권자와 채무자의 계약으로 보

295; 이태재, 264; 임정평, 414; 현승종, 351. 위에 인용한 문헌 중에는 변제를 준법률행위 또는 법률적 행위라고 표현하기도 하는데, 그러한 표현은 법률행위가 아니라는 의미 이외에 특별한 내용을 갖지 않는 것으로 보인다.

1) 변제의 성질에 관한 이론은 학자에 따라 다르기 때문에 그들을 일정한 틀에 맞추어 분류한다는 일은 어렵다. 독일에서도 학자에 따라 분류방식이 다르며, 한 이론을 학자에 따라 다르게 해석하는 경우도 많다. 이 곳에서는 Fikentscher, *Schuldrecht*, 7. Aufl., S. 192의 분류방식을 참조하였다.

는 계약설이 우세하였다. 계약설에서는 변제가 성립하려면 채무자의 변제의사와 채권자의 수령의사의 합치가 필요하다고 하였다.[1)]

(2) 급부효과설(Theorie der realen Leistungsbewirkung)　변제행위는 사실상의 채권소멸행위(reale Tilgungsakt)라고 한다.[2)] 변제에는 변제의사가 필요 없고, 객관적으로 채무의 내용에 따른 변제행위가 있어 급부결과를 달성하는 것으로 충분하다. 변제의 모습에는 노무제공·부작위채무와 같이 단순한 행위만으로 이루어지는 경우도 많은데, 이 경우 변제의사를 찾아 내는 것은 곤란하다. 그리고 채무자가 제공한 급부를 채권자가 수령하면서 아무런 수령의사를 표시하지 않았다면 채무자의 급부제공은 있으나 변제는 이루어지지 않게 되어 모순이 생긴다.[3)]

(3) 제한적계약설(beschränkte Vertragstheorie)　원칙적으로는 급부효과설을 취하면서, 단지 변제행위가 법률행위(소유권이전행위, 채권양도, 예약에 기초한 계약체결)인 경우에는 변제도 법률행위적 성격을 갖는다고 본다.[4)] 변제행위가 법률행위적 성질을 갖고 있으면 사실적 변제행위 이외에 목적에 대한 합의(Zweckvereinbarung)가 필요하다고 한다. 그리고 변제가 법률행위적 성격을 갖는 경우에는 행위능력에 관한 규정이 변제에 적용된다. 즉 무능력자의 소유권이전행위가 물권변동의 효력을 가져올 수 없다면 변제의 효과도 가져오지 못하게 된다는 것이다. 급부가 사실행위인 경우에는 급부의 실현이 있으면 변제가 성립한다.

변제의 성질에 관한 일본의 이론

독일의 영향으로 일본민법학에서도 20세기 초에 그에 관해 논의가 격심했었다. 근래 일본에는 법률행위설이 주장되지 않으며 준법률행위설과 사실행위설이 주장된다.

(1) 준법률행위설　변제는 변제의사의 효과로서가 아니라 목적도달의 법리에 의해 채권소멸의 원인으로 되지만 혼동과 같은 사건은 아니며, 반드시 급부행위에 의해 실현되기 때문에 법률상의 행위라고 한다. 또한 그렇게 보아야

---

1) 폰투어(v. Tuhr), 렌트(Lent) 등이 주장하였다. von Tuhr, *Der Allgemeine Teil des deutschen Bürgerlichen Rechts Ⅲ*, S. 82.

2) 독일의 다수설(Boehmer, Siber, Heck, Staudinger/Kaduk, Soergel/Schmidt, Münch-Komm/Heinrichs, Larenz)과 판례(BGHZ 51, 157)의 견해이다. Larenz, *Schldrecht I*, § 18 I, S. 220.

3) 라렌츠는 수령귀속(Empfangszuständigkeit)이라는 일종의 수령권한을 가정하여 유아에게는 그 수령권한이 없다고 한다.

4) 제한적계약설을 주장하는 대표적 학자는 레만(Ennecerus-Lehmann, § 60, I)과 에써(Esser, *Schuldrecht*, 2. Aufl., 1960, § 70, 7)이다.

하는 중요한 이유는 변제행위가 법률행위인 때에는 법률행위에 관한 규정을 적용해야 하기 때문이라고 한다.[1)]

(2) **사실행위설** 변제의사는 변제행위에서 표시될 필요는 없으며, 그의 의사에 기한 변제가 행해지면 충분하므로 변제를 사실행위로 보아야 한다고 주장한다. 준법률행위가 되어야 할 적극적인 이유를 제시하지 못하고 법률행위에 관한 규정을 준용해야 한다는 필요만으로 준법률행위로 보는 것은 법적 근거가 불충분하다고 한다.[2)]

3. 이행행위와 수령

채무이행의 상태에 도달하기 위하여는 「채무자의 이행행위」와 「채권자의 수령」이 있어야 한다. 단 공탁은 채권자의 수령 없이 이행을 완료시키는 이행방법이다.

(1) 이행행위

이행에서 중요한 것은 채무자의 이행행위(履行行爲)(급부행위라고도 함)이다.[3)] 채무

1) 我妻榮, 民法講義 Ⅳ, 216; 松坂佐一, 民法提要 債權總論(3판), 214; 於保不二雄, 債權總論(신판), 351.

2) 長島毅, 辨濟の性質, 法曹 제2권 1호, 1 이하; 石田喜久夫 · 任ほか, 債權總論, 204. 일본판례는 사실행위로 본다. 日本最判 昭 35. 7. 1. 民集 14-9-1641 # Ⅱ 532; 大判大 9. 6. 2 民錄 26-839 # 529. 平井宜雄, 債權總論, 1985, 116은 변제가 임의의 이행의 뒷면에 불과하기 때문에 특히 변제만에 대하여 그의 법적 성질을 논할 필요가 없고, 무엇이 채무내용에 적합한 이행인가가 검토되면 충분하다고 한다. 奧田昌道, 債權總論(하), 1987, 487~488은 변제란 채권내용을 실현하는 채무자의 행위와 채권자의 수령과정 전체를 말하며, 변제는 사람의 행위를 필요로 하는 법률사실이란 의미에서 사실행위라고 해석한다. 다른 한편 변제행위가 변제로서 효력을 발생시키기 위해서는 변제자가 채권소멸을 원하는 의사는 표시할 필요가 없지만, 채무의 이행으로서 급부한다는 의사(사실적 의사)는 필요하다고 한다(같은 취지: 鈴木, 債權法講義, 253). 단 부작위채무에서는 위반상태가 생기지 않는다는 소극적 사실이 있으면 족하며, 그것이 채무자의 의사에 기한 것인가는 묻지 않으므로 의사를 논할 필요가 없다고 한다.

3) 독일민법학에서는 채권의 목적은 법률 또는 계약으로 정해진 채권자의 욕구를 이행으로서 만족시키는 데에 있으며, 이행이란 채권자의 급부이익을 충족시키는 것을 의미한다고 설명한다. 변제란 채무의 목적인 급부(Leistung)를 행함에 의한 채무상각(Schuldtilgung)이라고 한다. 채무자의 급부행위 이외에 다른 사정(등기)에 의해 급부의 성취가 좌우되는 경우도 있지만, 채무자는 급부행위에 대해서만 채무를 부담한다고 한다. 독일에서는 이행과 변제를 용어상의 구별이 없이 「Erfüllung」으로 표현하며 대물변제, 공탁, 상계 등의 다른 소멸원인은 「변제에 갈음하는 것」(Erfüllungssurrogate)으로서 설명한다. Esser-Schmidt, *Schuldrecht I, Allgemeiner Teil*, 6. Aufl., S. 243ff.

일본민법학에서는 변제를 채권소멸이란 각도가 아니라 채권의 임의적 실현이란 각도에서 고찰하는 견해가 있다. 변제는 채무불이행의 반대개념이며, 변제의 규정은 채무불이행책임의 요건과 표리의 관계에 있다고 한다. 상계는 간이한 변제방법으로서 이해되어 변제와 나란히 채권의 소멸원인이 되며, 공탁은 채무자가 일방적으로 변제의 효과를 생기게 하는 것이라고 한다. 平井宜雄, 債權總論, 115.

자가 자신이 할 수 있는 이행행위를 다하는 것을 변제제공(辨濟提供)이라고 하는데(제460조), 비록 그로서 이행이 완료되어 채무가 소멸하지는 않더라고 채무자는 채무불이행책임을 면하게 된다(제461조). 그 밖에 종류채무에서는 채무자가 이행행위를 다함으로써 목적물을 특정시킬 수 있다(제375조 2항). 변제제공은 현실제공(現實提供)을 원칙으로 하지만, 이행기 전에 미리 채권자의 수령거절이나 수령불능의 사유가 있는 때에는 구두제공(口頭提供)이라는 약식방법으로 대체할 수 있다.

(2) 수 령

채권자의 수령(受領)은 이행을 완료시키기 위한 하나의 필수적인 과정일 뿐이다. 그러나 경우에 따라서는 채권자의 재료제공 · 공동작업 · 작업제시 등 협력이 채무자의 이행행위에 필수적인 요소가 되기도 한다. 채권자는 정당한 이유 없이 채무자가 제공한 급부를 수령하지 않으면 채권자지체에 빠지게 되어 법정의 불이익을 입게 된다(제400조 이하).

4. 변제행위

(1) 이행행위와 변제행위

채무의 이행을 위한 행위를 이행행위(履行行爲)라고 하는데, 이행행위에는 변제행위, 공탁을 위한 행위, 상계의 의사표시 등 다양한 이행방법에 따른 채무자의 행위가 포함된다. 변제행위(辨濟行爲)란 이행행위보다 좁은 개념으로서 변제를 위한 채무자의 이행행위만을 가리킨다. 변제가 통상적인 이행방법이므로 보통 이행행위하면 변제행위를 가리킨다.[1]

(2) 변제행위의 의의

변제행위(辨濟行爲)란 채무의 내용을 그대로 실현하는 채무자 또는 제3자의 행위를 말한다. 채무자의 변제행위는 채권자의 수령과 합하여 변제라는 채권소멸원인을 충족시킨다. 인도채무에서는 보통 채권자의 수령이 대개 수동적인 행위일 뿐으로서 별로 중요한 역할을 담당하지 않는다(특히 금전채무에서 채무자가 채권자의 은행구좌로 송금하는 경우에는 특별히 수령행위라고 할 만한 행위조차 존재하지 않는다). 그러나 채권자의 협력을 요하는 행위채무

---

1) 곽윤직, 327은 변제에는 의사표시를 요하지 않고, 따라서 변제는 법률행위가 아니다. 그리고 변제와 변제를 위한 급부행위는 뚜렷이 구별해야 한다고 서술한다.

에서는 수령을 위한 협력이 중요한 역할을 한다.

(3) 변제행위의 요건

어떤 행위가 변제로서 인정되기 위한 가장 중요한 요건은 변제행위가 채무의 내용에 적합해야 한다는 것이다. 변제행위는 주체(변제자 · 채무자 · 이행보조자 · 제3자) · 내용(인도채무에서 목적물, 행위채무에서 노무 등) · 상대방(변제수령자, 채권자 또는 그의 보조자) · 장소 · 시기가 모두 채무의 내용에 적합해야 한다. 계약에서 발생한 채무의 내용에 불명확한 점이 있으면 계약(법률행위)의 해석을 통해 확정한다.

(4) 변제행위의 성격

변제행위는 사실행위인 경우도 있고(예: 도급에서 채권자의 집을 수리할 수급인의 행위채무) 법률행위인 경우도 있다(예: 위임에서 제3자와 계약을 체결할 수임인의 행위채무). 물건의 인도채무에서 이행행위 및 수령이 독자적인 하나의 법률행위로서 행해져야 하는가는 물권법분야의 논점이다. 목적물의 소유권이전을 위하여 이행 당시에 별도의 물권적 합의가 행해져야 한다는 견해 — 물권행위를 인정하고 그의 독자성을 인정하는 견해 — 에 의하면, 물건인도채무에서 변제행위는 법률행위(물권적 합의)와 사실행위(물건의 현실인도)로 구성될 것이다. 반면에 물권행위의 독자성을 부인하거나 물권행위개념 자체를 부인하는 견해에 의하면 변제행위는 단순히 물건의 인도라는 사실행위로서 구성되거나(동산의 경우) 또는 등기라는 법정요식행위로서 채무자와 채권자의 공동신청이 있어야 한다(부동산의 경우). 사견으로는 물권행위의 독자성을 인정한다(물권법 참조).

§15. 강제이행

1. 채권의 강제력

(1) 국민의 강제이행청구권

채무자가 임의로 채무를 이행하지 아니한 때에 채권자는 강제이행(强制履行)을 법원에 청구함으로써 채권의 만족을 얻을 수 있다(제389조 1항 전문). 강제이행은 국가권력에 힘입어 채무의 본래의 이행과 같은 결과를 실현시킴으로써 채권자를 만족시키는 것을 말하는데, 그 수단으로서 강제집행의 절차가 이용된다. 채권자의 강제이행청구권(强制履行請求權)은 민법 제389조에 의해 비로소 창설되는 권리는 아니고, 헌법이념에 기해 사인이 국가에 대하여 갖는 권리이다. 강제집행에 관한 사항을 규정하는 민법 제389조는 비록 실체법인 민법에 포함되어 있으나, 규정의 성질에 비추어 볼 때 절차법인 민사소송법에 가깝다. 따라서 민법 제389조는 민사소송법 제7편 강제집행의 규정과 조화를 이루도록 해석되어야 한다.

채권자가 스스로 채무자의 재산을 가져다가 만족을 얻는 자력구제(自力救濟)는 금지된다. 그 대신 사인은 국가에 대해 사권을 보호해 줄 것을 요구할 권리를 갖는다. 국가는 사인간의 법률관계의 해결기준으로서 민법 · 상법 등의 실체법을 설치하고, 그 실체법상의 사권을 보호하는 절차를 정하는 민사소송법 등의 민사절차법을 둔다. 그에 따라 채권자는 채권의 실현을 위하여 국가권력의 발동을 요구할 권리를 갖는다.

(2) 강제집행절차

강제집행(强制執行)은 채무자의 의사에 관계 없이 국가의 강제력을 동원하여 채무를 이행케 하는 절차이다. 채권자는 국가권력에 의존하여 채권의 만족을 얻게 된다. 강제집행절차(强制執行節次)는 국가가 사인의 급부청구권을 실현시키기 위해 하는 민사소송절차의 일종이다.[1] 판결절차(判決節次)가 분쟁 있는 권리나 법률관계의 존부를 확정함을 목적으로 하는 데에

1) 과거 강제집행절차가 민사소송에 포함되는가에 관해서는 긍정설과 부정설의 학설대립이 있었다. 긍정설: 방순원, 민사소송법, 26. 부정설(비송사건으로 보는 견해): 이영섭, 민사소송법(하), 22.

반하여, 강제집행절차는 확정된 권리나 법률관계에 기초하여 그를 사실적으로 실현시킴을 목적으로 한다.

강제집행절차는 채권자를 위하여는 신속 · 확실한 집행의 이익을 주도록 운영되어야 한다. 강제집행의 신속한 처리는 경제활동을 원활히 하도록 도와 주는 등 경제발전에 도움을 주고, 채무자의 책임감 및 준법의식을 높인다. 국가는 강력한 집행기관의 설치, 채무명의제도의 확립, 집행문 부여제도의 설치 등 강제집행절차를 합리적으로 운영하기 위한 제도를 마련하고 있다.

강제집행절차는 채무자를 위하여는 집행으로 인한 과다한 경제적 손해나 자유의 침해를 피하도록 운영되어야 한다. 강제집행에 의한 권리실현은 공공복리에 적합하여야 하므로, 채무자의 신체나 자유에 필요 이상의 희생을 주거나 채무자의 재산에 대한 집행에 있어서 채무자와 그의 가족의 최소한의 인간다운 생활에 위협을 주어서는 안 된다. 그를 위하여 강제집행의 종류와 정도가 엄격하게 규정되며, 채무자의 생활보장을 위한 압류금지제도(押留禁止制度)가 있다.

강제집행에서 채권자평등주의

채무자의 책임재산이 다수의 채권자를 만족시키기에 부족한 경우, 집행한 채무자재산을 채권자들에게 어떤 순위로 배당할 것인가에 관하여 각국은 입법태도를 달리한다.

① 우선주의: 먼저 집행에 착수한 채권자에게 선순위의 우선권(優先權)을 주고 그 후의 채권자에게는 그 잔금에서 순차적으로 만족을 얻도록 하는 제도로서 독일법에서 취하고 있다.

② 평등주의: 집행의 최종단계까지 집행에 가입한 채권자를 모두 평등(平等)하게 취급하여 매득금을 채권액에 비례하여 안분하는 제도로서 프랑스법이 취한다.

③ 집단우선주의: 양 제도의 중간형태로서 어느 채권자의 집행개시 후 일정기간 안에 집행신청을 한 채권자를 일군(一群)으로 하고, 그 후에 신청한 채권자보다 우선시키는 제도로서 스위스법이 취한다.

우리 민사소송법은 평등주의(平等主義)를 채택하였다.[1] 어느 한 채권자의

1) 1989년의 민사소송개정안에서는 집단우선주의를 제안하였으나 개정시에 채택되지 않았다.

집행신청에 의해서 개시된 집행절차에 다른 채권자가 배당요구를 하는 것이 널리 허용된다. 민법·상법 기타 법률에 의하여 우선변제권이 있는 채권자, 집행력 있는 정본을 가진 채권자, 경매신청의 등기 후에 가압류를 한 채권자는 경락기일까지 배당요구를 할 수 있다(민집법 제88조, 제247조).[1)]

2. 강제이행의 청구

(1) 급부의무의 강제

강제이행(强制履行)의 청구(請求)는 채무자가 본래의 채무대로 이행할 것을 국가권력의 힘을 빌어 강제하는 것에 목적이 있다. 민법은 제389조에서 본래채무의 강제이행을 규정한 후 제390조에서 본래채무에 대신하는 손해배상을 규정한다. 이로써 채권내용대로 만족을 얻도록 함을 1차적 목표로 하고, 손해배상은 2차적 목표로 한다는 뜻을 표명한다. 이것은 채권자가 본래의 이행을 먼저 청구하고 나서야 손해배상을 청구할 수 있다는 뜻은 아니다.[2)]

민사소송법도 채권자에게 채권의 내용대로 급부를 취득할 수 있도록 원물에 대해 집행함을 원칙으로 하는 원물집행주의(原物執行主義)를 취한다.[3)] 본래의 채무 대신에 금전으로 손해배상금을 청구하여 강제집행하는 것은 고유의미의 강제이행이 아니다. 다만 의사표시의 강제는 본래채무의 강제집행에 관한 것이라도 강제집행절차를 거치지 않고 판결절차에 의하여 완료된다(제389조 2항).

(2) 청구의 요건

㈎ 임의이행이 없을 것 강제이행의 청구는 채무자가 임의로 채무를 이행하지 않은 때에 한하여 가능하다(제389조 1항). 강제집행이 완료되기까지 채무자의 임의이행(任意履行)이 있는 때에는 강제집행절차는 중단된다.

---

1) 김홍규, "금전채권집행에 있어서 우선주의·평등주의·집단우선주의의 비교연구," 방순원선생고희기념 민사법의 제문제, 1984, 73 이하.

2) 영미법에서는 우리와 반대로 계약위반의 구제방법으로서 손해배상을 원칙으로 하고 본래채무의 강제이행은 보충적인 방법으로 한다. C.H. Treitel, *The Law of Contract*, 6th. ed. London, 1983, pp. 700~757.

3) 원물집행주의에 대립되는 입법주의로는 채권의 종류 및 내용에 관계 없이 언제나 금전으로 취득하도록 하는 금전집행주의가 있다.

(나) 귀책사유의 불필요 채무자가 임의로 이행하지 않는다면, 그 불이행이 채무자의 귀책사유(歸責事由)로 인한 것인가는 문제되지 않는다.[1] 채무자가 본래의 채무를 이행하여야 함은 당연한 의무이기 때문이다. 단 손해배상금의 강제집행에 있어서는 손해배상의무의 발생을 위하여 채무자의 귀책사유를 요건으로 한다(제390조).

(다) 채무명의를 갖출 것 채무명의(債務名義)·집행문 등 집행요건을 구비한 때에 구체적인 강제집행청구권이 발생한다. 채권자가 강제이행을 청구하기 위하여는 우선 법원에 「이행(履行)의 소(訴)」를 제기해야 함이 원칙이다. 이행의 소란 이행청구권의 확정과 피고에 대한 이행명령을 목적으로 하는 소송이다(그 밖에 확인의 소와 형성의 소가 있다). 이행의 소로서 금전의 지급, 물건의 인도, 의사표시, 작위나 부작위, 인용 등의 민사상의 청구에 관해 피고에 대한 이행명령의 선고를 받는다.[2] 이행의 소를 인용하는 판결(이행판결)이 확정되면 권리관계의 존재를 확정하는 효력(기판력)이 생기는 외에 집행력이 발생하여 채무명의로 된다. 이행의 소에서 청구기각의 판결을 받은 원고는 채무명의를 얻지 못한다.

모든 강제집행에 판결절차가 선행해야 하는 것은 아니다. 예외적으로 공정증서(公正證書)·조정조서(調停調書)(가사소송법 제59조) 등에 의한 강제집행도 가능하다. 판결절차가 법원에 계속하는 동안 가집행선고(假執行宣告)가 붙은 판결의 강제집행절차가 진행되기도 한다(민소법 제215조).

3. 강제집행의 종류

(1) 직접강제

직접강제(直接强制)란 채권의 내용을 집행기관의 집행행위만에 의하여(채무자의 협력행위 없이) 직접 실현시키는 집행방법이다. 직접강제는 인도채무(주는 급부)의 집행방법으로서 허용되는데, 금전채무 및 유체물인도채무의 집행에 적합하다. 인도채무에 관해서는 직접강제만이 허용되고 대체집행·간접강제 등의 다른 집행방법을 택할 수 없다.

---

1) 같은 취지: 김형배, "우리 민법의 채무불이행체계," 곽윤직박사화갑기념 민법학논총, 323.
2) 이시윤, 민사소송법, 274.

강제집행에 대한 규정은 담보권 실행을 위한 경매, 민법·상법, 그 밖의 법률의 규정에 의한 경매 및 보전처분의 절차와 함께 민사집행법에서 규율한다.

㈎ 금전채권의 집행 금전채무의 집행(금전집행)은 채무자의 지배에 귀속하고 금전적 가치를 가지는 유체·무체의 재산으로서 법률상 환가가능한 것에 대해서 행해진다. 그의 집행절차는 집행의 대상별로 유체동산, 채권과 다른 재산권, 부동산, 선박의 경우로 나누어 규정한다. 동산에 대한 금전집행(동산집행이라고 함. 강제집행법상의 동산과 부동산의 구별은 민법에서와 다르다)은 목적물의 압류, 압류물의 환가, 환가로 취득한 금전을 채권자에게 교부하는 세 단계를 거쳐 행해진다. 부동산에 대한 금전집행의 방법으로서는 강제경매(强制競賣)와 강제관리(强制管理)의 두 가지가 허용된다(민집법 제78조).

추심명령과 전부명령

금전채권의 압류는 제3채무자에게 지급을 금지할 뿐이지 압류채권자에게 압류한 채권을 추심할 권한을 부여하는 것은 아니다. 압류채권자가 압류한 금전채권을 환가하는 절차로서 집행법원으로부터 추심명령이나 전부명령을 받으면 채권자평등주의를 깨고 압류채권으로부터 우선적인 만족을 얻을 수 있게 된다.

① 추심명령: 추심명령(推尋命令)이란 집행법원이 압류채권자에게 채무자를 대신하여 제3채무자에게 지급을 청구·수령하여 자기채권의 변제에 충당할 권한을 부여하는 명령을 말한다(민집법 제229조 2항). 이 때 압류채권자의 추심권은 그의 집행청구권 자체에서 나오므로 채권자대위권의 행사는 필요 없다.[1] 다만 법원은 채무자의 신청에 의해 압류액을 압류채권자의 요구액으로 제한하고, 채무자에게 그 초과액의 처분과 영수를 허가할 수 있다(민집법 제232조 1항).

② 전부명령: 전부명령(轉付命令)이란 압류한 금전채권을 권면액으로 변제에 갈음하여 압류채권자에게 이전하는 명령을 말한다(민집법 제229조 3항). 압류채권자가 전부명령을 얻으면 독점적으로 만족을 얻을 수 있다(조건부채권은 그대로 이전됨. 대판 1999. 5. 28, 99다10448). 이 때 전부채권자는 즉시 변제받지 못하므로 제3채무자의 무자력으로 인한 위험을 부담하게 된다. 임차보증금을 피전부채권으로 한 전부명령이 확정된 경우에, 임차보증금이 임대인의 채권이 발생하는 것을 해제조건으로 하는 것이더라도, 전부

1) 같은 취지: 대결 1982. 9. 23, 82마556; 방순원, 민사소송법(하), 276.

명령에 의한 채무변제의 효과는 전부명령이 제3채무자에게 송달된 때에 발생한다(대판 1998. 4. 24, 97다56679).

(나) 유체물의 인도채무의 집행 유체물(有體物)의 인도채무(引渡債務)란 채무자가 채권자나 제3자에게 목적물의 직접점유를 취득하게 해 줄 의무를 지는 경우를 말한다. 점유개정, 목적물반환청구권의 양도, 간접점유의 설정의 방법에 의한 인도의 강제집행은 채무자의 의사표시를 구하는 방법으로 해야 하며 직접강제에 의할 수 없다.

① 특정물의 인도 특정물채권에서 특정동산에 대한 집행은 채무자가 그를 소지하고 있으면 집행관이 그를 수취하여 채권자에게 인도한다(민집법 제257조). 목적물이 제3자의 점유하에 있는 경우에는 채권자의 신청에 의하여 금전채권의 압류절차에 따라 채무자의 인도청구권을 채권자에게 이부(이전)한다(민집법 제259조).

② 대체물의 인도 일정한 수량의 대체물인도의 집행은 채무자의 지정을 기다릴 필요 없이 집행관이 채무자가 점유하는 당해 대체물의 일정 수량을 수취하여(종류채무의 특정) 채권자에게 인도한다(민집법 제257조).

③ 부동산의 명도 부동산(토지 · 건물)이나 선박의 인도(명도)의 집행은 그를 점유하는 주거자를 퇴거시키고 거기 있는 동산을 철거한 후에 채권자의 직접지배로 되도록 인도하는 방법에 의한다. 이 때 채권자의 위임에 의하여 집행관이 채무자로부터 점유를 수취하여 채권자에게 이전한다(민집법 제258조). 이를 위하여 채무자에게 퇴거를 명하고, 그에 복종하지 않는 경우 실력으로 강제한다(경찰, 국군의 원조를 청할 수 있음. 민집법 제5조 2항). 채무자의 동거가족 · 고용인은 채무자에 대한 퇴거명령의 범위에 포함되지만, 임차인과 같은 독립의 점유자에 대하여는 별도의 채무명의가 필요하다. 목적부동산을 제3자가 점유하는 때에는 채권자가 채무자의 제3자에 대한 인도청구권을 이전받는다(민집법 제259조).

(2) 대체집행

대체집행(代替執行)이란 채권자나 제3자로 하여금 대신 급부내용을 실현하게 인용하고 그의 비용(費用)을 금전으로 채무자에게 추심(推尋)할 수 있도록 하는 집행방법이다. 대체집행에 있어서 채무자의 협력행위는 필요하지 않지만 대개 인용의무를 수반한다.

이 점에서 손해배상금의 강제집행과 다르다. 채무의 성질이 직접강제를 허용하지 않는 경우로서(제389조 1항) 채무자의 일신에 전속하지 아니한 작위를 목적으로 하는 경우(제389조 2항), 또는 채무자가 부작위채무에 위반한 경우(제389조 3항) 등의 제한된 범위의 행위채무에 대체집행이 허용된다.[1)] 상린관계에 있는 토지소유자 일방의 경계표 또는 담장설치 요구에 인접 토지소유자가 응하지 않는 경우, 그 협력의무의 이행을 소구(訴求)할 수 있다(대판 1997. 8. 26, 97다6063).

㈎ 대체적 작위채무의 집행 집행기관이 직접 집행하는 것이 적합치 않으며 채무자 이외의 자에게 시키더라도 경제적 · 법적 효과면에서 동일한 만족을 얻을 수 있는 대체적 행위채무는 대체집행의 방법에 의한다. 건물의 건축 및 철거, 물건의 운반, 수목의 벌채, 담의 축조, 청소 등 기계적인 노무의 제공을 목적으로 하는 채무가 대체적 행위채무에 해당된다. 물건의 제조도 타인이 할 수 있으면 대체적 작위채무(代替的 作爲債務)에 해당한다.

대체적 작위의 급여를 명하는 채무명의(債務名義)(강제집행을 신청할 수 있는 자격증서)를 가진 채권자는 대체집행을 법원(제1심 수소법원)에 청구할 수 있다. 법원은 그의 요건을 심리하여 채무자의 비용으로 제3자로 하여금 행위를 하도록 하는 취지의 수권결정(授權決定)을 한다(민집법 제260조 2항). 수권결정에 작위의 제3자가 지정되어 있으면 그에 따르지만, 지정되지 않았다면 채권자가 지정하는 제3자나 채권자가 스스로 그 행위를 한다. 비용은 본래의 채무명의에 기해 미리 수권결정과 지급을 명하는 결정을 동시에 신청하든가, 또는 작위 후 수권결정을 채무명의로 하여 비용액의 확정을 구한다(소송비용액확정결정에 준함).

㈏ 부작위채무의 집행 채무자가 부작위를 목적으로 하는 채무를 위반한 경우, 채권자는 법원에 채무자의 비용으로 그 위반한 것을 제거하고 장래에 대한 적당한 처분을 청구할 수 있다(제389조 3항). 부작위채무(不作爲債務)에는 두 가지가 있는데, 하나는 채무자가 어떤 행위를 하지 않을 의무를 지는 경우(동종사업을 하지 않을 의무)이고, 다른 하나는 채권자가 하는 어떤 행위를 묵인하거

1) 민법 제389조 1항의 「강제집행」은 직접강제만을 의미하며, 동조 제2항의 「전항의 채무」는 제1항 단서에서 말하는 채무의 성질이 직접강제를 하지 못할 경우를 가리킨다고 해석된다. 곽윤직, 131; 김기선, 140; 김석우, 142; 김용한, 183; 김주수, 149; 김증한, 79; 김증한 · 김학동, 119; 김현태, 89; 김형배, 137; 이태재, 100; 현승종, 151; 황적인, 130; 주석 채권총칙(상), 224(정현식 집필부분). 일본에서는 과거 그에 관해 학설대립이 있었으나, 1980년 일본민사집행법의 제정 이후에는 직접강제로 해석하는 견해가 통설로 되었다. 日崎哲久, "强制履行," 民法講座 제4권, 1985, 1 이하.

나 그로 인한 불편을 참을 의무(인용의무)이다. 부작위채무의 위반은 채무자의 위반행위로 어떤 물적 결과가 발생하여 존속하고 있는 경우와 그렇지 않은 경우가 있다.

① 대체집행 위반행위로 인해 발생·존속하는 물적 결과에 대하여 채무자는 제거의무를 지는데, 그 제거의무의 집행은 대체집행(代替執行)의 방법(대체적 작위채무의 집행방법과 같음)에 의한다.

② 방해의 배제 수인의무위반이 채무자나 그의 지시를 받은 제3자에 의한 인력적 저항인 경우, 채권자는 집행관에게 참여를 구하여 직접 그를 배제하도록 할 수 있다(민집법 제5조 2항).

③ 장래에 대한 처분 의무위반이 반복되는 경우 법원은 장래(將來)에 대한 적당한 처분(處分)을 명한다(제389조 3항). 장래에 대한 처분에는 위반의 원인이 되는 물적 상태를 제거시키거나(공작물 철거 등), 위반상태를 방지하기 위한 설비를 하도록 명하거나(차단시설, 정화장치의 설치 등), 또는 장래의 손해에 대비해 담보를 제공시키고 위반시마다 그로부터 배상금지급을 명하는 것 등이 있다. 이러한 처분은 결국 대체집행이나 금전집행의 방법에 의한다.

인격권(人格權)은 그 성질상 일단 침해된 후의 구제수단(금전배상이나 명예회복 처분 등)만으로는 그 피해의 완전한 회복이 어렵고 손해전보의 실효성을 기대하기 어려우므로, 인격권 침해에 대하여는 사전(예방적) 구제수단으로 침해행위 정지·방지 등의 금지청구권도 인정된다(대판 1996. 4. 12, 93다40614 광고중지 청구를 인정).

경업금지의무의 이행강제방법으로 본인의 영업금지 외에 제3자에 대한 임대, 양도도 금지할 수 있다. 영업양도인이 그 부작위의무에 위반하여 영업을 창출한 경우 그 의무위반 상태를 해소하기 위하여는 영업을 폐지할 것이 요구되고, 그 영업을 타에 임대한다거나 양도한다고 하더라도 그 영업의 실체가 남아 있는 이상 의무위반 상태가 해소되는 것은 아니므로, 그 이행강제의 방법으로 영업양도인 본인의 영업금지 외에 제3자에 대한 영업의 임대, 양도 기타 처분을 금지하는 것도 가능하다(대판 1996. 12. 23, 96다37985).

④ 간접강제 의무위반이 계속중인 경우에는 간접강제(間接强制)의 집행방법을 취할 수 있는데, 일정한 기간을 정하여 금지를 명하고 그의 위반시에는 배상을 명한다.

⑤ 의무위반은 있었으나 아무런 물적 결과가 남지 않은 경우에는 대

체집행을 할 수 없으며 손해배상청구만이 가능하다.

환경오염의 방지와 강제집행

최근에는 생활방해 및 환경오염을 방지할 의무의 강제집행에 대한 관심이 높다. 그러한 방지의무는 계약 등에 의해 발생한 채무는 아니지만, 그의 강제이행은 민법 제389조의 강제집행에 준한다. 민법 제217조 1항에 의한 생활방해의 방지조치의무는 일종의 작위채무로서 대체의무는 방지조치를 취할 작위채무(예: 오염방지를 위한 기계를 구입·설치·작동할 것)와 단순히 오염을 유발하는 행위를 하지 않을 부작위채무(예: 일정량 이상의 매연가스를 뿜지 않을 의무)의 두 가지 경우가 생길 수 있다. 전자의 작위채무는 대체집행에 의한다. 그러나 후자의 부작위채무 위반으로 인한 손해에 대하여 배상청구할 수 있을 뿐이며, 그렇게 일정한 행위로 특정할 수 없는 막연한 주의의무준수를 위해 간접강제의 집행방법을 사용하는 것은 곤란하다고 생각된다.[1)]

민법은 물권법에서 생활방해의 방지조치의무를 규정하므로 단순한 불법행위법상 주의의무로서의 부작위채무를 이행강제할 필요성은 적다. 불법행위책임으로서는 손해배상청구권만 발생한다.

(3) 의사표시의무의 집행

(가) 판결에 의한 집행효과 민법은 법률행위를 목적으로 하는 채무가 직접강제를 할 성질의 것이 아닌 경우에 채권자가 채무자의 의사표시에 갈음한 재판을 청구함으로써 강제집행할 수 있다고 한다(제389조 2항). 채무자에게 일정한 의사표시를 하도록 하는 청구는 부대체적 행위채무에 대한 집행에 해당하지만, 그의 결과로서 얻어지는 법률효과를 발생시키면 충분하기 때문에 구태여 간접강제의 방법을 써서 채무자가 직접 의사를 표시하도록 할 필요는 없다.

(나) 의사표시의 집행방법 실무에서는 의사의 진술을 명한 판결이 확정된 때에 그 판결을 의사의 진술로 보며, 채무자가 권리관계의 성립을 인낙한 때에는 그 조서를 인락(認諾)으로 본다(민집법 제263조 1항). 인락(認諾)이란 법률행위의 성립에 필요한 동의 및 승낙, 준법률행위로서의 의사통지 등이다.

1) 같은 취지: 방순원, 민사소송법(하), 417에서는 위반에 대한 사전예방은 부작위의무의 집행으로 되지 않으며, 예방수단으로서 작위청구가 인정되는 경우(점유물방해배제청구) 또는 위약벌의 특약이 있는 경우에만 집행가능하다고 설명하였다.

① 관청에 대한 의사표시(출원·등기신청 등)도 판결로서 갈음한다. 그러므로 매수인이 매도인에 대하여 부동산의 소유권이전을 청구하는 경우, 그 의무를 명하는 판결로 매도인의 소유권양도의 의사 및 소유권이전등기의 신청의사(申請意思)가 표시된 것으로 간주하여 법원의 직권으로 이전등기가 경료된다. ② 채권자의 상환급부의 이행을 조건으로 행하여질 의사표시는 판결확정 후에 채권자가 그 이행을 증명하여 집행력 있는 정본을 부여받는 때에 의사표시를 한 효력이 발생한다. 매수인으로부터 잔금을 받음과 동시이행으로서 할 소유권양도의 의사표시가 그 예이다. ③ 채무자가 의사표시와 더불어 사실행위도 해야 하는 경우는 재판만으로 집행이 완료될 수 없다. 증권에 서명을 필요로 하는 어음행위, 현실인도에 의한 동산양도 등이 그 예이다.

(4) 간접강제

(가) 간접강제의 보충성 채무자에 불이익을 예고하거나 부과하여 심리적 압박을 줌으로써 채무자 자신이 채무를 이행하도록 하는 집행방법을 간접강제(間接强制)라고 한다(민집법 제261조). 간접강제는 직접강제, 대체집행, 의사표시의 강제집행 등 다른 집행방법이 실시될 수 없는 경우에 최후로 허용되는 집행방법이다.

민법에는 간접강제에 관한 규정이 없으나, 민사소송법 제693조 이하는 간접강제를 규정한다.[1] 부대체적 행위의무를 선고한 판결 등의 채무명의를 갖는 채권자는 법원(제1심 수소법원)에 간접강제를 신청한다. 간접강제를 허용하는 결정에서 법원은 상당한 기간을 정하여 채무자가 그 기간 내에 이행을 하지 않으면 그 지연기간에 따른 일정한 배상을 명하도록 하거나 즉시 손해의 배상을 하도록 명한다(민집법 제261조).[2)3)]

---

1) 구민사소송법 제693조의 「강제집행」은 간접강제의 의미로 해석되어 왔다. 곽윤직, 131; 김기선, 142; 김석우, 146; 김용한, 187; 김증한, 83; 김현태, 92; 김형배, 171; 이태재, 101; 현승종, 152; 황적인, 131; 주석 채권각칙, 220. 현행 민사소송법 제693조는 그 표제를 「간접강제」라고 하여 과거의 의문의 소지를 없앴다.

2) 일본민사집행법 제172조 1항은 지연의 기간에 응해서, 또는 상당하다고 인정되는 일정의 기간 내에 이행하지 않는 때에는 직접 채무를 확보하기 위하여 상당하다고 인정되는 일정액의 금전을 채권자에게 지불할 것을 명하는 방법에 의하여 간접강제를 하도록 규정한다. 그리고 동조 제4항은 명해진 금전의 지불이 있었던 경우에 채무불이행에 의해 생긴 손해의 액이 지불액을 초과하는 때에는 채권자가 그 초과액에 대해서 손해배상을 청구하는 것을 방해하지 않는다고 규정하여 「간접강제의 배상금지불」과 「손해배상」을 구별한다. 우리 민법 제389조 4항의 해석으로서도 동일한 결과로 되어야 한다고 생각한다.

3) 우리 나라 법은 독일민사소송법에서와 같은 채무자의 구금과 같은 방법은 채택하지 않는다(독일민사소송법 제888조의 2, 제913조).

(나) 간접강제가 가능한 경우 간접강제는 채무자 자신의 행위에 의해서만 목적을 달성할 수 있는 부대체적 행위채무(不代替的 行爲債務)에 적합하다. 어떤 행위에 채무자의 특별한 기능 · 지식 · 성격 등을 필요로 하는 경우(출연 · 감정), 채무자의 책임으로 행위해야 할 경우(재산목록작성 · 계산보고), 법률상 채무자 본인이 하도록 요구되는 경우(증권에 서명)가 그에 해당한다.

(다) 간접강제가 불가능한 경우 이행행위에 외부적인 장애가 있는 때(제3자의 동의를 얻어야 하는 경우), 채무자의 자유의사에 반하여 강제하는 것이 사회관념상 용인되기 어려운 때(고용계약상의 노무제공의무, 약혼자의 혼인의무), 또는 채무자의 자유의사를 억압하여 강제하면 만족스러운 행위를 기대하기 어려운 때(예술가의 작품제작)에는 간접강제도 불가능하다.

4. 강제집행의 대상(책임재산)

(1) 책임재산의 의의

(가) 책임재산에 대한 집행 강제집행(强制執行)은 채무자로 하여금 채무를 강제로 이행토록 하거나 손해배상을 하게 하는 방법으로 이용되므로, 그 대상은 채무자에 귀속되는 재산 및 그의 지배하에 있는 물건이 된다. 강제집행에서는 채무자로부터 재산을 직접 가져가며, 대체집행이나 간접강제에서는 채무자로부터 비용이나 배상금을 받게 되는데, 그 추심을 위해서는 책임재산(責任財産)이 필요하다. 채무자에게 재산이 없는 경우(무자력 상태)에는, 비록 채권자가 강제집행절차(强制執行節次)를 밟더라도 채권만족의 효과를 거둘 수 없게 된다.

(나) 책임재산의 범위 채무자에게 속하는 총재산(總財産)은 원칙적으로 책임재산(責任財産)을 구성한다. 채무자의 재산의 총체가 포괄적으로 집행대상이 되지 않고, 재산 하나하나가 개별적으로 집행대상이 된다. 단 공장재단에 대해서는 포괄적 집행이 가능하다(공장저당법 제14조 1항). 법률상 금전으로 환가할 수 없는 재산, 독립된 재산적 이익을 갖지 않는 권리(취소권 · 해제권 등), 채무자의 인격이나 신분에 속하는 권리, 압류가 제한 또는 금지된 재산은 책임재산에 속하지 않는다.

(다) 책임재산의 판단시기 책임재산은 집행개시 당시에 채무자에게

속하는 재산이다. 집행개시 전에 채무자가 소유했더라도 개시 당시에 제3자에게 양도되어 있는 재산에 대해서는 집행할 수 없다. 이와 같은 채무자의 처분에 의한 집행곤란을 막기 위해서 가압류(假押留)·가처분(假處分)의 집행보존방법을 취하여야 한다. 채무자가 장래 취득할 재산은 그를 위한 법률요건이 갖추어져 기대권으로 인정될 수 있는 때에 책임재산이 된다.

(라) 책임재산의 파악　채무자의 총재산이 얼마나 되는가를 파악하는 것은 채권자에게 중대한 이해가 걸려 있는 일이다. 민사소송법은 강제집행절차에서 채무자가 재산을 은닉·도피시켜 집행불능이 되는 것을 막기 위해 채무자에게 자기재산의 공개 및 설명을 할 명시의무(明示義務)를 지운다.[1] 강제집행을 개시할 수 있는 채권자는 채무를 이행하지 않은 채무자의 재산관계의 명시를 요구하는 신청을 할 수 있다(민집법 제61조). 법원은 그 신청을 이유 있다고 받아들여 채무자에게 명시명령을 내릴 수 있다. 명시명령을 받은 채무자는 재산목록을 제출하고 그것이 진실함을 선서해야 한다(민집법 제65조). 「채무자회생및파산에관한법률」에서도 채무자 등이 자기의 재산상태를 설명할 의무를 지며, 이를 해태한 때에 형사상 제재를 부과한다(동법 제321조, 제658조).

개인파산 및 회생제도

파산(破産)이란 사인(私人)(법인 포함)이 채무의 지급불능이나 채무초과의 상태에 있는 때에, 강제로 그의 재산을 관리·환가하여 모든 채권자에게 공평하게 분배할 목적으로 재산관계를 청산하는 재판상의 절차를 말한다. 개인파산이란 이러한 파산절차가 사업자 도산의 경우뿐 아니라 개인에 대해서 인정되는 것이다. 그러나 최근에는 개인 신용불량자의 급증으로 채무자의 채무정리뿐 아니라 그의 회생까지도 적극 고려해야 하는 사회적·경제적 필요성이 생겼다. 이러한 개인의 파산과 회생에 적용되는 법이 「채무자회생및파산에관한법률」이다.

2005년에 제정된 「채무자회생및파산에관한법률」은 회사정리법·화의법 및 파산법 등을 하나의 법률로 통합한 것이다. 이는 채무자의 회생과 파산에 관한 법률체계를 일원화하고, 그 적용대상을 개인, 법인의 구분 없이 모든 채무자로 하여 하나의 절차에 의하도록 한다. 특히 개인파산과 관련하여 법원의 파산신청 기각사유조항을 신설하고(제309조), 채무자면책의 신청도 파산선고시부터 가능하도록 한 점(제556조), 압류금지재산 외에 대통령령으로 정하는 주거비·생계비를 면제

1) 이시윤, "금전집행에 있어서 집행확보의 문제," 대한변협지 1974년 4월호.

재산에 포함시킨 것(제383조) 등이 주목할 만하다.

한편, 개인회생제도는 개인채무자의 회생을 돕기 위한 제도이다. 이는 법원이 주관한다는 점에서 신용회복위원회 등에서 수행하는 개인워크아웃과는 구별된다.[1] 이 제도 역시 종전에는 개인채무자회생법으로 규율되었으나 「채무자회생및파산에관한법률」로 바뀌면서 몇 가지 변화가 있었다. 예컨대 최장 8년이었던 변제계획기간이 5년으로 단축되었고(제611조), 총채무 중 일정 비율을 반드시 채무자가 변제하도록 하는 제도(최저변제액 제도)가 신설되었다(제614조). 또한 개인회생절차개시신청의 금지사유를 축소하여 절차신청을 좀더 용이하게 하였으며(제595조), 개인회생절차의 개시 전에 채무자의 급료·봉급 등에 대한 전부명령에는 특칙을 두어 채권자를 보호토록 하였다(제616조).

(2) 책임재산의 한정

(가) 유한책임의 의의 채권의 강제력은 채무자의 총재산을 대상으로 함이 원칙이지만, 예외적으로 특정한 물건, 일정금액 또는 일정범위의 재산에 한정되는 경우가 있다. 이렇게 책임재산이 한정된 경우를 유한책임(有限責任)이라 하며, 그에 대립되는 개념으로서 채무자의 총재산에 대해 집행할 수 있는 통상의 경우를 무한책임(無限責任)이라고 부르기도 한다.

(나) 유한책임의 예 책임재산이 한정되는 경우로서는 ① 합의에 의한 유한책임, ② 상속의 한정승인(제1028조), ③ 파산관재인, 유언집행자, 상속재산관리인, 신탁재산의 수탁자와 같은 재산관리인이 그 관리업무의 수행과 관련하여 채무를 진 경우, ④ 전당물주(典當物主)의 책임, ⑤ 주주(株主) 등의 책임(상법 제279조, 제331조) 등이다(채권의 효력에 관한 설명 참조).

(다) 제한방법 책임재산의 한정은 판결절차중에 채무자가 항변하여 판결문에 그 취지가 밝혀지거나(예: 상속재산의 한도에서 지급하라) 집행문에 그러한 내용이 포함될 수 있다. 채무명의나 집행문에 그 취지가 명시되지 않으면 책임재산한정의 효과가 생기지 않으므로, 다른 재산에 대한 강제집행도 위법이 되지 않는다.

---

1) 개인워크아웃(work out)이란 과도한 부채로 신용불량이 된 개인채무자와 채권자인 금융기관 사이에서 신용회복위원회가 이들과 협의하여 채무금액을 일부조정하고 금리를 인하하거나 만기를 연장하는 등의 조치를 취해줌으로써 개인채무자가 채무를 상환하고 건전한 경제주체로 복귀할 수 있도록 기회를 주는 제도를 말한다. 한국산업은행, "신용불량자 구제제도," 産銀調査月報 2004년 10월호, 34.

제 5 장 채무불이행책임

제 5장 채무불이행책임

제 1절 개 설

§ 16. 민사책임 개설

1. 민사책임의 의의

(1) 민사책임의 이원체계

민사책임(民事責任)이란 타인의 위법한 행위로 법익침해가 야기된 경우에 그 타인에게 피해자의 손해를 배상할 의무를 부과하는 민법의 책임제도를 말한다. 민사책임은 기본적으로 채무불이행책임(제390조)과 불법행위책임(제750조)의 이원적 체계로 되어 있고, 그 밖에 담보책임, 계약체결상의 과실책임, 점유침탈에 따른 손해배상책임 등 특칙이 규정되어 있다. 민법은 민사책임에 관하여 행위자에게 고의 또는 과실이 있는 경우에 손해배상책임을 부과하는 과실책임의 원칙을 취하고 있으나, 매도인의 담보책임 등에 관하여 예외적으로 과실을 요건으로 하지 않는 손해배상책임을 인정하고 있다.

(2) 형사책임과의 관계

위법한 행위로 타인에게 손해를 가한 자에 대하여 형법과 민법은 각각 형사책임(刑事責任)과 민사책임이라는 별개의 법적 책임을 부과한다. 양 책임은 별개의 제도로서 사건에 따라서 어느 한 책임만이 발생하거나 또는 양 책임이 동시에 발생할 수도 있다. 예를 들어 채무를 이행하지 않은 채무자는 민사책임에 따라 손해배상의무만을 지고 형사책임은 지지 않음에 반하여, 사고로 타인을 사망에 이르게 한 경우에 과실 있는 가해자는 민사책임으로서 손해배상의무를 짐과 동시에 과실치사죄에 따른 형벌을 선고받을 수 있다. 양 책임은 다음과 같은 차이점을 갖는다. 첫째, 민사책임의 발생요건으로서는 포괄적인 원칙이 규정되어 있을 뿐이고 구체적인 사건에 임하여 사회상규에 비추어 법의 탄력적 적용이 행해지는 반면에, 형사책임에 관하여는 죄형법정주의에 따라 명확하고 구체적인 요건이 규정된다. 둘째, 민사책임과 형사책임은 효과에서 각각 「손해배상의무의 발생」과 「형벌의 부과」라는 점에서 중요한 차이를 갖는다. 민사책임은 가해자에게 피해자의 손해를 배상할 의무를 부과하는 제도이며, 범법자에게 형벌 등 응징을 가할 것을 목적으로 하는 형사책임과 구별된다. 셋째, 민사책임에 관한 분쟁은 민사소송절차에 의하는 반면에, 형사책임은 형사소송절차를 통해서 부과된다. 민사책임은 민사소송절차를 거쳐야 비로소 부과될 수 있는 것은 아니고, 소송 외에서 실체법상의 손해배상청구권이 발생하고 가해자가 그 손해배상의무를 임의로 이행하는 경우에는 그것으로 법률관계가 종결된다.

2. 과실책임과 위험책임 및 기타 무과실책임

(1) 과실책임

민법은 과실책임주의(過失責任主義)를 취하므로 민사책임의 기본을 이루는 채무불이행책임과 불법행위책임은 모두 행위자 자신의 고의 · 과실 또는 그의 이행보조자나 피용자의 고의 · 과실(보통 이들을 모두 합하여 「귀책사유」 또는 「과실」이라고 약칭한다)을 요건으로 한다(제390조, 제750조). 근대법은 "과실 없는 곳에 책임도 없다"고 하여 행위자에게 비난가능성 없는 경우에는 책임을 면책시키고 있다.

민사책임이 인정되기 위하여는 가해자측(채무자측)의 과실이 존재해야 한다. 과실의 판단에는 객관적 과실개념이 도입되어 행위자의 직업, 계약의 종류, 지위에 비추어 판단되며, 많은 경우에 과실판단은 위법성판단과 함께 종합적으로 행해진다. 채무불이행책임에서는 급부의무의 위반에 관하여 채무자의 과실이 있는 것으로 추정되므로 채무자측에서 그 과실 없음을 입증해야 하는 반면에(불완전이행의 경우에는 입증책임에 관하여 다른 견해 있음), 불법행위책임에서는 피해자가 가해자에게 과실 있음을 입증해야 한다.

(2) 담보책임

매매, 기타 유상계약에서 채무자의 과실을 요건으로 하지 않고 권리의 흠결이나 물건의 하자가 있을 때에 책임을 인정하는 경우를 가리켜 매도인의 담보책임(擔保責任)이라고 한다. 담보책임에서는 채무자의 과실이 요건이 아니고, 채권자가 계약체결 당시에 그 하자의 존재를 알고 계산에 넣었느냐가 중요한 요건이 된다. 민법은 담보책임을 매매와 도급에 관하여 규정하고, 매매의 담보책임규정은 다른 유상계약에 준용하도록 한다.

담보책임은 유상계약에서 계약당사자간의 등가교환의 묵약(默約)을 준수시키기 위해 인정되는 제도로서, 기본적으로는 채무불이행책임의 성격을 가지는 것으로 파악된다. 민법에 담보책임의 요건과 효과는 경우에 따라 세분되어 규정되어 있으며(제570조 이하), 각각의 규정은 채무불이행책임규정(제390조)에 대한 특칙으로 파악된다. 담보책임의 내용으로서는 손해배상청구권 이외에 계약해제권, 대금감액청구권, 하자보수청구권 등이 인정된다.

(3) 신뢰책임

신뢰책임(信賴責任)이란 계약의 교섭당사자 사이에 일방당사자의 행위로 야기된 상대방의 계약체결에 대한 신뢰를 보호하기 위해 부과되는 손해배상책임이다. 민법은 급부의 원시적 불능으로 계약의 성립이 좌절된 경우에 그의 원인야기자에게 계약체결상의 과실책임이라는 신뢰책임을 부과한다(제535조). 학설은 원시적 불능으로 인한 계약좌절 이외에 착오로 인한 계약취소의 경우에도 이러한 신뢰책임을 인정한다.[1] 신뢰책임은 책임발생원인을 상대방에 대한 신뢰유발(信賴誘發)과 과실(過失) 두 가지에서 찾는다는 점, 그리고 책임내용이 상대방의 신뢰이익(信賴利益)으로 한정된다는 점(이행이익보다 적음)에 특색이 있다. 또한 신뢰책임은 계약관계가 없는 당사자 사이의 책임이라는 점에서는 불법행위책임에 가까우나 계약관계를 매개로 접촉한 당사자 사이에서 문제된다는 점에서는 계약책임에 가깝다.

(4) 위험책임

위험책임(危險責任)이란 가해자의 과실에 관계 없이 「가해자의 영역에서 야기된 위험성」을 근거로 손해배상의무를 부과하는 무과실(無過失)의 책

1) 송덕수, "착오자의 손해배상책임," 황적인박사화갑기념 손해배상법의 제문제, 1990, 1 이하; 졸저, 채권각론, 105 이하.

임체계를 말한다. 위험책임의 법리에 의하면 타인에게 위험을 야기할 원천을 제공한 것이 그 위험원으로부터 생긴 손해를 배상할 의무를 발생시키며 과실은 그 발생요건이 아니다. 가해행위는 한편으로는 피해를 유발시키는 위험성을 갖지만 다른 한편으로는 사회에 유익한 활동으로서의 이중성을 갖는 경우(원자력발전, 공장가동, 자동차 운행 등)가 많다. 현대 과학문명이 야기한 위험원을 과실책임주의에 따라서 처리하는 것은 부당하며, 이러한 영역에서는 행위자의 과실에 관계 없이 행위에 내재된 위험성에 연결하여 손해배상의무를 부과할 필요가 있는데, 위험책임이 그 역할을 하게 된다.

민법은 위험책임을 독립의 책임체계로서 규정하지 않고 특별법에 의하여 일정한 영역에 한정하여 위험책임을 부과한다. 환경오염손해 · 광업손해 · 원자력손해 · 제조물손해는 위험책임이 부과되는 대표적인 예이다(환경정책기본법 제31조; 광업법 제91조; 원자력손해배상법 제3조; 제조물책임법 제4조). 근로자가 업무 중 질병 · 부상 · 사망에 이른 경우에 사용자가 부담하게 되는 산업재해보상책임도 위험책임의 일종이다(근로기준법 제81조 이하). 자동차손해배상보장법의 운행자책임은 두 가지 면책사유를 허용하기는 하지만 거의 위험책임에 가깝게 규정되어 있다(동법 제3조).

(5) 중간책임

과실책임과 위험책임의 중간에 위치하거나 과실책임의 형태를 띠면서 위험책임의 기능을 수행하는 경우를 중간책임(中間責任)이라고 한다. 중간책임의 형태는 여러 가지가 있는데, 「법률규정에 의한 중간책임」과 「해석론에 의한 중간책임적 운용」으로 나눌 수 있다. 표면적으로는 과실을 요건으로 하는 듯 보이지만, 실제로는 과실의 증명책임을 전환하는 등의 방법으로 면책을 거의 불가능하게 하는 사용자책임 · 공작물책임 · 국가배상책임 등의 규정이 전자에 해당한다.

공평책임

독일민법에는 행위자가 적법행위로 타인에게 손해를 입힌 경우에도 손해배상의무가 발생하는 경우를 규정하는데, 그러한 적법행위로 인한 책임을 공평책임(Billigkeitshaftung) 및 희생(Aufopferung)에 대한 책임이라고 한다. 무의식행위로 인한 가해는 불법행위책임을 발생시키지는 않으나 공평책임을 발생시킨다(독민 제827조). 긴급한 자력구제 등의 긴급피난으로 인한 가해도 불법행위책임을 발생시키는 대신 희생자에 대한 독자적인 배상의무를 발생시킨다(독민 제904조. 제1004조). 우리 민법에는 정당방위자와 긴급피난자에게 배상할 책임이 없으며, 희생자는 오직 그것을 야기한 불법행위자에 대해서만 손해배상청구권을 갖는다(제761조). 무의식의 가해자나 긴급피난중의 가해자가 비록 귀책사유가 없더라도 피해자의 손해를 최소한의 범위에서나마 배상해 주도록 하는 제도가 마련되어야 할 것이다.

3. 채무불이행책임과 불법행위책임의 관계

(1) 양책임의 경계

(가) 채무불이행책임의 보호영역 채무불이행책임(債務不履行責任)은 계약에 의하여 발생한 급부의무의 이행이익 및 급부와 관련된 거래안전이익을 보호하기 위한 책임체계이다.[1] 채무불이행책임의 핵심적 발생요건은 채무자가 채무의 내용에 따른 이행을 하지 않을 것(불이행)이며, 채무자의 귀책사유는 부수적인 책임요건이 될 뿐이다. 여기에서 말하는 채무는 원칙적으로 급부의무를 말하며 이에 종속된 보호의무, 기타 안전배려의무는 종된 급부의무로서 채무불이행책임의 범주에 포함된다.

채무의 발생원인은 계약 · 사무관리 · 부당이득 · 불법행위의 네 가지이지만, 계약을 제외한 나머지 세 경우에는 독자적으로 손해배상의무의 발생을 규정하거나 다른 방법에 의한 손해전보를 꾀하므로, 결국 채무불이행책임은 계약채무를 이행하지 않은 경우에 발생한다.[2] 불법행위에 기해서는 채무불이행책임과 별도의 손해배상책임이 발생하며(제750조), 부당이득에 의해서는 부당이득반환청구권이 발생하며(제741조), 사무관리에 의해서는 비용상환청구권이 발생한다(제739조). 본인의 이익에 위배되는 사무관리를 한 경우에 발생하는 손해배상책임(제734조 3항)은 채무불이행책임에 해당하지 않고 오히려 불법행위책임에 가까운 성격을 가진다. 다만 법률의 규정에 의하여 발생한 손해배상채무의 이행지체의 경우에 금전채무불이행에 관한 특칙(제397조)이 적용

1) 영미법에 관해서는 양명조, "불법행위책임과 계약책임," 사법행정 1988년 3월호, 68. 일본에서는 平野裕之, "契約責任の本質と限界," 법률논총(일본) 제58권 4호(1986), 608. 그는 계약책임을 의사자치의 원칙 아래 사인이 자유롭게 창조한 이익(즉 급부이익, 계약이 없다면 존재하지 않을 이익)의 보호를 목적으로 한다고 파악한다.

2) 채무불이행책임은 채무라면 그 발생원인을 불문하고 그 불이행이 있을 때 발생하는 책임이라고 이해될 소지가 있으나, 그 연혁과 기능을 고려할 때 계약책임으로 파악하는 편이 정확하다.

된다.

(나) 불법행위책임의 보호영역 불법행위책임은 시민의 일반적 이익을 보호하고 공공의 질서를 확립함을 목적으로 한다. 당사자가 계약으로서 이행할 것을 약속한 급부이익은 불법행위책임의 보호대상에서 제외됨이 원칙이다. 실제로는 진료계약, 운송계약의 이행과정에서 인체손해가 발생한 경우에 불법행위책임으로 처리되곤 한다.

불법행위책임은 다음의 보호영역을 갖는다. ① 사람의 신체나 사람과 관련된 보호법익(명예, 자유, 정조 등)에 대한 침해는 정당화사유가 없는 한 불법행위책임을 발생시킨다. ② 타인이 보유하는 절대권(絶對權)에 대한 침해도 정당화사유가 없는 한 불법행위책임을 발생시킨다. 즉 누구라도 타인의 소유권을 비롯한 물권을 침해하면 위법성조각사유가 없는 한 불법행위책임을 지게 된다. 타인의 무체재산권을 무단으로 침해한 경우에도 불법행위책임이 발생한다. ③ 제3자가 타인의 채권을 침해하여 불이익을 생기게 한 경우에는 한정된 요건 아래에서 제한적(制限的)으로만 불법행위책임을 지게 된다(제3자채권 침해 참조). ④ 영업이나 재산과 관련하여 사회적으로 공인된 이익(고객, 상호, 신용 등)을 부당경쟁행위나 기타 부당행위를 통하여 침해한 때에는 불법행위책임이 발생한다. ⑤ 타인의 생활이익(生活利益)(깨끗한 환경, 햇빛 등)을 침해한 경우에도 그 침해행위가 공동생활의 허용범위를 넘는 부당한 것인 때에는 불법행위책임이 발생한다.

(2) 양책임의 성질상 차이

(가) 계약책임과 사회생활상 책임 채무불이행책임은 계약의 불이행과 관련한 계약당사자의 책임(계약책임)의 일종이고, 불법행위책임은 일반인이 사회생활에서 부담하는 책임이라는 점에 양자의 근본적인 차이가 있다. 계약책임은 채무자의 계약위반으로 상실된 채권자의 이행이익(履行利益)을 전보해 주려는 데에 1차적인 목적이 있다. 반면에 불법행위책임은 사회인으로서 일반적으로 요구되는 주의의무를 위반하여 피해자에게 발생케 한 보호법익침해(保護法益侵害)를 전보해 주는 데에 목적을 둔다. 공동체에서 생활하는 사람은 타인에게 손해를 끼치지 않도록 주의하여야 한다는 사회규범은 불법행위책임에 의하여 법적으로 보장된다.[1] 양 책임의 차이는 결국

---

1) 같은 취지: B. Kupisch, Die Haftung für Erfüllungsgehilfen, *JS* 11/1983, S. 817ff.; *Münchener*

계약상 채무와 사회생활상 의무가 각각 어떤 내용인가를 밝힘으로써 구체적으로 드러난다.

(나) 사전합의의 가능성 　채무불이행책임의 경우는 책임의 발생 · 범위 · 존속기간 등에 대해 자율적인 결정이 허용된다. 계약체결시에 계약의 구체적인 사정에 맞게 책임에 관한 약정(예: 면책약정, 배상액예정)을 하는 경우가 많다. 이러한 과정을 통해 계약위반으로 인한 비용부담이 사전에 계산되어 계약준수와 계약위반의 득실을 저울질해 볼 수 있다. 이러한 사전(事前)의 계산가능성(計算可能性)은 계약의 준수를 강제하는 손해예방의 기능을 갖는다. 반면에 불법행위책임에서는 가해가 우발적이어서 사전에 계산되기 곤란한 것이 보통이다. 그리고 배상범위도 사회적인 적정분배의 시각에서 타율적으로 정해진다. 교통사고 · 환경오염사고 · 의료사고 등은 피해자 개인에게는 우발적이지만, 전국적인 통계에 의하면 일정비율로 계속 일어나는 필연적인 사고이다. 최근에는 이에 대하여 통계적으로 사고율을 파악하고 총배상액을 산출해 낸 것을 기초로 전체사고율 및 총배상금을 줄이고자 하는 법경제학적 접근이 행해지고 있다(특히 보험회사는 이에 관해 관심이 높다).

(3) 양책임의 요건상 차이

채무불이행책임과 불법행위책임은 민법에서 서로 다른 요건으로 구성됨으로써 실제 법적용에 있어서 차이를 보인다.

(가) 계약의 존재 여부 　채무불이행책임은 채무자와 채권자 사이에 계약이 존재할 것을 요건으로 하는 반면에, 불법행위책임은 가해자와 피해자 사이의 계약관계를 요구하지 않는다. 다만 계약체결상의 과실책임이 채무불이행책임에 속하는가 아니면 불법행위책임에 속하는가 하는 점에 대하여는 논의의 여지가 있다. 아직 당사자간에 계약이 체결되기 전이므로(계약교섭단계에 불과함) 엄격한 의미의 채무불이행책임에 속할 수는 없지만 분류체계상 이에 유사한 책임으로 파악하는 것이 타당할 것이다(채권각론 「계약체결상의 과실」에서 설명함).

(나) 과실의 판단 및 제3자의 행위에 대한 책임 　과실책임이라는 점에서는 양 책임 사이에 차이가 없지만, 과실의 전제가 되는 주의의무(注意義務)의 발생근거 및 내용이 다르다. 채무불이행책임에서는 계약상 합의 또는 신의칙으로부터 주의의무가 발생하는 데에 반하여, 불법행위책임에서는 법

Kommentar, § 278, Rn. 2ff.

률이나 관습법에 의하여 주의의무가 부과된다. 그리고 채무불이행책임에서는 이행보조자의 과실이 채무자의 과실로 간주되는 데에 반하여(제391조), 불법행위책임에서는 피용자의 과실이 일정한 요건 아래 사용자(使用者)의 책임을 유발시킨다(제756조). 판례는 피용자에게 과실이 있고 사용자와의 직무관련성이 있는 경우에는 언제나 사용자책임을 인정함으로써 사용자책임과 이행보조자의 과실제도는 이 점에서 유사하게 운영된다. 무상계약에 의한 채무불이행책임에서는 채무자의 주의의무가 매우 가볍게 완화된다(제695조). 실화(失火)로 인한 불법행위책임에서 가해자는 중과실에 관해서만 책임을 지도록 경감된다(실화책임법).

(다) 과실의 입증책임 채무불이행책임에서는 불이행이 밝혀지면 그에 관한 채무자의 과실이 추정됨이 원칙이다. 다만 불완전이행으로 인한 확대손해의 경우에는 과실이 추정되지 않을 수 있다. 반면에 불법행위책임에서는 피해자가 가해자의 과실을 증명할 책임을 진다. 그러나 소송실무에서는 명백한 보호법익침해의 결과가 있으면 불법행위책임을 묻는 편이 과실이 쉽게 인정되어 손해배상을 받기에 손쉽다. 그러므로 신체나 재산에 피해를 입은 피해자들은 대부분 불법행위책임의 소송을 제기한다. 특수유형의 불법행위책임(제조물책임, 환경오염책임, 의료과오책임 등)에서는 과실의 증명책임을 전환하여 가해자에게 과실 없음을 증명하도록 요구하기도 한다.

(라) 책임능력 채무불이행책임에서는 채무자의 이행이 요구되고, 그를 다하지 않은 때에 배상책임이 발생하므로 이행에 관해 행위능력이 문제될 수 있다. 이행행위가 법률행위인 때에는 이행에 채무자의 행위능력을 필요로 하지만, 사실행위인 때에는 사물에 대한 변식능력을 갖추는 것으로 충분하다. 이러한 채무자의 능력결여로 이행이 불완전하게 된 경우에는 채무자가 무능력자라는 사실이 채무불이행책임을 면책시키지는 않는다. 행위능력을 갖추었거나 대리를 통해 유효한 채무부담을 한 자는 그의 이행의 결과에 대해 책임을 지는 것이 타당하기 때문이다. 결국 채무불이행책임에서는 특별히 책임능력이 문제되지 않는다. 반면에 불법행위책임에 관하여는 가해자에게 책임에 대한 변식능력 — 즉 책임능력(責任能力) — 이 요구된다(제753조).

(마) 다수관여자의 책임 채무불이행책임에서는 수인(數人)의 채무자

들의 관계(분할채무, 불가분채무, 연대채무, 보증채무)에 따라 손해배상의무를 공동으로 부담한다. 공동불법행위로 인한 책임에서는 가해자들이 손해배상의 연대채무(連帶債務)(부진정연대채무로 해석함)를 지게 된다(제760조 1항). 공동이 아닌 다수관여자의 불법행위책임은 각자가 자기의 관여분에 따라 손해액을 분할하여 책임진다. 불법행위책임에서는 수인의 원인제공자가 있으나 누가 가해자인지 분명치 않은 경우에는 그들 모두 연대채무를 지게 되는데(제760조 2항), 채무불이행책임에 관하여는 이러한 연대책임부과의 규정이 없다.

(4) 양책임의 내용상 차이

(가) 위 자 료 채무불이행책임의 손해배상범위에 관한 민법 제393조가 불법행위책임에 준용되므로(제763조) 책임내용에 있어서의 근본적인 차이는 없다. 정신적 고통에 대한 배상인 위자료청구권(慰藉料請求權)은 불법행위책임에 관하여만 규정되어 있다(제751조). 그러나 판례는 채무불이행책임에 대하여도 위자료를 인정한다(대판 1996. 12. 10, 96다36289; 대판 1994. 12. 13, 93다59779.).

그 밖에 당사자의 배상액예정은 성질상 채무불이행책임에서 가능하고, 그 예정액이 과다하면 법원이 감액할 수 있다(제398조). 반면에 불법행위책임에서는 고의나 중과실이 없는 배상의무자가 어려운 경제상황에 놓인 때에는 법원이 배상액을 감액할 수 있다(제765조).

(나) 피 해 자 불법행위책임에서는 생명침해의 경우에 위자료청구권자가 피해자의 직계존속(直系尊屬)·직계비속(直系卑屬)·배우자(配偶者)로 확대된다. 또한 불법행위책임에서만 태아의 독자적인 손해배상청구권이 인정된다(제762조).

(다) 소멸시효 손해배상청구권의 소멸시효(消滅時效)의 측면에서는 채무불이행책임이 불법행위책임보다 채권자(피해자)에게 더 유리한데, 이것은 양 책임간에 중대한 차이를 가져온다. 채무불이행책임은 채권의 소멸시효기간에 따르는데, 보통 10년이며 그 밖에 단기소멸시효가 적용되는 경우도 많다(제162조 이하). 불법행위책임은 피해자나 그의 법정대리인이 그 손해 및 가해자를 안 날로부터 3년(제척기간), 그리고 불법행위시로부터 10년의 경과로 소멸한다(제766조).

(라) 상계금지 여부 고의의 불법행위책임에 의한 배상채무는 피해자에 대한 다른 채권과 상계할 수 없다(제496조). 그러나 채무불이행책임에 관하

여는 상계제한(相計制限)의 규정이 없다.

(마) **금전 이외의 배상방법**　손해배상의 방법에 관해 금전배상(金錢賠償)의 원칙(原則)을 취한다는 점에서는 채무불이행책임과 불법행위책임이 같다. 예외적으로 명예훼손에 의한 불법행위책임에 관하여는 금전의 손해배상 이외에 「명예회복에 적당한 처분」이 명해질 수 있다(제764조).

(5) 양책임의 경합

계약채무의 이행지체나 이행불능의 경우에는 채무불이행책임으로 처리되며 불법행위책임과의 경합은 생기지 않는다. 계약채무의 불완전이행의 경우에는 양 책임의 경합이 생기는 경우도 있다(불완전이행을 어떻게 파악하는가에 따라 경합되는 사례영역이 다르게 됨). ① 채무불이행책임을 급부의무 중 약속된 급부의 이행에 한정하는 견해에서는 불완전이행의 유형을 부정하고 단지 일부지체나 일부불능이 생길뿐이라고 한다. 그러므로 이 견해는 양 책임이 경합하는 사례는 생기지 않는다고 본다.[1] ② 급부의무를 약속된 급부와 그의 이행에 필요한 종속적 주의의무(從屬的 注意義務)를 포함하는 것으로 보고, 그 급부의무의 불이행시 채무불이행책임이 발생한다고 보는 견해에서는 불완전이행을 인정한다. 불완전이행에는 일부지체, 일부불능, 주의의무위반으로 인한 하자 및 확대손해의 발생 등의 여러 모습이 포함되는데, 주로 이 중에서 세 번째 경우에 청구권경합이 생긴다고 한다. ③ 채무를 급부의무 외에 보호의무(保護義務)까지 포함하는 광의로 파악하는 견해에서는 불완전이행의 사례가 많아지고, 따라서 청구권경합의 사례에도 광범위해진다.

청구권경합의 법리는 채무의 개념을 보호의무까지 포함하는 광의설을 취할 때(특히 독일에서) 필요성이 크다. ②의 입장을 취하는 사견으로서는 채무자나 이행보조자가 채무를 이행하는 과정에서 채권자의 급부이익 이외의 재산이나 신체를 침해한 경우에 양 책임의 청구권경합의 문제가 생긴다고 본다(손해배상청구권의 경합에서 설명).

---

1) 平野裕之, "完全性利益の侵害と契約責任論 — 請求權競合論及び不完全履行論おめくて—," 법률논총 제60권 1호, 1987, 108.

채무불이행책임과 불법행위책임의 경합을 인정한 판례

전세권자의 실화로 건물의 반환의무를 이행하지 못할 때에는, 한편으로는 과실로 전세물에 대한 소유권을 침해한 것으로서 불법행위가 되는 동시에, 다른 한편으로는 과실로 채무를 이행할 수 없게 된 것으로서 채무불이행이 된다(대판 1967. 12. 5, 67다2251).

해상운송인이 운송도중 운송인이나 그 사용인 등의 고의 또는 과실로 운송물을 멸실 · 훼손시킨 경우, 선하증권소지인은 채무불이행으로 인한 손해배상청구권과 불법행위로 인한 손해배상청구권을 선택적으로 행사할 수 있다. 선하증권에 기재된 면책약관은 운송계약상의 채무불이행책임뿐만 아니라 그 운송물의 소유권 침해로 인한 불법행위책임에 대해서도 적용된다. 다만 그 면책약관은 고의 또는 중대한 과실로 인한 재산권침해에 대한 불법행위책임에는 적용되지 않으며, 이 약관이 상법 제787조 내지 제789조의 규정에 저촉되는 경우에는 불법행위책임에도 적용되지 않는다(대판[全合] 1983. 3. 22, 82다카1533).

§17. 채무불이행책임 개설

1. 채무불이행책임의 의의

(1) 개　　념

(가) 정　　의　　채무불이행책임(債務不履行責任)이란 채무자가 채무의 내용에 따른 이행을 하지 않음으로 인하여 채권자에게 발생한 손해를 배상할 의무를 지우는 책임체계를 말한다.[1] 민법 제390조는 "채무자가 채무의 내용에 좇은 이행을 하지 아니한 때에는 채권자는 손해배상을 청구할 수 있다. 그러나 채무자의 고의나 과실 없이 행할 수 없게 된 때에는 그러하지 아니하다"고 규정한다.

(나) 특　　성　　채무불이행책임의 특성은 다음과 같다. ① 채무불이행책임은 손해배상청구권을 발생시키는 민사책임(民事責任)의 일종이다. ② 채무불이행책임은 계약으로부터 발생한 채무의 불이행(계약위반)을 요건으로 하는 계약책임(契約責任)이라고도 불린다. 채무불이행책임의 기초는 계약, 즉 당사자의 자발적인 합의로부터 나온다. 계약의 1차적 효과로서 채무(급부의무)가 발생하고 그 채무가 불이행된 경우에 2차적 효과로서 손해배상청구권이 발생한다. 계약으로부터 발생한 본래의 채무(급부의무)는 불이행시에 손해배상의무로 변형된다. 불이행의 효과로서 발생하는 손해배상청구권은 계약의 직접적인 효과는 아니며, 불이행이라는 책임발생원인을 충

1) 현행민법의 시행 이후에는 과거 일본민법학을 그대로 답습하던 것에서 벗어나 우리 민법학 고유의 채무불이행책임에 관한 연구가 활발하였다. 독일민법학의 신이론을 우리 민법의 해석에 직접 도입하는 방법, 우리 민법 및 일본민법의 채무불이행법의 입법사를 연구하여 그 연구성과를 해석학에 반영하는 방법, 다양한 비교법적 연구를 기초로 채무불이행법의 방향을 제시하는 방법들이 모색되어 왔다. 특히 1980년대에 들어 채무불이행법이 활발하게 논의되었다.

고상용, "민법 제390조의 채무불이행의 의미," 월간고시 1984년 8월호; 김선석, "불완전이행의 증명책임," 법조 1989년 5월호 · 8월호 · 9월호; 김용한, "불완전이행론," 김증한박사화갑기념 현대민법학의 제문제, 1981, 447 이하; 김형배, "우리 민법의 채무불이행법체계," 곽윤직박사화갑기념 민법학논총, 1985, 303 이하; 서달주, "적극적 채권침해에 관한 비교법적 연구," 전남대 박사논문, 1988; 윤용제,"적극적 채권침해에 관한 연구," 부산대 법학연구 제25권 1호, 1982; 이영준, "신의성실의 원칙에 관한 소고," 앞의 현대민법학의 제문제, 23 이하; 조규창, "민법 제390조와 적극적 계약침해," 앞의 민법학논총, 344 이하; 정환담 · 서달주, "독일민법상의 적극적 채권침해론," 전남대논문집 제30집; 동, "불란서의 채무불이행법체계와 보장의무 위반유형," 전남대논문집 제31집, 1986, 61 이하; 졸고, "우리 민법에 맞는 채무불이행책임의 체계," 법조(법무부) 1990년 12월호, 3~26.

족함을 매개로 하는 파생적 효과이다. 그 손해배상의무는 당사자의 합의에 기초한 계약채무의 연장으로서의 성격을 가지므로 계약의 간접적 효과라고 볼 수 있다. ③ 채무자의 귀책사유가 없는 경우에는 비록 채무불이행이 있더라도 채무불이행책임은 발생하지 않는다. 채무불이행책임에 있어서 귀책사유는 부차적인 요건이며 핵심적 요건은 불이행이다. 불법행위책임에서 가해자의 과실이 책임발생의 핵심적 요건을 이루는 것과는 대조적이다.

(2) 채무불이행의 다른 효과

민법은 채무불이행으로 인하여 야기되는 모든 법률효과를 한꺼번에 규율하는 방법을 취하지 않고, 민법 제390조에서 채무불이행으로 인해 손해배상청구권이 발생한다는 점만을 규정한다. 채무불이행으로 인한 다른 법률효과는 다음과 같다.[1)]

(가) 강제이행의 청구 채무자가 임의로 채무를 이행하지 아니한 때에는 채권자는 그 강제이행(强制履行)을 법원에 청구(請求)할 수 있다(제389조 1항). 민법은 강제이행청구의 요건으로서 불이행에 관한 채무자의 귀책사유를 규정하지 않는다. 강제이행의 방법으로는 집행행위로 채권의 내용을 직접 실현시키는 직접강제, 제3자로 하여금 대신 급부내용을 실현케 하고 그 비용을 채무자로부터 추심하는 대체집행, 판결로써 채무자의 의사표시에 갈음토록 하는 의사표시의무의 집행, 채무자에게 불이익을 부과하여 심리적 압박을 줌으로써 스스로 채무를 이행케 하는 간접강제 등의 집행방법이 이용된다.

(나) 계약해제권 · 해지권의 발생 계약당사자 일방이 채무의 이행을 지체한 경우에 상대방은 상당한 기간을 정하여 이행을 최고한 후, 그 기간 내에 이행이 없으면 계약을 해제(解除)할 수 있다(제544조). 이행지체로 인한 해제권의 발생에는 채무불이행책임에서와 달리 유예기간(猶豫期間)의 부여와 최고(催告)를 필요로 하며, 민법에는 해제권의 발생요건으로서 이행지체에 관한 채무자의 귀책사유는 규정하지 않는다. 이행불능의 경우에도 상대방은 계약해제권을 갖는데, 이행불능은 채무자의 귀책사유로 인한 것이어야 한다(제546조). 채무자의 귀책사유 없는 이행불능은 위험부담(危險負擔)의 법리

1) 채무불이행의 효과로서 손해배상의무 외에 이행강제 · 계약해제권 · 대상청구권 · 보완(추완)청구권을 종합적으로 설명하는 방식은 전체의 법률관계를 조감할 수 있는 장점을 가지는 반면에 채무불이행책임의 요건을 다른 경우와 혼동하게 만들 우려도 있다.

에 따라 처리된다(제537조). 민법은 계약해지권에 관해서는 일반적 요건을 정하지 않고 임대차, 고용 등 계속적계약에 관해서 개별적 규정을 두고 있다.

(다) 기한이익의 상실 민법에는 채무불이행으로 인하여 기한이익(期限利益)이 상실(喪失)됨을 규정하지 않으나, 당사자의 개별약정(個別約定) 또는 약관(約款)을 통하여 일부채무의 채무불이행으로 인하여 잔여채무 기한이익이 상실됨을 정하는 경우가 있다. 할부금(割賦金)의 지급의무에 있어서 전회(前回)의 할부금이 지체되면 잔여 할부금총액의 변제기가 도래하는 것으로 약정하는 경우가 그러하다. 채무자가 기한의 이익을 주장하지 못한다는 것은 채권자가 변제기 전에 이행청구를 하더라도 이행해야 하며, 불이행시에는 채무불이행책임을 지게 된다는 것을 의미한다(변제기에서 설명함).

(라) 보완청구권의 발생 채무불이행의 부분이 경미하고 그 불이행부분의 보완이 가능한 경우에, 채권자는 채무자에 대하여 일정한 유예기간을 주면서 하자의 보완(補完)을 청구(請求)할 수 있다. 이 보완청구권은 민법의 규정은 없으나 신의칙에 기해서 인정되는 권리이다.

(3) 채무불이행책임과 담보책임의 관계

(가) 과실책임과 무과실책임 채무불이행책임(債務不履行責任)이 불이행이라는 요건 이외에 채무자의 귀책사유를 소극적 요건으로 하는 과실책임(過失責任)인 반면에, 담보책임(擔保責任)은 약속한 채무를 완전히 이행하지 않았다는 사실에 기해서 인정될 뿐 채무자의 귀책사유를 요건으로 하지 않는 무과실책임(無過失責任)의 성격을 띤다.

(나) 담보책임의 특칙성 매도인이 지는 담보책임은 본질적으로 채무불이행책임의 성격을 갖는다. 제390조가 채무불이행책임의 일반규정의 성격을 갖는 반면에 제570조 이하의 담보책임은 유상계약에 한해서 적용되는 특칙의 성격을 갖는다. 담보책임은 권리의 흠결에 대한 담보책임과 물건의 하자에 대한 담보책임의 두 종류로 분류되며, 후자는 특정물매매의 경우와 종류매매의 경우로 나뉜다. 담보책임을 묻는 근거는 계약채무를 완전히 이행하지 않았다는 데에 있으며, 인도된 목적물에 권리흠결이나 하자가 있다는 사실 자체가 아니다. 채무불이행책임과 담보책임은 기본적 성격이 같을 뿐 각각의 요건과 효과는 다르게 규정되어 있다.[1]

---

1) 김형배, "계약책임론 비판," 고시계 1992년 12월호, 136에서는 독일채권법개정안을 소개하고 우리

(다) 특정물하자에 대한 담보책임 특정물매매에 있어서 계약 당시부터 하자가 있던 경우에(원시적 하자), 매도인이 부담하는 담보책임의 성격에 관해서는 학설이 대립한다. 법정책임설(法定責任說)은 이 하자담보책임은 채무불이행책임이 아닌 법률규정에 의한 책임이라고 보는 반면에, 채무불이행책임설(債務不履行責任說)은 매매당사자가 하자 없는 물건을 인도하기로 합의한 이상, 원시적 하자 있는 물건의 인도는 채무불이행이 된다고 본다. 사견으로는 채무불이행책임설을 취한다(채권각론의 설명 참조).

(라) 채권자의 선택가능성 채권자는 양 책임의 요건을 갖춘 경우에, 그 중의 하나를 선택하여 책임을 묻거나 또는 양 책임을 모두 물을 수 있다. 다만 손해배상청구권 같이 내용적으로 중복되는 청구를 이중으로 하여 이중만족을 얻는 것은 허용되지 않는다. 채권자에게는 담보책임을 묻는 편이 채무불이행책임을 묻는 것보다 유리한 측면이 많으나, 소멸시효 등 몇몇의 측면에서는 채무불이행책임을 묻는 편이 유리하다.

(마) 불완전이행과 하자담보책임[1] 채무불이행의 유형 중 불완전이행과 담보책임 중 하자담보책임(제580조, 제581조)은 특히 그 성질이 매우 흡사하다. 담보책임에서는 채무자의 귀책사유를 문제삼지 않고, 매수인(채권자)이 선의·무과실인 경우에 한해서 담보책임을 인정한다. 하자담보책임에서 계약해제권은 계약의 목적을 달성할 수 없는 때에 한해서 부여된다. 종류매매에서 인도받은 목적물에 하자가 있는 경우에, 담보책임에 의해서는 완전물인도청구권이나 계약해제권만을 가질 뿐이므로(제581조), 채무불이행책임을 물어야 손해배상을 청구할 수 있다. 하자로 인하여 확대손해가 발생한 경우에, 하자담보책임과 채무불이행책임의 경합을 인정하는 견해(사견)와 채무불이행책임만을 인정하는 견해가 대립한다(채권각론의 설명 참조). 판례는 타인의 권리를 매매의 목적물로 한 경우에, 그 권리를 취득하여 매수인에게 이전할 매도인의 의무가 매도인의 귀책사유로 이행불능이 되었다면, 매수인은 매도인의 담보책임에 관한 민법 제570조 단서의 규정에 의해 손해배상을 청구할 수 없

민법의 입법론으로서 "채무불이행책임과 담보책임의 이원적 체계를 지양하고 민법 제390조와 같은 계약위반에 관한 일반조항을 중심으로 책임체계를 일원화하는 것이 바람직하다"고 제안하였다.

1) 이상태, "수급인의 하자담보책임과 불완전이행책임과의 관계," 고시연구 1991년 10월호, 80; 조성민, "하자담보책임과 불완전이행 — 도급계약을 중심으로," 한양대 법학논총 제14집, 1997, 90. 양 문헌에서는 모두 하자담보책임을 채무불이행책임에 속한다고 보았다.

더라도 채무불이행의 일반규정(제546조, 제390조)에 좇아서 계약을 해제하고 손해배상을 청구할 수 있다고 하여 경합을 인정한다(대판 1993. 11. 23, 93다37328).[1]

(4) 계약체결상 과실책임과의 관계

(가) 의 의 목적이 불능한 계약을 체결할 때에 그 불능을 알았거나 알 수 있었을 자는 상대방이 그 계약의 유효를 믿었음으로 인하여 받은 손해를 배상토록 하고 있는데, 이러한 손해배상책임을 「계약체결상(契約締結上)의 과실책임(過失責任)」이라고 한다(제535조 1항). 민법은 목적의 원시적 전부불능(原始的 全部不能)의 경우에 관해서 이 책임을 규정하나, 학설은 착오(錯誤)로 인한 법률행위의 취소의 경우에도 이 책임을 확장하자는 주장을 한다(채권각론에서 설명함). 반면에 채무불이행책임은 계약체결 이후에 그 계약에 의해 부담하게 된 채무의 불이행에 따른 손해배상책임이다.

(나) 성 격 계약체결상의 과실책임은 엄밀한 의미에서 계약책임(채무불이행책임)이라고 할 수 없다. 첫째로 계약이 유효하게 체결되지 못하여 계약채무가 발생하지 않은 단계에서 지는 책임이라는 점에서 계약책임과 다르다. 둘째로 손해배상의 내용이 계약의 성립을 전제로 한 이행이익의 배상이 아니라, 계약의 유효를 믿었음으로 인하여 받은 손해(신뢰이익의 배상)라는 점에서 계약책임과 다르다.

계약체결상의 과실책임은 엄밀한 의미의 채무불이행책임은 아니지만 계약체결과 밀접한 관련을 갖고 생기는 책임이라는 점에서 「계약책임이나 불법행위책임이 아닌 제3의 법정책임(法定責任)」이다. 계약체결상의 과실책임을 불법행위책임의 일종으로 보는 것은 그 발생요건, 성격, 민법규정의 위치 등에 비추어 적절치 못하다고 여겨진다.

계약교섭상 과실

당사자가 아직 계약을 체결하기 전에 계약교섭단계에 있어서 일방당사자의 부주의로 상대방에게 손해를 입힌 경우를 독일민법학에서는 체약상 과실(culpa in contrahendo, Verschulden beim VertragsschluB)이라고 하고, 이를 채무불이행책임으로 처리하자는 견해가 주장된다.[2] 독일의 체약상 과실론은 우리 민법 제535조

1) 판례평석: 서민, "매도인의 담보책임과 채무불이행책임의 경합," 민사판례연구 제17권, 1995 수록.

2) Hans Stoll, Tatbestäde und Funktion der Haftung für culpa in contrahendo, *Festschrift für v. Caemmerer*, 1978; Larenz, *Schuldrecht I*, § 9, S. 101ff. 등 다수문헌.

의 체약상 과실책임과 다른 것으로서 계약교섭상 과실에 대한 책임의 성격을 갖는다. 이 이론은 이미 계약교섭의 개시에 의해 계약관계, 즉 채권관계가 발생했다고 의제하고, 교섭단계에서 생긴 당사자의 과실행위는 채무의 불이행에 해당한다고 주장한다. 이러한 독일식의 체약상 과실론은 우리 나라에서도 다수학자에 의해 도입되어 그를 채무불이행책임으로 처리할 것이 주장되고 있다.[1)]

그러나 사견으로는 독일의 체약상 과실론은 독일불법행위법의 취약성에 유래하는 변칙적·우회적 배상방법인데, 우리의 불법행위법은 포괄적이고 일반적인 불법행위책임요건을 규정하고 있으므로(제750조) 구태여 독일과 같은 변칙수단을 동원할 필요가 없다고 생각한다. 계약교섭상의 부주의는 교섭당사자가 거래관행상 교섭에 임하는 자에게 부과하는 사회생활상의 주의의무를 위반한 경우이다(예: 고객에게 상품을 보여 주는 과정에서 점원의 부주의로 고객을 다치게 한 경우, 극장표를 사려고 줄서 있는 고객의 머리 위로 설치중이던 극장간판이 떨어져 다친 경우). 계약이 체결되어 채권·채무가 발생하고 채무자가 그 채무를 이행하지 않은 채무불이행책임의 경우와 교섭상 과실은 본질적으로 다르다. 그러므로 계약교섭상 과실은 불법행위책임으로 처리되어야 한다.[2)]

2. 채무불이행책임의 포섭범위

(1) 급부의무와 부수의무

민법 제390조에 말하는 「채무의 내용」에 포섭되는 의무로서는 급부의무(給付義務) 이외에 부수의무(附隨義務)가 있다. 급부의무는 주된 급부의무와 종된 급부의무로 분류된다. 급부의무라든가 부수의무 같은 용어는 이론상의 개념이기 때문에 사람에 따라서 조금씩 그 의미를 다르게 사용한다. 계약당사자에게 주의의무가 부과되는 경우에 그것이 어떤 성격을 띠는가를 분별해 내기는 쉽지 않다. 특히 종된 급부의무와 부수의무의 경계가 모호하다.

㈎ 급부의무　　급부의무(給付義務)는 계약상의 합의에 의하여 채무자가 부담하는 의무 중 급부를 목적으로 하는 의무를 말한다. 급부의무는 계약당사자 사이의 합의에 의해서만 발생하는 것이 원칙이며, 예외적으로 신의칙에 의해서 발생하는 경우도 있다. 급부의무의 불이행이 채무불이행책

1) 곽윤직, 채권각론, 89; 김기선, 한국채권법각론, 41; 김석우, 채권법각론, 65; 김주수, 채권각론(상), 89; 김증한, 채권각론, 14.

2) 졸저, 채권각론, 132~134. 같은 취지: 민법주해(9), 238(양창수 집필부분).

임으로 처리된다는 점에는 의문의 여지가 없다. 매매계약에 기하여 목적물 인도채무와 대금지급의무라는 급부의무가 발생하며, 위임계약에 의하여 사무처리의무와 보수지급의무(유상위임에 한함)라는 급부의무가 발생한다.

급부의무는 「주(主)된 급부의무」와 「종(從)된 급부의무」로 분류된다. 계약에 의하여 발생하는 채무 중에서 중심을 이루는 것이 주된 급부의무이고 이에 종속되어 발생하는 것이 종된 급부의무이다. 예를 들어 음식점의 용도로 건물을 임대하면서 그에 종속하여 식탁을 함께 빌려주기로 한 경우에 건물의 인도는 주된 급부의무의 이행이고 식탁의 인도는 종된 급부의무의 이행이 된다. 숙박계약에서 방을 빌려주면서 수영장, 주차장 등의 부대시설을 사용할 권리를 주는 경우 후자는 종된 급부의무에 해당한다.

종된 급부의무의 내용은 물건의 인도, 금전의 지급과 같은 유체물 인도의무인 경우도 있고, 물건의 고장시에 보증수리를 해 주는 등 서비스제공의무인 경우도 있고, 일정한 방해행위, 경업행위 등을 하지 않을 것과 같은 부작위의무인 경우도 있다.

주된 급부의무의 이행이 없이 종된 급부의부만을 이행하는 것은 계약의 목적달성에 도움이 되지 않는다. 그러나 종된 급부의무의 이행 없이 주된 급부의무만 이행하는 경우에는 일부이행이 되며, 이 경우 채무자는 일부이행지체 또는 불완전이행에 따른 채무불이행책임를 지게 된다.

주된 급부의무는 쌍무계약에 있어서 서로 대가적인 견련관계에 서게 된다. 급부의무는 그것이 주된 것이든 종된 것이든 그 이행을 소송외 또는 소송상 청구할 수 있음이 원칙이다. 그러나 주된 급부의무의 이행청구 없이 종된 급부의무만을 이행청구하는 것은 실익이 없을 것이다. 주된 급부의무는 이행되었으나 종된 급부의무만 불이행된 경우에 원칙적으로 계약해제권은 인정되지 않는다. 다만 종된 급부의무까지 완전히 이행되지 않으면 계약목적을 달성할 수 없는 경우에는 계약해제권이 인정된다.

(나) 부수의무 채무자가 급부의무에 부수하여 완전한 채권의 만족을 위해 부담시키는 의무이다. 부수의무(附隨義務)는 대개 채무자의 주의의무인 경우가 많으며, 급부의무와 성격을 달리하는 경우가 많다. 주의의무의 불이행은 흔히 의무위반이라고 하여 「위반(違反)」이라는 표현을 많이 쓴다. 예를 들어 약을 파는 사람은 그 약의 용법 및 부작용을 알려줄 경고의무 등

부수의무를 진다. 그 용법 및 부작용에 관한 설명서를 인도하는 경우에 그 부수의무는 유체물의 인도로서 이행되지만 그 본질적인 내용은 경고를 해야 할 주의의무를 다하는 것이다.

부수의무가 부과되는 근거로서는 당사자의 약정, 법률의 규정, 신의칙 등이 있다. 특정물인도채무에서 특정물을 인도하는 것은 주된 급부의무이고 인도시까지 선량한 관리자의 주의의무를 지는 것은 법률의 규정에 의하여 부과된 부수의무에 해당한다. 숙박계약이나 여행계약에서 채무자가 숙박·여행의 서비스를 제공할 때 채권자의 안전을 배려해야 할 의무는 신의칙에 의한 부수의무에 해당된다.

부수의무의 위반은 급부의무의 불이행으로 직결되는 경우가 많다. 예를 들면 특정물 채무자가 선관의무에 위반한 보관으로 목적물을 멸실케 한 경우에, 채무자는 목적물을 인도할 수 없게 되어 이행불능에 따른 채무이행책임을 지게 된다. 여행계약에서 여행업자의 부수의로 여행객이 여행도중 부상을 입어 중도에 귀향한 경우에 부수의무위반으로 인하여 부상이라는 손해를 입은 이외에 여행중단이라는 일부급부불능이 초래된 것이다.

부수의무는 급부의무와 분리하여 그것만을 이행청구할 실익이 없는 것이 보통이다. 부수의무의 불이행에 있어서는 손해배상의 구제수단은 주어지지만 계약해제권은 원칙적으로 발생하지 않는다. 그러나 부수의무위반으로 계약목적을 달성할 수 없는 경우에는 계약해제권이 인정될 수 있다.

계약당사자 사이에 부수의무의 위반으로 손해가 발생한 경우에 채무불이행책임으로 처리될 수 있다. 부수의무위반의 경우 대부분 동시에 불법행위책임의 요건도 충족시키게 된다. 그 결과 양 청구권의 경합문제가 발생하게 된다.

(2) 보호의무와 안전배려의무

종래부터 학설과 판례는 보호의무(保護義務)라는 용어를 사용하여 왔다. 근래에는 안전배려의무(安全配慮義務)라는 용어도 자주 사용되고 있다.[1)]

1) 참고문헌: 김교숙, "사업주의 안전배려의무, 노동법에 있어서 권리와 책임," 김형배교수화갑기념, 박영사, 1994, 206 이하; 유재남, "안전배려의무불이행으로 인한 손해배상청구권의 소멸시효," 동아법학 19호, 동아대 법학연구소, 191 이하; 이상원, "일본최고재판소판례를 통하여 본 안전배려의무의 법리와 이에 대한 반론," 판례일보 231호, 10 이하; 이순동, "안전배려의무," 판례연구 제4집(대구지법 판례연구회편), 1995, 161 이하(1994년 여관화재사건 판례평석); 정기웅, "안전배려의무에 관한 연구," 국제법률경영 67호, 6 이하

보호의무라든가 안전배려의무 같은 개념들은 그 의무의 내용이 인체나 재산에 대한 보호라든가 안전배려라는 점에 착안하여 명칭을 붙인 것들이다. 반면에 급부의무(給付義務)와 부수의무(附隨義務)는 그것이 계약상의 채무로서 어떤 위치를 차지하고 있는가 하는 점에 초점을 맞춘 개념들이다.

보호의무나 안전배려의무는 그것이 특정한 계약에서 갖는 위치에 따라서 급부의무도 될 수 있고, 부수의무도 될 수 있으며 경우에 따라서는 계약상의 채무에서 배제될 수도 있다. 예를 들어 경호계약에서는 보호의무라든가 안전배려의무가 급부의무가 될 것이다. 그러나 숙박계약이나 여행계약에서는 보호의무 · 안전배려의무가 부수의무로 될 것이다.

(가) 보호의무 보호의무(保護義務)란 타인의 신체나 재산에 대하여 위해를 끼치지 않도록 배려해야 할 의무를 넓게 총칭하는 용어이다. 공중접객업주가 업소의 이용자의 안전을 배려할 의무, 건물 기타 공작물의 소유자 · 점유자가 이용자의 안전을 배려해야 할 의무 등 보호의무의 예는 매우 다양하다.

보호의무는 계약과 관련하여 발생하는 「계약상 보호의무」와 사회생활상의 주의의무로서 발생하는 「사회생활상 보호의무」의 두 종류가 있다. 계약상 보호의무는 계약의 성질에 따라 급부의무 또는 부수의무의 성격을 가지며, 그 위반으로 인한 손해배상청구는 채무불이행책임으로 처리될 수 있다. 사회생활상 보호의무의 위반으로 인한 손해는 계약과 관련이 없으므로 불법행위책임으로 처리된다.

(나) 안전배려의무 판례는 몇몇의 계약유형에 관하여 보호의무의 구체적인 유형으로서 안전배려의무를 언급하고 그 위반의 경우에 채무불이행책임을 인정한다. 안전배려의무(安全配慮義務)는 보호의무의 한 유형으로서 「계약상 안전배려의무」와 「사회생활상 안전배려의무」로 분류될 수 있다. 판례가 안전배려의무를 인정한 사례는 다음과 같다.

① 숙박계약의 안전배려의무 숙박계약(宿泊契約)의 경우에 숙박업자는 객실의 제공의무 이외에도 더 나아가 고객에게 위험이 없는 안전하고 편리한 객실 및 관련시설을 제공함으로써, 고객의 안전을 배려하여야 할 의무를 지며 이러한 보호의무는 신의칙상의 부수적 의무이므로 이를 위반하면 불완전이행으로 인한 채무불이행책임을 진다(여관화재사건, 대판 1994. 1. 28, 93다43590). 이 경우

피해자는 구체적 보호의무의 존재와 위반사실을 주장·입증해야 하며, 숙박업자는 채무불이행에 관하여 자기에게 과실없음을 주장·입증하지 못하는 한 책임을 면하지 못하며, 숙박계약상의 채무불이행책임을 묻는 경우에 사망한 투숙객의 근친자는 위자료청구권을 가지지 않는다(대판 2002. 11. 24, 2000다38718). 반면에 판례는 임대인의 안전배려의무를 부인하고 목적물은 임차인의 관리하에 사용·수익된다고 보았다(대판 1999. 9. 7, 99다10004).

② 여행계약의 안전배려의무 여행자(旅行者)는 기획여행계약의 상대방인 여행업자에 대하여 기획여행계약상의 부수의무로 여행자의 생명·신체·재산 등의 안전을 확보하기 위하여 여행목적지, 여행일정, 여행행정, 여행서비스기관의 선택 등에 관하여 미리 충분히 조사검토하여 전문업자로서의 합리적 판단을 하고, 또한 그 계약내용의 실시에 관하여 조우할지 모르는 위험을 미리 제거할 수단을 강구하거나 또는 여행자에게 그 뜻을 고지하여 여행자 스스로의 위험을 수용할지 여부에 대하여 선택의 기회를 주는 등의 합리적인 조치를 취할 신의칙상의 주의의무를 진다(대판 1998. 11. 24, 98다25061).

③ 근로계약의 안전배려의무 사용자(使用者)는 근로계약에 수반되는 신의칙상의 부수적 의무로서 피용자가 노무를 제공하는 과정에서 생명·신체·건강을 해치는 일이 없도록 물적 환경을 정비하는 등 필요한 조치를 강구하여야 할 보호의무(안전배려의무에 해당함)를 부담하고 이러한 보호의무를 위반함으로써 피용자가 손해를 입은 경우 이를 배상할 책임이 있으며(대판 1998. 11. 27, 97다10925), 그 밖의 요건으로서 사고가 피용자의 업무와 관련성을 가질 것 및 사고의 통상적 발생가능성이 예측될 것이 요구된다(대판 2001. 7. 27, 99다56734; 대판 2006. 9. 28, 2004다44506).[1]

④ 입원계약의 안전배려의무 병원은 최소한 입원환자에게 휴대품을 안전하게 보관할 수 있는 시정장치가 있는 사물함을 제공하는 등으로 입원환자의 휴대품 등의 도난을 방지함에 필요한 적절한 조치를 강구하여 줄 신의칙상(信義則上)의 보호의무가 있다(대판 2003. 4. 11, 2002다63275).

⑤ 증권투자계약의 안전배려의무 증권회사의 임직원이 고객에게 투자를 권유할 때에는 고객이 합리적인 투자판단과 의사결정을 할 수 있도록 고객을 보호할 의무를 부담하고, 따라서 유가증권의 가치에 중대한 영향을 미치는 중요정보는 고객에게 제공하고 설명할 의무를 부담한다(대판 2006. 6. 29, 2005다49799).

---

1) 졸고, "산업재해와 안전의무," 인권과 정의(한국변호사협회) 1991년 9월호, 16 이하.

(3) 보호의무와 채무불이행책임

보호의무는 「계약상 보호의무」와 「사회생활상 보호의무」로 분류될 수 있다. 계약상 보호의무가 채무불이행책임으로 처리될 수 없다는 데에 대해서는 의문의 여지가 없다. 문제는 사회생활상 보호의무가 채무불이행책임의 영역에 편입될 수 있을 것인가 하는 편입 여부를 놓고 학설이 대립한다. 다른 말로 바꾸면 채무불이행책임으로서 처리되는 보호의무의 범위를 넓게 파악할 것인가 또는 좁게 파악할 것인가 하는 것이 쟁점이 되는 것이다.

(가) 보호의무편입설 채무불이행책임으로 처리되는 채무의 범위에 급부의무와 관련 없는 보호의무(용태의무)를 포함시킴으로써 그 보호의무위반의 경우에 제390조를 적용하려는 견해이다.[1] 급부의무와 관련 없는 보호의무를 인정하는 경우에는 「계약교섭상 과실로 인한 책임」을 채무불이행책임에 포함시킬 수 있고, 계약당사자가 아닌 제3자의 피해까지 채무불이행책임으로 처리하려는 「계약의 제3자 보호효이론」도 가능하게 된다.

이 견해는 채권자와 채무자 사이에는 계약에 의해 합의한 급부의무 이외에 신의칙에 의해서 부여되는 부수의무로서 보호의무가 존재하며, 그 부수의무의 위반도 채무불이행책임으로서 처리되어야 한다고 주장한다.[2] 그 근거로서 첫째, 제390조가 규정하는 「채무의 내용에 좇은 이행을 하지 아니한 때」란 채권관계에서 발생하는 여러 의무를 당사자가 충실하게 이행하지 않은 때를 뜻한다고 넓게 해석해야 한다고 주장한다. 둘째, 신의칙의 권리창설기능에 따라 채권관계에 주된 의무인 급부의무 이외에 부수적 의무로서 보호의무 등을 부과하는 법규범의 확장을 할 수 있다는 이론을 주장한다.[3]

이 견해는 부수의무를 배려의무(配慮義務)·설명의무(說明義務)·교시의무(教示義務)·협동의무(協同義務)·보호의무(保護義務)·부작위의무(不作爲義務)로 분류한다. 그 중에서 보호의무는 타인의 신체나 재산을 급부의무의 발생전·발생중·발생후에 걸쳐 계약적 또는 계약 외적인 사회적 접촉에서 생기는 손해로부터 구할 의무로서 급부의무로부터 가장 먼 거리에 있

1) 윤형열, "채권법상 부수의무의 체계적 지위," 민사법학 14호 수록(1994년 12월 10일 민사법학회 발표).

2) 곽윤직, 86; 김석우, 125; 김용한, 155; 김주수, 135; 김형배(2판) 231; 장경학, 8; 현승종, 128. 단 김형배(2판), 35에서는 이를 보호의무라고 하며, 종된 급부의무를 부수적 주의의무라고 부른다.

3) 이영준, 앞의 글, 26에서는 신의성실의 원칙에 계약체결상의 과실이나 불완전이행에서와 같이 보충적 부수의무에 기하여 권리를 창설케 하는 기능이 있다고 한다.

는 행태의무(行態義務)라고 한다.[1] 또한 계약교섭시의 보호의무위반은 급부의무의 발생을 전제하지 않고도 채무불이행책임을 발생시킨다고 본다.[2] 학자마다 보호의무의 의미를 조금씩 다르게 사용한다고 볼 수도 있지만, 그것이 보호의무라고 표현되든 부수의무라고 표현되든 대체로 급부의무 외에 그와 관계 없는 행태의무를 채무의 개념 속에 포함시킨다는 점에서 공통점이 있다.

(나) 보호의무배제설 채무불이행은「주(主)된 급부의무」및「종(從)된 급부의무」를 위반한 경우에 인정되며, 급부의무과 관련이 없는 보호의무위반의 경우는 불법행위책임으로 처리되어야 한다는 견해이다. 독일민법학의 급부의무와 부수의무의 이원적 채무구조론은 독일법학 특유의 지나친 단절적 사고에 기인하는 이론으로서 한국인의 직관적·포괄적 사고체질에 조화되지 않는다고 한다.[3]

(다) 사 견 채무불이행은 급부의무(주된 급부의무와 종된 급부의무) 이외에 계약과 관련있는 부수의무 위반을 포함한다고 해석된다. 즉 부수의무 위반은 본래의 급부의 이행과 관련을 갖는 경우에 한해서 채무불이행책임으로 처리되는 것이 바람직하다고 생각하므로 절충설(折衷說)을 취한다.

첫째, 채무불이행에서 말하는 채무란 계약에서 합의된 본래의 급부와 관련을 갖는 것에 한정시키는 것이 채무불이행책임의 제도적 취지에 적합하다.

둘째, 급부의무에 종속된 주의의무는 그것 자체로서 독자적인 존재의의를 갖지 않고 급부의 이행을 완결시키는 과정에 몰입된다. 특정물채무자(매도인)가 선관의무(제374조)를 다하지 않은 경우에, 그로 인해 목적물이 멸실되어 전보배상을 해야 할 의무를 지거나 물건의 결함으로 인하여 야기된 확대손해를 배상할 의무를 지게 된다. 여객운송계약에서 운송인의 안전배려의무의 위반은 승객을 목적지까지 무사히 운송해 주지 못하는 결과를 야기하여 주된 급부의무를 다하지 못하게 될 뿐 아니라, 승객의 인체에 손해를

1) 이영준, 앞의 글, 36, 46.

2) 이영준, 앞의 글, 44; 권오승, "계약체결상의 과실책임," 월간고시 1988년 1월호. 반대설: 양창수, "계약체결상의 과실," 고시계 1986년 1월호.

3) 김준호, "채권법상 보호의무론의 전개," 월간고시 1990년 6월호, 105; 조규창, "민법 제390조와 적극적 채권침해," 곽윤직교수화갑기념 민법학논총, 353; 민법주해(9), 219(양창수 집필부분).

입혀 확대손해를 야기시키는데, 후자는 종된 급부의무의 일종인 안전배려의무의 위반에 해당하며 채무불이행책임으로 처리될 수 있다.

셋째, 급부의무와 관련이 없는 보호의무는 계약과 직접 관련이 없으므로 그 위반으로 인한 손해발생시 불법행위책임으로 처리하는 것이 바람직하며 또한 그것이 거래관념에 적합하다. 급부의무 밖의 보호의무는 그의 위반이 급부의 불이행과 연결됨 없이 독자적으로 상대방에게 손해를 입히므로 종된 급부의무와는 성질을 달리한다.[1] 이러한 보호의무는 채권관계의 밖에서 채권자나 채무자가 사회의 일원으로서 거래관행(去來慣行)에 따라 부담하는 주의의무일 뿐이다.

계약책임에서 문제삼는 채무는 당사자간에 약정한 급부의무가 중심이 되며 이것에 추가하여 법률의 규정이나 신의칙에 의해 부과되는 부수적 주의의무(부수의무)도 채무불이행책임의 영역에 포섭된다. 다시 말해서 계약상의 책임은 급부의무의 불이행과 부수의무의 위반의 두 가지를 기초로 발생한다. 다른 한편 보호의무라든가 안전배려의무라든가 하는 개념은 타인의 인체·재산을 보호하고 그 안전을 배려해야 한다는 의무의 내용에 중점을 두어 붙여진 것이다. 이들은 계약책임으로 분류해 넣기 위해 만들어진 개념인 급부의무·부수의무와는 차원을 달리한다. 채무불이행책임에 포섭할 것인가 아닌가의 판단은 계약책임의 본질에서부터 출발하여야 한다. 보호의무 중에서도 계약과 직접 관련을 갖는 것은 채무불이행책임에 포섭할 수 있지만 그렇지 않은 사회생활상 보호의무까지 채무불이행책임에 포섭하는 것은 옳지 않다. 그리고 계약이 체결되기 전이나 계약관계가 종료된 후에 발생한 보호의무위반을 채무불이행책임에 끌어 넣는 것은 책임체계를 흐트리는 결과로 될 것이다.

㈑ 판례의 입장　　판례는 몇몇의 계약유형에 관하여 신의칙상 부수의무로서 보호의무를 인정하고 그 위반의 경우에 채무불이행책임을 인정한

---

1) 학자에 따라서는 부수의무를 광의로 파악하여 급부의무에 종속된 주의의무도 부수의무에 포함시키기도 한다. 이영준, 앞의 글, 45에서는 급부의무를 보완하는 행태의무로서 배려의무와 급부의무의 이행을 준비하고 추진하며 보장하는 기능을 하는 협조의무를 부수의무에 속하는 것으로 설명함으로써 부수의무를 광의로 파악한다. 그러한 배려의무나 협조의무는 엄밀히 분류하면 종된 급부의무에 속하며, 급부의무 외의 부수의무인 보호의무와 구별한다. 그 밖에 부수의무에 관한 설명은 정기웅, "채권법상의 급부개념에 대한 고찰," 민사법학 7호, 1988; 潮見佳男, "債務不履行構造に關する一考察," 민상법잡지 제90권 3호·4호, 1984를 참조.

다. 판례가 말하는 보호의무는 종된 급부의무로서의 보호의무를 기리키는 것으로 이해된다. 숙박계약의 경우에 숙박업자는 객실의 제공의무 이외에도 더 나아가 고객에게 위험이 없는 안전하고 편리한 객실 및 관련시설을 제공함으로써, 고객의 안전을 배려하여야 할 의무를 지며 이러한 보호의무는 신의칙상의 부수적 의무이므로 이를 위반하면 불완전이행으로 인한 채무불이행책임을 진다고 판시하였다(여관화재사건: 대판 1994. 1. 28, 93다43590).[1)]

다른 한편 판례가 보호의무를 인정하고 그 위반의 경우에 불법행위책임을 인정한 사례도 있다. 증권회사와 고객 사이의 「포괄적 일임매매약정」의 경우에 "증권회사의 직원은 고객에 대하여 보호의무가 있어 선량한 관리자로서의 주의의무(충실의무)를 다하여야 할 것이고, 이를 위반하여 증권회사가 이러한 약정을 하였음을 기화로 고객의 이익을 무시하고 회사의 영업실적만을 증대시키기 위하여 무리하게 빈번한 회전매매를 함으로써 고객에게 손해를 입힌 경우에는 불법행위를 구성한다"고 판시하였다(대판 1996. 8. 23, 94다38119).[2)] 피고 대한적십자사가 헌혈혈액에 대한 에이즈검사를 하지 않고 수혈하여 에이즈감염된 사례에서, 피고는 에이즈검사의무가 법제화되기 이전에도 에이즈발생을 회피할 주의의무를 지고 있었으며, 이 의무위반으로 인한 불법행위책임을 져야 한다고 판시하였다(대판 1995. 8. 25, 94다47803).

독일의 학설변천

독일민법학에서는 채무불이행책임이 계약체결의 목적인 급부이익에 대한 침해에 한정하여 발생하는 것으로 이해하여 채무불이행을 이행지체와 이행불능의 두 가지만으로 나누어 규정하였다. 그러나 슈타우프(Staub) 교수에 의해 적극적 계약침해론이 주장되면서부터 학설은 독일민법전의 이행지체 · 이행불능의 이원적 구조를 부정하고 그 밖에도 다른 불이행유형이 있다고 생각하기 시작하

1) 이 판결에서 피해자가 채무불이행책임을 주장한 이유는 실화책임에 관한 법률이 가해자에게 중대한 과실이 없으면 불법행위로 인한 손해배상책임을 부담시키지 않고 있기 때문에 불법행위책임을 묻는 것이 어렵기 때문이다. 채무불이행책임의 경우에는 채무자의 통상의 과실이 있는 경우에도 손해배상이 인정될 수 있다. 판례평석: 김상용, "채무자의 보호의무위반으로 인한 불완전이행의 성립," 사법행정 1994년 7월호, 48에서는 "채권자의 인신 및 재산상의 손해발생방지를 위한 채무자의 보호의무를 부수적 의무로 파악한 것은 재고의 여지가 있다"고 비판하고 "투숙객의 화재에 의한 사망은 급부실현과는 직접 관련이 없는 채권자의 인신에 대한 손해발생방지의무이기 때문이다"라고 하였다.

2) 판례평석: 권순일, "투자권유와 증권회사의 고객에 대한 보호의무," 저스티스 제31권 2호, 141 이하. 유사한 사례, 대판 2003. 1. 24, 2001다2129.

였다.[1] 적극적 계약침해론의 주장 후 학설은 급부이익 이외의 일반적 법익(완전성이익)에 대한 침해가 있는 경우도 그를 확대손해(擴大損害) 또는 부가손해(附加損害)라고 부르면서 채무불이행책임의 영역에 집어 넣었다. 이와 같이 초기의 적극적 계약침해론은 확대된 손해의 발생에 초점을 맞추어 이론을 전개하였다.

그 후 책임론은 채무의 개념이 급부의무 이외의 주의의무로 확대됨으로써 채무불이행책임으로 처리되는 영역을 확장하는 쪽으로 방향을 바꾸었다. 독일 민법학자 슈톨(Heinrich Stoll) 교수는 부수손해는 급부의무(Leistungspflicht)의 불이행이 아니라 그것과 별개인 보호의무(Schutzpflicht)의 위반으로 생긴다고 분석하였다.[2] 급부의무는 계약으로 설정된 급부이익의 실현이라는 채무관계의 적극적 목적에 기초하는 반면에 보호의무는 교환관계인 급부관계에 기초하는 것이 아니라 신뢰관계(Vertrauensverhältnis)로서의 채무관계에 기초한다고 한다. 그의 이론은 급부의무와 보호의무를 성격과 발생기초 등의 면에서 명확하게 구별하여 설명해 주었을 뿐 아니라, 그의 후학들에게 두 의무가 본질적으로 다른 것임을 인식하게끔 자극하였다.

1930년대 이후의 독일민법학은 채무불이행책임을 최대한 확장하였는데, 그의 기본적인 방향은 다음과 같다. ① 채무는 급부의무 이외에 여러 가지의 행태의무, 즉 배려의무 · 설명의무 · 교시의무 · 협동의무 · 보호의무 · 부작위의무를 포함하는 것으로 설명되었다. 이러한 채무의 확장은 적극적 채권침해(積極的 債權侵害)라는 불이행유형을 만들었고, 제조물책임을 채무불이행책임으로 구성하려는 이론 등으로 발전하였다. ② 채무불이행책임의 발생시기는 종전의 「계약존속기간」에서 「계약체결의 전후를 포함하는 시기」로 확장되었다. 즉 계약체결을 위한 교섭당사자도 교섭상대방에 대하여 보호의무 등의 행태의무를 지며(계약체결상의 과실책임론), 계약이 소멸(무효, 취소, 종료 등)하여도 계약당사자는 상대방에 대한 계약상의 책임을 진다고 설명되었다(계약종료 후의 과실책임론). ③ 채무불이행책임에서의 손해배상청구권자는 계약당사자 이외의 제3자에까지 확장된다고 설명되었다(제3자보호효를 갖는 계약에 관한 이론).

---

1) 독일민법학의 적극적 채권침해에 관한 연구는 순수하게 실제거래계에 나타난 채무의 불이행의 모습을 탐구하는 데에 목적을 두지 않고, 독일민법상 불법행위책임법의 미비점을 보충하기 위해 채무불이행책임을 확장하는 데에 치중하였다. 즉 채무자에게 당사자의 합의에 의해 부담하는 급부의무 이외에 신의칙에 기초한 광범위한 부수적 주의의무를 학설상 부과하고 채무불이행책임을 그러한 부수의무위반의 손해배상책임으로서 변용시켜 나갔다. 이러한 이론구성은 채무불이행책임의 초점을 불이행사실로부터 부수적 주의의무로 옮기게끔 작용하였다. 이것은 채무불이행책임이 기본적으로 계약채무의 불이행에 대한 책임이라는 점을 망각하게 하는 오도로서 계약책임을 법정채무관계와 유사하게 왜곡시킬 우려가 있다. 더욱이 최근에는 계약체결 전과 계약종료 후에 걸쳐 계약관계를 의제하여 채무불이행책임의 시간적 확장을 꾀하는 이론까지 등장하였다. von Bar, "Nachwirkende," *Vertragspflichten, AcP* 179 (1979, 452ff.: E. Picker, Positive Forderungsverletzung und culpa in contrahendo - Zur Problematik der Haftungen "zwischen" Vertrag und Delikt, *AcP* 183(1983), S. 169ff.

2) H. Stoll, Abschied von der Lehre von der positive Vertragsverletzung, *AcP* 136(1932), S. 287ff.

1960년대에 들어 계약체결상의 과실, 적극적 채권침해, 제3자보호효를 갖는 계약, 제조물책임을 동일한 성질의 보호의무위반으로 보아 신뢰책임(信賴責任)이라는 통일된 법리(채무불이행책임과 불법행위책임이 아닌 제3의 책임체계)로 규율하자는 이론이 주장되기 시작하였다. 그 이론의 대표자로서 카나리스(Canaris) 교수를 들 수 있는데, 그는 통일적 보호관계론(統一的 保護關係論; Theorie des einheitlichen Schutzverhältnisses)을 제창하였다.[1] 이 이론은 보호의무위반을 급부관계에서 분리시켜 독자적인 책임이론으로서 설명한다. 그리고 이 이론은 계약책임이 법률행위에 의해 설정된 의무에 위반한 의사적 책임의 부분과 특별한 접촉에 의해 생기는 결합관계에 대해 법질서가 부여하는 의무를 위반한 신뢰책임의 두 부분으로 나누어져야 한다고 본다. 다른 한편 보호의무위반의 경우에는 당사자의 결합관계가 계약체결과 관련된 목적적 접촉중에 형성되었기 때문에 불법행위책임과 다르다고 한다. 그 결과 보호의무는 불법행위법에서의 사회생활상 주의의무보다 높은 주의정도를 요구한다고 한다. 보호의무위반의 효과인 책임내용에 대하여는 계약책임규범이 부분적으로 타당하기 때문에 그와 연결시킬 필요가 있다고 하며, 그 밖에 불법행위규범도 부분적으로 적용된다고 한다.

1980년대에는 활발한 비교법 연구결과 적극적 채권침해론, 계약체결상의 과실론 등이 독일민법학에 특유한 이론이라는 점이 인식되면서 그의 당부가 논의되기 시작하였다. 특히 계약체결의 전후에 부담한다는 보호의무의 본질에 대한 의문이 높아졌다. 또한 채무불이행책임에서도 사회생활상 주의의무에 관한 학설 · 판례가 발달함에 따라 피해자의 과실증명책임이 완화되어 구태여 채무불이행책임을 빌려 쓸 필요가 적어지게 되었다. 계약체결상의 과실을 중심으로 하는 계약책임의 확대가 불법행위법의 난점을 회피하기 위한 것이었다고 인식되었고, 본래 불법행위책임의 문제는 불법행위법의 개선으로 해결하자는 의견이 높아지고 있다.

피커(Picker) 교수는 급부의무를 자율적 결정에 의한 의무로, 그리고 보호의무를 타율적 결정에 의한 의무로 나눈다. 그리고 법률행위에 의해 설정되는 의무는 자율적 결정에 의한 급부의무에 한정되어야 한다고 주장한다. 타율적 의무는 모두 법정의 의무로서 묶어 급부의무와 대치시킨다. 그 법정의 의무 중에는 일반적 법익을 보호하고자 하는 부분과 특별결합의 법익을 보호하고자 하는 부분이 있다고 한다. 그러나 카나리스 교수와 같이 법정의 의무를 제3의 책임으

1) Canaris, Anspruche wegen "positiver Vertragsverletzung" und "Schutzwirkung für Dritte" bei nichtigen Vertragen-Zugleich ein Beitrag zur Vereinheitlichung der Regeln über die Schutzpflichtverletzungen, *JZ* 1965, 475; Canaris, *Die Vertrauenshaftung im deutschen Privatrecht*, 1971. 같은 취지: Thiele, Leistungsstörung und Schutzpflicht, *JZ* 1967, 649; 김학동, "신뢰책임의 체계," 저스티스 제20권, 1987. 50.

로 분리하여 구성하는 이론을 제시하지는 않는다.[1)]

이상에 소개한 독일의 이론을 종합해 볼 때 행태의무위반으로 인한 법익침해를 어떤 책임체계로 규율할 것인가에 관하여 다음의 견해가 대립된다. ① 행태의무를 채무의 내용에 포함시켜 그의 위반으로 인한 손해를 채무불이행책임으로 처리하려는 견해, ② 채무불이행책임을 급부의무위반의 경우로 한정하고, 행태의무위반으로 인한 일반법익침해는 불법행위책임으로 처리되어야 한다는 견해, ③ 계약과 관련하여 계약상대방이나 제3자에게 입힌 손해를 채무불이행책임이나 불법행위책임과 별개의 제3의 책임체계로 설정하는 견해 등이다.

1) E. Picker, Vertragliche und deliktische Schadenshaftung, *JZ* 22/1987.

제2절 채무불이행책임의 요건

§18. 책임요건 개설

1. 일반조항주의

(1) 민법 제390조의 일반조항성

민법은 채무불이행책임의 발생요건을 하나의 일반조항(제390조)으로서 규율하는 입법형식를 취한다.[1] 즉 채무불이행책임에 관하여 개개의 구성요건을 열거하는 입법태도(열거주의)를 취하지 않고, 하나의 포괄적 원칙을 제시함으로써 추상적으로 규율하는 입법주의(일반조항주의. 포괄조항주의)를 취한다. 민법 제390조의 「채무의 내용에 좇은 이행을 하지 아니한 때」라는 불확정개념은 모든 채무불이행의 모습을 그 안에 포용할 수 있다.

(2) 일반조항의 장단점

일반조항(一般條項)은 책임법이 사회생활에서 일어나는 모든 책임문제에 탄력적으로 대응할 수 있으며 법이 사회의 변화에 쉽게 적응할 수 있다는 장점을 가진다. 다만 법률에서 사용하는 책임요건이 지나치게 불확정적이고 추상적이어서 국민들이 어떤 경우에 그 요건을 충족시킬 것인가를 법률만으로는 쉽게 알 수 없다는 단점을 가지나, 학설과 판례에 의해 채무불이행의 모습이 유형화 · 구체화됨으로써 이 문제는 극복될 수 있다.

독일민법개정과 유럽통일계약법원칙

(Ⅰ) 2002년 개정된 독일민법　　종래 독일민법은 이행지체와 이행불능의 두 개의 채무불이행유형에 대해서 각각의 요건 · 효과를 규정하는 개별구성요건의 열거주의를 취하고 있었고(독민 제280조. 제286조), 불완전이행은 학설에 의해 채무불이행

---

1) 민법의 채무불이행규정의 입법의도에 대하여는 김형배, 앞의 글, 303 이하에 상세히 설명되어 있음.

의 한 유형으로서 인정하고 있었다. 그러나 1980년 이후 국제통일매매협약을 본받아 이를 일반조항주의로 개정하자는 의견이 계속 제기되었다. 학자들도 채권법개정의견서에서 일반조항주의가 구성 및 체계면에서 명확하며 일관성을 가지므로 법정책적으로 우수한 것이라고 평가하였다.

이에 따라 독일민법은 대폭적 개정으로 아주 새로워진 채권법을 갖게 되었다(2002. 1. 1 발효). 즉, ① 채무불이행법의 개혁: 채무자의 고의 · 과실에 기인한 채무불이행(급부장애)을 총체적으로 '의무위반'(Pflichtverletzung)개념으로 파악하고(종전의 개별유형의 규정방식을 버렸음), 이 의무위반을 기초로 채권자에게 손해배상청구권 등의 구제수단을 부여하고 있다. ② 계약해제법의 개혁: 채무이행이 아예 불가능한 때, 이행을 기대할 수 없을 때 또는 채권자에게 그 이행이 필요 없게 된 때에 채권자는 채무자의 귀책사유가 없더라도 해제권을 갖는다. ③ 불능으로 인한 해방효: 원시적 및 후발적 불능, 객관적 및 주관적 불능, 귀책사유 있는 또는 없는 불능 등 모든 급부불능의 경우에 채무자는 주된 급부의무로부터 해방된다. 이는 계약체결 후 인도일 이전에 채무자의 과실로 인한 목적물 멸실의 경우에 채무자에게 (원래)급부의 이행판결을 내리는 것은 무의미한 일로서, 없는 목적물을 이행하라는 판결의 집행은 불가능하기 때문이다. 행위기초상실의 경우 채무자를 계약에 구속시키는 것이 기대불가능한 때에는 해방효를 인정하는 명문규정을 두었다(독민 313조). ④ 담보책임과 채무불이행책임의 통합: 과거 채권각칙의 매매와 도급에 규정되었던 하자담보책임을 채권총칙의 채무불이행규정에 포용하였다. ⑤ 채권관계에 기한 손해배상규정의 통합: 법률행위에 기한 채권관계와 법정채권관계에 기한 손해배상청구권을 통일적으로 규정하였다. 또한 이행지체와 하자담보책임뿐 아니라 이행과 관련한 생명, 신체, 소유권침해, 기타 재산손해도 배상의 기본원칙은 같다.

(2) 유럽통일계약법원칙 유럽법의 통일을 도모하기 위한 사업의 일환으로 「유럽계약법위원회」가 결성되었다. 1995년 이 위원회에서는 유럽통일계약법원칙(The Principles of European Contract Law, Part 1)을 성안하였다. 이러한 유럽의 통일계약법원칙은 채무불이행에 관해서 일반조항을 두고 있다.

2. 기본적 책임요건

채무불이행책임의 성립요건은 민법 제390조를 기초로 하나의 통일된 체계로 설명되어야 한다. 채무불이행책임이 성립하기 위해 필요한 세 가지

요건은 다음과 같다.

(1) 불 이 행

채무의 내용에 따른 이행이 없을 것은 채무불이행책임이 발생하는 데에 가장 핵심이 되는 요건이다. 불이행의 개념에 귀책사유의 개념을 희석시킬 필요가 없이 채무불이행을 「채무자가 채무의 내용에 좇은 이행을 하지 않은 상태」로 파악해야 한다.[1] 채무불이행의 유형은 「불이행(不履行)」이라는 책임요건을 구체적으로 파악하기 위한 해석방법에 머물러야 하고, 이행지체 · 이행불능 · 불완전이행의 각 유형별로 완전히 분리하여 책임발생을 논하는 것은 일반조항주의를 취하는 민법의 취지에 어긋난다.[2]

(2) 귀책사유

채무자의 고의나 과실 없이 불이행이 생기지 않았을 것이 요구된다. 채무자의 귀책사유(歸責事由)의 부존재(不存在)는 채무불이행책임의 소극적 요건이다. 귀책사유의 존재가 적극적으로 요구되는 것이 아니라, 불가항력의 경우에 면책되는 요건이 된다. 이행보조자의 고의 · 과실은 채무자의 고의 · 과실로 간주된다(제391조). 귀책사유는 불이행과 별도로 손해배상책임(채무불이행책임)을 발생시키는 또 다른 요건으로서 이해하여야 한다. 그럼으로써 불이행의 다른 효과 — 강제이행의 청구, 계약해제권의 발생 — 에 관하여 각각의 제도에 상응하는 요건(귀책사유의 필요 여부 등)을 음미할 수 있게 된다.[3]

(3) 손해발생 및 인과관계

불이행으로 인하여 손해가 발생했을 것이 요구된다. 민법 제390조에는

---

1) 종래에는 「채무불이행」을 「귀책사유 있는 불이행」으로서 채무불이행책임의 요건을 충족한 경우를 가리킨다고 설명하였다. 곽윤직, 85; 김기선, 144; 김석우, 103; 김용한, 199; 김주수, 105; 김증한, 53; 김증한 · 김학동, 77; 이태재, 104; 현승종, 105. 급부장애와 채무불이행을 구별하여 전자는 마땅히 행하여져야 할 「이행」과 「현실」 사이의 객관적인 불일치 상태를, 그리고 후자는 일정한 법적 요건을 갖추어 법적 효과가 채무자에게 귀속되는 급부장애를 가리킨다고 설명하는 견해도 있다. 김형배(2판), 150 이하.

2) 종래의 민법학에서처럼 이행지체, 이행불능, 불완전이행 등 개별적 유형마다 각각의 요건과 효과를 설명함은 채무불이행책임의 통일적 체계를 흐트린다. 종래에는 채권자지체를 채무불이행의 한 형태로서 포함시켰는데, 그것은 채무불이행책임이 채무자의 불이행에 대한 손해배상을 목적으로 한다는 채무불이행책임의 성격을 파악하지 못한 데서 연유하는 오류였다고 여겨진다. 채권자지체는 채무불이행책임과 별개로 파악하는 것이 옳다.

3) 예를 들면 강제이행을 다수설은 채무불이행, 즉 귀책사유 있는 불이행의 효과로서 파악한다. 곽윤직, 128; 김석우, 140; 김용한, 179 이하; 김주수, 148 이하; 김증한, 79 이하; 현승종, 146 이하. 그와 반대로 김형배, 앞의 글, 336~338에서는 강제이행의 요건으로서 불이행에 대한 채무자의 귀책사유를 요건으로 열거하지 않는다(김증한 · 김학동, 116도 같은 취지).

불이행과 귀책사유의 요건이 규정되어 있을 뿐이지만, 채무불이행책임이 손해배상의무의 발생을 목적으로 한다는 책임의 본질상 손해발생(損害發生) 및 인과관계(因果關係)의 요건도 필요하다. 채무불이행책임의 효과는 원칙적으로 손해배상의무 하나뿐이다. 손해배상책임은 「책임성립」과 「배상범위결정」의 두 단계를 거쳐서 확정된다. 손해배상액을 결정하기 위해서는 채무불이행책임의 성립요건을 검토하는 일 외에 「손해배상범위의 결정」이라는 단계를 거쳐야 한다(이 부분은 「손해배상」의 절에서 설명됨).

채무불이행규정의 개정의견

2004년 민법개정안에서는 제390조의 채무불이행과 손해배상의 규정을 다음과 같이 개정할 것을 제안하였다. 즉 "채무자가 채무의 내용에 좇은 이행을 하지 아니한 때에는 채무자는 손해배상을 청구할 수 있다. 그러나 채무자의 고의나 과실없이 그 이행이 이루어지지 아니한 때에는 그러하지 아니하다." 그리고 제390조 단서 중 "이행할 수 없게 된"을 "이행하지 아니한" 또는 "전단의 이행을 하지 아니한"으로 개정하자고 제안하였다.

현행 규정의 해석론에서 본조 단서를 이행불능에 관한 귀책사유의 규정으로 보고, 이행지체와 불완전이행에 관하여는 귀책사유에 관한 요건의 명시규정이 없는 것으로 해석하고 있으며, 이를 어려운 이론구성에 의하여 보충하고 있는데, 이러한 해석상의 어려움을 제거하기 위해서는 채무불이행의 세 유형에 모두 귀책사유가 성립요건이 될 수 있도록 표현의 정정이 필요하다는 것이다.

3. 불이행과 손해배상의 유형화

(1) 유형화의 필요성

불확정 개념에 의해 구성된 일반조항은 거래실태를 기초로 유형화됨으로써 그 법해석이 구체성과 일관성을 지닐 수 있다.[1] 민법 제390조에서 사

1) 개념과 유형은 본래 구별되는 것이라고 한다. 개념(Begriff)은 생활의 연속된 흐름을 외연적으로 한정하여 획일화한 정의임에 반하여, 유형(Typus)은 개별적인 현상들을 정도의 차이에 따라 여러 단계로 나누고 특징지우는 풀이라고 한다. 그러므로 개념에 대하여는 형식논리에 의한 엄밀한 판단과 새로운 것의 포섭(Subsumieren)이 가능한 반면, 유형에 대하여는 비교가능한 구체적 사항들을 유사성에 따라 귀속(Zuordnen)시키고 다른 유형과 대비시킬 수 있을 뿐이라고 한다. 그리고 유형론은 가다머(Gadamer)의 존재론적 해석론(ontologische Hermeneutik)과 관련이 있다고 한다. 김지수, "법비교의

용된 불확정개념 중 특히 유형화를 필요로 하는 개념은「불이행」이다.[1] 민법 제390조는「불이행」에 대한 효과로서「손해배상」을 규정할 따름이다. 그런데 이러한 일반조항 아래서 다양한 거래실태를 좀더 효율적으로 규율하기 위해서 불이행을 몇 가지로 분류하고, 손해도 몇 가지로 분류하는 것이 필요하다. 불이행은 통상 이행지체(履行遲滯), 이행불능(履行不能), 불완전이행(不完全履行)의 세 가지로 분류되며, 손해배상은 지연배상(遲延賠償), 전보배상(塡補賠償), 확대손해배상(擴大損害賠償)의 세 가지로 분류되며, 그 상호간에는 다음과 같은 관계가 성립한다.

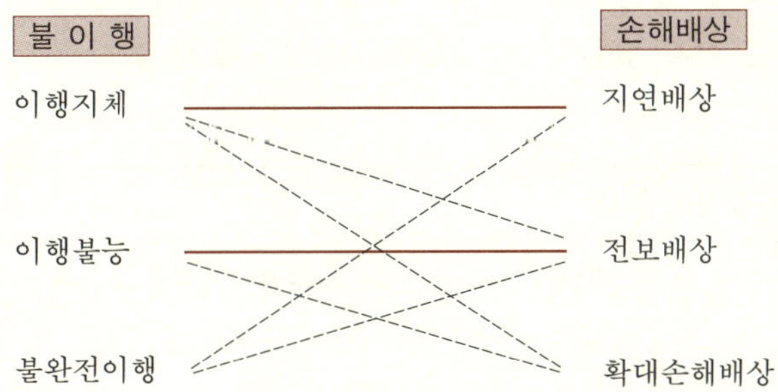

(위의 표에서 ——— 는 통상적 관계를 나타냄)

(2) 일반조항주의에서 유형화의 의미

어떤 법률관계를 유형화하여 고찰할 필요성이란 거래실상이 몇 가지의 집단(그룹)으로 전형화되어 나타나는 것이 일상화되었을 때 비로소 느껴지게 된다. 그런데 사회적으로 제기되는 유형화작업의 동기가 유사하더라도 유형화작업 이후의 법적 효과는 그 유형화작업이 법률에 의해 고정되어 있느냐, 또는 그렇지 않고 유동적인 채로 남아 있느냐에 따라 다르게 된다. 독일과 같은 개별구성요건의 열거주의 아래에서의 불이행유형의 구분과 우리의 일반조항주의 아래서의 불이행의 유형화는 서로 다른 내용 및 기능을 담

방법과 유형론의 관계," 황산덕박사화갑기념 법철학과 형법, 1979, 124 이하; 青井秀夫, "法における類型の問題への一試論," 동북대학 법학 제49권 4호부터 계속(1985).

1) 그것은 다른 측면에서 볼 때에는 법학에 맡겨진 자유로운 개념이기도 하다. 법학상 자유로운 개념에 관해서는 Engisch, Die Idee der Konkretisierung im Recht und Rechtswissenschaft unserer Zeit, 1968을 참조.

당한다.[1)]

일반조항에서의 유형화는 요건과 효과를 상호 교환하거나 공유할 수 있다는 장점을 가진다. 각 유형에 대하여 전형적으로 발생되는 효과라는 「통상적 관계」는 존재하지만, 어떤 효과가 한 유형에만 대입되어야 한다는 「전속적 구속」은 없다. ① 이행지체의 경우에는 지연배상이 발생하는 것이 원칙이지만 전보배상과 확대손해를 배상하는 경우도 종종 생긴다. ② 이행불능의 경우에는 원칙적으로 전보배상을 하게 되지만, 경우에 따라서 확대손해배상을 하는 경우도 생긴다. 그러나 지연손해는 이행불능의 전보배상에 포함되는 것으로 해석된다. ③ 불완전이행의 경우에는 지연배상 및 확대손해배상을 하는 것이 보통이지만, 불완전한 급부로 계약목적을 달성할 수 없을 경우에는 이를 반환하고 전보배상을 청구할 수 있다.[2)]

기타의 채무불이행 유형

민법학에서 채무불이행을 이행지체, 이행불능, 불완전이행의 세 유형으로 분류해 왔으나 그 유형들로서 포섭되지 않는 사례가 발견되고 있다. 이 사례들을 묶어 새로운 채무불이행유형을 발견해 내는 작업이 전개될 필요가 있다. 그간 민법학에서 발견된 유형은 다음의 것들이다.

(1) 부작위의무의 위반 부작위의무의 위반은 그 위반결과에 따라서 이행지체 또는 이행불능에 포섭되는 경우도 있으나, 지체나 불능으로 설명될 수 없는 경우가 많다. 건축금지에 위반하여 건물을 신축한 경우 및 경업금지의무를 위반하여 경쟁사업을 계속하는 경우 등을 지체, 불능, 불완전이행의 기존유형으로 처리하기보다는 별개의 불이행유형으로 파악하여 그 손해를 산정해 내는 편

1) 독일에서는 이행지체 · 이행불능 · 불완전이행의 유형별로 각각의 요건과 효과가 독립의 체계를 갖고 규정되거나 설명된다. 그러므로 그 곳에서는 이행지체의 요건을 갖춘 경우에는 이행지체의 효과만이 발생하고, 절대 이행불능의 효과나 불완전이행의 효과는 발생할 수 없다. 즉 각각의 유형에 대하여 개별적으로 요건이 정해지며, 또한 각 유형에 대하여 독자적인 효과가 대입된다. 그러므로 유형 상호간에 효과를 교환하거나 공유하는 것은 허용되지 않는다.

2) 종래의 교과서들은 통상적인 유형별 효과를 다음과 같이 분류했다. 「이행지체」에 대하여는 「지연배상과 예외적으로 전보배상」을, 「이행불능」에 대하여는 「전보배상」을, 그리고 「불완전이행」에 대하여는 「확대손해배상」을 대입시켜 왔다. 그러나 이러한 원칙을 세워 놓고 나서는 불완전이행의 효과의 문제로 고심해 왔다. 일부지체나 일부불능을 요건의 측면에서는 불완전이행의 유형 내에 분류시키고 나서 효과의 측면에서는 이행지체나 이행불능의 효과를 빌려다 쓰는 매우 어색한 이론을 전개하고 있다. 이렇듯 다수설이 각 유형별로 효과를 고정하고자 하는 사고는 포괄조항주의에 맞지 않는다.

이 그로 인한 손해배상청구를 합리적으로 규율할 수 있다.[1)]

(2) 이행거절　채무자가 채무를 이행하지 않을 의사를 진지하고 종국적으로 표시함으로써 채권자로 하여금 객관적으로 채무자의 임의이행을 기대할 수 없게 되는 경우를 이행거절(履行拒絶)이라는 별개의 유형으로 파악해야 한다는 견해가 있다.[2)] 쌍무계약에서 이행거절을 하는 채무자는 상대방의 반대급부도 수령하지 않을 뜻을 밝히게 된다(제460조 단서 참조). 쌍무계약에서 이행거절은 상대방이 변제기의 도래를 기다리거나 반대급부의 변제제공을 할 필요 없이 채무자에 대하여 손해배상청구를 할 수 있다는 효과를 가진다. 판례도 계약상 채무자가 계약을 이행하지 아니할 의사를 명백히 표시한 경우에 채권자는 신의성실의 원칙상 이행기 전이라도 이행의 최고 없이 채무자의 이행거절을 이유로 계약을 해제하거나 채무자를 상대로 손해배상을 청구할 수 있고, 채무자가 계약을 이행하지 아니할 의사를 명백히 표시하였는지 여부는 계약 이행에 관한 당사자의 행동과 계약 전후의 구체적인 사정 등을 종합적으로 살펴서 판단하여야 한다고 한다(대판 2005. 8. 19, 2004다53173; 대판 2007. 9. 20, 2005다63337).

(3) 이행가해　이행가해를 별개의 채무불이행유형으로 보는 견해도 있다.[3)] 이 견해에 의하면 이행가해(履行加害)란 채무자의 급부가 부적절하여 이행이익을 초과하거나 이행이익과 별도의 손해를 야기한 경우를 말한다. 즉 불완전이행을 통상의 불완전이행과 부가손해가 있는 이행가해로 나누는 것이다. 이러한 분류는 계속적 채권관계에서 특히 의미를 가진다고 한다. 이행가해는 부적절한 급부와 부가적 손해 사이에 내적 · 사물적 관련성이 있다는 점에서 불법행위와 구별된다고 한다.

---

1) 지원림, "채무불이행유형에 관한 연구," 민사법학 15호, 1997, 399에서는 부작위의무의 위반을 별개의 채무불이행유형으로 파악하는 것에 반대한다. 건축금지의 부작위의무위반으로 기존건물에 균열이 가는 손해는 이행가해에 해당한다고 본다.

2) 민법주해(9), 227, 311(양창수 집필부분).

3) 지원림, 민법강의 제5판, 828면

§19. 불 이 행

1. 이행지체

(1) 개　　념

㈎ 변제제공과 이행지체　　채무이행이 객관적으로 가능함에도 불구하고 채무자가 변제기에 변제의 제공을 하지 않은 상태를 이행지체(履行遲滯)라고 한다. 채무자는 변제의 제공을 함으로써 채무불이행책임을 면할 수 있으며(제461조), 그 변제제공을 하지 않은 때에는 채무불이행책임을 짐이 원칙이다. 따라서 이행지체가 있었는가를 판단하기 위해서는 채무자의 유효한 변제제공이 있었는가를 살펴보아야 한다. 채무자가 변제제공을 했음에도 불구하고 채권자의 수령거절, 수령불능의 사유로 인하여 변제가 완료되지 못한 경우는 채권자지체로서 채권자는 채무자에게 채무불이행책임은 물을 수 없으며 보관비용, 선관의무의 경감 등의 불이익도 감수해야 한다.

㈏ 지체중 이행불능　　이행이 객관적으로 가능함에도 불구하고 변제제공하지 않은 경우만을 이행지체로 파악하며, 이행이 불가능하여 변제제공하지 못한 경우는 이행불능으로 다룬다. 이행지체중(履行遲滯中)의 이행불능(履行不能)은 통상 이행불능의 문제로서 다루어진다. 이행지체와 이행불능을 구별하는 가장 중요한 이유는 채무불이행책임상 이행지체에서는 원칙적으로 지연손해가 문제되는 데에 반하여, 이행불능에서는 전보손해가 주로 문제된다는 점에 있다.

㈐ 본래급부청구의 원칙　　채무자가 채무를 변제기에 이행하지 않은 경우에 채권자는 급부가 가능한 한 먼저 본래급부(本來給付)를 청구해야 함이 원칙인데, 이를 가리켜 본래급부우선청구(本來給付優先請求)의 원칙이라고 한다.[1] 민법은 이 원칙을 직접적으로 표현하지 않으나, 이행지체시 전보배상을 청구할 수 있는 경우를 제한함으로써 간접적으로 규정한다(제395조).

---

1) 로마법에서는 이 본래급부우선청구의 원칙을 「condemnatio pecuniaria」라고 하며, 독일법에서는 이 원칙을 「Naturalkondemnation」이라 칭한다. Medicus, *Schuldrecht I*, S. 8.

(2) 변제기와 이행지체

㈎ 변제기의 의의 변제기란 채무자가 채무를 이행해야 할 시기, 즉 채무자가 변제제공을 해야 할 시기를 말하는데 변제기(辨濟期) 또는 이행기(履行期)라고도 한다. 「이행을 할 수 있는 시기」와 「이행을 해야 할 시기」는 다르다. 변제기는 채무자가 늦어도 그 때까지 「이행을 해야 할 시기」를 의미한다. 채무는 그 변제기와 관련하여 「확정기한 있는 채무」, 「불확정기한 있는 채무」, 「기한의 정함이 없는 채무」의 세 종류로 구분한다.

1) 변제기의 결정방법 변제기는 당사자의 의사표시, 거래관행, 채무의 성질, 법률의 규정(제603조, 제613조, 제635조, 제660조, 제698조 등)에 의해 결정된다. 확정기한이나 불확정기한과 같은 변제기의 약정이 없는 경우에는 기한 없는 채무가 될 가능성이 높다. 상거래에 있어서 법령이나 관습에 의해 영업시간이 정해져 있는 때에는 채무의 이행 및 이행청구는 그 시간 내에 해야 한다(상법 제63조). 불법행위로 인한 손해배상의무는 손해발생과 동시에 변제기가 도래한 것으로 본다(같은 취지: 대판 1966. 10. 21, 64다1102).

2) 변제기 전의 효과 채무자는 변제기 전에도 이행할 수 있음이 원칙이다. 당사자의 특별한 의사표시가 없으면 변제기 전(前)이라도 채무자는 변제할 수 있지만, 상대방의 손해는 배상하여야 한다(제468조). 채권자는 변제기전에도 급부청구권을 가지며, 이에 관해 확인(確認)의 소를 구할 수 있다. 채무이행을 미리 청구할 필요(소의 이익)가 있는 경우에, 채권자는 장래이행의 소를 제기할 수 있다. 그러나 변제기가 도래하기 전에 현실로 이행할 것을 청구하거나 강제집행할 수 없다.

3) 변제기 후의 효과 변제기의 도래는 다음의 효과를 낳는다. ① 채무자가 변제기에 이행하지 않으면 이행지체로 되어 채무불이행책임을 지게 된다. 즉 채무자는 귀책사유로 이행하지 않은 채 변제기를 넘긴 경우, 그로 인한 지연손해를 배상할 의무를 진다. 채무자가 변제기에 변제의 제공을 했음에도 불구하고, 채권자가 수령하지 않으면 채무자에게는 채무불이행책임이 면제되고 채권자에게 채권자지체에 의한 불이익이 부과된다. ② 채권자와 채무자가 상호 동종(同種)의 채무를 부담하는 경우에 두 채무의 변제기가 모두 도래하였거나 또는 상대방채무의 변제기만이 도래한 경우에 상계가 가능한 상태(상계적상)로 된다(제492조). ③ 쌍무계약에서 상환채무 두 개가

모두 변제기에 이른 때에는 다른 약정이 없는 한 동시이행의 항변권이 인정된다. ④ 채무자는 기한의 이익을 포기함으로써 변제기 도래 이전에 변제의 제공을 할 수 있음이 원칙이지만, 채권자는 변제기 이전에 이행청구할 수 없다. ⑤ 채무자가 변제기에 이행하지 않은 경우에 채권자는 상당기간을 정하여 최고하고, 그 기간 내에 이행이 없으면 전보배상(塡補賠償)을 청구하거나 계약을 해제할 권리를 갖게 된다(제544조). ⑥ 계약의 성질 또는 당사자의 의사표시에 의하여 일정한 기일 또는 일정한 기간 내에 이행하지 않으면 계약의 목적을 달성할 수 없는 경우(정기행위)에 채무자가 변제기에 이행하지 않으면 곧 전보배상을 해야 할 의무를 지게 되며, 채권자는 최고(催告) 없이 계약해제권(契約解除權)을 갖게 된다(제395조, 제545조). ⑦ 채권의 소멸시효는 변제기가 도래한 때부터 진행한다(제166조).

(나) 변제기의 종류에 따른 이행지체의 시점 변제기는 「확정기한의 채무」, 「불확정기한의 채무」, 「기한 없는 채무」의 세 종류로 분류되며, 각 유형에 따라 이행지체에 빠지는 요건과 시기가 달라진다.

1) 확정기한의 채무 명확히 확정할 수 있는 때를 변제기로 정한 경우를 확정기한(確定期限)의 채무라고 한다. 예를 들면 ○년 ○월 ○일, 채권성립으로부터 5개월 후, 매월 첫째 월요일 등이다.

채무이행의 확정된 기한이 있는 경우에 채무자는 기한이 도래한 때로부터 지체책임이 있다(제387조 1항 전문).[1] 변제기 당일까지 변제하면 되므로, 이행지체책임이 발생하는 것은 그 다음날(익일)부터이다. 채권자는 채무자에게 확정기한의 도래를 알리거나 이행청구를 별도로 할 필요가 없이 이행이 없는 채 기한이 경과하면 바로 채무자에게 채무불이행책임을 추궁할 수 있다.[2] 따라서 채무자가 선이행의무의 확정기한인 이행기를 지나면 바로 이행지체에 빠진다 할 것이고, 일단 이행지체에 빠진 이상 그 후 채권자가 채무의 일부를 수령하였다고 하여 이행지체의 효과가 없어지고 기한의 정함이 없는

1) 로마법에서는 확정기한채무에 있어서도 최고를 요구했으나 독일민법은 "기한은 사람에 갈음하여 최고한다"를 원칙을 취했다.

2) 지급금지와 이행지체: 채권에 권리질권이 설정되거나 압류, 가압류된 경우에 채무자는 채권자에게 변제하는 것이 금지되지만 그렇다고 하여 변제기에 변제제공하지 않아도 이행지체책임을 면하는 것은 아니다. 채무자는 변제공탁을 함으로써 이행지체책임을 면할 수 있다.

채권의 가압류는 제3채무자에 대하여 채무자에게 지급하는 것을 금지(지급금지)하는 데 그칠 뿐 채무 자체를 면하게 하는 것이 아니고, 가압류가 있다 하여도 그 채권의 이행기가 도래한 때에는 제3채무자는 그 지체책임을 면할 수 없다(대판 1994. 12. 13, 93다951).

채무로 된다고 볼 수 없다(대판 1992. 10. 27, 91다483).

이행기와 이행지체에 관한 입법의견

채무자가 기한이 도래함을 안 때 또는 이행청구를 받은 때부터 즉시 지체책임을 지도록 하는 것은 채무자에게 이행준비를 할 수 있는 기간을 전혀 부여하지 않는 결과로 되어 부당하다. "상당한 기간"이라는 표현을 추가함으로써 이행준비에 필요한 최소한의 유예기간(예: 거래유형에 따라 1일 내지 일주일)을 부여하는 것이 바람직하다는 입법의견이 있다.

즉 "① 채무이행의 확정한 기한이 있는 경우에는 채무자는 기한이 도래한 때로부터 지체책임이 있다. 채무이행의 불확정한 기한이 있는 경우에 채무자는 기한이 도래함을 알고 상당한 기간이 경과한 때로부터 지체책임을 진다(밑줄 부분 추가). ② 채무이행의 기한이 없는 경우에 채무자는 이행청구를 받고 상당한 기간이 경과한 때로부터 지체책임을 진다(밑줄 부분 추가)"고 규정하자는 것이다(2004년 민법개정안에는 포함되지 않음).

예외적으로 이행청구가 필요한 경우도 있다.

① 지시채권 등　지시채권(指示債權)과 무기명채권(無記名債權)은 확정기한이 도래한 후라도 증서를 제시한 이행청구가 있은 후에야 이행지체에 빠진다(제517조, 제524조).[1]

② 추심채무 등　채권자가 채무자의 주소나 영업장소에 와서 수령해야 하는 추심채무(推尋債務) 또는 채권자의 협력이 있어야 이행할 수 있는 채무의 경우에는 채권자의 추심행위 또는 협력이 없으면 확정기한 후에도 이행지체에 빠지지 않는다.

③ 쌍방적 변제기도과　쌍무계약의 동시이행관계에 있는 상환채무의 경우에는 확정기한이 도래한 것만으로는 이행지체에 빠지지 않는다. 일방당사자가 상대방을 이행지체에 빠뜨리기 위해서는 자기채무의 변제제공을 해야 한다. 자기채무의 변제제공을 하지 않으면 상대방채무는 변제기 이

1) 증권으로 화체된 채무 또는 지시채권, 무기명채권 등은 그 이행에 관하여 확정기한의 정함이 있는 경우라도 그 기한이 도래한 후에 그 소지인이 증권 또는 증서를 제시하여 이행을 청구한 때로부터 지체책임이 있다(대판 1972. 2. 29, 71다1998). 기존채무의 지급과 관련하여 만기를 백지로 하여 약속어음이 발행된 경우에는 어음이 수수된 당사자 사이의 의사해석으로서는 특별한 사정이 없는 한 기존채무의 변제기는 그보다 뒤의 날짜로 보충된 백지어음의 만기로 유예한 것으로 풀이함이 상당하다(대판 1990. 6. 26, 89다카32606).

후에도 이행지체로 되지 않는다(뒤에 설명).

동시이행의 항변권과 이행지체

쌍무계약에 있어서 두 개의 상환적 채무는 동시이행의 관계에 있는 것이 원칙이며, 채무자는 상대방의 변제제공이 있을 때까지 자기채무의 이행을 거절할 권한을 갖는다(제536조 1항). 채무자가 갖는 이러한 권한을 동시이행항변권(同時履行抗辯權)이라고 하는데, 이 항변권은 변제기에 채무이행이 없어도 채무불이행책임을 발생시키지 않는 효과를 가져온다. 종래에는 동시이행의 항변권이 위법성조각사유이기 때문에 채무불이행책임을 발생시키지 않는다고 설명하였다. 그러나 채무자가 동시이행항변권을 갖고 있는 한 변제기에 변제하지 않아도 이행지체에 빠지지 않는다고 보는 것이 더 정확한 설명이 될 것이다. 즉 동시이행의 항변권은 불이행이라는 요건을 판단하는 요인이 된다고 보아야 할 것이다.

쌍무계약에 있어서 채무자가 동시이행항변권을 갖는 경우에 그 채무는 언제 이행지체에 빠지는가? ① 동시이행항변권이 붙은 채무는 확정기한의 채무나 불확정기한의 채무에서 기한이 도래했다는 사실만으로는 이행지체에 빠지지 않는다. 채무자는 상대방채무의 변제제공이 있을 때까지 자기의 변제제공을 거절할 이행거절권(履行拒絶權)을 갖기 때문이다. 채무자가 명시적으로 자기에게 그 이행거절권이 있음을 표시하지 않더라도 그 채무의 속성상 인정된다. ② 동시이행항변권을 갖는 채무자가 상대방 채무의 변제제공이 있었음에도 불구하고 자기채무의 변제제공을 하지 않으면 이행지체에 빠지게 된다. ③ 쌍방채무가 모두 변제의 제공 없이 변제기를 경과한 경우에 어느 쪽도 이행지체책임을 지지 않으며 그 후에 쌍방의 채무는 이행기를 정하지 않은 것으로 된다(대결 1972. 3. 28, 71마155). ④ 일방당사자의 채무가 상대방 채무보다 선이행되어야 할 것인 경우에, 상대방의 이행이 곤란한 현저한 사유가 있는 때에는 동시이행의 항변권이 붙은 채무와 같이 취급된다(제536조 2항). 이 경우 채무자가 선이행을 거절하고 동시이행을 주장할 수 있는 항변권을 불안(不安)의 항변권(抗辯權)이라고 하며, 채무자가 불안의 항변권을 행사하지 않고 자기채무를 선이행한 때에는 그 항변권은 소멸한다(대판 1997. 7. 25, 97다5541 참조). ⑤ 판례는 과거에 쌍무계약에서 쌍방당사자 모두 동시이행관계에 있는 채무의 변제기를 도과한 경우에 그 계약은 이행기일의 약정이 없는 것이 된다고 보았으나(대판 1964. 5. 26, 63다934), 근래에는 이행거절권능이 있다고 해서 확정기한채무의 성격이 변하는 것은 아니라고 한다(대판 1997. 7. 25, 97다5541).[1)]

1) 대판 1997. 7. 25, 97다5541: ㉮ 대가적 채무간에 이행거절의 권능을 가지는 경우에는 비록 이행거절

2) 불확정기한의 채무　장래 일어날 것이 확실하지만 그 시기가 불확정한 사건을 기점으로 변제기를 정한 경우를 불확정기한(不確定期限)의 채무라고 한다. 예로서 채무자가 건물을 완공한 때에 실내장식을 하기로 계약한 경우, 대학졸업을 한 후 또는 취직한 후에 대여받은 학자금을 상환하기로 약정한 경우 등을 들 수 있다.

불확정기한의 채무에 있어서 채무자가 이행지체에 빠지기 위해서는 우선 기한의 확정적 도래가 이루어져야 할 뿐 아니라 채무자가 그 기한도래의 사실을 알아야 한다.

① 불확정기한의 도래　변제기의 결정기준이 되는 사건이 일어남으로써 기한이 도래하게 된다(예: 건물의 완공). 그 사건이 아예 일어나지 않음이 확실하게 된 경우에(예: 건물완공의 불가능) 어떻게 되는가. 계약의 해석에 따라 채무의 변제기가 도래한 것으로 보아야 할 경우도 있고(예: 취직할 때까지 차용금 반환을 유예받은 경우),[1] 채무자의 귀책사유 없는 이행불능으로 된다고 보아야 할 경우도 있을 것이다. 앞의 예에서 건물완공이 불가능하게 되면 실내장식을 하기로 한 수급인의 채무는 이행불능으로 된다.

② 채무자의 인지　민법은 채무이행의 불확정한 기한이 있는 경우에 채무자는 기한이 도래함을 안 때(실제로는 그 다음날)로부터 지체책임(遲滯責任)이 있다고 한다(제387조 1항 뒷문장). 채권자는 채무자에게 기한의 도래를 통지하고 이행청구를 함으로써 채무자를 이행지체에 빠뜨릴 수 있다. 불확정기한의 채무에서 지체책임이 발생하는 시기는 채무자가 기한의 도래를 안 때로부터 상당한 유예기간이 지난 후라고 주장하는 견해가 있다.[2] 반면에 유예기간에 관한 법적 근거도 없고 채무자에게 일방적으로 유리한 해석이므로 유예기간을 부여할 필요는 없으나, 지체책임은 채무자가 기한의 도래를 안 날 또

의사를 구체적으로 밝히지 아니하였다고 할지라도 이행거절 권능의 존재 자체로 이행지체책임은 발생하지 않는다. ⑭ 이행거절의 권능은 어디까지나 자기채무의 이행을 거절할 권능에 지나지 아니할 뿐 당초에 약정된 변제기를 변경시키거나 변제기의 정함이 없는 채무로 그 성질을 변경시키는 효력을 가지는 것이 아니므로 설사 이행거절 권능을 가지는 매수인이 이를 행사하지 않고 대금채무를 이행하였다고 할지라도 납부기한 전에 선납한 것에 해당한다고 볼 수 없다. ⑭ 매매계약 당시 매수인들이 대금을 납부 지정일까지 납부하지 아니할 경우 그 체납액에 대하여 연체료를 가산하여 지급하기로 한 연체료 약정은 일종의 지연배상에 대한 예정으로서 이행지체책임이 발생할 때 비로소 그 지급의무가 발생한다.

1) 그 사건이 발생하지 않기로 확정된 때에 기한이 도래한 것으로 해석하는 견해도 있다. 주석 채권총칙(상), 209.

2) 김기선, 152 이하.

는 채권자의 이행청구가 도달한 날의 다음날(익일)부터라고 하는 견해도 있다.[1] 사견으로는 유예기간을 부여할 것인가, 또는 기한도래의 다음날부터 지체책임을 물을 것인가는 계약의 해석문제라고 생각한다. 거래관행을 고려하여 계약의 특성에 맞게 해석해야 할 것이다. 또한 신의칙상 유예기간을 두고 이행청구를 해야 할 경우도 있을 것이며, 이 때에는 유예기간이 경과한 후에야 지체책임을 물을 수 있을 것이다(예: 건물완공일을 미리 통지해 준 경우에는 그 날부터 실내장식에 착수해야 할 것이지만, 완공일에야 통지했다면 준비기간을 주어야 할 것이다).

③ 근저당, 근보증 근저당(根抵當)이나 근보증(根保證)에서는 피담보채무 또는 주채무가 확정된 시점에 저당채무, 보증채무의 변제기가 도래한다. 계속적 거래계약에 기한 채무를 담보하기 위하여 존속기간의 약정이 없는 근저당권을 설정한 경우에, 그 거래관계가 종료됨으로써 피담보채무로 예정된 원본채무가 더 이상 발생할 가능성이 없게 된 때에는 그 때까지 잔존하는 채무가 근저당권에 의하여 담보되는 채무로 확정되며, 만약 근저당권이 확정될 당시 피담보채무가 존재하지 않는다면 저당목적물의 소유권을 취득한 제3자도 근저당권자에 대하여 그 근저당권의 소멸을 청구할 수 있다(대판 1993. 12. 14, 93다17959).

3) 기한 없는 채무 채무이행의 기한이 없는 경우에 채무자는 채권자로부터 이행청구를 받은 때로부터 지체책임이 있다(제387조 2항). 채권자의 이행청구는 기한 없는 채무에서 채무자가 이행지체에 빠지기 위한 필수적인 요건이 된다. 이행소송의 소장의 송달, 독촉절차에 의한 지급명령의 송달은 이행청구에 해당한다.[2] 민법은 이행청구를 받은 때로부터 지체책임이 있다고 규정하지만, 실제로는 그 다음날부터 지체책임을 지게 된다. 판례도 "기한의 정함이 없는 경우에는 그 이행의 청구를 받은 다음날로부터 이행지체의 책임을 진다"고 한다(대판 1988. 11. 8, 88다3253).

다음의 경우에는 예외가 인정된다.

① 소비대차 소비대차에서 반환시기의 약정이 없는 경우에 대주는 상당한 기간을 정하여 반환(返還)의 최고(催告)를 해야 한다(제603조 2항). 만약 대주가 상당기간을 두지 않고 최고한 경우에는 최고한 때로부터 상당기간

---

1) 곽윤직, 92; 김형배(2판), 178.

2) 대판 1966. 5. 31, 66다663: 이행소송의 소장의 송달은 최고와 동일한 효력이 있다.

이 경과한 후에 이행지체로 된다(같은 취지: 대판 1966. 5. 31, 66다663).

② 불법행위에 기한 손해배상채무　불법행위책임의 손해배상의무는 그 채무가 성립하는 것과 동시에 변제기가 도래하며 채무자에게 기한이 부여되지 않는다(대판 1966. 10. 21, 64다1102; 대판 1971. 6. 8, 70다2401 등). 따라서 채무자는 실제로 손해배상금을 교부하는 때에 불법행위시부터 그 때까지의 이자를 가산하여 지급해야 함이 원칙이다.

(3) 기한이익상실과 이행지체

㈎ 기한이익과 변제기　채권의 성립시부터 변제기까지의 기간 동안 채무자 등이 갖는 이익을 기한(期限)의 이익(利益)이라고 한다. 변제기는 채무이행에 관한 기한으로서 다른 약정이나 관습이 없으면 채무자를 위하여 존재하는 것으로 다루어진다(제153조 1항). 기한의 이익을 가지는 채무자는 채권자의 청구가 있더라도 그 기한이 도래할 때까지 이행을 거절할 수 있으며, 그 기한 전에는 지체책임을 지지 않는다.

1) 기한이익의 포기　기한이익의 포기(抛棄)는 이익을 갖는 자(채무자)가 임의로 변제기 이전에 이행하는 것인 반면에, 기한이익의 상실(喪失)은 채무자의 기한이익이 강제로 박탈됨으로써 변제기 이전에 이행할 의무를 지게 되는 경우를 말한다.

기한의 이익을 갖는 자는 그 이익을 포기할 수 있다. 기한의 이익은 채무자를 위한 것으로 추정되므로, 채무자는 당사자의 특별한 의사표시가 없는 한 변제기 전이라도 채무를 이행할 수 있다. 이 경우 채무자는 그 이익포기로 상대방에게 생긴 손해를 배상해야 한다(제468조, 제153조 2항의 특칙). 동시이행의 항변권이 있는 채무의 경우에 일방당사자의 기한이익포기는 동시이행항변권의 포기를 의미하며 그 포기자는 선이행하는 셈이 된다.

2) 변제의 유예　채권자는 채무자에 대하여 정해진 변제기보다 더 늦게 변제해도 된다는 변제유예를 할 수 있다. 변제의 유예는 변제기보다 늦게 이행하는 것을 허락하는 것인 반면에, 기한이익의 상실은 변제기보다 일찍 이행할 의무를 발생시키는 것이다. 변제유예(辨濟猶豫)는 채무자에게 더 많은 기한을 부여하는 것으로서 채무자의 이익으로 되기 때문에, 채권자가 일방적으로 변제유예의 의사를 표시해도 됨이 원칙이다. 그러나 변제유예가 채무자의 이익이나 의사에 어긋나는 경우에는 채권자가 일방적으로

유예할 수 없다.

(나) 기한이익의 상실의 사유 채무자가 담보를 손상, 감소 또는 멸실하게 한 때 또는 채무자가 담보제공의 의무를 이행하지 않은 때에는 기한의 이익을 주장하지 못한다(제388조). 법률의 규정에 의한 기한이익의 상실사유 이외에 약관으로서 그 상실사유 및 상실효과를 정하는 경우가 종종 있는데, 그러한 약관조항을 실권약관(失權約款) 또는 기한이익박탈조항(期限利益剝奪條項)이라고 한다(뒤에 설명).

1) 담보의 손상, 감소 또는 멸실(제388조 1호) 민법 제388조 1호는 "채무자가 담보를 손상(損傷), 감소(減少) 또는 멸실(滅失)하게 한 때"라고 규정하므로, 이 조항이 적용되는 경우는 그 담보손상 등이 채무자의 행위에 기인한 때로 한정된다. 제3자의 행위 또는 천재지변으로 담보가 손상된 때, 계속적 채무에서 보증인이 보증의 연장을 거부한 경우 등 채무자의 행위로 인한 것이 아닌 때에는 제2호의 「담보제공의무의 불이행」에 해당하여 기한이익이 상실된다고 해석된다.

① 채무자에 의한 손상 등 채무자의 행위로 인하여 담보가 손상, 감소, 또는 멸실되었을 것이 요구된다. 이 때 채무자의 행위는 귀책사유 있는 경우에 한정되는 것이 아니고 채무불이행의 경우보다 넓게 해석되어야 한다. 이행보조자의 행위도 채무자의 행위로 간주되어야 할 것이다. 채무자의 가족 또는 채무자의 감독책임 있는 무능력자의 행위도 이에 포함시키는 것이 신의칙상 타당하다. 담보제공자가 제3자인 경우에 그 담보제공자(기타 그의 이행보조자, 가족 등)의 행위로 인한 담보손상도 이에 해당하는 것으로 해석된다. 채무자의 다른 채권자가 그 담보물을 경매함으로써 그 물건에 대한 저당권이 변제 없이 소멸하게 된 때에도 넓은 의미의 채무자의 행위에 해당한다.

② 담보물권의 경우 담보물이 물리적으로 손상, 감소, 멸실된 경우뿐 아니라 권리의 측면에서 그러한 결과가 생긴 경우도 포함된다. 담보물이 멸실하더라도 물상대위(物上代位)에 의해 보상금, 배상금, 보험금에 대한 우선변제권이 인정되는 경우는 기한이익상실이 생기지 않는다.

질권, 저당권이 설정된 피담보채무에 관하여 기한이익의 상실이 생길 수 있다. 유치권은 변제기가 도래한 채권에 대해서만 인정되므로 기한이익 상실의 문제가 생길 여지가 없다. 가등기담보부채권의 경우에도 기한이익상실이 생길 수 있다.

③ 인적담보의 경우 보증인이 채무자의 회사에서 해직되어 자동적으로 보증인의 지위에서 물러나게 된 경우, 채무자가 보증인의 책임재산을 감소케 한 경우, 채무자가 보증인을 살해한 경우에 기한이익상실이 생긴다.

2) 담보제공의무의 불이행 담보제공의무(擔保提供義務)는 소비대차, 준소비대차에 부종하여 채무자가 채권자에게 담보제공의무를 지기로 약정한 경우에 발생한다. 그 밖에 법률의 규정에 의하여 담보제공의무가 발생하는 경우도 있다. 위임인이 장래의 사무처리비용을 부담해야 할 경우에 수임인의 비용상환청구를 위하여 법률의 규정에 의한 담보제공의무를 지는 경우가 생긴다(제688조 2항).

담보제공의무는 계약체결시에 한번 부담하는 것으로 끝나지 않고 소비대차계약이 존속하는 동안 계속해서 부담하는 것으로 해석된다. 따라서 계약중에 담보가치가 감소하여 충분한 담보가 되지 않은 때, 보증인의 재정상황이 악화된 때, 제3자의 행위 또는 천재지변으로 담보가 손상된 때, 계속적 채무에서 보증인이 보증의 연장을 거부한 경우에, 채무자는 담보제공의무를 불완전이행하고 있는 것이 되며 담보보완의무(擔保補完義務)를 진다고 해석된다. 이러한 담보보완의무를 이행하지 않은 경우에 제388조 2호의 「담보제공의 무의 불이행」에 해당하여 기한이익이 상실된다.

3) 채무자의 파산 등 채무자가 파산선고를 받은 때에는 파산선고시에 변제기일이 도래한 것으로 본다(채무자회생 및 파산에 관한 법률 제425조). 파산(破産)의 경우에는 기한이익이 상실되는 데에 그치지 않고 변제가 도래한 것으로 간주되므로, 채무자는 채권자의 이행청구가 없더라도 즉시 이행하지 않으면 이행지체책임을 지게 된다. 기타 파산에 준하는 심각한 재정위기에 처한 경우에 기한이익상실을 인정하는 것이 타당하다.

㈐ 기한이익상실의 효과 채무자가 기한의 이익을 주장하지 못한다는 것은 채권자가 변제기 전에 이행청구를 하더라도 이행해야 하며, 불이행시에는 채무불이행책임(債務不履行責任)을 지게 된다는 것을 의미한다.[1] 기

1) 대판 1975. 2. 25, 74다2222: 기업공개촉진법 제19조 제1항 소정의 최고를 함에 있어서 기간을 정하지 아니한 경우라 하더라도 동 조항의 10일 이상 상당한 기한까지 채무자가 그 이자를 지급하지 아니하는 경우에는 그 조정사채기한의 이익을 상실한다고 해석함이 타당하다. 대판 1991. 7. 9, 91다11490: 공사

한이익의 상실로 곧 변제기가 도래하는 것은 아니므로, 채권자의 이행청구가 없는 한 채무자는 이행지체에 빠지지 않는다. 채권자는 곧 이행을 청구하여 채무자를 이행지체에 빠뜨리거나, 정해진 변제기까지 그대로 방치함으로써 기한이익상실(期限利益喪失)의 이익을 활용하지 않을 수도 있다. 채권자는 이행청구를 함으로써 채무자를 이행지체에 빠뜨린 후, 약정된 연체이자(延滯利子) 및 위약금(違約金)의 지급을 청구할 수 있다. 채권의 소멸시효의 기산점도 채권자의 이행청구가 있은 때이다.

기한이익상실의 특약은 「정지조건부 기한이익상실의 특약」과 「형성권적 기한이익상실의 특약」으로 대별할 수 있다. 계약당사자 사이에 일정한 사유가 발생하면 채무자는 기한의 이익을 잃고 채권자의 별도의 의사표시가 없더라도 바로 이행기가 도래한 것과 같은 효과를 발생케 하는, 이른바 정지조건부 기한이익상실의 특약을 한 경우에 그 특약에 정한 기한이익의 상실사유가 발생함과 동시에 기한의 이익을 상실케 하는 채권자의 의사표시가 없더라도 이행기 도래의 효과가 발생하고, 채무자는 특별한 사정이 없는 한 그 때부터 이행지체의 상태에 놓이게 된다(대판 1989. 9. 29, 88다카14663).[1] 형성권적 기한이익상실의 특약의 경우에 그 특약은 채권자의 이익을 위한 것으로서 기한이익상실사유가 발생했더라도 채권자가 나머지 전액을 일시에 청구할 것인가 또는 종래대로 할부변제를 청구할 것인가를 자유로이 선택할 수 있다. 그 할부채무의 소멸시효는 각회의 할부금의 변제기도래시마다 진행하고 나머지채무전액은 그 변제를 구하는 의사표현이 있는 경우에 한하여 그 때부터 진행한다(이 판례가 말하는 「형성권적 기한이익 상실의 특약」은 약정해제권에 해당한다)(대판 1997. 8. 29, 97다12990).[2]

㈑ **실권약관의 효력** 해제조건을 일방당사자가 제안한 약관 중에서

도급계약이 수급인의 귀책사유로 중도해제되어 당일 그 현장이 인도된 경우에 있어 그 기성고에 따른 수급인의 공사금채권에 대하여 계약해제된 다음날부터 지연손해금이 발생한다.

1) 이 판례는 계속해서 "신용보증기금법 제31조 제2항이나 동일한 내용의 통지의무를 신용보증약정에 규정한 것은 보증인으로 하여금 보증채무의 변제로 인한 구상채권을 미리 확보할 수 있도록 한 취지이므로 채권자가 보증인에게 통지하여야 할 신용보증 사고는 채무자가 채권자에 대하여 부담하고 있는 피보증채무 자체에 관하여 기한의 이익을 상실하거나 채무를 이행하지 아니하는 사유가 발생한 것을 말하고 특별한 사정이 없는 한 피보증채무 이외의 다른 채무에 관하여 위의 사유가 발생하여 피보증채무에 관하여서도 기한의 이익이 상실된 것과 같은 결과가 초래된 경우는 포함되지 않는다"고 한다.

2) 엄동섭, "기한이익상실조항과 소멸시효의 기산점," 법률신문 1998. 5. 28일자에서는 "이 판결이 따르고 있는 이원설의 입장은 타당하지 못하며, 비록 형성권적 기한이익상실의 특약이 체결된 경우라 할지라도 소멸시효의 기산점조차 채권자의 선택에 좌우될 수 있다고 보는 것은 지나치게 채권자에 치우친 해석이므로, 이 경우에도 소멸시효는 특약상의 사유가 발생한 때로부터 진행한다고 봄이 타당하다.

정해 놓은 경우에 그 약관조항을 가리켜 「실권약관(失權約款)」 또는 「실권조항(失權條項)」이라고 말한다. 실권약관에 관해서는 약관규제법이 적용된다. 이러한 실권약관은 민법상의 해제 및 기한이익상실보다 고객을 불리한 위치에 놓이게 하므로 신의칙에 반하는 불공정약관으로서 무효이다. 약관법은 "사업자에게 법률에서 규정하고 있지 아니하는 해제권 · 해지권을 부여하거나 법률의 규정에 의한 해제권 · 해지권의 행사요건을 완화하여 고객에 대하여 부당하게 불이익을 줄 우려가 있는 조항"은 무효로 한다고 하며(약관법 제9조 2호), "고객에게 부여된 기한의 이익을 상당한 이유 없이 박탈하는 조항"도 무효로 한다(약관법 제11조 2호).

실권약관에는 「정지조건부 기한이익상실」과 「형성권적 기한이익상실」의 두 종류가 있는데, 전자를 약정한 약관조항은 무효로 된다. 이 경우에 그 약관조항은 유효한 범위로 축소되어야 한다. 즉 민법규정에 따라 채무불이행이 있으면 상대방이 상당기간을 둔 최고를 거쳐 해제권을 취득하게 되고 그 해제권의 행사가 있을 때에 계약은 종료하게 된다. 결국 실권약관의 해제조건은 단지 해제권의 발생사유(형성권적 기한이익상실)로 해석된다.[1] 실권약관에서 정한 채무불이행 등의 해제조건은 해제권유보약관(解除權留保約款)의 효과를 가질 뿐이다. 실권약관이 기한이익상실의 효과를 가져올 때, 그 조항에도 불구하고 채권자인 사업자는 채무자인 고객에 대하여 이행청구를 한 후에야 이행지체책임을 물을 수 있다.

기한이익상실과 해제, 해지

소비대차의 차용금반환채무, 매매 등에서 후불의 대금지급채무를 할부금으로서 계속적으로 지급할 의무를 지는 경우에, 그 소비대차계약이나 할부금약정을 해지하는 것은 채무자의 기한의 이익을 상실케 하는 효과를 가져온다. 계약에서 기한이익상실의 사유를 약정해 놓은 것을 기한이익상실약정(期限利益喪失約定)(약관에 의하는 경우가 많음)이라고 한다. 소비대차에 있어서 기한이익의 상실에 따른 이행청구는 해지(解止)의 성격을 띠지만, 매매에서의 할부금의 기한이익상실은 매매목적물의 반환채무를 발생시키므로 해제(解除)의 성격을 띤다.

---

1) 같은 취지: 곽윤직, 채권각론, 136.

정지조건부 기한이익상실과 실권약관

계약으로 정해진 조건이 충족된 경우에 일방당사자의 해제의 의사표시를 기다리지 않고 그 조건의 성취시에 계약이 종료되는 것을 해제조건(解除條件)이라고 하는데, 소비대차계약의 해제조건이나 할부계약의 해제조건은 기한이익상실의 효과를 가져올 수 있다. 「정지조건부 기한이익상실의 약정」이 있는 경우에 그 약정사유가 발생하면 채권자의 이행청구가 없더라도 변제기가 도래하여 채무자는 그 때부터 이행지체에 빠지게 된다(약관의 경우는 예외).

(4) 이행지체중의 책임가중

민법은 채무자로 하여금 이행지체중(履行遲滯中)에는 무거운 책임을 부담하도록 함으로써 채권자의 손해배상청구권을 보장한다.[1] 채무자는 자기에게 과실이 없는 경우에도 그 이행지체중에 생긴 손해를 배상하여야 하지만, 채무자가 이행기에 이행하여도 손해를 면할 수 없는 경우에는 그러하지 아니하다(제392조).

㈎ 채무자의 책임이 가중되는 요건은 다음과 같다

① 채권자에게 손해가 발생했을 것 채권자에게 발생한 손해는 물건의 인도의무에서 목적물의 물리적 손상, 멸실 또는 권리의 상실이나 제한 등이 있다. 이행지체중에 목적물의 가격이 급락하여 채권자가 전매이익을 일부 상실한 경우에도 손해가 있다고 인정된다. 이행지체중에 급부불능이 생긴 경우에 이행불능으로 처리되어 채권자에게 전보배상청구권이 발생한다.

② 이행지체중에 손해가 발생했을 것 이행지체중에 발생한 손해에 대해서만 채무자의 책임가중이 생긴다. 변제기를 도과했더라도 채무자에게 동시이행의 항변권이 있거나, 채권자지체에 해당하는 경우에는 제392조가 적용되지 않는다.

③ 이행지체와 상당인과관계 있는 손해일 것(뒤에 설명).

④ 채무자의 귀책사유는 요건이 아니다 그 손해발생에 관하여 채

1) 이 규정은 과거 의용민법에는 없던 것이지만, 독일민법과 스위스민법을 본받아 명문규정을 두었다. 의용민법시대에도 학설은 이행지체중의 책임가중을 인정하였다. 독일민법 제287조는 "채무자는 지체에 빠져 있는 동안은 모든 과실에 대하여 책임을 진다. 채무자는 지체에 빠져 있는 동안에 우연히 발생한 급부불능에 대하여도 책임을 진다. 그러나 적시에 급부를 하였더라도 손해가 발생했을 경우에는 그러하지 아니하다"고 규정한다.

무자가 과실 없음을 증명하더라도 채무자는 손해배상책임을 면하지 못한다. 그러나 채권자의 과실로 인한 손해에 대하여는 채무자가 배상책임을 지지 않는다고 해석된다. 따라서 제392조에 의해 책임가중되는 경우는 채무자의 과실도 없고 채권자의 과실도 없는 경우, 즉 불가항력에 의한 손해발생의 경우이다.

(나) 채무자의 책임이 면제되는 경우는 다음과 같다

① 인과관계 없는 손해　채무자가 이행기에 이행하여도 손해를 면할 수 없는 경우에는 채무자가 책임지지 않는다. 다시 말해서 이행지체와 인과관계(因果關係)가 없는 손해에 대하여는 채무자가 책임지지 않는다. 그 인과관계의 판단은 객관적으로 사회통념에 비추어 판단된다(상당인과관계설). 예를 들면 이행지체중의 가격하락이 있지만 채권자가 그 목적물을 자기를 위하여 사용하려고 했던 경우, 적시에 이행했더라도 자연재해를 면할 수 없었던 경우 등이다.

② 쌍무계약의 경우　쌍무계약(雙務契約)상 물건의 인도의무에 있어서 이행지체중에 그 물건이 불가항력으로 인하여 멸실한 경우에는 제392조의 책임가중의 문제로 처리할 것인가 아니면 제537조의 위험부담의 원칙에 따라 채무자가 그 위험을 부담하도록 해야 할 것인가는 의문이다. 사견으로는 이 경우 제392조의 문제로 처리하여 채권자가 물건의 시가뿐 아니라 이행지체중에 입은 손해도 청구할 수 있다고 해석하겠다.[1] 만약 채무자위험부담주의에 따라 채무자의 인도의무와 채권자의 대금지급의무가 동시에 소멸한다고 해석한다면, 채권자는 이행지체중에 입은 손해를 청구할 법적 기반을 상실하게 되어 부당한 결과로 될 것이다.

(5) 이행지체로 인한 전보배상청구의 요건

(가) 의　의　채무자가 채무의 이행을 지체한 경우에 채권자가 상당한 기간을 정하여 이행을 최고하여도 그 기간 내에 이행하지 아니하거나 지체 후의 이행이 채권자에게 이익이 없는 때에는 채권자는 수령을 거절하고 이행에 갈음한 손해배상을 청구할 수 있다(제395조).[2]

---

1) 같은 취지: 주석 채권총칙(상), 290.

2) 입법의 연혁: 민법은 이행지체의 경우에도 전보배상을 청구할 수 있다는 점 및 그 요건이 무엇인지를 명확히 규정한다. 민법 제395조는 독일민법 제286조 2항 및 스위스채무법 제107조를 참조하여 현행 민법의 제정시에 신설되었다. 과거 의용민법에는 이에 관한 규정이 없었기 때문에, 「계약을 해제하지

1) 전보배상의 허용 채권자는 채무불이행에 기한 손해배상으로서 지연배상 이외에 전보배상(塡補賠償)을 청구할 수 있다. 채무불이행의 사유가 이행불능인 경우에 전보배상을 청구함은 당연히 인정되지만, 이행지체의 경우에는 원칙적으로 본래의 급부와 함께 지연배상을 청구하고 예외적으로 본래의 급부 대신에 전보배상을 청구할 수 있도록 한다.

2) 전보배상과 해제의 관계 채권자는 계약을 해제하는 대신에 전보배상을 청구할 수 있다.[1] 전보배상(塡補賠償)과 해제(解除)는 그 요건면에서는 매우 유사하지만, 그 효과면에서는 차이를 보인다. 상대방의 채무불이행에 대하여 해제할 경우에는 그 급부청구권을 소멸시키고(쌍무계약에서는 자기채무도 소멸함) 과거의 채무불이행에 대한 지연배상만을 청구할 수 있는 반면에, 전보배상의 경우는 상대방에 대한 급부청구권을 존속시키면서(쌍무계약에서는 자기채무도 존속됨) 그 급부의 수령 대신에 금전으로 배상받고자 하는 것이다. 실제로 계약해제는 쌍무계약에서 채권자가 자기의 반대채무를 면하기 위한 목적으로 이용된다. 그러나 전보배상은 쌍무계약에서 채권자가 이미 자기의 채무를 이행하고 상대방의 반대급부의 수령을 기대하고 있는 경우 또는 편무계약에서 채권자가 오직 상대방의 채무이행만을 기대하고 있는 경우에 이용된다.

(나) 유예기간을 부여해야 하는 경우 이행지체를 이유로 전보배상을 청구하기 위하여는 먼저 유예기간(猶豫期間)을 부여함이 원칙이다. 유예기간 경과 후에 채무자의 변제제공이 있더라도 채권자는 그 수령을 거절할 권한을 갖는다. 그 수령거절은 채권자지체에 해당하지 않는 정당한 수령거절에 해당한다.

않고 전보배상을 청구할 수 있는지 에 관하여 학설대립이 있었다. 당시 통설과 판례는 이행지체 후의 이행이 채권자에게 거의 이익이 없는 경우에 한하여 전보배상청구를 허용하였다. 독일민법 제286조 2항은 "이행지체로 인하여 급부가 채권자에게 전혀 이익이 되지 않는 경우에, 채권자는 급부를 거절하고 불이행으로 인한 손해배상을 청구할 수 있다. 이 경우에 약정해제권에 관한 제346조 내지 제356조의 규정을 준용한다"고 하여 계약해제와 같은 효과를 인정한다. 스위스채무법 제107조에서는 제1항에서 "쌍무계약에서 일방채무자가 지체한 경우에는 채권자는 사후의 이행을 위한 상당한 기간을 설정하거나 관할관청으로 하여금 설정하게 하는 권리가 있다"고 하며, 제2항에서는 "전항의 기간이 경과할 때까지 이행되지 아니하는 경우에 채권자는 지체로 인한 손해배상과 함께 이행을 소구할 수 있고, 이에 갈음하여 지체없이 의사표시를 하여 사후의 급부청구를 포기하고 불이행에 의하여 발생한 손해의 배상을 청구하거나 계약을 해제할 수 있다"고 하여 쌍무계약에 한정하여 전보배상청구와 해제를 인정하며 양자를 선택적 권리로서 인정한다.

1) 독일법에서는 전보배상을 청구할 경우에 해제에 따른 원상회복의무에 관한 규정을 준용하는 반면에, 스위스법에서는 전보배상과 해제를 유사하지만 별개의 제도로서 파악한다.

① 채권자가 최고할 것 최고(催告)는 채권자가 채무자에 대하여 채무를 일정한 유예기간 안에 이행할 것을 청구하는 것이다. 최고에는 채무자가 이행할 채무가 명시되거나 당해 채무의 최고라는 점이 주위상황으로부터 인식가능하여야 한다(채무의 동일성). 기한이 있는 채무의 경우에, 채권자는 채무자가 이행지체에 빠진 후 최고를 해야 함이 원칙이지만 이행기 직전에 하는 것도 최고로서 인정된다. 채무이행의 기한이 없는 경우에 채권자가 이행지체에 빠뜨리기 위하여 이행청구를 하고 나서 전보배상청구를 위하여 또 한번의 이행청구(최고)를 할 필요는 없으며, 한번의 이행청구로 이행지체의 책임발생과 해제권발생이라는 두 가지의 법률효과를 얻을 수 있다. 최고에 특별한 형식도 요구되지 않고, 수령거절 및 전보배상에 대한 명시적 경고를 담아야 할 것도 요구되지 않는다. 그 유예기간이 경과하면 채무자의 이행이 있더라도 수령하지 않겠다는 뜻을 명시할 필요도 없다.

최고는 채무의 내용에 좇은 이행을 청구하는 내용이어야 한다. 본래의 채무내용보다 과다한 급부를 요구하는 최고(과대최고)는 최고로서 인정되지 않을 수 있다(대판 1980. 10. 14, 80다463). 그러나 사회통념에 비추어 볼 때 채무내용에 해당하는 부분에 한하여 최고를 인정해야 할 경우도 있다.[1] 채무의 일부만에 대해 이행청구를 한 경우(과소최고) 원칙적으로 청구부분에 대하여만 최고의 효과가 생긴다.

② 유예기간을 부여할 것 채권자는 최고 이후에 채무자에게 이행할 수 있도록 상당한 유예기간을 주어야 한다. 상당한 기간은 채무자가 이행의 준비 및 이행을 하는 데 필요하다고 객관적으로 인정되는 기간을 말한다. 이 유예기간은 개개의 구체적인 경우에 계약의 종류 · 채무내용 · 거래관행 등을 고려하여 객관적으로 판단되어야 한다.[2] 확정기한부채무, 불확정기한부채무, 기한 없는 채무에 따라 유예기간이 다르게 정해져야 할 것이다. 만약 채권자가 유예기간을 두지 않았거나 너무 짧은 유예기간을 두고 최고를 한 경우에는 최고 자체는 유효하나, 그 이후 상당한 기간이 경과한 후에야 전보배상을 청구할 수 있다.

1) 김형배(2판), 211에서는 채권자의 진의가 급부되어야 할 본래의 수량을 청구한 것이라고 판단되는 한 최고는 본래의 수량의 범위 내에서 유효하다고 한다.

2) 대판 1980. 1. 25, 79다1859에서는 부동산매매계약에서 이행지체에 빠진 잔대금의 최고시에 2일의 유예기간을 둔 것을 상당하다고 판시하였다.

③ 유예기간 내에 이행하지 않을 것 채권자는 유예기간이 경과하여도 채무자의 이행이 없는 때에는 전보배상을 청구할 수 있다. 유예기간이 경과한 후에 채무자의 변제제공이 있는 경우에, 채권자는 그것을 수령하지 않고 전보배상을 청구할 수 있다. 만약 채권자가 그것을 수령한 경우에는 지연배상만 청구할 수 있다.

㈐ 즉시 전보배상을 청구할 수 있는 경우

① 지체 후의 이행이 채권자에게 이익이 없는 경우 정기행위(定期行爲)의 경우에는 이행지체로 즉시 채권자에게 전보배상청구권이 생긴다(제545조; 상법 제68조 참조). 계약의 성질이나 당사자의 의사표시에 의하여 일정한 시일 또는 일정한 기간 내에 이행하지 않으면 계약목적을 달성할 수 없는 급부를 정기행위라 한다. 이 때 채권자의 최고나 유예기간의 경과는 요건이 아니다. 정기행위는 채무자에게 그 사실이 표시되었거나 계약의 성질에 비추어 객관적으로 추측되는 경우에만 인정된다. 채권자의 표시되지 않은 내심의 동기만으로는 정기행위가 되지 않는다.

② 채무자의 이행거절 채무자가 미리 이행하지 아니할 의사를 표시한 경우에는 최고나 유예기간경과 없이 이행지체만으로 전보배상청구권이 생긴다(제544조 단서의 유추해석). 이 이행거절(履行拒絶)의 의사(意思)는 명시적으로 표시되어야 하는 것은 아니고 채무자의 행태로부터 추단될 수 있으면 충분하다.[1)]

2. 이행불능

(1) 개 념

㈎ 개 념 이행불능(履行不能)이란 채무자의 귀책사유로 급부가 후발적으로 불능하게 되어 손해배상의무가 발생하게 되는 경우를 가리킨다. 이행불능은 채무불이행책임이 발생하게 되는 불이행의 한 유형을 가리키는 말이다.

㈏ 특 성 첫째, 이행불능은 계약의 성립 이후에 야기된 급부불능(후발적 급부불능)의 경우에만 문제된다. 계약성립 전에 발생한 불능은 원시적 불능(原始的 不能)이라 하여 후발적 불능(後發的 不能)과 구별한다. 원시적 불능

1) 참고: 대판 1963. 3. 7, 62다684; 대판 1982. 4. 27, 81다968.

의 경우에는 채권발생의 좌절(계약 불성립)과 함께 체결상의 과실책임이 문제된다(제535조). 둘째, 이행불능은 채무의 이행이 확정적이며 영구적으로 불가능하게 됨으로써 채무자가 채무를 이행할 수 없게 된 경우(영구적 급부불능)만 문제된다. 예를 들면 특정물채무에서 채무자가 목적물을 일시적으로 분실한 것은 일시적 불능이고 완전히 멸실한 것은 영구적 불능인데, 완전히 멸실한 경우에만 이행불능으로 취급된다. 셋째, 이행불능은 채무자의 귀책사유(歸責事由)로 인하여 야기된 급부불능에서만 문제된다. 채무자의 귀책사유 없이 야기된 후발적 급부불능은 위험부담(危險負擔)의 법리(法理)에 따라 처리된다. 이행불능은 급부의무를 손해배상청구권으로 변용시키는 데에 반하여, 위험부담의 법리에 의하면 손해배상청구권은 발생하지 않은 채 급부의무가 소멸하며 이에 상응하여 대가지급의무도 소멸함이 원칙이지만(채무자위험부담의 원칙, 제537조), 채권자지체 또는 채권자 귀책사유로 인한 멸실의 경우에는 대가지급의무가 존속한다(제538조 1항). 결국 급부불능이 채무자의 귀책사유로 인하여 야기되었는가 아닌가에 따라 채무불이행책임과 위험분담의 전혀 다른 법률문제로 처리되므로, 채무자의 귀책사유 존부를 가리는 문제는 매우 중요하게 된다.

급부불능과 이행불능

채권의 목적이 되는 급부가 영구적으로 불능으로 된 경우를 가리켜 「급부불능(給付不能)」이라는 표현을 사용하는 편이 채무불이행의 한 유형으로서 채무자의 귀책사유로 인한 「이행불능(履行不能)」과 구별되므로 편리하다.[1] 민법학에서는 급부불능이라는 용어를 사용하지만, 민법은 급부불능의 용어를 알지 못한다. 민법 제546조 표제의 「이행불능」은 채무자의 귀책사유 있는 이행불능을 가리키는 반면에, 제538조 표제의 「이행불능」은 채권자의 귀책사유로 인한 급부불능을 가리킨다. 그 밖에 민법은 쌍방의 귀책사유 없는 급부불능을 당사자 쌍방의 책임 없는 사유로 「이행할 수 없게 된 때」라고 표현한다(제537조, 제538조 1항 뒷문장). 판례는 급부불능과 이행불능을 구별하지 않고 이행불능이라는 표현으로 혼합하여 사용한다.

---

1) 독일민법학에서는 계약 전후를 막론하고 채무의 이행이 이루어지지 못하는 것을 급부장애(Leistungsstöungen)라고 하며, 그에 채무불이행 이외에 원시적 불능, 채무자지체, 행위기초의 상실을 포함시킨다. V. Emmerich, *Das Recht der Leistungsstöungen*, 2. Aufl.: C. H. Beck, 1986 참조.

(다) 이행지체와 이행불능의 구별이유 이행지체와 이행불능은 채무불이행의 유형으로서 채무자의 귀책사유를 요건으로 한다는 점, 손해배상청구권을 발생시킨다는 점 등에서 공통점을 갖는다. 다만 이행불능의 경우에는 채권자가 본래의 급부를 기대할 수 없다는 점에서 이행지체와 구별하여 다룰 실익이 있다. 채무자의 귀책사유로 인한 이행불능의 경우에 채권자는 본래의 급부를 청구할 필요 없이 곧 전보배상을 청구할 수 있다는 점, 그리고 변제기 전이라도 이행불능이 발생한 때에 급부청구권이 손해배상청구권으로 변한다는 점에서 이행지체와 차이가 있다.

(2) 급부불능의 판단

(가) 주된 급부의무의 불능 급부불능(給付不能)은 채무의 이행이 불가능한 경우를 가리킨다. 급부불능은 채권의 중심을 이루는 급부의무가 불가능하게 된 경우를 말하며, 단순히 급부의무에 종속하는 주의의무의 이행에 장애가 있는 경우는 급부불능에 해당하지 않는다. 예를 들면 특정물채권에서 특정물의 멸실은 급부불능이 되지만, 채무자의 부재로 선량한 관리자의 주의로써 보관할 수 없는 것은 급부불능에 해당하지 않는다. 그러나 선관의무해태로 특정물을 멸실시킨 경우는 급부불능이 된다. 급부불능의 대표적인 경우는 특정물채권에서 특정물의 부존재, 부대체적 행위채무에서 채무자의 사망 · 중병 등이다. 종류채권에서는 거래계에 그 종류물이 존재하는 한 채무자 개인에게 이를 입수하여 인도하는 것이 불가능하더라도 급부불능이 되지 않는다. 판례는 채무의 이행이 불능이라는 것은 단순히 절대적 · 물리적으로 불능인 경우가 아니라 사회생활에 있어서의 경험법칙 또는 거래상의 관념에 비추어 볼 때 채권자가 채무자의 이행의 실현을 기대할 수 없는 경우를 말한다고 한다(대판 2003. 1. 24, 2000다22850).

(나) 영구적 급부불능 급부불능은 채무의 이행이 계속적(繼續的) · 영구적(永久的)으로 불가능한 경우를 말한다. 일시적인 장애가 있을 뿐인 경우는 급부불능이 아니다. 특정물인도채무에서 목적물이 멸실된 경우는 영구적 불능에 해당하므로 곧 급부불능으로 처리된다. 그러나 채무자에게 목적물에 대한 소유권이 없거나 처분이 제한된 경우라도 장래 이행기까지 소유권을 취득하거나 처분제한이 해소되는 등 장애사유가 제거될 전망이 있

다면 급부가 가능하다고 본다.[1] 매도인의 담보책임에 관한 민법 제569조는 타인의 권리를 매도하는 채무도 유효하게 성립함을 간접적으로 규정한다.[2]

판례는 부동산소유권이전등기 의무자가 그 부동산에 관하여 제3자 앞으로 채권담보를 위하여 소유권이전등기를 경료한 경우에, 그 의무자가 채무를 변제할 자력이 없는 경우에는 특단의 사정이 없는 한 그 소유권이전등기의무는 이행불능을 인정한다(대판 1991. 7. 26, 91다8104). 임대차계약상의 임대인의 의무는 목적물을 사용 · 수익케 할 의무로서, 목적물에 대한 소유권 있음을 성립요건으로 하고 있지 아니하여 임대인이 소유권을 상실하였다는 이유만으로는 그 의무가 불능이라고 단정할 수 없다(대판 1994. 5. 10, 93다37977).

㈐ 후발적 불능　급부불능의 시점에 따라 채권의 성립 전에 생긴 급부불능을 원시적 불능(原始的 不能)이라고 하고(채권의 목적에서 설명했음), 성립 후에 생긴 것을 후발적 불능(後發的 不能)이라고 하는데, 후발적 불능만이 채무불이행책임을 발생시킨다.[3] 일단 채권이 성립한 후에 급부의 실현가능성이 없어진 급부불능은 채권을 무효로 만들지 않고, 「채무불이행책임」이나 「위험분담」의 새로운 법률관계를 전개시킨다. 급부불능이 채무자의 귀책사유로 야기된 경우는 그로 인한 「손해」를 배상하는 채무불이행책임이 발생하고, 채무자에게 귀책사유가 없이 생긴 급부불능은 「위험」으로 처리되어 채무자와 채권자 사이의 위험부담(危險負擔)의 문제로 처리된다.

㈑ 거래관념상 불능　급부불능은 급부가 물리적(物理的)으로 불가능한 경우이외에도 거래관념상(去來觀念上) 불가능하다고 취급되는 경우를 포함한다.[4] 급부가 물리적으로 가능하지만, 보통 거래관념상 불능으로 취급

1) 독일민법에서는 불능을 누구에게도 급부의 실현이 불가능한 객관적 불능(Unmölichkeit)과 원래는 가능하지만 채무자에게만 불가능한 주관적 불능(Unvermöen)으로 나누어 효과를 다르게 규정한다(독민 제275조, 제280조, 제325조). 그러나 우리 민법은 그러한 분류를 하지 않는다. 생각건대 현대거래상황에 비추어 그러한 분류는 정확하지 않으며, 우리 법에서는 필요하지도 않다고 생각한다.

2) 회사가 자기회사주식을 어떤 사람에게 공로주로 교부하기로 약정한 경우에 반드시 회사가 자기주식을 취득하지 아니하면 위 약정을 이행할 수 없는 것은 아니고 회사가 주주인 제3자에게 대가를 지급하고 제3자로부터 직접 약정자에게 주식을 양도케 할 수 있는 것이므로 위와 같은 약정이 원시적 이행불능의 약정이라고 볼 수 없다(대판 1963. 5. 30, 63다106).

3) 대판 1975. 2. 10, 74다584: 당사자 일방의 채무가 원시적 이행불능이면 계약은 무효이므로, 상대방은 계약체결에 있어서의 과실을 이유로 하는 신뢰이익의 손해배상을 구할 수 있을지언정, 이행에 대신하는 전보배상을 구할 수는 없다.

4) 같은 취지: 곽윤직, 104; 김기선, 55; 김상용, 127; 김석우, 34; 김용한, 35; 김주수, 121; 김증한, 17; 김증한 · 김학동, 101; 김현태, 38; 김형배(2판) 190; 이태재, 52; 현승종, 43; 임정평, 154; 정기웅, 113.

되는 경우는 다음의 사례이다(계약유형별 거래관행의 차이 있음).

① 급부곤란　급부가 물리적으로 가능하긴 하지만 과다한 비용, 노력이 들기 때문에 그의 이행을 기대할 수 없는 경우에 불능으로 취급한다.[1)] 통상의 선박매매에서 양도하기로 한 선박이 심해에 침몰한 경우가 그러하다.

② 법적 · 행정적 조치에 의한 불능　국가에 의한 토지수용으로 채권자에게 소유권이전이 불가능한 경우, 허가를 얻어야 거래할 수 있는데 허가를 얻을 요건을 갖추지 못한 경우(토지거래허가 등), 국가로부터 허가받아 성립한 권리(음식점영업허가 등)의 양도계약에서 허가가 취소된 경우에는 급부불능으로 취급된다. 판례도 토지수용의 경우를 채무자의 귀책사유 없는 급부불능으로 처리한다. 매매목적 토지가 수용되면, 매도인의 매수인에 대한 소유권이전등기의무는 이행불능이 되는 동시에 토지수용의 성질상 매도인은 채무불이행의 책임을 면한다(부당이득반환은 인정: 대판 1972. 2. 22, 71다2115).

③ 처분권상실　부동산매매에서 매도인에게 원인무효등기 등의 사유로 소유권 없음이 밝혀진 경우, 전대차(轉貸借: 임차인)의 대차권(貸借權)이 소멸한 경우에 급부불능으로 취급된다.

④ 대체급부에 의한 이행가능　특정물채무에서 특정물이 환지처분(換地處分) 등에 의하여 다른 토지로 대체되거나, 재개발계획에 따라 다른 아파트입주권으로 변형된 경우에 계약당사자의 입장이라면 일반적으로 그 대체급부를 수령하기를 희망 것이라고 예상되는 경우에, 그 채무는 급부불능이 아니라 「대체급부(代替給付)에 의해 이행가능한 것」으로 보아야 한다. 급부불능이냐 급부가능이냐의 판단은 당사자의 의사, 거래관행, 건전한 상식 등에 비추어 행해지는 계약의 해석문제이다. 대상청구권은 원칙적으로 급부불능의 경우에 한하여 발생하는데, 대상청구권으로서 거론되는 문제 중 일부는 대체급부에 의해 급부가능한 것으로 판단됨으로써 해결될 수 있을 것이다.

---

1) 독일에서는 경제적 불능(wirtschaftliche Unmöglichkeit) 및 과도한 급부곤란(übeermäßige Leistungserschwerung)의 법리에 의해 전시 기타 비상상태로 인해 이행에 과도한 비용과 희생이 드는 경우 급부불능으로 처리하여 채무의 이행을 하지 않아도 되도록 해 준다. *Münchener Komm/* Emmerich, Rn. 57ff. vor §275. 미국에서는 실행곤란의 법리(doctrine of impracticability)에 의해 당사자가 예기할 수 없었던 실행곤란을 계약해제의 한 원인으로 인정한다. 이 판례법상의 원칙은 미국상법전(U.C.C) §2-615에 성문법화되었다. 이들 양법리는 계약이 성립한 후에 사정의 변경으로 이행이 사실상 불가능하게 된 채무자의 귀책사유 없는 후발적 급부불능의 경우를 주로 다룬다.

(3) 급부불능과 대상청구권[1)]

(가) 의 의　대상청구권(代償請求權)이란 급부가 불능으로 되고 채무자가 그 급부불능을 야기한 사정으로부터 급부를 대신하는 대상을 취득했거나 대상을 취득할 채권을 취득한 경우에, 채권자가 채무자에 대하여 그 대상 또는 대상청구권의 양도를 청구할 수 있는 권리를 말한다. 독일민법은 대상청구권을 인정하는 명문규정을 두고 있으나,[2)] 우리 민법에는 대상청구권을 인정하는 규정이 없다.

(나) 대상청구권에 관한 이론　급부불능의 효과로서 대상청구권을 광범위하게 인정할 것인가에 관하여는 학설이 대립한다.

1) 무제한설　민법에 규정이 없더라도 채권자에게 독일민법과 같은 대상청구권을 광범위하게 인정해야 한다고 주장하는 견해이다.[3)] 그 근거로서 첫째, 민법 제537조의 채무자위험부담주의에 의한 이익조절은 부분적인 것에 불과하다. 불능으로 된 채무가 부당이득반환의무 등 법정채무인 경우 또는 편무계약상의 채무인 경우에는 민법 제537조가 적용되지 않기 때문이

---

1) 참고문헌: 남효순, "프랑스민법상의 대상청구권," 민사실무연구 제1권, 박영사, 1997; 송덕수, "이행불능에 있어서 이른바 대상청구권," 경찰대논집 제4집, 1985; 동, "대상청구권," 민사판례연구 제16집, 1994; 안법영, "채권적 대상청구권," 김형배교수화갑기념 채권법에서의 자유와 책임, 1994; 동, "스위스, 오스트리아의 대상청구권," 판례실무연구 제1권, 박영사, 1997; 양창수, "매매목적토지의 수용과 보상금에 대한 대상청구권," 판례월보 268호, 1993년 1월; 이상경, "대상청구권," 이시윤박사화갑기념 민사재판의 제문제, 박영사 1995; 이은애, "우리 민법상 이른바 대상청구권의 인정," 사법논집 제26집; 최병조, "대상청구권에 관한 소고," 판례실무연구 제1권, 박영사, 1997, 473 이하.

2) 독민 제281조 ① 채무자가 급부를 불능케 한 사정으로 인해 그 채무의 목적물에 대신하는 대상이나 대상청구권을 취득한 경우에, 채권자는 대상으로 수령한 것의 인도 또는 대상청구권의 인도를 청구할 수 있다. ② 채권자가 불이행에 의한 손해배상청구권을 가지는 경우에, 채권자가 제1항의 권리를 행사하는 때에는 채권자에게 지급될 손해배상액은 취득한 대상이나 대상청구권의 가액만큼 감액된다. 독민 제323조 ② 상대방이 제281조에 의해 채무의 목적물에 대신하여 취득한 대상의 인도 또는 대상청구권의 양도를 청구하는 경우에, 그 상대방은 반대급부의 의무를 진다. 그러나 대상 또는 대상청구권의 가격이 본래의 급부의 가격보다 적을 때에는, 그 반대급부는 제472조, 제473조에 의해 감소된다.

3) 곽윤직, 109; 김기선, 158; 김석우, 123; 김용한, 146; 김주수, 128; 김증한 · 김학동, 170; 김형배, 231; 임정평, 159; 현승종, 125; 황적인, 104; 송덕수, "이행불능에 있어서 이른바 대상청구권," 경찰대논집 제4집, 1985; 동, "대상청구권," 민사판례연구 제16집, 1994; 안법영, "채권적 대상청구권," 김형배교수화갑기념 채권법에서의 자유와 책임, 1994; 동, "스위스, 오스트리아의 대상청구권," 판례실무연구 제1권, 박영사, 1997; 양창수, "매매목적토지의 수용과 보상금에 대한 대상청구권," 판례월보 268호, 1993년 1월; 이은애, "우리 민법상 이른바 대상청구권의 인정," 사법논집 제26집, 1995, 205; 제철웅, "대상청구권의 적용범위에 관한 소고," 법정고시 1997년 12월호, 98.

김증한 · 김학동, 170에서는 "대금이 매매목적물의 통상가격보다 큰 때에도 대금반환청구를 인정할 것인가 하는 점에 있어서 만약 이를 인정한다면 손해배상법의 기본원칙에 반한다는 점 때문에 문제가 되는데, 대상청구권은 손해배상청구권과 달리 채권의 목적물에 갈음할 것을 청구하는 권리이므로 손해배상법의 원칙을 이유로 이를 부인하는 것은 부당하다"고 한다.

다. 둘째, 쌍무계약에서 채권자가 대상을 얻고 반대급부를 제공하려는 의사가 있다면 이를 허용해야 한다. 셋째, 채권관계의 연장효를 인정하여 어떤 재산적 가치를 마땅히 속하여야 할 자에게 귀속시켜야 한다. 이 사상은 물상대위(제342조), 손해배상자대위(제399조), 변제자대위(제480조) 등에 표현되어 있다. 넷째, 제3자의 채권침해 및 채권자대위권으로 해결되지 않는 경우가 생긴다. 제3자의 채권침해의 법리에 의해 채권자가 충분히 보호되지 않는 경우가 생기며, 채무자 스스로 대상을 취득하려고 권리행사하는 경우에는 채권자대위권이 인정되지 않는다. 다섯째, 민법에 명문규정이 없더라도 대상청구권을 부인하는 취지가 아니며, 법률의 흠결로서 법보충이 필요한 사항이다.

2) 제한적인정설 대상청구권을 인정하되 민법상 명문화된 법리로 해결되지 않는 사례에 한하여 보충적으로 인정하는 견해이다.[1] 사견으로는 제한적인정설(制限的認定說)을 취한다. 첫째, 제3자채권침해, 채권자대위권, 위험분담의 법리에 의하여도 합리적으로 해결되지 않는 경우에 한하여 권리의 정당한 귀속의 법리를 기초로 예외적으로 대상청구권을 인정해야 한다. 법적 근거 없는 대상청구권을 광범위하게 인정하여 문제를 안이하게 해결하기보다는 민법에 규정된 제도를 통하여 문제를 해결하도록 최대한 모색하는 것이 바람직하다. 제3자채권침해를 이유로 채권자가 직접 제3자에 대한 불법행위의 손해배상청구권을 갖게 된다면 구태여 대상청구권을 인정할 필요가 없을 것이다. 둘째, 본래급부는 불가능하게 되었더라도 환지(換地), 재개발아파트 등 대체급부를 취득하게 되어 그로써 채권자의 만족을 얻을 것이 기대되는 경우에는 급부불능으로 처리할 필요 없이, 바로 그 대체급부에 대한 채권을 인정할 수 있을 것이다. 대상이란 개념은 급부불능을 전제로 한 것이지만, 채권자가 대물(代物)이나 대체급부(代替給付)로서 채권의 만족을 얻을 수 있는 경우에는 급부불능으로 처리하지 않고 급부가 능한 것으로 처리하는 것이 타당할 것이다(대물변제를 인정하는 것과 같은 취지임). 셋째, 쌍무계약에서 불가항력으로 인한 급부불능의 경우에 위험분담의 원칙에 따라 채권자가 목적물인도청구권을 상실하는 반면 대금지급채무도 면하므로(제537조) 크게 불합리한 결과는 생기지 않는다(부당이득반환청구권의 경우에는 원물반환이 불가능하면 가액반환함). 이 경우에 채권자

---

1) 윤철홍, "이행불능에 있어서 대상청구권," 고시연구 1991년 10월호, 94; 최병조, "대상청구권에 관한 소고," 판례실무연구 제1권, 박영사, 1997, 473 이하.

에게 대상청구권을 인정하기보다는 채무자위험부담주의에 따라 해결하는 것이 민법의 취지에 맞을 것이다. 원래 대상은 본래급부와 대체로 같은 가치를 갖는 것이 원칙이지만, 1990년대 우리 나라에서는 토지수용가격이 실거래가격보다 현저히 높음으로 인해 대상청구권의 문제가 일시적으로 특이한 양상으로 전개되었다. 다른 한편 대상이 본래급부보다 가치가 높은 경우에, 채권자가 대상을 선택할 것인가 위험부담에 따른 채권관계의 소멸을 주장할 것인가를 자유롭게 선택하는 것은 채권자에게만 기회이익을 부여하는 것이어서 계약당사자의 이익형평이 깨지게 된다.

3) 판례는 제한적인정설(制限的認定說)을 취하는 것으로 이해된다. 판례는 "우리 민법에는 이행불능의 효과로서 채권자의 전보배상청구권과 계약해제권 외에 별도로 대상청구권을 규정하고 있지 않으나 해석상 대상청구권을 부정할 이유가 없다"고 하여 쌍무계약에서 불가항력에 의한 급부불능의 경우에, 위험부담의 법리(제537조, 제538조)를 적용하지 않고 토지매수인(사실상 소유자)에게 대상청구권을 인정하였다(대판 1992. 5. 12, 92다4581).[1] 그 후 판례는 제한적인정설을 취하여 쌍무계약 당사자 쌍방의 급부가 모두 이행불능이 된 경우, 당사자 일방이 상대방에 대하여 대상청구권을 행사할 수 없다는 취지를 밝혔다(대판 1996. 6. 25, 95다6601).

대상청구권

(1) 대상청구권이 인정되는 경우

① 토지매매계약 성립 후 토지수용시 대상청구권: 매매목적토지가 수용되고 그 보상금을 수령한 매도인에게 그 금원의 지급을 구하는 청구는 위 토지에 대한 소유권이전등기의무의 이행불능을 발생케 한 원인인 토지수용으로 인하여 위 토지에 대한 소유권이전등기의무의 이행불능을 발생케 한 원인인 토지수용으로 인하여 위 토지의 대상인 보상금을 취득하였음을 이유로 그 보상금지급을 구하는 것으로서 이른바 대상청구권을 행사하는 취지라고 볼 수 있다(대판 1992. 5. 12, 92다4581).[2] 경매의 목적물인 토지가 경락허가결정 이후 하천구역에 편입되게 됨으로서 소유

1) 이 판결은 쌍무계약에 관한 것이기는 하지만 도로부지 토지수용에 따른 협의매매로서 사인간의 자유로운 매매계약과는 성질을 달리한다는 점, 매수인이 공탁의 방법에 의하긴 했지만 매매대금 전액을 지급한 상태라는 점, 무엇보다 중요한 것은 매수인이 이미 그 토지를 인도받아 점유하고 있다는 점(등기는 경료되지 않았음)에서 특징을 갖는다. 결국 이 판결은 매매대금을 내고 토지를 인도받아 사용하고 있는 사실상의 소유자에 대하여 그 토지의 수용보상금을 수령할 권한을 인정한 취지라고 해석될 여지가 있다.

2) 평석: 김준호, "이행불능의 효과로서의 대상청구권," 사법행정 390호(93. 6), 79; 송덕수, "대상청구권," 민사판례연구 제16집, 1994; 양창수, "매매목적토지의 수용과 보상금에 대한 대상청구권," 판례

자의 경락자에 대한 소유권이전등기의무가 이행불능이 된 경우, 경락자는 소유자가 하천구역 편입으로 인하여 지급받게 되는 손실보상금에 대한 대상청구권을 행사할 수 있다(대판 2002. 2. 8, 99다23901). ② 취득시효완성 후 토지수용시 대상청구권: 종전 토지의 일부인 특정부분을 점유하여 취득시효가 완성된 후 그 토지 전체가 환지된 경우에, 시효완성자는 환지된 토지에 관하여 특정부분의 전체면적에 대한 비율에 상응하는 공유지분을 시효취득한 것이라고 본다(대판 1989. 9. 26, 88다카18795).

⑵ 대상청구권이 부정되는 경우

① 반대급부도 이행불능이 된 경우: 쌍무계약의 당사자 일방이 상대방의 급부가 이행불능이 된 사정의 결과로 상대방이 취득한 대상에 대하여 급부청구권을 행사할 수 있다고 하더라도, 그 당사자 일방이 대상청구권을 행사하려면 상대방에 대하여 반대급부를 이행할 의무가 있는바, 이 경우 당사자 일방의 반대급부도 그 전부가 이행불능이 되거나 그 일부가 이행불능이 되고 나머지 잔부의 이행만으로는 상대방의 계약목적을 달성할 수 없는 등 상대방에 아무런 이익이 되지 않는다고 인정되는 때에는, 상대방이 당사자 일방의 대상청구를 거부하는 것이 신의칙에 반한다고 볼 만한 특별한 사정이 없는 한, 당사자 일방은 상대방에 대하여 대상청구권을 행사할 수 없다(대판 1996. 6. 25, 95다6601). ② 점유취득시효의 경우: 점유로 인한 부동산소유권취득기간 만료를 원인으로 한 등기청구권이 이행불능으로 되었다고 하여 대상청구권을 행사하기 위해서는(협의매각대금의 인도청구) 그 이행불능 전에 등기명의자에 대하여 점유로 인한 부동산소유권 취득기간이 만료되었음을 이유로 그 권리를 주장하였거나 그 취득기간 만료를 원인으로 한 등기청구권을 행사했어야 하며, 그 이행불능 전에 이와 같은 권리의 주장이나 행사에 이르지 않았다면 대상청구권을 행사할 수 없다(대판 1996. 12. 10, 94다43825). ③ 유동적 무효인 경우: 대상청구권은 그 전제가 되는 매매계약이 유효하게 성립·존속하던 중에 이행불능에 따라 주어지는 권리이므로, 관할관청의 허가를 받지 못한 상태에서 토지거래허가 구역 내의 토지매매계약이 수용 등으로 인하여 이행불능이 된 경우에는 대상청구권이 발생하지 않는다(대판 2008. 10. 23, 2008다54877).

㈐ 대상청구권의 발생요건

① 급부청구권의 존재　대상청구권은 급부청구권에서 파생되는 것이므로, 급부청구권(給付請求權)의 존재가 그 발생요건이 된다.

② 급부불능　본래의 급부를 이행하는 것이 전부 또는 일부가 불가능하게 된 때에 한해서 대상청구권이 인정된다.

월보 268호(93. 1), 28; 이상경, "대상청구권," 이시윤박사화갑기념논문집 민사재판의 제문제(상), 1995; 이은애, "우리 민법상 이른바 대상청구권의 인정," 사법논집 제26집.

③ 대상의 취득　　채무자가 제3자로부터 손해배상(損害賠償), 손실보상(損失補償) 등으로 금전 또는 물건을 취득했거나 취득할 채권을 가지게 되었어야 한다.

④ 급부와 대상 사이의 보상관계　　급부불능과 대상 사이에는 인과관계가 있어야 하며, 대상이 본래급부에 대한 보상으로서의 대용성(代用性)을 가져야 한다.

⑤ 반대급부의 변제제공　　쌍무계약에서 채권자가 대상청구권을 행사할 때에는 자기의 반대채무를 변제제공(辨濟提供)하여야 함이 원칙이다. 반대급부가 불능으로 된 때에는 대상청구권도 발생하지 않는다(대판 1996. 6. 25, 95다6601).

(라) 대상청구권의 행사　　대상청구권의 발생요건이 충족된 경우에, 채권자는 그 청구권을 행사할 것인가 아닌가를 자유롭게 선택할 수 있다. 채권자가 본래의 급부 대신에 대상을 수령하기를 원하는 경우에, 채무자에 대하여 그 대상의 수령을 원한다는 의사를 표시하여야 한다. 채권자가 그 의사를 표시한 경우에, 채무자는 채권자에게 그 대상을 양도할 채무를 진다. 채권자가 채무자로부터 손실보상청구권(대상)을 양도받아야 함에도 불구하고 이러한 양도절차 없이 보상금을 직접 수령한 경우 부당이득이 되지 않는다(대판 2002. 2. 8, 99다23901). 채권자는 그 대상의 양수를 위하여 강제집행을 청구할 수 있다. 그러나 대상양도의무의 불이행에 대한 손해배상청구권은 발생하지 않으며, 채권자는 본래의 급부의 불이행으로 인한 손해배상청구권을 가질 뿐이다. 대상청구권을 행사하는 경우에는 채무자가 얻은 대상이 본래급부의 시가보다 비싼 경우에도 그 전부의 양도를 청구할 수 있다.[1]

(마) 대상청구권의 효과　　채권자는 채권적 성질을 갖는 대상청구권을 취득하여 이를 행사함으로서 본래 채권의 대용적 만족을 얻을 수 있다. 목적 부동산이 수용되어 소유권이전등기의무가 이행불능이 된 경우, 등기청구권자는 등기의무자에게 대상청구권의 행사로써 등기의무자가 지급받은 수용보상금의 반환을 구하거나 또는 등기의무자가 취득한 수용보상금청구권의 양도를 구할 수 있을 뿐 그 수용보상금청구권 자체가 등기청구권자에

1) 대체이익이 채권의 목적물의 통상의 가치를 넘은 경우에 초과가치부분도 양도해야 하는가에 관하여 학설이 대립한다. 초과가치의 경우도 대상청구를 인정하는 견해와 본래급부의 범위에서만 대상청구를 인정하는 견해로 대립된다. 사견으로는 대상청구를 인정하는 이상 그 대상 전부의 양도를 허용하는 편이 법률관계를 간명하게 한다고 생각한다.

게 귀속되는 것은 아니다(대판 1996. 10. 29, 95다56910).

① 편무계약의 경우 채권자는 채무자에 대하여 대상으로서 취득한 물건, 금전, 채권, 기타 권리를 양도해 줄 것을 청구할 권리를 갖는다. 대상을 지급할 제3자가 아직 이행하지 않고 있는 경우에, 채권자는 채권자대위권에 기하여 제3채무자에 대하여 그 이행을 청구하여 수령하고 자기의 청구권과 상계할 수 있다. 채무자의 귀책사유로 인한 급부불능의 경우에는 채무불이행에 기한 손해배상청구권을 갖게 되는데, 채권자가 대상을 취득한 때에는 그 금액만큼 손해배상청구권이 감액된다. 불가항력으로 인한 급부불능의 경우에는 채권자가 그 대상을 취득하는 것으로 채권은 소멸하게 된다.

② 쌍무계약의 경우 채권자가 채무자에 대하여 대상청구권을 행사하는 대신 자기의 반대급부는 이행해야 하며, 양자는 특별한 사정이 없는 한 종전과 같이 동시이행관계(同時履行關係)에 놓인다. 채무자의 귀책사유로 인한 급부불능의 경우에, 채권자는 손해액에서 대상취득액을 공제한 잔액만을 배상청구할 수 있으며, 반대급부는 이행해야 한다. 불가항력으로 인한 급부불능의 경우에, 위험부담의 법리에 따라 급부의무와 반대급부의무가 소멸하는 것이 원칙이다.

다만 이 경우에도 대상청구권을 인정하는 무제한설(無制限說)에 의하여 채권자는 자기의 반대급부를 이행하는 대신에 대상청구권을 행사할 수 있다고 해석한다. 제한적인정설(制限的認定說)에 의하면 이 경우 대상청구권을 인정하지 않는다. 채권자는 급부불능을 이유로(채무자 귀책사유에 관계 없이) 계약을 해제하고 손해배상을 청구할 수 있는데, 이 경우에는 대상청구권이 인정될 여지가 없다.

편무계약에서의 대상청구권

제한적인정설(制限的認定說)이 대상청구권(代償請求權)을 인정하는 대표적인 경우로서 증여(贈與)에서 증여할 특정물이 멸실하고 그 대신 증여자가 손해배상금, 손실보상금 등 대상을 취득한 경우이다. 이 때 수증자는 그 손해배상금 등의 대상을 자기에게 인도할 것을 증여자에게 청구할 수 있다고 해석된다. 유증(遺贈)에 관해서는 유증자가 목적물의 멸실, 훼손 또는 점유침해로 인하여 제3자에게 손해배상을 청구할 권리가 있는 때에는 그 권리를 유증의 목적으로 한 것으로 간주하는데(제1083조), 이 규정은 증여에도 유추적용되어 수증자에게 대상청구권을 인정해야 한다.[1]

쌍무 · 유상계약에서 불가항력에 의한 급부불능

B(매수인)는 한 달 후에 이사할 주택을 구하기 위해 A(매도인)로부터 토지와 건물을 1억원에 매수하기로 계약하고 1천만원의 계약금을 지급했다. 그 토지가 공공건물의 부지로 지정되어 지방자체단체에 수용되기로 결정되어 A는 그 지상건물을 즉시 철거해야 하며 B에게 소유권이전도 해 줄 수 없게 된 경우를 생각해 보자. ① 토지수용금이 7천만원으로 결정된 경우라면, B는 그 7천만원의 보상금수령을 원하지 않을 것이므로, 실제로 대상청구권의 행사를 둘러싼 문제는 발생하지 않는다(학설대립의 실익 없음). B의 계약목적인 주택의 마련은 토지수용으로 그 달성이 불가능하게 되었으므로 계약관계를 유지할 실익이 없게 되었기 때문이다. 이 경우는 민법 제537조의 채무자위험부담의 원칙에 따라 매매계약상의 채무는 소멸하는 것으로 처리하고, B가 A에게 계약금의 반환청구를 하는 것으로 종결될 것이다. ② 토지수용금이 1억 3천만원으로 결정된 경우에, B는 비록 주택마련은 좌절되었지만 그 보상금 1억 3천만원의 수령하기를 희망할 것이다. 그러나 A도 그 보상금을 자기가 갖기를 희망할 것이므로, 이 때 B에게 대상청구권을 인정할 것인가가 결정적인 차이를 초래하게 된다. 무제한설(無制限說)에 의하면 이 경우에 B는 1억 3천만원의 보상금을 자기가 취득하기 위해 대상청구권을 행사하게 될 것이며, 대신 A에게 매매대금 잔금 9천만은 지급해야 할 것이어서 결과적으로 3천만원의 기회이익을 얻게 될 것이다. 그러나 이 경우 A가 B에게 계약해제를 통고하고 계약금 배액인 2천만원을 지급하면 B는 2천만원의 기회이익만을 얻게 된다. 만약 B가 A에게 중도금 4천만원을 지급한 후에 보상결정이 이루어졌다면 이러한 계약해제는 인정되지 않을 것이다. 반면에 제한적 인정설(制限的認定說)을 취하는 사견으로는 이 때 대상청구권을 인정하지 않으므로, 그 보상금은 A가 갖게 되고 A와 B의 매매계약상의 권리의무는 제537조에

1) 대상청구권을 인정해야 할 사례라고 생각되어 다음 판례를 소개한다. 사견으로는 이 사건에서 원고들이 울산시가 받은 보상금에 대하여 대상청구권을 행사했더라면 인정됨이 타당하다고 생각된다.

대판 1972. 2. 22, 71다2115: 이 사건 토지는 자조근면사업으로서 이루어진 간척공사 구성토지이며 원고들은 무채분배를 받고 피고(울산시)는 경상남도지사로부터 간척공사 준공허가를 받아 원고들에게 소유권이전등기를 경료하여 주기로 약속한 것인데, 피고는 이 사건 토지가 울산시의 석유화학단지로 책정되자 이를 수분배자인 원고들에게 그 소유권이전등기를 해 주지 않고 1969년 소외 경상남도에게 매각하여 원고들에 대한 등기이행채무는 이행불능이 되는 동시에 토지수용의 성질상 특수한 사정이 없는 한 채무불이행책임도 면하게 된다(원심은 채무불이행책임을 인정했으나 파기되었음).

따라 모두 소멸하게 된다. A는 B에게 계약금을 반환해 주어야 한다.

이상의 사례에서 보듯이 무제한설을 취하게 되는 경우에, 토지수용보상금이 매매가격보다 높을 경우에는 매수인이 대상청구권을 행사하여 그 기회이익을 가지려고 할 것이고 낮을 경우에는 위험부담의 법리에 따라 계약구속력에서 벗어나려고 하게 될 것이다. 그렇게 되면 매수인은 언제나 자기에게 유리한 선택을 하고 매도인은 불이익을 감수할 수밖에 없게 되어 이익형평이 깨지게 된다. 이러한 이익형평의 파괴는 등가관계의 유지를 이상으로 삼는 쌍무·유상계약의 기본원칙에 어긋나므로 인정되어서는 안 된다. 또한 우연한 사정으로 인하여 생기는 기회이익은 물건의 소유자에게 보유시키는 것이 타당한데, 무제한설에 따르면 그 이익을 채권자에게 돌리게 되어 부당하다. 제한적인정설을 취하여 쌍무계약의 위험부담의 법리에 따르는 것이 구체적 타당성을 가짐을 알 수 있다. 우리 민법의 위험부담의 법리는 쌍무·유상계약에서 양 당사자의 이익형평, 물권변동에 관한 소유권이전과의 균형 등을 고려할 때 우수한 입법이므로 이 법리에 따르는 것이 바람직하다.

3. 불완전이행

(1) 개 념

(가) 불이행의 유형 불완전이행(不完全履行)이란 채무의 이행행위중에 결함이 있어 채무의 완전한 이행으로 인정되지 못하는 경우를 가리킨다.[1] 불완전이행은 급부의 불완전성(不完全性)으로 인해 「채무의 내용에 좇은 이행이라고 인정될 수 없는 경우」를 말한다. 다시 말해서 「채무자가 외견상의 이행행위를 하였으나 그의 불완전성으로 말미암아 채무내용에 좇은 이행이 되지 못하고 채권자에게 손해를 입힌 경우」를 말한다. 채무의 이행에서 중요한 것은 이행행위의 결과(급부결과)가 채무내용에 적합하다는 사실이다. 채무자의 이행행위가 행하여졌다는 사실만으로는 채무소멸의 효과를 초래하지 못한다.[2]

1) 우리 나라의 거의 대부분의 학설이 불완전이행의 필요성을 긍정한다. 곽윤직, 110 이하; 김기선, 159; 김석우, 125; 김용한, 155; 김주수, 130; 김증한·김학동, 74; 김형배, 221; 정기웅, 125 이하; 현승종, 128.

2) 급부행위와 급부결과의 관계에 관하여는 정기웅, 앞의 글(주 11, 145); 일본주석민법(10), 1987, 182(奧田昌道 집필).

불완전이행의 개념은 학자에 따라 조금씩 다르게 파악되어 왔다.「확대손해를 발생시킨 경우」라는 효과의 측면에 초점을 맞추어 설명하는 견해, 「보호의무의 위반」이라는 귀책사유의 특성에 초점을 맞추어 설명하는 견해 등이 주장된다.[1] 우리나라에서 불완전이행의 개념은 민법 제390조의「채무의 내용에 좇은 이행을 하지 아니한 때」의 한 유형으로서 설명되어야 한다는 입법적 구속을 받는다. 불완전이행을 확대손해나 보호의무에만 초점을 맞추어 설명하는 것은 적합치 않으며,[2] 불이행의 사실을 기초로 분류되어야 마땅하다.

(나) 이행의 불완전성 불완전이행(不完全履行)은 무언가 이행행위를 전부 또는 일부 하였지만 변제의 효과를 가져오기에는 미흡한 상태를 가리킨다. 채무자의 변제제공과 채권자의 수령이 있어 외견상으로는 변제가 완료된 것 같이 보이지만 급부에 결함이 있어 채권자에게 손해를 입힌 경우도 있고, 채무자가 이행행위를 하는 과정에서 과실로 채권자에게 손해를 입히고 외견상 이행행위조차 완료하지 못한 경우도 있다. 다만 계약을 체결하기 전에 생긴 손해와 계약당사자 이외의 제3자에게 생긴 손해까지 불완전이행으로 포함시키는 것(계약교섭상의 과실책임론, 계약의 제3자보호효 이론)이 부당하다는 점은 채무의 범위와 관련하여 앞에서 설명하였다.

(다) 종된 급부의무의 위반 불완전이행에서는 채무자가 이행행위를 함에 있어서 준수해야 할「주(主)된 급부의무」및「종(從)된 급부의무」를 위반하는 일이 생기곤 한다. 급부의무와 관련이 없는 보호의무위반의 경우까지 채무불이행에 포함시키기 위해 그 경우를 불완전이행으로 파악하는 견해도 있으나(보호의무포함설), 이 경우를「불이행」이라고 보는 것은 곤란하므로 불법행위책임으로 처리해야 할 것이다(앞에 설명). 의무위반은「불이행」의

1) 곽윤직, 115; 김형배, 250은 불완전이행과 적극적 채권침해라는 용어의 구별이 불필요하다는 이유로 동의어로서 사용한다. 그러나 김석우, 125는 적극적 채권침해만이 불완전이행으로서의 의의를 갖는다고 하고, 김용한, 155; 김주수, 120; 김증한 · 김학동, 74; 김형배, 221; 정기웅, 123; 현승종, 128에서는 확대손해가 발생한 경우를 적극적 채권침해라고 보며, 그는 협의의 불완전이행에 속하고 일부지체와 일부불능을 포함한 것은 광의의 불완전이행이라고 한다.

2) 같은 취지: 김상용, "불완전이행," 월간고시 1994년 7월호, 76; 김준호, "불완전이행론의 유용성과 그 한계," 고시계 1993년 4월호, 61. 조규창, 앞의 글, 368에서도 독일의 적극적 채권침해론은 그의 이론적 전제가 된 채무구조론이 우리의 법의식에 맞지 않으므로 도입할 필요가 없다고 한다. 그리고 불완전이행의 요건은 포괄적인 이행의무의 위반으로서 파악되어야 한다고 설명한다. 같은 취지: 이태재, "불완전이행론에 관한 재고," 고시계 1972년 5월호, 38.

단계가 아니라 「과실」에서 다루는 것이 타당하며, 불완전이행은 채무의 이행이 불완전함에 초점을 맞추어 설명되어야 할 것이다.

㈑ 확대손해의 경우 불완전이행으로 인한 손해는 채무의 이행이익의 범위 내인 경우도 있지만 이행이익을 초과하는 경우(확대손해)도 있다. 확대손해(擴大損害)가 발생한 경우라도 채무자가 채무의 성질상 그러한 확대손해가 발생할 소지가 있다는 것을 예상하고 주의를 충분히 기울였어야 했던 경우에는 채무불이행책임으로서 배상되어야 한다. 민법 제393조는 특별한 손해라도 채무자가 예상할 수 있었던 때에는 배상범위에 포함시키므로 확대손해도 채무불이행책임으로 처리되는 데에 문제가 없다. 이는 손해배상범위에 관한 문제이므로, 불이행의 한 유형으로서의 불완전이행을 설명하는 데에 확대손해의 발생이라는 요건을 넣을 필요는 없을 것이다.

(2) 불완전이행의 법적 근거

민법 제390조의 「채무의 내용에 좇은 이행을 하지 아니한 때」를 불완전이행(不完全履行)을 포함하는 의미로 해석할 것인가, 또는 이행지체와 이행불능의 두 유형만을 의미하는 것으로 해석하여 불완전이행에 관한 법의 흠결이 있다고 보고 그것을 해석론으로서 보완하는 형식을 취할 것인가의 문제가 종래에 논의된 바 있다.

우리 나라의 학설은 전자의 입장을 취해 왔으며,[1] 법해석은 법문의 객관적 의미를 탐구하는 것에 중점을 두어야 하므로 이 입장은 타당하다. 제390조가 의용민법 제415조를 그대로 이어받은 규정이라는 점과 의용민법(일본민법) 제415조의 입법 당시 채무불이행의 유형으로서 이행지체와 이행불능만을 염두에 두었었다는 점은 부정할 수 없는 사실이다.[2] 그러나 제390조는 포괄조항주의를 취하고 있으므로 그러한 입법위원의 의도는 입법배경을 이룰 뿐 입법결과에 뚜렷히 반영되었다고 볼 수 없다.

---

1) 곽윤직, 115; 김기선, 159; 김상용, 136; 김석우, 125; 김용한, 155; 김주수. 119; 김증한, 66; 김증한 · 김학동, 74; 김증한 · 안이준, 신채권총론, 130; 김형배, 221; 정기웅, 125; 현승종, 128. 단 이태재, "불완전이행론에 관한 재고," 고시계 1972년 5월호, 28에서는 반대견해를 취함.

2) 일본 법전조사회, 민법의사속기록 제18권; 일본학술진흥회, 49~50. 일본의 다수설은 기초위원들이 프랑스 민법적인 지체와 불이행의 이분구성을 염두에 두었다고 설명한다. 北川太郎, 契約責任의 研究, 1968, 303; 고상룡, "민법 제390조의 채무불이행의 의미," 월간고시 1984년 8월호, 90 이하. 사견으로서는 구민법과 동일한 조항이라 하여 반드시 일본민법의 입법의도와 같다고 일률적으로 보는 것은 옳지 않으며, 신민법제정시 입법위원들의 개정불필요의 결정배경 및 다른 개정조항과의 관계도 함께 고려되어야 한다고 생각한다.

일반조항주의(一般條項主義)를 취한 이상 그 일반조항에 포용되는 채무불이행의 유형을 입법 후의 거래환경의 변화에 따라 탄력적으로 변동시키도록 입법적으로 유보한 것이라고 해석되어야 한다. 그리고 1958년 현행민법이 제정될 당시에 이미 그 조항이 불완전이행을 포함한다고 해석함이 통설이었음을 알면서 그대로 이어받은 것은 입법자가 그것을 승인한 것이기도 하다.[1)]

불완전이행과 하자담보책임의 관계

채무자가 급부로서 인도한 물건이 불완전한 경우에 그 채무발생원인이 유상계약이라면 하자담보책임(瑕疵擔保責任)이 발생한다. 하자담보책임의 본질은 법정책임설(法定責任說)을 취하는가, 채무불이행책임설(債務不履行責任說)을 취하는가에 따라 다르게 파악된다. 법정책임설을 취하면 양자는 별개의 책임체계로 이해되고, 채무불이행책임설을 취하면 하자담보책임은 불완전이행의 특칙이 된다. 어떤 학설을 취하더라도 채권자는 양책임을 선택적 또는 동시에 물을 수 있다(각 책임의 요건을 충족해야 함). 종류매매에서 완전물인도청구와 손해배상청구를 병행하고자 할 경우에는 채무불이행책임을 물어야 한다. 그리고 하자로 인하여 확대손해가 발생한 경우에 담보책임으로 배상받을 수 있는가에 대하여는 학설이 대립한다. 판례는 확대손해는 담보책임으로 배상시킬 수 없다고 한다(대판 1997. 5. 7, 96다39445). 사견으로는 확대손해도 담보책임으로 배상될 수 있다고 해석한다(채무불이행책임과 담보책임의 관계로서 설명했음). 유엔통일매매법, 독일민법(2002년) 등 근래의 입법추세는 양자를 계약책임이라는 하나의 책임체계로 파악한다.

채무불이행법의 체계적 재구성을 통해 채무불이행법과 담보책임법을 일원적, 통일적으로 규율하자는 입법의견이 있었다.

계약침해의 정도와 이에 따른 계약목적 달성, 귀책사유의 유무에 따라 계약해제권과 손해배상청구권을 통일적으로 규율하는 방안도 논의되었으나, 다음의 이유에서 2004년 민법개정안에는 포함시키지 않기로 하였다.

유책성을 전제로 하는 채무불이행책임과 유책성을 요구하지 않는 담보책임을 통합하는 것은 현재 우리의 법상황에 대한 대대적 변혁이다. 통일매매법 등에서 양자를 통합하고 있는 것은 계약불이행책임에 유책성을 원칙적으로 요구하지 않는 영미법의 태도를 특히 상사계약의 범위에서 수용한 데서 연유한 것으

1) 김형배, 221에서는 「불완전이행의 법률적 근거를 제390조 본문에서 구한다고 하는 것은 비록 입법자의 주관적 의도에는 맞지 않으나 동 규정의 객관적 입법취지 또는 내재적 목적에는 부합하는 것 이라고 한다.

로 이해되며, 대륙법계의 민법전으로 이러한 통합을 수행한 예는 없으며, 최근의 네덜란드민법전도 마찬가지이다.

(3) 불완전이행의 모습

이행행위의 존재 및 그의 불완전성을 불완전이행의 특성이라고 본다면, 이행행위가 전혀 행해지지 않은 이행지체와 이행불능을 제외한 거의 모든 불이행의 모습이 불완전이행의 유형 속에 포함되어진다. 이행행위(履行行爲)의 불완전성(不完全性)이란 매도인의 하자담보책임에서의 목적물의 하자(제580조, 제581조)보다 넓은 개념이다. 이행행위의 불완전성은 인도채무와 행위채무에서 각각 약간 다른 모습으로 나타난다.

(가) 수량부족, 가치감소 물건의 인도채무에서 인도된 목적물 자체의 흠이 존재하거나 수량(數量)이 부족(減少)하여 물건가치(物件價値)가 감소(減少)된 경우가 있다. 채무자의 귀책사유로 인하여 생긴 목적물의 흠은 그것이 쉽게 보완가능한 때에는 이행지체와 같은 문제로 되어 채권자는 채무내용에 맞는 완전한 급부가 되도록 보완을 청구할 수 있다. 이 보완청구권(補完請求權)은 본래급부의 청구권의 변형된 모습이다. 이 때 채권자는 보완청구(補完請求)와 지연배상(遲延賠償)을 함께 청구할 수 있다. 채권자의 보완청구가 있어도 채무자가 상당기간 내에 그를 보완하지 않거나 보완이 채권자에게 이익을 주지 못하는 때에는 채권자는 보완을 거절하고 그 흠에 갈음하는 손해배상(전보배상)을 청구할 수 있다(제395조). 목적물의 흠이 보완되기 곤란한 성질의 것인 때에는 이행불능과 같이 처리되어 채권자는 곧 그 흠에 대한 전보배상을 청구할 수 있다. 채권자가 목적물의 흠으로 말미암아 계약목적을 달성할 수 없는 경우에는 흠있는 목적물의 수령을 거절하거나(이미 모르고 인도받은 때에) 그를 반환하고 목적물 전부에 대신하는 전보배상을 청구할 수 있다. 수량적으로 분할될 수 있는 목적물의 인도에 있어서 인도된 목적물의 수량이 부족한 경우에도 위와 같이 미인도된 부분의 보완이 가능하냐 아니냐에 따라 이행지체 또는 이행불능과 같이 다루어진다.[1)]

1) 채무의 이행을 위하여 인도된 목적물의 흠이나 수량부족의 경우에 법률행위의 일부무효에 관한 민법 제137조를 유추적용할 것인가는 의문이다. 제137조는 계약체결 등의 법률행위에 관한 규정이므로 채무이행에 그 규범의 취지가 그대로 유지된다고 볼 수 없다. 제137조를 유추적용하기보다는 거래관행 및 신의칙을 기초로 하여 구체적 타당성 있는 해석을 하는 것이 옳다.

이와 같은 목적물의 가치미달(價値未達)은 이행지체나 이행불능에서와 같은 지연배상(遲延賠償) · 전보배상(塡補賠償)의 청구권(請求權)을 발생시킨다. 채무불이행의 유형별로 적용조문 · 요건 · 효과가 다른 독일민법 아래서는 이 경우를 지체 · 불능으로 다룰 것인가, 불완전이행으로 다룰 것인가가 중요한 문제로 되지만, 일반조항주의를 취하는 우리 민법의 해석으로서는 그러한 한계설정의 문제는 중요하지 않다. 우리 민법학에서는 이 경우를 불완전이행의 유형에서 다룬다.[1] 사견으로서도 이 경우는 전부로서 이행하였으나 이행이 불완전한 경우에 해당하므로 불완전이행의 유형에서 다루는 것이 적당하다고 생각한다. 그리고 불완전이행의 효과는 이행지체 · 이행불능의 효과로부터 고립되어 발생하는 것은 아니므로 효과면에서 그들과 맞추면 된다.

(나) 결함의 존재　인도채무에서 채무자가 목적물을 인도하기는 하였으나 인도된 목적물에 인체손해나 재산손해를 입힐 가능성 있는 결함(缺陷)이 존재(存在)하여 채권자의 다른 재산이나 인체에 손해를 입히는 경우가 있다. 이 경우 채권자가 입은 다른 재산손해 및 인체손해를 확대손해(擴大損害)라고 부름으로써 통상의 채무불이행에서 발생하는 이행이익의 침해와 구별하기도 한다.[2] 예를 들면 병든 가축을 인도받은 채권자가 그 가축을 다른 가축과 함께 우리에 넣어 둔 결과 다른 가축도 감염된 경우, 인도받은 불량자재로 건축한 건물이 붕괴한 경우, 부패한 음식을 사먹은 고객이 배탈난 경우, 독성이 포함된 약을 사먹은 고객이 사망한 경우 등이다.

(다) 물건의 위험성　인도채무에서 물건 자체에 결함은 없으나 위험성(危險性)을 가짐으로 말미암아 채권자에게 인체손해나 기타 재산손해를 입힌 경우가 있다. 예를 들면 채무자가 채권자에게 인화성물질임을 알려 주지 않아 채권자가 인도받은 물건을 불 옆에 보관한 결과 화재가 나서 재산 · 인체에 손해를 입은 경우, 알레르기성인 사람에게 부작용을 수반하는 약을 부

---

1) 곽윤직, 118; 김석우, 127; 김용한, 162; 김주수. 133 이하; 김증한, 67; 김증한 · 김학동, 112; 김형배, 225; 정기웅, 125 이하; 현승종, 131.

2) 매매목적물의 하자로 인하여 확대손해 내지 2차 손해가 발생하였다는 이유로 매도인에게 그 확대손해에 대한 배상책임(채무불이행책임)을 지우기 위하여는 채무의 내용으로 된 하자 없는 목적물을 인도하지 못한 의무위반사실 외에 그러한 의무위반에 대하여 매도인에게 귀책사유가 인정될 수 있어야만 한다(대판 1997. 5. 7, 96다39455). 이 사건에서는 하자담보책임만이 청구되었으므로 배상책임이 부정되었다.

작용경고 없이 팔았는데 알레르기성인 매수인이 복용하고 사망한 경우 등이다. 채무자가 급부의무에 종속된 용법지시 · 위험성경고 등의 주의의무를 위반한 결과 그러한 손해가 발생하였다면 손해배상의무를 진다. 이 때 발생하는 손해는 확대손해(擴大損害)이다.

(라) **불충분한 행위급부** 행위채무에서 채무자가 약속한 행위를 불충분하게 함으로써 목적한 성과를 달성하지 못한 경우가 있다. 도급계약에서는 약속한 일의 완성이라는 성과를 달성해야 하는데(행위결과 채무), 그에 미달한 경우(예: 내장공사가 안 된 건축물, 몸에 맞지 않는 맞춤양복)에 불완전이행이 있게 된다. 위임계약에서 수임인이 위임사무의 처리를 게을리하여 위임인에게 약속한 사무를 제대로 처리해 주지 못한 경우에 불완전이행이 있게 된다. 행위채무의 불완전한 이행으로 채권자가 취득하여야 할 이행이익을 침해한 경우에는 인도채무에서 목적물에 흠이 있는 경우와 유사한 법률효과가 발한다. 즉 채권자는 불완전한 부분의 보완청구와 함께 지연배상을 청구하거나, 그 부분의 전보배상을 청구하거나, 또는 계약목적의 불달성(不達成)을 이유로 이행부분의 급부수령 거절과 함께 전부에 대한 전보배상을 청구할 수 있다.

(마) **위험한 행위급부** 행위채무의 불완전한 이행으로 채권자의 인체나 다른 재산에 확대손해를 발생하게 하는 경우가 있다. 택시운전기사의 부주의한 운전으로 승객을 부상케 한 경우, 의사의 부주의한 수술로 인해 환자가 사망한 경우, 이삿짐 운송상의 부주의로 이삿짐이 파손된 경우(이 때 원래의 이행이익은 목적지까지 이삿짐의 이동임)가 이에 해당한다. 이러한 확대손해의 경우에는 채무자의 이행행위가 완전했음에도 불구하고 나쁜 결과가 불가피하게 초래되었는가, 또는 불완전했기 때문에 그런 나쁜 결과가 생긴 것인가의 판가름이 매우 어렵다. 완전이행이냐 불완전이행이냐의 판가름은 결국 나쁜 결과에 대해 채무자의 과실(귀책사유)이 있느냐의 판단에 의존하게 된다.

(4) 완전이행의 청구

(가) **완전급부의 청구** 불완전이행은 채무의 이행이 되지 못하므로, 채권자는 채무자에 대하여 완전한 이행을 청구할 권리를 계속 보유한다. 그 방법으로서 하자보수(瑕疵補修)를 청구하거나, 완전물(完全物)의 인도를 청구하거나(종류채무의 경우), 미비한 부분을 추완(追完)할 것을 청구하는 등의 방법이 있다. 이러한 청구는 급부청구권에서 파생되어 나오는 것이며, 채무자가 임

의로 이에 응하지 않는 경우에는 강제이행(强制履行)을 청구할 수 있다. 다만 그 추완에 과다한 비용이 드는 등 현저한 곤란이 예상되는 경우에는 추완청구(追完請求)를 할 수 없다.

(나) **손해배상청구** 채권자는 채무자에 대하여 불완전급부로 인하여 생긴 손해(지연손해 등), 완전물인도에 갈음하는 이행이익(전보손해), 급부의 위험성으로 인하여 야기된 손해(확대손해) 등을 청구할 수 있다.

(다) **계약해제권** 불완전이행의 경우에는 그 불완전성으로 인하여 계약의 목적을 달성할 수 없는 경우에 한하여 계약을 해제(解除)할 수 있다고 해석된다(채권각론에서 설명).[1)]

4. 불이행의 입증

채무자가 채무의 내용에 좇은 이행을 하지 않았다는 사실은 채권자가 주장하여 증명해야 함이 원칙이다.

(1) 급부의무의 증명

우선 채권자는 자기와 채무자 사이에 당해 급부의무(給付義務)가 존재한다는 사실부터 증명하여야 한다. 계약의 존재와 그 계약에 의해 당해 급부의무가 채무자에게 지워진 경위가 밝혀져야 한다(예: 매매계약서와 매매대금액, 변제기).

(2) 불이행의 증명

다음으로 채권자는 채무자의 이행행위가 전혀 없었거나, 또는 채무자의 행위가 채무의 내용에 부합하지 않음을 증명하여야 한다.[2)] 채권자는 이행의 소로서 채무자에게 이행을 청구할 때 그 전제가 되는 기초사실인 불이행(不履行)의 사실을 증명할 의무를 진다. 이 때 채권자는 불이행을 주장함과 동시에 그 사실을 간접적으로나마 증명하는 증거를 제시해야 한다. 그 후 채무자는 자신의 이행이 있었음을 항변하고 이행의 사실에 대한 증거를 제출하는 순서로 소송절차가 진행된다. 만약 불이행사실을 처음부터 채무자에게 증명토록 한다면 이행증거를 갖지 않은 채무자는(예: 채권증서나 영수증을 찢어버린 경우) 채

1) 대판 1996. 2. 9, 94다57817: 계약의 일부이행이 불능인 경우에는 이행이 가능한 나머지 부분만의 이행으로 계약의 목적을 달성할 수 없을 경우에만, 계약 전부의 해제가 가능하다.

2) 반대설: 이행행위 자체가 있었느냐에 관해서는 입증의 난이도를 고려할 때 채무자에게 증명하도록 하는 것이 타당하다는 견해도 있다. 김형배(2판), 182, 195, 234.

권자로부터 제소당하면 언제나 채무를 또 한번 이행하게 되는 부당한 결과로 될 것이다.

(3) 이행지체의 증명

이행지체(履行遲滯)의 경우에는 채무의 이행기가 도래하여 제387조에 의해 채무자에게 지체가 성립되었다는 사실도 채권자가 증명하여야 한다. 즉 확정기한이 도래하였음, 불확정기한의 도래를 채무자가 알았음, 기한 없는 채무에서 채무자가 이행청구를 받았음은 채권자가 증명하여야 한다.

(4) 이행불능의 증명

이행불능(履行不能)의 경우에 불능의 사실은 채권자가 증명해야 하지만, 그것이 후발적 불능임은 추정된다. 판례도 급부가 불능이라는 사실의 증명책임은 그를 원용하여 채무불이행책임을 추궁하는 채권자에게 있다고 한다.[1)]

(5) 불완전이행의 증명

불완전이행(不完全履行)의 경우에는 외형상의 이행행위가 있었으므로 불이행사실을 증명하기가 어렵다. 불이행이 행위채무의 불완전한 이행으로 인하여 야기된 경우에 실제로 불이행사실과 채무자의 과실이 한꺼번에 증명되는 경우가 많다.

---

1) 대판 1960. 7. 7, 4292민상819.

§20. 채무자의 귀책사유

1. 귀책사유의 의의

채무불이행책임(債務不履行責任)은 채무자의 귀책사유가 없는 경우에는 발생하지 않는다. 민법 제390조 단서는 "채무자의 고의나 과실 없이 이행할 수 없게 된 때에는 그러하지 아니하다"고 규정하여 채무불이행책임은 과실책임(過失責任)의 원칙의 범주에서 벗어나지 않음을 선언한다.

(1) 소극적 요건

귀책사유(歸責事由)의 존재는 채무불이행책임의 소극적(消極的) 요건이다. 이러한 취지는 민법 제390조 단서 이외에 금전채무불이행의 특칙에 관한 제397조 2항의 「채무자는 과실 없음을 항변하지 못한다」는 규정[1]의 반대해석으로서 통상의 채무불이행의 경우에는 채무자가 과실 없음을 항변할 수 있음이 명백히 드러난다.[2] 채무자가 과실 없음을 항변할 수 있다는 것은 채무자의 귀책사유의 존재가 소극적 요건, 주변적 요건임을 말해 주는 것이다.[3] 이 점에서 과실을 적극적 요건, 핵심적 요건으로 삼는 불법행위책임과 다르다.

이행지체, 이행불능, 불완전이행의 경우에 모두 귀책사유가 요구된다. 민법 제390조 단서에서 「이행할 수 없게 된 때」란 이행불능에 한정하는 의미로 사용된 것이 아니라 모든 채무불이행의 유형에 귀책사유를 필요로 한다는 포괄적 의미로 사용된 것이다(학설 일치).[4]

---

1) 의용민법 제419조는 과실 대신에 불가항력이라고 규정하여 해석상의 의문을 남겼으나 현재에는 민법의 규정이 명료하다.

2) 조규창, "입증책임의 법적 근거," 고시연구 1985년 1월호, 35 이하에서는 채무불이행책임에서 채무자의 과실추정의 근거는 오직 제390조에서 찾아야 하며, 제397조에서 찾아서는 안 된다고 한다. 그리고 결과채무의 불이행에서는 채무자가 「불가항력」을 증명하여 면책되지만, 수단책임의 불이행에서는 채무자가 「과실 없음」을 증명하여 면책된다는 차이가 있다고 한다.

3) 프랑스민법은 채무불이행에 관한 일반규정(제1147조, 제1148조)에서 채무자의 고의나 과실을 요구하지 않는다. 남효순, "프랑스민법에서의 행위채무와 결과채무," 민사법학, 13호, 1995.

4) 곽윤직, 96; 김기선, 145; 김석우, 103; 김용한, 122; 김주수, 112; 김증한, 55; 김증한 · 김학동, 77; 김현태, 94; 이태재, 104; 김형배(2판), 151; 현승종, 108.

(2) 귀책사유의 의미

채무자의 귀책사유(歸責事由)란 채무자 자신의 고의 · 과실과 이행보조자의 고의 · 과실(제391조)을 내용으로 한다. 채무자의 귀책사유는 「불이행과 관련된 고의 · 과실」을 의미하며 손해발생과의 관련성을 요구하지 않는다.[1] 이 점에서 손해발생과 고의 · 과실의 관련성을 요구하는 불법행위책임과 다르다. 과실의 전제가 되는 주의의무(注意義務)는 당사자의 합의에 기초하여 발생함이 원칙이다. 그 밖에 법률의 규정, 관습법, 또는 신의칙과 같은 조리에 의해서 부과될 수 있다.[2]

(3) 채권자지체와의 경계

채무의 불이행이 채권자측의 사정(채권자의 불명, 변제기전의 수령거절 등)으로 인하여 야기된 때에는 채무자에게 귀책사유가 없으므로 채무불이행책임이 발생하지 않고 채권자지체(제400조)의 법률효과가 발생한다. 특히 쌍무계약에서 상대방의 채무이행과 관련하여 이행지체(履行遲滯)와 채권자지체(債權者遲滯)의 구별이 문제된다. 채무자가 동시이행채무의 변제제공을 하였으나 상대방의 변제제공이 없어 이행을 완료하지 않은 경우에, 채무자는 채무불이행책임을 지지 않고 상대방이 채권자지체의 효과를 받게 된다.

불가항력

불이행이 채무자의 귀책사유도 채권자의 귀책사유도 없이 야기된 경우를 「불가항력(不可抗力)에 의한 급부장애(給付障碍)」라고 부르기도 한다.[3] 그 급부장애가 영구적인 경우는 이행불능이 되지만, 일시적인 경우는 이행지체가 된다. 채무이행에 장애가 되는 전쟁 · 내란 · 대규모재해 · 법적 금지조치 · 제3자의 행위 등이 불가항력에 해당한다. 종류채권에서 종류물의 품귀, 제품생산에 필요한 원료의 품절이나 인력난 같은 경제사정은 불가항력에 해당하지 않는다.[4]

---

1) 독일민법학에서는 채무불이행에 관한 귀책사유(Vertretenmüssen)와 불법행위책임의 요건인 유책성(Verschulden)을 다른 것으로 이해하며, 귀책사유를 유책성보다 넓은 개념으로 파악한다. Larenz, *Schuldrecht II*, S. 256.

2) 참고문헌: 조성민, "채무불이행상 과실의 법적 구조," 고시계 1996년 7월호, 137 이하.

3) 김형배, 153; 김용한, 129는 불가항력을 「채무자의 귀책사유 없음」의 의미로 사용한다. 사견으로는 채권총론 초판(1991)에서 불가항력과 귀책사유 없음을 구별하였으나 현재에는 양자를 구별하지 않는 입장을 취한다. 불가항력과 귀책사유 없음을 같은 의미로 사용하는 관행적 표현을 따르기 위함이다.

4) 일본민법에서는 금전채무불이행에 대한 특칙의 규정(일본민법 제419조, 우리 민법 제397조에 해당)

(4) 귀책사유와 책임능력

채무불이행책임의 귀책사유(歸責事由)의 인정에 있어서도 불법행위책임에서와 같이 채무자의 책임능력이 전제가 되는가에 대해서 의문이 제기된다.[1] 사견으로서는 무능력자의 채무의 부담이 대리인에 의한 계약체결의 방법으로 허용되는 이상 그의 계약채무의 불이행에 따른 책임을 채무자 자신의 책임능력이 결여되었다는 이유로 부정하는 것은 형평에 맞지 않는다고 생각한다. 그러므로 계약책임에 해당하는 채무불이행책임에서 채무자의 책임능력을 문제삼는 것은 옳지 않다.

(5) 위법성요건의 불필요성

채무불이행책임의 성립요건으로서 위법성이 필요한가에 관해서는 학설이 대립한다.

① 위법성요건설　위법성(違法性)은 채무불이행책임의 성립요건으로서도 필요하다는 견해이다.[2] 채무자에게 유치권, 동시이행의 항변권과 같은 이행의 지연을 정당화하는 사유(위법성조각사유)가 없는 경우에 위법성이 인정된다고 한다.

② 위법성불요설　귀책사유로서의 고의와 과실의 개념 속에 위법성의 요소가 포함되어 있으므로 채무불이행책임에서는 위법성을 별개의 요건으로 할 필요가 없다는 견해이다.[3] 사견으로서도 유치권 · 동시이행항변권과 같이 이행행위를 하지 않아도 되는 사유가 있는 경우에 불이행 및 귀책사유의 요건을 충족하지 않은 것으로 보며 이와 별도로 위법성요건은 필요하지 않다고 생각한다. 유치권이나 동시이행항변권이 있는 경우에 불이행과 귀책사유 요건이 충족되었다고 본 후에 위법성조각사유로서 책임을

에서 채무자가 불가항력을 가지고 항변할 수 없다고 하므로 학설이 그러한 문언에도 불구하고 타당한 결과를 피하기 위해 불가항력을 귀책사유 없는 경우로 넓게 해석한다.

1) 다수설은 이를 명확히 밝히고 있지 않다. 소수설은 채무불이행을 그의 귀책근거에 따라 의사책임의 성격을 갖는 것과 행위책임의 성격을 갖는 것의 두 가지로 나누어 과실 및 책임능력의 의의와 소재를 달리해야 한다고 주장한다. 즉 의사책임적 채무불이행(무상계약의 경우를 예로 듬)에서는 고의 또는 과실(구체적 과실) 속에 책임능력이 흡수되어 있으며, 행위책임적 채무불이행에서는 추상적 과실이 문제되므로 책임능력이 전제될 필요가 없다고 주장한다. 김형배(2판), 172. 최근 일본에서는 귀책사유를 반드시 고의 · 과실과 관련하여 이해할 필요는 없으며, 거래법의 영역인 채무불이행책임에는 책임능력을 요구하지 않는 것이 타당하다는 견해가 주장된다. 平井宜雄, 債權總論, 54.

2) 곽윤직, 101; 김기선, 135; 김상용, 133; 김석우, 115; 김용한, 136; 김주수, 117; 김증한, 60; 김증한 · 김학동, 92; 김현태, 102; 이태재, 107; 현승종, 118.

3) 김형배(2판), 174.

면책시키는 것은 불필요한 법논리라고 여겨진다. 불법행위의 위법성조각사유로서 열거되는 정당방위 · 긴급피난의 사유는 불이행의 귀책사유에서 고찰하는 것이 타당하다.

2. 고의 · 과실

(1) 고　의

채무자가 자기의 이행의무를 알면서 정당한 사유 없이 그것을 의도적으로 이행하지 않는 경우 불이행에 대한 고의(故意)가 인정된다. 채무불이행책임에서 고의와 과실의 구별이나 한계는 그리 중요하지 않다. 채무자가 고의 또는 중대한 과실이 있는 때에만 책임지는 경우(예: 채권자지체중의 불이행, 제401조)가 있는데, 이 때에도 중요한 것은 고의 · 중과실이 있느냐 없느냐의 문제이지 고의이냐 중과실이냐 구별의 문제가 아니다.

(2) 과　실

과실(過失)이란 채무의 불이행이 채무자의 주의의무(注意義務)의 해태(懈怠)로 인하여 야기되었음을 의미한다. 과실 및 그 전제가 되는 주의의무의 판단을 객관적인 입장에서 할 것이냐, 채무자의 주관적인 사정을 기초로 할 것인가에 관련하여 객관적과실설(客觀的過失說)과 주관적과실설(主觀的過失說)이 과거에 대립하였으나, 객관적과실설이 지배적인 견해이다(종래의 추상적 과실개념은 객관적과실설에 기초를 둔 것임).[1] 객관적과실설은 채무불이행책임에서의 과실이란 채무자가 종사하는 직업 및 그가 속하는 사회적 지위 등에 따라서 보통 일반적으로 요구되는 정도의 주의를 결하는 것이라고 한다. 채무자의 구체적인 인물에 따른 개인차가 인정되지 않고, 평균인에게 요구되는 주의가 기준이 된다고 한다. 사견으로서도 객관적과실설에 찬동한다. 채무불이행책임은 거래법으로서 중요한 역할을 담당하는데 채무자에게 거래계에서 일반적으로 기대되는 정도의 주의를 기울일 것을 요구하는 것이 거래의 원활을 위하여 필요하다.

---

1) 곽윤직, 36; 김기선, 63; 김상용, 45; 김석우, 45; 김용한, 43; 김주수, 50; 김증한, 22; 김증한 · 김학동, 28; 김현태, 41; 김형배(2판), 156에서는 유상계약관계에서의 책임을 행위책임체계라고 호칭하며 이에는 추상적 과실이 기준이 된다고 한다. 이는 결과에 있어서 객관적과실설과 다름이 없다. 생각건대 무상계약에서의 주의의무경감은 예외적인 경우인데, 이 경우를 위하여 채무불이행책임을 두 유형으로 나누어 양자를 동격의 책임체계로서 구성할 필요는 없다고 여겨진다.

민법은 과실의 개념에 관하여 직접적인 규정은 두지 않으나, 특정물인도 채무자에게 객관적 주의의무인 선량한 관리자의 주의를 부과함으로써 채무불이행에서의 과실이 객관적 과실임을 간접적으로 표명한다(특정물채무에서 설명했음).[1)]

민법은 무상임치(無償任置)의 채무자에게 「자기재산과 동일한 주의」만을 요구함으로써 선관의무보다 낮은 정도의 주의를 요구한다(제695조).[2)] 이는 무상계약의 성질을 고려하여 채무자에게 유상계약에서보다 낮은 정도의 주의의무만을 부과함으로써 책임의 경감을 허용하는 것이다. 이 때의 주의의무는 일반적인 채무불이행책임(유상계약의 경우 등)에서 요구되는 객관적 주의의무보다 전반적으로 그 정도가 낮다는 것을 의미할 뿐이며, 이 때라고 해서 과실이 주관적으로 판단되는 것은 아니다. 민법은 무상임치에 관해서만 책임경감을 규정하지만, 다른 무상계약에도 유추적용될 수 있다고 생각한다.

주차장을 관리, 운영하는 자가 주차차량의 멸실, 훼손 등에 관하여 손해배상책임을 지기 위하여는 주차장 이용객과 사이에 체결된 계약에서 주차차량의 보관이나 그에 대한 감시의무를 명시적으로 약정하거나 혹은 주차장의 관리, 운영자가 이용객을 위하여 제공하거나 이용객이 거래통념상 전형적으로 기대할 수 있었던 안전조치의 정도와 주차요금의 약수, 차량의 주차상황 및 점유상태 등에 비추어 그러한 보관 혹은 감시의무를 묵시적으로 인수하였다고 볼 수 있는 경우라야 한다. 그렇지 아니한 경우에는 그 주차장이 주차장법의 적용대상이어서 주차차량에 대한 선량한 관리자의 주의의무가 법률상 당연히 인정되는 경우라야 한다(대판 1998. 10. 23, 98다31479).

(3) 불이행에 관한 고의 · 과실

제390조는 「고의(故意)나 과실(過失) 없이 이행할 수 없게 된 때」라고 함으로써 고의 및 과실이 「불이행(不履行)」에 관하여 존재하는 것으로 충분하며, 채권자에게 발생한 「손해(損害)」에 대한 과실을 직접적으로 요구하지

---

1) 독일민법 제276조는 거래상 필요한 주의를 태만하는 자에게 과실이 인정된다고 함으로써 채무불이행책임에서 객관적 과실을 원칙으로 함을 명문으로 규정한다.

2) 반대설(구체적과실설): 무상계약에 관한 「자기재산과 동일한 주의」가 채무자의 구체적 · 주관적 주의능력에 따른 주의로서 채무자 개개인에 따른 능력차이가 고려되어야 한다는 견해이다. 곽윤직, 36; 김기선, 64; 김상용, 45; 김석우, 45; 김용한, 43; 김주수, 50; 김증한, 22; 김증한 · 김학동, 28; 김현태, 41; 김형배(2판), 156; 이태재, 60; 현승종, 48. 사견으로서는 무상계약의 주의의무경감은 채무자의 개인적인 능력차이와 관계 없이 부여되는 책임경감의 성격을 갖는다고 해석된다. 만약 구체적과실설에 따른다면 주의능력이 뛰어난 채무자는 무상계약의 경우 유상계약보다 더 높은 정도의 주의의무를 부과하게 되어 부당하다.

는 않는다.

(가) 이행지체와 귀책사유 채무자나 이행보조자가 변제기가 도래했음에도 채무를 이행하려 하지 않았거나 이행하려 했음에도 불구하고 유효한 변제제공이 되지 못한 경우에 이행지체에 대한 채무자의 귀책사유가 인정된다. 이행지체중에 생긴 손해에 대하여는 채무자측의 과실이 없더라도 귀책사유가 인정되어 채무불이행책임이 발생한다(제392조 앞문장). 이 때 이행이 지체된 데 대하여는 채무자의 귀책사유의 존재를 요한다고 해석된다. 채무자가 이행기에 이행하였더라도 손해를 면할 수 없었으리라는 사정을 채무자가 입증한 경우에는 면책된다(제393조 뒷문장). 채권자지체중에 채무의 이행이 불능하게 된 경우에 채무자는 고의나 중과실이 있는 경우에만 책임을 진다(제401조).

(나) 이행불능과 귀책사유 채무자나 이행보조자가 채무의 존재를 알면서도 목적물을 멸실시키거나 처분함으로써 이행을 불가능하게 한 때에 이행불능에 대한 채무자의 귀책사유가 인정된다. 이행불능에서는 이행기의 도과에 대한 귀책사유는 문제되지 않는다. 이행기의 도래 이전에도 급부의 영구적 불능의 경우 이행불능이 인정되며, 이행지체중의 불능은 이행불능의 유형에서 다루어지기 때문이다. 목적물의 멸실이나 기타의 불능사유의 야기에 대한 귀책사유만이 이행불능에서 중요하다.

이행불능(履行不能)에서는 귀책사유의 존재 여부에 따라 법률관계가 달라진다. 채무의 이행이 채무자의 귀책사유에 의해 야기된 경우에만 채무불이행책임이 성립하고, 그렇지 않은 경우에는 위험분담의 문제로 된다. ① 편무계약(片務契約)에서 귀책사유 없는 불능은 채무자를 그의 채무로부터 해방시키는 효과를 가져오지만, 귀책사유 있는 불능은 채무자의 채무를 본래의 급부의무로부터 손해배상의무로 전환시키는 효과를 가져온다. ② 쌍무계약(雙務契約)에서 채무자의 귀책사유 없는 불능은 채무자에게 채무로부터의 해방과 동시에 채권자에 대한 반대급부청구권도 소멸시킴으로써 결국 목적물멸실의 위험(대가위험)을 채무자에게 부담시키는 효과를 가져온다(제537조, 채무자위험부담의 원칙). 그에 반하여 채무자의 귀책사유로 인한 불능은 채무자의 본래의 급부의무를 손해배상의무로 전환시키거나(제390조), 또는 채권자에 의한 계약해제와 동시에 채무자의 손해배상의무를 발생시킨다(제546조, 제551조).

(다) 행위채무의 불완전이행과 귀책사유 행위채무(行爲債務)(하는 채무)의

경우에는 불이행의 판단과 귀책사유의 판단이 매우 밀접하게 연결되어 있다. 채무자의 이행행위의 내용과 질, 이행행위에 임하여 부담하는 주의의무의 내용과 정도, 일정한 성과의 달성 여부 등 행위의무의 내용은 그 행위의무를 발생케 한 계약의 해석에 의해 정해진다.

① 결과채무 　채무자가 실제로 행한 것이 그러한 행위의무의 내용에 미달하는 경우에는 채무의 불이행과 동시에 채무자의 귀책사유가 추정된다. 일정한 성과를 달성해야 하는 결과채무에 있어서는 약속한 결과에 이르지 못한 것이 곧 채무의 불이행에 해당한다. 결과채무(結果債務)에서는 약속된 성과를 달성하지 못한 것이 특별한 불가항력적 사유가 존재하지 않는 한 채무자의 귀책사유로 직결된다.

② 수단채무 　어떤 성과에 직접 구속되지 않고 어떤 성과를 달성하기 위해 최선의 노력을 다해야 할 수단채무에 있어서는 좋은 결과를 내지 못했다는 사실이 곧 불이행으로 되지 않는다. 수단채무(手段債務)에서는 채무자의 노력이 부족했던 경우나 채무자가 계약의 성질상 채무자에게 일반적으로 요구되는 정도의 자질을 갖추지 못한 경우(진료계약에서 의료부족, 통역채무에서 외국어능력의 부족, 건축계약에서 건축기술의 부족, 고용계약에서 자격미달 등)에 채무자의 귀책사유가 인정된다.

법무사의 주의의무

법무사(法務士)는 위촉인이 본인 또는 대리인임을 확인하기 위하여 주민등록증이나 인감증명서를 제출 또는 제시받도록 하여 특별히 의심할 만한 사정이 발견되지 않는 경우에는 그 증명서만으로 본인임을 확인할 수 있을 것이나(구법무사법 제23조 참조), 그와 같은 확인과정에서 달리 의심할 만한 정황이 있는 경우에는 가능한 여러 방법을 통하여 본인 여부를 한층 자세히 확인할 의무가 있다(대판 1997. 11. 25, 97다35771).

은행직원의 주의의무

은행 직원이 어음교환소를 통하여 지급제시받은 어음을 책상 위에 둔 채 자리를 비우는 바람에 그 어음의 결제문제로 은행에 나왔던 어음발행인이 그 어음의 지급기일을 변조하고 그 사실을 은폐한 채 변조를 이유로 부도처리를 요구함에 따라 그 어음이 부도처리되었고, 그 당시의 상황에 의하면 은행 직원으로서는 지급기일의 변조경위에 대해 쉽게 눈치챌 수 있는 사정이 있었으므로 통상적인 경우와는 달리 그 어음에 대한 사고신고담보금이 예치된 사실을 어음소지인에게 알려 줄 의무가 있음에도 부도처리의 진상을 확인해 줄 것을 요구하며 항의하는 어음소지인에게 이를 알려 주지 않아 어음소지인으로 하여금 어음금의 우선적 변제를 받을 수 있는 기회마저 상실하게 한 경우, 은행 직원의 어음의 보관·관리상의 과실 및 부도처리 후의 업무처리상의 과실과 어음소지인이 어음금을 지급받지 못함으로 인한 손해 사이에는 상당인과관계가 있다고 보아 은행의 사용자책임(使用者責任)을 인정한 사례가 있다(대판 1997. 10. 24, 97다21840).

㈑ **채권자지체중의 책임가중** 채권자지체(債權者遲滯)중에 채무자는 고의 또는 중대한 과실이 없으면 불이행으로 인한 모든 책임이 없다(제401조). 채무자가 이행지체중에 불가항력적으로 발생한 손해에 대하여 배상책임을 지는 것과 대조적이다(제392조).

상인이 그 영업범위 내에서 물건의 임치를 받은 경우에는 보수를 받지 아니하는 때에도 선량한 관리자의 주의로 보관할 의무가 있으므로 이를 게을리하여 임치물이 멸실 또는 훼손된 경우에는 채무불이행으로 인한 손해배상책임을 면할 수 없으나, 다만 수치인이 적법하게 임치계약을 해지하고 임치인에게 임치물의 회수를 최고하였음에도 불구하고 임치인의 수령지체로 반환하지 못하고 있는 사이에 임치물이 멸실 또는 훼손된 경우에는 수치인에게 고의 또는 중대한 과실이 없는 한 채무불이행으로 인한 손해배상책임이 없다(대판 1983. 11. 8, 83다카1476).

3. 이행보조자의 고의·과실[1)]

(1) 귀책사유의 확장

채무불이행책임의 요건인 「채무자(債務者)의 귀책사유(歸責事由)」는 채무자 자신의 고의·과실은 물론 그 밖에 채무자를 위하여 이행행위를 하는 자의 고의·과실도 포함하는 개념이다. 이렇게 채무자를 위하여 이행행위를 하는 자로서 그의 과실이 채무자의 귀책사유에 포함되는 경우를 이행보

1) 참고문헌: 김학동, "이행보조자의 고의·과실에 대한 채무자의 책임," 고시연구 1990년 12월호, 130 이하; 정옥태, "채무불이행에 수인이 관여한 경우," 고시연구 1991년 10월호, 34 이하.

조자(履行補助者)라고 한다. 민법 제391조는 이행보조자의 고의 · 과실을 채무자의 고의 · 과실로 본다고 규정함으로써 채무불이행책임에서의 귀책사유를 확장(擴張)한다.[1)]

채무자는 채무이행에 제3자를 사용함으로써 자기의 거래영역을 확대하여 분업의 이익을 누리는 반면에 이행보조자의 사용에 수반되는 인적 위험을 부담하여야 한다.[2)] 그러므로 채무부담의 합의(合意)(계약체결시 또는 그 이후) 속에는 채무자가 그의 이행보조자로 하여금 채무를 이행케 함에 있어 적절한 행위를 하도록 담보하겠다는 취지가 포함되어 있다고 해석하여야 하며, 이에 따라 채무자에게 이행보조자의 과실에 대한 책임을 지운다. 그리고 채무자가 이행보조자를 사용하겠다는 의도 속에는 보조자의 개입에 따르는 위험영역 및 책임의 확대를 받아들이겠다는 의사가 포함된다고 해석된다.[3)]

(2) 이행보조자의 의의

㈎ 법정대리인 채무자를 위하여 대리행위를 할 권한이 법률의 규정에 의하여 주어진 자를 말한다. 포괄적 대리권한을 갖는 법정대리인(法定代理人)으로서 친권자(제909조), 후견인(제932조), 법원에 의해 선임된 재산관리인(제22조)이 있다. 그 밖에 한정된 의무를 대리하는 법정대리인으로서 가사대리권을 갖는 부부(제827조), 상속재산관리인(제1023조), 유언집행자(제1096조), 파산관재인(채무자회생 및 파산에 관한 법률 제355조) 등이 있다.[4)] 채무자를 위하여 이행행위를 하는 법정대리인

1) 보조자의 행위에 대한 책임은 로마법이나 게르만법 등 중세까지의 법에서 매우 엄격히 부과되었으며, 근대에 이르러서는 각국의 민법전에 성문화되었다. 특히 독일민법 제278조는 우리 민법 제391조와 같은 취지로 규정한다. 스위스채무법 제101조는 채무자가 보조자를 사용할 권한이 있는 경우에도 보조자가 야기한 손해를 배상할 책임을 진다고 한다. 그러나 일본민법에는 그와 같은 명문규정이 없으며, 학설과 판례에 의해 동일한 효과를 창출한다. 참고문헌: 고상용, "이행보조자의 과실," 연대 법률연구 제3집, 1983; 김형배, "제391조와 제756조의 비교 · 검토," 민사법연구, 1986, 398 이하; 조종현, "이행보조자의 과실," 민사법학 6호, 1986, 213 이하; 潮見佳男, "履行補助者責任の歸責構造(1-2)," 민상법잡지 제96권 2호, 1987.

2) 같은 취지: 곽윤직, 98; 김석우, 110; 김용한, 132; 김증한 · 김학동, 84; 김현태, 100.

3) 이행보조자책임에 명문규정이 없는 일본에서는 그 책임의 근거에 관해 여러 견해가 대립한다. 그러나 우리 민법 아래서는 그러한 견해대립의 실익이 적다. 결과적으로 이행보조자의 행위에 대해 채무자가 책임진다는 점에서는 무과실의 담보책임의 성격을 가지나, 그것이 과실책임인 채무불이행책임의 형식을 취하고 있으므로 채무자의 담보적 의사를 추론하는 방법을 취한다.

4) 법인의 기관의 행위에 대하여는 이행보조자에 관한 민법 제391조가 적용되지 않는다. 기관의 행위는 법인 스스로 행위하는 것으로 다루어지므로 기관의 채무이행상의 과실행위도 곧 법인의 과실행위로 된다. 그러므로 이행보조자의 과실을 채무자의 것으로 간주한다는 이론구성을 취할 필요가 없다. 같은 취지: 곽윤직, 97; 김석우, 110; 김용한, 131; 김주수, 113; 김증한 · 김학동, 84; 김형배 160; 현승종, 113; 황적인, 64; *Münchener Kommentar*, §278, Rn. 11; *Paland Kommentar*, §278, Rn 1~3; *Staundinger Kommentar*, §278, Rn. 2.

은 이행행위에 관해 채무자의 위임을 받지 않았더라도 이행보조자가 된다.

(나) 협의의 이행보조자 채무자의 의사에 의해 그의 채무이행의 보조자로서 사용하는 자를 말한다.[1] 이행보조자(履行補助者)는 통상적으로 채무자와 이행보조자 사이의 고용 · 위임 · 도급 등의 노무공급계약에 기초하여 채무자를 위하여 이행보조행위를 하는 경우가 대부분이지만,[2] 단순한 호의관계로서 이행보조행위를 하는 경우도 있다. 이행보조자는 「종속적 이행보조자(從屬的 履行補助者)」와 「독립적 이행보조자(獨立的 履行補助者)」의 두 종류로 분류될 수 있다. 종속적 이행보조자란 고용 · 위임 등의 계약에 기하여 채무자의 지휘나 명령에 따라 이행보조행위를 하는 경우를 말한다. 독립적 이행보조자란 채무자로부터 독립된 자기의 사업으로서 이행보조행위를 하는 자를 말하여, 통상 이행대행자라고 부른다. 이행대행업자로서는 하수급업자 · 운송업자 등이 있다. 이행대행자가 채무자를 위하여 이행행위를 할 것을 인수하는 것을 이행인수라고 하는데, 채권자에 대한 관계에서는 이행인수에도 불구하고 채무자가 책임을 진다.

(다) 이행대행자의 과실에 대한 책임 이행대행자(履行代行者)가 저지른 과실에 관하여 채무자가 채무불이행책임을 져야 하는가에 관해서는 학설이 대립한다.

① 제 한 설 이행보조자이기 위하여는 그 자의 행위에 대하여 채무자가 간섭할 수 있는 가능성, 즉 그 보조자에 관하여 선임 · 지휘 · 감독 등을 할 수 있어야 한다는 견해이다.[3] 채무자가 선임했더라도 이행대행자가 지휘 · 감독을 하지 않은 경우에는 채무자의 채무불이행책임이 발생하지 않는다고 한다. 이런 경우에 채권자는 그 이행대행자에 대하여 직접 손해배상청구를 할 수 있으며 채무자에 대하여는 할 수 없다.

② 무제한설 채무자가 이행대행자를 채무이행을 위한 수단으로서

---

1) 광의의 이행보조자는 법정대리인과 이행보조자를 모두 포함하는 개념이고, 협의의 이행보조자는 법정대리인을 제외하고 계약에 의해 사용하는 이행보조자만을 말한다. 곽윤직, 143 이하는 채무자가 스스로 채무를 이행함에 있어서 손·발과 같이 사용하는 자를 협의의 이행보조자라고 하고, 독립하여 채무자에 갈음하여 이행하는 자를 이행대행자라고 하며, 이 양자를 합한 개념을 이행보조자라고 하여 저자와 협의 및 광의의 이행보조자의 용어정의를 다르게 한다. 반면에 고상룡, 앞의 글, 67은 이와 같은 협의의 이행보조자와 이행대행자의 구별은 모호할 뿐 아니라 구별의 실익도 없으므로 불필요하다는 견해가 주장된다(같은 취지: 平井宜雄, 債權總論, 61).

2) 대판 1966. 9. 20, 66다758은 임차인의 피용자의 과실로 목적물의 선량한 관리자로서의 보관의무를 다하지 못한 것은 임차인의 과실로 된다고 한다.

3) 곽윤직, 98; 김석우, 111; 김용한, 132; 김주수, 114; 김증한, 54; 김현태, 101; 현승종, 114.

사용하였으면, 면책규정이나 면책약정이 없는 한 채무자가 그 선임 · 지휘 · 감독을 할 수 있는가에 관계 없이 이행대행자의 과실에 대해 채무불이행책임을 져야 한다는 견해이다.[1)2)]

사견(私見)으로서는 무제한설(無制限說)을 취하겠다. 첫째, 타인을 자기 채무의 이행행위에 사용한 채무자는 불가항력의 경우를 제외하고는 완전한 이행행위를 담보하는 책임을 지므로, 이행대행자의 과실행위에 대하여 면책하는 것은 법률규정이나 특약이 없는 한 불가능하다고 해석된다. 둘째, 이행대행자의 과실행위로 채무불이행이 발생한 경우에, 채무자가 일단 손해배상을 하고 이행대행자에게 구상하는 편이 타당하다. 채무자와 이행대행자 사이에는 영업상 계속적인 거래관계가 있는 경우가 많은데, 이 때에는 상계도 가능할 것이다. 채권자로 하여금 직접 이행대행자에 대하여 과실을 입증하여 손해배상을 청구하도록 하고 채무자는 면책되는 것은 부당하다. 셋째, 제391조의 적용에 있어서는 지휘를 받는 이행보조자와 이행대행자 사이에 원칙적으로 차이가 없으며, 채무자가 이행보조자의 임무수행에 대해 간섭가능성을 가질 것이 요구되지 않는다. 넷째, 공익업무를 수행하는 우편 · 전화 · 전신 · 철도 · 전기의 시설을 이용하는 경우, 또는 금융기관, 운송회사, 기타 독립된 서비스 제공기업에 이행행위의 일부나 전부를 맡긴 경우에 언제나 면책시키는 것은 결과적으로 거래위험을 채권자에게 전가시키는 것이 되어 부당하다.[3)] 다섯째, 이행보조자에게 대리권한이 있는가, 또는 단순히 사실행위만을 보조하는가도 중요하지 않다. 이행보조자에 의해 선임 · 감독되는 복임보조자도 제391조의 이행보조자이다. 여섯째, 채무자가 면책되고자 한다면 채무자가 채권관계(계약)에서 탈퇴하고 이행대행자를 채무자로 하는 면책적 채무인수행위를 하여야 할 것이다. 그 밖에 면책의 법률규정(제121조, 제682조, 제701조, 제1103조), 면책약정 등이 존재하는 경우에도 채무자는 이행대행자의 과실에 대해 책임지지 않는다.

---

1) 김상용, 140; 김증한 · 김학동, 85; 김형배, 161; 고상룡, 앞의 글, 72 이하; Esser-Schmidt, *Schuldrecht I*, S. 309f.; Medicus, *Schuldrecht I*, S. 139.

2) 대판 1999. 4. 13, 98다51077: 민법 제391조에서의 이행보조자로서의 피용자라 함은 일반적으로 채무자의 의사관여 아래 그 채무의 이행행위에 속하는 활동을 하는 사람이면 족하고, 반드시 채무자의 지시 또는 감독을 받는 관계에 있어야 하는 것은 아니므로 채무자에 대하여 종속적인가 독립적인 지위에 있는가는 문제되지 않는다.

3) 반대설: 김학동, "이행보조자의 고의 · 과실에 대한 채무자의 책임," 고시연구 1990년 12월호, 133.

판례도 민법 제391조에서의 이행보조자로서의 피용자라 함은 일반적으로 채무자의 의사관여 아래 그 채무의 이행행위에 속하는 활동을 하는 사람이면 족하고, 반드시 채무자의 지시 또는 감독을 받는 관계에 있어야 하는 것은 아니므로 채무자에 대하여 종속적인가 독립적인 지위에 있는가는 문제되지 않는 것이어서(대판 2008. 2. 15, 2005다69458), 임대인이 임차인과의 임대차계약상의 약정에 따라 제3자에게 도급을 주어 임대차목적 시설물을 수선한 경우에는 그 수급인도 임대인에 대하여 종속적인지 여부를 불문하고 이행보조자로서의 피용자라고 보아야 할 것이고, 이러한 수급인이 시설물 수선 공사 등을 하던 중 수급인의 과실로 인하여 화재가 발생한 경우에는 임대인은 민법 제391조에 따라 위 화재발생에 귀책사유가 있다 할 것이어서 임차인에 대한 채무불이행상의 손해배상책임이 있다고 한다(대판 2002. 7. 12, 2001다44338).

이행대행자의 사용

채무자는 채무의 이행에 관하여 이행대행자(履行代行者)를 사용하여도 무방한가 하는 문제에 관하여도 학설이 대립한다.

① 삼 분 설: 이행대행자에 의한 이행행위에 관하여 다음과 같이 세 경우로 나누어서 설명하는 견해이다.[1] 첫째, 대행자의 사용이 법률규정에 의해 금지되는 경우에 대행자를 사용하면 그것만으로 곧 채무자의 책임이 생긴다. 둘째, 대행자의 사용이 법률규정에 의해 허용되거나 채권자의 승낙이 있는 경우에는 원칙적으로 대행자의 선임·감독에 과실이 있는 때에만 책임을 진다. 셋째, 대행자의 사용을 허용하는 법률이나 채권자의 승낙은 없지만, 급부의 성질상 대행자를 사용하여도 무방한 경우에는 제391조에 의해 대행자의 고의·과실이 채무자의 고의·과실로 된다. 이 견해는 세 번째 경우의 이행대행자만을 제391조의 이행보조자로 본다.

② 이 원 설: 이행대행자의 사용을 허용할 것인가의 문제를 고찰함에 있어서는 그 사용이 허용되는 경우와 금지되는 경우의 두 종류로 나누는 것이 유용하다는 견해이다.

사견으로는 이원설(二元說)을 취하겠다. 첫째, 이행대행자의 사용을 허용할 것인가의 문제는 이행대행자에 의해서 행해진 이행행위가 채무의 내용에 좇은 이행행위가 되는가 아닌가의 문제 즉 제390조의 이행행위의 내용적 적합성에 관

1) 곽윤직, 99; 김기선, 150; 김석우, 113; 김용한, 134; 김주수, 114; 김형배, 162; 이태재, 192; 현승종, 116.

한 불이행의 문제로서 파악되어야 하며, 제391조의 귀책사유(歸責事由)의 문제로 보는 것은 적절하지 않다. 둘째, 대행자의 사용이 금지됨에도 불구하고 대행자를 사용한 것은 곧 채무자 자신의 고의 · 과실에 의한 불이행이 된다. 법률의 규정, 당사자의 합의(특히 채권자의 의사) 또는 채무의 객관적 성질에 비추어 보조인이나 대행자의 사용이 금지된 경우에(예술작품의 제작 · 강연 등), 이행대행자를 사용하여 이행행위를 한 것은 채무내용에 적합한 이행이 되지 못하므로 불이행의 문제로 된다. 셋째, 대행자사용이 허용되는 경우에 불이행(지체 · 불능 · 불완전이행)이 존재하고 그 불이행이 대행자의 고의 · 과실로 인하여 야기된 경우에, 대행자의 고의 · 과실은 제391조에 의해 채무자의 고의 · 과실로 간주된다. 삼원설이 대행자사용이 허용되는 경우에 채무자의 책임이 없다고 하거나, 채무자에게 대행자의 선임 · 감독에 과실이 있는 때에만 책임을 진다고 해석하는 것은 제391조의 취지에 정면으로 위배하여 채무자를 면책시키는 것이다. 대행자사용이 허용된다는 사실이 대행자과실에 대해 책임진다는 것을 면하게 해 주는 요인이 되지 않는다.

(3) 이행보조자의 이행관련성

채무자는 이행보조자(履行補助者)가 채무자를 위하여 이행하는 과정에서 고의 · 과실로 인하여 야기된 손해에 대하여는 그 행위가 이행에 도움이 되지 않더라도 손해배상책임을 진다. 즉 이행보조자의 행위 중에서 채무자의 채무이행과 관련성(關聯性)이 있는 행위에 대하여 책임이 발생한다.[1] 채무이행과의 관련성은 이행행위보다 넓게 해석되어야 한다. 보조자의 과실행위가 그의 이행보조임무와 관련성을 갖는다고 객관적으로 판단되는 경우를 의미한다.[2]

급부행위와 관련된 주의의무를 해태(懈怠)하여 야기된 사고가 그에 포함된다. 예를 들면 가구판매업자가 배달원에게 가구를 배달하여 주라고 시

1) 같은 취지: 곽윤직, 97; 김기선, 150; 김석우, 114; 김용한, 134; 김주수, 115; 김증한 · 김학동, 87; 김형배(2판), 164.

2) 채무의 내용을 급부의무와 그 밖의 보호의무(부수의무)를 포함하는 것으로 파악하는 이론에서는 이행보조자의 과실행위도 보호의무위반의 경우까지 포함하는 넓은 개념으로 파악한다. 김형배, 187. 독일에서 보호의무에까지 채무를 확장한 것은 주로 이행보조자의 과실에 대한 채무자의 책임을 인정하기 위한 목적에서였다. 이는 독일민법의 사용자책임이 사용자가 선임 · 감독상의 주의를 다하였더라도 발생하였을 손해에 대하여는 면책시키도록 규정 · 운용되므로 사용자책임의 적용을 피하여 채무불이행책임으로 처리하여 면책을 불허하려는 의도에서 비롯된다. 그간 독일에서는 이행행위와의 관련성에 관하여 넓게 「이행의 기회에 한 행위」로 해석하는 견해(Heck, Fikentscher)와 「이행에 관한 행위」로서 좁게 해석하는 견해(Oertmann)가 대립하였다.

켰는데, 그 배달원이 가구운반중 채권자의 도자기를 깨뜨린 경우에 그 과실행위는 채무자의 과실행위로 되어 채무불이행책임이 발생한다. 배달원이 옆에 있던 물건을 훔친 경우나 작업 도중 싸움을 하여 채권자를 부상케 한 경우, 그 고의의 행위는 이행행위와 관련성이 없다고 해석될 여지가 크다(제756조의 사용자책임 발생). 은행원이 고객의 예금구좌에서 예금을 찾아서 횡령한 경우와 같이 고객이 임치한 물건이나 금전을 횡령한 경우에는 통상 이행관련성이 인정된다. 이행관련성(履行關聯性)은 개개의 사례에서 구체적인 타당성을 꾀할 수 있도록 판단되어야 한다.

(4) 이행보조자의 과실판단기준

이행보조자의 행위가 거래상 요구되는 주의를 소홀히 한 것인가의 과실판단(過失判斷)에 기준이 되는 것은 채무자(債務者)이며, 이행보조자를 기준으로 할 것은 아니다. 거래상 요구되는 주의는 거래당사자인 채무자를 기준으로 부과되어야 하기 때문이다.[1] 그 주의의무는 거래의 성질 · 채무자의 직업 · 기대되는 능력 등에 비추어 객관적으로 정해지며(객관적 과실개념), 특정한 채무자 개인을 기준으로 할 것은 아니다.

채무자가 기술이나 경험이 부족한 이행보조자를 사용한 경우, 이행보조자의 개인능력으로서는 최선을 다했더라도 채무자의 기준에 미달했다면 채무자의 과실이 존재하는 것으로 된다. 이 때 채무자의 귀책사유 중에는 채무자가 채권자에 대하여 이행보조자의 능력에 관해 담보한 데에 대한 책임으로서의 요소가 포함되어 있다고 분석된다. 즉 이행보조자책임 속에는 이행보조자의 주의의무위반에 대한 책임인수와 이행보조자의 능력에 대한 담보라는 성격이 다른 두 책임이 혼합되어 있다.[2] 채무자의 주의의무가 경감되는 경우(제401조)에는 이행보조자의 주의의무도 따라서 경감된다.

(5) 이행보조자의 과실효과

㈎ 채권자에 대한 관계 이행보조자의 고의 · 과실은 채무자의 고의 · 과실로 간주되어 채무자가 그로 인한 채권자의 손해를 배상할 채무불이행책임(제390조)을 지게 된다. 채권자에 대한 관계에서는 채무자만이 채무불

1) 같은 취지: 김형배(2판), 158. 독일의 최근의 다수설(Esser-Schmidt, Medicus, Fikentscher 등).

2) 같은 취지: Rabel, *Das Recht des Warenkaufs*, Bd. I, 1957, S. 334; v. Caemmerer, Verschulden von Erfüllungsgehilfen, *Festschrift v. HauB*, 1978, S. 33f.; Huber, Leistungsstörungen, *Überarbeitung des Schuldrechts I*, 1981, S. 725f.

이행책임을 지며, 채무자는 배상의무 있는 이행보조자에 대하여 구상권을 갖는다. 이행보조자는 채권자에 대한 관계에서 채무불이행책임을 지지 않는다.[1] 그러나 이행보조자의 과실행위가 독자적으로 채권자에 대한 관계에서 불법행위책임을 발생시키는 경우에는 제750조에 따른 손해배상의무를 진다.[2] 이 때 채무자가 사용자책임(제756조, 불법행위책임의 성격)을 지는 경우가 종종 발생하는데, 채무자의 채무불이행책임과 사용자책임은 청구권경합의 관계에 놓이게 된다. 청구권경합설(請求權競合說)에 의하면 채권자에게 두 개의 손해배상청구권이 경합적으로 발생하고, 청구권규범경합설(請求權規範競合說)에 의하면 하나의 통합된 손해배상청구권이 발생한다(청구권경합에 관한 설명을 참조).

채무자가 무능력자로서 불법행위법상 책임능력이 없는 경우에도(제753조) 법정대리인의 과실행위로 인한 채무불이행책임을 부담한다. 무능력자가 그러한 계약책임을 지는 것은 법정대리에 의해 법률행위(계약체결)의 이익을 귀속받는 것과 균형을 이룬다. 무능력자인 채무자에게 변식능력이 없는 경우에(대개 12세 이하) 불법행위책임은 발생하지 않지만(제753조) 법정대리인에게 감독자책임(제755조)이 발생하게 된다. 결국 법정대리인은 채무불이행에 관해서는 이행보조자의 지위에 있어 책임을 지지 않지만, 불법행위와 관련해서는 감독자로서 손해배상책임을 지게 된다.

(나) 채무자에 대한 구상관계 채무자는 채권자에게 손해배상을 한 후에 그 과실을 야기한 이행보조자에 대하여 구상청구(求償請求)할 수 있다. 이행보조자가 채무자에 대하여 지는 손해배상의무는 그들 사이의 내부관계로부터 발생한다. 이행보조자가 법률상 또는 계약상 손해배상의무를 지는 경우에만 구상책임을 진다.

---

1) 그러나 최근 독일에서는 이행보조자가 채권자에게 자기의 능력·신용을 신뢰하도록 유도한 경우나 계약체결에 개인적 이해관계를 갖는 경우에는 이행보조자의 독자적인 계약책임(제3자책임)을 인정해야 한다는 견해도 주장된다(예: 보험업종사자 등 일부 거래영역을 중심으로). Fikentscher, *Schuldrecht*, 7. Aufl., 1985, S. 331. 피켄처 교수는 이행보조자를 채무자의 관재인(Sachwalter)으로서 설명한다.

2) 대판 1994. 11. 11, 94다22446: 임대인인 피고 갑은 이행보조자인 피고 을이 임차물인 점포의 출입을 봉쇄하고 내부시설공사를 중단시켜 임차인인 원고로 하여금 그 사용·수익을 하지 못하게 한 행위에 대하여 임대인으로서의 채무불이행으로 인한 손해를 배상할 의무가 있고, 또한 피고 을이 원고가 임차인이라는 사정을 알면서도 위와 같은 방법으로 원고로 하여금 점포를 사용·수익하지 못하게 한 것은 원고의 임차권을 침해하는 불법행위를 이룬다고 할 것이므로, 피고 을은 원고에게 불법행위로 인한 손해배상의무가 있다고 할 경우, 피고 갑의 채무불이행책임과 피고 을의 불법행위책임은 동일한 사실관계에 기한 것으로 부진정연대채무관계에 있다.

이행보조자책임과 대리제도와의 구별

대리(代理)가 허용되는 영역은 법률행위(준법률행위에 유추적용)이며, 이외 사실행위, 불법행위 등에는 적용되지 않는다. 따라서 대리제도(代理制度)는 채무의 이행에 관한 과실판단에 초점을 맞추어 설정된 이행보조자 개념과는 그 관점을 달리한다. 이행보조자의 여부는 이행보조의 임무를 담당하는가의 사실적 측면에 의하여 판단되며, 이행보조의 권한을 부여받았는가 하는 권리의 측면은 다루지 않는다. 즉, 채무의 이행에 법률행위가 포함되는 경우에는 이행보조자가 대리권을 갖게 되며, 이행이 단순히 사실행위로만 이루어지는 경우에는 대리권을 갖지 않고, 계약의 이행까지 완료하도록 수임받은 경우에는 대리인과 이행보조자를 겸한다.[1)]

이행보조자책임과 사용자책임의 구별

(1) 계약의 존부 이행보조자책임(履行補助者責任)은 계약관계가 있는 채권자와 채무자 사이의 계약채무의 이행에 관련한 채무불이행책임이다. 그러나 사용자책임(使用者責任)은 계약관계의 존부를 묻지 않고 일반적인 사회생활상의 주의의무에 위반한 가해행위를 다루는 불법행위책임이다. 이상의 구별은 이론적으로는 분명하나 실제에 있어서는 구별이 어렵고, 또한 양 책임이 경합하는 경우가 있다.

(2) 책임의 독립성 여부 이행보조자책임에 관한 제391조는 독립된 책임발생원인을 규정하는 것이 아니라 제390조의 채무불이행책임에서의 채무자의 귀책사유를 확장하는 역할을 할 뿐이다. 책임은 제390조의 요건을 갖추어야 발생한다. 반면에 사용자책임에 관한 제756조는 사용자에게 독립의 불법행위책임을 발생시킨다. 제756조에는 하나의 책임을 발생시키기 위한 요건이 독자적으로 규정되어 있다.

(3) 책임주체의 복합성 여부 이행보조자는 책임원인에 기여하기는 하지만 스스로 책임주체가 되지 않는다. 채무불이행책임을 지는 것은 채무자뿐이다. 반면에 사용자책임에서는 피용자가 스스로 제750조의 불법행위책임을 짐과 나란히 사용자도 제756조에 의해 불법행위책임을 진다. 그러므로 후자의 경우에는 일회의 사고에 대해 이인이 각각 전부를 손해배상할 연대채무를 진다(책임주체가 다르므로 청구권 경합의 문제는 생기지 않는다).

(4) 면책가능성 이행보조자의 과실에 대하여 채무자는 언제나 배상책임

1) 이은영, 민법총칙, 571면.

을 진다(면책불허). 보조자의 과실이 채무자의 과실로 간주되기 때문이다. 반면에 사용자책임에서는 사용자가 선임 · 감독상의 주의를 다하였음에도 손해가 발생한 경우에 면책받을 수 있도록 규정한다. 그러나 학설과 판례는 그러한 면책을 좀체로 허용하지 않으므로 실제 사용자책임은 사용자의 개인적인 과실 여부와 관계 없는 위험책임으로서 운용된다. 결국 실제운영에 있어서는 양 책임 사이에 별 차이가 없다.

4. 면책약정

(1) 면책약정의 의의

면책특약(免責特約)이란 계약당사자가 법규정에 의해서는 손해배상채무가 발생함에도 불구하고 그와는 달리 손해배상책임이 발생하지 않도록 약정한 것을 말한다.[1] 면책특약은 법률에 의해 손해배상채무가 발생하는 모든 경우를 면책시키는 경우도 있으나, 대개는 일정한 경우로 한정해서 면책시킨다. 면책되는 경우는 채무불이행책임과 같이 책임의 종류로 한정되는 때도 있고, 과실의 경우와 같이 귀책사유의 내용별로 한정하는 경우도 있다. 그 밖에 책임의 발생은 법률에 따르되 배상범위나 배상액을 일정범위로 한정하는 경우도 있는데, 이 경우를 특히 「배상범위제한(賠償範圍制限)」이라고 하기도 하나 넓은 의미의 면책약정에 포함된다.

면책약정은 당사자 사이의 개별약정의 형태로서 행해지는 경우도 있고, 약관 중의 면책조항으로서 행해지는 경우도 있다. 면책약관에 관하여는 약관규제법(1986년)이 적용된다.

(2) 면책특약의 효력

면책약정은 원칙적으로 유효하지만 다음의 경우에는 무효이다.

(가) 강행규정에 위반하는 면책약정 면책약정을 규제하는 법률규정으로서는 상법 제790조, 약관규제법 제7조 등이 있다. 사업자, 이행보조자 또

1) 손해배상에 관하여 3당사자관계가 형성되는 경우에 면책약정이 어디까지 효력을 갖는가에 관해서는 견해가 대립한다. 대판 1978. 2. 14, 76다2119 전원합의체판결은 "근로자가 제3자에 대한 권리를 포기한 경우에 보험자 또는 사용자는 포기한 금액을 공제한 채 보험급여 또는 재해보상금을 지급하면 된다"고 한다. 반면에 하경효, "면책합의의 허용한계와 제3자적 효력," 고시계 1996년 10월호, 112에서는 "근로자가 가해자인 제3자를 면책한 경우에도 보험자는 근로자에 대해 보험급여의무를 부담토록 하고 이를 가해자에게 구상토록 해야 한다"는 입장을 취한다.

는 피용자의 고의 또는 중대한 과실로 인한 법률상의 책임을 배제하는 약관조항은 언제나 무효이다(약관법 제7조 1호). 사업자의 손해배상범위를 제한하는 약관조항은 상당한 이유가 없는 때에 한하여 무효이다(약관법 제7조 2호).[1)]

(나) 고의의 불이행에 대한 면책약정 채무자의 고의로 인한 채무불이행책임을 면제하는 면책약정은 사회질서에 어긋나는 법률행위(제103조)로서 무효라고 해석된다.[2)] 매도인의 악의의 하자에 대한 담보책임의 면제를 금지하는 민법 제584조와의 균형을 고려할 때 고의의 채무불이행에 관한 면책약정도 금지하는 것이 타당하다.

(다) 이행보조자의 고의에 대한 면책약정 이행보조자의 고의에 관한 면책약정의 효력에 관하여는 유효설과 무효설이 대립한다.[3)] 사견으로서는 대부분의 거래행위가 이행보조자에 의해 행해지는 현대거래양상을 고려할 때 이행보조자의 고의는 채무자 자신의 고의와 같이 취급하는 것이 거래보호를 위해 필요하다고 생각하므로 무효설에 찬동한다.

(라) 채무자의 과실이나 이행보조자의 과실에 대한 면책은 그 면책의 결과가 신의칙에 어긋나지 않는 한 유효하다. 그러나 면책약관의 경우에 중과실에 관한 면책조항은 무효로 된다.

5. 귀책사유의 증명

채무자의 귀책사유를 누가 증명할 책임을 지는가에 관해서는 학설이 대립한다.

(1) 채무자입증설

채무불이행책임에서 귀책사유는 추정되므로 채무자가 자기에게 과실이

1) 이 경우는 약관조항이 당해 거래에 비추어 상당성을 갖는가가 심사된 이후에 그것이 부당하다고 판단되는 경우에만 무효로 된다. 상당성심사의 주체에 어떤 제한이 있는 것은 아니며, 단지 객관적인 판단으로 충분하다. 실제로는 공정거래위원회의 심결이나 법원의 판결이 선례로 된다.

2) 같은 취지: 곽윤직, 100; 김기선, 151; 김석우, 114; 김용한, 135; 김주수, 117; 김증한, 55; 김증한·김학동, 88; 김현태, 100; 김형배, 171; 현승종, 117.

3) 유효설: 곽윤직, 100; 김기선, 151; 김석우, 114; 김용한, 135; 김주수, 117; 김증한, 55; 현승종, 117. 무효설: 김상용, 146; 김현태, 102; 김형배, 171. 독일민법 제276조 2항에서는 「고의로 인한 채무자의 책임을 미리 면제할 수 없다 고 규정하면서, 제278조 2문에서는 이행보조자 책임에 대해서는 제276조 2항을 적용하지 않는다고 함으로써 이행보조자의 고의에 대한 면책을 허용한다. 그러나 그러한 명문규정이 없는 우리 민법의 해석에 있어서는 독일의 해석론에 구애받음이 없이 그의 정당성을 음미함이 필요하다.

없음을 증명(證明)하여야 면책된다고 하는 견해이다.[1] 이 견해에 의하면 채무자는 자기와 이행보조자에게 고의·과실이 없다는 사실을 증명해야 한다. 채무불이행책임에서는 불법행위책임에서와 달리 계약에 기초한 신뢰관계가 고려되어야 하므로 불법행위책임의 증명원칙을 그대로 도입하는 것은 옳지 않다고 한다. 판례는 채무자입증설(債務者立證說)을 취하는 것으로 이해된다. 임차건물이 그 건물로부터 발생한 화재로 소실된 경우에 있어, 임차인이 그 이행불능으로 인한 손해배상책임을 면하려면 그 이행불능이 임차인의 귀책사유로 말미암은 것이 아님을, 즉 그 임차건물의 보존에 관하여 선량한 관리자의 주의의무를 다하였음을 입증할 책임이 있다고 한다(대판 1987. 11. 24, 87다카1575, 같은 취지: 대판 1991. 10. 25, 91다22605).

(2) 이 원 설[2]

원칙적으로 채무자가 귀책사유 없음을 입증해야 하지만, 확대손해부분에 관하여는 불법행위에서와 같은 입증책임분배의 원칙에 따라 채권자측에서 그 확대손해에 관한 채무자의 귀책사유를 입증해야 한다는 견해이다. 사견으로는 이원설(二元說)을 취하겠다. 첫째, 계약에 의해 스스로 채무를 부담한 자가 불이행에 관한 귀책사유가 증명되지 않았다고 하여 책임을 면하는 것은 원칙적으로 신의에 어긋나지만, 행위채무의 불완전이행 등으로 인한 확대손해의 배상시에 이러한 원칙이 타당하지 않다. 둘째, 채무자가 외형상 이행행위를 하였음에도 불구하고 그에 수반해야 할 주의의무를 소홀히하여 나쁜 결과가 야기되었다는 채권자의 주장은 불법행위책임에서 피해자의 주장과 다르지 않으므로, 이 때에는 채무불이행과 불법행위라는 손해발생원인에 차등을 두지 말고 양자에 공통되는 합리적인 입증책임분배원리에 따라 처리되어야 한다. 행위채무의 불완전이행으로 야기되는 손해가 이행이익을 훨씬 초과하는 고액인 경우를 통상의 채무불이행과 같이 취급해서는 안된다.

---

1) 곽윤직, 100; 김기선, 151; 김석우, 115; 김용한, 135; 김주수, 116; 김증한, 55; 김현태, 102; 김형배, 170; 이태재, 108; 현승종, 117. 대판 1959. 10. 15, 4291민상803; 대판 1964. 4. 28, 63다617; 대판 1972. 11. 28, 72다982; 대판 1985. 3. 26, 84다카1864 등 다수판례. 독일민법 제282조에는 명문규정 있음.

2) 같은 취지: 김증한·김학동, 91.

§ 21. 손해발생 및 인과관계

1. 손해의 발생

(1) 손해의 개념

채무불이행책임은 채무자에게 손해배상의무를 발생시키는 것을 내용으로 하므로 당연히 그 요건으로서 채권자에게 채무불이행으로 말미암아 손해가 발생하였을 것을 요구한다. 손해(損害)란 채권자의 보호법익에 대한 침해로 생긴 불이익을 의미한다.[1] 손해는 현실적으로 발생하였어야 하며, 현실적 손해가 발생하였는지의 여부는 사회통념에 비추어 객관적으로 발생되어야 한다(같은 취지: 대판 1998. 4. 24, 97다28568).[2]

배상액산정의 대상이 되는 것은 불이행으로 인한 재산 · 인체 · 정신의 손해이다. 불이행의 사실(지체 · 불능 · 불완전이행)은 손해발생의 원인이지 손해 자체가 되지 않는다. 민법 제392조도 「이행지체중에 생긴 손해」라고 함으로써 지체와 손해를 구별한다.[3]

(2) 책임성립에 요구되는 손해발생

책임성립요건의 충족 여부를 심사하는 단계에서 논하는 손해는 배상범위를 결정하는 단계에서 다루는 배상범위 내의 손해보다 그 개념이 매우 추상적으로 다루어진다. 성립요건의 단계에서는 불이행으로 말미암아 채권자에게 어떤 손해가 발생하였다는 사실만이 문제되고, 그 손해가 배상범위 내의 것인가는 두 번째 단계인 별도의 배상범위결정의 단계에서 구체적으로 심사된다.

예를 들어 채무자의 잘못으로 채권의 목적인 특정물을 멸실케 한 경우 그로 인해 최소한 목적물의 시가 상당액 이상의 손해가 발생했으리라는 사실이 인정된다. 이 사실로서 책임성립의 요건은 충족된다. 다음으로 채권자에게 발생한 전매이득의 상실이나 그 이상의 손해까지 채무자가 배상해야

1) 졸저, 채권각론, 762.

2) 참고문헌: 최병조, "로마법상 미발생손해 담보문답계약 D.39.2의 대역," 서울대 법학 제36권 3호, 1995, 215 이하.

3) 반대설: 김형배(2판), 240은 불이행 그 자체를 1차손해로 파악한다.

되는가가 문제되는데, 이것은 배상범위로서 다루어진다. 만약 두 단계를 거쳐 채무자가 목적물의 시가와 상실한 전매이득을 배상해야 한다는 결론이 나오면 채무자의 손해배상의무는 그 양자의 산정금액에 해당하는 금전지급의무로 확정된다.

이러한 두 단계의 분류는 단지 논리적인 판단과정을 분해할 결과일 뿐이며, 손해배상의 실무에서는 두 단계가 통합되어 처리된다. 궁극적으로는 불이행으로 배상범위 내의 손해가 발생했어야 손해배상의무가 발생하며, 또한 손해배상의무는 구체적인 손해를 전제로 하여서만 확정 · 산정 · 청구될 수 있다. 그러한 측면에서 볼 때 두 단계가 모두 책임성립에 관계된다.

(3) 손해발생의 사실상 추정

채무불이행의 경우에는 불법행위에서와는 달리 채무자의 귀책사유로 인한 불이행으로 말미암아 채권자에게 손해가 발생하였으리라는 것이 사실상 추정(事實上 推定)된다.

(가) 이행지체 이행지체(履行遲滯)의 경우에 채권자에게 급부수령의 지연으로 인한 지연손해가 발생하였으리라는 점은 강하게 추정된다. 금전채권(金錢債權)의 경우에는 그러한 지연손해의 발생이 간주된다(제397조 2항). 이행지체를 이유로 채권자가 전보배상을 청구할 수 있는 경우는 다음 두 가지 경우로 제한된다. 하나는 이행지체 후 채권자가 채무자에게 상당기간을 정하여 최고하여도 그 기간 내에 이행이 없는 경우이고, 다른 하나는 지체 후의 이행이 채권자에게 이익을 주지 못하는 경우이다(제395조).

(나) 이행불능 이행불능(履行不能)의 경우에는 채권자에게 최소한 급부의 객관적 가치 상당액의 손해가 발생하였으리라는 점이 당연히 인정된다.

(다) 불완전이행 불완전이행(不完全履行)의 경우에는 대부분 불완전이행이라는 사실 속에 그러한 잘못된 이행행위로 말미암아 손해를 끼쳤다는 사실이 내포되어 있으므로 불완전이행의 요건을 충족시키면 동시에 손해발생의 요건도 충족시킨다.

(4) 채무불이행으로 인한 손해의 내용

채무불이행책임에서 배상되는 손해는 지연손해, 전보손해, 확대손해로 분류될 수 있다.

(가) 지연손해 채무의 이행이 이행기보다 지연(遲延)됨으로 인하여 채

권자에게 발생한 손해로서 채권자가 본래의 급부를 청구함과 동시에 손해배상을 청구하는 경우에 문제된다.

(나) 전보손해　채권자가 본래의 급부는 청구하지 않고 그에 갈음(竭蔭)하는 손해배상을 청구할 때에 문제되는 것으로서 본래급부의 가액에 경우에 따라서 지연손해액을 더한 것이다. 소유권이전등기의무의 이행불능으로 인한 전보배상청구권의 소멸시효는 이전등기의무가 이행불능 상태에 돌아간 때로부터 진행된다(대판 2002. 12. 27, 2000다47361).

(다) 확대손해　채권자에게 발생한 손해가 급부의 이행이익을 훨씬 초과하는 경우에 그 확대손해(擴大損害)도 경우에 따라서는 채무불이행책임으로서 배상된다. 인도채무의 경우 불이행으로 인한 손해는 통상 이행이익의 상실분이다. 그러나 인체 및 다른 재산에 대한 위험성을 내포한 급부의무의 경우(특히 행위채무에 그런 경우가 많다)에는 이행이익과 관계 없이 채권자의 다른 재산이나 인체에 손해를 입힐 가능성이 높은데, 그러한 손해도 불이행과 직접 관련이 있는 한 채무불이행책임으로서 배상됨이 타당하다. 그러한 확대손해는 불이행의 모습 중 불완전이행에서 빈번히 발생하지만, 그렇다고 하여 이행지체나 이행불능에서 전혀 발생하지 않는 것은 아니다. 예를 들면 진료계약에서 의사의 진료의 지체, 진료기술의 부족, 부주의한 진료로 인하여 환자의 건강에 해를 입힌 경우 그 손해를 채무불이행책임으로 물을 수 있음은 당연하다. 운송계약 · 여행계약 등에서도 이와 유사한 사례가 발견된다.[1)]

2. 불이행과 손해 사이의 인과관계

(1) 책임성립의 인과관계

책임법에서 인과관계(因果關係)는 논리적으로 「책임성립의 인과관계」와 「배상범위의 인과관계」의 두 단계로 분해된다. 책임성립요건의 충족 여부

1) 참고로 독일의 후버 교수는 독일민법학에서 계약책임과 불법행위책임의 경합이 문제되는 사례를 다음과 같이 귀속시키는 것이 좋다고 한다. 첫째, 채권자가 진료계약 · 운송계약 · 요양계약 등에서 인체손해를 입거나 소유권침해를 받은 경우에는 계약책임만을 묻는 것이 좋다. 둘째, 채무자가 계약의 체결 · 존속 · 소멸의 기간중 거래안전의무(Verkehrssicherungspflicht)를 위반하여 손해를 입힌 경우(계약체결상의 과실, 적극적 채권침해 등)는 계약상의 부수의무위반으로 볼 것이 아니라 불법행위책임으로 처리하는 것이 좋다. 셋째, 물건이나 일의 하자에 의해 채권자의 인체나 소유권을 침해한 하자결과손해의 경우에는 계약책임을 지는 것이 좋다. 졸고 "서독의 채권법개정계획(2)," 법조 제33권(1984), 37(주 17)을 참조).

를 심사하는 단계에서는 손해발생을 추상적으로 파악함과 동시에 손해와 귀책사유 사이의 인과관계도 추상적으로 심사한다.

(2) 법적 인과관계

불이행이 야기되있다는 사실로 책임성립의 인과관계가 존재하는 것으로 추정됨이 보통이다. 그러나 확대손해의 경우에는 책임성립의 인과관계도 불법행위에서와 같은 방법으로 검토되어야 한다. 특히 행위채무에서 인체손해가 채무자의 불이행(불완전이행 등)으로 인하여 생겼느냐 하는 문제는 인도채무의 경우와는 달리 증거에 의하여 신중히 판단되어야 한다. 이러한 인과관계의 판단을 위하여 때에 따라서는 자연과학적 검증을 요구하지만, 그 판단 자체는 규범적(規範的) 판단으로서 상당인과관계설(相當因果關係說)에 따른다. 이렇게 규범적 판단에 따라 그 존재 여부가 결정되는 경우를 법적 인과관계라고 하여 자연적 인과관계와 개념상 구분한다.

(3) 인과관계의 증명

인도채무(引渡債務)의 불이행에서는 손해발생 및 인과관계가 추정된다. 그러나 확대손해의 경우에는 불법행위책임에서와 같이 불이행과의 인과관계는 배상을 청구하는 측인 채권자(債權者)가 증명하여야 한다.[1)]

---

1) 참고문헌: 에르빈 도이취/양창수 역, "독일법에서의 인과관계의 증명과 입증경감," 저스티스 제23권 2호, 1991, 111 이하.

제 6 장 손해의 배상

제 6 장 손해의 배상

§ 22. 총 설

1. 손해배상의 의의

손해배상(損害賠償)이란 타인의 위법한 행위로 인하여 발생한 손해를 그 원인야기자에게 배상하도록 하는 제도를 말한다. 피해자가 가해자에 대하여 또는 채권자가 계약상 채무를 불이행한 채무자에 대하여 손해배상청구권(損害賠償請求權)을 갖는다. 이미 발생한 손해는 그것이 인체손해이든 재산손해이든 금전으로 환산하여 배상될 수 있다. 이미 발생한 손해를 그것이 없었던 상태로 돌리는 것은 손해배상의 역할이 아니다. 물리세계에서의 비가역성의 원리를 들지 않더라도 손해는 거꾸로 돌릴 수 있는 성질의 것이 아님은 명백하다.[1)]

1) 강봉수, "불법행위로 인한 손해배상의 범위에 관한 입증의 정도," 사법행정 1985년 8월호; 권용우, "환경소송과 인과관계론," 사법행정 1984년 1월호; 동, "공해판례에 나타난 인과관계론의 동향," 방순원고희기념 민사법의 제문제, 1984; 권태호, "채무불이행으로 인한 손해배상," 청주대 법학논고 제10집, 1975; 김기수, "신뢰이익의 배상범위," 법정 1975년 1월호; 김석우, "로마법과 게르만법에 있어서의 불법행위로 인한 손해산정의 본질," 중앙대논문집 제4집(1959. 10); 김선석, "민사상의 인과관계론에 대한 재음미(자연적 인과관계론)," 변협지 1985년 10월호; 김성태, "손해전보원리 소고," 민사법과 환경법의 제문제, 박영사, 1986; 김용규, "손해배상의 본질," 부산대논문집 제10집; 김용담, "쌍무계약을 청산하는 여러 가지 제도에 관하여," 방순원고희기념 민사법의 제문제, 1984; 김용한, "불법행위로 인한 손해배상의 재검토," 법조 1989년 5월호; 동, "손해배상," 재산법의 과제와 판례, 1989; 김진홍, "부당이득반환청구권과 손해배상청구권의 경합," 판례연구, 서울지방변호사회, 1993; 김형배, "인과관계," 민법학연구수록; 박동섭, "물건손상과 손해배상의 범위," 민사재판의 제문제 제8권, 민사실무연구회, 1994. 10, 381; 박우동, "손해배상청구권과 소멸시효," 민법학논총, 박영사, 1985; 박찬주, "손해경감 조치의무의 법리," 법조 1987년 7월호(제36권 7호); 소재선, "전문가로서의 변호사의 민사책임," 법조 제44권 11호, 44; 송기영, "생명 · 신체의 침해로 인한 손해배상의 범위," 불법행위법의 제문제, 삼영사, 1985; 송홍섭, "증권회사직원의 투자손실 전보약정에 기한 손해배상책임," 사법행정 399호; 안법영, "매매목적물의 하자로 인한 손해배상," 민사법학 제11호 · 제12호, 사법행정학회, 1995. 12, 194; 양삼승, "독일민법 제249조 및 제254조의 입법과정," 사법행정 1985년 7월호; 동, "손해배상의 범위 및 방법에 관한 독일 · 일본 및 우리 나라 민법의 비교," 방순원선생고희기념논문집, 1984, 70 이

손해배상은 현실적으로 발생한 손해를 금전으로 전보해 주는 제도이지만, 발생한 모든 손해를 배상해 주는 것이 법의 목적은 아니다. 가해자가 야기한 손해에 한해서, 그리고 사회적으로 상당성이 인정되는 범위 내의 손해에 한하여 배상의무를 부과한다. 제한배상주의의 법제도 아래에서 손해배상의 범위를 결정하는 일은 이해당사자 사이에 손해를 공평하게 분담시키는 규범적 · 정책적 판단에 해당한다.

2. 손해배상법의 기능

손해배상책임법(損害賠償責任法)은 사회생활에서 생기는 손해를 가해자와 피해자 사이에서 정의에 맞게 분배하는 데에 목적을 둔다.[1)] 산업사회에서 손해배상책임은 경제발전의 부산물로서 생긴 사고를 처리하는 법적 구제수단으로서 중요한 의미를 갖는다. 특히 자동차사고책임, 제조물책임, 환경오염책임은 기업과 시민의 경제생활에 커다란 영향을 미치게 되었고, 그

하; 동, "손해배상과 후발적 사정," 법조 제29권 1호(1980); 동, "가정적 인과관계론에 대한 고찰," 법조 제30권 1호(1981); 동, "스위스민법상 손해배상의 범위," 법조 제37권 11호, 1988; 양창수, "민법 제393조 2항이 정하는 특별한 사정의 예견시기," 변협 1986년 2월호(민사판례연구 제9권, 1987); 엄동섭, "유동적 무효의 법리와 손해배상책임," 민사판례연구 제17권, 1995, 74; 오용호, "공해소송의 인과관계에 대한 입증," 민사재판의 제문제 제4권, 1986; 윤배경, "종전업무 계속중인 자의 일일수익 인정문제," 법조 제45권 11호, 1996, 138; 윤재식, "소송비용에 대한 손해배상청구의 가부," 민사판례연구 제10권, 1988; 이명갑, "손해공평분담법의 재검토," 사법행정 538호, 1989, 233; 이상태, "불법행위에 있어서 손해배상의 구조와 인과관계," 불법행위법의 제문제, 삼영사, 1985; 이영애, "장래이행청구의 요건," 민사판례연구 제10권, 1988; 이영환, "사실적 인과관계론," 월간고시 1988년 1월호; 동, "손해배상 성립상의 인과관계," 법정 1976년 1월호; 이은영, "실화시 임차인의 손해배상범위," 민사판례연구 제10권. 1988; 이종복, "일반조항 불법행위법에 의한 손해배상책임의 제한," 사법행정 1988년 10월호; 동, "규범목적에 의한 손해배상범위," 판례연구 제3집, 고대법학연구소, 1984; 임종윤, "인과관계와 손해배상의 범위," 대한변호사협회, 1996. 242; 장경학, "손해배상의 범위에 관한 연구," 상사중재연구총서 Ⅸ, 1977; 동, "손해배상의 범위," 고시연구 1989년 5월호; 전창조, "우리 나라 주요환경판례에 나타난 인과관계론의 동향에 관한 연구," 이광신화갑기념 현대민법론, 1982; 정기웅, "채무불이행에 있어서 손해배상의 범위," 김형배교수회갑기념논문집 채권법에 있어서의 자유와 책임, 박영사, 1994, 285; 정용인, "영미법상의 계약위반에 대한 구제," 김신박사화갑기념 현대비교법의 제문제, 1987; 제철웅, "민법 제397조의 법적 지위에 관한 검토," 한림법학 FORUM 제5권, 한림대법학연구소, 1996. 10, 185; 조규창, "민법 제393조 2항의 특별한 사정의 해석," 사법행정 1987년 1월호; 동, "제393조 2항의 특별손해," 1987년 7월 민사법학회발표; 조성민, "불법행위의 효과," 고창현화갑논문집, 1987; 조종현, "민법상 손해배상의 인과관계에 관한 이론적 고찰," 김용한화갑기념 민사법학의 제문제, 1990; 조희래, "영업비밀의 침해와 그 손해배상," 대법원판례해설 27호, 법원행정처; 최병조, "로마법상의 학설대립 — 추월적 인과관계 —," 서울대 법학 제27권 4호(1986); 최종길, "손해배상과 후발적 사정," 서울대 법학 제10권 2호(1968); 황적인, "손해배상의 범위," 고시계 1977년 9월호.

1) 졸저, 채권각론, 724~729에서 상세히 설명하였음.

손해배상책임의 운영에 관해 기업과 시민의 이해가 엇갈리게 되었다. 법관은 손해배상의 범위를 결정함에 있어서 집단간의 이해대립을 정의관념에 적합하도록 조정하려는 노력을 기울여야 할 것이다.

손해배상법은 인체손해 및 정신적 손해의 경우 「인간의 존엄성과 생존권에 대한 보장」의 기능을 수행하며, 재산손해의 경우 「사유재산제도의 2차적인 보장기능」을 담당한다. 손해배상법은 당사자(채권자와 채무자 또는 피해자와 가해자) 사이의 이익을 조정하는 데에 그치지 않고, 이에서 한 걸음 더 나아가 집단 상호간의 이익을 조정함으로써 사회적인 이득과 위험을 재분배한다는 정책적 기능을 수행하게 된다.[1)]

3. 책임성립과 배상내용

손해배상청구권이 구체적인 금액으로 결정되기까지 법논리적으로는 「책임성립요건(責任成立要件)의 충족(充足)」, 「손해배상(損害賠償)의 범위결정(範圍決定)」, 「배상액(賠償額)의 산정(算定)」이라는 단계를 거쳐야 한다. 책임성립원인으로서는 채무불이행책임(제390조)과 불법행위책임(제750조)이 중추적인 위치를 차지하며, 이 밖에 점유침탈에 관한 책임(제204조), 계약체결상의 과실에 관한 책임(제535조), 매매계약상의 담보책임(제570조 이하) 등 많은 책임원인이 민법이나 특별법에 규정되어 있다. 배상범위의 문제는 일단 책임성립이 거의 확실하게 된 이후에야 문제된다. 배상범위가 결정되면 그 범위 내의 손해를 금전으로 평가하여 계산해 내는 일이 뒤따르게 된다. 이런 과정을 거쳐 손해배상청구권은 일정한 금액으로 확정된다. 실제사례에서는 책임성립과 배상범위의 결정이 뚜렷이 별개의 단계로서 구별되지 않고 한 단계로 통합되어 행해지는 경우가 많다. 배상범위의 결정 및 배상액의 산정이 법의 적용만으로 명확해지는 경우는 오히려 드물고, 당사자간의 협상을 거쳐 손해배

---

1) H. Lange, *Schadensersatz*, 1979; F. Bauer, *Entwicklung und Reform des Schadensersatzrechts*, 1935; Brinker, *Die Dogmatik zum Vermögensschadensersatz*, 1982; Gottwald, *Schadenszurechnung und Schadenserschatzung*, 1979; Grunsky, *Aktuelle Probleme zum Begriff des Vermögensschadens*, 1968; Keuk, *Vermögensschaden und Interesse*, 1972; Mertens, *Zum Begriff des Vermögensschadens im Bürgerlichen Recht*, 1967; Schiemann, *Argumente und Prinzipien bei der Fortbildung des Schadensrechts*, 1981; Hans Stoll, *Begriff und Grenzen des Vermögensschadens*, 1973; Ströfer, *Schadensersatz und Kommerzialisierung*, 1982; Weyers, *Unfallschaden, Praxis und Ziele von Haftpflicht und Vorsorgesystemen*, 1971.

상액을 합의하거나 이에 이르지 못하면 법적 분쟁으로 남게 된다. 계약당사자 사이에서 손해배상(損害賠償)의 예정(豫定)을 해 둔 경우에는 이러한 문제들이 비교적 쉽게 해결되어 거래의 신속에 기여하는 장점이 있는 반면, 당사자간의 힘의 불균형으로 인해 불공정성의 위험이 존재한다는 단점을 갖는다.

책임의 성립요건에 관한 문제는 채무자나 가해자에게 책임이 부과되는가 아닌가의 양자택일의 결정으로 이르게 한다. 그러나 배상범위의 결정문제는 손해배상의 정도에 관한 문제로서 그 탄력적 운용으로 당사자간의 이익조정이 원활하게 이루어질 수 있게 하며 그 운용의 묘를 살리기 위해서는 세련된 법기술을 필요로 한다. 배상범위의 문제는 누구에게 손해를 부담시킬 것인가의 문제에서 더 나아가, 사고를 둘러싼 이해당사자 사이에서 각각 어느 정도씩 그 사회적 위험을 분담시킬 것인가 하는 다원적 사고를 요구한다. 계약책임의 영역에서는 계약의 이행을 둘러싼 모든 거래상의 위험을 적정히 분산시킴으로써 거래에 수반되는 비용의 과다지출을 막으려는 거래계의 요청이 있다. 불법행위책임의 영역에서는 사회생활상의 주의의무위반으로 인한 손해배상책임을 어느 정도로 부과해야 사회의 안전성을 높이되 개인행동의 자유를 위축시키지 않을 것인가를 결정하는 사회적 균형감각이 요구된다.

4. 손해배상의 일원화구조

우리의 손해배상법은 피해자에게 발생한 손해(損害)를 전보(塡補)하는 데에 주안점을 두며, 손해배상내용을 책임원인에 따라 구분하지 않는 손해배상의 일원화구조(一元化構造)를 취한다. 손해배상의 내용결정에 있어서는 손해배상의무의 발생원인이 과실책임(過失責任)이냐, 담보책임(擔保責任)이냐, 위험책임(危險責任)이냐 하는 책임유형은 손해배상액에 영향을 미치지 않는다. 같은 과실책임 중에서 채무불이행(債務不履行)이냐, 불법행위(不法行爲)이냐 하는 사실도 영향을 미치지 않음이 원칙이다. 민법은 채무불이행책임에 관해 손해배상의 내용을 규정하고(제393조~제399조), 그 조항을 불법행위책임에 준용함으로써(제763조) 양 책임에 의한 손해배상의 내용을 하나의 법리로 규율한다. 단 불법행위책임에는 배상액의 경감청구(제765조)가 인정된다. 그리고 책임원인과 관련해서 결과가 고의로 야기되었는가, 과실로 야기되었는가도 손해배상액에 영향을 주지 않는다.

민법의 손해배상규정은 자동차사고에서 운행자책임에 준용되는 등 특별법상의 손해배상에도 같은 법리가 적용된다(자동차손해배상보장법 제4조). 그러나 사용자의 근로자에 대한 재해배상책임(災害賠償責任)(근로기준법 제81조 이하)과 국가의 배상책임(賠償責任)(국가배상법 제3조)에 관해서는 별도의 배상내용이 규정되어 있다.

민법이 취하는 손해배상의 일원화구조는 손해배상을 둘러싼 법률문제를 단순화하여 일반인의 이해를 쉽게 하며, 채무불이행과 불법행위 등의 책임원인을 구별하지 못하는 일반인의 법의식에 비추어 합당하다. 그러나 위험책임에 관해서 책임성립요건을 완화시키되 손해배상범위는 일정한 범위로 한정하는 외국 손해배상법의 추세와 비교할 때, 우리 민법이 위험책임에서도 과실책임에서와 같은 내용의 손해배상책임을 부과하는 것은 그 타당성에 의문이 제기된다.

5. 손해배상청구권의 성격

(1) 채무불이행책임의 성격

채무불이행(債務不履行)에 의한 손해배상청구권(損害賠償請求權)은 급부청구권(給付請求權)의 변신으로서 그 채권관계는 동일성이 유지된다. 급부청구권은 계약으로부터 발생하고 손해배상청구권은 그 급부청구권이 변형된 것이므로, 결국 채무불이행책임은 계약에 기초하여 발생한다고 할 수 있다. 채무불이행책임의 발생 및 그 내용에 관하여 계약의 해석이 중요한 역할을 담당하게 되는 이유도 여기에 있다. 전보배상은 채권의 목적인 급부의 변경에 해당하고, 지연배상의 경우에는 본래의 급부청구권과 별개로 채권의 완전한 만족을 위해 채권이 확장되는 것이다.

급부청구권과 손해배상청구권의 동질성으로부터 다음의 효과가 생긴다. 첫째, 채권에 대한 담보는 손해배상청구권의 이행도 담보한다(제334조, 제360조, 제429조). 둘째, 손해배상청구권은 채권의 소멸시효완성과 함께 소멸한다. 민사채권은 그 채권을 행사할 수 있는 때로부터 10년간 행사하지 않으면 소멸시효가 완성하고(제162조 1항), 상사채권은 5년의 불행사로 소멸시효가 완성한다(상법 제64조). 채권이 1년의 단기소멸시효에 걸리는 것인 경우(숙박료, 음식료, 입장료 등)에는 그로 인한 손해배상청구권도 단기의 시효로 소멸한다(제164조). 셋째, 채권이 양도되면 그에 관한 손해배상청구권(지연배상)은 이미 발생한 것도 함께 이전된다.[1)]

(2) 불법행위책임의 성격

불법행위(不法行爲)로 인한 손해배상청구권(損害賠償請求權)은 법률이나 관습법(불법행위 책임법)에 의하여 비로소 발생한다. 불법행위는 손해배상청구권을 발생시키는 원인이 되며, 그 청구권을 발생시키는 것은 법의 역할이다. 이 점은 채무불이행에 기한 손해배상청구권이 계약에 기초하여 발생하는 것과 대조적이다. 그러므로 불법행위에서는 배상청구권이 발생할 것인가 아닌가는 법의 해석에 의해 결정된다.

---

1) 같은 취지: 곽윤직, 199; 김주수, 163; 김용한, 200; 김증한 · 김학동, 133; 김형배, 249; 임정평, 191; 정기웅, 128.

§ 23. 손해배상의 범위

1. 제한배상주의

(1) 민법의 규정

손해배상책임을 발생시키는 책임원인은 모두 — 계약책임으로서 채무불이행책임과 하자담보책임, 그리고 불법행위책임 — 그 손해배상의 범위에 관하여 민법 제393조의 적용을 받는다. 민법 제393조는 제한배상주의(制限賠償主義)를 취하므로, 손해배상의 범위는 사회통념상 상당하다고 여겨지는 범위로 한정된다. 민법 제394조는 손해배상의 방법으로서 금전배상(金錢賠償)의 원칙(原則)을 취한다.[1]

(2) 영국법의 계수

민법 제393조는 일본민법 제416조에서 유래하고(단 일본민법은 이 규정을 불법행위책임에 준용하지 않음), 그 규정은 영국의 대표판례인 하들리 선례(先例)(Hadley v. Baxendale, 1854, 뒤에서 설명)에서 유래하며,[2] 그 하들리 선례는 18세기 프랑스의 민법학자인 포띠르(Pothier)의 발견이론(發見理論)에서 유래한다고 추측된다.[3] 일본민법 제416조(우리 민법 제393조와 같은 내용임)는 프랑스민법 제1149조, 제1150조, 제1151조를 모방했던 일본 구(舊)민법 재산편 제385조를 전면적으로 수정한 것으로서 그의 계보에 관해서 일본에서는 최근까지 논쟁이 계속되고 있다. 그러한 논쟁은 최근의 일본민법학계가 자국법의 입법사를 탐구하여 그 결과를 해석론에 직접 연결하는 법해석방법론을 취함에 따라 제기되었는데, 특히 뒤에서 설명하는 보호목적설이 종래의 상당인과관계설을 비판하는 과정에서 격심하였다.[4] 이렇게 야기된 일본민법 제416조의 입법사 논쟁은 일본 법학계의 관심을 집중시켰으며, 그 파문은 우리 나라 민법학계에도 밀려 왔다.[5] 일본민법 제416조의 계보에 관

1) 졸고, "손해배상범위의 이론," 황적인박사화갑기념논문집 손해배상법의 제문제, 1990, 37~66; 졸고, "영미불법행위법에서의 손해배상의 범위," 대한변호사협회지, 1986년 1월호 참조.

2) 같은 취지: 정종휴, "손해배상의 범위규정의 구조," 황적인박사화갑기념 손해배상법의 제문제, 93~94.

3) 프랑스법에 관하여는 김성태, "프랑스 사법상의 손해배상범위," 손해배상법의 제문제, 123 이하.

4) 福島正夫, "明治民法典における損害賠償諸規定の形成," 我妻先生還歷紀念, 損害賠償責任の研究(上) 수록; 北川善太郎, 日本法學の歷史と理論, 63 이하; 동, "損害賠償論の史的變遷," 법학론총 제73권 4호 ; 平井宜雄, 損害賠償法の理論, 1971.

5) 양삼승, "손해배상의 범위 및 방법에 관한 독일, 일본 및 우리 나라 민법의 비교," 방순원판사고희기

한 현재의 다수견해는 동조(同條)가 독일민법과는 달리 제한배상주의를 취하였다는 점, 기본적으로 영미법의 계약위반에 관한 하들리 대 박센들 사건의 판례법원칙에서 유래한다는 점(단 예견시기를 계약체결시로 하는 영미법원칙은 도입하지 않았음)을 인정한다.[1]

(3) 독일학설의 도입

법규정이 영국판례에서 유래하는 것과는 달리 손해배상이론은 독일법학에서 영향을 받았다.[2] 우리 나라에서는 손해배상의 범위를 제한하기 위한 법리로서 인과관계의 존부에 의하여 배상범위를 결정하는 상당인과관계설(相當因果關係說)을 독일로부터 받아들여[3] 민법 제393조를 상당인과관계설에 따라 해석해 왔다.[4] 이에 대하여 민법 제393조는 상당인과관계설과 전혀 무관한 것이며 손해배상범위에 관한 한, 우리 민법은 독일민법과 전혀 다른 길을 걷고 있다는 비판이 있었다.[5] 비판론자들은 상당인과관계설은 완전배상주의를 취하는 독일민법 아래에서의 불가피한 해석론이었고, 제한배상주의의 법제하에서는 인과관계에 의해서 배상범위의 제한을 해서는 안된다고 주장하였다.[6] 그러나 사실은 인과관계에 의한 배상범위제한은 소위 완전배상주의를 취한다고 설명되는 독일법의 해석론에 고유한 전유물이 아

념 민사법의 제문제, 1984 등 다수논문; 장경학, "손해배상의 범위에 관한 연구," 상사중재연구총서 제9권, 1977.

1) 北川, 앞의 책, 210; 平井, 앞의 책, 146. 이와는 반대로 石田穰, 損害賠償法の再構成, 141에서는 일본민법 제416조가 독일민법 제252조에 유사한 것으로 완전배상주의에 기초를 둔 것이라고 해석한다. 일본의 학설에 관해서는 정종휴, 앞의 글, 78 이하 참조.

2) 일본민법과 독일민법은 손해배상에 관해 현저히 다르게 규정함에도 불구하고 독일민법학은 일본민법의 해석에 지대한 영향을 끼쳐왔다. 北川善太郎, 日本法學の歴史と理論, 63 이하.

3) 상당인과관계설은 독일법학자 트레거(Träger)가 주장한 이래 독일의 지배적인 견해였으나 근래에는 다양한 다른 견해들도 주장된다. Träger, *Der Kausalbegriff im Straf-und Zivirecht*, 2. Abdr. 1929.

4) 곽윤직, 210; 김용한, 202; 김주수, 164; 김증한 · 김학동, 134; 임정평, 192; 장경학, 215; 현승종, 160.

5) 김증한, 채권총론, 박영사, 1983, 92; 양삼승, "손해배상의 범위," 민사판례연구 제5권, 1983, 157; 연기영, "불법행위의 기본체계," 월간고시 1985년 10월호; 이상태, "불법행위에 있어서 손해배상의 구조와 인과관계," 불법행위법의 제문제, 삼영사, 1985; 이영환, "손해배상성립상의 인과관계," 법정 1976년 1월호; 장경학, "손해배상의 범위에 관한 연구," 상사중재연구총서 제9권, 1977; 황적인, "손해배상의 범위," 고시계 1977년 9월호.

6) 일본에서도 상당인과관계설이 오래 전부터 다수설의 위치를 차지해 왔다. 일본민법학자 我妻, 柚木, 於保, 加藤, 松坂 등이 상당인과관계설을 취했다. 히라이(平井) 교수가 규범목적설을 주장하면서 상당인과관계설에 대한 비판이 행해지기 시작했다. 平井宜雄, 損害賠償法の理論, 동경대학출판회, 1971. 일본의 규범목적설은 미국의 그린(Green)의 보호목적설에서 영향을 받았다. L. Green, *Rationale of Prximate Cause*, 1927. 히라이 교수는 일본민법 제416조(우리 민법 제393조와 같음)가 계약위반의 손해배상에 관하여 예견가능성설을 취했던 영국의 대표판례 Hadley v. Baxendale사건(1854)에서 유래된 것이라고 하였다(평정, 앞의 책, 150 이하). 그러나 일본민법의 제정에 관한 입법이유서가 없으므로 확실한 것은 알기 어렵다.

니라, 제한배상주의로서 소개되는 영미법에서도 전통적 견해로서 자리잡아 왔다.

그 후 독일의 위험성관련설(危險性關聯說)과 규범목적설(規範目的說)이 우리 나라에 도입되었다.[1] 위험성관련설과 규범목적설은 손해배상문제를 「책임성립요건으로서의 사실적 인과관계」, 「배상범위의 결정」, 그리고 「배상액의 산정」의 세 단계의 독립된 문제로서 나누어서 취급한다.[2]

영미법상 손해배상범위

영미법에서 손해배상청구권의 발생원인은 주로 계약위반(breach of contract)과 불법행위(torts)인데, 이들 양 책임의 배상문제는 행위와 손해 사이의 원근(遠近)에 의해 제한된다.[3] 이 원근(remoteness)을 어떠한 기준에 의해 판단할 것인가는 계약위반과 불법행위에서 각각 다른 원칙으로 발전해 왔다.

(I) 계약위반시의 손해배상범위　계약위반으로 인한 손해배상에 관해서는 하들리 대(對) 박센들 사건(1854)이 선례로 자리잡고 있다. 이에 의하여 손해배상의 범위는 자연적이고 개연성 있는 결과(the natural and probable result)에 한정된다.[4]

① 하들리사건의 사실관계:　하들리가 경영하는 제분공장에서 제분기의 회전축이 파손되어 제분기가 움직이지 않게 되자, 하들리는 그 회전축을 그리니치에 있는 기계제조공장에 보내 그것을 견본으로 새로운 회전축을 만들고자 했다. 하들리는 운송업자인 박센들과 회전축을 그리니치에 속달로 발송해 줄 운송계약을 체결하였다. 그러나 박센들이 발송을 지체하여 하들리는 예정보다 며칠 늦게 새 회전축을 받을 수 있었다. 하들리는 그 기간 동안 조업했더라면 얻을 수 있었을 이익의 배상을 청구하였다.

② 판결내용:　계약위반으로 배상되는 손해는 i) 공정하고 합리적으로 볼 때 자연적으로(즉 사물의 통상의 경과에 따라) 발생했다고 생각되는 손해(제1의 배상원칙), 또는 ii) 합리적으로 볼 때 양 당사자가 계약체결시에 계약위반의 개연적인 결과로서 예상했다고

---

1) 김형배, 채권총론(상), 일신사, 1984, 288~299.

2) 손해배상의 범위에 관한 이론은 채권법의 난해한 문제 중의 하나이다. 이 문제는 독일 · 영미 · 일본 등의 선진국에서 활발한 논쟁의 대상이 되어 왔으며, 그에 관해 많은 단행본과 논문이 발표되었다. 다양한 외국법제의 비교를 통해 적합한 이론 모델을 얻을 수 있다는 장점을 고려할 때, 우리 민법의 해석론을 위하여 외국의 법제와 문헌을 살펴보는 일이 필요하다.

3) M. P. Furmston, *Cheshire and Fifoot's Law of Contract*, 537~539(10th ed., London, 1981).

4) Hadley v. Baxendale(1854), 9 Exch. 341, 156 Eng. Rep. 145. 그러나 미국에는 이에 대한 이론도 있다. Restatement of Contracts(Second) §365(Tent. Draft No. 14, 1979).

생각되는 손해(제2의 배상원칙)이다. 계약체결 당시의 특별한 사정이 원고로부터 피고에게 알려진 경우에 양 당사자가 합리적으로 예상했을 손해란 그 알려진 특별사정 아래에서 계약위반으로 보통 생기는 손해액이다. 만약 그 특별사정이 계약을 위반한 당사자에게 전혀 알려지지 않았다면, 그는 계약위반으로 통상 생기고 어떤 특별사정으로 영향받지 않는 경우의 손해액만을 예상했다고 여겨진다. 특별사정이 알려졌더라면 양 당사자는 그러한 사정하의 손해에 대비하여 특별약정을 만들어 계약위반에 대비했을 것이다.

하들리 사건에서 운송업자는 운송물이 제분기의 부서진 회전축이라는 사실과 발송자가 제분업자라는 사실만 알았으며, 제분공장의 조업중단은 특별사정으로서 운송업자에게는 알려지지 않았다는 이유로 그에 대한 배상책임을 부인했다.

(2) 불법행위법의 손해배상범위 영미법에서는 불법행위(不法行爲)가 고의(故意)로 인한 것인가 과실(過失)로 인한 것인가에 따라 배상범위에 차이가 생긴다. 「고의에 의한 불법행위」로 발생한 손해에 대해서는 원칙적으로 전손해, 즉 직접적 손해인가 간접적 손해인가, 예견한 손해인가 아닌가를 묻지 않고 불법행위와 직접 관련되는 모든 손해가 배상된다. 그러나 「과실로 인한 불법행위」의 영역에서는 합리적인 범위로 배상책임을 제한하는 원칙이 지배한다(제한배상주의). 과실불법행위의 성립을 위해서는 ① 불합리한 위험에서 타인을 보호하기 위해 어떤 행위기준에 순응할 것을 행위자에게 요구하는 법적 주의의무(duty)가 있을 것, ② 이 행위기준에 행위자가 순응하지 못하였을 것(의무위반 ⇒과실), ③ 행위와 발생한 손해 사이에 합리적이고 근접한 인과관계가 있을 것, ④ 실제 손해가 발생하였을 것(타인의 이익침해)이 증명되어야 한다.[1] 배상범위제한의 법리로서 「과실행위가 손해발생의 법적 원인(legal cause) 또는 근접원인(proximate cause)이었다고 판단되는 경우」에 한해서 배상책임을 부과하는 방법을 주로 사용했다. 법적 원인 또는 근접원인은 추상적인 기준이어서 그 구체적 적용에 관하여 논쟁이 전개되었고 영국법과 미국법에서 차이를 보이게 되었다.[2]

영국판례는 직접결과설(direct consequence theory)과 예견가능성설(forseeability theory)의 이론적 대립을 보였다. 르 폴레미스 사건(1921)[3]에서는 과실을 구성하

1) Prosser & Keeton, *Torts*, 5th ed.(1984), 169~73; C.D. Baker, *Torts*(London, 1981), 94~97; Winfield, *Duty in Tortious Negligence*, 34 COL. L. REV. 41(1934).

2) 2 Holdsworth, *History of English Law*, 1931, 50~54; Fleming, *An Introduction to the Law of Torts*(Oxford, 1977), 1~6; 졸고, "영미불법행위에 있어서 손해배상범위(상)(하)," 변협 1986년 1월호, 60 이하, 4월호, 79 이하.

3) In re Polemis and Furness, Withy & Co., Ltd., (1921) 3K, B. 560. 피고 훠네스회사는 원고 폴레미스 상회로부터 용선한 화물선에 석유와 휘발유를 싣고 항해하던 중 그것이 새어나와 선창 안에 가스가 꽉차게 되었다. 그러나 카사블랑카에서 휘발유의 일부를 바꿔 싣기 위해 피고가 고용한 인부가 휘발유 등

는 의무위반과 그 과실의 직접결과로서 손해가 발생하면 배상의무가 생기고 행위자의 예견은 배상범위와는 관계 없다는 직접결과설을 취했다. 그 후 웨건 마운드호 사건(제1사건 1961. 제2사건 1966)[1]에서는 손해가 합리적인 인간이 예견하여야 할 종류의 것인 때에만 배상책임을 진다는 예견가능성설을 취했다. 예견가능성설은 주의의무의 판단 이외에 손해에 대한 예견가능성(forseeability of any reasonable person)을 배상범위제한의 수단으로 사용한다.

미국법학자 레온 그린(Leon Green)은 보호범위(the scope of the protection)에 의한 배상범위제한을 주장하였다.[2] 그는 종래 배상범위를 근접원인이라는 인과관계의 문제로 다루어 왔던 것을 비판하고 그 대신에 보호범위의 문제로 다룰 것을 주장하였다. 피고의 위법행위로서 예기되는 위험이 보호법익의 반경 안에 들어온 경우, 그 위험(harzard)이 보호범위 내의 것이냐 아니냐의 보호의 한계(the limits of protection)는 정의의 문제로서 판사의 정책판단에 관한 사항이라고 하였다(미국에서 사실문제는 배심원의 결정사항임).

미국판례는 뉴욕 법원의 팔스그라프 사건(1928)에서 보호범위설을 부분적으로 수용하였다.[3] 이 사건에서 카르도조(Cardozo) 재판장은 과실은 「피해자(원

을 끌어올리는 작업을 하던 중 줄이 그가 발판으로 사용하고 있던 판자에 부딪쳐 판자 하나가 선창에 떨어지면서 불꽃이 일어나 그것이 석유가스에 인화되어 폭발함으로써 선박 전부가 소실되었다. 판결은 피고에게 전손해의 배상을 명하였다.

1) Overseas Tankship(U.K.) Ltd. v. Morts Dock and Engineering Co. Ltd.(1961) A.C. 388; Overseas Tankship(U.K.) Ltd. v. The Miller Steamship Co. PTY. and another(1966) 3 W.L.R. 498. 피고회사는 웨건 마운드호를 용선하였는데, 그 선박이 시드니항에 정박중 피고회사의 고용인인 선박기술자의 과실로 다량의 중유가 유출되어 그것이 파도를 타고 원고측 부두 가까이에 몰려 왔다. 그 때 원고측은 부두에서 조선 및 선박수리를 위해 용접작업을 하고 있었다. 원고측 지배인이 위험을 느껴 중유의 인화조사를 시켜 보았으나 안전하다는 확인을 받았다. 그러나 웨건 마운드호가 출항한 후 장시간 후에 작업중의 용접기에서 떨어진 금속 용체가 해면에 있던 중유에 인화되어 원고의 부두 및 부속시설과 두 척의 수리중의 선박을 소실케 했다. 웨건 마운드호 제1사건은 부두의 소유자가 화재로 인한 손해배상을 청구한 것이고, 제2사건은 웨건 마운드호 제1사건을 기초사실로 하여 두 척의 선박소유자가 뉴슨스책임(nuisance, 생활방해와 환경오염)과 과실불법행위(negligence)에 기한 손해배상을 청구한 사건이다. 제1사건에서의 손해는 예견하여야 할 손해는 아니므로 피고에게 배상책임이 없다고 판시하였다. 제2사건에서는 뉴슨스(nuisance)책임을 인정하고 그 요건인 과오(fault)의 판단에 예견가능성이 기준이 된다고 판시하였다(뉴슨스에는 과실이 요건이 아님).

2) Green, *Rationale of Proximate Cause*(1927).

3) Palsgraf v. Long Island Railroad Company 222 A.D. 166, 225 N.Y.S. 412(1927); 248 N.Y. 339, 162 N.E. 99(1928). 원고는 기차표를 산 후 피고의 철도회사의 플랫홈에서 기차를 기다리고 서 있었다. 그 때 다른 방향의 기차가 정거장으로 들어왔다. 두 사람이 그 기차에 타려고 뛰어왔는데, 한 사람은 움직이기 시작한 기차에 탔으나, 작은 짐을 가진 다른 한 사람은 기차로 뛰어오르기는 했으나 금방 기차에서 떨어질 듯하였다. 기차 위의 경비원(guard)은 그를 잡아당겼고, 다른 경비원은 홈에서 그를 밀어주었다. 이러는 동안 그의 짐은 철로 위로 굴러떨어졌다. 그 짐은 15인치 정도 길이의 신문지로 싼 작은 꾸러미였는데, 겉으로는 전혀 알 수 없었으나 실은 그 속에 화약이 들어 있었다. 이 꾸러미는 떨어지자 폭발하고, 그 폭발의 힘으로 꽤 떨어진 홈의 다른 끝에 있던 저울이 떨어져 피고에게 덮쳐 부상을 입게 하였다. 원심에서는 피고의 경비원이 승차를 도울 때 부주의하였으므로 과실불법행위책임을 져야 한다는 원고승소판결을 내렸다. 피고가 제기한 상고심(Court of Appeals of New York)에서는 원심파기의 판결

고)에 대한 관계에서」그에게 손해가 발생할 것이 예견가능하였을 경우에만 인정된다는 원칙(negligence is relational)을 취하였다. 즉 상대방 없는 과실(negligence in the air)은 있을 수 없다는 것이다. 그리고 가해자가 피해자에 대하여 일단 주의의무를 진다고 판단되더라도 그 주의의무의 범위는 「합리적으로 예견되는 위험의 범위 내」에 한정된다는 견해를 피력했다. 이 견해에 의하면 배상책임의 범위는 과실의 전제인 원고의 보호되어야 할 이익의 범위에 의해 결정된다. 인과관계는 배상책임의 범위결정에 작용하지 않으며, 보호범위(scope of protection)의 영역 내의 손해인가 아닌가가 중요하다는 것이다.[1]

미국불법행위법의 리스테이트먼트(Restatement of Torts) 제431조는 행위자의 과실행위는 ① 그의 행위가 손해를 일으킨 중요 요인이었던 때, ② 행위자를 면책시키는 법원칙이 존재하지 않을 때에 손해의 법적 원인이 된다고 규정한다.[2]

통일매매법의 손해배상규정

통일매매법(統一賣買法) 제74조는 "일방당사자의 계약위반에 대한 손해배상액은 얻을 수 있는 이익의 손실을 포함하여 그 위반의 결과 상대방이 입은 손해를 산정한 금액으로 한다. 이 손해배상액은 계약당사자가 계약체결시에 알았거나 알 수 있었을 사실 및 사정에 비추어 계약위반의 결과로서 발생할 것을 예견했거나 또는 예견할 수 있었던 손실액을 넘지 못한다"고 규정하여 영국법의 배상원칙에 따르고 있다.

이 내려졌다. 피고측 경비원의 승객에 대한 행위는 멀리 떨어져 있던 원고에 대하여는 위험발생의 예견가능성이 없었으므로 피고의 불법행위는 성립하지 않는다고 판결하였다. Keeton, *Cases and Materials on the Law of Torts*, 2. ed.(1977), p. 332 이하를 참조하였음.

1) 이 팔스그라프 사건의 판례(특히 다수의견인 카르도조 재판장의 견해)에 대하여는 비판의 소리가 높다. 미국 불법행위법의 권위자인 프로써(Prosser)는 주의의무는 상대적이 아니라 절대적으로 판단되어야 한다고 주장한다. A를 향해서 쏘았는데 엉뚱한 B가 맞은 경우, 이는 transferred negligence(이전된 과실)로서 배상책임을 발생시킨다고 한다. 그리고 인과관계 대신 주의의무를 배상범위를 결정하는 수단으로 사용한 것도 부당하다고 비판하며, 전통이론인 근접원인의 원칙이 정의에 입각한 판단을 가능하게 하므로 타당하다고 한다. Prosser & Keeton, supra 284.

2) *Restatement of the Law*, Torts 2d., Vol. 2 Supp. §431. 리스테이트먼트는 미국의 판례법을 재정리(restate)한 것으로서 법적 강제력은 없고 학자의 저작과 같은 정도의 권위를 갖고 있다.

2. 배상범위제한의 법리

(1) 상당인과관계설

우리 민법학에 상당인과관계설(相當因果關係說)이 언제부터 도입되었는지 정확히 말하기는 곤란하지만, 일본으로부터 도입된 상당인과관계설이 독립 후 우리 나라의 다수설로 자리잡았으며 근래 독일법연구에 힘입어 그 이론이 더욱 풍부해졌다고 할 수 있다.

1958년의 김증한 · 안이준 공저의 교과서에 다음과 같은 설명이 있는 것으로 미루어 당시 일본의 상당인과관계설을 수용하려 했다는 것을 알 수 있다.[1]

> "배상하여야 할 손해의 범위는 채무불이행과 상당인과관계에 서는 전손해라고 하는 것이 근시(近時)의 통설이다. 상당인과관계에서는 손해라 함은 당해의 채무불이행으로 인하여 현실적으로 생긴 손해 중 당해의 경우에 특유한 손해를 제외하고, 그러한 채무불이행이 있으면 일반적으로 생기리라고 인정되는 손해만을 가리킨다. — 중략 — 그리고 근시 상당인과관계설을 취하는 자는 일반적으로 채무자가 알았거나 또는 알 수 있었을 사정은 그 특별한 것까지도 역시 이에 넣어서 상당인과관계의 기초로 하여야 한다고 한다."

현행민법 시행 후 곽윤직 교수도 상당인과관계설을 취하여 「손해배상의 범위결정」과 「손해의 범위결정」을 동일시하고, 이들은 모두 채무불이행 또는 불법행위와 발생한 손해 사이의 인과관계에 의해 정해진다고 설명했다. 그러므로 배상범위의 결정과 인과관계의 판정을 같은 문제로서 다루었다.[2] 인과관계의 판정에 관하여는 전행사실(前行事實)과 후행사실(後行事實) 사이에 전자가 없었더라면 후자도 없었으리라는 관계가 있다는 점을 충분조건으로 보는 조건설(條件說)을 비판했고, 그러한 조건관계 외에 동일한

---

1) 김증한 · 안이준 편저, 신채권총론, 박영사, 1958, 110(서문도 참조). 김증한 교수와 안이준 변호사가 공동의 편저자로서 일본의 我妻 교수의 채권총론을 우리 민법에 맞게 재구성한 채권총론의 교과서이다.

2) 곽윤직, 채권총론, 법문사, 1964, 171 이하에서 다음과 같이 말했다. "원래 손해배상은 실손해의 전보가 그 목적이다. 따라서 손해배상의 범위는 「손해의 범위」에 의하여 정하여지는 것이 된다. 그리고 손해의 범위는 이른바 인과관계의 이론에 의하여 정하여진다. 바꾸어 말하면 배상하여야 할 손해의 범위는 채무불이행과 원인 · 결과의 관계, 즉 인과관계에 서는 손해이다"(곽윤직 교수의 손해배상범위에 관한 이론적 설명의 부분은 초판과 최근의 재전정판의 것이 거의 같다. 재전정판, 박영사, 182 이하 비교하시오. 이하에서는 재전정판의 면수를 인용하겠다).

조건이 존재하는 경우에는 동일한 결과를 발생케 하는 것이 보통인가 하는 상당성의 판단을 첨가했다. 즉 "원인인 조건이 일반적 경우에 있어서 보통 그 결과를 발생케 하는 것이 요구되며, 이로서 채무불이행으로 발생하는 손해의 범위는 명확하게 한정된다"고 말했다.[1] 상당인과관계설은 책임원인(채무불이행·불법행위 등)과 조건관계에 있는 손해를 전부 배상시키는 것은 공평하지 않다는 생각에서 배상대상을 적당한 범위로 제한하고자 하며, 그 방법으로서 인과관계의 상당성판단을 이용하며, 상당성이 없는 우연한 사정이나 특수한 사정을 아예 행위의 결과에서 제외한다고 설명했다. 곽윤직 교수는 상당성의 판단에 있어서 채무불이행의 당시에 보통인이 알 수 있었던 사정과 채무자가 특히 알고 있었던 사정을 함께 고찰의 대상으로 하는 절충적 상당인과관계설(折衷的 相當因果關係說)을 취했다.[2]

김증한·안이준 저서와 곽윤직 저서에서는 일치하여 민법이 상당인과관계설에 입각해 입법된 것이라고 주장했다. 즉 우리 민법 제393조은 상당인과관계설과 합치하는 규정으로서 제1항은 상당인과관계의 원칙을 선언하고, 제2항은 그 기초로 하여야 할 특별한 사정의 범위를 나타낸 것이라고 하였다.[3]

이상과 같이 일본으로부터 도입된 상당인과관계설은 그 후 우리 나라에서도 다수설로서 자리잡았으며, 그 이론적 설명도 더 구체화되었다. 앞의 두 교과서의 견해는 다른 학자의 채권총론 교과서에서 높은 지지를 얻었다.[4] 김주수 교수는 상당인과관계설은 당사자간의 공평을 꾀하려는 손해배

1) 앞의 책, 183.

2) 앞의 책, 185.

3) 김증한·안이준, 앞의 책, 112에서는 민법 393조의 내용은 상당인과관계의 범위에 관한 당시의 일본 다수설이 설명하는 바와 합치하는 것이라고 하였다.

곽윤직, 앞의 책, 187은 "민법 제393조는 채무불이행의 경우에 있어서의 불이행과 손해와의 사이의 인과관계를 규정한 것이다. 그리고 동조는 상술한 상당인과관계설, 그 가운데서도 절충설에 의거한 것이다. 즉 제1항은 상당인과관계의 원칙을 선언한 것이며, 제2항은 절충설의 입장에서 고찰의 대상으로 삼는 사정의 범위를 규정한 것이라고 새기는 것이 판례·통설이라고 할 수 있다"고 하여 같은 취지의 설명을 하였다.

4) 김석우, 채권법총론, 박영사, 1987, 155 이하; 김용한, 채권법총론, 박영사, 202; 김증한, 채권총론, 박영사, 1981, 77; 장경학, 215.

현승종 교수는 "우리 민법은 오늘날의 통설인 상당인과관계설에 따라 채무불이행으로 인한 손해배상의 범위에 관한 제393조의 규정을 두고 있으며, 그것을 불법행위로 인한 손해배상의 범위에 준용하고 있다"고 하였다. 현승종, 채권총론, 일신사, 1982, 160.

김기선 교수는 "민법 제393조 1항·2항은 모두 상당인과관계설의 내용을 규정한 것이다. 제2항을 제1항의 확장 또는 제한으로 해석하는 자가 있으나 이것은 잘못이다. 그러므로 인과관계의 범위 외의

상제도의 목적에 가장 적합하다는 기본입장을 취하면서, 다른 한편 "제393조를 둘러싼 일본에서의 논쟁을 볼 때에 손해배상법의 구조론을 빼고 상당인과관계 = 제393조라는 테마를 추상적으로 표시하는 것만으로는 설득력을 결여하고 있다. 그러한 의미에서 종래의 통설은 그 입장의 재구축이 요구되고 있다고 보겠다"고 회의적인 태도를 밝혔다.[1)]

(2) 위험성관련설

1980년 김형배 교수는 발생한 손해를 1차손해(一次損害)와 후속손해(後續損害)로 분류하여 1차손해는 언제나 배상시키고 후속손해는 그와 1차손해 사이에 위험성관련이 있는 경우에만 배상시키는 방법으로 배상범위를 결정해야 한다는 위험성관련설(危險性關聯說)을 주장했다.[2)] 1차손해란 책임원인인 채무불이행·불법행위 등의 행위에 의해 직접 발생한 불이익이라고 하였다. 예를 들면 이행지체에서 재산을 이행기보다 늦게 취득한 것 자체, 이행불능에서 채권자가 재산을 취득할 수 없게 된 것 자체, 불완전이행에서 채권자가 불완전한 성질을 가진 재산을 취득한 것 자체를 가리킨다고 하였다. 채권자가 이행기에 목적물을 인도받을 것으로 예상하고 제3자와 전매계약을 그에 맞추어 체결하였으나, 채무자의 이행지체 또는 이행불능으로 말미암아 제3자로부터 그 계약을 해제당하여 얻지 못하게 된 전매이익(轉賣利益)의 상실분은 후속손해에 해당한다고 하였다. 그리고 불완전이행에서 채권자가 인도받은 목적물의 하자로 말미암아 부상을 입은 경우 그 부상은 후속손해에 해당한다고 하였다(그 밖에 불법행위에 관하여는 예를 들지 않아 무엇을 1차손해로 보고 무엇을 후속손해로 보는지 알 수 없어 유감이다). 다시 말해서 1차손해는 책임원인행위와의 사이에 인과관계가 존재하는 것을 의미하고, 후속손해는 직접 책임원인행위에 의해 야기된 것이 아니라 1차 손해에 의해 후속적으로 조건지워진 것이므로 양자는 반드시 구별하여 효과를 달리해야 한다고 주장했다.[3)]

손해는 채무자가 알았거나 알 수 있었을 특별한 사정으로 인한 경우에 있어서도 채권자는 그 배상을 청구할 수 없다"고 하였다. 김기선, 한국채권법총론(전정판), 법문사, 1975, 101.

1) 김주수, 168.

2) 김형배(2판), 259 이하. 김형배 교수의 위험성관련설은 1980년 「불법행위에 있어서의 책임귀속의 근거와 손해배상의 범위」로서 고대 법률행정논집에 발표되었다.

3) 김형배 교수는 독일의 상당인과관계설이 대두되어 배상범위를 제한하는 이론으로서 기능하였던 것은 완전배상주의를 전제로 한 것인데, 우리 민법 제393조는 독일과 다른 입법주의를 취하므로 그러한 독일이론을 그대로 받아들이는 것은 옳지 않다고 다수설인 상당인과관계설을 비판했다. 그리고 상당인과관계설은 침해된 규범이 규정하고 있는 유책성과 위법성의 내용, 행위의 위험성 등을 고려하지 않으므

채무불이행에서 채무자에게 1차손해의 배상책임을 지우기 위해서는 채무자가 귀책사유로 인하여 계약을 위반했다는 사실과 인과관계로서 채무불이행과 1차손해 사이의 조건관계만 있으면 충분하다고 하였다. 1차손해의 책임귀속근거는 배상범위에 관한 제393조가 아니라 책임성립에 관한 제390조라고 하며, 이 때 행위자가 위반한 계약규범의 목적(아마 제390조를 의미하는 듯하다)에 비추어 책임이 귀속된다고 하였다. 어떤 후속손해가 손해배상의 대상이 되는가는 1차손해가 가지는 위험성과 후속손해 사이의 평가적 관계인 위험성관련의 규준에 의하여 판단된다고 하였다.[1] 이러한 위험성관련은 1차손해와 후속손해 사이에 채권자의 행위, 제3자의 행위, 기타 우연한 사건이 개입하지 않는 한 대체로 긍정되며, 규범목적은 후속손해에 대한 책임귀속과 아무 관계가 없다고 하였다. 후속손해에 대한 배상책임을 인정할 것인가의 문제만이 바로 제393조의 배상범위의 문제라고 하였다. 제393조 1항의 통상손해는 어떤 사정에 관한 채무자의 인식가능성을 문제로 함이 없이 위험성관련이 인정되는 손해로서 대부분의 손해가 그에 해당하며, 제2항의 특별손해는 어떤 사정에 관한 채무자의 인식가능성이 있을 때 비로소 위험성관련이 인정되는 손해라고 하였다.

(3) 규범목적설

이종복 교수는 상당인과관계보다 적절한 책임귀속의 기준이 요구되는데, 그 기준은 독일학자인 라벨 및 폰캐머러가 주장한 규범목적설(規範目的說)에서 적절히 제시하고 있다고 주장했다.[2] 규범목적설이란 법률상 또는 계약상의 모든 의무는 어떤 특정한 이익을 보호하는 데 기여하므로 이 보호된 이익에 대하여 가해진 손해는 그 가해자에게 책임귀속되어야 하며, 어떤 이익이 보호되는 이익인가는 보호규범의 의의나 목적에 따라서 정하며, 만

로 책임귀속이론으로서 적합하지 않다고 비판했다. 그리고 규범목적에 관해서도 손해배상의 책임귀속에 있어서는 그의 근거가 되는 규범의 보호목적과 보호범위가 기초로 되지만, 배상범위의 확정에 있어서는 규범목적만으로는 충분하지 않다는 비판적 입장을 취했다. 김형배(2판), 252~256.

1) 김형배, 앞의 책, 289~291. 김형배 교수의 위험성관련설은 독일의 위험성관련설과는 다르며, 일본 石田 교수의 위험성관련설에 접근해 있다.

2) 이종복, "일반조항 불법행위법에 의한 손해배상책임의 제한," 사법행정 1988년 10월호, 22~23. 그는 대량거래의 산업사회에 있어서는 사실적 개연성이나 예견가능성과 무관하게 책임귀속과 책임제한의 필요성이 제기됨에도 불구하고, 상당인과관계설은 손해배상의 책임귀속에 있어서 사실적 개연성이나 예견가능성을 기초로 하여 책임을 제한하거나 귀속시키는 획일적이고 도식적인 사고로 일관하였다고 비판했다.

일 손해배상의무가 계약위반에 기하는 경우에는 당해 계약의 보호목적에 따라서 정하도록 하는 이론이라고 설명했다.

그는 불충분한 상당인과관계설의 보충을 위해서 상당인과관계와 병행하여 규범목적을 사용해야 한다고 주장했다.[1] 상당인과관계설에 갈음하여 규범목적설만으로 기준을 삼는 것은 옳지 않다고 하였다. 그 이유로서 독일 손해배상법의 열거주의 아래에서 규범목적설에 대한 기대와 우리 나라의 포괄조항주의 아래에서 기대되는 기능은 서로 큰 차이가 있는데, 포괄조항주의에서는 책임제한을 먼저 위법성요건으로서 시도해야 하며, 이와 관련하여 상당인과관계설뿐만 아니라 규범목적설도 다함께 책임제한의 기능을 수행해야 한다고 설명한다. 그러한 상호보충적 적용의 방법으로서는 먼저 상당인과관계로서 책임의 원인과 범위를 정하는데, 이 때의 책임획정은 획일적이고 도식적이서 개별성 · 구체성이 결여되므로 다시 한번 규범목적설로서 책임을 제한할 것을 제안한다.[2]

(4) 상당인과관계설의 내용보강(사견)

(가) 우리 민법의 입법취지 민법은 손해배상의 범위에 관하여 제393조에서 채무불이행의 경우를 규정하고, 제763조에서 불법행위에 그 규정이 준용됨을 규정함으로써 결과적으로는 제393조가 채무불이행과 불법행위 양자에 모두 적용되는 배상범위의 원칙이 된다.[3] 제393조 1항은 "채무불이행으로 인한 손해배상은 통상(通常)의 손해(損害)를 그 한도로 한다"고 하며, 제2항은 "특별한 사정으로 인한 손해는 채무자가 그 사정을 알았거나 알 수 있었을 때에 한하여 배상의 책임이 있다"고 한다. 이 제393조 1항 · 2항의 내용은 일본민법(즉 의용민법) 제416조와 동일하다. 그러나 일본민법에는 불법행위에 그 배상범위규정이 준용된다는 언급이 없어 그의 준용 여부는 학설 및 판례에 일임되는데, 학설은 이에 관해 긍정설과 부정설로 나뉜다.[4]

1) 앞의 글, 23~24. 이종복 교수 외에도 규범목적을 손해배상의 책임귀속이나 배상범위제한에 사용하는 이론을 펼치는 학자가 몇 분 계시지만, 그 분들의 이론을 곧 규범목적설이라고 부를 것인지는 의문이다. 이미 독일 · 일본 등의 외국에 규범목적설이라는 일정한 내용을 갖는 학설이 존재하므로 국내이론 중 이것들과 같은 맥락을 갖는 것만을 규범목적설이라 부르겠다.

2) 이종복, 앞의 글, 26.

3) 민법 제763조는 현행민법 제정 당시에 보완된 것이다. 민법안심의록 상권(1957), 451에 나타난 심의경과에 의하면 "불법행위로 인한 손해배상에 관하여 채무불이행에 관한 초안 제384조와 동일하게 해석하는 것이 학설의 거의 일치되는 바이므로 이를 명문화하기 위하여 동조를 본조의 준용규정에 포함시키는 것이 가하다"라고 이유를 밝힌다.

4) 우리 민법은 손해배상책임의 성립에 관하여 제390조에 채무불이행의 경우 채권자가 채무자에 대해

우리 손해배상법의 특색을 요약해 보면 다음과 같다. ① 민법은 채무불이행책임과 불법행위책임의 성립을 각각 하나씩의 일반규정으로 처리한다(일반조항주의). ② 민법은 책임성립의 규정(제390조, 제750조 등)과 별도로 배상범위의 심사를 위한 규정(제393조, 제396조~제398조, 제763조, 제765조)을 둔다(제한배상주의).[1] ③ 민법은 채무불이행책임과 불법행위책임의 배상범위를 기본적으로 하나의 원칙(제393조)에 의해 결정하도록 한다.[2] ④ 민법은 손해의 전보를 위하여 원상회복주의를 병행하지 않고 금전배상주의로 일원화하였다(제394조).

손해배상범위를 이론적으로 설명함에 있어서는 그 이론 자체가 타당성을 가져야 함과 동시에 그 이론이 우리의 실정법과 조화를 이루어야 한다. 실정법에 맞는 이론을 전개하기 위해서는 우선 우리의 입법태도를 정확히 파악하여야 하며, 우리의 손해배상론에 영향을 주고 있는 독일법 · 일본법과의 차이를 명확히 인식하여야 한다. 그간 우리의 학설은 이러한 외국입법례와의 차이에 별로 관심을 기울이지 않은 채 외국의 이론을 받아들여 왔다고 해도 과언이 아니다. 더구나 최근 일본의 신이론을 소개함에 있어서 우리 민법 제393조와 일본민법 제416조가 같은 내용이라는 성급한 판단 아래 일본이론을 우리법의 해석론으로서 그대로 수용하여도 무방하다는 오류에 빠져 있던 것이 아닌가 염려된다.

상당인과관계설과 그 후의 신이론 사이에서 최대의 쟁점이 되는 것은 「인과관계와 배상범위의 관계」이다. 그런데 이 문제는 "우리 민법에서 독일에서와 같은 인과관계에 의한 배상범위제한이 허용될 수 있는가" 및 "인과관계에 의하여 배상범위를 제한하는 것이 타당한가"의 두 문제로 나누어 살

손해배상을 청구할 수 있다는 포괄규정을 설치하고 있고, 제750조에 불법행위로 타인에게 손해를 입힌 가해자의 손해배상의무에 관한 포괄규정을 설치하고 있다(이 점은 일본과 같으나 독일과는 다르다). 그 밖에 손해배상청구권이 발생하는 경우로서 점유침탈(제204조), 매도인의 담보책임(제570조 이하) 등이 개별적 · 산발적으로 열거되어 있다. 손해배상의 방법에 관하여는 제394조가 "다른 의사표시가 없으면 손해는 금전으로 배상한다"고 함으로써 금전배상의 원칙을 취한다(이 점은 일본민법과 같으나 독일민법과는 아주 다른 태도이다).

1) 근래 일본과 우리 나라에서는 배상범위에 관한 법제를 완전배상주의와 제한배상주의로 이분하여 독일은 전자에 속하고, 프랑스 · 영미 · 일본 · 우리 나라는 후자에 속한다는 설명이 행해진다. 그러한 논의는 일본의 보호목적설이 상당인과관계설에 대한 비판근거로서 독일과 일본의 배상범위제도의 상이성을 강조한 이후 활발해지게 되었다. 平井宜雄, 앞의 책. 독일법이 책임원인에 의하여 야기된 모든 손해를 배상시키는 완전배상주의를 취한다는 묘사가 독일학자 자신보다 오히려 일본학자에 의해 그렇게 단정적으로 행해졌다는 것은 퍽 회화적이다.

2) 양삼승, "민법 제393조를 준용하는 민법 제763조의 의미," 황적인박사화갑기념 손해배상법의 제문제, 1990, 97 이하.

펴보아야 할 것이다.

(나) 제한배상주의와 인과관계론 상당인과관계설은 완전배상주의(完全賠償主義)를 취하는 독일민법 아래서의 불가피한 해석론이며, 제한배상주의(制限賠償主義)에서는 인과관계에 의한 배상범위제한은 행해질 수 없다는 주장이 있었다.[1] 독일의 상당인과관계설은 독일민법이 취하는 완전배상주의 아래서 그의 논리구조를 그대로 유지하면서 배상범위를 제한할 수 있는 변칙적 다목적용의 법적 인과관계론으로서 주장되었으며, 우리 나라의 상당인과관계설은 비록 주장내용이 독일의 것과 유사하다고 하더라도 제한배상주의 아래서의 해석론이므로 실질적인 내용·기능에 있어서는 차이를 가지게 된다고 설명했다. 즉 독일민법 아래의 상당인과관계설은 손해배상책임의 성립의 단계에서 책임원인이 된 행위와 발생한 손해 사이의 법적 인과관계를 다루고 있는 데 반해서, 우리 민법 아래의 상당인과관계설은 손해배상책임의 성립단계와 그 이후의 배상범위의 결정단계(독일민법은 완전배상주의를 취하므로 이 단계를 설정하지 않았다고 함)를 구분하지 않고 통틀어 법적 인과관계의 문제로서 취급하는 결과로 되었다고 비판했다.

사견으로는 독일민법의 규정만을 보고 완전배상주의를 취한다고 판단한 후 우리 민법의 제한배상주의와 본질적·기능적으로 전혀 다른 제도라고 속단하는 것은 잘못이라고 생각한다. 독일민법에 배상범위에 관한 별도의 규정이 없다는 것, 그리고 독일민법의 제정 당시나 직후에 배상범위를 인위적으로 제한하려 하지 않았다는 것은 사실이다. 그러나 법적 인과관계론 및 상당인과관계설이 주장되어 그러한 인과관계연속의 한계설정에 의해 배상범위를 제한한 이후로 독일법은 완전배상주의를 극복해 나가고 있다. 최근에 규범목적설에 의한 폭넓은 배상범위제한이 주장되고 있는 상황 아래서는 더욱 그러하다. 어느 나라의 법제를 고찰함에 있어서 법규정에 한정하지 말고 학설·판례·관습을 종합하여 그의 사회 속에서의 실제기능을 갖고 판단하여야 하는 것이 법비교의 방법이라고 생각한다.

---

1) 일본의 상당인과관계설은 일본법의 제한배상주의 및 양 법제의 배상구조의 차이를 제대로 이해하지 못한 채 외국이론을 무조건 일본법의 해석론으로 도입하는 오류를 범했다고 비판받은 적이 있다. 우리 나라에도 최근에 그와 유사한 주장을 하는 학자가 있다. 즉 배상범위에 관한 우리법과 독일법의 입장은 전혀 다르며, 민법 제393조의 규정은 상당인과관계설과 무관하다는 주장이다. 김형배(2판), 258; 양삼승, "손해배상의 범위," 민사판례연구 제5권, 경문사, 1983, 157 수록; 장경학, "손해배상의 범위에 관한 연구," 상사중재연구총서 제9권, 1977.

제한배상주의 아래에서 인과관계에 의한 배상범위제한이 타당치 않다는 주장에 대해서는 "연속되는 인과관계의 한정이란 역할은 완전배상주의나 제한배상주의의 어떤 법제 아래에서도 외면할 수 없는 과제이다"라는 설명으로 그 논리적 모순을 지적하려 한다. 그리고 제한배상주의의 영미법에서도 법적 인과관계론에 의해서 배상범위를 제한하여 왔음을 상기시킴으로써 그 주장의 근거가 박약하다는 것을 말하고자 한다. 제한배상주의를 취하는 우리 민법 제393조와 상당인과관계설이 상충된다는 주장은 타당치 않다.

(다) 인과관계에 의한 배상범위결정의 필연성 사견으로는 손해배상의 범위를 인과관계에 관한 법적 판단을 통해 결정하는 상당인과관계설의 입장이 타당하다고 생각한다. 손해배상책임은 불이행과 인과관계의 연속선상에 놓여 있는 여러 개의 손해 중의 일부분에 관해서만 부과되는데, 이와 같이 연속되는 사건의 고리에 대해서 규범적 판단을 통하여 일정한 한계를 설정하는 것이 바로 법적 인과관계의 역할이기 때문이다. 그 책임부과부분을 한정시키는 일은 법이 무엇인가 하는 규범판단에 해당하며, 단순한 사실의 문제가 아니다.

규범목적설이나 위험성관련설이라 해서 채무불이행이나 불법행위와 인과관계가 전혀 없는 손해에 대해 규범목적이나 위험성관련의 존재만으로 배상책임을 인정하는 것은 아니다. 그 이론들은 인과관계연속의 손해 중에서 규범목적이나 위험성관련의 가치기준을 갖고 적정한 배상범위로 인과관계를 한정시키는 역할을 한다. 결과적으로 상당성에 의한 인과관계한정과 규범목적 또는 위험성관련에 의한 인과관계한정이나 제한의 기준이 다를 뿐이지 그 역할은 같다고 할 수 있다.

(라) 민법 제393조와 상당인과관계설 사견으로서는 비록 제393조의 입법 당시에 상당인과관계설을 성문화하려는 입법의도는 없었다고 하더라도, 동조의 제1항과 제2항의 문언을 종합하여 해석할 때 그 규정의 기본취지가 상당인과관계설과 일맥상통한다고 생각한다. 손해배상의 측면에서 보면 채권자(피해자)가 입은 불이익은 배상되어야 할 손해(배상범위 내의 손해)와 배상될 필요가 없는 것으로 나누어진다.[1] 배상되어야 할 손해는 결국 상당인과관

1) 채권자나 피해자가 입은 불이익은 그것이 책임법리에 기해 채무자나 가해자에 의해 전보(손해배상)되는 「손해」와 그렇지 않고 위험분담법리에 의해 당사자 사이에서 공평하게 분담되는 「위험」(제537조. 제538조)의 두 종류로 분류된다. 이 곳에서는 손해만을 문제삼았다.

계의 범위 내에 속하는 손해이며, 이것에는 통상손해와 예견가능한 특별사정으로 인한 손해가 포함된다.

제393조에서 명시하는 배상범위제한의 가치기준은 「통상의 손해」와 「채무자(또는 가해자)에게 예견가능한 특별사정으로 인한 손해」이다. 그런데 어떤 손해가 통상적이라는 것은 원인행위와 결과발생 사이에 개연성이 농후함을 가리키는 것이라고 해석된다.[1] 배상되는 특별사정으로 인한 손해란 「객관적으로는 개연성이 희박하지만, 당해 채무자나 가해자의 개인적 환경에 비추어 그러한 손해발생의 가능성이 높은 특별한 사정이 존재함을 그들이 알았거나 또는 예견하였으리라고 기대되는 경우의 손해」를 말한다. 특별사정의 손해는 그것이 배상범위에 포함되는 경우에만 법적 의의를 인정받는다. 그렇지 않은 경우에 채권자나 피해자가 입은 불이익이 특별사정의 손해인가만을 묻는 것은 원인행위와 인과관계가 부정된 불이익을 문제로 삼는 것이므로 의미가 적다.[2] 따라서 양자를 포섭하는 특별사정손해 자체의 의의는 무엇인가라는 의문은 중요하지 않다. 즉 통상손해는 하나의 의미 있는 법률용어이지만, 특별사정손해는 단독으로 의미를 갖는 법률용어가 아니다.[3]

배상범위결정에서 중요한 문제는 어떤 침해이익이 배상범위 내의 손해(상당인과관계 내의 손해)이냐 하는 것이다. 그것이 통상손해라서 그 범위 내에 속하느냐 또는 특별사정손해이지만 예견가능성이 있으므로 그 범위 내에 속하느냐의 세부적인 결정과정을 밝히는 것은 중요한 일이 아니다. 후자는 판사의 배상범위결정을 위한 사고과정에서 고려되는 것으로서 충분하다. 판사는 상당인과관계의 판단에 있어서 자연적 인과관계에 관한 사실판단과 사회적으로 상당성 있는 인과관계가 존재하는가에 관한 규범적 판단의 두 가지를 함께 행하게 된다.

(마) 상당성의 판단기준 사견으로는 상당성을 원인과 결과 사이의 개연성(蓋然性)에 국한하여 판단하지 말고, 손해배상에 관한 법정책적 배려도 상당성판단시에 함께 행해야 한다고 생각한다. 즉 손해배상의 경제적 공평성, 어떤 가해행위가 사회에 던지는 위험성의 크기와 제동의 급박성(急迫

1) 같은 취지: 곽윤직, 148.

2) 판례 중에는 이와 반대로 「특별손해인데 예견가능성이 없으므로 배상범위에서 제외한다」는 취지의 이유설시가 가끔 발견된다.

3) 이 부분은 본인의 독창적인 생각이며 다수설의 주장과는 다르다. 곽윤직, 213 이하를 비교.

性), 어떤 손해를 누구에게 부담시키는 것이 손해방지에 도움이 되며 효율적(效率的)인가 등을 상당성판단시의 고려대상에 넣어야 할 것이다. 손해배상법의 사상적 기초가 「정당한 손해전보」 및 「일정한 손해위험의 정당한 분배」에 있다는 점도 상당성판단을 할 때에 고려되어야 할 것이다.[1] 이를 통해 책임발생 여부를 결정하게 될 뿐 아니라 배상범위결정이 취해야 할 방향을 법정책적으로 고려할 수 있게 될 것이다.[2]

종래의 상당인과관계설에서는 상당성을 「객관적으로 볼 때 원인과 결과 사이에 개연성이 증가한 경우」, 즉 일반화된 결과와 일반화된 원인 사이에 통계적 빈도가 높은 관계가 있을 때 상당성을 인정했다.[3] 종래의 상당인과관계설은 손해배상의 귀책에 중요한 다른 요인들은 무시한 채 단지 개연성 하나에만 의존하여 판단했기 때문에 취약성을 드러내었다. 상당인과관계설에서 그러한 상당성판단의 취약성이 보완된다면 손해배상법의 이론으로서 손색이 없을 것이라고 생각된다. 그간 규범목적설에서 행한 비판과 제안을 상당성판단 안에 수용함으로써 상당성의 내용을 풍성하게 할 수 있을 것이다.[4] 어떤 손해가 불법행위나 채무불이행으로부터 야기되었다는 인과적 연속 하나만을 가지고 그 행위자에게 전손해의 배상책임을 지워서는 안되며 배상범위를 제한할 필요가 있음은 논쟁의 여지없이 명백하다. 상당인과관계설이나 규범목적설 등은 모두 배상범위를 제한하고자 한다는 점에서는 공통점을 갖는다. 종래의 상당인과관계설이 배상범위제한에 있어서 소극적이었기 때문에, 규범목적설은 그 소극성을 맹렬히 비판했다고 볼 수도 있다. 그렇다고 해서 규범목적설이 구체적인 배상범위 제한기준을 제시하는 것은 아니다.[5]

1) Larenz/양창수 역, 정당한 법의 원리, 1986, 112.

2) 손해배상에 관한 공공정책적 기초이론에 관한 참고자료: Robert E. Goodin, Theories of Compensation, *Oxford Journal of Legal Studies*, 56, Vol. 9, 1989.

3) 같은 취지: 유원규, "차량관리상의 과실과 절취운전사고 사이의 인과관계," 민사판례연구 제11권, 1989, 257 이하.

4) 유원규, 앞의 글, 263~264.

5) 위험성관련설에 대한 비판: 사견으로는 우리 나라의 위험성관련설이 다음과 같은 문제점을 갖는다고 생각한다. 첫째, 원인행위와 조건관계에 있는 여러 가지의 손해를 일정 부분까지는 1차손해, 그리고 그 다음부터 다른 일정 부분까지는 배상범위 내의 후속손해, 그리고 그 다음 부분은 배상되지 않은 후속손해로 3분하는 것은 지나치게 작위적으로 느껴지며, 또한 현실문제에서 가능할 것 같지도 않다. 그러한 손해의 세분화는 판결을 담당하는 판사에게 개념상의 혼란과 과중한 부담을 주며 민법학을 일반사회통념으로부터 격리시키는 현상을 초래할 우려가 있다. 둘째, 위험성관련성이란 채무불이행과 불법행위에서 각각 구체적으로 어떤 의미로 사용되는지는 자세한 설명이 없어 알 수 없다. 채무불이행, 불

채무불이행책임과 불법행위책임에 모두 일반조항주의를 취함으로써 책임성립을 구체적인 구성요건에 맡기지 않는 우리 민법 아래에서는 어떠한 이론이라도 막연한 배상기준밖에 제시할 수 없다.[1] 또한 우리 민법은 채무불이행책임과 불법행위책임에 공통하는 배상범위기준을 찾도록 요구하는 특성도 지니고 있다. 이러한 우리 법제의 특성들을 감안할 때 현대사회의 다양한 손해발생원인들 사이에 공통되는 하나의 합리적 기준을 설정하는 것은 추상적 원칙의 수준에서만 가능하다. 그렇다고 하여 배상범위결정의 지침을 하나의 막연한 추상적인 이론을 제시하는 것으로 만족한다면, 그것은 법학의 임무를 해태하는 것이 될 것이다. 민법학에서는 각 손해발생원인을 유사사례끼리 유형화하여 개개의 사례에 적합한 기준을 각 유형별로 추출해 내도록 노력함으로써 판사에게 구체적인 판단지침을 제시해야 할 것이다.[2]

구체적인 소송사건에서 상당성의 판단은 판사에게 일임되는 규범적 판단이다. 판사는 배상판결에 임하여 선례에 의해 구속받는 외에는 그의 건전한 상식에 비추어 자유롭게 판단할 수 있다. 그러나 그의 자유로운 판단결과는 유사한 사건에 지침으로 작용함으로써 사실상 법창조의 기능을 담당한다. 그리고 판사의 배상범위의 결정은 사회적 가치를 구축하게 된다. 특히 현대 산업사회에서 빈번한 집단피해사건에 관한 판사의 판단은 우리 사회의 경제정책을 결정하는 것과 유사한 효과를 유발한다. 가해자와 피해자 사이의 구체적 공평, 집단피해사례에서 가해자집단과 피해자집단 사이의 이해조정, 불가피한 사회적 위험의 분담, 보호기관이 부담해야 할 배상금

법행위, 위험책임의 손해배상에 공통하여 하나의 위험성관련이란 개념을 사용하는데, 그러한 위험 및 위험성관련은 매우 막연하게 느껴지며 그 실체를 파악하기 곤란하다. 이행지체나 이행불능으로 말미암은 손해배상청구에서까지 1차손해와 후속손해 사이의 위험성관련을 거론하는 것도 이해하기 곤란하다.

1) 독일의 규범목적설에서는 독일민법 제832조 2항의 보호법규위반의 구성요건에 해당하는 불법행위에 관하여 그 보호법규(보통형법 등의 금지규범)의 보호목적을 배상범위결정의 기준으로 하는데, 우리의 채무불이행규정이나 불법행위규정은 이와 같은 구성요건을 규정하지 않고 일반조항주의를 취하므로 독일의 이론을 그대로 우리 법해석에 받아들이기 곤란하다.

2) 미국에서는 계약의 불이행시 적정한 배상범위에 관한 법경제학적 연구가 활발하다. J. H. Barton, The Economic Basis of Damages for Breach of Contract, 1, *J. Legal Stud.* 277, 1972; S. Shavell, Damage Measures for Breach of Contract, *Bell J. Econ.* 466, 1980. 그러나 법경제학에서도 어떤 손해의 가치를 합리적으로 산정하는 것은 곤란하다고 한다. 그리고 어떤 구제방법이 일반적으로 가장 적절하 것인가도 말하기 곤란하다고 한다. 다만 계약의 종류나 구체적인 계약관계에서 이행이익원칙 · 신뢰이익원칙 · 수령이익원칙의 세 가지 관점의 상대적인 중요도에 의해 결정될 수 있다고 한다. A. M. Polinsky/송상현 · 정상조 역, 법경제학입문, 1984, 94.

등을 판단하는 과정에서 판사는 재화의 편중을 막아 사회정의를 구현하는 이해조정자로서의 임무를 수행하여야 한다. 배상범위를 결정하기 위하여는 인과관계의 상당성판단이란 큰 범주를 설정하여 놓고 그 안에서 다양한 규범적 가치들을 종합적으로 검토해서 구체적 타당성 있는 판단을 해야 한다. 규범적 가치들이 전형적인 사례별로 유형화(有形化)·구체화(具體化)됨으로써 손해배상문제의 해결에 실질적인 도움을 주는 지침이 된다면, 일반인의 법예측이 쉽게 되어 법적 안정성을 꾀할 수 있게 될 것이다.

독일의 손해배상론

(1) 독일민법의 규정　독일민법은 손해배상의 내용에 관하여 통일주의에 따라 채무불이행과 불법행위에 공통하는 손해배상원칙을 규정한다. 다만 위자료 등에 관하여 불법행위의 특칙을 둔다. 배상방법에 관하여는 원상회복의 원칙을 취하여 배상의무를 발생케 한 사정이 없었더라면 존재하였을 상태로 회복하여야 할 것을 원칙으로 하고, 원상회복이 불가능하거나 배상에 불충분한 경우에 금전배상을 보충적으로 허용한다.

(2) 19세기의 이론　독일 손해배상법의 기초를 이룬 것은 몸젠(Mommsen)의 「이익론」이었다고 한다.[1] 몸젠은 로마법 시대의 매우 세분된 이익개념을 통합하여 물건의 가치와 구별되는 통일적인 이익개념을 형성했다. 물건가치란 어떤 목적물에 대하여 거래상 주어진 객관적 가치이고, 이익이란 채권자가 어떤 재산에 대해 갖는 가치로서 주관적 가치도 포함된다고 한다. 이 이익개념은 손해배상의 전제를 이루는데, 이 때 이익은 어떤 사람이 침해된 이후에 갖는 재산상태와 그러한 사태가 개입되지 않았더라면 존재하였을 재산상태의 차이를 말한다고 한다. 이 이익은 배상범위와 구별되는데, 배상범위에는 어떤 책임구성원인과 인과관계에 있는 모든 이익이 해당한다고 한다. 몸젠의 이익개념, 손해개념, 배상범위론은 독일 민법제정 직후의 해석론에 커다란 영향을 미쳤다. 가해전후의 이익차이가 배상의 전제가 되는 손해상태라고 설명한 차이설(差異說; Differenz-theorie)[2]과 배상범위는 원인사실과 결과 사이의 인과관계에 의해 정하

1) Mommsen, *Zur Lehre von dem Interesse, Beiträge zum Obligenrecht* 1855; Mertens, *Der Begriff des Vermögensschaden im BGB*, 1965, S. 17ff.; 양삼승, "독일민법 제249조 및 제254조의 입법과정," 사법행정 1985년 7월호, 26 이하.

2) 독일법의 손해란 원칙적으로 원싱회복되어야 할 전제로서의 이익상태를 가리키는데(독민 제249조 참조), 몸젠은 이것을 「차이설」에 의해 가해 전후의 이익상태의 차이라는 추상적 개념으로 파악한 것이다. 몸젠의 차이설은 가해사실이 없었더라면 존재했을 가정적 상황과 현재 나타난 실제상황을 비교하는데, 그러한 방법을 근래에는 차이가설(Differenzhypothese)이라고 비판적으로 표현하기도 한다. 즉 어떤 가정적 상황과 실제상황을 계량적으로 비교하는 것은 원상회복주의(Herstellungsprinzip)를 취하

여진다는 인과관계론은 지배설이 되었다.

(3) 인과관계론　인과관계론(因果關係論)은 책임성립과 배상범위결정의 양자에 걸쳐 결정적인 역할을 담당해 왔다.

① 조 건 설: 독일민법의 제정 후 초기에는 원인사실과 자연적 인과연결이 있는 손해라면 그 연결에 대해 아무런 규범적 판단을 하지 않고 곧 인과관계를 긍정하여 배상책임을 부과하는 조건설이 주장되었다.

② 법적 인과관계론: 손해배상책임에서의 인과관계는 자연적 인과관계가 아닌 법적 인과관계라는 개념(juristischer Kausalbegriff)은 배상범위제한규정이 없는 독일법 아래에서 부당하게 확대될 우려 있는 배상범위를 적당한 범위로 제한하는 기능을 담당하게 되었다. 조건설에 의할 경우 무한히 확대되는 인과연속으로 말미암아 배상범위가 지나치게 넓어지는 문제를 야기시키므로, 법적 인과관계론이 전개되어 인과관계를 규범적으로 파악하고 타당한 범위 내로 축소시켰다.

③ 상당인과관계설: 법적 인과관계론에서는 어떤 이론적 기초 아래 인과관계에 대한 법적 제한을 할 것인가가 논의되었는데, 상당인과관계설(Adaquanz-theorie)은 연속되는 인과관계 중에서 「상당성 있는」 인과관계만이 법적인 인과관계에 해당하므로 그의 범위 안에서 발생한 손해에 한해서 배상되어야 한다고 설명하였다.[1] 어떤 결과발생에 불가결의 조건이 된 행위나 사건이라도 그것이 동종의 결과가 발생할 객관적 가능성을 높게 만든 원인이 된 때에만 상당성 있는 인과관계로서 인정된다고 한다. 원인행위로 인한 후속적인 결과는 그것이 통상적이 아니고 원인으로부터 매우 멀기 때문에 일반인의 생활경험상 예상할 수 없는 것인 때에는 손해배상의 대상에서 벗어난다고 한다. 왜냐하면 그러한 결과는 인간의 의지에 의한 지배가능성에서 벗어난 것으로서 누구에게도 그것에 대한 책임을 지울 수 없는 「완전한 우연」으로 다루어져야 하기 때문이다. 인과관계의 상당성의 판단은 판단자가 원인사실의 시점으로 거슬러 올라가서(사후적 판단) 최상의 통찰력을 갖춘 관찰자의 입장에서 그의 생활경험에 따라 예상할 수 있는 모든 사정을 기초로(객관적 판단) 함을 원칙으로 하고, 그 밖에 행위자가 인식한 사정도 판단기초로 포함해서 행해진다. 그러나 최상의 통찰력을 갖춘 관찰자를 기준으로 할 경우, 인과관계의 무한한 연속을 제한하고자 하는 목적을 달성하기 어렵게 된다. 라렌쯔(Larenz) 교수는 최상의 관찰자(optimaler Beobachter) 대신에 경험 있는 관찰자(erfahrener Beobachter)를 기준으로 할 것을 주장하였다.[2]

(4) 위법성관련설　위법성관련(Rechtswidrigkeitszusammenhang)에 의해 배

는 독일법에 맞지 않는다고 한다. Medicus, *Schuldrecht I Allgemeiner Teil*, 4. Aufl., S. 261.

1) von Bar, Zur Lehre von der Culpa und dem Causalzusammenhange im Straf-und Zivilrecht, *Grünhutsz* 4(1877), S. 21ff.; Träger, *Der Kausalbegriff im Straf-und Zivilrecht*, 1904. 독일에서는 이 저서 이후 상당인과관계설이 지배설의 위치를 차지하였다.

2) Larenz, *Schuldrecht I*, 13. Aufl., §27 Ⅲ, S. 408.

상범위를 결정하려는 이론이다. 이 위법성관련설(違法性關聯說)은 배상책임의 근거가 되는 행위가 당해 결과의 발생을 방지하기 위해 금지된 것이냐, 즉 위법성을 띤 것이냐를 문제삼아 배상책임을 그 위법행위에 연결시킨다.[1] 우선 구성요건의 단계에서 그 원인행위가 그 피해자에 대한 관계에서 위법성을 띠는가가 심사되어야 하고, 그 다음으로 침해된 법익과 사이에서 위법성을 띠는가가 심사되어야 한다고 설명한다.[2] 위법성개념은 상대적이므로 동일한 행위가 어떤 자에 대한 관계에서는 위법하지만 다른 자에 대한 관계에서는 적법할 수 있으며, 또한 동일인에 대하여도 어떤 법익이나 어떤 침해형태의 경우에만 위법하고 그 밖의 경우에는 적법할 수 있다고 한다.[3]

(5) 규범목적설 규범목적설(規範目的說: Die Lehre von Schutzzweck der Norm)은 배상책임에서 「구체적인 손해배상청구권의 근거가 된 규범의 보호목적」을 고려하자고 제안하였다. 규범목적설은 규범은 특정한 이익을 고려하여 그 보호법익의 침해에 대비하여 만들어진다는 규범의 상대적 보호이론에서 출발한다.[4] 계약상의 의무나 법률상의 책임규범 및 그의 배후에 있는 주의의무는 특정한 법익의 보호에 기여하므로, 이렇게 규범설정 당시에 고려된 손해만을 배상대상으로 해야 한다고 주장한다.[5] 예를 들면 경찰법규에 위반하여 도로상에 건축자재를 쌓아두었는데, 그것이 무너져서 행인을 다치게 한 경우에는 독일민법 제823조 2항의 보호법규위반, 즉 그 경찰법규위반의 보호범위 내의 손해이므로 배상되어야 한다. 그러나 지나가던 말이 무너지는 건축자재에 놀라서 달아나다 다친 경우에는 보호범위에서 벗어난 손해이므로 배상책임이 없다고 한다. 규범목적설에서

---

1) Ehrenzweig, *System des österreichischen Privatrechts Ⅱ*, 1928.

2) 레에만(Heinrich Lehmann) 교수는 법적 인과개념은 위법성의 합리적인 한계설정을 위한 법기술적인 보조개념이라고 파악한다. 그는 상당인과관계에 의한 배상범위제한을 기본적인 것으로 인정하면서 규범의 보호목적에 의해 위법성의 한계를 설정하고자 하였다. Enneccerus-Lehmann, *Recht der Schuldverhältnisse*, § 15, I. 니퍼다이(Nipperdey) 교수도 행위의 결과에 대한 귀책은 상당인과관계와 위법성관련에 의해 한계가 지워진다고 설명한다. Enneccerus-Nipperdey, *Allgemeiner Teil des Bürgerlichen Rechts*, § 208 Ⅱ u. Ⅲ 3; Esser-Schmidt, *Schuldrecht I*, § 33 Ⅲ.

3) 위법성관련설의 문제제기와 이론전개는 규범목적설에로 연결된다. Deutsch, *Unerlaubte Handlungen und Schadensersatz*, 1987에서는 배상범위가 손해, 보호범위, 상당인과관계의 세 가지에 의해 결정되며(S. 10), 위법성관련이란 규범목적과 보호범위를 포괄하는 개념이라고 설명한다(S. 57). 이종복, "규범목적에 의한 손해배상범위," 판례연구 제3집, 고대 법학연구소, 1984, 221에서는 위법성관련설이 오스트리아의 Ehrenzweig, Wilburg 등의 이론이며, 이것이 규범목적설의 기원이라고 한다.

4) 종전에는 규범이 그의 침해로 인하여 발생가능한 모든 손해에 대해 보호할 것을 목적으로 만들어지지 않는다고 이해되었다.

5) 규범목적설에서는 상당인과관계설이 채무불이행책임에서 계약목적에 대한 고려나 또는 불법행위책임에서 책임규범의 목적 및 그 뒤에 존재하는 의무에 대한 고려를 전혀 하지 않고 배상범위를 결정하는데, 그것은 옳지 않다고 비판했다. 상당인과관계설에서는 최상의 관찰자로 하여금 배상판결의 시점에 서서 그의 모든 경험지식을 동원하여 배상범위를 판단하도록 하는 잘못을 저질렀으므로 종래의 조건설에 대한 적절한 배상범위제한의 역할을 하지 못했다고 비판했다.

는 손해배상의무가 도출된 규범이 어떤 종류의 위험방지를 목적으로 제정되었는가, 그리고 행위결과가 그 규범의 보호권 내에 속하는가가 배상범위를 결정하는 요소가 된다고 한다. 즉 행위자가 위반한 법규범의 의의와 그 규범이 목적하는 보호의 사정거리가 배상범위의 결정시에 구명되어야 한다고 주장된다. 그러므로 손해배상시 중요한 것은 책임규범 내지 보호법규를 목적론적으로 해석하는 일(teleologische Auslegung)과 채무불이행책임에서는 계약을 그의 보호목적을 존중하여 해석하는 일이라고 한다. 규범목적설은 최초에 라벨(Rabel) 교수에 의하여 주로 계약위반의 경우를 위하여 주장되었고,[1] 그 후에 폰캐머러(v. Caemmerer) 교수에 의해 불법행위책임에서 더욱 발전되어 많은 지지자를 얻게 되었다.[2]

규범목적설을 좀더 체계화시켜 독특한 이론으로 발전시킨 랑에(Hermann Lange) 교수는 독일민법 제823조 2항에 관한 판례 중에서 각 보호법규의 보호범위를 정하는 관점을 다음의 세 가지로 정리하고, 이러한 보호범위에 관한 원칙은 다른 책임규정(독민 제823조 1항, 제824조, 위험책임규정 등)에 동일하게 적용된다고 한다.[3]

① 인적 범위: 당해 피해자는 그 법규에 의해 보호될 인적 범위에 속해야 한다. 예를 들면 남편은 의사가 그의 부인의 치료에 관해서 얻은 비밀을 누설함으로 인해 손해를 입었더라도 독일형법 제300조 1항을 보호법규로 하여 독일민법 제823조 2항에 의한 손해배상청구를 할 수 없다. 왜냐하면 의사의 비밀누설죄는 통설에 의하면 환자 자신을 보호하기 위한 것이기 때문이라고 한다.

② 법익의 범위: 손해가 당해 규범이 보호하고자 하는 법익에 관해 발생했을 것을 요한다. 예를 들면 우물의 관리가 충분치 못해서 동물이 부상당한 경우 그 동물의 소유자는 독일형법 제367조 1항 12호(일반인이 통행하는 장소의 우물 등의 안전관리소홀로 인한 위험 — 벌금 또는 압류)를 보호법규로서 손해배상을 청구할 수 없다. 왜냐하면 그 형법규정은 인간에 대한 보호를 목적으로 하기 때문이라고 한다.

③ 가해의 모습: 그 보호법규가 방지하고자 하는 위험이 현실화되어야 한다.

(6) 규범목적과 상당인과관계의 통합이론 근래에는 규범목적설이 갖고 있는 약점 때문에 배상범위결정에 규범목적만이 단독으로 판단기초가 되는 것은 무리라고 여겨지고 있다.[4] 규범목적설이 반드시 상당인과관계설을 배척하고

---

1) Rabel, *Das Recht des Warenkaufs*, Bd. 1, 1957.

2) v. Caemmerer, *Das Problem des Kausalzusammenhanges im Privatrecht*, 1956; H. Stoll, *Kausalzusammenhang und Normzweck im Deliktrecht*, 1968.; Esser-Schmidt, *Schuldrecht* 1/2 §33 Ⅱ; Fikentscher, *Schuldrecht*, §49 Ⅲ d.

3) Hermann Lange, *Schadensersatz*, 1979, §52ff. 독일의 학설과 판례는 과거에 독일민법 재823조 2항의 보호법규위반의 불법행위에 대해서만 규범목적을 고려하자고 하였으나, 근래에는 제823조 1항의 절대권침해에도 인정하는 추세이다.

4) 규범목적설에 대한 비판의 요지는 다음과 같다. 첫째, 규범목적설에 의하면 채무불이행의 경우에 손

그 대신 들어서야 하는 것은 아니라고 생각되고 있다. 종래의 상당인과관계설이 객관적인 관찰자의 시각에서 인과연속의 개연성을 기초로 해서만 배상범위를 판단했던 것은 규범목적을 도외시한 편협한 판단이었다고 지적되고 있으며, 규범의 보호목적이라는 새로운 판단기준을 추가할 것이 주장되었다. 랑에(Lange) 교수가 주창한 규범목적설과 상당인과관계설의 병합이론[1]은 현재 독일에서 폭넓은 지지를 얻고 있다.

(7) 독일판례 독일판례는 독일민법 시행 이후 오랫동안 상당인과관계설에 따라 판결하였다. 판례는 "어떤 사실이 일반적으로 — 아주 특수하고 예상하기 어렵고 사물의 정상적인 경과에 비추어 고려대상에서 제외되는 상황 아래에서만이 아닌 경우에도 — 어떤 결과의 발생에 원인을 줄 만한 때"에 상당인과관계를 인정하였다.[2] 그 밖에 일반적으로 그 종류의 결과에 대한 객관적 가능성을 발생시켰거나 상승시킴이 상당성의 요건이라고 하기도 했다.[3] 독일판례는 상당성판단이란 법관이 모든 사정을 평가한 후에 자유재량에 따라 행하는 것으로서 법관의 가치판단이 개입되는 것이라고 파악했으며, 그 판단의 이념적 기초를 신의칙에서 찾았다.[4]

독일법원은 1958년 오토바이 사고 사건의 판결[5] 이래 규범목적설을 채택한 판결을 다수 내었다. 그 한 예로서 과실로 임신중절수술에 실패한 의사는 출생한 아이의 양육에 대해서는 그것이 의료과오의 보호범위를 초과하므로 배상할 의무를 지지 않는다고 한다.[6] 그렇다고 해서 독일대법원이 상당성판단이라는 배상범위의 결정기준을 포기한 것은 결코 아니다. 최근 판례의 추세는 어느 학설에도 치우치지 않은 채 독자적인 배상범위의 결정관점을 모색한다.

해배상은 채무자가 계약체결 당시에 계산에 넣었으리라고 여겨지는 종류의 손해에만 미친다고 하는데, 이는 급부의무 이외에 보호의무나 배려의무도 채무의 범위에 포함시키고 계약의 체결 이전까지 계약책임에 포함시키는 이론적 추세와 상충된다. 둘째, 불법행위책임에서 규범의 보호목적은 주로 보호법규(독민 제823조 2항) 위반의 경우에 문제되며, 절대권침해의 경우(독민 제823조 1항)와 같이 규범이 손해배상의무를 어떤 행위에 연결시키지 않고 어떤 결과에 연결시키는 때에는 제한된 보호목적에 대한 구체적인 시사를 받는 것이 불가능하다고 비판된다. Medicus, *Schuldrecht I*, S. 265.

1) 랑에 교수는 규범목적설에 찬동하지만, 그렇다고 해서 상당인과관계설이 손해배상의 책임성립의 이론구성을 위해 담당했던 역할을 부정해서도 안 되며, 또한 손해배상을 위한 어떤 단일한 원칙을 찾아낼 수 있으리라고 기대되지는 않는다고 한다. 그리고 규범목적설이 좀더 구체적인 방법을 모색하지 않고 그것만으로는 책임귀속의 과제를 충분히 수행할 수 없다고 한다. 그러므로 상당인과관계설은 실제로 일반적인 예견가능성이 문제되고, 어떤 책임규범의 특별한 보호목적이나 전제되는 주의의무는 문제되지 않는 사례에로 적용이 제한되어야 한다고 결론짓는다. H. Lange, 앞의 책, 77.

2) BGHZ 3, 261, 267(황적인, 현대민법론 Ⅲ, 146~147에 소개되어 있음).

3) RGZ 81, 359, 361.

4) BGH 1952. 4. 24 NJW 1952. 10. 10(황적인, 현대민법론 Ⅲ, 148에서 소개)

5) BGHZ 27, 18. 이 독일 판례에 관해서는 이종복, 앞의 글에서 상세히 소개하고 있다.

6) BGH *NJW* 1985, 2749. 그 밖에 규범목적설을 취한 판례: BGH *NJW* 1985, 671; BGHZ 95, 199 등.

일본의 손해배상론

일본민법 제정 직후의 민법학자는 배상책임은 인과관계 있는 모든 손해를 대상으로 하여야 마땅하지만, 채무자보호를 위하여 일본민법 제416조와 같은 제한을 하였다고 설명하면서 입법론으로서는 그와 같은 제한에 반대하고 채무불이행으로 인한 모든 손해를 배상시켜야 한다고 주장하였다.[1] 20세기에 접어들자 독일의 상당인과관계설이 일본민법의 해석론으로서 도입되기 시작하였다.

(1) 상당인과관계설　독일민법과 일본민법의 규정내용의 차이로 말미암아 독일의 상당인과관계설(相當因果關係說)을 그대로 받아들이는 것은 불가능했으며 일본민법에 맞게 수정되어야 했다. 독일이론을 일본식으로 각색하는 과정에서 일본의 상당인과관계설은 몇 가지의 견해로 갈라졌다. ① 독일학자인 트래거의 상당인과관계설을 정당하다고 보면서, 예견가능성은 과실의 문제로서 인과관계의 판정에는 필요하지 않음에도 일본민법 제416조가 그것의 필요성을 규정한 것은 상당인과관계를 제한하는 것으로 해석하는 견해(제한설)가 주장되었다.[2] ② 통상손해를 상당인과관계에 있는 손해로 보면서, 동조가 제2항을 둠으로써 상당인과관계를 확장하는 것이라고 해석하는 견해(확장설)도 주장되었다.[3] ③ 동조는 상당인과관계의 내용을 규정하므로 제1항과 제2항을 합쳐서 상당인과관계설을 채용하였다고 보는 견해(동일설)도 주장되었다.[4] 세부적인 이론구성에 차이는 있으나 이들 이론의 공통점은 상당인과관계에 의한 배상범위제한이 정당하다는 전제에서 출발했다는 점과 그 전제와 일본민법 제416조를 해석론적으로 접합시키려 했다는 점이다.

동일설(同一說)은 1930년대 초반까지는 별로 큰 호응을 얻지 못하였으나, 1930년대 후반부터는 유력해지기 시작하여 점차 통설에 이르렀다. 그러한 지지를 얻는 과정에서 일본민법 제416조의 해석방법으로서 좀더 설득력 있는 설명이 시도되었다. 그 중 한 견해는 일본민법 제416조 1항의 「통상 생기는 손해」가 통상의 사정으로 인한 것인가, 특별한 사정으로 인한 것인가를 묻지 않으며, 제2항의 「특별한 사정으로 인하여 생긴 손해」는 특별사정에 의해 통상 생기는 손해를 의미한다고 설명하였다.[5] 즉 동조 제1항이 상당인과관계설을 설시한 것이고, 제2항은 그의 내용을 명료화한 데 불과하다고 한다. 반면에 다른 견해에 의하면 상당인과관계에 있는 손해란 채무불이행에 의해 생긴 손해 중에서 당해 경

1) 梅謙次郎, 民法要義 卷之三債權編, 53 이하.
2) 石坂音四郎, 日本民法 제3편 채권 제1권, 287 이하.
3) 嘩道文藝, "民法 第416條ト不法行爲ニ因ル損害賠償ノ範圍," 京都法學會雜誌 제2권 5호(1918), 73.
4) 鳩山秀夫, 日本債權法總論, 73~74.
5) 近藤英吉 · 柚木馨, 註釋日本民法 債權編總則(上), 186 이하.

우에 특유한 손해를 제외한 그 채무불이행에서 일반적으로 생긴다고 인정되는 손해만을 지적하는 것이므로, 동조 제1항은 상당인과관계의 원칙을 선언하고, 제2항은 그의 기초가 되어야 할 특별사정의 범위를 나타낸 것이라고 설명한다.[1] 이들 두 설명 중에서 후자의 것이 그 후의 학설에 지대한 영향을 주어 다수설로 되 었다.

일본의 다수설로 된 상당인과관계설은 일본 법학고유의 내용을 갖게 되었는데, 그 내용을 분석하여 설명하면 다음과 같다. ① 배상범위는 인과관계의 문제라고 파악하는 점, ② 인과관계에 관하여 상당인과관계설이 타당하다고 생각하는 점, ③ 상당인과관계설에 의할 경우 배상범위의 결정은 예견가능성을 기초로 한다고 믿은 점(그러나 독일의 다수설인 상당인과관계설에서는 예견가능성을 상당인과관계에서 배제한다), ④ 제416조는 배상범위에 관한 원칙규정이며 상당인과관계설을 채용한 것이라고 보는 점, ⑤ 배상범위는 예견가능성의 유무에 의해 결정되어야 한다고 설명하는 점, ⑥ 통상손해에 대해서는 예견이 필요 없고 특별손해에 관해서만 예견가능성의 주장 및 증명이 필요하다고 보는 점, ⑦ 상당인과관계의 보편적 타당성으로 말미암아 일본민법 제416조는 채무불이행에 적용되는 외에 불법행위 등에도 적용되어야 한다고 주장한 점이다.[2]

(2) 보호범위설　보호범위설(保護範圍說)을 주장하는 히라이(평정) 교수는 종래 상당인과관계로서 처리되던 문제를 사실적 인과관계, 보호범위, 손해의 금전적 평가의 세 개의 문제영역으로 구분하였다.[3][4] ① 사실적 인과관계란 채무불이행과 손해 사이에 존재하는 「그것이 없었더라면 이것도 없었으리라는 관계」로서 그 곳에는 법적 가치판단이 개입할 여지가 없다고 한다. ② 보호범위란 사실적 인과관계에 있는 손해 중에서 어디까지 배상시킴이 타당한가라는 정책적 가치판단을 의미한다고 한다. 보호범위는 책임의 한계설정을 취급하지만, 상당인과관계라는 용어는 논점의 소재를 명확히 하지 못한 채 논의를 혼란시키므로 보호범위라는 분석도구를 씀이 옳다고 한다. ③ 손해의 금전적 평가란 보호범위 내의 손해를 어떻게 금전으로 평가하는가의 문제라고 한다.

보호범위설은 보호범위를 정하는 일관된 기준은 제시하지 않는다. 다만 채

1) 我妻榮, 債權總論(舊版), 1940, 73~74.

2) 일본민법 제416조의 계보와 그에 관한 이론의 자세한 것은 國井和郎, "債務不履行における損害賠償の範圍," 民法講座 4, 1985, 499 이하를 참조.

3) 平井, 앞의 책, 135 이하.

4) 1960년대에 접어들자 상당인과관계설에 대한 비판이 높아졌다. 일본민법 제416조가 제한배상주의를 취한 것임에도 불구하고 완전배상주의를 취해 일본법과 손해배상구조가 다른 독일법의 상당인과관계설을 받아들인 것은 옳지 않다는 비판론이 등장하였다. 독일과 일본은 배상구조의 차이로 말미암아 상당인과관계를 필요로 하는 문제상황과 그 기능이 다르다고 지적했다. 일본민법 제416조를 배상범위의 결정기준으로 삼으면 되지 상당인과관계를 개재시킬 필요가 없다고 주장하였다.

무불이행에 관해서는 추상적 명제의 형태로서 제416조가 주어져 있으므로 동조가 채무불이행의 보호범위를 정하는 기준이 된다고 한다. 그것은 예견가능성에 의하여 배상범위를 제한하는 기능을 가지며, 예견이 가능한가를 결정하는 작업은 결국 계약의 해석에 귀착된다고 설명한다. 그러므로 예견의 주체는 계약당사자이어야 하며, 예견가능성의 존부는 계약체결의 시점에서 판단되어야 한다는 것이다. 금전적 평가는 전액평가를 원칙으로 하며, 제416조의 문제는 아니라고 한다. 실무에서 논의되는 소위 배상액산정의 기준시기의 문제와 관련해서도 전액평가의 원칙만이 실체법적 문제이고 기준시가 언제인가의 문제는 실체법상 무의미하다고 본다.

일본의 보호범위설의 또 하나의 특징은 제416조가 채무불이행에만 적용되어야 한다고 주장하는 점이다. 불법행위에 관해서는 과실개념의 새로운 분석에 의하여 제416조와 별개의 독립한 배상범위의 설정이론을 펼친다.

(3) 위험성관련설 상당인과관계설을 비판하는 또 다른 새로운 학설로서 위험성관련설(危險性關聯說)이 주장되었다.[1] 채무불이행으로부터 1차손해가 생기면 그것을 기점으로 하여 후속손해가 생기는데, 이 때 어떤 1차손해가 배상대상이 되는가는 성립요건의 문제이고(일민 제415조) 어떤 후속손해가 배상대상이 되는가는 배상범위의 문제로서 제416조가 이 문제를 다룬다고 한다. 배상대상이 되는 후속손해는 채무불이행과 조건관계에 있을 것을 요하며, 1차손해가 갖는 위험성과 관련이 있다고 판단되는 범위 안의 것이라고 한다. 그러므로 통상손해란 어떤 사정에 관한 채무자의 인식가능성을 문제삼지 않고 위험성관련이 인정되는 경우의 손해로서 압도적으로 많은 경우의 손해가 그것에 포함된다고 한다. 특별손해란 그러한 인식가능성을 문제로 하여 비로소 위험성관련이 인정되는 경우의 손해라고 한다.

(4) 상당인과관계설의 재등장 기타가와(北川) 교수는 일본의 상당인과관계설은 모법인 독일법의 상당인과관계설과 매우 다른 구조를 취하며 다른 기능을 담당한다고 분석하고, 상당인과관계설의 재구성을 시도하였다.[2] 상당인과관계설은 일본민법 제416조와 접합하여 독자적인 내용을 갖게 되었다고 한다.[3] 그

1) 石田穰, 損害賠償法の再構成, 1977, 137 이하.

2) 北川善太郞, "損害賠償範圍," 日本 注釋民法(10), 1987, 451 이하(제416조의 해석부분).

3) 한 때 일본에서는 종래 다수설의 위치를 차지했던 상당인과관계설이 뿌리째 흔들리는 것이 아닌가 우려하는 시각도 있었으나, 이러한 염려가 현실로 나타나지는 않고 있다. 많은 일본학자들이 새로운 학설 — 그 중에도 주로 보호목적설 — 을 소개·인용하고 사실적 인과관계, 보호범위, 손해의 금전적 평가의 분석방법을 소개하였다. 보호목적설은 계약체결시를 예견시기로 보는 점, 배상액산정의 기준시를 비송사건화하는 점, 불법행위에 대한 제416조의 유추적용을 부정하는 점 등의 측면에 관해서 비판되고 있다. 보호목적설이 문제영역을 셋으로 구분하는 데 대해서도 명확한 구분이 곤란하다는 비판이 행해진다. 손해배상의 문제를 상당인과관계설로 처리한 결과 특별히 불합리한 결과를 발견·논증하지 못했다는 점이 지적되었다. 그리고 상당인과관계설의 「상당성」과 보호목적설의 「보호목적」, 위험성관

는 판결례에 나타난 문제의 분석을 기초로 상당인과관계와 통상손해 · 특별손해 사이의 상호관계를 재구성할 것을 주장한다.[1] 즉, 상당인과관계에서의 「상당성 개념」을 좀더 정밀하게 포착하는 작업과 실정법에 근거를 둔 「통상손해 · 특별손해기준」을 그 속에 적절히 자리매김하는 작업의 두 방향에서 일본의 손해배상범위론을 재건축해야 한다고 주장한다.[2] 상당성기준은 원인사실과 손해 사이의 인과관계의 상당성에 관해 문제되며, 손해발생의 확실성이나 불가피성도 때에 따라서는 고려된다고 한다(손해발생에 관련한 상당성). 배상범위의 실정법적 기준으로서 통상손해 · 특별손해기준이 있는데, 그 기준이 적용되는 한도에서 인과관계의 상당성 기준은 작용할 여지가 없다고 한다. 그렇다고 해서 배상범위가 통상손해 · 특별손해기준에 의해서 완전히 정해지는 것은 아니며, 그 기준을 보완하기 위해서 인과관계의 상당성을 중첩적으로 고려할 이론적 · 실제적 필요성이 인정된다고 한다(배상범위에 관련한 제1의 상당성). 그 밖에 경합하는 원인사실이 배상범위결정에 참작될 경우에 상당인과관계의 상당성기준이 작용할 여지가 있다고 한다(배상범위에 관련된 제2의 상당성).

3. 판례의 입장

판례는 손해배상범위에 관하여 상당인과관계설(相當因果關係說)을 취하고 있다. 판결에 따라서는 상당인과관계의 존부만으로 배상범위를 판정하기도 하고, 어떤 경우에는 통상손해(通常損害)와 특별손해(特別損害)의 구별을 판시이유에 명시하기도 한다. 특별손해의 경우에는 채무자의 예견가능성이 있어야 손해배상범위에 포함되므로, 판사의 예견가능성의 존부판단에 따라 배상범위에 포함되기도 하고 배제되기도 한다. 판례는 "채무불이행자 또는 불법행위자는 특별한 사정의 존재를 알았거나 알 수 있었으면 그러한 특별사정으로 인한 손해를 배상하여야 할 의무가 있는 것이고, 그러한 특별

련설의 「위험성관련」의 세 개념의 구체적인 차이점이 불명확하다는 지적도 있었다.

1) 기타가와 교수는 일본의 판례를 ① 상당인과관계의 기준을 활용한 것, ② 통상손해 · 특별손해의 기준을 활용한 것, ③ 상당인과관계기준과 통상손해 · 특별손해의 기준을 병용한 것의 세 가지로 분류하여 배상범위 결정례를 면밀히 검토하였다. 검토 결과 판결들에서 상당인과관계라든가, 통상손해 · 특별손해라든가 하는 것들을 배상범위의 결정기준으로 사용하기는 하였지만, 그것은 판결의 정당성을 뒷받침하기 위한 장식문구에 불과하지 배상범위를 결정하기 위한 실질적 기준으로 작용하지는 않았다고 평가하였다. 北川善太郎, 앞의 책, 544~553.

2) 그들 기준은 양자 모두 불확정법개념이므로 그의 내용을 사실적 요인 — 당사자의 성질, 거래의 목적물, 거래관행, 거래환경 — 을 구체적으로 고려함으로써 유형적으로 파악할 필요가 있다고 한다. 北川, 앞의 책, 561.

한 사정에 의하여 발생한 손해의 액수까지 알았거나 알 수 있었어야 하는 것은 아니다"라고 하며(대판 1994. 11. 11, 94다22446), "민법 393조 2항 소정의 특별사정으로 인한 손해배상에 있어서 채무자가 그 사정을 알았거나 알 수 있었는지의 여부를 가리는 시기는 채무의 이행기까지를 기준으로 판단하여야 한다"고 한다(대판 1985. 9. 10, 84다카1532).

(1) 상당인과관계의 존부에 따라 배상범위를 판단한 경우

감정평가의 잘못과 낙찰자의 손해 사이에는 상당인과관계가 있는 것으로 보아야 한다. 감정평가업자의 부실감정으로 인하여 손해를 입게 된 감정평가의뢰인이나 선의의 제3자는 지가공시및토지등의평가에관한법률상의 손해배상책임과 민법상의 불법행위로 인한 손해배상책임을 함께 물을 수 있다(대판 1998. 9. 22, 97다36293).

공무원에게 부과된 직무상 의무의 내용이 단순히 공공 일반의 추상적 이익을 위한 것이거나 행정기관 내부의 질서를 규율하기 위한 것이 아니고 전적으로 또는 부수적으로 사회구성원 개인의 구체적인 안전과 이익을 보호하기 위하여 설정된 것이라면, 공무원이 그와 같은 직무상 의무를 위반함으로 인하여 개인이 입게 된 손해에 대하여는 상당인과관계가 인정되는 범위 안에서 국가가 그 손해배상책임을 부담하여야 할 것이고, 이 경우 상당인과관계의 유무를 판단함에 있어서서는 일반적인 결과 발생의 개연성은 물론 직무상의 의무를 부과하는 법령 기타 행동규범의 목적이나 가해행위의 태양 및 피해의 정도 등을 종합적으로 고려하여야 한다(대판 1998. 9. 22, 98다2631).

제조회사가 무역회사와 물품공급계약을 체결하면서 무역회사가 수출을 위해 그 물품공급계약을 체결한다는 사실 및 공급물량 중의 일부에 대해서는 이미 외국의 수입업자와 교섭을 마친 사실을 알지 못한 경우에, 수입업자가 자기가 수입할 물품에 관하여 다시 제3자와 매매계약을 체결하였다가 그 계약을 이행하지 못하게 됨으로써 그 제3자에게 손해배상책임을 지게 되고 그 손해배상채무를 무역회사가 다시 수입업자에게 상환하게 되어 같은 금액의 손해를 입게 될 것이라는 점에 대하여는 제조회사가 이를 알 수 있었다고 보기 어려우므로, 이는 제조회사가 알 수 없었던 특별손해로서 제조회사로서는 손해배상책임이 없다(대판 1997. 11. 11, 97다26982).

사고로 상해를 입은 피해자가 다른 사고로 인하여 사망한 경우, 그 두 사고 사이에 1차사고가 없었더라면 2차사고도 발생하지 않았을 것이라고 인정되는 것과 같은 조건적 관계가 존재하는 경우 1차사고의 가해자는 2차사고로 인한 피해자의 사망을 고려함이 없이 피해자가 가동연한에 이를 때까지의 일실수입을 배상해야 한다. 기존에 우측 고관절장애를 가진 피해자가 교통사고로 다시 골절상을 입어 두 다리를 모두 못쓰게 된 것을 비관하여 매일 술을 마시는 등으로 체력이 떨어지고 거동이 불편한 상태에서 목욕탕에서 넘어져 사망한 경우에, 교통사고와 사망사고간에는 조건적 인과관계가 있고, 따라서 위 교통사고의 가해자는 피해자가 기대여명 내에서 기동연한에 이를 때까지의 일실수입을 배상할 의무가 있다(대판 1998. 9. 18, 97다47507).

(2) 통상손해로서 배상책임을 인정한 사례

적법하게 불하된 재산으로 믿고 이를 담보로 제공받아 그 후 경락하여 채권과 상계하여 자기재산으로 유입조치를 하였으나 그 후 그 불하처분이 무효라 하여 그 재산을 상실함으로써 손해를 입은 경우에, 그 경락대금 상당의 손해는 무효인 불하처분과 상당인과관계에 있는 통상의 손해라 할 것이다(대판 1966. 5. 3, 66다503).

불법휴무로 인하여 조업을 하지 못함으로써 제조업체가 입는 손해로는, 특별한 사정의 간접반증이 없는 한, 당해 제품이 생산 · 판매되어 당해 업체가 얻는 매출이익과 그 생산에 고정적으로 지출되는 비용 상당의 손해를 들 수 있다(대판 1993. 12. 10, 93다24735).

건물신축공사에 있어 하자가 중요하지 아니하면서 그 보수에 과다한 비용을 요하는 경우에 도급인은 수급인에게 그 하자로 인하여 입은 손해배상만을 청구할 수 있으며, 그 하자로 인한 통상의 손해는 수급인이 하자 없이 시공하였을 경우의 목적물의 교환가치와 하자가 있는 현재상태의 교환가치와의 차액이다(대판 1998. 3. 13, 95다30345).

불법행위로 영업용 물건이 멸실된 경우, 이를 대체할 다른 물건을 마련하기 위하여 필요한 합리적인 기간 동안 그 물건을 이용하여 영업을 계속하였더라면 얻을 수 있었던 이익, 즉 휴업손해는 그에 대한 증명이 가능한 한 통상의 손해로서 그 교환가치와는 별도로 배상하여야 하고, 이는 영업용 물건이 일부 손괴된 경우, 수리를 위하여 필요한 합리적인 기간 동안의 휴업손해와 마찬가지라고 보아야 할 것이다(대판[全合] 2004. 3. 18, 2001다82507).

(3) 특별손해로서 배상범위에 포함된 경우

원고가 배추장사라는 사실과 인도기일이 1966년 3월 말 본건 배추를 서울이나 인천으로 실어간다는 사실을 피고가 아는 등 본건과 같은 사정하에서는 피고는 원고가 본건 배추 850포기를 1966년 3월 말 서울이나 인천 등지에서 1965년 12월 당진에서의 시세보다는 상당히 등귀된 가격으로 전매하여 상당한 이익을 취득할 것이라는 사정을 미리 알 수 있을 것이라고 인정함이 상당하다(대판 1967. 5. 30, 67다466).

토지 매도인의 소유권이전등기의무가 이행불능상태에 이른 경우, 매도인이 매수인에게 배상하여야 할 통상의 손해배상액은 그 토지의 채무불이행 당시의 교환가격이나, 만약 그 매도인이 매매 당시 매수인이 이를 매수하여 그 위에 건물을 신축할 것이라는 사정을 이미 알고 있었고 매도인의 채무불이행으로 인하여 매수인이 신축한 건물이 철거될 운명에 이르렀다면, 그 손해는 적어도 특별한 사정으로 인한 것이고, 나아가 매도인은 이러한 사정을 알고 있었으므로 위 손해를 배상할 의무가 있다(대판 1992. 8. 14, 92다2028).

불법행위의 직접적 대상에 대한 손해가 아닌 간접적 손해는 특별한 사정으로 인한 손해로서 가해자가 그 사정을 알았거나 알 수 있었을 것이라고 인정되는 경우에만 배상책임이 있다. 가해자가 공장지대에 위치한 전신주를 충격하여 전선이 절단된 경우, 그 전선을 통하여 전기를 공급받아 공장을 가동하던 피해자가 전력공급의 중단으로 공장의 가동이 상당한 기간 중지되어 영업상의 손실을 입게 될지는 불확실하며 또 이러한 손실 은 가해행위와 너무 먼 손해라고 할 것이므로, 전주 충격사고 당시 가해자가 이와 같은 소극적인 영업상 손실이 발생할 것이라는 것을 알거나 알 수 있었다고 보기 어렵지만, 이 경우 그 전신주를 통하여 전력을 공급받고 있는 인근 피해자의 공장에서 예고 없는 불시의 전력공급의 중단으로 인하여 갑자기 공장의 가동이 중단되는 바람에 당시 공장 내 가동중이던 기계에 고장이 발생한다든지, 작업중인 자료가 못쓰게 되는 것과 같은 등의 적극적인 손해가 발생할 수 있을 것이라는 사정은 가해자가 이를 알거나 알 수 있었을 것이라고 봄이 상당하다(대판 1996. 1. 26, 94다5472).

사고로 인하여 상해를 입은 피해자가 치료를 받던 중 치료를 하는 의사의 과실 등으로 인한 의료사고로 증상이 악화되거나 새로운 증상이 생겨 손해가 확대된 경우에는, 의사에게 중대한 과실이 있다는 등의 특별한 사정이 없는 한 확대된 손해와 최초의 사고 사이에도 상당인과관계가 있다고 할 것이고, 위와 같은 특별한 사정에 대한 입증책임은 최초의 사고를 야기한 자에게 있다(대판 2000. 9. 8, 99다48245).

(4) 특별손해로서 배상범위에서 제외된 경우

매매대금을 완불하지 않은 토지의 매수인이 그 토지상에 건물을 신축하기 위하여 설계비 또는 공사계약금을 지출하였다가 계약이 해제됨으로 말미암아 이를 회수하지 못하는 손해를 입게 되었다 하더라도 이는 이례적인 사정에 속하는 것으로서, 설사 토지의 매도인이 매수인의 취득목적을 알았다 하더라도 마찬가지라 할 것이므로, 토지의 매도인으로서는 소유권이전의무의 이행기까지 최소한 매수인이 설계계약 또는 공사도급계약을 체결하였다는 점을 알았거나 알 수 있었을 때에 한하여 그 배상책임을 부담한다(대판 1996. 2. 13, 95다47619).

일반적으로 타인의 불법행위에 의하여 재산권이 침해된 경우에는 그 재산적 손해의 배상에 의하여 정신적 고통도 회복된다고 보아야 할 것이므로, 재산적 손해의 배상에 의하여 회복할 수 없는 정신적 손해가 발생하였다면 이는 특별한 사정으로 인한 손해로서 가해자가 그러한 사정을 알았거나 알 수 있었을 경우에 한하여 그 손해에 대한 위자료를 인정할 수 있다(대판 1998. 3. 22, 87다카1096).

4. 채무불이행으로 인한 손해배상범위

(1) 지연손해

목적물을 이행기보다 늦게 취득한 경우에 「지연기간 동안의 사용료(使用料)」에 해당하는 배상액이 통상 인정된다. 목적물의 인도가 늦어진 동안 목적물시가가 하락한 경우에 채권자는 사용료 상당의 배상액 또는 지연기간중의 시가하락분(時價下落分)의 배상액을 선택적으로 청구할 수 있다는 견해가 주장된다.[1] 사견으로는 채권자가 그 목적물을 양수받아 처분하려는 계획이 있었고 채무자가 그 계획을 알았거나 알 수 있었던 경우에 가격하락

---

1) 김형배(2판), 271~272; 日最判 1961. 12. 9 民集 제15권 2706의 일본판례도 같은 취지.

분을 손해로 인정할 수 있다고 생각한다.

임대차에서 건물명도의 불이행의 경우에 채권자에게 상품판매의 전시용점포로서 사용하지 못함으로 인한 월세 상당의 손해를 인정하기 위해서는 채권자가 명도받았다면 즉시 전시용점포로 개조하여 사용할 수 있는 상황이었어야 한다. 원고에게 점포로 개조하여 사용할 수 없었던 다른 사정이 있었으면 월세전액을 손상받을 수 없다(대판 1987. 9. 29, 87다카830).

통원치료를 받을 수 있는데도 입원치료비를 청산하지 못하여 퇴원을 하지 못하고 계속 입원치료를 함으로써 그 비용이 통원치료비보다 증가된 것이라면, 그 증가비용도 손해배상의무를 다하지 아니한 때문에 발생한 것이라고 할 것이다(대판 1977. 9. 13, 77다1136).

(2) 전보손해

인도채무에서 전보손해(塡補損害)를 배상해야 할 경우에 목적물의 시가에 해당하는 배상액이 인정된다.[1] 전보손해는 통상 채무를 이행받았더라면 얻었을 이익(이행이익)의 범위 내로 한정된다. 전보배상액의 산정기준시에 관해서는 학설이 대립하는데, 책임발생시를 원칙으로 하고 예외적으로 사실심종결시를 기준으로 함으로써 구체적 타당성을 꾀할 수 있다(배상액산정 참조).

부동산경매에서 경매법원의 감정가격 또는 경락가격은 다른 특별한 사정이 없는 한 정당한 가격이라고 본다(대판 1962. 2. 15, 4294민상280; 대판 1980. 4. 22, 80다141). 그러나 자기소유의 부동산이 제3자에게 경락됨으로써 소유권을 상실당한 물상보증인의 손해는 경락가격이 아니라 경락 당시의 시가(거래가격)를 기준으로 산정해야 한다(대판 1984. 7. 10, 84다카440).[2] 이행불능 이전에 환지예정지의 지정처분이 있었던 경우에는 그 예정지의 위치와 평수에 산출되는 금액이 목적물의 시가이다(대판 1975. 6. 24, 75다456).

토지 매도인의 소유권이전등기의무가 이행불능상태에 이른 경우, 매도인이 매수인에게 배상하여야 할 통상의 손해배상액은 그 토지의 채무불이행 당시의 교환가격이나, 만약 그 매도인이 매매 당시 매수인이 이를 매수

---

1) 판례는 채무자가 부동산을 타인에게 매각함으로써 소유권이전의무가 이행불능이 된 경우에 매각대금이 통상손해이고, 현시가는 물가앙귀로 인한 특별사정손해라고 한다(대판 1967. 11. 21, 67다2158; 대판 1968. 7. 23, 68다1104; 대판 1968. 9. 17, 68다917).

2) 대판 1974. 9. 24, 74다940: 물상보증인이 피담보채무를 변제하기 위하여 다른 곳에서 고리의 사채를 얻은 경우에 그 이자는 채무자의 불이행으로 인한 통상손해를 넘은 특별사정손해이다.

하여 그 위에 건물을 신축할 것이라는 사정을 이미 알고 있었고 매도인의 채무불이행으로 인하여 매수인이 신축한 건물이 철거될 운명에 이르렀다면, 그 손해는 적어도 특별한 사정으로 인한 것이고, 나아가 매도인은 이러한 사정을 알고 있었으므로 위 손해를 배상할 의무가 있다(대판 1992. 8. 14, 92다2028).

임대차 목적물인 건물이 훼손된 경우에 그 수리가 불가능하다면 훼손 당시의 건물의 교환가치의 손해일 것이고, 수리가 가능한 경우에는 그 수리비가 통상의 손해일 것이나, 그것이 건물의 교환가치(감정가격으로 산정)를 넘는 경우에는 형평의 원칙상 그 손해액은 그 건물의 교환가치 범위 내로 제한되어야 한다. 임차물을 멸실한 임차인이 원상복구비를 부담하겠다는 의사를 표시하였다 하더라도 이는 목적물이 완전히 멸실되어 그 수리나 수선을 통한 원상복구가 불가능한 경우에는 멸실 당시의 교환가치를 배상하여 주겠다는 취지라고 해석하여야 하고 이를 새로 건물을 지어 주어 임대인에게 멸실된 건물의 교환가치를 넘는 이득까지 취득시켜 주겠다는 취지라고 해석할 것은 아니다(대판 1994. 10. 14, 94다3964).

(3) 확대손해

인도채무나 행위채무의 불완전성으로 인한 확대손해(擴大損害)도 상당인과관계가 인정되는 경우에는 배상된다. 채권자가 전매이득을 놓친 경우에는 채무자에게 전매에 대한 예견가능성이 있었던 때에 한해서 그 예상이득액을 일실이익으로 배상받을 수 있다(대판 1967. 5. 30, 67다466). 계약상대방의 계약파기로 제3자에게 지급한 손해배상금은 채무자에게 그에 대한 예견가능성이 있었던 경우에만 배상된다.

매매계약의 불이행으로 인한 손해배상에 있어서 매도인이 채무의 이행기에 매수인의 전매사실을 알았다면 전매로 인해 발생한 손해의 배상도 청구할 수 있다(이 판결에서는 특별사정으로 인한 손해배상에 있어서 채무자가 그 사정을 알았거나 알 수 있었는지를 가리는 시기는 계약체결 당시가 아니라 채무의 이행기라는 판결이유를 제시했다)(대판 1985. 9. 10, 84다카1532).

커피원두의 매매계약을 체결하고 매도인이 그를 이행하기 위해 제3자로부터 커피원두를 매수하였는데, 그의 국제가격이 하락하자 매수인이 계약을 일방적으로 파기하였다. 매도인은 제3자와의 매매계약을 이행할 수 없게 되어 국제가격 하락분의 손해배상금을 지급하였다. 이러한 제3자에 대한 배상금은 특별사정손해이므로 매수인이 채무불이행 당시에 제3자와의 매매계약을 알고 자기의 채무불이행으로 제3자에 대한 배상의무가 생긴다는 사정을 알았거나 알 수 있었던 경우에만 배상된다(대판 1980. 5. 13, 80다130).

매수인이 판매목적으로 매수한다는 사실을 매도인도 알고 있었다면, 매수인이 얻었을 판매이익도 매도인의 채무불이행으로 인한 손해배상범위에 포함되고 그 입증의 정도는 상당한 개연성이 있는 이익의 증명으로서 족하다. 계약의 일방당사자가 상대방의 이행을 믿고 지출한 판매비용도 이행이익의 한도 내에서는 배상을 청구할 수 있다(대판 1992. 4. 28, 91다29972).[1]

근저당권의 소멸로 인한 근저당권자가 입게 되는 손해는 근저당 목적물인 부동산의 가액 범위 내에서 채권최고액을 한도로 하는 피담보채권액이다(대판 1997. 11. 25, 97다35771).

(4) 정신적 손해

채무불이행의 경우에도 정신적 고통(精神的 苦痛)으로 인한 위자료청구가 인정된다. 인도채무의 불이행으로 인한 재산손해의 경우에 통상 재산적 손해의 배상으로 손해가 전보된다고 보는 것이 원칙이고, 위자료청구는 예외적인 사례에서만 인정된다. 행위채무의 불이행으로 인한 인체손해의 경우에는 불법행위책임에서와 같은 기준으로 위자료청구권이 인정된다.[2]

건물신축공사로 인하여 공사기간 동안 임차인이 거주하는 피해자 소유의 주택이 2차에 걸쳐 파손되다가 급기야 신축건물의 5층 옥탑이 무너져 내려 그 벽돌이 피해자의 주택을 덮쳐 지붕과 거실, 천정까지 파손되는 사고를 입는 등 계속적인 손해를 입는 상황이었다면 피해자가 거주하지 않고는 있어도 가옥파괴와 세입자의 생명, 신체, 재산침해에 대한 불안으로 인하여 정신적 고통이 있었을 것임은 경험칙상 능히 인정된다(대판 1993. 12. 24, 93다45213). 임대차계약에 있어서 임대인의 채무불이행으로 인하여 임차인이 임차의 목적을 달할 수 없게 되어 손해가 발생한 경우, 이로 인하여 임차인이 받은 정신적 고통은 그 재산적 손해에 대한 배상이 이루어짐으로써 회복된다고 보아야 할 것이므로, 임차인이 재산적 손해의 배상만으로는 회복될 수 없는

---

1) 평석: 윤진수, "채무불이행으로 인한 특별손해, 동시이행의 항변권과 권리남용," 사법행정 1992년 7월호, 86.

2) 조규창, "고의의 채무불이행책임," 고시연구 1991년 4월호, 149에서는 하급심판결을 예로 들며 고의의 채무불이행은 불법행위로서 위자료청구권을 발생시킨다고 설명하였다. 한봉희, "위자료청구권," 고시계 1990년 10월호, 68.

정신적 고통을 입었다는 특별한 사정이 있고, 임대인이 이와 같은 사정을 알았거나 알 수 있었을 경우에 한하여 정신적 고통에 대한 위자료를 인정할 수 있다(대판 1994. 12. 13, 93다59779).

최신판례

소유권이전등기절차 이행이 장기간 지연된 경우 수분양자가 입은 재산상 손위의 범위: 제1항의 통상손해는 특별한 사정이 없는 한 그 종류의 채무불이행이 있으면 사회일반의 거래관념 또는 사회일반의 경험칙에 비추어 통상 발생하는 것으로 생각되는 범위의 손해를 말하고, 제2항의 특별한 사정으로 인한 손해는 당사자들의 개별적, 구체적 사정에 따른 손해를 말한다.

채무불이행으로 인한 손해배상청구소송에서 소유권이전등기절차의 이행이 장기간 지연됨으로써 발생한 재산상 손해 역시 그 구체적 손해액을 객관적인 자료를 토대로 하여 계산하는 것이 어려울 경우에는, 사실심 법원이 제반 경위를 참작하여 이를 정할 수 있다(대판 2008. 12. 24. 2006다25745).

§24. 배상액의 산정

1. 금전배상주의

(1) 금전배상의 원칙

민법은 당사자간에 다른 약정이 없으면 금전으로 손해를 배상하도록 함으로써 금전배상주의(金錢賠償主義)를 취한다(제393조, 제763조).[1] 단 명예훼손으로 인한 불법행위책임에서는 손해배상과 별도로 명예회복처분을 청구할 수 있는데, 이 명예회복처분은 원상회복청구권의 성질을 갖는다(제764조). 그 밖에 특별법에 의해 원상회복청구가 인정되는 경우가 있다(신용훼손에 관해서는 특허법 제131조, 실용신안법 제46조, 의장법 제66조의 2, 상표법 제69조, 광해에 관해서는 광업법 제93조).[2]

금전배상은 배상방법이 간편하다는 점, 강제집행이 용이하다는 점, 배상범위를 일정 범위로 한정할 수 있어 양 당사자의 이익형평을 꾀할 수 있다는 점, 피해자가 배상금에 대해 처분의 자유를 갖는다는 점 등의 장점을 갖는다. 금전배상주의 아래에서 모든 손해는 금액으로 환산되고, 배상금은 피해자가 입은 손해 중 배상범위 내의 것을 금전으로 환산한 가액이고, 가해자가 그 금액을 지급하지 않는 경우에 법원에 강제집행을 청구할 수 있다. 피해자가 입은 손해는 배상금의 수령으로 전보되었다고 본다. 피해자는 가해자로부터 받은 배상금을 손해를 제거하여 원상으로 회복하는 데 쓰지 않아도 무방하다. 금전배상주의하에서는 실제로 손해가 제거되었느냐에 관계 없이 배상금의 지급으로 손해가 전보되었다고 의제되므로, 피해자가 수령한 배상금을 실제로 손해의 전보에 사용하는 것은 강제되지 않으며 그 용도는 피해자가 자유롭게 결정할 수 있다.

---

1) 영미법에서는 손해배상의 방법으로서 금전배상만을 허용하는 것이 원칙이다. 단 예외적으로 금전배상으로는 손해전보가 불가능하다고 판단되는 경우에만 다른 배상방법을 인정한다. 영미법에서 또 하나 특기할 사항은 배상액산정을 법률문제가 아닌 사실판단의 문제라고 보아 그의 결정을 배심원의 재량에 맡긴다는 점이다. 독일민법은 배상방법으로서 원상회복을 원칙으로 하고 보충적으로 금전배상을 허용하므로(독민 제249조~제251조) 손해개념이나 배상의무에 관한 이론이 우리와 다르게 된다. 그러나 독일에서도 실제로 대부분 금전배상으로 행해진다.

2) 원상회복의 방법이 피해자에게 완전한 손해전보를 해 주어 유리한 측면이 있지만, 경우에 따라서는 피해자에게 불편한 경우도 있다.

(2) 원상회복약정 및 대물배상약정

당사자는 가해원인이 있기 전으로 원상회복할 것을 약정하거나 또는 금전배상이 아닌 물건이나 서비스로 배상할 것을 약정할 수 있다(예: 남의 집 유리창을 깬 자는 유리창 값을 배상함이 원칙이나 돈을 주는 대신 유리창을 원래대로 끼워 준다든가, 그 집 청소를 해 준다든가 하는 배상약정을 할 수 있다).[1] 그 약정은 손해발생의 전 또는 후에 할 수 있다. 책임원인의 발생 전에 하는 약정은 배상액예정과 유사한 성질을 가지며, 책임발생 후의 약정은 배상액합의와 유사한 성질을 갖는다.

다른 배상방법에 관한 약정이 행해진 경우에 피해자에게는 원상회복청구권 또는 대물배상청구권이 발생한다. 이 경우 민법상의 금전배상청구권이 소멸하고 약정급부의 이행청구권만이 발생하는지는 의문이다. 사견으로는 약정급부를 현실로 수령할 때까지 민법상의 금액배상청구권이 소멸하지 않고 원상회복청구권 또는 대물배상청구권은 보충적 권리로서 존재한다고 해석하겠다.[2]

(3) 일시금배상과 정기금배상

배상금의 지급방법으로는 일시금배상과 정기금배상이 있는데, 피해자는 그 배상방법을 자유로 선택하여 청구할 수 있다(대판 1968. 3. 5, 68다92 등). 지급방법은 법원의 자유재량에 의한 결정사항이므로 피해자가 일시금으로 청구하더라도 법원이 정기금에 의한 배상을 명할 수 있다(대판 1970. 7. 24, 70다621).

일시금배상(一時金賠償)은 한번의 지급으로 배상문제가 종결되므로 청구 및 집행방법이 간편하고 피해자의 손해전보가 확실하다는 장점을 갖는다. 반면에 배상의무자가 현재의 변제자력이 부족한 경우에 일시적인 배상금지급은 큰 부담이 된다는 점, 일시금으로 지급받은 피해자가 그 돈을 일시에 소비한 경우에 장래의 치료비 · 개호비 · 생활비에 사용하지 못하게 될 수 있다는 점이 단점이다. 정기금배상(定期金賠償)은 배상의무자에게 일시적인 부담을 주지 않는다는 점, 배상권리자에게 안정적인 장래가 보장될 수 있다는 점의 장점을 갖는다. 반면에 청구 · 집행 등 배상금의 추심방법 · 강제집행방법이 복잡하다는 점(우리 나라에는 정기적 손해배상금의 신속 · 간이한 지급명령제도가 정착되지 못하고 있다), 배상의무자의

---

1) 대판 1961. 10. 12, 4293민상115: 불법행위에 관한 민법규정에 의하면 타인이 고의 · 과실로 소유물을 훼손한 경우에 소유자는 금전으로 그 손해의 배상을 받을 채권을 가질 뿐이고 그 외에 원상회복청구는 할 수 없다.

2) 같은 취지: 김상용, 196.

재산상황이 나빠지는 때에는 장래의 정기금을 받는 것이 불확실하다는 점, 물가인상에 따른 장래의 화폐가치하락에 대한 대책이 마련되어 있지 않다는 점 등이 단점으로 지적된다.[1)]

판례는 손해의 배상을 정기금에 의한 지급과 일시금에 의한 지급 중 어느 방식에 의하여 청구할 것인지는 원칙적으로 손해배상청구권자인 패해자가 임의로 선택할 수 있다고 한다. 다만 식물인간 등의 경우와 같이 그 후유장애의 계속기간이나 잔존여명이 단축된 정도 등을 확정하기 곤란하여 일시금 지급방식에 의한 손해의 배상이 사회정의와 형평의 이념에 비추어 현저하게 불합리한 결과를 초래할 우려가 있다고 인정될 때에만, 손해배상청구권자가 일시금에 의한 지급을 청구하였더라도 법원이 재량에 따라 정기금에 의한 지급을 명하는 판결을 할 수 있다(대판 1995. 6. 9, 94다30515 이 판결에서는 일시금 인정).

여명 예측이 불확실하다고 보아 일시금과 정기금을 혼용하여 지급을 명하는 경우, 일실수익산정에 있어서 피해자가 확실히 생존하고 있으리라고 인정되는 기간 동안의 일실수익은 중간이자를 공제한 일시금으로 그 기간 이후 가동연한까지의 일실수익은 생계비를 공제한 금액에서 중간이자를 공제한 일시금으로 그 기간 이후 가동연한까지의 일실수익 중 생계비 상당의 손해는 피해자의 생존을 조건으로 매월 정기금으로 배상할 것을 명하여야 한다(대판 2000. 7. 28, 2000다11317).

손해배상의 방법에 관한 개정의견

2004년의 민법개정의견에서는 손해배상의 방법으로 금전배상 외에 예외적으로 원상회복을 청구할 수 있도록 규정하고 정기금배상도 명문으로 규정하자는 입법의견이 제안되었다.

"제394조(손해배상의 방법) ① 손해는 금전으로 배상한다. 그러나 채무자는 상당한 이유가 있는 때에는 원상회복을 청구할 수 있다. ② 법원은 신체 또는 건강의 침해로 인한 손해를 정기적으로 배상할 것을 명할 수 있고 그 이행을 확보하기 위하여 상당한 담보를 제공하게 할 수 있다."

손해를 원칙적으로 금전으로 배상하게 하는 것은 합리적이다. 그러나 제

1) 서울고법 제9민사부, 1980. 3. 6, 79나3454(하급심판결): 장래 물가앙등이나 임금인상 등에 따라 판결을 변경할 수 있는 제도가 마련되어 있지 않은 현행법 아래서는 장래 발생하는 손해를 매월 일정액식의 정기금채무로 지급을 명하는 것은 타당하지 않다.

394조와 같이 "다른 의사표시"가 있는 경우에 한하여 다른 방법으로 배상하게 할 이유는 없다(제394조는 임의규정이므로 다른 의사표시가 있으면 그에 따름은 오히려 당연한 것이다). 원상회복의 방법으로 간편하게 손해를 전보할 수 있고 또 채무자도 이를 할 능력이 있는 경우(가령 물손(物損)의 경우 가해자가 능력이 있다면 이를 보수하거나 신품을 제공하는 것으로 족하지 않은가?)에 굳이 금전배상에만 고집할 이유가 없다.

정기급부에 의한 손해배상을 인정할 필요성이 있다. 특히 신체침해로 인한 일실이익의 배상에 있어서 변론종결 당시 후유증의 유무와 그 정도가 엄밀하게 확정적이라고 하기 미묘한 경우가 그러하다. 다른 한편으로 정기금배상은 당사자에게 소송의 반복을 강요하고 불명확한 법률관계에 남겨 둘 우려가 있다. 그러므로 우리 실정에서는 이를 예외적으로 인정하는 것이 바람직하다.

(4) 배상액산정의 규범판단

배상액산정의 문제는 순수한 계산문제(사실판단사항)가 아니라, 피해자에 대한 배상액을 결정하는 중요한 기준을 적용·제시하는 규범적인 판단사항(判斷事項)이 포함된다.[1] 배상액산정을 일관성 있게 하기 위하여 산정기준(算定基準)에 관한 원칙이 마련되어 있다. 법관은 그 원칙의 범주 내에서 재량에 따른 판단을 할 수 있을 뿐이다. 그 산정원칙은 대개 판례로서 정해지며, 시대의 변천에 따라 비교적 쉽게 변천한다.

불법행위로 인한 손해발생사실이 인정되는 때에 법원은 특단의 사정이 없으면 손해액을 심리하여 산정해야 한다(대판 1965. 1. 26, 64다1399 등 다수판결). 배상금액 및 그의 산정자료는 청구인이 제시·입증함이 원칙이다. 그러나 설사 손해액에 관한 입증이 없더라도 법원은 청구를 배척하지 말고 석명권을 행사해서 손해액을 심리판단해야 하며, 그와 같이 심리하지 않으면 심리미진의 위법이 있게 된다(대판 1964. 12. 22, 64다810 등 다수판결). 당사자의 배상액청구가 과다한 경우에 알맞은 정도의 배상액을 인정해야 하며, 배상청구 전부를 배척해서는 안 된다(대판 1969. 2. 18, 68다2440).

매수인이 점포에 대한 매매계약이 유효한 것으로 믿고 영업을 하기 위하여 일정 비용을 들여 광고지를 배포하였으나 매매계약이 기망을 이유로 취소됨으로써 매수인이 광고지 배포비용 상당의 손해를 입은 사실을 인정할 수 있는 경우, 매수인이 그가 배포한 광고지의 제작비를 지출한 사실도

1) 판결에 단지 계산상의 착오가 있을 뿐인 때에는 사실판단의 오류의 정정절차에 의한다. 대판 1990. 7. 24, 89다카14639: 원심판결이유 중에 일실퇴직금산정에 명백한 계산상 착오가 있는 경우에 판결경정절차를 통하여 구제받을 수 있으며, 상고로 다툴 성질의 것이 아니다.

인정할 수 있다 할 것인바, 이와 같이 손해발생 사실이 인정되는 경우에는 특단의 사정이 없는 한 손해액을 심리 · 확정하여야 하는 것이므로 광고지의 제작비에 관한 입증이 불충분하다 하더라도 법원은 그 이유만으로 그 부분 손해배상청구를 배척할 것이 아니라 손해액에 관하여 적극적으로 석명권을 행사하고 입증을 촉구하여 이를 밝혀야 한다(대판 1997. 12. 26, 97다42892).[1]

(5) 배상액의 정액화추세

원래 손해배상액은 피해자에게 발생한 손해를 구체적으로 측정하여 금전으로 산정하게 되어 있다. 그러므로 매 사건마다 그리고 각인마다 배상액이 다르게 된다. 인체손해의 경우에 피해자의 소득예정액이 일실이익의 산정기초가 되어 개인별 배상액이 현격한 차이를 갖게 된다. 그것은 동일한 사망 · 상해라는 손해를 놓고 부자와 빈자 사이에 배상액의 엄청난 개인차를 가져오게 되어 소득격차(所得隔差)를 더욱 확대하는 부작용을 낳는다. 특히 배상액이 손해보험회사나 국가 등의 기관으로부터 지급되는 경우에 한 명의 부자의 피해는 전체 배상기금을 크게 축내게 되어 불공평한 결과를 초래한다.

현대의 대량거래시기에 들어 채무자가 부담할 배상액은 사전에 예정되어 거래비용 속에 계산되기를 원하며, 각 채권자의 개별사정에 따라 배상액이 달라지는 것은 비합리적이라고 여겨진다. 불법행위책임에서도 자동차사고에서처럼 같은 유형의 손해가 빈번히 일어나는 경우에 각 피해자마다 배상액을 별도로 계산하는 것은 번거롭고 복잡하여 다툼이 생길 여지가 많으며, 그에 따라 배상금지급이 늦어질 우려도 있다. 그러므로 보험회사에서는 손해배상을 위한 기준표를 만들어서 개개손해를 그에 대입하여 배상금을 산출 · 지급하는 방식을 취하고 있다. 이러한 일률적인 배상금지급을 가리켜 「배상액(賠償額)의 정액화(定額化)」라고 한다. 정액화추세는 보험약관에서 채택되는 데에 그치지 않고 민사소송실무에서도 조금씩 도입되고 있다.

(6) 손해액의 입증

손해배상을 청구하는 피해자는 자기에게 손해가 발생했다는 사실 이외에 그 손해액이 얼마라는 사실도 주장 · 입증할 책임을 진다. 특히 일실수입의 산정과 관련하여 피해자의 직업, 소득 등을 입증해야 한다. 판례는 법원

---

1) 같은 취지: 대판 1987. 3. 10, 86다카331; 대판 1992. 4. 28, 91다29972.

에 비치되어 있는 노동부발간 「임금구조 기본통계조사보고서」(1991년 이전에는 직종별 임금실태 조사보고서였음)는 법원에 현저한 사실이므로 변론에서 증거로 제출되지 않았더라도 법원은 이를 기초로 일실수입(逸失收入)을 판단할 수 있다고 한다(대판[全合] 1996. 7. 18, 94다20051). 「법원에 현저한 사실」이란 불요증사실(不要證事實)의 하나로서 판결을 해야 할 법원의 법관이 직무상 경험으로서 알고 있는 사실로서 그 사실의 존재에 관하여 명확한 기억을 하고 있거나 기록 등을 조사하여 곧바로 그 내용을 알 수 있는 사실을 말한다.

2. 손해의 종류

금전으로 산정하는 대상이 되는 손해란 책임원인에 의해 발생한 손해 전부가 아니라 배상범위 내로 결정된 손해를 말한다. 손해(損害)란 일반적으로 책임원인에 의해 야기된 피침해이익을 말한다. 그러나 우리의 손해배상법에서 손해는 여러 의미를 가질 수 있기 때문에 한 의미로 고정시켜서는 안 된다. 손해개념 중에서 가장 중요한 의미를 갖는 것은 산정대상이 되는 손해이다.

현실적 손해

채무불이행이나 불법행위로 인한 손해배상청구권은 현실적으로 발생한 손해에 관해서만 인정되며, 장래 발생할 손해는 배상의 객체가 되지 않는다. 그러나 무엇이 현실적 손해인가는 사회통념, 소송의 필요성 등에 비추어 규범적으로 판단된다. 장래 지출되어야 할 것이 확실하여 현재에 손해배상청구를 할 실익이 있는 경우에 그 지출필요성이 현실적 손해로 인정될 수 있다(뒤에 설명하는 「확실성의 원칙」에서 자세히 설명함).

(1) 인체손해와 재산손해

(가) 피침해이익에 의한 구분 채무불이행이나 불법행위에 의한 가해가 1차적으로 인체에 대해 행해진 경우를 인체손해(人體損害)라고 하고, 인체의 사상(死傷)을 매개로 하지 않고 물건이나 재산에 대해 가해가 행해진 경우를 재산손해(財産損害)라고 한다. 채무불이행이나 불법행위에 의한 피

침해이익이 인체냐 또는 인체와 직접 관련이 없는 재산일 뿐인가가 구별기준이 된다. 인체손해는 그 침해 결과 생긴 손해를 기준으로 재산적 손해와 비재산적 손해로 구분된다. 인체손해로 인한 일실이익은 재산적 손해에 해당하고, 위자료는 비재산적 손해의 배상액을 말한다.

재산적 손해와 비재산적 손해

손해를 재산적 손해와 비재산적 손해로 구분하기도 한다. 이 구분의 기준이 무엇인가는 분명치 않다. 비재산적 손해에 정신적 고통에 대한 위자료가 포함된다는 점은 분명하지만, 인체손해가 비재산적 손해에 속하는지는 의문이다. 양자의 구별기준을 피침해이익이 아니라, 그로 인해 야기된 결과적 손해로 삼아 피침해이익이 물건이든 인체이든 재산손해와 그로 인한 정신적 고통의 비재산손해로 나누는 견해가 있다.[1] 이 구분방식에 의하면 위자료 이외의 모든 손해가 재산적 손해에 포함될 것이다.

(나) 인체손해 인체손해(人體損害)는 보통 불법행위책임에서 자주 발생하지만, 진료계약이나 여객운송계약의 채무불이행책임에서도 발생할 수 있다. 인체손해와 재산손해를 구별하는 이유는 인체손해는 같은 정도의 상해 또는 사망의 경우에도 피해자의 소득수준 · 가족범위 등에 따라 배상액에 개인간의 차이가 크게 벌어지게 되지만, 재산손해는 보통 손상된 재산에서 크게 초과하지 않는 범위로 배상액이 한정된다는 데에 있다. 인체손해도 궁극에 가서는 치료비 · 일실수입 · 위자료 등 금전으로 환산되므로 어떤 의미에서는 재산손해와 같다고 볼 수 있을지 모르나 양자는 산정과정에 큰 차이가 난다.

(다) 재산손해 물건에 입은 손해는 재산적 손해에 속하며 인체손해에 비해 비교적 명확하게 금전으로 산정될 수 있다. 물건에 입은 손해는 「차이설(差異說)」에 의해 가해 전과 가해 후의 재산상황을 비교하여 가치감소분을 계산해 내는 방법에 의한다. 또한 배상액이 물건의 객관적 가치에 미달해서는 안 된다는 「객관적 최소손해설(客觀的 最小損害說)」과 가해사건을 통

1) 김용한, 194; 김형배(2판), 242.

해 생긴 결과를 제거하는 데 드는 금전적 필요성을 배상액산정에 고려해야 한다는 「필요설(必要說)」도 물건손해에 적용되어야 한다.

이러한 기본원칙 이외에 세부적인 산정방법으로서 다음과 같은 것들이 있다. 첫째, 물건에 입은 손해는 피해의 정도에 따라 「물건의 전부파손」과 「물건의 일부파손」으로 나누어진다. 그 밖에 채무불이행책임에서 매도인이 물건을 제3자에게 양도하여 매수인에게 인도할 수 없는 경우와 같은 주관적 이행불능은 물건의 전부파손과 유사하게 취급될 수 있을 것이다. 둘째, 물건의 손해라고는 하지만 부동산(不動産)과 동산(動産)은 그 성격이 매우 다르기 때문에 나누어 고찰할 필요가 있다.

(2) 적극적 손해와 소극적 손해

손해의 분류방법으로서 기존의 이익이 상실되는 「적극적 손해」와 장차 얻을 수 있을 이익을 얻지 못하는 「소극적 손해」로 나누는 방법이 있다.

(가) 적극적 손해　　손해발생 당시에 피해자가 보유하고 있던 이익을 상실한 것을 가리켜 적극적 손해(積極的 損害)라고 한다. 인체손해로 인한 치료비의 부담, 장례비의 지출 등은 적극적 손해에 해당한다. 재산손해에서 물건파손으로 인한 그 물건의 시가 상당의 손해는 적극적 손해이며, 물건의 수리기간중 입게 된 영업상 손해, 기타 사용이익의 상실 등은 소극적 손해에 해당된다. 같은 사건이라도 그 손해를 적극적으로 파악하느냐 소극적으로 파악하느냐에 따라 배상액산정방법이 달라질 수 있다. 판례(대판 1994. 10. 7, 94다16960)에서 보는 바와 같이 아파트의 특별공급대상에 해당하는 자가 그 대상자선정에서 제외되고 수분양권을 상실함으로써 입은 손해를 「수분양권 상실 당시에 있어서의 수분양권 자체의 교환가치」로 판단하는 것은 그 손해를 적극적 손해로 평가하는 것이고, 「그 수분양권에 기하여 취득할 수 있었을 아파트의 소유권을 취득하지 못한 손해」로 파악하면 소극적 손해로서 「준공될 아파트의 가액에서 분양대금을 공제한 가액」으로 계산될 것이다.

불법행위로 인한 재산상 손해는 그 위법행위가 없었더라면 존재하였을 재산상태와 그 위법행위가 가해진 현재의 재산상태의 차이이다. 그것은 기존의 이익이 상실되는 적극적 손해의 형태와 장차 얻을 수 있을 이익을 얻지 못하는 소극적 손해의 형태로 구분된다. 위조서류에 의한 소유권이전등기 등 부동산매매사기의 불법행위로 인하여 최종매수인이 입은 손해는 무효의 소유권이전등기를 유효한 등기로 믿고 위 토지를 매수하기 위하여 출연한 금액은 「적극적 손해」에 해당하고, 위 토지의 소유권상실이 그 손해가 될 수 없다(대판[全合] 1992. 6. 23, 91다33070, 같은 취지: 대판 1978. 3. 14, 77다2423).

(나) 소극적 손해 당연히 얻을 것으로 기대되는 이익이 가해원인으로 말미암아 획득불능으로 된 경우를 일실이익의 손해 또는 소극적 손해(消極的 損害)라고 한다. 일실이익의 손해는 장래이익획득의 확실성 및 예상금액을 입증해야 하며, 배상액지불시에 중간이자를 공제하는 등 고유한 법률문제를 야기한다.

고속도로 확장공사 및 차량통행에 따른 소음 · 진동으로 인해 종전사업장에서 더 이상 양돈업을 할 수 없게 된 경우 양돈업자들이 입은 「소극적 손해」는 그 곳에서의 양돈장을 폐업, 이전함으로 인해 상실하게 된 수입이고, 그 손해기간은 양돈장을 위한 대체지와 양돈영업시설을 확보하는 데 소요되는 통상의 기간을 더한 기간이다(대판 2003. 9. 5, 2001다68358).

(3) 이행이익의 손해와 신뢰이익의 손해

(가) 채무불이행으로 인한 이행이익상실 민법은 이행이익과 신뢰이익에 관해 채무불이행책임과 체약상 과실책임으로 책임원인을 엄격히 구분하고 있으며, 산정의 기초사실과 범위에 큰 차이를 둔다.[1] 채무불이행책임(債務不履行責任)에서 채권자에게 발생하는 통상의 손해는 이행이익(履行利益)의 상실이다. 채권자는 채무자의 채무불이행으로 말미암아 채무이행으로 획득이 기대되던 이익을 얻지 못하게 되기 때문이다. 이행이익은 계약이 유효하게 성립하여 채무자에게 이행의무가 발생한 후에야 기대된다.

매도인의 담보책임의 한 내용으로서의 손해배상이 이행이익의 배상이냐 신뢰이익의 배상이냐에 관해서는 학설이 대립한다.[2] 사견으로는 담보책

1) 이행이익과 신뢰이익의 구별은 침해해서는 안 되는 법익의 구별에 불과하고 손해의 종류에는 해당하지 않는다거나 우리 민법이 이행이익과 신뢰이익을 구별하지 않는다는 견해도 주장되었다. 곽윤직, 139; 김용한, 197; 현승종, 157. 사견으로는 손해의 종류란 결국 산정의 기초가 되는 피침해이익의 차이에서 비롯하는 것이므로 이행이익 · 신뢰이익에 관한 손해의 구분이 옳다고 생각한다. 특히 신뢰이익이란 개념을 규정하지 않았던 의용민법 아래서는 독일민법의 개념을 받아들여 해석론으로서 신뢰이익 개념을 인정하는 것을 비판하는 견해가 있었다. 그러나 의용민법하의 그러한 비판은 정면으로 신뢰이익배상을 규정하는 우리 민법 아래서는 타당성을 상실한다.

2) 이행이익배상설: 김증한 · 김학동, 128; 김주수, 199; 김형배, "하자담보의 성질," 고대법률행정논집 제19집, 1981, 146; 졸저, 채권각론, 228. 신뢰이익배상설: 곽윤직, 채권각론, 231; 김석우, 채권법각론, 184; 김현태, 채권법각론, 118; 이태재, 채권각론, 176.

임이 채무불이행책임으로서의 본질을 가지므로 그 손해배상의 내용도 이행이익의 배상이라고 해석한다.

(나) 계약좌절로 인한 신뢰이익상실 계약이 유효하게 체결되지 못한 경우에는 채무이행 및 이로 인한 이행이익은 기대될 수 없으므로 신뢰이익의 배상만이 인정된다. 계약이 무효·취소로 되어 교섭상대방의 계약체결에 대한 신뢰가 깨진 「계약체결상의 과실」의 경우에 민법은 신뢰이익(信賴利益)의 배상을 명한다(제535조, 의용민법에는 신뢰이익에 관한 규정이 없었음). 신뢰이익은 계약의 유효를 믿었음으로 인하여 받은 손해이며, 그 배상액이 이행이익을 넘지 못하도록 한정된다. 계약교섭을 위한 준비, 조사의 비용이 계약의 체결에 들인 비용, 계약의 유효를 믿고 다른 청약을 거절한 데 따른 일실이익이 신뢰이익에 해당한다.

(4) 손해와 소송물

(가) 손해3분설 하나의 사건으로 인한 손해배상청구소송에서 손해항목을 적극적 재산상 손해·소극적 재산상 손해·정신적 손해(위자료)로 나누고, 각 항목마다 별개의 청구(소송물)로 다루는 견해를 말한다. 판례는 하나의 사건으로 인한 손해배상청구소송에서 손해항목마다 별개의 청구(소송물)로 다루는 손해3분설(損害3分說)을 취한다. 예를 들면 불법행위로 인한 신체상해의 손해배상청구에서 소송물은 치료비와 같은 적극적 재산상 손해, 일실이익상실에 따르는 소극적 재산상 손해, 그리고 정신적 고통에 따르는 정신적 손해(위자료)의 세 가지로 나누어진다(대판 1976. 10. 12, 76다1313; 대판 1977. 3. 22, 76다7839). 후유증에 대한 배상청구는 별개의 소송물로 다루고, 그 후유증에 대하여는 전소의 기판력이 미치지 않는다. 각 손해마다 별개의 소송물로 다루므로 기판력도 각 소송물별로 인정된다.

(나) 통 합 설 하나의 사건으로 인한 손해배상청구는 그 손해의 종류를 모두 통합하여 한 개의 소송물로서 파악함으로써 1회의 소송으로 종결짓도록 하는 것이 바람직하다는 견해이다.[1] 치료비, 일실이익상실, 위자료 등 항목은 금전으로 산정하는 자료에 지나지 않는다고 한다.

사견으로도 하나의 행위나 사건으로 인한 1인의 손해는 모두 통틀어서 하나의 소송으로 처리되는 것이 일반적 법관념 및 당사자의 기대와 일치하

1) 이시윤, 민사소송법, 329; 배기원, "손해배상청구의 소송물," 사법론집 제11집, 1980, 309. 일본에서는 판례가 우리와 같은 3분설을 취하면서도 최근 공해·수해·약해의 소송사건에서 모든 손해의 포괄청구를 받아들였다.

며, 배상액도 종합적으로 결정하는 편이 타당성을 꾀할 수 있다고 생각하므로 통합설(統合說)을 취하겠다. 일실이익 · 치료비 등의 항목은 총배상액을 산정하는 기초자료일 뿐이며, 독립된 소송물로 다루는 것은 부당하다고 생각한다. 현재에도 법원실무에서는 재산손해의 배상액의 미흡함을 보충하기 위한 목적으로 위자료를 책정하는 경우가 많은데, 이것은 법원에 총배상액을 종합심리하는 관행이 있음을 의미한다. 다만 다음과 같은 예외를 인정해야 할 것이다. 첫째, 손해배상청구소송에서 아직 불확실한 손해항목(예: 치료비)이 있는 경우에는 그것을 제외한 잔여부분만을 청구하는 손해의 일부청구(一部請求)를 인정하고, 그 문제의 손해항목은 추가로 청구할 수 있도록 해야 한다. 둘째, 하나의 손해배상청구로 다루기 곤란한 후유증(後遺症)에 관한 손배상청구는 별개의 소송물로 다루고, 그 후유증에 대하여는 전소의 기판력이 미치지 않는다고 해석해야 한다.[1]

3. 손해산정의 기초이론

(1) 개　설

손해배상사건은 민법의 적용과 관련하여 가장 빈번히 일어나는 법률문제일 것이다. 자주 일어나는 사건일수록 법적으로 명확한 해결방향을 제시해야만 당사자 사이에 신속하고 원만하게 해결할 수 있게 될 것이다. 이와 같이 법적 명확성이 강하게 요망되는 손해배상사건에 있어서는 구체적인 법원칙이 많이 수립되어야 한다. 손해배상범위에 관한 상당인과관계설, 규범목적설, 위험성관련설 등 추상적 이론들은 손해배상법의 거시적 운영방향을 잡아주기는 하지만, 당사자들이 구체적인 분쟁해결을 위하여 원용하기에는 도움이 되지 않는다.

구체적인 분쟁해결에 도움이 되는 법리는 「손해배상액(損害賠償額)의 산정(算定)의 원칙(原則)」들이다. 배상액산정의 문제는 단순한 계산문제가 아니다. 근대초기의 민법학에서 배상범위결정은 규범판단(規範判斷)의 문제인 반면 배상액산정은 사실판단(事實判斷)의 문제로 파악하고, 배상액산정을 법학에서 진지하게 다룰 필요가 없다고 보았던 것은 잘못된 판단이었

1) 같은 취지: 이시윤, 민사소송법, 329.

다.[1] 손해배상사건이 증가하면서 배상액산정의 여러 작은 문제점들을 어떻게 해결할 것인가에 사회·경제를 보는 규범적인 시각이 필요하다는 점이 깊이 인식되었다. 배상액산정의 원칙들을 수립하여 놓는 것은 불필요한 소송이나 분쟁을 감소시키는 역할을 하여 법적 안정성의 확보에 큰 도움이 될 것이다. 최근에 배상액산정이 특히 중요한 의미를 갖게 된 이유 중의 하나는 배상액산정이 자동차사고의 처리 등에서 정형화되어 갈 뿐 아니라 그 산정에 컴퓨터 프로그램의 도움을 받아 신속하게 처리할 필요가 커졌다는 점이다. 프로그램을 활용하기 위해서는 배상액산정의 항목들을 세분화하여 각 항목별 해당 여부를 확인해 주는 작업이 필요하게 된다.

(2) 손해산정의 이론

㈎ 차 이 설 손해는 현재(배상판결 당시)의 재산상태(현실적 재산상황)와 책임원인이 없었더라면 존재하였을 가상의 재산상태(가상적 재산상황)를 비교하여 찾아 낸 재산감소분이라고 보아 그것을 금전으로 환산하여 배상액을 결정하려는 견해이다. 차이설(差異說; Differenztheorie)은 독일보통법시대 몸젠(Friedrich Mommsen)의 배상액산정의 이론에 바탕을 둔 것이다. 차이설은 재산손해에 관한 손해산정원칙으로서 발전되었다.[2] 차이설은 손해의 자연적·사실적 측면을 관찰하여 구체적인 재산감소를 발견해 냄으로써 재산손해를 계산해 내려는 입장이다.

차이설에서는 재산손해는「가해행위로 야기된 현재의 재산상태의 평가액」과「만약 가해행위가 없었더라면 생겼을 가상의 재산상태의 평가액」의 차이를 계산하여 얻어 낸 금액(차액)으로 계산될 수 있다고 한다. 재산상태의 차이를 산정하기 위해서는 손해와 관련된 요인을 모두 계산에 넣도록 요

1) 만약 민법학에서 계속해서 배상액산정의 문제를 하찮은 것으로 취급하여 외면한다면 민법학은 사례해결에 적용될 실정법학으로서의 역할을 제대로 수행하지 못하게 될 것이다. 이러한 추상적 민법학을 학습하여 배출하는 법률가들도 쉬운 손해배상사건 하나 해결하지 못하는 미숙함을 면하기 어려울 것이다. 민법학이 손해배상의 법률문제를 추상적인 이론문제에서부터 구체적인 사례해결방안에 이르기까지 모두 포용할 때에 살아 움직이는 법학으로 발전할 수 있을 것이다. 졸고, "물건의 손상 등으로 인한 손해배상액의 산정," 김현태박사팔순기념논문집 불법행위법의 특수문제, 법문사, 1997, 347~370.

2) 독일에서는 1855년 몸젠에 의해 손해의 개념에 관한 차이설(Differenztheorie)과 배상액 산정방법으로서 차이방법(Differenzmethode)이 주장되었다. Friedrich Mommsen, *Zur Lehre von dem Interesse*, 1855; Hermann Lange, *Schadensersatz*, 1979, S. 18.

독일민법은 손해를 비재산적 손해(정신적 손해)와 재산적 손해(정신적 손해 이외의 인체손해와 재산손해)로 구분하고 배상방법으로서 원상회복주의를 취하고 보충적으로 금전배상을 허용하는데, 차이설이 대상으로 하는 것은 재산적 손해를 금전으로 배상하는 경우뿐이다.

구한다. 손해에 영향을 미친 적극적 요인과 소극적 요인을 구별하지 않고 같이 취급하여 차액계산에 대입함으로써 선입관 없이 손해를 산정해 낼 수 있다고 한다.

차이설이 주장된 이래 여러 가지 비판이 행해졌지만, 차이설의 핵심적 사고방법까지 부정되고 있지는 않다. 손해의 다양한 모습들에 비추어 볼 때, 차이설이라는 지극히 추상적인 이론 하나만 가지고 모든 배상문제를 명쾌하게 해결할 수 없다는 점은 분명하다. 개별적인 배상사례들이 유형화되고, 그 유형에 맞는 산정원칙들이 계속 주장되고 있다. 그러나 그러한 여러 산정원칙의 기초에는 재산상태의 차이를 구하려는 차이설의 사고가 바탕이 되고 있다. 차이설은 적어도 배상액산정의 영역에서는 전면적으로 부정되는 것이 아니라 그의 예외허용범위와 보충원칙을 넓혀가고 있을 뿐이다.

차액설에 따라 배상액산정을 한 판례로서는, 감사인의 부실감사를 토대로 주식거래를 한 주식투자자가 부실감사를 한 감사인에 대하여 민법상의 불법행위책임을 근거로 배상을 구할 수 있는 손해액은 그와 같은 부실감사로 인하여 상실하게 된 주가 상당액이라고 봄이 상당하고, 이러한 주가 상당액은 달리 특별한 사정이 없는 한, 그 부실감사가 밝혀져 거래가 정지되기 직전에 정상적으로 형성된 주가와의 차액 상당이라고 볼 수 있고, 또 그와 같이 주가가 다시 정상적으로 형성되기 이전에 매도가 이루어지고 그 가액이 그 후 다시 형성된 정상적인 주가를 초과하는 경우에는 그 매도 가액과의 차액 상당이라고 한다(대판 1998. 4. 24, 97다32215).

(나) 객관적 최소손해설 재산손해에서는 최소한 침해된 재산권의 객관적 가치는 배상되어야 하므로 어떤 경우에도 배상액이 그에 미달해서는 안된다는 배상이론이 객관적 최소손해설(客觀的 最小損害說; Lehre vom objektiven Mindestschaden)이다.[1]

모든 재산은 객관화(客觀化)될 수 있는 가치(價値; 시장가격)를 갖기 때문에 구체적인 사례에서 권리자가 어떤 이용목적을 가졌는가에 관계 없이 손상된 물건의 본질적 가치로부터 최소한 그 가치 상당의 배상청구권이 발생한다고 설명한다. 물건에 대한 지배권은 모든 방법으로 사용할 가능성을

1) 객관적 최소손해설은 너이너(Neuner), 빌부르크(Wiburg), 비들린스키(Bydlinski), 라벨(Rabel)에 의해 주장되었으며, 현재에는 그 밖에도 많은 지지자를 갖고 있다. Neuner, Interesse und Vermögensschaden, *AcP* 133(1931); Wiburg, Zur Lehre von der Vorteilsausgleichung, *JherJb* 82(1932), 51ff.

포함하기 때문에 현재의 이용목적에 고정되지 않고 언제나 다른 이용목적으로 바꿀 수 있는 자유를 보장해 주어야 한다는 것이다. 이 이론은 차이설을 무한정 적용하는 것에 반대하여 배상하한을 고정해 놓으려는 의도로 주장되었다.

소유물의 가액배상의 원칙

물건이 멸실된 경우에 그 멸실에 관한 책임을 져야 하는 사람은 그 물건의 소유자에 대하여 그 물건의 가액을 금전으로 배상하는 것을 원칙으로 하는데, 이는 객관적 최소손해설과 관련을 갖는다. ① 물건의 멸실에 따른 손해배상의 청구권자는 물건의 소유자이다. 그 물건을 취득할 권리를 갖고 있는 채권자 또는 그 물건에 담보물권을 가지고 있는 자, 용익권을 갖고 있는 자는 청구권자가 아니다. 이러한 이해관계인은 물건의 멸실로 인한 손해를 그 소유자와의 채권관계에 기해 채무불이행책임이나 부당이득반환청구권에 의해 전보받게 된다. 다만 소유자가 손해배상청구권을 행사하지 않는 경우에 그의 채권자가 채권자대위권을 행사할 수는 있다. 그 밖에 무상계약에서 물건이 채무자의 책임 없는 사유이면서 제3자의 귀책사유로 멸실한 경우에 채권자가 채무자에게 제3자로부터 받는 손해배상금을 양도할 것을 청구할 필요가 생길 수 있는데, 이러한 채권자의 권리를 대상청구권(代償請求權)이라고 한다. ② 손해배상의 내용은 원칙적으로 그 물건의 시가 상당의 금액에 배상시까지의 이자를 더한 금액이다. 거래에 있어서 매매대금은 어떤 물건을 대신하는 교환가치이므로, 손해배상에서도 그 물건의 가치와 교환가치는 같은 것으로 간주된다. 판례도 "불법행위로 인하여 소유물이 멸실되었을 경우에 그 멸실 당시의 교환가치가 통상의 손해이다"라고 한다(대판 1970. 9. 22, 70다649 등). 특정물채무에서 채무자가 주관적 불능으로 물건을 양도하지 못하는 경우 그 손해는 물건멸실의 경우과 유사하게 산정된다. 부동산매매에 있어서 매도인의 소유권이전의무가 이행불능이 된 경우 그 손해배상의 액은 특별한 사정이 없는 한 이행불능케 된 당시의 가격에 의하여 정한다(대판 1967. 11. 28, 67다2178). 다만 채무불이행책임에서는 전매이득 등 이행이익의 배상도 추가하여 청구할 수 있으므로 불법행위책임에서보다 배상액이 고액인 경우가 많다. 판례는 "매매의 목적이 된 권리가 타인에게 속한 경우에 매도인이 그 권리를 취득하여 매수인에게 이전할 수 없을 때에는 매매의 목적이 된 권리가 매도인에게 속하지 아니함을 알지 못한 매수인이 매도인에게 대하여 손해배상을 청구함에는 매도인은 계약이 완전히 이행된 것과 동일한 경제적 이익을 배상하여야 하므로 그 손해는 매수인이 입은 손해뿐만 아니라 얻을 수 있었던 이익의 상실도 포함된다"고 한다(대판[全合] 1967. 5. 18, 66다2618).

(다) 필 요 설　재산손해란 가해사건을 통해 생긴 손해결과를 제거하기 위한 금전필요라고 파악해야 한다는 이론이 필요설(必要說; Bedarftheorie)이다.[1] 손해배상청구권은 책임원인의 발생과 동시에 발생하고 변제기에 있게 된다. 그리고 피해자는 배상받은 돈을 실제로 손해를 제거하는 데에 쓸 것인가에 관계 없이 배상금을 청구할 수 있다. 그렇다면 배상청구권은 피해자가 이미 지출한 손해제거비용에서 발생하는 비용상환청구권의 성질을 갖지 않고, 단지 피해자에게 생긴 손해를 제거하기 위한 금전필요를 충족시키기 위해서 인정될 뿐이라고 한다. 예를 들어 부상당한 피해자가 진료받기를 거부하고 있더라도 상해에 대한 배상금은 청구할 수 있다고 한다. 피해자는 자기의 주머니를 위해서 절약하는 것이지 가해자의 주머니를 위해 절약하는 것은 아니기 때문이라고 한다.

필요설은 차이설(差異說)이 현실적으로 지출한 돈만을 차이계산의 요소로서 대입하는 방식을 취하는 것에 대해 비판하고 대안을 제시하는 이론이다. 그를 위해 이 이론에서는 배상액산정기준시가 손해발생시라는 점을 강조하고, 그 이후에 생긴 사정에 의해 배상액을 수정하는 것을 거부한다.

4. 배상액산정의 원칙

(1) 확실성의 원칙

(가) 판례에 의한 원칙확립　배상액산정에 있어서 실무에서 원칙으로 삼는 것 중에 「확실성(確實性)의 원칙」이 있는데 이는 손해의 입증책임과 관련을 갖는다. 확실성의 원칙(basic requirment of certainty)은 "손해는 확실성을 갖고 산정되어야 하며 고찰과 추측에 맡겨져서는 안 된다"는 것이다.[2] 「손해의 확실성」은 손해의 존재의 입증을 요한다. 어떤 사건으로 손해가 발생했다는 사실이 밝혀진 후에야 그 손해를 산정하는 문제가 제기될 수 있기 때문이다. 특히 불법행위책임에서는 손해의 확실성이 인정된 후에야 손해세부항목의 산정에 들어 갈 수 있게 된다. 우리 판례는 손해배상액산정에

1) 필요설은 쪼이너(Albrecht Zeuner)에 의해 주장되었다. Zeuner, Schadensbegriff und Ersatz von Vermögensschaden, *AcP* 163(1964), 380ff.

2) 이 원칙은 미국손해배상법의 중요한 기본원칙이다. United States Trust Co.v. O'Brien, 143 N.Y. 284 (1894).

관해「확실성의 원칙」을 이미 채택하고 있다. 불법행위나 채무불이행을 이유로 배상하여야 할 손해는 현실로 입은 확실한 손해에 한하는 것이기 때문에 불법행위나 채무불이행 등으로 인하여 피해자 또는 채권자가 제3자에 대하여 어떤 채무를 부담하게 된 경우 상대방에게 채무액과 동일한 배상을 구하기 위하여는 채무의 부담이 현실적 · 확정적이어서 실제로 변제하여야 할 성질의 것임을 요한다(대판 1992. 11. 27, 92다29948).

(나) 확실성의 정도　배상액산정에 요구되는 확실성의 정도는 "합리적인 인간이 손실의 가능성을 인정하기에 충분한 증거를 가지면 된다"는 것이며 모든 손해항목에 관해 완벽한 증거제시를 요구하는 것은 아니다. 즉 손해가 모든 항목마다 수학적인 정확성으로 입증되어야 하는 것은 아니다. 법원은 입증된 손해사실을 기초로 피해자에게 배상할 손해범위 및 금액을 결정할 수 있다. 채무불이행책임에서는 손해의 존재가 확실하다면 비록 손해의 양과 범위가 불확실하더라도 배상이 인정될 여지가 넓다. 예를 들어 D가 도급계약의 위반을 이유로 P에게 손해배상을 청구하면서 손해액을 산정할 수 있는 비용기록을 제시하지 못한 경우라도, 법원은 객관적으로 손해액을 추측을 할 수 있는 증거가 있으면 그에 기해 손해배상을 인정해야 한다.[1] 확실성의 원칙은 영업이익(營業利益)의 일실(逸失)을 산정함에 있어서 피해자가 제시한「사업의 장래이득목표의 기록장」또는「투기적이거나 불확실한 근거에 기초한 손해액주장」을 부정하는 경우에 자주 원용된다.

「장래의 이익에 관한 손해」는 계약의 이행이익이든 불법행위로 인한 장래의 이득상실이든 본질적으로 불확실하다. 그러나 통상손해와 특별손해는 그 불확실성에 차이가 있다. 통상손해(general damages)는 불법행위나 기타 위법행위의 결과 당연히 발생될 것으로 예상되므로 특별히 배상청구할 필요가 없다. 반면에 특별손해(special damages)는 위법행위로 인해 단순히 추정되거나 산정될 수 없는 손해로서 피해자에 의해 주장되어야 배상받을 수 있다.[2] 일실이익(逸失利益)은 채무불이행책임에서는 통상손해로서 고려되지만 불법행위책임에서는 특별손해로 고려되는 경우가 많다.

---

1) Wenzler & Ward Plumbing & Heating Co. v. Sellen, 330 P. 2d 1068(Wash. 1959)은 같은 취지이다.

2) 민법 393조 2항 소정의 특별사정으로 인한 손해배상에 있어서 채무자가 그 사정을 알았거나 알 수 있었는지의 여부를 가리는 시기는 채무의 이행기까지를 기준으로 판단하여야 한다(대판 1985. 9. 10, 84다카1532, 공보 763, 1324).

판례(대판 1992. 4. 28, 91다29972)는 "장래의 얻을 수 있었을 이익에 관한 입증에 있어서는 그 증명도를 과거사실에 대한 입증에 있어서의 증명도보다 경감하여 채권자가 현실적으로 얻을 수 있을 구체적이고 확실한 이익의 증명이 아니라 합리성과 객관성을 잃지 않는 범위 내에서의 상당한 개연성이 있는 이익의 증명으로 족하다고 보아야 할 것이다"라고 판시한다. 그리고 이 판결에서 "채무불이행으로 인한 손해배상책임이 인정된다면 손해액에 관한 입증이 불충분하다 하더라도 법원은 그 이유만으로 손해배상청구를 배척할 것이 아니라 그 손해액에 관하여 적극적으로 석명권을 행사하고 입증을 촉구하여 이를 밝혀야 할 것이다"라고 한다.[1] 손해가 가해자의 과실행위에 자연력이 합하여 발생한 경우에, 가해자가 그 자연력 및 위험을 예상하여 예방조치를 취할 수 있었던 경우에는 배상범위를 축소하지 않는다(자연력의 기여분 부정, 대판 2001. 2. 23, 99다61316).

(2) 과실상계

(가) 과실상계의 의의[2] 책임성립이나 배상액을 정함에 있어서 피해자의 손해관여도를 참작하여 책임을 부정하거나 배상액을 경감하는 것을 과실상계(過失相計)라고 한다(과실상계는 채권의 소멸원인으로서의 상계와 관련이 없다). 채무불이행이나 불법행위에 있어서 채권자나 피해자에게도 과실이 있는 경우에, 법원은 손해배상의 책임 및 그 금액을 정할 때 그를 참작하여야 한다(제396조, 제763조).[3] 채권자나 피해자가 자기의 잘못으로 야기된 손해까지 채무자나 가해사에세 배상하도록 요구하는 것은 옳지 않기 때문에, 과실상계는 배상액산정에서 반드시 고려되어야 하는 필요적 참작사유이다.

(나) 과실상계의 효과 과실상계는 두 가지의 효과를 가져온다.

---

1) 판례의 평석: 윤진수, "채무불이행으로 인한 특별손해, 동시이행항변권과 권리남용," 사법행정 379호, 1992. 7, 86.

2) 참고문헌: 권용우, "불법행위와 과실상계," 김형배교수화갑기념논문집 채권법에 있어서 자유와 책임, 박영사, 1994, 570; 김상용, "과실상계," 고시계 1990년 10월호; 민형기, "손해배상책임액 산정에 있어서의 제3자의 과실,"사법논집 제10집; 박영식, "자동차사고소송에 있어서의 과실상계의 본질," 김증한박사화갑기념 현대민법학의 제문제, 1981 수록; 박찬주, "손해경감조치의무의 법리," 법조 1987년 7월호; 배병일, "과실상계," 고시계 1996년 8월호, 65; 변재승, "자동차보험회사로부터 지급받은 치료비 중 피해자의 과실에 상당한 부분의 공제 또는 상계," 사법행정 1987년 3월호·5월호; 최문기, "자동차사고에 있어서의 과실상계에 관한 판례분석," 경성대 경성법학 4호, 1995, 45; 하운수, "과실상계의 적용과 문제점," 동아법학 19호, 동아대 법학연구소, 1995. 9, 153; 홍천용, "자동차사고손해에 있어서의 과실상계문제," 황적인박사화갑기념 손해배상법의 제문제, 1990 수록.

3) 대판 1971. 6. 22, 71다789: 불법행위책임에서 과실상계의 적용에는 가해자와 피해자의 고의·과실의 정도, 위법행위의 발생 및 손해의 확대에 어느 정도의 원인이 되었는가 등 제반사정을 고려하여 배상액을 정한다.

① 책임부정 과실상계에 의하여 가해자의 손해배상의무가 부정되기도 한다. 피해자의 과실이 가해자의 과실에 못지않게 크기 때문에 가해자에게 책임을 묻는 것 자체가 부당한 경우에 책임발생이 부정된다.

② 배상액 삭감 과실상계에 의하여 가해자의 손해배상의무가 감경된다. 가해자가 주된 원인을 제공하여 발생한 손해 중에 피해자의 과실에 의하여 확대된 부분이 있는 경우에 가해자의 손해배상액을 삭감하는 작용을 한다. 과실상계의 법리는 대개 배상액산정(賠償額算定)의 단계에서 배상액 삭감사유로서 작용한다. 배상액 삭감사유로서의 과실상계는 「채무자나 가해자의 행위가 채무불이행책임이나 불법행위책임의 성립을 충족시킬 것」, 「당해 손해가 배상범위 내의 손해로 인정될 것」을 전제조건으로 한다.

(다) 과실상계에서 과실의 의의 과실상계에서 말하는 피해자 또는 채권자의 과실이란 무엇을 의미하는가에 관하여는 견해가 대립한다.

① 통상의 과실설 과실상계의 과실을 통상의 과실과 같이 주의의무위반으로 이해하는 견해이다.[1] 만약 과실상계의 과실을 약한 과실로 보아 통상의 과실과 구별하고 과실상계를 광범위하게 인정한다면, 그 결과 민법상 인정되는 피해자의 배상청구권이 부당하게 축소될 것이라고 한다.

② 약한 과실설 과실상계에서 피해자 또는 채권자의 과실은 타인에 대한 의무를 전제로 하지 않으며 손해배상청구요건인 통상의 과실과는 성질이 다르다고 하는 견해이다.[2]

판례는 불법행위책임에서 배상액삭감을 위한 과실상계에서 약한 과실설을 취하는 반면에, 매도인의 하자담보책임에 관한 사건에서는 피해자의 과실을 통상의 과실과 같이 무겁게 해석하였다(대판 1995. 6. 30, 94다23920. 뒤에 설명). 불법행위책임의 배상액삭감과 관련하여서 판례는 "불법행위에 있어서 가해자의 과실은 의무위반이란 강력한 과실인 데에 반하여, 과실상계에 있어서의 피해자의 과실이란 전자의 것과 달리 사회통념상 신의성실의 원칙상 공동생활상 요구되는 약한 부주의를 가리키는 것"(대판 1983. 12. 27, 83다카644) 또는 "피해자가 불법행위의 성립에 요구되는 엄격한 의미의 주의의무를 위반한 경우뿐만 아니라, 단순한 부주의로 인하여 손해가 발생·확대되게 된 경우에도 피해자에게

---

1) 곽윤직, 157; 김기선, 125; 김용한, 219; 김주수, 186; 장경학, 242; 현승종, 168.
2) 김상용, 229; 김증한·김학동, 154; 김형배(2판), 275; 정기웅, 148.

과실이 있는 것으로 보아 과실상계를 할 수 있다"(대판 1992. 5. 12, 92다6112, 뒤에 설명)고 하였다.

③ 절 충 설　사견으로는 절충적(折衷的) 입장을 취하겠다.[1] 첫째, 과실상계가 책임부정의 기능을 하는 경우에는 피해자의 과실도 가해자의 과실과 같은 정도의 것이어야 한다. 둘째, 과실상계가 단순히 배상액삭감의 기능을 하는 경우에 피해자의 과실은 가해자의 것과는 달리 약한 정도의 과실로 충분하다. 피해자 과실의 전제가 되는 주의의무가 법령이나 관습 등에 의해 부과된 것이 아니라도 사회통념상 피해자가 그 상황에서 그러한 주의를 다 할 것으로 기대되는 경우에 과실상계가 인정될 수 있다고 본다.

채무불이행책임에서 채권자의 과실로 채무자의 채무불이행책임이 면책되는 경우는 채권자가 제공한 원료, 작업지시 등에 급부불능(給付不能)이나 불완전이행(不完全履行)의 원인이 있었던 경우이다.[2] 이러한 특수한 사정이 없는 경우에 채권자의 과실은 채무자의 계약채무의 불이행과 같은 정도로 평가되지 않는다. 채권자는 신의칙상 채무자의 과실로 야기된 채무불이행의 결과 손해가 확대되지 않도록 할 손해확대방지의무(損害擴大防止義務)를 지며, 이를 위반했을 때에 채권자의 과실이 인정된다. 그 의무위반의 정도가 심각하여 채무자의 채무불이행책임을 면책시킬 정도에 이르는 경우도 있지만 대개의 경우 배상액삭감으로 그치게 된다. 단지 채권자의 불수령(不受領)만이 있었던 경우에 이것은 채무불이행책임의 문제가 아니라 채권자지체로서 다루어지며, 채무자의 이행지체가 부정된다.

불법행위책임의 경우에 피해자의 과실로 가해자의 책임이 부정되는 경우는 피해자가 가해자와 같은 정도로 사고의 원인을 제공한 경우에 한정되어야 한다. 이는 과실의 판단뿐 아니라 가해행위(加害行爲)와 손해발생(損害發生) 사이의 인과관계(因果關係)의 문제로 다루어져야 한다. 피해자의 과실로 배상액이 삭감되는 경우에 피해자의 과실은 사회통념상 요구되는 주의를 다하지 않은 정도의 약한 과실이어도 무방하다. 그 주의의무가 법령이나 관습 등에 의해 부과된 것이 아니라도 사회통념상 피해자가 그 상황에서 그러한 주의를 다 할 것으로 기대되는 경우에 과실상계가 인정될 수 있다. 이

---

1) 졸저, 채권총론(1991), 265에서는 통상의 과실설을 취했으나 신판에서는 견해를 바꾸겠다.

2) 채권자가 채무불이행에 원인을 제공했거나, 또는 채무자의 과실만으로 채무불이행이 생긴 후 채권자의 부주의로 손해가 확대된 경우에 채권자의 과실이 인정된다(대판 1957. 6. 29, 4290민상238 등).

때에 피해자의 과실을 호의동승 등 부주의와 관계 없는 범위까지 확대해서는 안 된다.

피해자가 불법행위의 성립에 요구되는 엄격한 의미의 주의의무를 위반한 경우뿐만 아니라 단순한 부주의로 인하여 손해가 발생·확대되게 한 경우에도 피해자에게 과실이 있는 것으로 보아 과실상계를 할 수 있다(대판 1992. 5. 12, 92다6112).

하자담보책임으로 인한 손해배상사건에 있어서 배상권리자에게 그 하자를 발견하지 못한 잘못으로 손해를 확대시킨 과실이 인정된다면 법원은 손해배상의 범위를 정함에 있어서 이를 참작하여야 하며, 주문자가 하자발견의무를 부담하는 특약을 하지 않은 이상 하자를 발견하지 못한 데 대하여 주문자에게 과실이 있다고 말할 수는 없다(대판 1995. 6. 30, 94다23920).

(라) 손해확대방지의무의 위반 자기가 사고를 유발하지 않았더라도 피해자(또는 채권자)는 그 사고로 인한 손해가 확대되지 않도록 하거나 또는 손해를 경감하도록 적절한 조치를 취해야 할 손해확대방지의무(損害擴大防止義務) 또는 손해경감조치의무(損害輕減措置義務)를 진다. 피해자는 타인에 의해 손해가 야기된 경우라도 자기영역에서 그 손해가 확대되도록 그냥 방치해서는 안 된다. 피해자는 자기의 영역에서 자기의 손해를 줄이기 위한 노력을 할 것이 기대되며, 타인의 영역에까지 손해방지조치를 취할 것은 요구되지 않는다.

이 손해확대방지의무가 법률에 규정되는 경우도 있으나 그렇지 않은 경우라도 관습법이나 조리에 의하여 부과될 수 있다.[1] 손해방지의무는 간접의무로서의 성격을 가지므로, 그 자체의 이행청구나 이행강제는 허용되지 않지만 그 위반시에 그 의무자의 손해배상청구에 있어서 불이익이 가해지게 된다.[2] 손해방지의무의 위반이 책임을 부인하는 효과를 가져오는 경우도 있으나, 대개는 배상액을 삭감시키는 효과를 가져올 뿐이다. 과실상계는 대개의 경우 이 손해확대방지의무를 전제로 하여 인정된다. 따라서 법관

---

1) 유엔통일매매법에서는 손해경감조치에 관한 명문의 규정을 두고 있다. 이 법 제77조에 의하면 "계약위반을 원용하는 당사자는 얻을 수 있는 이익의 손실을 포함하여 그 위반으로부터 발생하는 손실을 경감하기 위하여 그 상황에 합리적인 조치를 취하여야 한다. 그러한 조치를 취하지 아니한 경우에는 위반을 한 당사자는 경감되었을 손실액만큼 손해배상액의 감액을 청구할 수 있다"고 한다.

2) 같은 취지: 심상무, "손해방지의무에 관한 연구," 동의법정 제13집, 1997, 76.

은 배상액산정에서 있어서「피해자가 손해를 최소한으로 줄이기 위해 필요한 조치를 취하였는가」하는 점을 검토하고 그러한 조치가 없었던 경우에 책임을 부정하거나 배상액을 삭감하게 된다(같은 취지: 대판 1988. 12. 13, 87다카2986).

(마) **보조자의 과실** 과실상계에 있어서 채권자나 피해자의 대리인(代理人), 피용자(被用者), 기타 보조자(補助者)의 과실은 채권자 및 피해자의 과실과 동일하게 취급된다. 손해의 발생 및 확대와 관련된 보조자의 과실은 피해자 또는 채권자의 과실로 간주하는 것이 사회통념상 타당하기 때문이다. 그리고 그렇게 해석해야 채무불이행의 경우에 민법 제391조의 이행보조자책임, 그리고 불법행위의 경우에 제756조의 사용자책임과 균형을 이루게 된다. 어린이나 정신병자가 피해자인 경우에 그 감독의무자(監督義務者)의 과실도 피해자의 과실로서 참작되어야 한다.[1] 다만 각자의 직업을 가진 독립된 경제주체로서 서로간에 신분상 내지 생활관계상 일체를 이루는 관계에 있지는 않는 경우에는 손해배상액을 산정함에 있어 피해자측 과실로 참작할 수 없다(대판 1996. 11. 12, 96다26183).

(바) **과실상계와 책임능력** 채권자 또는 피해자의 과실이 과실상계의 사유로 되는 경우에, 그 채권자 또는 피해자가 책임능력을 갖출 것이 요구되는가에 관하여는 학설이 대립한다.

① 책임능력요건설 피해자의 과실을 과실상계사유로 삼을 때에는 그의 책임능력(責任能力)을 전제(前提)로 해야 한다는 견해이다. 통상의 과실설을 취할 경우 책임능력을 요건으로 하는 것이 균형을 이룬다.[2]

② 책임능력불요설 배상권리자의 과실에 있어서는 사리변식지능을 갖고 있으면 충분하지 책임변식능력(責任辨識能力)은 필요하지 않다는 견해이다(대판 1971. 3. 23, 70다2986; 대판 1993. 9. 14, 93다21552).[3] 판례는 위험판별능력으로 충분하다고 보아 8살 어린이의 행위에 대하여도 과실상계를 인정하였다(대판 1968. 8. 30, 68다1224).

③ 절 충 설 사견으로는 책임부인의 경우에는 피해자에게 책임능력이 있을 것을 요하지만, 단순한 배상액삭감의 경우에는 책임능력이 없더

---

1) 같은 취지: 대판 1964. 10, 28, 64다693 등; 대판 1969. 3. 5, 69다2465.

2) 현행민법 제정 당시에는 통설이었으나 현재에는 소수설이다. 김석우, 560; 이호정, 102.

3) 사리변식능력설이라고도 한다. 같은 취지: 곽윤직, 채권각론, 835; 김주수, 186; 김증한 · 김학동, 154; 정기웅, 166; 홍천용, "자동차사고에 있어서 과실상계문제," 황적인교수화갑기념 손해배상법의 제문제, 250; 대판 1969. 7. 29, 69다829.

라도 위험판별능력이 있었다면 과실상계를 인정하여도 무방하다고 생각한다. 책임능력은 원래 불법행위책임에서만 필요하고, 채무불이행책임에서는 채무자나 채권자의 행위능력이 대리인에 의해 보충(補充)되고 있으면 되고 책임능력은 필요로 하지 않는다.

(사) 필요적 참작사유 손해배상청구소송에서 법원은 피해자(원고)에게 과실상계의 사유가 있는 때에는 반드시 그를 참작(參酌)해야 한다. 과실상계사유가 단순히 채무자나 피해자에게 항변권을 부여하는 것은 아니다(대판 1960. 9. 29, 4293민상89). 참작의 결과에 대하여는 법원의 재량에 맡겨져 있다. 과실상계사유를 참작하지 않은 배상판결은 위법한 것으로서 상고사유가 된다(대판 1966. 7. 26, 66다937). 법원은 직권으로 채권자나 가해자의 과실유무를 조사해야 한다. 이득공제와 과실상계를 모두 할 경우에, 산정된 손해액에다 과실상계(過失相計)를 한 후에 피해자의 이득을 공제(控除)한다(대판 1981. 6. 9, 80다3277).

(아) 과실상계의 적용범위 ① 배상액예정이 있는 경우: 당사자 사이에 손해배상액의 예정이 있는 경우에도 과실상계가 가능한지 여부에 관하여는 긍정설과 부정설이 대립한다. 판례는 부정설을 취한다(대판 1972. 3. 31, 72다108). 즉 손해배상액을 예정한 경우에는 과실상계를 적용할 것이 아니라고 한다. ② 하자담보책임: 채무불이행책임에 관한 법리는 같은 본질을 가지는 하자담보책임에도 유추적용될 수 있다. 민법 제581조, 제580조에 기한 매도인의 하자담보책임은 법이 특별히 인정한 무과실책임이므로 여기에 민법 제396조의 과실상계규정이 준용될 수는 없다 하더라도 담보책임이 민법의 지도이념인 공평의 원칙에 입각한 것인 이상 하자의 발생 및 확대에 가공한 매수인의 잘못을 참작하여 손해배상의 범위를 정함이 상당하다고 한다(대판 1994. 6. 30, 94다23920). ③ 표현대리에는 과실상계의 법리를 유추적용하여 본인의 책임을 감경할 수는 없다(대판 1994. 12. 12, 94 다24985). 또한 ④ 근로기준법에 의한 사용자의 요양보상 · 유족보상 · 장례비의 지급, ⑤ 피해자의 부주의를 이용한 고의불법행위자(대판 2000. 1. 21, 99다50538)나 채권자의 착오를 이용하여 고의로 채무불이행을 한 채무자(대판 2008. 5. 15, 2007다88644)의 과실상계주장도 인정하지 않는다. 이는 가해자로 하여금 불법행위로 인한 이익을 최종적으로 보유하게 하여 공평의 이념이나 신의칙에 반하는 결과를 가져오기 때문이므로, 고의에 의한 불법행위의 경우에도 위와 같은 결과가 초래되지 않는 경우에는 과실상계나 공평의 원칙에 기한 책임의 제한은 가

능하다(대판 2007. 10. 25, 2006다16758 · 16765).

(3) 이득공제

(가) 의　　의　　책임원인에 의해 피해자에게 손해가 발생하는 것에 부수하여 이득을 얻게 되었거나 지출을 면하게 된 경우에, 배상액산정에 있어서 그 이득액 및 지출절약액을 공제하는 원칙을 이득공제(利得控除) 또는 손익상계(損益相計)라고 한다. 피해자가 입은 손해는 전보시켜야 하지만, 피해자를 가해사건이 없었더라면 있었을 상태보다 더 유리한 상태에 두어서는 안 된다는 뜻에서 만든 배상액산정원칙이다. 민사소송에서 가해자는 배상액산정에 있어서 피해자의 이득을 공제할 것을 주장 · 항변할 수 있다.

민법에 이득공제에 관한 명문규정은 없으나, 학설은 배상액산정에 있어서 이득공제는 필수적인 계산과정이라고 한다. 판례도 이득공제를 인정한다. 손익상계는 손해배상책임의 원인이 되는 행위로 인하여 피해자가 새로운 이득을 얻었고, 그 이득과 손해배상책임의 원인행위 사이에 상당인과관계가 있을 때에 인정된다(대판 2005. 10. 28, 2003다69638).

(나) 공제되는 이득　　책임원인과 인과관계에 있는 이득이라도 손해배상법의 이념에 비추어 공제(控除) 여부를 판단해야 한다.[1] 어떤 이득이 피해자의 것으로 귀속되어야 할 것인가 또는 가해자의 부담을 덜어 주는 쪽으로 이용되어야 할 것인가를 규범적(規範的)으로 판단해야 한다.

다음의 경우는 이득공제의 대상이 된다. ① 채무불이행으로 인한 손해배상에서 얻을 수 있었던 이득의 상실을 배상청구하는 경우에, 채무자가 채무를 이행했더라면 지출했을 비용은 공제해야 한다(대판 1962. 6. 14, 4294민상1359). ② 사망의 경우에 사망자는 장래 얻을 수익인 일실이익을 배상받는 반면에 지출하지 않게 된 장래의 생활비는 이득으로서 그 배상액에서 공제된다. ③ 근로기준법에 의해 사용자가 지급한 장해보상액, 요양급여액, 휴업급여액, 자동차보험회사에서 이미 받은 치료비는 배상액산정시 공제되어야 한다(대판 1977. 7. 26, 77다537; 대판 1975. 7. 22, 75다153). ④ 유족보상금(공무원연금법 제42조)은 유족들의 생활보장을 위해 지급되는 다른 유족급여와는 달리 공무상 질병, 부상에 대한 유족의 손실보상을 목적으로 하는 급여로서 불법행위로 인한 손해배상금과 같은 종류이므로, 공무원유족이

1) 대판 1969. 11. 25, 69다887: 채무불이행과 인과관계 있는 손해는 채무의 이행이 있음으로 인하여 얻을 수 있는 이익금에서 반대급부채무를 면한 이득을 공제한 것이다.

손해배상금을 지급받았다면 공무원연금관리공단은 유족보상금에서 그 잔액만 지급하면 되고 유족보상금을 먼저 받았다면 손해배상금에서 공제된다(대판[全合] 1998. 11. 19, 97다36873).[1)]

(다) 공제되지 않는 경우　다음의 금원은 배상액산정시 공제의 대상이 아니다. ① 증여(贈與)라는 별개의 법률행위에서 얻은 부의금 · 위로금은 공제되지 않는다(대판 1971. 7. 27, 71다1158). ② 신체상해의 피해자에게 부양의무자가 있다는 사실은 가해자의 책임을 면제 · 경감시키지 않는다. ③ 피해자가 개인적으로 가입한 생명보험금 · 사고보험금은 공제대상이 아니다. 그리고 배상자대위가 생기는 보험금 · 사회보상금에 관해서도 이득공제가 행해지지 않는다.

(4) 중간이자의 공제[2)]

(가) 중간이자의 공제필요성　현재에 지급할 손해배상액을 산정함에 있어서는 장래 취득할 예정이었던 이득을 현가(現價)로 계산할 필요가 있다. 일실이익의 현가를 산정할 때에 장래의 취득예정가에서 현재까지의 중간이자를 공제하는 방법을 취한다. 만약 장래 취득예정가를 현재 전액 지급받는다면 중간이자 상당의 부당이득이 생기게 되어 부당한 결과로 될 것이다.

학설과 판례는 중간이자의 공제를 인정한다. 판례는 공제하는 중간이자를 법정이율인 연 5%로 계산한다. 공제의 대상이 되는 것은 장래소득에 관한 일실이익뿐 아니라 장래의 치료비(治療費), 의수비(義手費), 개호비(介護費)의 필요비용청구도 포함된다(대판[全合] 1979. 4. 24, 77다703). 반면에 배상액산정에 있어서 장래에 발생할 임금상승 · 노동생산성상승 · 자금운용이익 · 취업기회확대 등의 피해자에게 유리한 요인들은 고려되지 않는다. 중간이자공제와 같이 피해자에게 불리한 요인은 고려하면서 임금상등 등 유리한 요인은 무시함으로써 일실이익을 현실기대액보다 소액으로 계산하는 것은 비합리적인

---

1) 종전의 판례는 공무원연금법에 의한 유족보상금은 사회보장적 의미로 지급되는 것이므로 위자료를 산정하는 데 참작될 사유이며, 이를 배상액에서 공제해서는 안 된다고 하였고(대판 1977. 7. 12, 75다1229), 제 3 자의 불법행위로 인한 사망에 관하여 공무원연금관리공단이 유족에게 유족보상금을 지급한 경우에, 공단은 유족이 제 3 자에 대해 갖던 손해배상청구권을 그 지급액의 범위에서 양수받는다고 하였으나(대판 1990. 2. 27, 89다카19850), 1998년 입장을 바꾸었다.

2) 참고문헌: 김용한, "손해액계산의 방법론적 고찰," 방순원고희기념 민사법의 제문제, 1984, 55 이하; 김주상, "손해액산정과 라이프니츠식 계산법(상) · (하)," 법조 제29권 12호 · 제30권 1호(1980~ 1981); 심훈종, "호프만식 계산방법은 합리적인가," 변협 22호; 이명갑, "중간이자공제에 대한 비판적 검토," 사법행정 1988년 6월호; 이재성, "중간이자산정의 계산방식과 이율(상) · (하)," 판례월보 1979년 6월호 · 7월호.

산정방법이라는 비판도 있다.[1)]

(나) **계산방법** 중간이자공제의 계산방법은 배상액의 결정에 중대한 영향을 미치는 요인이므로, 어떤 계산방법을 취하느냐는 규범적 판단사항이다. 우리 나라에서는 배상금의 중간이자를 공제하는 방법으로 단리공제식(單利控除式)과 복리공제식(複利控除式)의 두 가지를 이용해 왔다.[2)]

① 단리공제식(Hoffmann식): 배상액=장래취득액÷(1+연수×연이율)

이 방식은 계산방법이 간단하여 이용이 편리하며, 중간이자가 적게 공제되어 피해자에게 유리하다. 수익기간이 일정기간 지나면 현재가로 받은 금액의 이자만으로 장래취득에 달하게 되어 원금 상당액의 부당이득이 우려된다. 연 5%의 이율로 계산할 때 단리연금현가율이 20을 넘는 36년째의 시점에서 배상금원금으로부터 생기는 이자만으로 연간취득액을 충족하고 남는다.

② 복리공제식(Leipniz식): 배상액=장래취득액÷{(1+연이율)의 연수제곱} 이 방식은 복리계산이 복잡하지만, 수익기간의 장기·단기에 관계 없이 수익기간이 만료함과 동시에 배상원금이 0이 되므로 이론상으로는 계산방법이 매우 합리적이다.

(다) **판 례** 대법원은 당사자의 주장에 관계 없이 법원이 자유로운 판단에 따라 양 방법 중에서 하나를 정할 수 있다고 한다(대판 1983. 6. 28, 83다191).[3)4)] 다만

1) 이명갑, 앞의 글, 24.

2) 은행의 할인에서는 가르초프식(Garzop식)의 계산법이 이용된다. 현재가=장래취득액×(1−연수×연이율). 만약 이 방식에 의해 배상액을 정한다면 공제액이 지나치게 과다하게 된다. 연 5%의 법정이율로도 20년이면 원금과 같아져 그 이상의 장래취득에의 현재가는 0이 된다. 이 계산방법을 손해배상에 이용하게 되면 피해자에게 너무 불리하게 되므로, 법원은 손해배상에 관하여 이 방식을 채택하지 않는다.

3) 판례는 과거에 단리계산식(호프만식)을 이용해서 장래취득액을 매년 연봉으로 계산하여 현재까지의 중간이자를 단리로 공제해 왔다. 그 후 판례는 월수입을 연수입을 기준으로 하여 공제액을 산출하는 단리계산식이 위법이라고 하였다(대판 1965. 9. 25, 65다1534). 그 후 월단위의 계산을 위해 단리계산식의 현가표가 만들어져 각 법원에 보급되었다. 그러자 법원내부에서 단리계산식의 문제점이 지적되고 복리계산식의 도입필요성이 주장되고 복리계산식을 취한 하급심판결이 나타나기 시작하였다. 1979년에 복리계산식(라이프니츠식)에 의한 수치표가 작성되어 공표된 후부터는 이 방식에 따른 하급심판례가 증가하였다. 그 이후 대법원은 단리계산식(호프만식)에 의한다는 입장을 계속 보유하고 있으면서 하급법원이 복리계산식(라이프니츠식)을 취하지 않은 것에 잘못이 없다고 하였다(대판 1978. 4. 11, 77다2455). 호프만식 계산으로 단리연금현가율이 240을 넘는 중간이자 공제기간의 현가를 산정함에 있어서는 그 수치표의 단리현가율이 얼마인지에 관계 없이 모두 240을 적용하여 피해자가 과잉배상받는 일이 없게 해야 한다는 판결도 있었다(대판 1985. 10. 22, 85다카319).

4) 현재의 대법원의 태도에 대하여 피해자에 대한 법의 평등한 적용의 헌법정신에 어긋나므로 부당하다는 비판이 행해진다. 김형배(2판) 280. 만약 불가피하게 두 방식을 병용해야 한다면 각 방식을 취한 경우에 관해 기준을 제시해 주어야 할 것이라는 비판도 있다. 곽윤직, 채권각론, 816에서는 액수가 달라지는 두 산식을 모두 적절한 것이라 함으로써 하급심의 재량에 맡기는 것이 과연 옳은 태도인지 의심

국가배상법상의 손해배상청구에 있어서 유족배상, 장해배상, 치료비 등을 일시에 청구하는 경우에 법정이율에 의한 단할인법(單割引法; 호프만식)으로 중간이자를 공제하여야 한다(국가배상법 시행령 제6조).

(5) 배상액산정의 기준시

(가) 배상청구권의 발생시기 손해배상청구권의 발생시기는 책임원인에 따라 다르다. ① 채무불이행책임에서는 본래 채무의 변제기에 손해배상청구권이 발생한다. 이행불능(履行不能)의 경우에는 급부가 불능으로 된 시점에서 이미 채무불이행이 명백해지므로 불능시점에 전보배상을 청구할 손해배상청구권이 발생한다. ② 불법행위책임에서는 가해행위시에 손해배상청구권이 발생한다. 가해행위와 손해발생 사이에 시간적 간격이 있는 경우에는 손해가 현실로 나타난 때에 배상청구권이 발생한다.

(나) 배상청구권의 변제기 손해배상청구권은 발생과 동시에 내용이 결정되어 변제기가 도래하게 되며, 그 후에는 배상금에 대한 지연이자(遲延利子)만이 추가될 뿐이다. 그러나 실제로는 가해원인에 의한 손해가 어느 정도인지 즉시 파악하는 것이 쉽지 않으므로, 배상액산정은 손해가 발생하고 한참 후에 행해지게 된다.

(다) 산정기준시 손해배상액은 채무불이행이나 불법행위 등으로 인하여 손해배상청구권이 발생한 시점을 기준으로 산정(算定)하는 원칙(책임원인기준의 원칙)을 취해야 할 것이다.

물건의 시가(時價)를 산정함에 있어서나 일실이익을 산정할 때에나 원칙적으로 책임원인발생시를 기준으로 하는 것이 타당하다. 소유권이전등기말소등기의무가 이행불능이 됨으로 말미암아 그 권리자가 입는 손해액은 원칙적으로 그 이행불능이 될 당시의 목적물의 시가 상당액이다(대판 2005. 9. 15, 2005다29474).

예외적으로 손해발생으로부터 장기간이 경과한 후에 배상금이 지급되는 경우에 산정기준시를 청구권발생시보다 뒤로 늦출 필요가 있다. 배상청구권이 발생한 후에 물가가 현저히 변동되었거나 목적물의 시가나 임금의 상황이 크게 달라진 경우에 손해배상액 산정의 기준시를 현실적으로 손해를 배상하는 시점(배상시점)으로 늦추는 것이 더 현실에 적합하게 된다. 배상금결정에

스럽다. 두 산식 중 어느 하나를 택하든지, 아니면 양자를 모두 인정한다 하여도 최소한 그들을 각각 적용할 경우를 합리적으로 결정하여야 할 것이다」라고 판례를 비판한다.

관한 당사자의 합의가 늦어진 경우 또는 소송이 제기되어 손해발생시부터 확정판결 사이에 기간이 오래 경과한 경우에 이러한 필요성이 발생한다.

① 채무불이행책임에서 목적물의 불인도로 인한 손해(전보손해 · 지연손해 · 전매이득 등)를 어느 시점을 기준으로 산정할 것인가에 관해서 책임발생시설(責任發生時說)과 변론종결시설(辯論終結時說)이 대립한다. 책임발생시설은 손해배상청구권이 발생한 시점을 기준으로 하여 배상액을 산정하고, 그 후에 생긴 손해는 상당인과관계의 범위 내에서 가산해야 한다고 주장한다(채무불이행책임에서는 책임원인인 이행지체의 때와 그로 인한 전보배상청구권의 발생시점이 다르다).[1] 변론종결시설은 손해배상청구권이 소송상 행사된 경우에 제2심의 구두변론의 종결시점을 기준시로 하여 배상액을 결정해야 한다고 주장한다.[2] 양설(兩說)의 실질적인 차이는 배상청구권의 발생 후부터 변론종결시까지 생긴 목적물의 가격변동을 민법 제393조 2항의 특별손해로 보아 채무자가 예상가능한 경우에만 배상시킬 것인가, 또는 제1항의 통상손해로 보아 언제나 배상시킬 것인가에 있다고 한다.

판례는 책임발생시설(責任發生時說)을 취한다. 이행불능의 전보배상에 관하여는 채무이행이 불능으로 된 당시의 시가에 의하며, 그 후의 시가앙등으로 인한 손해는 특수한 사정에 해당하므로 채무자가 예견가능한 경우에만 앙등가격으로 배상한다고 한다.[3] 이행지체의 전보배상에 관하여는 채권자의 최고로부터 상당기간이 경과한 후의 시가라고 하며, 그 후의 물가상승은 특별사정에 의한 손해라고 한다(대판 1967. 6. 13, 66다1842; 대판 2007. 9. 20, 2005다63337).[4] 이행거절의 전보배상에 관해서는 이행거절 당시의 급부목적물의 시가를 표준으로 한다(대판 2007. 9. 20, 2005다63337).

사견으로는 이행불능과 이행지체를 구별하지 않고 책임발생시설에 따르지만, 만약 구체적인 사례에서 책임원인발생 이후의 사정을 고려하는 것이 불가피하다고 판단되는 경우에는 예외를 허용하여 그 기준시를 현실적인 배상

1) 곽윤직, 154; 김석우, 160; 김형배(2판), 272에서는 다원적으로 환산한다

2) 김기선, 102; 김용한, 210; 김주수, 179; 김증한, 82; 김증한 · 김학동, 149; 김현태, 132; 이태재, 139; 현승종, 165.

3) 대판 1967. 7. 4, 67다836; 대판 1969. 3. 25, 66다340; 대판 1972. 11. 14, 72다1668; 대판 1977. 8. 23, 77다714; 대판 1980. 3. 11, 80다78 등. 책임원인시설에 가까운 판시를 한 바도 있다(대판 1993. 4. 9, 92다25946).

4) 유예기간이 만료한 시점의 시장가격에 의함이 원칙이라고 하여(대판 1967. 6. 13, 66다1842) 손해발생시설을 취한 판례가 다수이다. 반면에 "이행지체중에 있는 본래의 급부 대신 명하는 전보배상은 본래의 목적물을 받는 것과 동일한 경제적 이익을 받아야 될 것이므로 그 전보배상액은 사실심변론종결시의 시가에 따라 산정하여야 할 것이다"라고 하여 판결시설을 취한 것도 있다(대판 1969. 5. 13, 68다 1726).

시점에 가깝게 변론종결시로 삼는 것이 타당다고 생각한다(절충설). 다만 종래의 책임발생시설에서는 배상액산정에 통상손해 · 특별손해의 법리를 원용하고 있는데, 제393조는 배상범위결정에 관한 기준을 제시하는 규정이므로 이미 범위가 결정된 손해사실의 환산에 원용하는 것은 옳지 않다고 생각한다.

② 불법행위의 경우에도 책임원인발생시를 산정기준으로 삼는 것이 원칙이다. 소유권침해로 특정물이 멸실된 경우에 불법행위시를 기준으로 그 때의 교환가격으로 손해액을 산정한다(대판 2003. 1. 10, 2000다34426). 인체손해의 일실이익산정에서 청구권발생 후에 피해자의 승진, 그 직종의 임금상승 등으로 사고발생시를 기준으로 해서 산정하는 것이 피해자에게 매우 불리하게 될 때에는 사실심변론종결시를 기준으로 하여 배상액을 산정하는 것이 타당하다.

5. 인체손해의 배상[1)]

(1) 치 료 비

배상의무자는 채무불이행이나 불법행위와 상당인과관계에 있는 치료비와 치료에 드는 부대비용을 배상해야 한다. 치료비의 상당성판단에는 당해 치료행위의 필요성, 기간과 함께 치료행위에 대한 보수가 상당한가가 검토된다. 사고로 인한 입원기간 중에는 치료비 이외에 노동능력의 전부상실에 따른 배상금이 추가된다(대판 2006. 3. 9, 2005다16904).

㈎ 치료비의 내역 치료비(治療費)에는 상해를 치료하기 위한 진료비, 약값, 수술비, 특수치료비 이외에 치료를 위한 한약비는 물론 쇠약함을 회복하기 위한 한약비도 배상액에 포함된다(대판 1957. 10. 31, 4290민상625). 의사의 진단서에 기재된 요치료일수(要治療日數) 이후에도 완치되지 않아 필요한 치료비와 약값도 포함된다(대판 1964. 10. 13, 64다76). 치료 후의 성형수술비도 상처의 원상회복을 위한 때에는 배상액에 포함된다(대판 1970. 2. 10, 65다1629). 치료과정중 의사의 오진으로 비정상적인 치료비가 지출된 경우(대판 1967. 4. 25, 67다240), 피해자가 불필요한 고가(高價)의 치료나 수술을 받은 경우(대판 1981. 9. 8, 80다3211)는 배상액에 포함되지 않는다. 치료내

1) 참고문헌: 김상용, "인격권의 침해와 손해배상," 황적인박사화갑기념 손해배상법의 제문제, 1990 수록; 박우동, "생명 · 신체의 침해로 인한 손해배상의 산정," 사법논집 제1집; 동, "인신사고소송의 이론과 실태," 인신사고소송 1981년 6월호; 이보환, "인신손해액의 산정," 사법논집 제12집, 1981; 주성민, "인에 대한 고의적 침해," 사법행정 1987년 10월호; 송기영, "생명 · 신체의 침해로 인한 손해배상의 범위," 사법연구회 편, 불법행위법의 제문제, 1985년 수록.

용 · 회수 · 의료보수가 부상 정도나 의료보험수가에 비해 과다한 경우에는 합리적인 범위로 축소된다(대판 1988. 5. 24, 87다카1518).

이미 지불한 치료비 이외에 장래(將來)의 치료비로 사실심종결시까지 증거에 의해 확실히 예정되는 금액을 배상청구할 수 있다(대판 1962. 1. 25, 4294민상285; 대판 1984. 4. 10, 83다카1441). 불치의 중환자에 대하여는 평균여명에 이르기까지 소요되는 치료비 및 간호비용을 일시금으로 지급받을 수 있다. 장래치료비를 현가(現價)로 산정할 때에는 사고 당시부터 지출예상시까지의 중간이자를 공제해야 한다(대판 1967. 10. 31, 67다2122).[1] 식물인간의 생존가능기간을 정확히 알 수 없는 경우에 향후치료비를 매년 정기금으로 배상토록 명할 수 있다(대판 1988. 11. 8, 87다카1032).

(나) 부대비용 부대비용(附帶費用)에는 진단서비용, 입원비, 입원중 환자의 식사비(대판 1960. 9. 8, 4292민상520; 대판 1980. 5. 27, 80다664는 인정, 그러나 대판 1979. 2. 27, 78다2311은 제외함), 가족 아닌 자의 간호비가 포함된다. 치료기간중 환자와 보호자의 숙박비는 상해와 인과관계가 인정되지만, 상해가 없었더라도 지불했을 식사비 등은 배상액에 포함되지 않는다(대판 1966. 3. 22, 65다145).

(다) 의료보조기구비 피해자가 완치 후에도 의수(義手) · 의족(義足) 등의 보조기구가 필요한 때에는 그 비용을 청구할 수 있으며, 장래 보조기구를 계속해서 구입해야 하는 경우에 그 비용을 현가(現價)로서 일시금(一時金)으로 청구할 수 있다.

(2) 개 호 비

(가) 개호의 필요성 노동능력이 완전히 상실된 자의 생활을 돕기 위해 개호인(介護人)을 두는 데 필요한 비용은 불법행위와 상당인과관계가 있는 손해이다(대판 1971. 3. 9, 71다222). 양 다리의 마비로 기동 및 배변이 불편한 사람, 양쪽 눈을 실명한 사람에게는 전담의 개호비(介護費)가 인정된다(대판 1972. 7. 11, 72다805; 대판 1982. 5. 25, 81다카1212). 피해자에게 보호해 줄 부모가 있더라도 개호인의 보수를 배상청구할 수 있다(대판 1969. 6. 24, 69다573; 대판 1986. 7. 22, 85다카1594).

(나) 개호비의 산정 근친자(近親者)가 피해자의 개호를 위해 휴업한

1) 치료비청구권에 관하여 대법원은 초기에는 불법행위로 인한 손해발생과 동시에 청구권이 확정적으로 발생한 것이므로 이행기를 따로 정할 필요가 없음은 물론이고 중간이자공제도 필요 없다고 했었다(대판 1967. 8. 29, 67다1025; 대판 1976. 9. 24, 76다1782). 그러나 그 후 대법원은 장래치료비의 산정에 사고 당시부터 지출예상시까지의 중간이자를 공제해야 한다고 태도를 바꾸었으며(대판[全合] 1979. 4. 24, 77다703), 변론종결일이나 퇴원일을 기준으로 중간이자를 공제하여 일시금을 산정하고 이 때부터 지연손해금의 지급을 명한다(대판 1989. 7. 11, 88다카22312).

경우에 그 근친자는 휴업으로 인한 일실이익을 배상청구할 수 있지만 그 경우에도 개호비 상당액을 초과할 수 없다(대판 1988. 2. 23, 87다카57).[1] 계속해서 개호인의 보호를 받아야 하는 경우에 그 개호비는 여자의 일용노동임금을 기준으로 산정한다.[2] 가족의 보조를 받을 수 있는 경우에도 그와 같이 계산한다(대판 1984. 4. 10, 83다카1316).

(3) 일실이익[3]

일실이익(逸失利益)은 가동연한 동안 계속 얻게 될 수입(收入)에서 생활비를 공제한 장래취득액에서 중간이자를 공제하는 방법으로 현가(現價)를 산정한다. 일실이익의 현가산정에 있어서 기초사실인 수입 · 가동연한 · 생활비 등은 사실상의 주장에 해당한다. 노동부의 직종별임금실태 조사보고서와 한국직업사전의 기재내용을 원심법원에 현저한 사실로 보아 이를 기초로 피해자의 일실수입을 산정한 조치는 합리적이다(대판 1996. 7. 18, 94다20051).[4]

㈎ 수 입 사망자나 신체장애자의 일실수입(逸失收入)은 손해발생 당시의 직업과 수입을 기초로 산정함이 원칙이다. 장차 수입의 증가가 확실히 예측되는 등 배상액을 증액할 특별사정이 있는 경우에는 그에 관한 당사자의 주장과 증거를 기초로 증액한다(대판 1976. 12. 28, 76다1635; 대판 1988. 6. 28, 87다카1858). 손해발생 후 수입이 증가한 때에는 특별한 사정이 없으면 사실심의 변론종결시의 수익을 기초로 산정한다(대판 1979. 6. 12, 79다460). 일실수입액은 증거에 의해 구체적으로 확정함이 원칙이지만, 그 대신 평균수입액에 관한 통계나 노동능력의 상실률표 등을

---

1) 판례는 근친자가 피해자의 개호를 위해 휴업한 경우에 그 근친자는 휴업으로 인한 일실이익 또는 개호 상당액을 배상청구할 수 있다고 하였으나(대판 1982. 4. 13, 81다카737; 대판 1986. 3. 11, 85다카2013), 그 후 일실이익으로 청구할 수는 있지만 그 경우에도 개호비 상당액을 초과할 수 없다고 태도를 바꾸었다(대판 1988. 2. 23, 87다카57).

2) 농촌의 여자일용노동임금을 기준으로(대판 1969. 7. 8, 69다466; 대판 1978. 1. 31, 77다1986; 대판 1980. 8. 12, 80다909) 개호가 필요한 기간의 전일분을 계산해야 한다(대판 1985. 8. 20, 84다카928). 그러나 도시에 거주하는 피해자에 대한 개호비는 도시의 일용임금을 기준으로 산정해야 한다(대판 1982. 11. 23, 82다카1079). 개호비는 1일 임금전액으로 산정해야 하고 하루중 개호에 필요한 시간만의 임금액으로 산정해서는 안 된다(대판 1982. 11. 23, 82다카1079; 대판 1988. 5. 24, 87다카3133).

3) 참고문헌: 박찬주, "일실이익의 산정과 세금의 고려(상) — 영미판례의 동향과 관련하여," 법조 1981년 12월호; 양삼승, "일실이익산정에 있어서 소득액의 개념에 관한 몇 가지 문제," 재판자료 제20집 자동차사고로 인한 손해배상(상), 법원행정처, 1984; 동, "일실손해의 산정," 민사판례연구 제9권, 1987; 이용우, "일실수입의 산정," 변협 1987년 11월호 · 12월호; 이재성, "장래의 가득수익의 상실에 관한 손해배상에 관하여," 소송과 경매의 법리, 1973 수록; 진성규, "일실이익의 배상액산정에 있어서의 손익상계," 사법연구자료 제1집, 1980.

4) 황현호, "일실수입산정자료로서의 임금구조기본통계조사보고서에 대한 고찰," 인권과 정의 227호, 1995. 7.

이용하여 추상적으로 산정하는 방식이 많이 이용된다. 예상소득에 관한 입증의 증명도는 합리성과 객관성을 잃지 않는 범위 내에서 상당한 개연성 있는 증명으로 충분하다(대판 1987. 3. 10, 86다카331).

1) 봉급생활자 피해자가 봉급생활자(俸給生活者)인 경우에는 정년까지의 봉급을 기초로 일실이익을 산정하는 소득상실 산정방식을 취한다. 일실이익은 사고 당시 피해자의 실질수입을 기초로 산정한다. 불법행위 당시 피해자가 둘 이상의 수입이 있는 업무에 종사한 경우에는 각 업종의 수입상실액을 개별적으로 평가하여 합산한다(대판 2002. 1. 8, 2001다64646). 각종의 수당과 상여금도 실질수입에 포함되며, 퇴직금도 일실이익에 해당한다.[1] 임금인상이나 승급의 개연성이 높은 경우에는 가해자의 예견가능성에 관계 없이 인상액이나 승급액을 반드시 산입해야 한다.[2] 피해자의 수입이 일반노동임금보다 적을 때에는 그 변론종결시의 농촌일용노임에 의해 산정해도 무방하다(대판[全合] 1980. 2. 26, 79다1899).[3]

2) 사 업 가 개인사업의 경영자의 일실수입을 산정하는 방법으로는 다음의 세 방법이 이용된다.

① 노동가치 산정방식 사업체의 매상고(賣上高) · 거래선(去來先) · 필요경비(必要經費) 등을 참작하여 먼저 그 사업체의 수입금을 정하고, 그 중에서 사업주의 개인기여분을 가려내는 방법으로 계산한다(대판 1986. 9. 9, 86다카451). 경영자의 기술과 노동 이외에 자재나 인적 · 물적 설비 등의 투하자본에 의한 수입은 산입되지 않는다(대판 1979. 3. 27, 79다2).

② 대체노동가치 산정방식 같은 능력을 가진 경영자를 고용하는데 드는 보수 상당액을 산정기초(算定期初)로 삼는 방법을 취하는 판결도 있다(대판 1966. 9. 20, 66다1215; 대판 1981. 5. 26, 80다3092).

③ 가상소득 산정방식 피해자가 다른 회사에 경영자로서 고용되

---

1) 법원은 일실퇴직금을 다음의 방법으로 산정한다. 먼저 정년퇴직시에 받은 예상퇴직금에서 중간이자를 공제하여 현가를 계산한다. 그 다음 사고로 인해 조기퇴직함으로써 받게 되는 퇴직금을 계산한다. 전자에서 후자를 뺀 금액이 일실퇴직금이다(대판 1987. 4. 14, 86다카1905). 입원하거나 휴직기간중 종전 직장에서 급여를 계속 받은 경우 일실수익 산정에서 이를 공제하지 않는다(대판 2003. 3. 28, 2002다55144). 이 방법에 대한 비판은 이용우, "일실수입의 산정(하)," 법률신문 1989년 11월 16일자.

2) 대판 1980. 7. 22, 80다1025는 가해자의 예견가능성을 요구했으나 대판 1989. 12. 26, 88다카6761 전원합의체판결로 변경했다.

3) 판례평석: 박우동, "일실이익산정을 위한 소득액에 관하여," 민사판례연구 제3권, 1981, 79 이하.

었다면 받았을 보수 상당액을 산정기초로 삼는 방법을 취한 판결도 있다(대판 1968. 11. 5, 68다1559; 대판 1981. 12. 8, 80다3266).

3) 주 부 가정주부(家庭主婦)의 일실이익의 산정방법에 대하여 다음의 방식이 있다.

① 소득상실 산정방식 판례는 소득상실 산정방식(所得喪失 算定方式)을 취하는데, 가정주부의 일실이익은 학력, 경력, 가정주부로서의 위치 등을 기초로 구체적인 사례에 맞게 산정해야 하며, 가정부의 수입만으로 산정한 것은 위법하다고 한다(대판 1968. 12. 24, 68다536).

그리고 가정주부의 수입은 최소한 농촌의 일용노동임금을 초과해야 한다고 하면서(대판 1971. 4. 30, 71다467; 대판 1987. 10. 26, 87다카346), 보통 도시에 사는 전업주부에 대해 도시의 일용노임을 기준으로 일실수입을 산정한다(대판 1987. 10. 26, 87다카346).

② 대체노동가치 산정방식 사견으로는 소득상실 산정방식에 기초하여 일용노동임금(日用勞動賃金)으로 계산하는 경우에 주부의 노동 중 단순노동부분만이 배상되므로 부당하며, 대체노동가치 산정방식에 따라 각 부문의 노동가치가 평가되어야 한다. 주부의 가사노동은 단순노동(청소·빨래), 기능노동(요리), 자녀교육 및 가정관리 등이 복합된 노동이므로 그것들이 종합적으로 평가되어야 한다.

4) 무 직 자 판례는 일정한 직업이 없는 자의 일실수익을 일용노동임금을 기준으로 산정하며, 피해자의 학력이나 경력 등은 고려하지 않는다(대판 1986. 2. 25, 85다카1954).[1] 미성년자에 관해서는 성년이 되는 때부터 일용노동임금으로 산정한다(대판 1966. 7. 19, 66다654). 사고 당시 기능사자격을 갖고 있는 등 곧 취직될 것이 확실한 경우에는 그 직종의 월급을 기준으로 산정한다(대판 1980. 9. 24, 80다1430). 전문직 양성의 대학에 재학중 사망한 경우에 피해자가 졸업 후 그 전문직을 선택하지 않을 특별사정이 없으면 그 전문직취업자의 일반통계의 수입평균치를 기초로 일실이익을 산정한다(대판 1980. 4. 8, 79다76). 사견으로는 현실수입이 없는 모든 사람에게 일용임금을 적용하는 것은 부당하며, 피해자가 갖는 직업적 능력에 따라 유형별로 나누어 각 직종별 임금통계를 참고하여 가정수입액을 정하는 것이 바람직하다고 생각한다.

(나) 후유장해와 노동능력상실 피해자의 신체가 영구적(永久的)으로

1) 비판의견: 이용우, "일실수입의 산정(하)," 법률신문 1989년 11월 16일자.

불구(不具)가 되어 노동할 수 없게 되거나 노동능력이 감퇴된 경우에 판례는 그 노동능력의 상실을 백분율(百分率)로 계산하여 일실수입을 산정한다. 노동능력상실률(勞動能力喪失率)은 의학적 신체기능장해율에 피해자의 연령, 교육 정도, 직업의 성질과 직업경력 및 기술의 숙련 정도 등의 여러 사정을 종합참작하여 경험칙에 따라 산정해야 한다(대판 1986. 9. 9, 86다카451).[1] 일시적인 병이나 장해는 노동능력상실로 취급되지 않는다(대판 1980. 8. 26, 80다579). 상실률의 결정에는 의사의 감정의견을 기초자료로 삼아야 한다(대판 1980. 12. 9, 80다2377). 노동능력의 상실률도 당사자의 자백의 대상이 된다(대판 1982. 5. 25, 80다2884; 대판 1988. 4. 25, 87다카2285).

실제로 후유장해(後遺障害)의 정도를 판정하는 것은 매우 어렵기 때문에 전문적인 평가표를 이용하여 장해등급으로서 판정한다. 우리 나라에서는 보통 「법령에 의한 기준표」나 「맥브라이드의 평가기준」이 이용되며, 그 밖에 「미국의학협회(A. M. A.)의 평가기준」도 있으나 드물게 이용된다.[2] 자동차손해배상보장법 시행령은 장해를 경중에 따라 14등급으로 나누고 각 등급별로 책임보험으로서 지급할 보상액을 정한다. 산업재해보험법 시행령의 신체장해등급표도 장해를 경중에 따라 14등급으로 나누고, 보상액을 피해자의 평균임금에 지급일수를 곱하는 방법으로 계산하도록 규정한다. 국가배상법의 등급표도 14등급으로 나누고 보상금지급방법 대신 장해등급별 노동능력상실률을 규정한다. 법원은 이상의 법령이 없는 경우에 대부분 맥브라이드 기준표를 이용하며, 자동차종합보험의 실무에서도 맥브라이드 기준표를 이용한다. 맥브라이드 등급표는 미국의 사회경제사정을 기초로 만든 것이므로 우리 나라의 취업실정에는 맞지 않는 부분이 많다. 우리 나라에서 작성한 법령기준표를 이용하는 것이 바람직하다고 생각한다. 판례는 불법행위로 인한 일실이익을 산정하기 위하여 노동능력상실률을 평가함에 있어서는 피해자의 후유증의 구체적인 정도와 그것이 피해자의 정신적 · 육

1) 판례는 뇌의 손상으로 지능장애와 운동신경의 마비가 일어난 경우(대판 1967. 10. 31, 66다2045), 오른쪽 팔다리가 모두 절단된 경우에(대판 1971. 6. 22, 71다993) 100%의 상실을 인정했다. 하반신마비자에 대하여 20%의 잔존능력을 인정했다(대판 1969. 9. 23, 69다1095).

2) 맥브라이드(McBride)기준표: 이 기준표는 미국의 의학교수인 맥브라이드가 장해에 관한 의학적 조건과 사회경제적 조건을 합쳐서 장해등급을 분류하는 방법으로 만들어졌다. 맥브라이드방식은 장해를 항목화시키지 않고 개방화하며, 장해의 경중도 14등급이 아닌 백분율로 세밀하게 분류한다.

미국의사협회기준표: 신체장해율과 노동능력상실을 엄격히 구별한 기준을 제시하는 점에 특색이 있다. 직종에 따른 구분을 하지 않는 점이 단점이다.

김종배, "일실이익의 산정방법과 산출기준," 자동차사고로 인한 손해배상(하), 법원행정처, 1984, 137.

체적 활동에 미치는 영향, 피해자의 연령, 교육 정도, 직업의 성질, 직업경력과 기능의 숙련 정도, 유사직종이나 타직종으로의 전업가능성, 기타 사회적·경제적 제반 조건을 참작하여 합리적이고 객관적으로 판단한다(대판 1998. 4. 28, 96다24712).

(다) 후유장해로 인한 일실이익산정[1] 치료가 끝난 후에도 장해상태가 그대로 남아 그 후의 직업생활 등에 방해가 되는 경우에, 그 장애자는 후유장해로 인한 일실이익을 청구할 수 있다. 노동능력상실과 일실수입은 반드시 같지 않으며, 고용상황에 따라 달라질 수 있다.

1) 전부상실 직업인의 경우에 비록 의학적으로는 노동능력의 일부만을 상실했더라도 나머지 노동능력만으로 취업할 가능성이 없는 경우에는 그 직업의 예상수입의 100% 상실이 인정된다(대판 1969. 5. 27, 69다365 등). 판례는 노동능력을 15% 상실한 광부(대판 1972. 8. 29, 72다1180), 15% 상실한 운전사(대판 1981. 7. 28, 80다2291), 79% 상실한 선원(대판 1989. 8. 8, 89다카6720) 등을 전부상실자(全部喪失者)로 취급한다. 노동능력을 일부 상실했으나 종전직업에 종사하는 데 지장이 없음에도 불구하고 직장에서 자진 퇴직한 때에는 그의 배상청구가 허용되지 않는다. 그러나 노동능력 40%를 상실한 교사가 구교육공무원법의 직권면직사유에 해당하여 자진 사퇴한 경우는 100% 상실로 취급된다(대판 1975. 11. 11, 74다1148).

2) 일부상실 피해자가 신체기능장해로 종전직업에는 종사할 수 없으나 노동능력이 많이 남아 있어 다른 직업에 종사할 수 있는 경우에, 그런 후유장해를 갖는 피해자를 「종전직업의 부적격자(不適格者)」라고 한다. 종전직업에의 부적격 여부는 의사의 감정의견, 공인된 문헌 등을 기초로 객관적으로 평가해야 한다(대판 1987. 2. 24, 85다카416). 부적격자의 일실이익을 산정하는 방식으로는 종전직업의 소득에서 잔존노동능력으로 다른 직업에서 얻을 향후소득을 공제하는 방식(향후소득공제식)과 종전직업소득에 노동능력상실률을 곱하는 방식(노동능력상실률식)의 두 가지가 많이 이용된다. 판례는 향후소득공제식과 노동능력상실률식 중에서 법원이 자유로운 심증에 따라 합리적인 방법을 선택할 수 있다고 하여(대판 1989. 1. 17, 87다2970) 두 방식을 병용하고 있다.[2]

---

1) 손지열, "후유장해로 인한 손해배상액의 산정," 법조 1985년 8월호.

2) 두 방식 중에서 어느 것을 택할 것이냐에 관해 판례는 변천을 거듭하였다. 초기에는 노동능력상실률식을 취하여 사고 당시의 수입에서 상실률을 곱한 금액을 가득수익손실액으로 산정했다(대판 1968. 4. 23, 67다1693). 그 후 향후소득공제식을 취하여 향후소득을 일용노임으로 의제하고 사고 당시의 수입에

① 향후소득공제식은 구체적인 소득차이를 일실이익이라고 보는데, 사고 전과 사고 후의 소득격차가 현실적으로 나타난 경우에는 간편하면서도 합당한 계산방식이 된다. 그러나 사고 전에 소득이 없었거나 사고 후에 직업을 잃은 경우에는 가정적(假定的)인 종전소득(從前所得)·향후소득(向後所得)을 기초로 산정하는 수밖에 없어 불합리하다. 후유증으로 노동능력이 저하되었어도 현실적인 수입감소가 생기지 않은 경우(사용자의 배려로 계속 직장에 다닌다든가, 본인의 배가된 노력으로 같은 수입을 얻은 경우)에 향후소득공제식은 주위의 배려나 본인의 노력은 고려하지 않고 외부적인 수입액만을 산정기초로 하기 때문에 손해가 발생하지 않은 것으로 의제한다.

② 노동능력상실률식은 인간의 노동능력을 임금을 획득할 수 있는 자본재로 보아 노동능력의 상실 자체를 손해로 보고 그 상실비율을 기준으로 배상액을 산정한다. 즉 이 방식은 향후소득을 구체적으로 산출해 내지 않고 종전소득에 상실률을 곱한 금액을 일실이익으로 본다. 이 방식은 노동능력의 객관적 가치를 전제로 하여 일실이익을 추상적으로 산정하게 되므로 사고 전과 사고 후에 현실적인 소득격차가 생긴 때에는 추상적인 산출액과 실제손해액 사이에 차이가 생기게 된다(예: 피아니스트가 손가락을 다쳐 종전의 높은 소득을 전혀 얻지 못하게 되어도 그의 노동능력상실률이 낮기 때문에 상실률식에 의한 배상액은 적어진다).

㈑ 가동기간과 평균여명[1]　가동능력(稼動能力)이란 피해자가 사고가 없었더라면 작업생활 등을 영위할 수 있었을 가정적 기간을 말하는 것으로서 배상액산정의 자료가 된다. 법원은 피해자의 경력·연령·직업·건강상

서 그 일용임금을 공제하여 배상액을 산출하였다(대판 1977. 9. 28, 77다1112). 그 후 전원합의체판결로서 노동능력상실에 따른 일실이익은 가동능력에 대한 총평가액이라고 판시함으로써 노동능력상실률식을 취했다(대판 1979. 2. 13, 78다1491). 그러나 그 전원합의체판결 이후에도 다른 판결에서는 「노동능력의 상실이나 감퇴가 있더라도 월급이 종전과 같이 지급되는 등 실제수입이 줄지 않았으면 배상청구할 수 없다」(대판 1981. 9. 22, 80다3256)고 하는 등 향후소득공제식을 병용하고 있다. 다만 종전에 향후소득을 당연히 일용노임으로 보던 입장을 버리고 그보다 높은 수입을 올릴 가능성이 있는 경우에 그 예상수입을 향후소득으로 함으로써 배상액을 줄이려고 노력한다(예: 손가락이 불구가 된 피아니스트는 음악선생으로 취직할 가능성이 있으므로 종전의 피아니스트로서의 수입에서 음악선생의 수입을 뺀 금액이 일실이익이라고 보는 입장이다). 즉 법원은 피해자의 연령, 교육 정도, 종전직업, 경력 및 기능숙련도, 신체기능장애의 정도, 전직의 가능성을 기초로 구체적으로 부적격자의 향후소득을 결정해야 하며, 일용노동밖에 가능성이 없는 경우에만 그 일용노임으로 산정하도록 한다(대판 1985. 9. 24, 85다카449; 대판 1986. 3. 25, 85다카538). 이 부적격자의 향후소득에 관한 판례는 관심을 집중시켰으며, 그에 관해 많은 평석이 발표되었다. 손지열, "일실이익손해의 산정," 법률신문 1985년 12월 9일/16일; 이영애, "후유장해로 인한 일실이익," 사법행정 1986년 6월호.

1) 박찬주, "손해액산정의 기초로서의 가동능력에 관하여," 사법논집 제13집, 1983.

태 등 개별사례의 구체적인 상황에 비추어 자유로운 심증으로 가동연한을 판단한다. 육체노동자의 가동연한은 과거 55세를 기본으로 보았으나(대판[全合] 1989. 12. 26, 88다카16867)[1] 근래에는 만 60세로 보는 추세이다(대판 1991. 4. 23, 91다6665). 정신노동자는 일반적으로 육체노동자보다 종기가 늦어지는데, 단지 정신노동의 직종이라는 이유만으로 가동연한을 65세라고 보아서는 안 되며(대판 1984. 4. 10, 83다카614), 구체적인 사정을 고려하여 판단되어야 한다. 의사·소설가·목사는 60세, 변호사·법무사는 70세로 본다. 정년퇴직제가 있는 직종에서는 그 정년기간까지를 가동연한으로 계산한다. 군복무기간은 가동연한에서 뺀다(대판 1980. 9. 9, 80다1094).

일실수입의 기초가 되는 가동연한은 사실심이 우리 나라 국민의 평균여명, 경제수준, 고용조건 등의 사회적·경제적 여건 외에, 연령별 근로자 인구수, 취업률 또는 근로참가율 및 직종별 근로조건과 정년제한 등 제반 사정을 조사하여 이로부터 경험법칙상 추정되는 가동연한을 도출하든가, 또는 당해 피해당사자의 연령, 직업, 경력, 건강상태 등 구체적인 사정을 고려하여 그 가동연한을 인정할 수 있다(대판 1997. 12. 23, 96다46491). 피해자에게 후유증이나 불구 등의 장애가 남더라도 여명(餘命)이 단축된다고 단정할 수 없으며, 의학적인 견지에서 개별적으로 판단되어야 한다(대판 1966. 12. 27, 66다1709; 대판 1986. 12. 23, 86다카536). 사망자나 노동능력을 상실한 자가 본래 평균여명을 누릴 수 없는 사유(예: 불치의 암환자)를 갖고 있었음이 증명된다면, 일실수입은 그 단축된 여명기간으로 축소된다.[2]

(마) 생계비와 세금의 공제 사람이 사회생활을 하는 데에 필요한 비용을 생계비(生計費)라고 한다. 사망자의 일실이익을 산정함에 있어서는 그의 생계비를 공제한다. 그러나 노동가능연령 이후 사망시까지의 생계비를 공제해서는 안 된다(대판 1972. 4. 25, 71다1156). 미성년자가 사망한 경우에 성년에 이르기까지 부모에게 부양받을 권리가 있으므로 그 동안의 생계비를 일실수입에서 공

1) 과거 판례는 건강한 사람이 일반 육체노동에 종사할 수 있는 연한을 55세가 끝날 때까지로 보고(대판 1956. 1. 26, 4288민상352), 특수사정이 있는 경우에 그 연한을 연장했다(대판 1982. 11. 23, 82다카841). 도시노동자·농부·광부·미용사·사진사 등 단순노동, 육체노동 또는 간단한 기술직에 종사하는 직종은 55세까지의 가동연한이 인정되었다. 목공·건설기술자는 60세(대판 1980. 5. 27, 80다754), 기업이나 점포의 경영주(대판 1980. 12. 23, 80다934), 의사(대판 1979. 9. 25, 79다284), 약사(대판 1986. 1. 21, 83다카585)는 65세까지 가동연한이 인정되었다.

대법원은 일반육체노동의 가동연한을 55세로 본 종전판례를 폐기하고, 일반적으로 55세가 넘어서도 가동될 수 있다고 보되 55세 이상의 가동한계연령은 피해자의 연령·직업·건강상태 등 구체적인 사정을 고려하여 정하도록 했다(대판[전합] 1989. 12. 26, 88다카16867). 이 판례에 대한 평석: 이상원, "가동종기에 관한 고찰," 법조 1990년 5월호.

2) 박찬주, "생존여명의 단축과 일실이익의 산정," 사법행정 1986년 8월호.

제해서는 안 된다(대판 1971. 3. 23, 70다3007). 사망자에게 부양해야 할 가족이 있었더라도 가족의 생계비까지 일실수입에서 공제해서는 안 된다(대판 1969. 7. 22, 69다504). 각자의 생계비 소요액은 수입의 다소에 따라 다르며, 그의 결정은 사실문제로서 증거에 의해 인정되어야 한다(대판 1986. 9. 9, 86다카565 등).

일실수입의 산정에 있어서 소득세를 공제할 것이냐에 관해 대법원판례는 일관되지 않는다. 피해자의 봉급이나 영업이익에서 소득세나 기타의 공과금을 공제한 액수만이 순수입이라는 이유로 세금 등을 공제해야 한다는 판례도 있고(대판 1968. 1. 31, 67다2660 등), 공제하지 않아도 위법이 아니라는 판례도 있다(대판 1967. 2. 28, 67다11 등). 근래 우리 나라에는 세제개혁이 빈번하여 현 세제가 언제 개편될지 모르므로 장래예상수입에 관해서 소득세 등의 제세금을 공제해서는 안 된다는 입장을 취하고 있다(대판 1978. 8. 22, 78다1235; 대판 1989. 1. 17, 88다카122 등).

㈓ 정기금지급 일실이익은 정기금(定期金)으로 지급될 수 있다. 판례는 "여명예측이 불확실하여 일시금과 정기금을 혼용하여 지급을 명하는 경우, 피해자가 확실히 생존하고 있으리라고 인정되는 기간 이후 가동연한까지의 일실수익 중 생계비 상당의 손해는 피해자의 생존을 조건으로 매월 정기금으로 배상할 것을 명하여야 한다"고 한다(대판 2000. 7. 28, 2000다11317).

(4) 장 례 비

고의나 과실로 타인의 생명을 침해한 자는 장례비(葬禮費)를 배상할 의무가 있다. 누구든 사망은 피할 수 없으며, 사망에 따른 장례비는 유족이 부담해야 할 것이라는 항변은 배척된다(대판 1966. 10. 11, 66다1456). 유족이 지불한 묘비대, 조객이나 인부에 대한 음식비는 장례비의 일부로서 포함된다(대판 1979. 6. 12, 77다2466). 법률의 규제범위 내(30평방미터)의 묘지구입비도 장례비에 포함된다(대판 1984. 12. 11, 84다카1125).

변호사비용

부당하게 제소당하여 부득이하게 변호사에게 위임하여 응소한 자는 소제기의 목적 등이 공서양속에 반하는 등 제소 자체가 불법행위를 구성하는 경우에 변호사보수의 손해배상을 청구할 수 있다(대판 1978. 12. 13, 78다1542). 피해자가 불법행위를 한 가해자로부터 용이하게 배상받지 못하여 부득이하게 소송을 제기하여 변호사비용을 지출하게 된 경우에 가해자의 부당한 항쟁에 위법성이 인정되면 그는 상당인과관계에 있는 변호사비용을 배상할 의무가 있다(대판 1972. 9. 26, 72다1284; 대판 1977. 4. 12, 76다2491). 피해자가 배상청구소송을 제기한 데에 대해 가해자가 부당한 응소 및 상소를 한 경우에 상당인과관계가 인정된다(대판 1972. 4. 20, 72다265; 대판 1973. 12. 11, 73다630). 그러나 불법행위가 있은 뒤에 가해자가 피해자에게 손해배상의무를 이행하지 않은 것과 항소심변론종결시까지 응소한 것이 위법·부당하지 않다면, 피해자가 부당한 변호사보수는 불법행위로 인한 재산상의 손해에 해당하지 않는다(대판 1970. 3. 31, 70다279). 동일한 변호사에게 심급마다 별도로 소송을 위임하면서 성공사례금을 약정하지 않은 경우에 심급마다 성공정도에 따라 소속 변호사회규약의 범위 내에서 사례금을 정해 배상시킨다(대판 1970. 8. 31, 70다1069).

6. 재산손해의 산정

물건이 파손(破損) 및 불법점유(不法占有)된 경우에 소유자가 위법행위자에게 얼마의 손해배상을 청구할 수 있는가 하는 손해배상액의 산정문제는 손해를 항목별로 나누어 산정의 세부원칙들을 발견해 냄으로써 법적용의 명확성을 꾀하여야 한다. 이러한 세부원칙들은 손해배상사건에서 당사자가 소송의 결과를 미리 추측할 수 있도록 하기 위한 목적이다. 세부적인 법원칙들이 치밀하게 구성됨으로써 판결에 대한 예측가능성을 높일 수 있을 것이다. 그 결과 사건당사자들은 구태여 법원에 제소하지 않고도 법에 따라 재판 외의 분쟁해결방법을 취하거나 자발적으로 화해계약을 체결하여 분쟁을 종식시키는 일이 빈번하게 될 것이다. 민법을 공부한 사람이라면 누구나 손해배상의 실제 사건을 해결할 수 있는 능력을 갖추어 법의 생활화에 도움이 될 것으로 기대한다.

이미 법원실무 및 보험회사의 사고처리 담당자들은 배상액산정의 지침을 갖고 손해배상사건을 처리해 왔지만, 법학자들은 배상액산정의 문제를 사실적·기술적인 문제로 생각하여 규범적인 검토를 소홀히해 왔다. 그러나 배상액산정도 중요한 규범판단의 문제이며 법원칙의 수립이 필요하다고 생각한다. 배상액산정의 방법은 손해배상의 이념과 관련을 갖는 것이며 사회의 변화와 더불어 변천해 가게 된다. 또한 각 나라의 법감정에 따라서도 약간씩의 차이가 있게 된다.[1)]

1) 미국의 민사법은 우리의 대륙법체계와 매우 다르므로 대부분의 법원칙들이 우리법에 적용되기 어렵

(1) 부동산에 대한 손해

부동산을 멸실시키거나 훼손하거나 또는 그 권리를 침해한 경우에 가해자는 소유자에 대하여 「침해 전(前)의 가치와 침해 후(後)에 가치의 차액」 또는 「복구비용」을 배상해야 한다.

(가) 건물의 멸실 건물이 멸실(滅失)된 경우 손해배상액은 그 건물의 가치를 계산하여 정한다. 건물의 가치를 계산하는 방법은 다음과 같다. 첫째, 건물의 건축비용에서 그 동안 사용에 따른 물질적인 가치감소분을 제외하여(감가상각) 산정하는 방법이 가장 일반적으로 사용된다. 둘째, 건물의 시가를 기준으로 계산하는 방법이 사용되기도 한다. 이 경우 건물의 시가에서 토지가격을 공제해야 하는데 그 공제가격을 정확히 계산하는 것은 쉽지 않다. 셋째, 건물에 의해 생기는 장래의 소득을 현재가로 계산하는 방법도 사용될 수 있다.[1)]

(나) 건물의 일부파손 건물이 부분적으로 파손된 경우에 보통 이용되는 배상액산정의 방법은 「수리비용(修理費用)」이다. 판례도 「불법행위로 인하여 소유물이 훼손되었을 때는 그 당시의 수선료가 통상의 손해이다」라고 한다(대판 1970. 9. 22, 70다649). 다만 수리가 불가능한 경우에는 파손으로 인한 가치감소액(價値減少額)을 손해로 본다. 그리고 판례는 "불법행위로 인하여 건물이 훼손된 경우 그 손해는 금전으로 배상함이 원칙이고 당사자가 다른 의사표시를 하는 등의 특별한 사정이 없는 이상 원상회복청구는 할 수 없다"고 한다(대판 1994. 3. 22, 92다52726).

수리비의 산정에서 유의할 점은 다음과 같다. 첫째, 수리비용은 합리적인 범위에서만 배상된다. 경우에 따라서는 수리비용이 부동산의 가치의 하

지만, 손해배상법만은 이러한 법체계에 관계 없이 구체적인 사례해결을 통해 집적된 원칙이므로 대륙법과 판례법 사이의 장벽을 갖지 않고 좋은 법리를 공유할 수 있다. 여기서는 우리 판례와 미국판례들을 비교해 보면서 배상액산정의 세부원칙을 체계화해 보았다. 한 예로서 물건이 전부파손된 경우에 그 교환가치를 배상해 주는 것으로 그쳐야 하는가 또는 교환가치의 배상과 더불어 사용손실도 배상토록 해야 할 것인가의 문제를 들 수 있다. 우리 판례는 원칙적으로 시장가격의 배상만을 인정하는 반면 미국판례는 대체로 양자의 병립을 인정하여 배상액을 넉넉히 인정해 주고 있다. 사견으로는 우리 나라에서도 대체물구입기간 동안 사용손실의 배상을 인정해 줌으로써 실제 입은 손해를 충실히 전보해 주도록 해야 할 것이라고 생각한다. 졸고, "물건의 손상 등으로 인한 손해배상액의 산정," 김현태박사팔순기념논문집 불법행위법의 특수문제, 법문사, 1997, 347~370.

1) 미국손해배상법에서는 건물멸실의 배상액산정에 관하여 「광범위한 증거의 원칙」(broad evidence rule)이 있다. 이 원칙에 의하면 영업재산과 감가상각을 제외한 원래의 건물가치의 산정에서 위에 열거한 산정방법이 모두 고려된다. McAnarney v. Newark Fire Insurance Co., 247 N.Y. 176(1928).

락분을 초과한다는 이유로 그 초과분의 배상이 부인될 수 있다. 둘째, 수리비의 계산시점은 불법행위 당시이다. 판례는 "불법행위로 인하여 건물이 훼손된 경우에 그 수리가 가능하다면 그 손해는 원칙적으로 불법행위 당시의 수리비를 통상의 손해라고 보아 그 때의 건설물가에 의하여 손해액을 산정해야 하고, 사고 후에 건설물가의 등귀로 증대된 수리비는 특별사정에 의한 손해라고 할 것이어서 그 예견가능성이 있었던 경우에 한하여 배상책임이 있다"고 한다(대판 1994. 3. 22, 92다52726). 셋째, 수리 후 건물의 상태가 불법행위 이전보다 양호해져서 보다 더 편리하게 개량된 경우에는, 수리비용에서 그 개량된 가치분을 공제한다. 이러한 공제를 하는 이유는 피해자가 불법행위로 인해 뜻밖의 횡재를 하게 되는 것을 방지하기 위함이다. 넷째, 수리비의 청구는 수리에 착수하기 전에도 견적서에 의해 할 수 있다. 판례도 "재물의 손괴로 인한 손해는 그것이 수리가 가능하면 수리비 상당액, 수리가 불가능하면 그로 인한 가치감소액이고 그 손해는 손괴와 동시에 발생한 것이므로, 수리가 가능한 경우 그 수리가 끝난 후에만 손해배상청구를 할 수 있는 것이 아니고 수리 전이라도 예상수리비에 관한 객관적이고 합리적인 평가가 있으면 그 평가액을 수리비로 청구할 수 있다"(대판 1989. 6. 27, 87다카1966, 공보 854, 1135).

(다) 부동산의 사용이익상실 건물의 파손으로 인해 그 건물의 사용이 방해된 경우 건물의 가치감소 또는 수리비와 별도로 사용이익상실(使用利益喪失)에 대한 배상금을 청구할 수 있다. 건물의 사용이익상실분은 원칙적으로 그 건물의 임대료 상당액으로 계산된다. 판례는 "건물이 수선가능한 정도로 손괴된 경우 그 건물의 통상용법에 따른 사용이 불가능하였다면 그 수선에 소요되는 기간중 위와 같은 사용을 하지 못함으로 인한 손해는 그 손괴로 인한 통상의 손해라 할 것이나 이는 손괴에 대하여 사회통념상 곧바로 수선에 착수할 수 있는 경우를 전제로 하는 것이고, 이 사건에 있어서 원고의 주장대로 피고측의 공사가 진행중이고 진행과정에 따라 점진적으로 손괴가 계속될 우려가 있어 곧바로 수선에 착수하기 어려운 사정이 있는 경우라면 수선의 착수가 가능한 시점까지 사용을 하지 못함으로 인한 손해 역시 통상의 손해이다"라고 한다(대판 1984. 12. 11, 84다카1162, 공보 745, 162).

토지의 사용이익상실에 관하여는 건물과 다르게 취급되며, 토지의 이용상황에 따라 계산방법이 달라진다. 판례는 "타인이 점유경작하는 토지의 점유를 침탈하여 경작을 하지 못하게 하였음으로 인한 손해액은 그 토지의 임대료 상당액으로 산정할 수 없다"고 한다(대판 1966. 6. 21, 66다693). 이와 같은 취지로서 "대부분이 송림으로 우거져 있는 자연녹지구역인 임야에 대하여 시가(時價)에 투하자본에 대한 기득수익률을 곱하는, 이른바 적산법으로 산출한 금액을 임대료로 본 감정결과를 그대로 받아들여 이를 위 임야를 이용하지 못함으로써 입은 임료 상당의 손해액으로 인정한 원심판결에 채증법칙위배 내지 심리미진으로 인한 사실오인 또는 손해배상액 산정에 관한 법리오해의 위법이 있다"고 하여 파기한 사례도 있다(대판 1991. 6. 28, 91다12219, 공보 902, 2032).

(라) 농작물의 손해　미성숙작물(未成熟作物)이 훼손된 경우 손실은 가치감소평가에 의해 산정된다. 미성숙작물은 시장가격이 없기 때문에, 손실은 시장마진과 생산비용을 제외하고, 경작가능한 경지를 고려하여 계산된다. 경작비용, 탈곡비용, 유통마진은 공제된다. 홍수, 태풍, 화재와 같은 자연재해로 인한 경작감소가 예상되는 경우에 공제될 수 있다. 판례는 "매수인이 매도인으로부터 매수한 감자종자가 잎말림병에 감염된 것이어서 이를 식재한 결과 거기에서 자란 감자가 같은 병 등에 감염되어 수확량이 예년에 비하여 현저하게 줄은 경우 매수인이 입은 손해는 감자를 식재, 경작하여 정상적으로 얻을 수 있었던 평균수입금에서 실제로 소득한 금액을 제한 나머지가 되어야 할 것이고, 매수인이 평균수입금을 기준으로 하여 손해액을 산정, 청구하고 있는 사안에서 그 같은 산정방식에 따르지 않고 실제로 들인 비용에서 소득한 금액을 공제한 금액을 기준으로 하여 손해액을 산정할 것은 아니다"라고 한다(대판 1989. 11. 14, 89다카15298, 공보 863, 34).

(마) 수목의 손해　침해된 부분은 개별적으로 토지와 분리되어 평가되거나 토지의 가치감소에 의해 손해배상액을 산정한다. 대개의 경우 나무는 토지와 분리되어 가치를 산정할 수 없으므로 토지의 가치감소에 대한 감정결과에 따르게 된다. 성숙한 삼림이 훼손된 경우에 나무는 토지와 분리되어 개별적인 가치를 가지므로 그 나무의 시가가 배상액으로 인정될 수 있다. 그 밖에 수목(樹木)의 교체비용은 그 교체가 현실적으로 가능하고 합리적인 경우에 한해서 산정방법으로 허용된다. 예를 들면 과일나무가 훼손된 경우에 배상액은 복구의 비용에 덧붙여 복구기간 동안의 소득상실분에 의해 산정된다.

(바) 토석의 불법채취 토석(土石)은 토지의 구성요소로서 토석 그 자체의 굴취(掘取), 채취(採取)를 목적으로 하는 경우를 제외하고는 토지와 분리하여 별도로 권리 또는 거래의 객체로 되지는 못하므로, 토석의 굴취로 인하여 토지가 훼손됨 으로써 입게 되는 통상의 손해는 그 토석이 토지와는 별개 독립의 권리객체로 될 수 있는 사정이 있을 경우에는 그 가액, 그 밖의 경우에는 훼손된 부분을 원상회복시키는 데 소요되는 비용 상당액이다. 그 비용이 과다하거나 원상회복이 사실상 불가능할 때에는 훼손으로 인하여 토지 자체의 교환가치가 감소된 부분이 통상의 손해이다(대판 1989. 6. 27, 88다카25861, 공보 854, 1157).

(사) 정신적 고통 부동산에 관한 불법행위나 계약위반의 경우 보통 정신적 고통은 보상되지 않는다. 다만 당해 불법행위나 계약위반으로 인해 심한 정신적 고통(精神的 苦痛)이 예상될 수 있는 경우에는 재산손해 이외에 정신적 고통에 대한 손해배상도 인정되어야 할 것이다.[1]

판례는 재산권침해 등 재산손해가 생긴 경우에 그 재산손해에 상응하는 배상금 이외에 위자료의 추가배상을 허용하는 입장을 취한다. 재산적 손해의 배상에 의하여 회복할 수 없는 정신적 손해가 발생하였다면 이는 특별한 사정으로 인한 손해로서 가해자가 그러한 사정을 알았거나 알 수 있었을 경우에 한하여 그 손해에 대한 위자료를 인정한다(대판 1988. 3. 22, 87다카1096). 재산상 손해의 배상이 이루어진다 하여도 그것만으로 회복될 수 없는 정신적 손해가 남는 경우라고 인정된다면 그 물적 침해로 인한 정신적 고통에 대한 위자료청구를 그냥 배척할 것은 아니다. 삼림훼손허가 등 적법한 절차를 거치지 아니한 채 타인의 조부모 묘가 있는 임야를 중장비를 사용하여 광범위하게 훼손함으로써 그 원상복구가 불가능하게 된 경우, 임야 소유자인 그 타인의 위자료청구가 인정된다(대판 1995. 5. 12, 94다25551).

(2) 동산에 대한 손해

(가) 동산의 전부멸실 불법행위에 의해 동산이 파손된 경우 배상액은 파손 당시의 그 물건의 가치 상당액임이 원칙이다.[2]

첫째, 물건의 가치는 파손된 물건의 매각금에 의해 정해지거나 가격의 감정에 의해 정해지는데 이에 매각·감정시부터 지급시까지의 이자를 가산

1) 미국의 판례는 극심한 위법행위의 사례에서는 부동산침해로 인한 정신적 고통의 배상을 인정한다. Senn v. Bunick, 594 P. 2d 837(Or. 1979).

2) Restatement of Torts §927도 같은 취지이다.

한다. 가치평가시에는 물건의 원래의 가격, 사용한 기간, 물건의 현 상태와 교체비용 등이 고려되어야 한다. 파손동산(破損動産)의 가격평가는 여러 방법에 의한다.[1)]

① 시장가격 시장가격(市場價格)은 물건의 통상적인 가격으로서 여유 있는 매도인이 자발적인 매수인에게 매매를 위하여 내놓았을 때 팔리게 될 가격을 의미한다.[2)] 구체적인 가격평가시에는 어떤 시장의 가격을 기준으로 할 것인가에 따라 큰 차이가 날 수 있다. 피해자가 보통의 소비자인 경우에는 소매시장의 가격으로 배상액이 결정된다. 소매상인의 재고물품이 파손된 경우에, 소매상인은 도매시장의 가격으로 교체물을 구입할 수 있기 때문에 배상액은 도매가격으로 결정된다.[3)]

② 재생산비용 파손된 물건을 재생산(再生産)하는 데에 드는 비용에서 그 동안의 사용가치를 공제하여(감가상각 등) 배상액을 산정하는 방법도 있다.

③ 주관적 가치 파손된 물건이 그 소유자에게 갖는 주관적 가치(主觀的 價値)를 계산하는 방법도 있다. 소유자에 대한 특별한 가치는 정확히 산정하기 곤란하며 물건의 가치평가에 주관적 요소를 도입하는 것은 바람직하지 않기 때문에, 통상적으로는 이러한 가치는 산입되지 않는다. 그러나 시장가격이 손해를 적절히 배상하지 못하는 사례에서는, 소유자의 주관적 가치를 배상토록 하는 것이 필요하다.[4)] 예를 들면 개인의 의류 · 소지품 · 기념품 · 사진 등의 경우에는 시장의 중고품가격으로 산정하면 아주 적

1) 화물차로 화물운송을 하는 경우에 운송의뢰인이 차주(운송업자)에 대하여 계약책임을 묻게 되면 그 손해배상범위에 대하여는 상법상 특칙이 적용된다(상법 제137조). 운송품이 전부 멸실 또는 연착된 경우의 손해배상액은 인도한 날의 도착지 가격, 운송물의 일부멸실, 훼손된 경우의 손해배상액은 인도한 날의 도착지 가격에 의한다. 다만 운송사고라도 불법행위책임을 추궁하면 일반적인 배상액산정의 이론이 적용된다.

2) Resatment of Torts § 911는 이러한 취지로 규정한다.

3) 미국판례는 제조업자의 물건이 파손된 경우에는 비록 그것이 교체비용을 현저히 초과하더라도 파손물건의 매도가격이 결정요인으로 된다고 한다. 다만 매상에 손해를 입지 않는 경우에는 제조비용에 이자(prejudgment interst)를 더한 금액만을 배상받을 수 있다. Acme Delivery Service v. Samsonite Corp., 663 P. 2d 621(Colo. 1983).

4) 미국법원은 표면적으로는 물건의 파손에 대한 손해배상에서 감상적 가치(sentimental value)는 제외되어야 한다는 입장을 취한다. 그러나 1979년의 Mieake v. Bartell Drug Co., 593 P. 2d 1308(Wash. 1979) 사례에서는 파손된 가족기록영화의 가치판정시 논거상 감정적인 가치는 배제되었지만 7,500달러를 배상받음으로써 실질적으로 주관적 가치를 인정받았다. 1984년의 Campins v. Capels, 461 N.E. 2d 712 (Ⅲ. 1984) 사건에서는 물건이 지니는 특별한 중요성과 소유자의 그 물건에 대한 애착 때문에 U.S.A.C.반지의 교체비용보다 많은 액수를 배상토록 했다.

은 금액이 되는 반면 소유자의 주관적 가치는 높아서 그 간격이 매우 크게 되므로 시장가격에 의한 계산방법은 부당하게 된다.[1)]

둘째, 다른 물건으로의 교체비용(交替費用)은 배상액에 포함된다. 그 밖에 파손과 밀접한 인과관계로 발생한 부가적 손해(附加的 損害)── 예를 들면 운임 · 세금 · 자금조달비용 등 ── 교체물을 획득하는 데 든 비용들은 배상된다.

셋째, 물건의 시가(時價)로 배상받는 경우에「파손 이후 물건을 사용하지 못함으로 인한 손해」도 배상받을 수 있는가? 피해자가 파손된 물건을 즉시 다른 물건으로 교체할 것이라는 가정 아래 물건의 시가를 배상해 주므로, 사용의 손실에 대해서는 회복을 인정하지 않는 것이 일반법칙이다. 파손 당시에 물건은 당시 가격으로 동시적으로 변상되었다고 가정되는 것이다.[2)] 다만 파손된 물건을 교체할 물건을 얻기 위해 노력했음에도 불구하고 교체가 불가능한 경우에는 사용의 손실에 대한 배상청구도 허용되어야 한다. 제한된 요건 아래 교체에 소요된 기간 동안 피해자가 그 물건을 사용하지 못한 손실로 인한 배상금이 물건의 시가에 추가해서 인정되어야 한다.[3)]

자동차사고로 인한 자동차의 파손에 관하여는 많은 판례가 집적되어 있다. 판례는 "불법행위로 인하여 물건이 훼손된 경우에 있어서의 손해는 수리가능 여부를 기준으로 하여 수리가 가능한 때에는 그 수리비용이, 수리가 불가능할 정도로 물건이 완전히 파손된 경우에는 사고 당시 교환가격이 각 통상의 손해로 된다"는 원칙을 수립하고 있다.[4)]

첫째, 자동차가 수리불가능(修理不可能)하게 훼손된 경우에는 감소된 교환가격을 배상액으로 한다. 자동차가 타인의 불법행위로 인하여 폐차할 정도로 손괴된 경우 그 손해배상액의 계산방법은 사고 당시의 시가(時價)에서 고철가(폐차대금)를 공제한다.[5)] 피해자가 훼손된 물건을 처분하여 잔존물의 가격에 상당하는 금액을 회수한 경우에 배상액의 계산과정에서는「손해액

1) Jensen v. Chicago & Western Indiana Railroad, 419 N.E. 2d 578(Ⅲ, 1981)은 이러한 취지의 미국판례로서 골동품 증기기관차의 배상액산정이 문제되었다.

2) 같은 취지의 미국판례로서는 Executive Jet Aviation v. United States, 507 F. 2d 508(6th Cir. 1974).

3) 이러한 취지의 미국판례로서는, Dennis v. Ford Motor Co., 471 F. 2d 733(3d Cir. 1973); DTS Tank Service, Inc. v. Vanderveen, 683 P. 2d 1345(Okla. 1984).

4) 대판 1991. 6. 11, 90다20206; 대판 1990. 1. 12, 88다카28518; 대판 1989. 6. 27, 88다카25861.

5) 대판 1971. 2. 9, 70다2745; 대판 1971. 5. 24, 71다544; 대판 1982. 6. 22, 81다8 등.

이 물건의 불법행위시의 시가 상당액에서 잔존물의 시가 상당액을 공제한 금액이다」라고 파악해야 하며 「그 물건의 불법행위 당시의 시가에 상당하는 금액만큼의 손해를 입고 잔존물의 가격에 상당하는 금액만큼의 이익을 얻게 되었다」고 보아 손익상계를 해서는 안 된다.[1]

둘째, 물건의 교환가격은 동종(同種), 동정도(同程度)의 대체물(代替物)을 구입할 수 있는 금액이다. 즉 중고차시장에의 매도가격(賣渡價格)이 아니라 소비자로서의 매수가격(買受價格)이 기준이 된다. 교환가격의 산정은 통상 전문가에 의한 감정을 거치거나 객관적인 통계자료를 활용하여 정해진다.[2] 판례도 "중고차가 타인의 불법행위로 훼손된 경우 그 사고 당시의 교환가격은 원칙적으로 그것과 동일한 차종, 연식, 형, 같은 정도의 사용상태 및 주행거리 등의 자동차를 중고차시장에서 취득할 때 드는 가액으로 정할 것이다"라고 한다.[3] 중고품인 경우 그 사용기간, 상태에 따라 가격이 다르기 때문에 개별적 평가가 쉬운 일이 아니다.

셋째, 차량의 수리불가능한 멸실의 경우 차량을 새로 구입하는 사이 영업을 하지 못한 손해가 사고로 인한 손해배상액에 포함되는지 여부가 문제된다. 판례는 불법행위로 물건이 멸실되어 그 교환가격을 배상할 경우 그 가격에는 당해 물건을 통상적인 방법으로 사용수익함으로써 얻을 수 있는 이익이 포함되어 있다고 본다(대판 1980. 12. 9, 80다1840; 대판 1990. 8. 28, 88다카30085; 대판 1990. 10. 16, 90다카20210). 이는 자동차가 수리불능일 정도로 손괴되어 그 교환가격의 감소액을 배상할 경우에도 동일하다고 하여 별도로 자동차를 운행하여 사용·수익할 수 없음으로 인한 손해를 청구할 수 없다고 한다(대판 1991. 7. 12, 91다5150). 미국판례는 전부파손의 경우에도 대체물을 구입하는 동안(합리적 기간의 범위 내에서) 다른 물건(렌트카 등)의 임대비용을 추가로 인정하여 사용손실을 배상해 준다.[4] 사견으로는 우리 나라에서도 대체물구입기간 동안 사용손실의 배상을 인정해야 할 것이라고 생각한다. 특히 영업을 하여 수익을 올리는 차량의 경우에는 차량을 새로 구입하여 영업을 재개할 때까지의 영업손실도 사고로 인한 손해로 보아야 할 것이다. 대체물 구입에 드는 기간이 오래 경과하게 되면 배상의무자의 손해배상액이 부당하게 증

1) 같은 취지: 대판 1991. 8. 27, 91다17894.
2) 법원에서는 사단법인 한국중고자동차 매매업협회에서 발간하는 중고차 시세표를 참조할 때도 있다.
3) 대판 1991. 7. 12, 91다5150; 대판 1992. 5. 12, 92다6112.
4) Brown v. Morgan, 449 So. 2d 606(La. 1984).

가하게 되므로 꼭 필요한 기간에 한정하여 그 기간의 사용손실 및 영업손실을 배상액에 포함시켜야 할 것이다.

판례는 물건파손시의 손해배상에 관하여 「경제적 수리불능(經濟的 修理不能)의 법리」를 발전시켰다. 즉 「훼손된 물건의 수리에 과다한 비용이 들어 그 수리비가 훼손된 물건의 교환가격을 초과하는 경우에 통상손해는 그 물건의 교환가격을 상한(上限)으로 한다」는 법리이다.[1] 이 경우 피해 직전 상태의 차량을 구입하여 사용하는 것이 경제적으로 합리적이기 때문에 물리적으로는 수리가능이라도 경제적으로 수리불능이라고 파악하여 교환가격을 초과하는 수리비청구를 인정하지 않는다. 구태여 수리를 고집하는 피해자가 있어 그 소망을 들어 주는 것이 사회통념상 시인되는 특별한 사정이 있는 경우에는 예외가 허용된다.[2] 그 밖에 차량이 일부파손되었을 뿐이라도 중요한 구조적 파손을 입어 수리를 하더라도 숨은 하자가 잔존하고 있을 가능성이 많아 계속 사용하는 것이 부적절한 경우에, 사고차량을 수리하지 않고 전부파손과 같이 취급받을 수 있다. 미국판례도 수리비용이 동산의 시장가격을 초과하는 경우 손해액은 통상 시장가격에 한정한다. 그 이유는 동산의 가치보다 많은 비용을 들여서 수리를 한다면 비경제적일 것이기 때문이라고 하여 경제적 수리불능의 법리를 취하고 있다.[3]

(나) 동산의 일부멸실 불법행위에 의해 동산이 훼손되어 일부멸실(一部滅失)되거나 손상된 경우에, 손해배상액은 「손해를 입기 전·후의 물건가치의 차이」 또는 「수리비용에 사용손실분을 합한 금액」이 된다.

첫째, 가치의 감소분(감가손해)의 평가는 보통 시장가격에 따른 가치하락분에 의한다. 손해를 입기 전의 시장가격에서 수리 후의 시장가격을 뺀금으로 산정한다.

둘째, 수리비용은 과다한 수리가 아닌 합리적인 범위에서만 인정된다. 수리비는 특별한 사정이 없는 한 그 전액이 손해로 산정되나, 그 수리는 필요하고도 상당한 것이어야 한다. 이른바 편승수리나 과잉수리 등의 비용은

---

1) 대판 1990. 8. 14, 90다카7569 등.

2) 대판 1991. 7. 23, 91다15249는 수리비가 중고차량의 교환가격을 초과하더라도 시내버스 운송사업개선방안지시에 따라 원고회사가 차량을 폐차시킬 경우에는 새차로만 대체할 수밖에 없는 사정이 있었다면 원고회사로서는 그 수리비를 지불하고 수리할 수 있다고 판시했다.

3) Hewlett v. Barge Bertie, 418 F. 2d 654(4th Cir. 1969).

여기에 포함될 수 없다. 피해자가 스스로 수리를 한 경우에는 적당한 수리비를 배상청구할 수 있다.[1] 수리비는 수리가 끝난 후에만 청구할 수 있는 것은 아니다. 수리 전이라도 예상수리비에 관한 객관적이고 합리적인 평가가 있으면 그 평가액은 수리비로 청구할 수 있다(대판 1986. 6. 27, 86다카1966).

셋째, 배상액을 수리비용에 의해 산정할 경우에, 원래의 가치와 수선 후의 가치 사이의 차액도 추가청구할 수 있는가 의문이다. 우리 나라에서는 수리비를 지급하고도 물건 자체의 가치감소분을 인정하는 것은 이중배상이 되므로 허용하지 않음을 원칙으로 한다. 종전 판례는 "불법행위로 인하여 물건이 훼손된 경우 그 손해는 수리가 가능하면 그 수리비(修理費), 수리가 불가능하면 그 교환가치(交換價値)의 감소(減少)가 통상의 손해이고 버스가 충돌로 인하여 손상을 입어 수리가 가능한 경우 그 수리비 외에도 언제나 상당한 교환가치의 감소가 따른다는 경험칙이 있다거나 이러한 손해는 통상 예견할 수 있는 것이라고 볼 수 없다"고 한다(대판 1982. 6. 22, 81다8, 공보 687, 680).[2] 최근 판례(대판 1992. 3. 10, 91다42883)는 원고 자동차의 수리를 요하는 부위나 부속품에 관한 내용과 원고 자동차의 파손부위를 살펴보고 원고 자동차의 수리에 소요된 비용의 액수에 비추어 보면, "원고 자동차의 파손부위를 수리한다고 하여도 그 교환가치의 감소가 있을 것으로 보여지고, 이 사건과 같은 정도의 사고로 인한 자동차의 파손이 있는 경우에 그 교환가치가 감소되리라는 것은 이를 알 수 있다고 보는 것이 경험법칙에 합치된다"고 하여 수리비와 감가손해의 병존을 인정했다. 이 판례는 감가손해를 통상손해가 아닌 특별손해로 보면서 경험칙에 의하여 예견가능성을 인정하고 있다. 다만 수리를 한 후에도 일부 수리불능한 부분이 남아 있는 경우에는 수리비 외에 수리불능으로 인한 교환가치의 감소액도 통상의 손해에 해당한다고 본다(대판 1992. 2. 11, 91다28179). 반면에 미국 판례는 "새 차의 손상상태를 수선에 의해 작동상태로 복구하여도 단지 수선을 했다는 사실만으로 가치의 하락을 가져오게 되며 이와 같은 경우 피해자는 당연히 배상을 받을 권리가 있다"는 입장에서 가치감소분의 청구를 통상적으로 인정한다.[3] 다만 수리비용이 물건의 시장가격을 초과하는 경우에는

1) 피해자가 부가가치세법상의 납세의무자인 사업자로서 그 수리가 자기의 사업을 위하여 사용되었거나 사용될 용역의 공급에 해당하는 경우에는 매입세액에 해당하여 피해자의 부담으로 돌아가지 않게 되므로 부가가치세 상당의 손해배상을 청구할 수는 없다(대판 1993. 7. 27, 92다47328).

2) 같은 취지: 대판 1979. 2. 27, 78다1820.

3) Julian v. Ralph, 206 So. 2d 121(La. 1968).

「경제적 수리불능의 법리」에 따라 물건의 전부멸실과 같이 취급된다.

넷째, 사용손실(使用損失)의 가치는 그 물건의 임대가치에 의해 산정할 수 있다. 피해자는 수선하기 위해 필요한 적절한 시간 동안의 대체물(렌트카 등)을 빌리는 비용으로서 사용손실의 가치를 회복한다. 이 때 기름, 휘발류 비용과 피해자가 만약 그의 자동차를 사용했다면 지불해야 하는 감가상각료는 공제해야 한다. 사용손실은 실제로 대체물이 조달될 수 없을 때에도 배상할 수 있다. 대체물의 현실적 조달 여부는 피해자가 그것을 임차할 경제적 능력을 갖고 있는가에 달려 있지만, 이와 달리 손해배상법은 대체물의 실제사용이 아니라 사용할 권리를 부여하는 데에 목적이 있기 때문이다.[1] 물건이 사업상 이용되던 경우에 물건을 사용하지 못한 손실(영업손실)은 사용불능한 기간 동안의 일실이익에 의해 산정될 수도 있다. 영업을 하여 수익을 올리는 차량이 수리기간 동안 영업을 하지 못함으로 인한 손해도 사고로 인한 손해배상액에 포함된다.

다섯째, 수리로 인하여 목적물을 현실적으로 사용하지 못하고 있지만, 이와 상관 없이 당해 물건과 관련하여 필요적으로 지출되는 고정비용(조세공과금, 보험료 등)은 통상손해로서 배상액에 포함된다(대판 1971. 2. 23, 70다2777).

자동차파손사건에서 판례는 수리기간 동안 대차손해(貸借損害) 또는 휴차손해(休車損害)의 배상을 인정한다. 사고에 의한 파손으로 차량을 사용할 수 없어 대차를 사용한 경우 그 사용료는 대차손해로서 상당성의 범위 내에서 통상의 손해로 본다. 대차기간은 그 파손의 정도에 비추어 상당한 기간이어야 한다. 차량임차의 경우 그 임차료가 손해이다. 택시의 이용은 차량의 임차에 의한 방법이나 열차, 버스를 이용할 수 없는 경우에 한하여 인정된다. 피해자는 대차를 사용하지 않고 휴차손해(休車損害; 운휴손해)를 배상청구할 수 있다. 운휴손해는 당해 차량의 계속 사용을 전제로 하는 것이기 때문에 차량이 움직이지 않는 것에 의하여 지출을 면한 연료비는 공제해야 할 경비이다. 운휴보상기간은 통상의 수리소요기간을 기준으로 한다

1) 미국법에서는 사용손실의 배상이 광범위하게 인정된다. 예를 들어 P의 트럭이 D의 과실행위로 손해를 입었는데 그 트럭은 사고 후 한 달 안에 고쳤다. 그러나 D는 지불을 거절했으며, P는 수선비용을 지불할 경제적 능력이 없어서 트럭을 찾을 수 없다. 17개월 후에 D가 수선비를 지불하는 경우에 17개월간의 렌트비용도 지불해야 한다. P에게 전기간 동안 사용손실을 회복할 권리가 인정되기 때문이다. 단 P가 그의 손실을 최소화하기 위해 수리비를 지불할 능력이 없을 것이 전제된다. Valencia v. Shell Oil Co., 23 Cal. 2d 840(1944).

(대판 1978. 3. 28, 77다2499). 운휴손해를 청구하는 경우에 사고 당시 실제 얻고 있던 영업수익을 손해액으로 보므로 경영상 적자를 보고 있는 차량에 관해서는 운휴손해가 부인된다. 대차손해와 휴차손해는 택일적으로 인정된다(대판 1992. 5. 12, 92다6112).

(3) 불법점유에 대한 손해배상액산정

물권적 청구권의 행사에 있어서 물건의 반환청구와 함께 손해배상의 청구가 허용된다. 점유의 회수에 관한 민법 제204조 1항은 명문으로 "물건의 반환 및 손해의 배상을 청구할 수 있다"고 규정한다. 그러나 소유물반환청구권에 관한 민법 제213조는 물건의 반환청구만을 규정한다. 그렇더라도 타인의 물건을 권원(權原) 없이 점유 · 사용하는 것은 위법하므로 대개의 경우 불법점유자에게 불법행위책임이 인정될 것이다. 불법행위책임이 성립하기 위해서는 점유자에게 고의 · 과실이 있어야 하는데, 타인의 물건을 권원 없이 점유하는 자에게는 특별한 사정이 없는 한 고의 · 과실이 인정될 것이다.

이러한 물권적 청구권과 함께 행사하는 손해배상의 내역은 물건의 불법점유 및 그로 인한 손실에 관한 것이며 물건 자체에 관한 것은 아니다. 불법점유기간 동안 물건을 멸실 · 훼손시킨 경우에는 민법 제202조의 「점유자의 회복자에 대한 책임」이 적용되어 「소유의 의사를 갖고 선의로 물건을 점유한 자는 이익이 현존하는 한도에서 배상하여야 한다」고 되어 배상범위가 축소된다. 그 밖의 경우는 불법행위자의 배상범위와 같게 되는데, 그 배상액을 어떤 기준에 의해 산정할 것인가는 문제이다.[1]

첫째, 사용손실의 가치에 의해 산정하는 방법이 있다. 소유자가 그 물건을 판매하기 위해 보유하는 것이 아니라 사용하기 위해 보유하는 경우에는 그 사용손실을 배상해야 한다. 사용손실은 물건의 손상으로 인한 수리기간의 사용손실계산과 유사하게 물건의 임대료 상당액으로 계산하는 것이 원칙이다 배상액이 임대료에 의해 산정될 때 불법점유기간 동안 물건의 감

1) 미국법에서는 불법점유자가 목적물을 반환할 수 없을 때 물건의 교환가치와 더불어 불법점유기간 동안의 사용손실도 배상토록 한다. 이와 같이 물건의 교환가치와 불법점유에 따른 사용손실을 모두 배상하도록 하는 것은 피해자가 물건을 반환청구받음으로써 만족하기를 원하고 그것을 시장에서 대체하려고 하지 않았을 것이라는 점을 고려한 것이다. Roche v. Barbaro, 378 So. 2d 1334(Fla. 1980). 미국법은 불법점유자가 그 물건을 횡령(conversion)한 경우에 별도의 배상원칙에 의해서 규율한다. 횡령에 의한 손해배상액에는 ① 횡령 당시의 물건의 교환가치, ② 횡령일로부터의 이자, ③ 악의가 있는 경우 징벌적 손해배상액, ④ 물건의 탈환을 위해 초래되는 비용 등 부가적 손해액 등이 포함된다. Rest. 2d Torts §927. 횡령자가 그 물건을 다른 사람에게 팔아 버린 경우에, 손해배상액은 그 물건의 현재가치에 의해 산정됨이 원칙이지만, 원고가 그 매도금액을 선택하여 요구한다면 그 매매가격으로 배상액이 정해진다.

가분도 추가청구할 수 있다. 물건의 유지비는 임대료 상당액에서 공제해야 할 것이다. 임대료를 초과하는 실제 사용손실이 있었던 경우에는 그 손실분을 증명하여 배상받을 수 있다.

둘째, 교환가치의 차이에 의해 산정하는 방법이 있다. 점유자가 판매를 위한 재화를 보유하는 경우에 배상액은 불법점유의 개시시점과 반환시점 사이의 시장가격의 차이에 의해 산정된다.

셋째, 불법점유자가 그 물건의 사용으로 얻은 실제 이익으로 산정하는 방법도 있으나, 이 경우 청구권의 성격은 손해배상청구권보다는 부당이득반환청구권에 가깝게 될 것이다. 미국법에서는 소유자가 불법점유자에 대하여 사용가치의 상환청구를 하는 소송이 많은데, 이 경우 물건의 임대료 상당액이나 점유자의 사용가치 상당액을 청구한다.[1)]

1) D가 P의 달걀세척기를 P의 허락이나 인지 없이 3년 동안 매주 하루씩 사용한 사례를 살펴보자. P가 D에게 그 기계의 매수를 제안했지만 거절당한 후, 이번에는 D의 사용가치의 상환을 요구하는 소송을 제기했다. P는 자신의 기계를 D가 무단 사용하여 얻은 부당이득을 반환받을 권리가 있다고 주장했다. 판결에서는 그 사용으로 매주 10달러의 노동비용절감을 통한 D의 부당이득이 비록 P에게 실제손실이 없더라도 원상회복되어야 한다고 인정되었다. Olwell v. Nye & Nissen Co., 173 P. 2d 652(Wash. 1946)

§ 25. 배상액의 예정과 합의

1. 배상액예정[1)]

(1) 배상액예정의 의의

(가) 개 념 채권자와 채무자가 장래의 채무불이행에 대비하여 그로 인한 손해배상액을 미리 약정하는 것을 배상액예정(賠償額豫定)이라고 한다. 배상액예정은 당사자의 개별약정 또는 약관에 의해 행해진다. 배상액예정은 채무에의 종속성(從屬性)을 가진다. 채권양도나 계약인수에 있어서 다른 약정이 없으면 배상액예정에 따른 권리의무도 함께 이전한다. 배상액예정과 함께 그의 지급을 확보하기 위하여 보증금이나 기타의 담보를 받는 경우가 많은데, 채무에 부착되어 있는 물적담보나 인적담보는 예정된 배상액의 지급을 담보한다(제334조, 제360조, 제429조). 이 경우 채무불이행이 있으면 즉시 담보로부터 배상금을 지급받게 되어 채권자에게 매우 유리하게 된다.

(나) 기 능 배상액예정은 다음의 기능을 담당한다. 첫째, 계약당사자가 사전에 장래의 불이행에 대비하여 지출될 배상액을 알게 됨으로써 거래에 따른 경영비용을 산출해 낼 수 있다. 둘째, 채무자에게 불이행의 경우에 상당한 배상금이 부과된다는 것을 경고함으로써 간접적인 압력을 가할 수 있다. 특히 건축도급계약에서는 완공일의 지연에 대비하여 매일·매주·매월 단위로 지체상금(遲滯償金)이 약정되는데, 이러한 지체상금의 약정은 수급인에게 완공일을 엄수하도록 하는 역할을 한다(하자보수보증금도 배상액예정에 해당. 대판 2001. 9. 28, 2001다14689). 셋째, 채무불이행시에 채권자에게 손해발생 및 손해액의 입증부담을 덜어 준다. 넷째, 배상액결정에 관한 당사자의 다툼을 사전에 방지하여 채무불이행시에 신속하게 손해배상의 문제를 완결짓는다.

---

1) 권오승, "손해배상액의 예정," 고시연구 1991년 10월호; 권용우, "손해배상액의 예정," 월간고시 1975년 8월호; 김병재, "계약금몰수·배액상환약정의 해석," 민사판례연구 제11권 1989; 김학동, "손해배상의 예정," 인권과정의 252호, 대한변호사협회, 1997; 서민, "지체상금의 효력," 민사판례연구 제9권, 1987; 동, "손해배상액의 예정," 고시연구 1988년 3월호; 양창수, "위약금약정," 고시계 1992년 9월호; 이광범, "손해배상예정액의 감액," 민사판례연구 제16권, 1994. 5, 220; 최병조, "위약금의 법적 성질," 민사판례연구 제11월, 1989; 동, "건물신축도급계약의 약정해제와 지체상금약정의 효과," 민사판례연구 제12권, 1990.

(다) 위약금과의 이동　통상 위약금(違約金)이라고 하면 「손해배상의 예정금액」으로 이해된다. 원래 위약금약정은 당사자의 약정에 따라 다음의 세 종류로 분류될 수 있다.

① 순수한 배상액예정　채무불이행에 대비한 손해배상금의 예정

② 위 약 벌　계약상대방의 계약위반에 따른 벌금부과인 경우로서 이 때 손해배상금은 별도로 청구할 수 있다.

③ 양자겸용　배상액예정과 벌금의 두 목적을 함께 가지는 경우이다. 그러나 민법은 위약금의 약정을 손해배상액의 예정으로 추정하므로(제398조 4항), 손해배상예정이 아닌 경우는 「위약벌(違約罰)」이라는 등의 위약금과 구별되는 명칭을 사용하곤 한다. 민법의 추정규정은 채무불이행의 제재수단으로서 손해배상 이외에 다른 방법을 인정하지 않는 것과 보조를 맞추려는 취지에서 둔 것으로 이해된다. 위약금을 손해배상의 예정으로 추정하는 결과 과다한 위약벌의 부과로부터 채무자를 보호하는 효과도 갖게 된다.

(라) 배상액합의와의 차이　배상액예정(賠償額豫定)은 채무불이행으로 손해배상청구권이 발생하기 이전에 약정되어야 하며, 일단 손해배상청구권이 발생한 이후에 하는 약정은 배상액합의(賠償額合意)라고 하여 배상액예정과 구별한다. 배상액합의는 현실적으로 발생한 손해에 대한 배상금을 산정하는 과정에서 「일정액으로 산정하는 것에 이의가 없다는 것」을 합의하는 것이다. 일단 배상금을 합의한 후에는 실제 손해가 그 합의금액보다 높다든가 낮다든가 하는 이유로 배상금증액이나 배상금감액을 청구할 수 없다. 다만 합의 당시에 예상하지 못했던 후유증이 발생한 경우는 그 부분에 관하여 별도의 손해배상청구를 할 수 있다.

(마) 위약벌과의 차이[1]　계약당사자가 손해배상의 예정이 아닌 순수한 위약벌(違約罰)에 관한 약정을 한 경우에, 채무자는 채무불이행시 그 위약벌과 별도로 손해배상의무를 진다. 배상액예정이 손해배상을 미리 예정해 두는 것과 달리, 위약벌에서는 손해배상금과 관계 없이 순수한 위약벌을 부과하려는 것이므로 손해배상은 일반원칙에 따라 행해진다. 경우에 따라서

---

1) 강신웅, "위약벌의 인정문제," 호남 민사법연구 제5집, 208에서는 위약벌의 관념을 인정하지 않아도 채권자에게 제도상 불편함이 없으며 인정하지 않는 게 바람직하다고 하였다.

대판 1998. 12. 23, 97다40131: 수분양자와 한국토지공사 사이에 체결된 토지분양계약에 있어서 계약보증금 귀속에 관한 위약금약정은 손해배상액의 예정이 아니라 위약벌이다.

는 위약금약정이 양자의 성격을 공유하고 있어 그 위약금지급만으로 손해배상도 하고 벌금도 무는 효과를 가져오기도 한다.

벌금부과의 목적으로 약정된 위약금에 대하여는 법원이 감액조치를 취할 수 없다.[1] 벌금부과는 이를 필요로 하는 특별한 사정이 있는 경우에 한하여 허용되어야 하며, 그 벌금액도 적정한 금액을 초과해서는 안 된다. 만약 벌금약정 자체가 부당하였거나 그 벌금액이 과다한 경우에, 그 위약금약정은 민법 제103조 또는 제104조에 의해 무효로 될 수 있다.

㈓ 계약금과의 이동 계약금(契約金)은 위약금의 성격을 가지지만, 그 밖에 여러 기능을 가지므로 양자는 별개의 개념으로 파악된다. 또한 계약금은 보통 계약체결과 함께 지급되는 것이지만, 위약금은 미리 그 금액을 약정해 두고 채무불이행이 생긴 이후에 지급하는 경우도 많다.

계약금은 원래 계약체결의 증거금(證據金)으로서 수수되는 것이지만, 그 밖에 채무의 일부이행으로서의 지급금의 성격도 가지고, 해제권유보의 효력도 가지며, 손해배상액예정의 효과도 가지는 등 다양한 기능을 담당한다. 할부매매 등의 분할지급의 채무에서 제1회 불입금은 계약금의 성격도 가지는 것으로 해석된다.[2] 할부매매약관에서 고객(매수인)이 지급한 계약금을 위약금으로 삼는다는 조항을 두는 경우가 많은데, 사업자(매도인)의 위약에 대비한 위약금은 약정되지 않아 계약당사자간의 형평이 깨지는 문제가 발생한다.[3]

① 이행착수 전 계약금이 지급된 경우에 해제권유보약정과 해제에 따른 손해배상금예정이 함께 이루어진 것으로 추정(推定)된다(채권각론에서 자세히 설명함). 매매계약의 체결시에 일방당사자가 계약금·보증금 등의 명목으로 금전이나 물건을 상대방에게 교부한 경우에, 다른 약정이 없으면 일방당사자가 이행에 착수할 때까지 교부자는 이를 포기하고 수령자는 그 배액을 상환하여 매매계약을 해제할 수 있다(제565조 1항). 계약금수수에 따른 해제의 경우에 당사자는 별도로 손해배상금을 청구할 수 없고 그 계약금을 배상금으로 한다

1) 대판 1968. 6. 4, 68다491: 분뇨수거의 대행계약에서 예치된 보증금이 계약위반에 대한 위약벌 또는 제재금으로 해석되는 경우에 그를 손해배상의 예정으로 보아 감액한 것은 잘못이다.

2) 독일에서는 제1불입금은 개별의 일부급부로 다루어질 뿐 계약체결의 증거나 위약금이 되지 않는다고 한다(독일할부매매법 제1조 1항, 제2조 1항).

3) 졸고, "일방적 위약금약정의 해석, 판례평석," 판례월보 1997년 2월호, 9~15 참조.

(제565조 2항). 민법 제565조가 적용되는 것은 일방당사자가 이행에 착수할 때까지이며, 이행에 착수한 이후에는 그러한 해제권은 소멸한다.

② 이행착수 후 계약금이 이행의 착수 이후에도 위약금으로서의 기능을 갖기 위해서는 그 계약금을 위약금으로 한다는 별도의 약정이 필요하다. 이러한 위약금약정(違約金約定)이 없는 경우에, 이행의 착수 이후에는 아무런 위약금약정이 없는 것으로 취급된다. 위약금약정이 없는 경우에는 일반적 손해배상법리에 따라 실제로 발생한 손해를 주장입증하여 배상청구해야 한다. 판례도 이와 같은 입장을 취한다. 전세계약에서 채무불이행으로 계약이 해제된 경우에, 계약금을 위약금이나 배상액예정으로 하여 상대방에게 귀속시킨다는 특약이 없는 한 계약금을 위약금이나 배상액 예정으로 볼 수 없다고 한다(대판 1971. 3. 31, 70다1972).

매매계약을 체결함에 있어 당사자 사이에 계약금을 수수하면서 매도인이 위 계약을 위반할 때에는 매수인에게 계약금의 배액을 지급하고 매수인이 이를 위반할 때에는 계약금의 반환청구권을 상실하기로 약정하였다면 이는 위 매매계약에 따른 채무불이행에 대한 위약금의 약정을 한 것으로 보아야 할 것이고, 이러한 약정은 특별한 사정이 없는 한 손해배상액 예정의 성질을 지닌다. 매매계약시에 미리 손해배상의 예정에 관한 특약을 하였다면 매수인은 매도인에 대하여 예정된 손해배상액만을 청구할 수 있다(대판 1994. 1. 11, 93다17638). 유상계약을 체결함에 있어서 계약금이 수수된 경우 계약금은 해약금의 성질을 가지고 있어서, 이를 위약금으로 하기로 하는 특약이 없는 이상 계약이 당사자 일방의 귀책사유로 인하여 해제되었다 하더라도 상대방은 계약불이행으로 입은 실제 손해만을 배상받을 수 있을 뿐, 계약금이 위약금으로서 상대방에게 당연히 귀속되는 것은 아니다(대판 1996. 6. 14, 95다54693).

(2) 배상액예정의 요건

배상액이 예정된 경우에 채권자는 채무자가 채무불이행책임을 져야 할 경우가 발생하면 일반원칙에 따른 손해배상청구를 할 필요 없이 바로 그 예정된 배상금(위약금)을 청구할 권리를 갖는다.

㈎ 채무의 존재 채무의 부존재(不存在)는 배상액약정도 무효로 만든다. 계약이 무효 · 취소됨으로써 채무가 존재하지 않게 되는 경우에는 예정배상금을 청구할 수 없다. 그러나 당사자가 계약의 무효나 취소에 대비하여

별도의 배상액예정을 한 경우는 그 약정에 따른다. 계약이 중도에 해제 · 해지되어 채무를 이행할 필요가 없게 된 경우에도 예정배상금을 청구할 수 없다. 건축도급계약에서 지체상금은 수급인이 완공예정일을 지나서 공사를 완료한 경우에 대비하여 배상액을 예정한 것이므로 공사도중에 도급계약이 해제되어 공사를 완공하지 못한 경우에는 지체상금을 청구하지 못한다(대판 1989. 9. 12, 88다카15901).

(나) 채무의 불이행 배상액예정은 채무자가 채무를 이행하지 않을 경우에 대비하여 약정된 것이므로, 그 행사를 위해서는 채무불이행(債務不履行)이 야기되었어야 한다. 예정된 배상액(위약금)의 청구요건으로서의 채무불이행은 채무자의 귀책사유로 인한 것이어야 하는가에 대하여는 학설이 대립한다(판례는 귀책사유 요건설을 취함).[1)]

① 귀책사유불요설 위약금 청구요건으로서의 채무불이행은 채무가 변제기에 이행되지 않았다는 사실로서 충분하며, 그 원인이 채무자의 귀책사유로 인한 것인가는 문제되지 않는다는 견해이다.[2)] 배상액예정의 취지가 귀책사유(歸責事由)에 관한 당사자간의 분쟁을 피하기 위한 목적이기 때문이라고 한다.

② 귀책사유요건설 민법 제398조 1항의 채무불이행은 귀책사유 등의 책임요건을 갖춘 경우를 가리킨다고 해석한다.[3)] 민법은 채무불이행책임에 관하여 과실책임주의를 취하고 있으므로 그를 배제하는 특약이 없는 한 배상액예정에 있어서도 귀책사유가 손해배상의 요건이 되어야 한다. 귀책사유불요설이 귀책사유의 배제에 관한 당사자의 명백한 약정이 없어도 그러한 의사가 있다고 추정하는 것은 과실책임주의와 조화되지 않는 해석이라고 비판한다. 사견으로도 귀책사유요건설(歸責事由要件說)이 타당하다고 생각한다. 채무자의 귀책사유는 소극적 요건이므로, 실제로 채권자는 불이행사실이 있으면 위약금의 지급을 청구할 수 있고, 채무자는 그 불이행이 불가항력에 의한 것임을 항변하여 위약금지급을 거절하게 된다.[4)] 귀책사유

---

1) 수급인이 책임질 수 없는 사유로 공사 지연된 경우 그 기간만큼 예정액이 공제되어야 한다(대판 1995. 9. 5, 95다18376). 채무불이행시 귀책사유를 묻지 아니한다는 약정을 하지 않은 이상 채무자는 귀책사유 없음을 주장 · 입증함으로써 예정배상액의 지급책임을 면할 수 있다(대판 2007. 12. 27, 2006다9408).

2) 곽윤직, 162; 김석우, 167; 김용한, 221; 김주수, 190; 김증한, 88; 김형배, 317; 현승종, 172.

3) 김기선, 105; 김형배(2판), 285; 서민, "지체상금의 효력," 민사판례연구 제9권, 1987, 70.

4) 대판 1975. 3. 25, 74다296: 채무불이행으로 인한 배상액예정이 있는 경우에 채권자는 채무불이행 사

불요설은 채무자의 귀책사유 없다는 항변조차 허용하지 않는 이론이므로 부당하다.

㈐ 예정된 배상방법　예정(豫定)되는 손해배상의 내용은 금전으로 정하는 것이 보통이나 그 밖에 특정물 · 종류물 · 노무 등으로 정할 수 있으며, 그 경우에도 배상액예정과 같이 다루어진다(동조 제5항). 대물급여(貸物給與)에 의한 배상예정에 있어서는 마치 소비대차에서의 대물반환에서와 같은 법률문제가 발생한다(제607조, 제608조). 배상액예정은 그의 전제가 되는 채무를 부담시키는 계약에 부종한다(배상액예정의 부종성).

㈑ 과실상계의 허용　채권자에게 과실상계(過失相計)의 사유가 있는 경우에는 예정배상액에 대하여 감액이 인정되어야 한다. 채무자는 채권자에게 과실이 있음을 이유로, 위약금의 전부 또는 일부의 지급을 거절할 수 있다.[1] 그 밖에 이득공제(손익상계)의 사유가 있는 경우에도 예정액의 감액을 요구할 수 있다.[2]

㈒ 불법행위책임과의 관계　계약당사자 사이에 손해배상액을 예정하는 내용의 약정이 있는 경우에는 그것은 계약상의 채무불이행으로 인한 손해액에 관한 것이고 이를 계약과 관련된 불법행위상의 손해까지 예정한 것이라고는 볼 수 없으므로 매매계약 해제 이후 철거의무불이행 등으로 인한 손해는 계약이 해제된 이후 별도의 불법행위를 원인으로 하는 것으로서 계약당시 수수된 손해배상액의 예정액으로 전보되는 것은 아니다(대판 1999. 1. 15, 98다48033).

(3) 배상액예정의 효력

㈎ 유효성의 원칙　민법은 당사자가 채무불이행에 관한 손해배상액을 예정할 수 있다고 함으로써 배상액약정의 유효성(有效性)을 인정한다(제398조 1항).[3] 금전채무의 불이행에 대한 손해배상액도 당사자가 사전에 연체이자, 위약금 등의 방법으로 배상액예정을 할 수 있다(민법 제397조와 비교).[4] 예컨대, 해제

실만 증명하면 손해의 발생 및 그 액을 증명하지 않아도 예정배상액을 청구할 수 있다. 대판 1976. 3. 23, 74다1383: 위약금의 약정은 특별한 사정이 없으면 채무불이행으로 인한 손해배상의 예정으로서의 성질을 가지며, 매도인의 담보책임으로 인한 손해배상의 경우도 그에 포함된다.

1) 과실상계를 인정하는 학설: 곽윤직, 156; 김석우, 168; 김용한, 224; 김주수, 191; 김증한, 89; 김증한 · 김학동, 159 이하; 김현태, 143; 김형배, 319; 현승종, 174.

대판 1972. 3. 31, 72다108은 배상액예정이 있는 경우에 과실상계를 인정하지 않는다.

2) 김용한, 224; 김주수, 191; 김현태, 143; 김형배(2판), 288; 현승종, 174.

3) 배상액예정에 관한 규정은 프랑스민법 제1152조 이하, 독일민법 제339조 이하, 스위스채무법 제160조 이하, 일본민법 제420조 이하 등 대부분의 입법례에 규정되어 있다.

4) 같은 취지: 대판 1977. 3. 8, 75다80.

시 매도인을 위한 손해배상액의 예정조항은 있는 반면 매수인을 위한 손해배상액의 예정조항은 없는 경우, 그러한 사정만으로는 그 약관조항이 약관규제법에 위배되어 무효라고 할 수는 없다(대판 2000. 9. 22, 99다53759 · 53766). 그러나 근로계약의 불이행에 대한 배상액예정은 무효이며, 그를 위반하는 사업자는 벌을 받는다(근로기준법 제20조, 제114조; 선원법 제31조, 제144조).

(나) 위약금의 청구　배상액이 예정되어 있는 경우에 채무불이행책임의 효과로서 발생하는 손해배상청구권은 예정된 위약금액으로 확정된다. 채권자에게 현실로 발생한 손해가 예정액보다 적거나 많다는 사실이 주장 · 입증되더라도 그 위약금이 손해배상액으로 확정되는 데에 변함이 없다. 채권자는 초과청구 또는 감액청구를 할 수 없다.[1] 다만 배상액예정약정의 기초가 되어 있는 손해범위를 초과하는 별도의 손해에 대하여는 배상액예정의 효력이 미치지 않는다. 예를 들어 건축도급계약에서 완공일이 지연될 것에 대비하여 배상액예정을 하였는데, 건축물의 하자로 채무자가 부상하여 입원한 경우에 그 인체손해까지 예정액의 범위 내로 한정되는 것은 아니다.

(다) 이행청구 및 해제권행사의 허용　손해배상액의 예정은 이행의 청구나 계약의 해제에 영향을 미치지 않는다(제398조 3항). 예정된 배상금이 지연배상의 성격을 갖는 경우에 채권자는 이행지체 후에도 채무자에 대하여 본래 채무의 이행와 함께 예정배상금의 지급을 청구할 수 있다. 또한 채권자는 채무자에 대해 그의 채무불이행을 이유로 계약해제(契約解除)의 의사를 표시하고, 그와 함께 예정배상금의 지급을 청구할 수 있다(제551조). 그러나 예정배상금이 전보배상의 성격을 갖는 경우에는 이행청구나 계약해제와 더불어 그를 청구할 수 없다.

(4) 과다배상금의 감액

(가) 위약금의 과다성　배상액예정에 관하여 가장 중요한 문제는 과다(過多)배상금으로부터 채무자를 보호하는 데 있다.[2] 예정배상금이 법률상

1) 같은 취지: 대판 1965. 6. 22, 65다737; 대판 1970. 10. 23, 70다1756; 대판 1988. 5. 10, 87다카3101.
대판 1988. 9. 27, 86다카2375: 채무불이행에 관한 배상액예정의 경우에 채권자는 통상손해뿐 아니라 특별사정의 손해에 관하여도 예정된 배상액만을 청구할 수 있고, 특약이 없는 한 예정액을 초과한 배상액을 청구할 수 없다.

2) 독일에서는 주택임차인에 대해 위약금을 약정하는 것(독민 제550조 a문)과 비상인인 고객에 대해 약관으로서 위약금을 정하는 것을 금지한다(독약관법 제11조 6호). 프랑스에서는 1975년 위약금약정

부과되는 손해배상액을 현저히 초과하여 계약당사자의 이익균형을 깨뜨릴 정도에 이른 경우에, 그 과다부분은 감액되어야 한다. 배상액의 예정은 경제적 약자인 채무자에게 부당하게 많은 배상금을 강요하는 수단으로 이용될 수 있기 때문에, 이에 대한 법적 규제가 필요하다.

(나) 법원의 감액　손해배상의 예정액이 부당히 과다한 경우에 법원은 적당히 감액할 수 있다(제398조 2항). 민법 제398조 2항은 과다한 배상액예정을 실체법상으로 무효로 하는 것이 아니라, 단지 법원으로 하여금 감액할 수 있도록 권한을 부여할 뿐이다. 감액은 당사자의 청구가 없더라도 직권으로 할 수 있다. 배상금의 과다성의 판단은 채무불이행으로 손해배상청구권이 발생하는 시점을 기준시로 하여 판단함이 원칙이나 소송에서는 변론종결시를 기준으로 한다(대판 1999. 4. 23, 98다45546). 법원은 배상금예정액이 그 예약에서 부당하게 과다한지 여부만 판단하면 충분하고, 실제의 손해액에 대한 구체적인 심리를 할 필요는 없다(대판 1975. 1. 11, 75다1404).

법원이 손해배상의 예정액을 부당히 과다하다 하여 감액하려면 채권자와 채무자의 경제적 지위, 계약의 목적과 내용, 손해배상액을 예정한 경위(동기), 채무액에 대한 예정액의 비율, 예상 손해액의 크기, 당시의 거래관행과 경제상태 등을 참작한 결과 손해배상 예정액의 지급이 경제적 약자의 지위에 있는 채무자에게 부당한 압박을 가하여 공정을 잃는 결과를 초래한다고 인정되는 경우라야 할 것이다(대판 1993. 4. 23, 92다41719).

건축도급계약에서 공사중단으로 인한 지체상금은 무한히 인정될 것이 아니라, 도급인에게 공사중단 등의 사유로 해제권이 발생한 때로부터 다른 건축업자에게 의뢰하여 동 건물을 완성한 때까지 중에서 수급인이 책임질 수 없는 공사지연의 기간을 공제한 일수로 제한되어야 한다. 그리고 그렇게 산정된 지체상금액이 부당히 과다한 경우에 법원은 그를 감액할 수 있다(대판 1989. 7. 25, 88다카6273).

(다) 과다배상예정의 무효　현저하게 높은 배상액의 예정에 관한 약정은 불공정한 법률행위로서 무효로 될 수 있다(제103조, 제104조). 특히 약관(約款)에 의해 배상액예정이 행해진 경우에는 그 약관조항을 무효로 할 필요가 크다.

(clause penale)에 관한 민법조항을 개정하여 배상액예정에 관한 민법규정을 강행법규로 하고 법관에게 예정된 배상액을 수정할 권한을 부여하였다. Medicus, *Schuldrecht I*, 4. Aufl., S. 205.

약관규제법은 고객에 대하여 부당하게 과중한 지연손해금 등의 배상의무를 부담시키는 약관조항은 실체법상 무효로 된다고 선언한다(약관법 제8조).

> **약관규제법 제 8 조와 민법 제398조 2 항의 관계**
>
> 약관규제법 제8조는 고객에 대하여 부당하게 과중한 지연손해금 등의 손해배상의무를 부담시키는 약관조항을 무효로 하는 반면에, 민법 제398조 2항은 부당히 과다한 배상예정금을 법원이 감액할 수 있도록 규정한다. 이렇게 과다한 배상액예정을 놓고 두 개의 법률이 서로 다른 규정을 둔 경우에 어떤 규정부터 적용해야 할까 의문이 생길 수 있다.
>
> 어떤 약관에서 과다한 위약금을 정한 경우에, 특별법인 약관규제법이 우선적으로 적용되어야 할 것이다. ① 약관규제법에 의해 위약금조항이 무효로 되는 경우에, 민법은 적용될 여지가 없다. 그 약관조항은 비록 계약서에 기재되어 있더라도 법적으로는 없었던 것과 같이 취급되므로, 민법 제398조에 의해 감액될 약정도 존재하지 않게 된다. 위약금조항이 없는 경우에는, 실제 손해를 배상청구할 수 있다. 약관규제법에 의한 무효는 소송절차를 밟지 않더라도 누구나 주장할 수 있으므로 그 보호범위가 넓다. ② 어떤 약관조항이 약관규제법 제8조에 의해 무효로 될 정도에 이르지 않은 경우에, 그 약정에 대하여 민법 제398조가 적용될 수 있다. 법원이 그 위약금액을 감액해 준 경우에, 그 금액만을 지급하면 손해배상관계가 깨끗이 청산된다. 이 경우의 단점은 제소를 하여 판결을 받게 되는 당사자만이 민법 제398조의 혜택을 입을 수 있다는 것이다.[1]
>
> 판례는 토지공사가 분양신청예약금으로 공급가액의 10%를 받으면서 분양계약을 체결하지 아니하는 경우에 이를 토지공사에 귀속키로 하는 약관은 부당하게 과중한 손해배상의무를 부담시키는 약정으로서 무효이며 손해배상액 예정액의 감경도 허용되지 아니한다고 하였다(대판 1996. 9. 10, 96다19757).

㈑ **과소배상예정에 대한 규제필요성** 채권자가 채무자보다 약자인 경우에 지나치게 적은 배상액이 예정됨으로써, 채권자의 정당한 손해배상청구를 차단하는 경우가 종종 있다. 이러한 과소배상액의 예정도 무효로 할 필요가 있다. 민법은 과다배상예정(過多賠償豫定)의 경우 감액할 수 있다는

1) 대판 1986. 8. 19, 86다카70: 은행이 대부금회수를 위한 법적 절차에 지출한 비용을 채무자가 변상하기로 하는 약정은 손해배상의 예약이다. 이러한 약정이 있더라도 배상액은 합리적인 변호사비용 등 상당한 범위 내로 한정된다.

규정을 둘 뿐이며, 과소배상예정(過小賠償豫定)의 경우 증액할 수 있도록 하는 규정은 두지 않았다.[1] 입법론으로서 과소배상예정의 경우에 증액할 수 있도록 하거나 그 예정을 무효로 하는 규정을 신설해야 할 것을 제안한다.[2]

(마) 불법행위책임에 관한 배상액예정약정　불법행위책임에 관한 배상액예정은 그 예정으로 인하여 불법행위를 유발할 도덕적 위험이 야기되지 않는 한 유효하다고 해석된다. 고의의 불법행위에 대비하여 배상액을 예정하는 일은 자칫 고의행위를 유발할 우려가 있기 때문에 허용되어서는 안 된다. 불법행위의 발생 여부 및 그로 인해 생길 손해의 범위는 예측하기 곤란하므로, 당사자가 사전에 불법행위를 예상하여 그 배상액을 예정하는 경우는 흔하지 않다. 다만 거래관계에서 발생하는 불법행위에 관해서는 당사자 사이에 배상액예정을 통해 대비를 해 두는 경우가 종종 있다.

민법은 불법행위책임에 관하여는 배상액예정에 관한 제398조를 준용하지 않는다. 그러나 거래관계에서의 불법행위책임에 관해 과다배상액을 예정해 둔 경우에, 그것을 감액할 수 있는 법적 조치가 요망된다. 불법행위책임에 관해서도 필요한 경우 민법 제389조를 유추적용해야 하리라고 생각한다.[3]

2. 배상액합의[4]

(1) 의 의

(가) 개 념　손해배상청구권자와 배상의무자가 배상액을 일정액으로 정하여 그 지급으로 손해배상의 문제를 종결짓기로 합의하는 것을 배상액합의(賠償額合意)라고 한다. 배상액합의는 책임발생요건의 충족 및 배상범위에 관해서는 객관적으로 명확하고 단지 배상액산정에 관해서만 불분명한 경우에 종종 행해진다. 그러나 책임발생에 관해서조차 분쟁이 있는 경우

1) 프랑스민법 제1152조는 1975년 개정으로 배상액의 증액도 허용한다.

2) 같은 취지: 김용한, 223; 김형배(2판) 287; 정기웅, 157.

3) 민법제정 당시와는 달리 현재에는 민법 제398조가 불법행위책임에 유추적용되어야 한다는 사회적 요청이 높아졌다. 서민, "손해배상액의 예정," 고시연구 1988년 3월호, 92.

4) 김연태, "손해배상책임과 합의 — 인신사고를 중심으로 —," 재판자료 제20집 자동차사고로 인한 손해배상(상), 법원행정처, 1984 수록; 송덕수, "손해배상에 관한 합의의 효력," 고시연구 1990년 3월호; 동, "불법행위의 경우의 손해배상에 관한 합의의 해석," 민사판례연구 제12권, 1990.

에도, 배상액합의로서 어떤 사고로 인한 손해배상의 모든 분쟁을 종결시킬 수 있다.

(나) 화해계약의 일종 배상액합의는 화해계약(和解契約)(제731조)의 한 종류로서 판결을 거치지 않고 배상액을 확정하는 수단이 된다. 손해배상의 일반원칙에 따라 문제가 종결되기 위하여는 책임발생요건의 충족, 손해배상의 범위, 배상액산정 등의 여러 단계의 쟁점들에 대한 규범적 판단을 필요로 한다. 각쟁점의 판단에 관하여 당사자 사이에 의견이 대립하는 경우에, 그 의견대립은 상호 양보에 의한 화해계약 또는 법원의 판결에 의하여 종결될 수 있다. 화해는 당사자가 상호 양보하여 당사자간의 분쟁을 종지할 것을 약정함으로써 그 효력이 생긴다(제731조).

(2) 효 과

(가) 배상액의 확정 배상액합의가 있으면 손해배상의무는 그 금액으로 확정된다. 합의 후에 실제 손해가 합의액보다 크거나 적다는 사실이 밝혀지더라도 합의액보다 증액할 것 또는 감액할 것을 청구할 수 없음이 원칙이다.[1] 화해계약에 의하여 당사자 일방이 양보한 권리가 소멸되고 상대방이 화해로 인하여 그 권리를 취득하는 효력을 갖는데(제732조), 이를 가리켜 화해의 창설적 효력(創設的 效力)이라고 부른다. 배상액합의를 한 당사자는 그 합의 당시에 자기가 손해의 범위에 관하여 잘못 알고 있었다는 등 착오를 이유로 그 합의의 무효를 주장하거나 취소를 할 수 없다(제733조 본문).

(나) 후유증에 관한 예외[2] 배상액합의 이후에 합의 당시에는 예상할 수 없었던 후유증이 생기는 등 예상치 못한 사정이 전개된 경우에는 합의액(合意額) 이외의 손해배상청구가 인정된다.[3] 예상치 못한 사정으로 인한 손해는 화해계약의 효력범위 밖에 속하므로, 그 부분에 관하여는 합의가 없었

1) 대판 1988. 5. 24, 87다카3133: 형사의 수사 · 재판과정에서 피해자가 가해자로부터 합의금 명목의 금원을 지급받고 가해자에 대한 처벌을 원치 않는다는 내용의 합의를 한 경우에 합의 당시에 지급받은 금원은 특히 위자료명목으로 지급받는다는 명시 등의 사정이 없으면 재산상 손해의 배상금의 일부로서 지급된 것으로 본다.

2) 김황식, "후유장해로 인한 손해액의 산정방법," 이회창선생화갑기념 법과 정의, 박영사, 1995; 손지열, "후유장해로 인한 손해배상액의 산정"(대판 1984. 9. 25, 84다카1020평석), 민사판례연구 제8권, 169; 이보환 "후유장해로 인한 일실이익의 산정," 사법논집 제17집, 1986, 70; 이영애, "후유장해로 인한 일실이익"(대판 1985. 9. 24, 85다카449평석), 민사재판의 제문제 제4권, 152.

3) 대판 1988. 12. 27, 87다카2005: 불법행위 당시에 예견할 수 없었던 후유증으로 인해 손해가 발생하거나 확대된 경우에 그러한 사유가 판명되었을 때가 손해배상청구권의 단기소멸시효의 기산점이 되는 피해자가 손해를 안 날이다.

던 것으로 다루어진다(같은 취지: 대판 1970. 8. 31, 70다1284). 손해배상판결이 있은 후에 나타난 후유증에 관하여 그 후유증이 전소(前訴) 당시에 예견할 수 없었던 것이라면, 그의 배상청구를 위한 새로운 소제기를 인정해야 한다.[1] 배상액합의와 함께 행해진 부제소합의(不提訴合意)는 후유증에 관해서는 효력이 없다.[2]

그러나 계약당사자 사이에 수술 후 발생한 새로운 증세에 관하여 그 책임 소재와 손해의 전보를 둘러싸고 분쟁이 있어 오다가 이를 종결짓기 위하여 화해계약에 해당하는 합의에 이른 것이라면, 가해자의 수술행위와 피해자의 수술 후의 증세 사이의 인과관계의 유무 및 그에 대한 가해자의 귀책사유의 유무는 분쟁의 대상인 법률관계 자체에 관한 것으로서, 가해자는 피해자의 수술 후의 증세가 가해자의 수술행위로 인한 것이 아니라거나 그에 대하여 가해자에게 귀책사유가 없다는 등의 이유를 들어 그 합의를 취소할 수 없다(대판 1995. 10. 12, 94다42846).[3]

(다) 불공정한 배상액합의의 무효 피해자가 그의 궁박 · 경솔 · 무경험으로 인하여 적정한 배상액보다 현저하게 소액의 배상액을 정한 경우에 그 합의는 불공정(不公正)한 계약으로서 무효이다(제104조).

---

1) 당사자가 전소의 계속중에 제출하도록 기대할 수 없었던 소송자료에 관해서는 그 판결의 기판력이 미치지 않으므로, 후유증에 의한 소송물은 전소와 별소의 소송물이라고 설명된다. 이시윤, 민사소송법 329.

2) 대판 1989. 3. 28, 88다카4994: 사고 직후의 부제소합의가 노동능력을 100% 상실하고 개호를 받아야 되는 후유증을 예상하지 못한 상태에서 행해진 경우에 그 부제소합의는 그와 같은 예상치 못한 손해에 대하여는 효력이 없다(같은 취지: 대판 2000. 1. 14, 99다39418).

3) 평석: 김영규, "인신사고로 인한 손해배상에 관한 합의와 취소 여부," 판례월보 337호, 9. 이 판결은 인과관계의 존부 및 귀책사유의 유무 같은 손해배상책임의 성립요건도 분쟁의 대상인 것으로 보아 화해의 효력을 다툴 수 없는 것으로 판시하였는바, 타당하다고 평석하였다.

§26. 손해배상자의 대위

1. 배상자대위의 의의

(1) 배상자대위의 개념

손해배상을 한 채무자(가해자)가 배상을 받은 채권자(피해자)의 배상에 관련된 물건이나 권리를 취득하는 것을 배상자대위(賠償者代位)라고 한다. 민법은 채무불이행책임과 불법행위책임에 모두 배상자대위를 인정한다(제399조, 제763조). 채권자가 그 채권의 목적인 물건 또는 권리의 가액 전부를 손해배상으로 받은 때에는 채무자는 그 물건 또는 권리에 관하여 당연히 채권자를 대위한다(제399조). 이러한 배상자대위제도는 배상받은 채권자나 피해자의 부당이득을 방지하고 배상받은 자와 배상자 사이의 이익형평을 꾀하기 위해 인정된다.

(2) 대위의 필요성

(가) 대차계약의 경우　　임대차나 임치에서와 같이 채무자가 채권자의 소유물 등을 맡는 경우에는 배상자대위의 필요성이 생긴다. 예를 들면 선관의무위반(善管義務違反)으로 임치물을 손상케 한 수치인은 임치인에게 목적물의 가액을 전부 배상해 주고 손상된 임치물을 자기 것으로 할 수 있으며, 임치물을 제3자에게 도난당한 경우에는 전부배상 후 임치인의 제3자에 대한 소유물반환청구권 · 부당이득반환청구권 · 손해배상청구권을 이전받는다. 불법행위책임에서는 보통 피해자가 목적물을 소유하므로 배상자대위의 필요성이 더욱 높다. 예를 들면 피해자의 차량가격 전액을 배상해 준 가해자는 그 파손된 차량을 자기가 양도받아 수리하여 사용 · 처분할 권리가 있다.

(나) 양도계약의 경우　　민법은 물권변동에 관하여 인도주의를 취하므로 양도(讓渡)를 위한 물건의 인도채무(특정물채무 · 종류채무)에서 채권자는 단지 인도청구권만을 가질 뿐이고 물건의 소유권은 채무자가 갖는다. 이 경우 채무불이행책임에 관련해서는 채무자가 채권자의 물건에 관해 대위할 필요가 생기지 않는다.

2. 배상자대위의 요건

(1) 손해배상청구권의 존재

채권자나 피해자가 채무자나 가해자에 대하여 유효한 손해배상청구권을 가져야 한다. 손해배상청구권이 없음에도 불구하고 있다고 착각하여 배상금으로서 지불한 것은 손해배상에 해당하지 않는다.

(2) 전보배상의무의 이행

채권자나 피해자가 대위하고자 하는 물건이나 권리의 가액을 전부 배상해야 한다. 일부배상으로서는 일부에 대한 대위조차 허용되지 않는다(반면에 제483조의 변제자대위는 일부대위가 허용된다)(대판 2007. 10. 12, 2006다42566).[1] 배상자대위는 손해배상이 전보배상의 성격을 갖는 경우에 한정되어 허용되며, 지연배상에서는 대위가 허용되지 않는다.

(3) 손해배상과의 관련성

대위할 물건이나 권리가 손해배상과 직접 관련이 있는 것이며 대위에 적합해야 한다.

(4) 기　　타

배상자대위의 취지는 채권자가 채권의 목적인 물건이나 권리의 가격 전부를 손해배상으로 받아 만족을 얻었을 때에 그 물건이나 권리를 법률상 당연히 채무자에게 이전시키는 것이며, 그에 관한 채권자 및 채무자의 양도나 기타 특별한 행위는 필요 없다(대판 1977. 7. 12, 76다408).

3. 배상자대위의 효과

전액배상을 한 채무자나 가해자에게는 목적물에 대한 대위의 효과가 자동적으로 발생한다. 민법 제399조는 「당연히 채권자를 대위한다」고 하므로 그러한 대위가 물건이나 권리의 이전을 의미한다고 해석된다.[2] 물건에 대한 소유권(所有權)·제한물권(制限物權)·채권(債權) 등의 권리는 양도의

---

1) 같은 취지: 주석 채권총칙(상), 339.

2) 보험회사와 배상자 및 다른 배상의무자 사이의 관계에 대하여는 상법이나 기타의 특별법에 특칙이 규정되어 있다(상법 제681조, 자동차손해배상보장법 제30조의 3, 산업재해보상보험법 제15조).

합의나 인도 없이 배상자에게 이전되며, 목적물이 부동산인 경우에 등기 없이도 소유권이 이전된다는 견해이다.[1] 이 경우의 소유권이전은 법률의 규정에 의한 물권변동으로서 등기를 요하지 않는다고 해석된다(제187조). 배상자대위의 목적인 권리도 배상자에게 자동적으로 이전된다고 본다. 판례도 이와 같이 권리이전의 효과를 인정한다(대판 1977. 7. 12, 76다408).

---

1) 같은 취지: 곽윤직, 167; 김주수. 195; 김증한 · 김학동, 167; 김형배(2판), 293; 정기웅, 184. 주석채권총칙(상), 339. 참고로 물권변동에 형식주의를 취하는 독일민법은 배상권리자의 양도행위와 등기 · 인도를 요구한다(독민 제255조).

§ 27. 손해배상청구권의 경합

1. 개 설

(1) 청구권경합의 의의

청구권자가 피청구권자에 대하여 어떤 사실관계에 기해 손해배상청구권을 가지는 경우에, 하나의 사실관계가 두 개 또는 세 개의 청구권규범을 충족시키면 복수의 청구권이 상호 무관계 · 독립하여 발생한다고 보고 이들을 소송상 별개의 것으로 취급할 것인가 또는 통합적인 청구권이 한 개 발생하고 소송도 한번에 그치는 것으로 할 것인가가 청구권경합(請求權競合)의 문제이다.

청구권이 경합하는 경우는 대개 ① 계약책임상의 손해배상청구권과 불법행위로 인한 손해배상청구권의 경합, ② 물권적 청구권과 청구권의 경합, ③ 부당이득반환청구권과 다른 청구권과의 경합, ④ 어음상의 청구권과 원인관계에 기한 청구권의 경합, ⑤ 이혼소송에서 각각의 이혼사유에 기한 이혼청구권의 경합(제840조) 등 여러 유형이 있다.

(2) 계약책임과 불법행위책임의 경합

여기서는 청구권의 성질이 유사하면서도 경합문제가 빈번히 발생하는 채무불이행책임과 불법행위책임의 경합문제에 한정하여 살펴보겠다.[1] 양 책임이 경합하는 대표적 사례로서는 자동차 · 철도 · 선박 · 항공기 등의 교통사고로 여객 · 운송품이 피해를 입은 경우, 임차인 · 수치인에 의한 임차물 · 임치물의 훼손의 경우, 제조물책임(製造物責任), 의료과오(醫療過誤), 약화사고(藥禍事故), 학교사고(學校事故), 놀이시설에서의 사고 등을 들 수 있겠다. 하나의 사건해결에 관해 청구권경합이 생기는 이유는 민법이 계약책임과 불법행위책임을 각각 별도의 제도로서 분리하여 규정하기 때문이다. 이렇게 양 책임을 분리규정하는 것은 독일[2] · 프랑스 · 일본 등의 법제도 마

1) 종래의 청구권경합에 관한 이론은 이들 모든 유형에 관해 보편타당한 원칙을 수립하고자 하였으나, 이것이 과연 가능한지는 의문이다.

2) 독일에서는 청구권이 경합한다고는 하지만 무제한 경합을 인정하는 것은 아니고, 이미 판례로서 어떤 경우에 계약책임 · 불법행위책임이 문제되는가가 세부적으로 정하여져 있어 실제 양 책임이 경합하는 경우는 우리보다 매우 제한되어 있다.

찬가지며, 영미법에서도 양 책임은 분리 · 독립의 제도로 발달되어 왔다. 그러나 오스트리아민법에서는 계약책임과 불법행위책임을 통합하여 규정하는 일원주의(一元主義)를 취함으로써 청구권경합의 문제가 생길 여지조차 없다.[1)]

2. 청구권경합에 관한 이론

(1) 청구권경합설

(가) 순수청구권경합설 청구권의 경합에 관하여 실체법상으로는 청구권경합설, 그리고 소송법상으로는 구소송물론(舊訴訟物論)이 종래의 지배적 견해였다.[2)] 우리 나라에서 주장되는 청구권경합설이 순수청구권경합설인지 절충적인 것인지 논의되고 있지 않으나, 청구권이 경합하지 않는 예외를 인정하고 있지 않다는 점, 불법행위의 요건인 과실을 언제나 추상적 경과실이라 함으로써[3)] 무상계약 등의 책임경감을 불법행위에도 인정하지 않는다는 점에 비추어 순수청구권경합설(純粹請求權競合說)이라고 해석할 수밖에 없다.

청구권경합설에서는 어느 한 사건(사실관계)이 여러 개의 법률요건을 충족할 경우 그에 따라 여러 개의 청구권이 발생하게 되고, 이들은 서로 독자적인 법률효과 및 법적 운명을 갖게 된다는 것이다. 즉 채무자의 과실로 채권자에게 손해를 입힌 경우에 채권자에게는 채무불이행으로 인한 손해배상청구권과 불법행위로 인한 손해배상청구권이 각각 독립하여 성립하게 되고, 이 때 어느 하나의 청구권이 다른 것을 배척하지 않게 된다. 따라서 발생원인을 달리하는 청구권들이 병존하게 되고 피해자는 이들 여러 개의 청구권들 중에서 어느 하나 또는 수개를 자유롭게 선택하여 행사할 수 있다고 한다.

청구권경합설은 그 근거로서 첫째, 이들 책임은 각각 요건과 효과가 별

---

1) 오스트리아민법 제1295조는 "누구든지 가해자에게 그의 귀책사유로 인하여 야기한 손해의 배상을 청구할 수 있다. 그 손해가 계약채무의 잘못된 이행에서 야기된 것이든 계약과 관계 없이 야기된 것이든 문제되지 않는다"고 규정한다.

2) 곽윤직, 채권각론(재전정판), 1984, 625; 김석우, 채권법각론, 1978, 495; 김현태, 채권법각론, 1973, 362; 김증한 · 안이준, 신채권각론(하), 1970, 749; 이태재, 채권법각론신강, 1967, 451.

3) 곽윤직, 채권각론, 631.

도로 정하여져 있으므로 별개의 청구권이며 그 경합을 부정할 만한 특별한 이유가 없고, 둘째, 여러 개 청구권들의 자유로운 선택을 인정하는 것이 피해자에게 유리하다는 것을 든다.

(나) 구소송물론 청구권경합설은 우리 민사소송법상 다수설인 구소송물론(구실체법설)과 밀접히 결합되어 있다.[1] 구소송물론(舊訴訟物論)은 소송물을 실체법상의 권리나 법률관계의 주장으로 파악한다.[2] 따라서 소송물은 실체법상의 권리에 의하여 식별되고, 수개의 실체법상의 권리를 갖고 있는 자는 상이한 소송에 의하여 이를 각각 청구할 수 있고(소송물의 복수성), 이 중 어느 하나를 원인으로 청구하다가 다른 것으로 바꾸면 소송물은 달라진다(소송물의 별개성). 또 하나의 청구가 기각된 경우에는 다른 청구권에 기해 소를 제기할 수 있다. 예를 들면 동일한 가옥의 명도를 구하는 소에서 소유권에 기초하여 명도청구권을 주장하는 경우와 임대차종료에 기하여 명도청구권을 주장하는 경우는 별개의 소가 되고, 2개를 동시에 주장하면 소의 병합이 되며, 한 청구권으로부터 다른 청구권으로 변경하면 소의 변경이 된다. 또 한 청구권의 소송계속중에 다른 청구권을 별소로 주장해도 중복제소가 되지 않는다. 그리고 한 청구권을 주장하여 패소하더라도 다른 청구권을 청구내용으로 하여 한번 더 동일가옥의 명도를 소구할 수 있다.

(2) 청구권규범통합설

(가) 청구권규범통합설 하나의 사실관계(事實關係)에서 하나의 청구권(請求權)만이 발생한다는 입장이며, 채무불이행책임과 불법행위책임이 경합하면 양 책임규범을 통합한 하나의 손해배상청구권이 발생한다는 입장이다.[3] 복수의 청구권이 당사자 및 급부를 같이하는 경우, 그것이 구체적 청구권으로서 우리와 현실적으로 접촉하는 부분에서는 특별한 사정이 없는 한 단일한 것으로 다루는 것이 합리적이고, 거기에는 한 개의 현실적 청구

---

1) 방순원, 민사소송법(상), 1981, 198; 이영섭, 신민사소송법(상), 1973, 235. 곽윤직, 앞의 책, 625는 청구권경합설이 신소송물론과도 조화를 이룰 수 있는 듯 설명하나, 이에 대하여는 양자가 양립할 수 없는 관계라는 비판이 있다. 이시윤, 소송물에 관한 연구, 1977, 17.

2) 구소송물론은 민사소송법의 목적이 사권의 보호에 있다고 본다. 따라서 소권은 권리보호청구권으로 구성되고, 소송심리의 대상은 실체사법의 개개의 규정에 의하여 구체적으로 내용이 결정된 권리라고 한다.

3) 우리 나라에는 아직 청구권규범통합설을 자신의 견해로서 완전히 이론구성하여 놓은 학자는 드물지만, 독일과 일본의 학설을 소개하고 그의 도입가능성을 시사하는 글이 발표되고 있다. 김형배, "청구권규범통합론 — 방법론적 재구성을 위하여," 고대 법학논집 제20집; 황적인, 현대민법론 Ⅳ, 1980, 283.

권이 성립한다고 본다.[1] 청구권경합(請求權競合)의 문제는 단순히 어느 청구권규범이 권리자에게 유리한가 불리한가를 가려서 판단할 것이 아니라 문제된 사실관계를 규범적 측면에서 어떤 성질의 구성요건적 요소로 파악해야 할 것이고, 그 사안에 대하여는 어떤 효과가 귀속되는 것이 타당한 것인가를 판단해야 한다고 설명한다. 그리고 해당 법규들의 기능과 목적의 유사성도 함께 검토되어야 하며, 신소송물론에서 자극을 받아 규범통합방법에 의한 새로운 길을 모색하고 있는 것(구성요건 및 효과의 통합)이 필요하다고 주장한다.[2]

현행법의 해석론으로서는 효과규범의 통합에 국한시키는 견해(효과규범 통합설)가 주장된다. 규범통합의 방법으로서는 어떤 사안에서 문제된 청구권규범들 중에 어느 하나와 긴밀한 관계를 가지고 있는 것을 찾아 적용하는 방식을 취한다. 계약의 이행행위와 내적 관련을 가지는 행위에 의해 침해가 이루어진 경우에는 계약책임법이 적용되고, 일탈행위로서 고의행위가 행해진 경우 또는 계약관계를 이용하여 타인의 권리를 침해한 경우에는 불법행위규범만을 적용한다.[3]

(나) 신소송물론 소송법상의 고려에 기하여 소송상 청구의 내용을 정하여야 한다는 신소송물론(新訴訟物論) 또는 소송법설(die prozessuale Theorie)이 근래 다수설로 되었다.[4] 민사분쟁의 핵심은 원고가 소로써 달성하고자 하는 경제적 · 사회적 목적이므로 소송물을 원고의 소송목적을 중심으로 재구성한다. 예를 들면 이행의 소에서는 법원으로부터 일정한 급부(이행)명령을 받아 강제집행할 수 있는 채무명의를 얻어 급부를 실현하는 데에 원고의 목적이 있으므로, 이행의 소의 소송물은 일정한 급부의 주장이 된다고 한다. 확인의 소의 소송물은 일정한 내용의 권리 또는 법률관계의 존부확인의 주장, 그리고 형성의 소의 소송물은 일정한 법률상태의 형성의 주장이라

1) 황적인, 앞의 책, 283.

2) 김형배, 앞의 글, 30~32. 그러나 단일청구권을 형성하는 규범조정의 구체적인 안은 제시하지 않은 채로 아직은 규범통합의 당위성만을 설명한다.

3) 김형배(2판), 210.

4) 강현중, 민사소송법, 350; 김홍규, 민사소송법(상), 1983, 251; 이시윤, 민사소송법, 1990, 322 이하; 동, 소송물에 관한 연구, 1977, 168 이하; 정동윤, 민사소송법, 217; 유택형, "불법행위 및 채무불이행으로 인한 손해배상청구권과 신·구 양소송물이론의 쟁점을 논함," 사법행정 1978년 10월호; 이영섭, "신소송물론," 서울대 법학 통권 제3권 1호; 정규상, "계약책임과 불법행위책임의 소송법적 의의," 재산법연구 제6권 1호; 정동윤, "소송물 쟁점의 현황," 변협 1987년 10월호; 지홍원, "소송물에 관한 소고," 사법논집 제2집; 한종열, "소송물이론에 관한 소고," 경북대법대논총 제9집. 이 중에는 통합된 한 개의 청구권을 기초로 소송물을 설명하는 신실체법설도 포함되어 있다.

고 한다. 예를 들어 교통사고로 인한 손해배상을 불법행위에 기하여 청구할 때, 배상급부를 구할 수 있는 법적 지위가 소송물이지 불법행위 또는 계약 위반에 기한 개개의 손해배상청구권이 소송물은 아니라는 것이다. 왜냐하면 이들 두 개의 청구권은 실체법상 1회의 급부밖에는 인정되지 않기 때문이다.[1)]

(3) 판 례

판례는 청구권경합설(請求權競合說)을 취하고 있다. 수치인이 목적물을 멸실케 하여 계약상 반환의무를 이행치 못할 뿐 아니라 불법행위에 해당한 경우에, 임치인은 채무불이행으로 인한 손해배상이나 불법행위로 인한 손해배상 중 어느 하나 또는 양자를 자유로 선택할 수 있다고 한다(대판 1959. 2. 19, 4290민상571). 전세권자나 그 보조자가 실화로 가옥을 소실케 하여 그 반환의무를 이행하지 못하게 된 경우에, 불법행위와 채무불이행이 동시에 성립한다고 한다(대판 1967. 12. 5, 67다2251).

소송물과 관련하여서는 구소송물론(舊訴訟物論)을 취한다.[2)] 운송계약에 기한 손해배상청구권(상법 제148조)과 불법행위에 기한 손해배상청구권을 동시에 주장하면 소의 선택적 병합이 된다고 하였다(대판 1962. 6. 21, 62다102). 불법행위에 기한 손해배상청구권에서 부당이득반환청구권으로 바꾸는 것은 소의 변경이라 하였다(대판 1964. 10. 20, 64다559). 피고가 보통 파 종자를 옥파 종자로 판매함으로 인한 손해의 배상을 원고가 구한 경우, 법원이 당사자가 불법행위로 인한 손해배상금을 구한다고 주장하였음에도 채무불이행으로 인한 손해배상의무를 인정함은 당사자가 신청하지 않은 사항을 판결한 것으로 위법이라고 하였다(대판 1963. 7. 25, 63다241). 매수인으로서 부동산등기말소를 청구하여 패소하자 소유자임을 이유로 동일청구를 한 경우, 이들은 별개의 소라고 하였다(대판 1985. 6. 11, 84다카197). 그리고 판례는 소송물도 매우 세분한다. 신체의 상해로 손해배상을 청구하는 경우에 소송물은 적극적 재산손해, 소극적 재산손해, 정신적 손해의 세 가지

---

1) 신소송물론은 다음과 같이 세분된다. ① 소송물일지설(訴訟物一肢說): 원고가 소로서 달성하고자 하는 법률효과는 청구취지에 표현되므로 청구취지에서 소송물의 단복 · 이동이 판단된다는 견해이다(이시윤, 소송물에 관한 연구, 174). ② 이중설(二重說): 소송물의 동일성은 청구취지와 청구원인의 사실관계에 의해 판단되어야 한다는 견해이다(정동윤, 앞의 글, 82).

2) 청구권경합설 및 구소송물론에서 벗어난 판결도 몇 있었다. 대판 1966. 2. 22, 65다2604; 대판 1980. 12. 9, 80다532; 대판 1983. 3. 22, 82다카1810.

로 나누어진다고 한다(대판 1976. 10. 12, 76다1313).[1)]

(4) 사 견

㈎ 청구권규범통합설 사견으로는 청구권규범통합설(請求權規範統合說)을 취하며, 그 규범통합의 방법으로는 효과규범통합설(效果規範統合說)이 현행법의 해석론으로서 타당하다고 생각한다.

1) 단일청구권의 구성 채무불이행으로 인한 손해배상청구권과 불법행위로 인한 손해배상청구권이 별도의 조문으로 규정되어 있다고 해서 그 손해배상청구권의 성질까지 본질적으로 다른 것은 아니다. 민법은 제763조의 준용규정에 의해 양 책임의 손해배상은 본질적으로 동일(同一)하다는 입장을 취하며, 단지 제751조, 제752조, 제754조~제766조의 특칙을 인정할 뿐이다. 어떤 사실이 양 책임의 요건을 모두 충족하는 경우라도 채권자(불법행위의 피해자)는 그 손해를 배상받으려 한다는 하나의 목적만을 가지므로, 법도 하나의 권리만을 부여하는 것이 타당하다.[2)] 이렇게 실질에 따라 청구권을 하나만 인정하는 것이 일반인의 법의식에도 맞고 거래계의 요청에도 부합한다.

2) 처분객체의 단일성 하나의 통합된 청구권은 처분대상의 단일성을 가져온다. 각각의 손해배상청구권이 별개의 것이라고 보아 별도로 양도(讓渡), 입질(入質) 등의 처분을 하는 것은 허용되지 않는다. 당사자간에 채무면제(債務免除)나 화해계약(和解契約)이 체결된 경우에 그것은 통합된 청구권에 관한 것이 된다. 예를 들면 의료사고의 경우에 당사자간에 손해배상액의 합의를 보았다면 이는 당해 사고로부터 발생한 양 책임을 종합해서 손해를 배상하는 뜻으로 새겨야 할 것이다. 만약 청구권경합설의 논리에 따라 손해배상액합의(損害賠償額合意)가 불법행위책임에 한정되는 것이고 별도로 계약책임을 물을 수 있다고 한다면 그것은 당사자의 의사에 맞지 않아 부당하다. 그리고 상대방에 대한 소송상 또는 소송외의 청구로 시효중단(時效中

---

1) 이는 삼분설에 따른 것으로서 같은 구소송물론을 취하는 일본에서는 이미 1973년 한 개의 소송물이라는 판례가 나와 있고, 우리 나라 학계에서도 이 판례에 관해 비판이 있다. 이시윤, "손해배상청구의 소송물," 판례월보 101호, 114.

2) 사실관계에 비추어 한 개의 사고가 원인이 되어 손해배상청구를 하는 경우에, 그 책임원인이 되는 실체법규정이 여러 개이더라도 「한 개의 손해배상청구권」만이 발생한다고 보아야 하며 민사소송상 「하나의 소송물」로 취급되어야 한다. 한 개의 법률분쟁이라고 하기 위해서는 청구인과 피청구인이 동일인이어야 할 것, 그리고 실체법상 권리가 청구인의 1회의 급부수령만을 허용할 것이 요구된다.

斷)의 효과를 가져오는 경우도 마찬가지로 당사자의 의도는 양 책임의 소멸시효진행을 막고자 하는 것으로서, 어느 한 책임만에 적용되는 것으로 해석할 것은 아니다.

3) 책임경감의 필요성 무상계약(無償契約)의 책임경감(責任輕減)(제695조, 제617조, 제654조)은 불법행위책임에도 영향을 미치어 채무불이행책임에서와 마찬가지로 면책 또는 책임제한된다고 해석하여야 합당하다. 예를 들면 무상수치인은 임치물의 보관의무가 민법 제695조에 의해 「자기재산과 동일한 주의」의 범위로 경감되어 있다. 그런데 그가 이보다 무거운 일반인의 주의의무(추상적 경과실)를 위반하여 임치물을 훼손한 경우에 순수청구권경합설에 의하면 계약책임은 면하나 불법행위는 성립하여 그에 따른 손해배상의무를 부담한다고 해석된다. 이렇게 해석할 경우 계약의 무상성에 따른 주의의무경감을 규정한 제695조는 아무런 의미를 갖지 못하며, 상식적으로 생각할 때도 부당함은 말할 필요도 없다. 이를 법적으로 어떻게 이론구성하여야 할 것인가는 문제이나, 불법행위성립요건인 위법성을 결하는 것으로 보는 것이 무난하다.[1)]

4) 청구권자에게 유리한 규범통합 계약책임과 불법행위책임의 규범이 경합하는 경우, 피해자는 양 규범을 종합한 「하나의 손해배상청구권」만을 갖게 된다. 여러 개의 책임원인이 경합한다는 것은 이들 책임원인이 상호간에 영향을 미치면서 채권자에게 종합적인 효과를 부여한다는 것이며, 각 책임의 효과를 선택적으로만 취할 수 있다는 뜻은 아니라고 해석된다. 피해자는 자기가 주장할 수 있는 두 가지 책임원인 중 자기의 손해전보에 유리(有利)한 것만을 발췌하여 주장할 때에 비로소 양 권리를 모두 이용할 수 있는 것이 되기 때문이다. 다시 말해서 피해자가 상호 관련 있는 두 가지의 책임을 추궁할 수 있는 경우에, 그는 각각 서로 무관계한 두 개의 권리를 갖고 있는 때와는 달리 그에게 유리한 종합적 권리를 하나만 갖게 된다.[2)]

1) 같은 취지: Palandt/Thomas, *BGB Komm*. 40. Aufl., 1981 Einf. vor §823 Anm. 2a) und c); Esser-Schmidt, *Schuldrecht*, Bd. I, 1, 5. Aufl., 1975, §212.

2) 청구권경합설이 주장하는 다수의 청구권의 자유로운 선택을 인정하는 것이 피해자에게 유리하다는 점은 법조경합설과 비교할 때 일리가 있다. 즉 우리 민법하에서는 계약책임과 불법행위책임의 손해배상청구권이 각각 그 요건·효과를 달리하고 있으므로, 양자를 모두 이용할 수 있게 함으로써 피해자에게 스스로 유리한 것을 택하게 할 수 있다고 한다. 그러나 실제로는 소송상 양 청구권은 선택적 경합으로 취급되므로, 결국은 어느 한 청구권밖에는 인정되지 않는다. 이 경우 만약 어느 한 면에서는 계약책임이 채권자에게 유리하고, 다른 면에서는 불법행위책임이 유리하다면 결국 피해자보호를 위해서는 어

5) 효과규범의 통합　사견으로는 채무불이행책임과 불법행위책임의 규범통합은 효과규범(效果規範)만의 통합(統合)을 인정하는 것이 타당하다고 생각한다. 입법론이라면 요건 · 효과의 전규범통합이 바람직할지 모르지만 해석론으로서 요건의 규범통합까지 주장하는 것은 무리이기 때문이다.[1] 채무불이행에 관한 제390조 이하와 불법행위에 관한 제750조 이하의 효과규정은 피해자에게 유리한 것만으로 추출되어 통합효과가 발생하게 된다.[2]

채무불이행책임과 불법행위책임의 통합적 손해배상청구권(統合的 損害賠償請求權)의 내용은 다음과 같다. ① 손해배상의 범위는 양 책임이 원칙적으로 같으며(제393조, 제763조), 위자료청구권도 양 책임에서 모두 인정되므로(학설 · 판례) 통합의 어려움이 없다. ② 손해배상예정에 관한 약정이 있는 경우에, 통합된 손해배상청구권은 그 예정액으로 정해진다. ③ 불법행위에 관한 민법 제756조의 배상액경감청구는 통합된 청구권에서도 인정된다. ④ 상법상의 운송인, 공중접객업자, 창고업자의 책임가중규정(상법 제135조, 제152조, 제160조)은 민법규정에 우선하여 적용된다. ⑤ 소멸시효는 원칙적으로 10년으로 완성된다. 하자담보책임과 불법행위책임이 경합한 경우에 6개월의 제척기간(제582조)이 적용되지 않고 민법 제766조의 소멸시효규정이 적용된다. 수급인의 담보책임을 1년으로 제한하는 민법 제670조도 불법행위책임과 경합되는 경우에는 적용되지 않는다. ⑥ 상계를 금지하는 민법 제496조는 통합된 청구권에 적용된다.

(나) 신소송물론의 타당성　사견으로는 채무불이행에 기한 손해배상청구권과 불법행위에 기한 손해배상청구권 사이의 소송물 단일성(訴訟物 單一性)을 주장하는 신소송물론에 찬동한다(손해배상청구권 이외의 청구권의 경합에 관해서는 아직 결론을 얻지 못했음). 신소송물론이 앞에 지적한 구소송물론의 난점을 극복하고, 분쟁의 핵심이 원고의 소송목적에 있음을 간파한 것은 소송법 · 실체법 양자에 있어서 매우 의의 깊다. 특히 이행의 소에 있어서는 소송물이 원고의 청구취지에 표현된 「피고로부터 일정한 급부를 구할 법적 지위가 있다는 주장」이라는 점은 일반인의

느 하나를 택할 수밖에 없게 되는데, 청구권규범의 통합을 시도할 경우에는 양자의 유리한 점만을 추출 · 통합함으로써 피해자에게 더욱 유리하게 된다.

1) 독일에서 요건통합의 필요성은 불법행위책임에도 채무불이행책임의 이행보조자의 과실에 관한 규정을 준용할 목적에서 나온다. Schlechtriem, *Vertragliche und auBervertragliche Haftung, Gutachen und Vorschläge zur Überarbeitung des Schuldrechts*, Bd. Ⅱ(1981), S. 1616 f.

2) 우리 민법은 불법행위에 채무불이행규정을 준용하기 때문에, 통합 이전의 효과면에서도 유사성이 높다. 따라서 우리 민법에서는 독일민법이나 일본민법에서와 달리 효과규범의 통합이 쉽다.

법의식과 소송실무를 근접시킬 수 있는 획기적인 사고이다. 교통사고로 인한 손해배상을 청구할 때, 배상을 청구할 수 있는 법적 지위(손해배상청구권 자체)가 소송물이고 채무불이행이라든가 불법행위라든가 하는 책임원인을 명시한 손해배상청구권은 소송물이 아니라고 보아야 한다. 실체법이 1회의 급부밖에 시인하지 않는 경우에 실체법상의 청구권 발생원인을 달리하여 청구한다 해도 소송물은 한 개일 뿐이라고 보아야 한다. 신소송물론에 의할 경우 법원은 양 책임의 경합 여부를 반드시 고려하여야 하고, 석명권을 행사하여 충분히 사실관계를 밝혀야 한다. 법관은 확정된 사실관계를 놓고 가능한 모든 법적 관점에서 심사하여 원고의 소송목적을 실현시켜야 한다.[1)]

신소송물론은 청구권경합설과 양립할 수 없는데, 그 이유는 다음과 같다. 청구권경합설은 하나의 청구권규범의 충족에 의해 하나의 청구권이 발생하고 이는 독자적 법적 효과를 가지며, 단독으로 소송상 관철할 수 있다고 한다. 그러나 신소송물론에 의하면 어느 소송에서 하나의 청구권(청구권경합설의 의미에서의, 예를 들면 계약책임)만이 소송물이 될 수는 없고, 모든 가능한 법률관계(즉 불법행위까지 포함)가 함께 고려되어져야 한다. 나아가서 신실체법설에 의하면 판결은 계약상 또는 불법행위상의 손해배상이라는 형태로 내려지는 것이 아니라 피고에게 손해배상의무 있음이 결정되고, 그 의무의 내용은 양 규범을 종합하여 피해자에게 유리한 것을 발췌하여 형성된다. 따라서 신소송물론은 단순히 절차법에만 관계하고 결론의 도출에는 결국 청구권경합설에서 말하는 수개의 청구권 중의 하나가 선택되어진다고 보는 견해는 잘못된 것이다. 왜냐하면 청구권경합설과 신소송물론에서 말하는 청구권의 의미부터가 완전히 다르기 때문이다.

㈐ 청구권경합설에 대한 비판 첫째, 채무불이행책임에 단기의 소멸시효(消滅時效) 또는 제척기간(除斥期間)이 규정되어 있는 경우에, 이는 불법행위책임에도 영향을 미치는 것이 타당하지만, 청구권경합설에 의하면 그 기간 경과 후에도 불법행위책임은 존속하므로 이러한 단기시효를 둔

---

1) 정동윤, 앞의 글, 81에서는 "구실체법설은 소송물을 작게 구분함으로써 법원의 권한을 감소시키고 당사자의 지배권한을 확대하려는 자유주의적 개인주의적 소송관의 산물임에 반하여, 소송법설과 신실체법설은 실질적으로 하나의 분쟁은 가능한 한 1회에 해결함으로서 소송제도의 합리적운영을 꾀하고 소송제도가 가지는 사회적 의의를 강조하는 사회국가적 · 복지국가적 소송관과 관련되어 있다"고 하며 소송물론은 결국 법정책적인 평가문제라고 파악하였다.

취지에 어긋난다.[1)] 청구권경합설에 의하면 양 책임의 청구권의 효력(내용·시효·입증책임 등)도 각각의 규정에 의하여 결정하기 때문이다. 예를 들어 사용임차에 관한 민법 제617조(이 규정은 제654조에 의해 임대차에 준용됨)가 계약위반으로 인한 손해배상의 청구는 대주가 물건의 반환을 받은 날로부터 6개월 내(제척기간으로 해석됨)에 하도록 규정하는데, 이 규정은 불법행위책임에도 적용되어야 한다.

둘째, 당사자간에 계약책임을 청산하기 위한 화해나 면제가 행해진 경우에 이는 불법행위책임도 면책시키는 것이 타당하며, 청구권경합설에서처럼 불법행위책임은 화해나 면제가 없는 것처럼 추궁하도록 하는 것은 부당하다.[2)]

셋째, 채권자가 채무자에 대하여 채무불이행에 기한 손해배상청구권 또는 불법행위에 기한 손해배상청구권 중 하나의 청구권만을 소송상 또는 소외로 청구한 때, 시효중단의 효과는 양 책임에 모두 발생토록 하는 것이 타당하다. 청구권경합설에 의하면 시효중단의 효과는 그 청구권만을 위하여 생기고 다른 청구권에 대하여는 시효가 그대로 진행되게 된다. 이는 법이론으로는 가능할지 모르나 일반인에게는 도저히 납득하기 어려운 부당한 결과이다.

넷째, 채권자가 채무불이행에 기한 손해배상청구권만을 제3자에게 양도하고 불법행위에 기한 청구권은 그대로 보유하는 것이 허용되어서는 안된다. 그러나 청구권경합설에 의하면 이것도 가능하게 되는 결과, 채무자는 하나의 사실관계로부터 두 명의 채권자를 갖게 되어 예상치 못한 불이익을 받을 우려가 있다.[3)]

㈃ 법조경합설에 대한 비판 첫째, 법조경합설(法條競合說)에서 원칙으로 하나의 청구권만을 인정함으로써 분쟁의 1회적·종합적 해결을 꾀하고자 한 것은 타당하지만, 구소송물론을 전제한 채 실체법상의 청구권의 경합문제로서만 문제를 해결하려 한 것은 잘못이었다. 소송법학이 안고 있는 소송물의 문제와 연계되어 있는 만큼 소송법학과 협력하여 해결할 수밖에

---

1) 독일의 판례는 이 경우 불법행위책임의 시효도 독일민법 제558조, 제606조에 의해 단축된다고 한다. RG. 62, 32; RG. 66, 363; RG. 87, 291; BGH *NJW* 1968. 694, 695. *Münchener Komm.*, zu § 558 Rn. 3.

2) Schlechtriem, *Vertragsordnung und außervertragliche Haftung*, 1972, S. 52. 슐레히트림은 청구권의 단일화에는 반대하나, 이 경우는 당사자의 통상의 의사에 반한다고 비판한다.

3) 같은 취지: Larenz, *Allgemeiner Teil des Deutschen Bürgerlichen Rechts*, 5. Aufl., 1980, S. 234.

없었다.[1]

둘째, 법조경합설은 불법행위책임과 계약책임을 일반법과 특별법의 관계로 봄으로써 양 책임의 경합시에는 계약책임만이 성립한다고 하였으나, 이는 피해자로 하여금 불법행위책임에서 인정되는 태아의 손해배상청구, 배우자 및 친척의 위자료청구(제752조, 제762조) 등 유리한 효과를 받을 수 없게 하는 부당함을 초래하였다.

(마) 구소송물론에 대한 비판　　첫째, 원고의 소송목적은 어느 청구권에 관련된 법률문제에 해답을 얻으려는 것이 아니고 원고가 당면한 구체적 분쟁을 해결하는 데에 있음에도 불구하고, 구소송물론은 일반인의 소송목적을 충족시켜 주지 못한다. 교통사고의 피해자는 손해배상금의 급부(이행)명령을 받는 데 목적을 두고 있으며, 자기에게 생긴 권리가 불법행위에 기한 손해배상청구권인지 채무불이행에 기한 손해배상청구권인지 하는 것은 권리구제의 수단일 뿐이며 이는 법관이 배상명령을 할 때에 고려해야 할 법적 쟁점일 뿐이다.

둘째, 구소송물론(舊訴訟物論)은 동일소송절차에서 동일취지의 급부나 동일법률관계의 형성을 위해 경합관계에 있는 수개의 청구권이나 형성권에 기하여 청구하는 경우에 소송물이 복수라 하여 청구의 병합(선택적 병합)으로 보는데, 당사자의 소송목적을 고려할 때 하나의 소송물로 처리되어야 마땅하다.

셋째, 구소송물론에 의하면 급부나 권리형성을 그대로 두고 청구원인의 실체법상의 권리를 바꾸는 경우에도 소송물의 변경이 되는데, 이는 목적상 하나의 분쟁을 하나의 소송으로 집중시켜 1회적으로 해결하는 것을 방해하므로 부당하다. 이 경우는 소송목적상 하나의 분쟁 내에서 그 법률적 근거를 달리하는 경우에 지나지 않는다. 구소송물론에 의할 경우 절차가 번거롭게 되어 소송의 촉진이 저해되며, 또 소송수행의 탄력성이 상실될 우려가 있다.

넷째, 구소송물론은 동일법률효과에 관한 분쟁을 법률적 관점에 따라

---

1) 학설사적으로 볼 때 법조경합설이 가졌던 의의는 절대로 과소평가되어서는 안 된다. 청구권경합설과 구소송물론이 지니고 있었던 문제점을 날카롭게 분석하고, 그의 개선을 위해 실체법적 측면에서 새로운 시도를 하였다. 법조경합설은 계약책임과 불법행위책임의 본질규명에 노력함으로써 양 책임의 내용을 확연히 드러냈다는 점에 공로가 크다. 법조경합설의 문제제기에 의해 소송법학이 자극받아 신소송물론이 탄생하게 되었다는 점에서 법조경합설은 중요한 역할을 담당했다.

여러 개의 소송으로 분할하여 별소로 소송함을 허용하는데, 이는 강제응소를 당해야 하는 피고나 심판을 담당하는 법원의 이중의 시간 · 비용 · 노력의 소모를 강제하는 것으로 소송경제에 반한다. 나아가 이 때문에 심판의 모순 · 저촉으로 재판의 불신을 초래할 염려가 있다. 그리고 특히 동일급부를 목적으로 하는 분쟁에 있어서는 모두 각각 승소판결을 받게 되면 이중으로 채무명의가 작성되어 동일급부에 관한 이중집행의 위험을 초래한다.

다섯째, 구소송물론에 의하면 기판력으로 확정되는 것은 개개의 실체법상의 권리이므로, 동일목적의 분쟁이라도 다른 법률적 관점을 이유로 계속 분쟁을 재연시킬 수 있다. 이는 분쟁의 불필요한 장기화로 법적 평화와 안정을 이루려는 기판력의 기능을 마비시킨다.

여섯째, 소송물(訴訟物)의 특정(特定)은 원고의 책임이므로 구소송물론에 의하면 원고는 실체법상 어떠한 성질의 권리인가를 밝혀야 하고 법원은 이에 구속되어 심판하여야 한다.[1] 그러나 이는 법률에 어두운 국민의 권익의 보호에 매우 치명적인 것이다. 따라서 당사자는 사실자료를 수집 · 제출하고, 법원은 그를 기초로 법률적 평가를 하여 원고가 달하려는 목적을 실현시키도록 책임의 배분이 되어야 한다.

독일 법학의 변천

(I) 청구권경합의 연혁

① 로 마 법: 청구권경합설과 구소송물론의 연혁은 로마법까지 거슬러 올라간다. 개개의 소권(actio)의 집합이라고도 할 수 있는 로마법에서는 청구권은 소권의 전단계이며 소송의 실체법적 측면을 이루었는데 이 청구권이 침해된 때 소권이 발생했다. 한 개의 사실이 수개의 악치오의 요건을 충족시킨 경우에는 그 중 어느 악치오로도 소구할 수 있었다. 특히 불법행위에 해당하는 actio legis squiliae와 계약관계로부터 생기는 actio ex contractu는 항상 경합이 인정되었다. 이 때 악치오의 기초인 청구권은 쟁점결정(litis contestatio)으로 소모되고, 그 대신 소송채무가 생기면서(악치오의 소모의 원칙) 대외적으로는 실제로 만족을 얻었는가에 관계없이 같은 목적을 위한 악치오의 경합적인 이용이 금지된다(배제효). 유스티니아누스 황제 때에는 악치오가 실체법화하여 소모의 원칙은 폐지되고, 변제에 의해

1) 만약 원고가 주장한 권리와 다른 권리로 평가하여 인용하면 처분권주의(민소법 제188조)에 위배된다고 한다.

서만 다른 악치오도 소멸하게 되었다.[1)2)]

② 독일보통법: 독일보통법(Gemeines Recht)은 이러한 로마법의 제도를 계승하되 악치오와 소모효(消耗效)에 대신하여 청구권개념과 기판력이론을 발달시켰다.[3)] 따라서 어떤 사실이 복수의 청구권규범이 정하는 성립요건을 충족시키는 경우에는 복수의 청구권의 성립이 인정되어 권리자는 어느 하나를 선택하여 소구할 수 있었다(선택적 경합). 당해 청구권에 의한 제소는 기판력이론에 의해 금지되나 다른 청구권에 의한 제소는 금지되지 않았다. 단지 한 청구권의 이행으로 인한 소멸만은 다른 청구권의 소멸을 가져왔다(이행경합). 19세기 말 독일 구민사소송법은 빈트샤이드에 의해 확립된 청구권 개념을 받아들여 실체법상의 청구권 자체를 심판의 대상(소송물)으로 파악함으로써 구소송물이론을 입법화하였다.[4)]

③ 독일민법과 민사소송법의 제정: 독일민법(BGB, 1896)의 제정에 있어서도 독일보통법에서의 청구권 개념과 청구권경합론이 계승되었으며, 독일민법제정 직후 청구권경합설이 통설로 되었다.[5)]

(2) 청구권경합설 청구권경합설은 원칙적으로 각각의 청구권은 독립하여 병존하며 서로 방해하지 않으나, 단 서로 목적이 동일한 범위에서 하나가 만족을 얻으면 다른 것도 소멸하게 된다고 하는 이론이다. 그 근거로서 로마법 이래의 통설이었다는 연혁적 이유, 청구권의 경합을 인정하여야 피해자를 충분히 보호할 수 있다는 실제적 이유, 그리고 불법행위는 일반적 · 보편적 제도로서 당사자 사이에 계약이 존재하는가에 구애받지 않고 항상 적용되어야 한다는 이론적 이유가 제시되었다.

① 순수청구권경합설: 초기의 청구권경합설은 불법행위와 채무불이행은 독자의 목적을 갖는 상호 독립 · 무관계한 제도로서 하나의 사실이 양자의 요건을 충족시키는가는 각각 독립해서, 즉 다른 것과 무관계하게 결정되어야 한다고

---

1) 로마의 소송제도는 엄격한 서면상의 절차를 요구하였는데, 크게 법정(in iure)절차와 판사의 면전에서의 절차(apud indicem)의 두 가지가 있었다. 이들 두 가지 절차는 모두 판사가 심판하여야 할 법적 쟁점이 기재된 서식을 요구하였는데, 판사에게는 그 법적 쟁점에 관한 사실의 존재에 대해서만 심사권이 주어졌고, 그 밖의 법적 관점에서 심리하는 것은 허용되지 않았다.

2) Windscheid, *Die Actio des römischen Zivilrechts, vom Standpunkte des heutigen Rechts*, 1856. S. 7; 奧田昌道, 請求權概念の生成と展開, 1979, 22; 四宮和夫, 청구권경합론, 1978, 9.

3) 이러한 이론들의 발달에 커다란 공헌을 한 것은 Windscheid의 actio 연구(전게서)로서 그에 의해 로마법의 actio로부터 실체법상의 청구권의 개념이 추출되었다.

4) 독일의 구민사소송법(1877)은 1950년 제정된 신민사소송법으로 대치되었다. 독일 구민사소송법의 청구권경합이론과 소송물이론은 일본에 수용되어 일본의 학설 · 판례도 이에 따르게 되었다. 四宮和夫, 앞의 책, 9.

5) 이에 관한 저서는 Behrend(1990) 이래로 Bürgner, Stipanski, Liszt 등 다수의 학자에 의해 다수 출간되었다. 대표적인 것은 Schmidt, *Gesetzeskonkurrenz im bürgerlichen Recht*, 1915.

하였다. 또 양 청구권은 상호 독립적으로 존재하므로 그의 법적 운명(내용·시효·입증책임)도 각각의 규정에 따라 고유하게 결정되어야 한다고 하였다.[1)]

② 절충적 청구권경합설: 법조경합설의 등장으로 계약책임과 불법행위책임의 관계가 보다 더 밀접한 것으로 지적되자 청구권경합설은 광범위한 예외를 인정하게 되면서 학자에 따라 이론의 차이를 보이게 되었다. 그 예외로서는 i) 계약책임의 면책약정은 불법행위책임도 면책시킨다는 것, ii) 계약책임의 단기 시효는 불법행위책임에도 적용된다는 것, iii) 계약책임의 책임제한규정에 의해 계약책임이 생기지 않는 경우에(예를 들면 매수인이 매매목적물에 있는 하자를 알고도 그 책임을 추궁하지 않고 인수한 경우, 독민 제464조) 불법행위책임도 성립하지 않는다는 것, iv) 호의동승의 경우 불법행위책임이 경감되어야 한다는 것 등이었다. 절충적 청구권경합은 광범위한 예외를 인정함으로써 법조경합설과 결론에 있어서 접근하게 되었다.

(3) 법조경합설　계약법과 불법행위법은 실제로 청구권의 경합을 야기하지 않고 단지 법조경합(Gesetzeskonkurrenz)의 관계에 있을 뿐이라는 이론으로서 통설인 청구권경합설에 대한 반대설로서 등장하였다.[2)] 첫째, 불법행위법은 사회생활의 구성분자로서의 인간 상호간의 가해행위를 규율하는 것인데, 계약법은 특별히 계약에 의해 결합된 인간 상호간의 가해행위를 완전히 규율하기 위한 것이므로, 불법행위법은 일반법, 계약법은 특별법으로서의 성질(특별관계)을 갖는다고 하였다.[3)] 둘째, 불법행위법과 계약법은 유사한 성질을 가지므로, 불법행위법은 계약법이 없는 경우에 보충적으로 적용되는 성질(보충관계)을 갖는다고 하였다. 불법행위법은 사회생활상의 일반적 위험에 대한 것인데, 계약법은 계약으로 생기는 특별한 계약위험에 대한 것이라고 하였다.[4)]

---

1) 순수청구권경합설은 다음과 같은 문제점을 노출하게 되었다. 채무불이행책임의 발생이 법률의 규정이나 당사자의 약정에 의해 고의·중과실의 경우로 제한되는 경우에, 이는 불법행위책임에 전혀 영향을 미치지 않아 경과실이 있는 경우에도 불법행위책임을 지게 되어 부당한 결과로 되었다. 그러나 당시 다수설은 불법행위책임은 계약책임에서 요구되는 과실의 한도로 경감된다고 하여 이러한 영향이 미치는 것을 긍정하였다. Krückmann, *Verschuldungsabbrechung und Gefährdungsaufrechnung, Jherings Jahrb*, Bd. 52, S. 449에서는 계약책임의 경감으로 불법행위의 요건인 위법성을 부인하였다. Stipanski, *Konkurrenz der Kontraktsklage mit der Deliktsklage*, 1901, S. 47에서는 당사자가 계약에 의해 책임을 경감한 범위에서 불법행위상의 청구권을 포기한 것으로 해석하였다.

2) 법조경합설 대두의 직접적인 계기가 된 것은 1903년 2월 26일의 제국법원의 판결(RG 54, 73)로서 무상으로 마차에 호의동승한 자의 사망에 대해서 불법행위책임(독민 제833조의 동물침해)을 인정하였다. 이 판결은 청구권경합설에 따른 것이나, 이 사건은 독일 학계에 격심한 논쟁을 불러일으켰다. Schmidt, *Haftung für Tierschaden*, 1917.

3) 특별관계를 주장한 학자는 Endemann, Gierke, Titze, Hellwig, Tuhr, Oertmann, Lent, Schmidt 등 다수이다. 대표적인 저술로는 Hellwig, *Gesetzeskonkurrenz und Tierhaftung*, DJZ 1906, S. 1289.

4) Blume, *Vertragshaftung und Deliktshaftung*(*Tiergefahr und Vertragsgefahr*), 1905, S. 483. 법이 특히 계약책임을 불법행위책임에 비해 경중을 두어 다르게 규정한 것은 계약이 특수한 위험관계를 대상으로 한다는 특수성을 감안한 것인데, 청구권경합설에 의하면 불법행위책임도 함께 발생하므로 당사자가 그것을 원용함으로써 계약책임규정은 무의미하게 되어 법의 정신에 반하는 결과가 생긴다고 하였다.

법조경합설은 그 주장내용이 다음과 같이 변천되었다.

① 순수법조경합설: 계약법과 불법행위법은 그 지배영역이 항상 다르므로 양법이 경합하는 경우는 전혀 없다는 견해이다.[1)]

② 절충적 법조경합설: 계약법과 불법행위는 각각 고유의 법역을 가지나 청구권이 경합하는 공동지배의 영역(중간법역)도 있다는 견해이다.[2)3)]

법조경합론자들은 민사소송과 관련하여 소송물을 「주장된 실체법상의 권리 또는 법률관계로」 보는 구소송물론을 답습했으며, 청구권경합설과 구소송물론이 결합됨으로써 야기했던 여러 가지 모순을 실체법이론을 가지고 극복하려 했다.[4)] 법조경합설에 의한 경우에는 계약법 · 불법행위법 등 각각의 규정에 따라 각각 독립의 수개의 청구권이 발생하는 것이 아니라 이들 법규정은 단지 법조경합의 관계에 있을 뿐이므로 실제로 발생하는 청구권은 하나인 것이 원칙이다. 따라서 소송물은 하나밖에 존재하지 않으므로 소의 병합, 변경 및 기판력 등에서 청구권경합설에서와는 다른 결과가 나타나게 된다.

(4) 소송법설 독일에서 청구권경합설과 구소송물이론이 빚어 낸 여러 가지 모순점을 극복하기 위해 소송법적 차원에서 나온 획기적인 이론이 소송법설(die prozessuale Theorie)로서 우리 나라에서는 이를 가리켜 신소송물론이라 한다.독일의 판례는 제국법원(Reichsgericht) 이래로 소송법설을 지지하는 판결이 계속 나와 현재 소송법설이 독일 연방대법원(Bundesgerichtshof)의 확고한 입장으로 되어 있다.[5)]

청구권경합설이 주장하는 로마법 이래의 연혁적 근거에 대하여는 로마법의 다수의 actio의 경합은 로마의 소송제도의 특이성에 기인하는 것으로서 근대적 소송제도 아래서는 로마에서와 같은 광범위한 청구권경합을 인정할 필요가 없다는 반론이 제기되었다. Siber, *Passivlegitimation bei der 'rei vindicatio'*, S. 231.

1) Hellwig, Tiitze, Endemann, Tuhr, Siber가 이 견해를 취했다.

2) Oertmann, Blume, Burchard, Cosack, Fischer, Fromherz, Lent, Waldmüller, Kohler, Becker, Gierke, Hedemann, Rumpf 등 다수학자가 이 견해를 취했다.

3) 법조경합설 내에서도 중간법역의 범위에 관해서는 이론이 대립하였다. 첫째, 계약관계에서 보통의 과실에 의한 채무불이행은 계약법의 범위에 속한다는 데는 의견이 일치하였다. 둘째, 계약에 의해 상대방의 소유물을 점유하는 자(임차인 · 임치인 · 운송인 · 노무자 등)가 고의로 그 물건을 멸실 · 훼손한 경우에는 그 행위는 중대한 계약위반일 뿐 아니라 계약남용이나 계약에 의해 제공된 기회를 이용한 것이 되므로 계약과의 관계는 희박하다. 이 경우 학설이 대립하나 양 책임의 경합을 인정하는 설이 다수의 지지를 받았다. 셋째, 불법행위를 할 의사가 처음부터 존재하여 그 수단으로서 계약을 체결하여 그 기회를 이용한 경우는 계약과의 관계가 희박하다. 이에 대해 학설은 양 책임의 경합을 인정하는 설과 불법행위책임만을 인정하는 설로 나뉜다. 넷째, 신체 및 생명을 침해한 경우는 피해법익이 중대할 뿐 아니라, 독일민법상 위자료인정 등 양 책임에 중요한 차이가 있어 불균형하게 규정되어 있으므로 양 책임의 경합을 인정했다.

4) Hellwig와 Lent는 소송법학자이기도 하였는데, 종래 소송물을 「존재하는」 실체법상의 권리라고 보았던 것을 「주장하는」 실체법상의 권리라고 파악함으로써 이론의 발전을 가져왔다. Hellwig, *Lehrbuch des deutschen Zivilprozeßrecht*, Bd. I, 1903, § 23 Ⅱ; Lent, *Zivilprozeßrecht*, 10. Aufl., S. 37. 상세한 것은 이시윤, 소송물에 관한 연구, 1977, 30.

5) RG 66, 12ff; 05, 408; RG 98, 22; GR 105, 349 등. BGH 9, 22f.; BGH *NJW* 1972, 1239 등. 주류적인 판례

소송법설은 소송물은 소송법적 요소인 청구 및 청구원인의 사실관계에 의해 구성되어야 한다고 주장하고, 실체법상의 청구권은 소송물판단의 전제가 되는 법적 관점에 지나지 않는다고 하였다. 소송법설은 구소송물론이 소송물을 실체법상의 청구권에 의해 판단하는 것에 반대하고, 하나의 급부를 위해 여러 개의 청구권이 경합되는 것은 소송물의 법적 관점의 경합에 그치며 소송물은 하나라고 하였다.

소송법설은 소송물의 결정요소를 무엇으로 보느냐에 따라 다시 몇 개의 이론으로 나누어진다.

① 이 원 설: 소송물이 청구와 사실관계 양자에 의해 확정된다는 견해이다.[1)]

② 일 원 설: 사실관계는 소송물 내용결정의 요소가 아니며 소송물은 오직 청구만에 의해 결정된다고 하는 견해이다. 청구가 동일내용이더라도 사실관계가 다른 경우에 이원설에서는 별개의 소송물이라고 보나, 일원설에 의하면 동일한 것이 된다.[2)]

③ 다 원 설: 소송물은 구체적 사례에 맞추어 결정되어야 할 것이지 모든 소송에 타당한 통일적인 소송물개념은 인정될 수 없다고 한다. 소송의 종류 및 변론주의에 의하는가, 직권탐지주의에 의하는가에 따라 청구만으로 소송물을 결정할 것인지 또는 사실관계도 요소가 될 것인지 다르게 된다고 한다.[3)]

(5) 신실체법설과 청구권규범통합설 소송상의 청구는 실체법상의 청구권에 기초를 두어야 하며, 소송법설에서 여러 개의 법적 관점이 경합하더라도 하나의 소송상의 청구에 대한 하나의 법률판단이 행해지듯 실체법적 측면에서도 "하나의 사실관계에서 원칙적으로 하나의 청구권만이 발생한다"는 견해이다.[4)] 예를 들면 계약위반의 행위가 동시에 불법행위의 요건도 충족하는 경우에,

---

의 입장은 일원설이고, 단지 기판력의 범위에 관해서 철저히 이원설을 취하여 기판력의 확대를 막고자 한다. 따라서 민사소송의 원고는 단지 판결이유를 뒷받침할 사실관계를 진술하면 충분하고, 사실관계에 대한 법률적용은 법원의 책무로서 판사는 가능한 모든 법률적 관점에서 원고의 청구를 심리하여야 한다는 입장을 취한다.

1) 이원설은 Rosenberg가 주창한 견해로서 그는 민법상의 Anspruch와 소송상의 Anspruch는 명백히 다른 별개의 개념임을 전제로 하였다. Leo Rosenberg, *Lehrbuch des deutschen Zivilprozeßrecht*, 1. Aufl., 1927. 이원설은 현재 독일의 다수설이다. Stein-Jonas-Schönke-Pohle, Baumbach-Lauterbach, Schönke-Schörder-Niese, Thomas-Putzo, Habscheid, Arens, Lünke, Schönke-Kuchinke, Zeiss가 이 설을 지지하는 민사소송법 체계서의 저자이다.

2) 일원설은 뵈티허르(Bötticher)에 의해 제창되고 슈바브에 의해 체계적으로 완성되었다. Schwab, *Der Streitgegenstand im Ziviprozeß*, 1954. 일원설에서도 기판력의 범위를 결정하는 데 있어서는 청구와 사실관계의 양자를 표준으로 한다.

3) Jauernig, *Verhandlungsmaxime, Inquisitionsmaxime und Streitgegenstand*, 1967.

4) 신실체법설을 제창한 니키쉬(Nikisch)는 하나의 사실관계에서 하나의 소송물이 성립되므로 실체법상으로도 하나의 청구권만이 성립되도록 청구권경합이론이 재구성되어야 한다고 주장하였다. Arthur

종래 청구권경합설에 의하면 채무불이행책임과 불법행위책임의 2개의 손해배상청구권이 독립하여 존재하게 되고, 법조경합설에 의하면 채무불이행책임 하나만 발생하게 되나, 신실체법설에 의하면 양 책임을 통합한 하나의 손해배상청구권이 발생하게 되고, 이 통합된 청구권이 소송물을 이루게 된다.[1] 신실체법설과 청구권규범경합설은 독일의 유력설로서 세력을 확장하고 있다.[2]

청구권규범통합(請求權規範統合; Anspruchsnormenkonkurrenz)이라는 용어를 처음 사용한 게오르기아디스(Georgiades)는 종래 청구권이 경합하는 것으로 보았던 것은 단지 청구권규범이 경합하는 것뿐이라고 하였다. 청구권 개념의 중심은 급부에 있으며 청구권 자체에 소구력 및 급부강제력이 있다고 하였다. 청구권은 급부를 재판상 또는 재판 외에서 요구 · 실현할 수 있는 채권자의 실체법상의 지위(특정인에 대한 요구권능)를 의미하기 때문에, 한 명의 채권자가 한 명의 상대방에 대해 하나의 급부를 요구하는 경우에 여러 가지 법적 근거가 있더라도 청구권은 하나만 존재한다고 설명하였다.[3] 청구권 및 소송상 청구는 주체와 급부에 의해 동일성이 결정되며, 적용법규나 사실관계가 서로 다르더라도 주체와 급부가 같으면 동일한 청구권이라 하였다. 다만 민법상의 청구권은 「실제로 객관적으로 존재하는 권리」를 문제삼으나, 소송상 청구는 「주장된 권리」만을 문제삼는다는 차이가 있다고 했다.

「하나의 청구권」은 하나의 법적 운명을 가지므로, 이행 · 양도 · 면제 · 시효

Nikisch, *zur Lehre vom Streitgegenstand im Zivilprozeß*, 1955.

니키쉬의 이론을 한 걸음 더 발전시킨 헹켈(Henckel)은 실제로 경합하는 것은 청구권 자체가 아니라 단지 법적 관점인 청구권 규범이 경합할 뿐이라고 지적하고, 청구권이 담당하는 기능을 ① 도그마의 기능, ② 포섭의 기능, ③ 분류 기능, ④ 정리 기능, ⑤ 처분대상으로서의 기능, ⑥ 부종성을 갖는 담보권의 범위결정 기능으로 분류하였다. 소송물을 구성하는 것은 처분대상인 청구권이라고 하였다. 헹켈은 신실체법설에서 구상된 하나의 청구권을 만들기 위해 처분기능을 중심으로 청구권규범통합을 시도함으로써 청구권규범통합설의 확립에 기여하였다. Henckel, *Parteilehre und Streitgegenstand im Zivilprozeß*, 1961.

1) 신실체법설(neue materiellrechtliche Lehre)은 독일민사소송에서 구소송물론이 무너지고 소송법설이 통설로서 판례를 주도하게 되자, 구소송물론을 전제로 한 청구권경합설이나 법조경합설을 버리고 소송법설과 조화를 이루는 청구권이론이 필요하게 되었다. 소송법설에서는 순수히 소송법적인 차원에서만 소송물을 다룸으로써 실체법상의 청구권의 법적 의의를 완전히 격하시키고, 실체법상의 청구권을 「주장되는 권리」로서만 취급했다. 소송법설 자체는 실체법상 어떠한 청구권이 실재하는가를 말해 주지 않았고, 따라서 청구권경합을 실체법적 측면에서 어떻게 파악하여야 하는가에 관심을 두지도 않았다. 이에 대한 비판의 소리가 높아지자, 그 대안으로서 신실체법설이 등장하였다.

2) 민법학대가인 라렌츠(Larenz)는 그의 제자인 Georgiades의 이론을 그대로 받아들이고 있다. Larenz, *Lehrbuch des Schuldrechts* Ⅱ. B. T. 11. Aufl., 1977 § 75 Ⅳ, S. 607. 그 밖에 아이클러(Eichler) · 베버(Weber)도 청구권규범경합설을 지지한다. Eichler, *Die Konkurrenz der vertraglichen und deliktischen Haftung im deutschen Recht*, *AcP* 162(1962), S. 401ff; Staudinger-Weber, BGB Komm., Anm. 50 Einl. § 241, S. 19.

3) 그 법적 근거로서 독일민법 제194조의 「청구권은 제3자에 대해서 작위 또는 부작위를 요구하는 권리」라는 규정을 들어 청구권이 발생원인과는 무관함을 주장한다. Georgiades, *Die Anspruchskonkurrenz im Zivilrecht und Zivilprozeßrecht*, 1967, S. 141.

중단 · 지급유예 · 입질 등은 그 통합된 청구권에 대해서만 행해질 수 있을 뿐이라고 하였다.[1] 예를 들면 채무불이행을 주장하여 손해배상청구를 하였더라도 채무불이행책임만 시효중단되고 불법행위책임의 시효가 그대로 진행하는 것은 아니라고 하였다. 양 책임규범이 경합할 때 적용될 법규는 채권자에게 가장 유리한 법규라고 한다(유리한 법규 우선의 원칙). 결국 소멸시효에 관해서는 장기인 채무불이행규정이 적용되고, 입증책임도 채권자에게 부담이 적은 채무불이행규정이 적용된다. 그러나 손해배상청구권을 수동채권으로 하여 가해자측이 상계하고자 할 때에는, 상계금지를 규정한 불법행위규정이 적용된다.

일본에서의 청구권경합이론[2]

(1) **청구권경합설** 일본에서는 1900년대 초부터 청구권경합설이 압도적으로 학설과 판례를 지배해 왔고, 이는 소송법에도 받아들여져 구소송물론이 지배해 오고 있다(학설의 내용은 독일과 거의 같으므로 설명하지 않겠다).[3] 다수의 학자가 각 청구권의 요건을 충족하면 수개 · 독립의 청구권이 발생한다는 것을 당연히 받아들이고 있었으므로 일본에서는 이 이론의 근거를 제시하기 위한 연구는 거의 행해지지 않았다. 초기의 순수청구권경합설[4]은 후에 법률상 계약책임의 발생이 고의나 중과실에 한정되어 있는 경우와 면책약관이 있는 경우에는 계약규범이 불법행위규범에 영향을 미친다고 하는 절충적 청구권경합설[5]로 발전하였다.

(2) **법조경합설** 계약책임은 계약당사자 사이의 특수한 결합관계를 반영하는 것이므로, 계약관계가 존재하는 곳에는 채무불이행책임만이 문제된다고

---

1) 게오르기아디스도 예외적으로 급부는 동일하나 법규나 법의 목적에 비추어 실질적으로 청구권이 다르다고 인정되는 경우는 청구권의 경합을 인정한다. 이러한 경우로는 ① 물건의 인도를 물권적 반환청구권과 채권적 반환청구권을 근거로 청구하는 경우, ② 구점유자가 전과 같은 사실상의 상태의 회복을 독일민법 제861조와 제1007조에 의해 청구하는 경우, ③ 일정한 금전지급청구를 어음채권과 원인채권에 기해 청구하는 경우의 세 가지를 든다. Georgiades, *a.a.O.*, S. 164ff.

2) 일본민법의 채무불이행규정과 불법행위규정은 우리의 그것과 매우 흡사하지만 약간의 차이점이 학설에 중요한 영향을 미치고 있다. 일본민법에는 손해배상의 범위에 관한 규정(日民 제416조, 우리 민법 제393조에 해당)이 불법행위에도 준용된다는 규정이 없어 이에 관한 학설이 대립하고 있는데, 다수설은 그 준용을 인정하지만 불법행위에의 준용을 부정하는 유력설이 있다. 그리고 불법행위에 기한 손해배상청구권의 소멸시효가 손해 및 가해자를 안 날로부터 3년, 불법행위시로부터 20년으로 규정되어 있어 채무불이행의 10년과 차이가 크다. 그 밖에 우리 민법 제765조(배상액의 경감청구)에 해당하는 규정이 없는 등 세부적인 차이도 존재한다.

3) 일본에서 이 문제가 학계의 논쟁의 대상으로 된 것은 실화책임법이 임차인의 실화의 경우에도 적용된다고 한 1906년의 대심원판결에 대한 비평에서 비롯되었다고 한다.

4) 일본민법의 기초자인 梅박사에 의해 주장됨.

5) 鳩山 · 我妻 등 다수학자의 지지를 받는 다수설임. 我妻榮, 사무관리 · 부당이득 · 불법행위, 117.

하는 법조경합설[1]도 주장되어 유력설로 되었다.[2] 이는 예외를 인정하는 절충적 법조경합설을 취함으로써 실제 결과에 있어서는 절충적 청구권경합설과 큰 차이가 없었다.

(3) 신소송물론과 청구권규범경합설 전후에는 신소송물을 취하는 민사소송법학자들이 통설인 구소송물론을 비판하기 시작하였다.[3] 그 후 신실체법설도 등장하게 되었으며,[4] 이들 소송법학에서의 문제제기는 실체법이론에도 받아들여져서 채무불이행책임과 불법행위책임을 실체법상 합리적으로 조정하거나 통합하고자 하는 이론이 나타나게 되었다. 이들 광의의 청구권규범경합설은 일본에서는 다시 논자에 따라 다른 명칭과 내용을 갖는다.

① 청구권이중구조론: 청구권의 존재의 문제에 대해서 양 청구권 중 하나를 인정하나 청구권의 속성(법적 성질)에 관해서만은 양 청구권의 경합을 인정하고, 그 중에서 합리적으로 취사선택하여야 한다는 견해이다.[5] 이에 의하면 청구권은 실재하는 청구권과 관념적 청구권으로 구별되고, 관념적(觀念的)으로는 수개의 청구권이 경합하더라도 실제하는 것은 하나의 청구권뿐이라고 한다.

② 청구권규범경합설: 한 개의 청구권은 복수(複數)의 법규를 기초로 하여 성립한다는 관점에서 청구권의 법적 성질을 결정하고자 하는 견해이다.[6] 이 설에 의하면 청구권이 경합하는 듯이 보이는 경우에도 실체법질서는 한 개의 급부를 시인하는 것뿐이므로 청구권의 개수도 한 개라고 본다. 이 청구권의 성질은 그 복수 규정의 목적에 비추어 합목적적(合目的的)이며 합법칙적(合法則的)으로 결정한다.

③ 전규범통합설: 청구권의 효과뿐 아니라 요건도 조정 · 통합하여, 통일적(統一的) 요건에 대응하는 통일적 효과를 부여하는 견해이다.[7] 계약규범과 불

---

1) 川島武宜, "契約不履行と不法行爲との關係について請求權競合論に關する考察," 民法解釋學の諸問題, 홍문당, 1948 수록. 이전에도 岡村 · 松本 등 이를 주장한 학자는 있었다. 그러나 법조경합설을 체계화한 것은 川島가 최초이다.

2) 加藤一郎, 불법행위, 46; 廣中俊雄, 債權各論講義, 416; 浜田稔, "契約責任と不法行爲責任," 山中還曆 近代法と現代法, 207 이하.

3) 구소송물론은 兼子 · 中田 등 다수의 학자에 의해 지지되었다. 신소송물론의 대표적인 학자로서는 三ヶ月章과 小山昇 등이 있다.

4) 齊藤秀夫, 民事訴訟法槪論, 1969.

5) 奧田昌道, "請求權と訴訟物," 請求權槪念の生成と展開, 1979, 313 이하 수록; 김형배, "청구권규범경합론," 고대법학논집 제20집, 231에 자세히 소개되어 있음.

6) 上村明黄, "給付訴訟과 訴訟物," 岡山大學 法學會雜誌 제18권 2호, 61면 이하; 동, "訴求權と訴訟物," 민사소송잡지 17호(1971), 189 이하.

7) 四宮和夫, 청구권경합론, 1978, 88 이하; 김형배, 앞의 글, 234에 소개되어 있음.

이 전규범통합설과 맥락을 같이하는 것으로 소송물과 관련하여 통일적 청구권론이 주장되고 있다. 加藤雅信, "請求權競合論と統一的請求權論 — 訴訟物爭點效論爭をふまえて," 판례 タイムス No. 514 (1984. 2. 25), 208 이하.

법행위규범의 통합은 계약책임규범에 의한 위험의 배분 쪽이 훨씬 상세히 규정되어 있으므로 원칙으로 계약책임에 의한 위험배분(危險配分)을 우선시켜야 할 것이고, 그 한도에서는 법조경합의 방식에 의한다. 그러나 불법행위로 되는 가해행위가 동시에 계약법상의 보호의무(타인의 인격권 · 재산권의 안전에 대해 배려하여야 할 의무)를 침해한 경우는 계약규범과 불법행위규범의 조정 · 통합이 필요하다고 한다.[1)]

(4) 판　　례　　학자들의 격렬한 논쟁에도 불구하고 일본의 판례는 일관되게 청구권경합설과 구소송물이론을 기본입장으로 삼는다.[2)]

1) 이 때 당해 계약의 이행과 내적 관련을 갖는 행위에 의해 보호의무가 침해된 경우에는 계약책임규범에 따라 위험이 배분되나, 계약의 이행과 내적 관련이 없는 행위에 의한 보호의무 위반의 경우에는 계약책임규범에 따라 위험이 배분되지 않는다. 후자의 경우 계약책임규범의 적용이 전면적으로 배제되는 것이 아니라, 계약책임규범과 불법행위규범 중 채권자에게 유리한 것만이 적용된다.

2) 청구권경합설의 대표판례, 最判 1956. 7. 20 民集 10-8-1059 등. 구소송물론의 대표판례, 最判 昭 38. 11. 5 民集 17-11-1510# Ⅲ. 563 등.

§ 28. 채권자지체

1. 의 의

(1) 개 념

채무자가 채무의 내용에 좇은 이행을 위하여 변제의 제공을 하였으나 채권자가 그 제공한 것을 수령하지 않아 변제가 이루어지지 않은 경우를 가리켜 채권자지체(債權者遲滯)라고 하며, 채권자지체에 빠진 채권자에게는 이자 · 보관비용 등의 부담이 부과된다. 특히 채무의 성질상 채권자의 협력이 없이 이행행위를 할 수 없는 경우에 채권자지체의 문제가 제기된다. 근래에는 거래의 합리화로 채무자가 물건을 채권자의 관리인에게 맡겨 두거나 금전을 채무자의 예금구좌에 입금시키는 등 채권자의 수령행위를 필요로 하지 않는 경우가 많아졌다.

(2) 민법의 규정

채권자가 이행을 받을 수 없거나 받지 아니하는 때에는 이행의 제공이 있는 때로부터 지체책임이 있다(제400조).[1] 채권자가 수령하지 않은 이유에 수령거절(受領拒絶)과 수령불능(受領不能)의 두 가지가 있으나 민법은 그 사유에 관계 없이 같은 효과를 인정한다. 채권자지체의 효과로서는 채무자의 선관의무를 경감해 주고, 이자의 지급의무를 면제시켜 주며, 증가된 보관비용 · 변제비용을 상환해 주는 것이다(제401조~제403조).

채권자지체제도는 채권자와 채무자 사이의 이익조정을 목적으로 설치된 제도이다. 채무의 이행과정에서 채무자에게는 급부의무위반에 따른 채무불이행책임을 부과하는 반면에, 채권자에게는 불수령으로 인해 채무자에게 폐를 끼치지 않도록 배려한다. 민법이 채권자지체에 빠진 채권자에게 불이익을 부담시키는 이유는 채무자로 하여금 변제제공을 했을 때에 채권자가 수령했더라면 생겼을 상황을 보장해 주기 위함이다. 채권자지체는 채권

1) 의용민법은 제413조에서 수령지체를 규정하였으며, 그 내용은 현행민법 제400조와 거의 같다. 다만 그 위치는 이행지체의 조문과 강제이행의 조문 사이에 놓여 있었다. 현행민법은 채권자지체의 법적 효과에 관하여 제401조에서 제403조까지 3개조를 설치하고 있으나, 의용민법에는 이러한 규정이 전혀 없어 수령지체의 요건과 효과는 매우 막연한 채로 학설이 날카롭게 대립하였다.

자를 응징하거나 채무자에게 이익을 부여하기 위한 목적으로 만들어진 제도가 아니다.

(3) 채무이행에서 채권자의 역할

채무의 내용에 따라서 채권자의 수령 및 협력을 필요로 하는 정도가 다르다.

(가) 수령이 불필요한 경우　부작위채무나 의사표시를 목적으로 하는 채무에서는 채권자의 수령이나 협력을 전혀 필요로 하지 않는다. 이 경우에는 채권자지체의 문제가 생기지 않는다.

(나) 수령을 필요로 하는 경우　물건의 인도채무 및 금전채무는 채권자의 수령을 필요로 한다. 매수인은 매도인이 인도하는 매매목적물을 수령해야 하며, 도급인은 수급인이 완성하여 인도하는 물건을 수령해야 하며, 임대인은 임차인이 계약종료시에 반환하는 목적물을 수령해야 한다. 매매와 도급에서 매수인 · 도급인이 목적물을 수령해야 하는 경우를 인수라는 별도의 용어로 표현하기도 한다. 금전채무의 이행을 위하여 채권자의 예금구좌에 입금하는 경우에, 현실적인 수령행위는 없지만 법적 관점에서는 채권자가 수령하는 것으로 본다. 채무자의 변제제공은 채권자의 수령이 있어야 변제가 되어 채무를 소멸시키는 효과를 가져오기 때문에, 채권자의 수령이 없으면 이행이 완료되지 못한 채 채무자는 계속해서 채무를 부담해야 한다. 이 경우가 대표적인 채권자지체의 사례이다.

(다) 채권자의 지시 · 협력을 필요로 하는 경우　채무자가 노무제공 등의 행위채무를 지고 그 이행행위를 수행하기 위해서는 채권자의 지시나 협력이 필수적으로 요구되는 경우가 있다. 채권자가 제공하는 재료에 가공하여야 할 채무에서 재료의 제공, 채권자의 주택의 수선채무에서 작업을 위해 가구를 치우는 등의 준비, 진료채무의 경우 환자가 신체를 의사에게 맡길 것, 고용 · 위임 등의 경우 사용자 · 위임인이 제공된 노동력을 사용하기 위한 적절한 지시를 할 것 등을 요하는 경우가 이에 해당한다. 도급 · 위임 · 고용 · 임치 등의 노무공급계약(勞務供給契約)에서 노무급부는 통상 채권자의 협력 없이는 행해질 수 없으므로, 채권자지체는 법률관계에 중요한 영향을 미치게 된다.

(라) 물건의 수거의무를 독자적 채무로서 약정한 경우　산업폐기물을

수거해 가기로 약정한 경우, 건물을 철거하여 그 잔재까지 모두 수거해 가기로 약정한 경우, 창고에 있는 물건을 수거해 가기로 약정한 경우와 같이 어떤 물건을 수거해 가는 일 자체가 채무를 이루는 때에는 그 수거의무(收去義務)는 독자적인 채무를 구성한다. 이 경우에 채권자가 그 물건을 수거해 가지 않음은 수령의 문제가 아니라 채무불이행의 문제로 다루어진다.

수거의무가 계약의 주된 내용이 아니라 부수적 의무인 경우에, 그 수거의무의 불이행이 주된 채무에 어떤 영향을 미치는가는 계약의 해석문제이다. 예를 들면 매도인이 창고에 맡겨 둔 재고품을 구입한 매수인이 그 물건들을 일주일 이내로 수거해 갈 것을 약속하면서 만약 수거가 늦어질 경우에는 그 창고의 사용료를 부담하기로 약정하고 한 달 후에도 수거해 가지 않으면 계약을 해제하기로 약정한 경우를 생각해 볼 수 있다. 이 사례에서 주된 계약채무는 재고품의 매매계약이고 수거의무는 부수적 계약채무인데, 그 부수적 채무의 불이행의 경우에 어떤 효과가 발생할 것인가를 계약에서 명확하게 약정해 두었으므로 다툼의 여지가 없이 그 약정대로 따르면 될 것이다.

비교법적 고찰

채권자지체제도를 모든 채권관계에 적용되는 총칙적 규정으로서 설치하고 있는 나라는 독일, 스위스, 일본 그리고 우리 나라이다. 독일, 스위스, 프랑스, 영미법에서는 매매계약에서 매수인이 목적물의 인수의무를 진다는 규정을 두고 있다. 우리 나라와 일본은 인수의무(引受義務)에 관한 규정을 두지 않는다. 독일민법은 매수인의 인수지체(引受遲滯)의 경우 손해배상 외에 계약해제권을 인정하지 않으나(영미법도 같음), 프랑스민법은 해제권도 인정한다. 국제통일매매협약도 상품의 인수의무에 관하여 규정하고 있다.[1]

(1) 독 일 독일민법은 채권총칙에 채권자지체(Verzug des Gläubigers)의 요건 · 효과에 관해 일반적인 규정을 두고, 매매 · 도급 · 고용에 관하여 특별규정을 두고 있다. 독일민법 제293조는 채권자지체의 일반적 요건으로서 첫째, 급부가 가능하고 채무자의 급부제공이 있었을 것, 둘째, 이를 채권자가 수령하지 않았을 것의 두 가지만을 규정한다. 그 밖에 우리 나라에서 문제되는 「채권자의 귀책사유의 존재」에 관하여는 독일민법도 침묵을 지키고 있으나, 독일의 학설과

1) 졸고, "채권자지체," 곽윤직교수화갑기념 민법학논총(박영사, 1985) 참조.

판례는 일치하여 이를 요하지 않는다고 해석한다. 따라서 독일에서는 수령의무가 채무(Pflicht)로서 인정되지 않는다. 독일에서는 채권자지체를 법정책임으로 이해하고 채권자는 자기가 해야 할 간접의무(Obligenheit)[1]를 다하지 못한 경우에 불이익을 받을 뿐이라고 설명되고 있다.

채권자지체의 일반적 효과로서는 책임경감(독민 제300조 1항), 이자의 정지(독민 제301조), 과실의 인도(독민 제302조), 점유방기권(독민 제303조), 증가비용의 상환(독민 제304조)을 규정하며, 그 밖에 채권자지체와 관련되는 조항으로 공탁권(독민 제372조), 채권자지체중 대가위험의 이전(독민 제324조 2항) 등이 있다.

독일민법은 인수의무(Abnahmepflicht)를 보통의 수령(Annahme)과 구별하며, 인수란 매도인을 물건의 점유로부터 해방시키는 것, 즉 물건의 보관의무를 면하게 하는 사실상의 행위를 의미하는 것으로 이해된다. 매매에서의 인수의 지체는 인수의무의 이행지체로 되며, 채권자지체와 병존하게 된다(독민 제433조 2항). 매매에 있어서 인수의무는 원칙적으로 계약의 부수의무(Nebenpflicht)에 불과하며, 그 위반의 효과로서는 지체손해의 배상(독민 제286조 1항)만이 인정되고 계약해제는 허용되지 않는다. 예외적으로 당사자의 특약이 있거나 계약의 성질상 매도인이 목적물의 인수 자체에 특별한 이익을 갖는다고 인정되는 경우에는 인수의무가 주된 의무로 되어 계약해제도 인정된다. 이 때 인수의무위반에 대해 채무불이행책임이 부과되기 위해서는 채권자의 귀책사유를 요한다. 도급인의 완성된 물건의 인수의무(독민 제640조), 고용계약에서 사용자의 노무수령의무(독민 제615조)는 그 위반의 효과가 더 엄격하다.

(2) 프 랑 스 　프랑스민법에는 일반적인 채권자지체의 제도는 설치되어 있지 않으며, 단지 변제제공 및 공탁의 제도가 있을 뿐이다(프민 제1157조~제1264조). 매매계약에서 인수의무를 정면으로 인정하는 구정은 없으나, 프랑스민법 제1657조가 상품 및 동산의 매매에서 미리 인수일자가 정해져 있고 이를 경과한 경우에는 매도인은 즉시 계약을 해지할 수 있다고 규정함으로써 이를 전제로 하고 있다고 해석된다.

(3) 영 미 법 　영미법에서는 변제의 제공(tender of performence) 또는 인도의 제공(tender of delivery)의 제도가 판례법에 의해 형성되어 영국동산매매법 제29조, 미국통일 매매법 제43조, 미국통일 상법전 제2311조 등으로 입법화되어 왔다. 채권자의 불수령은 소극적인 이행방해로 되고, 이는 결국 계약위반에 해당하게 된다. 계약위반의 효과로서는 일반적으로 손해배상과 계약해제가 인정

1) Obligenheit(간접의무)는 Pflicht(채무)와 엄격히 구별되는 개념으로서, 이의 강제가능성 및 손해배상의무의 발생에 관하여는 적극설 · 소극설 · 절충설이 대립하고 있다. 독일민법 제254조 2항의 손해방지의무도 이에 해당한다. Larenz, *Lehrbuch des Schuldrecht*, Bd. 1, 13. Aufl. (1982), § 25 I, S. 360.

되나, 채권자의 불수령의 경우는 원칙적으로 손해배상만이 인정되고 해제는 매우 제한적으로만 허용된다.

미국통일상법전은 「제2편 매매」에서 매수인의 인수의무를 명문으로 인정하고 있으며(U.C.C. Sec. 2-301), 수령(receipt)과 인수(acceptance)가 별개의 개념임을 밝히고 있다. 수령은 물건의 물리적 점유를 취득하는 것임에 반하여(U.C.C. Sec. 2-103(1)(c)), 인수는 물건을 검사할 합리적 기회를 가진 매수인이 매도인에게 물건이 계약에 적합하다는 것 또는 계약에 적합하지 않으나 그것을 보유하겠다는 뜻과 더불어 인수의 의사를 표시한 때에 생긴다(U.C.C. Sec. 2-606). 매수인이 불법으로 물건의 인수를 거절하거나 물건의 인수를 철회한 경우, 물건인도시 또는 그 전에 하여야 할 대금지불을 하지 않는 경우에는 매도인은 그 밖의 구제방법을 취할 수도 있으나 매매계약을 해지하는 것도 가능하다(U.C.C. Sec. 20703).

2. 채권자지체의 본질

(1) 문제의 제기

채권자가 채권자지체에 따른 불이익을 입는 것은 채권자에게 부과된 수령의무(受領義務)라는 채무를 위반했기 때문인가 아니면 채권자가 수령의무를 지지는 않지만 채무자와의 이익형평을 위하여 불수령(不受領)에 따른 이익조정(利益調整)을 도모하는 것인가에 관하여 채무불이행설과 법정책임설이 대립하고 있다. 채권자지체의 효과에 관해서도 민법 제401조 이하에 규정된 내용 이외에 채무불이행과 같이 손해배상청구권과 계약해제권을 부여할 것인가가 쟁점이 되고 있다.

(2) 채무불이행설

채권자의 수령의무를 일반적으로 인정하고 채권자지체의 효과를 그 수령의무위반에 따른 채무불이행책임(債務不履行責任)으로 해석하는 견해이다.[1] 이 견해는 채권자지체를 채무불이행의 한 종류로 본다. 채권자지체의 요건으로서 「채권자의 귀책사유」를 요구하며, 채권자지체의 효과로서 채무자에게 손해배상청구권과 계약해제권과 같은 적극적인 효과가 발생한다고

---

1) 곽윤직, 123; 김기선, 147; 김석우, 133; 김용한, 170; 김증한, 63; 김현태, 148; 이태재, 164; 현승종, 138; 주석민법, 344; 임정평, "채권자지체론," 고시계 1991년 4월호, 24; 김상용, 268은 변형된 채무불이행설을 취하는 것으로 이해된다.

본다.

그 근거로서는 첫째, 양 당사자는 채권관계를 성립시킴에 따라 자동적으로 신의칙에 따른 쌍방적인 의무를 지게 된다는 것을 든다. 신의성실의 원칙에 따라 양 당사자의 이익조정 내지 채무자의 이익을 보호하기 위한 전제로서 채권 · 채권관계를 양 당사자가 공동목적의 달성을 위해 협력하여야 할 공동체관계로 파악한다. 둘째, 민법의 채권자지체에 관한 규정들이 채무불이행책임에 관한 규정들에 연속하여 위치하고 있는 것은 그 성질이 채무불이행에 해당함을 말해 준다고 한다.[1]

(3) 법정책임설

채권자지체에 따른 책임은 채무불이행책임과 다른 법정책임(法定責任)으로서 채권자가 수령하지 않더라도 법률에 규정된 효과만 발생하며 그 이상의 손해배상책임이나 계약해제권은 발생하지 않는다는 견해이다.[2] 채권자지체제도는 채무자를 채무불이행책임으로부터 면제하고, 이익형평의 원칙에 따라 수령의 지연으로 인한 불이익을 채권자에게 부담시키도록 법이 규정하는 데에 있다고 본다.

그 근거로서는 첫째, 채권의 행사 · 불행사는 채권자의 자유로서, 법률 · 관습 · 특약으로 수령의무가 부과되지 않는 한 채권자는 수령할 법적 의무를 지지 않는다. 둘째, 채권자에게 귀책사유가 없는 경우에도 채권자지체의 효과를 인정하는 것이 채무자의 이익보호에 앞서게 된다. 셋째, 채권자지체의 효과로서 채무자에게 계약해제권을 인정하지 않더라도 채무자에게 심한 불이익이 생기는 것은 아니다. 쌍무계약에서 채권자지체에 빠져 있는 채권자는 대개 자기가 부담하는 반대급부도 이행하지 않고 있으므로, 채무자는 그 반대급부의 불이행을 이유로 계약해제 및 손해배상을 청구할 수 있기 때문이다.

(4) 절 충 설

채권관계에 관한 일반원칙으로서는 수령의무와 그의 위반에 따르는 손해배상책임을 인정하지 않는 법정책임설의 논지에 따르나, 매매 · 도급 · 임치 등의 계약에 한정하여 채권자(매수인 · 도급인 · 임치인)에게 신의칙에 기한 인수의무(引

1) 김증한, 63; 현승종, 138.

2) 김준호, "변제의 제공과 채권자지체의 관계," 월간고시 1989년 6월호, 82; 양창수, "채권자지체," 법정고시 1995년 11월호, 112.

受義務)를 인정하는 견해이다.[1] 이는 채권관계의 개별적 유형에 비추어 공평성을 유지하기 위함이라고 한다. 인수의무(수취의무)는 목적물을 받는 것만을 의미하며, 채권자의 일체의 협력행위를 뜻하는 수령의무와는 구별되는 개념이라고 한다. 인수행위는 인수의무를 전제로 한 것으로서 채권자에게 귀책사유가 있는 경우에만 손해배상의무가 발생한다고 본다.

(5) 사 견

사견(私見)으로는 민법 제400조 이하의 규정은 법정책임설을 기초로 하여 이해하는 것이 바람직하다고 생각한다. 첫째, 채권자지체제도는 채권자측의 사정으로 이행이 완료되지 못한 경우에 채무자에게 채무불이행책임을 면하게 해 주는 이외에 수령지체중 생긴 불이익을 채권자에게 부담시키고자 하는 제도이다.

둘째, 채권자지체는 채권자측의 사유로 인한 것이면 충분하고, 채권자의 귀책사유를 요하지 않는다고 해석된다. 이렇게 새기는 것이 채무자의 보호는 물론 당사자간의 공평한 이익조정에 적합하다. 민법 제400조가 채권자지체의 요건으로서 귀책사유를 규정하고 있지 않으므로, 결국 귀책사유와 관계 없이 채권자지체의 효과가 발생하는 것으로 새겨야 옳다.

셋째, 채권자지체로 채무자에게 발생한 손해는 대부분의 경우 민법 제403조의 증가비용에 해당하게 되므로 채무자에게 따로이 손해배상을 허용할 실익이 적다. 쌍무계약에서 그 이상의 손해가 우려되는 경우에 채무자는 상대방의 반대채무의 불이행을 이유로 계약해제와 손해배상을 청구할 수 있고, 그 밖에 공탁권과 매각권을 행사 할 수도 있으므로, 구태여 채권자지체를 이유로 손해배상청구를 할 실익이 적다(제487조, 제490조).

넷째, 채권자지체만을 원인으로 한 계약해제는 인정할 필요가 없다. 비교법적으로 보더라도 독일법, 영미법에서 모두 매매계약에서의 인수지체로 인한 계약해제권을 부정하고 손해배상청구권만을 인정하고 있다. 우리 민법은 계약해제권의 발생을 이행지체와 이행불능에 한정해서 규정하고 있어(제544조, 제546조) 채권자지체의 경우에까지 계약해제권이 발생한다고 해석하는 것은 무리이다. 다만 채권자의 협력이나 수령이 채권관계에서 매우 중요한 의미를 갖는 경우에는 특약, 약관, 거래관행, 법률의 규정에 의해 채권자의 불수

1) 김형배(2판), 304; 정기웅, "채권자지체," 사법행정 1992년 9월호, 45.

령(不受領)이나 협력거절(協力拒絶)에 따른 추가의 손해배상, 위약벌, 계약해제권의 발생 등의 효과를 부가시킬 수 있다.

다섯째, 쌍무계약에서 채권자지체시에 채권자의 귀책사유에 관계 없이 위험이전이 일어나도록 하는 것이 공평하다. 채권자지체는 쌍무계약에서 목적물의 멸실에 따른 위험의 부담을 채무자로부터 채권자에게 이전시키는 역할을 하는데(제538조), 법정책임설을 취함으로써 채권자측의 사정으로 이행이 완료되지 못한 경우에 귀책사유에 관계 없이 위험이 채무자로부터 채권자에게 이전되도록 해야 한다.

채무불이행설에 대한 법정책임설의 비판

사견으로는 채무불이행설(債務不履行說)이 주장하는 근거는 다음에서 살펴보듯이 옳지 못하다고 판단된다. 첫째, 채무불이행설의 사상적 배경은 채권관계의 협동체이론인데, 이 이론에 따르면 당사자는 그들의 구체적인 권리·의무를 초월하는 협동의무를 지게 된다고 한다. 이는 제2차 세계대전 전의 독일의 나치스하의 제국주의적 민족공동체사상에 근거를 둔 것으로, 이 당시 민법학자인 쉬톨(Stoll)은 「각인은 자기고유의 목적을 추구함에 있어 상대방을 민족공동체(Volksgenossen)로 인정하지 않으면 안 된다」고 하였다.[1] 당시 독일에서는 채권관계를 공동목적의 달성을 위해 성실과 신뢰로서 맺어진 법적 동지(Rechtsgenossen)로서의 공동체관계(ein Verhältnis der Gemeinschaft)이며, 그것은 독일민법의 전부를 포괄하는 공동체라고 보았다.[2] 따라서 민족공동체에 속하지 않는 외국인과의 계약에서는 그러한 성실의무를 지지 않는다고 보았다. 독일의 「민족공동체이론」은 일본에서도 받아들여져서 「유기적 협동체이론」으로 주장되었고,[3] 우리 나라의 채무불이행책임설의 이론적 토대를 이루었다. 그러나 민족공동체이론은 전후 독일에서 심한 비판의 대상이 되었으며,[4] 일본에서도 협동체이론의 맹목성·부당성에 대한 비난이 높았다.[5] 사견으로는 급부의무를 중심으로 하는 채권관계에서 양 당사자 사이에 공통된 목적은 있을 수 있으나, 그 공통성은 각

1) Stoll, *Vertrag und Unrecht*, 4. Aufl., S. 15
2) RGRK, 9. Aufl., Vorbem, 1 vor § 241.
3) 我妻榮, 債權總論講義(1940년 초판), 9 이하, 188; 동(1976년판), 235 이하.
4) Hueck, *Der Treugedanke im modernen Privatrecht*, 1946, S. 6, 21, 22; Wolf, *Allgemeiner Teil des Bürgerlichen Rechts*, 1973, S. 68ff. 등.
5) 遠田新一, "買主の受領遲滯と賣主の解除權(1)," 廣島大政經論集 제12권 1호, 45; 林良平 外, 債權總論, 225.

당사자가 자기의 이익에 따라 행동하는 것에 불과하며 당사자의 이익을 초월하는 공동이익이 채권관계에 내재된 것은 아니라고 생각된다.[1)]

둘째, 채무불이행설에서는 신의칙으로부터 직접 「수령의무」라는 법적 의무를 유출해 내는데, 이는 신의칙이론의 남용에 해당하여 부당한 결과를 초래한다. 일반조항의 남용은 자칫 잘못하면 개인의 자유의사에 기하지 않은 의무를 신의칙의 명목하에 국가적으로 강제하는 데에 사용될 수 있다.[2)] 신의칙은 어디까지나 당사자간에 자유롭게 성립한 채권관계를 이익형평을 고려하여 보충하는 역할을 담당하는 데 그쳐야 한다. 사견으로는 신의칙을 근거로 당사자가 약정하지 않은 의무를 부과할 때에는 필요한 최소한에 그쳐야 하며, 포괄적인 의무를 유출하거나 그의 위반효과를 지나치게 확대하는 것은 삼가해야 한다고 생각한다. 민법의 채권자지체의 규정은 쌍무계약뿐만 아니라 편무계약에서도 적용되는 것인데 후자의 경우에까지 채권자에게 신의칙상의 수령의무를 인정하여 채무불이행책임을 지게 하는 것은 신의칙의 남용이라 생각된다.

셋째, 채무불이행책임은 「채무자가 채무의 내용에 좇은 이행을 하지 아니한 때」에 부과되는 책임이다. 채권자가 제공된 급부를 수행하지 않은 경우까지 채무의 불이행에 포함시키는 것은 채무불이행책임의 본질을 흐리게 한다. 채무의 이행은 채무자의 변제의 제공과 채권자의 수령으로 구성되며 각자의 영역은 채무불이행책임과 채권자지체로 구분되어 규율되고 있다. 사견으로는 채무의 개념은 채무자의 급부의무를 중심으로 파악되어야 하며, 채권자의 수령의무라는 이질적인 요소를 그 안에 집어 넣는 것은 채무의 개념을 혼란시킨다고 생각한다.

넷째, 채무불이행설의 약점은 채권자지체의 법적 보호를 채권자의 귀책사유가 있는 경우에 한해서 부여하게 된다는 점이다. 채권자의 귀책사유가 없는 경우에는 당사자간에 민법 제401조 내지 제403조의 효과가 발생하지 않으므로, 채무자가 채권자의 불수령으로 인하여 생긴 보관비 등의 증가비용을 부담하여야 한다는 결과로 되어 부당하다. 이러한 결과는 상거래에서의 손해분담의 관행에도 어긋나게 된다. 결국 채무불이행설은 거래관행과의 괴리를 초래하는 시대에 뒤떨어진 법리이다.

다섯째, 민법의 채권자지체규정의 위치를 채무불이행책임설의 근거로서 드는 분도 있는데, 이에 따르면 채권자지체의 민법 제400조 이하는 민법 제390조의 채무불이행 규정에 종속하게 될 것이다. 그러나 이에 대하여는 강한 의문이 제기된다. 의용민법에서는 제412조(현행민법 제387조. 이행기와 이행지)와 제414조(현행민법 제398조. 강제이행) 사이에

1) 같은 취지: 김형배(2판), 302 이하.

2) 나치스하에서의 신의칙이론의 남용이 그 한 예이다. Bermd Ruthers, *Die unbegrenzte Auslegung, zum Wandel der Privatrechtsordnung im Nationalsozialismus*, Verl. Mohr, 1968, S. 496.

채권자지체규정(의용민법 제413조, 현행민법 제400조와 같은 내용)이 있어서 규정의 위치를 근거로 채무불이행의 일종으로 보는 견해가 유력하였다.[1] 현행민법은 그러한 규정의 위치를 바꾸어서 강제이행(제389조) · 채무불이행(제390조) · 손해배상(제393조 이하)을 모두 규정한 뒤에 채권자지체의 규정(제400조~제403조)을 두었는데, 이 위치는 채무불이행과는 아주 이질적인 채권자대위권규정(제404조)의 앞이다.[2] 이로써 현행민법상 규정의 위치를 근거로 채무불이행의 일종으로 해석할 소지는 없어졌고, 오히려 규정의 이러한 위치변동은 채권자지체가 채무불이행의 일종으로 오해되는 것을 막고자 하는 적극적 의지의 결과라고 해석된다. 민법 제400조의 규정내용은 어디까지나 채권자의 책임을 정한 것으로 채무자의 책임을 정한 제390조에 포섭된다는 것은 지나친 논리의 비약이라고 보여진다. 만약 채무불이행책임설이 주장하는 대로라면, 구태여 제400조 이하의 규정을 두지 않아도 제390조 이하의 규정으로 해결될 수 있을 것이므로 채권자지체의 규정들을 일부러 설치할 필요도 없었을 것이다.

절충설에 대한 법정책임설의 비판

절충설(折衷說)은 매매 · 도급 · 임치 등의 경우에 신의칙에 기한 인수의무를 부과하고 그의 위반시에 손해배상청구권 및 계약해제권의 효과를 부여하는데, 이것은 법적 근거를 결한다는 약점을 갖는다. 또한 인수의무 및 그 위반의 효과가 어떤 책임체계에 의해 어떻게 전개되는지에 대해 자세한 설명이 없어 유감이다.

3. 채권자지체의 요건

(1) 채무자의 변제제공

㈎ 변제제공 채권자지체가 발생하기 위해서는 우선 채무자의 변제

1) 일본민법 제413조의 입법취지는 "변제의 제공은 … 채무자로 하여금 채무의 불이행으로 인하여 생겨날 자기의 책임을 면케 하는 데 불과하여 … 채권자 일신의 사유로 인하여 채무자가 입게 되는 불이익을 구제하는 데에 부족한 것으로 본조에 의해 채권자도 역시 지체의 책임을 져야 할 것을 인정하고, 그 요건 및 시기를 지정하는 것으로 채무자의 지체에 과한 전조(日民 제412조)의 규정과 조응하여 쌍방의 이익을 평등하게 보호하는 것이라 할 것이라"고 한다(日本民法修正案이유서 참조). 따라서 이는 채권자지체에 과실을 요하지 않는다는 취지라고 이해된다. 平井宜雄, 債權總論講義案, 1984, 113 이하.

2) 민법안심의록에서는 입법 당시 차고한 독일민법 등의 외국입법예만을 열거할 뿐 심의내용에 대해서는 아무 언급이 없다. 당시 민사법연구회의 민법안의견서, 1957, 146에서는 그러한 입법안에 독일민법의 법정책임을 명백히한 것으로 이해하여 찬성하고, 아울러 매매나 도급에 인수의무에 관한 규정을 둘 것을 제안하였다.

(辨濟)의 제공(提供)이 있어야 한다. 민법 제400조가 말하는 「이행의 제공」은 제460조의 변제의 제공을 의미한다(학설 일치).[1] 변제제공의 방법으로서는 현실제공과 구두제공의 두 가지가 있다(변제제공 참조). 변제제공은 「채무의 내용에 좇은」 것이어야 한다. 채권자가 변제제공된 물건이나 기타 급부를 계약내용과 다르다는 정당한 이유로 수령하기를 거절한 때에는(적법한 수령거절) 유효한 변제제공이 없었다고 보아야 하므로 채권자지체도 생기지 않는다.

(나) **변제제공과 채권자지체의 관계** 채권자지체(債權者遲滯)는 변제의 제공을 요건으로 하므로 채권자지체의 실질적 효과는 변제제공의 효과까지 포섭한다. 변제의 제공은 채무자의 채무이행이란 측면에서 본 개념이고, 채권자지체는 채권자의 불수령이란 측면에서 본 개념이라는 관점의 차이가 있다.[2] 효과의 발생시기는 양자 모두 변제의 제공 있는 때이다(제401조, 제461조).

채권자지체와 변제제공이 얼마나 밀접한 관련을 갖는가는 채무불이행설을 취하는가 법정책임설을 취하는가에 따라 달라지게 될 것이다. ① 채무불이행설에서는 채권자지체에 변제제공 이외에 귀책사유를 요건으로 하므로 양 제도는 별개의 제도로 파악하게 된다. 효과면에서도 변제의 제공은 소극적인 효과인 채무불이행책임을 면하게 하는 데 그치지만(제461조), 채권자지체는 적극적으로 손해배상과 계약해제권을 발생시킨다고 본다.[3] ② 법정책임설에서는 변제제공을 하고 채권자의 수령이 없으면 채권자지체의 요건을 충족하게 되므로, 양 제도의 관계가 밀접하게 된다. 변제제공과 채권자지체는 하나의 상황을 법적 효과면에서 채무불이행책임의 면제와 채권자의 추가비용부담 등이라는 별개의 측면에서 고찰한 것이라고 본다.[4] 따라서 법정책임설에 의하면 변제제공의 효과와 채권자지체의 효과를 종합적으로 고찰하는 것이 거래의 필요성에 적합하다는 결론에 이르게 된다.

---

1) 곽윤직, 124; 김기선, 165; 김상용, 269; 김석우, 133; 김용한, 172; 김주수, 130; 김증한, 73; 김증한·김학동, 175; 김현태, 150; 김형배, 337; 이태재, 124; 현승종, 139; 황적인, 124.

2) 독일민법에서는 변제의 제공과 채권자지체의 효과는 명료하게 구별된다. 즉 제공을 하지 않아도 채권자지체가 생기는 경우가 있고(독민 제296조), 또 제공을 하여도 채권자지체로 되지 않는 경우(독민 제299조)가 규정되어 있다.

3) 곽윤직, 180, 491.

4) 김형배, 316에서는 변제제공과 채권자지체의 효과는 구별되어야 하며, 「채무자의 불이행책임의 면제」, 「변제공탁권」은 변제제공의 효과라고 한다.

(2) 채권자의 불수령

(가) 수령거절과 수령불능 채권자는 제공(提供)된 급부(給付)를 수령하지 아니하거나 또는 수령할 수 없어야 한다(제400조). 불수령이 채권자의 수령거절로 인한 것인가 또는 채권자측의 일시적 수령불능의 사정에 의한 것인가의 구별 없이 채권자지체가 성립하며 양자의 경우 그 효과도 같다. 변제가 완료되지 못하는 사정이 채무자의 영역에서 생긴 것인가 또는 채권자의 영역에서 생긴 것인가에 따라 불이행(不履行)과 불수령(不受領)으로 나누어질 수 있다. 채무자가 해야 할 단계에 이르기까지 모든 노력을 다 기울였음에도 불구하고 채권자의 영역에서 생긴 사정으로 변제가 완료되지 못했다면 수령불능이라고 본다. 그러나 채권자의 영역에 이르기 전에 변제를 불가능하게 만드는 사정이 생긴 때에는 채무자의 귀책사유로 인한 이행불능 또는 불가항력에 의한 급부불능(위험)으로 파악된다. 예를 들면 어떤 변제장소에서 물건을 인도할 채무가 있는 경우에, 채무자는 인도할 목적물을 가지고 나왔으나 채권자의 주거지역에 홍수가 나서 그 장소에 나오지 못한 때에는 불수령이 생긴다. 만약 채무자의 주거지역에 홍수가 나서 그 장소에 나오지 못했다면 불가항력으로 인한 이행지체가 되므로, 채무자는 홍수가 지나간 다음에 다시 약속을 하여 그 물건을 인도하면 되며 지연배상은 할 필요가 없다.

법정책임설을 취하면 수령거절이나 수령불능이 채권자의 귀책사유에 의한 것이냐 아니냐는 문제되지 않는다. 채권자의 수령거절이 정당한 경우 또는 수령불능이 채무자의 귀책사유로 야기된 경우에, 채무자의 불이행이 있으므로 채무불이행책임이 발생하며 불수령이 있다고는 보지 않는다.[1)]

(나) 쌍무계약에서의 불수령 쌍무계약(雙務契約)에서 채권자는 「반대급부의 변제제공」을 함으로써 급부를 수령할 수 있는 여건을 조성해야 한다. 쌍무계약의 상환채무는 동시이행관계에 놓임이 원칙이므로, 채무자는 채권자가 채무의 수령준비 외에 자기의 반대채무의 변제제공을 하고 있지 않으면 채무를 이행할 필요가 없다. 이렇게 채무자가 변제제공을 하였으나 정당한 이유에서 채권자에게 급부를 인도하지 않은 채 회향한 경우에, 채권

---

1) 같은 취지: Larenz, *a.a.O.*, S. 364; Esser, *a.a.O.*, § 34 Ⅲ 2a.

자는 그 급부에 대해서는 채권자지체에 빠지며 반대급부에 관해서는 이행지체에 빠진다.[1] 예를 들면 매도인(채무자)이 인도할 매매목적물을 가지고 변제장소에 갔으나 매수인(채권자)이 매매대금을 가지고 나오지 않은 경우에, 매도인은 그 물건을 인도할 필요 없이 그대로 가지고 돌아오면 된다. 그 경우 매수인은 대금지급채무의 이행지체에 따라 지연이자를 지급해야 하며, 채권자지체의 효과로서 물건의 보관비용과 다시 인도하는 데 드는 비용 등을 추가로 지급해야 한다.

(다) 수령이 필요 없는 경우　채무의 이행에 채권자의 협력이나 수령의 행위가 전혀 필요 없는 경우에는 채무자의 이행행위만으로 이행이 완료되므로 채권자지체가 생길 여지가 없다.

(3) 급부의 가능

(가) 급부불능　채권자지체에 따른 효과가 부여되기 위해서는 급부가 이행가능하여야 한다. 채권자지체제도는 급부가능을 전제로 하고 채권자지체시로부터 채무의 이행이 다시 행해질 때까지의 잠정적 효과만을 규정하고 있으므로, 이로써 규율되는 수령불능은 일시적 불능으로서 조만간에 제거될 수 있는 것에 한한다. 영구적 수령불능은 채권자지체제도로써 규율될 성질의 것이 아니므로 급부불능의 문제로 다루어져야 한다.[2] 급부 자체가 불능인 때에는 채권자지체는 생기지 않고 급부불능(給付不能)의 법리에 따라 해결되어야 한다.[3] 문제는 급부불능과 채권자지체와의 한계의 설정에 있다.

(나) 영구적 수령불능　영구적 수령불능(永久的 受領不能)의 경우에는 위험부담의 문제로 된다. 채권자지체는 채권자측의 사정에 의한 불수령이 생긴 경우에 변제가 이루어지기까지의 잠정적 효과만을 부여한다. 영구적 급부불능은 장래 변제를 기대할 수 없으므로 「채권자의 책임 있는 사유로 이행할 수 없게 된 때」로 보아야 한다. ① 편무계약에서는 채무자의 귀책사유에 의한 이행불능만 손해배상책임을 지므로, 반사적으로 그 밖의 경우는

---

1) 독일민법 제298조에는 이를 긍정하는 명문의 규정이 있으며, 그 밖에 채권자가 자기의 선이행의무를 이행하지 않고 있는 경우에도 적용된다.

2) Münchener Komm-Walchshöfer 6 zu § 293.

3) Larenz, *a.a.O.*, § 25 Ⅲ 에서도 "vom Gläubiger zu vertretende Unmöglichkeit der Leistung"으로서 별개로 취급하고 있다. 김형배(2판), 306도 같은 취지이다.

모두 채권자의 부담으로 되고 채권자는 급부청구권을 잃게 된다. ② 쌍무계약에서는 채권자는 급부를 수령할 수 없더라도 채무자에게 반대급부를 이행해야 한다(제538조 1항). 채권자의 귀책사유로 인한 급부불능으로 인한 위험은 채권자가 감수하여야 한다. 이 경우 채무자가 자기의 채무를 면함으로써 이익을 얻은 때에는 이를 채권자에게 상환해야 한다(제538조 2항. 채권각론에서 자세히 설명함).

(다) 채권자지체중의 급부불능 채권자지체중에 쌍방의 책임 없는 급부불능이 생긴 경우에, 쌍무계약에서 그 대가위험(對價危險)은 채권자의 부담으로 된다(제538조 1항 뒷문장). 채권자지체중에 채무자는 고의·중과실이 없으면 불이행으로 인한 모든 책임이 없다(제401조). 채권자지체중에 채무자의 경과실로 목적물이 멸실한 경우에, 채권자는 채무자에게 그 전보배상을 청구할 수 없으며, 결국 그 물건의 멸실에 따른 불이익은 채권자가 감수하게 된다. 채권자가 채무자의 변제제공이 있었을 때에, 그 물건을 수령했더라면 채무자가 보관할 필요가 없었으므로 채무자의 보관의무를 경감해 주는 것이다. 이 경우 채무자에게 경과실이 있음에도 불구하고 손해배상책임을 모두 면제해 주는 것에 대하여 비판이 있다. 채무자에게 손해배상책임을 지우는 것이 적절한 때에는 중과실을 인정하는 것으로서 법의 탄력적인 운영을 할 수 있을 것이다.

(4) 입증책임

채권자지체가 생긴 것에 대한 증명책임(證明責任)은 채무자가 져야 한다. 변제기에 채무가 이행되지 않은 사실은 우선 채무자의 귀책사유에 의한 불이행(이행지체)으로 추정되기 때문이다.

4. 채권자지체의 효과

법정책임설에 의하면 채권자지체의 효과로서 채무자에게 손해배상청구권이나 계약해제권이 발생하지 않지만, 채무불이행설에 의하면 손해배상청구권과 계약해제권이 발생한다. 채권자지체는 채무자의 급부의무를 면하게 하여 주는 사유가 되지 않으므로 채권자지체가 해소되면 채무자는 다시 이행하여야 한다. 채권자지체의 효과는 변제제공과 공탁의 효과를 포함하여 종합적으로 이해되어야 한다.

(1) 채무자의 책임경감

채권자지체중에는 채무자의 주의의무가 경감되어 채무자는 고의 또는 중대한 과실에 대해서만 책임을 진다(제401조). 채무자의 과실 없이 변제가 지연된 경우에 채무자에게 목적물의 보존을 위하여 기울일 주의의무를 경감시켜 주는 것이 형평에 맞기 때문에 이러한 책임경감의 제도를 두고 있다. 이 규정은 이행지체중에 채무자가 자기에게 과실 없는 손해도 배상해야 하는 것과 균형을 이룬다(제392조). 이러한 책임경감은 특정물채무 및 종류채무의 특정 이후에 선관의무를 약화시켜 주는 역할을 하며, 이는 위험(危險)의 이전(移轉)을 초래한다.[1] 예를 들어 채권자에게 물건을 배달하러 갔으나 부재중이라 인도하지 못하고 귀가하던 중 자동차사고로 물건이 파손된 경우에, 채무자는 그 자동차사고에 관하여 경과실만 있는 때에는 채무불이행책임을 지지 않는다. 그 파손은 불가항력에 의한 위험부담문제로 처리되어 채권자는 급부청구권을 상실한다(편무계약과 쌍무계약에 공통됨). 수치인이 기간의 약정 없는 임치(고추보관약정)를 해지하였으나, 임치인이 그 고추의 회수를 거절함으로써 채권자지체에 빠졌고, 그 후 수치인이 보관중인 고추가 변질되고 벌레가 먹어 상품가치의 상실이 생겼더라도 수치인의 고의·중과실로 인한 것이 아닌 한 그 배상책임을 물을 수 없다(대판 1983. 11. 8, 83다카1476).

쌍무계약에서는 채권자지체중의 위험으로서 채무자의 대금청구권이 존속하므로 위험은 결국 채권자가 부담하게 된다(제538조 1항).

(2) 이자의 정지

이자 있는 채권이라도 채권자지체중에는 채무자는 그 이자를 지급(支給)할 의무가 없다(제402조).[2] 여기의 이자는 원금의 사용대가로서의 이자뿐 아니라 연체이자, 지체상금 등도 포함된다. 어떤 채무자가 이미 변제기를 도과하여 연체이자를 지급하고 있던 중 채권자에게 그 채무를 변제하려고 제공하였으나 채권자가 수령하지 않은 경우에, 그 때부터 연체이자의 지급의무가 발생하지 않는다. 그 후 채권자가 수령의 준비를 하여 수령할 의사를 밝힌 때에 채권자지체는 종료하므로, 그 때 채무자가 다시 변제제공을 하지

---

1) 같은 취지: 하경효, "채권자지체와 그 효과로서의 위험이전," 고시연구 1995년 11월호, 192.

2) 민법 제401조의 입법취지 및 자세한 해석론에 관해서는 양창수, "민법 제401조와 제461조의 경계획정," 고시계 1986년 5월호, 202 이하.

않으면 원래의 이자가 다시 발생한다. 이자의 정지는 채권자지체가 계속되는 동안에 한정되며, 채권자지체 상태가 소멸하면 이자의 정지상태도 풀리게 된다. 예외적으로 채무자가 채권자지체중에 그 채권자에게 인도하였을 금액에 관해 제3자로부터 이자를 받은 때에는 그 받은 이자를 채권자에게 양도하는 것이 형평에 맞는다.

(3) 증가비용의 부담

채권자지체로 인하여 그 목적물 및 그로부터의 과실의 보관 또는 변제의 비용이 증가된 때에는 그 증가액은 채권자의 부담으로 된다(제403조). 채무자가 실제로 지급한 비용을 사후에 채권자에게 구상청구(求償請求)하는 것도 가능하고, 채무자가 제3자에 대하여 지는 보관비용의 지급의무 등을 채권자에게 채무인수(債務引受)시키는 것도 가능하다. 이러한 증가비용의 부담은 비용상환청구권의 성격을 갖는다. 이 비용상환청구권은 채권자의 이득을 요건으로 하지 않는 다는 점에서 부당이득반환청구권과는 다르다. 이 비용상환청구권에 관하여 목적물에 유치권 및 동시이행항변권을 취득할 수 있다.

(4) 채무자의 지체책임의 면제

채무자는 변제제공의 효과로서 채무불이행책임을 면한다(제461조). 채무자는 채무불이행을 이유로 하는 손해배상 · 지연이자 · 위약금의 청구를 당하지 않는다. 변제기에 채무가 이행되지 않았다는 이유로 계약을 해제당하거나 담보권의 실행을 당하지도 않는다.

(5) 위험의 이전

쌍무계약에서 채권자지체중에 생긴 급부불능은 채무자의 고의 · 중과실에 의한 경우 외에는 채권자 귀책사유로 인한 급부불능과 같은 효과가 생긴다. 즉 채권자는 자기의 급부청구권을 잃고 반대급부는 이행하여야 하므로, 결국 채권자가 위험(대가위험)을 부담하게 된다(제538조 1항).[1] 채권자지체를 기점으로 하여 「채무자의 위험부담」에서 「채권자의 위험부담」으로 위험이 이전하게 되는 셈이다. 종류채무의 경우에는 목적물의 분리와 변제의 제공으로

---

1) 고용계약이나 근로계약에서 경영자측이 원료 · 동력 등을 제공하지 못해 노무 자체가 불가능하게 된 경영위험의 경우, 이는 채권자지체에 해당하게 되고 그 효과로서 위험은 채권자에게 이전하게 되어 채권자는 노무청구권은 잃으나 대가(임금)지불채무는 이행하여야 한다고 해석하는 것이 옳다. 같은 취지: 김형배, 313 이하.

특정의 효과가 생기고 그에 채권자지체의 효과가 합하게 되면, 급부불능에 따른 위험이 채무자로부터 채권자에게 이전하게 된다.[1)]

민법 제400조의 채권자지체 성립과 관련하여 채권자가 변제를 받지 않을 의사가 확고한 경우 구두의 제공조차 필요없다고 할 것이지만, 민법 제538조 1항 2문의 '채권자의 수령지체 중에 당사자 쌍방의 책임없는 사유로 이행할 수 없게 된 때'에 해당하기 위해서는 현실제공이나 구두제공이 필요하다(대판 2004. 3. 12, 2001다79013).

(6) 공탁권 및 매각권의 발생

채무자는 채권자지체 이후에는 채권자를 위하여 변제의 목적물을 공탁(供託)하여 그 채무를 면할 수 있다(제487조 앞문장).[2)] 변제의 목적물이 공탁에 적당하지 아니하거나 멸실 또는 훼손될 염려가 있거나 공탁에 과다한 비용을 요하는 경우에, 채무자는 법원의 허가를 얻어 그 물건을 경매하거나 시가로 방매하여 대금을 공탁할 수 있다. 쌍무계약에서 양 채무가 동시이행관계에 있는 경우에는 채권자는 그 대가채무의 이행을 하지 아니하면 공탁물을 수령하지 못한다(제491조). 상사매매에 관해서는 특별규정이 있다(상법 제67조).

채권자지체와 동시이행항변권의 존속

동시이행의 관계에 있는 채무에 있어서 채권자는 채권자지체에 빠졌다는 이유만으로 동시이행의 항변권을 상실하지 않는다. 동시이행의 항변권을 소멸시키려면 한번 이행의 제공이 있었다는 사실만으로는 불충분하고 이행의 제공이 계속되어야 한다(대판 1972. 3. 28, 72다163). 채권자지체중이라도 채권자는 자기의 반대급부를 변제제공하면서 채무자의 이행을 요구할 수 있으며, 채무자의 변제제공이 없으면 자기의 반대급부이행을 거절할 권리가 있다. 예를 들어 매도인이 변제장소에 물건을 인도하러 나갔으나 매수인이 대금을 준비해 오지 않아 채권자지체에 빠지게 된 경우에, 매수인이 그 후 대금을 준비해 놓고 매도인에게 물건을 가지고 나와야 그 대금을 지급하겠다고 동시이행을 주장할 수 있다. 매도인이 물건을 가지고 나와 대금과 교환하면 두 채무의 변제가 동시에 이루어진다. 만약 매

---

1) 같은 취지: 김증한, 66. 독일민법 제300조 2항은 이를 명문으로 규정한다. Hönn, Zur Dogmatik der Risikotragung im Gläubigerverzug bei Gattungsschulden, *AcP* 177, 385.

2) 같은 취지: 대판 1959. 5. 28, 4291민상122 등.

도인이 물건을 가지고 나오지 않았다면 그 때부터 매수인의 채권자지체는 소멸하고 매도인이 이행지체에 빠지게 된다.

5. 채권자지체의 종료

채권자지체제도는 채무의 이행이 완료되기까지 생기는 불이익을 채권자에게 부담시키는 잠정적인 제도이며, 다음의 종료사유가 있으면 채권자지체의 상태가 소멸하고 다른 법률관계가 전개된다.

(1) 채권자의 수령통지

채권자가 수령을 할 준비를 하여 채무자에게 수령할 뜻을 통지(通知)하면, 그것으로써 채권자지체는 종료된다. 수령통지를 받은 채무자는 현실의 변제제공을 하여야 한다.

(2) 급부불능의 발생

채권자지체중에 채권의 목적이 채무자의 귀책사유나 또는 불가항력으로 멸실하는 등 급부불능이 생기면, 법률관계는 채무불이행책임 또는 위험부담의 문제로 전환(轉換)하며 채권자지체의 상태는 종료한다.

(3) 채권의 소멸

채권자지체중 채무자의 공탁(供託)·혼동(混同)·소멸시효(消滅時效) 등으로 채권이 소멸하면 자동적으로 채권자지체의 상태가 종료한다.

제 7 장 채권자대위권과 채권자취소권

제 7 장　채권자대위권과 채권자취소권

제 1 절　채권자대위권

§ 29. 채권자대위권의 의의와 성격

1. 의　　의[1)]

(1) 개　　념

채권자가 자기의 채권을 보전하기 위하여 채무자의 권리를 대위하여 행사할 수 있는 권한을 가리켜 채권자대위권(債務者代位權)이라고 한다(제404조 1항). 이 때 채권자는 자기의 이름으로서 채무자의 권리를 행사하게 된다. 채권자대위권 자체가 급부청구권을 수반하는 것은 아니고, 타인의 급부청구권을 대위행사할 수 있는 자격을 부여하는 일종의 권한부여(權限附與)에 해당한다. 도매상이 물품대금을 지급하지 못하는 무자력의 소매상을 대위하여 외상으로 구매한 고객에게 대금을 청구하는 경우, 부동산매수인이 매도인의 제 3 채무자에 대한 등기청구권을 대위행사하여 매도인 명의로 소유권이전등기를 경료한 후 매수인에게로의 등기를 청구하는 경우, 교통사고의 피해

1) 참고문헌: 김욱곤, "불란서민법에 있어서의 채권자대위권제도," 사법행정 1973년 1월호 · 2월호; 박종윤, "채권자대위권 — 무자력이론과 기판력에 관한 재검토," 사법논집 제 6 집, 1975; 박철우, "채권자대위권," 서울지방변호사회편 판례연구 제 5 집, 1992; 오수원, "채권자대위권과 당사자적격," 호남민사법학회 민사법연구 제 6 집, 1997; 윤용덕, "채권자대위권의 적용범위에 대한 검토," 비교사법 제 3 권 1호, 16 이하; 이용훈, "채권자대위소송판결의 효력범위," 법조 제27권 10월호, 1978; 이재성, "채권자대위권의 행사가 채무자에게 미치는 효과(상)(하)," 판례월보 204~205호; 동, "채권자대위권의 행사와 채무자의 처분권제한," 판례월보 217호, 1988년 10월호; 한봉희, "채권자대위권," 사법행정 1990년 9월호; 호문혁, "채권자대위소송에 있어서의 피보전채권과 당사자적격," 민사판례연구 제12권, 1990; 동, "채권자대위소송과 중복제소," 서울대 법학 제35권 1호.

자를 치료한 의사가 그 교통사고의 가해자에 대하여 치료비 상당액의 손해배상청구를 대위행사하는 경우 등이 채권자대위권행사의 대표적인 예이다.

채권자대위권의 행사는 채권자가 채무자로부터 제3채무자에 대한 채권의 추심을 위임받거나 채권을 양수받은 경우와는 다르다. 추심위임(推尋委任)이나 채권양도(債權讓渡)의 경우에는 채권자와 채무자 사이에 위임계약이나 채권매매계약이 체결되지만, 채권자대위권의 행사에는 그들 사이에 아무 계약도 필요하지 않다.

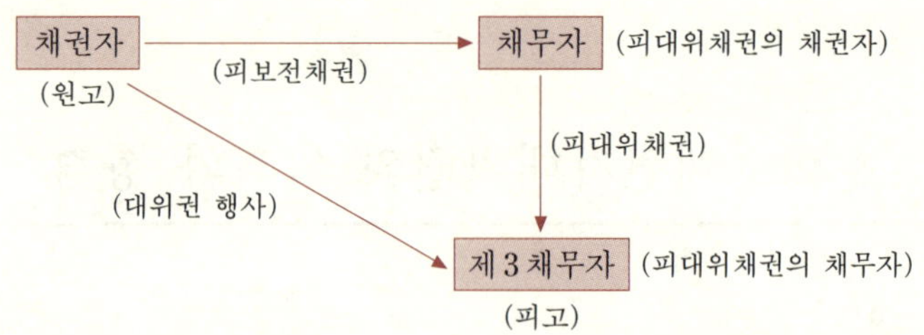

(2) 재산관리자유의 제한

채권자대위권은 채무자의 재산 일부에 대한 관리권한을 채권자로 하여금 대행케 함으로써 채권의 효력을 강화하는 반면, 채무자의 자기재산관리(自己財產管理)의 자유를 제한하는 제도이다. 재산의 보유자는 자기재산의 보존과 처분에 관하여 자신의 자유로운 판단에 따라 행동할 자유를 가짐이 원칙이다. 자기재산관리의 자유는 파산(破產)이나 압류(押留) 등의 경우에 법률에 의하여 전적으로 박탈되거나, 채권자대위권에 의하여 부분적으로 제한된다.

채권자대위권은 단지 채권자로 하여금 채무자의 권리를 대신하여 행사하도록 허락하는 것일 뿐이므로, 채권자의 대위행사 결과 얻어진 것은 당연히 채무자에게 귀속한다. 이러한 채권자의 대위행사에는 채무자의 사전동의나 사후승인을 필요로 하지 않으며, 채권자는 단지 채무자에게 그의 대위행사사실을 통지하면 충분하다(제405조 1항).

외국의 입법례

채권자대위권제도는 프랑스민법 제1166조에서 유래한다. 프랑스민법은 채권의 강제집행제도에 관한 민사소송법의 취약성을 보완하기 위해 채권자에게 채권자대위권을 부여한다.[1] 프랑스 채권자대위권은 판례에 의해 채권회수기능(債權回收機能)을 포함하는 것으로 운영되는데, 그 전제조건으로서 채무자의 소송참가를 필수적으로 요구할 뿐 아니라 채권자의 채무자에 대한 권리도 확인하는 절차를 갖는다.[2] 독일민법이나 스위스채무법은 채권자에게 채권자대위권을 부여하지 않는다. 우리의 민사소송법은 강제집행절차가 잘 정비되어 있으므로 채권자대위권을 인정할 실익이 적다고 볼 수도 있지만, 실제 소송실무에서는 채권자대위권이 빈번히 이용되고 있다.

2. 채권자대위권의 기능

(1) 책임재산보전의 기능

채권자대위권은 채권의 강제집행력에 복종하는 책임재산(責任財產)을 확보(確保)하는 작용을 한다. 채무자가 채무를 이행하지 않는 경우에, 채권자는 그 급부 또는 손해배상금의 이행을 법원에 청구할 수 있고(이행의 소), 채권자가 법원에서 그 이행청구에 관하여 인용판결을 받은 경우에(이행판결), 그것을 채무명의(債務名義)로 하여 채무자의 재산에 관하여 강제집행을 하게 할 수 있다. 이러한 소송절차 및 강제집행절차가 채권의 만족이라는 결과를 가져오기 위해서는 무엇보다도 채무자에게 집행에 복종할 충분한 재산이 있어야 한다. 채권자대위권은 채무자가 관리를 소홀히하여 권리행사로 얻을 수 있는 재산을 놓치는 것을 막기 위해 채권자가 개입하여 채무자의 재산관리를 해 줄 수 있도록 하는 제도이다. 법원칙에 따르면, 채권자는 채무자의 책임재산을 충분히 확보해 놓은 다음에 그 재산으로부터 변제받거나 그 재산에 대하여 강제집행할 수 있을 뿐이다.

(2) 압류와 유사한 기능

채권자대위권은 강제집행의 전단계로서 이용될 수 있다. 채권자가 채

1) 김욱곤, 앞의 글 참조.

2) 윤용덕, "채권자대위권의 적용범위에 대한 검토," 비교사법 제3권 1호, 16 이하.

무자의 재산에 대해 강제집행하기 위한 선행절차로서 채권자대위권을 이용한다. 채권자는 채권자대위권을 행사하여 채무자의 책임재산을 보전해 놓고 자기채권의 만족을 위한 강제집행을 행하게 된다. 채권자가 대위권을 제3채무자에게 행사하고 그 사실을 채무자에게 통지함으로써 채무자의 처분행위를 제한할 수 있게 된다(제405조). 채무자의 제3채무자에 대한 권리가 시효소멸할 위기에 있는 때에 대위권을 행사하여 그를 저지할 수도 있다. 채권자대위권은 압류와 유사하게, 채무자의 권리를 보존하고 채무자 자신의 처분행위를 막는 효과를 가져온다.

(3) 추심명령과 유사한 기능

채권자가 소송 외에서 채권자대위권을 행사하는 경우에, 채권자는 자기 채무자의 채권을 제3채무자로부터 추심대행하여 그 수령액으로부터 자기채권의 만족을 얻는 데에 사용하는 것이 관행이다. 이와 같이 채권자대위권은 위임계약 없는 추심대행의 사실상 기능(채권회수기능)을 담당한다. 특히 채권자의 채권도 금전채권이고 채무자의 제3채무자에 대한 채권도 금전채권인 경우에, 채권자는 채권자대위권을 행사하여 제3채무자로부터 급부를 직접 수령한 후, 채무자에게 그 수령액을 넘겨 주는 대신에 채무자에 대한 자기채권과 상계함으로써 자기채권의 만족을 얻게 된다. 원래 채권자가 제3채무자로부터 직접 추심하여 자기채권의 만족을 얻기 위하여는 금전채권의 강제집행방법으로서 법원으로부터의 추심명령(推尋命令)이나 전부명령(轉付命令)을 받아야 하지만, 채권자대위권은 채권자의 제3채무자에 대한 사실상의 추심권한을 부여하여 채권의 만족가능성을 높여 준다.[1]

(4) 부동산소유권취득의 전단계

특정물채권자가, 그 중에서도 특히 부동산소유권이전청구권을 갖는 채권자, 본래급부의 만족을 얻기 위한 선행행위로서 이용된다. 채무자가 채권자에게 특정물을 인도 또는 소유권이전하기 위한 선행조건으로서 제3채무자에게 권리행사를 하여 인도 또는 소유권이전을 받아야 함에도 불구하고 그를 게을리하고 있을 때, 채권자가 나서서 그 선행행위를 완료하여 자기채권의 만족을 얻을 수 있는 상태로 만들어 놓는다. 등기절차의 대위 및 물권

1) 김형배, 346에는 채권자대위제도의 중심을 「책임재산의 보전」에서 「채권의 보전」으로 옮겨야 한다고 하면서, 채권자대위권은 채무명의를 필요로 하지 않는 전부명령에 가까운 기능을 가진다고 한다.

적 청구권의 대위의 사례에서 채권자대위권은 이러한 기능을 수행한다.

3. 법적 성격

(1) 실체법상 권리

채권자대위권은 채권관계로부터 발생하는 채권자의 제3자에 대한 실체법상의 권리이다(학설 일치). 채권자의 급부청구권을 기초로 제3자에 대한 관계에서 채무자의 권리를 대위행사할 수 있는 권한을 추가로 부여하는 것이므로 실체법적 성격을 갖는다. 이 점에서 절차법적 권리인 강제집행청구권과 다르다. 강제집행권은 채권자와 채무자 상호간에서 급부청구권을 관철하는 절차적 수단으로서의 의미를 가질 뿐이다.

(2) 재산관리권인가 포괄적 담보권인가

실체법상의 권리인 채권자대위권이 구체적으로 어떠한 내용과 성격을 갖는가에 대하여는 다음의 학설이 대립한다.

㈎ 재산관리권설　채권자대위권을 채권자가 채무자의 재산권 내지 거래관계에 간섭할 수 있는 법정재산관리권(法定財産管理權)으로 이해하는 견해이다.[1] 재산관리권설에서는 채권자에게 채무자의 권리를 대위행사할 권한을 부여할 뿐 채권자대위권 자체에 채권자의 채권추심권한은 부여하지 않는다. 또한 채권자대위권을 책임재산보전을 위한 순수실체권으로서 파악하며, 채권자의 채권만족을 위한 소송법상의 권리로 파악하지 않는다.[2]

그러므로 채권자가 제3채무자에게 채무자에 대한 채무를 이행하라고 청구하더라도 그 대위권행사로부터 자기채권의 직접적인 만족을 얻을 수는 없다고 본다. 제3채무자로부터 추심한 것은 채무자에게 귀속되어 모든 채권자를 위한 공동책임재산에 속함이 원칙이라고 한다. 채무자의 책임재산에 대해서 모든 채권자는 평등한 지위에 있으며, 대위행사한 채권자가 그것을 독차지하는 것은 원칙적으로 허용되지 않는다. 채권자대위권의 채권과

1) 곽윤직, 170; 김상용, 279; 김석우, 176; 김용한, 232; 김주수, 205; 김증한, 110; 김증한 · 김학동, 181; 장경학. 278; 이태재, 157; 임정평, 211; 현승종, 182; 황적인, 160; 주석, 364; 민법주해(9), 749(김능환 집필부분). 김용한 교수, 김주수 교수와 황적인 교수는 「광의의 관리권」이라고 표현하는데 재산관리권설과 같은 취지라고 여겨진다.

2) 곽윤직, 245; 김기선, 176; 김석우, 176; 김용한, 232; 김주수, 205; 김증한, 110; 김증한 · 김학동, 181; 김현태, 154; 이태재, 156; 현승종, 182; 황적인, 160; 주석 채권총칙(상), 364(이태재 집필부분).

채무자가 제3채무자에 대하여 갖는 채권이 모두 금전채권인 때에는 법원으로부터 추심명령(推尋命令)이나 전부명령(轉付命令)을 얻어 대위행사의 객체인 채권으로부터 독점적으로 만족을 얻을 수 있다. 그러나 채권자에게 채무자를 대신한 사실상의 채권추심권한(債權推尋權限)은 인정한다. 이 때 채권자가 수령한 것은 채무자에게 인도되어야 할 것으로서, 채권자는 자기채권과 그 인도채무를 상계함으로써 만족을 얻을 수 있게 된다.

(나) 포괄적담보권설 채권자대위권을 채권자가 자기채권의 보전을 위하여 채무자의 책임재산에 대하여 가지는 법률상의 포괄적 담보권(包括的擔保權)으로 파악하는 견해이다.[1] 채권자대위권은 책임재산을 보전하는 소극적 기능에 그치지 않고 적극적으로 채권을 만족시키는 기능까지 갖는다고 한다. 포괄적 담보권으로 보는 이유는 특정된 담보물을 통해서 우선변제받는다는 의미에서가 아니라, 채무자가 제3채무자에 대하여 가지는 권리를 대위행사함으로써 채권자가 그 채권을 실현할 수 있도록 한다는 기능에 착안한 것이라고 한다.[2]

포괄적담보권설은 채권자대위권이 실체법상의 권리로서의 성격 이외에 추가적으로 소송법상의 권리로서의 성격도 갖는다고 본다. 채권자대위권은 재판상의 대위 및 그것과 연결된 특별한 효과가 인정되는 것으로 소권의 색채도 갖는다고 한다.[3] 채권자의 채권과 채무자의 제3채무자에 대한 채권이 모두 금전채권인 경우, 채권자는 제3채무자에게 자기에게 변제할 것을 청구하여 그 변제받은 것에서 자기채권의 만족을 얻는 것이 허용된다. 이 경우 채권자가 채무자에 갈음하여 변제의 수령을 한 후 상계에 의해 만족을 얻는 것으로 이론구성되지만, 그 수령금을 채무자에게 다시 인도하는 것은 현실적으로 기대하기 어려우므로 대위채권자가 우선변제받는 결과로 된다고 한다. 이 방법은 결국 채무명의를 얻지 않고 집행하는 경우에 해당하므로 채권자대위권은 강제집행의 보조적 수단에 불과한 것이 아니라, 채무명

---

1) 김형배(2판), 349. 포괄적 담보권이란 말은 실정법상의 규정에 근거를 둔 것은 아니고, 해석론상 대위권의 성질을 비유적으로 표현한 것이라고 한다. 참고로 프랑스법에는 계약당사자의 일방이 무담보채권자인 경우에 그는 채무자의 총재산에 대하여 포괄적인 일종의 담보권을 갖는다고 하는 관념이 있었다고 한다.

2) 김형배(2판), 352. 프랑스에서도 과거에는 재산관리제도로 파악되었으나, 근래에는 채권실현을 위한 집행제도로 이해되고 있다고 한다.

3) 김형배(2판), 349.

의를 필요로 하지 않는 채권추심제도로서의 독자적 의의를 갖는다고 설명한다.[1)]

재산관리권설과 포괄적담보권설의 차이점

양 학설의 차이점은 채권자대위권의 사실상의 채권만족기능을 전면에 내세울 것인가, 그리고 채무자의 무자력요건을 필수적인 것으로 볼 것인가에 있다. ① 대위채권자가 제3채무자로부터 추심한 수령물을 자기채권의 만족을 위해 사용하는 것을 채권자대위권의 기본성격으로서 파악할 것인가? 재산관리권설에서는 채권자에게 책임재산을 확보하기 위한 목적으로 채무자의 재산을 대신 관리하는 권한을 부여함이 채권자대위권의 본래의 성격이라고 파악한다. 반면에 포괄적담보권설에서는 채권자대위권을 책임재산의 확보뿐 아니라 채권만족의 목적까지 일거에 달성시키는 권한으로서 파악한다. 포괄적담보권설에서는 채권자가 채무자의 채권으로부터 직접적으로 만족을 얻는 것이 당연하다고 본다. 마치 담보물권인 채권질권에서 질권자가 채무자의 채권을 직접 추심해서 그것으로부터 우선변제받는 것(제353조)과 유사한 효과가 모든 채권자에게 채권자대위권으로서 부여된다고 보는 입장이다. ② 채무자의 무자력요건을 필수적인 것으로 볼 것인가? 재산관리권설에서는 대개 채무자의 무자력을 요건으로 하는 견해를 취한다. 채권자대위권이 채무자의 재산관리권을 제한하는 것이고 그러한 제한은 채권의 보전필요성이 있을 때에 인정되는 것인데, 원칙적으로 채무자가 무자력일 때에 그 보전필요성이 있다고 본다. 반면에 포괄적담보권설에서는 채무자의 무자력을 필수적 요건으로 보지 않으며, 이는 대위권의 채권의 확보를 위한 집행적 기능과 관련을 갖는 것으로 설명한다. 채무자의 제3채무자에 대한 권리가 채권자의 채권에 대하여 담보로서의 관련성이 강하다는 점을 고려하여 대위권 행사 여부를 판단하면 된다고 한다.[2)]

(다) 사 견 사견으로서는 다음의 근거에서 재산관리권설(財産管理權說)에 찬동한다.

---

1) 채권자대위권의 행사결과 채권자는 채무명의 없이 제3채무자로부터 직접 변제를 받을 수 있으며, 이때 다른 채권자의 개입도 허용되지 않는다고 보는 견해도 있다. 天野弘, "債權者代位權における無資力理論の再檢討(상)(하)," 판례タイムズ 280호, 24. 솔선해서 위험을 무릅쓰고 적극적으로 채권자대위권을 행사한 채권자에게 제3채무자로부터 우선변제받게 하는 것이 형평에 맞는다는 주장도 있다. 鈴木祿彌, 債權法講義(改訂版), 日本 創文社, 1990, 124.

2) 김형배(2판), 350.

첫째, 채권자가 대위권을 행사하는 것은 채무자가 행사를 게을리하고 있는 권리를 대신하여 행사함으로써 채무자에게도 이익이 되고 대위채권자에게도 이익이 되도록 하려는 취지이므로, 그 대위권은 채무자의 재산에 대한 관리권으로서의 본질을 가진다고 이해된다.

둘째, 대위채권자가 제3채무자로부터 직접 만족을 얻는 것은 채권관계에 관한 법리상 인정될 수 없다. 포괄적담보권설이 대위권의 본질을 채권만족기능으로 보는 것은 단지 "채무자의 권리를 행사할 수 있다"고 한 민법규정의 취지에 맞지 않는다(제404조 1항). 채권자는 대위소송 이외에 채무자에 대한 이행의 소를 통해 자기채권의 만족을 얻어야 할 것이다(양소의 병합가능).

셋째, 채권자대위권을 재판상 행사하는 경우에 민사소송법상의 법적 근거 없이 대위권행사에 채권압류의 효과를 부여하거나, 제3채무자로 하여금 채권자에게 직접변제할 것을 명하거나, 대위채권자가 다른 채권자를 제치고 우선변제받을 것을 명하는 것은 현행 민사소송법의 정신에 어긋난다(그러나 재판실무에서는 금전채권에 관해서 채권자의 제3채무자에 대한 직접변제의 청구를 인정한다. 뒤에 설명). 채권자가 채권자대위권을 재판상 행사하는 경우에 그와 함께 추심명령(推尋命令), 전부명령(轉付命令)을 구해서 자기금전채권의 우선변제의 효과를 꾀할 수 있는 길이 민사소송법에 마련되어 있으므로, 이를 이용토록 해야 할 것이다. 채권압류 및 추심명령의 목적으로 채권자대위권의 권능을 확대하는 것은 바람직하지 않다. 포괄적담보권설이 당연시하는 대위채권자의 사실상의 우선변제권은 민사소송법이 취하고 있는 채권자평등주의(債權者平等主義)와 상충되기 때문에 대위권의 성격으로 파악하는 것은 부당하다.

넷째, 채권자대위권을 재판 외에서 행사하는 경우에 채권자에게 채권만족을 위한 자력구제(自力救濟)의 추심행위(推尋行爲)를 정당한 것으로 당연시하는 것은 채권자의 횡포 및 거래질서의 교란을 초래할 우려가 크다. 대위행사에 의한 사실상의 채권추심기능은 채무자가 무자력이면서 채권자를 위해 제3채무자에 대한 이행청구 및 변제수령을 하지 않거나 할 수 없는 경우 등의 극히 제한된 경우에 한해서 부득이 인정되어야 한다. 또한 부득이하여 채권자가 변제수령을 한 경우에도 채권자는 마치 위임계약의 수임인과 유사한 사무관리자의 지위에서 한 것이므로 수령물을 권리자인 채무자에게 인도해야 할 의무를 진다고 해석된다(제738조, 제684조). 이러한 해석은 채권자의 책임재산보전의 필요성과 채무자의 자기재산관리의 자유라는 상충되는 이익을 공정하게 조정한 결과 얻어진 것이다.

(3) 사무관리의 성격

채권자가 채권자대위권을 통해 채무자의 권리를 대위행사하는 것은 타인의 사무를 처리하는 일에 해당한다. 민법상 타인의 사무를 처리하는 법률관계는 위임(委任)과 사무관리(事務管理)인데, 채권자대위의 경우에는 본인과의 위임계약이 존재하지 않으며, 「법률의 규정에 의한 사무처리관계」가 성립할 뿐이며, 그 법적 성격에 관해서는 학설이 대립한다.[1]

① 법정위임관계설　채권자대위의 법률관계는 사무관리와는 다른 법정위임관계(法定委任關係)라고 파악한다.

② 사무관리설　대위채권자는 본인으로부터 위임받지 않고 타인의 사무를 처리하므로 사무관리에 해당한다는 견해이다. 사견으로서는 사무관리설(事務管理說)을 취하겠다.

원래 사무관리는 관리자가 타인의 사무를 처리할 아무런 법적 근거 없이 관리하는 경우를 상정한 것인데, 채권자대위권은 채권자가 채무자의 사무를 처리할 법적 근거를 가지므로 통상의 사무관리와는 다르다. 그러나 민법의 사무관리규정은 사무관리의 법적 근거에 관한 규정이 아니라, 본인의 부탁 없이 사무관리를 하는 사람이 본인에 대하여 갖는 의무와 권리를 규정한다. 그리고 사무관리자와 본인 사이의 법률관계는 계약관계가 없다는 점 외에는 위임인과 수임인의 관계와 기본적으로 같으므로, 위임에 관한 규정이 사무관리에 준용된다(위임계약에서는 민법과 다른 약정을 할 수 있음). 대위채권자도 이런 측면에서 볼 때 사무관리자에 해당한다고 해석된다. 사무관리자는 본인의 이익에 맞게 사무를 관리할 의무를 지며 이에 위반한 때에는 손해배상책임을 진다(뒤에 설명). 다만 대위채권자가 대위행사에 착수한 후에는 본인의 권리불행사의 의사표명이 있더라도 계속 대위행사할 수 있다는 점에서 사무관리의 특칙이 인정된다.

---

1) 민법주해(9), 778.

사례연구

A(채권자)는 도매상을 하는 B(채무자)에게 5천만원을 3개월간 꾸어 주었다. B가 변제기가 도래하여도 꾼 돈을 갚지 않자, A는 B의 재산상황을 조사해 보고 집행할 만한 재산을 갖고 있지 않다는 것을 알게 되었다. A가 B에게 독촉을 하자 B는 자기의 거래처인 C(제3채무자)에게 받을 외상값이 7천만원 있으니 그것을 받아서 주겠노라고 대답하였다. 그러나 A는 B가 C에게 구두로 독촉을 한번 했을 뿐 변제받기 위해 소송을 제기하지는 않은 것을 알게 되자, A가 나서서 C에 대한 이행의 소를 제기해야겠다고 판단하고 채권자대위권에 기해 그 소송을 제기하였다. 이 소송에서 원고는 A(채권자), 피고는 C(제3채무자), 소송상 청구(소송물)는 B의 C에 대한 7천만원의 채권 중 5천만원에 해당하는 부분이었다. 당해 청구의 채권자인 B는 이 소송의 당사자가 되지 못하고 소외인으로 머무르게 되었고 소송고지를 받았지만 소송에 참여하지 않고 방치해 두었다. 오히려 B는 A에게 찾아가 C는 자기의 거래처로서 거래관계를 계속 유지하고 싶으니 소송을 취하해 달라고 요구하였으나, A는 이에 응하지 않았다. 이 대위소송에서 C는 B에게 진 외상값이 전부 5천만원밖에 되지 않는다고 항변하였다. 그 진위를 확인할 길이 없는 원고 A는 C의 주장이 자기의 이익을 해치는 것도 아니므로 그 주장을 그대로 받아들여 다투지 않았고 C의 채무액은 모두 5천만원인 것으로 인정되어 C는 B에게 그 5천만원을 변제하라는 취지의 확정판결이 나게 되었다. 후에 이 판결내용을 고지받은 B는 매우 분했지만 B·C간의 채권은 5천만원으로 확정되어 이를 소송상 다툴 수 없게 되었다. 이 사례에서 보듯이 대위채권자 A의 이해관계와 당해 권리의 권리자인 B의 이해관계는 상반되는 경우가 생길 수 있다. B는 A에 대하여 본인의 이익에 반하는 사무처리를 이유로 한 손해배상청구를 할 수 있다.

§ 30. 채권자대위권의 행사요건

1. 대위권행사의 주체(채권자)

(1) 피보전채권의 존재

대위채권자(代位債權者)는 자기의 채권을 보전하기 위한 목적으로 채권자대위권을 가지므로 우선 채권자에게 자기채권이 존재해야 한다. 대위채권자의 채권의 존재는 채권자대위권이라는 권한을 발생시키기 위한 요건이다. 대위권을 행사하려는 자와 채무자 사이의 계약이 부존재(不存在)·무효(無效)·취소(取消)·해제(解除)된 경우에 그들 사이에는 채권이 존재하지 않고, 채권자대위권도 발생하지 않으며, 대위권을 행사하려는 자는 채무자의 권리를 대위행사할 권한 및 자격이 없으므로, 그 자가 제3채무자에 대하여 급부를 청구하는 것은 법적 근거를 상실하게 된다.[1] 채권자가 채무자를 상대로 한 이행청구의 소에서 승소판결이 확정된 경우 제3채무자는 그 청구권의 존재를 다툴 수 없다(대판 2000. 6. 9. 98다18155).

피보전채권의 부존재와 기각판결

피보전채권의 부존재가 대위소송에 어떤 영향을 미치는가에 관하여는 학설이 대립한다.

① 소송요건설: 채권자가 갖는 채권은 채권자대위소송에서 채권자의 소송당사자로서의 자격을 인정받는 요건에 불과하므로, 그 자격을 갖추지 않은 자의 소송에 관해서는 소송요건흠결에 따른 소각하판결(訴却下判決)을 해야 한다는 견해이다. 판례는 "대위소송에서 보전될 채권자의 채무자에 대한 권리가 인정되지 않으면 채권자가 원고가 될 당사자적격이 없으므로 부적법 각하되어야 한다"고 하여 소송요건설을 취한다(대판 1988. 6. 14, 87다카2753). 채권자의 채권 없음은 소송요건에 관한 판결의 대상이지 본안판결에서 실체법에 비추어 원고의 청구를 기각할 것은 아니라는 취지이다.

---

1) 대판 1993. 3. 26, 92다25472: 채권자대위권에 기한 청구에서 제3채무자는 채무자가 채권자에 대하여 가지는 항변으로 대항할 수 없을 뿐더러, 채권의 소멸시효가 완성된 경우 이를 원용할 수 있는 자는 시효이익을 직접 받는 자뿐이고 제3채무자는 이를 행사할 수 없다.

② 청구요건설: 소송상 당사자적격은 원고가 채권자라고 주장하는 것 자체를 기초로 인정하고, 그가 진정한 채권자인가 및 피보전채권이 존재하는가는 본안심리를 거쳐 본안판결로서 청구인용(請求認容) 또는 청구기각(請求棄却)으로 판시해야 한다는 견해이다.[1] 피보전채권의 존재는 실체법상의 요건이므로, 채권자대위소송에서의 소송물에 포함된다고 해석한다.

피보전채권의 존부에 관한 판단이 소송판결의 대상인가 본안판결의 대상인가는 소송법학에서 논의해야 할 문제이다. 어떤 학설도 채권자대위권이 채권으로부터 파생된 실체법상의 권리라는 점, 대위권이 제3자로 하여금 이행청구를 할 수 있는 권한과 자격을 부여한다는 점을 부정하지는 않는다. 다만 소송상 행사되는 권리의 주체가 아닌 제3자가 소송을 담당하는 경우에, 그 제3자의 자격에 관련된 실체법상의 문제를 소송요건의 문제로 볼 것인가 또는 소송물의 문제로 볼 것인가의 소송법적 관점에 차이가 있을 뿐이다.

(가) 피보전채권의 종류 대위채권자는 자기의 금전채권을 책임질 채무자의 책임재산을 확보하기 위하여 또는 추심위임 · 추심명령과 유사하게 자기채권추심의 효과를 얻기 위하여 채권자대위권을 행사한다. 특정물채권을 보전하기 위한 목적으로 채권자대위권을 행사하는 경우는 대개 부동산에 관한 양도청구권(讓渡請求權), 소유권(所有權), 임차권(賃借權)을 보전하기 위한 경우이다. 인도채권(引渡債權)(특정물채권 · 종류채권 · 금전채권)이 아니더라도 행위채권(行爲債權)(대체가능한 행위 · 부작위 · 일신전속적 행위)의 보전을 위하여 채권자대위권을 행사할 수 있다. 채권은 어떤 것이나 채무불이행시에 금전의 손해배상청구권으로 변하며, 그 때를 위해 채무자의 책임재산을 보전할 필요가 생긴다.

(나) 채권 아닌 재산적 청구권 부부재산분할청구권, 상속회복청구권과 같이 계약에서 발생하지 않은 재산적 청구권을 보존하기 위해 채권자대위권의 행사가 허용될 것인지 의문이다. 청구권에 대해 일반적으로 채권자대위권의 행사를 허용하는 견해(무제한설)가 있으나,[2] 사견으로는 기타의 청구권에 채권의 규정이 유추적용될 것인지는 각각의 청구권의 성질에 비추어 개별적으로 판단되어야 할 것이므로, 채권자대위권의 인정 여부도 그

1) 오수원, 앞의 글, 171; 호문혁, 앞의 글, 30~32.

2) 곽윤직, 176; 김기선, 179; 김석우, 178; 김용한, 238; 김주수, 207; 이태재, 158; 현승종, 186; 주석 채권총칙(상), 369.

청구권의 성질에 비추어 결정되어야 한다고 생각한다(제한설).[1] 등기청구권의 대위행사 같은 것은 허용되어도 무방할 것이다.

(다) 담보 있는 채권 채권의 이행을 확보하기 위해 담보가 설정되어 있는 경우에도 대위권의 행사를 허용할 것인가에 관하여 견해가 대립된다. 담보물권이 설정된 채권을 기초로 한 대위권행사를 허용하는 견해(긍정설)가 있는 반면에,[2] 담보물권에 의해 충분한 보전을 받고 있는 채권에 대해서는 대위권의 행사를 부정하는 견해(부정설)도 있다.[3] 사견(私見)으로는 부정설에 찬동한다. 보증채무나 담보물권에 의해 확보된 채권에 대하여는 그 담보로부터의 만족이 불가능하게 된 경우를 제외하고는 채무자의 자기재산관리권을 제한하면서까지 채권자대위권을 인정할 필요가 없다고 생각한다.

채권자대위가 인정되는 피보전채권

판례가 대위권행사를 인정한 사례는 다음과 같다. ① 금전채권 또는 채무불이행으로 인해 손해배상채권으로 변화될 채권, ② 귀속재산의 매수인의 목적물 사용수익권, ③ 이전등기청구권 · 이전등기말소청구권, ④ 임차인의 사용수익권, ⑤ 명의신탁에 따른 권리, ⑥ 양도담보설정자의 이전등기말소청구권, ⑦ 법정지상권의 설정등기청구권.

판례가 대위권행사를 부정한 사례로서는 ① 주식회사의 주주권, 대표이사의 업무집행권, ② 임대인의 동의 없는 임차권양수인의 사용수익권, ③ 국유재산의 연고권 등이 있다.

(2) 변제기의 도래

대위채권자의 채권은 변제기가 도래해 있어야 한다. 단 변제기 전이라도 다음의 경우에는 채권자대위권의 행사가 가능하다(제404조 2항).

(가) 법원의 허가 법원(法院)의 허가(許可)를 얻어 재판상 행사하는 경우에 변제기 전에도 채권자대위권의 행사가 가능하다. 채권자는 이행기 전

1) 같은 취지: 김상용, 280.
2) 곽윤직, 176; 김석우, 178; 김용한, 238; 김주수, 207; 이태재, 158; 현승종, 186면; 주석 채권총칙(상), 369.
3) 김기선, 179; 김상용, 281.

에 채권자대위권을 행사하지 않으면 채권의 보전이 불가능하거나 곤란하게 될 경우에, 재판상의 대위권행사를 법원에 신청할 수 있다(비송사건절차법 제45조).

㈏ 보존행위 보존행위(保存行爲)만을 대위행사하는 경우에는 변제기 전이라도 채권자대위권의 행사가 가능하다. 보존행위란 채무자의 재산감소를 방지하기 위해 긴급히 필요한 조치를 의미한다. 채권의 소멸시효완성을 중단시킬 목적으로 행하는 이행청구나 압류·가압류·가처분의 신청, 제척기간 전의 제소, 미등기부동산의 보존등기, 선의의 제3자가 생기는 것을 막기 위한(허위표시에 기한 무효·착오로 인한 취소 등의 경우) 말소등기의 청구, 제3채무자의 파산시 채권의 신고 등이 보존행위에 해당한다.

2. 대위권행사의 객체(채무자의 권리)

(1) 권리의 존재

채무자의 제3채무자에 대한 권리가 존재하고, 채무자가 그 권리를 행사할 수 있는 상태에 있을 것은 채권자대위권(債權者代位權)의 행사요건(行使要件)이다(대판 1982. 8. 24, 82다283). 채무자의 권리는 이미 취득된 것이어야 하며, 대위행사에 의하여 비로소 취득될 것이어서는 안 된다. 그러므로 권리취득을 위한 의사표시(계약체결의 승낙, 제3자를 위한 계약에서 수익의 의사표시)는 표의자의 자유에 속하는 것으로서 대위행사될 수 없다.[1]

(2) 권리의 대위적합성

채권자에 의해 대위행사되는 채무자의 제3자에 대한 권리는 대위채권자의 채권을 보존하는 데에 적합(適合)한 것이어야 한다. 재산적 가치를 갖는 권리는 책임재산의 증가를 가져오므로 대위행사에 적합하다.

㈎ 대위적합한 권리 재산적 가치를 갖는 청구권을 이행청구하는 것이 가장 실효성 있는 권리의 대위행사방법이다. ① 채권적 청구권은 물론이고 그 밖에 물권적 청구권,[2] 공법상의 청구권 등도 포함된다. ② 채권에서 파생된 권능인 채권자대위권과 채권자취소권의 대위행사도 허용된다.[3] ③

1) 같은 취지: 김용한, 243; 김주수, 214; 김형배(2판), 362.

2) 등기신청권의 대위행사시에는 대위원인을 밝혀야 한다(부동산등기법 제52조).

3) 판례도 채권자대위권의 대위행사를 허용한다: 대판 1968. 1. 23, 67다2440; 대판 1992. 7. 14, 92다527; 대판 2001. 12. 27, 2000다73049.

대위행사(代位行使)되는 권리는 실체법상의 권리임을 원칙으로 하지만, 채권자대위권을 재판상 행사하는 경우에(채무자가 갖는 채권에 기해 이행의 소를 제기하거나 강제집행을 청구하는 경우) 그 소송절차에 한해서 채무자가 갖는 소송상 권리도 행사할 수 있다. 그러나 채무자와 제3자 사이에 계속중인 소송에 채권자가 끼어 들어 증거제출, 항변, 변론, 상소제기 등의 소송행위를 대위행사할 수 없다.

(나) 대위부적합한 권리 　채무자의 일신에 전속하는 권리는 대위행사될 수 없다(제404조 1항 단서). 채권자대위권의 객체가 되지 않는 일신전속권을 「행사상(行使上)의 일신전속권(一身專屬權)」이라 하며, 양도·상속이 금지되는 「귀속상(歸屬上)의 일신전속권(一身專屬權)」과 개념상 구별한다(뒤에 설명). 채무자가 제3채무자에 대하여 갖는 권리가 일신전속적인 것으로서 타인에 의해 행사될 수 없는 것인 때에는 그 권리의 보전행위만을 대위할 수 있다.

1) 가족법상 청구권 　부양청구권, 이혼시 위자료청구권, 부부재산분할청구권, 상속재산의 분할청구권, 상속회복청구권과 같은 가족법상(家族法上)의 청구권에 대하여는 재산적 가치가 있더라도 채권자의 대위행사를 허용하지 않는 것이 원칙이라고 해석된다. 가족법상의 청구권은 비록 그 내용이 재산권으로서의 성격을 갖는다고 하더라도 가족관계에 있는 자만이 청구권자가 될 수 있기 때문이다. 이혼시 재산분할청구권은 협의나 심판에 의하여 그 내용이 확정되어 구체적인 청구권으로 성립한 이후에 그의 이행을 확보하거나 제척기간(이혼 후 2년)의 진행을 막기 위하여 채권자가 대위행사하는 것은 허용된다.[1)]

2) 형 성 권 　형성권(形成權)을 대위행사할 수 있는가에 관하여는 학설이 대립한다. 형성권에 대한 대위행사를 광범위하게 허용하는 견해(긍정설)는 무능력·사기·강박을 이유로 한 취소 및 추인, 선택채권에서의 선택, 채무의 상계, 계약의 해제, 대금감액의 청구, 공유물분할의 청구에 대한 대위행사를 허용한다.[2)] 판례도 형성권의 대위행사를 허용한다.[3)] 사견으로는 형성권의 대위행사는 형성권자의 자기결정의 자유를 침해하는 경우에는

---

1) 같은 취지: 김주수, 친족상속법, 226.

2) 곽윤직, 180; 김기선, 178; 김상용, 288; 김석우, 181; 김용한, 241; 김주수, 215; 김증한·김학동, 183; 이태재, 159; 장경학, 286; 현승종, 189; 주석 채권총칙(상), 371(이태재 집필부분).

3) 판례는 해제권의 대위행사(대판 1960. 4. 21, 4294민상483)와 해지권의 대위행사(대판 1976. 2. 24, 76다52)를 허용한다.

허용될 수 없으며, 형성권의 행사가 단순히 재산의 관리로서의 성격을 갖는 경우에 한해서 대위행사가 허용될 수 있다고 생각한다(제한적긍정설).[1)]

3) 압류금지채권　부양료청구권, 구호금수입, 군인의 급료와 그 유족의 원호금, 공무원봉급 및 근로자임금의 반(半), 그 유족의 부조금, 공무원의 연금 등과 같이 압류가 금지되는 채권은 대위행사될 수 없다(민집법 제246조; 국가배상법 제4조; 근로기준법 제86조; 공무원연금법 제32조 등).

4) 기타 일신전속권　앞에 열거한 권리 이외에 급부의 성질상 또는 합의에 의해 채무자 자신만이 급부수령권(給付受領權)을 가지는 경우에는 대위권행사가 금지된다.

> **상속재산에 대한 채권자대위권**
>
> 판례는 금전채권자가 채무자의 상속재산을 대위하여 등기할 수 있으며, 그 대위에 의한 등기에도 불구하고 채무자의 상속재산에 대한 단순승인, 한정승인, 상속포기의 의사표시는 그대로 채무자에게 유보된다고 한다(대결 1964. 4. 3, 63마54). 상속은 피상속인의 사망으로 당연히 효과가 발생하며, 상속등기는 단지 그 법률효과를 공시하는 것일 뿐 처분행위는 아니기 때문에 대위행사가 허용된다고 한다. 이 사례에서 채무자의 무자력은 문제되지 않았다. 이 사례는 금전채권자로 하여금 채무자의 재산에 대한 압류 및 강제집행을 가능하게 하기 위한 수단으로서 등기절차의 대위를 인정한 것이다.

3. 채권의 보전필요성

(1) 의　의

㈎ 대위행사의 요건　채권자는 채권자대위권을 행사함으로써 자기의 채권을 보전할 필요가 있는 경우에만 채무자의 권리를 대위행사할 수 있다. 채권자가 제3채무자에 대하여 직접 자기의 권리를 갖고 있으며, 그 권리의 행사에 의해서도 동일한 목적을 달성할 수 있는 때에는 대위행사의 보전필요성이 없다고 해석된다.

1) 임대인의 임대차계약 해지권(대판 2007. 5. 10, 2006다 82700), 조합 탈퇴할 권리(대결 2007. 11. 30, 2005마1130)는 일신전속적 권리가 아니므로 대위권의 객체가 된다.

채권의 보전필요성(保全必要性) 및 채무자의 무자력(無資力)은 대위권의 행사에 중요한 요건이므로 그에 대한 증명책임도 그를 주장하여 권리행사를 하려고 하는 채권자가 부담하는 것이 옳다.[1] 채권의 보전필요성은 대위권의 행사중 계속 존재하여야 하며, 대위소송에서는 사실심의 변론종결시를 기준시점으로 하여 판단된다.[2]

판례에 나타난 보전필요성의 법리는 다음과 같다(대판 2001. 5. 8, 99다38699). ① 채권자가 보전하려는 권리와 대위하여 행사하려는 채무자의 권리가 밀접하게 관련되어 있을 것, ② 채권자가 채무자의 권리를 대위하여 행사하지 않으면 자기채권의 만족을 얻을 수 없게 될 위험이 있어 채무자의 권리를 대위하여 행사하는 것이 자기채권의 현실적 이행을 유효·적절하게 확보하기 위하여 필요할 것, ③ 채권자대위권의 행사가 채무자의 자유로운 재산관리행위에 대한 부당한 간섭이 된다는 등 특별한 사정이 없을 것, ④ 피보전채권이 특정채권이라 하여 반드시 순차매도 또는 임대차에 있어 소유권이전등기청구권이나 명도청구권 등의 보전을 위한 경우에 한하여 채권자대위권이 인정되는 것은 아니다.

(나) 보전필요성과 채무자의 무자력 채무자의 변제능력이 없는 경우(무자력)에 한해서 채권의 보전필요성을 인정할 것인가에 관하여 다음의 학설이 대립한다.

1) 무자력요건설 채무자가 총채권자에 대한 책임재산이 부족(不足)한 경우(무자력의 경우)에 한해서 보전필요성을 인정함을 원칙으로 삼는 견해이다.[3] 예외적으로 채권자의 특정물채권을 확보할 필요가 있는 경우로서 판례로 인정된 몇 개의 사례에 한해 채무자의 자력에 관계 없이 보전필요성을 긍정한다.

---

1) 같은 취지: 곽윤직, 171; 김용한, 239; 김현태, 157; 현승종, 186; 대판 1963. 4. 25, 63다122; 대판 1966. 6. 21, 66다1086; 대판 1976. 7. 13, 75다1086. 반대설: 채무자가 보전필요성의 증명책임을 진다고 해석하는 견해(김기선, 177), 제3채무자에게 증명책임을 지우는 견해(김형배(2판), 357) 등이 주장된다. 대위소송의 원고인 채권자에게 보전필요성의 증명책임을 지우는 것은 대위권행사를 어렵게 하므로 부당하고, 피고인 제3채무자는 채무자에 대하여 갖는 항변사유를 갖고 채권자에게 대항할 수 있으므로 증명책임을 지우더라도 불이익한 결과로 되지 않는다고 한다.

2) 같은 취지: 곽윤직, 171; 김상용, 281; 장경학, 279; 대판 1972. 11. 28, 72다1466; 대판 1976. 7. 13, 75다1086.

3) 곽윤직, 171; 김기선, 177; 김상용, 284; 김석우, 178; 김용한, 237; 김증한·김학동, 184; 김현태, 157; 현승종, 185; 주석 채권총칙(상), 367; 민법주해(9), 756(김능환 집필부분).

2) 무자력불요설 채무자의 무자력(無資力)은 대위행사의 요건이 아니라고 하는 견해이다.[1] 무자력요건설은 채무자의 채무 및 그의 채무자(제3채무자)의 채무가 모두 변제기가 도래하여 있음에도 채권자대위권의 행사를 불허하므로 채무자와 제3채무자를 지나치게 보호하는 반면, 응당 보호해야 할 채권자에게는 부당한 손실을 강요한다고 비판한다.

3) 절 충 설 다른 채권자 또는 제3자의 이익을 해치지 않는 범위에서는 채무자의 자력의 유무에 관계 없이 대위권의 행사를 인정해도 좋다고 한다.[2] 금전채권에서 무자력을 요건으로 하거나 또는 무자력요건을 일체 부인하는 양자택일(兩者擇一)의 이해방법은 적절하지 않다고 비판하고, 채무자의 권리가 대위채권자의 채권과 담보로서의 관련성이 강하거나 불가분의 밀접한 관계에 있는 경우에는 무자력요건이 불필요하다고 한다. 그 밖의 경우에 무자력을 요건으로 하는 것은 채무자의 재산관계에 대한 부당한 간섭을 배제하기 위해서가 아니라, 대위권행사의 결과 다른 채권자나 제3자의 이익이 침해되는 것(포괄적 담보권으로서의 채권자대위권이 공시되지 않음으로 인한 피해)을 막기 위함이라고 한다.

4) 판 례 판례는 절충설(折衷說)을 취하는 것으로 이해된다. 과거 판례는 무자력요건설을 취하면서[3] 부동산의 소유권이전청구권과 임차권의 특정물채권의 보전을 위해 예외적으로 채무자의 변제자력과 관계없이 대위권행사를 허용했다(대판 1992. 10. 27, 91다483, 뒤에 설명). 그러나 근래에는 금전채권의 대위행사에 있어서 채무자의 무자력을 요건으로 하지 않는 예외적 사례가 증가하는 추세이다(대판 1981. 6. 23, 80다1351, 뒤에 설명).

판례에 나타난 보전필요성의 법리는 다음과 같다(대판 2001. 5. 8, 99다38699). ① 채권자가 보전하려는 권리와 대위하여 행사하려는 채무자의 권리가 밀접하게 관련되어 있을 것, ② 채권자가 채무자의 권리를 대위하여 행사하지 않으면 자기 채권의 만족을 얻을 수 없게 될 위험이 있어 채무자의 권리를 대위하여 행사하는 것이 자기 채권의 현실적 이행을 유효·적절하게 확보하기 위하여 필요할 것, ③ 채권자대위권의 행사가 채무자의 자유로운 재산관리행위에 대한 부당한 간섭이 된다는 등 특별한 사정이 없을 것 등이다. ④ 피보전채권이 특정채권

1) 김주수, 189(김주수 교수는 2판(1996), 207에서 절충설에 가까운 설명을 덧붙이고 있다); 박종윤, 채권자대위권, 사법논집 제6집, 39.

2) 김형배(2판), 351. 김형배 교수는 채권자대위권의 성질을 포괄적 담보권으로서 파악하므로 무자력요건의 요구 여부를 직접 포괄적담보권설과 연관지어 생각한다. 윤용덕, 앞의 글, 25에서는 포괄적담보권설을 비판하는 입장을 취하면서, 피보전채권과 피대위채권 사이의 직접적 관련성이 없는 경우에 무자력요건을 요구하는 절충적 입장을 취한다.

3) 대판 1963. 2. 14, 62다884; 대판 1976. 7. 13, 75다1086 등.

이라 하여 반드시 순차매도 또는 임대차에 있어 소유권이전등기청구권이나 명도청구권 등의 보전을 위한 경우에 한하여 채권자대위권이 인정되는 것은 아니라고 한다. 이런 이유로 정유회사가 자신의 공급계약의 이행을 확보하기 위하여 채무자인 도로공사가 고속도로변 주유소에 대하여 갖는 운영계약상의 권리를 대위하는 것을 허용한다(대판 2001. 5. 8, 99다38699).

5) 사 견　사견으로는 절충설(折衷說)을 취하겠다. 원칙적으로 채무자의 무자력의 경우에 보전필요성이 있는 것으로 보되, 피보전채권(被保全債權)과 피대위채권(被代位債權) 사이에 직접적 관련성이 있는 경우에는 채무자의 무자력을 요건으로 삼지 않는다. 직접적 연관성(直接的 關聯性)이 있는가는 구체적인 사례별로 판단하여야 한다.

첫째, 보전이 필요한 채권과 대위행사되는 권리나 모두 금전채권인 경우에 그 양 채권 사이에 직접적인 관련성이 있는 경우에는 채무자의 자력에 관계 없이 채권자대위권의 행사를 인정해야 한다.

둘째, 직접적 관련성 없는 금전채권의 대위행사에 있어서 채무자의 무자력요건은 고수되어야만 채권자의 전횡으로부터 채무자를 보호할 수 있다. 만약 무자력요건을 무한정 완화한다면 금융기관(은행 · 보험회사 · 신용카드회사 등)이나 사채업자가 시민들의 사생활을 침해하도록 방조하는 결과로 될 것이다.

셋째, 사견은 재산관리권설을 취하므로 포괄적담보권설의 입장에 기초한 절충설과는 예외인정범위에서 차이를 보인다. 포괄적담보권설에서는 채무자의 무자력을 요구하지 않는 경우를 넓게 인정하는 반면에 재산관리권설에서는 그 예외를 좁게 인정한다. 무자력이 요구되지 않는 경우에 관해서 포괄적담보권설은 「다른 채권자 또는 제3자의 이익을 해치지 않을 것」을 요건으로 함에 반하여, 재산관리권설에서는 「채무자의 이익을 해치지 않을 것」을 요건으로 한다.

(2) 금전채권의 보전필요성

(가) 채무자의 무자력　금전채권의 보전을 위하여 채권자대위권을 행사할 때에는 채무자의 무자력을 요건으로 함이 원칙이다. 대위권행사의 요건으로서의 채무자의 무자력은 채무자의 자기재산관리의 자유를 제한하면서까지 채권자에게 대위행사를 허용할 필요가 있는가의 관점에서 판단하는 것이므로 채권자취소권에서의 무자력판단과 언제나 일치하지는 않는다.

채무자의 무자력(無資力)이란 일반적으로 채무자의 재산이 그의 모든 채권자를 만족시키기에 부족한 경우, 즉 채무자의 변제자력이 부족한 경우를 가리킨다. 채무자의 변제자력(辨濟資力)은 채무자의 적극재산의 총액에서 소극재산의 총액을 빼는 산술적 계산 이외에 채무자의 신용 · 수입 · 영업실적 등 장래 재산장태에 영향을 미칠 만한 요소도 함께 고려하여 판단된다.

(나) 대위채권의 직접적 관련성 대위채권(代位債權)과 직접적 관련 있는 금전채권에 대한 대위행사에 있어서는 무자력을 요건으로 하지 않는다. 판례는 채권자가 자기의 금전채권을 보전하기 위해서 채무자의 제3채무자에 대한 금전채권의 이행청구를 대위하는 것을 다음의 경우에 허용한다.

1) 유실물습득자의 보상금청구권 건물 내에서 타인의 유실물(遺失物)을 습득한 자와 그 건물의 점유자 사이에는 보상금을 반씩 나누어 가지나, 유실자에 대하여는 건물점유자만이 보상금청구권(補償金請求權)을 가지므로(유실물법 제10조), 습득자가 건물점유자의 유실자에 대한 보상청구권을 대위행사하는 경우에는 건물점유자의 무자력은 요건이 아니다(대판 1968. 6. 18, 68다663). 이 때 습득자는 자기의 채권액인 보상금의 반액의 범위에서 대위권을 갖는다.

2) 치료비청구권 의료인이 환자에 대하여 갖는 치료비청구권(治療費請求權)을 보전하기 위하여 환자가 피해자로서 당해 치료원인사고에 기해 국가에 대해 갖는 국가배상청구권을 대위행사하는 경우에 환자의 무자력은 요건이 아니다(대판 1981. 6. 23, 80다1351).[1)]

---

1) 대판 1981.6.23, 80다1351: 피해자를 치료한 의료인이 피해자에 대한 그 치료비청구권에 기하여 피해자의 국가에 대한 같은 치료비청구권(국가배상법상청구권)을 압류하거나 대위행사하는 것은 국가배상법 제4조(국가배상법상청구권)의 규정에 불구하고 허용된다.

사실관계: 경찰 C(소외인)는 1976년 8월 파출소에 연행되어 온 B(공동소송적 보조참가인)가 취해서 행패를 부리자 B에게 폭행을 가하여 추간골절 등 상해를 입혔다. B는 그 이후 2년간 A(원고, 성심중앙병원)에게 입원치료를 받고 치료비를 지급하지 않았다. A는 B를 대위하여 국가를 상대로 손해배상을 청구하였다. 그 이전인 1978년 4월에 B는 국가를 상대로 손해배상청구소송을 제기하여 일실이익 상당의 손해 약 2천만원을 지급받았으나 그 판결에서 향후 치료비는 유보되었다(이 판결의 기판력은 향후 치료비청구권에는 미치지 않음).

판시사항: 대법원은 "국가배상법이 국가배상을 받을 권리의 양도나 압류를 허용하지 않는 것은 배상청구권자를 보호하기 위한 것이고, 특히 그 중 신체의 침해로 인한 치료비청구권의 압류를 금지하는 취지는 이를 금지함으로써 피해자로 하여금 그 상해를 치료하기 위한 치료비채권을 확보할 수 있게 하여 피해의 구제에 만전을 기하려는 뜻이라고 할 것이니, 그 상해를 치료한 의료인이 피해자에 대한 그 치료비청구권에 기하여 피해자의 국가에 대한 같은 치료비청구권을 압류하는 경우에도 이것이 금지되는 것은 아니다"라고 하였으며 "의료인이 이러한 치료비청구권에 기하여 국가에 대한 피해자의 같은 치료비청구권을 대위행사하는 것은 위 법조의 규정에 불구하고 허용된다"고 판시하였다. 그렇지 않다면 자력 없는 피해자가 상해를 치료받을 수 있는 기회를 봉쇄하는 것이 된다(이 사건에서 B가 국가로부터 받은 손해배상금을 보유하였는가 하는 등 변제자력은 문제되지 않았다).

같은 취지: 장경학, 282. 그러나 민법주해(9), 758~759(김능환 집필부분)에서 "대판 1981. 6. 23, 80다

3) 임대차의 보증금반환청구권 임대차보증금을 양수한 채권자가 그 이행을 청구하여 임차인의 가옥명도가 선이행되어야 할 필요가 있어서 그 명도를 구하는 경우에 임차인의 무자력은 요건이 아니다(대판 1989. 4. 25, 88다4253 · 4260 병합). 보증금채권자는 임대인을 대위하여 임대차기간만료로 인한 임차물반환청구를 하였으며, 보증금채권자는 임차인의 임차물반환과 동시이행으로 임대인으로부터 보증금반환을 받게 된다.

4) 소유권이전불능으로 인한 손해배상청구권 타인의 권리에 속하는 토지가 전전매매되고 소유권이전등기의 이행이 불능으로 된 경우에, 최후의 매수인은 전전채무자들을 대위하여 최초의 매수인에게 손해배상청구권을 행사할 수 있으며, 이 때 채무자의 무자력은 요건이 아니다(대판 1968. 1. 23, 67다2440).

5) 명의신탁해지를 원인으로 한 소유권이전불능에 따른 손해배상청구권 이를 보전하기 위하여 채무자의 제3자에 대한 신탁 부동산의 원상회복이 불가능함에 따른 가액배상청구권을 대위행사하는 경우 채무자의 무자력은 요건이 아니다(대판 2006. 1. 27, 2005다39013).

(3) 특정물채권의 보전필요성

채권자가 채무자에 대하여 특정물채권을 갖고 있으나, 그 특정물의 소유권이전이나 인도가 제3채무자의 채무불이행이나 물권침해로 방해받고 있는 때에 채권자는 채무자의 채권이나 물권적 청구권을 대위행사함으로써 자기채권의 만족가능성을 확보할 수 있다. 이 때 채권의 보전필요성은 개개의 경우에 각 법률관계의 특성에 비추어 판단되며, 채무자의 무자력으로 말미암아 채권자의 채무불이행에 기한 손해배상청구권이 만족을 얻지 못하게 될 것은 요건이 아니다.

채권자대위권은 채무자의 채권을 대위행사함으로써 채권자의 채권이 보전되는 관계가 존재하는 경우에 한하여 이를 행사할 수 있으므로 특정물에 관한 채권자는 채권을 보전하기 위하여 채무자의 제3채무자에 대한 그 특정물에 관한 권리만을 대위행사할 수 있다(대판 1993. 4. 23, 93다289).

특정물채권보전의 대표적인 사례는 다음의 두 경우이다.

㈎ 등기청구권의 대위행사 채권자가 자기명의의 소유권이전등기의

1351은 압류금지채권은 채권자의 일반담보로 할 수 없는 것이어서 채권자대위권의 목적이 될 수 없다는 일반론에 대한 예외를 인정한 것일 뿐, 채무자의 무자력을 요건으로 하지 않는다는 취지는 아니다"라고 한다.

전제가 되는 채무자명의의 등기를 이전받기 위하여 채권자대위권을 행사할 수 있는데, 그의 모습은 다음과 같다. 판례는 채권자는 자기의 채무자에 대한 부동산의 소유권이전등기청구권 등 특정채권을 보전하기 위하여 채무자가 방치하고 있는 그 부동산에 관한 특정권리를 대위하여 행사할 수 있고, 그 경우에 채무자의 무자력은 요건이 아니라고 한다(대판 1992. 10. 27, 91다483).

1) 소유권이전등기의 중간과정확보　채권자가 매매계약에 기한 소유권이전청구권(등기청구권)의 이행가능성을 확보하기 위해 채무자(매도인)의 제3채무자(전매도인)에 대한 소유권이전청구권(등기청구권)을 대위청구하는 경우에 채권자대위권을 행사하게 된다. 예를 들면 A로부터 B에게로 부동산이 매도되고 B가 소유권을 이전받지 않은 채 C에게 그 부동산을 매도한 때에, C가 B를 대위하여 A에게 소유권이전을 청구하는 경우이다. 이 때 A로부터 B에게로의 소유권이전등기는 B의 등기청구권을 C가 대위행사함에 의하여 경료되고, 그 후 B로부터 C에게로의 등기는 C의 등기청구권을 기초로 C 본인의 청구에 의해 경료된다.[1] 이 때 C의 B에 대한 소유권이전청구권에 동시이행의 항변권이 붙어 있더라도(매매대금일부의 미지급) B의 등기청구권을 대위행사할 수 있다(대판 1976. 10. 12, 76다1591). 예외적으로 매수인의 지위를 계약양도하는 것이 허용되는 경우(아파트 수분양자 지위의 양도)에는 C에게 중간생략(中間省略)의 등기청구권(登記請求權)이 인정되므로, 대위권행사는 인정되지 않는다.

2) 원인무효등기의 말소　매수인이 매도인을 대위하여 제3자 명의의 원인무효등기(原因無效登記)를 말소청구(抹消請求)하는 경우에 채권자대위권을 행사하게 된다. 판례는 부동산을 매수하고 그 대금을 완불한 매수인은 등기청구권이라는 채권적 청구권에 의하여 소유자인 매도인을 대위하여 목적부동산에 관한 원인무효의 등기의 말소등기청구를 할 수 있다고 한다(대판 1965. 2. 16, 64다1630).

3) 양도담보설정자의 등기말소청구　부동산을 담보로 돈을 꾸면서 그 채권자에게 소유권이전등기를 경료해 준 경우에, 그 채권자는 양도담보

1) 같은 취지: 곽윤직, 172; 김기선, 176; 김상용, 284; 김석우, 177; 김용한, 237; 김현태, 157; 김형배(2판), 357; 주석 채권총칙(상), 368. 판례는 등기신청권이 채권자대위권의 목적이 될 수 있다고 하며(대판 1962. 5. 10, 62다138), 다른 판결의 기본취지에 비추어 볼 때 이와 같은 경우 등기청구권의 대위행사를 당연한 것으로 취급하는 것으로 이해된다(대판 1966. 1. 18, 65다1313 등 다수판결). 다른 견해: 김주수, 211; 장경학, 282에서는 계약양도에 따른 중간생략등기를 인정하는 입장에서 "목적물에 대한 등기청구권을 C에게 넘겨 주어 등기청구권을 갖지 않은 B가 A에 대해 등기청구권을 가지는 것으로 하여 C가 B의 등기청구권의 대위행사를 허용하는 것은 이치에 맞지 않는다"고 한다.

권(讓渡擔保權)을 취득할 뿐이며 그 소유권이전등기는 양도담보권의 목적범위 내에서만 유효하다. 피담보채무의 채무불이행에 빠진 채무자는 청산금을 받을 때까지 그 채무액과 지연손해금을 채권자에게 지급하고 그 소유권이전등기의 말소를 청구할 수 있다(가담법 제11조 본문). 다만 그 채무의 변제기가 경과한 때로부터 10년이 경과하거나 또는 선의(善意)의 제3자가 소유권을 취득한 때에는 그 말소를 청구할 수 없다(가담법 제11조 단서). 악의(惡意)의 제3자가 소유권이전등기를 경료받은 경우에, 채무자는 그 제3자에 대하여도 채권자에 대항할 수 있는 사유를 갖고 대항할 수 있으므로, 채무액과 지연손해금을 지급하면서 채권자에게 등기말소를 청구하고, 그 전단계로서 제3자의 등기말소를 대위청구할 수 있다. 판례는 채권담보의 목적으로 채권자에게 소유권이전등기를 해 주었는데 채권자가 그 부동산을 악의의 제3자에게 양도한 경우에 채무자가 채권자에게서 제3자에게로 경유된 무효의 소유권이전등기를 말소할 것을 대위행사하는 경우에 채권자대위권을 행사할 수 있다고 한다(대판 1970. 7. 24, 70다805; 대판 1973. 8. 31, 72다2066).[1)]

4) 반사회적 이중양도에서 무효등기의 말소　매도인이 제1매수인에게 부동산을 매도하여 잔금까지 받고 점유도 이전해 주어 제1매수인에게 사실상의 소유권을 취득하게 한 후에, 매도인이 아직 자기에게 등기명의가 남아 있는 것을 기화로 제2매수인과 배임행위를 공모하여 제2매수인에게로 소유권이전등기를 해 준 경우에, 매도인과 제2매수인 사이의 양도계약은 민법 제103조에 의하여 무효이며 등기에도 불구하고 소유권은 매도인이 보유하게 된다(대표적인 사례, 그 밖의 사례도 있음). 제1매수인은 매도인을 대위하여(채권자대위권의 행사) 제2매수인에게 등기말소를 청구하여 매도인명의로 등기명의를 회복한 후에 제1매수인 명의로의 소유권이전등기를 청구할 수 있다.

판례는 소외인(所外人)(A. 양도인)으로부터 피고(C. 제2채권자)에게 소유권이전등기가 경료된 것이 원고(B. 제1채권자)에 대한 배임행위로서 반사회적 법률행위에 의한 것이라면, 원고는 A을 대위하여 피고 앞으로 경료된 등기의 말소를 청구할 수 있다고 한다(대판 1980. 5. 27, 80다565). 또한 매도인이 부동산을 이중처분(二重處

1) 대판 1988. 1. 19, 85다카1792: 채무담보의 목적으로 소유권이전등기가 경료된 경우 채무자는 변제기 후라도 원리금 등 채무를 변제하고 소유권이전등기의 말소를 구할 수 있으므로, 채권자의 제3자에 대한 소유권이전등기가 원인무효인 이상 채무자는 채권자를 대위하여 원인무효를 이유로 채권자의 제3자에 대한 소유권이전등기의 말소등기절차이행을 구할 수 있다.

分)한 경우 제 1 매수인이 매도인을 대위하여 제 2 매수인에게 소유권이전등기를 말소청구할 수 있다고 한다(대판 1983. 4. 2, 83다카57).

5) 명의신탁등기의 말소청구 명의신탁에 기해 수탁자의 명의로 등기해 둔 부동산을 신탁자의 명의로 회복하기 위한 등기청구권을 신탁자의 채권자가 채권자대위권에 의해 대위행사할 수 있다. 명의신탁이 유효인 경우에는 명의신탁계약이 해지된 후에야(대위권에 의한 해지가능) 이러한 말소등기의 대위청구가 가능하다. 부동산실권리자명의등기에관한법률(不動産實權利者名義登記에관한法律)에 의하여 명의신탁이 무효인 경우에, 신탁자가 수탁자에게 대하여 갖는 등기말소청구권도 신탁자의 채권자에 의하여 대위행사될 수 있다. 판례는 종중원에게 명의신탁된 종중소유 부동산에 관하여 제3자 명의로 원인무효의 소유권이전등기가 경유된 때에, 종중은 수탁자(종중원)가 갖는 제3자에 대한 등기말소절차 이행청구권을 대위할 수 있다고 한다(대판 1965. 11. 23, 65다1669). 다른 사례로서 A(신탁자)가 부동산을 B(수탁자)에게 명의신탁 및 등기한 후 C(채권자)와 교환계약을 체결하여 그 부동산을 C에게 이전해 주기로 약정한 경우에, C는 A를 대위하여 B에 대하여 B로부터 C로의 소유권이전등기를 경유하도록 청구할 수 있을 뿐, C가 직접 자기의 채권을 기초로 B에게 이전등기할 것은 청구할 수 없다(대판 1967. 10. 31, 66다2614).[1]

(나) 물권적 청구권의 대위행사 채권자가 대위행사할 수 있는 채무자의 권리에는 물권적 청구권(物權的 請求權)도 포함된다(대판 1966. 9. 27, 66다1150; 대판 1973. 7. 24, 73다114; 대판 2007. 5. 10, 2006다82700 · 82717).

1) 임차인의 방해배제 부동산임차인은 임대인이 불법점거자에 대하여 갖는 소유권에 기한 물권적 청구권을 대위행사함으로써 임차물에 대한 점유를 취득할 수 있다. 임대인 A가 임차인 B에게 임차물인 부동산을 인도해 줄 의무를 지고 있으나 제3자 C의 불법점거로 B가 그 부동산의 점유를 이전받을 수 없는 경우에, B는 임대인 A가 C에 대하여 갖는 소유권에 기한 소유물반환청구권(제213조)이나 소유물방해제거청구권(제214조)을 대위행사하

1) 판례는 부동산의 매수인(신탁자)이 그 부동산의 소유권을 제3자(수탁자)에게 신탁하여 매도인으로부터 직접 제3자에게 소유권이전등기가 경유된 후 그 매매계약이 해제되어 매도인이 등기상의 소유자 명의를 회복하고자 할 경우에, 매도인은 매수인(신탁자)을 대위하여 제3자(수탁자)에 대한 신탁계약을 해제하고 소유권이전등기의 말소를 청구할 수 있다고 하였다(대판1963. 1. 24, 62다825. 같은 취지: 대판 1960. 4. 21, 4292민상483). 부동산실명법 아래에서 이러한 「중간생략형 명의신탁」은 원칙적으로 무효이므로, 매도인은 수탁자에 대하여 직접 등기말소청구권을 갖는다고 해석된다.

여 C를 배제한 후 A로부터 점유이전을 받을 수 있다(같은 취지: 대판 1980. 7. 8, 79다1928.). 임차인이 임대인으로부터 점유이전을 받은 후에 제3자의 점유방해가 생긴 때에는, 임차인이 갖는 점유권에 기한 방해배제청구권(제205조)에 기하여 자기가 직접 제3자를 배척할 수 있으므로 임대인의 권리를 대위행사할 실익이 적다. 임차인이 제3자에 대한 대항력을 취득한 경우에는 임차권에 기한 물권적 청구권이 인정되므로 대위행사의 실익이 적다.[1]

판례는 임차인이 임차목적물의 인도나 반환청구를 위하여 임대인의 소유권을 대위하여 행사할 때에는 임차인이 임차목적물을 점유한 시간이 있었느냐의 여부는 요건이 아니라고 한다(대판 1962. 1. 25, 4294민상607). 임대인의 동의 없는 임차권의 양도는 당사자 사이에서는 유효하지만, 다른 특약이 없는 한 임대인에게 대항할 수 없으므로 그 양수인은 임대인의 권한을 대위행사할 수 없다(대판 1985. 2. 8, 84다188).

방해배제청구권(妨害排除請求權)의 대위행사는 임대인이 제3자의 점유를 허용하였거나 제3자가 임대인에 대하여 점유할 권리를 갖는 때에는 임대인이 방해배제청구권을 갖지 않으므로 임차인이 그것을 대위행사하여 제3자를 배척할 수는 없다. 제3자가 임대차기간이 종료하여도 보증금을 반환받지 못하여 부동산을 계속 점유하고 있는 전임차인(前賃借人)인 경우에(주임법 제4조 참조), 임대인은 그 제3자에 대하여 부동산의 반환을 청구할 수 없고, 그 임대인과 새로 계약한 임차인은 그 제3자를 배제하고 점유를 이전받을 수 없다.

2) 매수인의 방해배제 미등기건물의 매수인(買受人)은 그 부동산을 불법점거하는 자에 대하여 매도인의 물권적 청구권을 대위행사하여 그를 배제(排除)할 수 있다(대판 1973. 7. 24, 73다114). 매도인이 건물을 신축한 경우 그는 건물에 대한 소유권을 원시취득하는데, 그 매도인이 건물의 보존등기를 하지 않은 채 매도한 경우에, 매도인은 매수인에게 장차 적법한 소유권이전등기를 하여 줄 의무와 건물에 대해 완전한 권리행사를 함에 지장이 없도록 협력할 의무가 있다. 판례는 아직 등기를 이전받지 못한 매수인이라도 건물의 불법점거자에 대하여 매도인의 소유권에 기초한 물권적 청구권을 대위행사하여 직접 자기에게 건물을 명도할 것을 청구할 수 있다고 한다(대판 1980. 7. 8, 79다1928).

---

1) 같은 취지: 곽윤직, 173; 김석우, 102; 김용한, 118; 김증한 · 김학동, 187; 김형배(2판), 359; 주석 채권총칙(상), 368.

4. 채무자의 권리불행사

(1) 권리의 불행사

채권자는 채무자가 스스로 자기의 권리를 행사하지 않는 경우에만 대위행사할 수 있다.[1] 판례는 채무자가 스스로 권리를 행사하고 있음에도 불구하고 채권자대위를 허용한다면 채무자에 대하여 부당한 간섭이 되므로 이를 허용할 수 없다고 한다(대판 1992. 12. 22, 92다40204). 「채무자가 스스로 그 권리를 행사하지 않을 것」이라 함은 채무자의 제3채무자에 대한 권리가 존재하고 채무자가 그 권리를 행사할 수 있는 상태에 있으나 스스로 그 권리를 행사하고 있지 아니하는 것을 의미한다. 권리를 행사할 수 있는 상태에 있다는 뜻은 권리행사를 할 수 없게 하는 법률적 장애가 없어야 한다는 뜻이며 채무자 자신에 관한 현실적인 장애까지 없어야 한다는 뜻은 아니다. 미등기토지에 대한 시효취득자가 제3자 명의의 소유권보존등기가 원인무효라 하여 그 등기의 말소를 구하는 경우에 있어 채무자인 진정한 소유자가 성명불상자라 하여도 그 채권자대위권 행사에 어떤 법률적 장애가 될 수 없다(대판 1992. 2. 25, 91다9312).

(2) 중첩적 권리행사의 금지

채권자대위권은 권리자의 권리행사가 없는 경우에 보충적으로 허용되는 권리이므로, 하나의 권리를 놓고 권리자와 그의 채권자에게 중첩적으로 행사가 허용되지는 않는다. 채무자가 어떤 사유로 권리를 행사하지 않는가는 문제되지 않는다. 채권자가 대위행사하기 전에 채무자에게 스스로 권리행사할 것을 최고할 필요는 없다. 채무자가 재판외 또는 재판상 스스로 권리를 행사하고 있는 때에는 비록 행사방법이나 내용이 부적절하거나 채권자에게 불리하더라도 대위행사가 허용되지 않는다.

그러나 본인이 스스로 소송상 권리행사를 하고 있더라도, 채권자가 보조참가(민소법 제71조) 또는 독립당사자참가(민소법 제79조)의 요건을 충족하는 경우에 채무자와 제3채무자 사이에 계속중인 소송에 소송참가(訴訟參加)할 수는 있다. 채무자가 스스로 권리행사함에 있어서 악의로 사해행위를 한 경우에 채권

---

1) 학설일치: 곽윤직, 256; 김기선, 177; 김상용, 284; 김석우, 178; 김용한, 239; 김주수, 212; 김증한·김학동, 188; 김현태, 159; 김형배(2판), 364; 장경학, 283; 현승종, 187; 황적인, 163; 주석 채권총칙(상), 370; 민법주해(9), 760. 같은 취지: 대판 1969. 2. 25, 68다2352; 대판 1975. 7. 8, 75다529; 대판 1980. 5. 27, 80다735; 대판 1992. 11. 10, 92다30016.

자는 채권자취소권을 행사할 수 있다.

5. 채권자대위권의 행사

(1) 채권자 명의의 행사

채권자는 자기채권의 효력으로서 그리고 자기의 이름으로 채권자대위권을 행사한다. 대위채권자는 대위권을 행사할 때에 채무자의 권리가 대위행사되고 있다는 점을 명백히 밝혀야 한다. 대위행사에 있어서 채무자의 동의나 지시를 받을 필요는 없다(같은 취지: 대판 1971. 10. 25, 71다1931). 채권자대위권은 재판상(裁判上)이나 재판외(裁判外)로 행사될 수 있다.[1]

채권자대위소송

채권자대위권을 행사하여 피대위채권의 이행 또는 확인을 구하는 소를 제기하는 경우를 가리켜 채권자대위소송(債權者代位訴訟)이라고 부른다. 채권자대위소송에서 원고는 대위채권자이고 피고는 피대위채권의 채무자(제3채무자)이다. 대위채권자는 이 소송으로 피대위채권의 이행(또는 확인)을 청구하게 되므로 그 피대위채권이 소송물이 된다. 피대위채권의 채권자는 피보전채권의 채무자인데, 이 대위소송의 당사자가 아니라 소외인일 뿐이다.

채권자대위소송은 「제3자의 소송담당(訴訟擔當)」에 해당한다.[2] 민사소송의 당사자적격은 소송물인 권리의 주체가 갖는 것이 원칙이지만, 제3자소송담당의 경우에는 권리자 아닌 제3자가 소송당사자가 된다. 채권자대위권은 법률에 의해서 제3자에게 소송수행권(訴訟遂行權)이 부여되는 경우이다(법정소송담당). 제3자소송담당은 제3자가 관리처분권을 갖는 결과 소송수행권을 갖게 되는 경우와 직무상 소송수행권을 갖게 되는 경우(후견인, 검사 등)로 나뉘는데, 채권자대위소송은 전자에 해당한다. 그 밖에 제3자소송담당은 제3자가 권리주체와 병행하여 소송수행권을 갖는 경우와 제3자만이 소송수행권을 갖는 경우로 분류된다. 채권자대위권을 행사하는 채권자(제404조), 채권질권의 질권자(제353조), 공유자 전원을 위하여 보존행위를 하는 공유자(제265조), 회사대표소송의 주주(상법 제403조)의 경우는 전자에 해

---

1) 채권자대위권에 기하여 공동하여 채무자의 권리를 행사하는 다수의 채권자들은 유사필요적 공동소송관계에 있다(대판 1991. 12. 27, 91다23486).

2) 반대설: 호문혁, "채권자대위소송과 중복제소," 서울대 법학 제35권 1호, 248 이하에서는 채권자대위소송에서 채권자는 자신을 위하여 스스로의 실체법상 권리인 채권자대위권을 행사하는 것이므로, 이를 제3자의 소송담당으로 볼 수 없다고 하였다.

당한다. 그러나 채권추심명령을 받은 압류채권자(민집법 제227조, 제229조 3항), 유언집행자(제1101조), 채무자의 관리인, 보전관리인, 파산재단의 파산관재인(채무자회생 및 파산에 관한 법률 제78조, 제86조 1항, 제359조)의 경우에는 권리주체의 소송수행권은 박탈되고 제3자의 소송수행이 인정된다.

(2) 관리행위의 대위

대위행사는 채무자의 재산을 관리하는 범위 내에서 허용될 뿐이다. 관리행위는 보존행위(保存行爲)보다 넓은 개념이다. 채권의 추심, 등기의 신청, 담보권의 실행, 소의 제기, 강제집행의 신청 등은 관리행위에 해당하므로 대위행사가 가능하다.

채권자는 위임계약상의 채무 없이 타인을 위하여 사무를 관리하는 자이므로 사무관리규정(事務管理規定)(제734조 이하)의 적용을 받는다.[1)] 사무관리인은 관리행위에 관하여 위임계약의 수임인과 동일한 선관의무, 보고의무, 취득물인도의무 등(제681조~제684조)을 진다(제738조).

처분행위(處分行爲)는 채권자대위권의 범위에서 벗어나는 것이므로 허용되지 않는다. 채권자가 채무자의 재산에 관하여 매매, 담보설정, 권리포기 등의 행위를 할 자격은 없다. 이를 위해서는 본인으로부터 대리권을 수여받아야 한다.

(3) 행사의 범위

채권자는 자기채권의 보전을 위하여 필요한 최소한의 범위 내에서만 채권자대위권을 행사할 수 있다. 금전채권자는 자기의 채권액의 범위에서만 대위행사할 수 있으며, 특정물채권자는 자기채권의 목적물에 관련된 권리만을 대위행사할 수 있음이 원칙이다. 판례도 채권자대위권의 행사는 채권보전에 필요한 범위에 한정되어야 하는데, 매매목적물이 아닌 토지부분에 대하여는 채권보전의 필요가 없으므로 말소등기를 대위청구할 수 없다고 하였다(대판 1975. 5. 27, 74다1657).

예외적으로 보존행위만을 대위행사하는 경우, 그리고 불가분의 권리에 대한 대위행사는 채권액을 약간 초과하는 범위에 대하여도 가능하다.

(4) 행사의 상대방

채권자대위권을 재판상 행사하는 경우에, 채권자는 제3채무자를 피고

1) 김기선, 179; 김석우, 182; 김용한, 247; 이태재, 161; 현승종, 195; 주석 채권총칙(상), 375.

로 하여 소를 제기해야 한다.[1] 대위소송은 보통 제3채무자에 대하여 채무의 이행을 청구하는 이행의 소이지만, 확인의 소도 가능하다. 판례는 채무자의 권리가 제3자의 방해로 분쟁이 생겨 채권자의 채권도 불안정한 상태에 놓인 경우에, 채권자가 그 권리관계의 확인을 위하여 제3자를 상대로 대위소송을 제기할 수 있다고 한다(대판 1976. 4. 27, 73다1306).

1) 한 채권자가 제3채무자를 상대로 대위소송이 계속중 다른 채권자가 같은 제3채무자를 상대로 한 제소는 실질상의 동일소송이므로 중복소송금지(민소법 제234조)에 저촉된다(대판 1988. 9. 27, 87다카1618).

§ 31. 채권자대위권의 효력

1. 제 3 채무자의 이행

(1) 대위행사의 효과

채권자가 재판외 또는 재판상 채무자의 권리를 대위행사한 효과는 그 행사내용이 무엇이었는가에 따라 달라진다. 피대위권리가 채권이며, 대위행사내용이 이행청구인 경우에는 이에 따라 시효중단, 최고에 따른 해제권 발생 등의 효과가 발생한다. 대위행사의 결과 제 3 채무자가 자기의 채권자(피보전채권의 채무자)에게 급부를 이행하는 경우도 있고, 그 급부를 대위채권자에게 부탁하여 채무자에게 전달하게 하는 경우도 있을 것이다. 피대위권리가 형성권인 경우에, 대위채권자는 취소권, 해제권 등을 대위행사하여 그 객체가 되는 계약을 소멸시킬 수도 있다. 대위행사로 단지 피대위권리의 존재를 확인만 하는 경우도 있을 것이다. 그러나 대위채권자는 피대위권리를 포기하거나 양도하는 등의 처분행위는 하지 못한다. 채권자가 대위소송을 제기한 경우에 그 판결의 효과(기판력)는 민사소송법의 법리에 따른다.

대위판결의 기판력

(1) 소송당사자와 기판력　　대위소송(代位訴訟)에서 소송당사자는 채권자(원고)와 제 3 채무자(피고)인데, 판결의 효력(기판력의 주관적 범위)은 원칙적으로 소송에 참가한 당사자에게만 미친다(민소법 제218조).

기판력이 채무자에게 미친다는 것과 대위행사의 효과가 채무자에게 귀속된다는 것은 별개의 문제이다. 예를 들면 채무자가 제 3 채무자에게 실은 7 천만원의 채권을 갖고 있으나 채권자와 제 3 채무자 사이의 소송에서는 5 천만원의 채권만이 존재한다는 것을 전제로 이행판결이 확정된 경우에, 채무자가 기판력에 구속받는다면 실제 7 천만원의 채권을 갖는다 하더라도 이를 소송상 다툴 수 없게 된다. 따라서 대위행사의 결과 제 3 채무자가 지급하는 5 천만원의 변제의 효과는 채무자에게 귀속한다.

(2) 소송고지와 기판력의 확장　　채무자가 소송참가(訴訟參加)(독립당사자참가를 할 수 있음. 민소법

제79조)를 하였거나 소송고지(訴訟告知)를 받은 때에는 소송당사자가 아니더라도 그 판결의 효력을 받는다. 민사소송법은 소송당사자가 소송계속중 참가를 할 수 있는 제3자에게 소송고지를 한 때에는 그 제3자가 참가할 수 있었을 때에 참가한 것으로 간주하여 기판력(旣判力)의 인적 범위를 확장한다(민소법 제86조).

소송참가나 소송고지가 없는 경우에 채무자에게 기판력이 미칠 것인가에 대하여는 견해가 대립한다.

① 인 지 설: 소송참가나 소송고지가 없더라도 채무자가 대위소송의 제기를 어떤 사유에 의하든(민법 제405조 1항의 통지, 비송사건절차법 제49조 1항의 대위소송허가의 고지) 안 때에는 판결의 효력을 받는다는 견해이다.[1]

② 무제한설: 채무자가 소송계속을 알았는가에 관계 없이 언제나 기판력이 채무자에게 미치도록 함이 옳다는 견해가 있다.[2] 구(舊)민사소송법 제204조 3항은 "타인을 위하여 원고나 피고가 된 자에 대한 확정판결은 그 타인에 대하여도 효력이 있다"고 규정하는데, 채무자는 대위소송에서 그 「타인」에 해당하여 기판력이 미친다고 설명한다(현행 민사소송법은 제218조 3항에서 "다른 사람을 위하여 원고나 피고가 된 사람에 대한 확정판결은 그 사람에 대하여도 효력이 미친다"고 규정하고 있다). 그리고 판례의 견해에 대해 채무자가 소송계속을 알았는가는 극히 주관적 사정이어서 증명이 곤란함에도 불구하고 이에 의하여 기판력의 존부를 결정하는 것은 기판력제도의 법적 안정성 추구의 사상에 어긋난다고 비판한다.

③ 사견으로서는 인지설(認知說)에 찬동한다. 변론주의 및 처분권주의를 취하는 현행 민사소송제도 아래에서는 채무자가 대위소송의 사실을 안 때에만 판결의 효력이 미친다고 해석할 수밖에 없다. 채무자가 전혀 관여하지도 않고 관여할 기회도 주지 않은 채 채권자와 제3채무자 사이에 수행된 소송의 결과에 채무자를 구속시키는 것은 부당하다.

④ 판례는 인지설을 취한다(대판[全合] 1975. 5. 13, 74다1664).[3] 채권자가 채권자대위권을 행사하는 방법으로 제3채무자를 상대로 소송을 제기하여 판결을 받은 경우, 어떠한 사유로든 채무자가 채권자대위소송이 제기된 사실을 알았을 경우에 한하여 그

---

1) 강현중, 민사소송법, 709; 이시윤, 민사소송법, 710; 정동윤, 민사소송법, 713.
다른 한편 채무자가 제3채무자를 상대로 소송을 하여 판결을 받은 경우에 그 판결의 효력이 채권자가 제3채무자를 상대로 제기한 채권자대위소송에 미친다는 데에 대해서는 학설이 일치한다. 다만 이와 같이 채무자에 대한 판결이 대위소송에 대하여 효력이 미치는 근거에 관하여는 반사적 효력이라고 하는 견해(이시윤, 민사소송법, 714)와 기판력의 확장이라고 하는 견해(정동윤, 민사소송법, 725)가 대립한다.

2) 곽윤직, 183; 김상용, 293; 김석우, 186; 김용한, 251; 김주수, 218; 김증한 · 김학동, 192; 김현태, 163; 김형배(2판), 374; 현승종, 197; 주석 채권총칙(상), 380; 박종윤, 앞의 글, 72.

3) 과거의 판례는 소송참가나 소송고지가 없는 경우 기판력을 부정하였으나(대판 1967. 3. 28, 67다212; 대판 1974. 1. 29, 73다351 등), 1975년 전원합의체판결로서 위와 같이 견해를 바꾸었다(대판 1975. 5. 13, 74다1664). 같은 취지: 대판 1986. 11. 25, 86다397. 이 판결에 대한 평석: 이재성, "채권자대위권의 효과가 채무자에게 미치는 효과(상) · (하)," 판례월보 204호 · 205호, 1987.

판결의 효력이 채무자에게 미친다고 한다. 그 대위채권자가 알았던 경우에는 그 후 다른 채권자가 동일한 소송물에 대하여 채권자대위권에 기한 소를 제기하면 전소의 기판력을 받게 되지만, 채무자가 전소인 채권자대위소송이 제기된 사실을 알지 못하였을 경우에는 전소의 기판력이 다른 채권자가 제기한 후소인 채권자대위소송에 미치지 않는다고 한다(대판 1994. 8. 12, 93다52808).

(2) 채무자에의 효과귀속

채권자는 대위행사에 의하여 채무자의 권리를 실현시키는 것이므로 그 행사의 효과도 채무자(債務者)에게 귀속(歸屬)됨이 당연하다. 채권자가 제3채무자에게 이행청구를 한 것은 채무자가 제3채무자에게 이행청구한 것과 마찬가지로 시효중단 등의 효력을 가져온다. 대위행사에 의해 제3채무자로부터 채무자에게로 소유권이전등기가 된 것도 채무자 스스로 한 것과 동일하게 소유권이전의 효과를 가져온다.[1]

(3) 채권자의 수령권한 여부

채권자가 채무자의 권리를 대위행사하고 있는 경우에 제3채무자로부터 변제받는 금전이나 물건은 누가 수령할 권한을 갖는가에 대하여는 학설이 대립한다.

① 채권자수령설　채권자대위권을 행사하는 채권자에게 수령권한(受領權限)을 인정하는 견해이다.[2] 만약 채권자에게 수령권한을 인정하지 않는다면 채무자가 수령하지 않는 경우에 대위권의 목적을 달성할 수 없게 되며, 대위권에는 변제수령의 권한도 포함된다고 해석된다는 점을 근거로 든다.

② 채무자수령설　사견으로서는 채권자대위중이라도 채무자가 수령권한을 가진다고 해석하겠다. 채무자가 제3채무자의 변제를 수령하려고 하지 않거나 수령할 수 없는 상황에 놓인 경우, 또는 채무자가 채권자에게 추심이나 수령을 위임한 경우, 법원이 채권자에 수령권한을 부여한 경우에

1) 채권자가 제3채무자를 상대로 대위행사를 위한 소제기를 하여 재판상 화해가 이루어진 경우, 채무자가 그 제소를 모르는 등 특별한 사정이 없는 한 그 재판상 화해의 효력은 소송당사자가 아닌 채무자에게도 미친다(대판 1978. 10. 10, 78다473).

2) 곽윤직, 180; 김기선, 180; 김석우, 182; 김용한, 249; 김주수, 216; 김증한 · 김학동, 191; 김현태, 161; 이태재, 160; 최식, 63; 현승종, 194; 주석 채권총칙(상), 374면; 민법주해(9), 772(김능환 집필부분); 김형배(2판), 370에서는 포괄적담보권설의 입장에서 다른 근거를 제시함.

예외적으로 채권자의 수령권한을 인정한다.

③ 판례는 채무자수령(債務者受領)을 원칙으로 하며, 예외적으로 채권자수령(債權者受領)을 허용한다. 즉 채권자대위권이 채권자의 고유권리이긴 하지만, 이는 채무자의 제3채무자에 대한 권리를 대위하여 행사하는 데 불과하므로 채권자는 대위행사시 제3채무자에 대하여 채무자에게 이행행위를 하도록 청구함이 원칙이라고 한다(대판 1966. 9. 27, 66다1149). 그러나 금전이나 목적물을 채권자 자신에게 직접 인도하라는 청구를 허용한 사례도 있다(대판 1960. 6. 30, 4292민상838; 대판 1962. 1. 11, 4294민상195). 등기절차를 대위하는 경우에 채권자가 제3채무자로부터 직접 자기에게로 등기이전을 청구하는 것은 허용되지 않으며(대판 1966. 7. 26, 66다892) 채무자명의로의 회복만을 청구할 수 있다.[1] 만약 대위채권자 명의의 소유권이전등기를 허용한다면 중간생략등기를 합법화시키는 결과로 되어 부당하기 때문이다.

(4) 수령물로부터의 채권만족

채권자대위권의 행사결과 제3채무자로부터 수령한 급부는 채무자에게 귀속하여 총채권자(總債權者)를 위한 책임재산(責任財産)이 됨이 원칙이다. 대위채권자가 그 급부로부터 자기채권의 우선변제를 받을 권리는 없다. 채권자는 그 수령물을 압류하여 경매한 경매대금으로부터 변제받을 수 있는데, 이 때 대위채권자는 배당에 참가한 다른 채권자와 평등한 조건 아래서 분배받는다.

다만 대위채권자가 직접 목적물을 수령한 때에는 그것을 채무자에게 인도할 채무와 자기가 채무자로부터 이행받을 채무가 상계적상(相計適狀)에 있으면 상계의 의사표시로서 채권의 만족을 얻을 수 있다.[2] 수령물이 상계에 적합치 못한 경우에 채권자는 그 수령물을 채무자에게 인도하여야 한다. 채무자가 그 수령물로서 채권자에게 변제에 갈음할 의사를 표시한 경우에, 채권자는 그 수령물을 채무자에게 인도하지 않고 대물변제(代物辨濟)로서

1) 대판 1996. 2. 9, 95다27998: 채권자대위권을 행사함에 있어서 채권자가 제3채무자에 대하여 자기에게 직접 급부를 요구하여도 상관 없는 것이고 자기에게 급부를 요구하여도 어차피 그 효과는 채무자에게 귀속되는 것이므로, 채권자대위권을 행사하여 채권자가 제3채무자에게 그 명의의 소유권보존등기나 소유권이전등기의 말소절차를 직접 자기에게 이행할 것을 청구하여 승소하였다고 하여도 그 효과는 원래의 소유자인 채무자에게 귀속되는 것이니, 법원이 채권자대위권을 행사하는 채권자에게 직접 말소등기절차를 이행할 것을 명하였다고 하여 무슨 위법이 있다고 할 수 없다.

2) 같은 취지: 곽윤직, 182; 김상용, 292; 김석우, 185; 김용한, 249; 김주수, 218; 김증한 · 김학동, 191; 김현태, 161; 김형배(2판), 370; 현승종, 196; 민법주해(9), 772.

처리할 수 있다.

등기청구권을 대위행사한 경우에 대위채권자는 그 대위권행사에 이어서 자기채권에 기한 등기청구권을 행사하여 자기의 명의로 등기를 경료함으로써 목적물에 대한 소유권을 취득할 수 있다.

사례연구

채권자 A가 채무자 B의 제3채무자 C에 대한 채권의 이행청구를 하여 급부를 수령하는 경우를 생각해 보자. ① 급부가 부동산소유권인 경우에 C는 B의 명의로 소유권이전등기를 해 주어야 한다. A가 C로부터 직접 자기에게 소유권이전등기를 해 줄 것을 청구할 권리가 없다(중간생략등기 청구권 없음). ② 급부가 부동산의 사용수익권인 경우에 C는 B에게 그 부동산의 점유를 이전해 주어야 한다. 그래야 그 사용수익권(임차권 등)의 존속기간이 종료한 때에 C는 B에 대하여 목적물반환을 청구할 수 있게 된다. ③ 급부가 동산이나 금전인 경우에도 급부수령권은 B가 갖는다. 만약 A가 B에 대하여 동종의 급부청구권을 갖는 경우로서 A가 C로부터 급부를 B를 위하여 수령한 때에는, A는 B의 사무를 관리해 준 것이 되고 그 사무처리중에 수령한 것은 B에게 인도할 의무를 진다(제683조, 제738조). A의 B에 대한 취득물인도의무는 A의 채권과 상계에 의하여 간편하게 결제된다. 이와 같이 A는 C로부터 현실로 급부를 수령한 후에 B에 대해 취득물인도의무를 지게 된다. A가 현실적 급부수령 이전에 C에 대한 급부수령권을 갖는 것은 아니다(단 추심위임이 있는 경우에는 A가 급부수령권을 갖는다).

2. 대위행사에 따른 채무자의 처분제한

채권자대위권의 행사에 따른 효과로서 채무자의 자기권리에 대한 처분권이 제한을 받게 되는데, 이 처분제한(處分制限)의 효과는 채권자의 통지가 있어야 발생하게 된다.

(1) 채권자의 통지의무

채권자가 채권자대위권을 행사하여 보존행위 이외의 행위를 한 때에는 채무자에게 그를 통지(通知)하여야 한다(제405조 1항). 법원이 채권자에게 변제기 전의 대위행사를 허가한 때에는 직권으로 이를 채무자에게 고지하여야 하며, 고지받은 채무자에게는 처분이 제한된다(제405조 2항, 비송법 제49조). 통지는 채권자로부터 채무자에게 행해져야 하며, 통지내용에는 피대위권리(被代位權利)의 명시, 채권자가 채권자대위권을 행사하였다는 사실, 대위행사의 구체적 내용 등이 포함되어야 한다. 채권자의 통지의무는 한편으로는 채무자가 자기의 권리에 관한 사항을 알아야 할 권리를 인정해 준다는 의미를 가지며, 다른 한편 채권자의 이익을 위해 채무자의 독단적인 처분행위를 제한하려는 데에 목적이 있다.

채무자의 자발적인 인지(認知)에 의해서도 통지와 같은 처분제한(處分制限)의 효과가 인정되는가? 판례는 채권자가 통지를 하지 않았으나 채무자가 대위행사의 사실을 알게 된 때에도 통지가 있은 경우와 같은 효과를 발생시킨다고 한다(대판 1977. 3. 22, 77다118; 대판 1988. 1. 19, 85다카1792; 대판 2007. 6. 28, 2006다85921).[1] 사견(私見)으로는 채무자의 인지만으로는 채무자의 처분을 무효로 할 수 없다고 해석한다. 민법이 채권자에게 통지의무를 부과한 이유는 그 통지라는 적극적인 행위에 대해서 채무자의 처분행위를 금지시키는 효과를 부여하기 위한 전제로서 필요하기 때문이다. 만약 채무자의 인지만으로 처분제한의 효과를 인정하는 견해를 취한다면 그 인지의 시점이 불명확하여 분쟁의 소지가 많고, 채권자가 채무자에게 대위행사의 사실을 알리지 않아도 채무자의 처분권이 박탈되는 결과로 되어 부당하다.

(2) 채무자의 처분제한

㈎ 처분행위의 효력제한　채권자의 통지의 효과로서 채무자의 피대위권리에 대한 처분행위가 금지된다. 민법은 채무자가 통지를 받은 후에는 그 권리를 처분하여도 이로써 채권자에게 대항하지 못한다고 규정한다(제450조 2항). 판례는 채권자대위권의 행사에 의한 소유권이전등기 청구소송중에 청구를 회피할 목적으로 양도계약(讓渡契約)을 체결하고 이전등기를 했다면, 그 이중양도는 배임행위로서 무효라고 한다(대판 1989. 3. 28, 87다카2372). 양도행위는 금지되는 처분행위로서 양수인이 이를 알고 그 배임행위에 적극가담한 경우에 한해서 민법 제103조의 반사회적 법률행위에 해당하게 될 것이다.

「채권자에게 대항하지 못한다」는 무슨 의미인가. 채무자와 제3채무자

---

1) 같은 취지: 곽윤직, 181; 김용한, 246; 김주수, 217; 김증한, 115; 김증한·김학동, 190; 이태재, 162; 현승종, 192; 주석 채권총칙(上), 377.

사이의 처분행위는 당사자 사이에서는 유효하지만, 대위채권자에 대한 관계에서는 통지 당시의 상황대로 존속되고 그 처분행위가 없었던 것으로 취급된다는 것이다. 예를 들어 채무자가 통지를 받은 후에 제3채무자에 대하여 채무면제(債務免除)를 해 주었고 그 후에 채권자가 그 채권에 대하여 추심명령을 받은 경우에, 제3채무자는 대위채권자에 대하여 자기의 채무가 면제로 인하여 소멸하였음을 가지고 지급을 거절할 수 없다. 채권자가 채무자에게 100만원의 채권을 갖고 있는데, 채무자는 자신이 무자력임에도 불구하고 제3채무자에 대하여 갖고 있는 300만원의 채권에 대해 채무면제를 하여 준 경우가 있다고 하자. 채권자가 제3채무자에게 100만원의 이행청구를 대위행사하고 그 사실을 채무자에게 통지한 후에 그 채무면제가 행해졌다면, 채권자에 대한 관계에서는 제3채무자의 300만원의 채무 중에서 100만원의 채무는 그대로 존재하는 것으로 다루어진다. 만약 채무면제가 아니라 제3채무자가 채무자에게 그 통지 후에 300만원을 변제한 경우에 변제는 처분행위가 아니므로 그로 인한 채권소멸의 사실을 대위채권자에게 대항할 수 있다고 해석된다. 그 이유는 채권자대위권의 행사로 채무자의 추심권한이 소멸하지 않기 때문이다(이 점에서 압류와 구별된다).

판례는 채무자가 채권자대위권의 행사 사실을 알게 된 이후에 그 부동산에 대한 매매계약을 합의해제함으로써 채권자대위권의 객체인 그 부동산의 소유권이전등기청구권을 소멸시켰다 하더라도 이로써 채권자에게 대항할 수 없다고 하였다(대판 1996. 4. 12, 95다54167; 대판 2007. 6. 28, 2006다85921).

A가 B로부터 매수한 부동산을 다시 A로부터 매수한 C가 채무자인 A, B에 대하여 순차 소유권이전등기절차의 이행을 구하는 소를 제기하여 그 중 B에 대한 채권자대위소송이 상고심에 계속중 A가 B의 매매잔대금 지급 '최고'에 응하지 아니하여 B로 하여금 매매계약을 "해제"할 수 있도록 한 경우, 이는 채무자인 A가 C에 대한 소유권이전등기청구권을 "처분"하는 것에 해당하여 A와 B는 C에게 그 계약해제로써 대항할 수 없다(대판 2003. 1. 10, 2000다27343).

(나) 본인소송의 금지　　대위채권자에 의해 채권자대위소송이 제기되어 있는 경우에 채무자가 원고가 되어 본인소송(本人訴訟)을 제기하는 것은 금지된다(대판 1962. 5. 24, 4294민상251; 대판 1977. 2. 28, 76다2570).[1] 그 이유는 동일소송물에 대한 대위소송과 본

1) 채무자에게 대위소송을 알려 주고 중복소송으로 각하해야 한다는 비판이 행해진다. 이시윤, 민사소

인소송의 중복제소(重複提訴)를 피하기 위함이다.[1]

3. 채권자의 비용상환청구권

(1) 비용상환의 인정

채권자가 대위행사로 자기의 비용을 지출한 경우에 그 비용을 채무자에게 구상청구(求償請求)할 수 있다. 채권자가 지출한 비용은 타인의 사무를 처리해 주는 과정에서 지출된 것이므로 그 타인인 채무자로부터 상환받음이 타당하다.[2]

(2) 상환청구권의 내용

민법은 대위채권자의 비용상환청구에 관해 규정하지 않으므로 그와 가장 유사한 법률관계인 사무관리의 규정을 준용해야 할 것이다. 채권자의 비용상환청구권(費用償還請求權)에 관해서는 사무관리자의 비용상환청구권에 관한 제739조가 준용되어 본인의 의사에 반한 관리의 경우와 본인의 의사에 합치하는 관리의 경우를 나누어 그 상환범위를 정해야 할 것이다. 본인의 의사에 반한 관리의 경우에는 현존이익(現存利益)의 한도에서만 비용상환청구권을 가진다(제739조).[3] 채권자는 이 비용상환청구권을 기초로 제3채무자로부터 수령한 물건 위에 유치권(留置權)을 취득한다(제320조).

대위채권자의 성실의무와 손해배상책임
(1) 채권자의 책임부담의 필요성 민법은 채권자대위권과 관련하여 채권자의 권리만을 규정할 뿐 채권자의 의무에 관하여는 규정하고 있지 않으며, 종래 학설과 판례도 채권자의 의무에 관하여는 주목하지 않았다. 거래실정을 보더

송법, 358.

1) 채권자대위권에 의한 소송이 제기된 사실을 피대위자가 알게 된 이상, 그 대위소송에 관한 종국판결이 있은 후 그 소가 취하된 때에는 피대위자도 민사소송법 제240조 제2항 소정의 재소금지규정의 적용을 받아 그 대위소송과 동일한 소를 제기하지 못한다(대판 1996. 9. 20, 93다20177).

2) 같은 취지: 곽윤직, 182; 김상용, 292; 김석우, 185; 김용한, 250; 김주수, 223; 김증한 · 김학동, 193; 임정평, 228; 현승종, 197; 주석 채권총칙(상), 378. 그러나 김형배, 404에서는 대위채권자가 사실상 우선변제받는 경우에는 비용상환청구를 인정하지 않았으나, 김형배(2판), 371에서는 이 주장이 삭제되었다.

3) 민법주해(9), 778에서는 채권자대위권이 채무자의 의사에 반하여 행사된 경우에 민법 제739조를 준용하는 것에 반대한다.

라도 채권자는 강자이기 때문에, 채무자가 대위채권자에게 의무를 부과하거나 책임을 물을 수 있는 사회적 지위에 있지 못했다. 그러나 근래에 미국, 일본에서 대출자(貸出者)의 책임(lender liability)에 관한 법리가 연구되고 있고 금융기관의 자의적인 관리행위에 대한 배상책임을 인정하는 판례가 종종 발견되고 있다.[1] 채권자라고 해서 채무자의 이익에 관한 사항을 함부로 처리해서는 안 되며, 채무자의 이익을 고려하여 성실히 처리할 의무를 진다는 생각이 점차 보편화되고 있다.

사견으로는 채권자에게 타인의 권리를 대위행사할 권리가 부여된다면, 이와 더불어 타인의 권리를 성실하게 행사할 의무도 부과되어야 하며, 채권자가 이 성실의무에 위반하여 채무자에게 손해를 입힌 경우에는 채무자에 대하여 손해배상의무를 짐이 타당하다고 생각한다. 이를 위한 법적 근거는 사무관리규정에서 찾을 수 있을 것이다.

(2) 성실의무 채권자대위권을 행사하는 채권자는 타인의 사무관리자(事務管理者)로서 채무자의 이익 및 의사에 충실하게 사무를 관리할 성실의무(誠實義務)를 부담한다. 민법은 의무 없이 타인을 위하여 사무를 관리하는 자는 그 사무의 성질에 좇아 가장 본인에게 이익이 되는 방법으로 이를 관리하여야 하며(제734조 1항), 관리자가 본인의 의사를 알거나 알 수 있었을 때에는 그 의사에 적합하도록 관리하여야 한다고 규정한다(제734조 2항).

(3) 손해배상책임 대위채권자는 잘못된 사무처리로 인하여 본인이 손해를 입은 경우에 무과실책임(無過失責任)을 진다. 민법은 관리자가 본인의 이익 및 의사에 어긋나게 사무를 관리한 경우에는 과실 없는 때에도 이로 인한 손해를 배상할 책임이 있지만, 그 관리행위가 공공의 이익에 적합한 때에는 중대한 과실이 없으면 배상할 책임이 없다고 규정한다(제734조 3항). 성실의무를 무겁게 부과한다면 과실책임을 묻는 것이나 무과실책임을 묻는 것이나 유사한 결과로 될 것이다.

---

1) 이종구, "대출자책임이론의 연구," 상사법연구 제16권 2호; J. J. Norton, *Lender Liability Law and Litigation*, Mathew Bender & Co. 1993.

제 2 절 채권자취소권

§ 32. 채권자취소권의 의의

1. 의 의[1]

채무자와 제 3 자(수익자)가 채무자의 책임재산의 감소를 초래하는 법률행위를 사해의 인식을 갖고 행한 경우에, 채권자가 그 채무자와 수익자 사이의 법률행위를 취소하고 수익자로부터 수익재산의 반환을 청구할 수 있는 권리를 채권자취소권(債權者取消權)이라고 한다. 채권자취소권은 반드시 재판상 행사되어야 한다. 민법은 "채무자가 채권자를 해함을 알고 재산권을 목적으로 한 법률행위를 한 때에는 채권자는 그 취소(取消) 및 원상회복(原狀回復)을 법원에 청구할 수 있다"고 채권자취소권을 정의한다(제406조 1항 본문).

채권자취소제도는 채무자의 재산에 대해 압류를 하지 않고도 책임재산을 확보할 수 있는 제도로서 채무자의 처분의 자유 및 수익자 · 전득자와의 거래의 안전을 해칠 수 있는 제도이므로 신중하게 운용되어야 한다.[2] 이 제도는 채무자의 사해행위를 차단하여 채권의 만족가능성을 높이는 기능을 담당한다.

외국입법례

채권자취소권은 로마법에서 사해행위(fraus creditorium)에 대한 소권(actio

1) 참고문헌: 고상용, "채권자취소권의 법적 성질," 고시계 1981년 4월호; 동, "사해행위의 취소," 판례월보 1981년 7월호; 김능환, "채권자취소에 있어서의 원장회복의 내용과 방법 (상) · (하)," 법률신문 1987년 3월 16일자; 김승수, "채권자취소권에 관한 고찰," 월간고시 1984년 2월호 · 3월호; 김욱곤, "불란서민법에 있어서의 채권자취소권제도," 숭전대 논문집 제11집, 1982; 김주수, "채권자취소권에 관한 고찰 (상) · (하)," 월간고시 1984년 2월호, 3월호; 김형배, "채권자취소의 재구성," 고시계 1986년 9월호; 김홍규, "채권자취소권의 행사의 효과," 김기선교수고희기념 현대재산법의 제문제, 1987, 203 이하; 서광민, "채권자취소권의 법적구성," 고시계 1993년 4월호, 62 이하; 양창수, "채권자취소권의 피보전채권과 사해행위," 고시계 1991년 4월호, 25 이하.

2) 헌법재판소는 채권자취소권을 규정한 제406조 1항이 채무자와 수익자의 일반적 행동의 자유 및 수익자의 재산권을 침해하는 것으로 볼 수 없다고 한다(헌재 2007. 10. 25, 2005헌바96 합헌).

pauliana)을 채권자에게 부여한 데에서 유래한다. 이 제도는 근대민법전에 수용되어 프랑스에서는 민법 제1167조에 규정되어 있으며, 독일에서는 「채권자취소법(債權者取消法)」(Gläubigeranfechtungsgesetz)이라는 특별법으로 규정되어 있고, 스위스에서는 파산법(破産法) 제285조~제292조에 규정되어 있다. 각국의 채권자취소권은 강제집행제도의 차이로 인하여 실무상 운용에서는 커다란 차이를 갖는다. 강제집행에서 채권자의 분배에 관하여 프랑스는 평등주의, 독일은 우선주의, 스위스는 집단우선주의를 취한다.

우리의 채권자취소권은 민법에 규정된다는 점과 민사소송상 강제집행에서 채권자평등주의를 기초로 한다는 점에서는 프랑스의 제도와 유사하나, 민법규정의 내용이 프랑스의 것과 다르며 민사소송 및 강제집행의 실무는 독일의 제도와 유사하므로 외국법과는 해석상 큰 차이를 갖는다.[1)]

2. 성 질

(1) 실체법상 권리

채권자취소권은 채권에서 파생된 실체법적(實體法的) 권리이다. 채권자취소권을 재판상 행사하여야 한다고 해서, 그것이 실체법상의 권리가 아니라고 보는 것은 잘못이다. 채권자취소권은 소송상 행사되어야 하므로, 실제 채권자취소권의 행사요건과 그 효과는 민사소송의 법리와 밀접히 결합된다.

(2) 채권에서 파생된 권능

채권자취소권은 채권에서 파생(派生)된 기능이므로 채권이 존재함을 전제로 하여 발생·존속하고, 채권의 귀속과 분리되어 채권자취소권만이 타인에게 양도될 수 없다. 채권의 핵심을 이루는 급부청구권은 채권자와 채무자 사이의 계약에 기초해 발생하고, 그 내용도 대개 당사자의 의사에 기초해 정해지는 데에 반하여, 채권자취소권은 법률의 규정에 의해 채권자에게 부여되는 권능이다.

(3) 채권자의 고유권

채권자취소권은 채권자에게 고유(固有)한 권리이며 사해행위 당사자(채

---

1) 김욱곤, 앞의 글; 佐藤岩昭, 詐害行爲取消權に關する試論(1)~(4), 일본법학협회잡지 제104권 10호~제105권 3호(1987~1988).

무자)에게 부여되지 않는 취소권(取消權)과 원상회복청구권(原狀回復請求權)을 그 채권자에게만 부여하는 것이다. 사해행위당사자는 민법총칙의 의사표시 규정에 의하여 무효를 주장하거나 취소권을 행사하는 경우가 생길 수 있다.

(4) 강제집행과의 관련성

채권자취소권은 채권의 집행력과 밀접히 관련되어 그 책임재산을 보전하기 위하여 부여되는 권리이다. 책임재산의 보전은 채권의 만족을 얻기 위한 조건이며, 종종 강제집행에 의한 채권만족의 전단계로서 필요하다. 채권자취소권은 민사소송상의 채권자평등주의(債權者平等主義)(강제집행에서의 설명 참조) 아래에서 모든 채권자를 위하여 채무자의 재산을 확보함으로써 채권의 만족을 위한 기반을 다지는 제도이다. 강제집행불능의 채권은 채권자취소권을 파생시키지 못한다. 채권자취소권은 정상적인 강제집행절차로서 이용되는 장래 처분제한을 위한 압류와는 달리 이미 행해진 처분을 부인하는 제도로서 거래상대방인 제3자의 이해에 중대한 영향을 미친다.

(5) 채무자의 처분제한

채권자취소권은 채무자의 자기재산의 처분의 자유를 제한하는 제도이므로, 그의 행사의 요건과 효과는 채권자를 위한 책임재산의 보전을 위해 불가결한 범위 내로 한정되어야 한다. 만약 채권자가 채권자취소권을 남용하도록 허용한다면 그 결과 채무자의 자유나 이익이 부당하게 침해된다.

(6) 거래안전의 희생

채권자취소권은 채권자를 위하여 그와 직접 거래하지 않은 제3자인 수익자(受益者) 및 그의 전득자(轉得者)를 희생시키는 제도이므로, 그 허용에 있어서 채권의 권능강화와 거래안전보호의 두 사회적 이익을 놓고 신중한 이익형량이 행해져야 한다. 채권자취소권의 행사가 법률행위 있은 날로부터 5년 동안 가능하다는 점을 감안할 때(제406조 3항), 압류나 강제집행절차에 들어가기 5년 전에 처분한 재산에 관하여까지 취소 및 원상회복을 구하는 것은 거래의 안전을 해할 가능성이 높다. 제척기간의 다른 계산방법인 「채권자가 취소원인을 안 날로부터 1년」을 넓게 해석하여 채권자취소권의 행사를 단기에 종결시키는 것이 바람직하다. 그 밖에 민법이 채권자취소권의 남용을 막기 위하여 그의 행사방법을 소송의 절차에 의하도록 규정하고 있는데, 이러한 행사방법제한도 거래안전에 도움이 된다.

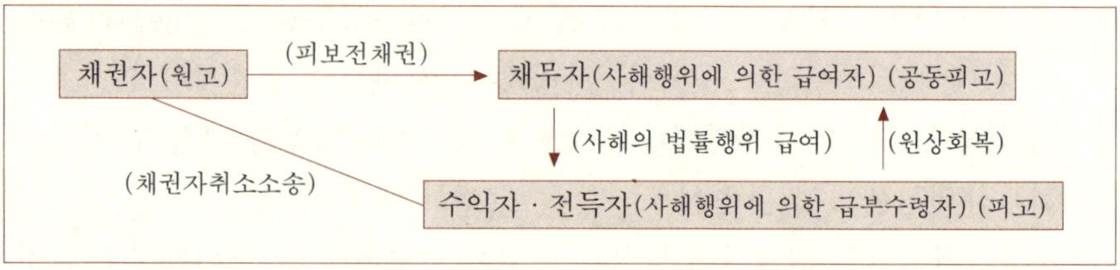

3. 채권자취소권의 내용

채권자취소권은 「사해행위(詐害行爲)의 취소(取消)」와 「일탈재산(逸脫財産)의 원상회복(原狀回復)」의 두 가지를 소구할 수 있는 권능이다.[1)]

(1) 사해행위의 취소권

채권자취소권은 채권자가 자기의 이름으로 채무자와 수익자 사이의 법률행위(사해행위)를 취소할 수 있는 「당사자가 아닌 제3자의 취소권(取消權)」이다. 채권자를 해할 우려가 있는 법률행위가 행해졌을 뿐으로 아직 이행(채무자의 재산의 이전)되지 않은 때에는 단지 사해행위(詐害行爲)의 취소(取消)를 소구(訴求)하는 것으로 충분하다(형성의 소). 채권자취소권의 소송(취소소송이라고 약칭함)에 있어서 원고는 채권자이고, 피고는 사해행위를 한 채무자의 상대방(수익자) 또는 일탈재산을 수익자로부터 양수받은 전득자이다.[2)]

(2) 원상회복청구권

채권자취소권은 법률행위를 취소하는 데에 그치지 않고 채무자의 책임재산으로부터 일탈된 재산의 원상회복(原狀回復)을 청구(請求)할 수 있는 권리도 포함한다. 일탈재산의 원상회복을 구하기 위해서는 반드시 먼저 사해행위를 취소하여야 한다.[3)] 그 원상회복청구권이 취소에 따른 부당이득반환청구권의 성격을 가지는 것인가 또는 채권자취소권에 고유한 원상회복청구

1) 의용민법(일본민법과 동일) 제424조에서는 단순히 취소를 소구할 수 있다고 규정함으로써 채권자취소권의 성질에 관하여 형성권설(취소만을 소구할 수 있다는 견해), 청구권설(일탈재산의 회복만을 소구할 수 있다는 견해), 병합설(취소와 회복의 양자를 소구할 수 있다는 견해)이 대립했었다. 현행민법제정시에 의용민법의 미비점을 보완하여 취소채권자가 사해행위의 취소뿐 아니라 일탈재산의 원상회복청구를 할 수 있도록 규정하였다. 그러나 1980년대까지 의용민법(일본민법)의 해석론은 현행민법과 조화될 수 있는지 검토되지 않은 채 그대로 유지되었다. 현행민법규정은 의용민법시대의 병합설의 주장과 유사한 내용을 갖지만, 해석에 따라서는 그와 달리 운영될 가능성도 있으므로 반드시 병합설과 동일시할 필요는 없다고 생각한다.

2) 채무자는 피고에 포함시키지 못한다: 대판 1961. 11. 9, 4293민상263; 대판 1962. 1. 25, 4294민상529; 대판 1965. 2. 24, 64다1541; 대판 1967. 12. 26, 67다1839.

3) 같은 취지: 대판 1962. 2. 28, 4294민상722는 사해행위취소의 형성판결과 함께만 원상회복을 소구할 수 있다고 한다.

권인가에 관하여는 학설이 대립한다.

취소권행사효과에 관한 학설

채권자취소권행사의 결과 행해진 취소 및 원상회복의 내용에 대해서는 상대적효력설, 책임설, 취소설이 주장된다(채권자취소권행사의 효과에서 상세히 설명). 상대적효력설(相對的效力說)은 일탈재산이 채무자에게 반환되더라도 원칙적으로 채권자와 수익자(전득자의 경우도 같음) 사이에서만 취소 및 원상회복의 효과가 생기며, 채무자와 수익자 사이에서는 그를 주장할 수 없다고 한다(대판 1963. 8. 22. 63다299).[1] 책임설(責任說)에서는 일탈재산을 채무자에게 반환시키지 않고 수익자의 소유와 명의로 놓아 둔 채 책임재산성만 회복시킴으로써 채권자에게 그 일탈재산에 대한 강제집행가능성만 부여한다. 상대적효력설과 책임설은 채권자취소권으로 인한 영향을 「채권자를 위한 책임재산의 보전」이라는 제도목적에 국한시키고자 하는 이론적 시도라는 점에서 공통성을 갖는다. 취소설(取消說)은 채권자취소권의 취소가 민법총칙상 취소와 같은 효과를 가지지만, 채권자취소권이 소송상 행사되는 결과 소송당사자, 기판력의 인적 범위 등 민사소송법리의 적용에 따른 제한을 받게 될 뿐이라고 한다.

4. 유사한 제도

(1) 채무자회생 및 파산에 관한 법률상의 부인권과의 구별

채권자취소권과 유사한 제도로서 채무자회생 및 파산에 관한 법률(종래 「회사정리법」·「화의법」·「파산법」·「개인채무자회생법」을 하나의 법률로 통합하여 채무자의 회생 및 파산에 관한 법률로 체계를 일원화함: 2005. 3. 31 제정)상의 부인권(否認權)이 있다. 관리인은 채무자가 회생채권자 또는 회생담보권자를 해하는 것을 알고 한 행위를 소(訴), 부인(否認)의 청구 또는 항변(抗辯)의 방법에 의하여 일탈재산을 원상회복(原狀回復)시킬 수 있다(동법 제100조~제113조). 채무자회생 및 파산에 관한 법률상 부인권은 채권자취소권과 행사요건이 다를 뿐 아니라, 소송실무에 있어서 적용법규 및 소송절차가 다른 별개의 제도로서 다루어진다. 채권자취소권의 소송은 채무자에 대한 회생절차가 개시된 때에는 중단된다(동법 제113조).

(2) 통정허위표시와의 구별

채권자취소권은 통정허위표시(通情虛僞表示)의 무효제도(제108조)와 당사자의 정당하지 못한 법률행위의 효력을 부인하는 점에서 유사한 기능을 하지

1) 곽윤직, 187; 김기선, 184; 김현태, 165; 현승종, 201.

만 요건과 효과가 다른 별개의 제도이다. 채권자취소권은 책임재산보전을 위한 제도이지만, 허위표시제도는 표의자의 진정한 의사표시에 대해서만 그에 상응하는 법률효과를 부여하는 의사표시제도의 일부분이다. 그러므로 채권자취소권에서의 사해행위와 통정의 허위표시는 사회적 기능이 같더라도 법적으로는 별개의 개념으로 다루어진다.

(3) 채권자대위권과의 구별

채권자취소권은 채권자가 자신의 제3자에 대한 권리를 행사하는 것이므로 채무자의 권리를 대위하여 행사하는 채권자대위권(債權者代位權)과 다르며, 또한 본인을 위하여 법률행위를 대신하는 대리제도와 다르다. 채권자대위권은 채무자의 재산관리를 할 수 있는 권한을 부여할 뿐 채권자 자신에게 어떤 권리를 부여하는 것은 아니라는 점에서 채권자취소권과 그 성격이 다르다. 그러나 채권자대위권이나 채권자취소권은 모두 채권에서 파생된 권능이라는 점, 그리고 채무자의 책임재산을 보존하기 위한 채권자의 권능이라는 점에서 공통성을 갖는다.

채권자취소소송의 효과

채권자가 자신의 고유의 권리인 채권자취소권에 기해 채무자의 재산처분 행위를 취소하고 그 원상회복을 구하는 소를 채권자취소소송(債權者取消訴訟)이라고 하며 그 소송에 따른 법률효과에 관해 판례는 다음과 같이 파악한다. ① 다른 채권자가 취소채권자를 상대로 회복된 책임재산에 대해 안분액의 지급을 직접 구할 수 있는 권리를 취득하는 것은 아니다(대판 2008. 6. 12, 2007다37837). ② 여러 채권자가 채권자취소소송을 제기하여 가액배상을 하는 경우 채권자의 채권액에 비례하여 채권자별로 안분한 범위 내에서 반환을 명할 것이 아니라, 수익자가 반환해야 할 가액 범위 내에서 각 채권자의 피보전채권액 전액의 반환을 명하여야 한다(대판 2008. 6. 12, 2008다8690 · 8706). 채권자가 수인의 수익자를 상대로 제기한 경우에도 동일하다(대판 2008. 11. 13, 2006다1442). ③ 여러 채권자가 동시 또는 이시에 채권자취소소송을 제기한 경우 이는 중복제소에 해당되지 않으며, 어느 한 채권자가 제기한 채권자취소소송의 판결이 확정되었다는 것만으로 후에 제기된 다른 채권자의 동일 청구가 권리보호 이익이 없는 것은 아니고, 그 재산이나 가액의 회복을 마친 경우에는 다른 채권자의 청구는 그와 중첩되는 범위 내에서 권리보호의 이익이 없다(대판 2003. 7. 11, 2003다19558; 대판 2008. 4. 24, 2007다84352).

§ 33. 채권자취소권행사의 요건

채권자취소권은 채무자의 자기재산처분의 자유를 제한하고 채무자와 거래한 제3자를 희생시키는 제도이므로, 그를 행사하도록 허용함에 있어서는 그러한 조치가 반드시 요구되는 상황인가를 검토하여야 한다. 원래 채무자의 처분행위를 제한하기 위한 제도로서 압류 · 가압류가 마련되어 있다. 이러한 압류절차에 들어가기 전까지 재산권의 주체는 임의로 그것을 처분할 자유를 갖는 것이 원칙이다. 다만 형식적으로 압류를 기점으로 하여 처분권을 제한하다 보면, 이를 악용하여 압류 직전에 책임재산을 은닉하는 사례가 생기게 되므로, 예외적으로 압류 이전이라도 사해의 의사로 재산을 처분한 경우에 그 처분행위를 취소하여 책임재산을 되찾아 올 필요가 있게 된다.

채권자취소권은 이러한 제도목적에 맞게 불가피한 경우에 한해서 사해행위를 인정하는 쪽으로 운영되어야 한다. 채권자취소권은 책임재산을 은닉하여 강제집행을 곤란하게 만든 경우에, 압류제도의 경직적 운영의 문제점을 보완하기 위한 긴급수단으로서 허용되어야 한다. 1998년 이후 경제위기로 인한 회사도산이 증가함에 따라 채권자취소권에 관한 판례도 급속히 증가하였다. 이 기간중 판례는 종전에 명확한 원칙 없이 사례에 따라 사행행위의 취소를 인정하였던 것에서 벗어나 어떤 경우에 사해행위가 되는가, 그리고 취소의 효과는 어떠한가 등에 관해 일관된 법리를 형성하려고 노력하였다.

사해행위의 실례와 관련하여 종래에는 매매나 변제가 사해행위가 될 수 있다는 뜻만 밝혔을 뿐이었으나, 근래에는 정당한 재산처분행위와 사해행위의 한계를 분명히 밝히고 있다.

1. 피보전채권의 존재

(1) 피보전채권의 발생

채권자는 채무자가 채무를 부담할 당시의 변제자력을 기초로 채권관계를 맺으므로 채권성립 전에 한 채무자의 재산처분에 간섭하지 못한다. 따라서 채권자취소권의 대상이 되는 사해행위는 취소채권자의 채권발생 이후에 행해진 것이어야 한다. 그러나 예외적으로 다음의 요건을 충족하면 피보전채권이 사해행위 이후에 성립하였더라도 무방하다(대판 2000. 6. 27, 2000다17346). ① 사해행위 당시에 그 채권의 기초적 법률관계(채권성립의 개연성이 있는 준법률관계나 사실관계도 포함. 대판 2002. 11. 8, 2002다42957)가 발생되어 있었을 것, ② 채무자가 가까운 시일 내에 그 채권이 성립할 개연성이 높다는 것을 인식할 수 있었을 것, ③ 실제로 가까운 장래에 그 개연성이 현실화되어 채권이 성립하였을 것. '채권성립의 기초가 되는 법률관계'는 당사자 사이의 약정에 의한 법률관계에 한정되지 않고, 채권성립의 개연성이 있는 '준법률관계'나 '사실관계' 등을 포함한다. 당사자 사이에 채권 발생을 목적으로 하는 계약의 교섭이 상당히 진행되어 그 계약체결의 개연성이 고도로 높아진 단계도 여기에 포함된다(대판 2002. 11. 8, 2002다42957).

채무자가 보증인(기술신용보증기금)의 보증 하에 은행으로부터 대출을 받음에 있어 그 보증인에 대한 구상채무에 대하여 연대보증한 자가 연대보증 후 소유부동산을 제3자에게 증여한 사안에서, 증여계약 당시 채무자가 당해 대출금을 당초변제기까지 변제하지 못하고 변제기를 연장하였을 뿐 아니라 그 외에도 원금을 변제하지 못하고 있는 대출금이 많이 있었고, 거래처의 부도로 인하여 막대한 손해를 보고 있었던 점 등 증여계약 당시의 채무자의 재정상태에 비추어 볼 때, 채권자취소권의 피보전채권인 구상채권의 성립의 개연성(蓋然性)이 있었다(대판 1997. 10. 28, 97다34334 이 사건은 신용보증기금이 주채무자를 위하여 보증채무를 변제한 후에그 연대보증인에 대하여 구상채권을 행사하려고 하니, 연대보증인이 그 직전에 부동산을 타인에게 증여하여 그 구상채권을 강제집행할 책임재산이 부족했던 경우이다).

(2) 피보전채권의 변제기

채권자취소권의 행사시 원고의 채권이 변제기에 도달하여야 하는가에 관하여는 학설이 대립한다.

1) 변제기무관설 채권자취소권의 요건으로서 피보전채권이 변제기(辨濟期)에 도달했을 것이 요구되지 않는다는 견해이다.[1)]

2) 변제기도래설 변제가 도래한 후에야 채권자취소권을 행사할 수 있다고 보는 견해이다.[2)] 책임설의 입장에서 취소판결이 있으면 강제집행이 가능하므로 피보전채권이 변제기가 도래하여야 한다고 설명한다.

3) 사견으로는 책임재산을 보전하기 위하여 사해행위를 취소하는 것은 변제기 전이라도 허용되어야 하므로 변제기무관설(辨濟期無關說)을 취하겠다. 민사소송법상 취소소송에 의한 원고채권의 강제집행은 불가능하고 채권자는 자기채권에 대한 채무명의를 얻어 강제집행절차를 밟아야 하므로 채권의 이행기도래는 취소의 요건이 아니라고 생각한다. 단 변제기에 도달하지 않은 채권을 기초로 취소소송을 제기하였을 때에는 채무자의 변제자력이 그 변제기까지도 계속 부족하리라는 것이 명백한 경우에 한해서 취소

1) 김기선, 184; 김상용, 303; 김용한, 259; 김석우, 194; 김증한 · 김학동, 202; 김주수, 235; 이태재, 163; 현승종, 210; 양창수, 앞의 글, 26.

2) 김형배(2판), 399에서 채권자취소권을 소권으로 보는 입장과의 관련하에 설명한다.

를 허용하여야 한다.

(3) 특정물채권의 경우

특정물채권자는 특정물에 대한 자기채권을 보전하기 위해 채무자와 제3자 사이의 양도행위를 취소하거나 양수인에 대하여 특정물의 원상회복을 청구하지 못한다. 이 때 특정물채권자는 채무자의 귀책사유로 인한 이행불능에 따른 손해배상청구권(損害賠償請求權)(금전채권)을 확보하기 위해서 채권자취소권을 행사할 수 있다. 쌍무계약에서는 채권자가 사해행위 전에 자기의 대금지급의무를 선이행한 경우에 한하여 채권자취소권을 행사할 수 있다.

2. 사해행위

(1) 재산권을 목적으로 한 법률행위

채권자취소권의 대상이 되는 사해행위는 기본적으로 다음의 요건을 갖추어야 한다. ① 채무자가 행한 법률행위일 것, ② 재산을 처분하는 행위로서 이로 인해 채무자의 재산감소가 초래될 것.

㈎ 부동산 소유권 매매계약이 체결되었을 뿐 아직 목적물의 소유권이 이전되지 않은 경우에도 채권자취소를 인정할 것인가에 관해서는 학설이 대립한다. 이 경우에 매매계약을 사해행위로서 취소할 수 있다는 견해(긍정설)가 있다.[1] 반면에 책임설(責任說)의 입장에서 이 경우 목적물은 채무자의 소유로서 책임재산성을 유지하고 있어 취소의 실익이 없으므로 채권자취소권의 행사를 허용해서는 안 된다는 부정설(否定說)도 주장된다.[2] 사견으로는 장래 사해행위인 매매계약에 기해 소유권이전을 막기 위하여 그 매매계약을 취소할 실익이 있으므로 긍정설(肯定說)을 취하겠다.

채권자취소권을 행사하려면 채무자에 대하여 채권을 행사할 수 있음이 전제되어야 할 것인데, 채권자의 채무자에 대한 소유권이전등기청구소송이나 손해배상청구소송이 패소확정되어 행사할 수 없게 되었다면 소유권이전등기청구권이나 손해배상청구권을 행사하기 위하여 채무자의 제3자에 대한 소유권이전등기의 말소를 구하는 사해행위취소청구도 인용될 수 없다

1) 곽윤직, 186; 김증한 · 김학동, 195.
2) 김형배(2판), 407.

(대판 1993. 2. 12, 92다25151 피보전채권의 부존재는 채권자대위소송에서 소각하의 사유임에 반하여 채권자취소소송에서는 청구기각의 사유가 됨).

(나) 가족법상의 행위 가족법상의 행위는 원칙적으로 사해행위가 되지 않으나 정당한 범위를 초과한 부분은 사해행위로 된다. 양육비 · 생활비의 지급, 이혼시의 위자료지급, 상속의 포기 등 친족상속법상의 행위는 가장행위가 아닌 한 비록 그것이 채무자의 재산을 감소시키더라도 취소할 수 없음이 원칙이다.

판례가 인정한 예외는 다음과 같다. ① 이혼에 따른 재산분할은 상당한 정도를 벗어나는 것이라고 인정될 특별한 사정이 없는 한 사해행위로서 취소되지 않는다. 특별한 사정이 있는 경우에 상당한 정도를 벗어나는 초과부분은 취소의 대상으로 될 수 있으며, 그 특별사정의 입증책임은 채권자가 진다(대판 2000. 9. 29, 2000다25569). ② 상속재산의 분할협의를 하면서 상속재산에 관한 권리를 포기했고 그 분할결과가 구체적 상속분에 미달하는 과소한 경우에, 그 미달부분에 한하여 사해행위가 된다(대판 2001. 2. 9, 2000다51797; 대판 2007. 7. 26, 2007다29119).

(2) 가장행위에 대한 채권자취소권의 행사

채무자가 진정한 매도의 의사가 없이 제3자와 매매의 외양을 갖추어 재산권이전을 합법화하고자 하는 것을 가장매매(假裝賣買)라 하는데, 이는 당사자가 진정으로 그러한 행위를 할 의사는 없으면서 법회피 등의 목적으로 그 행위의 외양을 갖추는 가장행위의 대표적인 예이다. 가장행위에는 그 밖에 가장증여(假裝贈與), 가장채권양도(假裝債權讓渡), 가장채무부담(假裝債務負擔) 등 다양한 모습이 있다. 가장매매는 채무자의 재산을 제3자에게 은닉해 두려는 행위로서 채권자를 해하는 행위가 된다. 동시에 매도인과 매수인 사이에 매매에 따른 쌍방의 채무부담의 의사가 없으므로 통정허위표시(通情虛僞表示)에 해당한다. 그 밖에 내부적으로는 매도인에게 소유권을 유보한 채 외부적으로 소유권이전의 형식만 갖추는 것이므로 명의신탁(名義信託)에 해당하기도 한다.

무효인 법률행위의 취소

통정허위표시로 인하여 무효인 법률행위를 채권자취소권으로서 취소할 수 있는가에 대하여는 종래 학설의 대립이 있었다.

① 취소부정설: 허위표시로 말미암아 무효인 법률행위에 대하여 다시 취소하는 것은 이론적으로 불가능하므로 그에 대한 채권자취소권의 행사가 허용될 수 없다는 견해가 주장되었다.[1] 취소대상인 법률행위가 피고의 항변 등에 의해 무효라고 밝혀지면 그에 대한 취소는 할 수 없으며, 채권자는 채권자대위권에 기해 채무자의 수익자에 대한 부당이득반환청구권을 대위행사하여 피고로부터 목적물의 점유반환이나 등기말소를 받을 수 있다고 하였다.

② 취소긍정설: 채권자취소의 대상인 사해행위는 유효한 법률행위일 것을 요건으로 하지 않는다고 보아 가장매매도 채권자취소권에 의한 취소의 대상이 된다는 견해이다.[2] 이 때 피고인 수익자가 취소대상인 가장매매를 허위표시로서 무효라고 주장함으로써 채권자취소권의 행사를 저지하지 못한다고 한다. 사견으로서는 긍정설(肯定說)에 찬동한다. 채권자는 사해행위임을 주장 · 입증하여 그 법률행위를 취소하거나 또는 통정허위표시임을 주장 · 입증하여 그 효력을 부인할 수 있다(양자의 동시주장도 가능함). 취소부정설에서 무효인 법률행위는 아예 존재하지 않는 것으로 취급하여 그에 대한 취소가 이론적으로 모순이라고 보는 것은 가장행위의 사회적 기능은 무시하고 법개념에만 충실한 해석방법이므로 타당치 않다고 생각한다.

③ 판례는 민법 제406조가 단순히 법률행위라고 할 뿐 유효한 법률행위일 것을 명시하지 않으므로 무효인 법률행위도 취소의 대상이 된다고 해석한다.[3] 소외 A가 무자력상태를 가장하여 원고들에게 대한 채무를 면제할 목적으로 원고들을 해할 것을 알고도 피고와 통모하여 본건부동산에 대한 환매특약(還買特約)을 붙여 피고와 매매계약(賣買契約)을 체결한 경우에, 채결한 경우에, 채권자인 원고들을 해할 것을 알면서 피고와 통모하여 환매특약을 붙여 매매계약을 체

1) 김증한 · 안이준, 151 이하; 김기선, 185; 이태재, 165. 다만 김주수, 228과 현승종, 203은 전득자가 허위표시에 관해 선의이면 그에 대한 관계에서 가장매매가 유효하므로, 이 때 전득자가 사해행위에 대한 악의요건을 갖추면 그에 대한 채권자취소권의 행사는 가능하다고 한다.

가장매매에 허위표시에 의한 무효법리를 우선적으로 적용하는 견해를 취하더라도 물권변동에 관해 무인설을 취하느냐 유인설을 취하느냐에 따라 일탈재산의 소유권귀속과 그 후의 법적 처리가 다르게 된다. 무인설을 취한다면 허위표시로 무효가 되는 것은 채권행위인 매매계약이고 물권행위는 그에 영향을 받지 않고 유효하게 존속하여 매수인은 이전받은 매매목적물에 대한 소유권을 보유한다(단 상대적무인설에서는 물권행위가 무효될 수 있음). 이 때 매도인은 매수인에 대하여 부당이득반환청구권을 갖는데, 그것은 채권자에 의해 대위행사될 수 있다(채권자대위권). 유인설을 취한다면 허위표시무효로 채권행위와 물권행위가 함께 무효로 되어 소유권은 등기명의가 매수인으로 남아 있음에도 불구하고 매도인에게 복귀한다. 매도인은 매수인에 대하여 그의 소유권에 기하여 점유반환과 등기말소를 청구할 수 있는데, 이것도 매도인의 채권자에 의해 대위행사될 수 있다.

2) 곽윤직, 189; 김상용, 307; 김용한, 261; 김석우, 191; 김현태, 166; 김형배(2판), 403; 양창수, 앞의 글, 33.

3) 대판 1961. 11. 9, 4293민상263; 대판 1963. 11. 28, 63다493; 대판 1975. 2. 10, 74다334; 대판 1984. 7. 24, 84다카68.

결한 것이므로 사해행위로 인정된다고 한다(대판 1964. 4. 14, 63다827. 허위표시로서 무효인 가장 매매를 사해행위로 인정하여 취소를 긍정한 판례이다).[1)] 채무자의 법률행위가 통정허위표시인 경우에도 채권자취소권의 대상이 되고, 한편 채권자취소권의 대상으로 된 법률행위가 통정허위표시의 요건을 갖춘 경우에는 무효라고 한다(대판 1998. 2. 27, 97다50985).

통정허위표시에 의해 무효인 법률행위도 그 외양이 존재하는 한 채권자취소권에 의해 취소할 수 있다고 해석된다(무효와 취소의 이중효인정). 채권자취소권의 행사요건인 사해행위 및 일탈재산의 판단은 채권자취소권제도의 독자적인 입장에서 해야 한다. 어떤 법률행위가 허위표시에 의해 무효라고 주장되는 경우에, 법이론상으로는 그 법률행위가 처음부터 존재하지 않는 무의 상태에 있었다고 말할 수 있을 것이지만, 실제거래에 있어서는 그러한 법률행위일수록 계약서뿐 아니라 소유권이전등기와 같은 공시방법까지 갖추고 있는 경우가 많다. 그러므로 이해당사자가 그의 무효를 주장 · 입증하여 공시방법을 제거하고 원상으로 복귀시키기까지는 사실상 그 법률행위가 유효하게 존재하는 것과 같은 외양이 존재하게 된다. 이렇게 외견으로 보아 유효한 것처럼 보이는 법률행위는 허위표시의 무효를 주장하든가 채권자취소권으로서 취소하든가 하여 결과적으로 그 법률행위의 효력을 부인하려는 것이 법의 목적이다. 이해관계인이 어떤 법률요건을 주장 · 입증하여 그 효력을 부인할 것인가는 전략적으로 판단할 문제이다. 결론적으로 채무자와 제3자 사이의 법률행위가 가장행위로서 무효로 밝혀질 소지가 있더라도, 그 법률관계가 채권자취소의 요건을 갖춘 때에는 채권자가 그 사해행위를 취소하고 동시에 일탈재산의 원상회복을 청구할 수 있다. 다만 그 법률행위에 관하여 허위표시를 이유로 무효라고 확인한 판결이 내려진 경우에는, 채권자가 채권자취소소송을 제기할 소(訴)의 이익(利益)이 부정될 수 있다.

1) 대판 1975. 2. 10, 74다334: 통모에 의한 가장매매는 사해행위취소의 대상이 되고, 소유권이전등기청구권을 보전키 위한 가등기는 그 자체만으로는 물권취득의 효력을 발생하는 것이 아니지만 후일 그 본등기를 하는 경우에는 가등기시에 소급하여 소유권변동의 효력이 발생하기 때문에 채권자로 하여금 완전한 변제를 받을 수 없게 하는 결과를 초래하게 되므로 채권자를 해한다고 할 것이다.

무효와 취소의 이중효이론

독일민법학에서는 20세기 초부터 무효인 법률행위를 취소하는 것이 가능한가의 문제를 둘러싸고 격심한 논의가 있었다. 현재 독일의 다수설은 「무효(無效)와 취소(取消)의 이중효이론(二重效理論)」으로서 그 가능성을 긍정한다.[1] 이중효이론은 어떤 법률요건과 법률효과 사이의 관계는 순수논리적인 관계일 뿐이라고 보고, 하나의 사실에서 발생하는 여러 효과에 있어서 각 요건 · 효과관계는 동가치성을 갖는다고 한다. 이 동가치성으로부터 어떤 요건 · 효과관계가 다른 것보다 시간적으로 우선 적용되어야 한다는 가상원리는 부인되므로 먼저 발생한 효과가 다른 효과의 발생을 방해하지 않는다고 한다.

우리 민법학에도 독일의 이중효이론이 도입되어 무효인 법률행위에 대한 취소를 인정하는 추세이다.[2] 법률행위의 무효는 단지 당사자가 의욕한 대로의 효과가 발생하지 않을 뿐 그 이외에 있어서는 여전히 유효한 것처럼 존재하므로 그에 대한 취소를 시인한다 하더라도 논리적으로 모순되는 것이 아니라고 한다. 사견으로는 무효사유의 주장이나 취소사유의 주장은 모두 법률행위의 효력요건에 흠결이 있다는 것을 주장하는 것이므로, 당사자가 그 두 가지 중 어떤 것을 주장하여 그 법률행위의 효력을 부인하더라도 무방하다고 본다. 통정허위표시로서 무효인 가장행위에 대해 채권자취소권의 행사를 긍정하는 견해는 결국 무효와 취소의 이중효이론을 취하는 입장에 해당한다.

(3) 사해행위의 유형

사해행위(詐害行爲)는 증여와 같은 무상행위(無償行爲)뿐 아니라 매매, 교환과 같은 유상행위(有償行爲)도 될 수 있다. 사해행위의 판단에 있어서는 객관적 요건인 재산처분의 법률행위, 채무자의 무자력, 법률행위 이전의 채권성립 등과 주관적 요건인 채무자와 피고의 사해의 인식을 종합적으로 고

1) Theodor Kipp, *Über Doppelwirkungen im Recht, insbesondere über die Konkurrenz von Nichtigkeit und Anfechtbarkeit*, 1911. 무효와 취소의 이중효이론은 키프의 이 저서에서 최초로 주장되었다. 그의 주장에 의하면 다수의 법률원인에서 동일 또는 유사한 법률효과가 발생하는 경우에 각 원인과 결과의 관계를 자연과학적으로 관찰하지 말고 법이 사인에 대해 명령하는 관계로서 파악한다면, 유사한 사항을 반복적으로 명령하는 것이 가능하다는 점에 이중효이론의 이론적 근거가 있다고 한다. Karl Peter, "Die Möglichkeit mehrerer Gründe derselben Rechtsfolge und mehrerer gleicher Rechtsfolgen," *AcP* 132, 1930; Oellers, "Doppelwirkungen im Recht?" *AcP* 1669(1969), S. 67ff.; 於保不二雄, "二重效について" 법총 제41권 2호(1939)에 의해 일본에도 이 이중효이론이 도입되었다.

2) 이영준, 민법총칙, 696; 고상용, "민법상 이른바 이중효의 의미," 김용한화갑기념 민사법학의 제문제, 1990 수록; 졸저, 민법총칙, 697~698.

려하여야 한다.

(가) 증여계약 채무자가 자기재산을 제3자에게 증여함으로 인해 무자력이 되는 경우에 증여계약(贈與契約)은 사해행위가 된다. 채무자가 유일한 부동산을 증여하거나 매각하여 금전으로 바꾸는 행위는 사해행위가 되며 이 때 사해의 의사가 추정되므로, 수익자가 악의가 없었다는 것을 입증해야 한다(대판 2001. 4. 24, 2000다41875).

(나) 매매계약 채무자가 상당액의 대금을 받고 재산을 매도하는 매매계약이 사해행위인가에 대하여는 견해가 엇갈린다. ① 부정설: 매매는 직접 채무자의 재산을 감소시키는 사유가 아니므로 사해행위가 아니라고 한다. ② 긍정설: 채권자에게 변제할 목적으로 재산을 현금화하는 경우 이외에는 매매대금을 소비·은닉하여 채권자를 해할 우려가 있으므로 사해행위에 해당한다고 본다. ③ 판례는 사례에 따라 다르게 판단한다. 채무자가 자기의 유일한 재산인 부동산을 매각하여 소비하기 쉬운 금전으로 바꾸는 행위는 그 매각이 일부 채권자에 대한 정당한 변제에 충당하기 위하여 상당한 가격으로 이루어졌다는 등의 특별한 사정이 없는 한 채권자에 대하여 사해행위로 된다고 본다(대판 1964. 4. 14, 63다827 등 다수판결). 그러나 채무자가 양도한 목적물에 담보권이 설정되어 있는 경우라면 일반채권자들의 공동담보에 공하여지는 책임재산은 피담보채권액을 공제한 나머지 부분만이므로 피담보채권액이 목적물의 가격을 초과하는 때에는 당해 목적물의 양도가 사해행위에 해당하지 않는다고 한다(대판 2000. 11. 10, 2000다48005).

사견으로는 제한적긍정설(制限的肯定說)을 취하겠다. 목적재산을 압류함으로써 채무자의 재산처분을 제한할 수 있는 제도가 있는 우리법에서 채권자에게 압류도 하지 않고 정당한 거래를 취소하고 재산을 환수하는 것은 원칙적으로 인정될 수 없다. 다만 사해행위 당사자가 매매대금을 지급한 증거가 없다든지 하여 통정허위표시(通情虛僞表示)에 의한 가장매매의 가능성이 높은 경우, 매매대금이 시가에 비해 현저히 낮아 정당한 거래라고 보기 어려운 경우와 같은 때에 제한적으로 매매를 사해행위로 인정할 수 있을 것이다.

(다) 변제와 대물변제 채무자가 채권자에게 채무의 이행으로서 금전지급, 물건인도, 소유권이전등기 등 변제행위를 하는 것은 사해행위가 되지

않음이 원칙이다(대판 1981. 2. 24, 80다1963). 채무자는 이행기가 도래한 채권의 변제를 거절할 권한이 없기 때문이다. 그러나 채무가 없음에도 불구하고 있는 것처럼 위장하여 변제하는 가장변제(假裝辨濟), 동시이행항변권 등의 항변권이 있어 즉시 이행할 필요가 없음에도 불구하고 변제하는 경우에는 사해행위가 될 수 있다. 변제(辨濟)도 사해행위가 된다는 견해도 있는데,[1] 이에 의하면 일부의 채권자와 공모하여 다른 채권자를 해하기 위하여 한 변제는 사해행위가 된다고 한다. 사견으로는 채무초과의 상태에 있는 채무자가 일부의 채권자에게만 변제한 경우에, 채무자의 적극재산은 감소했으나 소극재산도 감소했으므로 결과적으로 재산상황에 변동이 없으므로 그 변제가 있었다는 것만으로는 사해행위가 되지 않는다고 해석한다.

대물변제(代物辨濟)가 사해행위가 될 것인가에 관해서는 학설이 대립한다. ① 정당한 가격으로 행한 대물변제도 사해행위가 되는가에 대하여 견해가 대립한다. 긍정설은 채무자가 특정채권자와 공모하여 대물변제를 함으로써 다른 채권자를 위한 책임재산을 감소시키는 경우에, 대물변제도 사해행위가 된다고 한다.[2] 판례도 긍정설을 취한다(대판 1966. 10. 18, 66다1447; 대판 1998. 5. 12, 97다57320). 사견으로는 부정설을 취하겠다. 정당한 가격으로 대물변제한 경우에, 그 대물변제를 사해행위로 본다거나 변제수령자와 공모한 것으로 보는 것은 압류 이전의 처분행위를 부정하는 것이 되어 부당하다고 생각한다. ② 대물변제한 물건의 가액이 채무액을 초과한 경우에, 그 대물변제 전체를 사해행위로 보는 견해가 있다.[3] 반면에 채무액을 초과하는 가치의 물건, 채권 기타 재산권의 양도는 그 초과부분에 한해서 사해행위가 된다는 견해도 있다.[4] 사견으로는 후자의 견해가 타당하다고 생각한다.

판례는 기존채무의 변제는 총재산의 증감과 무관하며 사해행위가 아님이 원칙이지만, 특정채권자와 채무자가 공모하는 등 사해의사가 있는 경우에는 사해행위가 된다고 하며(대판 1990. 11. 23, 90다카27198), 우선변제권을 갖는 채권자에게 재산을 이전하는 행위는 사해행위가 아니다(대판 2000. 12. 8, 2000다21017; 대판 2008. 2. 14, 2006다33357). 채무초과의 상태에 빠져 있는 채무자가 그의 유일한 재산인 부동산을 채권자들 가운

1) 김주수, 232.
2) 김용한, 263; 김석우, 197; 김주수, 232; 김증한, 123; 김형배(2판), 412; 현승종, 26.
3) 민법주해(9), 829(김능환 집필부분).
4) 같은 취지: 김상용, 309; 김석우, 197; 김주수, 232; 김현태, 167; 현승종, 206.

데 어느 한 사람에게 대물변제로 제공하는 행위는 다른 특별한 사정이 없는 한 다른 채권자 등에 대한 관계에서 사해행위가 된다고 한 사례가 있다(대판 1996. 10. 29, 96다23207; 대판 2005. 11. 10, 2004다7873).

㈑ 담보물권의 설정　채무자가 타인을 위하여 그의 부동산, 기타 재산을 담보물로 제공하는 것(물상보증)은 재산의 감소위험이 크므로 사해행위가 될 수 있다. 채무자 스스로 융자를 받으면서 자신의 부동산을 담보로 제공하는 것은 원칙적으로 사해행위가 아니다.

이미 부담한 채무를 담보하기 위하여 특정채권자에게 담보를 제공하는 경우에 사해행위로 볼 것인가에 대하여는 견해가 대립한다. 기존채무에 관한 담보설정은 채무자의 재산상황에 변화를 초래하지 않으므로 사해행위가 아니라는 부정설(否定說)이 있는 반면에,[1] 이미 채무초과의 상태에 빠져 있는 채무자가 그의 유일한 재산인 부동산을 채권자 중의 어느 한 사람에게 채권담보로 제공하는 행위는 특별한 사정이 없는 한 다른 채권자들에 대한 관계에서 사해행위가 된다는 긍정설(肯定說)도 있다.[2]

판례는 이미 채무초과의 상태에 빠져 있는 채무자가 그의 유일한 재산인 부동산을 채권자 중의 어느 한 사람에게 채권담보로 제공하는 행위는 특별한 사정이 없는 한, 다른 채권자들에 대한 관계에서 사해행위가 된다고 한다(대판 1989. 9. 12, 88다카23186; 대판 2007. 2. 23, 2006다47301). 그 담보물이 채무자 소유의 유일한 부동산인 경우에 한하여만 사해행위가 성립한다고 볼 수 없다(대판 2008. 2. 14, 2005다47106, 47113·47120). 다만 채무초과상태에 있는 채무자가 사업자금을 융통하기 위해 부득이하게 부동산을 특정채권자에게 담보로 제공하고 그로부터 신규자금을 추가로 융통받은 경우에 그 담보설정행위는 사해행위가 아니라고 하였다(대판 2001. 5. 8, 2000다50015; 대판 2005. 11. 10, 2005다33718; 대판 2007. 11. 29, 2007다52430).

가등기에 기하여 본등기가 경료된 경우 가등기의 원인인 법률행위와 본등기의 원인인 법률행위가 명백히 다른 것이 아닌 한, 사해행위 요건의 구비 여부는 가등기의 원인된 법률행위 당시를 기준으로 판단하여야 하며(대판 1999. 4. 9, 99다2515),[3] 제척기간도 가등기를 기준으로 판단한다(대판 2006. 12. 21, 2004다24960).

---

1) 곽윤직, 192; 현승종, 206; 김석우, 198; 김용한, 263; 김증한·김학동, 198; 김현태, 167.

2) 김기선, 188; 김주수, 232; 김형배(2판), 413; 이태재, 167.

3) 평석: 김상용, "매매예약의 사해행위성 여부," 법률신문 1997. 3. 10자에서는 "매매예약시에는 채무자가 무자력이 될 가능성이 있을 뿐이고 본계약이 성립했을 때 비로소 무자력이 발생하므로, 본계약을 사해행위로 보아 채권자취소권행사의 제척기간은 본계약일을 기산일로 계산해야 한다. 채무자의 매매예약시 채권자보호방법이 없다는 문제점이 있으나 이는 법률의 흠결이고 법해석상 예약을 사해행위로 인정할 수는 없다"고 비판하였다.

(마) 보증채무의 부담　채무자가 타인을 위하여 보증채무를 부담하였으나 주채무자에게 변제의 충분한 자력이 있는 경우에는 소극재산의 증가로 재산상황이 나빠지더라도 사해행위가 되지 않는다.[1] 연대보증채무를 부담한 경우는 최고·검색의 항변권이 없으므로 주채무자와 동일한 채무를 부담하게 되어 문제이다. 이 때에도 주채무자에게 충분한 변제자력이 있으면 그에게 구상할 수 있으므로 사해행위가 되지 않는다.[2]

(바) 회사설립행위　회사설립은 재산출연행위를 포함하므로 사해행위가 될 수 있다(상법 제185조, 제269조, 제552조).[3]

(사) 어음발행행위　기존 채무의 지급을 위한 약속어음발행행위는 사해행위가 아니지만, 어음발행으로써 신채무를 부담하게 되는 경우 그로 인해 채무자가 채무초과상태에 빠지거나 채무초과상태가 더욱 악화되었다면 사해행위가 된다(대판 2002. 10. 25, 2000다64441).

(아) 상속재산분할협의　상속재산분할협의도 성질상 재산권을 목적으로 하는 법률행위이므로 사해행위가 될 수 있다(대판 2001. 2. 29, 2000다51797; 대판 2007. 7. 26, 2007다29119). 상속재산 분할협의시 상속 부동산에 대한 상속분을 포기하는 대신 소비하기 쉬운 현금을 지급받기로 한 경우라도 사해행위에 해당한다(대판 2008. 3. 13, 2007다73765).

3. 사해의 인식(악의)

(1) 사해인식의 의의

사해(詐害)의 인식(認識)이란 채무자나 취소상대방이 그 재산처분으로 채권자에 대한 변제자력이 없게 된다는 것을 인식하였다는 것을 의미한다. 사해행위가 오로지 채권자를 해하기 위한 목적으로 행하여졌다는 것, 즉 책임재산의 도피만을 목적으로 행해졌다는 것과 같은 적극적인 사해의도는 요건이 아니다. 사해의 인식은 채무자나 수익자의 심리상태를 증명하는 것이 아니라 정황증거로서 그 인식가능성을 객관적으로 설명하는 것으로 충분하다. 판례는 사해의사는 채무자의 재산처분행위에 의하여 그 재산이 감

1) 같은 취지: 곽윤직, 192; 김용한, 263; 김석우, 199; 김증한, 124; 김주수, 233; 김형배(2판), 413; 현승종, 207.

2) 반대설: 곽윤직, 192; 김상용, 261; 김용한, 264; 김주수, 210; 임정평, 236; 현승종, 207.

3) 이혼시 부부간의 재산분할도 사해행위가 될 수 있다(대판 1990. 11. 23, 90다카24763). 한애라, "협의재산분할과 사해행위취소," 인권과 정의 1999년 3월호, 53 이하.

소되어 채권의 공동담보에 부족이 생기거나 이미 부족상태에 있는 공동담보가 한층 더 부족하게 됨으로써 채권자의 채권을 완전하게 만족시킬 수 없게 된다는 사실을 인식하는 것을 의미하고, 그러한 인식은 일반 채권자에 대한 관계에서 있으면 충분하고 특정의 채권자를 해한다는 인식이 있어야 하는 것은 아니라고 한다(대판 1998. 5. 12, 97다57320). 채무자가 유일한 재산인 부동산을 매각하여 소비하기 쉬운 금전으로 바꾸는 경우에는 채무자의 사해의사는 추정된다고 한다(대판 1999. 4. 9, 99다2515).

(2) 채무자의 사해인식

채권자취소권의 행사를 위해서 채무자와 취소상대방(피고)의 2인의 악의가 필요하다. 채무자에게 "채권자를 해함을 알고 재산권을 목적으로 한 법률행위를 한 때"에 사해행위로서 인정된다. 사해행위의 판단에 있어서 채무자의 사해의 인식은 필수적 요건이 된다. 채무자의 사해인식(詐害認識)은 취소채권자가 입증해야 한다. 만약 채무자가 취소소송에 참가하지 않아도 된다면 채무자가 없는 곳에서 그의 사해인식을 판단하게 되어 부당한 결과로 될 것이다.

(3) 수익자의 사해인식

법률행위로 인하여 이익을 받은 자나 전득한 자가 그 행위 또는 전득 당시에 채권자를 해함을 알지 못하는 경우에는 채권자취소의 대상이 되지 않는다(제406조 1항 단서). 취소 및 원상회복청구의 상대방(피고)이 되는 수익자 또는 전득자는 사해의 인식을 가졌을 것이 요구된다.

수익자(受益者)의 사해인식(詐害認識)을 누가 증명해야 하는가라는 입증책임(立證責任)에 관해서는 견해가 대립한다.

1) 수익자부담설　민법 제406조 1항 단서로서 수익자 또는 전득자가 행위 당시에 채권자를 해함을 알지 못한 경우에는 채권자취소의 대상이 되지 않는다고 규정한 것을 근거로 수익자 또는 전득자 쪽에서 사해의 인식이 없음을 입증해야 한다고 해석한다.[1]

2) 채권자부담설　사견으로는 수익자의 사해인식은 원고인 채권자가 증명해야 한다고 생각한다.[2] 첫째, 수익자의 악의추정은 입증책임의 기본원칙에도 어긋난다. 어떤 법률행위의 취소를 주장하는 자는 그 취소요건을

1) 곽윤직, 196; 김용한, 265; 김주수, 214; 이태재, 167; 임정평, 239; 장경학, 312; 현승종, 211.

2) 같은 취지: 김상용, 310. 정당한 가격을 지불하고 매수한 수익자에 대하여도 사해행위취소를 인정하는 판례의 입장을 고려할 때 그 수익자에게 선의의 증명책임을 부과하는 것은 부당하다고 생각한다.

입증할 책임을 지는 것이 원칙이다. 채권자취소권에서 취소대상이 되는 사해행위는 언제나 객관적으로 어떤 행위가 당연히 사해행위가 되는 것이 아니라 채무자와 수익자의 사해인식(詐害認識)이 개재되어 있기 때문에 비로소 사해행위가 되는 경우가 많다. 둘째, 만약 취소대상이 되는 법률행위를 가장행위에 한정한다면 그 행위 자체로서 사해행위가 될 것이지만, 채권자취소에 있어서 사해행위는 반드시 가장행위일 필요는 없다고 보는 데에 견해가 일치한다. 그렇다면 가장행위 아닌 사해행위는 쌍방당사자의 사해의 인식이 증명되기 전까지는 정당한 법률행위로서 인정될 수밖에 없을 것이다. 셋째, 일방당사자인 채무자의 사해인식만 가지고 사해행위라고 단정하고 수익자의 악의(惡意)를 추정하는 것은 거래안전을 해치게 되어 부당하다. 수익자의 악의를 추정한다면 거래당사자가 혹시 상대방이 채무초과의 상태에 있는지 조사해 보아야 취소당하지 않게 될 것인데, 이는 불합리하다. 그리고 어떤 법률행위 당사자에게 과실이 없는 경우에까지 악의를 추정한다면 이는 민법의 기본정신에 어긋나게 될 것이다. 넷째, 민법 제406조 1항 단서는 증명책임을 전환하는 규정이 아니라, 수익자나 전득자의 악의를 요건으로 한다는 점을 규정한 것이라고 해석된다. 제406조 1항 본문에서 「법률행위」라고 표현할 뿐 「사해행위」라고 표현하지 않는 점을 주목할 필요가 있다.

3) 판례는 채권자가 채무자의 악의만 증명하면(채무자의 선의추정), 피고인 수익자·전득자의 선의는 피고 스스로 증명할 것을 요구함으로써 수익자·전득자의 악의를 사실상 추정해 준다(대판 1960. 7. 7, 4292민상786).[1] 수익자의 선의에 과실이 있는지 여부는 문제되지 않는다(대판 2007. 11. 29, 2007다52430).

채무자가 제3자(수익자)에 대하여 실제로는 아무런 채무도 부담하고 있지 않으면서 구상채무의 대물변제(代物辨濟)라는 명목으로 그 소유의 유일한 재산인 부동산을 위 제3자에게 매매의 형식으로 양도하여 무자력이 되었다면 그 재산의 양도행위는 채권자취소권의 대상이 되는 사해행위에 해당한다 할 것이고, 이 경우 수익자의 악의(惡意)는 추정(推定)되는 것이므로 수익자가 그 법률행위 당시 선의이었다는 입증을 다하지 못하는 한 채권

1) 대판 1960. 8. 18, 4293민상86: 채무자의 사해의사 유무의 결정은 사해행위성립의 때를 기준으로 할 것이지 그로 인한 소유권이전등기의 때를 기준으로 할 것이 아니며, 또 수익자나 전득자에 있어 채권자를 해함을 알지 못하였다고 주장하는 경우에는 그 입증책임은 수익자나 전득자에게 있다.

자는 그 매매를 취소하고 원상회복을 청구할 수 있다(대판 1988. 4. 25, 87다카1380).

(4) 선의의 수익자의 보호

사해성을 알지 못한 선의의 제3자에 대한 관계에서는 채권자취소권을 행사할 수 없다. ① 수익자(受益者)가 악의이고 전득자(轉得者)가 선의인 경우에, 취소채권자는 수익자를 피고로 취소와 가액반환을 청구할 수 있다. ② 수익자가 선의이고 전득자가 악의인 경우에 어떻게 되는가? 이 경우 악의의 전득자를 피고로 취소와 원물반환을 청구할 수 있다는 견해가 있다.[1] 사견으로는 이 경우 누구에 대해서도 채권자취소권을 행사할 수 없다고 해석한다. 수익자가 선의라는 사실만으로 채무자로부터 수익자에게로의 양도행위는 유효하게 되어 취소채권자와의 관련성은 단절된다. 그 이후에 수익자가 전득자에게 양도하는 행위는 채무자와는 관계 없는 거래행위이다. 비록 전득자가 채무자로부터 수익자에로의 양도행위가 채무자의 책임재산의 감소를 가져올 것이라는 것을 알았더라도 전득자가 채무자의 책임재산을 감소시킨 것은 아니므로 그 사실이 수익자와 전득자의 양도행위에 영향을 미친다는 것은 부당하다. 선의의 수익자 이후의 법률행위는 사해행위가 될 수 없다. ③ 수익자와 전득자가 모두 악의인 경우에, 채권자는 한 명 또는 두 명 모두를 피고로 하여 취소 및 원상회복을 청구할 수 있다.

4. 채무자의 무자력

(1) 책임재산보전의 필요성

채권자취소권의 행사는 채무자의 자기재산처분(自己財産處分)의 자유를 제한하는 제도이므로 채무자의 잔여재산(殘餘財産)으로 채권자의 만족이 불가능하게 됨이 확실시될 경우에 한해서 비상수단으로서 허용되어야 한다. 채권자를 해롭게 한다는 것은 채무자의 재산처분의 결과 그의 채권자들을 만족시킬 만한 재산이 부족한 상황이 되는 것을 가리킨다.[2] 이렇게 채무자의 변제자력이 불충분하게 된 것을 「무자력(無資力)」이라고 한다.

1) 곽윤직, 197; 김기선, 192; 김상용, 262; 김용한, 267; 김석우, 203; 김주수, 238; 김증한, 128; 김현태, 172; 이태재, 171; 현승종, 213.

2) 같은 취지: 곽윤직, 190; 김기선, 186; 김용한, 261; 김석우, 194; 김주수, 229; 김증한·김학동, 197; 김현태, 166; 김형배(2판), 405; 이태재, 166; 현승종, 203; 대판 1962. 11. 15, 62다634; 대판 1982. 5. 25, 80다1403.

(2) 무자력의 판단

채권자를 해한다 함은 채무자의 재산적 법률행위로 인해 채무자의 적극재산이 채무총액보다 적게 되는 경우를 말하는 것이므로, 채무자의 재산적 법률행위로 인해 채무초과상태가 확정된 경우에 무자력이 인정된다. 채무자의 무자력을 판단할 때에는 그 처분 이후의 적극재산과 소극재산(채무)을 산술적으로 계산하는 외에 채무자의 신용·수입·영업실적 등 장래 재산상황에 영향을 미칠만한 요소도 고려해야 한다. 채무자의 무자력 상황은 취소하고자 하는 당해 사해행위에 의한 처분(물권변동·채권양도) 직후에 존재해야 하며, 그 상황이 채권자취소권의 소송중(사실심변론종결시까지) 계속되어야 한다(대판 2007. 11. 29, 2007다54849). 채무자의 무자력 여부는 사해행위당시를 기준으로 판단되며, 사해행위로 이전된 부동산의 가액도 사해행위시를 기준으로 평가된다. 변제기에 도달하지 않은 채권을 기초로 취소소송을 제기하였을 때에는 채무자의 변제자력이 그 변제기에도 부족할 것이 명백한 경우에 한해서 취소가 허용된다. 또한 연속하여 수개의 재산처분행위를 한 경우에는 각 행위마다 무자력을 초래하였는지에 따라 사해성 여부를 판단하여야 한다(대판 2001. 4. 27, 2000다69026). 단, 이를 하나의 행위로 볼 특별한 사정이 있는 때는 일괄하여 전체로서 사해성을 판단한다(대판 2006. 9. 14, 2005다74900).

5. 채권자취소권의 행사범위

(1) 피보전채권의 범위 내

취소 및 원상회복청구는 취소채권자의 피보전채권액(被保全債權額)의 범위를 최고한도로 함이 원칙이다. 채권자취소소송에 있어서도 취소채권자의 피보전채권액을 상한(上限)으로 한다는 원칙이 관철되어야 한다.[1] 비록 다른 채권자가 많이 있더라도 취소채권자의 채권액을 초과하는 취소나 원상회복은 허용될 수 없다. 만약 그 채권액을 초과하는 취소를 허용한다면

---

1) 같은 취지: 곽윤직, 197; 김기선, 192; 김용한, 268; 김석우, 205; 김주수, 239; 김증한·김학동, 205; 김현태, 171; 현승종, 214.

반대설: 채권자취소권의 행사범위를 취소채권자의 채권액에 다른 일반채권자의 채권액을 포함시킨 채권총액으로 보는 견해가 있었다. 이태재, 226. 취소의 효과가 모든 채권자를 위하여 발생하는 우리 민법의 채권자취소권제도(제407조)는 일반채권자를 위한 공동책임재산을 보전함을 의도하므로 행사의 범위를 취소채권자의 채권액으로 제한하는 것은 타당치 않다고 하였다.

취소상대방인 수익자나 전득자에게 지나치게 큰 피해를 주게 되기 때문이다. 다만 채무명의를 가진 다른 채권자의 배당참가의 개연성이 높을 때에는 예외적으로 취소채권자의 채권액을 초과하는 소구를 허용하여야 한다. 판례도 채권액은 사해행위 당시의 채권액을 한도로 하며 그 이후에 발생한 채권액은 비록 당해 판결 전이라도 포함되지 않는다고 한다. 단, 채권자의 채권액에는 사행행위 이후 사실심 변론종결시까지 발생한 이자나 지연손해금이 포함된다(대판 2007. 6. 29, 2006다66753). 예외적으로 다른 채권자의 배당요구가 명백하거나 목적물이 불가분인 경우에는 취소채권자의 채권액을 초과해서 취소를 구할 수 있다(대판 2000. 12. 26, 2000다41387).

(2) 일부취소

목적물가액이 취소채권액을 초과하더라도 목적물이 분할가능하면 취소채권액의 가액범위 내로 분할한 일부목적물만을 반환청구할 수 있다. 목적물이 불가분물(不可分物)로서 그 가액이 피보전채권액을 훨씬 초과하는 경우에 그 목적물 전부(全部)에 대하여 취소 및 반환청구를 인정할 것인가 또는 일부취소(一部取消)하고 가액반환을 청구할 것인가에 대하여는 견해가 대립한다. ① 일부취소설: 취소채권액초과의 불가분물에 대한 원물반환은 허용될 수 없고 취소채권액의 범위 내에서 일부취소하고 가액반환을 청구해야 한다는 견해이다.[1] ② 전부취소설: 전부취소와 목적물 전부의 원물반환을 허용하는 견해이다.[2] ③ 사견으로는 일부취소설(一部取消說)에 찬동한다. 채권자취소권은 수익자를 희생시켜 채권자를 보호하는 제도인데, 채권자에 대한 보호목적에 초과하는 희생을 강요하는 것은 부당하기 때문이다. 판례는 일부취소를 인정한다. 사해행위 당시 부동산에 저당권이 설정되어 있었던 경우에는 그 부동산 가액에서 저당권의 피담보채권액을 공제한 잔액만이 취소(일부취소) 및 원상회복(가액배상)될 수 있다(대판 1996. 10. 29, 96다23207). 수익자가 채무자를 위하여 대위변제한 경우에 채권자는 부동산의 가액에서 매수인이 대위변제한 채무액을 공제한 잔액의 한도 내에서 매매계약의 일부취소와 그 가액의 배상을 청구할 수밖에 없다(대판 1999. 11. 9, 99다50101). 수익자는 자기도 채무자의 채권자로서 배당요구를 할 것이라는 이유로 원상회복을 거절할 수 없다(대판 2001. 2. 27, 2000다44348).

1) 김용한, 269; 김석우, 205; 김증한, 129; 김현태, 127; 현승종, 215; 민법주해(9), 839.
2) 김기선, 192; 김상용, 263; 김형배(2판), 417; 이태재, 162.

(3) 피보전채권액의 계산

취소채권자의 피보전채권액(被保全債權額)을 계산(計算)하는 시기에 관해서는 견해의 대립이 있다. 사해행위시의 채권액을 한도로 하며 그 이후에 발생한 채권액은 포함되지 않는다는 견해[1]와 사해행위 이후에 발생한 채권액도 당해 판결시까지 존재하는 것은 피보전채권의 범위에 포함시켜야 한다는 견해[2]가 있다. 사견으로는 원칙적으로 채권자가 사해행위시까지 가졌던 채권에 기해서만 채권자취소권을 행사할 수 있지만, 사해행위 이전에 계속적 신용계약을 체결한 경우에 그 계약에 기한 채권액의 증가는 판결시(사실심종결시)까지의 것이 포함된다고 해석하겠다.

6. 제척기간

민법은 채권자취소권의 행사에 관해 단기의 제척기간(除斥期間)을 설정한다. 취소소송은 채권자가 취소원인을 안 날로부터 1년, 법률행위 있은 날로부터 5년 내에 제기하여야 한다(제406조 2항). 사해행위가 행해진 지 5년이 경과하면 비록 채권자가 안 지 1년이 안 되었더라도 취소소송을 제기할 수 없다고 해석된다.

채권자취소권은 채권자의 만족을 위한 책임재산을 확보하고자 사해행위의 거래상대방인 수익자나 전득자를 희생시키는 제도로서, 거래상대방은 취소가 있기 전까지 불안정한 지위에 놓여 있게 된다. 민법은 이러한 거래상대방의 불안정을 단기에 종료시키기 위해서 제척기간을 설정한 것이다.

판례는 제척기간(除斥期間)의 기산점(起算點)인 채권자가 '취소원인을 안 날'이라 함은 채권자가 채권자취소권의 '요건'을 안 날, 즉 채무자가 채권자를 해함을 알면서 사해행위를 하였다는 사실을 알게 된 날을 의미하므로, 단순히 채무자가 재산의 처분행위를 하였다는 사실을 아는 것만으로는 부족하고, 그 법률행위가 채권자를 해하는 행위라는 것, 즉 그에 의하여 채권의 공동담보에 부족이 생기거나 이미 부족상태에 있는 공동담보가 한층 더 부족하게 되어 채권을 완전하게 만족시킬 수 없게 되었으며 나아가 채무자에

---

1) 곽윤직, 197; 김용한, 268; 김석우, 204; 김주수, 239; 김증한, 129; 김현태, 171.
2) 현승종, 214; 김홍규, 앞의 글, 215.

게 사해의 의사가 있었다는 사실까지 알 것을 요한다고 한다(대판 2002. 11. 26, 2001다11239). 채권자가 수익자나 전득자의 악의까지 알아야 하는 것은 아니며(대판 2005. 3. 25, 2004다66490), 사해행위의 객관적 사실을 알았다고 하여 취소의 원인을 알았다고 추정할 수는 없다(대판 2006. 7. 13, 2004다61280). 채권자가 채무자의 부동산 매도사실 및 채무자에게 당해 부동산 이외에 별다른 재산이 없다는 사실을 알고 있었다면, 그 때 사해행위를 한 사실을 알게 된 것이다(대판 1997. 5. 9, 96다2606).[1)]

이혼시 재산분할청구권을 보전하기 위한 채권자취소권

종래 이혼시 부부 일방이 상대방 배우자의 재산분할청구권 행사를 곤란케 하기 위해 그 책임재산을 감소시키는 폐해가 있었고, 이에 따라 재산분할청구권이 구체적으로 확정되기 전에 재산분할청구권을 피보전권리로 하는 사해행위취소권이 인정되는지 여부에 대하여 다툼이 있었다. 이에 재산분할청구권 보전을 위한 사해행위취소권을 신설(법 제839조의 3 신설)하여 입법적으로 해결하였다. 이에 따라 그 동안 부부재산에 대한 명의를 갖고 있지 않은 배우자의 잠재적 권리가 보호될 것으로 기대된다. 관할법원을 가정법원으로 하여 이혼시 재산분할청구의 소와 병합심리할 수 있게 한 것이 일반적인 채권자취소권과 다른 점이다.

1) 이 판결은 채무자가 유일한 재산인 부동산을 매각하여 소비하기 쉬운 금전으로 바꾸는 경우에 채무자의 사해의 의사가 추정된다는 것을 전제로 한다.

§ 34. 채권자취소권행사의 효과

채권자취소권은 반드시 소송상 행사되어야 하므로 그 효과는 민사소송법과 깊은 관련을 갖게 된다. 취소 및 원상회복의 내용을 어떻게 할 것인가의 문제는 소송참가, 기판력, 강제집행에 관한 민사소송제도와 상호적인 영향을 주고 받게 된다. 민법학에서는 채권자취소권의 실체법적 측면에서 취소 및 원상회복의 효과를 설명하고, 민사소송법학에서는 그 실체법상 효과를 소송법의 원칙과 조화를 이루는 범위에서 인정해야 할 것이다.

1. 채권자취소권의 효과론

(1) 상대적효력설

채권자취소권의 행사로 인한 사해행위의 취소와 일탈재산의 원상회복은 원칙적으로 취소소송의 당사자 사이에서 상대적 효력(相對的 效力)을 가질 뿐이므로, 채권자가 원고로서 수익자(또는 전득자)를 피고로 취소소송을 제기한 경우에 그 취소 및 원상회복의 효과는 채권자와 수익자 사이에서만 효력이 있을 뿐, 채권자와 채무자 및 채무자와 수익자 사이에서는 효력이 없다고 하는 견해이다.[1)]

취소의 결과 행해지는 원상회복은 소송당사자인 채권자와 수익자(또는 전득자) 사이의 상대적 관계에서만 행해지며, 채무자가 직접 반환재산에 대한 권리를 취득하지 못한다고 한다. 취소소송의 기판력(旣判力)은 소송에 참가하지 않은 채무자에게는 미치지 않으므로, 취소소송은 채무자와 수익자 사이의 법률관계에 아무 영향을 미치지 않는다고 한다(피고가 전득자인 경우는 수익자 · 전득자 사이도 같음). 상대적효력설에 의하면 채무자 · 수익자 사이의 매매계약이 취소되고 수익자가 인도받은 매매목적물을 원상회복당한 경우에, 그의 효력은 소송당사자인 채권자 · 수익자 사이에서만 발생하므로 채무자 · 수익자 사이에서는 매매계약이 유효하게 존재하고 수익자는 채무자에 대하여 자기가 지급한 매매대금의 반환을 청구할 수 없게 된다. 취소 및 원상회복에 따른 불이익은 피고(수익자 또는 전득자)가 스스로 감수하여야 하며, 이를 이유로 채무자에 대하여 손해배

1) 곽윤직, 187; 김기선, 184; 김상용, 263; 김용한, 255; 김석우, 189; 김주수, 217; 김증한 · 김학동, 241; 김현태, 165; 현승종, 201.

상을 청구하지 못한다고 한다. 단 채무자가 그로 인하여 이득을 얻은 때에는 수익자가 채무자에 대하여 그 부당이득(不當利得)의 반환(返還)을 청구할 수 있지만, 수익자는 그 부당이득반환청구권을 갖고 취소채권자에게 대항할 수 없다고 한다.

판례는 상대적 효력설(相對的 效力說)을 취해 왔다.[1] 즉 채무자(債務者)와 수익자(受益者)만을 상대로 한 사해행위취소소송에서 채무자와 수익자간의 법률행위를 취소하고 수익자 명의로 된 소유권이전등기의 말소를 명하는 판결이 확정되었다고 하여도 그 판결의 효력은 전득자(轉得者)에게 미칠 수 없다고 한다(대결 1984. 11. 24, 84마610).

(2) 책 임 설

채권자취소권의 행사 이후에도 사해행위에 의해 일탈되었던 재산은 그대로 수익자(受益者)(또는 전득자)의 소유로 남아 있으면서 취소채권자는 그 재산에 대해 강제집행할 수 있는 가능성만을 보유하게 된다는 견해이다.[2] 원래 채권자취소권제도는 강제집행의 대상이 되는 책임재산의 유지를 목적으로 하므로 일탈재산에 대한 강제집행가능성을 고려하는 것으로 충분하며, 책임재산이 누구에게 귀속되는가는 문제삼을 필요가 없다고 한다. 그러므로 민법 제406조 1항 본문의 「취소(取消)」는 책임관계상의 취소를 의미하고, 「원상회복(原狀回復)」은 일탈재산이 채권자에 대한 관계에서 책임재산의 지위로 회복된다는 것을 의미한다고 해석한다.

상대적효력설은 일탈재산을 반환받지 않으면 그에 대한 집행을 할 수 없다는 사고를 전제로 하는데, 그것은 채권자취소권의 목적을 넘는 불필요한 효과를 요구하는 것이라고 비판한다. 그리고 상대적효력설에 따를 경우 일탈재산이 채무자의 책임재산으로 환원되어 강제집행의 대상이 되는 점을 이론적으로 설명할 수 없는 난점이 생긴다고 비판한다. 즉 상대적효력설에 의하면 일탈재산이 채무자에게 반환되더라도 취소 및 원상회복의 효과가

1) 대판 1961. 11. 9, 4293민상263; 대판 1962. 2. 15, 4294민상378; 대판 1963. 8. 22, 63다299; 대판 1967. 12. 6, 67다1839; 대판 1988. 2. 23, 83다카1989; 대판 1990. 10. 30, 89다카35421.

2) 김형배, 388 이하; 고상용, "채권자취소권의 법적 성질," 고시계 1981년 4월호, 27 이하. 책임설은 독일에서 파울루스에 의해 주장되어 일본과 우리 나라에 도입되었다. Paulus, "Sinn und Formen der Gläubigeranfechtung," *AcP* 155(1956), S. 277ff.; 하삼정, "債權者取消權に關する一考察(一)(二)," 법학지림 제57권 2호, 3~4호, 1959~1960; 中野貞一朗, "債權者取消訴訟と强制執行," 민사소송잡지 6호, 1960, 53 이하; 佐藤岩昭, 앞의 글. 일본의 책임설에서는 채권자취소권을 실체법상의 권리가 아닌 소권(actio)으로서 파악하고 그를 폐파소권(廢罷訴權; actio révocatoire)이라고 부르자고 주장한다.

채무자에게 미치지 않는다고 하는데, 취소채권자가 회복된 채무자의 책임재산에 대해 강제집행하는 것은 어떠한 이론적 근거로 가능한지 의문이라고 한다. 실무상 이 같은 이론적 결함이 표면화되지 않은 이유는 집행법원(執行法院)이 형식적인 채무명의를 갖고 집행할 뿐 실체법관계(재산의 권리자가 누구인가 등)를 심사하지 않기 때문이라고 한다.

책임설은 채권자취소권이 사해행위를 책임관계의 측면에서 무효로 하는 형성권의 성격을 갖지만, 취소권행사의 소송에서 채권자는 특정법률행위의 취소를 표시하고 일탈재산이 자기채권을 위하여 책임재산으로서의 지위에 있음을 확인(確認)해 줄 것을 구하는 「확인의 소」를 제기해야 한다고 주장한다. 채권자가 승소판결을 받으면 당해 일탈재산은 피고의 소유와 명의로 되어 있는 상태대로 취소채권자를 비롯한 모든 채권자를 위하여 책임재산의 지위에 놓인다고 한다. 그 결과 사해행위의 처분 자체는 유효한 채로 있지만, 채권자와 채무자 사이의 책임관계의 변경은 소급하여 회복된다고 한다.

(3) 사 견(취소효과설)

사견으로는 채권자취소권의 행사에 의한 법률행위의 취소는 민법상 취소(取消)의 법리(法理)에 의하고, 원상회복의 효과도 취소된 법률행위가 없었던 상태로의 복귀(復歸)라고 실체법적(實體法的)으로 해석한 후에 민사소송법의 기판력(旣判力)의 원칙을 적용해야 할 것이라고 생각한다.[1]

첫째, 법률행위(法律行爲)의 취소(取消)란 유효한 듯이 존속하는 법률관계를 소급적으로 소멸케 하는 제도로서, 취소로 인한 법률행위의 소급적 실효(遡及的 失效)는 1차적으로 그 법률행위의 당사자에 대하여 효력을 발휘하게 된다. 착오로 인한 취소에서와 같이 선의의 거래상대방을 보호할 필요가 있는 경우에 선의의 제3자에 대한 관계에서는 취소로서 대항할 수 없게 된다(제109조 2항 등). 채권자취소권과 관련하여 채무자는 법률행위의 당사자이며, 착오에서 선의의 상대방과 같이 취소의 효과로부터 보호되어야 할 자가 아니므로 취소의 효력범위에 포함되어야 한다(상대적효력설에 따를 경우 채무자는 효력범위에서 제외된다). 취소채권자는 원상회복된 채무자의 재산에 대하여 강제집행할 권리가 있기 때문에 우선 채무자가 취소의 효과를 받아야 한다. 결국 채권자취소권의 취소는 통

1) 같은 취지: 서광민, 앞의 글, 72 이하.

상의 법률행위취소와 동일한 효과를 발생시킨다고 해석된다.

둘째, 원상회복(原狀回復)이란 수익자 또는 전득자로부터 일탈재산의 반환을 받는 것을 말하는데, 그 반환은 원칙적으로 채무자에게 하여 모든 채권자를 위한 책임재산이 되도록 해야 할 것이다. 실체법상 원상회복이란 취소 전에 채무의 이행으로서 급부한 것의 부당이득반환청구(不當利得返還請求)의 성격을 가진다. 법률행위의 취소로 인하여 소유권이 채무자에게 복귀한 경우에 남는 문제는 점유(占有)의 반환(返還)과 등기(登記)의 말소(抹消) 등이다. 원물반환이 불가능한 경우에는 가액반환(價額返還)을 해야 할 것인데, 이 경우에 취소채권자는 채무자의 반환청구권(返還請求權)으로부터 직접 만족을 얻기 위해 법원으로부터 지급명령(支給命令)을 받아 자기채권의 변제에 충당할 수 있을 것이다.

셋째, 채권자취소소송에서 채무자가 당사자로서 참가하지 않은 결과 그 판결의 효력범위 밖에 놓이는 것은 채권자취소권의 실체법적 효과가 아니라 민사소송법상 기판력(既判力)의 법리(法理)에 따른 것이다. 사견으로는 채무자가 취소소송의 당사자로서 참여하지 않는 것은 불합리하다고 생각한다. 채권자취소권의 실체법상 효과에 맞추어 민사소송에서도 채권자취소소송을 필수적 공동소송(必須的 共同訴訟)으로 해야 할 것이다. 채무자에게 취소소송에서 자기에 관한 사항을 주장·항변할 수 있게 하고 판결의 효력도 받게 하기 위해서 채무자를 소송당사자로 참가하도록 하여야 한다. 채무자를 소송당사자로 넣는 방법으로서 고유필수적 공동소송(固有必須的 共同訴訟)을 이용하여 채권자로 하여금 취소소송을 제기할 때 반드시 채무자와 수익자를 공동피고로 하도록 강제하는 것이 필요할 것이다. 채권자취소의 제도는 민사소송법 제67조 1항에서 말하는 "소송 목적이 공동소송인 모두에게 합일적으로 확정되어야 할 공동소송의 경우"에 해당하므로 필수적 공동소송으로 하는 데에 문제가 없을 것이다.

상대적효력설에 대한 비판

상대적 효력설(相對的 效力說)은 민사소송에서 채권자의 소송편의를 위하여 취소소송의 수익자만을 피고로 하는 것을 허용하는 결과 생기는 효과를 마치 실체법상 당연한 효과인 것처럼 오해하고 있다. 변론주의의 소송제도에 비추어 판결의 효력을 소송당사자에게 한정시킨다는 민사소송의 기판력원칙에 입각하여 채권자취소의 효과를 설명하고 있는데, 실체법상의 권리인 채권자취소권의 효과를 소송법의 입장에서 이해함으로서 본말이 전도되었다. 채권자와 수익자 사이의 취소소송에서 취소 및 원상회복의 효과가 채권자와 수익자 사이에서만 발생하고, 행위당사자인 채무자와 수익자 사이에는 마치 취소나 원상회복이 행해지지 않은 것과 유사한 상태가 계속된다고 하는데, 이러한 법률관계(法律關係)의 인적 분리(人的 分離)는 법률문제를 복잡하게 만들며 법과 현실을 괴리시키게 된다.

책임설에 대한 비판

첫째, 책임설(責任說)을 취할 경우 소송에 참가하지 않은 다른 채권자는 사해행위로 일탈했던 부동산이 채무자의 책임재산으로 회복되었다는 사실을 알기 어려워 다른 채권자의 보호에 미약하다. 사해행위로 일탈된 부동산을 회복하는 취소소송에서 책임설에 의하면 등기명의는 채무자에게로 회복될 필요가 없고 그대로 수익자의 명의로 되어 있는 채 그 부동산에 대한 집행 및 환가가 가능하게 된다. 이 경우 취소채권자의 입장에서는 그 부동산의 경매대금으로부터 만족을 얻을 수 있게 된다는 점에서 차이가 없다. 그리고 특히 금전이나 동산을 원상회복하는 경우에는, 소유권을 원상으로 회복하지 않은 채 책임재산성만을 회복하려는 책임설의 주장을 관철하는 것이 점유에 따른 선의취득제도로 말미암아 곤란하게 된다. 둘째, 책임설에 의하면 채무의 부담자(채무자)와 책임재산의 소유자(피고, 수익자)가 분리되어 하나의 채권에 관해 3당사자관계가 발생하게 되는데(수익자의 지위는 채무를 지지 않는 물상보증인과 유사하다), 이러한 법률관계의 복잡성은 일반인을 법으로부터 멀리 떼어 놓는 결과로 되므로 가급적 피해야 한다고 생각한다. 또한 채권자가 채무자 명의의 재산에 대해 집행 및 환가를 진행시키는 것과 제3자 명의의 재산에 대해서 하는 것을 비교할 때 후자의 경우가 훨씬 절차상 번잡하게 되어 채권자에게 불편하다. 셋째, 책임설에 의할 경우 채권자는 강제집행을 위한 채무명의로서 일탈재산의 소유자인 수익자에 대한 책임재산성에 관한 판결을 얻어야 하는데, 우리 민사소송제도에는 그러한 내용의 판결제도가 없으므로 책임설에 따른 판결과 집행을 확보할 수 없다는 문제점이 있다. 채권자취소권은 반드시 재판상 행사되어야 하므로 각 이론에 상응하는 절차가 민사소송제도로서 뒷받침되어야 비로소 제기능을 발휘하게 된다. 책임설의 주장내용이 관철되기 위해서는 소송제도의 개혁이 따라야 한다.[1]

1) 금전채권집행에 있어서 우선주의를 취하는 독일법에서는 채권자취소권의 행사에 변제기도래와 채무

2. 일탈재산의 원상회복

(1) 원상회복의 전제조건

채권자취소권을 행사하여 일탈재산의 원상회복을 청구하기 위해서는 먼저 그 재산의 일탈원인이 된 법률행위의 취소(取消)를 소구(訴求)해야 한다(같은 취지: 대판 1962. 2. 28, 4294민상722). 일탈재산의 회복청구는 사해행위에 의해 채무자로부터 수익자에게 소유권이전(所有權移轉)이 행해진 이후에 가능하다. 소유권이전이 일어난 후라도 취소로 인하여 소유권복귀(所有權復歸)가 생겨서 원상회복청구의 실익이 없어지는 경우도 있다. 수익자가 목적물을 점유하고 있는 경우에는 원상회복청구의 실익이 인정된다. 그러나 수익자에게 원인무효의 등기만이 남아 있는 경우에는 채권자대위권에 의하여 말소등기청구권을 대위행사할 수 있을 뿐 채권자취소권을 행사해서는 안 된다.

(2) 원물반환과 가액반환

채권자취소권의 행사에 의한 원상회복은 원물반환(原物返還)을 원칙으로 하고, 특별한 사정이 있는 경우에만 가액반환(價額返還)을 허용한다. 수익자가 목적물을 양도 · 소비 · 훼손하여 원물반환이 불가능하거나 현저히 곤란한 경우에, 원상회복은 가액반환의 방법에 의한다.[1] 가액반환에 관해서는 부당이득반환에 관한 규정이 적용되어 수익자는 그 받은 이익에 이자를 붙여 반환하고 손해가 있으면 이를 배상해야 한다(제748조 2항).

수익자의 가액배상의무는 목적물의 반환이 불가능하거나 현저히 곤란하게 됨으로써 성립하고, 그 외에 그와 같이 불가능하게 된 데에 상대방인 수익자 등의 고의나 과실을 요하는 것은 아니다. 원물반환이 불가능하거나 현저히 곤란한 경우라 함은 원물반환이 단순히 절대적 물리적으로 불능인 경우가 아니라, 사회생활상의 경험법칙 또는 거래상의 관념에 비추어 채권

명의를 요건으로 하는 반면 집행인용의 소(die Klage der Duldung der Zwangsvollstreckung)라는 특수한 이행의 소를 인정한다. 독일에서는 취소채권자가 — 사해행위의 취소를 구하는 판결과 병합하거나 판결확정 후 별도로 — 취소채권액의 범위 내에서 그의 목적물에 대한 강제집행을 허용하는 선고(집행인용판결)를 구하는 장래이행의 소를 제기하도록 되어 있다. 그러나 우리법은 금전채권의 집행에 평등주의를 취하고 변제기도래와 채무명의소지를 취소권행사의 요건으로 하지 않으며, 아직 집행인용의 소라는 소의 유형을 알지 못한다. 민사소송법학에서는 그러한 우리의 법상황에 독일식의 책임설이 적합한지 의문을 제기한다. 김홍규, 앞의 글, 225.

1) 채권자가 스스로 위험이나 불이익을 감수하면서 원물반환을 구하는 것을 금지할 필요는 없으므로, 법원은 채권자가 구하는 바에 따라 원물반환으로 원상회복을 명할 수 있다(대판 2005. 10. 28, 2004다59379).

자가 수익자나 전득자로부터 이행의 실현을 기대할 수 없는 경우를 말한다. 사해행위의 목적물이 수익자로부터 전득자로 이전되어 그 등기까지 경료되었다면 후일 채권자가 전득자로부터 목적물의 소유권을 회복하여 이를 다시 채권자에게 이전하여 줄 수 있는 특별한 사정이 없는 한 그로써 채권자에 대한 목적물의 원상회복의무는 법률상 이행불능의 상태에 있다고 봄이 상당하다(대판 1998. 5. 15, 97다58316).

(3) 반환물의 수령권자

사해행위의 목적물은 채무자에게 반환되어야 하며, 반환된 목적물은 모든 채권자를 위한 책임재산이 되어야 함이 원칙이다. 취소채권자가 그 반환물을 독점하여 자기채권의 만족을 위하여 사용하는 것은 공평하지 않다. 채권자취소권은 채무자와 거래한 수익자로부터 그로 인한 이익을 빼앗는 제도인데, 그 빼앗은 이익을 취소채권자 한 명이 독점하도록 허용한다면 결국 수익자를 희생시키고 취소채권자를 보호하는 셈이 되어 부당하다. 수익자와 취소채권자는 채무자와 거래를 했다는 점에서는 같으나, 취소채권자의 계약체결의 시점이 수익자보다 빨랐지만 수익자가 취소채권자보다 먼저 변제받았다는 점에 차이가 있다. 채권의 성립선후는 그 이행선후에 영향을 미치지 않는 것이 원칙이고, 강제집행시 채무자의 책임재산에서 모든 채권자는 평등한 비율로 변제받는 것이 원칙이라는 점(채권자평등의 원칙)을 고려할 때, 취소채권자가 수익자로부터 회복한 재산을 독점하는 것은 부당하다(독일은 우선주의를 취함).[1)]

물권행위의 유인성과 소유권의 회복

채무자가 수익자와 사해행위에 해당하는 증여계약을 체결하고 소유권이전등기를 경료했으나 후에 사해행위로서 취소된 경우에, 그 취소의 대상이 되는 것은 증여계약(贈與契約)이다. 증여계약이 취소로 효력을 소급적으로 상실하게 된 결과 채무자로부터 수익자에게로의 물권행위도 무효로 되므로(물권행위의 유인성) 소유권이전은 없었던 것으로 되어 소유권은 취소와 동시에 채무자에게로 복귀하게 된다. 채무자는 수익자에 대하여 원인무효등기의 말소를 청구할 권리를 가진다.

---

1) 독일강제집행법은 집행에 착수한 채권자에게 선순위의 우선권을 주어 변제받도록 하고, 그 후의 채권자에게는 그 잔금에서 순차적으로 만족을 얻도록 하는 우선주의를 취한다. 따라서 독일에서는 어떤 채권자가 먼저 강제집행절차에 착수했다는 것은 배당에서 우선변제권을 얻는다는 것을 의미한다. 이 점은 우리 강제집행법이 착수의 선후에 관계 없이 배당참가한 채권자에게 그 채권액에 비례하여 평등하게 배당하는 것과 다르다.

채무자가 이 말소등기청구권을 행사하지 않는 경우에, 채권자는 채권자대위권(債權者代位權)에 기해 그 말소등기를 대위청구할 수 있다. 그 말소등기의 결과 채무자는 등기상 소유자로서 기재된다. 만약 물권행위(物權行爲)의 무인설(無因說)을 취한다면 채권자취소에도 불구하고 소유권은 수익자에게 있고 채무자는 수익자에 대하여 부당이득반환청구권에 의하여 소유권의 반환을 청구하게 되는데, 이는 채권자취소에 따른 원상회복청구에 의하여 가능하게 될 것이다. 우리의 다수설과 판례는 유인설(有因說)을 취하므로 논리적으로는 소유권반환에 관한 한 원상회복청구권을 행사할 필요가 없다.

그러나 판례는 유인설을 취하면서 그 말소등기는 민법 제406조 1항의 원상회복청구로서 할 수 있다고 한다. 일탈재산이 부동산인 경우 그의 원물반환의 방법은 등기말소(登記抹消)에 의한 채무자(債務者)의 등기부상 소유자명의회복(所有者名義回復)이라고 한다(대판 1962. 11. 25, 4294민상529).[1] 수익자로부터 다시 여러 명의 전득자에게 이전된 경우에는 순차로 그 등기를 말소청구할 것이 아니라, 최후의 전득자로부터 채무자에게로 소유권이전등기를 경료토록 하는 것이 간단할 것이다.[2] 판례도 수익자를 상대로 채무자 앞으로 직접 소유권이전등기절차의 이행을 구할 수 있다고 한다(대판 2000. 2. 25, 99다53704).

부동산, 자동차 등의 반환은 등기 · 등록을 채무자의 명의로 원상회복(말소등기나 이전등기를 함으로써)시켜야 한다. 상대적효력설을 취하더라도 등기의 상대적 말소는 부동산등기제도상 허용되지 않으므로 채무자의 명의로 회복시키는 수밖에 없다.

동산(動産)이나 금전(金錢)을 반환받을 경우 취소채권자가 그것을 자기에게 인도하도록 청구하여 수령할 수 있는가에 대하여는 학설이 대립한다.

1) 채권자수령설 채무자의 수령거절이나 그 수령물의 소비 · 은닉의 경우에, 채권자는 채권자취소권의 행사에도 불구하고 아무 이익을 얻지 못

1) 대판 1962. 11. 25, 4294민상529: 원상회복이 부동산에 관한 것으로서 수익자명의로만 그치고 있을 때는 등기명의자인 수익자 하나만을 피고로 하여도 그 목적을 달할 수 있을 것이나, 명의이전이 수익자로부터 전득자로 전전하였을 때에는 그 취득에 있어 선의가 입증되지 못하고 악의로 인정되는 때에는 수익자로부터 최후의 명의자까지 그 전부를 피고로 하여 수익자로부터 최후의 전득자에 이르기까지 소유권이전등기를 전부 말소하지 아니하면 재산의 회복을 가져오는 데 완전을 기하지 못할 것이다. 본건에 있어서 최후의 전득자가 본건 부동산취득 당시 사해의 사실을 알지 못하였다는 것이 피고들로부터 입증이 없는 이상 우선 악의로 인정하여 먼저 양 피고간의 소유권이전등기를 말소하고, 원고는 후일 다시 최후의 전득자를 상대로 하여 이전등기의 말소를 청구할 수 있을 것이고, 그 때 그 사람의 선의가 입증된다면 원고는 실제로 재산회복의 목적을 달성치 못하는 결과에 이를 것이다.

2) 같은 취지: 김능환, "채권자취소권의 행사방법," 사법행정 1991년 10월호, 72; 이상경, "채권자취소소송에 있어서 원상회복방법 및 채권의 만족방법," 인권과 정의 1997년 2월호, 91. 이전등기의 경우 그 등기원인은 채권자취소로 인한 원상회복 이라고 한다.

하게 된다는 이유로 채권자의 수령을 허용하는 견해이다.[1] 그리고 취소채권자가 수익자나 전득자를 피고로 하여 사해행위의 취소와 목적물을 자기에게 반환할 것을 소구하여 반환물을 수령한 후, 그가 채무자에 대하여 갖는 채권과 채무자에 대한 반환물의 인도채무를 상계함으로써 사실상의 우선변제를 받을 수 있다고 한다.[2]

2) 채무자수령설 사견으로서는 압류나 지급명령 없이 채권자에의 직접적인 인도청구는 허용될 수 없다고 생각한다. 채권자는 취소 및 원상회복의 청구와 병합하여 채무자에 대한 이행청구 및 그 회복재산에 대한 강제집행을 청구를 함으로써 자기채권의 만족을 얻을 수 있다. 만약 회복할 재산이 채무자의 수령행위를 반드시 필요로 하며 채무자가 원상회복할 재산을 수령하려고 하지 않는 경우에는 채무자를 위하여 그 재산을 공탁해야 할 것이다. 민법은 채권자(채권자취소소송에서는 채무자)가 변제를 받지 않거나 받을 수 없는 때에 변제공탁을 허용한다(제487조). 사해행위의 목적물이 동산이고 그 현물반환이 가능한 경우에는 취소채권자는 직접 자기에게 그 목적물의 인도를 청구할 수 있다(대판 1999. 8. 24, 99다23468 · 23475). 단, 원상회복으로 가액반환을 하는 경우 반환의 상대방은 채권자이어야 한다(대판 2008. 4. 24, 2007다84352).

판례에 의하면 부동산을 원물반환받는 경우에 일단 등기명의를 채무자에게 회복시켜야 한다(등기말소 또는 이전등기의 방법. 대판 2001. 2. 9, 2000다57139). 그 이후에 채권자는 자기 명의로의 이전등기를 하게 할 수 있다. 취소채권자는 채무자명의로 회복한 부동산에 대하여 다른 채권자가 배당요구하는 위험을 감수하여야 한다(대판 2001. 2. 9, 2000다57139).

3. 취소채권자의 만족

채권자는 채권자취소권의 행사에 의하여 책임재산을 확보한 후, 채무자로부터 책임의 변제를 받거나 또는 채무명의를 취득하여 강제집행의 절

1) 곽윤직, 196; 김용한, 270; 김석우, 206; 김주수, 240; 김증한 · 김학동, 206; 김현태, 174; 현승종, 216.

2) 김홍규, 앞의 글, 227에서는 취소채권자의 수령과 우선만족을 허용하는 것에 찬동하고, 나아가서 입법론으로서 강제집행제도를 독일식의 우선주의로 개정할 것을 제안한다. 취소채권자가 패소의 위험을 무릅쓰고 많은 비용과 시간을 들여 승소한 후 최종적 만족을 얻는 단계에서 반환물을 다른 채권자와 안분비례로 배당받는 것은 형평을 잃는 일이라고 한다.

일본판례는 수익자로부터 받은 이익을 자기 혼자 변제를 받기 위하여 취소채권자에게 인도할 것을 직접 청구할 수 는 없음은 물론이지만, 다른 채권자와 함께 변제받기 위하여 자기에게 직접 지불 또는 인도를 구할 수 있다고 판시하였다(日最判 昭 39. 1. 23 民集 18. 1. 76).

차에 의해 변제받을 수 있다.[1] 이 강제집행절차에는 다른 채권자도 참가하여 배당에 가입할 수 있다(채권자평등주의).[2] 수익자도 채권자로서 배당요구할 수 있다(대판 2003. 6. 27, 2003다15907).

채권자가 목적물이나 그 가액을 자기에게 인도하도록 청구하여 수령(受領)할 권한이 있다고 보는 견해(채권자수령설)에 따른다면, 취소채권자가 수령한 물건이나 금전에 대해 다른 채권자의 분배청구가 허용되는가의 문제가 제기된다. 이 때 취소채권자가 상계함으로써 사실상의 우선변제받는 것을 허용하는 견해[3]와 취소채권자가 수령물을 직접 자기채권의 변제에 충당한 것으로 보는 견해가 있다.[4] 책임설(責任說)에 의하면 채권자취소권의 행사 이후에도 사해행위에 의해 일탈되었던 재산은 그대로 수익자나 전득자의 소유로 남아 있으면서 취소채권자는 그 재산에 대해 강제집행할 수 있는 가능성만을 보유한다고 한다(현행의 민사소송법 아래서 그러한 방법이 가능한지는 의문이다).[5] 사견으로는 채권자의 수령권한을 부인하므로(채무자수령설) 채권자취소소송과 병합하여 채권자가 그 회복재산에 대한 강제이행청구를 하여 이를 받는 경우를 제외하고는 취소채권자가 직접 목적물을 수령하여 자기채권에 충당할 수 없다고 본다. 판례는 반환물을 수령한 채권자는 다른 채권자의 배당요구에 따른 안분액의 지급을 거절할 수 없다고 하여 채권자수령설(債權者受領說)을 취한다(대판 2001. 2. 27, 2000다44348). 만약 다른 채권자의 배당요구가 없으면 취소채권자는 수령물을 채무자에게 반환하는 대신 자기 채권과 상계하여 사실상 우선변제의 효과를 거둘 수 있게 된다.

---

1) 이상경, 앞의 글, 95에서는 일본법의 해석에 따라 "취소채권자는 채권만족에 관한 일반원칙에 따라 책임재산이 채무자에게 회복된 후, 채무자로부터 임의변제받거나 강제집행에 의하여 채권내용을 실현할 수밖에 없다. 이 때에 다른 채권자들은 이중경매의 신청, 배당요구 등에 의하여 절차에 참가하고 평등배당을 받을 기회가 부여된다. 또 사해행위의 효과는 총채권자의 이익을 위하여 발생되므로 취소소송에 소요된 비용은 공익비용으로서 우선변제된다"고 한다(일주민 10, 859).

2) 배당에 참가하는 방법: 취소소송이 계속중이면 이에 일반채권자가 독립당사자참가나 별개의 소제기(이 때 소의 병합이 가능하다)를 통해 채무명의(이행판결 등)를 얻어 집행한다. 취소소송의 종료 후에는 채무자에 대한 파산신청을 할 수 있다.

3) 김석우, 206; 김용한, 271; 김주수, 240; 김증한 · 김학동, 206; 김현태, 174; 현승종, 216.

4) 이태재, 171.

5) 김형배(2판), 388 이하, 421에서는 "회복된 재산 또는 가액이 취소채권자에게 인도되었다 하더라도 그것은 총채권자의 만족을 위한 목적에 구속을 받는 일종의 특별재산으로 보아야 하며, 이렇게 보는 것이 제407조의 취지에 부합된다"고 주장한다; 고상용, "채권자취소권의 법적 성질," 고시계 1981년 4월호, 27 이하.

제 8 장 수인의 채권자 및 채무자

§ **35**. 분할채무
§ **36**. 불가분채무
§ **37**. 연대채무
§ **38**. 보증채무의 의의와 요건
§ **39**. 보증채무의 이행
§ **40**. 보증의 특수형태
§ **41**. 복수의 채권자

제 8 장 수인의 채권자 및 채무자

§ 35. 분할채무

1. 분할채무의 의의

(1) 계약의 복수성

사회통념상 하나의 거래로부터 여러 사람이 채무를 부담하게 되는 경우에, 각 채무자가 다른 분할채무자로부터 독립하여 자기의 분할부분에 해당하는 채무를 부담하는 경우를 가리켜 분할채무(分割債務)라고 한다. 분할채무가 발생하는 경우에 외견상으로는 하나의 거래가 성립된 것처럼 보이지만, 실제에 있어서는 채권자와 각 채무자 사이에 독립의 계약이 체결된 것이고 그에 따라 각 채무자가 분할부분의 독립채무를 부담하는 경우가 많다. 그러나 하나의 계약으로부터 발생한 채무를 다수의 계약당사자가 분할하여 이행하기로 하는 분할이행의 약정이 있는 경우에는 하나의 계약에서 여러 개의 분할채무가 발생하게 된다.

(2) 무자력위험

분할채무자의 1인이 무자력으로 된 경우에 채권자는 그 무자력 채무자의 변제를 받지 못하게 되며, 그 위험을 다른 분할채무자에게 분담시킬 수 없다. 각 채무자의 무자력위험(無資力危險)은 채권자가 인수하게 된다. 분할채무는 다수채무자가 상호적으로 이행을 담보하고 무자력위험을 다수채무자 사이에서 분담하는 불가분채무(不可分債務) 및 연대채무(連帶債務)와는 성질을 달리한다. 단, 각 분할채무자의 이행을 확보하기 위해서 보증계약을 체결해 둠으로써 무자력위험을 그 보증인에게 부담시킬 수는 있다.

사례연구

친구 A와 B가 같이 점포에 가서 같은 냉장고(개당 70만원)를 두 대 골라 A와 B의 주소로 한 대씩 배달을 부탁한 경우에, A와 B는 각각 별개의 매매계약을 체결한 것이며, 각자 그 매매대금 70만원씩을 지급할 의무를 진다. A는 B가 그 대금을 지급하였는지 등의 사정에 의해 영향을 받지 않고, 자기의 채무만을 변제하는 것으로 충분하다. 그러나 한 아파트에 살고 있는 친구 C와 D가 공동으로 사용할 냉장고 한 대의 매매계약을 체결한 경우에 C와 D는 공동당사자로서 하나의 매매계약을 체결한 것이 된다. 냉장고는 불가분급부이므로 그 매매대금도 특약이 없는 한 불가분성을 띠게 되어 C와 D는 매매대금에 관하여 불가분채무를 부담하게 되며, 이는 결과적으로 연대채무관계와 유사한 내용으로 된다. C와 D는 각자 35만원씩의 부담부분을 지지만 매도인에 대한 관계에서는 70만원의 채무를 진다. 매매계약을 체결할 때에 C와 D가 매도인에 대하여 각자 35만원씩 매매대금을 분할지급할 것을 허락받은 때에는 분할채무가 발생한다. 만약 C만이 매수인으로서 계약서에 서명하고 D는 단지 쇼핑에 동행한 정도에 불과한 때에는 C가 70만원의 단독채무를 진다.

2. 분할채무의 성립

(1) 가분급부

분할채무는 가분급부(可分給付)에 관해서만 성립될 수 있다.[1] 채무내용이 불가분인 경우에는 채무의 성질상 분할채무가 성립할 수 없다. 쌍무계약에서는 일방당사자의 채무가 불가분채무인 때에는 상대방의 채무도 불가분성을 띠는 것이 통상이지만, 당사자의 약정으로 반대급부만을 분할채무로 약정할 수 있다.

(2) 분할의 원칙

(가) 민법의 분할주의 민법은 하나의 거래에 다수의 채권자나 채무자가 관여하는 경우에 분할주의(分割主義)를 취하여 분할채권 또는 분할채무가 발생함을 원칙으로 삼는다. 채권자나 채무자가 수인인 경우에 특별한 의

1) 대판 1997. 6. 24, 97다8809: 금전채무와 같이 급부의 내용이 가분인 채무가 공동상속된 경우, 이는 상속 개시와 동시에 당연히 법정상속분에 따라 공동상속인에게 분할 귀속되는 것이므로, 상속재산분할의 대상이 될 여지가 없다.

사표시가 없으면 각각의 채권자나 채무자는 균등한 비율로 권리가 있고 의무를 부담한다(제408조). 보증인이 여러 명인 때에도 분할채무의 규정을 적용하여 「공동보증(共同保證)의 분별(分別)의 이익(利益)」을 부여한다(제439조).

예외적으로 사용대차계약(제616조), 임대차계약(제654조), 공동불법행위자의 손해배상의무(제760조) 등에 관하여는 연대채무가 발생하도록 특칙을 규정한다. 조합채무(組合債務)에 관하여는 무자력위험을 조합원이 분담하도록 하는 특칙을 규정한다(제713조).

분할의 원칙과 개인주의적 거래관

분할주의는 개인주의적 거래관에 바탕을 둔 제도이다. 분할주의는 다수당사자 사이의 법률관계를 간단 · 명료하게 처리한다. 로마법을 비롯하여 근대 이후의 프랑스 · 독일 · 일본민법에서 분할주의를 취하였다. 프랑스민법은 법률의 규정에 의해 당연히 연대채무가 생기는 경우를 제외하고는 연대를 추정하지 않으며 연대의 명시적 약정을 요구한다(프민 제1202조). 스위스채무법도 연대부담의 의사표시가 있거나 법률의 규정이 있는 때에만 연대관계가 성립한다고 규정함으로써 연대의 추정을 배척한다(스채 제143조). 반면에 독일민법은 계약에 의해 수인이 공동으로 가분채무를 지는 경우에 연대채무로 추정한다(독민 제427조).

민법이 취하는 분할주의는 개인주의에 치우친 법제로서, 분할채무의 원칙은 채권의 실효성을 약화시키고 거래실정에 맞지 않는다는 비판도 있다.[1] 이러한 비판에서 출발하여 분할채무의 발생을 억제하고 불가분채무와 연대채무의 발생을 유도하도록 계약을 해석한다(연대채무에서 설명). 이 견해는 다수의 채무자가 생기는 경우에 그들의 자력을 공동담보로 하는 인적담보의 설정을 지향하여 채권의 효력을 강화하려고 한다. 사견으로는 분할의 원칙에 따르는 것이 민법규정에도 충실하고 거래관습에도 맞는다고 해석된다. 첫째, 당사자의 약정이나 법률의 규정, 관습법이 없는 경우에까지 연대채무를 인정하여 인적담보를 확보케 하려는 해석태도는 채권자위주의 법해석으로서 채무자의 이익을 해치게 된다. 둘째, 공동임대차의 연대추정규정이 없었

1) 곽윤직, 208; 김상용, 323; 김석우, 217; 김용한, 284; 김주수, 250; 김증한 · 김학동, 216; 현승종, 224; 민법주해(10), 21(허만 집필부분); 양창수, "분할채권, 분할채무," 고시연구 1998년 2월호, 132.

던 일본민법의 의용 당시와는 달리 현행의 민법은 그 규정을 보완하였으므로, 의용민법하의 분할주의에 대한 비판을 그대로 우리법에 유지시킬 필요는 없다(제616조, 제654조). 셋째, 비교법적으로 보더라도 독일민법만이 연대추정을 광범위하게 인정할 뿐, 프랑스와 스위스의 법은 분할주의를 취하고 단지 개별계약이나 상거래에 예외를 규정하고 있어 우리 민법이 취하는 분할주의가 입법추세에 적합한 것임을 알 수 있다.

(나) 임의규정 분할(分割)의 원칙(原則)을 정하는 민법 제408조는 임의규정(任意規定)이므로, 당사자가 다른 약정을 한 때에는 그 약정에 따른다. 다른 약정으로는 연대(連帶)의 약정(約定)이나 보증계약(保證契約) 등이 있다. 하나의 거래에서 수인이 가분채무를 부담하면서 분할 여부에 관하여 의사표시를 하지 않은 경우에, 연대의 약정이 없는 한 분할채무(分割債務)가 성립한다. 연대의 약정은 명시적 의사표시에 의하거나 묵시적 의사표시에 의할 수 있는데, 묵시적 연대약정이 있다고 볼 것인가는 까다로운 법률판단으로서 법률행위해석의 문제이다. 보증채무의 부담에 있어서는 주된 채무자와 종된 채무자가 분명하고 보증인의 보증의 의사가 명시적으로 표시되므로 다른 유형의 채무와 혼동되는 경우가 적다.

판례도 "금전의 지급을 명하는 판결에 있어 피고가 수인인 경우에 특히 각자라든가 연대라든가의 표시가 없는 이상 분할채무임은 민법이론상 자명하다"고 하여 민법의 분할주의에 따라 채무의 성질을 판단한다(대판 1963. 9. 5, 63다370).

수인의 골재운송업자들이 운임합계액으로 어음 1매를 발행받아 각자 받을 몫의 금액으로 나눈 수매의 어음으로 할인받은 경우, 그 소비대차관계는 성질상 불가분채무도 아니고 특별히 연대의 의사표시도 없었으므로 각자는 자기 몫으로 받은 어음액면에 상당하는 분할채무를 진다(대판 1985. 4. 23, 84다2159). 수인의 채권자가 채무자에게 별개로 금전을 차용하여 주고서 2필지의 토지에 대하여 공동으로 담보목적의 소유권이전등기를 경료받았다가 담보권을 실행함에 있어 합의에 의한 공유물분할 방법으로 각 채권자들의 대여금 비율에 따라 각 단독소유로 소유권이전등기를 마친 다음 각각 따로 자기 몫의 담보부동산을 처분하였다면, 그 정산금을 채무자에게 반환함에 있어서는 위 각 채권자들이 공동으로 담보목적의 소유권이전등기를 경료받은 사유를 가지고 연대에 관한 특별한 의사표시로 풀이할 수 없을 뿐만 아니라 그와 같은 사유가 연대채무를 발생시키는 법률상 요인이 된다고도 볼 수 없다(대판 1987. 5. 26, 85다카1146).

3. 분할채무의 이행과 분할비율의 균등추정

(1) 분할채무의 이행

분할채무(分割債務)에서는 각 채무자가 자기의 분할부분(분할금)을 채권자에게 이행할 의무를 독립하여 진다. 분할채무의 목적은 가분급부(可分給付)이며 가분급부는 급부의 성질상 분할하여 이행되는 것이 허용되는 경우를 말한다. 따라서 다른 약정이 없는 한 각 채무자는 자기의 분할부분을 일부씩 변제할 수도 있다.[1] 각 채무자와 채권자의 관계는 개별적으로 전개되며, 다른 채무자와 채권자 사이에 일어난 사유에 의해 영향받지 않는다. 각 채무자는 분할금의 이행에 관하여 단독으로 그 금액의 채무를 부담한 것과 같이 다루어진다. 분할채무에서는 다른 채무자의 이행을 담보하는 관계는 존재하지 않는다.

(2) 일부취소와 일부해제

다수채무자에게 분할채무를 발생시킨 계약이 하나의 계약인 경우에, 각 채무자는 자기의 분할부분에 한해서 그 계약의 일부를 취소 또는 해제할 수 있다. "해제(解除)나 해지(解止)는 전원(全員)으로부터 전원에 대하여 해야 한다"는 해제의 불가분성의 원칙(제547조)은 그 반대급부가 불가분급부(不可分給付)라는 등의 사유로 모든 채무자가 공동으로 계약구속력을 받아야 하는 경우에 적용되며, 각 채무자가 다른 채무자에게 영향을 주지 않고 계약구속력에서 벗어날 수 있는 경우에는 그 불가분원칙은 적용되지 않는다고 해석된다. 따라서 분할채무라도 불가분적인 반대급부 등의 사유가 없는 한 1인의 분할채무자와 채권자 사이에서 일부해제(一部解除) 또는 일부해지(一部解止)될 수 있고, 이 경우에 다른 분할채무자의 계약관계는 그대로 존속한다.

---

1) 가분채권에 관한 이행의 소를 제기하면서 그것이 나머지 부분을 유보하고 일부만 청구하는 것이라는 취지를 명시하지 않은 경우에, 그 확정판결의 기판력은 나머지 부분에까지 미친다(대판 1997. 10. 24, 96다12276).

(3) 분할비율

분할채무에서 각 채무자가 부담하는 채무액은 다른 의사표시가 없는 한 균등한 비율로 정해진다(제408조). 거래에서 발생한 총채무액(總債務額)을 채무자의 수(數)만큼 나눈 금액을 각 채무자가 부담한다. 이러한 균등추정은 채권자에 대한 관계에서와 채무자 상호간의 관계에서 모두 행해진다. 각 채무자의 분할비율이 다른 경우에 이를 채권자에게 거래 당시에 알리고 동의를 얻음으로써 각자 다른 분할금지급의무를 부담하게 된다. 단지 채무자 상호간에 다른 분할비율을 정한 것만으로는 채권자에 대해 그를 주장할 수 없다.

(4) 채무자의 상호관계

분할채무에서는 각자 자기의 고유채무(固有債務)만을 부담하므로 타인의 부담부분을 이행할 의무도 생기지 않고, 또한 그에 따른 구상(求償)의 문제도 생기지 않음이 원칙이다. 그러나 내부분할비율(內部分割比率)이 균등하지 않고 그것이 채권자에 대한 관계에서 인정되지 않은 채 균등추정(均等推定)을 받은 경우에는 자기의 내부분할금을 초과하는 변제를 한 채무자가 생기게 되어 구상의 문제가 남는다. 초과변제(超過辨濟)한 채무자의 다른 채무자에 대한 구상에 대하여는 명문규정이 없으므로, 연대채무의 구상규정을 분할채무의 규정에 맞게 유추적용한다.

§36. 불가분채무

1. 불가분채무의 공동부담

(1) 개　념

채무의 내용이 성질이나 당사자의 의사표시에 의하여 분할될 수 없는 경우를 가리켜 불가분채무(不可分債務)라고 한다. 불가분채무를 다수의 채무자가 공동으로 부담하는 경우에 불가분채무의 공동부담의 관계가 생긴다. 불가분채무의 경우에 연대채무에서와 유사한 법률관계가 생기며, 다수의 불가분채무자는 하나의 급부의 이행을 위하여 상호 담보하는 역할을 담당한다.

(2) 불가분채무의 발생

불가분채무가 발생하는 대표적인 경우는 불가분물(不可分物)의 인도의무(引渡義務)이다. 가분인가 불가분인가의 결정은 급부의 성질, 거래관념, 당사자의 의사에 의해 정해진다. 불가분성을 부여하는 의사표시는 추단(推斷)되어서는 안 된다. 채권자가 채무자로부터 한꺼번에 금전채무를 변제받기를 원한다는 사정만을 갖고 불가분채무로 해석하는 것은 불가분성의 본질에 어긋나므로 부당하다.

㈎ 반대급부의 불가분성　　쌍무계약에서 하나의 급부가 불가분성을 가지는 때에는 반대급부(反對給付)도 불가분성(不可分性)을 가짐이 원칙이다. 주택의 매매계약에서 대지와 건물은 법적으로는 별개의 부동산이지만 거래관념이나 당사자의 의사에 비추어 볼 때 불가분물로 취급되어, 대지와 건물을 함께 이전해 주어야 한다. 금전채무는 분할금지의 약정이 있거나 거래의 성질상 분할금지되는 경우에 한해서 불가분채무로 된다.

㈏ 불가분적 이익의 향수　　다수당사자가 하나의 계약에 의하여 불가분적 이익(不可分的 利益)을 향수(享受)하게 되는 경우에, 그 반대급부는 불가분채무가 될 수 있다. 특히 부동산의 사용이익을 공동으로 향유한 경우에, 공동임대차의 연대채무규정에 비추어 그 부당이득반환도 불가분채무가 된다고 해석된다. 판례도 "수명이 공동으로 법률상 원인 없이 타인의 재산

을 사용한 경우의 부당이득반환채무는 특별한 사정이 없는 한 불가분적 이득(不可分的 利得)의 상환(償還)으로서 불가분채무이다"라고 한다(대판 1981. 8. 20, 80다2587). 변호사에게 공동당사자로서 소송대리를 위임한 소송사건의 결과에 따라 경제적 이익을 불가분적으로 향유하게 되거나 패소할 경우 소송상대방에 대하여 부진정연대관계의 채무를 부담하게 된다 하더라도, 이러한 사정만으로 곧바로 공동당사자들의 변호사에 대한 소송대리위임에 따른 보수금지급채무가 연대 또는 불가분채무에 해당하는 것으로 단정할 수 없다(대판 1993. 2. 12, 92다42941).

2. 불가분채무자와 채권자 사이의 법률관계

(1) 불가분적 채무이행

불가분채무의 목직은 불가분급부(不可分給付)로서 그 성질상 급부(給付)가 한번에 전부이행되어야 하며, 여러 번 분할하여 이행하는 것은 허용되지 않는다. 여러 명의 채무자가 공동부담하는 경우에도 그 급부의 성질은 변하지 않으므로, 채무의 이행은 한번의 전부이행으로 완결된다. 채무자가 각자 자기의 부담부분을 채권자에게 이행함으로써 그것이 합쳐져 전부이행을 이룬다는 일은 불가분채무에서는 일어날 수 없다. 다만 전부이행한다고 한 것에 하자가 있는 등의 경우에 불완전이행의 문제는 생길 수 있다.

(2) 이행의 법률관계

불가분채무의 이행에 관해서는 연대채무와 유사한 법률관계가 생긴다(제410조, 제411조).

㈎ 각 채무자의 이행의무 각 채무자는 채권자에 대하여 채무전부(債務全部)의 이행의무를 진다. 채권자는 어느 1인의 채무자에 대하여 또는 동시(同時)나 순차(順次)로 모든 채무자에 대하여 전부이행을 청구할 수 있다(제414조, 제411조).

㈏ 1인의 이행으로 인한 공동면책 불가분채무자 중 1인이 채무를 이행한 때에 모든 채무자의 채무가 소멸한다(제413조, 제411조). 채무의 이행에 해당하는 변제, 대물변제, 공탁은 절대적 효력을 가진다.

㈐ 채권자지체의 절대적 효력 채권자의 채무자 1인에 대한 채권자지

체(債權者遲滯)는 다른 채무자에 대한 관계에서 절대적 효력이 있다(제411조, 제422조).

㈑ 상대적 효력사유 ① 불가분채무자 1인과 채권자 사이에 경개나 면제가 행해진 경우에 그 경개(更改)나 면제(免除)는 다른 불가분채무자에게는 영향을 미치지 않는다. 다만 채권자로부터 경개나 면제를 받은 불가분채무자라도 다른 불가분채무자에 대한 내부적 분담부분까지 면제되는 것은 아니다. ② 이행청구(履行請求)에 관해서는 연대채무의 규정(제416조)을 준용하지 않으므로, 상대적 효력을 갖는 것으로 해석된다. 기한 없는 채무에 있어서 채권자로부터 이행청구를 받은 채무자만이 이행지체의 책임을 진다. ③ 상계 · 혼동 · 소멸시효는 모두 상대적 효력사유이다. 실제로 불가분채무에서는 채권자와 채무자 1인 사이에 상계 · 혼동이 발생할 여지가 거의 없다. 이러한 소멸시효는 채무의 불가분성으로 말미암아 채권자와 모든 채무자 사이에서 합일적으로 진행된다. ④ 채무자 1인에 대한 법률행위의 무효나 취소의 원인은 다른 채무자의 채무에 영향을 미치지 아니한다(제415조, 제411조). ⑤ 민법에 열거한 절대적 효력사유 이외의 사유(담보의 제공 등)는 원칙적으로 상대적 효력사유(相對的 效力事由)이다(제410조 1항).

(3) 해제의 불가분성

불가분채무자가 채권자에 대하여 또는 채권자가 불가분채무자에 대하여 해제 또는 해지를 하려고 할 때에는 그 전원(全員)으로부터 또는 그 전원에 대하여 행하여야 한다(제547조 1항). 해제나 해지의 권리가 불가분채무자 1인에 대하여 소멸한 때에는 다른 채무자에 대하여도 소멸한다(제547조 2항).

3. 불가분채무자들의 내부관계

(1) 부담부분

각 채무자는 내부적으로 자기 고유의 부담부분(負擔部分)을 가지며, 그 부담부분은 균등한 것으로 추정된다(제424조, 제411조). 채무의 내용이 성질상 불가분(性質上 不可分)인 경우, 그 부담부분은 가액으로 환가되어 정해짐이 원칙이다.

(2) 구상청구

채무를 이행한 채무자는 다른 채무자에 대하여 구상권(求償權)을 갖는다. 구상관계에는 연대채무의 규정이 준용된다(제425조~제427조, 제411조).

4. 분할채무로의 변경

채무의 목적이 불가분급부에서 가분급부(可分給付)로 변경된 경우에, 각 채무자는 자기의 부담부분만을 이행할 의무를 진다(제412조). 불가분채무에서 다수채무자의 결합관계는 채무내용의 불가분성에서 기인하는데, 그 불가분성이 소멸하게 되면 분할의 원칙에 비추어볼 때 채무자들의 결합을 요구할 이유가 없게 되어 분할채무(分割債務)로 된다. 불가분채무가 이행지체 또는 이행불능으로 인하여 손해배상의무로 변한 때에는 분할채무로 되어, 각 채무자는 자기의 부담비율에 따라 산정된 금액에 한해서 책임을 진다.

§ 37. 연대채무

1. 연대채무의 의의와 성격

(1) 의 의

(가) 개 념 연대채무(連帶債務)란 2인 이상의 채무자가 연대하여 각 채무자의 분담부분(分擔部分)의 총액(總額)에 해당하는 채무를 부담하고 1인의 채무자가 그 급부의무를 이행하면 다른 채무자도 공동면책(共同免責)되는 채권관계를 말한다. 민법은 "수인(數人)의 채무자가 채무 전부를 각자 이행할 의무가 있고, 채무자 1인의 이행으로 다른 채무자도 그 의무를 면하게 되는 때에 그 채무는 연대채무로 한다"고 정의한다(제413조). 여러 명의 연대채무자는 동일내용의 급부의무를 부담하고, 채권자는 그 급부를 한번 이행받는 것으로 그치며 중복해서 변제받을 수 없다. 연대채무의 발생원인은 계약인 경우와 불법행위 등 법률의 규정인 경우가 있다.

연대채무의 법률관계

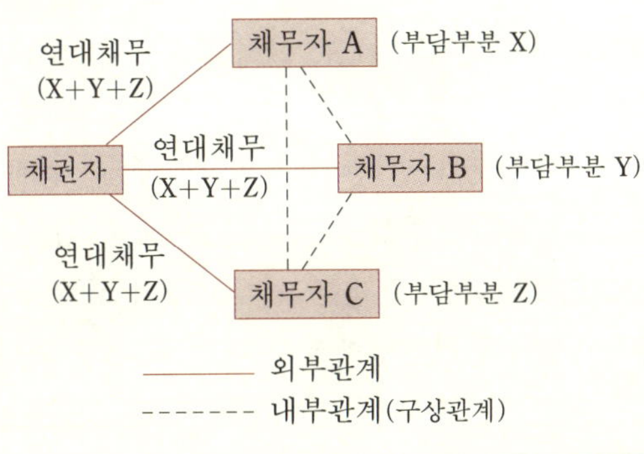

(나) 다수의 채권관계 연대채무에서는 동일한 급부를 목적으로 하는 채권관계가 다수(多數) 성립하게 된다. 각 연대채무자와 채권자의 채무는 한 개의 채무로서 연대채권관계에서는 연대채무자의 수만큼의 채권이 존재

한다.[1] 하나의 계약에 의해 연대채무가 성립하는 경우에도, 하나의 채무가 여러 채무자에게 공동귀속하는 것이 아니라 각 채무자마다 하나씩의 채무를 짐으로써 여러 개의 채무가 중첩적으로 존재한다. 복수의 연대채무는 급부의무의 내용이 동일하고 채권자가 동일인이지만, 채무자가 각각 다르다.

각 연대채무는 별개의 계약에 의해 성립되기도 하고 한 개의 계약에서 여러 개의 연대채무가 성립하는 경우도 있다. 하나의 매매계약에서 매도인이 다수의 매수인에게 목적물을 인도하고 그 대금채무에 관하여는 다수의 매수인이 연대채무를 지도록 하는 경우에는 하나의 계약에서 다수의 연대채무가 발생한다. 대주(貸主)가 차주(借主)에게 금전을 소비대차해 주고, 병존적 채무인수(竝存的 債務引受)를 통해 인수인에게도 같은 채무를 부담케 하는 경우에, 다수의 계약에 의한 연대채무가 발생한다. 다수채무자가 함께 모여서 하나의 계약서에 연서(連署)하는 경우에도 계약이 다수 체결된 것으로 취급되는 경우가 많다. 불법행위로 인하여 연대채무가 성립하는 경우에, 각 연대채무자는 불법행위의 가해자(加害者) 또는 그의 사용자(使用者)·감독자(監督者)로서의 책임발생요건을 갖추고 있는 자이다.

㈐ 내부적 결합　연대채무자 상호간에는 채무의 이행을 공동담보하는 결합관계(結合關係)가 존재한다. 그 결합관계는 공동사업을 목적으로 하는 조합계약인 경우도 있고, 배우자관계인 경우도 있고, 공동불법행위의 관계인 경우도 있다. 이러한 결합관계로 인하여 1인의 채무자와 채권자 사이에 생긴 사유는 다른 연대채무자와 채권자 사이에도 영향을 미치는 절대적 효력(絶對的 效力)을 갖는 것이 원칙이다. 변제, 상계, 면제, 혼동, 소멸시효 등의 채권소멸사유 이외에 이행청구·채권자지체도 절대적 효력사유이다. 그러나 공동불법행위로 인하여 발생한 연대채무에 관해서는 이러한 절대적 효력을 제한하기 위하여 부진정연대채무(不眞正連帶債務)라는 별개의 유형으로 파악한다.

㈑ 분담부분　연대채무자는 각자 자기의 분담부분을 가지며, 다른 연대채무자가 채권자에게 변제하여 공동면책되었더라도, 자기의 분담부분에

---

1) 19세기 초 독일에서는 연대채무관계에서 채무의 수가 단수이냐 복수이냐를 두고 논쟁이 있었으나, 19세기 후반 이래 복수의 채무가 발생한다는 견해가 통설로 되고 나서 이 문제는 거의 논의되지 않는다. Wolfgang Grunsky, Beteiligung Mehreres am Schuldverhältnis, *Grundlagen des Vertrags-und Schuldrechts*, 1974, S. 633ff.; Reinicke/Tiedke, *Gesamtschuld und Schuldsicherung*, 2. Aufl., 1988. S. 1ff.

관해서는 그 변제한 채무자에게 구상(求償)해 주어야 한다. 부담부분은 연대채무자가 스스로 부담해야 할 고유채무(固有債務)에 해당하기 때문이다. 1인의 채무자가 자기의 부담부분을 초과하는 변제를 한 때에는 다른 연대채무자에 대하여 구상청구할 수 있다.

(마) 무자력위험의 감소　채권자는 연대채무를 통해 동일한 채무를 부담하는 다수의 채무자를 가지게 된다. 다수의 채무자가 존재함으로써 채권의 강제집행에 복종할 책임재산이 증가하게 되고, 채무자가 무자력으로 되어 채권의 만족을 얻지 못하게 될 위험도 감소하게 된다. 이와 같이 연대채무는 채권자에게 유리한 제도로서, 연대채무는 실제로 채권의 인적담보제도(人的擔保制度)로서의 역할을 담당한다.

연혁 및 외국입법례

연대채무제도는 로마법에서부터 유래한다. 근대적 연대채무제도의 기반은 19세기 독일의 보통법에서 논의되었던 공동연대(共同連帶)와 단순연대(單純連帶)를 구별하는 연대이분론(連帶二分論)에서 비롯된다. 공동연대는 그의 발생원인이 주로 계약이었으며, 1인의 채무자에게 생긴 사유가 다른 채무자에게 상당히 광범위하게 영향을 미쳤다. 반면에 단순연대는 공동불법행위를 비롯한 몇몇 사유에 의해 성립하는데, 1인에게 생긴 사유 중 다수가 다른 채무자에게 영향을 미치지 않았다. 보통법의 연대이분론은 근대 이후의 입법에 채택되지 않았으며, 각국은 하나의 법리에 따라 한 종류의 연대채무로서 규정하였다. 프랑스민법은 공동연대의 법리를 취하였고, 독일민법과 스위스민법은 단순연대의 법리를 취하였다. 일본민법과 우리 민법은 공동연대의 법리를 기초로 하였다.[1)]

(2) 연대채무관계의 특성

(가) 연 대 성　연대채무관계(連帶債務關係)에서는 채권자와 각 채무자

1) 일본구민법은 프랑스민법의 영향을 더욱 강하게 받아 연대채무자 상호간에 대리(또는 위임)의 관계가 존재한다는 규정(동법 채권담보편 제52조 1항)과 각 채무자가 연대채무와 별도로 전부의무를 부담한다는 규정을 두었다(동법 재산편 제378조). 현행의 일본민법에서는 프랑스민법에 있는 연대채무자 상호간의 대리를 규정하지 않았는데, 이것은 프랑스민법의 공동연대주의에서 독일민법의 단순연대주의로 전환했음을 의미하는 것은 아니다. 전부의무를 삭제한 것은 기초자가 전부의무의 관념을 부정하고 연대채무 하나로 통일하고자 한 것이 아니라, 민법상 전부의무가 생기는 법률관계는 개개의 경우에 자명하므로 특별규정이 불필요하다고 생각했기 때문이다. 淡路剛久, 連帶債務の硏究, 145 이하.

사이의 채무관계가 상호 연대성(連帶性)을 띠고 결합하게 된다. 첫째, 각 연대채무자는 한 명의 채권자를 만족시키기 위하여 동일한 급부의무를 짐으로써 연대적 의무부담(連帶的 義務負擔)의 관계에 놓인다. 각 연대채무자가 자기의 고유채무부분이 얼마이든 그것에 상관 없이 다른 연대채무자의 고유채무까지 합해서 연대채무를 부담하는 것은 당사자의 연대의 의사에 기인한다. 둘째, 연대채무자 1인과 채권자 사이에서 생긴 사유가 다른 채무자에 대하여도 효력을 발생하는 절대적 효력사유(絶對的 效力事由)가 많다. 민법 제416조 이하에서 이행청구, 경개, 상계, 면제, 변제, 혼동, 소멸시효, 채권자지체에 관해 절대적 효력을 인정하는 이유는 연대채무자 사이의 결합관계를 고려한 것이다. 셋째, 연대채무자 1인이 채권자에게 변제함으로써 다른 연대채무자도 모두 공동면책시킨다는 것도 연대성의 특징이다.

(나) 동 등 성 연대채무자는 채권자에 대한 관계에서 다른 연대채무자와 동등한 지위에 놓인다. 보증채무와 주채무 사이에서와 같은 주종의 관계에 있지 않다. 그러나 채무자의 부담부분은 연대채무자간에 차등이 있는 경우 또는 연대채무자 1인이 모두 부담하는 경우(연대보증) 등 다양하다.

(다) 독 자 성 각 채무는 이행에 있어서의 연대성을 제외하고는 발생 · 내용 · 소멸에 있어서 독자성(獨自性)을 갖는다. 첫째, 계약에 의해 연대채무가 성립한 경우에 채무자 1인에 대해 법률행위의 무효 · 취소의 사유가 있더라도 그것이 다른 채무자의 채무성립에 영향을 미치지 않는다(제415조). 둘째, 각 채무자의 채무는 채권자에게 만족을 준다는 공동목적을 갖는 외에는 각자 다른 내용을 가질 수 있다. 변제장소 · 이행기 · 이자부 · 담보부(담보물권이나 보증채무) · 조건부 · 기한부 등에서 각자의 채무내용이 달라도 무방하다. 다만 하나의 연대채무만이 상행위성(商行爲性)을 띠더라도 모든 연대채무자에게 상법이 적용된다(상법 제3조). 셋째, 각 채무는 소멸시효를 달리할 수 있다. 다만 어느 연대채무자에 대하여 소멸시효가 완성한 때에는 그 부담부분에 한하여 다른 연대채무자도 의무를 면한다(제421조).

(3) 연대채무의 본질

복수의 연대채무는 1인의 채권자의 특정한 채권을 만족시킨다는 공동의 목적으로 결합되는데, 이러한 연대성은 어디에서 기인하는 것일까라는 연대채무의 본질에 관하여는 이론의 대립이 있다. 민법 제416조 이하에서 이행청구, 경개, 상계, 면제, 변제, 혼동, 소멸시효, 채권자지체에 관해 절대적 효력을 인정하는 이유는 연대채무자 사이의 결합관계를 고려한 것인데, 그 결합관계는 어떤 성격의 것일까를 설명하는 방식에 차이를 보인다.

㈎ 주관적공동관계설　연대채무에 있어서는 채무자 상호간에 긴밀한 주관적 공동관계(主觀的 共同關係)가 있으므로, 목적도달 이외의 사유에 대해서도 어느 정도 절대적 효력을 인정하는 것이 당사자간의 법률관계를 간이하게 결제하며 공평하다는 견해이다.[1] 우리 민법의 연대채무는 복수채무를 발생시키므로 독일보통법상의 공동연대에 해당하는 것으로 보고, 절대적 효력사유는 채무자간의 주관적 공동관계에 입각한 공동연대주의의 입법정책에 기하여 규정된 것이라 설명한다.

㈏ 상호보증관계설　연대채무자 상호간에 있어서 각자 자기의 부담부분에 관해서는 실질적으로 주채무자의 지위에 있고 다른 채무자의 부담부분에 관하여는 보증인의 지위에 있는 등 연대채무자들이 상호보증관계(相互保證關係)로 맺어져 있다고 보는 견해이다.[2] 주관적공동관계설이 말하는 「채무자 사이의 주관적 공동목적」이라든가 또는 「채무 사이의 긴밀한 관계」가 어떤 것인지 불분명하며, 절대적 효력을 설명하기에는 그러한 주관적 공동관계만으로는 설명이 부족하다고 주관적공동관계설을 비판한다.[3]

---

1) 곽윤직, 218; 김기선, 209; 김석우, 229; 김용한, 303; 김증한, 215; 김증한 · 김학동, 226; 김현태, 189; 이태재, 190; 임정평, 217; 현승종, 234.

김상용, 290은 "연대채무자 상호간의 관계는 채권자에 대하여 각자가 전부급부를 하여야 하는 변제를 공동의 목적으로 하는 변제공동체설이 적절한 것으로 생각한다"고 하는데, 이는 주관적공동관계설을 취한 것으로 이해된다. 장경학, 339도 같은 취지임.

2) 곽윤직, 218에서는 "상호보증관계설은 연대채무가 채권담보의 기능을 가진다는 점에 비추어 매우 공감이 가는 견해"라고 하면서도, "종래의 통설인 주관적공동관계설에 따라서 설명을 진행키로 한다"고 하여 실제로 주관적공동관계설을 취한다. 김석우, 230; 김용한, 302; 임정평, 269도 상호보증관계설의 도입가능성을 긍정하면서도 연대채무의 내용설명은 주관적공동관계설에 입각하여 한다. 일본에서는 於保不二雄, 債權總論, 201; 山中康雄, "連帶債務の本質," 石田文資郎還曆紀念論文集 1, 376.

김형배, 451에서는 "연대채무의 성질을 일의적으로 규정하는 것이 타당하지 않다는 것을 인식하면서도 이론적으로 보다 정비된 상호보증적 변제공동체설에 찬동하고자 한다"고 하는데, 이는 상호보증관계설을 취하는 것으로 이해된다. 정기웅, 239는 이를 절충적 견해로 파악함.

3) 일본에서는 전채무에 미치는 절대적 효력과 부담부분을 한도로 하는 절대적 효력은 법기술적으로 명확히 구별될 필요가 있으며, 채무자 사이의 공동사업관계(조합 등)와 공동생활관계로부터 전채무에 미치는 절대적 효력(일체적 효력)이 발생하고 채무자간의 상호보증관계로부터 부담부분의 한도로 하는 절대적 효력이 발생한다는 주장이 행해진다. 주관적공동관계설은 청구의 절대적 효력은 설명할 수 있지만, 면제나 시효와 같이 부담부분의 한도에서 생기는 절대적 효력은 설명하지 못한다고 비판한다. 그리고 상호보증설은 그 부담부분에 주목하여 법률구성하고 있으므로 청구와 같이 전채무에 대한 절대적 효력은 설명하지 못한다고 비판한다. 淡路剛久, 連帶債務の硏究, 13 이하.

사견으로서는 상호보증관계설(相互保證關係說)을 취하겠다. 민법의 연대채무규정은 고유채무와 상호보증채무의 이중구조를 바탕으로 한다.

첫째, 연대채무는 고유채무(固有債務)와 상호보증채무(相互保證債務)의 두 가지 성질을 가진 법률관계가 결합된 것이다. 각 연대채무자는 자기의 부담부분의 범위에 관해서는 자기고유의 채무를 부담하며, 다른 연대채무자가 그 부분을 변제한 때에는 그의 구상청구에 응해서 변상해 주어야 한다. 다른 한편 각 연대채무자는 다른 연대채무자의 고유채무까지 합친 전부의 이행의무를 지는데, 연대채무자 1인의 이행으로 모두 면책된다. 연대채무자 1인이 모든 연대채무자의 부담부분의 총액에 해당하는 채무를 연대하여 부담하는 이유는 각 연대채무자가 다른 연대채무자의 부담부분에 관해서도 이행하겠다는 연대의 의사를 표시하였기 때문이다. 타인의 부담부분까지 이행의무를 지는 것은 보증채무와 유사한 성질을 가진다(제428조의 보증채무에 해당하는 것은 아님).

둘째, 연대채무자 1인의 변제 이후 다른 연대채무자에 대하여 구상권(求償權)을 행사할 수 있는 것은 상호보증관계설에 의해 설명될 수 있다. 민법은 각 채무자의 부담부분을 정면으로 인정하고, 그를 초과하는 변제에 대하여는 구상권을 행사하여 상환받도록 한다(제425조). 만약 연대채무자가 자기의 채무를 변제한 것이라면 타인에 대한 관계에서 구상권이 생길 여지가 없을 것이다. 연대채무자는 채권자에 대하여는 전부 자기채무를 이행한 것이지만 다른 연대채무자에 대한 관계에서는 일부 타인채무를 이행하였기 때문에, 그 타인채무부분에 관하여 구상권을 행사하는 것이다.

셋째, 연대채무자 1인에 관한 면제(免除)·혼동(混同)·소멸시효(消滅時效)는 그의 부담부분에 한하여 다른 채무자를 면책시키는데(제419조~제421조), 그 이유는 상호보증관계설에 의하여 설명될 수 있다. 채권자가 연대채무자 1인에 대하여 채무면제를 해 준 경우에, 그 면제는 그 채무자의 고유채무 및 상호보증채무 양자를 소멸시킨다. 면제받은 채무자는 연대채무에서 벗어나게 되는데, 남은 채무자들은 자기들끼리 연대채무관계를 형성하게 되고, 이때 자기들의 고유채무를 합친 금액만큼만 연대채무를 부담함이 타당하다. 면제받은 채무자는 상호보증관계에서 떨어져 나갔으므로, 그의 고유채무부분은 연대채무액에서 공제되어야 한다.

넷째, 연대(連帶)의 면제(免除)를 받은 채무자가 있은 경우에, 그는 다른 연대채무자의 상환무자력에 따르는 부담의무를 지지 않으며 채권자가 그 무자력위험을 인수하게 되는 민법규정은 상호보증관계설에 의해 설명될 수 있다(제427조 2항). 연대의 면제를 받은 채무자는 자기고유채무에 한하여 분할채무를 부담하게 되고, 그 밖의 연대채무자들만이 모여 그들의 고유채무를 합한 금액만큼의 연대채무를 부담하는 것은 그들 사이에서만 상호보증관계가 존재하기 때문이다. 연대면제를 받은 채무자가 상호보증관계에서 제외됨으로써 다른 연대채무자들이 불이익을 입어서는 안 되므로, 그 채무자가 부담했어야 할 무자력위험부담분은 채권자에게 인수되는 것이다. 결국 채권자는 연대채무자 1인을 연대에서 면제해 주는 대신에 자기가 그 상호보증관계로부터의 부담을 떠맡게 되는 것이라고 볼 수 있다.

다섯째, 연대보증(連帶保證)에서는 연대채무자 1인만이 주채무자로서 100%의 부담부분을 갖고 다른 연대채무자들은 주채무자에 대한 관계에서는 부담부분을 갖지 않지만, 주채무자가 무자력으로 되는 때에는 연대채무자 상호간에 동등한 부담부분을 갖게 된다. 이와 같이 연대보증은 보통의 연대채무에 대한 특칙을 이루고 있으므로 그 상호보증관계도 특수하지만, 그렇다고 해서 연대보증에는 상호보증관계가 전혀 없다고는 할 수 없다.

여섯째, 주관적공동관계설이 연대채무자 사이에 주관적 공동관계가 있다고 하는 것 자체에 잘못이 있는 것이 아니지만, 주관적 공동관계의 내용이 무엇인지를 분석하지 못하여 연대채무관계의 이해에 별로 도움이 되지 않는 것이 문제이다. 주관적공동관계설은 연대채무자들의 고유채무와 상호보증채무의 이중적 법률관계를 파악하지 못하여 구상의 법률관계 및 면제의 부담부분에 한정된 절대효(絶對效) 등을 설명하지 못하는 약점을 갖는다.

2. 연대채무의 성립

(1) 계약에 의한 연대채무

㈎ 기본계약의 체결　연대채무도 보통의 채무부담행위와 같이 계약에 의해 발생함을 원칙으로 한다(유언의 경우만은 단독행위에 의해서 성립된다). 매매 · 임대차 · 소비대차 등 채무를 발생시키는 모든 계약이 연대채무의 기본계약이 될 수 있다.

기본계약(基本契約)이 유효하여야 그에 기초한 연대(連帶)의 약정(約定)도 유효하다. 연대채무관계에는 독자적인 다수의 채무가 존재하므로 연대채무를 발생시키는 기본계약도 각 채무자와 채권자 사이에 채무의 수만큼의 다수의 계약이 체결될 수 있다. 그러나 실제로는 대개 하나의 기본계약에서 다수의 채무가 발생하는 경우가 많다. 3인이 공동으로 하나의 물건을 구입하는 경우, 매매계약은 한 개가 체결된다. 만약 처음에 그 중 1인만이 대금지급채무를 부담하기로 했다가 후에 나머지 2인도 연대하여 채무를 부담하기로 추가약정하였더라도 그 추가약정을 독립된 계약이라고 볼 수 없다.

(나) 연대의 약정　　복수채무자의 채무부담이 연대채무로 되기 위해서는 연대(連帶)의 약정(約定)이 필요하다. 연대의 약정은 기본계약에 부수하여 행해지는데, 그 당사자는 채권자와 모든 연대채무자이다. 연대채무자는 자기의 의사에 의하지 않고 연대채무를 부담하지 않음이 사적자치의 원칙상 당연하다(법률의 규정 등에 의한 예외 있음).

연대의 약정은 명시적 의사표시로 하는 외에 묵시적 의사표시로 할 수 있다. 연대의 약정이 있었는가는 당사자의 의사표시의 해석에 의해 밝혀진다. 특히 묵시적 의사표시에 의해 연대의 약정을 인정할 때에는 거래의 제반사정을 고려하여 판단하여야 한다. 어떤 계약에 의해 발생하는 채무에 있어서 급부수령자(給付受領者)가 다수인 경우에(예: 수인이 함께 음식점에서 식사를 한 경우, 셋방에 수인이 거주하는 경우), 그들이 모두 채무자가 되는지 그리고 여러 사람이 채무자가 되는 때에 그들의 상호관계가 무엇인지를 결정하는 일은 계약의 해석문제이다. 계약의 체결에 당사자로서 참가하거나 계약서에 대리인이 아닌 본인으로서 서명날인한 자들은 계약당사자이며 채무자이다. 한 명만이 당사자로서 참가하고 나머지는 동행한 데에 불과한 경우에는 그 한 명만이 채무자로 된다. 여러 사람이 계약당사자가 된 경우 그들 사이의 채무부담의 관계는 분할채무 · 불가분채무 · 연대채무 · 보증채무의 네 가지가 있으므로, 그 중의 어떤 것에 해당하는가를 판단해야 하는데 이것도 계약의 해석문제이다. 보증채무(保證債務)는 명시적 약정이 있는 경우에 한하여 인정된다. 채무의 성질이나 의사표시에 의해 채무이행의 불가분성이 인정되는 경우는 불가분채무(不可分債務)(제409조)가 성립되며, 가분급부에 관하여는 분할채무(分割債務)가 성립함이 원칙이다(제408조). 연대의 약정이 있는 때에는 가분급부이든 불가분급부이든 상관 없이 연대채무(連帶債務)가 성립한다.

연대추정의 당부

연대약정을 추정할 것인가에 관하여 학설이 대립한다.[1)]

① 연대추정설: 당사자간에 채무자 전원의 자력을 종합적으로 고려하였다고 볼 수 있는 특별한 사정이 있는 때에는 연대(連帶)를 추정(推定)하여야 한다고 주장하는 견해이다.[2)] 가분급부의 경우에 특별한 의사표시가 없으면 분할채무를 원칙으로 한다는 민법 제408조가 채권자에게 불리하다는 이유로 타당치 못하다고 보고 연대의 약정을 확대하여 인정함으로써 연대채무의 발생을 유도하려고 한다.

② 부 정 설: 연대채무자는 각자 전부의 급부를 해야 하는 무거운 의무를 지므로 특히 법으로 규정하지 않는 한 연대를 추정해서는 안 된다는 견해이다. 우리 민법은 독일과 같이 명문의 추정규정을 갖지 않고 분할채무를 원칙으로 하므로, 그에 대한 예외가 인정되기 위해서는 특별한 의사표시가 필요하다고 한다.[3)]

③ 판례는 연대채무의 추정을 부정한다(부정설, 대판 1969. 4. 25, 67다328; 대판 1981. 8. 20, 80다2587).

④ 사견으로도 부정설(否定說)에 찬동한다. 연대의 추정은 소송에 있어서 채무자에게 연대약정이 없었음을 증명할 의무를 지우는 입증책임의 전환을 가져오는데, 법률에 추정규정이 없는 경우까지 연대약정을 추정하는 것은 채무자의 의사 없이 무거운 연대채무를 부과하는 것이 되어 사적자치원칙에 위반한다. 연대의 추정을 부인하더라도 당사자가 총채무자의 자력을 종합적으로 고려하였다고 볼 수 있는 특별한 사정이 있는 경우는 묵시적 연대약정의 존재를 인정할 수 있으므로 거래실정에 어긋나는 결과는 생기지 않을 것이다.

(다) 법률에 의한 연대추정 민법은 다음의 경우에 연대의 약정을 추정한다.

① 임대차 등 사용대차(使用貸借) 또는 임대차(賃貸借)에 의해 수

---

1) 일반적으로 다수채무자의 관계에 연대의 추정을 할 것인가에 관해 대립된 입법형태가 있다. 독일민법은 수인이 계약에 의하여 공동으로 채무를 부담하는 경우에 연대로 추정한다(독민 제427조). 반면에 프랑스민법은 연대의 추정을 부정한다(프민 제1202조). 일본민법과 우리 민법은 분할채무를 원칙으로 하는 규정(제408조)을 두고 있으며, 연대의 추정에 관해 아무런 규정을 두지 않는다.

2) 곽윤직, 220; 김석우, 231; 김용한, 305; 김주수, 266; 김증한, 216; 김증한 · 김학동, 216~217; 현승종, 236.

3) 김기선, 193; 김상용, 294; 김현태, 191; 이태재, 191; 임정평, 273; 장경학, 343; 황적인, 178.

인이 공동으로 물건을 차용한 때에는 연대하여 채무를 부담한다(제616조, 제654조).[1] 임대차의 경우에 법률의 규정에 의해 채무가 발생하는 것이 아니라 계약에 의해 다수당사자의 채무가 발생하고, 이에 연대의 약정이 법률의 규정에 의해 추정될 뿐이다. 민법 제616조는 이와 다른 당사자의 약정을 허용하는 임의규정으로 해석되므로, 다른 약정의 존재가 증명되지 않는 한 연대채무가 된다. 결국 연대의 약정을 추정하는 것과 같은 효과를 갖는다. 그리고 임대인의 동의를 얻어 전대차(轉貸借)된 경우에 임차인과 전차인의 목적물반환의무(제630조)는 연대채무가 된다.[2] 그러나 공유물(共有物)의 임대(賃貸)로 인하여 생기는 차임채권에 관해서는 분할채권이 발생한다.[3] 연대채무는 임차인측이 다수성과 공동성을 갖는 경우에 한하여 인정되기 때문이다.

② 상 행 위 　수인이 그의 1인 또는 전원에게 상행위가 되는 행위로 인하여 채무를 부담한 때에는 연대하여 변제할 책임이 있다(상법 제57조 1항).[4] 수인이 공동으로 부담하는 상행위채무는 다른 약정이 없는 한 연대채무로 된다. 조합채무의 발생원인이 상행위인 경우에 조합원들은 연대채무를 진다(대판 2001. 3. 23, 2000다59074). 채권자가 상인이고 채무자가 여러 명의 소비자인 소비자거

---

1) 프랑스민법은 다수의 임차인이 동일한 물건을 공동으로 차용한 경우에 연대채무를 추정하며(프민 제1887조), 스위스채무법은 무상의 사용대차에 관하여 연대채무를 추정한다(스채 제308조). 그러나 일본민법에는 이와 같은 규정이 없기 때문에, 일반적으로 연대의 추정을 하자는 견해가 제기된다.

2) 이 경우 부진정연대채무로 보는 입장도 있었으나 김형배(2판), 482~483에서는 이를 비판한다.

3) 같은 취지: 양창수, "분할채권, 분할채무," 고시연구 1998년 2월호, 133.

4) 대판 1966. 11. 29, 66다1741: 피고들이 양말제조업을 공동으로 경영하며 계속적으로 원사구입을 하여 왔을 경우에 현재까지 지급하지 못한 외상대금이 남아 있다면 이는 피고들의 기본적 상행위로 인하여 부담하게 된 것이므로 피고들은 연대하여 원고에 대하여 이 채무를 변제할 책임이 있다.

대판 1987. 6. 23, 86다카633: ㉮ 상법 제57조 제1항의 취지는 상사거래에 있어서의 인적담보를 강화하여 채무이행을 확실히 하고 거래의 안전을 도모함으로써 상거래의 원활을 기하려는 것으로 민법상 다수당사자간의 채무이행에 있어서의 분할채무원칙에 대한 특별규정이라 할 것이므로, 여기에서 연대채무를 지우게 되는 행위는 수인이 그 1인 또는 전원에게 상행위가 되는 행위로 인하여 채무를 부담하는 경우이어야 한다. ㉯ 계열회사들의 효율적인 물품구매 및 경비절감을 위하여 그룹 내에 조달본부를 설치하여 각 계열회사들은 각자 필요한 물품을 물품구매요구서를 첨부하여 위 조달본부에 구매요구하면, 조달본부는 그룹회장의 결제를 받아 납품업체와 계약을 체결하고 납품업체는 조달본부장의 요구에 따라 실수요회사인 각 계열회사에 물품을 인도하고 세금계산서를 발행하여 왔다면 위 조달본부는 법인격 없는 그룹 내의 편의상 기구에 불과한 것으로서 조달본부의 물품구매행위는 동 그룹 내의 각 독립한 법인체인 계열회사들이 조달본부에 그 대행을 위임하거나 이에 관한 대리권 수여에 따른 행위로 봄이 타당하고, 따라서 각 거래는 계열회사와 물품공급회사 사이에 이루어진 것으로서 그 법률효과는 그 당사자에게만 직접 미치고 유관관계가 없는 다른 계열회사는 아무런 권리의무가 발생하지 아니하는 제3자의 지위에 있음에 불과하다 할 것인즉, 조달본부에서 물품을 발주 구입하였다는 사실을 들어 상법 제57조 제1항 소정의 수인이 그 1인 또는 전원에게 상행위로 인하여 부담하는 공동구매라고 할 수 없으므로 위 각 계열회사들 사이에 동 법조에 따른 연대채무관계는 발생할 수 없다.

래(消費者去來)에는 상법규정이 적용되지 않는다.[1]

③ 일상가사 부부의 일방이 일상(日常)의 가사(家事)에 관하여 제3자와 법률행위를 한 경우, 배우자는 미리 자기가 책임지지 않음을 명시하지 않은 한 그로 인한 채무를 연대하여 부담한다(제832조). 일상가사에 관한 법률행위의 경우에, 행위자는 자기의 부담부분에 대하여는 본인으로서 행위하고 배우자의 부담부분에 관해서는 일상가사에 관하여 포괄적으로 부여된 대리권에 기초해 대리인으로서 행위하였다고 해석된다.[2] 일방만이 계약당사자로서 채무를 부담하고 타방은 법률의 규정에 의해 채무를 부담하는 것이 아니다. 이 연대채무규정은 부부의 일상가사에 드는 공동생활비용은 다른 약정이 없으면 부부가 공동으로 부담한다는 규정과 관련을 갖는다(제833조).

④ 병존적 채무인수 원래의 채무자와 중첩적으로 동일한 내용의 채무를 부담하기로 약정하는 경우를 병존적 채무인수(竝存的 債務引受)라고 하는데, 이에 의하여 연대채무가 발생한다. 다만 원채무자의 부탁 없이 병존적 채무인수가 행해진 경우에 원채무자와 인수채무자 사이에 주관적 공동관계가 없다는 이유로 부진정연대채무로 보아야 한다는 견해도 있으나,[3] 사견으로는 이 때에도 연대채무로 보는 것이 타당하다고 생각한다.[4] 판례는 부진정연대채무에서는 상계의 절대적 효력을 부인하면서 병존적 채무인수인이 한 상계의 효력이 원채무자에 대해서 미친다고 함으로써 이를 연대채무로 파악하는 듯하다(대판 1997. 4. 22, 96다56443).[5]

(2) 법정채권관계에 의한 연대채무

㈎ 발생요건 법정채권관계(法定債權關係)에 다수의 당사자가 관여된 경우에, 그 다수당사자가 연대책임을 져야 할 것으로 규정되는 경우가 있다. 법률에서는 종종 하나의 조항에서 「법정채무의 발생」과 「복수채무간의

1) 같은 취지: 곽윤직, 220; 김용한, 305; 김주수, 242.

2) 일본에서는 이 경우의 연대채무의 내용에 관하여 부담부분을 전제로 한 규정은 적용되지 않는다는 견해(三島宗彦, "日常家事債務の連帶債務," 家族法大系 Ⅱ, 1959, 252)와 부부공동생활의 대외적 단일성으로 미루어 부부가 전적으로 동일한 내용의 채무로 병존적으로 부담하지만 일방에게 생긴 사유는 무제한으로 절대적 효력을 갖는다는 견해(我妻榮, 親族法, 1961, 109)가 주장된다.

3) 곽윤직, 319; 김상용, 493; 김증한 · 김학동, 327~328; 임정평, 405; 민법주해(10), 78(차한성 집필부분).

4) 같은 취지: 김용한, 333; 김형배, 483.

5) 대판 1997. 4. 22, 96다56443: 중첩적 채무인수인이 채권자에 대한 손해배상채권을 자동채권으로 하여 채권자의 자신에 대한 그 채권에 대하여 대등액에서 상계의 의사표시를 하였다면, 연대채무자 1인이 한 상계의 절대적 효력을 규정하고 있는 민법 제418조 제1항의 규정에 의하여, 다른 연대채무자인 원채무자의 채권자에 대한 채무도 상계에 의하여 소멸되었다고 보아야 한다.

연대적 결합」을 통합해서 규정한다. 법정채무에 관한 연대의 규정이 강행규정성을 띠는 경우에는 연대(連帶)의 간주(看做)로서의 효력을 갖는다. 불법행위, 부당이득, 사무관리에 의하여 발생하는 연대채무에 있어서는 법률행위의 무효 · 취소에 관한 제415조가 적용될 여지가 없다.

민법은 다음의 경우에 연대하여 채무를 부담하도록 규정한다.

① 이사의 연대책임　법인의 이사(理事)가 목적범위 외의 행위로 인하여 타인에게 손해를 가했으나, 법인의 책임이 발생하지 않는 경우에도 그 사항의 의결에 찬성하거나 그 의결을 집행한 사원, 이사 및 기타 대표자가 연대하여 손해배상의무를 진다(제35조 2항).

② 공동불법행위자의 연대책임　수인이 공동의 불법행위로 타인에게 손해를 가한 경우, 또는 공동 아닌 수인의 행위 중 어느 자의 행위가 그 손해를 야기한 것인지 알 수 없는 경우에는 연대하여 손해배상의무를 진다(제760조 1항 · 2항). 피해자는 여러 명의 불법행위자로부터 1회의 만족을 얻을 뿐이지만, 연대책임에 의해 그 손해배상채권의 만족가능성이 높아지게 된다.

③ 채무자와 이행보조자의 공동책임　판례는 임대인의 이행보조자가 임차인으로 하여금 임차목적물을 사용 · 수익하지 못하게 함으로써 임대인이 채무불이행에 의한 책임을 지고, 그 이행보조자는 불법행위책임을 지는 경우, 양 책임은 연대채무관계에 놓인다고 한다(대판 1994. 11. 11, 94다22446).[1]

④ 사용자책임　피용자(被用者)의 배상의무(제750조)와 사용자(使用者)의 배상의무(제756조 1항) 및 사용자에 갈음하여 사무를 감독하는 자의 책임(제756조 2항).

⑤ 감독자책임　책임무능력자의 감독자(監督者)의 책임과 그에 갈음하여 감독하는 자의 책임(제755조).

⑥ 동물사고책임　동물의 점유자(占有者)의 불법행위책임과 소유자(所有者)의 책임(제759조).

⑦ 자동차사고책임　자동차사고시 가해운전사(加害運轉士)의 책임

1) 대판 1994. 11. 11, 94다22446: 임대인인 피고 갑은 이행보조자인 피고 을이 임차물인 점포의 출입을 봉쇄하고 내부시설공사를 중단시켜 임차인인 원고로 하여금 그 사용 · 수익을 하지 못하게 한 행위에 대하여 임대인으로서의 채무불이행으로 인한 손해를 배상할 의무가 있고, 또한 피고 을이 원고가 임차인이라는 사정을 알면서도 위와 같은 방법으로 원고로 하여금 점포를 사용 · 수익하지 못하게 한 것은 원고의 임차권을 침해하는 불법행위를 이룬다고 할 것이므로, 피고 을은 원고에게 불법행위로 인한 손해배상의무가 있다고 할 경우, 피고 갑의 채무불이행책임과 피고 을의 불법행위책임은 동일한 사실관계에 기한 것으로 부진정연대채무관계에 있다.

과 자동차운행자의 책임(자동차손해배상 보장법 제3조) 및 보험사업자의 책임.

⑧ 상법상 손해배상책임　상법(商法)에서는 자기의 성명이나 상호의 사용을 허용한 익명조합원(匿名組合員)의 제3자에 대한 책임(제81조), 순차운송인(順次運送人)의 책임(제138조), 합명회사사원(合名會社社員)의 책임(제212조), 주식회사 발기인의 주식인수(株式引受)·납입담보책임(納入擔保責任)(제321조), 발기인(發起人)의 손해배상책임(제322조, 제323조), 이사의 회사에 대한 책임(제399조, 제567조) 등의 경우에 연대채무를 발생시킨다. 상법에서는 불법행위책임의 손해배상의무뿐 아니라 계약채무의 공동부담에 이르기까지 연대채무의 발생을 규정하는 경우가 많다.

⑨ 다수의 불법행위자 사이의 구상관계　다수(多數)의 불법행위자 중의 1인이 변제한 후의 다른 불법행위자에 대한 구상관계에서 부진정연대채무(不眞正連帶債務)가 인정되어야 할 경우가 있다(대판 1998. 9. 22, 97다42502).[1] 변제자와 구상채무자들의 관계가 사용자·다수의 피용자의 관계에 있을 때 부진정연대채무관계가 생길 수 있다.

(나) 부진정연대채무　불법행위와 같은 법정채권관계에 의해 발생하는 연대채무는 계약에 의한 연대채무와 다른 「부진정연대채무(不眞正連帶債務)」로서 파악된다. 공동불법행위로 인하여 발생하는 연대채무를 계약에 의한 연대채무와 같이 규율하는 것은 부당하므로, 공동불법행위의 경우에는 부진정연대채무라고 하여 보통의 연대채무에 대한 특칙을 인정해야 한다는 견해가 지배적이다.[2][3] 공동불법행위 이외에도 앞에서 본 바와 같이 하나의 사건

1) 대판 1998. 9. 22, 97다42502: 트랙터가 서울특별시 내의 일반국도를 주행중 육교에 충돌하여 그 육교 상판이 붕괴되면서 이로 인하여 때마침 육교 밑을 통과해 오던 버스운전사가 사망함으로써 위 트랙터에 관하여 공제계약을 체결한 전국화물자동차운송사업조합연합회가 그 유족에게 손해배상금을 지급하여 공동면책된 경우에, 피고 대한민국은 위 육교의 관리사무의 귀속주체로서, 피고 서울특별시는 위 육교의 비용부담자로서 각 손해배상책임을 지는 것이고, 국가배상법 제6조 제2항의 규정은 도로의 관리주체인 국가와 그 비용부담자인 시·구 상호간에 내부적으로 구상의 범위를 정하는 데 적용될 뿐 이를 들어 구상권자인 공동불법행위자에게 대항할 수는 없는 것이므로, 피고들은 부진정연대채무자로서 각자 피고들 전체의 부담할 부분(전체 손해액 중 구상권자인 연합회가 부담할 부분을 제외한 잔액)에 관하여 구상권자의 구상에 응하여야 하는 것이지, 피고별로 분할채무를 지는 것이 아니다.

2) 주관적공동관계설에서는 부진정연대채무에 채무자들간에 주관적 공동관계가 없고, 부담부분도 없으며, 상호간에 구상관계가 생기지 않는다고 한다. 곽윤직, 237; 김기선, 226; 김상용, 315; 김석우, 254; 김용한, 327; 김주수, 288; 김현태, 202; 임정평, 298; 이태재, 205; 현승종, 253; 황적인, 191. 공동불법행위책임에 관하여 민법 제760조는 「연대채무」라는 표현을 사용하고 있지만, 그것을 부진정연대채무로 해석한다. 곽윤직, 채권각론, 698; 김기선, 한국채권법각론, 425; 김석우, 채권법각론, 546; 김증한, 채권각론, 508; 김현태, 채권법각론, 396; 졸저, 채권각론, 834.

3) 김형배(2판), 483은 부진정연대채무의 개념은 절대적 효력사유를 축소함으로써 채권의 담보력을 강

으로 인한 손해배상의무가 다수의 책임원인제공자에게 귀속하는 경우에 부진정연대채무를 인정한다. 판례도 부진정연대채무의 개념을 인정한다(대판 1969. 8. 26, 69다962; 대판 1989. 9. 26, 88다카27232; 대판 2006. 9. 8, 2004다55230).

1) 개 념 부진정연대채무란 수인의 채무자가 채무 전부를 각자 이행할 의무가 있고, 채무자 1인의 이행으로 다른 채무자도 그 의무를 면하게 되는 연대채무의 일종으로서(제413조), 채권자에 대한 관계에서 각자의 부담부분이 인정되지 않고 채무자 1인에게 관한 사유는 변제와 그에 준하는 것을 제외하고는 다른 채무자에게 영향을 미치지 않는 경우를 말한다.

2) 채권자와의 관계 계약상 연대채무에서는 연대채무자가 자기의 고유채무(부담부분)를 가지면서 연대채무자들의 채무총액을 연대하여 부담하는 반면에, 공동불법행위자는 각자 손해 전부에 관해 자기의 고의 · 과실에 기해 배상의무를 지기 때문에 피해자와의 관계에서 자기의 고유채무라는 책임의 제한이 인정되지 않는다.

3) 절대적 효력사유의 축소 계약상 연대채무에서 연대채무자 1인에게 생긴 변제(辨濟) 이외의 사유가 다른 연대채무자에게 절대적 효력을 미치는 것은 연대채무자들 상호간의 계약적 결합관계를 전제로 한 것인데, 공동불법행위에서는 이러한 결합관계가 존재하지 않으므로 절대적 효력사유도 변제 등에 한정된다. 공동불법행위자들은 피해자에 대하여 손해배상을 해야 한다는 목적을 공동으로 가질 뿐이므로, 채권의 만족을 가져오지 않는 경개 · 면제 등의 사유에 관하여 절대적 효력을 인정하는 것은 부당하다. 부진정연대채무에서는 채권자에 대한 관계에서 각자의 부담부분이 인정되지 않으므로, 부담부분의 범위에서 면제, 혼동, 소멸시효 등이 절대적 효력을 갖는 일도 생기지 않는다.

4) 내부적 구상관계 공동불법행위자 1인이 피해자에게 손해를 배상한 후에, 그 변제자는 다른 공동불법행위자에 대하여 각자의 과실비율에 따른 분담부분의 범위에서 구상청구(求償請求)할 수 있다.[1] 그 구상관계의 법

화시키는 역할을 하지만, 본질적으로 연대채무와 다른 제도는 아니라고 한다.

1) 대판 2000. 3. 14, 99다67376: 금액이 다른 채무가 서로 부진정연대의 관계에 있을 때 금액이 많은 채무의 일부가 변제 등으로 소멸하는 경우 그 중 먼저 소멸하는 부분은 당사자의 의사와 채무 전액의 지급을 확실히 하려는 부진정연대채무제도의 취지에 비추어 볼 때, 다른 채무자와 공동으로 채무를 부담하는 부분이 아니라 단독으로 채무를 부담하는 부분으로 보아야 한다.

적 근거는 계약에 의한 연대채무에서 급부이익에 상응하는 부담부분이 존재하는 것과 달리, 불법행위책임에 대한 관여도에 따른 내부적 책임분담에 기인 한다. 내부관계에서의 부담부분은 각 불법행위자의 관여도에 따라 결정되며, 각자의 관여도가 분명하지 않은 때에는 연대채무에서의 균등추정(제424조)이 준용된다. 그리고 부진정연대채무자 1인이 변제하는 경우에, 구상청구와 관련하여 사전·사후의 통지의무는 부과되지 않으며(제426조 적용 없음. 대판 1976. 7. 13, 74다746; 대판 1998. 6. 26, 98다5777), 상환무자력자에 대한 부담부분을 다른 채무자가 각자의 부담부분에 비례하여 분담한다는 제427조도 적용되지 않는다. 출재채무자의 구상권에 관한 민법 제425조는 부진정연대채무에 준용된다. 공동불법행위자 중 1인이 자기부담부분 이상을 변제하여 공동의 면책을 얻은 경우에 다른 공동불법행위자에 구상권을 행사할 수 있으며, 만약 변제자금을 차용했던 때에는 법정이자의 한도에서 구상권을 갖는다(대판 2001. 1. 16, 2000다29325; 대판2006. 9. 8, 2004다55230).

다만, 사견으로는 신의칙에 비추어 부진정연대채무자간에도 사전통지의무(事前通知義務)가 부과되어야 하며, 그 위반시에는 자기의 면책행위를 이유로 이중변제한 채무자에게 구상청구할 수 없다고 생각한다.

부진정연대채무에서의 상대적 효력사유

부진정연대채무에서는 변제(辨濟)와 같이 채권자가 만족을 얻은 경우에만 모든 채무가 소멸한다. 일부변제(一部辨濟), 대물변제(代物辨濟)도 다른 채무자를 공동면책시킨다.[1)]

① 이행청구(履行請求)와 채권자지체(債權者遲滯)에는 절대적 효력이 인정되지 않는다(제416조와 제422조는 적용되지 않음). ② 상계(相計)에 관해서는 절대적 효력을 인정하는 견해와,[2)] 상계한 당해 채무자에 대한 관계에서만 채권소멸의 상대적 효력을 갖는다는 견해가 대립한다. 판례는 상계를 상대적 효력사유로 본다(대판 1989. 3. 28, 88다카4994). 사견으로는 상계는 절대적 효력사유로 보되, 피해자의 치료비 등에 한정하여 상계를 금지시키는 것이 타당하다고 생각한다(뒤에 설명). ③ 다른 채무자가 상계할 수 있도록 허용하는 제418조 2항도 채무자의 부담부분을 전제로 한 규정이므로 적용

1) 곽윤직, 238. 김상용, 373에서는 일부변제가 있더라도 채권이 전부 만족될 때까지는 절대적 효력을 갖지 않는 것처럼 설명하는데, 잘못된 설명이라고 생각된다. 채무자 1인이 일부변제한 후에 다른 채무자가 계속 전부채무를 진다는 것은 채권자를 부분적으로 이중만족시키게 되며, 이중변제자의 반환청구권을 부정하는 것이므로 부당하다.

2) 곽윤직, 238, 김기선, 229; 김석우, 256; 김현태, 206; 김형배(2판), 484; 황적인, 192.

되지 않는다. ④ 경개(更改)는 상대적 효력을 갖는다(제417조 적용없음). ⑤ 면제(免除), 혼동(混同), 소멸시효(消滅時效)는 상대적 효력을 갖는다. 부진정연대채무에서는 채권자에 대한 관계에서 부담부분이 인정되지 않으므로 면제 등의 부담부분에 한정한 절대적 효력이 인정될 여지가 없다(대판 1969. 8. 26, 69다962; 대판 1997. 12. 12, 96다50896; 대판 2006. 1. 27, 2005다19378).

3. 연대채무자와 채권자의 법률관계

(1) 전부채무와 공동면책

각 연대채무자는 채권자에 대한 관계에서 연대채무자의 부담부분의 총액을 이행할 채무(전부채무)를 부담하며, 연대채무자 1인의 이행으로 모두 공동면책되는 연대관계에 놓인다. 첫째, 각 연대채무자는 자기의 고유채무(固有債務; 부담부분)를 초과하여 다른 연대채무자들의 고유채무부분까지 합한 금액(전부채무)을 연대하여 이행할 채무를 진다. 둘째, 채권자는 모든 연대채무자의 고유채무를 합한 전부채무(全部債務)를 변제받게 되면 완전한 만족을 얻게 되므로, 더 이상 다른 연대채무자에 대하여 채권을 갖지 않게 된다. 따라서 1인의 전부변제로 모든 연대채무자의 채권자에 대한 채무는 공동으로 소멸하게 된다.

사례연구

임대인(채권자)이 3인(A, B, C)을 공동임차인으로 하여 점포를 임대해 준 경우에, 민법 제616조, 제654조에 의하여 A, B, C는 임대인에 대한 관계에서 연대채무를 부담한다. 다른 특약이 없는 한 구상부분은 균등한 것으로 추정되는데, 이 사례에서 분담부분에 관한 다른 특약이 없었으므로 각자의 분담부분은 10만원이다.

(1) **이행청구** 임대인은 월세 30만원을 A에게 청구하거나 B에게 청구하거나 C에게 청구하거나, 2인에게 청구하거나 또는 3인 모두에게 청구할 수 있다. 임대인이 A에 대하여만 이행청구한 경우에 그 이행청구의 효과로 생기는 시효중단은 A, B, C 모두에 대하여 발생한다.

(2) **변제와 구상청구** A가 임대인에게 30만원을 변제하면 이는 A의 채무를 소멸시키는 동시에 B와 C도 공동면책시킨다. 이제 남은 문제는 A가 B와 C에게 그들의 부담부분에 해당하는 금액을 구상청구하는 것이다. A는 B에 대하

여 10만원 C에 대하여 10만원을 청구할 수 있을 것이다.

(3) 상 계 만약 B가 임대인에게 받을 돈이 20만원 있었다면 B는 임대인에 대하여 상계의 의사표시를 함으로써 자기뿐 아니라 A와 C도 20만원의 범위에서 공동면책시킬 수 있다(제418조 1항). B가 상계를 한 후에 A, B, C는 10만원의 연대채무를 진다. B는 자기 고유채무 10만원과 타인채무 10만원을 이행한 것이 되므로, 타인채무 10만원은 A와 C에게 각각 5만원씩 구상채권을 갖게 된다.

B가 상계를 하려고 하지 않거나 질병 등으로 의사표시를 할 수 없는 상황에 있는 경우에, A는 B의 의사에 관계 없이 B의 상계권을 대신행사하여 상계의 효과를 거둘 수 있다(제418조 2항). 이 때 A가 상계할 수 있는 범위는 B의 분담부분인 10만원의 범위 내이다. A가 B의 10만원 채권을 가지고 상계의 의사표시를 한 후에는 A, B, C 모두 20만원의 연대채무를 부담할 뿐이다. 이 경우 B는 자기의 고유채무 10만원을 변제한 것으로 되어 A와 C에게 구상청구할 수 없다.

(4) 면 제 채권자가 C와 개별적으로 만나 채무면제를 해 준 경우에, C는 30만원의 연대채무도 면제받고 자기의 고유채무 10만원도 면제받게 되어 채무로부터 해방된다. 남은 채무자 A와 B는 연대하여 20만원의 채무를 지게 되며, 각자의 10만원 고유채무액에는 변동이 없다. 만약 이 때 A와 B의 연대채권액이 30만원이라고 해석한다면 A, B 각자의 고유채무가 15만원씩으로 증가하게 되어 부당한 결과로 될 것이므로, 민법은 면제받은 채무자의 부담부분만큼 연대채무액도 감소한다는 취지로 규정한다(제419조).

(2) 절대적 효력사유와 상대적 효력사유

(가) 효력사유의 구분 연대채무자 중 1인과 채권자 사이에 생긴 사유가 모든 채무자에 대하여 동일한 효력을 발생시키는 경우에 그러한 사유를 절대적 효력사유(絶對的 效力事由)라고 하며, 당해 채무자에 대하여만 효력을 발생시키는 경우를 상대적 효력사유(相對的 效力事由)라고 한다. 민법은 제413조에서 채무자 1인의 이행이 다른 채무자의 의무도 면하게 됨을 규정하고, 제416조에서 제422조까지 7개의 절대적 효력사유를 규정한다. 변제 · 공탁 · 상계와 같이 채권의 만족을 가져오는 사유는 연대채무의 본질상 당연히 절대적 효력사유가 되어야 하나, 그 밖의 절대적 효력사유는 민법이 채무자간의 계약적 공동관계를 전제로 하여 절대적 효력을 부여한 것이다. 그리고 민법에 열거한 절대적 효력사유 이외의 사항은 상대적 효력을 갖는다(제423조).

(나) 절대적 효력사유의 종류 　절대적 효력사유는 그 효력범위가 전부에 미치는가, 또는 당해 연대채무자의 부담부분에 한정되는가에 따라 다음의 두 종류로 나뉜다.

① 무제한적 절대사유 　채권자와 채무자 1인 사이에 생긴 사유가 그대로 채권자와 다른 채무자 사이에 동일한 효과를 발생시키는 경우가 있다. 채권자의 이행청구(履行請求)와 채권자지체(債權者遲滯)는 모든 채무자에게 같은 효력을 발생시킨다(제416조, 제422조).[1] 그리고 채권의 소멸사유 중 변제(제413조)·경개(제417조)·상계(제418조 1항)·공탁이 이에 해당한다.

② 제한적 절대사유 　채권자와 채무자 1인 사이의 사유가 다른 채무자에 대한 관계에 있어서는 채무자 1인의 부담부분의 범위에서 다른 채무자의 의무를 소멸시키는 경우가 있다. 민법은 면제(免除)(제419조)·혼동(混同)(제420조)·소멸시효(消滅時效)(제421조)를 이러한 제한적 절대사유로서 규정한다.[2]

(다) 상대적 효력사유 　법률이 정하는 절대적 효력사유 이외의 사항은 상대적 효력사유에 해당함이 원칙이다. 소멸시효의 중단사유 중에서 압류, 가압류, 가처분(제168조 2호)과 승인(동조 제3호)은 당해 채무자와 그의 승계인에 대하여만 효력을 갖는다(제168조, 제423조). 채무자 1인과 채권자 사이의 시효단축약정 및 채무자 1인의 시효이익의 포기는 상대적 효력을 갖는다(제184조).[3] 시효정지사유(제179조~제182조)도 상대적 효력을 갖는다. 채무자 1인에 대한 판결도 상대적 효력을 갖는데, 그것은 연대채무의 속성에 기인하기 이전에 기판력의 인적 범위 제한(민소법 제218조)에 기인한다.[4]

(3) 이행청구와 채권자지체

(가) 이행청구의 방법 및 내용 　채권자는 1인의 연대채무자에 대하여

---

1) 채권자지체에 관한 제422조는 의용민법에 없던 것을 신설한 규정이다.

2) 의용민법 제438조는 연대채무자 1인과 채권자간의 혼동이 있는 때에는 "그 채무자가 변제를 한 것으로 간주한다"고 규정하였다. 그러나 현행민법 제420조는 "그 부담부분에 한하여 다른 연대채무자도 의무를 면한다"고 함으로써 절대적 효력이 미치는 범위를 축소하였다.

3) 대판 1974. 6. 25, 74다401: 두 사람이 연대하여 전원을 차용한 경우 1인의 채무가 경제의 안정과 성장에 관한 긴급명령이 정하는 기업사채라는 사유는 상대적 효력이 있을 뿐이다.

4) 대판 1995. 11. 14, 94다34449: 공동불법행위자들에 대한 제1심판결이 1인에 대하여만 확정되고 나머지는 항소한 결과 오히려 항소심의 인용 금액이 증액된 경우, 제1심판결에 항소한 채무자로서는 항소심에서 증액된 부분을 출재하였다 하더라도 불복하지 아니한 다른 채무자에 대하여 공동면책으로서의 효력을 내세울 수 없다.

또는 동시나 순차로 모든 연대채무자에 대하여 전부의 이행을 청구할 수 있다(제414조). 모든 채무자에게 동시에 전부이행을 청구하더라도 채무자 중 1인이 전부 또는 일부를 변제하는 때에는 그 범위에서 다른 채무자의 채무도 함께 소멸하므로, 법리상으로는 채권자가 중복된 만족을 얻을 수 없다. 연대채무자 전원에 대한 소송상의 이행청구도 가능하다. 이러한 청구는 중복제소(민소법 제259조)에 해당하지 않으며, 통상의 공동소송이 되어 1인의 채무자에 관한 사항은 다른 채무자에게 영향을 미치지 않는다(민소법 제66조).[1] 채권자는 채무자의 전원이나 수인이 파산선고를 받은 경우에 파산선고시의 채권 전액에 관하여 각 파산재단에 대해 권리를 행사할 수 있다(채무자회생 및 파산에 관한 법률 제428조). 채권자는 채권액을 채무자의 전원이나 일부에게 분할(分割)하여 청구(請求)할 수 있다(제414조). 그러한 일부청구에 의하여 연대성이 상실되지 않는다.

(나) 이행청구의 절대적 효력 어느 연대채무자에 대한 이행청구(履行請求)는 다른 연대채무자에게도 효력이 있다(제416조). 연대채무자 1인에 대한 이행청구는 모든 연대채무자에 대한 관계에서 소멸시효의 중단(제168조 1호), 기한 없는 채무의 변제기도래(제387조 2항)의 효과를 발생시킨다. 해제권발생(解除權發生)을 위한 이행의 최고(제544조)에 대하여는 명문규정이 없으나 이행청구와 본질적으로 같으므로 동일하게 다루어 절대적 효력을 인정하는 것이 옳다고 생각한다. 만약 최고에 절대적 효력을 인정하지 않는다면 1인의 채무자에 대하여만 해제권이 발생하게 되어 민법이 취하는 해제권불가분의 원칙(제547조)에 어긋나는 결과로 되어 부당하다.

(다) 채권자지체의 절대적 효력 어느 연대채무자가 채권자에게 변제의 제공을 하였으나 채권자가 이를 수령하지 않은 경우, 그 채무자에 대한 채권자지체는 다른 채무자에게도 효력이 있다(제422조). 채권자지체의 절대적 효력은 채권자의 이행청구가 절대적 효력을 갖는 것과 균형을 이루어, 연대채무자 1인의 변제제공의 효과가 모든 연대채무자를 위하여 발생하게 하는 결과를 가져온다.

---

1) 대판 1955. 2. 10, 4287민상204: 연대채무는 채권자가 채무자의 1인에 대하여 또는 동시 혹은 순차적으로 총채무자에 대하여 전부 또는 일부의 이행을 청구할 수 있는 것이므로 이에 관한 공동소송을 공동소송인 전원에 대하여 합일적으로 확정함을 요하는 것이라고는 할 수 없다.

(4) 연대채무의 공동면책

연대채무의 소멸사유

채권자가 다수의 채무자에 대하여 채권을 갖더라도 채권의 만족은 한 명의 채무자로부터의 이행행위가 있으면 그것으로 충분한 것이 연대채무의 속성이다. 민법은 채권의 소멸사유 중에서 경개 · 상계 · 면제 · 혼동 · 소멸시효에 관해서는 어떤 절대적 효력을 갖는지 개별적으로 규정한다(제417조~제421조). 이들은 절대적 효력사유라는 점에서는 같지만, 그 효력범위에 있어서는 차이가 있다.

① 무제한적 절대사유: 채무자 1인의 이행으로 모든 채무자의 채무가 소멸한다(제413조). 여기의 이행에 변제와 대물변제가 포함됨은 물론이다. 일부변제도 그 변제액의 범위에서 모든 채무자의 채무를 소멸시킨다. 민법 제417조 이하에 열거된 소멸사유 중에서 범위의 제한 없이 모든 채무자의 채무를 소멸시키는 것은 경개(제417조)와 상계(제418조)뿐이다. 공탁에 관하여는 아무 명문규정을 두지 않았으나 무제한직 절대사유(無制限的 絶對事由)로 인정된다.[1]

② 제한적 절대사유: 채권자와 채무자 1인 사이의 면제(제419조) · 혼동(제420조) · 소멸시효(제421조)는 그의 부담부분의 범위에서 다른 채무자의 채무를 소멸시킨다. 이 세 가지 사유 중에서 면제만이 법률행위이다.

(가) 상 계

1) 연대채무의 경우 상계(相計)는 채권의 소멸사유에 해당하므로, 연대채무자 1인의 상계의 의사표시로 모든 연대채무자가 공동면책된다. 상계의 공동면책의 효과는 누가 상계의 의사표시를 했는가에 따라 달라진다.

① 본인의 상계 어느 연대채무자가 채권자에 대하여 채권이 있는 경우에, 그 채무자가 상계한 때에는 채권은 모든 연대채무자의 이익을 위하여 소멸한다(제418조 1항). 쌍방이 서로 같은 종류를 목적으로 한 채무를 부담한 경우에 그 쌍방의 채무의 이행기가 도래한 때에는 각 채무자는 대등액에 관하여 상계할 수 있다(제492조 1항). 상계권자가 연대채무액의 일부(一部)를 상계(相計)한 경우에 그 상계액의 범위에서 공동면책되고, 나머지 금액에 관하여 그 상계한 연대채무자를 포함한 모든 연대채무자가 연대채무를 진다. 상계한 연대채무자는 그 상계금액이 자기의 부담부분을 초과하는 경우에 다른 연대

1) 곽윤직, 223; 김기선, 212; 김상용, 301; 김석우, 236; 김용한, 310; 김주수, 271; 김증한, 221; 김증한 · 김학동, 231; 김현태, 192; 김형배(2판), 460; 이태재, 193; 입정평, 279; 정기웅, 276; 현승종, 239.

채무자에 대하여 구상청구할 수 있다. 일부상계의 경우에 그 상계액이 자기의 부담부분을 초과하였더라도 연대채무에서 완전면책되지 않고 잔여액의 범위에서 그 상계채무자도 연대채무를 지는데, 이 때 그의 부담부분은 없다.

② 상계권의 대위행사 상계는 상계할 채권자가 아닌 연대채무자도 할 수 있다. 상계할 채권이 있는 연대채무자가 상계하지 아니한 때에는 그 채무자의 부담부분에 한하여 다른 연대채무자가 상계할 수 있다(제418조 2항). 상계는 상계권(相計權)이라는 형성권의 행사로서 상계권자만이 상계의 의사표시를 할 수 있음이 원칙이다. 그러나 연대채무관계에서는 상계권자 본인이 상계하지 않는 경우에, 다른 연대채무자가 그 상계권을 대위행사할 수 있도록 허용하고 있다. 상계권의 대위행사에는 그 상계권자의 부담부분에 한정된다는 범위제한(範圍制限)이 있다. 상계의 효과로서 쌍방의 채권이 소멸하므로, 상계권자의 연대채무와 그 상계권자가 갖는 채권자에 대한 채권(이 채권은 연대채무관계와 관계 없이 발생한 것임)이 소멸하며, 그로 인해 다른 연대채무자도 공동면책된다. 조합계약(동업)의 업무집행자인 피고와 소외인이 동업체에서 탈퇴한 원고에 대하여 출자금반환채무를 연대하여 부담하고 있는 이상, 피고는 소외인의 부담부분에 대하여 원고가 동업체 영업사무집행중 횡령한 금원에 대한 소외인의 반환채권으로써 상계를 주장할 수 있다(대판 1983. 10. 11, 83다카542).

2) 부진정연대채무의 경우 공동불법행위 등으로 인하여 발생하는 부진정연대채무에도 연대채무의 상계에 관한 민법 제418조가 적용될 것인가가 문제된다. 이 문제는 제1항과 제2항을 구분하여 살펴보는 것이 필요하다.

① 상계로 인한 공동면책 부진정연대채무자가 채권자에 대하여 상계의 의사표시를 한 경우에 그 상계권자의 연대채무가 소멸함은 의문의 여지가 없지만, 다른 연대채무자도 공동면책시키는가에 대하여는 견해가 대립한다. 판례는 부진정연대채무에서 상계는 공동면책사유가 아니라고 한다. 즉 연대채무에 관한 민법 제418조 1항은 부진정연대채무에는 적용되지 않으므로, 부진정연대채무자 중의 1인이 채권자에 대한 반대채권으로 채무를 대등액에서 상계하더라도 그 상계로 인한 채무소멸의 효력은 다른 부진정연대채무자에게 미치지 않는다고 한다(대판 1996. 12. 10, 95다24364).[1)]

1) 같은 취지: 대판 1989. 3. 28, 88다카4994. 이 판례의 평석: 양창수, "부진정연대채무자 중 1인이 한

사견으로는 상계는 부진정연대채무에서도 공동면책사유에 해당한다고 생각한다.[1] 상계로 채권이 간접적인 만족을 얻어 소멸함에도 불구하고, 다른 연대채무자의 채무를 존속시키는 것은 채권자의 이중만족(二重滿足)을 허용하는 결과로 되어 부당하다. 상계의 절대적 효력을 부인한다면 채무자 1인의 채무는 상계로 소멸하고 다른 채무자의 채무는 소멸하지 않게 되어 채권자는 이중의 만족을 얻게 되고, 그 이중만족 이후의 구상관계는 매우 복잡해지게 될 것이다. 다만 피해자보호를 위해서 손해배상액 중에서 치료비, 장례비 등 피해자가 현금으로 받는 것이 필수적이라고 여기는 항목에 대하여는 상계 자체를 금지시키는 것이 필요하다(일실이익부분은 상계가능). 민법은 채무가 고의(故意)의 불법행위로 인한 것인 때에는 그 채무자는 상계로 채권자에게 대항하지 못한다고 규정한다(제496조).

② 상계권의 대위행사 다른 연대채무자가 상계권을 대위행사할 수 있도록 허용하는 민법 제418조 2항은 부진정연대채무에는 적용되지 않는다. 판례도 부진정연대채무에 있어서 부진정연대채무자 1인이 한 상계가 다른 부진정연대채무자에 대한 관계에 있어서도 공동면책의 효력 내지 절대적 효력이 있는 것인지는 별론으로 하더라도, 부진정연대채무자 사이에는 고유의 의미에 있어서의 부담부분이 존재하지 아니하므로 위와 같은 고유의 의미의 부담부분의 존재를 전제로 하는 민법 제418조 2항은 부진정연대채무에는 적용되지 아니하는 것으로 봄이 상당하고, 따라서 부진정연대채무에 있어서는 한 부진정연대채무자가 채권자에 대하여 상계할 채권을 가지고 있음에도 상계를 하지 않고 있다 하더라도 다른 부진정연대채무자가 그 채권을 가지고 상계를 할 수는 없다(대판 1994. 5. 27, 93다21521).

공동불법행위의 당사자 사이에서까지 상계권자의 대위행사를 허용하는 것은 불법행위법의 취지에 비추어 타당하지 않기 때문이다. 공동불법행위자 1인은 다른 불법행위자가 상계할 채권을 갖고 있는지에 관계 없이 채권자(피해자)에 대한 관계에서 손해배상액 전부의 이행의무를 지기 때문이다.

상계의 다른 채무자에 대한 효력," 법률신문 1847호(동저, 민법연구 제2권 수록); 이홍훈, "부진정연대채무자 중 1인이 한 상계의 다른 채무자에 대한 효력," 대법원판례해설 11호; 진성철, "부진정연대채무자 중 1인이 한 상계의 다른 채무자에 대한 효력," 판례연구 제4집(서울대구지법판례연구회편, 1995. 8), 99.

1) 같은 취지: 곽윤직, 238; 김용한, 333; 양창수, "부진정연대채무자 중 1인이 한 상계의 다른 채무자에 대한 효력," 민법연구 제2권, 146.

(나) 면 제

1) 연대채무의 경우 민법은 어느 연대채무자에 대한 채무면제(債務免除)는 그의 부담부분에 한하여 다른 채무자의 이익을 위하여 효력이 있다고 규정한다(제419조). 면제는 채권자가 채무자에게 채무를 면제하는 의사를 표시함으로써 행한다(제506조). 민법 제419조는 임의규정이므로, 채권자가 1인에게 모든 채무자의 연대채무관계 전부를 소멸시키는 전부면제(全部免除)의 의사표시(意思表示)를 한 경우에는 그 의사표시에 따라 연대채무 전부가 소멸한다.[1] 민법 제419조는 채권자가 연대채무 전부를 소멸시키겠다는 의도로서 면제한 것이 아니라, 특정의 연대채무자 1인만을 면책시킬 의도로 면제의 의사표시를 한 경우에 적용된다. 이 경우 면제받은 채무자만 채무에서 벗어나고 다른 채무자들은 그대로 전액의 채무를 부담한다면, 그들의 부담부분은 뜻하지 않게 증가하게 될 것이다. 이를 막기 위하여 민법은 면제받은 채무자의 부담부분만큼은 모든 채무자를 위하여 채무액을 감소시킨다.[2] 채권자가 1인의 채무자에 대하여 채무면제의 의사표시를 하였으나, 그것이 연대채무 전부의 면제를 의미하는지 또는 당해 채무자의 채무만을 면제시키려는 것인지 불분명한 때에는 민법 제419조에 의하여 후자로 추정된다. 판례는 민법 제419조의 규정은 임의규정이라고 할 것이므로 채권자가 의사표시 등으로 위 규정의 적용을 배제하여 어느 한 연대채무자에 대하여서만 채무면제를 할 수 있다고 한다(대판 1992. 9. 25, 91다37553). 수인의 연대보증인이 있는 경우, 채권자가 연대보증인의 1인에 대하여 채무의 전부 또는 일부를 면제하더라도 주채무자 및 다른 연대보증인에 대하여는 그 효력이 미치지 않는다.

2) 부진정연대채무의 경우 부진정연대채무자(不眞正連帶債務者) 중 1인에 대한 채무면제는 그 면제채무자의 부담부분에 관하여 다른 연대채무자를 공동면책시키지 않는다고 해석된다(같은 취지: 대판 1975. 10. 7, 75다1513). 연대채무의 면제에 관한 제419조는 공동불법행위 등으로 인한 부진정연대채무에는 적용되지 않는다고 해석된다. 공동불법행위자는 각자 피해자에 대하여 손해배상액 전부의 이행의무를 지므로 다른 불법행위자가 면책되었다는 사실만으로

---

1) 같은 취지: 곽윤직, 226; 김상용, 304; 김석우, 239; 김용한, 313; 김주수, 274; 김증한, 222; 김형배(2판), 463; 이태재, 194; 임정평, 281; 현승종, 241; 민법주해(10), 110(차한성 집필부분).

2) 연대채무자 1인과 채권자 사이에 사전에 면책약정이 있었던 경우에, 다른 연대채무자에게는 영향이 없다는 견해가 있다. 하경효, "면책합의의 허용한계와 제3자적 효력," 고시계 1996년 10월호, 116 이하.

공동면책됨은 부당하기 때문이다.

충돌사고로 승객이 피해를 입은 경우 가해자들이 피해자에 대하여 부담하는 각 손해배상책임은 서로 부진정연대채무관계에 있으므로 피해자가 채무자 중의 1인에 대하여 손해배상에 관한 권리를 포기하거나 채무를 면제하는 의사표시를 하였다 하더라도 다른 채무자에 대하여 그 효력이 미친다고 볼 수는 없다. 이러한 법리는 채무자들 사이의 내부관계에 있어 1인이 피해자로부터 합의에 의하여 손해배상채무의 일부를 면제받고도 사후에 면제받은 채무액을 자신의 출재로 변제한 다른 채무자에 대하여 다시 그 부담부분에 따라 구상의무를 부담하게 된다 하여 달리 볼 것은 아니다(대판 1993. 5. 27, 93다6560).[1] 부진정연대채무에 있어서 채권자가 그 중의 하나의 채무자에게 대하여 그 채무자의 부담부분이거나 또는 그 부담부분을 넘어선 전청구권을 포기하는 의사표시를 한다 할지라도 다른 채무자들에게는 상대적 효력밖에 없다(대판 1975. 10. 7, 75다1513; 대판 1981. 6. 23, 80다1796).[2]

사례연구

A, B, C는 공모하여 D를 폭행하여 1천만원 상당의 손해를 입힌 경우에, A, B, C는 각각 D에 대하여 1천만원의 손해배상의무를 부진정연대채무관계로서 부담하게 된다. A, B, C의 내부관계에서는 각자의 과실비율에 따라 A가 50%, B가 30%, C가 20%를 부담한다고 가정하자. 피해자 D가 C의 집안형편이 곤란하다는 사실을 알고 C에 대하여 “너만은 배상책임에서 면제해 주겠다”라는 의사를 표시한 경우에, C는 D에 대한 관계에서는 손해배상의무를 지지 않지만 A와 B에 대해서는 2백만원의 내부적 채무를 진다. 공동불법행위로 인한 부진정연대채무에서 1인에 대한 면제는 상대적 효력밖에 갖지 않기 때문에, A와 B는 면제가 있기 전과 마찬가지로 1천만원의 손해배상채무를 부진정연대채무관계로서 부담한다. A가 D에게 1천만원을 변제한 경우에, B도 공동면책된다. A는 B에 대하여 3백만원, C에 대하여 2백만원을 구상청구할 수 있다. C는 채권자로부터는 면제받았지만, 그렇다고 해서 A의 구상청구로부터 면제되는 것은 아니

1) 판례평석: 김용균, “부진정연대채무자의 1인에 대한 면제의 효력,” 사법행정 395호, 1993. 11, 33.

2) 대판 1975. 7. 30, 74다2065: 공무원인 소외인이 운전과실로 원고에게 상해를 입힌 경우에 있어서 소외인이 원고에게 치료비와 위자료를 배상하면서 위 사고로 인한 일체의 책임을 묻지 않기로 화해하였고, 그 화해가 위 사고로 인한 손해배상채무 일체를 면제한다는 취지였다고 하더라도 원고와 소외인의 책임면제의 약정은 위 소외인과 부진정연대채무관계에 있는 것으로 볼 수 있는 피고(국가)에게는 효력이 미칠 수 없다.

다. B가 무자력인 경우에, B가 부담할 3백만원을 A와 C가 분담하는 무자력위험의 분담관계는 생기지 않는다. 손해배상의무를 변제한 A가 B의 무자력위험을 감수할 수밖에 없다. 실제사례에서는 손해배상액이 얼마인가 그리고 공동불법행위자간의 과실비율이 얼마인가를 확정하기가 어려우므로 이 문제들에 관해 분쟁이 생기며 그 최종적인 판단은 법원이 하게 된다.

3) 연대의 면제　채권자는 연대채무자 전원(全員) 또는 그 일부(一部)에 대하여 연대의 면제를 해 줄 수 있다.

① 의　　의　연대(連帶)의 면제(免除)란 채권자가 각 채무자에게 연대하여 채무전부를 이행할 의무를 면제시키고, 단지 각 채무자에게 자기의 부담부분을 이행할 의무만을 남겨 두는 것이다. 연대의 면제에 의해서 각 채무자는 자기의 고유채무만을 부담하게 되고, 상호보증성격의 타인의 부담부분에 대한 담보채무는 소멸한다. 연대의 면제는 채무가 분할가능한 때에 할 수 있으며, 그에 의해 연대채무가 분할채무로 변경된다. 연대의 면제는 채권자가 면제받을 채무자에 대하여 면제의 의사표시를 함으로써 행해진다(제506조).

② 종　　류　연대의 면제는 모든 연대채무자에 대하여 하거나(절대적 연대면제) 또는 일부의 채무자에 한정(限定)해서 할 수 있다(상대적 연대면제). 전원에 대하여 연대의 면제를 해 준 경우에, 종전의 연대채무는 분할채무로 변한다. 채무자 1인에 대하여 연대의 면제를 한 경우, 그 채무자는 자기의 부담부분의 채무를 질 뿐 채무 전부의 이행의무는 지지 않는다. 다른 채무자는 면제채무자의 부담부분을 제외한 잔여부분을 연대하여 이행할 채무를 진다.

③ 무자력위험　연대의 면제를 받은 채무자가 분담할 상환무자력의 분담액은 채권자가 부담한다(제427조 2항).[1] 채권자는 채무자 1인에게 연대면

1) 곽윤직, 235에서는 연대의 면제를 하는 채권자는 단순히 그 채무자에 대하여 전부급부의 청구를 하지 않는다는 의사표시를 한 것뿐이고, 스스로 내부관계에까지 파고 들어가서 연대가 면제된 채무자의 분담할 부분을 자기가 부담하려는 의사는 이를 가지지 않는 것이 보통일 것이다. 여기서 제427조 2항은 당사자의 의사에 적합하지 않은 규정이라는 비난이 있으며, 또한 입법론으로서도 그 당부가 크게 의문시되고 있다고 한다. 같은 취지: 김석우, 253; 김용한, 327; 김주수, 287; 김증한, 230; 장경학, 363; 현승종, 252.

사견으로서는 그러한 주장은 연대채무의 본질이 고유채무와 상호보증적인 담보채무에 있음을 파악하지 못한 데에 기인하는 혼란이라고 여겨진다. 임정평, 298도 그렇지 않다면 채무를 면제해 준 채권자는 전부 만족을 얻으면서 무자력분담금은 책임지지 않는 부당한 결과로 되므로 민법규정이 타당하다고 본다.

제해 줌으로써, 종전의 연대채무를 그 채무자의 분할채무와 다른 연대채무자들의 연대부분의 두 부분으로 분할한 것이다. 연대면제받은 채무자가 분할채무를 지게 되는 결과 다른 채무자의 무자력위험 분담비율은 증가할 우려가 생기는데, 채권자의 일방적 행위로 다른 채무자의 위험분담분을 증가시키는 것은 부당하므로 민법은 그 증가분을 이를 초래한 채권자에게 부담시킨다.

④ 부진정연대채무의 경우　부진정연대채무에 있어서도 채권자가 전원에 대하여 연대의 면제를 해 주면 분할채무(分割債務)로 변한다. 채무자 1인에 대하여 연대의 면제를 해 준 경우에, 그 채무자는 자기의 부담부분(負擔部分)에 해당하는 채무만을 지지만, 다른 채무자들은 전부의 손해배상채무를 진다. 다른 채무자가 전부변제를 한 경우에, 모든 채무자가 공동면책되며 그 변제자는 연대면제를 받은 채무자에게 그 부담부분을 구상청구할 수 있다. 연대면제를 받은 채무자가 자기의 부담부분만을 변제한 경우에, 그 범위에서 다른 채무자도 공동면책되지만, 변제자는 자기의 부담부분을 변제한 것뿐이므로 다른 채무자에 대한 구상권은 없다. 실제사례에서는 연대면제를 받은 채무자의 부담부분이 얼마인가에 관하여 당사자들간에 의견대립이 있으므로 문제가 깨끗하게 해결되기 어렵다.

사례연구

채권자가 30만원의 연대채무를 부담하는 A·B·C(각자의 고유채무는 10만원씩) 중의 한 사람인 C에 대하여 연대의 면제를 해 준다는 의사표시를 하였다. 이에 의하여 C는 자기의 고유채무인 10만원의 분할채무를 부담하게 되고, 다른 채무자가 변제했는가 무자력이 되었는가 등의 사유에 의하여 영향을 받지 않는다. 다른 채무자 A와 B는 상호 연대하여 채무를 부담하므로 연대채무액은 20만원이 된다(연대채무란 채무자들의 부담부분의 총액을 연대하여 변제하는 제도이기 때문임). A가 채권자에게 그 20만원을 변제하면 A와 B는 공동면책되고 C는 이에 영향을 받지 않는다. A가 20만원을 변제한 후 B에게 10만원을 구상청구하였으나 B의 무자력으로 변제받을 수 없게 되었다. 만약 C가 연대면제를 받기 전이었다면 B의 부담부분 10만원은 A와 C가 각자 5만원씩 무자력위험분담을 했겠지만, C가 연대관계에서 떨어져 나갔기 때문에 A는 C에 대해 5만원의 무자력위험분담을 요구할 수 없다. 이러한 결과는 채권자가 초래한 것으로 A가 그 불이익을 감수해야 할 이유가 없으므로, 채권자가 C의 무자력위험분담분 5만원을 인수한 것으로 간주되어야 한다. A는 B의 부담부분 중 C가 부담했어야 할 5만원을 채권자에게 구상청구할 수 있다.

부진정연대채무에서는 연대채무에서와는 달리, 채권자가 C에게 연대의 면제를 한 경우에, C는 10만원의 분할된 채무를 지지만 A와 B는 채권자에 대하여 종전과 같이 30만원씩의 부진정연대채무를 진다. A가 30만원을 변제한 후에, B에 대하여 10만원 C에 대하여 10만원의 구상채권을 가진다. B가 무자력인 경우라도 A는 그 무자력위험을 C에게 분담시킬 수 없다.

(5) 계약의 해제 · 해지

계약의 해제 · 해지는 계약의 종료사유로서 이에 의해 그 계약에 기초한 채권관계는 청산되어야 한다. 채권자가 계약을 해제하는 경우, 해제의 의사표시는 전원의 연대채무자에 대하여 해야 하며, 연대채무자측에서 해제하는 경우는 채권자에 대하여 채무자 전원이 의사표시를 하여야 한다(제547조 1항). 채권자의 채무자 1인에 대한 해제권이 소멸한 경우 다른 채무자에 대한 해제권도 함께 소멸한다(제547조 2항). 이러한 해제권(解除權)의 불가분성(不可分性)의 원칙(原則)은 모든 연대채무가 하나의 계약에서 발생한 경우에만 적용되며, 각 연대채무자가 다른 계약을 체결한 경우에는 연대채무자 1인의 계약이 해제되더라도 다른 연대채무에 영향을 미치지 않는다. 해지(解止)의 경우도 이와 같다.

4. 연대채무자 등의 내부관계

(1) 각 채무자의 부담부분

㈎ **부담부분과 고유채무** 연대채무자는 채권자에 대하여 채무 전부를 이행할 의무를 지는 동시에 자기가 최종적으로 짊어져야 할 부담부분(負擔部分)을 갖는다. 연대채무의 본질을 살펴볼 때 각 채무자의 부담부분은 그 채무자가 마지막까지 책임져야 할 고유채무(固有債務)에 해당하고, 연대채무액 중에서 고유채무액을 제외한 나머지는 다른 채무자의 고유부분에 대하여 보증인과 유사한 지위에서 채무를 부담하는 것이다. 연대채무를 변제한 채무자는 자기의 고유부분에 관해서는 다른 채무자에게 구상청구하지 못한다.

(나) 부담부분의 기능 각 채무자의 부담부분은 다음과 같은 기능을 담당한다.

① 절대적 효력의 범위 제한적 절대사유의 경우 부담부분은 채무자 1인과 채권자 사이의 상계(相計), 채무면제(債務免除), 혼동(混同), 소멸시효(消滅時效) 등이 발생시키는 절대적인 효력범위를 정하는 기준이 된다. 이 점에서 부담부분은 채권자와의 외부관계에도 영향을 미친다.

② 사후구상의 범위 채무자 1인이 연대채무를 변제한 이후(以後)에 다른 채무자에 대한 구상청구의 금액을 정하는 데에는 그 청구받은 채무자의 부담부분을 기준으로 한다.

③ 사전구상의 범위 연대채무자가 연대채무를 변제하기 전(前)에 사전구상을 청구하여 각자의 부담부분을 지급토록 한 후, 그 금액을 모아서 채권자에게 변제할 수 있다.

④ 무자력위험의 분담액 구상청구를 받은 채무자가 무자력이어서 변제한 채무자가 구상권의 만족을 얻을 수 없게 된 경우에, 그 무자력채무자의 부담부분을 다른 채무자들이 분담함으로써 위험을 분산한다. 그 무자력위험(無資力危險)의 분담액(分擔額)을 정할 때에는 무자력채무자의 분담부분 및 분담할 채무자의 분담부분이 산정의 기초가 된다.

(다) 부담부분의 외부적 효과 각 채무자의 분담부분은 단순히 내부관계의 분담액에 그치는 것이 아니라 채권자와의 연대채무관계의 내용을 구성하는 경우가 있다.[1] 부담부분의 기능을 살펴보면 상계, 채무면제, 혼동, 소멸시효 등의 경우에 부담부분이 채권자와의 연대채무관계에 직접적인 영향을 준다는 것을 알 수 있다. 이렇게 부담부분이 외부적 효과를 갖는 법제 아래에서 연대채무자가 지는 채무는 이중적 성격(二重的 性格)을 갖는다. 각 채무자는 한편으로는 채권자에 대한 관계에서 자기 부담부분의 범위에서 고유의 채무를 지면서, 다른 한편 자기의 부담부분을 초과하는 전부채무를 이행할 의무를 진다. 그 이유는 각 채무자가 타인의 부담부분을 이행할 것까지 담보하고 있는 상호보증관계가 존재하기 때문이다.

부담부분이 외부적 효과를 갖는 이상 채권자와의 관계에서는 그 채권

1) 우리 민법은 독일민법이나 일본민법에 비하여 분담부분의 외부적 기능을 확대하였다는 특색을 갖는다. 부담부분의 효과는 우리 민법에 맞게 이론구성되어야 한다.

자에게 알려진 부담부분이 인정되어야 한다. 어떤 경우에 채권자에 대한 관계에서 효력을 갖는가에 관해서 학설의 대립이 있다.

① 채권양도유추설 채권양도(債權讓渡)에 관한 민법 제454조 1항을 연대채무의 부담부분에 관하여도 유추적용(類推適用)하여 채권자에게 통지 또는 채권자의 승낙이 있어야 부담부분의 변경을 채권자에게 대항할 수 있다는 견해이다.[1)]

② 채무인수유추설 채무인수(債務引受)에 관한 민법 제454조 1항을 유추적용하며, 채권자에 대한 통지만으로는 부족하고 채권자의 승낙을 반드시 얻어야 한다는 견해이다.[2)]

③ 사견으로는 채권양도유추설(債權讓渡類推說)을 취하여 채권자에의 통지만으로 부담부분변경의 항변을 할 수 있다고 해석하겠다. 결국 내부적으로 부담부분을 변경한 경우에, 그 변경을 가지고 채권자에게 대항하려면 그 사실을 통지해 주거나 채권자가 그것을 인지했어야 한다.

㈑ 부담부분의 균등추정 민법은 각 채무자의 부담부분이 균등(均等)한 것으로 추정한다(제424조).[3)] 채권자에 대한 관계에서는 모든 연대채무자의 부담부분이 균등한 것으로 추정되며, 채권자가 차등의 부담부분을 알았거나 알 수 있었을 경우에 한하여, 그 차등의 부담부분을 가지고 대항할 수 있다고 해석된다. 연대채무자 상호간에서는 반대급부이익(反對給付利益)을 향수한 비율대로 부담부분이 정해지고, 반대급부이익의 차등이 입증되지 않은 때에는 균등한 반대급부이익을 받은 것으로 추정된다.[4)]

각 채무자의 부담부분은 전부채무(全部債務)에 대한 비율로 정해짐이 원칙이나, 약정에 의해 확정액으로 정할 수도 있다. 채무액이 확정된 경우에는 비율이냐 확정액이냐에 차이가 없이 일정한 금액으로 부담부분이 정해지지만, 손해배상채무에서와 같이 채무액이 불확실한 때에는 전부에 대한 비율로 부담부분을 정하여 확정액으로 환산하는 방법이 타당하다. 부담

1) 곽윤직, 230; 김상용, 310; 이태재, 226.

2) 김기선, 218; 김용한, 320; 김주수, 254; 장경학, 357; 현승종, 246.

3) 부담부분의 균등추정에 관한 제424조는 구민법에 없던 것을 신설한 규정이다.

4) 종래의 학설은 외부관계냐 내부관계냐를 구별하지 않고 연대채무로부터 받는 이익의 비율을 우선으로 하고, 그 비율을 결정할 만한 사정이 없는 경우에 민법의 균등추정이 행해진다고 하였다. 곽윤직, 230; 김기선, 218; 김석우, 245; 김용한, 318; 김주수, 253; 김증한, 226; 김현태, 196; 임정평, 289; 정기웅, 283; 현승종, 245; 황적인, 184; 민법주해(10), 132(차한성 집필부분).

부분이 비율이냐 확정액이냐의 문제는 구상청구(求償請求)에 있어서 출재채무자의 출재가 그의 부담부분을 초과할 것을 요건으로 하는냐에 관한 학설 차이로 나타난다(뒤에 설명).

당사자의 약정에 의해 부담부분에 차등(差等)을 두거나 일부(一部) 채무자의 부담부분을 면제(免除)할 것을 정할 수 있다. 이러한 부담부분약정(負擔部分約定)이 채무자 상호간에서 이루어진 경우, 채권자에 대한 관계에서 효력을 갖기 위해서는 채권자에게 통지하거나 인지가능성이 있어야 한다.[1] 부담부분의 내용은 채권자에 대한 관계에서도 영향을 미치는데, 채권자가 채무자들의 내부적인 결정을 알 수 없었던 경우까지 그 결정에 따르도록 하는 것은 부당하기 때문이다. 채권자의 인지가능성이 없는 부담부분약정은 채무자들의 내부관계에서만 효력을 가질 뿐이며, 채권자와의 연대채무관계에서는 민법에 따라 부담부분이 균등한 것으로 다루어진다.

불법행위책임에서는 차량의 임대인과 그 임차인의 각 배상책임은 서로 부진정연대관계에 있다고 할 것이므로, 어느 한 쪽이 피해자에 대한 손해를 배상하여 공동면책이 되었다면 그 구상권(求償權)의 범위(範圍)는 각자의 부담부분, 즉 손해발생에 기여한 과실의 정도에 의하여 결정하여야 할 것이다(대판 1992. 3. 31, 91다39849).

2인 이상의 공동불법행위로 인하여 호의동승한 자가 피해를 입은 경우, 공동불법행위자는 피해자에 대한 관계에 있어서는 부진정연대책임이 있으나 그 공동불법행위자의 내부관계에 있어서는 일정한 부담부분이 있으며, 동승자가 입은 손해액에서 감액비율을 참작하여 공동불법행위자들이 동승자에 대하여 배상하여야 할 금액을 산정한 후 둘 사이의 과실비율에 따라 그 부담부분을 산정하여야 한다(대판 1995. 10. 12, 93다31078).

(2) 구상권의 근거

어느 연대채무자가 변제(辨濟) 기타 자기의 출재(出財)로 공동면책(共同免責)된 때에 다른 연대채무자의 부담부분에 대하여 구상권을 행사할 수 있다(제425조 1항). 연대채무자가 채권자에게 변제하는 것이 다른 연대채무자에 대한 구상권을 발생시키는 이유가 무엇인가에 관해서는 설명이 구구하다. 주

1) 같은 취지: 곽윤직, 230; 김용한, 319; 김주수, 280; 김형배(2판), 472; 임정평, 290. 김증한 · 김학동, 235에서는 "채권자가 이를 알고 있는 때에 한하여 이를 채권자에게 주장할 수 있다"고 하여 인지가능성이 있는 경우는 언급하지 않는다.

관적공동관계설에서는 연대채무자 사이에는 출재를 분담하려는 주관적 공동관계가 있기 때문이라고 설명한다. 상호보증관계설에서는 연대채무자가 한편으로는 자기 채무를 이행하는 것이지만 다른 한편으로는 보증인과 유사한 지위에서 다른 연대채무자의 고유채무를 이행한 부분이 있으므로, 그 부분에 관해서는 다른 연대채무자에 대해 구상할 수 있다고 설명한다. 채무자 1인이 전부를 이행한 경우 그의 이행은 자기의 고유채무의 이행과 담보한 타인채무의 이행의 두 부분으로 나누어질 수 있고, 후자의 타인채무의 이행은 고유의 채무자에 대한 구상권을 발생시킨다.

(3) 구상권의 발생요건

㈎ 출재에 의한 이행 구상권자(求償權者)는 자기의 출재(出財)로 채권자에게 만족을 주었어야 한다. 자기의 출재에는 변제는 물론이고 대물변제 · 공탁 · 상계 · 경개 · 혼동이 해당한다. 그러나 채권의 소멸사유 중에 면제와 소멸시효의 완성은 채무자의 출재에 의한 것이 아니므로 구상권이 발생하지 않는다.

㈏ 공동면책 자기의 출재로 모든 채무자의 채무가 함께 소멸한 경우에 구상권을 행사할 수 있다. 이러한 공동면책(共同免責)으로 인한 구상권은 반드시 채무액 전부를 면책시킨 경우에 한하지 않고 일부만을 면책시킨 경우에도 발생한다.

공동불법행위자로서 타인에게 손해를 연대하여 배상할 책임이 있는 경우 그 불법행위자들의 손해배상 채무액이 동일한 경우에는 불법행위자 1인이 그 손해액의 일부를 변제하면 절대적 효력으로 인하여 다른 불법행위자의 채무도 변제금 전액에 해당하는 부분이 소멸하나, 불법행위자의 피해자에 대한 과실비율이 달라 배상할 손해액의 범위가 달라지는 경우에는 누가 그 채무를 변제하였느냐에 따라 소멸되는 채무의 범위가 달라진다. 즉, 적은 손해액을 배상할 의무가 있는 자가 불법행위의 성립 이후에 손해액의 일부를 변제한 경우에는 많은 손해액을 배상할 의무 있는 자의 채무가 그 변제금 전액에 해당하는 부분이 소멸하는 것은 물론이나, 많은 손해액을 배상할 의무가 있는 자가 손해액의 일부를 변제하였다면 그 중 적은 범위의 손해액을 배상할 의무가 있는 자의 채무는 그 변제금 전액에 해당하는 채무가 소멸하는 것이 아니라 적은 범위의 손해배상책임만을 부담하는 쪽의 과실비율에 상응하는 부분만큼만 소멸하는 것으로 보아야 할 것이다(대판 1995. 7. 14, 94다19600).[1]

(다) 자기의 부담부분을 초과한 출재 구상권자(求償權者)가 자기의 부담부분을 초과하여 출재했을 것이 요건인가에 대하여 학설이 대립한다. 예를 들어 A·B·C가 9만원의 연대채무를 균등하게 부담하는 경우, A가 채권자에게 3만원을 변제했을 때에도 B·C에게 구상할 수 있는가가 문제된다(A는 3만원 변제 이후에도 B·C와 함께 6만원의 채무를 연대해서 부담하게 된다).

① 초과출재설 각 채무자는 자기의 부담부분을 고유채무로서 부담하므로 그 범위 내의 출재로는 다른 채무자에 대한 구상권이 발생하지 않으며, 자기의 부담부분을 초과(超過)한 출재의 경우에 그 초과부분(超過部分)에 관해서 구상권이 발생한다고 보는 견해이다(앞의 예에서 갑은 구상권을 갖지 않음).[2] 그 근거로서 첫째 민법 제448조 1항에 의하면 공동보증인의 경우에 명문으로 자기의 부담부분을 넘는 변제를 하는 것을 구상권의 요건으로 하는데 연대채무에 있어서도 성질상 같다는 점, 둘째 구상관계의 복잡성을 피하기 위해 자기의 부담부분을 초과해야 하며, 셋째 채무자 1인과 채권자 사이에 면제나 소멸시효의 사유가 있은 경우에 구상을 불허하는데, 그 이유는 자기의 부담부분을 초과하는 공동면책이 없기 때문이라는 점을 든다.

② 초과불요설 자기의 부담부분을 초과한 출재를 하였을 것은 구상권의 요건이 아니라는 견해이다.[3] 채무자 1인이 자기의 부담부분의 범위 내에서 출재한 경우에도 그 출재액을 모든 채무자가 정해진 비율로 나누어 부담해야 하므로 출재자는 다른 채무자에 대하여 구상권을 갖는다고 본다(앞의 예에서 A는 B와 C에게 각각 1만원씩 구상할 수 있음). 이 견해는 부담부분을 각 채무자가 부담할 채무액이 아니라 채무자 상호간의 비율이라고 보아 어떤 경우의 출재이든 구상권을 인정한다.

③ 절 충 설 사견으로는 채무가 확정액인 경우에는 초과출재설(超過出財說)이 타당하지만, 채무가 확정액이 아닌 경우에는 초과불요설(超過不要說)이 타당하다고 생각한다.[4] 확정채무에 있어서는(대개 계약에 의해 연대채무가 발생한 경우), 자기

1) 평석: 김상용, "사용자 및 피용자의 책임과 과실상계," 법률신문 1996. 7. 8.자(2517호), 14~15.

2) 김상용, 311; 김현태, 197.

3) 곽윤직, 231; 김기선, 219; 김석우, 246; 김용한, 321; 김주수, 281; 김증한, 226; 김증한·김학동, 236; 김형배, 473; 임정평, 291; 장경학, 358; 정기웅, 285; 현승종, 247; 황적인, 185; 민법주해(10), 140.

4) 종전에는 초과불요설을 취했으나, 이에 따를 경우 소송의 복잡성이 우려되어 1999년 이후 판에서 절

고유채무를 초과하는 부분에 관하여만 구상권을 인정하는 것이 상호보증채무적 성격에 맞으며, 구상청구의 소(訴)가 남발되는 것을 방지할 수 있다. 그러나 공동불법행위 등으로 인한 부진정연대채무에서는 채무액이 불확실하므로 공동면책액(共同免責額)에 대한 자기의 과실비율(過失比率)에 해당하는 금액을 부담토록 하는 편이 구체적 타당성을 가진다.

④ 판례는 연대채무와 부진정연대채무에서 모두 초과출재설을 취한다. 공동불법행위자는 채권자에 대한 관계에서는 연대책임(부진정연대채무)을 지되, 공동불법행위자들 내부관계에서는 일정한 부담부분이 있고, 이 부담부분은 공동불법행위자의 과실의 정도에 따라 정하여지는 것으로서 공동불법행위자 중 1인이 자기의 부담부분 이상을 변제하여 공동의 면책을 얻게 하였을 때에는 다른 공동불법행위자에게 그 부담부분의 비율에 따라 구상권을 행사할 수 있다(대판 1997. 12. 12, 96다50896). 공동불법행위자 중 1인이 다른 공동불법행위자에 대하여 구상권을 행사하기 위하여는 자기의 부담부분 이상을 변제하여 공동의 면책을 얻었음을 주장 · 입증하여야 하며, 위와 같은 법리는 피해자의 다른 공동불법행위자에 대한 손해배상청구권이 시효소멸한 후에 구상권을 행사하는 경우라고 하여 달리 볼 것이 아니다. 공동불법행위자간 구상권의 발생시점은 구상권자가 현실로 피해자에게 손해배상금을 지급한 때이다.

㈑ **공동면책의 통지** 다른 채무자가 채권자에게 대항사유(對抗事由)를 갖고 있었을 경우, 사전통지(事前通知) 없이 출재한 채무자는 그에게 구상청구할 수 없다(제426조 1항 앞문장). 그 대항사유가 상계인 경우, 출재채무자는 구상받지 못하는 대신 상계로 소멸할 채권을 이전받는다(제426조 1항 뒷문장).

출재채무자가 사후통지(事後通知)를 하지 않았을 경우, 선의로 출재한 다른 채무자에게 대항할 수 없다. 이 경우 먼저 출재한 채무자(제1출재자)는 후에 출재한 채무자(제2출재자)에 대하여 자기의 면책행위의 유효를 주장하여 구상할 수 없다(제426조 2항).[1] 제1의 출재로 채무는 변제되어 소멸하고, 제2의 출재는 선의(善意)의 비채변제(非債辨濟)가 되어 제2출재자는 채권자에게 부당이득반환청구를 할 수 있다. 사후통지를 하지 않은 제1출재자

충설을 취함.

1) 같은 취지: 곽윤직, 233(이를 상대적효력설이라고 부르기도 한다). 그러나 김형배(2판), 477에서는 이 견해의 문제점을 지적하고 그 문제점을 사례로써 설명하고 있다.

는 이중변제를 한 제2출재자에 대하여 구상을 청구할 수 없다. 다른 한편 제2출재자가 제1출재자에게 구상청구를 하기 위해서는 사전통지를 했어야 한다. 사전통지를 하지 않은 제2출재자는 비록 제1출재자가 사후통지를 하지 않았더라도 구상청구할 자격이 없다(같은 취지: 대판 1997. 10. 10, 97다46265, 보증채무에서의 인용참조).[1]

(4) 구상의 범위

(가) 다른 채무자의 부담부분 출재채무자는 다른 채무자에 대하여 각자의 부담부분(負擔部分)의 범위 내에서 상환청구할 수 있다(제425조 1항). 각 채무자에 대한 구상액은 청구인의 출재액(出財額)의 범위 내이어야 하며, 동시에 피청구인의 부담부분의 범위 내이어야 한다. A, B, C가 9만원의 연대채무를 균등한 부담부분으로 부담하는데 B가 9만원을 변제한 경우에, B는 A, C에 대하여 각각 3만원씩 구상할 수 있다.

사용자가 피용자와 제3자의 책임비율에 의하여 정해진 피용자의 부담부분을 초과하여 피해자에게 손해를 배상한 경우에는 사용자는 제3자에 대하여도 구상권을 행사할 수 있으며, 그 구상의 범위는 제3자의 부담부분에 국한된다고 보는 것이 타당하다(대판 1992. 6. 23, 91다33070).

(나) 이자, 비용, 손해배상의 구상 출재채무자는 면책된 날 이후의 법정이자(민사거래에서는 연 5%, 제379조)를 합하여 청구할 수 있다(제425조 2항 앞문장). 피할 수 없는 비용, 기타의 손해배상도 각 채무자의 분담비율에 따른 분담액을 기준으로 상환청구할 수 있다(동조 제2항 뒷문장).

(다) 상환무자력의 부담부분 연대채무자 중에 상환(償還)할 자력이 없는 자가 있는 경우, 그 무자력자의 부담부분은 무자력자 이외의 채무자가 부담부분에 비례하여 부담한다(제427조 1항 본문). 상환무자력자(償還無資力者)란 파산선고를 받은 자 또는 강제집행 결과 책임재산이 없음이 밝혀진 자를 말한다. 구상권자에게 과실이 있는 때에는 다른 채무자에게 그의 부담을 청구하지 못한다(제427조 1항 단서). 채권자로부터 연대의 면제를 받은 자는 채권자에 대하여나 다른 채무자에 대한 관계에서나 자기의 부담부분만을 이행할 채무를 질 뿐이며, 무자력자의 부담부분을 분담하지 않는다(앞에 설명). 연대의 면제를 받은 자가 분담할 부분은 채권자의 부담으로 한다(제427조 2항).

---

1) 같은 취지: 곽윤직, 234; 김기선, 223; 김증한 · 김학동, 239; 김현태, 200; 김형배(2판), 477; 정기웅, 287; 현승종, 250.

(5) 구상권자의 변제자대위

공동면책을 가져온 연대채무자는 자기의 구상권을 확보하기 위하여 변제자대위를 통해 채권자가 다른 연대채무자에 대하여 갖는 보증채권, 담보물권 등을 대위행사할 수 있다. 변제자대위의 범위는 변제자의 고유채무부분을 제외한 나머지에 한정된다. 보증인이 변제자와 구상의무자를 공동으로 보증하는 경우에는 그 보증에 대하여 변제자대위로서 이행청구할 수 없다.

어느 연대채무자가 변제를 하여 다른 연대채무자가 공동면책된 경우에 다른 연대채무자는 면책범위 내에서 책임부담부분 비율에 따른 구상책임을 부담할 뿐이고 이러한 법리는 제3자가 연대채무자의 1인을 위하여 변제한 경우에도 동일하게 해석함이 상당하므로 변제한 제3자가 구상권을 행사하는 경우에 다른 연대채무자는 그의 부담부분에 대하여만 구상책임을 부담한다(대판 1982. 1. 19, 80다3075).

§38. 보증채무의 의의와 요건

1. 보증채무의 의의

(1) 개　념

보증채무(保證債務)란 보증인이 채권자에 대하여 주채권자가 이행하지 않는 채무를 이행할 의무를 부담하는 것이다(제428조 1항). 보증채무의 특성은 채무의 성립 및 내용이 주채무(主債務)를 전제로 하여 종속적(從屬的)으로 결정된다는 점이다. 보증채무의 발생원인이 되는 당사자의 합의는 채권자와 보증인 사이의 보증계약(종속적이므로 보증약정이라고도 함)인데, 이 계약은 독립적인 것이 아니라 채권자와 주채무자 사이의 채무를 담보하기 위한 목적에서 종속적으로 체결된다. 결국 보증채무의 성립요건은 보증인과 채권자 사이의 「보증계약」과 「주채무의 존재」이며, 보증채무의 내용은 보증계약과 주채무의 두 가지 요인에 의해 결정된다.

(2) 보증채무의 3면관계

보증채무에서는 보증인(保證人), 채권자(債權者), 그리고 주채무자(主債務者)의 3당사자관계가 발생한다.

① 주계약관계　주채무자와 채권자는 소비대차계약이나 기타 신용계약을 체결한다. 대개 이와 더불어 주채무자가 담보제공의무를 지며 이 의무를 이행하기 위하여 보증인을 세운다.

② 보증계약관계　보증인과 채권자 사이에서는 보증채무의 성립·내용·이행 등의 법률관계가 생기는데, 그 법률관계는 대개 주채무로부터 직접적인 영향을 받는다.

③ 구상관계　주채무자와 보증인 사이에는 위임(委任) 등 보증(保證)의 원인관계(原因關係)가 존재하며 이것은 보증의 법률관계에 간접적 영향을 미친다. 채권자로부터 금전을 차용해 쓰거나 물품을 공급받는 등의 급부이익을 누리는 사람은 오로지 주채무자뿐이고 보증인은 아무런 급부이익을 누리지 않으므로, 주채무자와 보증인간의 내부적 분담부분은 주채무자가 100%이고 보증인 0%이다. 그러므로 보증인이 채무를 변제한 때에는 주

채무자에 대하여 그 금액을 구상청구할 수 있다. 보증인이 다수인 때에는 주채무자의 무자력위험을 보증인들이 분담한다.

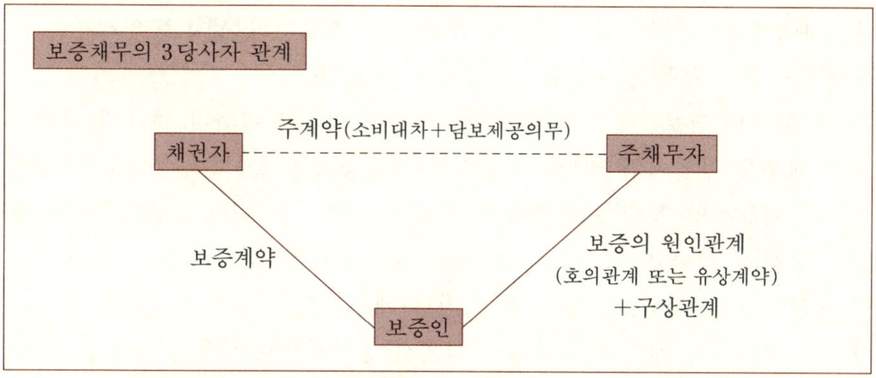

(3) 인적담보의 기능

(가) 채권담보기능 거래계에서 보증계약은 주채무자가 채권자에 대하여 부담하는 채무의 이행을 담보하는 역할을 담당한다. 민법은 보증채무의 담보책임성을 전면에 내세워서 규정하지 않고 주채무와의 동질성, 보충성을 주요내용으로 규정했지만, 실제로 보증계약은 인적담보기능을 담당하고 있다. 채권자가 채무자의 무자력으로 채권의 만족을 얻지 못하게 될 것에 대비하여 채무자의 책임재산으로부터의 만족 이외에 다른 채권확보수단을 강구해 두는 제도가 채권담보제도(債權擔保制度)인데, 보증계약은 주채무자에게 생길지도 모르는 무자력위험(無資力危險)을 담보하기 위한 목적으로 이용된다. 인적담보(人的擔保)가 부착된 채권은 통상의 채권보다 만족가능성이 높으므로, 채권자는 보증계약을 체결해 둠으로써 무자력의 위험을 줄일 수 있다. 채권담보는 채무자가 채권자에 대하여 부담하는 담보제공의무(擔保提供義務)를 이행하는 것인데, 이 담보제공의무는 채권자와 채무자가 주채무발생을 위한 소비대차계약 또는 계속적 신용계약을 체결할 때에 부수하여 부과하는 경우가 많다.

(나) 인적담보제도 채권담보에는 물적담보와 인적담보의 두 종류가 있는데, 보증채무는 인적담보의 일종이다.

① 물적담보 물적담보(物的擔保)는 채무불이행시에 채권자가 담보

목적물로부터 우선적인 만족을 얻을 수 있는 제도를 말한다. 채무자나 제3자의 물건에 질권, 저당권 등의 제한물권을 설정하거나, 대물변제의 예약과 함께 가등기를 하거나, 환매권의 유보 또는 재매매의 예약과 함께 목적물을 채권자에게 매도하는 등의 방법을 취한다. 물적담보의 설정을 위해서는 담보약정 이외에 부동산등기나 인도를 필요로 한다.

② 인적담보　인적담보(人的擔保)는 채무자 이외의 자에게 중첩적으로 채무를 부담시킴으로써 채권만족의 가능성을 높이는 제도이다. 인적담보의 대표적인 형태는 보증채무(保證債務)이다. 그 밖에 1인의 채무이행을 보증하기 위한 연대채무(連帶債務) · 불가분채무(不可分債務)도 인적담보에 해당한다. 인적담보에서는 한 명의 주채무자의 이행을 확보하기 위하여 다수의 채무자가 채권자에 대한 관계에서 중첩적으로 채무를 부담한다. 인적담보는 채권자와 보증인 사이의 보증계약 또는 채권자와 연대보증인 사이의 중첩적 채무인수약정(重疊的 債務引受約定)에 의해 성립한다.

2. 보증채무의 성질

민법은 보증채무를 다수당사자(多數當事者)의 채권관계로 파악하며, 보증계약의 독립성을 인정하지 않는다. 보증채무는 주채무자가 이행하지 않는 채무를 이행할 의무가 있다고 함으로써 동질성(同質性)과 보충성(補充性)을 중시하며(제426조), 보증채무는 주채무의 목적이나 형태보다 중할 수 없다고 하여 보증채무의 부종성(附從性)을 강하게 요구한다(제430조).

외국의 입법례

보증채무를 규율하는 방법은 입법례에 따라 다르다. 프랑스민법(제2011조 이하) · 독일민법(제765조 이하) · 스위스채무법(제492조 이하)은 계약의 한 종류로서 보증계약을 규정한다.[1] 반면에 일본민법과 우리 민법은 채권총칙에서 다수당사자의 채권관계의 한 유형으로서 규정한다. 이러한 입법방식이 내용상 큰 차이를 가져오지는 않는다. 그러나 체계상으로 다음과 같은 특색을 갖는다. 계약으로서 규정하는 입법

1) 김용한, "보증채무의 비교법적 고찰," 법조 제20권 2호, 1971, 31 이하; H. Weber, *Sicherungsgeschäfte*, C.H. Beck, 3. Aufl., 1986, S. 10ff.; Reinicke/Tiedtke, *Gesamtschuld und Schuldsicherung*, 2. Aufl., 1988, S. 95ff.

례에서는 보증계약의 독립성을 강조하는 반면에, 다수당사자의 채권관계로서 다루는 입법례에서는 주채무와 보증채무의 관계에서의 종속적인 면을 강조한다.

프랑스민법 제2011조는 "채무를 보증한 자는 채무자가 그 의무를 이행하지 아니하는 때에는 채권자에 대하여 그 의무를 이행할 의무를 진다"고 하여 보증채무의 동질성, 보충성을 요구한다. 반면에 독일민법 제765조 1항은 "보증계약으로 인하여 보증인은 제3자의 채권자에 대하여 제3자의 채무이행에 관하여 책임을 질 의무를 부담한다"고 규정함으로써 보증채무의 독립성(獨立性) 및 담보책임성(擔保責任性)을 강조한다(스채 제492조 1항도 같은 취지임).

(1) 보증채무의 동질성

보증채무는 주채무자가 이행하지 않는 채무를 이행할 의무이므로(제428조 1항), 주채무와 동질성(同質性)을 가져야 한다. 그러므로 보증채무가 성립하기 위해서는 주채무가 대체성(代替性)을 가져야 한다. 주채무가 종류채무 · 금전채무 · 행위채무 중 무엇이냐에 따라 보증채무도 같은 종류의 채무로 정해진다.[1] 주채무가 특정물채무인 경우에 보증인은 동일한 채무를 이행할 수 없는 것이 보통이다. 타인의 권리의 매매의 경우(제569조)와 같이 예외적으로 보증인도 주채무와 동일한 채무를 이행할 가능성이 있는 때에는 통상의 보증채무가 성립한다.

주채무와 보증채무가 동질성을 갖는다는 것은 양 채무의 내용이 동일해야 한다는 의미는 아니다. 보증채무가 주채무를 초과할 수는 없으나 미달하는 것은 무방하다. 보증계약에서 정한 보증범위 · 보증기간이 주채무의 약정내용보다 적은 때에는 보증채무가 주채무보다 미달하게 된다.

당사자의 특약으로 주채무와 다른 종류의 채무를 부담하는 특수한 보증채무를 성립시킬 수 있다. 배상보증(賠償保證) 또는 손해담보보증(損害擔保保證)은 주채무가 특정물채무이지만 보증인은 불이행에 따른 손해배상의무를 보증하는 경우이며, 부보증(副保證)은 보증인의 보증채무의 이행을 다시 보증하는 경우이고, 구상보증(求償保證)은 보증인의 변제에 따른 주채무자의 구상의무의 이행을 보증하는 경우이다.

1) 건설공사, 용역계약에 있어서 수급인이 부도발생 등의 사유로 계약을 이행하지 않는 경우에, 보증기관이 직접 계약을 이행하거나 보증기관이 선정한 제3자로 하여금 그 계약상의 급부의무를 완료하게 하는 보증제도를 공사이행보증이라고 한다.

(2) 보증채무의 부종성

보증채무는 주채무에 부종하여 성립 · 존속 · 소멸한다. 보증채무는 그 성립목적이 주채무의 이행을 담보하기 위한 것이므로, 주채무에의 부종성(附從性)을 가짐은 그 속성상 당연하다. 이러한 부종성으로 인하여 채권담보의 목적을 초과하는 보증채무는 존재의의를 가질 수 없다. 보증채무의 부종성은 다음과 같은 구체적 내용을 가진다.

(가) 성립에서의 부종성 보증계약은 주계약(主契約)에 부종하는 결과, 보증채무도 주채무(主債務)에의 종속성을 띠게 된다. 주채무를 발생시키는 주계약의 무효 또는 취소로 인하여 유효하게 성립하지 않은 경우에, 보증계약도 효력을 발생하지 않는다. 그러나 보증계약 당시에 주채무에 취소원인이 있음을 알고 보증한 보증인은 주채무의 취소시에 주채무와 동일한 목적의 독립채무를 부담한 것으로 본다(제436조).

(나) 내용에서의 부종성 보증채무는 주채무에 부종(附從)하여 성립 · 존속하므로 주채무를 초과하는 보증채무는 인정되지 않는다. 보증인의 부담이 주채무의 목적이나 형태보다 중한 때에는 주채무의 한도로 감축한다(제430조).

보증계약(保證契約)은 원칙적으로 주계약의 범위를 초과할 수 없으며, 그 초과된 부분은 무효로 된다.[1] 예외적으로 보증계약은 그 범위, 기간 등에 있어서 주계약을 약간 초과하는 경우에도, 주계약이 유효하게 존속하는 약간의 초과는 허용될 수 있다고 해석된다. 보증계약이 최고액한도를 갖고 체결된 경우에, 그 보증최고액은 주계약의 채무액을 약간 초과할 수 있다. 보증계약의 존속기간이 주계약보다 장기(長期)인 경우에 주계약이 연장되지 않는 한 보증계약만이 독립적으로 존속할 수 없다. 예를 들어 주채무자가 1년의 신용카드계약을 체결하고 보증인은 1년 6개월 동안 주채무자의 신용카드계약에 대해 보증계약을 체결한 경우에, 주계약인 신용카드계약이 1년 후 갱신된 경우에는 1년 5개월까지 보증계약이 유효하게 존속할 수 있지만 1년 후 갱신이 거절된 경우에는 보증계약도 그 때 함께 소멸한다.

---

1) 프랑스민법 제2013조는 제1항에서 보증인은 채무자의 부담의 범위를 초과하거나 더 중한 조건으로 이를 약정하지 못한다고 명문으로 정한다. 제3항에서는 채무를 초과하거나 더 중한 조건으로 약정된 보증은 이를 무효로 하지 아니하고 주채무의 한도로 이를 감축한다고 규정한다.

(다) 항변에서의 부종성　보증인은 주채무자의 항변사유(抗辯事由)로 채권자에게 대항할 수 있다(제433조). 주채무자에게 취소권(取消權)·해제권(解除權)·해지권(解止權)이 있는 동안 보증인은 채권자에 대하여 채무의 이행(履行)을 거절(拒絶)할 수 있다(제435조).

(라) 소멸에서의 부종성　주계약이 해제·해지되거나 또는 채무의 변제·상계, 소멸시효 등으로 인하여 주채무가 소멸하게 된 경우에, 보증계약 및 보증채무도 함께 소멸한다. 주채무자에 대한 시효중단은 보증인에 대하여 그 효력이 있다(제440조). 이는 주채무자에 대한 권리행사만으로도 보증인에 대한 시효중단의 효력이 미치게 하여 주채무와 별도로 보증채무가 시효소멸하는 일이 없도록 하여 채권담보의 목적을 달성하고 채권자를 보호하려는 것이다(헌재 1996. 8. 29, 93헌바6).

주채무가 제3자의 변제에 의하여 소멸한 경우에 주채무의 소멸로 인하여 보증채무도 소멸하므로, 민법에 의한 변제자대위가 성립하지 아니하는 한 제3자는 보증인에 대하여 부당이득반환청구 등의 어떠한 청구도 할 수 없다(대판 1996. 9. 20, 96다22655. 제3자는 주채무자에 대하여 구상권을 가짐).

(3) 보증채무의 보충성

(가) 보충관계　보증인은 주채무자가 이행하지 않는 채무의 이행의무를 지는데, 이와 같이 주채무자의 이행이 우선하고 그의 이행이 없는 때에 보증인이 이행하도록 하는 것을 보충성(補充性)이라 한다. 보증인은 자기의 부담부분 없이 주채무자의 급부이익을 위하여 보증채무를 부담하는 것이므로, 주채무자가 1차적으로 책임지고 보증인은 주채무자의 무자력이나 기타 집행불능사유가 있는 때에 한하여 책임을 짐이 타당하다.

(나) 최고·검색의 항변권　민법은 보충성의 구체적 내용으로서 「최고(催告)·검색(檢索)의 항변권(抗辯權)」을 규정한다. 보증인은 채권자의 이행청구시에 주채무자에게 변제자력이 있는 사실과 그 집행이 용이함을 증명하여 먼저 주채무자에게 청구할 것과 그의 재산에 대하여 집행할 것을 항변할 수 있다(제437조 본문).

(다) 연대보증의 예외　보증인이 주채무자와 연대하여 채무를 부담하는 연대보증(連帶保證)의 경우에는 보충성이 인정되지 않고 주채무와 보증채무는 연대성(連帶性)을 띤다(제437조 단서).

(4) 보증계약의 독립성

㈎ 의 의 보증계약(保證契約)의 독립성(獨立性)이란 보증계약의 유효성은 당사자인 보증인과 채권자의 합의에 관한 문제로서 주채무관계로부터 독립적으로 고찰된다는 것을 의미한다. 보증채무의 내용은 보증계약의 범위 내에서 결정되지만, 보증채무의 내용이 주채무를 초과하는 때에 그 초과범위에 관해서는 보증채무가 성립하지 않는다.

㈏ 부종성에 의한 제한 독일민법에서는 보증계약의 독립성이 강하지만, 우리 민법에서는 보증계약의 독립성이 약하다(우리 민법상 담보물권 설정계약도 독립성을 갖지 않음). 보증계약은 주계약에의 부종성(附從性)을 가지므로 보증계약의 독립성은 보증채무의 부종성에 의해 크게 제한(制限)받는다.

거래관행상 보증계약은 주채무를 발생시키는 소비대차계약에 부수하여 약정되는 경우가 많다. 다만 보증기금회사, 보증보험회사 등 보증기관이 보증을 서는 경우에는 주채무의 소비대차계약과 별도로 보증계약이 체결되며, 그 보증기관의 주채무자에 대한 구상채권의 확보를 위해 보증인과 보증기관 사이에 별도의 보증계약(구상보증)이 체결된다.

보증채무는 그 본래의 목적인 채권담보로 인해 주채무와 필연적으로 상호관련성을 가지게 된다. 보증계약이 성립한 후에 보증인이 알지 못하는 사이에 주채무의 목적이나 형태가 변경된 경우에, 주채무의 실질적 동일성이 상실되지 않았고 주채무의 부담내용이 축소 · 감경된 때에 한해서 보증채무를 진다(대판 2001. 3. 23, 2001다628).

(5) 보증채무의 수반성

채권자가 주채무자에 대한 채권을 타인에게 양도하는 경우에 보증채무도 함께 양도하는 것이 보통인데, 이렇게 함께 양도되는 성질을 수반성(隨伴性)이라고 한다. 채권양도시 보증채무의 수반성에 대하여는 민법에 아무 규정이 없으나, 학설은 일치하여 이를 인정한다.[1] 보증채무의 수반성은 주채무와 보증채무 사이의 관계로서, 담보물권의 경우에 담보물의 양도와 담보부담의 수반성과는 성격을 달리한다. 보증채무의 수반성을 넓게 인정하

---

1) 같은 취지: 곽윤직, 243; 김상용, 327; 김석우, 263; 김용한, 345; 김주수, 300; 김증한, 237; 김증한 · 김학동, 246; 김형배, 493; 임정평, 308; 정기웅, 305; 현승종, 260; 민법주해(10), 173(박병대 집필부분); 민법주해(10), 173에서는 수반성을 본질적으로 부종성의 한 내용(이전에 관한 부종성)으로 설명함.

는 경우에는 보증인의 이익을 해치게 되므로 삼가하여야 한다.

(가) 주채권의 양도 주채무가 채권양도(債權讓渡) 등에 의해 다른 채권자에게 귀속되는 때에는 다른 특약이 없는 한 보증채무도 함께 이전하려는 의사(意思)가 있는 것으로 해석된다(계약의 해석문제). 반대로 주채권의 양도에 있어서 보증채무는 함께 양도하지 않는다는 약정을 한 경우에 그 약정은 유효하다. 보증채무를 주채무와 분리하여 제3자에게 양도하는 합의는 무효이다. 채권자에게 주채권 없는 보증채권의 보유를 인정할 실익이 없기 때문이다.

(나) 주채무의 인수 채무인수계약(債務引受契約)에 의해 주채무자가 변경되는 경우에 다른 특약이 없는 한 보증채무는 소멸(消滅)하는 것으로 해석된다.[1] 보증인은 주채무자의 변제자력이나 신용을 신뢰하여 보증채무를 부담하는데, 주채무자의 변경은 그러한 보증채무의 기초를 소멸시키기 때문이다. 채무인수계약에는 채권자가 당사자로서 참여하거나 또는 사후에 그 인수행위를 승인하여야 효력을 발생시키므로, 그 과정에서 채권자는 스스로 이익을 수호할 기회가 주어지는 반면에 보증인은 채무인수의 당사자로서 참가하지 못하므로 채무인수로 인한 불이익을 입어서는 안 된다. 보증채무도 함께 인수시키는 경우에는 보증인이 그 채무인수행위에 참가하여야 한다.

(다) 주채무의 상속 주채무자의 사망으로 상속(相續)이 개시되어 주채무자의 변동이 생기는 경우에, 보증채무는 원칙적으로 존속한다.[2] 채권자의 의사와 관계 없이 개시되는 상속의 경우에 보증채무를 소멸시키는 것은 채권자에게 가혹하기 때문이다. 보증채무는 주채무자의 변경시에는 원칙적으로 소멸되어야 하지만, 확정금액의 주채무에 대한 보증채무가 발생해 있는 경우에 한해서 상속(相續) 후 보증채무존속(保證債務存續)을 인정하는 것이 타당하다. 다만 근보증(根保證)은 주채무자의 사망으로 인하여 종료(終了)되며, 그 종료 이전에 발생한 주채무에 대하여만 보증채무를 진다고 해석된다. 보증계약은 주채무자의 자력과 신용을 기초로 존속하므로, 주채무자의 사망으로 그의 신용거래는 중단되고 상속인이 그 계속적 신용거래의 당사자의 지위를 인수하지 않음이 원칙이다.

1) 곽윤직, 316; 김상용, 328; 김용한, 345; 김증한 · 김학동, 247; 김주수, 300; 김형배(2판), 493; 임정평, 309.

2) 김상용, 328; 김주수, 272; 김형배, 517; 민법주해(10), 176(박병대 집필부분).

3. 보증계약의 체결

(1) 보증약정의 성립

보증채무(保證債務)는 보증인과 채권자 사이의 보증채무의 발생에 관한 합의(보증약정)에 의하여 성립한다. 합의의 내용은 「특정한 채무」(확정액보증) 또는 「특정한 기본계약으로부터 장래 발생할 채무」에 대하여 보증하는 것이다. 보증계약이 성립하기 위해서는 적어도 주채무자와 채권자 사이에 주채무를 발생시키는 계약이 확정되어 있어야 한다. 타인의 채무이행을 확보하는 방법으로서 보증 · 연대보증 · 연대채무 · 불가분채무 · 채무인수 등 여러 가지가 있는데, 그 중 어느 것을 의미하는가는 당사자 의사의 해석에 의해 정해진다.

(2) 보증약정의 방법

㈎ 주채무에의 종속 여부 보증계약은 주채무를 발생시키는 계약과 독립된 별개의 약정으로서 할 수도 있고, 주채무발생의 계약에 부수하여 약정될 수도 있다.[1)] 거래관행상 보증계약은 보통 주계약(主契約)인 소비대차 · 할부매매 · 신용카드회원가입 등에 포함되어 종속적으로 행해진다. 주채무자와 채권자가 작성한 계약서에 보증인의 보증계약을 추가로 기재하는 형식을 많이 취하며, 주채무에 관한 약관에 보증계약에 관한 사항까지 포함되어 있는 경우가 많다.

㈏ 명시적 약정의 필요성 보증계약은 추정되지 않는다. 프랑스민법은 보증은 추정되지 않으며, 보증은 반드시 명시적(明示的)이어야 하고, 약정된 한도 이상으로 확장될 수 없다고 한다(프민 제2015조). 독일민법과 스위스채무법은 보증계약이 유효하기 위해서는 서면(書面)으로 보증의 의사를 표시하여야 한다고 규정함으로써(독민 제766조; 스채 제493조) 보증은 추정되지 않는 것으로 한다. 우리 민법은 이러한 「보증약정(保證約定)의 추정금지(推定禁止)의 법리」를 정면으로 규정하지는 않는다. 그러나 보증계약이 유효하기 위하여 보증의 명시적 합의(明示的 合意)가 필요하다는 점에 대해서는 의문의 여지가 없다. 거래관행상 보증계약은 서면으로서 행해지는 것이 보통이다.[2)] 보증의 표현

1) 독일민법과 같이 보증계약을 하나의 독립한 전형계약으로서 규정하는 입법례에서는 보증계약을 하나의 독립된 계약으로 다룬다.

2) 대판 1971. 3. 23, 71다294: 채무자의 남편이 채권자가 돈의 지급을 구할 때 곧 준다고 대답하고, 돈도

없이 계약서에 연서하여 서명날인한 것도 제반사정에 비추어 보증의 의사표시로 해석되는 경우가 있다. 보증인지 연대보증인지 당사자의 의사가 불분명한 경우에, 민사보증(民事保證)에서는 보통의 보증으로 되고 상사보증(商事保證)에서는 연대보증으로 된다. 판례도 "보증은 이를 부담할 특별한 사정이 있을 경우에 이루어지는 것이므로, 보증의사의 존재나 보증범위는 이를 엄격하게 제한하여 인정하여야 한다"고 한다(대판 1998. 12. 8, 98다39923).

금전의 대여계약을 체결함에 있어서 그 대여금채무의 지급을 확보하기 위하여 채무자가 발행하는 약속어음에 배서인이 그러한 사실을 알면서 보증의 취지로 배서하였더라도, 그러한 사실만으로는 원인채무인 대여금채무에 대하여 보증계약이 성립한 것으로 볼 수 없다(대판 1997. 12. 9, 97다37005).

상호신용금고의 임직원이 자신이 소개한 대출에 관하여 그 관계서류에 「회수책임」이라고 기재한 것은 대출을 소개한 자로서 의무가 연체되지 않도록 서류관리를 하고 연체되거나 끝내 대출금이 변제되지 않는 경우에는 상호신용금고가 손해를 입지 않도록 대출금채무의 변제에 최선의 노력을 다하겠다는 취지를 기재한 것에 지나지 않고, 그 대출금채무에 관한 민법상 보증채무를 부담하기로 의사표시를 한 것으로 해석할 수는 없다(대판 1992. 5. 26, 91다35571).[1)]

(3) 보증계약의 성질

(가) 보증계약의 편무성 보증계약은 채권자와 보증인 사이의 보증계약으로부터 보증인만이 채무를 부담하므로 편무계약(片務契約)의 성격을 갖는 측면이 있다. 독일민법에서 보증인의 의사표시를 증여자의 의사표시와 유사하게 서면으로 표시할 것을 요구하는 것도 이와 같은 유사성에서 유래한다.

(나) 보증계약의 독립성 주계약과 보증계약은 법적으로 별개의 법률행위이다. 주계약은 주채무자와 채권자 사이의 합의임에 반하여 보증계약은 보증인과 채권자의 합의이다. 보증계약과 주계약은 각각 법률행위의 당사자가 다르므로 법률행위의 성립에 관한 행위능력, 의사표시의 효력요건은 각각 별개로 판단된다. 보증채무는 주채무와는 별개의 채무이기 때문에 보증채무 자체의 이행지체로 인한 지연손해금은 보증한도액과는 별도로 부

자기가 소비하였다고 하여도 그것만으로 곧 그 사람이 묵시적으로 채무를 연대보증하였다고 볼 수 없다.

1) 평석: 김경종, "상호신용금고의 임직원이 대출을 소개하면서 회수책임을 진다고 한 것의 의미," 대법원판례해설 17호, 463.

담한다(대판 2006. 7. 4, 2004다30675).

(다) 주계약의 영향 보증계약은 주계약에의 부종성으로 인하여 주계약이 쌍무계약(雙務契約)인 경우에 이에 따른 효과를 함께 누리게 된다. 주채무자가 채권자에 대하여 갖는 동시이행(同時履行)의 항변권(抗辯權), 위험발생으로 인한 채무부존재(債務不存在)의 항변(抗辯) 등은 보증인이 보증채무의 이행거절을 위해 행사할 수 있다.[1)]

(4) 보증약정의 대리

보증계약은 대리인에 의하여 체결될 수 있음은 물론이다. 주채무자는 보증인을 대리하여 보증계약을 체결할 수 있다.[2)] 주채무자가 보증인을 대리하는 경우에 민법 제124조의 자기계약(自己契約)의 금지(禁止)에 해당하지 않는다. 주채무자는 보증계약의 당사자가 아니기 때문이다. 주채무자에 의한 보증의 대리행위가 유효하기 위해서는 보증인이 주채무자에게 대리권(代理權)을 수여하였어야 한다. 수권에 관한 의사표시는 엄격히 해석되어야 하며, 주채무자의 부탁에 대해 거절하지 않고 침묵한 것만으로 보증의 대리권 수여라고 해석해서는 안 된다.

4. 주계약 및 주채무의 존재

(1) 주채무의 존재

보증채무는 주채무(主債務)의 발생을 조건으로 한다. 보증계약은 피보증채무가 확정 가능한 이상 기본계약 전이라도 체결할 수 있다. 금융기관과 주채무자 사이 대출계약 전에 보증계약이 성립했어도 그 보증계약이 곧 체결될 대출계약에 따른 주채무자의 채무를 대상으로 특정하고 있는 경우 그 보증계약이 무효로 되는 것은 아니다(대판 2002. 4. 9, 2002다3341).

주채무는 주계약에 의해 발생하는 것이 보통이며, 그 밖에 부당이득, 불법행위에 기하여도 발생한다. 주채무가 계약의 불성립·무효·취소로 발생하지 않게 되면 보증채무도 성립하지 않음이 원칙이다.

1) 같은 취지: Esser/Weyers, *Schuldrecht*, Band Ⅱ, Besonderer Teil, 6. Aufl., 1984, S. 303.

2) 대판 1965. 2. 4, 64다1264: 보증계약이 채권자와 보증인 사이의 계약이라 할지라도 채무자가 보증인의 대리인 또는 사자의 자격으로 채권자와 사이에 보증계약을 체결할 수 있다.

(2) 주채무의 취소와 손해담보보증

취소의 원인 있는 채무를 보증한 자가 보증계약 당시에 그 원인 있음을 안 경우에 주채무의 불이행 또는 취소가 있는 때에는 주채무와 동일한 목적의 독립채무를 부담한 것으로 본다(제436조).[1] 이 경우 보증은 손해담보보증(損害擔保保證)의 성격을 띠게 되는데, 손해담보보증이란 장래 어떤 사유로 채권자가 불이익을 입을 우려가 생기는 경우에 그를 방지 또는 보상해 주겠다는 약정을 하는 것이다. 취소원인을 알고도 보증했다는 사실로부터 보증인이 손해담보보증을 하겠다는 의사를 표시한 것으로 간주된다. 손해담보보증의 민법규정은 임의규정으로서 당사자의 약정에 의해 배제할 수 있다.

1) 요 건 취소(取消)의 원인(原因)은 행위무능력, 착오로 인한 의사표시, 사기 · 강박에 의한 의사표시 등이다. 주채무의 불이행이 주채무자의 귀책사유에 의한 불이행을 의미하는가, 또는 귀책사유와 관계 없이 모든 불이행을 의미하는가에 관해서는 학설이 대립한다.

① 귀책요건설 불이행을 축소해석하여 주채무자의 귀책사유(歸責事由)에 의한 불이행을 의미한다고 하는 견해가 있다.[2] 취소원인을 알았음과 불이행과 사이에 직접 관련이 없으며, 귀책사유 없는 불이행까지 책임지게 하는 것은 부당하다고 한다.

② 귀책불요설 민법 제436조의 불이행은 귀책사유와 관련 없이 모든 불이행을 의미한다고 해석하는 견해이다.[3] 사견(私見)으로는 귀책불요설(歸責不要說)을 취하겠다. 취소가 귀책사유와 관계 없이 일정한 취소사유가 있는 경우에 발생한다는 점을 고려할 때, 불이행도 귀책사유와 관계 없는 것으로 해석하는 것이 타당할 것이다.[4]

---

1) 의용민법 제449조는 무능력을 이유로 취소할 수 있는 채무를 보증한 경우에 한정하였다. 현행민법이 널리 취소원인 있는 채무를 보증한 경우에까지 확대해서 규정한 것은 합리성이 없는 부당한 입법이라고 비판하는 견해가 있었다. 곽윤직, 315; 김상용, 338; 김용한, 356; 김주수, 279; 김증한, 242; 임정평, 319; 현승종, 265. 고정명, "보증채무에 관한 특수문제,"고창현박사화갑기념 민법학의 현대적 과제, 1987, 378에서는 위의 비판을 기초로 「채권자가 취소원인을 몰랐을 것」이라는 요건을 추가하여 해석해야 한다고 주장하였다.

2) 곽윤직, 357; 김상용, 338; 김석우, 271; 김용한, 356; 김주수, 307; 김형배(2판), 500; 김증한, 242; 김증한 · 김학동, 252; 김현태, 214; 임정평, 318. 이 견해는 민법 제436조가 「불이행」의 경우를 규정한 것은 무의미하다고 보아 될수록 이 규정을 무시하려는 입장을 취한다.

3) 같은 취지: 김기선, 216; 민법주해(10), 283(박병대 집필부분). 최고검색의 항변권이 실질적으로 거의 기능하고 있지 않은 현실을 참작하면, 보증인에게 특별히 부담을 가중시키지 않는다고 한다.

4) 입법론으로서는 「불이행」을 포함시킨 것이 불필요했다고 생각된다. 주채무의 불이행의 경우는 취소

보증인이 보증계약 당시에 주계약의 취소사유의 존재가능성을 알았고, 그 사유로 인하여 주계약이 취소 또는 불이행되었어야 한다. 보증인의 선의는 추정되며, 보증인의 악의를 주장하는 채권자측에서 그 악의를 입증해야 한다.

2) 효 과 계약이 취소되어 주채무가 소멸한 때에 보증인은 원래의 주채무와 동일한 독립(獨立)의 채무(債務)를 부담하게 된다. 보증인은 본래의 채무의 이행이 가능하면 그를 이행하고, 그렇지 않으면 손해배상의무를 이행하여야 한다. 독립채무(獨立債務)란 보증인의 채무와 주채무 사이에 부종성 · 보충성 · 수반성이 없음을 의미한다.

(3) 주채무자의 담보제공의무

㈎ 주채무자의 담보제공의무 보증계약의 배후에는 통상 주채무자와 채권자 사이에 담보제공(擔保提供)의 약정이 존재한다. 담보제공약정의 내용은 각 거래마다 다른데, 물적담보를 제공해야 하는 경우와 인적담보를 제공해야 하는 경우, 또는 양자를 제공해야 하는 경우가 있다. 주채무자는 보증인으로 하여금 보증계약을 하게 함으로써 그의 인적담보의 제공의무를 이행한다. 보증인을 세워야 할 담보제공의무는 보통 주채무자와 채권자 사이의 합의에 의해 발생한다. 그러나 법률이 담보제공의무를 부과하는 경우도 있다(제26조, 제327조, 제443조, 제588조, 제688조 2항, 제739조 2항 등). 채무자는 다른 상당한 담보를 제공함으로써 보증인을 세울 의무를 면할 수 있다(제432조). 채무자가 담보제공의무를 이행하지 않은 때에는 기한의 이익을 주장하지 못한다(제388조).

㈏ 담보제공의무에 관한 착오 주채무자의 담보제공의무의 존재는 보증계약의 요건은 아니다. 보증인이 담보하려는 주채무(主債務) 및 주계약(主契約)이 존재하면 주채무자의 담보제공의무가 없더라도 보증계약이 무효로 되지는 않는다. 보증인이 주채무자에게 담보제공의무가 있는 것으로 착각하여 보증계약을 한 경우에, 보증인은 착오를 이유로 보증계약을 취소할 수 있다고 해석된다. 누구도 담보제공의무 없이 보증을 서려고 하지는 않을 것이기 때문에 이러한 경우 동기(動機)의 착오(錯誤)의 문제로 된다. 보증인

의 경우와 달리 주채무는 존속하므로 보통의 보증채무에서도 보증인이 이행의무를 진다. 구태여 불이행을 취소원인을 알고 행한 보증과 관련하여 규율할 필요는 없다고 생각한다. 「불성립」이라고 하는 편이 취지에 맞는다고 생각한다.

이 주채무자에게 담보제공의무가 없다는 것을 알면서 자청해서 보증계약을 한 경우에는 착오가 없으므로 취소할 수 없다.

(다) 보증인의 자격　보증인(保證人)은 행위능력(行爲能力) 및 변제자력(辨濟自力)이 있는 자이어야 한다(제431조 1항). 이 조건은 보증계약의 효력요건이 아니라, 주채무자가 보증인을 세울 담보제공의무를 이행하였는가를 판단하는 기준이 된다. 보증인의 능력부족이 보증계약을 무효로 하지 않지만, 채권자는 보증인의 능력에 관한 착오를 이유로 보증계약을 취소할 수 있으며, 장래에 향하여 해지할 수도 있다. 보증계약 이후에 보증인이 변제자력이 없게 된 때에 채권자는 보증인의 변경을 청구할 수 있다(제431조 2항). 다만 채권자가 보증인을 지명한 경우에는 보증인의 능력을 문제삼을 수 없으며, 따라서 보증인의 변경청구도 할 수 없다(제431조 3항).

보증계약의 존속중에 보증인의 변제자력이 소멸 또는 감소한 경우에, 주채무자는 담보제공의무를 충분히 이행하지 못한 것이 되며, 그 결과 주채무자는 기한의 이익을 주장하지 못하게 될 수 있다(제388조 2호).

5. 보증의 원인관계

(1) 주채무자의 부탁 등

보증계약의 배후에는 보증인이 보증을 서게 된 원인관계가 존재한다. 그 원인관계는 대개 주채무자가 보증인에게 보증을 서달라고 한 부탁(付託)에 기초한 것인데, 이렇게 주채무자의 부탁을 받고 보증인이 된 자를 수탁보증인(受託保證人)이라고 한다. 이 경우 보증계약의 원인관계는 위임, 고용 등의 계약관계이다. 보증인이 보증보험회사 등의 보증기관인 경우에, 보증을 부탁하고 이를 수락하는 법률관계는 보험계약(保險契約)이나 위임(委任)이다. 주채무자의 부탁을 받음이 보증계약의 요건은 아니다. 부탁 없는 보증도 보증을 설 이해관계가 있다면 유효하게 성립한다. 보증인이 주채무자의 부탁 없이 자발적으로 보증을 서는 경우에는 사무관리(事務管理)의 법률관계가 생기게 되며, 채권자의 부탁에 의해 보증계약을 체결한 경우에는 보증인과 채권자 사이에 위임의 계약관계가 존재한다.[1]

1) 거래관행상 담보물을 제공한 물상보증인이 연대보증도 함께 하는 경우가 있다. 판례는 물상보증과

(가) 호의관계 주채무자의 부탁에 의한 보증인은 주채무자와의 가족, 친척, 직장동료, 친지 등 호의관계(好意關係)를 기초로 보증계약을 체결하는 경우가 많다. 호의관계에 바탕을 둔 보증계약의 경우에, 보증인이 계약의 구속력에서 벗어나기 어렵게 하거나 보증인의 책임을 무겁게 부과하는 것은 사회통념에 맞지 않으므로, 신의칙에 기해서 보증인의 해지권(解止權)을 부여하고, 그 보증범위(保證範圍)도 축소하려는 법리가 전개된다. 판례는 자동차사고로 부상을 입은 피해자가 정신이 없는 채 입원할 때 가해자가 입원치료비의 지불을 보증한 경우에, 그 사실만으로 피해자의 부탁에 의한 보증인이라고 볼 수 없다고 한다(대판 1970. 4. 28, 70다352).

(나) 유상보증 보증보험회사 등의 보증기관의 보증은 그 대가를 받고 하는 유상(有償)·쌍무계약(雙務契約)의 성질을 갖는다. 유상의 쌍무관계로서 대표적인 것은 보증보험에 기초한 보증이다. 그 밖에 상호보증, 조합업무에 관한 다른 조합원의 보증, 회사의 업무에 관한 이사 기타 임직원의 보증 등이 빈번한데, 이들 경우는 보증에 대한 대가가 지급되지 않으므로 유상보증은 아니지만 그렇다고 단순히 호의에 기초한 것도 아닌 혼합된 성격을 띤다.

(2) 원인관계와 보증채무의 관계

주채무자와 보증인 사이의 보증의 원인관계(原因關係)는 보증채무에 직접적인 영향을 미치지 않는 것이 원칙이지만 다음의 경우에는 영향을 받는다.

(가) 주채무자에 관한 착오 보증인이 주채무자(主債務者)의 동일성에 관해 착오에 빠져 보증을 선 경우(예: A가 주채무자인 줄 알았는데 실은 B가 주채무자인 경우)에는 법률행위의 중요부분에 관한 착오(錯誤)에 해당하므로 취소가능하다. 보증인이 주채무자의 자력·신용 등에 관하여 착오나 사기에 빠져 보증을 선 경우, 이는 보증계약의 동기(動機)에 관한 착오가 될 수 있다.[1] 보증인이 주채무자의 재산상태 및 신용상태에 관해 착오에 빠졌고, 만약 그 착오가 없었더라면 보증계

연대보증의 피담보채무의 중첩성이 인정되는 경우에 근저당권의 소멸시에 연대보증계약도 해지된 것으로 본다(대판 1997. 11. 14, 97다34808).

1) 스위스채무법 제510조 1항은 장래채무의 보증의 서명 이후에 주채무자의 중대한 재산상태악화 또는 보증인의 정당한 예상보다 중대하게 나쁜 주채무자의 재산상황의 경우, 보증인은 주채무가 발생하지 않은 동안 채권자에 대하여 보증을 철회할 수 있다고 규정한다.

약을 체결하지 않았으리라는 것이 일반적으로 예상되는 경우에는 그 동기의 착오를 이유로 보증계약을 취소할 수 있다.[1)]

신용보증기금의 신용보증에서 주채무자인 기업의 신용유무는 절대적인 전제가 되며, 보증의사표시의 중요부분을 구성한다. 채권자(은행)가 제출한 주채무자의 거래상황 확인서가 잘못되어 주채무자가 신용 있는 중소기업인 인 것으로 착각하고 신용보증을 하게 되었다면, 법률행위의 중요부분에 착오가 있다(대판 1987. 7. 21, 85다카2339).[2)3)]

(나) 보증인의 해지권 계속적 보증(繼續的 保證)에서는 보증계약을 하게 된 사정이 변경된 경우에 보증인의 해지권(解止權)이 인정된다(계속적 보증에서 설명). A의 아들이고 B의 이질인 C에게 치료비 배상책임이 있는 것으로 알고 A와 B가 입원치료비 지급을 연대보증한 뒤에 사고조사 과정에서 C에게는 배상책임이 없음을 알게 되어 병원에 치료비 지급책임이 없다는 통고서를 보낸 경우, A와 B는 일방적으로 입원치료비의 보증계약을 해지할 수 있고 위 통고서에는 그 통고서가 병원에 도달된 이후에는 치료비의 지급책임이 없다는 치료비 보증계약 해지의 의사표시가 포함되어 있다고 봄이 상당하다(대판 1995. 6. 30, 95다9716).

(다) 구상권의 범위 이러한 보증의 원인관계는 보증인과 주채무자 사이의 구상관계(求償關係)에 영향을 미친다. 부탁 없는 보증인의 경우에 주채무자는 현존이익의 한도에서 배상의무를 진다(제444조 2항). 수탁보증인(受託保證人)에게는 주채무자에 대한 변제 전과 변제 후의 구상이 부탁받지 않은 보증인보다 광범위하게 인정된다(제441조 이하).

---

1) 반대견해로서 보증계약을 취소할 수 없다는 견해가 있다. 곽윤직, 245; 김석우, 267; 김용한, 350; 김주수, 304; 김증한, 240; 임정평, 313; 현승종, 261.

2) 이에 대한 비판적 견해로서: 양창수, "주채무자의 신용에 관한 보증인의 착오," 판례월보 223호, 1989년 4월호. 이 논문 46에서는 신용보증기금은 주채무자로부터 보증료를 받는 유상보증인데, 보증료는 주채무자에 대한 무자력위험을 인수하는 대가이므로 보증기금은 통상의 보증인보다 보증행위에 더욱 구속되어야 하기 때문에 주채무자의 신용에 대한 착오를 이유로 취소를 인정하는 판례의 취지는 옳지 않다고 한다.

3) 대판 1989. 1. 17, 87다카1271: 신용보증기금이 농협의 잘못된 통보에 따라 보증제한기업에 대하여 보증제한기업이 아닌 것으로 잘못 알고 그 기업이 농협에서 대출받을 때 신용보증을 하여 주었다면, 그 착오가 중요한 것이므로 취소할 수 있다. 판례평석: 장경학, "신용보증에 있어서 동기의 착오," 사법행정 1989년 5월호, 84 이하는 판례의 태도를 지지함.

보증인 보호를 위한 특별법

보증인의 경제적 · 정신적 피해를 방지하고, 금전채무에 대한 합리적인 관행을 확립하기 위해 보증인 보호를 위한 특별법(제정 2008. 3. 21. 법률 제8918호. 시행 2008. 9. 22)이 제정되었다. 동법은 보증의사의 서면화, 최고액과 보증기간의 제한 등을 규정하고 사회문제가 되고 있는 불법적 채권추심행위의 금지 및 처벌(동법 제9조. 제10조 참조)을 구체화하며 보증인에게 불리한 약정은 무효(편면적 강행규정. 동법 제11조)로 하고 있다.

① 적용범위: 보증인보호법의 적용범위는 원칙적으로 시민의 보증계약에 한정되며, 사업과 관련된 보증채무에는 적용이 배제된다(동법 제2조). 이 법은 시행 후 최초로 체결하거나 기간을 갱신하는 보증계약부터 적용된다(동법 부칙 제2항).

② 계약의 방식: 보증인보호법이 적용되는 경우에는 보증의 의사가 보증인의 기명날인 또는 서명이 있는 서면으로 표시되어야 효력이 발생하며, 이는 보증인의 채무를 불리하게 변경하는 경우에도 동일하다(동법 제3조 1항 · 2항). 독일에서도 보증계약의 유효성의 전제로서 보증의사의 서면화를 요구한다(독일민법 제766조). 다만 보증인이 보증채무를 이행한 경우에는 그 한도에서 그 방식의 하자를 이유로 무효를 주장할 수 없다(동법 제3조 3항).

③ 금융기관의 신용정보제공의무: 금융기관이 채권자로서 보증계약을 체결할 때에 한하여 보증인에게 주채무자의 신용정보를 제공할 의무가 부과된다. 금융기관이 채권자로서 보증계약을 체결 또는 기간갱신할 때에는 신용정보의 이용 및 보호에 관한 법률에 따라 종합신용정보집중기관으로부터 제공받은 채무자의 채무관련 신용정보를 채무자의 동의를 얻어 보증인에게 제시하고 그 서면에 보증인의 기명날인이나 서명을 받아야 한다(동법 제8조 1항 · 2항). 금융기관이 이를 해태한 경우에는 보증인은 금융기관에 대하여 보증계약체결 당시 채무자의 채무관련 신용정보를 제시하여 줄 것을 요구할 수 있고, 금융기관이 그 제시요구를 받은 날로부터 7일 이내에 그 요구에 응하지 아니하는 경우에는 보증인은 그 사실을 안 날로부터 1개월 이내에 보증계약의 해지를 통고할 수 있으며, 이 경우 금융기관이 해지통고를 받은 날부터 1개월이 경과하면 해지의 효력이 생긴다(동법 제8조 3항 · 4항).

④ 채권자의 통지의무: 채권자는 주채무자가 원본이나 이자 그 밖의 채무를 3개월 이상 이행하지 아니하는 경우 또는 주채무자가 이행기에 이행할 수 없음을 미리 안 경우에는 지체 없이 보증인에게 그 사실을 알려야 한다(동법 제5조 1항). 금융기관이 채권자로서 보증계약을 체결한 경우 금융기관은 주채무자가 원본, 이자 그 밖의 채무를 1개월 이상 이행하지 아니하는 경우에는 지체 없이 그 사실을 보증인에게 알려야 한다(동법 제5조 2항). 채권자는 보증인의 청구가 있으면 주채무의 내용 및 그 이행 여부를 보증인에게 알려야 한다(동법 제5조 3항).

⑤ 최고액한정보증: 보증인보호법이 적용되면, 보증계약을 체결하거나 보증기간을 갱신할 때에는 보증채무의 최고액을 서면으로 특정하여야 한다(동법 제4조).

⑥ 근보증에서 최고액: 보증인보호법이 적용되는 계속적 거래로부터 발생하는 채무에 대한 보증의 경우에도 보증하는 채무의 최고액을 서면으로 특정하여야 하며, 최고액을 서면으로 특정하지 아니한 보증계약은 무효로 된다(동법 제6조).

⑦ 보증기간의 약정: 일반보증이든 근보증이든 관계없이 보증기간의 약정이 없는 때에는 그 기간을 3년으로 보며(동법 제7조 1항), 보증기간은 갱신할 수 있으나 갱신의 경우에도 보증기간의 약정이 없는 때에는 그 기간을 3년으로 본다(동법 제7조 2항). 결국 보증기간이 없는 경우는 발생하지 않게 된다.

⑧ 변제기의 연장 통지: 채권자나 채무자는 보증인에게 변제기의 연장 사실을 알려야 하며, 이 경우 보증인은 즉시 보증채무를 이행할 수 있다(동법 제7조 3항).

§ 39. 보증채무의 이행

1. 보증채무의 내용

(1) 보증계약에 의한 내용결정

보증채무(保證債務)의 내용(內容)은 1차적으로 보증인과 채권자의 계약에 의해 정해진다. 보증계약(保證契約)에서는 피보증의 주채무 또는 거래종목에 대한 지정이 행해 진다.

(가) **특정채무보증** 보증인은 보증계약에서 주채무로 특정한 채무에 대하여만 보증채무를 짐이 원칙이다. 주채무자와 채권자 사이의 특정채무(特定債務)(예: 은행으로부터 대부받은 천만원의 반환을 보증하는 경우)를 보증하기 위하여 보증계약을 체결한 경우에, 보증채무의 범위는 그 특정채무의 원본, 이자, 손해배상금, 위약금에 한정됨이 원칙이다. 그 특정채무가 주채무자의 변제로 인하여 소멸한 경우에 보증계약은 효력을 상실하게 된다. 계속적 보증에서는 보증인이 보증계약 체결시에 보증하려 했던 특정한 주계약(主契約)으로 인한 장래채무에 한해서 보증채무를 진다(예: 당좌대월계약에 기초한 대월금의 반환을 보증하는 경우).

(나) **최고액한정보증** 보증계약에서 보증인이 부담하는 채무의 상한액을 약정한 경우에, 보증인은 그 상한액의 범위 내에서만 보증채무를 진다. 상한액을 초과하는 주채무에 대하여는 보증채무가 발생하지 않는다. 최고액한정(最高額限定)의 약정(約定)은 반드시 명시적 의사표시로 할 필요는 없고, 묵시적 의사표시에 의한 최고액한정도 허용된다. 거래관행을 살펴보면 물상보증인이 자기소유의 담보물에 저당권을 설정하는 물상보증(物上保證)에 부수하여 연대보증도 서는 경우가 많은데, 이 경우 물상보증을 위한 최고액한정의 의사는 연대보증의 경우에도 공통되므로 최고액보증(最高額保證)을 선 것으로 해석된다(같은 취지: 대판 1983. 7. 26, 82다1772).

보증인이 150만원의 한도에서 연대보증을 한 경우에는 채권자와 주채무자 사이에 외상거래가 그 한도액을 초과하여도 보증인은 한도액의 범위 내에서만 책임이 있다. 보증인이 채권자에게 135만원을 지급하였다면, 그 이후 외상거래액이 많아져도 나머지 15만원의 보증채무만 잔존한다(대판 1980. 3. 25, 79다2251).

(다) 계속적 보증에서 최고액 계속적 보증책임(繼續的 保證責任)의 한도액이 있는 경우에는 그 보증한 한도 내의 채무가 잔존하고 있는 이상, 그 잔존채무가 위 한도액 범위 내의 거래로 인하여 발생한 채무이든 또는 그 한도액을 초과한 거래로 인하여 발생한 채무 중 주채무자로부터 일부 변제되고 잔존한 채무이든 불문하고 그 보증한도에서 책임을 진다. 계속적 보증계약에 보증한도액의 정함이 있는 경우, 그 한도액을 주채무의 원본 총액만을 기준으로 할 것인지, 그 한도액에 이자, 지연손해금 등의 부수채무까지도 포함될 것으로 할 것인지는 먼저 계약당사자의 의사에 따라야 하나, 특약이 없는 한 한도액 내에는 이자 등 부수채무도 포함되는 것으로 해석하여야 한다. 보증채무는 주채무와는 별개의 채무이기 때문에 보증채무 자체의 이행지체로 인한 지연손해금은 근보증의 한도액과는 별도로 부담한다(대판 1995. 6. 30, 94다40444).

(라) 존속기간약정 보증계약에서 그 존속기간(存續期間)을 약정(約定)한 경우에 보증계약은 그 기간이 만료하면 자동적으로 종료한다. 특정채무보증에서 존속기간이 만료한 경우에, 주채무자가 그 특정채무를 변제하거나 또는 소비대차계약을 갱신한 경우에 보증계약은 소멸한다. 다만 보증인이 그 갱신된 계약에 대하여 다시 보증계약을 체결한 경우에는 그 새로운 보증계약에 따른 보증채무를 진다. 보증기간의 자동갱신(自動更新)·자동연장(自動延長)에 관한 개별약정이 있는 경우에 그 약정에 따라 갱신·연장되지만, 그 약정이 약관에 의한 것인 때에는 그 자동갱신·연장의 약관조항은 무효로 되는 경우가 많다. 판례도 보증계약에서 기간이 정해진 때에는 채권자와 주채무자의 계약으로 기간이 연장되어도 다른 사정이 없는 한 보증인을 구속하지 않으므로 연장기간중에 생긴 채무에 관하여 보증인은 책임지지 않는다. 그리고 기간경과 후 묵시의 갱신이 행해진 경우에도 같은 법리가 적용된다고 한다(대판 1989. 4. 11, 87다카22).

계속적 보증에서 존속기간의 약정이 있는 경우에, 보증인은 그 기간중에 발생한 주채무에 대하여만 보증채무를 진다. 보증인이 A회사의 신용장 개설은행에 대한 채무를 보증기간을 정하여 보증한 경우, 그 기간 내에 신용장이 개설되었더라도 그 기간경과 후에 대출이 실행된 채무에 대하여는 보증책임이 없다(대판 1990. 2. 13, 88다카7023).

(마) 주계약의 변경 보증계약이 행해진 이후 주채무자와 채권자가 주

채무의 내용을 변경(變更)한 경우에, 그 변경이 종전보다 보증채무를 가중한 것이면 보증인에 대하여는 효력이 없다. 채권자가 주채무자로부터 양수받은 위탁판매대금 수령권으로부터 우선변제받기로 한 우선변제특약은 연대보증을 하는 조건이었으므로, 채권자와 주채무자 사이의 약정만으로 그 우선변제특약을 변경하고 연대보증인이 그를 동의하거나 승인하지 않은 경우에 이는 연대보증인에 대하여는 효력이 없다(대판 1974. 11. 12, 74다533). 다만 보증계약 체결 후 채권자가 보증인의 승낙 없이 주채무자에 대하여 변제기를 연장하여 준 경우, 그것이 반드시 보증인의 책임을 가중하는 것이라고는 할 수 없으므로 원칙적으로 보증채무에 대하여도 그 효력이 미친다(대판 1996. 2. 23, 95다49141).

(2) 주채무와 보증채무의 내용

(가) 주채무와의 동질성 보증채무는 주채무와 동질(同質)의 내용을 갖는다. 주채무가 종류채무 · 금전채무 등인 경우 보증채무도 그와 같은 내용이다(앞에 설명). 거래계에서는 금전채무에 대한 보증이 가장 빈번히 이용된다. 동일채권의 담보를 위하여 연대보증계약과 물상보증계약이 체결되었더라도 양자는 별개의 계약으로서 상호 부종성이 없다. 그러므로 물상보증계약이 해제(解除)되었더라도 특약이 없으면 연대보증계약까지 운명을 같이해 해제된다고 할 수 없다(대판 1984. 12. 26, 84다카1655). 배상보증(賠償保證)인 경우에는 주채무의 내용과 동질인 채무가 아니라 주채무가 손해배상의무로 바뀌면 그 배상액과 같은 금액의 금전채무를 부담한다. 신용카드의 연대보증책임은 카드회원이 카드를 정상적인 방법으로 사용함으로써 발생하는 카드사용대금채무만을 연대보증하는 것이고, 카드회원이 가맹점과의 공모로 허위의 매출표를 작성하여 은행으로부터 허위의 매출대금을 지급받은 경우에 회원 본인이 부담하는 채무에 대해서까지 연대보증을 하는 것은 아니다(대판 1995. 8. 22, 95다12040).

(나) 주채무에 관하여 생긴 사유의 효력 보증채무는 주채무에 대한 부종성을 가지므로 주채무에 관해 생긴 사유는 원칙적으로 절대적 효력(絶對的效力)을 갖게 되어 보증채무에 관해서도 동일한 효과가 발생한다. 주채무가 변제 · 공탁 · 상계 · 경개 · 면제 · 혼동 등으로 소멸하면 보증채무도 소멸한다. 당좌대월금채무에 대한 근보증은 다른 특별한 사정이 없는 한 당좌대월금채무가 대여금채무로 경개되어 소멸함과 동시에 함께 소멸한다(대판 1972. 4. 25, 71다2105).

주채무에 대한 소멸시효의 완성 및 시효중단(제440조)은 보증인에 대하여 효력이 있다. 즉 주채무자에 대한 압류 · 가압류 · 가처분 등의 시효중단사유의 발생은 별도 조치 없이 그 보증인에 대하여도 시효중단의 효력이 생긴다(제440조는 제169조의 예외규정임. 대판 2005. 10. 27. 2005다35554). 그러나 중단 이후의 시효기간은 별개로 계산된다(대판 1986. 11. 25, 86다카1569). 즉 단기소멸시효에 해당하는 주채무가 판결로 확정되어 소멸시효가 10년으로 되었더라도 연대보증인의 보증채무의 소멸시효기간은 종전의 시효기간에 따른다(대판 1986. 11. 25, 86다카1569).[1]

(다) 주채무의 한도내 보증인의 부담이 주채무의 목적이나 형태보다 중한 때에는 주채무의 한도로 감축한다(제430조). 예를 들면 주채무가 무이자소비대차(無利子消費貸借)인데 보증채무는 이자부인 경우, 주채무가 단기소멸시효에 걸리는 것인데 보증채무는 보통의 10년의 소멸시효에 걸리는 경우, 주채무의 변제기보다 보증채무의 변제기가 빨리 도래하게 하는 경우 등은 그 초과부분에 한해서 효력이 없다. 보증채무에 상한액이 정해진 경우, 그 상한액이 주채무의 액을 초과하더라도 보증계약은 유효하다. 그렇더라도 채권자가 보증인에게 이행청구를 할 때에는 청구액이 주채무액을 초과할 수 없다.

(라) 보증인의 변제범위 보증인은 주채무의 원금(元金)에 이자(利子), 위약금(違約金), 손해배상(損害賠償) 기타 주채무에 종속한 채무를 부담한다(제429조 1항). 보증인은 그 보증채무에 관한 위약금(違約金) 기타 손해배상액(損害賠償額)을 예정(豫定)할 수 있다(제429조 2항). 주채무에 관한 손해배상의 예정이 실제 불이행으로 발생한 손해액을 초과하는 경우에, 보증인은 그 실손해액의 범위 내에서 채무를 부담한다. 판례는 주채무자가 채권자와 보증계약체결 이후에 손해배상의 예정을 한 경우에, 보증인은 그 예정액에 대한 보증채무를 지지 않고 손해배상액의 범위에서 보증채무를 진다고 한다(대판 1996. 2. 9, 94다38250).

(마) 해제에 따른 원상회복의무 주채무를 발생시킨 계약이 해제 · 해지된 경우에 그에 따른 원상회복의무(原狀回復義務)와 손해배상의무(損害賠償義務)에 대하여도 보증의 효력이 미치는가에 대해서는 학설이 대립한다.

① 긍 정 설 해제 · 해지로 인한 원상회복의무(제548조 1항)에 관해서도 보증책임을 진다는 견해이다.[2] 주계약에서 생기는 특정의 채무만을 보증하

1) 판례평석: 이공현, "확정판결에 의한 주채무의 소멸시효기간의 연장과 보증채무의 시효기간," 민사판례연구 제10권, 1988.

2) 곽윤직, 252; 김기선, 244; 김석우, 276; 김주수, 311; 김증한, 245; 임정평, 321; 현승종, 267.

는 취지인 경우는 예외이며, 보통 보증인은 그 계약당사자가 부담하는 모든 채무를 보증하려는 취지로 보증계약을 체결한다고 한다.

② 부 정 설 해제 · 해지로 인한 원상회복의무는 본래의 채무와 동일성이 없는 별개의 채무이므로 원칙적으로 보증의 효력이 미치지 않는다는 견해이다. 다만 손해배상의무에 대하여는 보증인의 책임을 인정한다.[1)]

③ 사견으로는 긍정설(肯定說)에 찬성한다. 해제 · 해지에 따른 원상회복의무와 손해배상의무에 대하여도 보증의 효력이 미친다고 해석한다. 사견은 해제의 효과에 관하여 청산관계설(清算關係說)을 취하므로 해제에 의해 계약이 소급적으로 소멸하는 것이 아니라 본래의 채무가 청산의무로 변형되어 청산이 완료될 때까지 유지된다고 보며, 그 결과 본래의 채무에 관한 보증은 청산의무에 관해서 그대로 유지 · 존속된다고 본다(졸저, 채권각론, 245 이하 해제의 효과에 관한 설명 참조). 또한 해제 · 해지시의 손해배상의무는 해제 · 해지의 효과로서 발생하는 것이 아니라 이미 채무자의 채무불이행을 이유로 발생하고 있던 것이 해제 · 해지 이후에도 존속하고 있는 것이므로 보증채무의 범위에 관한 민법 제429조 1항에 의해 보증범위 내로 된다. 그러나 해제의 효과에 관한 직접효과설(直接效果說)은 해제 이후에는 계약당사자간의 모든 채무가 소멸하고 부당이득반환의 성질을 갖는 원상회복의무가 발생한다고 보므로, 보증의 효력이 계약의 소급적 소멸 이후에도 미친다는 논지는 직접효과설과는 조화되기 어렵다는 이론적 어려움을 갖는다.

④ 판례도 해제에 따른 원상회복의무를 보증범위 내로 본다. 공급인의 채무불이행을 이유로 계약이 해제된 경우, 공급인이 이미 수령한 대금을 반환하여야 하는 등 원상회복의무에 관하여도 보증인의 책임이 있다(대판 1967. 9. 19, 67다카1482).[2)]

㈓ **보증책임의 제한** 보증책임의 범위가 광범위한 경우 보증인에게 지나친 부담을 주게 된다. 학설과 판례는 그 보증계약의 기간과 범위를 상당한 범위 내로 한정하는 등 책임제한을 위한 법리를 전개하고 있다. 보증인 보호의 필요성은 계속적 보증뿐만 아니라 특정채무에 대한 보증에서도

---

1) 김현태, 218; 이태재, 218.

2) 대판 1967. 9. 16, 67다1482: 타인간의 계약에 있어 그 계약상의 여러 가지 의무를 부담하는 당사자의 일방을 위하여 그 계약을 보증한 보증인은 상대방에 대하여 특수한 사정이 없는 한 피보증인의 채무불이행으로 인하여 그 계약이 해제되었음으로 인한 피보증인의 원상회복의무에 대하여도 책임진다(같은 취지: 대판 1972. 5. 9, 71다1474).

절실하다. 판례는 특정채무를 보증하는 경우에 채권자의 권리행사가 신의칙에 비추어 용납할 수 없는 성질의 것인 때에는 보증인의 책임을 제한하는 것을 예외적으로 허용한다(대판 2004. 1. 17, 2003다45410). 일반원칙에 의한 제한은 자칫 잘못하면 사적 자치의 원칙이나 법적 안정성에 대한 중대한 위협이 될 수 있으므로 극히 예외적으로 인정한다.

2. 보증채무의 이행청구

(1) 채권자의 이행청구

채권자는 주채무의 이행기가 도래한 때에 주채무자에 대하여 이행청구(履行請求)를 함으로써 채권의 만족을 얻도록 시도해 보고 그것이 여의치 않을 때에 보증인에 대하여 이행청구를 할 수 있다. 채권자가 주채무자에게 이행청구를 하기 전에 보증인에 대하여 이행청구를 한 경우에 보증인은 보증채무의 보충성(補充性)에 기초한 최고 · 검색의 항변권을 행사하여 그 이행청구를 저지할 수 있다. 보증계약에서 보증채무의 이행기 및 이행의무에 관하여 약정을 한 경우에는, 그 이행청구의 요건이 충족되어야 한다. 보증채무가 주채무보다 이행기가 먼저 도래하는 것은 원칙적으로 허용되지 않는다(제430조).

연대보증(連帶保證)의 경우에는 연대채무의 법리에 따른다. 채권자는 주채무자와 보증인에 대하여 동시에 이행청구를 하거나 또는 보증인에게 먼저 이행청구를 하여도 무방하다.[1)]

사례연구

채권자 A가 주채무자 B에 대하여 3천만원을 대차해 주면서 보증인 C에게 보증토록 한 경우에, 채권자는 변제기 이후에도 반환하지 않는 주채무자 B에 대하여 3천만원과 그 이자(총 3천 3백만원)의 이행을 구하는 소송을 제기할 수 있다. B가 2천만원 상당의 부동산을 보유하고 있고 C가 5천만원 상당의 부동산을 보유하고 있어, 채권자로서는 즉시 C에게 이행청구하여 강제집행하는 것이 편리하고 만족가능성도 높지만, 순서에 따라 주채무자로부터 2천만원의 변제를 받은 후

1) 판례는 주채무자에 대한 채권의 집행보전에 관해 채권자에게 과실이 있었더라도 그를 이유로 연대보증인이 채무를 면하지 않는다고 한다(대판 1979. 8. 31, 79다651).

에 잔액 1천 3백만원에 대하여 보증인에게 이행청구하여야 한다. 채권자가 B에게 2천만원, C에게 1천 3백만원을 이행청구하는 소를 동시에 제기하는 것은 무방하다.

만약 채권자가 주채무자 B와 보증인 C에 대하여 동시에 각각 3천 3백만원의 지급을 구하는 소송을 제기했다면, 일단 소송절차는 개시되지만 보증인은 최고검색의 항변을 하여 이행판결이 나는 것을 막을 수 있다. 보증인에 대한 소송절차가 중단되고 있는 동안 채권자는 보증인이 알려 준 주채무자의 재산에 대하여 강제집행을 시도해야 하며, 만약 그 재산으로부터 2천만원의 만족을 얻었다면 잔액 1천 3백만원에 대하여 보증인에게 지급청구를 재개하여 이행판결을 받을 수 있다. 채권자는 보증인의 재산에 대한 강제집행으로부터 1천 3백만원을 받을 수 있다. 만약 채권자가 보증인이 알려 준 주채무자의 재산에 대해 적시에 강제집행을 하지 않아 1천 5백만밖에 변제받지 못했다면, 5백만원의 손실부분을 보증인에게 전가하지 못하고 주채무자로부터 2천만원을 변제받은 것으로 취급되어 보증인에게 1천 3백만원밖에 청구하지 못한다.

연대보증의 경우에 채권자는 주채무자와 보증인에 대하여 동시에 이행청구를 할 수 있고, 보증인에 대해서만 이행청구를 하는 것도 허용된다. 앞의 사례에서 채권자는 보증인의 5천만원 상당의 부동산에 대해 압류하고 이행의 소를 제기하는 편이 주채무자와 보증인 2인을 상대로 제소하는 것보다 편리할 것이다. 보증인이 3천 3백만원을 전부 변제한 후에는 주채무자에 대하여 구상청구하여 그의 재산보유액인 2천만원의 만족을 얻게 될 것이고, 잔액 1천 3백만원은 구상받지 못한 채 무자력의 위험으로서 감수해야 할 것이다. 물론 주채무자가 구상채권의 시효소멸 이전에 재산을 취득하게 되면 그 재산에 대해 집행할 수는 있다.

(2) 부종성에 기한 항변

(가) 주채무에 기한 항변 보증인은 주채무자의 항변(抗辯)으로 채권자에게 대항할 수 있다(제433조 1항). 항변권(抗辯權) 있는 주채무에 대한 보증채무에 항변권이 배제된다면 주채무보다 무거운 보증채무가 되므로 부당하다. 따라서 보증인도 주채무에 붙은 항변권을 행사할 수 있게 하는 것이 타당하다. 주채무에 붙을 수 있는 항변에는 동시이행(同時履行)의 항변권(抗辯權)(제536조), 변제기미도래(辨濟期未到來)의 항변(抗辯) 등이 있다. 보증인이 이 항변권을 행사할 때에 주채무자의 동의나 허락을 필요로 하지 않는다.

주채무자의 항변포기는 보증인에게 효력이 없으므로(제433조 2항), 보증인은 주채무자가 포기한 항변권이라도 행사할 수 있다. 신용보증기금이 채권자의 특약사항 위반을 이유로 면책을 주장할 수 있었는데도 그러한 면책주장을 하지 아니한 채 전부를 이행하였다면, 신용보증기금으로서는 자신이 면책을 주장할 수 있었던 범위 내에서는 신의칙상 그 이행으로 인한 구상금채권에 대한 연대보증인들에 대하여도 그 구상금을 청구할 수 없다(대판 1995. 6. 29, 94다20174).

(나) 잠정적 이행거절 주채무자가 채권자에 대하여 취소권, 해제권 또는 해지권이 있는 동안은 보증인은 채권자에 대하여 채무의 이행을 거절(拒絶)할 수 있다(제435조).[1] 보증인은 주채무자의 취소권, 해제권, 해지권을 대위행사할 수 없다.[2] 주채무자가 취소권을 행사한 경우에, 그 취소원인을 알았던 보증인은 주채무와 동일한 독립채무를 부담하게 될 수 있다(제436조). 주채무자가 주계약을 해제하거나 해지한 경우에, 보증인은 주채무자와 같이 그 원상회복의무 및 손해배상의무에 관한 보증채무를 진다. 주채무자가 취소권, 해제권, 해지권의 행사를 포기한 경우에는 주채무 및 보증채무의 내용은 확정적이 되므로, 보증인은 종전의 이행거절권을 상실하게 된다.

(다) 상계권의 대위행사 보증인은 주채무자의 채권에 의한 상계로 채권자에게 대항할 수 있다(제434조).[3] 즉 보증인은 주채무자가 갖는 상계권(相計權)을 대위(代位)하여 행사(行使)할 권한을 갖는다. 보증채무는 보충성을 가지므로 주채무자가 채권자에 대하여 상계로서 채무이행에 갈음할 수 있음에도 불구하고 보증인의 출재로 채권자를 만족시켜야 하는 것은 부당하기 때문에 이러한 상계권을 인정한다. 연대채무자가 다른 연대채무자의 채권을 가지고 그 부담부분에 한하여 상계를 할 수 있는 것과 같은 취지에서 보증인의 대위상계(代位相計)가 인정된다(제418조 2항).

---

1) 이 규정은 의용민법에 없었다. 현행민법이 독일민법 제770조 1항을 참조하여 신설한 것이다.

2) 같은 취지: 곽윤직, 258; 김상용, 347; 김형배(2판), 512; 민법주해(10), 280(박병대 집필부분).

3) 프랑스민법은 상계에 관한 부분에서 "보증인은 주채무자의 채권에 의한 상계로서 채권자에게 대항할 수 있다"고 규정한다(프민 제1294조 1항). 그러나 주채무자는 보증인의 채권에 의한 상계로서 채권자에게 대항하지 못한다(동조 제2항). 반면에 독일민법은 채권자가 주채무자의 변제기도래한 채권에 대해 상계함으로써 만족을 얻을 수 있는 동안 보증인의 이행거절권을 인정할 뿐이다(독민 제770조 2항).
김형배(2판), 512에서는 상계는 반대채권을 처분하는 것이므로 보증인이 주채무자의 상계권을 행사하는 것은 보증채무의 부종성의 한계를 넘는다는 점을 고려하면 우리 민법규정은 입법론상 문제점이 없지 않다고 한다.

주채무자에 대한 판결이 보증인에게 미치는 영향

채권자와 주채무자 사이의 소송에서 주채무자가 채무부존재 등의 사유로 승소(勝訴)한 경우에, 보증인은 이 판결을 원용하여 보증채무의 이행을 거절할 수 있다. 만약 채권자와의 소송에서 주채무자가 패소(敗訴)하였다면, 그 판결의 효력은 보증인에게 확장되지 않는다. 이는 판결의 반사적 효력(反射的 效力)이며, 기판력(旣判力)은 아니다. 판결의 반사적 효력은 제3자에게 유리한 때에만 인정되고 제3자에게 불리한 때에는 그 반사적 효력이 미치지 아니한다. 이러한 경우에 제3자의 참가로 통상의 공동소송이 된다.[1] 그러나 채권자가 주채무자와 보증인을 공동피고로 하는 소송을 제기한 경우에, 이를 유사필요적 공동소송(類似必要的 共同訴訟)으로 보아 그들 사이에 판결이 구구하게 행해지는 것을 막자는 견해도 있다.

3. 최고 · 검색의 항변권

(1) 의 의

채권자가 보증인에게 채무의 이행을 청구한 때에는 보증인은 주채무자에게 변제자력(辨濟資力)이 있는 사실 및 그 집행이 용이한 것을 증명하여 먼저 주채무자에게 청구할 것과 그 재산에 대하여 집행할 것을 항변(抗辯)할 수 있다(제437조 본문). 보증인의 이러한 항변권을 최고(催告) · 검색(檢索)의 항변권(抗辯權)이라고 한다. 최고 · 검색의 항변권은 보증채무의 보충성(補充性)으로 말미암아 인정된다. 채권자에 대하여 1차적인 채무를 지는 자는 주채무자이고 보증인은 주채무자가 이행하지 않는 경우에 2차적으로 채무를 지기 때문에, 채권자가 이 순서를 어기고 이행청구 및 강제집행을 시도하는 경우에 최고 · 검색의 항변권을 통해 그것을 저지할 수 있게 된다.

(2) 성 질

최고 · 검색의 항변권은 다음과 같은 성격을 갖는다.

① 이행거절권 채권자가 보증인에 대하여 주채무자보다 먼저 또는 동시에 이행청구를 한 경우에, 보증인은 최고 · 검색의 항변권을 행사함으로써 보증채무의 이행을 거절(拒絶)할 수 있다. 보증인의 이행거절권(履行

1) 강현중, 민사소송법, 217.

拒絶權)은 연기적 항변권(延期的 抗辯權)일 뿐 영구적 항변권(永久的 抗辯權)은 아니다.

② 보증채무의 감경요건 채권자가 보증인의 항변에도 불구하고 주채무자에 대한 청구나 집행을 게을리한 경우에는 보증인에 대한 채권이 소멸(消滅) 또는 감소(減少)한다(제438조).

③ 항변권행사의 일회성 최고·검색의 항변권은 한 개의 항변권으로서 보증인이 한번 행사하여 채권자가 그 보증인의 지시에 따르게 되면, 또 다시 행사할 수 없다.[1] 민법 제437조는 보증인이 "먼저 주채무자에게 청구할 것과 그 재산에 대하여 집행할 것을 항변할 수 있다"고 규정함으로써 보증인이 1회(回)의 항변권행사로서 주채무자에 대한 최고와 검색을 항변하도록 한다.[2]

(3) 행사요건

보증인은 최고·검색의 항변권의 행사에 있어서 다음의 요건을 갖추어야 한다. ① 보증인의 보증채무가 보충성을 갖는 보통의 보증채무이어야 한다. 보증인은 최고·검색의 항변권을 보증계약 당시 또는 그 후에 포기할 수 있다. 연대보증(連帶保證)에는 이 항변권이 인정되지 않는다. ② 보증인은 주채무자에게 변제자력(辨濟資力)이 있음을 증명해야 한다. 채무자 소유의 부동산, 동산, 주채무자명의의 채권, 기타 재산권이 있음과 그 구체적인 내용을 밝혀야 한다. 그러한 재산은 반드시 채무액에 상당하는 것일 필요는 없다. 그에 미달하더라도 일부변제(一部辨濟)에 충당될 수 있다. ③ 보증인은 주채무자의 재산에 대한 집행이 용이함을 밝혀야 한다. 압류금지의 재산 등 집행불가능한 재산은 집행이 용이한 재산이 아니므로 그 재산목록에서 제외된다. 그 밖에 사실상 집행이 현저하게 곤란한 사정이 있는 경우도 제

1) 같은 취지: 곽윤직, 262; 김형배(2판), 516; 민법주해(10), 288. 반대설: 김기선, 227; 김석우, 281; 김용한, 371; 김주수, 315.

2) 의용민법은 최고의 항변권(의용민 제452조)과 검색의 항변권(의용민 제453조)을 각 별개의 요건을 필요로 하는 독립의 항변권으로 규정하고, 그의 해태에 따른 효과는 통합하여 규정하였다(의용민 제455조). 그러나 우리 현행민법은 양자를 통합하여 그 요건과 효과를 동일하게 하였을 뿐 아니라 하나의 항변권으로 구성하고 있다. 최고의 항변권과 검색의 항변권을 별도로 인정한 입법례는 의용민법(일본민법)뿐이다.

민법안심의록 상권, 1957, 258에서는 "현행법의 최고의 항변제도는 불필요한 제도를 규정하였던 것을 초안은 검색의 항변과 합하여 주채무자의 변제자력이 있는 사실과 그 집행이 용이한 사실을 증명하여야만 항변권을 행사할 수 있게 한 것으로 타당하다"고 심의경과를 기록하고 있어 현행민법의 입법의도가 하나의 항변권으로 구성하려 했음이 명백하게 나타난다.

외된다. 집행의 용이성은 거래관념, 채권자의 사정 등을 고려하여 객관적으로 판단된다. ④ 채권자가 주채무자에 대하여 권리행사를 하지 않았거나 적절한 권리행사를 하지 못하였어야 한다. 주채무자에 대하여 이행청구를 하지 않았거나, 채무자의 변제제공에도 불구하고 이를 수령하지 않았거나, 주채무자가 제공한 담보물로부터 만족을 얻으려 하지 않은 경우에 이 항변이 인정된다. 그리고 주채무자에 대한 제소(提訴) 및 강제집행을 하지 않은 경우, 또는 주채무자에게 이행청구(제소)는 하였으나 그의 재산을 파악하지 못하여 만족스런 강제집행을 하지 못한 경우에도 최고 · 검색의 항변이 인정된다. 채권자가 주채무자에 대하여 권리행사를 충분히 하였음에도 만족을 얻지 못한 이후에는 보증인이 최고 · 검색의 항변을 할 수 없다.[1)]

(4) 항변권행사의 효과

(가) 보증채무에 대한 집행불가 채권자가 보증인에 대하여 제기한 이행청구의 소(訴)에서 보증인이 최고검색의 항변을 하면 그가 이 항변권을 갖는 동안 채권자는 법원으로부터 보증인에 대한 이행판결(履行判決)이나 강제집행명령(强制執行命令)을 받을 수 없다. 채권자는 주채무자에 대하여 판결절차 및 강제집행절차를 완료하였음에도 불구하고 전부변제를 받지 못한 경우에, 그 부족액에 한해서 보증인에게 다시 이행청구하거나 소제기 및 강제집행청구를 할 수 있게 된다. 보증인이 최고 · 검색의 항변권을 행사하고 있는 동안에, 채권자는 보증인에 대한 채권으로서 상계할 수 없다. 그러나 보증인이 항변권행사중에 채권자에게 임의로 변제하거나 상계한 때에는 채권자는 그로부터 채권의 만족을 얻을 수 있다. 최고 · 검색의 항변권은 보증인이 한 변제의 효력을 부인하지는 않는다.

(나) 보증채무의 감액 보증인의 최고검색의 항변에 불구하고 채권자의 해태로 인하여 채무자로부터 전부나 일부의 변제를 받지 못한 경우에는 채권자가 해태하지 아니하였으면 변제받았을 한도에서 보증인은 그 의무를 면한다(제438조). 최고 · 검색의 항변권행사의 간접적 효과로서 "채권자는 주채

---

1) 과거 판례는 주채무자가 자기재산으로서 동산, 부동산을 합하여 약 100만원이 있고, 압류당한 사실이 없다고 증언한 것(대판 1962. 1. 31, 4294민상476), 주채무자에게 대지 및 광업권이 있다는 사실이 증명된 것(대판 1962. 9. 27, 62다367)에 관해 집행용이성이 없다고 함으로써 최고 · 검색의 항변을 극히 제한하였다. 사견으로는 주채무자에게 집행가능한 재산이 있음이 명백해졌음에도 항변을 배척하는 판례의 태도는 채권자의 이익에 치우쳐서 최고 · 검색의 항변제도의 취지를 무색하게 한다고 생각된다.

무자에 대한 청구 및 집행의 의무를 진다"고 볼 수 있다. 채권자의 의무는 간접의무(間接義務)로서 그 위반에 대하여 불이익을 부과할 뿐 그 의무이행을 강제할 수는 없다. 채권자가 이 주채무자(主債務者)에 대한 우선집행의무(優先執行義務)에 위반하는 때에는 보증채무가 감소되는 효과가 발생한다.

4. 보증인의 구상[1)]

(1) 출재 전의 구상

㈎ 수탁보증인의 사전구상권　보증인이 자기의 출재로 면책을 받기 전에 주채무자에게 채무액을 청구하는 것을 사전구상(事前求償)이라 하는데, 이 사전구상권(事前求償權)은 주채무자의 부탁을 받아 보증인이 된 자에게만 부여된다. 주채무자와 부탁받은 보증인 사이는 위임계약관계가 존재하는데, 위임인은 위임사무의 처리에 드는 비용의 선급청구권(先給請求權)을 갖는다(제687조). 사전구상권은 위임인의 선급청구권의 특수형태이다. 수탁보증인(受託保證人)의 사전구상권(事前求償權)은 원칙적으로 주채무의 변제기가 도래한 후에 인정되며, 보증인이 채권자로부터 이행청구를 받았을 것이 반드시 요구되는 것은 아니다. 보증인은 사전구상권을 행사하여 주채무자가 변제기 도래 후 즉시 주채무를 이행케 할 것을 강제할 수 있다. 이 사전구상권은 주채무자가 변제자력을 갖고 있으나 변제를 미루고 있는 경우에 행사할 실익이 크다.

㈏ 사전구상의 요건　수탁보증인은 다음의 경우에 주채무자에 대하여 미리 구상권을 행사할 수 있다(제442조).

① 이행판결　보증인이 과실 없이 채권자에게 변제할 것을 재판을 받은 때 사전구상이 허용된다. 연대보증(連帶保證)의 경우에 주채무자의 변제자력이 있음에도 불구하고 보증인이 이행판결(履行判決)을 받는 것은 당연하지만, 보통보증의 경우에 보증인은 최고·검색의 항변을 하여 이행판결을 저지할 수 있다. 보증인이 이 항변권을 행사하지 않아 이행판결을 받은 경우에도, 주채무자에 대하여 사전구상할 수 있다고 해석된다. 여기에서 말

---

1) 참고문헌: 김용덕, "공동보증인간의 부담부분과 구상권," 민사판례연구 제12권, 1990; 김창종, "연대보증인의 구상권과 변제자의 대위," 사법논집 제20집, 1989, 111 이하.

하는 보증인의 과실은 주채무의 부존재를 항변하지 않은 경우, 동시이행의 항변권을 행사하지 않은 경우 등 주채무와 직접 관련된 경우에 한정된다.

② 파산선고 주채무자가 파산선고(破産宣告)를 받은 경우에 채권자가 파산재단에 가입하지 아니한 때 사전구상이 허용된다. 보증인은 보증채무를 이행하기 전에 자기의 구상채권을 가지고 파산재단에 가입할 수 있으나, 채권자가 이미 가입한 때에는 실질적인 이중가입이 되므로 보증인의 가입은 허용되지 않는다. 채권자의 이행청구를 받은 보증인은 채권자에게 파산재단에 가입하여 배당받을 것을 최고·검색의 항변권으로서 주장할 수 있다.

③ 보증계약 후 5년 경과 채무의 이행기가 확정되지 아니하고 그 최장기도 확정할 수 없는 경우에 보증계약 후 5년을 경과한 때, 사전구상이 허용된다.

④ 변제기도래 채무의 이행기가 도래(到來)한 때, 주채무자에게 변제자력이 있는 때에 주채무를 변제하게 함으로써 장래의 재산상태 악화에 대비할 필요가 있으므로 보증인에게 사전구상권이 인정된다. 그리고 주채무가 이행지체에 빠져 장기간 방치됨으로써 연체이자, 손해배상금, 위약금 등의 추가부담이 생기는 것을 방지할 필요도 있다(지연손해금은 사전구상권의 범위에서 제외됨: 대판 2004. 7. 9, 2003다46758).

보증계약 후 채권자가 주채무자에게 기간을 허여한 경우에도 주채무자는 그를 갖고 보증인에게 대항하지 못한다. 주채무자는 보증채무에 유예기간이 허여되어 있음에도 불구하고 보증인의 사전구상에 따른 이행을 거절할 수 없다.

(다) 주채무자의 구상금지급 주채무자는 보증인의 적법한 사전구상청구가 있을 때에 그 구상금을 지급할 의무를 진다. 주채무자의 재산은 이 구상청구를 위한 강제집행에 복종한다. 사전구상시에 주채무자는 면책청구(免責請求)의 항변(抗辯)을 할 수 있으므로, 보증인이 주채무자에 대하여 상계(相計)로서 구상채권의 만족을 얻는 것은 허용되지 않는다. 보증인의 주채무자에 대한 사전구상권에는 면책청구의 항변권이 부착되어 있으므로 보증인이 이를 자동채권으로 하여 단독행위인 민법상의 상계를 할 수 없다. 그러나 상계약정에 의한 상계는 가능하다(대판 1982. 5. 25, 81다595).

보증인이 사전구상을 받아서 주채무자를 면책시키지 않고 구상금을 유용할 경우에 대비하여 주채무자는 다음과 같은 자구책(自救策)을 갖는다(제443조).

① 면책청구의 항변 주채무자가 보증인의 사전구상에 응하는 경우에 자기를 면책(免責)하게 할 것을 청구할 수 있다. 보증인이 주채무자로부터 받은 구상금을 자기를 위하여 유용(流用)하는 경우에, 주채무자는 그 금액을 부당이득(不當利得)으로서 반환청구할 수 있다.[1)]

② 담보의 요구 구상에 응하는 주채무자는 보증인이 면책행위를 하지 않을 것에 대비하여 자기에게 담보를 제공할 것을 보증인에게 청구할 수 있다. 주채무자는 담보제공이 있을 때까지 구상금의 지급을 거절할 이행거절권(履行拒絶權)을 갖는다.

③ 주채무의 변제 주채무자가 보증인에게 구상금을 지급하는 대신에 직접 채권자에게 자기의 주채무를 변제함으로써 보증채무도 함께 소멸시킬 수 있다. 보증채무의 성질을 고려할 때, 이것이 허용됨은 당연하다.

④ 주채무자의 구상면책 주채무자(主債務者)는 보증인에게 구상금(求償金)을 주는 대신에 구상금을 공탁하거나 담보를 제공하거나 보증인을 면책(免責)하게 함으로써 그 의무를 면할 수 있다(제443조).

(2) 출재 후의 구상

(가) 구상권의 근거 보증인이 채권자에게 보증채무를 변제한 경우에, 보증인은 주채무자에 대하여 그 금액을 구상청구할 수 있다. 보증채무의 변제는 보증인과 채권자 사이의 외부관계(外部關係)에서는 자기채무의 변제인 반면에, 보증인과 주채무자 사이의 내부관계(內部關係)에서는 타인채무의 변제가 된다. 타인채무를 변제한 자는 그 타인을 면책시킨 범위 내에서 그 타인에 대하여 구상권을 갖는다. 보증인의 구상권은 수탁보증인의 경우에는 위임인의 비용청구권(제688조)의 성격을 가지며, 부탁 없는 보증인의 경우에는 사무관리자의 비용상환청구권(제739조)의 성격을 가진다. 보증인은 변제할 정당한 이익이 있는 자로서 자기의 구상채권의 만족을 위하여 변제자대위(辨濟者代位)를 할 수 있다(제481조).[2)]

(나) 구상의 범위 구상에 의하여 변제받을 수 있는 범위는 보증인과

---

1) 같은 취지: 민법주해(10), 336.

2) 조성민, "보증과 대위," 고시연구 1998년 8월호, 96 이하.

주채무자의 관계에 따라 다르다.

1) 수탁보증인의 구상권　주채무자의 부탁(付託)으로 보증인이 된 자가 과실 없이 변제 기타의 출재로 주채무를 소멸하게 한 때에는 주채무자에 대하여 구상권이 있다(제441조). 구상범위는 보증인의 출재액이 면책된 날 이후의 법정이자 및 피할 수 없는 비용 기타의 손해배상을 포함한다(제441조 2항, 제425조 2항). 보증인이 채무의 일부를 변제, 기타 면책행위를 한 경우에도 그 출재액에 관하여 구상권을 가진다.

2) 부탁 없는 보증인의 구상권　부탁 없는 보증인은 주채무자가 이익(利益)을 받는 한도(限度)에서 구상할 수 있음이 원칙이다(제444조 1항). 그러나 주채무자의 의사에 반하여 보증인이 된 자는 주채무자의 현존이익(現存利益)의 한도에서 구상할 수 있다(제444조 2항). 의사에 반한 보증인의 경우에, 주채무자가 구상한 날 이전에 상계원인(相計原因)이 있었음을 주장한 때에는 그 상계로 소멸할 채권은 보증인에게 이전된다(제444조 3항).[1)]

3) 연대채무자를 위한 보증　1인의 연대채무자 또는 불가분채무자를 위한 보증인은 다른 연대채무자 또는 불가분채무자에 대하여 그 부담부분에 한하여 구상권이 있다(제447조). 판례는 민법 제447조는 어느 연대채무자나 어느 불가분채무자를 위하여 보증인이 된 자의 다른 연대채무자나 다른 불가분채무자에 대한 구상권에 관한 규정에 불과하므로, 연대채무자 모두를 위하여 물상보증인이 된 자가 그 연대채무자의 1인에 대하여 구상권을 행사하는 경우에는 적용될 여지가 없다고 한다(대판 1990. 11. 13, 90다카26065). 연대채무자가 수인이 있는 경우에 이들 모두를 위한 연대보증인은 보증채무의 이행으로 한 출연액 전부에 대하여 어느 연대채무자에게나 구상권을 가지는 것이기 때문이다.

4) 실질상 주채무자를 위한 보증　채권자와 소비대차계약을 체결한 자라고 하더라도 내부관계에서 실질적인 주채무자가 아닌 경우에는 당연히 구상의무를 부담하는 것은 아니나, 실질적인 법률관계에 비추어 실질상의 주채무자를 연대보증한 형식상의 주채무자는 공동보증인간의 구상권 행사 법리에 따라 연대보증인에 대하여 구상의무를 부담한다(대판 1999. 10. 22, 98다22451). 실질상의 주채무자인 연대보증인이 자기의 부담부분을 넘어서 그 보증채무를

1) 고정명, 앞의 글, 381 이하 참조.

변제한 경우에는 다른 연대보증인에 대하여 구상권을 행사할 수는 없다(대판 2004. 9. 24, 2004다27440).

㈐ 구상요건으로서의 통지

1) 채권자와의 관계　주채무자와 보증인이 채권자에 대하여 동일한 채무를 부담하며 채권자는 일회의 만족만을 얻을 수 있으므로, 누구든 먼저 변제한 사람이 채권자에 대한 관계에서 유효한 변제가 된다. 변제로 인하여 이미 면책되었음을 모르고 제2의 변제를 한 경우에, 그것은 비채변제가 된다. 제2의 변제자는 채권자에 대하여 그 지급금액 및 이자를 부당이득으로서 반환청구할 수 있다.

2) 보증인의 통지의무　보증인은 원래 주채무자가 부담해야 할 채무를 이행하게 되는 자로써 보증인의 변제에 관하여는 주채무자와 긴밀한 연락을 맺어야 한다. 민법은 보증인에게 사전통지의무(事前通知義務)와 사후통지의무(事後通知義務)를 모두 부담시키는데, 보증인에게는 사전통지의무가 중요한 의미를 가진다.

① 사전통지　보증인이 사전통지(事前通知) 없이 출재한 경우에 주채무자는 채권자에 대한 대항사유로서 보증인에게 대항할 수 있다. 그 대항사유가 상계인 때에는 상계로 소멸한 채권이 보증인에게 이전한다(제445조 1항). 민법은 사전통지라고 표현하지만, 실제로는 주채무자에게 주채무가 존속하는지, 항변권이 존재하는지 등 주채무의 상황을 질문하고 이에 대한 답변을 고려해야 할 의무를 의미한다. 보증인의 사전통지에 대하여 주채무자가 항변권 있음을 답변하였으나 보증인이 이를 행사하지 않은 경우에 보증인은 주채무자에게 구상청구할 수 없다.

② 사후통지　보증인이 면책을 사후통지(事後通知)하지 않은 경우 주채무자가 선의로 채권자에게 변제 기타 유상의 면책행위를 한 때에는 주채무자는 자기의 면책행위의 유효를 주장할 수 있다(제445조 2항). 보증인의 변제 이전에 주채무자가 이미 변제를 한 경우에는 사후통지는 의미를 갖지 않는다.

3) 주채무자의 사후통지의무　주채무자는 자기의 고유채무를 변제하는 것이므로 변제 전에 보증인에게 통지할 의무가 없으나, 변제 이후에는 보증인도 면책되었음을 알려 줄 의무가 있다. 주채무자는 사후통지의무(事後通知義務)만을 지는데, 이 통지를 게을리 하고 있는 동안 보증인이 제2의

변제를 한 경우에 그 보증인에 대한 관계에서 불이익을 입게 된다. 민법은 주채무자가 수탁보증인에게 면책되었음을 통지하지 않은 경우, 보증인은 자기의 선의의 변제 기타 유상의 면책행위를 유효한 것으로 주장할 수 있다고 규정한다(제446조).

그러나 제2의 변제를 한 보증인이 주채무자에게 사전통지를 하지 않은 때에는 주채무자에 대하여 구상청구할 수 없다. 수탁보증에 있어서 주채무자가 면책행위를 하고도 그 사실을 보증인에게 통지하지 아니하고 있던 중에 보증인도 사전통지를 하지 아니한 채 이중의 면책행위를 한 경우에는 보증인은 주채무자에 대하여 민법 제446조에 의하여 자기의 면책행위의 유효를 주장할 수 없으므로, 이중변제(二重辨濟)의 기본원칙으로 돌아가 먼저 이루어진 주채무자의 면책행위가 유효하고 나중에 이루어진 보증인의 면책행위는 무효로 보아야 하므로 보증인은 민법 제466조에 기하여 주채무자에게 구상권을 행사할 수 없다(대판 1997. 10. 10, 95다46265).

5. 보증채무의 소멸

보증채무의 소멸사유(消滅事由)는 다음과 같다. ① 주채무가 소멸한 경우: 다만 주채무가 제3자의 변제에 의하여 소멸한 경우에 제3자의 변제자대위가 성립하면 보증채무는 소멸하지 않는다. ② 보증약정의 존속기간이 만료한 경우: 다만 보증약정의 종료 이전에 발생한 주채무에 대하여는 보증채무를 진다. 즉 주계약상의 거래기간이 연장되었으나 보증기간이 연장되지 않은 경우, 보증인은 보증기간종료시의 주계약상의 채무에 대하여만 보증책임을 진다(대판 1999. 8. 24, 99다26481). ③ 보증인의 사망: 보증인의 사망으로 보증채무는 상속인에게 이전된다. 계속적 보증계약의 보증인이 사망한 경우에, 보증인의 지위가 상속되지 않고 기왕에 발생한 보증채무만이 상속된다(판례는 보증기간과 보증한도액이 없는 경우에 한정함: 대판 2001. 6. 12, 2000다47187).

§ 40. 보증의 특수형태

1. 연대보증

(1) 의 의

보증인이 주채무자와 연대하여 채권자에 대하여 채무를 부담하며, 주채무자와 보증인의 내부관계에서는 주채무자가 채무 전액을 부담하는 경우를 연대보증(連帶保證)이라고 한다. 보증인이 주채무자의 채무이행을 보증하기 위하여 채권자에 대하여 보증채무를 부담한다는 점에서는 보통의 보증과 같은 내부관계를 갖지만, 채권자에 대한 관계에서 보증인이 주채무자와 같은 지위에서 채무를 부담한다는 점에서 연대채무(連帶債務)의 성격을 갖는다. 연대보증에는 보통의 보증채무에 인정되는 최고검색의 항변권이 인정되지 않는다(제437조 단서). 이와 같이 연대보증은 보충성을 갖지 않고 연대성(連帶性)을 갖는다.

(2) 특 성

연대보증은 보통의 보증과 다음의 점에 차이가 있다.

① 성립상 특성　연대보증이 성립하기 위해서는 보증약정(保證約定) 이외에 연대약정(連帶約定)도 필요하다. 그러나 주채무 또는 보증채무 중 어느 하나가 상행위로 인하여 발생한 경우에는 연대약정 없이 연대보증이 성립한다.

② 이행상 특성　연대보증은 연대성(連帶性)을 가지며 보충성은 갖지 않는다. 연대보증인은 채권자의 이행청구에 대하여 최고·검색의 항변을 하여 이행을 거절할 수 없으며, 주채무자의 변제의사·변제자력에 관계없이 이행하여야 한다.

③ 구상에서의 특성　연대보증인은 주채무자로부터 부탁받지 않은 보증인이라도 사전구상권(事前求償權)이 인정되어야 한다(뒤에 설명). 단순보증인의 경우에는 주채무자로부터 부탁받은 경우에 한해서 사전구상권이 인정된다.

④ 다수의 연대보증인의 연대책임　다수(多數)의 연대보증인(連帶保證人)이 있더라도 이들은 채권자에 대한 관계에서 연대채무(連帶債務)를

진다. 각 연대보증인은 주채무자와 같은 지위에서 채권자에 대한 연대채무를 지며, 보통의 공동보증에 인정되는 분별(分別)의 이익(利益)은 인정되지 않는다(제439조).

(3) 성 립

연대보증은 채권자와 보증인 사이의 연대(連帶)의 약정(約定)에 의하여 발생한다. 보증계약을 체결할 때에 보증계약과 연대의 약정을 합쳐서 연대보증약정(連帶保證約定)을 하는 경우가 많다. 그 보증이 상행위(商行爲)이거나 주채무가 상행위로 인한 것인 때에는 연대의 약정이 없더라도 주채무자와 보증인은 연대하여 변제할 책임이 있다(상법 제57조 2항). 거래관행을 보면 은행거래, 할부매매, 기타 소비자신용거래에서도 채권자의 요구에 의해 연대보증계약을 하는 경우가 많으며, 보통의 보증은 거의 외면당하고 있다.

(4) 이행청구

채권자에 대한 관계에서 주채무자와 보증인은 같은 지위에서 연대채무(連帶債務)를 부담한다. 채권자는 양자에 대하여 순차적으로 또는 동시에 이행청구(履行請求)를 할 수 있다(제414조). 주채무자 또는 보증인 중 1인에 대하여 한 이행청구는 다른 연대채무자에 대하여도 효력이 있다(제416조). 어느 연대채무자에 대한 채권자의 수령지체는 다른 연대채무자에 대한 관계에서도 효력을 갖는다(제422조). 판례는 채권자가 연대보증인 1인에 대한 채권포기의 의사를 표시한 경우에, 그것은 주채무자나 다른 연대보증인에게는 효력이 미치지 아니한다고 한다(대판 1994. 11. 8, 94다37202). 연대보증인은 부담부분을 갖지 않으므로 그 면제의 효력이 다른 연대채무자에게 미치지 않는다(제419조).

(5) 구 상

수탁보증인의 사전구상권과 사후구상권은 그 종국적 목적과 사회적 효용을 같이하는 공통성을 가지고 있으나, 사후구상권은 보증인이 채무자에 갈음하여 변제 등 자신의 출연으로 채무를 소멸시켰다고 하는 사실에 의하여 발생하는 것이고, 이에 대하여 사전구상권은 그 외의 민법 제442조 1항 소정의 사유나 약정으로 정한 일정한 사실에 의하여 발생하는 등 그 발생원인을 달리하고 그 법적 성질도 달리하는 별개의 독립된 권리이다.

(가) 사전구상권 보증인은 주채무자의 부탁으로 보증을 서게 된 경우에 한해서 사전구상권(事前求償權)을 갖지만(제442조), 연대보증인은 부탁 없는

보증인이라도 채무의 변제기가 도래한 후에는 사전구상권을 갖는다고 해석된다. 연대보증인은 채권자의 이행청구에 대하여 최고·검색의 항변을 할 수 없으므로 사전구상을 통하여 그 변제금을 마련할 수 있다.

(나) **사후구상권** 연대보증인이 변제, 상계 등의 출재로 주채무를 소멸시킨 경우에, 주채무자에 대하여 사후구상권(事後求償權)을 갖는다. 수인의 보증인이 각자 채무자와 연대하여 채무를 부담하기로 약정하는 경우에 각자 채무 전액 또는 각자가 약정한 보증한도액 전액을 변제할 책임이 있으나, 보증인 상호간의 내부관계에 있어서는 일정한 부담부분이 있고 일정한 분할액에 한정하여 보증인의 지위에 놓이게 된다. 위의 경우 연대보증인 중의 한 사람이 채무를 변제하고 다른 연대보증인에게 구상권을 행사하려면 자기의 부담부분을 초과하여 변제를 하여 공동의 면책을 얻은 경우라야 가능한 것이므로 다른 보증인 중 이미 자기의 부담부분을 변제한 사람에 대해서는 구상을 할 수 없다(대판 1988. 10. 25, 86다카1729).[1]

그 구상권의 범위는 수탁보증인인가 또는 부탁 없는 보증인인가에 따라 다르다(제444조). 채권자가 연대보증인에 대하여 그 채무의 일부 또는 전부를 면제하였다 하더라도 그 면제의 효력은 주채무자에 대하여 미치지 아니한다(대판 1992. 9. 25, 91다37553). 그리고 채권자가 연대보증인의 1인에 대하여 채무의 전부 또는 일부를 면제하더라도 다른 연대보증인에 대하여는 그 효력이 미치지 아니한다.

2. 공동보증

(1) 원 칙

동일한 주채무를 보증하는 보증인이 다수 있는 경우를 공동보증(共同保證)이라 한다. 수인의 보증인은 다른 특약이 없으면 분별(分別)의 이익(利益)을 갖는다(제439조). 각 보증인은 채권자에 대한 관계에서 분할하여 보증채무를 부담하므로, 주채무액을 보증인의 수로 나눈 금액만큼의 보증채무를 진다(제408조).[2]

---

1) 판례평석: 김용덕, "공동보증인간의 부담부분과 구상권," 민사판례연구 제12집, 1990. 5.

2) 판례는 수인의 신원보증인에 관하여 과거에 분별의 이익을 부정하였으나(대판 1960. 8. 18, 4292민상708), 그 후 긍정하는 견해로 바꾸었다(대판 1964. 10. 13, 63다607).

(2) 예　외

공동보증에서도 다음의 경우에는 분별의 이익이 없다.

① 연대채무　보증인이 채권자에 대하여 연대보증채무를 부담하는 경우에 연대보증인들은 채권자에 대하여 연대채무(連帶債務)를 진다. 연대보증의 경우에 각 보증인은 주채무자와 같은 지위에서 보증채무를 부담하므로 보충성(補充性)도 없고 분별(分別)의 이익(利益)도 없다.

② 보증연대　수인의 보증인이 채권자에 대하여 보증연대(保證連帶)의 약정(約定)을 한 경우에, 보증인 상호간에 한하여 채권자에 대한 관계에서 연대채무를 진다. 보증연대에서 각 보증인은 주채무자가 이행하지 않은 채무를 이행한다는 보충성은 가지므로, 각 보증인은 채권자의 이행청구에 대하여 최고·검색의 항변권을 갖는다. 그러나 각 보증인은 분별의 이익을 갖지 않으므로, 주채무자의 변제자력이 없으면 모든 보증인이 주채무(主債務) 전액(全額)을 연대하여 이행하여야 한다.

③ 불가분채무　주채무가 불가분급부(不可分給付)를 목적으로 하는 경우에는 다수의 보증인 상호간에서 채권자에 대하여 연대채무를 진다. 보증인은 주채무와 동종의 채무를 부담하므로 불가분채무(不可分債務)를 다수의 보증인이 부담하는 법률관계가 된다. 이 경우 보증인들은 최고·검색의 항변권을 행사할 수 있어 보증연대에서와 같은 법률관계가 전개된다. 주채무가 불가분급부에 관한 것이라도 보증인이 그 불이행으로 인한 손해배상책임에 대한 보증채무를 지는 경우에는 가분급부(可分給付)로 변하므로 각 보증인은 분별의 이익을 가진다.

(3) 구 상 권

공동보증인 중 1인의 변제 기타의 출연은 주채무자뿐 아니라 다른 보증인의 보증채무도 모두 면책(免責)시킨다. 이 때 출재보증인(出財保證人)은 다른 공동보증인에 대하여 구상권(求償權)을 취득한다. 구상청구에 있어서 주채무자의 무자력위험(無資力危險)은 공동보증인 사이에서 분담한다. ① 분별의 이익 있는 보증인 1인이 자기의 부담부분을 넘은 변제를 한때에는 다른 보증인에 대하여 「부탁받지 않은 보증인이 주채무자에 대해 구상하는 것」과 같은 범위 내에서 구상한다(제448조 1항). ② 분별의 이익이 없는 보증인 1인이 자기의 부담부분을 넘은 변제를 한 경우에는 다른 보증인에 대하여 연대채무자 상호간에서와 같은 구상권이 인정된다(제448조 2항). 다만 일부변제 후 남은 채무액이 연대보증책임한도액을 초과한 때에는 구상권이 없다(대판 2002. 3. 15, 2001다59071).

사례연구

채권자 A는 주채무자 B에 대한 4천만원의 채권을 확보하기 위하여 보증인 C와 D 두 사람과 보증계약을 맺었다. 이 경우 C와 D가 지는 보증채무의 내용은 그 주계약 및 보증계약이 어떤 것인가에 따라 달라진다.

① 보통보증: 주채무가 분할가능한 급부를 목적으로 하고 보증인들이 모두 보통의 보증인인 경우에, 각 보증인은 먼저 주채무자에게 이행청구 및 집행할 것을 요구하는 최고·검색의 항변을 할 수 있다. 채권자가 주채무자로부터 만족을 얻지 못한 경우에, 각 보증인은 2천만원씩 변제해야 할 채무를 진다. B와 D가 무자력인 경우에, 채권자는 D가 보증한 2천만원에 대하여는 만족을 얻지 못하게 되어, 주채무자의 무자력위험 중 절반은 채권자의 부담으로 된다.

② 연대보증: 보증인들이 모두 연대보증의 약정을 한 경우에, 그 연대보증인들은 각각 채권자에 대하여 4천만원씩의 연대보증채무를 진다(부종성은 있으나 보충성은 없음). 연대보증인들은 최고·검색의 항변권을 갖지 않고 주채무자와 같은 지위에서 연대채무를 부담한다. C가 채권자에게 4천만원을 변제한 경우에, B, C, D는 공동면책된다. 내부관계에서 주채무자 B가 전부의 부담을 지므로, C는 우선 B에 대하여 4천만원을 구상청구하여야 한다. 주채무자가 무자력인 경우에 C는 D에 대하여 그 무자력위험을 분담할 것을 요구할 수 있으므로 D에 대하여 2천만원을 구상청구할 수 있다. D도 무자력인 경우에, C는 B의 무자력위험을 분산시키지 못하고 혼자서 감수해야 한다.

③ 보증연대: 주채무가 가분급부를 목적으로 하는가를 묻지 않고 보증인들은 4천만원씩의 보증채무를 진다. 채권자가 C에 대하여 4천만원의 이행청구를 한 경우에, C는 최고·검색의 항변을 할 수 있다. B가 무자력인 경우에, C는 4천만원을 변제해야 한다. C는 D에 대하여 무자력위험을 분담할 것을 요구하여 2천만원의 구상청구를 할 수 있다. D도 무자력인 경우에, C는 B의 무자력위험을 혼자서 떠안게 된다.

④ 불가분급부: 주채무가 불가분급부를 목적으로 하는 경우에, 공동보증인 C와 D는 보증연대의 관계에 놓이게 된다.

3. 근 보 증

(1) 개 념

보증인이 특정의 주계약에서 장래 발생할 예정인 주채무를 보증하는 경우를 근보증(根保證)이라고 하며, 근보증 중에서 주계약이 계속적 신용계약인 경우를 특히 계속적 보증(繼續的 保證)이라 한다. 계속적 신용계약으로부터 장래 발생할 주채무와 동질의 채무를 지는 신용보증(信用保證), 그리고 근로자의 사용자에 대한 손해배상책임을 보증하는 손해담보성격의 신원보증(身元保證)은 근보증 및 계속적 보증에 해당한다.

민법은 "보증은 장래의 채무에 대하여도 할 수 있다"고 규정할 뿐(제428조 2항), 근보증에 관해 상세한 규율을 하지 않고 있어 유감이다. 근보증에 관한 법률관계는 학설과 판례에 의해 보충되고 있다.[1]

특정채무보증과 계속적 보증

보증의 대상이 되는 채무가 특정, 현존하고 있고 그 원본(元本)이 증가할 가능성이 없는 경우를 가리켜 특정채무보증(特定債務保證) 또는 확정채무보증(確定債務保證)이라고 한다. 특정채무보증의 경우에 보증채무는 주채무의 이자, 위약금, 손해배상 등에 확장될 수 있다(제429조). 특정채무보증의 경우에는 착오 등으로 인한 취소는 인정되지만, 사정변경에 의한 해지는 인정되지 않는다. 반면에 계속적 보증(繼續的 保證)은 보증의 대상이 되는 채무가 아직 발생하지 않은 채 계속적 계약에 의해 장래 발생할 가능성만이 존재하는 경우를 말한다. 장래의 채무를 위한 근보증(根保證), 그리고 보증채무의 최고한도액을 정해 놓은 최고액보증(最高額保證)은 보통 계속적 보증의 경우에 이용되지만 특정채무보증을 위한 경우도 있다.

1) 참고문헌: 권오승, "계속적 보증," 월간고시 1989년 4월호; 김광년, "계속적 보증계약과 보증인의 해지권," 법조 제30권 8호, 1981; 동, "계속적 보증의 책임한도," 법률학의 제문제(유기천박사고희기념), 1988; 김선석, "계속적 보증에 있어서 보증인의 해지권," 사법행정 1986년 12월호; 김영기, "근보증," 재판자료 제32집, 1986; 김용덕, "근보증에 있어서의 보증인의 책임제한," 민사판례연구 제11권, 1989; 김현태 · 김준호, "포괄근보증에 관한 판례의 추세," 연세행정논총 제8집, 1982; 박병대, "계속적 보증에 관한 고찰," 사법논집 제18집, 1987, 5; 박찬주, "계속적 거래관계에 있어서 주채무에 대한 거래계약경신과 보증기간," 사법행정 1989년 8월호; 이건호, "계속적 보증의 책임한도 및 해지," 법률학의 제문제, 1988; 이영애, "사정변경으로 인한 보증계약의 해제," 민사판례연구 제9권, 1987; 이재후, "근보증에 있어서의 보증인의 책임범위," 법률실무연구 2호, 27; 졸고, "신용카드 보증인의 책임범위," 민사판례연구 제9권, 1987.

계속적 신용보증

계속적 보증에서는 채권자와 주채무자 사이의 계속적 신용계약(繼續的 信用契約)의 존재를 요건으로 보증계약이 성립하며, 구체적인 보증채무는 주채무가 확정된 때에 발생한다. 계속적 보증은 주채무의 계속적 발생가능성 및 변동가능성을 특징으로 한다. 주계약인 계속적 신용계약은 어음할인 · 당좌대월 · 신용카드거래 · 계속적 물품공급 등 계속적으로 소비대차를 해 주거나 외상판매를 함으로써 신용을 제공하는 것을 내용으로 하는 계약이다. 이러한 주계약에서 발생한 주채무를 일정기간 및 최고한도액의 범위 내에서 보증채무를 지겠다고 약정하는 것이 계속적 신용보증계약의 내용이다. 보증인은 보통의 보증 또는 연대보증을 할 수 있는데, 대개의 경우 연대보증으로 약정된다.

(2) 근보증의 성립

(가) 보증계약의 부종성 근보증(根保證)이 성립하기 위해서는 주채무를 발생시키는 주계약(主契約: 기본계약)과 그를 보증하기 위해서 체결되는 보증계약(保證契約)이 필요하다. 장래의 채무를 위해 보증하는 경우라도 주채무 발생에 관한 기본계약(주계약)은 체결되어 있어야 이에 부종하여 보증계약이 유효하게 성립할 수 있다. 인적담보는 채권자에게 상대권인 채권만을 발생시키므로 배타적 담보물권을 발생시키는 물적담보에서와는 달리 목적의 확정성이 완화된다. 그렇다고 하여 기본계약이 전혀 없는 상태에서 보증계약이 체결될 수는 없다.

주계약 없는 보증계약은 효력이 없다. 주채무가 장래 발생한다는 것과 주채무발생을 위한 기본계약이 장래 체결된다는 것은 다르다. 보증계약 당시에 주계약이 확정가능하면 되고, 반드시 보증계약 이전에 주계약이 성립해 있을 필요는 없다(대판 2006. 6. 27, 2005다50041). 시간적으로 보증계약이 주계약보다 먼저 합의될 수는 있지만 효력을 발생하는 시점은 주계약이 체결된 때이다. 장래의 채무에 관하여 미리 할 수 있는 것은 보증계약이며, 보증채무는 주채무가 발생한 때에 비로소 발생한다.

(나) 주계약의 계속성과 근보증 주채무를 발생시키는 기본계약이 계속성(繼續性)을 가지고, 보증계약은 장래 발생할 채무를 위한 근보증(根保證)으로서의 성격을 띠어야 한다. 주계약이 계속성을 가지면 특정채무보증

이 아닌 한 보증계약도 계속성을 가지게 된다. 주계약은 채권자와 주채무자 사이에 맺어진 당좌대월계약 · 어음할인계약 · 신용카드회원계약 · 물품공급계약 · 대리점계약 등의 계속적 계약이다.

이러한 기본계약에 기초해서 장래 채무가 발생할 가능성 및 주채무의 변동가능성이 있으면 충분하다. 보증계약 당시에 주채무가 아직 발생하지 않았거나 발생 여부가 불확실하더라도 무방하다. 계속적 신용계약에서 생긴 채무의 이행을 담보하기 위한 보증을 계속적 신용보증(繼續的 信用保證)이라고 하는데(앞에 설명), 이 때 보증의 대상은 특정거래에서 생기는 일정기간 동안의 일정범위 내의 채무로 한정되는 것이 원칙이다. 당좌대출에 대한 신용보증은 보증기관이 거래기간 동안에는 약정된 한도액의 범위 안에서 증감, 변동하는 대출원리금에 대하여 보증채무를 지지 아니하고, 정해진 사유로 인한 거래종료시 보증채무가 확정되는 근보증에 해당한다(대판 1998. 6. 26, 98다11826). 계속적 채권관계에서 발생하는 주계약상의 불확정채무에 대하여 보증계약이 체결된 후 주계약상의 거래기간이 연장되었으나 보증기간이 연장되지 아니함으로써 보증계약이 종료된 경우, 보증인은 보증계약종료시의 주계약상의 채무에 대하여만 보증책임을 진다(대판 1999. 8. 24, 99다26481).

(3) 포괄근보증

민법은 근보증에 관하여 장래의 채무를 위한 보증이라는 점 이외에 구체적 법률관계에 대하여 규정을 두고 있지 않다. 근보증에는 보증채무의 최고한도액(最高限度額), 보증기간 등을 약정한 한정근보증(限定根保證)의 경우와, 아무런 제한이 없는 무한근보증(無限根保證)도 많다. 근저당권(根抵當權)의 설정시에 의무적으로 피담보채권의 최고한도액을 등기하도록 하고 있는 것과는 달리, 근보증계약의 체결시에 보증채무의 제한약정을 하는 것은 강제되지 않는다.

보증계약이 특정의 주계약에 부종하지 않고 "주채무자와 채권자 사이의 모든 채무에 대하여 보증한다"고 약정하는 경우를 포괄근보증(包括根保證)이라고 하는데, 그 효력은 제한된다. 주채무자와 채권자만이 특정될 뿐 기본계약 · 거래종목 · 채무 · 기간 · 상한액 · 거래지점에 관하여는 특정하지 않는 경우에(예: A은행과 B 사이에 장래 발생할 모든 채무를 보증함), 보증인은 불안정한 상황에 놓이게 되고 보증계약 당시에 예상할 수 없었던 무거운 부담을 안게 될 우려가 있기 때문이다.

(가) 보증약정의 해석 하나의 특정한 주계약에 부종하여 보증계약을 체결하였으나 그 약관에 의하여 포괄근보증으로 확대된 경우에, 보증계약은 보증인이 특정한 당해 주계약에 한정하여 성립하는 것으로 해석되어야 한다.

(나) 일부무효 판례는 장래의 채무에 대한 근보증(신용보증·계속적 보증)에서 당사자간에 보증기간과 한도액의 정함이 없더라도 보증계약이 무효로 되지는 않는다고 하면서(대판 1976. 8. 24, 76다1178; 대판 1982. 12. 28, 82다카779), 보증채무액을 감액하여 합당한 범위 내에서만 효력을 갖는다는 일부무효(一部無效)의 법리를 전개한다(대판 1972. 11. 28, 72다921).[1]

(다) 전부무효 포괄근보증계약이 특정의 주계약을 전제로 하지 않고 합의되었고 최고액한도나 존속기간의 약정도 없는 경우에, 주계약의 불특정성 및 보증채무의 불확정성(不確定性)으로 인하여 그 보증계약은 무효(無效)로 된다.

(4) 근보증채무의 이행

(가) 보증채무의 발생 근보증에서 보증계약(保證契約)과 보증채무(保證債務)는 뚜렷한 차이를 갖는다. 보증계약이 있다고 해서 곧 보증채무가 성립하는 것이 아니라, 주채무자가 주계약에 기해 실제로 신용을 제공받아야 비로소 그 금액의 보증채무가 발생한다.[2] 주채무는 주계약에 기한 거래의 결과 발생하며, 주채무가 발생하여야 보증채무도 발생한다. 보증채무의 부종성으로 말미암아 주채무의 발생 없이는 보증채무가 발생할 수 없기 때문이다. 민법 제428조 2항도 장래에 대하여 「보증할 수 있다」고 할 뿐 보증채무가 발생한다고 하지 않는다.[3]

(나) 주채무의 확정 주채무의 금액과 변제기는 주계약에 의해 정해지는데, 결산기에 채무액이 확정되어 이행청구되면 변제기가 도래한다. 주채무가 확정되는 때에 보증채무도 발생하게 된다. 그러나 보증채무의 변제기

1) 대판 1990. 4. 13, 89다카913: 은행과 보증인들의 보증계약서에 아무 제한문구가 없이 주채무자와 은행 본·지점 사이의 금융거래로 인한 모든 채무를 보증하기로 약정한 경우에, 보증인이 은행 본점의 한도거래승인을 전제로 한 것이었다는 주장은 받아들일 수 없다.

2) 주석 채권총칙(하), 287(김광년 집필부분)에서는 계속적 보증에서 기본적 보증책임과 지분적 보증책임이 있다고 설명한다. 사견으로는 기본이 되는 보증약정과 주채무의 발생에 의해 비로소 발생하는 보증채무의 관계를 오해한 것이 아닌가 생각된다.

3) 대판 1976. 12. 14, 76다2316: 근보증계약에 의하여 담보되는 채무는 특별한 사정이 없는 한 계약일 이후에 발생한 채무뿐 아니라 계약일 현재 이미 발생한 채무도 보증하는 것으로 본다(사견으로는 특약이 없으면 계약일 이후에 발생한 채무만을 보증한 것으로 해석함이 타당하다고 생각한다).

는 채권자로부터 보증인에 대하여 이행청구가 있는 때에 도래하게 된다. 보증인은 기본계약의 당사자가 아니어서 거래내용을 알지 못하므로, 주채무의 변제기가 도래한 것만으로는 변제할 수 있는 상황에 있지 못하다. 통상 채권자는 주채무자가 상당기간 채무이행을 연체한 경우에 비로소 보증인에게 이행청구하는 것이 거래관행이다. 보증인은 자기가 이행청구를 받은 때부터 지체에 따른 강제이행청구를 당하게 된다. 지연손해금(遲延損害金)은 보증채무에 관해 별도로 부과되는 것이 아니라, 주채무에게 부과된 것이 보증채무에도 영향을 미치게 된다. 다만 연대보증(連帶保證)에서는 주채무자에 대한 이행청구가 연대보증인에게도 절대적 효력을 갖는데(제416조), 거래관행은 이와 달리 주채무자가 장기의 연체에 빠진 경우에 비로소 연대보증인에게 이행청구를 하고 강제집행을 청구한다.

(5) 근보증인보호를 위한 법리

보증채무의 내용은 이상의 설명과 같이 보증계약과 주채무 중 좁은 범위의 것으로 정해진다. 그러나 그 밖에도 보증인에 대한 가혹한 부담을 덜어 주기 위하여 신의칙(信義則)에 의해 그보다 더욱 좁은 범위로 제한되는 경우가 있다. 이러한 신의칙에 의한 책임제한에 있어서는 일반조항의 운용상의 자의를 방지하기 위해 신원보증법(身元保證法) 제6조의 법리를 계속적 신용보증에 적합한 범위에서 도입하기도 한다.

책임의 범위가 광범위하며, 보증인보호의 규정이 없는 계속적 신용보증(繼續的 信用保證)에 관하여 책임제한이 많이 논의된다. 계속적 신용보증에서는 보증인의 책임의 불확정성 · 장기존속성으로 말미암아 보증인에게 무거운 부담을 주게 된다. 근래에는 보증채무를 합리적인 범위로 제한하고, 예상치 못한 사정이 생긴 경우 보증계약을 사정변경(事情變更)을 이유로 해지(解止)할 수 있는 권리를 부여하는 등 보증인보호를 위한 법리가 주장되고 있다. 학설과 판례는 보증계약을 상당한 범위 내로 한정하는 등 책임제한을 위하여 다음의 이론을 전개하고 있다.

㈎ 보증계약의 축소해석 보증채무는 합당한 범위로 제한되어야 한다.

① 주계약의 거래한도 보증계약에 한도액제한이 없더라도 주계약에 거래한도액(去來限度額)이 정해져 있는 경우에 보증채무는 그 거래한도

액의 범위로 제한한다. 신용상태에 따른 대출한도의 은행내규(대판 1986. 7. 8, 85다카1740), 신용카드 회원의 월간이용한도(대판 1992. 11. 24, 91다2226) 등 주채무자에 대한 거래에 한도액이 있거나 거래한도의 내규가 있는 경우에는 비록 보증계약이 최고한도액의 제한을 두지 않았더라도, 거래한도액을 초과한 신용제공은 보증인에게 예상치 못한 과도한 부담을 주므로 보증채무가 부인된다. 주채무자에 대한 거래한도액의 증액은 보증인이 예상할 수 있는 범위에서 보증책임이 인정된다(대판 2001. 11. 27, 99다8353).

② 묵시적 한도약정 보증계약과 주계약에 모두 명시적인 거래한도액이 정해져 있지 않은 경우라도 보증계약 당시의 당사자의 의사를 추정하여 묵시적(默示的) 약정에 의한 보증한도액을 정할 수 있다(대판 1978. 1. 17, 77다2052).

③ 무한책임약정의 축소해석 보증인은 주계약의 거래한도액과 관계 없이 무한책임(無限責任)을 진다고 보증계약에 명시적 규정을 둔 경우에도 당사자의 의사를 합리적으로 해석하여 보증한도액을 정할 수 있다(대판 1994. 6. 24, 94다10337).

의사가 위급한 환자의 치료비를 연대보증한 경우에 치료비채무 전액을 보증하기로 한 입원서약서의 문면에도 불구하고 의사는 환자의 치료비 중 가족들이 병원에 찾아왔을 때까지의 치료비에 한하여 보증책임이 있는 것으로 본다든가 하여 그 보증책임을 제한함이 상당하다(대판 1992. 9. 22, 92다17334).

(나) 보증채무액의 감면 주채무자에게 과다한 대출을 해 준 경우, 연체 등의 신용불량에 불구하고 거래를 계속한 경우 등 채무의 확대에 채권자의 과실적 요인이 개입된 경우에 그 과실부분(過失部分)만큼 보증채무를 감면한다. 보증인의 보증책임을 보증한도액의 범위 내에서 신의칙상 일정한 비율 내로 제한할 때, 제한된 비율에 상응하는 보증채무액에 대해서는 이행청구를 받은 이후부터 보증한도액과 별도로 지연손해금이 발생하므로 이행청구 당시의 전체 보증채무액에 대하여 먼저 책임제한비율을 적용하여 정당한 채무액을 산정해야 한다(전체 보증채무액에 대한 이행청구 이후 원심판결선고일에 이르기까지 지연손해금까지 합산하고 이에 보증한도액을 적용한 다음에 비로소 책임제한비율을 적용해서는 안 됨: 대판 1998. 2. 27, 97다4133).

① 과실상계 주채무자의 신용불량의 경우에 채권자가 계속적인 신용거래를 해지하여야 함에도 불구하고 계속해서 신용을 제공한 경우에, 그 해지가능한 시점 이후에 발생한 주채무에 대하여는 보증채무가 부인된

다(대판 1984. 10. 10, 84다카453).

② 통지의무위반 채권자가 주채무자에 관한 일정한 사항을 보증인에게 통지(通知)할 의무를 부담하도록 하고, 통지하지 않은 경우에 보증인이 해지할 수 있었을 때 이후의 보증인책임을 소멸 또는 축소시킨다.[1] 은행이 신용카드회원이 카드이용에 따른 대금지급을 태만히 했음에도 계약해지 조치를 취하지 않았고, 연대보증인에게 그로 인한 거래정지사실을 알리지 않은 채 연대이용대금을 변제하자 곧 재거래토록 허용하였다. 이 경우 재거래 이후의 대금채무에 대한 보증인의 책임은 5할로 감액된다(대판 1986. 2. 25, 84다1587).

(다) 보증기간의 제한 계속적 보증에서 보증기간은 합당한 범위로 제한됨으로써 보증인이 지나치게 장기간 책임을 지는 것을 방지해야 한다.

1) 기간약정이 없는 경우 보증계약에 기간의 정함이 없더라도 일정기간이 지나면 보증계약을 해지할 수 있도록 하거나 실효한 것으로 간주한다. 임대차(제635조 1항), 고용(제659조, 제660조 1항), 조합(제716조 1항) 등 계속적 계약에서는 기간을 정하지 않은 경우에 언제든지 해지(解止)의 통고(通告)를 할 수 있고, 그 통고로부터 상당기간이 경과하면 해지의 효력이 생기는 것으로 규정한다. 그렇다면 계속적 보증의 경우에도 기간의 약정을 하지 않은 경우에 보증인은 언제든지 해지통고를 할 수 있고 그 통고로부터 상당기간(1개월~2개월)이 경과하면 해지의 효력이 생기는 것으로 해석해야 마땅할 것이다. 기간의 약정이 없는 보증계약의 자동실효(自動失效)도 인정할 필요가 있다. 신원보증에 준하여 3년의 기간 이내로 하거나[2] 거래의 성격에 따라 그보다 짧은 기간으로 효력기간을 한정하는 것이 바람직하다. 특히 친지 · 직장동료 등의 호의관계를 기초로 한 보증은 단기로 한정될 필요가 크다. 판례는 기간의 정함이 없는 계속적 보증에 있어서 보증계약 후 당초 예기하지 못한 사정변경이 생겨 보증인에게 계속하여 보증책임을 지우는 것이 당사자의 의사해석 내지 신의칙에 비추어 상당하지 못하다고 인정되는 경우로서 상대방인 채권자에게 신의칙상 묵과할 수 없는 손해를 입게 하는 등의 특별한 사정이 없

1) 대판 1989. 10. 24, 88다2083: 채권자가 주채무인 매월의 의료보험료지급이 지체될 때마다 국세징수법이 정한 절차에 따라 주채무자의 채권 및 동산을 압류하는 등 보험료의 회수에 노력하였다면, 6개월 동안 보험료가 체납된 후에 채권자가 비로소 보증인에게 그 납부통지를 하였다는 사정만 가지고서 바로 보증인의 책임이 면제 또는 제한되어야 한다고 볼 수는 없다.

2) 신원보증법 제2조는 "기간을 정하지 않은 신원보증계약은 그 성립일부터 3년간 그 효력을 가진다"고 규정한다.

는 경우에 한하여 보증인의 계약해지권(契約解止權)을 인정한다(대판 1996. 12. 10, 96다27858).

2) 약정기간의 단축　보증계약에 기간약정(期間約定)이 있는 경우에도, 지나치게 장기의 약정은 보증인을 오래 구속하므로 타당하지 못하고 상당한 기간 내로 단축되어야 한다. 은행거래에서는 통상 2~3년의 기간이 약정되는데, 이보다 긴 기간약정은 특별한 사정이 없는 한 3년 이내로 단축되어야 한다.

3) 자동연장의 제한　주계약 및 보증계약에 관하여 기간의 약정이 있고 그 기간 종료시에 당사자의 이의가 없으면 자동연장(自動延長)된다는 약정은 보증인에게 가혹한 결과를 가져오므로 무효로 될 수 있다. 판례는 계속적 보증의 자동연장의 약관조항을 무효라고 하지만, 특정채무의 보증에서는 유효로 본다.[1)]

대리점계약서에 "이 계약의 효력은 계약성립일로부터 향후 1년간 지속된다. 계약기간 만료일에 계약갱신의 통보가 없을 때에는 1년간씩 계속연장되는 것으로 하며, 제21조에 의한 연대보증인의 책임도 이에 준한다"고 되어 있어, 이 약관조항에 의하면 계약기간 종료시 이의통지 등에 의해 보증인의 지위에서 벗어날 수 있는 규정이 없고, 새로운 계약기간을 정하여 계약갱신의 통지를 하거나 그것이 없으면 자동적으로 1년 단위로 계약기간이 연장되도록 규정하고 있을 뿐이므로, 이는 계속적인 채권관계의 발생을 목적으로 하는 계약에서 묵시의 기간연장 또는 갱신이 가능하도록 규정하여 고객인 연대보증인에게 부당하게 불이익을 줄 우려가 있다고 보여지므로 위 연대보증기간 자동연장조항은 약관규제법 제9조 5호에 위반되어 무효이다(대판 1998. 8. 21, 98다20806)[2)]

---

1) 독일약관법 제11조(가치평가 가능성이 없는 금지조항) 12호는 계속적 채권관계에 있어서 다음과 같은 조항은 무효라고 규정한다. a) 다른 계약당사자를 2년 이상 구속하는 존속기간을 정한 조항, b) 다른 계약당사자를 구속하는 약 1년 이상 마다의 묵시적 계약관계연장을 정하는 조항, c) 다른 계약당사자의 부담으로 처음에 예정하거나 묵시적으로 연장된 계약기간의 만료 전에 3개월보다 더 긴 해약고지기간을 정하는 조항.

2) 신호스틸 특약점계약약관에 관해서도 같은 취지의 판결이 행해졌다(대판 1998. 8. 21, 98다20806): (주)신호스틸과 (주)영동파이프간의 특약점계약 제14조 제1항은 계약의 유효기간을 1년으로 하되, 다만 계약종료일로부터 1개월 이내에 계약종료를 요청하는 서면이 상대방에게 도달하지 아니하는 경우 특약점계약은 1년단위로 자동갱신되는 것으로 되어 있고, 같은 조 제2항은 제1항의 규정에 불구하고 쌍방은 상대방에 대한 서면통지로서 이 계약을 해지할 수 있으며, 이 경우 해지의 효력은 해지의 통지가 상대방에게 도달한 때로부터 1개월이 경과함으로써 생긴다고 정하였는바, 이 연대보증기간 자동연장조항은 약관규제법 제9조 제5호에 위반되어 무효이다.

4) 특정채무에 대한 보증 채무가 특정(特定)되어 있는 확정채무(確定債務)에 대하여 보증한 연대보증인으로서는 자신의 동의 없이 피보증채무의 이행기를 연장해 주었느냐의 여부에 상관 없이 그 연대보증채무를 부담한다(대판 1997. 4. 25, 97다2726).

(라) 채권자의 통지의무 채권자는 주채무자에 대한 신용거래확대 등으로 보증인에게 영향을 미칠 사유가 발생하였거나, 장기연체 등으로 주채무자의 신용상태가 악화된 경우에는 반드시 보증인에게 통지해야 할 신의칙상의 의무를 진다. 통지를 하지 않음으로 인하여 보증인이 해지할 수 없었던 경우에 채권자는 그 사유 이후에 증가된 채무액을 청구할 수 없다. 그러나 주채무자가 보증계약 체결 당시부터 무자력이었거나 신용불량 상태가 있었던 경우에, 채권자가 보증인에게 그 보증계약 당시의 사실을 통지할 의무는 없다(대판 1998. 7. 24, 97다35276).

보증 당시 주채무의 액수를 보증인이 예상하였거나 예상할 수 있었을 경우에는 그 예상범위로 보증책임을 제한할 수 있다. 채권자가 주채무자의 자산상태가 현저히 악화된 사실을 잘 알면서도(중대한 과실로 알지 못한 경우도 같다), 이를 알지 못하는 보증인에게 아무런 통보나 의사타진도 없이 고의로 거래규모를 확대함에 연유하는 등 신의칙에 반하는 사정이 있는 경우에는 보증인의 책임을 합리적인 범위 내로 제한할 수 있다(대판 1986. 2. 25, 85다카892).

(마) 보증인의 해지권 계속적 보증의 경우에 보증인은 사정변경(事情變更)을 이유로 보증계약을 해지(解止)할 수 있다. 계속적인 보증에 있어서는 보증계약 후 당초 예기하지 못한 사정변경이 생겨 보증인에게 계속하여 보증책임을 지우는 것이 당사자의 의사해석 내지 신의칙에 비추어 상당하지 못하다고 인정되는 경우에는, 상대방인 채권자에게 신의칙상 묵과할 수 없는 손해를 입게 하는 등의 특별한 사정이 없는 한 보증인의 일방적인 보증계약해지의 의사표시에 의하여 보증계약을 해지할 수 있다(대판 2000. 10. 6, 2000다157).

그러나 이전의 판례는 "이 계약은 계약일로부터 2년간으로 하며 이 계약 종료일 60일 전까지 일방당사자가 이의를 제기하지 아니한 때에는 이 계약은 자동연장된다"라는 계약조항은 계약당사자가 위 계약조항에 따라 계약종료일로부터 60일 전까지 이의를 제기함으로써 그 이후의 거래관계에서 발생하는 채무에 대한 보증책임을 면할 수 있으므로, 약관의규제에관한법률 제 9 조 제 5 호의 부당하게 불이익을 줄 우려가 있는 조항에 해당한다고 볼 수 없고, 또 일응 같은 법 제12조 제 1 호 본문에 해당하는 것처럼 무효인 것처럼 보이나, 당사자가 계약시 위 조항의 존재를 명확히 인식하고 연대보증인으로서 서명날인한 이상 그 단서에 해당하여 무효라고 볼 수 없다고 하였다(대판 1997. 4. 11, 96다51660).

판례는 그 밖에 보증인의 주채무자에 대한 신뢰가 깨진 경우 해지권을 인정한다(대판 2002. 2. 26, 2000다48265). 확정채무보증의 경우에는 사정변경에 의한 해지권이 인정되지 않는다(대판 2006. 7. 4, 2004다30675).

사정변경을 이유로 한 해지권의 발생사유로는 ① 주채무자의 재산상태가 현저히 악화된 경우, ② 주채무를 발생시키는 신용거래의 변경으로 보증채무가 가중될 경우, ③ 보증인과 주채무자의 원인관계에 중대한 변경이 생긴 경우. 직장동료관계의 단절, 이혼 등 보증인의 주채무자에 대한 신뢰가 유지되지 못할 사정이 생긴 경우가 이에 해당한다. ④ 보증인의 지위나 신분에 중대한 변동이 생긴 경우. 판례는 이사가 회사의 채무에 대하여 보증을 섰으나 이사직을 사임한 경우에, 계속적 보증에 한하여 퇴직(退職)으로 인한 해지권(解止權)을 인정하고 특정채무를 보증한 경우에는 해지권을 인정하지 않는다.[1] 회사의 임원이나 직원의 지위에 있기 때문에 사회요구로 부득이 회사와 제3자 사이의 계속적 거래로 인한 사회의 채무에 대하여 보증인이 된 자가 그 후 퇴사했을 때에는 사정변경을 이유로 보증계약을 해지할 수 있다(대판 1990. 2. 27, 89다카1381).[2] ⑤ 보증인이 주채무자의 채무불이행으로 인하여 제소당했거나 채무를 변제한 경우, ⑥ 보증계약으로부터 장기간이 경과한 경우, ⑦ 다른 담보의 제공시에 보증계약을 해지하기로 약정한 경우[3] 등이다.

(바) 상속성의 제한　보증한도액이 정해진 계속적 보증계약의 경우 보증인이 사망하였다 하더라도 보증계약이 당연히 종료되는 것은 아니고 특별한 사정이 없는 한 상속인들이 보증인의 지위를 승계한다. 그러나 보증기

---

1) 대판 1986. 9. 23, 85다카1957: 보증계약 이후에 채무자의 자산상태가 악화되어 보증채무를 이행한 뒤에 구상권이 실효를 거둘 수 없으리라는 점, 보증인이 그러한 사정을 예측하지 못했다는 점은 보증인에게 보증계약의 해제권을 발생시키지 않는다.

2) 대판 1997. 2. 14, 95다31645: 회사의 이사로 재직하면서 보증당시 이미 그 채무가 특정되어 있는 확정채무에 대하여는 보증을 한 후 이사직을 사임하였다 하더라도 사정변경을 이유로 그 책임이 제한되는 것은 아니다.

대판 1996. 10. 29, 95다17533: 채권자가 연대보증인의 퇴사사실을 인식하고 있다 하여 연대보증인의 채권자에 대한 해지의 의사표시 없이 보증계약이 당연히 해지되는 것은 아니다.

대판 1998. 12. 22, 98다34911: 회사의 이사 등이 회사와 제3자 사이의 계속적 거래로 인한 회사의 채무를 연대보증한 경우는 회사의 거래상대방이 거래할 때마다 재직이사의 연대보증을 새로이 받는 등의 특별한 사정이 있어야만 재직중 채무만을 책임지는 경우라고 할 수 있다.

3) 대판 1996. 12. 10, 96다37619는 채권은행과 보증기관 사이의 보증계약에서 시설자금대출과 관련하여 "당해 시설 준공 즉시 주담보(主擔保)를 취득하여 본보증(本保證)을 해지할 것"이라는 특약을 한 경우에, 담보물권설정 이후 보증계약의 해지를 인정하였다. 판례평석: 김교창, "주담보 취득하여 본보증 해지할 것"이라는 특약, 저스티스 제30권 4호, 1997년 12월호, 165 이하.

간과 보증한도액의 정함이 없는 계속적 보증계약의 경우에는 보증인이 사망하면 보증인의 지위가 상속인에게 상속된다고 할 수 없고 기왕에 발생된 보증채무만이 상속된다(대판 2001. 6. 12, 2000다47187).

> **보증인보호법상 근보증에 대한 규제**
>
> ① 근보증에서 최고액: 근보증의 채무 최고액을 서면으로 특정하여야 하며 이에 위반한 보증 계약은 무효가 된다(동법 제6조). 다만, 동법은 모든 보증계약에 적용되는 것은 아니며, 동법이 적용되지 않는 보증한도액을 정하지 않은 보증계약의 경우에는 신의칙에 의한 책임을 제한하는 학설과 판례가 원용된다.
>
> ② 책임발생기간의 제한: 보증계약 체결이나 그 기간 갱신시에 보증기간에 대한 약정이 없는 경우 그 기간을 3년으로 본다(동법 제7조 1항 · 2항). 즉, 보증기간을 정한 때에는 그 약정에 의하고 보증기간을 정하지 않은 때에 3년으로 간주되어 결국 동법이 적용되는 보증계약에서 보증기간이 없는 경우는 발생하지 않게 된다. 다만 이 경우 역시 동법의 적용이 없는 경우라면 종래의 보증기간을 제한하여 책임의 범위를 제한하는 학설과 판례는 여전히 원용된다.
>
> ③ 보증의 방식, 금융기관의 신용정보제공의무, 채권자의 통지의무, 변제기 연장 통지, 불법적 채권추심행위의 금지, 편면적 강행규정 등은 일반보증의 경우와 동일하게 근보증에도 적용된다.

4. 구상보증

(1) 1차보증과 2차보증

주채무자가 제3자에 대하여 구상채무(求償債務)를 지게 되는 경우에 그 구상채무를 주채무로 하여 그 이행을 보증하는 경우에 이를 구상보증(求償保證)이라고 한다. 주채무자가 보증보험이나 보증기금 등의 보증기관으로부터 1차적인 보증을 받음으로써, 주채무자의 채권자에 대한 채무불이행시에 보증기관이 채권자에게 1차적인 보증채무를 이행하게 된다. 1차적 보증기관은 주채무자에 대하여 출재액에 상응하는 구상채권(求償債權)을 갖게 되는데, 주채무자는 보증기관과의 보증위임계약을 체결할 때에 이 구상채무를 불이행할 것에 대비하여 보증인을 세워 둔다. 2차적 보증인은 주채무자의 무자력위험을 1차적 보증인에 대한 관계에서 담보하게 된다.

신용보증기금의 개별보증(특정채 무보증)에 따른 주채무자의 구상채무의 이행을 위하여 연대보증을 함에 있어 근보증에 관한 신용보증약정서를 이용한 경우, 구상채무 연대보증인들은 근보증과 마찬가지의 구상채무를 부담하여 신용보증기금이 개별보증 대상 채무의 이행기를 변경하여 보증채무를 부담하는 경우의 구상청구에도 이의를 하지 않기로 특별히 약정한 취지로 봄이 상당하고, 구상채무의 연대보증인들이 주채무자의 신용보증기금에 대한 구상금채무를 보증한 것은 신용보증기금의 개별보증에 관한 것이므로 계속적 보증이라고 볼 수 없다(대판 1998. 2. 27, 96다8277).

(2) 2차보증계약과 구상보증채무

2차보증계약(2次保證契約)의 당사자는 2차보증인과 1차보증인(보증보험 회사 등)이며, 2차보증인은 대개 주채무자의 부탁에 의해 보증을 선다. 구상보증을 위한 보증계약은 1차보증계약의 체결과 동시에 또는 그 직전에 체결된다. 1차보증계약(1次保證契約)은 구상보증을 세울 것을 조건으로 하여 체결되는 것이 보통이다. 1차보증계약은 주계약에의 부종성을 가지므로 주계약이 성립하여야 1차보증계약이 성립한다. 2차보증계약은 주계약 및 1차보증계약에의 부종성을 띠므로, 양계약이 유효하게 성립하여야 2차보증계약도 성립한다. 2차보증채무의 범위도 주채무 및 1차보증채무의 범위 내로 한정된다.

2차보증의 경우에 보증계약의 효력발생시기는 주계약, 1차보증계약, 2차보증계약이 모두 성립한 이후이다. 계속적 보증의 경우에 그 계속성 및 변동가능성은 주계약, 1차보증계약, 2차보증계약에 모두 공통하는 것이 보통이다. 주채무가 결산기에 확정되면, 1차보증채무가 확정되고, 이 때 2차보증채무도 1차보증채무의 변제를 조건으로 하여 발생한다. 2차보증채무의 변제기가 도래하는 것은 2차보증인이 변제함으로써 주채무자에 대한 구상권을 취득한 때이다.[1)]

---

1) 판례는 채권자취소권에 관한 사건에서 "채무자가 보증인(기술신용보증기금)의 보증하에 은행으로부터 대출을 받음에 있어 그 보증인에 대한 구상채무에 대하여 연대보증한 자가 연대보증 후 소유부동산을 제3자에게 증여한 사안에서, 증여계약 당시 채무자가 당해 대출금을 당초 변제기까지 변제하지 못하고 변제기를 연장하였을 뿐 아니라 그 외에도 원금을 변제하지 못하고 있는 대출금이 많이 있었고, 거래처의 부도로 인하여 막대한 손해를 보고 있었던 점 등 증여계약 당시의 채무자의 재정상태에 비추어 볼 때, 채권자취소권의 피보전채권인 구상채권의 성립의 개연성이 있었다"고 하여(대판 1997. 10. 28, 97다34334), 구상채권이 성립한 후에야 2차보증채무가 성립하는 것으로 해석한다. 사견으로는 그

(3) 2차보증인의 보호

근보증에서 채권자 및 1차보증인은 주채무자의 신용상태가 악화되는 등의 사정이 생긴 때에는 2차보증인에 대하여 신의칙상 통지의무(通知義務)를 진다. 2차보증인은 사정변경을 이유로 보증계약을 해지할 수 있다. 그 밖에 2차보증채무가 2차보증계약의 해석에 의해 일정한 범위로 제한되거나, 채권자 및 1차보증인의 과실로 인하여 감축되는 경우도 생긴다. 주채무자가 1차보증인에 대한 구상채무를 변제한 때에는 2차보증인에 대하여 통지를 함으로써 구상채무의 2중변제를 방지해야 한다.

5. 손해담보계약

(1) 의　　의

손해담보계약(損害擔保契約)은 주채무의 존재를 전제로 하지 않고 주채무와 관련하여 채권자에게 발생한 손해를 배상할 의무를 지는 것이다. 주채무에 관한 계약이 무효, 취소, 해제되었을 때에 보증인이 채권자에 대해 손실을 보상해 주기로 하는 경우가 이에 해당한다. 손해담보를 위한 보증채무의 내용은 대부분 보증인과 채권자 사이의 보증계약에 의하여 결정된다. 국제무역에서 이용되는 은행보증(銀行保證: bank guarantee)은 손해담보계약의 성격을 갖는다.[1)]

(2) 독자적 채무부담

손해담보계약은 보통의 보증보다 보증채무의 독립성(獨立性)이 강하며, 주채무에 대한 동질성 · 부종성 · 보충성은 없다.[2)] 보증인이 부담하는 손해배상의무는 주채무자의 배상의무를 전제로 하지 않음이 원칙이다. 주채무자에게 책임이 없는 경우에도 보증인이 독자적으로 배상책임을 지는 경우가 많은데, 이 때 보증인이 지는 책임은 거래의 위험을 인수하는 성격을 갖는다. 그러나 배상보증(賠償保證)에서는 주채무자의 손해배상의무를 전제로 보증인이 그와 동일한 배상의무를 진다.

2차보증채무의 성립시기를 구상채권발생 이후로 잡은 것은 거래실정에 비추어 볼 때 적절하지 않다고 생각한다.

1) 김동훈, "보증과 손해담보," 고시연구 1995년 1월호, 168 이하.

2) 같은 취지: 대판 1974. 4. 9, 72다2008. 참고문헌: 최식, "손해담보계약," 사법행정 제4권 5호, 1963.

6. 신원보증

(1) 의 의

고용계약을 전제로 하여 피용자의 행위로 인하여 사용자가 받은 손해를 배상할 것을 내용으로 하는 보증인과 사용자간의 계약을 신원보증(身元保證)이라고 한다(신원보증법 제2조).[1] ① 신원보증계약은 고용계약(雇傭契約)에 종속되어 행해지는 등 성립, 존속, 소멸에 있어서의 부종성(附從性)을 가진다. ② 신원보증은 근보증(根保證) 및 계속적 보증(繼續的 保證)의 일종이다. 신원보증계약을 체결할 당시에는 고용계약이 체결되어 있을 뿐 그 고용관계로부터 사용자의 손해배상청구권은 발생하고 있지 않으나 고용관계의 계속 중에 손해가 발생한 경우에 주채무(主債務)가 발생하고 이와 더불어 신원보증인의 보증채무(保證債務)도 발생하게 된다. ③ 신원보증계약은 손해담보계약이 아니다(같은 취지: 대판 1980. 1. 15, 79다1946).[2] 피보증인인 피용자에게 손해배상의무 또는 사용자배상에 대한 구상의무가 발생한 때에 비로소 신원보증인이 책임을 진다. 손해담보계약에 있어서처럼 보증인이 주채무자와 독자적으로 배상책임을 지는 것이 아니다. ④ 신원보증계약은 재정보증계약(財政保證契約)과 구별된다. 신원보증계약에는 고용관계가 전제조건이 되지만, 재정보증계약은 그렇지 않다.[3]

---

1) 참고문헌: 박동섭, "신원보증계약의 문제점 — 사용자의 통지의무를 중심으로 —," 사법행정 1986년 9월호; 김재옥, "신원보증계약의 부종성," 변협 20호, 판례연구 제3집; 주석 채권총칙(하), 212 이하(박동섭 집필부분).

2) 대판 1980. 1. 15, 79다1946: 신원(재정)보증계약은 부종성 있는 보증계약이고 손해담보계약이 아니다. 보증계약의 부종성의 원칙상 원고 시가 이 사건 교통사고 피해자측에 그 손해를 배상하였다 하더라도 피고 박덕순에 대하여 국가배상법 제2조 제2항에 의한 구상권을 행사할 수 있는 경우에 한하여 신원보증인으로서의 책임이 있다.

대판 1980. 11. 25, 80다1771: "피보증인이 재직중 고의 또는 과실로 인하여 손해를 끼쳤을 때는 보증인 등이 이에 대한 일체의 민·형사상의 책임을 지겠다"는 취지의 신원보증계약은 독립적인 손해담보계약이 아니라 부종적 보증계약이므로 먼저 피보증인의 책임의 범위를 확정한 후 신원보증인의 책임의 한도를 정하여야 한다.

3) 대판 1990. 5. 11, 89다카18013: 갑이 화장품회사 을과의 사이에 을로부터 화장품을 공급받아 판매하여 주고 판매대금에 대한 일정비율의 금원을 취득하기로 약정하고, 사업자등록을 한 채 을회사와의 거래에 대하여 부가가치세를 납부하여 왔고, 갑과 을회사가 위 약정을 함에 있어 을과 병 사이에 갑이 을회사에 장래 부담할 화장품미불대금채무에 관하여 보증계약을 체결하면서 작성된 재정보증서에 그 계약은 신원보증계약이 아니라는 명시문언이 있을 뿐만 아니라 그 계약서 본문에서도 "상거래를 함에 있어 상품을 매입하여 발생한 일체의 채무"를 보증한다고 하였을 뿐이고 피용자의 행위로 인한 사용주의 손해를 배상하는 채무를 보증한다는 취지의 문언을 찾아 볼 수 없는 경우에는 을과 병 사이의 계약은 신원보증계약이 아니라 재정보증계약이다.

(2) 신원보증법

신원보증법(身元保證法)(1957년 제정)은 장기간 계속되는 신원보증으로 보증인이 불이익을 입을 것을 우려하여 보증계약의 효력범위를 제한하고 채권자에게 통지의무(通知義務)를 부과하며 보증인에게 해지권(解止權)을 부여하는 등의 보증인보호규정을 두고 있다. 이러한 신원보증법의 규정은 편면적 강행규정(片面的 强行規定)으로서 보증인에게 불리한 약정만을 금지한다(동법 제8조). 신원보증법에 규정되지 않은 사항에 관하여는 민법의 규정이 적용된다.

신원보증법의 중요한 내용은 다음과 같다.

① 존속기간의 제한　기간을 정하지 않은 신원보증계약은 2년간 효력을 가지며, 기간을 정한 계약이라도 2년을 초과하지 못한다. 갱신한 경우에도 2년을 초과할 수 없다(동법 제2조).

② 통지의무　피용자의 업무부적합, 불성실 및 임무, 임지의 변경으로 신원보증인의 책임이 무거워질 염려가 있을 경우, 사용자는 보증인에 대해 통지의무를 진다(동법 제4조 1항).

③ 해 지 권　앞의 경우 통지를 받거나 또는 그 사실을 안 보증인은 계약해지권을 갖는다(동법 제5조). 보증인이 한번 피용자의 행위에 대해 손해배상한 이후에도 해지권을 갖는다.

④ 책임감면　사용자가 고의 또는 중과실로 통지의무를 위반한 경우에, 보증인은 그 통지를 받았더라면 해지를 하여 배상을 면했을 범위에서 책임이 감면된다(동법 제4조 2항).[1] 사용자로부터 피용자의 승진사실을 통지받았다면 신원보증인이 피용자에 대한 신원보증계약을 해지하였을 것이라는 특수한 사정이 있었다고 볼 수 있는 경우 신원보증인의 면책을 인정한다(대판 2004. 2. 27, 2003다46277).

⑤ 책임제한　피용자의 고의 또는 중과실로 인하여 발생한 손해가 있는 경우에 한해서 신원보증인의 배상책임이 발생한다. 보증인의 책임은 사용자의 감독상 과실, 보증인이 신원보증을 한 사유, 피용자의 업무, 신원

1) 대판 1995. 5. 26, 94다1487에서는 "제반 사정을 종합하여 보면, 신원보증인인 위 피고들로서는 만일 원고로부터 위와 같은 통지를 받았더라면 신원보증계약을 해지하였을 것이라는 특수한 사정이 있었다고 보기에 충분하다고 할 것이다. 이와 같은 취지에서 원심이 위 통지의무를 이행하지 아니한 원고로서는 1990. 7. 30. 후에 발생하였거나 확대된 손해에 관하여는 위 신원보증인들에게 그 책임을 물을 수 없다고 판단하였음은 정당하고"라고 하여 통지를 해태함으로써 계약해지의 기회를 박탈하였다는 이유로 배상액을 제한하였다. 같은 취지: 대판 1968. 11. 19, 68다1820 등 다수판례.

의 변화 등을 참작하여 일정범위로 한정될 수 있다(동법 제6조 1항·3항).

⑥ 신원보증인이 수인인 경우에 특별한 의사표시가 없으면 각 신원보증인은 균등한 비율로 의무를 부담한다. 공동신원보증인 사이에는 분별의 이익이 있다(동법 제6조 2항).

⑦ 상속의 배제 　신원보증인이 사망하면 보증계약은 상속되지 않고 소멸한다(동법 제7조).

7. 어음 · 수표보증

환어음 및 수표의 지급채무를 그 금액의 전부 또는 일부에 관해 담보하기 위한 보증이 어음 · 수표보증(手票保證)이다(어음법 제30조; 수표법 제25조). 이러한 어음 · 수표의 보증은 상사보증(商事保證)에 해당하며, 어음법과 수표법의 규정이 우선적으로 적용된다. 어음 · 수표의 보증은 어음이나 수표에 보증문언을 기재하고 기명날인한다. 어음 · 수표의 표면에 단순한 기명날인이 있는 경우도 발행인을 위한 보증으로 본다. 어음표면에 조건을 붙인 불단순보증은 그 문언대로 보증인의 책임이 발생한다(대판 1986. 3. 11, 85다카1600). 타인이 발행한 약속어음에 배서한 자는 어음상의 채무만 보증한다. 단 발행인의 채권자에게 민사상의 채무까지 보증하겠다는 뜻을 밝히고 배서한 경우에는 그렇지 않다(대판 1984. 2. 14, 81다카979).

§ 41. 복수의 채권자

1. 분할채권

(1) 의　　의

하나의 거래로부터 2인 이상의 채권자가 생긴 경우, 다른 특약이나 사정이 없으면 각 채권자가 균등(均等)한 비율로 권리를 취득한다(제408조). 민법은 다수의 채무자의 경우와 같이 다수의 채권자의 경우도 분할주의(分割主義)를 취한다. 예를 들면 자동차수리를 6만원에 도급받아서 세 명이 함께 수리를 한 경우에 다른 특약이 없으면 각자 독립하여 자동차주인에게 2만원의 수리비를 청구하여 수령할 권리를 갖는다.

(2) 채무자에 대한 관계

분할채권에서 각 채권자의 권리는 행사상(行使上)의 독립성(獨立性)을 갖는다. 그러나 보통 하나의 계약에서 발생하므로 발생상 상호 연결되어 있으며, 그 경우 계약의 해제(解除)나 해지(解止)는 당사자 전원(全員)으로부터 전원(全員)에게 하여야 한다(제547조 1항).

(3) 채권자간의 상호관계

각 채권자의 분할부분은 다른 특약이나 사정이 없으면 균등(均等)한 비율로 정해진다(제408조). 채권자 상호간에 다른 약정이 있는데, 채무자에게 알려지지 않은 경우에는 채무자에 대한 관계에서는 균등추정을 받고 채권자 상호간에는 약정비율에 의하는 이중구조(二重構造)가 생긴다. 이 경우 자기의 내부약정액을 초과하여 변제받은 채권자는 다른 채권자에게 초과부분을 상환해야 하는 구상의 문제가 생긴다.

공동명의 예금채권

판례는 공동명의 예금채권자가 다수인 경우에 관하여 다음과 같은 법리를 전개하였다(대판 2001. 6. 12, 2000다70989). ① 공동명의예금(共同名義預金)의 인출방법은 공동명의자와 금융기관 사이의 공동명의예금계약의 내용에 따라 결정되는 것이다. ②

그 계약내용은 공동명의자 중 1인이 전원의 인감이 날인된 예금청구서를 제출하고 예금전액의 지급을 청구할 수 있다는 것이었다. ③ 이러한 청구가 있는 때에 금융기관은 공동명의자들 사이의 내부적 지분을 들어 지급을 거절할 수 없다.

2. 불가분채권의 공동귀속

(1) 의 의

다수의 채권자가 공동으로 취득한 채권의 목적이 성질이나 당사자의 의사로 불가분성을 갖는 경우에 불가분채권(不加分債權)의 공동귀속(共同歸屬)의 문제가 생긴다.

(2) 절대적 효력

각 채권자는 모든 채권자를 위하여 채무자에 대한 이행청구(履行請求)를 할 수 있고, 채무자는 채권자 1인에게 이행함으로써 모든 채권자를 만족시킨다(제409조). 채무자에 대한 이행청구의 소제기도 각 채권자가 단독으로 할 수 있다. 각 채권자의 단독청구(單獨請求)와 단독수령(單獨受領)은 편리하긴 하지만 다른 채권자의 이익을 해칠 우려가 있다.[1] 명문규정은 없으나 변제(辨濟)에 따른 채권소멸 또는 불수령(不受領)에 따른 채권자지체의 효과도 모든 채권자에게 생긴다.[2]

(3) 상대적 효력

이러한 이행청구와 변제, 공탁 등의 방법에 의한 이행을 제외하고는 채권자 1인의 행위나 기타의 사항은 다른 채권자에게 영향을 미치지 않는다(제410조 1항). 채권자 1인과 채무자 사이에 경개(更改)나 면제(免除)가 행해진 경우, 전부변제를 받은 다른 채권자는 그 1인이 권리를 잃지 않았으면 그에게 분급할 이익의 가액을 채무자에게 상환(償還)하여야 한다(제410조 2항).

(4) 내부관계

명문규정은 없으나 채권자 상호간의 이익분배는 다른 약정이나 사정이

---

1) 독일민법 제432조와 스위스채무법 제70조는 각 채권자가 총채권자에게 이행할 것을 청구할 수 있도록 하고, 오스트리아 민법 제890조는 채권은 모든 채권자가 공동으로 행사할 것을 원칙으로 하고, 담보제공이 있는 때에 예외적으로 단독청구를 허용한다.

2) 같은 취지: 곽윤직, 308; 김석우, 224; 김용한, 296; 김주수, 258; 김증한, 211; 김증한 · 김학동, 223; 김현태, 184; 김형배(2판), 441; 이태재, 185; 임정평, 265; 정기웅, 261; 현승종, 229.

없으면 균등한 비율로 정해진다고 해석된다. 자기의 이익분을 초과하여 변제수령한 채권자는 다른 채권자에게 분배(分配)해 줄 의무(義務)를 진다.

(5) 가분채권으로 변경

채권의 목적이 분할가능하게 변경된 경우에는 각 채권자의 권리는 자기부분 상당의 분할채권(分割債權)으로 된다(제412조).

3. 연대채권

명문규정은 없으나 당사자는 연대의 약정을 함으로써 가분급부나 불가분급부에 대해 연대채권(連帶債權)을 발생시킬 수 있다. 연대채권에서 각 채권자는 채무자에 대하여 전부의 이행을 청구하여 수령할 권한을 가지며, 채권자 1인의 변제수령으로 모든 채권자의 권리가 소멸한다. 그 밖의 연대채권의 법률관계는 민법의 연대채무규정을 연대채권의 성질과 맞는 범위에서 유추적용함으로써 정한다.

제 9 장　채권양도와 채무인수

제 9 장 채권양도와 채무인수

§ 42. 채권양도 개설

1. 채권양도의 의의[1)]

(1) 개 념

채권양도(債權讓渡)란 채권을 그의 동일성을 유지하면서 양도인(구채권자)으로부터 양수인(신채권자)에게 이전하는 법률행위를 말한다. 채권양도는 양도인과 양수인 사이의 법률행위인 양도행위(讓渡行爲)에 의해 행해진다. 양도행위는 채권의 귀속주체를 바꾸는 처분행위로서 기초되는 채권매매 등의 원인행위를 조건으로 하여 성립한다. 채권양도에는 양도행위의 당사자인 양도인과 양수인 이외에도 채무자가 직접적인 이해관계자가 된다. 그러므로 채권양도에는 양도인 · 양수인 · 채무자의 3당사자관계가 존재한다. 채권양도에는 구체적 진실보호의 측면에서 채무자의 이익보호와 거래안전보호라는 측면에서 양수인의 이익보호 사이에 대립이 생긴다.

(2) 기 능

채권은 근대 이후 개인의 재산권으로서 중요한 위치를 차지하게 되었으며, 그에 따라 채권의 환가가능성에 대한 요청도 높아지게 되었다. 채권의 환가방법으로는 채권을 양도(讓渡)하는 방법과 입질(入質)하는 방법이 있다. 채권양도가 가능하기 위해서는 우선 채권의 양도성이 보장되어야 하며, 나아가서 채권을 증권화함으로써 양도가 원활하게 되어 유통성이 확보

---

1) 참고문헌: 김준호, "지명채권양도의 제3자에 대한 대항요건," 민사법학 13호; 김학동, "채권양도에 관한 판례분석," 사법행정 1992년 9월호 · 10월호; 서민, "지명채권의 양도통지와 금반언," 고시연구 1992년 10월호; 정옥태, "채권양도 및 채무인수와 원인행위의 관계," 고시연구 1993년 7월호; 조성민, "지명채권양도와 이의 없는 승낙," 고시계 1994년 3월호.

된다. 채권의 양도성과 유통성은 지명채권(指名債權), 지시채권(指示債權) 및 무기명채권(無記名債權)에 따라 각각 현저한 차이를 갖는다. 현대에 들어 채권양도는 금융거래의 중요부분을 차지하게 되었으며, 채권양도를 기본적 법률관계로 하는 3당사자의 신종거래유형이 다양하게 발전되고 있다. 그러한 신종거래유형의 대표적인 예가 팩터링(factoring) 거래이다(채권각론에서 설명함).

2. 채권양도의 처분행위와 원인행위

(1) 양도행위

(가) 양도인과 양수인의 처분행위 채권은 구채권자로부터 신채권자에게 채권을 이전시킬 것을 내용으로 하는 양도행위(讓渡行爲)에 의하여 이전된다. 양도행위는 채권의 이전효과를 가져오는 처분행위(處分行爲)·준물권행위(準物權行爲)이다. 양도행위는 양도인의 양도의사와 양수인의 양수의사의 합치로 성립한다. 양도인과 양수인의 양도행위에는 당사자의 의사표시의 합치 이외의 다른 요건은 필요 없으나 대항력을 갖기 위한 요건은 별도로 요구된다. 채무자에의 대항요건을 갖추어야 처분행위가 완성된다.

기존의 채권이 제3자에게 이전된 경우 이를 채권양도로 볼 것인가 또는 경개로 볼 것인가는 1차적으로 당사자의 의사에 의하여 결정되고, 만약 당사자의 의사가 명백하지 아니할 때에는 특별한 사정이 없는 한, 일반적으로 채권양도로 볼 것이다(대판 1996. 7. 9, 96다16612).

(나) 채무자에의 대항력취득 채권양도는 채무자에게 대항할 수 있을 때에 그 처분행위로서의 효력을 발휘한다. 양도되는 채권은 채무자에 대한 급부청구권으로 구성되므로, 양수인이 채무자에 대한 관계에서 채권자로서 인정받지 못한다면 채권양도가 완료되었다고 볼 수 없다(뒤에 설명함). 지명채권의 양도는 양도인이 채무자에게 통지하거나 채무자가 승낙하지 않으면 채무자에게 대항할 수 없고(제450조 1항), 지시채권의 양도에는 채무자에의 통지를 요하지 않는다. 채무자에의 대항요건을 갖춘다는 것은 물권변동에 관한 대항요건주의(프랑스, 일본 등)와는 그 본질을 달리한다. 다만 제3자에의 대항요건은 양도인, 양수인, 채무자간에 완성된 채권양도를 대외적으로 승인받는 문제이므로, 물권변동의 대항력과 유사한 성격을 가진다.

(다) 원인행위와의 유인성 원인행위(原因行爲)가 계약인 경우 양도인은 그 계약상의 의무를 이행하기 위하여 채권을 양도한다. 이 때 양도행위는 계약채무의 이행행위가 된다. 채권은 처분행위인 양도행위에 의하여 이전하는데, 이 양도행위는 원인행위와 함께 행하여지는 경우도 있고 별도로 행해지는 경우도 있는 등 당사자의 자유에 맡겨져 있다. 지명채권의 양도에는 어떤 특별한 방식을 필요로 하지 않는다. 실제로는 양도인이 원인행위(매매계약의 체결)와 별도로 채권양도의 대가를 수령함과 동시에 채권증서를 인도하거나 양도증서를 작성 · 인도하는 등의 양도행위를 하는 경우가 많이 있다.[1)]

양도행위는 원인행위의 유효한 존재를 요건으로 한다.[2)] 이러한 유인성(有因性)의 결과 다음의 효과가 발생한다.

첫째, 원인행위가 무효 · 취소된 경우에는 양도행위도 효력을 잃는다(유인성).[3)] 그러나 원인행위의 당사자가 비진의표시, 통정허위표시, 착오, 사기, 강박 등을 이유로 원인행위의 무효를 주장하거나 취소한 경우에 그 사유를 가지고 선의의 제3자에게 대항하지 못한다(제107조~제110조). 다만 사회질서위반이나 무능력을 이유로 하는 원인행위의 무효 · 취소는 누구에게나 주장할 수 있다(제103조 등).

둘째, 양도인은 원인행위의 유효를 조건으로 양도행위를 하기 때문에 원인행위와 양도행위는 합하여 하나의 거래목적을 이룬다. 그러므로 증권적 채권의 양도에 있어서와 같이 무인성이 명문규정으로 인정되는 경우(제513조~제515조) 이외에는 법적 원인 없는 처분행위는 효력을 발생하지 못한다.

셋째, 원인행위인 계약이 해제된 경우는 직접효과설(直接效果說)을 취

---

1) 원인행위와 양도행위의 시기에 관해서 물권변동에서의 채권행위와 물권행위의 독자성과 유사한 문제를 제기하여 독자성을 인정하는 견해도 있다. 김기선, 246. 그러나 채권양도에서 일률적으로 양행위가 별도로 행해진다고 보는 것은 옳지 않기 때문에 그러한 독자성론은 배격됨이 타당하다. 같은 취지: 곽윤직, 283; 김상용, 448; 김석우, 313; 김용한, 427; 김주수, 349; 김증한, 271; 김현태, 257; 김형배, 562; 이태재, 321.

2) 같은 취지: 곽윤직, 284; 김상용, 448; 김석우, 313; 김용한, 427; 김주수, 316; 김증한, 271; 김현태, 257; 현승종, 304; 주석 채권총칙(하), 324; 민법주해(10) 533. 무인설을 취하는 견해가 있었다. 정옥태, "채권양도 및 채무인수와 원인행위의 관계," 고시연구 1993년 7월호, 50에서는 "채권양도인 준물권행위를 원인행위와 구별하여 이해한다면 원칙적으로 무인성도 인정되어야 하리라고 생각된다"고 하면서, 다만 원인행위의 유효를 조건으로 하였다든지 일부무효의 법리를 적용해야 하는 독자성이 없는 경우에는 무인성의 원리가 관철되지 않는 경우가 있다고 하였다.

3) 같은 취지: 곽윤직, 284; 김석우, 313; 김용한, 427; 김주수, 349; 김증한, 271; 김현태, 257; 이태재, 321; 현승종, 304. 반대설(무인성설): 김기선, 246.

하면 무효와 같이 취급되지만, 청산관계설(淸算關係說)을 취하면 아직 이행되지 않은 채무는 소멸하고 이미 이행한 급부에 대하여는 청산의무를 발생시킨다.[1] 사견으로는 청산관계설을 취하므로 아직 양도행위가 행해지기 전에는 원인계약의 해제로 채권을 양도할 의무가 소멸하지만, 양도행위가 행해진 후에는 양도행위는 유효하게 존속하되 양수인은 반환의무를 지게 된다.

(2) 채권양도의 원인행위

(가) 의무부담행위　양도인이 양수인에게 채권을 양도하는 이유는 통상 원인행위에 의하여 채권양도의무를 지기 때문이다. 그러한 채권양도의무를 부담시키는 원인행위는 계약, 단독행위(유언), 법률의 규정이다. 계약인 경우에는 매매계약, 증여계약, 소비대차계약, 위임계약 등이 그 원인행위에 해당할 수 있다. 거래관행상 그 원인행위가 권리매매인 경우, 채권담보의 목적인 경우, 추심위임의 목적인 경우 등에 따라 다르게 된다.

원인행위가 매매 등의 쌍무계약인 경우에는 채권양도와 상환될 반대급부의 이행 여부가 문제된다. 채권의 양수인은 원인행위에서 반대급부와의 견련성이 있는 채권을 양수받게 된다. 다시 말해서 쌍무계약의 상환채무는 채권양도에 의하여 그 반대급부와의 견련성이 소멸하지 않는다. 양도된 채권과 반대급부 사이의 동시이행의 항변권, 위험부담의 문제 등은 채권양도에도 불구하고 종전과 같이 존속한다.

(나) 원인행위의 유형

1) 권리매매의 경우　양도인이 양수인에게 채권양도를 하는 원인은 권리매매(權利賣買)로서 그 채권의 가치 상당액의 대금을 취득하려는 목적으로 행해진다. 이 경우를 담보목적의 채권양도와 대비하여 「단순한 채권양도」라고 부른다. 물건의 매매에 의하여 매도인에게 물건에 대한 소유권이전채무가 발생하는 대신에, 권리매매에서는 매도인에게 권리의 이전채무가 발생하며 그 채무의 이행으로서 하는 처분행위가 채권양도에 해당하게 된다. 채권매매에서 매도인이 채무자의 자력을 담보한 때에는 매매규정에 따라 담보책임을 진다(제579조).

2) 담보목적의 채권양도　채권을 담보로 제공할 목적으로 양도하는

---

1) 졸저, 채권각론, 245 이하 참조.

경우도 많은데, 이러한 담보목적의 채권양도의 기초에는 소비대차(消費貸借)에 기한 차용금반환채무가 존재한다. 이 때 채권양도의 원인행위는 소비대차계약이 된다. 채무를 담보하기 위하여 담보권을 설정하는 방법으로서 민법은 권리질권을 설정하는 방법만을 규정하고 있는데, 권리질권을 설정하는 방법은 법률에 다른 규정이 없는 한 채권양도에 관한 방법에 의하여야 한다(제346조). 따라서 채권담보의 목적으로 채권양도가 행해진 경우에, 그것은 권리질권(權利質權)이 설정된 것으로 간주된다.[1]

만약 양도인과 양수인 사이에 권리질권의 설정이 아니라 「단순한 채권양도의 합의」를 했다면 그 합의는 유질계약(流質契約)의 금지(제339조, 제355조)에 위반할 뿐 아니라, 대물반환예약에 관하여 「차주(借主)에게 불이익한 약정의 금지」(제607조, 제608조)에도 위반하여 피담보채권액에 초과하는 부분의 약정은 일부무효로 된다. 따라서 질권자가 제3채무자로부터 변제를 받은 때에는 자기의 피담보채권을 초과하는 부분은 채무자에게 반환해야 할 의무를 진다.

채무자가 제3자에 대하여 가지고 있는 채권을 기존채무의 채권자에게 양도한 경우에, 그들 사이에 다른 특별한 의사표시가 없었다면 기존채무의 변제를 위하여 또는 그 담보조로 양도한 것이라고 추정하여야 한다. 이 경우 채권자가 채권양수를 승낙하고, 양수채권의 채무자가 채권자에게 양수금의 지급을 확약한다는 취지의 각서를 작성 · 공증하여 교부한 바 있다고 하여도 이것만 가지고 기존채무의 변제에 갈음하여 한다는 의사표시가 있었다고 할 수는 없다(대판 1991. 4. 9. 91다2526).

사례연구

만약 A(채권양도인)의 B(채권양수인)에 대한 5백만원의 채권을 담보하기 위하여 A의 C(제3채무자)에 대한 7백만원의 채권이 양도된 경우에, 그것은 그 7백만원의 A의 채권 위에 피담보채권을 5백만원으로 하는 B의 권리질권이 설정된 것으로 보아야 한다. 7백만원의 채권의 채권자는 A이며, B는 채권질권자일 뿐 스스로 그 7백만원의 유일한 채권자가 되는 것은 아니다. 만약 A와 B 사이

1) 대판 1964. 5. 5, 63다710: 특정의 채권양도가 질권설정을 목적으로 하는 것이었다는 사실은 이를 주장하는 당사자에게 입증책임이 있으며 양도계약서에 양수인에 대한 채무변제를 위하여 양도한다는 취지가 기재되어 있거나 그 양도와 동시에 양도채권에 관한 등기가 양수인에게 교부되었다는 사실만으로는 그 양도에 질권설정의 목적이 있었다고 추정할 수 없다(이 경우 채권매매로 추정되어야 할 것임).

에서 A는 채권자의 지위에서 물러나고 B만이 유일한 채권자가 되는 「단순한 채권양도의 합의」를 했다면 그 합의는 채권질권을 설정하여 B가 5백만원만을 직접청구 · 직접수령할 수 있다는 뜻으로 해석되고 초과부분 2백만원도 B가 보유할 수 있다는 약정은 일부무효로 되어, 그 2백만원에 대한 B의 권리는 인정되지 않는다. 설사 B가 7백만원을 전액 변제받아서 보유하고 있더라도 2백만원은 부당이득으로서 A에게 반환해야 한다.

3) 추심위임 · 소송위임　　채권자가 제3자에게 채무자로부터 추심(推尋)해줄 것을 위임하는 방법으로 채권을 양도하는 경우도 있다. 이러한 추심목적의 채권양도에 있어서는 양도인과 양수인의 내부관계에서는 진정한 처분의사가 없이 위임계약의 목적을 수행하기 위하여 채권양도의 외양을 빌리려는 것뿐이므로 양도인이 계속 채권을 보유하게 되며 채권이 추심되면 그 돈에서 수임인(외견상 양수인)에게 위임계약에 따른 보수(일정비율의 수수료)를 지급한다. 그러나 채무자에 대한 관계(외부 관계)에서는 채권양도가 행해진 것과 같은 효과가 생긴다(대항요건을 갖출 것이 요건임). 채무자는 양수인(수임인)에게 채무액을 지급함으로써 변제가 인정된다.

그 밖에 소송수행을 주목적으로 한 소송신탁(訴訟信託)의 채권양도가 행해지기도 하는데, 이는 반사회적 행위(강행법규 위반 등)에 해당하므로 무효이다(신탁법 제7조: 대판 1976. 4. 13, 75다1100).[1]

3. 채권양도의 당사자

(가) 3당사자관계　　채권양도행위의 당사자는 양도인(讓渡人)과 양수인(讓受人)이다. 채권양도의 원인이 되는 채권매매에서 양도인은 매도인으로서 채권양도의무를 지는 채무자이면서 반대급부채권을 갖는다. 양수인은 매수인으로서 채권양수를 받을 채권자가 되는 동시에 반대급부채무를 진다. 채권은 특정인에 대한 급부청구권을 그 핵심으로 하므로, 양도채권의 채무자는 그 양도행위의 통지를 받은 후에는 양도행위의 효과에 따르게 되

1) 부부 사이의 채권양도가 소송행위를 하게 함을 주목적으로 하는 신탁에 해당하여 무효라고 본 사례(대판 1996. 3. 26, 95다20041)도 있다.

는 채무자(債務者)(제3채무자라고도 함)로서 양도 이후에는 양수인에 대하여 채무를 진다. 채무자는 양도행위의 당사자는 아니지만, 채무자가 존재하지 않는 채권양도란 있을 수 없으므로 채권양도에 의하여 3당사자관계가 발생한다고 볼 수 있다.

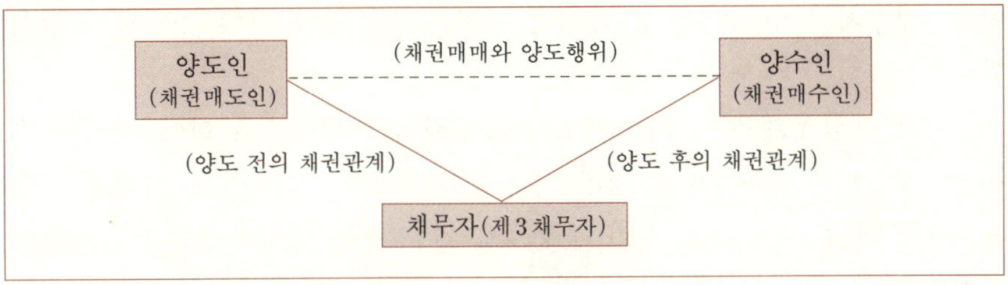

(나) 양 도 인　양도인(讓渡人)은 자기가 보유하는 채권을 거래상대방에게 양도하는 자이다. 양도인은 양도될 채권의 진정한 채권자이며, 그 채권에 대해 처분권을 갖고 있어야 한다.[1]

1) 선의취득의 불허　채권의 선의취득(善意取得)은 인정되지 않는다. 진정한 채권자가 아닌 사칭채권자(詐稱債權者)로부터 선의의 상대방에 대해 외관상의 양도행위가 행해졌더라도, 채권의 선의취득이 인정되지 않는 까닭에 그 상대방은 채권을 취득하지 못한다. 이 경우 상대방은 처분권 없는 사칭 양도인에 대하여 원인행위인 계약에 기초하여 채무불이행책임(제390조)이나 담보책임(제570조 이하)을 추궁할 수 있다. 채권의 선의취득이 부인되는 이유는 채권에는 물권과 같은 공시방법이 갖추어 있지 않기 때문이다. 채권은 채권자와 채무자 사이의 신뢰를 기초로 하는데, 만약 선의취득을 인정하여 선의 양수인의 채무자에 대한 채권을 인정한다면 그 신뢰를 깨뜨리게 된다는 점도 선의취득을 인정하지 않는 이유이다.

2) 처분권 없는 채권자　채권자라도 처분권(處分權)이 없으면 양도행위는 무효이며, 이 경우에는 처분권을 가진 제3자만이 양도행위를 할 수 있다. ① 채권이 압류(押留)되면 법원은 채무자에게 채권자에 대한 변제 기타 이행을 금지하고 채권자에게 채권의 처분과 변제수령을 금지한다(민집법 제227조).

---

1) 대판 1990. 2. 27, 88다카11534: 조합원 1인이 다른 조합원이 동의 없이 한 조합채권의 양도행위는 무효이다.

② 채권자가 파산(破産)하면 파산재단에 속하는 채권의 관리 및 처분의 권한은 파산관재인에게 속한다(채무자회생 및 파산에 관한 법률 제384조). ③ 그 밖에 당사자의 약정이나 법률규정에 의하여 채권자의 처분권이 제한된다.

㈐ 양 수 인 양수인(讓受人)은 양도인으로부터 채권을 이전받음으로써 채권자가 되는 사람을 말한다. 양수인은 양도인이 아닌 누구라도 될 수 있다. 채무자가 양수인이 된 때에는 채권은 혼동(混同)으로 소멸함이 원칙이다.

1) 반대급부채무 채권양도가 유상행위를 원인으로 하여 행해진 경우에, 양수인은 채권양도에 대한 대가(代價), 기타 반대급부를 이행할 의무를 진다. 반대급부(反對給付)가 불능으로 된 경우에 쌍무계약의 위험부담의 원칙에 따라 채권양도도 무효로 될 수 있다(제537조).

2) 백지양도 지명채권에 관하여 양수인을 지정하지 않은 공란(空欄)의 양도증서(讓渡證書)가 작성되어 유통되는 경우를 백지양도(白地讓渡)라고 한다. 백지양도는 지명채권을 사실상 지시채권이나 무기명채권처럼 유통성을 갖게 한다. 거래계에서 지명채권의 백지양도가 종종 이용되는 실태를 고려할 때, 이를 무효라고 하기는 곤란하다. 결국 지명채권의 백지양도증서를 수반한 양도행위는 유효하다고 해석할 수밖에 없다.[1] 채권양도는 채무자와 제3자에 대한 대항요건을 갖추어야 하는데, 대항요건으로서의 양도통지가 유효하기 위해서는 양수인이 특정되어야 한다.[2]

사견으로도 백지양도는 유효하지만 그의 법률관계가 지명채권의 성격을 벗어나지 않도록 해석되어야 한다고 생각한다. 백지양도행위는 백지양도증서의 교부라는 요소가 있지만 양도인과 제1양수인 사이의 채권양도행위라고 해석되며, 이 때 양도인은 제1양수인이 제2양수인에게 다시 채권양도행위를 하더라도 그 제2양수인을 위하여 대항요건을 갖추기 위한 양도통지를 할 것을 약속하고 그 통지를 백지양도증서 소지자에게 위임하는 의미가 포함되어 있다고 보여진다. 제2양수인이 제2의 양도행위를 통하여 그 백지양도증서를 교부받으면 그 공란을 자기이름으로 보충하여 채무자에게 제시함으로써 마치 양도인이 채무자에게 통지한 것과 같은 효과를 받게

1) 김기선, 245; 이태재, 262는 양수인의 표시를 어떻게 하든 양도인이나 채무자를 불리하게 만들지 않는다는 이유로 그의 유효성을 인정한다.

2) 곽윤직, 294; 김현태, 262; 민법주해(10), 562(이상훈 집필부분).

되어 대항요건을 갖추게 된다. 채권은 대내적인 관계에서는 양도인으로부터 제1양수인 · 제2양수인 등으로 전전되지만, 채무자나 제3자에 대한 대항력은 양도증서에 양수인을 기입(백지보충)하여 통지한 때에 발생한다. 제1의 양도행위의 때부터 백지보충시까지 채무자나 제3자에 대한 관계에서는 최초의 양도인이 채권자로 취급된다. 결국 백지양도증서는 양도인의 채무자에 대한 통지를 그 증서소지자가 대신 할 수 있는 권한을 부여하는 백지위임(白地委任)이라고 해석된다.

§ 43. 지명채권의 양도

1. 지명채권의 양도성

(1) 양도성의 원칙

채권은 양도할 수 있음을 원칙으로 한다(보통 채권이라고 하면 지명채권을 의미함). 지명채권(指名債權)이란 채무자가 특정의 채권자에 대하여 이행의무를 부담하는 경우를 가리키며, 지명채권에는 원칙적으로 양도성은 인정되지만 유통성은 부여되지 않는 것이 특징이다. 채권증서의 작성 · 교부는 지명채권의 발생요건이 아니며, 채권증서가 작성 · 교부된 경우라도 그 증서는 증거수단이 될 뿐이다.

예외적으로 채권의 성질상 양도가 허용되지 않는 경우와 당사자가 양도제한의 약정을 한 경우에는 양도할 수 없다(제449조 1항). 양도제한의 특약은 선의의 제3자에게 대항하지 못한다(제449조 2항). 이와 같이 민법은 채권의 속성으로서 양도성을 인정하는 한편 양도불가의 경우를 포괄적으로 규정한다(제449조).

(2) 양도되는 채권

(가) 변제기 미도래의 채권 채권은 아직 변제기가 도래하기 전(前)이라도 계약체결로 일단 성립한 후에는 채권양도의 객체가 될 수 있다. 양수인은 변제기가 도래한 후에 채무자에게 이행청구를 할 수 있다. 매매계약 이후에 그 대금채권을 양도한다든가, 보증금이 있는 임대차계약 이후에 보증금반환채권을 양도하는 경우가 변제기 미도래의 채권을 양도하는 경우에 해당한다. 매매나 임대차 같은 쌍무계약에서 양수인은 변제기도래뿐 아니라 양도인의 반대급부의 이행이 있어야 그 금전채권의 만족을 얻을 수 있다.

(나) 기본계약으로부터의 장래채권 채권자와 채무자 사이에 「장래 발생할 채권」의 기초적(基礎的) 법률관계가 발생해 있고, 양도대상의 채권이 그 기초관계로부터 발생할 것이 예정된 경우에는 채권양도가 허용된다.[1] 즉 장래 발생할 채권이라도 현재 그 권리의 특정이 가능하고 가까운 장래에

1) 장래채권의 압류: 장래채권을 압류할 수 있는가는 장래채권양도의 경우가 다른 기준에 의하여 판단되어야 한다. 채권양도의 경우보다 압류의 경우는 더 엄격한 「객체의 확정성, 특정성」이 요구된다. 같

발생할 것임이 상당한 정도로 기대되는 경우에는 채권양도의 대상이 될 수 있다(대판 1991. 6. 25, 88다카6358). 채권양도에서 요구되는 객체의 특정성은 물권행위의 경우보다 훨씬 완화된다. 채권양도의 객체는 배타성이 없는 채권이므로, 물건에 대한 소유권을 양도하는 물권행위처럼 엄격한 특정성이 요구될 필요가 없다. 채권양도의 효과는 채무자에 대한 관계에서 의미를 가지며, 채권양도 이후에도 양수인과 채무자 사이의 채권관계는 상대성을 갖는다. 장래채권(將來債權)을 발생시키는 기본계약은 계속적 계약인 경우가 많다.

채권자와 채무자 사이에 여러 종류의 기본계약이 체결되었고 그 여러 개의 기본계약에서 장래 발생할 채권을 모두 양도하는 경우를 포괄적 채권양도(包括的 債權讓渡)라고 하고, 그 중의 일정액까지만 한도로 하여 양도하는 경우를 최고액 채권양도(最高額 債權讓渡)라고 하는데, 이러한 모습의 채권양도는 거래계에서 가끔 행하여진다.

사례연구

매도인(A)과 매수인(C) 사이에 매월 일정량의 계속적 물품공급계약이 체결되어 있고 매도인이 장래 발생할 물품대금채권(매월 2 백만원) 중 3월부터 9월까지의 것을 양수인(B)에게 양도한 경우에, 양수인은 그 부분의 대금채권을 취득한다. 매도인은 물품대금채권을 양도함으로써 그 채권액의 현재가 상당액의 자금을 미리 융통해 쓰는 효과를 얻을 수 있는데, 이를 불법으로 취급할 이유는 없다. 이 경우 양수인이 그 채권으로부터 만족을 얻기 위해서는 매도인의 물품공급이 하자 없이 이루어지고 그 물품대금의 결제일이 도래해야 한다.

㈐ 조건부 · 기한부채권의 양도 채권의 다른 요건은 모두 갖추었으나 그의 효력발생에 어떤 조건이나 기한에 걸려 있는 채권도 그 조건(條件) · 기한(期限)과 함께 양도될 수 있다. 예를 들면 장래 당첨된 경우에 얻게 될 경품에 관한 채권도 양도가 가능하다.

㈑ 채권의 일부양도 양도성 있는 채권은 그의 일부(一部)만을 양도하는 것도 가능하다. ① 일부양도 이후에는 당사자간에 다른 약정이 없으면

은 취지: 서민, "채권양도에 관한 연구," 서울대 박사논문, 1985, 78.

대판 1982. 10. 26, 82다카508: 장래채권도 압류할 수 있으나, 다만 현재 그 권리의 특정이 가능하고 그 가까운 장래에 발생할 것임이 상당 정도 기대되어야 한다.

채권의 목적이 가분급부인 경우에는 분할채권(分割債權)으로 된다(제408조). 각 분할채권자는 자기의 채권액의 범위에서 권리를 행사한다. ② 불가분급부인 경우에는 불가분채권(不可分債權)의 공동귀속(共同歸屬)이 생기게 된다(제409조).[1] 불가분채권의 경우에 각 채권자는 모든 채권자를 위하여 이행을 청구할 수 있고, 채무자가 1인의 채권자에게 이행하면 모든 채권자에 대하여 변제의 효력이 생긴다(제409조). 이행청구나 이행(변제, 상계, 공탁 등)은 절대적 효력사유이지만, 그 밖의 사유(경개, 면제)는 당해 채권자에 대하여만 효력이 있고, 다른 채권자에게는 효력을 미치지 않는 상대적 효력사유이다(제410조). ③ 가분급부의 경우에나 불가분급부의 경우에나 채권의 일부양도로 채무자에게 불이익이 초래되어서는 안 된다. ④ 채권에 붙어 있는 담보권은 분할된 이후에도 양 채권을 함께 담보한다.

(3) 양도가 제한되는 채권

㈎ 양도제한의 축소경향 채무의 성질이 양도를 허용하느냐는 채권자와 채무자의 인적 결속, 채권의 만족가능성, 그리고 채무자의 이익보호라는 세 가지 측면을 고찰하여 결정된다. 자본주의가 정착함에 따라 채권자와 채무자 사이에 당사자를 교체해서는 안 된다는 인적 결속은 완화되고, 반대로 채권의 재산권성이 강조됨으로써 근래의 학설과 판례는 종전에 비해 양도성을 광범위하게 인정하는 추세이다. 그에 따라 양도가 절대적으로 금지되는 채권은 적어지고 양도성이 제한되기는 하지만, 채무자의 동의를 얻어 양도가능한 채권이 대부분으로 되었다. 쌍무계약의 상환채권은 대개 반대급부채무와 견련성이 상실되지 않는다.

㈏ 양도제한채권의 종류

1) 완전한 양도금지채권 채권자에 따라 개별성이 강한 노무채권, 보증채권처럼 다른 채권에 종속된 권리, 기타 채권양도가 절대적으로 금지되는 채권은 제3자에게 이전될 수 없다. 이와 같이 채권의 성질이 절대로 양도를 허용하지 않는 경우에는 비록 채권자가 제3자와 양도를 위한 행위를 했다고 하더라도 그 행위는 무효이고, 채권은 그대로 채권자에게 귀속한다.

---

1) 다만 불가분급부에 관해서는 일부양도를 부인하는 견해도 있으나, 그 근거는 밝히지 않고 있다. 김선석, "지명채권양도의 증명책임," 사법논집 제23권, 226; 민법주해(10), 561(이상훈 집필부분).

개별성이 강한 노무채권(勞務債權)에 관하여는 그 채권이 동일성을 유지하면서 제3자에게 이전한다는 것이 성질상 불가능하므로 채권양도행위만으로 양도의 효과는 생기지 않고, 채무자가 그 양도에 동의한 경우에는 양수인과 채무자 사이에 새로운 노무공급계약이 체결된 것으로 해석된다. 채권의 성질상 양도가 금지되더라도 채무자가 양도에 동의한 경우는 그 채무자의 의사가 최대한의 의미를 갖도록 해석하여야 할 것이다. 채무자는 구채권자와의 채권관계를 종료시키고 그와 유사한 채권관계를 제3자와 새로이 맺겠다는 의사를 표시한 것이라고 해석된다. 그 채권관계는 고용·위임·도급 등의 노무제공계약인 것이 보통이므로, 채무자의 동의는 결국 제3자와 새로운 노무공급계약을 체결하는 승낙의 의사표시에 해당하게 된다. 그리고 제3자가 채권을 양수받고 싶어서 채무자에게 동의를 구하는 행위 속에 신계약의 청약의 의사표시가 포함되어 있다고 여겨진다.[1] 구채권자가 이미 노무제공의 대가를 지급한 경우에는 그 대가를 둘러싼 채권의 양도가 3당사자의 관계에 있어서 중요한 의미를 갖는다. 구채권자와 채무자 사이의 채권관계의 종료로 구채권자는 이미 지급한 대가에 대해 반환청구권을 갖게 되고, 구채권자는 그 대가반환청구권(代價返還請求權)을 신채권자에게 채권양도하려는 것으로 당사자의 의사가 해석된다. 신채권자는 그 양수받

사례연구

학생(A)이 음악선생님(C)에게 개인교습을 받기로 하고 한 달치 사례금(50만원)을 선불하였으나, A의 사정으로 지도를 받을 수 없게 되었다. A는 친구(B)에게 선생님에 대한 개인교습을 받을 채권을 양도하는 합의를 하고 그 대가로 30만원을 받았다. B는 선생님에 대하여 개인교습을 해 줄 것을 청구할 권리를 갖는가? 이 경우 개인교습은 성질상 양도가 제한되는 채권이므로 A로부터 B에게로의 채권양도는 무효이다. 그러나 A와 B가 선생님에게 그 사정을 설명하고 승낙해 줄 것을 요청하자 선생님이 그 사정을 이해하여 B에게 한 달 동안 개인교습을 해 주고 그 사례금은 A로부터 받은 50만원으로 대신하기로 승낙한 경우라면, 선생님과 B 사이에 새로운 개인교습계약이 체결된 것으로 해석해야 할 것이다.

1) 김주수, 355에서 채권자·양수인·채무자의 3자합의로 양도된다고 해석하는 것은 사견과 비슷하게 양수인과 채무자 사이에 계약의 체결을 인정하는 취지라고 이해된다.

는 금전채권으로써 그가 지급해야 할 노무이용대금을 결제하게 된다.

2) 불완전한 양도금지채권 임대차나 사용대차 등의 사용 · 수익권, 개별성이 약한 노무채권은 채무자의 동의를 얻어 제3자에게 양도할 수 있다. 이러한 불완전(不完全)한 양도금지의 채권은 양도는 할 수 있지만, 그의 법률관계가 보통의 채권양도와 다르다. 보통의 채권양도에서는 양도인과 양수인이 양도합의로 양도행위가 행해지고 채무자에 대한 통지 · 승낙으로 대항력을 취득하지만, 불완전한 양도금지채권에서는 양도인과 양수인 사이의 양도합의 이외에 채무자의 동의가 양도행위의 요건이 된다.

채무자의 승낙 없이 타인에게 양도할 수 없다는 특약이 있는 채권에 관하여 채권자와 양수인이 연명(連名)으로 채무자에게 그 채권양도의 승낙을 요청하여 그를 얻은 경우에 그 승낙은 위 계약에 의한 승낙인 동시에 지명채권양도의 대항요건으로서의 승낙으로서 효력이 있다(대판 1959. 11. 5. 4292민상42).

만약 채권자가 채무자의 동의를 얻지 않고 제3자와 양도합의를 한 경우에 그 양도합의의 효력은 어떠한가. 이 경우에 양도의 효력은 발생하지만 양수인이 그를 가지고 채무자에 대하여 대항할 수 없다고 보는 견해가 있다.[1] 사견으로는 이 경우 동의 없는 양도행위는 무효라고 생각한다. 채권에 양도성을 부여하는 채무자의 동의는 양도행위를 구성하는 효력요건이므로 그것이 없는 양도행위는 있을 수 없기 때문이다. 양도인과 양수인의 양도합의 당시에는 채무자의 동의를 얻지 못하였으나, 그 이후에 동의를 얻은 경우에는 그 동의시부터 채권양도의 효력이 발생한다.[2]

(다) 성질에 의한 양도제한

1) 사용 · 수익권 물건의 대차계약에서는 채권자에 따라 물건의 사용 · 수익의 방법에 차이가 있으므로 채권자가 누구인가가 채무자의 이익에 큰 영향을 미칠 수 있다. 그러므로 사용 · 수익권(使用 · 收益權)의 양도는 명문규정으로 제한된다. 사용대차에서 차주는 대주의 승낙 없이 차용물을 제3자에게 사용 · 수익하게 하지 못하며(제610조 2항), 임대차에서 임차인은 임대인의 동의 없이 권리를 양도할 수 없다(제629조 1항).

2) 노무수령권 고용계약(雇用契約)의 사용자는 노무자의 동의 없이

1) 곽윤직, 288; 김용한, 436; 김주수, 355; 민법주해(10), 566(이상훈 집필부분).

2) 서민, "채권양도에 관한 연구," 55에서는 그러한 사후동의가 양도합의의 당시로 소급하여 양도를 유효하게 만드는 효과를 갖는다고 한다.

권리를 제3자에게 양도하지 못한다(제657조 1항). 고용과 유사한 위임 · 도급 등에서의 노무수령권도 채무자의 동의 없이 양도할 수 없다고 해석된다. 특정인에 대한 교육 · 훈련 · 변호 · 치료 · 간호 · 부양 등의 노무를 제공하는 채무의 경우도 채권자의 변경으로 급부의 내용이 크게 다르게 되어 채권양도가 제한된다. 이러한 노무채권의 양도제한은 채무자의 이익보호에 목적이 있으므로 채무자의 동의를 얻어 양도할 수 있다고 해석된다.[1] 그러나 노무(勞務)의 성격상 채권자마다 개별성이 없으며 채무자의 양도제한의사가 없는 경우에는 노무권도 양도가능하다.

3) 다른 채권에 종속된 채권 주채무에 부종된 보증채무는 피담보채무에 부종된 담보물권과 같은 부종성(不從性)을 가지므로, 주채권으로부터 분리하여 보증채권만 양도할 수 없다.

4) 특별결합관계에 있는 채권 상호계산(상법 제72조 이하)에 들어 있는 채권으로서 증권화되지 않은 것은 상호계산불가분(相互計算不可分)의 원칙에 의해 개개의 채권으로 분리되어 양도될 수 없다.[2]

5) 소비대차의 차용금반환채권 사견으로는 소비대차(消費貸借)로 인한 차용금반환청구권(借用金返還請求權)은 대주(貸主)의 계약상의 지위를 양도하는 계약양도(契約讓渡)만이 허용되며, 단지 그 차용금채권만을 양도하는 것은 허용되지 않는다고 해석된다. 계약양도 이외에 채권양도만을 인정할 실익이 없다. 그리고 차용금반환채권자가 그 차용금을 일정기간 후에 반환청구한다는 것(채무자에게 기한의 이익을 준다는 것)은 곧 그 차용금을 소비대차하여 사용수익케 하는 것을 의미하기 때문에, 차용금채권자가 그 차용금에 비례한 이자채권을 갖는 것이 당연하다. 결국 당사자간의 차용금채권의 양도는 그 의미를 살려서 소비대차계약의 양도로 해석하는 것이 타당하다.[3]

다만 소비대차에서 발생한 이자채권은 원금채권과 분리되어 양도될 수 있다. 대주가 원본을 사용케 한 대가로서 이자채권을 취득한 것 또는 장래 취득할 것을 그것만 분리하여 제3자에게 양도하는 것은 그 필요성이 인정

1) 곽윤직, 288; 김주수, 355; 서민, 앞의 글, 52.

2) 이철송, 상법총칙 · 상행위, 1989, 327.

3) 당좌대월로 인한 채권(당좌예금에서 결제됨)은 양도성이 없다고 하는 견해가 있다. 곽윤직, 365; 김주수, 355; 김형배(2판), 574. 그 이유는 당좌대월로 인한 채권은 당좌예금과 상호계산의 관계에 서기 때문이라고 한다. 사견으로는 이 경우는 소비대차의 계약양도만이 가능하다고 생각된다.

된다. 소비대차의 객체는 금전 또는 수량으로 산정되는 종류물이므로 분할이 가능하므로, 일부양도도 가능하다.

전세금 · 보증금채권의 양도가능

전세권이나 임차권의 존속중에 사용 · 수익권과 별도로 전세금반환청구권이나 보증금반환청구권만을 제3자에게 양도하는 행위도 유효하다.[1] 이들 청구권은 전세권이나 임대차계약의 종료시에 변제기에 도달한다. 이 경우 전세권자나 임차인의 목적물반환의무와 전세금 · 보증금반환채권 사이의 동시이행관계 등 쌍무계약의 견련성은 그대로 존속한다. 판례는 과거에는 전세권과 분리한 전세금반환청구권의 양도를 인정한다.[2] 전세금반환채권을 목적물의 반환 이전에 전세계약과 분리하여 양도함은 전세권설정자에게 아무 불이익을 주지 않으며 조건부 또는 장래채권의 양도성을 부인할 이유가 없으므로 유효하다(대판 1969. 12. 23. 69다1745).

㈑ 의사표시에 의한 양도제한

1) 양도제한의 의사 　양도제한(讓渡制限)의 의사표시는 채무자와 채권자의 합의로 하여야 함이 원칙이다. 다만 채권이 유언(제1073조)의 단독행위에 의해 발생한 경우에는 그 단독행위자의 일방적 의사표시로 양도를 제한할 수 있다. 양도제한의 의사는 채권의 성립시 또는 그 후에 표명될 수 있다. 양도제한의 내용은 전면적인 금지 또는 일정한 조건 · 기한을 붙인 허용 등 당사자가 자유롭게 정할 수 있도록 하는 등의 약정도 가능하다. 양도제한이 전면적인 금지가 아니라 양수인의 한정 등 범위제한의 경우에는 채권의 양도성이 박탈되지 않는다.

2) 양도제한위반의 효과[3] 　양도제한약정(讓渡制限約定)은 채권자와 채무자 사이에서 효력을 가지며, 제3자에 대한 관계에서는 그가 양도제한을 알았던 경우에 한하여 효력을 미친다. 다만 선의의 양수인에 대하여는 그 양도제한이 효력을 발휘하지 못한다.

---

1) 같은 취지: 김상용, 390; 김주수, 356; 장경학, 433. 부인설: 곽윤직, 290; 김용한, 437; 현승종, 310; 민법주해(10), 564; 서민, 앞의 글, 54.

2) 대판 1989. 11. 14, 88다카29962(양도성인정). 양도성을 부인한 판결(대판 1966. 7. 5, 66다850; 대판 1966. 9. 6, 66다769).

3) 참고문헌: 이건호, "채권양도금지특약," 사법행정 1986년 10월호.

3) 선의양수인에 대한 양도효과　민법은 양도제한의 의사표시로서 선의(善意)의 제3자에게 대항하지 못한다고 규정한다(제449조 2항 단서). 양도제한약정이 있음에도 불구하고 그에 어긋난 채권양도행위가 있는 경우 선의의 양수인은 채권을 이전받으나, 악의의 양수인에게 양도의 효과가 발생하지 않는다.[1] 악의의 양수인은 채무자에 대하여 채권양도를 이유로 채무의 이행을 청구할 수 없다.

제3자는 양도제한을 알지 못함에 과실이 없어야 하는가. 선의의 제3자보호는 무과실을 요건으로 한다고 보는 견해가 있다.[2] 이 견해에 따르면 과실로 양도제한약정을 알지 못한 양수인은 악의의 경우와 같이 다루어진다. 반면에 법원칙으로 인정된 채권의 양도성을 특약으로 제한하는 경우에까지 양수인이 무과실을 요구하는 것은 옳지 않으므로 중과실(重過失)의 경우만 무효로 하면 충분하다는 견해도 주장된다.[3] 사견으로서는 제3자보호의 요건으로서는 선의로서 충분하고, 무과실은 필요 없다고 생각한다. 양도제한약정을 무시하고 양도한 채권자에게 약정위반의 책임을 내부적인 관계에서 추궁하도록 하고, 선의의 제3자에게까지 그 약정의 효력을 확대하지 못하도록 하는 것이 민법의 취지이다. 양도행위의 상대방인 제3자에게 양도제한약정의 존부에 대해 조사할 주의의무를 부과하는 것은 민법이 인정한 채권의 양도성 인정의 원칙에 비추어 볼 때 부당하다. 판례는 제3자의 중과실은 악의와 같이 취급하므로, 양도금지특약의 존재를 알지 못하고 이 채권을 양수한 경우 그 알지 못함에 중과실이 있는 때에는 양도에 의한 채권을 취득할 수 없다고 한다(대판 1996. 6. 28, 96다18281). 다만 양도금지특약이 기재된 채권증서의 존재만으로 곧바로 그 특약의 존재에 관한 양수인의 악의나 중과실을 추단할 수는 없다(대판 2000. 4. 25, 99다67482).

4) 증명책임　채권양도의 효력을 부인하는 채무자는 채권제한약정의 존재와 양수인의 악의를 증명(證明)하여야 한다.[4] 만약 악의의 양수인의 이행청구가 있을 경우, 채무자는 악의를 증명하여 채권양도가 이루어지지 않

1) 즉 양수인이 악의인 경우 채권양도는 무효로 되며, 양도인 · 양수인 사이에서 내부적으로 유효로 남지 않는다. 같은 취지: 곽윤직, 291; 김상용, 455; 김용한, 437; 김주수, 358; 김증한, 237; 현승종, 311; 민법주해(10), 567.

2) 곽윤직, 291; 김용한, 438; 김형배, 578; 장경학, 436.

3) 김상용, 393; 김주수, 359; 김형배, 578; 장경학, 436; 정기웅, 373.

4) 곽윤직, 292; 김상용, 393; 김용한, 438; 김증한 · 김학동, 291; 김주수, 359; 김형배, 578.

았음을 주장할 수 있다.

5) 채무자의 동의에 의한 치유　양도제한약정으로 인한 양도행위의 무효는 채무자가 그 양도행위에 동의(同意)함으로써 치유(治癒)될 수 있다(제139조 참조). 양도제한약정이 있음에도 채무자가 양도인이나 양수인에 대하여 양도의 사전동의를 한 경우에는 양도제한의사의 철회가 되고(대판 1996. 2. 9, 95다49325 참조), 사후승낙을 한 경우에는 무효행위의 추인이 된다. 사후승낙의 경우에 다른 약정이 없는 한 소급효가 생기지 않고, 승낙시로부터 양도의 효과가 생긴다.[1]

당사자의 양도금지의 의사표시로써 채권은 양도성을 상실하며, 양도금지의 특약에 위반해서 채권을 제3자에게 양도한 경우에 악의 또는 중과실의 채권양수인에 대하여는 채권이전의 효과가 생기지 아니하나, 악의 또는 중과실로 채권양수를 받은 후 채무자가 그 양도에 대하여 승낙을 한 때에는 채무자의 사후승낙에 의하여 무효인 채권양도행위가 추인되어 유효하게 되며, 이 경우 다른 약정이 없는 한 소급효가 인정되지 아니하고 양도의 효과는 승낙시부터 발생한다(대판 2000. 4. 7, 95다52817).

(마) 법률에 의한 양도제한　법률은 채권자의 생활보장 등을 목적으로 일정한 채권의 양도를 금지하는데, 이러한 법률은 복지국가를 지향함에 따라 증가하는 추세이다. 양도가 금지되는 채권은 대개 압류도 금지되지만, 양도금지와 압류금지가 언제나 함께 행해지는 것은 아니다.[2] 양도가 금지되는 채권은 많은 경우에 기타의 모든 처분행위(질권설정 등)가 함께 금지된다.

1) 배상 및 보상청구권　약혼해제, 이혼 또는 파양으로 인한 위자료청구권은 양도하지 못함을 원칙으로 하지만 배상액이 결정된 후에는 양도할

---

1) 같은 취지: Fikentscher, *Schuldrecht*, 7. Aufl. § 57 Ⅱ 5b, SS. 357~358; Larenz, *Schuldrecht I*, 13. § Aufl., 34 Ⅱ 1, S. 528; BGHZ 70, 299. 독일에서는 양도금지약정에 관하여 동의를 새로운 계약의 승낙으로 보는 견해(계약설)가 많은 문헌에서 주장되고(Larenz, Fikentscher, Soergel-Siebert, *Staudinger-Komm, Münchener-Komm*) 판례에 의해 지지되고 있는데(BGHZ 70, 299; BGH *NJW* 1978, 813), 위의 소급효부인설은 이 계약설과 같은 취지이다. 반대설: 소급효인정; Medicus, *Schuldrecht I*, § 62 Ⅰ 4d; Palandt/Heinrichs, § 399, Anm. 6.

2) 압류금지의 채권(민사집행법 제246조)을 양도할 수 있는가. 압류금지는 채권자의 의사에 의하지 않고 채권을 빼앗기는 것을 막자는 것이므로 채권자의 의사에 의한 양도와 별개라고 보는 견해가 있다. 김주수, 360; 김증한, 277; 임정평, 377. 단 곽윤직, 292; 김용한, 439; 김증한 · 김학동, 292는 압류금지채권의 양도성 유무는 채권의 특수성을 고려하여 개별적으로 결정되어야 한다고 설명한다. 그러나 사견으로는 압류금지가 양도금지를 포함하는 보다 강한 내용을 가지며 채권자의 생활을 보장해 주려는 사회정치적 목적은 양도에도 동일하게 고려되어야 하므로, 압류금지채권은 양도도 금지된다고 해석된다. 같은 취지: 서민, 앞의 글, 67. 판례는 압류금지채권이 반드시 양도가 금지되는 것은 아니라고 하였다(대판 1990. 2. 13, 88다카8132).

수 있다(제806조, 제843조, 제908조). 근로재해에 대한 보상금청구권(근로기준법 제86조; 산업재해보상보험법 제88조 2항; 선원법 제124조), 국가배상청구권(국가배상법 제4조), 형사보상청구권(형사보상법 제22조)도 배상금이 피해자에게 직접 지급되어 피해복구에 쓰여질 것을 목적으로 하므로 양도될 수 없다.

2) 생활급여청구권 민법상 부양청구권(扶養請求權)은 처분하지 못하도록 되어 있다(제979조). 그 밖에 의료보험가입자의 보험급여청구권(의료급여법 제18조), 생활보호의 급여청구권(국민기초생활보장법 제36조), 연금의 지급청구권(공무원연금법 제32조; 군인연금법 제7조 등)도 채권자에게 직접 지급되어 채권자의 생활을 보장해 줄 것을 목적으로 하므로 양도될 수 없다.

3) 임금청구권 구근로기준법 제36조 1항(현행근로기준법 제43조 1항)에서 임금직접지급의 원칙을 규정하고 그에 위반하는 자는 처벌을 하도록 하는 규정을 두어 이행을 강제한다. 판례는 그 이유가 임금을 확실하게 근로자 본인의 수중에 들어가게 하여 그의 자유로운 처분에 맡기고, 나아가 근로자의 생활을 보호하고자 하는 데 있다고 한다. 그러므로 근로자가 임금채권(賃金債權)을 양도한 경우라도 사용자는 직접 근로자에게 임금을 지급해야 하며(근로기준법 제43조 1항), 양수인은 사용자에게 자기에게 임금을 지급하도록 청구할 수 없다고 한다(대판[全合] 1988.12. 13, 87 다카2803).[1]

2. 채권양도의 효과

(1) 개 설

(가) 대항요건주의의 의의 민법은 지명채권의 양도의 효력에 관하여 대항요건(對抗要件)의 입법주의(立法主義)를 취한다.[2] 양도인과 양수인 사이에서는 법률행위인 양도행위에 의해 채권이 이전되지만, 채무자 및 제3자에게 그 양도를 갖고 대항하기 위해서는 통지·승낙 등의 대항요건을 갖출

1) 이 전원합의체 판결에 관해서는 다수의견이 근로자의 임금채권을 양도가능하다고 하면서 양수인의 사용자에 대한 직접청구권을 부인한 것은 채권양도와 근로기준법 제36조의 법리를 오해한 것으로서 부당하다는 소수의견이 주장되었다. 서민, "퇴직금채권의 양도성," 민사판례연구 제12권, 1990 수록; 이태재, "근로자의 임금채권의 양도," 판례월보 1989년 3월호; 최형기, "임금채권의 양도성," 법조 1989년 2월호; 한상호, "채권이 가압류된 후에 임금채권을 변제받기 위하여 피가압류채권을 양수한 자에 대한 변제의 효력," 법조 1990년 4월호.

2) 프랑스민법과 일본민법도 대항요건주의를 취하고 있다. 독일민법은 양도행위만으로 채권양도의 효력을 인정하며, 채무자의 선의변제가 보호되기 위한 요건으로서 채무자에의 통지를 요구한다.

것을 요구한다(제450조). 채권양도의 대항요건주의는 물권변동에 관한 대항요건주의(프랑스·일본 등)와는 그 성질이 전혀 다르다. 양도행위는 양도인과 양수인 사이에서 완성되고 채무자에의 통지는 대항요건일 뿐이라고 해석하는 견해도 있으나[1] 이는 채권양도의 본질에 어긋나는 해석이다. 사견으로서는 채권양도의 대항요건주의하에서 채무자에 대한 통지는 채권양도행위의 효력요건으로서의 성격을 가진다고 본다. 채권이란 채무자에 대한 급부소구력을 본질적 내용으로 가지므로, 양수인에게 급부청구권이 부여되지 않는 경우에는 채권양도가 완결되었다고 할 수 없다.

(나) 채권이전의 효과 채무자에 대한 대항요건을 갖춘 채권양도행위만이 채권양도의 효과를 가져온다.

① 채권의 이전 채권양도에 의하여 양도인으로부터 양수인에게로 채권이 이전(移轉)하는 효과가 생긴다. 양도 이후에는 양수인만이 채권자가 된다. 채무자는 양수인에 대하여 채무를 이행할 의무를 진다. 양도인에 대한 변제는 비채변제가 되어 채무를 소멸시키지 못한다.

② 채권의 장래취득 장래(將來) 발생할 채권을 미리 양도한 경우에는 채권의 발생과 동시에 양수인이 채권을 취득한다. 채무자는 그 채무를 양수인에게 변제해야 한다.

③ 동일성유지의 원칙 채권은 양도에도 불구하고 채무내용에 관해 동일성(同一性)을 유지함이 원칙이다. 채권에 부착된 담보권(물적담보·인적담보), 채권에 종속된 약정(이자약정·위약금약정 등), 채권에 부착된 결함(항변권·기타 대항사유)도 특별한 사정이 없으면 함께 이전된다.[2] 판례는 「가압류에 의해 제한된 채권」(대판 2000. 4. 11, 99다23888) 및 「보증보험으로 담보되는 채권」(대판 1999. 6. 8, 98다53707)도 그 특성을 잃지 않고 양수인에게 이전된다고 한다.

(다) 대항력 없는 채권양도 채무자에 대하여 대항할 수 없는 양수인의 채권취득은 실제로 다음과 같은 효력을 갖는다.

① 양수인에 대한 채권취득 양도인과 양수인 사이의 내부관계에서 채권자는 양수인이 된다. 그러나 대항요건을 갖추지 못한 채권양도에서

1) 곽윤직, 293; 김상용, 396; 김용한, 440; 김주수, 360; 김증한, 277; 김증한·김학동, 296; 김형배(2판), 582; 이태재, 324; 현승종, 316; 민법주해(10), 577; 김증한, "채권양도의 법률적 성질과 대항요건," 고시연구 1984년 4월호.

2) 김기선, 245; 이태재, 318; 서민, "채권양도에 관한 소고," 법조 제31권 12호, 1982, 46 이하.

양수인이 채권자로서 내부적으로 인정받는다는 것만으로 양수인이 채권자가 될 수는 없다. 양수인은 채무자에게 대하여 급부청구권을 갖지 못하는데, 급부청구권 없는 채권이란 없기 때문이다. 채무자로부터 물건이나 용역을 인도 · 제공받을 채권의 경우에 양수인은 채무자에 대해 물건인도나 용역의 제공을 청구할 수 없으며, 채무자는 양도인에게 변제할 의무를 진다. 양도인이 두 명의 양수인에게 이중양도를 하고 두 명 모두 대항요건을 갖추지 않은 경우를 생각해 보면 양도인이 채권자라는 점이 타당하다는 것을 알 수 있다.

양수인은 양도인에게 대하여 채무자로부터 받은 급부를 자기에게 이전해 줄 것을 청구하는 「양수인에 대한 채권」을 취득할 뿐이다. 양도인이 양수인에게 추심권한을 부여했다고 해석되는 경우에 양수인은 양도인(채권자)을 대신하여 추심할 수는 있다. 채무자에게 대항할 수 없는 채권양도는 처분행위로서의 효력을 갖지 못한다.

② 변제수령권자 채무자는 자기의 채권자인 양도인에게 변제할 의무를 지며, 양수인에게 변제할 의무는 지지 않는다. 다만 채무자가 양수인에게 변제한 경우에 채권자에게 수령권한을 위임받은 자에게 변제가 되는 경우에 한해서 채무의 정당한 변제로서 채권이 소멸한다. 양수인이 양도인으로부터 내부적인 급부수령권을 가진 경우에, 양도인은 양수인의 급부수령이 있으면 자기에게 급부하지 않았다는 이유로 변제의 효력을 부인할 수 없다. 채권양도를 부정할 이해관계를 갖는 자가 없을 때, 채무자가 양수인에 대하여 상계적상의 채권을 갖는 경우에 그 채권과 상계하고 양수인에 대하여 양도사실을 주장하는 것은 가능하다. 채무자가 양수인의 이행청구에 응하거나 상계하는 것은 묵시(默示)의 양도승낙으로 해석된다.

③ 임차권의 특칙 임차인은 임대인(賃貸人)의 동의(同意) 없이 그 권리를 양도하지 못한다. 임차권의 양도는 대개 계약양도로 행해지지만, 예외적으로 채권양도로 하는 경우도 있다. 민법은 임차권의 계약양도를 원칙으로 하고 그 경우에도 임대인의 동의를 얻어서 계약양도하도록 규정한다(제629조). 임대인의 동의 없는 양수인은 임차권을 취득하지 못하며, 채무자에 대한 대항력을 갖추지 못한 양수인과 유사한 지위에 놓인다. 다만 임차권의 경우에는 양수인이 채무자의 협력이 없이도 목적물을 사용할 수 있기 때문

에, 대항력 없는 양수인도 양도인의 보조자로서 사용수익권을 실제 향유하게 된다. 다만 임대인에 대한 관계에서는 그 사용수익권을 주장하지 못한다(임대차의 설명 참조).

채권을 양수하기는 하였으나 아직 대항요건을 갖추지 못하였다면, 채권양수인은 현재는 채무자와의 사이에 아무런 법률관계가 없어 채무자에 대하여 아무런 권리주장을 할 수 없다(대판 1992. 8. 18, 90다9452 · 9469).

양도인의 채무자에 대한 채권양도통지 전에 채무자가 양도인에 대하여 채무변제로서 지급한 금원은 양수인에게 전달해주기 위해 양도인이 수령한 양수인의 소유물이다. 이를 양도인이 처분한 것은 양수인을 위하여 보관하는 자의 처분행위로서 형법상 횡령죄를 구성한다(대판 1999. 4. 15, 97도666 (전원합의체, 형사사건)).

(2) 채무자에의 대항력

(가) 통지 · 승낙의 필요성 지명채권의 양도는 양도인이 채무자에게 통지하거나 채무자가 승낙하지 않으면 채무자에게 대항하지 못한다(제450조 1항). 채권양도의 승낙(承諾)은 양도행위에 대한 사전동의(事前同意) 또는 사후승인(事後承認)을 의미한다. 계약체결의 요소로서의 승낙이 청약과 합쳐서 계약을 체결시키는 효과를 가져오는 것과 구별된다.

(나) 통지 · 승낙의 요건 통지 또는 승낙은 다음의 요건을 갖추어야 한다.

① 통지의 주체 통지(관념의 통지이다. 대판 1960. 12. 15, 4293민상455)는 구채권자인 양도인이 하여야 하며, 그의 수령자는 채무자이어야 한다. 양수인이 독자적으로 양도인을 대위하여 통지하지 못한다. 그러나 양수인이 대리인으로서 양도인의 명의로 채권양도통지를 할 수 있다. 채권양도통지에 있어 현명을 하지 않았어도 여러 사정에 비추어 양수인이 대리인으로서 통지한 것임을 상대방이 알았거나 알 수 있었을 때에는 민법 제115조 단서의 규정에 의하여 유효하다(대판 2004. 2. 13, 2003다43490).

② 사후통지, 사후승낙 통지나 승낙은 양도행위가 있은 후에 그 사실을 알리는 것(사후통지, 사후승낙)을 원칙으로 한다. 민법 제450조 1항 소정의 채권양도의 통지는 양도인이 채무자에 대하여 당해 채권을 양수인에게 양도하였다는 사실을 통지하는 이른바 관념의 통지로서, 채권양도가 있기 전에 미리 하는 사전통지는 채무자로 하여금 양도의 시기를 확정할 수 없는 불안한 상태에 있게 하는 결과가 되어 원칙적으로 허용될 수 없다(대판 2004. 4. 11, 2000다2627). 그러나

사전통지나 사전승낙의 경우에도 후에 그에 상응하는 양도행위가 행해지면 양도행위시에 채권이전효과와 대항력이 동시에 발생한다고 해석된다.[1)]

③ 양수인의 특정 통지나 승낙에는 양수인이 특정(特定)되어 있어야 한다. 불특정인에 관한 통지나 승낙으로는 이중양도의 경우 대항요건을 갖춘 자를 구별해 낼 수 없으므로 곤란하다.[2)] 그러나 그러한 이해충돌이 없을 경우 채무자가 대항요건이 충족되지 않은 양수인을 승인하는 것은 가능하다.

④ 승낙의 상대방 민법에 규정이 없으나, 양도인 또는 양수인의 어느 쪽에 대하여도 할 수 있다(대판 1986. 2. 25, 85다카1529).

⑤ 통지의 도달 통지나 승낙은 상대방에게 도달(到達)되어야 효력이 발생한다.

⑥ 통지의 철회 양도통지는 양수인의 동의를 얻어 철회(撤回)할 수 있다(제452조 2항).[3)]

⑦ 조건이 붙은 승낙 채권양도의 승낙에는 조건(條件)을 붙일 수 있다(대판 1989. 7. 11, 88다카20866).

⑧ 채무자의 권리포기 채무자는 채권양도의 통지를 받거나 승낙할 이익을 미리 포기(抛棄)할 수 있다(대판 1987. 3. 24, 86다카908). 채권양도의 대항요건에 관한 제450조 1항은 채무자에 대한 관계에서는 임의규정의 성격을 가진다(제3자에 대한 관계는 뒤에 설명함.).[4)] 채권성립시 또는 그 이후 채무자에의 통지가 필요 없는 것으로 합의한 경우에는 그 합의에 따른다. 이 경우 채무자는 채권자(양도인)과 채권양도행위를 한 양수인에게 그 신분을 확인하고 채무를 이행할 의무를 진다.

법률행위의 대리에 관한 규정은 관념의 통지에도 유추적용되므로, 채권양도의 통지를 양도인이 직접하지 아니하고 사자(使者)를 통하여 하거나

---

1) 같은 취지: 곽윤직, 295; 김용한, 442; 김주수, 362; 김증한, 279; 김증한 · 김학동, 302; 장경학, 438; 현승종, 314. 그러나 김형배(2판), 585에서는 「양도될 것이 확실한 때」 이외에는 무효로 된다고 한다.

2) 양수인을 특정하지 않은 사전승낙도 대항요건을 충족시킨다는 반대견해도 있다. 곽윤직, 296.

3) 대판 1964. 8. 31, 63다826: 양도인이 채무자에게 채권양도의 통지를 한 후에는 양수인의 동의 없이 이를 철회하지 못한다. 설사 양도인이 채무자에 대하여 채권을 포기하고 채권양도를 취소하더라도 이것으로 양수인에게 대항할 수 없다(같은 취지: 대판 1979. 6. 12, 79다545).

4) 같은 취지: 김상용, 397; 장경학, 437; 민법주해(10), 577(이상훈 집필부분).

대리인(代理人)으로 하여금 하게 하여도 무방하다(대판 1994. 12. 27, 94다19242). 채권양도가 있기 전에 미리 하는 사전통지(事前通知)는 채무자로 하여금 양도의 시기를 확정할 수 있는 불안한 상태에 있게 하는 결과가 되어 원칙적으로 허용될 수 없고, 채권의 양도를 제3자에게 대항하기 위하여는 통지행위 또는 승낙행위 자체를 확정일자 있는 증서로 하여야 한다(대판 2000. 4. 11, 2000다3682).

(다) 채무자에 대한 대항력의 효과　채무자에게 대항할 수 있는 양수인만이 채권자로서 인정될 수 있다. 통지나 승낙을 통해 채무자에 대한 관계에서 채권자로서 인정된 후에는 급부청구권 등 채권자로서의 모든 권리를 행사할 수 있다. 다만 이중양도(二重讓渡)에 의해 두 명의 양수인이 존재하는 경우에, 누가 진정한 채권자가 될 것인가는 제450조 2항에 따라 제3자에 대한 효력으로 다루어야 한다.

제1양수인이 비록 채무자의 승낙을 통해 채무자에 대한 관계에서 채권자로서 인정받았더라도 그것을 가지고 확정일자통지를 갖춘 제2양수인에 대하여 우선권을 가질 수 없다. 먼저 확정일자 있는 채권양도통지를 한 양수인이 채권자로서 인정된다.

이중의 채권양도가 있는 경우에 확정일자 있는 증서에 의해 통지된 양수인만이 적법한 채권자가 되므로, 채무자는 그 양수인에 대하여만 변제의무를 지고, 확정일자 없이 채무자가 승낙한 양수인에 대하여는 변제의무가 없다(대판 1972. 1. 31, 71다2697).

(3) 인적 항변의 존속 여부

(가) 인적 항변의 존속의 원칙　채무자는 채권양도에 의하여 종전보다 불리한 위치에 빠져서는 안 됨이 원칙이다. 다른 한편 채권의 양수인도 예상하지 못한 항변권이 있음으로 인해 불이익을 받아서는 안 되므로 양자의 이익조정이 필요하다. 양도인이 양도통지만을 한 경우, 채무자는 통지를 받을 때까지 양도인에 대하여 생긴 사유로서 양수인에게 대항할 수 있다(제451조 2항). 대항사유는 「채무자에의 양도통지(讓渡通知)가 도달(到達)하기까지 생긴 것」에 한정된다. 대항사유로서는 다음의 것들이 있다.

① 채권의 불발생　채권의 발생원인인 계약의 불성립 · 무효 · 취소 등으로 채권이 처음부터 발생하지 않은 경우에 채권양도는 원시적 불능으로서 무효이다.

② 채권의 부존재　계약의 해제 · 해지 등으로 아직 이행되지 않은 채권이 소멸하게 된 경우 또는 급부불능 및 위험부담법리에 따라 채권이 소멸하게 된 경우에, 그 소멸한 채권을 목적으로 하는 채권양도는 무효이다.

③ 변제 등　채권이 변제, 대물변제, 공탁 등의 이행행위에 의해 소멸한 경우에 채권양도는 무효이다.

④ 상　계　채무자에의 통지 또는 승낙이 있기 전에 채무자가 상계를 한 경우에, 채무자는 이를 가지고 양수인에게 대항할 수 있다. 채무자에의 통지 등 대항요건을 갖춘 때에 채권이 이전하게 되는데, 그 이전 당시에 채권은 이미 소멸하였기 때문에 채권양도는 불가능하게 된다. 그리고 양도통지시에 채무자가 양도인에 대하여 상계적상에 있지 않더라도 변제기가 도래하지 않은 채권 등의 상계원인을 갖고 있는 경우에는 통지 후 상계적상(相計適狀)이 생긴 때에 양도인에 대해 상계하고, 그로 인한 채권소멸(債權消滅)을 양수인에게 대항할 수 있다는 견해가 있다.[1] 판례는 채무자가 채권양도를 이의 없이 승낙한 이상 양도인에 대한 채권으로 양수인에 대하여 상계(相計)를 주장할 수 없다고 한다(대판 1977. 12. 13, 77다1606).

⑤ 쌍무계약의 견련성　채권이 쌍무계약으로부터 생긴 것으로서 반대급부와의 견련성(牽聯性)을 갖고 있는 경우에 그 특성은 채권양도에 의하여 소멸되지 않는다. 쌍무계약의 견련성으로부터 생긴 동시이행의 항변권도 채권양도에 의해 영향받지 않고 그대로 존속한다.

㈏ 단순승낙에 의한 인적 항변의 절단제도

1) 제도의 의의　채무자가 이의를 유보하지 않고 승낙한 경우, 채무자는 양도인에 대한 항변사유로써 양수인에게 대항하지 못한다(제451조 1항 본문). 이 제도는 양수인을 보호하는 반면 채무자를 희생시키는 제도이므로 다음의 점에 유의하여 적용해야 한다(승낙한 경우에 통지받은 경우보다 채무자를 불이익하게 하는 것은 균형이 맞지 않음). 첫째, 인적 항변(人的 抗辯)의 절단제도(切斷制度)는 채권양도에 공신의 원칙을 도입하여 양수인을 보호하려는 취지에서 마련된 것이므로 양수인의 선의(善意)를 요건으로 삼는 것이 타당하다.[2] 둘째, 지명채권의 양도에까지 공신의 원칙을 인

1) 곽윤직, 297; 김상용, 401; 김용한, 447.

2) 이의 없는 승낙의 법적 성질에 관하여 일본에서는 채무승인설(債務承認說), 공신설(公信說), 양수인보호설(讓受人保護說)이 대립하는데, 이 설명은 공신설에 가깝다. 장경학, 450; 조성민, "지명채권양도와 이의 없는 승낙," 고시계 1994년 3월호, 113.

정하는 것은 바람직하지 못하며, 지시채권의 양도에 관하여만 공신의 원칙을 인정하는 것이 물권변동의 경우와 균형이 맞는다고 생각된다. 셋째, 민법은 채무자에게 승낙 당시에 양수인에게 항변사유를 모두 고지(告知)할 의무를 간접의무(間接義務)로서 부과하고 있다. 이 고지의무를 이행하지 않은 경우에, 채무자는 인적 항변을 박탈당하는 불이익을 입는다. 민법의 이러한 취지는 법률상식이 깊지 않은 우리 시민들에게 지나치게 큰 부담을 주는 것이라고 생각된다. 항변사유를 고지하여야 할 것과 그렇지 않은 것으로 분류하여 합리적인 해결을 도모하는 것이 바람직하다. 넷째, 거래경험이 많은 양수인(상인)이 채무자(소비자)에게 승낙을 구할 때에 이의 없는 승낙이 인적 항변을 절단시키므로 이의(異議)를 말해야 한다는 것을 알려 줄 의무를 부과하는 것이 바람직하다. 그 고지의무는 신의칙에 기해 인정될 수 있을 것이다.

2) 요 건 　인적 항변 절단에 관한 요건을 살펴보면 다음과 같다.

① 단순승낙 　승낙(承諾)은 채무자에게 인적 항변을 절단시키는 효과를 가져오므로, 승낙 여부의 인정에 있어서 이를 감안하여 신중하게 판단하여야 한다. 묵시의 승낙을 광범위하게 인정하여 채무자의 인적 항변의 권리를 박탈하는 것은 옳지 못하다. 채무자가 양수인에 대한 채권양도에 이의 없이 승낙한 경우에는 그 채무를 이행하겠다는 뜻을 표시한 것으로 간주된다.

② 양수인의 선의 　양수인이 양수시에 항변사유의 존재를 알고 있었던 경우(악의)에는 채무자가 비록 이의 없는 승낙을 한 경우에도 그 항변사유로서 대항할 수 있다.

③ 이의를 유보한 승낙의 예외 　이의(異議)를 유보(留保)한 승낙의 경우는 채무자가 그 이의에서 밝힌 항변사유를 갖고 양수인에게 대항할 수 있다. 채무자가 승낙할 때에 밝힌 항변사유에 관해서 양수인에 대하여도 양도인에 대한 것과 같은 인적 항변을 할 수 있다. 조건을 붙인 승낙의 경우는 이의를 유보한 것으로 해석된다. 판례는 양도금지의 특약이 있는 채권의 양도를 승낙함에 있어서는 비록 그 승낙이 관념(觀念)의 통지(通知)라도 조건을 붙일 수 있다고 한다(대판 1989. 7. 11, 88다카20866).

④ 입증책임 　채무자의 승낙이 있었다는 점, 그리고 그 승낙에서

이의를 유보하지 않았다는 점은 양수인이 증명하여야 한다.[1] 양수인이 채권양수시에 항변사유를 알고 있었다는 악의(惡意)의 입증은 채무자가 해야 한다.

> **채권양도의 개정의견**
>
> 현행 민법이 양수인에 대한 상계를 규정하고 있지 않은 까닭에 본조 제2항으로 상계를 포함하도록 해석하고 있으나, 제451조의 항변사유와 상계의 항변은 그 성질이 다른 것이므로 입법을 통하여 해결하여야 할 필요 있다. 제3항을 "채무자는 양도통지를 받은 때에 양도인에 대한 채권이 아직 이행기에 이르지 아니하였어도 그 이행기가 양도된 채권의 이행기 이전에 도래한 경우에는 상계로써 양수인에게 대항할 수 있다"고 신설할 것을 제안하는 개정의견이 있었다(2004년).
>
> 그 밖에 채권양도에서 승낙의 효과 및 채권양도와 동시이행항변권 존속에 관한 명문규정을 두자는 의견도 있었다.

3) 효　과　인적 항변의 절단에 따른 효과는 다음과 같다.

① 인적 항변의 절단　채무자는 양수인에 대하여 양도인에게 갖는 인적 항변(人的 抗辯)을 주장할 수 없다. 양도행위 이후의 변제, 공탁, 계약해제 등의 사유가 그 인적 항변에 해당한다. 양도금지(讓渡禁止)의 특약(特約)이 있는 채권의 경우에 그 특약은 인적 항변에 해당한다.

채무자가 양도인에게 이의를 보류하지 아니하고 승낙을 하였더라도, 양수인이 악의 또는 중과실의 경우에 해당하는 한, 채무자의 승낙 당시까지 양도인에 대하여 생긴 사유로써 양수인에게 대항할 수 있다. 승낙 당시 이미 상계를 할 수 있는 원인이 있었던 경우에는 아직 상계적상에 있지 아니하였더라도 그 후에 상계적상이 생기면 채무자는 양수인에 대하여 상계로서 대항할 수 있다(대판 1999. 8. 20, 99다18039. 임대차보증금의 채권양도사건).

② 무효사유의 존속　인적 항변의 절단은 양도행위의 무효를 치유하지 않는다. 양도인과 양수인 사이의 양도행위가 있을 때에 채권의 부존재(不存在)로 인하여 양도행위가 무효로 된 경우에는 인적 항변의 문제로 되

---

1) 같은 취지: 김선석, 앞의 글, 264; 민법주해(10), 595.

지 않는다. 계약의 무효나 취소로 인한 불성립, 양도행위 이전의 변제 등으로 인한 채권소멸 등의 사유가 있는 경우에는 단순승낙에도 불구하고 채권양도를 유효로 할 수 없다(대판 1994. 4. 29, 93다3551 참조).

③ 쌍무계약의 견련성 유지 채권이 쌍무계약(雙務契約)으로부터 발생하여 반대급부와의 견련성(牽聯性)을 가짐은 채권의 속성이므로 인적 항변으로 취급되지 않는다고 해석된다. 채무자가 양수인에게 단순승낙을 했다고 해서 그 쌍무계약의 견련성이 소멸하는 것은 아니다. 채무자는 동시이행의 항변권, 위험부담의 주장 등을 할 수 있다. 채권양도는 원인행위와의 유인성을 가지므로 원인행위에 기인한 특성을 소멸시키지 않는다.[1]

④ 채무부담의 부인 채무자가 양도인에 대하여 부담한 채무가 있으면 그 성립되지 아니함을 주장할 수 있다(제451조 1항 단서).

⑤ 담보물권의 예외 저당권이 설정된 피담보채권의 채무자가 양도합의 이후에 변제로 피담보채권과 저당권을 모두 소멸시킨 경우에, 채무자가 양수인에게 단순승낙을 했다면 양수인에 대하여 피담보채무를 부담한다. 이 때 채무자는 양수인에 대하여 저당권의 담보부담도 지게 되는가가 문제되는데, 저당권은 이해관계 있는 제3자가 없는 한 부활하여 양수인의 채권담보를 위해 존속한다.[2] 저당권은 피담보채권의 존부와 운명을 같이하므로 이 경우 피담보채권과 함께 저당권이 부활하고, 따라서 채무자는 양수인에 대하여 저당권의 소멸을 주장할 수 없다. 그러나 저당권의 소멸에 대해 다른 이해관계자가 있는 경우에는 일단 소멸한 저당권의 부활이 후순위 담보권자, 담보물의 제3취득자, 물상보증인의 이익을 해하게 되므로 채권양수인은 그들에 대하여 저당권의 부활을 주장할 수 없다고 해석된다.[3]

⑥ 부당이득반환청구권 채무자가 이의 없는 승낙을 함으로써 양도인에게 한 이행행위로서 양수인에게 채권소멸을 항변할 수 없는 경우, 채무자는 양도인으로부터 채무를 소멸케 하기 위하여 급여한 것을 부당이득(不當利得)으로서 반환청구(返還請求)할 수 있다. 채무자가 양도인으로부터

---

1) 같은 취지: 김형배(2판), 593에서는 "쌍무계약에서 승낙 이후 채무불이행에 기한 해제로서 양수인에 대항할 수 있다"고 한다.

2) 같은 취지: 조성민, 앞의 글, 117. 이해관계 있는 제3자가 있는 경우에는 그 저당권은 부활하지 않는다. 곽윤직, 299; 김기선, 285; 김석우, 324; 김증한, 283; 민법주해(10), 596.

3) 같은 취지: 김용한, 450; 김주수, 333; 장경학, 444; 현승종, 319.

급여를 회수할 것을 조건으로 이의 없는 승낙을 할 수도 있다(제451조 1항 단서 참조).

⑦ 손해배상청구권 양도인이 사기의 의사 등을 갖고 위법하게 이미 소멸한 채권을 양도하여 양수인에게 손해를 입힌 경우에, 양수인은 양도인에 대하여 불법행위에 기한 손해배상을 청구할 수 있다.

사례연구

양도인(A)은 양수인(B)에게 채무자(C)에 대한 백만원의 채권을 양도하기로 9월 1일에 합의하였다. 채무자(C)는 그 사실을 모르고 양도인(A)에게 은행의 자동이체에 의해 9월 2일에 30만원을 일부 변제하였다. 9월 3일에 양수인으로부터 채권양도의 사실을 듣고 승낙을 해 주었다.

① 단순승낙을 한 경우: C는 B에 대하여 채무액이 70만원 뿐이라고 주장할 수 없다. 9월 2일의 지급을 가지고 B에 대하여 변제의 효과를 주장할 수 없기 때문이다. C는 B에 대하여 백만원의 채무를 지며, A에 대하여 30만원의 부당이득을 반환청구할 수 있다.

② 이의를 유보한 승낙을 한 경우: C는 B에 대하여 70만원의 채권양도에 관해서만 승낙하겠다고 말한 경우에 그대로의 효과가 발생한다. B는 A에 대하여 채권매매에 기한 담보책임을 물어 채권매매대금을 감액받을 수 있다.

③ 만약 C가 A에게 자동이체로 일부변제한 것이 8월 31일이었다면, 그 채권양도시에 채권의 일부는 존재하지 않았으므로 양도행위는 일부무효가 된다. C가 단순승낙을 했더라도 소멸한 채권이 부활하는 것은 아니라고 해석된다. C는 B에 대하여 70만원의 채무를 진다.

④ ③의 경우에 A가 사기의 의사 등으로 위법하게 B에게 백만원 전부의 채권양도를 하였다면, B는 A에 대하여 불법행위에 기한 손해배상청구를 할 수 있을 것이다.

(4) 채권양도에서의 금반언의 원칙

누구든 자기가 한 말에 대하여 책임을 져야 하며, 그 말과 상반되는 주장을 함으로써 그 말에 의해 생긴 상대방의 신뢰를 배반해서는 안 된다. 이러한 금반언(禁反言)의 원칙(原則)은 영미법에서 특히 중요시하는 법리로서 우리 민법이 그 원칙을 정면으로 성문화한 규정은 양도통지와 금반언에 관한 제452조가 유일하다. 민법은 금반언의 원칙에 따라 다음의 두 법리를 규정한다.

(가) 선의변제 등의 효력인정 양도인이 채무자에게 양도통지를 하였으나 실제로는 양도행위의 불성립·무효로 양도가 이루어지지 않은 경우에 선의(善意)의 채무자는 양수인에게 대항할 수 있는 사유로 양도인에게 대항할 수 있다(제452조 1항). 민법에는 불성립과 무효의 경우만 규정하지만, 그 밖에 채권양도가 대항요건을 갖춘 후에 해제·취소된 경우에도 양수인이 채무자에게 통지하지 않으면 그것을 채무자에게 대항할 수 없다(대판 1979. 9. 25, 77다1909).

채무자는 통지시부터 통지철회시까지 생긴 양수인에 대한 대항사유로서 양도인에게 대항할 수 있다. 대항한다는 것은 항변사유의 존재를 주장하여 이행을 거절할 수 있다는 의미로서 영구적 이행거절권(永久的 履行拒絶權)이 발생하는 경우가 많다.[1] 채무자가 통지를 받은 후 양수인에게 변제·공탁·상계를 하는 등 채권소멸사유가 있는 경우, 그를 가지고 양도인에게 채권소멸을 항변할 수 있다. 채권양도가 무효였던 경우에 양수인은 진정한 채권자가 되지 못하므로, 채무자가 그 양수인에게 채무액을 지급했더라도 유효한 변제가 되지 못한다. 그러나 채무자는 진정한 채권자에게 그 선의변제를 이유로 채무의 소멸을 주장할 수 있다. 판례는 이를 확장해석하여 채무자가 채권양도의 무효를 알고 변제를 약속한 경우에까지 금반언의 법칙을 적용한다(대판 1996. 4. 26, 95다49417).

(나) 통지의 철회제한 양도인이 한 양도통지(讓渡通知)는 양수인의 동의를 얻어야만 철회(撤回)할 수 있다(제452조 2항). 양도통지로서 양수인이 채권자의 지위를 누리게 되는데, 양도인이 양수인의 동의 없이 일방적으로 그 지위를 박탈해서는 안 되기 때문이다. 판례는 민법 제452조 2항에 채권양도의 통지는 양수인의 동의 없이는 철회하지 못한다고 규정되어 있으므로, 채권양도인이 양도계약의 해제의 사실을 채무자에게 통지하였더라도 이것을 채권양수인에게 대항할 수 없다고 한다(대판 1978. 6. 13, 78다468). 양도인이 채권매매 등의 양도계약을 해제하려면 양수인에게 해제의 의사표시를 해야 하고, 그 해제의 효과로서 양도되었던 채권이 양도인에게 자동적으로 복귀하는 것이 아니라, 양수인이 양도인에게 다시 원상회복을 위한 양도합의를 하고 채무자에게 통지해야 비로소 양도인이 채권자의 지위를 다시 찾게 된다는 뜻으로

---

1) 같은 취지: 서민, "지명채권의 양도통지와 금반언," 고시연구 1992년 10월호, 86.

해석된다.[1]

조합채권의 양도 당시 다른 조합원의 동의가 없어 그 채권 양수인이 그 채권을 적법하게 양수하지 못하였으나 채무자가 그와 같은 채권양도 행위의 하자를 이유로 채권양도가 무효임을 주장하지 아니한 채 양수인이 적법하게 그 조합채권을 양수하였음을 전제로 하여 양수인에게 그 채무를 변제할 것을 약속하고, 그 후 채권양도 행위의 하자가 치유되어 양수인이 적법하게 그 채권을 양수하게 된 경우, 그 양수금의 지급을 구하는 양수인의 청구에 대하여 그와 같은 변제 약속을 한 채무자가 채권양도 행위의 하자로 인하여 그 변제 약속 당시에는 적법한 양수인이 아니었음을 들어 그 채무승인의 효력을 부인하면서 소멸시효의 항변을 하는 것은 신의성실 또는 금반언의 원칙상 허용될 수 없다(대판 1996.4.26, 95다49417).

(5) 제 3 자에 대한 대항력[2]

(가) 대항요건　양도인의 통지나 채무자의 승낙이 있는 양도행위는 그 통지나 승낙이 확정일자 있는 증서에 의한 경우에만 제3자에 대하여 대항력(對抗力)을 갖는다(제450조 2항). 이중양도(二重讓渡)가 행해진 경우에 확정일자 있는 증서로 통지하였거나 승낙을 얻은 자가 신채권자가 되며, 확정일자에 의하지 않은 통지 · 승낙만을 갖춘 양수인은 배제된다. 확정일자부 증서의 소지자 상호간에서는 통지도달이나 승낙의 선일자의 양수인이 신채권자가 된다. 확정일자란 공정증서에 기입한 일자 또는 내용증명우편의 일자 등을 말한다(민법부칙 제3조).[3]

제3자에 대한 대항요건을 확정일자 있는 증서에 의한 통지, 승낙으로 한정하는 민법 제450조 2항은 거래의 안전을 위한 강행규정이므로, 당사자의 합의로 이를 변경할 수 없다.[4] 임대차보증금의 반환채권이 양도되고 채

1) 이러한 결론은 해제의 효과에 관한 직접효과설-채권적효과설을 취하거나 청산관계설을 취할 때에만 가능하다. 판례가 종전의 직접효과설-물권적효과설의 입장을 바꾼 것인지 의심된다.

2) 참고문헌: 박경량, "지명채권의 이중양도와 대항요건," 민사법학 6호, 1986 수록.

3) 대판 1988. 4. 12, 87다카2429: 확정일자 있는 증서란 당사자가 나중에 변경하는 것이 불가능한 확정을 말하며, 특별배달증명에 의한 채권양도통지는 확정일자가 있는 증서에 의한 것이 아니다.

대판 1986. 12. 9, 86다카858: 양도인이 채권양도통지서에 공증인가합동법률사무소의 확정일자 인증을 받아 그 자리에서 채무자의 대리인에게 교부하였다면, 하나의 행위로써 확정일자의 인증과 채권양도통지가 이루어진 것으로 보아 확정일자 있는 증서에 의한 채권양도의 통지가 있었다고 해석함이 타당하다.

4) 같은 취지: 김상용, 402; 김증한, 280; 김용한, 445; 현승종, 316; 민법주해(10), 577.

대판 1987. 3. 24, 86다카908: 제450조 제1항의 채무자에 대한 대항요건은 임의규정이고, 제3자에 대

무자의 승낙을 받았더라도 그것이 확정일자 있는 증서에 의한 것이 아니라면 제3자에게 대항할 수 없으므로 그 채권에 관하여 가압류명령과 전부명령을 받은 자는 그 채권양도를 부인하는 우월한 권리를 갖게 되며, 채무자도 그에 따라야 한다(대판 1986. 2. 11, 85다카1087).

(나) 제3자에게 대항　채권양도를 가지고 대항할 필요가 있는 제3자란 그 채권에 대하여 양도행위와 양립할 수 없는 권리를 취득하려고 하는 자를 말한다. 앞에서 설명한 이중양도의 제2양수인 이외에 질권자 · 압류채권자 · 파산채권자 등이 제3자에 해당한다(대판 1989. 1. 17, 87다카1814 참조). 대항요건을 갖춘 양수인은 그 이후에 행해진 질권설정(質權設定) · 압류(押留) · 파산선고(破産宣告)의 효력을 부인할 수 있다.

판례는 이중양도(二重讓渡)의 선후(先後)에 관하여 다음의 원칙을 취한다.

① 채권이 이중양도된 경우 양수인 상호간의 우열은 통지 또는 승낙에 붙여진 확정일자의 선후에 의해 결정할 것이 아니라, 채권양도에 대한 채무자의 인식, 즉 확정일자 있는 양도통지가 채무자에게 도달(到達)한 일시 또는 확정일자 있는 승낙의 일시의 선후에 의하여 결정된다. ② 채권양도통지, 가압류 · 압류명령 등이 제3채무자에 동시에 송달되어 그들 상호간에 우열이 없는 경우에, 그 채권양수인 · 가압류 또는 압류채권자는 모두 제3채무자에 대하여 그 전액에 관하여 이행청구를 하고 적법하게 변제를 받을 수 있고, 제3채무자로서는 이들 중 누구에게라도 그 채무전액을 변제하면 다른 채권자에 대한 관계에서도 유효하게 면책되는 것이며, 만약 양수채권액과 가압류 또는 압류된 채권액의 합계액이 제3채무자에 대한 채권액을 초과할 때에는 그들 상호간에는 공평의 원칙상 각 채권액에 안분 · 정산할 의무가 있다. ③ 채권양도통지와 채권가압류결정 정본이 같은 날 도달되었는데 그 선후관계에 대하여 달리 입증이 없으면 동시에 도달된 것으로 추정된다(대판[全合] 1994. 4. 26, 93다24223). ④ 확정일자 있는 채권양도 통지와 채권가압류명령이 동시에 도달됨으로써 제3채무자가 변제공탁을 하고, 그 후에 다른 채권압류 또는 가압류가 이루어졌다 하더라도 채권양수인과 선행가압류채권자 사이에서만 채권액에 안분하여 배당하여야 한다(대판 2004. 9. 3, 2003다22561).

한 대항요건은 강행규정이다.

이중양도에서 적법한 양수인

양도인이 하나의 채권을 두 사람에게 이중으로 양도한 경우에 누가 진정한 양수인인가의 판단은 양도합의의 선후에 의하는 것이 아니라 「채무자에 대한 확정일자 있는 증서에 의한 통지의 도달선후」에 의하여 판단된다.[1] 먼저 제3자에 대한 대항요건을 취득한 양수인이 진정한 채권자가 된다. 먼저 채무자에 대한 대항요건을 취득한 것만 가지고는 제2양수인에 대하여 대항력을 갖지 못한다. 제1양수인과 제2양수인 사이의 우열문제는 제3자에 대한 대항력의 문제로 다루어지기 때문이다. 판례도 이중의 채권양도가 있는 경우에 확정일자 있는 증서에 의해 통지된 양수인만이 적법한 채권자가 되므로, 채무자는 그 양수인에 대하여만 변제의무를 지고, 확정일자 없이 채무자가 승낙한 양수인에 대하여는 변제의무가 없다고 한다(대판 1972. 1. 31, 71다2697). 양수인을 위한 확정일자 있는 통지가 2개 이상 동시에 도달한 경우에, 동순위양수인이 생기게 되며 그 양수인들은 마치 불가분채권자와 유사한 지위에 놓이게 된다. 채무자는 양수인 중 어느 1인에게 변제하면 채무를 면하고, 양수인들 사이에서는 채권액에 비례한 지분에 따라 구상권을 갖게 된다. 판례도 확정일자 있는 증서로 이중의 양도통지가 행해진 경우에, 양수인간에는 우열이 없이 동 순위라고 본다(대판 1994. 4. 26, 93다24223).

1) 종래에는 확정일자기준시설(김주수, 333)과 도달시설이 대립했으나 근래에는 도달시설이 타당하다는 견해가 지배적이다.

§44. 증권채권의 양도

1. 채권의 유가증권화

(1) 증권채권

채권은 증권(證券)에 결부됨으로써 채권양도의 형식성과 거래안전이 확보되어 유통성을 갖게 된다. 증권에 결부된 채권을 증권채권(證券債權)이라고 하는데, 이 경우 채권의 양도와 행사는 채권증권의 교부 · 배서 · 제시 등과 직접적 연관을 갖는다. 그 이유는 채권증권에 채권이라는 재산권이 형상화되어 있기 때문이다. 민법은 증권채권으로 지시채권(제508조 이하) · 무기명채권(제523조 이하) · 지명소지인출급채권(제525조)의 세 가지를 규정한다.

(2) 민법과 특별법

유가증권에 관하여는 민법 제508조 이하에 지시채권 · 무기명채권에 관한 일반원칙이 규정되어 있고(상법 제65조), 어음법(1962) · 수표법(1962)의 각각 독립한 특별법(特別法)이 있으며, 상법에 화물상환증 · 창고증권 · 주권 · 선하증권에 관한 규정이 있다. 민법규정과 어음법 등의 규정은 법일반론에 의하면 일반법과 특별법의 관계에 있지만, 실제로는 양자의 규정내용이 대동소이하고 유가증권의 거의 대부분이 어음 · 수표 · 상법상의 증권이기 때문에 민법규정이 일반법으로서의 기능을 하지 못하고 있다.

2. 지시채권

(1) 지시채권과 지시증권

특정의 채권자 또는 그로부터 배서로서 지시된 채권자만이 채권을 행사할 수 있는 채권을 지시채권(指示債權)이라고 하며, 그러한 채권이 형상화되어 있는 증서를 지시증서 또는 지시증권(指示證券)이라고 한다. 지시채권에는 증서에 채권자가 특정되어 있으며, 「귀하 또는 귀하의 지시인에게 지급하겠다」는 지시문구가 기재되어 있다. 대부분의 유가증권(有價證券)이 지시증권에 해당한다. 어음 · 수표 · 화물상환증 · 창고증권 · 선하증권은 법률상 당연한 지시증권이며, 그 밖에 증권의 발행인이 지시문구를 넣는 등 의사표시에 의해 지시채권을 발생시킬 수 있다.

(2) 양도의 요건

(가) 배서와 교부 지시채권의 양도는 증서에 배서(背書)하여 양수인에게 교부(交付)하는 방식으로 하여야 한다(제508조). 배서와 교부는 채권양도의 효력요건으로서 지명채권에서 통지·승낙이 채권양도의 대항요건인 것과 대조적이다. 양도의 요건으로서 ① 양도인과 양수인 사이의 양도행위, ② 배서, ③ 증서의 교부가 반드시 요구된다. 당사자가 증권에 배서금지문구를 기재한 때에는 비록 법률상 당연한 지시증권이라도 배서에 의해 양도할 수 없다(상법 제130조; 어음법 제11조 2항; 수표법 제14조 2항 등).

(나) 양도행위와 원인행위 지시채권의 양도행위는 양도의무를 발생시킨 불요식(不要式)의 원인행위(권리매매·증여·채권담보·추심위임 등)와 별도로 증서의 배서·교부와 결부된 요식행위로서 행해진다. 증서상의 배서행위는 바로 배서인의 채권양도의사가 배서라는 형식으로 표시되는 양도행위에 해당한다.

증권채권에 있어서는 「양도행위와 원인행위 사이의 무인성(無因性)」이 법률규정(제513조, 제514조)에 의해 인정되므로 유효한 양도합의와 배서·교부가 있으면 원인행위가 무효·취소되더라도 양도에 영향을 주지 않는다고 해석된다.[1] 민법은 배서연속(背書連續)에 채권자로서의 자격수여력(資格授與力)을 부여하고 증서소지에 선의취득(善意取得)을 인정함으로써 배서와 소지의 두 외양적 요건을 갖춘 자를 진정한 양수인으로 간주한다(제513조, 제514조). 배서연속의 경우 권리자로 간주하는 규정은 배서에 의한 양도행위와 원인행위의 상호관련을 단절시켜 무인(無因)의 관계로 만든다.

(다) 배　　서 배서란 지시채권의 유통을 조장하기 위하여 고안된 간편한 양도방식이다. 배서는 권리자가 그 채권을 양도한다는 뜻을 증서에 기재하고 서명날인하는 것으로서, 배서인의 요식의 의사표시에 의해 증권상의 권리를 피배서인에게 양도하는 양도행위이다. 이러한 양도행위로서의 배서의 효과를 어음법에서는 「배서(背書)의 권리이전적 효력(權利移轉的 效力)」이라고 한다(어음법 제14조 1항; 수표법 제17조 1항). 배서는 증서 또는 그의 보충지에 배서인이

---

1) 같은 취지: 곽윤직, 284; 김기선, 246; 김석우, 313; 김주수, 349; 김증한, 271; 김현태, 275; 김형배, 562; 이태재, 321; 임정평, 366; 장경학, 450; 현승종, 304.

서명 또는 기명날인할 것을 최소한 요건으로 한다. 서명 · 기명날인은 배서인의 양도의사표시의 일부분으로서 배서행위에 속한다. 따라서 단순히 사실행위로서 다루어서는 안 되며, 타인에 의해 대리될 수 있는 법률행위로서 다루어야 한다.[1] 배서의 원인에 따른 분류로서는 채권을 양도하기 위한 양도배서(讓渡背書), 채권에 질권을 설정하기 위한 입질배서(入質背書), 제3자에게 채권의 변제수령을 위임하기 위한 추심위임배서(推尋委任背書) 등이 있는데, 단순히 배서라고 하면 양도배서를 의미한다.

배서의 방법에 따라 다음과 같이 분류된다.

① 기명배서 기명배서(記名背書)(정식배서 · 완전배서)의 방법으로 하는 경우에는 피배서인(被背書人)을 지정하고 배서로서 양도한다는 뜻을 기재한다(제510조 1항). 피배서인의 표시는 거래계에서 그를 인식할 수 있는 정도로서 충분하다.

② 약식배서 약식배서(略式背書)(백지식배서 · 무기명식배서)로 하는 경우에는 피배서인을 지정하지 않고 배서하거나 또는 배서인의 서명 또는 기명날인만 한다(제510조 2항). 약식배서된 증서의 소지인은 피배서인란에 자기나 타인의 명칭을 기재해 넣을 수 있다. 그 밖에 피배서인란을 기재하지 않은 채 다시 약식배서나 정식배서를 하거나 또는 배서 없는 증서교부만으로 타인에게 양도할 수 있다(제511조).

③ 소지인출급식배서 증서의 소지인에게 지급하라는 뜻을 기재하고 배서인이 서명 · 기명날인하는 소지인출급식배서(所持人出給式背書)도 허용되는데, 이 경우 약식배서와 같은 효력이 생긴다(제512조).

④ 환 배 서 지시채권자는 채무자를 피배서인으로 하는 환배서(還背書; 역배서)를 함으로써 채무자에게 채권을 양도할 수 있다. 이 경우 증권상의 권리는 혼동으로 소멸하지 않은 채 존속하므로 채무자는 변제기도래 전까지 배서로서 타인에게 양도할 수 있다(제509조; 어음법 제11조 3항; 수표법 제14조 3항).

㈑ 교 부 교부(交付)란 증서의 점유를 이전하는 것이다. 교부는 배서인의 의사에 의해 정당하게 행해져야 한다. 분실 · 도난으로 인한 점유이전은 교부에 해당하지 않는다. 다만 증서의 선의취득자는 보호된다(제514조).

---

1) 같은 취지: 대판 1964. 6. 9, 63다1070은 어음행위에 있어서의 서명대리 또는 기명날인의 대리를 인정한다.

증권채권에서는 증권 없이 권리를 양도·실행할 수 없으므로 채권양도에 증서교부가 반드시 요구된다. 배서인이 배서를 하였으나 아직 증서를 교부하지 않았다면 채권양도는 이루어지지 않는다.

(3) 거래안전보호를 위한 제도

㈎ 배서의 자격수여력 채권증권의 소지인이 연속된 배서의 피배서인인 경우에 그에게 채권자로서의 자격을 인정하는 것을 「배서(背書)의 자격수여력(資格授與力)」이라고 한다. 민법은 증서의 점유자가 배서의 연속으로 그 권리를 증명하는 때에는 적법한 소지인으로 본다는 간주규정을 둔다(제513조 1항; 어음법 제16조 1항과 수표법 제19조를 참조).[1] 이러한 규정은 배서의 양도행위에 원인행위로부터의 항변을 단절시키는 무인성(無因性)을 부여한다. 다음의 경우에 배서연속을 인정한다. ① 채권자가 제1배서인이 되고, 제2배서인이 제1배서인으로부터 배서받는 등 현재의 소지인에 이르기까지 계속되어 증권상에 배서가 진행된 경우에는 말소된 배서는 배서의 연속에 관하여 그 기재가 없는 것으로 본다(제512조). ② 최후의 배서가 피배서인의 지정이 없는 약식배서로 되어 있는 경우(제513조 1항 뒷문장)에는 채권자로부터 배서가 계속되다가 중간에 약식배서로 바뀌었든, 제1의 배서부터 약식배서로 행해졌든 묻지 않는다. ③ 약식배서 다음에 다른 배서가 있는 경우에 그 후의 배서인이 앞의 약식배서에 의해 정당하게 채권자로 되어 피배서인에게 채권을 양도한 것으로 간주된다(제513조 2항).

㈏ 증서의 선의취득 유가증권의 유통성(流通性)을 보장하기 위하여 외관을 믿고 거래한 선의의 거래당사자에게 그가 신뢰한 효과를 발생시킬 필요가 있다. 그러한 외관신뢰보호의 한 방법으로서 증서(證書)의 선의취득(善意取得)을 인정한다. 증서의 소지인이 증서를 무권리자로부터 취득한 경우에도 선의이며 중과실이 없으면 그 증서상의 권리를 취득하게 된다. 누구든지 증서의 적법한 소지인에 대하여 그 반환을 청구하지 못한다(제514조). 이러한 채권증서의 선의취득은 동산의 선의취득(제249조)에 비하여 평온성·공연

---

1) 김상용, 407; 김용한, 459; 현승종, 325; 주석 채권총칙(하), 744(양승규 집필부분)에서는 『민법의 이 조문도 본다 로 할 것이 아니라 추정한다 로 규정하였어야 하고, 해석상으로는 유가증권의 법리에 따라 적법한 소지인으로 추정한다』고 한다(수표법 제19조도 같음). 사견으로는 민법의 문언대로 간주규정으로 다루는 수밖에 없다고 생각한다. 그리고 적법추정의 경우에는 배서의 요건을 너그럽게 해석할 것이지만, 적법간주의 경우에는 배서를 엄격히 해석해야 한다고 생각한다. 예를 들면 위조된 배서는 적법간주를 받지 않는다고 해석된다. 참고로 대판 1974. 9. 24, 74다902판결은 위조된 약속어음의 배서에 관해 배서연속을 인정하고, 소지인은 악의·중과실이 없으면 적법추정을 받는다고 한다.

성의 요건이 완화되었으며, 경과실의 선의취득자까지 보호하고, 분실·도난된 것에 대한 선의취득도 인정하는 등 보호범위가 넓다. 무권리자로부터 증서를 선의취득하기 위한 요건은 다음과 같다. ① 증서가 증권적 채권에 관한 것이어야 한다. ② 소지인은 증서의 유통방법에 따라 거래외관을 믿고 증서를 취득한 거래당사자이어야 한다(일반채권양도·상속·회사합병의 경우는 이의 적용 없음). ③ 소지인이 증권을 취득한 때에 양도인이 권리 없음을 몰랐거나 모른 데 대한 중대한 과실이 없었어야 한다. 판례는 전문적 채권상인에게는 장물 확인 등 무거운 주의의무를 부과한다(대판 1983. 12. 27, 81다카600). 이상의 요건을 갖춘 증서의 선의취득자는 증권상의 권리를 취득한다. 그 권리는 무권리자인 양도인으로부터 승계받는 것이 아니라, 법률규정에 의하여 원시취득된다.

(다) 인적 항변의 배제 지시채권에서는 채권자가 증권에 표시된 채권을 취득할 것이 보장되므로 그 채권을 해하는 채무자의 항변제기가 일정한 경우에 금지된다. 지명채권에서 통지할 때까지의 항변사유(抗辯事由)를 존속시키거나 이의를 보유한 승낙을 허용하는 것(제451조)과 대조적으로 증권적 채권에서는 유통상의 안전성보장을 위해 인적 항변을 대부분 단절시킨다. 채무자의 항변에는 인적 항변과 물적 항변이 있는데, 유통성확보를 위하여 금지되어야 할 항변은 인적 항변뿐이다.

1) 인적 항변의 절단 인적 항변(人的 抗辯)은 항변권자가 자기의 양도인(배서인)에 대한 관계에서만 주장할 수 있으며, 채무자는 소지인(所持人)의 전자(前者)에 대한 인적 관계의 항변으로서 소지인에게 대항하지 못한다(제515조 본문). 그러나 소지인이 그 채무자를 해함을 알고 그 지시채권을 취득한 때에는 그러하지 아니하다(제515조 단서). 다음의 사항들은 인적 항변사유이다.

① 원인행위에 기인한 사유 채권양도의 원인이 된 매매·증여 등의 계약이 무효·취소·해제된 경우.

② 증권행위에 기인한 사유 증권발행에 있어서 행위자의 무능력이나 의사의 흠결·하자 등의 무효·취소의 사유가 있는 경우.

③ 증권 외의 변제 등 채무자가 증서와 교환하지 않고 이행하거나 변제사실을 증서에 기재하지 않고 채권자에게 이행한 경우.

2) 물적 항변의 존속 물적 항변(物的 抗辯)은 증서의 소지인에 대하여 주장될 수 있다. 증권상의 요건흠결로 인한 무효, 증서의 진정성에 관한

항변사유(위조·변조), 증서에 지시금지의 기재가 있는 경우, 증서에 배서의 연속이 없는 경우 등 증권으로부터 밝혀지는 항변사유가 물적 항변이다.

(4) 제시채권의 만족

(가) 채권의 실행과 증서의 결부　증권적 채권에서 채권의 실행은 반드시 증서와 결부되어 이루어진다. ① 채권자가 채무자에 대하여 이행청구를 할 때에는 반드시 채무자에게 증서를 제시하여야 한다. 채무자는 위조된 증서에 대하여 채무를 지지 않으며, 변조된 증서에 대하여는 변조 전의 내용에 대해서만 채무를 진다. ② 증서에 변제기한이 있는 경우에도 그 기한이 도래한 후에 소지인이 증서를 제시하여 이행을 청구한 때로부터 채무자는 지체책임이 있다(제517조). ③ 채무자는 증서와 교환하여서만 변제할 의무가 있다(제519조). 이는 지시증서의 상환증권성을 나타낸 것이다. ④ 채무자는 변제할 때에 소지인에 대하여 증서에 영수를 증명하는 기재를 청구할 수 있다(제520조 1항). 일부변제의 경우에 채무자의 청구가 있으면 채권자는 증서에 그 뜻을 기재하여야 한다(제519조 2항).

(나) 채무자의 조사권 · 조사의무　증서상의 배서연속과 증서의 소지는 채권자로서의 자격부여요건이므로, 채무자가 채권자에게 변제할 때에 정당한 채권자인가를 판단하는 기초가 된다. 민법은 채무자에게 배서의 연속 여부를 조사(調査)할 의무를 지운다(제518조 본문). 채무자는 채권자가 누구인지 알지 못하더라도 증서소지와 배서연속만 확인하면 채권자로 믿고 변제해도 무방하다. 그러나 채무자가 변제하는 때에 소지인이 권리자 아님을 알았거나 중대한 과실로 알지 못한 때에는 그 변제는 무효이다. 배서인의 서명 또는 날인의 진위나 소지인의 진위에 관하여 채무자는 그를 조사할 권리는 있으나 의무는 없다(제518조 단서).

(다) 변제장소　민법은 지명채권에 관하여 채권자의 현주소 · 현영업소를 변제장소(辨濟場所)로 하는 지참채무의 원칙을 취하지만, 지시채권에 관하여는 추심채무(推尋債務)의 원칙을 취한다. 변제장소를 달리 정할 경우에는 반드시 증서에 그를 기재하여야 한다. 증서에 변제장소를 정하지 않은 때에는 채무자의 현영업소 또는 영업소가 없는 때에는 현주소를 변제장소로 한다(제516조).

(라) 증서의 멸실 · 분실　멸실(滅失)한 증서나 소지인의 점유를 이탈한

증서는 공시최고의 절차에 의하여 무효로 할 수 있다(제521조). 증서의 최종소지인이 법원에 공시최고를 신청하여 3개월 이상의 기간에 2회 이상의 공고를 한 후 권리의 신고가 없으면, 법원은 제권판결로서 증서의 무효를 선언한다(민소법 제487조). 공시최고의 신청이 있는 때에는 채무자로 하여금 채무목적물을 공탁하게 할 수 있고, 소지인이 상당한 담보를 제공하면 변제하게 할 수 있다(제522조).

3. 무기명채권 등

(1) 무기명채권

증권적 채권(證權的 債權) 중에서 배서 없이 증서의 교부만에 의하여 양도되는 채권을 무기명채권(無記名債權) 또는 소지인출급채권(所持人出給債權)이라고 한다. 무기명채권에는 무기명사채 · 승차권 · 입장권 등이 있다. 양도인은 양수인에게 양도행위와 함께 증서를 교부하여야 한다(제523조). 지시채권의 규정은 배서에 관한 것을 제외하고는 증서의 선의취득, 인적 항변의 절단, 채무의 이행, 증서의 공시최고 등 대부분의 규정이 무기명증권에 준용된다(제524조).

(2) 지명소지인출급채권

채권자를 지정하고 소지인에게도 변제할 것을 증서에 부기한 채권을 지명소지인출급채권(指名所持人出給債權)이라고 하는데, 이는 무기명채권과 같이 다루어진다(제525조).

(3) 면책증서

지명채권에서 채무자가 증서의 소지인에게 선의로 변제하면 소지인이 진정한 채권자가 아니더라도 변제의 효과가 생기는 경우에 그러한 증서를 면책증서(免責證書)라고 한다. 채권자의 진정성이 확인되기 곤란한 대량거래 등의 경우에 채무자가 채권자에게 증서를 발행해 주고, 그 증서를 제시한 증서소지인에게 변제함으로써 면책되려는 목적으로 이용한다. 여객의 수하물상환증, 고객의 휴대품예치증 등이 면책증서에 해당한다.

면책증서는 일종의 자격증서로서 채권자임을 추정해 주는 것일 뿐, 면책증서가 발행되었다고 하여 지명채권이 증권적 채권으로 되는 것은 아니다. 채무자는 면책증서의 소지인에게 변제하면 소지인이 무권리자라도 면책된다. 그러나 그 소지인이 무권리자임을 알고 변제한 악의의 채무자에 대하여는 변제의 효력이 생기지 않는다. 채권자가 면책증서를 소지하고 있지 않더라도 다른 방법으로 자신의 권리를 증명하면 변제받을 수 있다. 채권의 양도에는 지명채권의 양도요건을 갖추어야 함이 원칙이다. 그러나 지시채권에 관한 변제와 증서제시 등에 관한 규정은 면책증서에 준용된다(제526조).

출고지시서는 면책증서로서 원인관계인 매매계약에 의해 영향을 받는 유인증권(有因證券)이므로 그 지시서의 양수인은 증권을 양수받은 사실만으로 그 물건의 인도청구권을 취득하지 않으며, 또 지시서의 양도가 그 표시물건의 양도로서의 효력을 갖지 않는다(대판 1970. 10. 23, 70다1985).

§ 45. 채무인수 개설

1. 의　　의[1]

(1) 개　　념

채무가 동일성을 유지하면서 채무자로부터 제3자(인수인)에게 이전되는 것을 채무인수(債務引受)라고 한다. 채무인수에 의하여 채무자는 채무에서 벗어나고 인수인이 신채무자가 된다. 이러한 보통의 채무인수를 병존적 채무인수(竝存的 債務引受)와 뚜렷이 구별하기 위해 면책적 채무인수(免責的 債務引受)라고 부르기도 하는데, 그냥 채무인수라고 하면 면책적 채무인수를 의미한다. 채무는 이전에 의하여 그 특성을 상실하지 않는다.

채무인수는 직접 채무의 귀속에 변화를 가져오는 것으로서 처분행위를 포함한다. 특히 종전의 채무자가 채무인수에 의하여 면책(免責)된다는 점에서 처분행위로서의 성격이 뚜렷하다. 인수행위는 채권자와 인수인 사이에서 처분의 합의를 하는 방법(제453조)과 채무자와 인수인 사이의 합의에 채권자의 승낙을 받는 방법(제454조)의 두 가지가 가능하다. 민법은 계약이라는 표현을 쓰고 있는데(제453조, 제454조), 이것은 인수에 관한 당사자의 합의(인수합의)를 의미한다. 보통 계약이라고 하면 채무를 이행할 것을 약속하는 의무부담행위만을 의미하는 반면에, 채무인수에서의 계약에는 채무자를 면책시키는 처분행위와 인수인의 채무부담행위가 복합되어 있다.

(2) 채무인수의 제한성

채권이 채권자로부터 제3자에게 양도될 수 있는 것과 마찬가지로 채무도 채무자로부터 제3자에게 인수될 수 있음을 원칙으로 한다. 그러나 채무인수에 의하여 채무자가 변경되는 것은 채권자의 변경과는 달리 채권의 실현가능성에 중대한 영향을 미친다. 채권의 만족은 채무자의 성실성 · 변제자력 · 책임재산에 의해 좌우되기 때문이다. 그러므로 채무자의 변경은 채권자가 스스로 그에 따른 위험을 인수하는 경우에만 허용된다. 채권자의 의

1) 참고문헌: 김석우, "채무의 인수, 그 배경 · 방법 및 주요이론내용," 고시연구 1983년 3월호; 양창수, "채무인수," 고시연구 1997년 11월호, 58 이하.

사를 무시한 인수행위는 채권자에게 위험을 강요하는 것이 되어 부당하다.

> 외국의 입법례
>
> 채무인수는 독일고유법에 바탕을 둔 제도로서 독일민법에서 최초로 입법되었으며(독민 제414조~제419조), 스위스채무법에도 상세한 규정이 설치되었다(스민 제175조~제183조). 로마법에서는 채권양도와 마찬가지로 채무인수도 허용되지 않았다. 프랑스와 일본에서는 채권양도에 관해서는 민법에서 규정하지만 채무인수에 관해서는 규정하지 않는다. 그러나 그러한 합의가 유효함은 계약자유에 비추어 당연하며 그의 법률관계는 학설과 판례로서 규율된다.

2. 채무인수의 종류

(1) 면책적 채무인수와 병존적 채무인수

(가) 개 념 채무인수에 의하여 채무자가 면책되고 인수인이 신채무자로 되는 경우를 면책적 채무인수(免責的 債務引受)라고 하여, 채무인수의 원칙적인 모습으로 파악한다. 반면에 채무인수에 의하여 채무자와 나란히 인수인이 중첩적으로 채무자가 되는 경우를 가리켜 병존적 채무인수 또는 중첩적 채무인수(重疊的 債務引受)라고 한다. 병존적 채무인수의 경우에 채권자와 채무자의 채권관계에 제3자가 가입하여 제3자가 채무자와 나란히 동일내용의 채무를 각자 부담하게 된다.

(나) 인수행위의 성격 면책적 채무인수에서는 채무자가 면책되는 처분행위와 인수인(引受人)의 채무부담행위가 결합되어 있는 반면에, 병존적 채무인수에서는 인수인에게 채무를 발생시키는 의무부담행위만이 행해진다.

(다) 면책의사의 표시 면책적 채무인수에서는 종래의 채무자가 그 인수행위로 면책된다는 점이 표시되어야 한다. 판례도 면책적인지 병존적인지 당사자 의사가 명백하지 않은 경우에, 병존적 채무인수로 본다(대판 1988. 5. 24, 87다카3104).

(라) 채무자의 수 면책적 채무인수는 채무자가 다른 사람으로 교체되므로 채무나 채무자의 수가 증가하지는 않는다. 그러나 병존적 채무인수에 의하여는 채무 및 채무자의 수가 증가하며, 종전의 채무자는 계속해서 같은

내용의 이행의무를 부담한다.

(마) 인적 담보의 기능 채권자에게 있어서 병존적 채무인수는 종래 채무에 인적 담보를 추가하는 효과를 가져온다. 병존적 채무인수와 보증인을 세우는 것은 채권자의 만족가능성을 높인다는 점에서는 공통점을 갖는다. 그러나 병존적 채무인수에서는 다수의 채무가 동일한 내용을 갖지만 독자적으로 존속하는 데에 반하여, 보증채무(保證債務)에서는 주채무에 대한 강한 부종성을 갖고 종속된다는 점에서 양자가 이론상 엄격히 구별된다. 결국 병존적 채무인수는 이미 성립한 채무에 부가하여 또 하나의 채무를 부담함으로써 양 채무간에 연대채무를 발생시키는 행위라는 특성을 갖는다.

(2) 병존적 채무인수행위의 당사자

병존적 채무인수(竝存的 債務引受)는 다음의 두 가지 방법으로 할 수 있다.

(가) 인수인과 채권자의 합의 인수인(引受人)과 채권자(債權者)의 합의(合意)로 할 수 있다. 이해관계 없는 제3자는 채무자의 반대의사가 있으면 병존적 채무인수도 할 수 없다고 해석된다(제453조 2항 유추적용). 그러나 판례는 이해관계 있는 제3자인가에 관계 없이 언제나 채무자의 의사에 반하는지를 따질 필요가 없다고 한다(대판 1988. 11. 12, 87다카1836 참조).[1] 사견으로는 이해관계 없는 제3자의 병존적 채무인수의 결과 인수인이 채무를 이행하는 경우에 보통의 채무인수에서 채무자가 꺼리는 제3자의 변제가 행해지므로 상환이 비슷하고, 또한 이해관계 없는 제3자는 채무자의 의사에 반하여 변제할 수 없다는 민법 제469조 2항의 취지에 비추어 보더라도 채무자의 반대의사 있는 경우에는 병존적 채무인수를 무효로 하는 것이 옳다고 생각한다.

(나) 인수인과 채무자의 합의 인수인(引受人)과 채무자(債務者)의 합의(合意)로 병존적 채무인수를 하여 내부적 효과를 얻을 수 있으나, 인수인은 채권자의 승낙이 있을 때에 채권자에 대한 관계에서 채무를 진다. 채무자와 인수인 사이의 병존적 채무인수의 합의는 채권자를 수익자로 하는 제3자를 위한 계약에 해당하며, 채권자의 승낙은 수익의 의사표시에 해당한다(제539조). 채권자는 수익의 의사표시를 하여야 인수인에 대하여 직접 청구할 권리를

1) 대판 1962. 4. 4, 4294민상1087; 대판 1965. 3. 9, 64다1702; 대판 1966. 9. 6, 66다1202. 곽윤직, 449; 김상용, 488; 장경학, 466에서는 병존적 채무인수는 순전히 채무의 담보를 목적으로 행해지므로 채무자의 의사에 반하여서도 할 수 있다고 한다.

갖는다. 판례도 계약당사자 일방이 상대방의 제3자에 대한 채무와 동일한 내용의 채무를 중첩적으로 인수하여 직접 제3자에게 이행하기로 하는 약정은 제3자를 위한 계약이라고 한다(대판 1989. 4. 25, 87다카2443).[1)]

판례는 채무의 인수에 있어서 면책적 인수인지 중첩적 인수인지 분명하지 않은 때에는 중첩적 인수로 본다(대판 1988. 5. 24, 87다카3104).

금전소비대차계약으로 인한 채무에 관하여 제3자가 채무자를 위하여 차용증서, 수표 또는 약속어음을 작성하여 이를 채권자에게 교부하는 경우에는 특별한 사정이 없는 한 그 제3자는 동일한 채무를 면책적 또는 중첩적으로 인수한 것으로 보는 것이 타당하다(대판 1988. 10. 25, 88다1455).[2)]

(3) 병존적 채무인수의 효과

병존적 채무인수로 채무자와 인수인은 어떤 관계로 채무를 부담하는가에 관하여 학설이 대립한다.

㈎ 부진정연대채무설 연대채무는 절대적 효력사유가 많으므로 부진정연대채무(不眞正連帶債務)로 추정하여 절대적 효력사유를 축소(縮小)해야 한다는 견해가 있다.[3)] 이 견해는 연대채무의 발생을 배제하는 것은 아니고 계약해석에 의해 연대채무 또는 부진정연대채무가 발생할 수 있으나 후자로 추정해야 한다고 주장함으로써 연대채무의 발생을 억제하고 있다.

㈏ 연대채무설 채무자의 채무와 인수인의 채무는 동일한 내용의 이행의무이면서 1인의 이행으로 모두 소멸하게 되므로 연대채무(連帶債務)의 관계에 놓인다는 견해이다.[4)5)] 인수인이 채무자와 함께 책임을 진다는 것은 주관적 공동관계가 있다는 것을 의미하므로 연대채무로 보는 것이 타당하다고 한다.

사견으로는 병존적 채무인수에 의하여 보통의 연대채무가 발생한다고

---

1) 대판 1996. 12. 23, 96다33846: A가 B로부터 점포를 양도받기로 계약하면서 B가 제3자인 C에 대하여 부담하고 있는 채무를 변제하여 주기로 약정한 사안에서, A가 B와의 계약체결 후 곧바로 C에게 B의 채무를 대신 변제하겠다고 제의한 점이나 계약의 내용, 체결 경위 등에 비추어 A와 B 사이에 체결된 계약은 제3자를 위한 계약으로서 중첩적 채무인수약정에 해당한다는 이유로, 이와 달리 그 계약을 이행인수약정에 불과하다고 본 원심판결을 파기한 사례.

2) 같은 취지: 대판 1998. 3. 13, 97다52493.

3) 곽윤직, 319; 김상용, 426; 김석우, 346; 김용한, 481; 김증한, 301; 김증한 · 김학동, 328.

4) 김현태, 287; 이태재, 339; 장경학, 467; 최식, 185; 현승종, 345.

5) 그 밖에 절충설로서 김주수, 396; 민법주해(10), 631(민형기 집필부분); 임정평, 405는 당사자 사이에 주관적 공동관계가 있는 경우는 연대채무, 그리고 주관적 공동관계가 없는 경우는 부진정연대채무로 보아야 한다고 한다.

해석하겠다. 첫째, 타인의 채권관계에 개입하는 자에게 채무자와의 사이에 공동관계를 인정하는 것이 타당하다. 둘째, 당사자의 계약을 기초로 발생하는 연대관계를 부진정연대채무로 보는 것은 부진정연대채무의 개념 및 성질에 혼란을 가져올 우려가 있다. 셋째, 연대채무규정에 있어서 의용민법보다 훨씬 합리적으로 절대적 효력사유를 축소한 우리 민법 아래에서 이 경우를 부진정연대채무로 보아야 할 실익이 없다. 판례도 연대채무설을 취하는 것으로 이해된다. 중첩적 채무인수인이 채권자에 대한 손해배상채권을 자동채권으로 하여 채권자의 자신에 대한 그 채권에 대하여 대등액에서 상계의 의사표시를 하였다면, 연대채무자 1인이 한 상계의 절대적 효력을 규정하고 있는 민법 제418조 제1항의 규정에 의하여, 다른 연대채무자인 원채무자의 채권자에 대한 채무도 상계에 의하여 소멸되었다고 본다(대판 1997. 4. 22, 96다56443).

3. 채무인수의 법률관계

면책적 채무인수행위는 채무자 · 채권자 · 인수인 사이에 3당사자관계를 발생시키다.

(1) 인수인의 채무부담

채무인수에 의하여 인수인은 새로운 채무를 부담하게 되므로 그 인수행위는 인수인의 입장에서는 채무부담행위(債務負擔行爲)가 된다. 인수인은 채권자와의 합의 또는 채권자의 사후승낙에 의하여 채무부담행위를 하는 것이다. 이러한 측면에서 인수인과 채권자 사이에 채무를 발생시키는 계약이 체결된다.

(2) 채무자의 면책

채무자는 자기의 채무를 인수인에게 떠넘김으로써 채무에서 벗어나게 된다. 채무자의 입장에서 인수행위는 면책행위(免責行爲)로서의 의미를 갖는다. 채권자는 채무자가 면책될 것에 동의하거나 사후승낙을 함으로써 면책행위의 당사자가 된다.

(3) 채무자와 인수인의 보상관계

채무자는 자기의 채무를 면하고 인수인에게 대신 채무를 지게 하는 내용의 계약을 체결한다. 그 계약은 편무계약인 경우도 있지만, 대개는 쌍무계약에 해당한다. 채무자는 채무인수의 대가를 금전으로 지급하거나 또는 다른 반대급부를 부담한다.

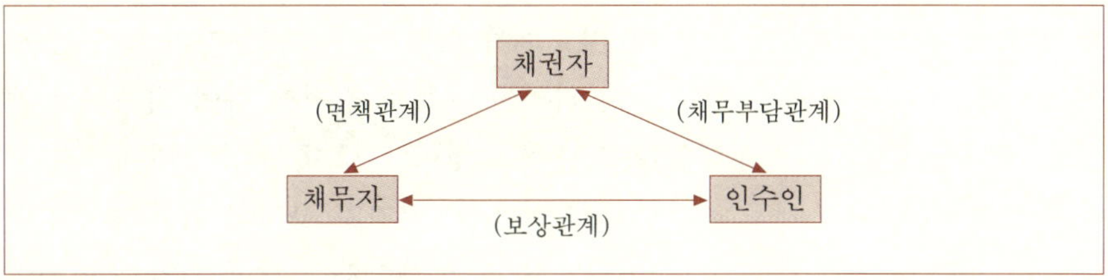

4. 다른 유사제도와 구별[1)]

(1) 경개와 채무인수의 차이

경개(更改)에 의하여 구채무는 소멸하고 그 대신 새로운 채무가 발생하게 되므로 구채무와 신채무 사이에 동일성이 유지되지 않는다. 그러나 채무인수(債務引受)에서는 채무의 동일성이 유지되면서 채무자만이 전채무자로부터 인수인으로 변경되는 것이다. 경개에서는 구채무에 붙은 항변사유는 경개계약의 체결에 있어서의 착오의 문제로 다루어질 수 있을 뿐이며 신채무에 직접적인 영향을 미치지 않는다. 그러나 채무인수에서는 채무의 동일성이 유지되므로 채무에 부착된 항변사유도 그대로 존속한다.

(2) 이행인수와 채무인수의 차이

제3자가 채무자에 대한 관계에서 채무자의 채무를 대신 이행할 의무를 지는 것을 이행인수(履行引受)라고 한다. 이행인수의 경우에 채권자나 그 밖의 자에 대한 관계에서는 채무자가 채무를 부담하는 반면에, 채무인수에서는 채무자는 면책되고 인수인이 새로운 채무자로서 채무를 부담한다. 이행인수의 경우에 채무자가 채권자로부터 제3자의 이행인수에 관한 동의를 얻는 경우도 있으나 채권자의 동의가 이행인수의 요건은 아니다. 인수인은 채권자와 채무자 사이의 채권관계를 위하여 제3자로서 보조적인 이행의무를 진다. 채권자는 이행인수인에게 직접 이행청구할 수 없다. 이행인수인이 이행을 하지 않거나 불완전한 이행을 한 경우에 그에 대한 책임은 채무자가

1) 참고문헌: 김석우, "이행인수 · 채무인수 · 경개," 사법행정 1984년 11월호.

지며, 이행인수인은 채권자에 대한 관계에서는 이행보조자로 다루어진다.

채무자와 인수인의 계약으로 체결되는 병존적 채무인수는 채권자로 하여금 인수인에 대하여 새로운 권리를 취득하게 하는 것으로 제3자를 위한 계약의 하나로 볼 수 있고, 이와 비교하여 이행인수는 채무자와 인수인 사이의 계약으로 인수인이 변제 등에 의하여 채무를 소멸케 하여 채무자의 책임을 면하게 할 것을 약정하는 것으로 인수인이 채무자에 대한 관계에서 채무자를 면책케 하는 채무를 부담하게 될 뿐 채권자로 하여금 직접 인수인에 대한 채권을 취득케 하는 것이 아니므로 결국 제3자를 위한 계약과 이행인수의 판별 기준은 계약당사자에게 제3자 또는 채권자가 계약 당사자 일방 또는 인수인에 대하여 직접 채권을 취득케 할 의사가 있는지 여부에 달려 있다. 부동산을 매매하면서 매도인과 매수인 사이에 중도금 및 잔금은 매도인의 채권자에게 직접 지급하기로 약정한 경우, 그 약정은 매도인의 채권자로 하여금 매수인에 대하여 그 중도금 및 잔금에 대한 직접청구권을 행사할 권리를 취득케 하는 제3자를 위한 계약에 해당하고 동시에 매수인이 매도인의 그 제3자에 대한 채무를 인수하는 병존적 채무인수에도 해당한다(대판 1997. 10. 24, 97다28698).

근저당권부 부동산의 매수인이 매매목적물에 관한 피담보채권을 인수하는 한편, 그 채무액을 매매대금에서 공제하기로 약정한 경우, 그 인수는 특별한 사정이 없는 한 매도인을 면책시키는 채무인수가 아니라, 이행인수로 보아야 한다(대판 1990. 1. 25, 88다카26467; 대판 2007. 9. 21, 2006다69479 · 69486; 대판 2008. 3. 13, 2007다54627; 대판 2008. 9. 11, 2008다39663).[1] 부동산매매계약과 함께 이행인수계약이 이루어진 경우, 매수인이 인수한 채무는 매매대금지급채무에 갈음한 것으로서 매도인이 매수인의 인수채무불이행으로 말미암아 또는 임의로 인수채무를 대신 변제하였다면, 그로 인한 손해배상채무 또는 구상채무는 매매대금지급 채무에 갈음한 것의 변형이므로 이는 소유권이전등기의무와 동시이행관계에 있다(대판 2004. 7. 9, 2004다카13083).

1) 면책적 채무인수로 보기 위하여는 이에 대한 채권자의 승낙이 있어야 한다(대판 1995. 8. 11, 94다58599).

§46. 채무인수의 요건과 효과

1. 채무의 이전성

(1) 성질상 이전성

(가) 이전성의 판단　이전성(移轉性)이 있는 채무만이 제3자에 의해 인수될 수 있다. 채권의 성질이 양도를 허용하는 경우(제449조 1항)와 채무의 성질이 이전을 허용하는 경우는 다르다. 급부를 수령하는 경우와 채무를 이행하는 경우는 다르기 때문이다. 채무의 이전성에 관한 판단은 결국 계약해석의 문제로 된다. 물건의 인도채무는 대개 이전성이 있다고 해석된다. 그러나 채무자가 물건을 제조하여 인도해야 할 경우에는 이전성이 제한될 수 있다. 채무자가 스스로 하여야 할 행위채무는 대개 이전성이 없다고 해석된다. 그러나 채무자가 스스로 하지 않아도 되는 채무 또는 행위에 전문성이나 개별성이 적어 타인에 의해서도 동일한 결과를 얻을 수 있는 경우는 이전할 수 있다.

(나) 채권자의 승낙　채무의 성질이 인수를 허용하지 않는 경우에는 인수인과 채권자의 인수행위가 있더라도 인수의 효과가 발생하지 않는다(제453조 1항 단서). 채무인수로 인수행위에 참여하지 않은 채무자에 불리하게 될 우려가 있기 때문이다. 그러나 인수인과 채무자의 합의와 채권자의 승낙에 의한 인수행위의 경우에는 채무의 성질로 인한 인수제한이 없다. 그 경우 채무자와 채권자의 의사가 인수행위에 충분히 반영되므로 당사자의 이익을 해칠 염려가 없기 때문이다.

(2) 의사표시에 의한 이전제한

(가) 전속성의 합의　채권자와 채무자는 채무를 제3자에게 이전하지 않거나 일정조건 아래에서만 이전할 것을 약정할 수 있다. 이러한 전속성(專屬性)의 합의(合意)는 비록 인수인이 몰랐다 하더라도 인수행위를 무효로 한다. 채무인수에 관하여 거래의 안전을 보호해야 할 필요성은 채권양도에서처럼 강하지 않기 때문이다.

(나) 채권자의 추인　이전제한의 약정에 어긋나서 채무자가 제3자와

채무이전에 관한 인수합의를 한 경우, 그 인수행위는 무효로 되지만 채권자의 승낙에 의해 흠이 치유되어 유효로 된다고 해석된다(민법은 이전제한약정의 효과에 관하여 아무 규정을 두지 않는다. 제454조 1항).

2. 채무인수행위

(1) 개 설

㈎ 의 의 인수행위(引受行爲)는 채무자로부터 인수인에게 채무를 이전시키는 처분행위(處分行爲)이다. 인수행위는 채권자 · 채무자(전채무자) · 인수인(신채무자)의 3당사자관계를 발생시킨다. 채권자와 채무자 사이에는 면책관계가 존재하며, 채권자와 인수인 사이에는 채무부담관계가 존재한다. 인수인이 채무자를 면책시키고 그의 채무를 이전받아 이행의무를 지는 데에는 그에 상응하는 보상관계가 존재한다.

㈏ 당 사 자 인수인(引受人)은 인수행위에 있어서 빼놓을 수 없는 당사자(當事者)이다. 인수행위에 의하여 새롭게 채무자로 되는 사람은 인수인인데, 그의 자발적 의사에 의하지 않는 채무부담이란 생각할 수 없기 때문이다. 인수행위에 있어서 채권자의 의사도 빼놓을 수 없는 요소이다. 인수인은 채권자와 인수합의를 하거나 또는 채무자와 인수합의를 하고 채권자의 승낙을 받거나 두 방법 중의 하나를 자유로 선택할 수 있다. 반면에 채무자는 채무인수로 인하여 이익만을 받는 경우가 있는데(무상의 채무인수의 경우), 이 때에는 채무자의 의사는 중요하지 않다.

㈐ 유 형 인수행위는 인수인과 채권자의 합의로 하는 경우, 채무자와 인수인의 합의에 채권자의 승낙을 받는 경우, 채무자 · 채권자 · 인수인의 3자합의로 하는 경우 등의 유형(類型)이 있다.

(2) 인수인과 채권자의 합의

㈎ 합의의 성격 인수인과 채권자의 인수합의는 직접 채무이전의 효과를 발생시킨다. 이 인수합의는 새로이 형성될 인수인과 채권자 사이의 채무부담관계의 당사자가 하는 합의로서 채무인수의 간단한 형태이다. 이 인수합의는 합의의 당사자가 아닌 채무자에게 채무를 면하게 하는 효과를 가져오므로 제3자를 위한 계약 및 그의 이행행위에 해당한다고 볼 수 있다

(제539조). 이론적으로 볼 때 제3자를 위한 계약은 이전할 의무를 발생시키는 채무부담행위이고 그 계약에 따른 이행이 채무인수행위에 해당하는데, 채무인수의 경우 실제로 두 행위가 하나의 합의로 합체되어 행해진다.

사례연구

채무자가 채권자에게 10만원을 5월 말까지 이행할 채무를 부담하고 있다. 그런데 인수인은 채무자에게 20만원을 4월 말까지 이행할 채무를 부담하고 있다. 4월 30일이 되자 인수인은 채무자에게 10만원의 현금만을 지급하고 나머지 10만원은 채무자가 채권자에게 지는 10만원의 채무를 5월까지 이행하는 것으로 대신하도록 허락받았다. 5월 1일에 인수인은 채권자를 찾아가 채무자 대신 자기가 5월 말까지 이행하겠노라 말하고, 채무자를 채무관계에서 벗어나게 하고 자기가 대신 채무자가 될 것을 합의하였다. 이 합의는 제3자를 위한 계약이자 동시에 인수행위에 해당한다.

(나) 채무자의 의사 인수인이 채권자와 합의하여 채무를 인수하는 경우에는 채무자의 동의는 요건이 아니다(제453조 1항).[1] 채무자는 인수행위로 인하여 채무를 면하게 되는 이익을 얻게 되며, 보통 그에 상응하는 손해나 권리상실은 없기 때문이다. 채무자와 인수인 사이의 계약이나 부탁이 존재할 것은 이 유형의 인수행위에서는 요건이 아니다.

이해관계가 없는 자는 채무자의 의사에 반하여 채무를 인수하지 못한다(제453조 2항). 이해관계 없는 제3자란 채무자 사이에 인수의 원인이 될 법적 이해관계가 없는 자를 의미한다. 이 경우 채무자의 반대의사가 있으면 인수의 효과가 발생하지 않으며 채무는 그대로 채무자에게 귀속된다. 채무자의 반대의사란 특정의 제3자에 대해 인수합의의 사전 또는 사후에(인수합의의 사실을 미리 통지받지 못한 경우) 표시되는 이의(異議)를 말한다. 사후의 반대의사는 인수합의를 안 후 상당기간 내에 표시되어야 한다. 채무자의 사후의 반대의사가 있는 경우에 인수합의는 소급하여 효력을 상실케 한다고 해석된다. 판례는 채무자의 의사에

---

1) 제3자를 위한 계약에서는 제3자가 수익의 의사를 표시한 때에 권리를 취득하게 된다(제539조 2항). 이 규정은 계약에 의한 채무부담에 관한 것이고 처분행위인 인수행위에는 제453조 2항이 우선적으로 적용된다.

반하느냐는 인수 당시를 표준으로 하여 결정하여야 하며, 채무자의 의사에 반한다고 주장하는 자가 그를 입증해야 한다고 한다(대판 1966. 2. 22, 65다2512).

(다) 보상관계 인수인이 채무자를 면책시키고 자기가 대신 채무를 지는 데에는 채무자 · 인수인 사이에 그 원인이 되는 보상관계(補償關係)가 존재하기 때문이다. 그러나 인수인과 채무자 사이의 보상관계는 인수행위에 직접적인 영향을 미치지 않음이 원칙이다. 인수인은 특약이 없으면 전채무자에 대한 항변사유로서 채권자에게 대항할 수 없다(대판 1966. 11. 29, 66다1861).

(3) 인수인 · 채무자의 합의와 채권자승낙

(가) 인수합의 인수인은 채무자와 채무인수에 관한 합의를 하는 것만으로 채무를 이전받을 수 없다. 채권자의 의사에 의하지 않는 채무인수가 채권자에게 불이익을 줄 우려가 있기 때문이다. 그러나 인수인과 채무자 사이의 인수합의(引受合意)는 채권자의 승낙과 합쳐서 인수행위를 이루는 중요한 요소가 된다. 인수인과 채권자의 인수합의는 채권자가 계약상대방으로서 인수행위에 참여하는 데에 반하여, 이 경우는 인수인과 채무자의 인수합의가 중심을 이루고 그에 채권자의 승낙이 사후에 첨가된다. 이 경우 인수행위에 3당사자의 의사표시가 모두 필요하다는 점에서 실질적으로 인수인 · 채무자 · 채권자의 3면합의와 거의 같다. 3면합의에서는 채권자의 의사가 대개 인수인 및 채무자의 의사와 동시에 표시되어 채무인수가 일시에 완결되지만, 이 경우에는 채권자의 의사가 사후적 · 수동적이라는 특색을 갖게 되어 그에 따른 법률문제가 발생한다.

(나) 채권자의 승낙 채권자의 승낙(承諾)은 인수행위의 구성요소이며 채무인수의 효력요건이다(제454조 1항). 인수인과 채무자의 합의만으로는 채무인수의 효과가 생기지 않으며, 그 합의에 효력을 부여하는 것이 채권자의 승낙이라는 점에서 무효행위에 대한 추인과 유사한 기능을 담당한다(제139조 참조).[1] 채

1) 독일에서는 채권자의 승낙(추인, Genehmigung)의 성격에 관하여 학설대립이 있다. 다수설인 처분설(Verfügungstheorie)은 인수인과 채무자의 인수합의를 처분권한 없는 자 사이의 처분행위로서 효력을 발생시키지 못하지만, 채권자의 추인이 있으면 독일민법 제184조, 제185조에 의해 행위 당시부터 소급효를 갖는다고 한다(Larenz, *Schuldrecht I*, § 35 I; BGHZ 31, 321). 다만 무권리자의 처분행위로 인수인이 종전의 채무를 승계받는다는 점은 처분설로서 설명이 곤란하다고 지적된다. 이에 대하여 청약설(Angebotstheorie)은 인수인과 채무자가 인수에 합의하여 채권자에게 통지하는 것이 종전계약을 변경(채무자변경)시키는 데에 대한 청약이고, 그에 대한 채권자의 승낙이 합하여 계약의 구성요소를 이룬다고 설명한다(Soergel-Schmidt, 2 zu § 415). 청약설에 의하면 독일민법 제184조를 적용하여 소급효를 부여하는 데에 곤란이 생긴다. 이러한 인수행위를 인수인 · 채무자 · 채권자의 3면계약으로 보는 견

권자의 승낙 또는 거절의 의사는 채무자나 인수인을 상대방으로 하여 표시되어야 한다(제454조 2항). 채무자와 인수인 사이의 계약에 의한 채무인수에 대하여 채권자는 명시적인 방법뿐만 아니라 묵시적인 방법으로도 승낙할 수 있는데, 채권자가 직접 채무인수인에 대하여 인수채무금의 지급을 청구하였다면 그 지급청구로써 묵시적으로 채무인수를 승낙한 것으로 보아야 한다(대판 1998. 11. 14, 88다카29962).[1)]

인수인이나 채무자는 상당한 기간을 정하여 승낙 여부의 확답을 채권자에게 최고(催告)할 수 있으며, 채권자가 그 기간 내에 확답(確答)을 발송하지 않으면 거절(拒絶)한 것으로 본다(제455조 1항 · 2항). 채권자가 승낙을 거절하면 그 후 다시 승낙하더라도 채무인수의 효과가 생기지 않는다(대판 1998. 11. 24, 98다카33765). 채무인수는 확정적으로 소멸하며, 채권자는 채무자와 인수인의 인수합의에 관한 사전동의를 함으로써 승낙에 대신할 수 있다.

사례연구

A는 그의 소유주택(시가 8,000만원)을 저당잡히고 주택은행으로부터 3,000만원을 20년 상환으로 융자받았다. B는 A로부터 그 주택을 5,000만원의 현금지급과 융자금채무를 인수하는 조건으로 매수하였다. B는 A · B 사이에 작성한 채무인수증서를 주택은행에 제출하여 승낙을 얻었다.

이 경우에는 융자금에 관한 금전채무의 인수에 관한 문제 이외에 저당권에 의해 담보된 피담보채무(저당채무)의 인수에 관한 문제도 야기된다. 인수인은 저당부동산의 제3취득자로서 저당권의 부담을 지게 된다.

판례는 부동산을 매수함에 있어 잔대금 중 피고의 은행채무를 공제하기로

해도 청약설로 분류된다(Hirsh JR 1960, 291). 생각건대 독일의 처분설과 청약설의 대립은 주로 채권자의 승낙에 소급효를 인정할 것인가의 효과에 향하여 있는데, 우리 민법은 제457조에서 승낙의 소급효를 별도로 규정하며, 무효행위의 추인규정도 독일과 매우 다르므로 독일에서와 같은 이론대립의 실익이 우리 나라에는 없다. 그러나 채권자의 승낙을 인수행위의 구성요소로 볼 것인가의 문제에 관하여 청약설로부터 배울 점이 많다고 생각한다.

1) 대판 1997. 6. 24, 97다8809: 금전채무와 같이 급부의 내용이 가분인 채무가 공동상속된 경우, 이는 상속 개시와 동시에 당연히 법정상속분에 따라 공동상속인들에게 분할되어 귀속되는 것이므로, 상속재산분할의 대상이 될 여지가 없다 할 것이다. 따라서 상속재산분할의 대상이 될 수 없는 상속채무에 관하여 공동상속인들 사이에 분할의 협의가 있는 경우라면 이러한 협의는 민법 제1013조에서 말하는 상속재산의 협의분할에 해당하는 것은 아니지만, 위 분할의 협의에 따라 공동상속인 중의 1인이 법정상속분을 초과하여 채무를 부담하기로 하는 약정은 면책적 채무인수의 실질을 가진다고 할 것이어서, 채권자에 대한 관계에서 위 약정에 의하여 다른 공동상속인이 법정상속분에 따른 채무의 일부 또는 전부를 면하기 위하여는 민법 제454조에 따라 채권자의 승낙이 있어야 한다.

한 것은 채권자인 은행의 승낙이 없었으므로 채무자를 면책시키는 채무인수로 볼 수 없고 이행인수로 보아야 한다고 한다(대판 1990. 1. 25, 88다카29467).

(다) 승낙 없는 인수합의의 효과 인수합의(引受合意)만으로는 채무가 인수인에게 이전하지 않는다. 인수합의에도 불구하고 채권자에 대한 관계에서 채무자는 여전히 전과 같은 채무자이고 인수인은 채권관계의 당사자로 들어설 수 없다. 채권자의 승낙(承諾)이 인수행위의 구성요소라고 보는 사견으로서는 승낙을 받지 못한 인수합의로는 인수행위가 완결되지 않았으므로 인수의 효과를 발생시키지 못한다고 해석한다. 그러므로 인수합의만으로는 정지조건 또는 해제조건으로라도 채무이전의 효과를 발생시킬 수 없다.[1)]

승낙을 얻지 못한 인수합의는 인수인과 채무자 사이에서 내부적 효력을 갖는다. 인수합의는 인수행위로서는 효력을 발생할 수 없지만 이행인수계약(履行引受契約)으로서 효력을 발생할 수 있다. 채권자에 대한 관계에서 채무이전을 주장할 수 없지만, 인수인과 채무자의 내부관계의 범위에서 인수인이 채무자를 대신하여 이행할 의무를 지는 것은 무방하기 때문이다. 이 경우 인수행위로서 무효인 행위가 이행인수계약으로서 전환된다(제138조). 단 당사자가 이행인수를 원하지 않는 사정이 있는 때에는 이러한 무효행위의 전환은 일어나지 않는다.

(라) 인수합의의 무효 인수인과 채무자 사이의 인수합의가 무효·취소·해제로 인하여 효력을 상실한 경우에, 채권자의 승낙을 얻은 채무인수도 무효(無效)로 되는가에 관해서는 의문이 있다. ① 인수에 대한 채권자의 승낙 이전에 인수인과 채무자의 인수합의가 무효였던 경우에는 채무인수는 일어나지 않는다. ② 인수인은 채무인수 이후에 채무자와의 인수계약에서 발생한 취소권, 해제권 등의 인적 항변을 가지고 채권자에게 대항할 수 없다고 해석된다. 인수인이 채권자의 승낙을 구하여 그것을 얻은 이상 인수인

1) 채권자의 승낙을 정지조건으로 하여 인수인과 채무자의 인수합의가 효력을 발생한다고 보는 견해가 있다. 김기선, 293; 김용한, 472; 김현태, 284. 이와 같이 승낙을 정지조건으로 보는 것은 인수인과 채무자의 인수합의만으로 인수행위가 구성되고, 채권자의 승낙은 법률행위 외부의 조건으로 보아 그 조건의 성취에 법률행위의 효력발생이 좌우된다는 입장이다. 사견이 채권자의 승낙을 인수행위의 구성요소로 보는 것과는 다른 입장이다.

과 채권자 사이에 간접적인 채무부담의 합의가 이루어졌다고 해석할 여지가 있기 때문에, 다시 채권자의 승낙을 얻어서 그 채무부담관계를 해소시키지 않는 한 인수인은 계속 채무를 부담한다. 판례도 채무자와 제3자의 채무인수계약을 채권자가 승낙한 후에 그 채무인수계약을 취소하려면 채권자의 취소에 대한 승낙이 있거나, 승낙 당시에 취소권유보가 있었어야 한다고 하였다(대판 1962. 5. 17, 62다161).

(마) **인수합의의 철회·변경** 제3자와 채무자간의 계약에 의한 채무인수는 채권자의 승낙이 있을 때까지 당사자는 이를 철회(撤回)하거나 변경(變更)할 수 있다(제456조). 채권자의 승낙이 있어야 채무인수의 효과가 발생하므로, 그 이전까지 철회나 변경을 인정하여도 무방할 것이다. 철회 또는 변경의 의사표시는 채권자에 대하여 행해져야 하며, 승낙의 의사표시도달 이전에 그 철회·변경통지가 도달되어야 한다.

채무자와의 계약에 의한 채무인수의 입법의견

채무자와 인수인 사이의 계약에 의한 채무인수의 경우에 채권자의 승낙을 얻지 못하면 이 계약은 채무인수계약으로서의 효력은 발생할 수 없으나, 인수인은 채무부담의사를 가지고 있으므로 채무자에 대한 관계에서는 특별한 사정이 없는 한 채권자에게 변제할 의사와 의무를 지는 것으로 추정되며, 이는 이행인수에 해당한다. 그러므로 이러한 경우에는 이행인수계약이 이루어진 것으로 추정함이 바람직하다.

개정의견(2004, 법무부)에서는 제454조(채무자와의 계약에 의한 채무인수) 3항을 신설하여 "채권자가 제1항의 승낙을 하지 아니하는 동안에는 제3자는 채무자에 대하여 채권자에게 변제할 의무를 부담하는 것으로 추정한다. 채권자가 승낙을 거절한 경우에도 같다"고 규정할 것을 제안하였다.

3. 인수의 효과

(1) 채무자의 변경

(가) **인수인의 채무부담** 채무는 인수행위에 의하여 채무자로부터 인수인에게 동일성을 유지하면서 이전된다. 채권관계에서 변경되는 것은 원

칙적으로 채무자뿐이다.

인수인은 전채무자와 동일한 채무를 부담(負擔)한다. 인수인이 채무자와 합의하여 자기의 인수범위를 한정 · 축소하는 것은 허용되지 않는다. 주채무의 이전은 그에 종속된 권리 · 의무의 이전을 가져온다. 이자채무는 다른 약정이 없으면 원본채무의 이전과 함께 장래 발생부분만이 인수인에게 이전된다. 이미 변제기가 도래한 이자와 이전시기까지의 원금사용대가로서 변제기가 도래하지 않은 이자는 다른 약정이 없는 한 전채무자가 지급해야 한다(예: 은행융자금의 상환채무를 인수하고 집을 매수한 경우, 매수인이 지급할 이자는 등기서류 및 건물의 인도를 받은 때부터 기산된 이자이다). 채무의 불이행에 대비하여 위약금약정이 행해진 경우에 그 위약금약정도 함께 이전한다. 이전되는 채무가 다른 채무자의 채무와 연대채무 · 불가분채무의 관계에 있는 경우에 그 연대성 · 불가분성은 이전에 불구하고 그대로 유지된다.

(나) 채무자의 면책 채무자는 인수행위가 유효한 한 채무로부터 벗어난다. 그러나 채무인수 시점 이전에 발생한 이자채무, 관리비채무 등 인수의 대상이 되지 않은 채무는 계속해서 채권자에 대한 관계에서 채무를 진다.

(다) 이전시기 채무의 이전시기(移轉時期)는 인수행위의 모습에 따라 따라진다.

① 합의시의 채무이전 인수인과 채권자 사이의 인수합의의 경우는 채무자의 반대의사가 없는 한 그 합의시(合意時)에 즉시 이전된다.

② 승낙의 소급효 인수인과 채무자의 인수합의의 경우에 민법은 채권자의 승낙(承諾)이 있으면 인수합의시에 소급(遡及)하여 효력이 생김을 원칙으로 규정한다(제457조 1항). 인수행위는 3자합의로서 구성되므로 승낙이 있어야 비로소 인수행위가 완결되어 인수효과가 생기지만, 민법이 그의 효력 발생시기를 인수인과 채무자의 인수합의시로 소급하는 것이 합리적이라고 생각하여 법률규정으로 소급효과를 꾀하는 것이다. 그러나 승낙의 소급효로서 제3자의 권리를 해하지 못한다(제457조 2항).

(2) 항변사유의 존속

(가) 항변사유존속의 원칙 인수인은 전채무자(前債務者)의 항변할 수 있는 사유로 채권자에게 대항할 수 있다(제458조). 인수에 의해 채무의 동일성이 상실되지 않으므로 채무에 부착된 항변사유(抗辯事由)도 존속(存續)한

다.[1] 전채무자의 항변사유란 채무의 발생과 관련된 무효 · 취소의 사유, 변제 · 상계 · 면제 등에 의한 채무의 전부 또는 일부의 소멸 등이다.[2]

> **전채무자의 항변사유에 관한 입법의견**
>
> 민법은 인수인이 전채무자와의 사이에서 생긴 항변사유를 채권자에 대하여 주장할 수 있는지 여부에 관하여 규정하고 있지 않다. 그리하여 이 문제를 인수계약과 원인행위와의 유인 · 무인의 문제로 검토하는 해석론도 있다. 그러나 이러한 관점에서 보는 것은 부적절하며, 인수인과 채무자 사이의 원인관계는 인수계약이 효력을 발생한 후에는 채권자를 보호하기 위하여 인수행위에 영향을 미치지 않는 것으로 해석하는 것이 바람직하다.
>
> 개정의견(2004, 법무부)으로서 제458조에 다음과 같이 제2항을 신설하자는 의견이 있었다. "인수인은 채무인수의 원인이 된 법률관계에 기하여 전채무자에게 대항할 수 있는 사유로 채권자에게 대항할 수 없다."

(나) 쌍무계약의 상환성유지 쌍무계약(雙務契約)의 상환채무(相換性維持) 중에서 한 개의 채무만이 인수인에게 이전된 경우에 그 상환채무 사이의 견련성은 그대로 유지된다. 그러므로 인수인은 인수 이후에도 채무자가 채권자에 대하여 갖는 상환채권과의 관계에서 생기는 동시이행의 항변, 위험분담원칙에 의한 채무소멸의 항변을 할 수 있다. 예를 들어 매매의 목적물인도의무와 대금지급의무의 두 상환채무 중에서 대금지급의무만이 인수인에게 이전된 경우에 인수인은 채권자가 전채무자에게 물건을 인도할 때까지 자기의 대금지급을 거절할 수 있다(제536조 1항). 이 경우 계약의 해제 · 해지의 의사표시는 전채무자와 인수인이 함께 표명하거나 함께 수령하여야 한다(제547조 1항).

(3) 보증 · 담보의 소멸

(가) 보증채무소멸의 원칙 전채무자의 채무에 대한 보증(保證)은 채무인수(債務引受)로 인하여 소멸(消滅)한다(제459조 본문). 채무인수는 주채무와 보증

1) 같은 취지: 양창수, "채무인수," 고시연구 1997년 11월호, 69; 민법주해(10), 640(민형기 집필부분)

2) 김상용, 423; 민법주해(10), 640은 채무인수는 채무의 이전이지 채무자의 지위의 이전이 아니므로 계약당사자의 지위에서 인정되는 채무자의 취소권 · 해제권 · 상계권 · 대금감액청구권 등은 이전되지 않는다고 한다.

채무 사이의 수반성을 깨뜨린다. 보증인은 주채무자의 성실성 · 변제자력 · 책임재산을 기초로 주채무자가 스스로 변제할 것을 기대하면서 채권자의 불안을 덜어 주기 위하여 인적담보로서 보증채무를 부담한다. 채권양도에서는 피보증인인 주채무자의 변경이 없으므로 채권양도에 수반되어 보증채권도 함께 양수인에게 이전됨이 타당하다. 그러나 채무인수에서는 채무자가 변경되므로 보증인의 지위에 중대한 변화를 일으키게 된다. 그러므로 채무자의 변경에도 불구하고 보증채무를 존속시키는 것은 부당하다.

다만 보증인이 채무인수에 동의(同意)한 경우에는 보증채무가 존속한다(제459조 단서). 보증인의 동의란 채무자가 인수인으로 변경됨에도 불구하고 계속해서 인수인을 위하여 보증채무를 부담할 것에 관한 동의를 의미한다. 보증인이 채무인수의 사실을 통고받고, 자기의 주채무자가 면책됨과 함께 자기도 면책되는 것에 동의하는 취지로 응답한 경우에는 의사표시의 해석상 여기의 동의로 볼 수 없다(자세한 설명이 없는 경우 착오에 의한 의사표시의 문제도 생길 수 있다).

(나) 물적담보의 소멸 채무인수에 의하여 채무에 부종하는 담보물권(擔保物權)도 소멸(消滅)하는가의 문제는 담보물을 누가 제공했는가에 따라 달라진다.

① 물상보증인 · 제3취득자가 제공한 담보 전채무자를 위하여 담보물을 제공한 물상보증인(物上保證人)의 경우는 보증채무와 같이 다루어져서 특약이 없는 한 채무인수 후에는 그 담보물권을 소멸시킴이 원칙이다(제459조 본문). 저당부동산의 제3취득자(第3取得者)가 그 피담보채무를 인수하지 않은 경우에도 물상보증인과 같이 다루어진다. 이 경우 채무인수 이후에 물상보증인 또는 제3취득자는 저당권의 소멸통고를 함으로써 말소등기청구권을 취득하며, 저당권은 말소등기가 경료된 때에 소멸한다. 채무인수에 의하여 피담보채무가 소멸하는 것은 아니므로 저당권이 말소등기 없이 소멸하지는 않는다. 그러나 물상보증인이나 제3취득자가 채무인수에 동의한 경우에는 그 담보물권은 존속한다(제459조 단서). 단 물상보증인의 동의가 있는 경우에도 그 근저당권은 당초 구채무자가 부담하고 있다가 신채무자에게 인수하게 된 채무만을 담보하여 신채무자가 다른 원인으로 부담하는 채무를 담보하지 않는다(대판 2000. 12. 26, 2000다56204).

② 전채무자 · 인수인이 제공한 담보 전채무자(前債務者)나 인수인

(引受人)이 제공했던 물적담보는 다른 약정이 없는 한 채무인수 이후에도 그대로 존속한다.[1)]

③ 유치권 · 법정질권 · 법정저당권 등의 법정담보권(法定擔保權)도 채무인수에 관계 없이 그대로 존속한다. 채무인수로 종래의 채무가 소멸하였으니 저당권의 부종성으로 인하여 당연히 소멸한 채무를 담보하는 저당권도 소멸한다는 법리는 성립하지 않는다. 민법 제459조 단서는 보증인이나 제3자가 채무인수에 동의한 경우에는 전채무자의 채무에 대한 보증이나 제3자가 제공한 담보는 채무인수로 인하여 소멸하지 아니하는 것으로 규정하고 있는바, 위 조항에 규정된 채무인수에 대한 동의는 인수인을 위하여 새로운 담보를 설정하도록 하는 의사표시를 의미하는 것이 아니라 기존의 담보를 인수인을 위하여 계속시키는 데 대한 의사표시를 의미하는 것이므로, 물상보증인이 채무인수에 동의함으로써 소멸하지 아니하는 담보는 당연히 기존의 담보와 동일한 내용을 갖는 것이다(대판 1996. 10. 11, 96다27476).

---

1) 전채무자가 제공한 물적담보에 관하여 채무인수가 인수인 · 채권자의 인수합의로 행해진 경우에는 소멸하지만, 인수인 · 채무자의 인수합의와 채권자의 승낙으로 행해진 경우에는 인수합의 속에 채무자의 동의가 있다고 보아 담보관계가 존속한다고 설명하는 견해가 있다. 곽윤직, 316; 김상용, 491; 김석우, 343; 김용한, 475; 김주수, 392; 김증한, 298; 현승종, 343; 민법주해(10), 642(민형기 집필부분). 사견으로는 민법에서 소멸시키는 물적담보는 「전채무자의 채무에 대한 제3자가 제공한 담보」에 한정되는데, 전채무자를 제3자로 보는 것은 잘못된 해석이라고 생각한다. 그러므로 인수인 · 채권자의 인수합의로 채무가 인수된 경우에도 전채무자가 제공한 물적담보는 존속한다. 같은 취지: 양창수, 앞의 글, 71.

§ 47. 계약양도

1. 의 의

(1) 개 념

(가) 계약의 포괄적 양도　계약양도(契約讓渡)란 하나의 계약에 기초한 일방당사자의 권리의무를 총체적으로 제3자에게 이전(移轉)하는 것을 말한다. 계약양도를 「계약인수(契約引受)」, 「계약지위양도(契約地位讓渡)」라고도 한다.[1] 계약양도에 의하여 그 일방당사자는 계약관계에서 벗어나고 계약양수인이 탈퇴당사자의 자리에 대신 들어서서 계약상대방과 종전의 계약관계를 계속 유지시킨다. 계약양도로 종전의 계약은 내용적으로는 동일성을 유지하면서 당사자만이 변경된다. 그러한 계약변경은 계약체결과 마찬가지로 당사자의 합의로 할 수 있음이 원칙이다. 민법은 제정 당시 계약인수를 알지 못하여 이에 관한 규정을 두지 못했으나, 계약자유의 원칙상 계약인수는 유효하다.

판례도 쌍무계약상의 일방당사자의 지위나 그로부터 발생하는 채권·채무를 포괄적으로 이전케 하는 계약상 지위의 양도·양수, 계약인수 또는 계약가입 등을 인정한다(대판 1982. 10. 26, 82다카508). 계약인수는 3면계약일 경우와 상대방의 승인에 의하여 그 효력이 발생하는 경우 등을 예상할 수 있고, 그 효과에 있어서도 혹은 계약상 이미 발생한 채권, 채무뿐만 아니라 장래 발생할 채권, 채무와 계약에 따르는 취소권이나 해제권도 이전하는 경우와 단계적으로 그때 그때 발생한 채권, 채무를 이전함에 그치는 경우 혹은 양도인의 채무가 면책적으로 이전하는 경우(면책적 인수)와 병존적으로 이전하는 경우(병존적 계약인수) 등이 있다.

(나) 임대차의 계약양도와 법정승계　민법은 계약양도(契約讓渡)에 관한 일반적인 규정을 두지 않고 임대차(賃貸借)에 관해서 개별적으로 규정한

---

1) 독일에서는 과거 계약인수의 성질을 각각의 채권·채무의 양도·인수로 나누어 이해하는 분해설(分解說: Zerlegungstheorie)과 그러한 분해가 불가능하며 당사자의 의사에 어긋난다고 보아 계약관계 자체가 이전한다고 이해하는 통일설(統一說: Einheitstheorie)이 대립하였으나, 현재에는 통일설이 지배적이다. 서민, "계약인수," 곽윤직교수화갑기념 민법학논총, 1985, 404 이하 참조.

다. 임차인은 임대인의 동의 없이 그 권리를 양도할 수 없으며, 동의 없이 양도한 때에는 임대차계약을 해지할 수 있도록 규정한다(제629조 1항). 여기서 말하는 「권리의 양도」는 목적물에 대한 사용수익권의 채권양도인 경우도 있지만, 대개는 임대차계약상의 임차인의 지위를 계약양도하는 것을 말한다. 그 밖에 법률행위의 승계인에게 취소권을 부여하는 제140조에서도 간접적으로 계약양도의 가능성을 시사한다. 주택임대차보호법 제3조 3항에서는 임차주택의 양수인이 임대인의 지위를 승계(承繼)한 것으로 간주하는 규정을 둠으로써 당사자의 계약인수의사와 관계 없이 그 효과를 부여하는데, 이 경우는 법정승계(法定承繼)에 해당한다.

(2) 계약양도의 기능

계약양도(契約讓渡)는 하나의 계약에서 발생하는 법률관계를 간단하게 처분할 수 있는 제도이다. 쌍무계약으로부터 발생한 두 개의 상환채무 · 부수적 약정에 따른 권리 · 의무, 해제권 등 하나의 계약으로부터 발생한 여러 개의 권리 · 의무를 통틀어서 제3자에게 양도할 필요성이 있으므로, 거래계에서는 계약양도가 많이 이용되고 있다. ① 채권양도와 채무인수의 제도는 다양한 계약의 법률관계 중에서 어느 하나의 채권 또는 채무만을 분리하여 제3자에게 이전시키는 것으로서 계약의 총체적 법률관계(總體的 法律關係)를 흐뜨릴 우려가 있다. 특히 쌍무계약에서는 계약관계 전부를 이전시키는 것이 두 상환채무 사이의 견련성을 유지시킬 수 있게 되므로 바람직하다. ② 개별적 채권 · 채무의 이전적합성(移轉適合性)은 각 계약에 따라 차이가 있다. 매매 · 교환 · 증여에서 목적물인도 및 대금지급에 관한 채권 · 채무나 소비대차에서 대차금반환의 채권채무는 하나만 분리하여 양도 · 인수하기에 적합하다. 반면에 목적물을 계속하여 사용 · 수익 · 보관하는 임대차 · 사용대차 · 임치 · 계속적으로 계약당사자 사이에 권리변동을 가져오는 조합 · 위임 · 고용에서 생기는 권리와 의무는 계약관계에서 분리하여 양도하거나 인수하는 것이 곤란하다. 계속적 계약의 경우에 계약양도로서 모든 계약관계를 이전시키는 것이 합리적이다. ③ 해제권 · 해지권 등의 형성권(形成權)이나 그 의사표시의 수령자격(受領資格) 등 계약관계에 밀착되어 있는 법률관계는 채권양도나 채무인수로는 이전될 수 없고 계약양도에 의해서 다른 권리의무와 함께 이전될 수 있다.

(3) 유사한 제도와의 구별

㈎ 계약인수와 계약가입의 차이　계약가입(契約加入)이란 마치 병존적 채무인수에서와 마찬가지로 종래의 계약당사자간의 관계를 유지하면서 새로운 계약당사자가 가입하는 경우를 말한다. 제3자가 계약관계에 들어가 일방당사자와 나란히 당사자의 지위를 갖게 된다. 이는 일방당사자가 계약으로부터 탈퇴하지 않는다는 점에서 병존적 채무인수와 유사하다. 전대차(轉貸借)(제630조)·복위임(復委任)(제682조, 제123조)이 계약가입에 해당한다.

㈏ 계약인수와 포괄적 재산이전의 차이　상속·회사합병·영업양도 등에 의하여 1인의 자연인이나 법인에게 귀속되었던 재산이 모두 함께 양수인에게 이전되는 것을 포괄적 재산이전(包括的 財産移轉)이라고 한다. 이것은 법률관계의 총체적 이전이 생긴다는 점에서 계약인수와 유사하지만, 하나의 계약에서 생긴 법률관계뿐 아니라 여러 개의 계약과 기타의 원인에서 생긴 적극재산·소극재산·상호·신용·고객 등이 모두 한꺼번에 이전된다는 점에서 계약인수보다 훨씬 포괄적이다. 이들에 관하여는 각각의 성격에 따라 상속법·상법 등의 법률이 적용된다. 판례는 설립중의 회사가 취득한 권리·의무는 발기인 또는 발기인조합에 속하다가 회사가 설립되면 계약인수 등의 법률행위를 통해 이전된다고 한다(대판 1994. 1. 28, 93다50215).

2. 계약양도행위

(1) 성　질

계약(契約)의 양도행위(讓渡行爲)는 계약관계를 탈퇴당사자로부터 계약인수인에게 이전시키는 효과를 가져오는 처분행위이다. 이는 채무의 인수행위와 많은 점에서 유사성을 갖는다. 채권양도와 채무인수에 관한 규정은 계약양도의 성질에 어긋나지 않는 범위에서 적용된다.

(2) 당 사 자

계약양도행위에는 탈퇴당사자·계약양수인·계약상대방의 3인의 의사가 개재해야 한다. 흔히 계약상대방의 의사가 무시되기 쉬운데, 그는 계약채무의 채무자이며 채권자이므로 그의 의사도 계약양도행위의 불가결의 요소이다.

(3) 계약양도행위의 유형

계약양도행위는 다음의 방법으로 행해진다. ① 3인이 동시에 계약양도에 참가하는 3면계약으로 하는 방법, ② 탈퇴당사자와 계약양수인 사이의 양도합의가 있은 후에 계약상대방의 승낙이 행해지는 방법(대판 2007. 9. 6, 2007다31990). 은행에 장기적금을 든 예금주가 중도에 그 권리의무를 타인에게 양도하는 합의를 하고 은행의 승인을 받는 경우가 그러하다. 분묘의 위토경작계약을 그대로 유지하면서 위토경작인의 지위를 승계하는 위토경작계약의 당사자 변경은 위토소유자와 구경작인의 협의 없이는 이루어질 수 없다(대판 1981. 6. 9, 80다3289).[1] ③ 계약양수인과 계약상대방의 양도합의와 탈퇴당사자의 동의로 행해지는 방법. 임대차기간의 중도에 이사가고 싶어하는 임차인을 위하여 임대인이 새로운 임차인을 구하여 잔여기간 동안 전대차인의 지위를 승계하게 하는 합의를 하고 그를 전임차인에게 알려 동의를 얻는 경우가 그러하다. ④ 판례는 임대인의 지위의 양도는 양도인과 양수인 사이의 합의만으로 계약양도의 효력이 발생하는 것으로 본다(대결 1998. 9. 2, 98마100). 임대인의 지위의 양도는 임대인의 의무를 수반하는 것이지만 임대인이 누구인가에 의하여 이행방법이 특별히 달라지는 것은 아니고, 목적물의 소유자의 지위에서 거의 완전히 이행할 수 있으며, 임차인의 입장에서도 신소유자의 의무승계를 인정하는 것이 유리할 수 있으므로, 임대인과 신소유자와의 계약만으로 그 지위를 양도할 수 있다는 것이다. 신의칙에 따라 임차인은 곧 이의를 제기하여 승계되는 임대차관계의 구속을 면할 수 있고, 임대인과의 임대차관계도 해지할 수 있다(대결 1998. 9. 2, 98마100).[2] 임대인과 부동산 신소유자 사이의 계약만으로 임대차계약의 임대인의 지위를 양도할 수 있으나, 신의칙에 의해 임차인이 원하지 않으면 곧 이의를 제기함으로써 승계되는 임대차관계의 구속을 면할 수 있고 임대

1) 이 판결에 대한 평석: 김용담, "계약인수의 요건," 민사판례연구 제4권, 1982, 80 이하.

2) 대판 1996. 2. 2, 95다21662: 회사가 공사도중 자금난으로 부도가 나자 그 회사의 채권자들이 자신들의 대여금 채권의 확보를 위하여 신설회사를 설립하여 기존회사가 분양계약에 따라 피분양자들에 대하여 부담하는 소유권이전등기 채무의 이행뿐만 아니라 잔대금 채권까지도 함께 양수하기로 하는 약정을 하였다면, 이는 분양계약의 분양자로서의 지위의 승계를 목적으로 하는 이른바 계약인수 약정을 한 것으로 보는 것이 경험칙상 상당하고, 신설회사가 피분양자들에게 공사를 인수하였다면서 준공검사가 나면 소유권이전등기를 해 주겠으니 준공검사 동의서에 날인해 달라고 요청하여 피분양자들이 이에 응한 행위는 바로 신설회사와 기존회사 사이의 계약인수에 동의한 것으로 볼 수 있으므로, 기존회사의 분양계약상의 지위는 신설회사에 의해 유효하게 인수되었다고 보아, 계약인수를 부정한 원심판결을 파기하였다.

인과의 임대차관계도 해지할 수 있다(대판 2002. 3. 29, 2002다4887).

(4) 계약양도의 원인관계

계약양도인이 계약양수인에게 계약상의 권리의무를 승계시키는 것은 무상(無償)으로 행해지는 경우보다는 유상(有償)으로 행해지는 경우가 많다. 양도하려는 계약당사자의 지위가 이익이 되는 것인 때에는 양수인이 반대급부를 지급하고, 이익보다는 부담이 더 많은 것이라면 양도인이 반대급부를 지급하게 될 것이다. 이러한 계약양도의 원인행위는 권리매매(權利賣買)와 유사한 경우가 많다. 따라서 계약양도는 그 권리매매에서 생기는 인적항변(人的 抗辯)에 의해 영향을 받게 되는데, 일단 계약상대방과의 합의, 동의, 승낙에 의하여 계약양도행위가 완성된 후에는 그 원인관계에서 생긴 인적 항변을 가지고 계약양도를 취소하거나 해제할 수 없다고 해석된다.

3. 계약양도의 효과

(1) 계약당사자의 교체

계약양도에 의해 양도인은 계약당사자의 지위를 잃고 양수인이 계약당사자로 편입된다.

① 권리 · 의무의 이전 양도된 계약에 기해 탈퇴당사자가 가지는 채권, 채무, 간접의무, 주의의무 등 모든 관리관계가 계약양수인에게 이전한다. 계약당사자로서의 지위의 승계를 목적으로 하는 계약인수는 그로부터 발생하는 채권채무의 이전 외에 그 계약관계로부터 생기는 해제권 등 포괄적 권리의무의 양도를 포함하는 것이다. 계약인수가 적법하게 이루어지면 양도인은 계약관계에서 탈퇴하게 되고 계약인수 후에는 특별한 사정이 없는 한 잔류당사자와 양도인 사이에는 계약관계가 존재하지 않게 되며 그에 따른 채권채무관계도 소멸한다(대판 1987. 9. 8, 85다카733; 대판 2007. 9. 6, 2007다31990).[1]

② 인적 항변의 존속 계약양도 이전에 발생한 항변사유는 그대로 양수인에게 이전된다. 계약양도 이후에 양도인과 채권자 사이에서 생긴 사유는 양수인에게 영향을 미치지 않는다. 계약인수가 동업계약상의 양도금지의 특약에 위배된 것이라도 잔류당사자가 계약상의 지위의 양도를 사후

---

1) 판례평석: 양태종, "계약인수," 법조 제37권 2호.

에 승낙한 이상, 잔류당사자와 계약인수인 사이의 동업계약관계가 인정된다(대판 1992. 3. 13, 91다32534).

③ 이전시기 계약관계의 이전시기는 다른 약정이 없으면 3인의 의사가 모두 갖추어진 때이다. 계속적 계약에서는 이전시기가 매우 중요한 의미를 갖는다. 계약양도시점 이후에 발생하는 이자 · 월세 · 보수에 대한 채권 · 채무만이 양수인에게 이전됨이 원칙이기 때문이다. 채권이 가압류된 후에도 채무자가 계약인수를 통해 계약에서 탈퇴하고 인수인에게 소유권이전등기를 해 줄 수 있다(대판 1998. 1. 23, 96다53192).[1]

④ 양도전의 미이행채무 계속적 계약에서 계약양도 이전에 발생하였으나 탈퇴당사자가 변제하지 않은 채무에 관하여 계약양수인이 연대채무나 보증채무를 질 것인가에 대하여는 의문이 있다.[2] 사견(私見)으로는 연대약정이나 보증약정이 추정되지 않는다고 본다. 계약상대방이 아무 조건 없이 계약인수를 승낙한 것은 그 승낙시점 이전의 채무는 탈퇴당사자에게 청구하여 받을 것을 의미하므로 인수인은 채무를 지지 않는다고 해석한다. 인수인이 계약상대방에게 미지불금(未支拂金)에 대한 보증채무나 연대채무를 질 것을 약정하는 경우도 많다.

(2) 담보의 존속 여부

계약양도인의 채무이행을 위하여 담보물을 제공한 물상보증인이나 보증채무를 부담한 보증인은 계약양도 이후에는 그 책임에서 벗어날 수 있는 권리를 갖는다. 채무인수에 관한 민법 제459조는 계약양도에도 적용되어야 한다. 계약양도에 있어서 보증인이나 물상보증인은 채무인수의 경우와 다르지 않기 때문이다. 공사도급계약에서 보증인의 동의가 없는 한 계약상의 권리의무의 양도를 금지한다는 특약이 있는 경우에, 수급인의 계약양도시에는 보증인의 동의가 필요하지만 도급인의 계약양도시에는 보증인의 동의가 필요 없다(대판 2000. 10. 27, 99다17357).

---

1) 판례평석: 양창수, "채권가압류 후 채무자와 제3채무자간의 계약관계 소멸에 관한 합의의 효력," 저스티스 제31권 2호, 122 이하.

2) 우리 나라에서는 별로 이에 관한 이론이 전개되지 않고 있다. 서민, 앞의 글, 416에서는 당사자의 특약에 의하여 이미 변제기에 달하였으나 아직 이행되지 아니한 채권과 채무를 인수되는 법적 지위에서 제외할 수 있다고 한다.

제10장 채권의 소멸

§ **48**. 변 제
§ **49**. 대물변제
§ **50**. 공 탁
§ **51**. 상 계
§ **52**. 경 개
§ **53**. 면 제
§ **54**. 혼 동

제10장 채권의 소멸

〈채권의 소멸과 그의 원인〉

(1) 절대적 채권소멸과 상대적 채권소멸 채권(債權)의 소멸(消滅)이란 급부청구권을 포함한 모든 채권의 권능이 소멸하게 됨으로써 채권채무관계가 더 이상 존속하지 않게 되는 경우를 말한다. 채권의 소멸은 채권관계의 종료를 가져와서 채권자와 채무자 사이에는 물론 제3자와의 사이에 더 이상 그 소멸한 채권과 관련된 법률관계는 전개되지 않음이 원칙이다(절대적 채권소멸). 예외적으로 채권자와 채무자 사이에서는 채권이 소멸하지만, 제3자와 채무자 사이에서는 일정한 목적의 범위에서 그 채권이 존재하는 것처럼 취급되는 경우가 있는데, 이 경우에는 채권은 상대적 소멸(相對的 消滅)을 가져온다. 채권의 상대적 소멸을 초래하는 경우로서는 「제3자변제에 의한 변제자대위」 또는 「채권의 준점유자에의 선의변제」 등이 있다. 제3변제자는 채무자에 대한 구상권의 만족을 얻기 위하여 종전에 채권자가 채무자에 대하여 가졌던 담보권을 행사할 수 있으며, 변제된 종전의 채권은 구상권확보를 위한 담보권실행 또는 보증채권의 행사를 위한 목적의 범위에서만 존속하게 된다. 채권의 준점유자에의 선의변제의 경우에, 채권자는 채무자에 대하여 그 채권에 기한 이행청구 등의 권리행사를 할 수 없지만, 채무자가 변제수령자에 대하여 부당이득반환청구를 행사할 때에는 채무자로서 행세할 수 있다.

(2) 채권소멸원인 채권의 소멸은 일정한 법률효과로서 그것을 가져오는 법률요건이 관념적으로 존재하게 된다. 채권소멸을 가져오는 법률요건을 채권소멸원인(債權消滅原因)이라고 한다. 민법의 채권편에 규정된 채권의 소멸원인은 변제 · 대물변제 · 공탁 · 상계 · 경개 · 면제 · 혼동의 일곱 가지이다. 이 중에서 변제는 채권이 채무의 내용에 따른 이행에 의해 정상적인 방법으로 만족을 얻는 경우이다. 대물변제 · 공탁 · 상계는 채무내용에 의해 예정된 이행방법이 아닌 다른 방법에 의해 채권이 만족을 얻지 않고 소멸하는 경우이다. 원래 채권은 채무자의 채권이행에 의해 만족을 얻어 소멸하는 것이므로 경개 · 면제 · 혼동은 이례적인 채권소멸원인이라고 할 수 있다.

채권소멸원인은 위의 일곱 가지 이외에도 다음의 것들이 있다. ① 채무자의 귀책사유에 의하지 않은 급부불능(위험분담의 문제로 처리된다. 제537조), ② 채권의 소멸시효의 완성(제162조), ③ 채권의 발생기초가 되는 계약의 해제 · 해지(제543조 이하), ④ 채권의 발생기초가 계속적 계약인 경우에 그의 존속기간의 만료, ⑤ 채권을 소멸시키고자 하는 채권자와 채무자의 합의(무상인 경우를 면제합의라고 하며, 그렇지 않은 경우는 그의 성격에 따라 상계합의 등 여러 형태가 있다) 등이다. 이상의 채권소멸원인 중에서 가장 중요한 것은 변제이다.

(3) 채권소멸과 구별되는 경우 채권의 행사에 항변권부착 · 압류 등의 장애사유가 있는 경우, 채권이나 채무가 동일성을 유지하면서 제3자에게 채권양도 또는 채무인수된 경우, 채권자에 채권에 관한 패소의 확정판결로 더 이상 민사소송절차로서 강제할 수 없는 경우 등은 채권의 소멸에 해당하지 않는다.

채권(債權)의 소멸(消滅)과 채권의 발생기초가 된 계약(契約)의 종료(終了)는 구별된다. 쌍무계약의 경우에 하나의 채권이 만족을 얻어 소멸하더라도 다른 채권이 만족을 얻어 계약관계가 모두 결제될 때까지 계약유은 존속한다. 그 밖에 계약으로부터는 일정한 급부를 얻기 위한 채권 이외에 여러 개의 부수적 권리의무가 발생한다. 한 채권이 소멸하더라도 계약은 존속할 수 있지만, 계약이 종료하면 이에 기초한 채권은 존속할 수 없다.

§48. 변　　제

1. 변제의 제공

(1) 의　　의

(가) 제도의 의의　　채무자가 채무를 이행하기 위하여 스스로 할 수 있는 모든 행위를 하였음에도 불구하고 채권자의 수령이나 협력이 없어서 변제가 이루어지지 못한 경우에 채무자에게 불이익이 생기지 않도록 배려해 주는 제도가 변제제공제도(辨濟提供制度)이다.[1] 민법이 다른 부분에서 표현하고 있는 「채무자가 이행에 필요한 행위를 완료하는 것」(제375조 2항) 또는 「이행의 제공」(제400조)이란 변제제공과 같은 의미이다.

(나) 변제와 변제제공　　변제(辨濟)는 채무자의 변제제공(辨濟提供)과 채권자의 수령(受領)에 의하여 이루어진다. 채무자의 변제제공은 변제의 한 과정일 뿐 그것만으로 변제를 완성하지는 못한다(채무의 임의이행에서 변제의 의의와 성격에 관해 상술했음). 채권자가 변제제공한 것을 수령하면 변제가 되어 채권은 소멸하게 된다. 변제제공제도를 둔 의의는 채권자가 그것을 수령하지 않은 때에 발휘된다. 채무자의 행위가 변제제공에 해당하기 위해서는 변제자 · 변제수령자 · 변제장소 · 변제시기 · 변제목적물등에 관한 사항이 변제에 적합해야 한다. 그 요건을 결여한 행위는 유효한 변제제공이 되지 못하므로, 채권자가 그것을 수령하지 않겠다고 거절하는 것이 채권자지체를 구성하지 않는다(채권자지체 참조).

(다) 변제제공의 종류　　민법은 현실제공(現實提供)과 구두제공(口頭提供)의 두 가지 제공방법을 인정한다(제460조). 현실제공을 해야 하는가 아니면 구두제공으로 충분한가는 급부의 성질과 채권자의 수령거절 여부에 의해 정해진다. 급부의 성질상 채권자의 협력이 이행에 차지하는 비중이 높은 경우 그리고 채권자가 미리 변제받기를 거절한 경우에, 민법은 채무자로 하여금 구두제공만으로 충분하도록 배려해 준다.

---

1) 참고문헌: 곽현수, "변제에 관한 증명책임," 재판자료 제26집(1985), 195; 김증한, "언어상의 변제제공," 법학 5호, 117; 김효종, "변제의 제공," 사법논집 제15집(1984); 신순언, "변제의 제공과 수령," 법조 제12권 3호.

㈑ 변제제공의 효과　채무자는 변제제공의 효과로서 채권자가 수령했더라면 누렸을 이익상황을 보장받게 된다. 변제제공은 변제제공한 채무자에게 채무불이행책임을 면제시키는 효과를 발생시킨다(제461조). 채권자에게는 변제제공의 때로부터 채권자지체의 불이익이 부과된다(제400조). 그 밖에 종류채무에서 채무자가 변제제공과 함께 목적물을 지정하면 목적물의 특정이 행해진다(제375조 2항). 변제제공에도 불구하고 채권자가 수령하지 않거나 수령할 수 없는 때에는 변제목적물을 공탁함으로써 채무를 이행할 수 있다(제487조). 쌍무계약에서는 하나의 채무의 변제제공과 상대방채무의 변제제공이 상호 연관되어 이행지체 · 채무자지체 · 계약해제권의 발생 등의 법률관계가 전개된다.

(2) 현실제공

㈎ 의　의　현실제공(現實提供)이란 채권자가 수령하면 곧 변제의 효과가 발생할 정도의 변제제공을 말한다. 변제제공은 채무내용에 따른 현실제공으로 함이 원칙이다(제460조). 현실의 제공인가 아닌가를 판단하는 데에는 급부의 성질, 채권자의 협력필요성 등을 고려하여 신의칙(信義則)에 따라 판단해야 한다. 현실제공에 있어서 중요한 것은 채무자가 채권자의 수령이나 기타 협력만 있으면 이행이 완료되도록 자기의 이행행위를 완료하였느냐이다. 목적물을 채권자에게 보여 준다든가, 채권자가 그것을 보고 나서 수령을 거절하였다든가 하는 사실은 문제되지 않는다.

유효한 변제제공이 있었음에도 불구하고 채권자가 수령을 거절하면 채권자지체에 빠짐과 더불어 채무자에 대하여 채무불이행책임을 물을 수 없는 불이익을 받게 된다. 현실제공은 채권자에게 수령할 간접의무를 발생시킨다고 볼 수 있다.[1] 만약 채무자의 제공이 유효한 변제제공이 되지 못하면 채권자의 수령거절은 정당한 것이 되고 채무자는 채무불이행책임을 지게 된다.

㈏ 쌍무계약에서의 변제제공　동시이행의 관계에 있는 쌍무계약에

1) 간접의무란 누구도 의무자에게 그의 이행을 청구하거나 강제할 수는 없지만, 그를 이행하지 않으면 의무자에게 불이익한 결과가 생긴 행위의무를 말한다. 간접의무에 의하여는 채무에서와 같은 채권자·채무자의 상호관계가 생기지 않고 이행청구권이나 이행강제도 있을 수 없으며, 그를 이행하지 않은 경우 채무불이행책임이 발생하지도 않는다. 그러나 의무자에게 불이행시에 법률상의 불이익이 주어진다는 위협으로 간접적인 이행강제가 이루어진다.

있어서 상대방의 채무불이행을 이유로 계약을 해제하려고 하는 자는 동시이행관계에 있는 자기채무의 이행을 제공하여야 하고, 그 채무를 이행함에 있어 상대방의 행위를 필요로 할 때에는 언제든지 현실로 이행을 할 수 있는 준비를 완료하고 그 뜻을 상대방에게 통지하여 그 수령을 최고하여야만 상대방으로 하여금 이행지체에 빠지게 할 수 있는 것이며, 단순히 이행의 준비태세를 갖추고 있는 것만으로는 안 된다(대판 1992. 7. 24, 91다38723).

쌍무계약에 있어서 일방당사자의 자기채무에 관한 이행의 제공을 엄격하게 요구하면 오히려 불성실한 상대당사자에게 구실을 주는 것이 될 수도 있으므로 일방당사자가 하여야 할 제공의 정도는 그 시기와 구체적인 상황에 따라 신의성실의 원칙에 어긋나지 않게 합리적으로 정하여야 한다(대판 1992. 7. 14, 92다5713).

(다) 변제기와 변제제공　변제제공은 변제기(辨濟期)가 도래했을 때 함이 원칙이다. ① 변제일이 확정되어 있는 추심채무의 경우는 채무자의 준비만으로 현실제공이 있게 되며, 변제일 전에 채무자가 채권자에게 수령이나 협력을 최고할 필요가 없다.[1] ② 변제기가 도래하기 전에 하는 변제제공은 채무자측에서 기한의 이익을 포기하는 것이므로 유효한 변제제공이 됨이 원칙이나, 계약에 따라서는 변제기 전에 채권자가 수령을 거절하는 것이 정당한 경우도 많다. 채무자는 다른 약정이 없으면 변제기 전이라도 상대방의 손해를 배상하고 변제할 수 있으므로(제468조), 변제기 전의 변제제공은 원칙적으로 정당하고 이를 수령치 않은 채권자는 채권자지체에 빠진다. 그러나 그 제공시에 채권자에게 수령하지 못할 일시적인 장애가 있는 때에는 변제제공의 효과가 생기지 않는다. 만약 이 경우에도 변제제공의 효과를 발생시킨다면 채무자의 기한이익포기로 채권자의 이익을 해치는 결과로 되어 부당하기 때문이다(제153조). ③ 변제기가 도래한 후에 하는 변제제공은 「이행지체중의 변제제공」, 「채권자지체중의 변제제공」 또는 「불가항력으로 인한 이행지연중의 변제제공」 중의 하나에 해당한다. 이행지체중의 변제제공의 경우에, 채권자는 그 제공된 급부와 지연배상를 수령해야 하며 그것을 수령하지 않으면 채권자지체에 빠지게 된다. 다만 채권자가 이행지체 후 상당한 기간을 정하여 이행을 최고한 경우 또는 지체 후의 이행이 채권자에게 이익

1) 같은 취지: 곽윤직, 345; 김주수, 415; 김용한, 499; 임정평, 442; 현승종, 354.

이 없는 경우에, 채권자는 수령을 거절하고 이행에 갈음한 손해배상을 청구할 수 있다(제395조).

(라) 변제장소와 변제제공 적절한 변제장소(辨濟場所)에서 행해진 제공만이 유효한 변제제공이 된다. 지참채무에서 채무자가 인도목적물을 채권자의 주소에 가져가서 채권자에게 수령을 권유하는 것, 추심채무에서 채무자가 인도할 목적물이나 금전을 준비하여 놓고 채권자가 와서 수령해 가기를 기다리는 것, 그리고 송부채무에서 채무자가 목적물을 약정한 운송업자에게 인도하는 것 등이 현실제공에 해당한다.

(마) 변제제공자 변제제공은 원칙적으로 채무자 또는 그의 이행보조자가 해야 한다. 채무자가 해야 할 이행행위가 법률행위인 때에는 대리인이 변제제공하여도 무방하며 채무의 성질이 허락하는 한 이행보조자를 시켜도 무방하다. 채무가 일신전속적 성질을 갖지 않은 한, 제3자의 제공도 유효한 변제제공이 될 수 있다(제469조 1항). 다만 채무자의 반대의사가 있는 때에는 그러하지 아니하다(제469조 2항).

(바) 변제제공의 상대방 변제제공의 상대방(相對方)은 수령권한이 있는 자이어야 한다. 보통 변제제공의 상대방은 채권자이며, 채권자가 수령대행자를 지시한 때에는 그에게 제공한다. 채권의 준점유자에 대한 제공도 유효한 변제제공이 될 수 있다(제470조).

(사) 급부의 적합성 현실제공으로 제공되는 급부는 채무의 내용에 따른 것이어야 한다. 제공된 급부(給付)의 적합성(適合性)을 판단하는 일은 유효한 변제제공이 있는가를 판단하는 일이기도 하다. 거래실무에서 이러한 적합성의 판단은 어렵고도 중요한 문제이다. 인도목적물의 선정이 채무자에게 맡겨져 있는 종류채무에 있어서는 제공된 종류물이 계약내용에 적합한 것이냐의 분쟁이 채권자와 채무자 사이에 자주 발생한다. 도급계약에 의해 수급인이 제작한 완성물이나 건축한 건물이 계약에 적합한가의 분쟁도 매우 잦다. 그러한 변제목적물의 적합성판단은 그 채무를 발생시킨 계약의 해석문제이기도 하다.

통일매매협약상의 상품적합성

통일매매협약에는 매매목적물인 상품의 적합성(conformity of the goods)에 대하여 상세히 규정한다(협약 제35조~제44조).[1] 매도인은 계약에서 요구하는 수량, 품질 및 상품설명에 적합하고 계약상 요구되는 방법에 따른 용기와 포장을 갖춘 목적물을 인도해야 한다(협약 제35조 1항). 다른 약정이 없는 한 적합성충족의 요건은 다음과 같다. ① 상품설명에 상응하는 물건이며 그 통상적 사용목적에 적합할 것, ② 계약체결시에 매도인에게 명시적이나 묵시적으로 알려진 매수인의 특별한 사용목적에 적합할 것, 단 매수인이 매도인의 기술이나 판단에 의존하지 않았거나 의존함이 불합리하다고 보여지는 상황이었을 경우는 예외이다. ③ 매도인이 견본 또는 표본으로 제시한 물건의 품질을 갖출 것, ④ 그 물건이 통상적 방법으로(통상적 방법이 없으면 그 물건의 보존 및 보호에 적절한 방법으로) 용기에 넣어지거나 포장되었을 것. 매도인은 매수인에게 위험이 이전하는 시기에 존재했던 하자(적합성결여)에 대해서만 책임진다(협약 제36조). 매수인은 목적물을 인도받은 후 그것을 검사하고, 적합하지 못한 때에는 매도인에게 통지해야 한다(협약 제38조, 제39조). 이 협약은 매매당사자의 책임을 채무불이행책임과 하자담보책임을 통합한 하나의 계약위반(breach of contract)의 책임으로서 처리하는 점에 특색이 있다.

1) 특정물채무　　특정물채무(特定物債務)에서 채무자는 특정물을 이행기의 현상대로 채권자에게 제공하면 현실제공이 된다(제462조). 채권자는 제공된 특정물이 채권성립시에 비하여 일부멸실·훼손 등으로 악화되었음을 주장하여 수령을 거절하지 못한다. 목적물이 채무자의 귀책사유로 인하여 흠결이 생긴 경우에 채무자는 목적물을 인도하는 외에 그에 대한 채무불이행책임(불완전이행) 및 하자담보책임을 진다.

부동산인도채무에서 채무자는 목적부동산의 소유권이전등기에 필요한 서류를 작성하여 채권자에게 교부할 준비를 해 두고 그 뜻을 통지하는 것으로 현실제공을 하게 되며, 점유의 이전은 요건이 아니다.[2] 부동산 매매계약

1) 통일매매협약이란 국제물품매매계약에 관한 유엔협약(United Nations Convention on Contracts for the International Sale of Goods)으로서 1964년의 헤이그협약을 기초로 1980년 비엔나 외교회의에서 성안된 협약이며, 가입국에 대해서만 효력을 갖는다. 고범준, "국제물품매매계약에 관한 유엔협약과 한국법," 대한상사중재원, 1984; 황적인, "국제물품매매계약에 관한 조약의 연구," 서울대 법학 제24권 4호(1983), 35 이하; 졸고, "유엔통일매매법의 계약책임과 민법개정의견," 민사법학 15호, 1997, 53 이하.

2) 매도인이 매수인에게 소유권이전등기에 관해 변제제공을 하는 것은 현실제공인가 구두제공인가에 대

의 경우에 매도인이 매수인을 이행지체에 빠뜨리기 위하여 소유권이전등기에 필요한 서류 등을 실제로 제공할 필요까지는 없으나, 최소한 위 서류 등을 준비하여 두고 그 뜻을 매수인에게 통지하여 잔금지급과 아울러 이를 수령하여 갈 것을 최고함은 필요하다(대판 1996. 7. 30, 96다17738). 근저당권이 설정된 부동산의 매매에서 매도인은 매수인의 대금지급과 동시이행관계로서 소유권이전등기와 근저당설정등기의 말소를 하여야 한다. 근저당권설정등기의 말소의무의 이행제공에는 그 피담보채무의 변제만으로 부족하며, 그 말소등기에 필요한 서류도 준비하여야 한다(대판 1979. 11. 13, 79다1562).

2) 종류채무 종류채무(種類債務)에서 변제목적물은 종류 · 품질 · 수량이 채무내용, 즉 계약내용에 적합해야 한다. 견본이 제시된 계약에서 제공된 물건이 견본과 동일한가, 성능표시나 함량표시된 물건의 내용이 그러한 표시와 일치하는가 등이 종종 문제된다. 적합하지 않은 물건이 제공된 때에 채권자는 수령을 거절할 수 있다. 상거래에서 상품인도 대신 화물상환증이나 창고증권을 교부하는 것은 현실제공이 된다.[1]

3) 금전채무 채무자가 채권자에게 기존채무의 이행에 관하여 어음이나 수표를 교부하는 경우 당사자 사이에 특약이 없는 한 「지급을 위하여」 또는 「지급확보를 위하여」 교부하는 것으로 추정할 것이고, 따라서 특별한 사정이 없는 한 기존의 원인채무는 소멸하지 아니하고 어음, 수표상의 채무와 병존한다(대판 1996. 12. 20, 96다41588).[2] 금전채무(金錢債務)의 변제에 있어서 현금 이외

해 의문이 생길 수 있다. 등기는 등기권리자와 등기의무자가 협력하여 하는 것이므로 채권자의 협력이 필요한 채무이행으로서 변제제공에는 구두제공으로 충분하다는 견해가 있을 수 있다. 그러나 실제로는 채무자가 마련한 등기서류와 위임장을 교부받은 채권자가 단독으로 등기신청을 하는 것이 관례이므로 채무자가 단독으로 준비한 서류의 현실제공을 필요로 한다. 채무자가 모든 등기서류를 갖추어 두고 채권자에게 수령할 것을 촉구하는 것은 현실제공이지 구두제공이 아니다. 채무자가 채권자의 수령의사만 있다면 언제든지 등기서류를 갖추겠다는 뜻을 통지하는 것은 구두제공인데, 이러한 구두제공만으로는 유효한 변제제공이 되지 못한다. 같은 취지: 곽윤직, 348; 김기선, 322; 김상용, 543; 김용한, 502; 김주수, 417; 김증한, 139; 김증한 · 김학동, 341; 김형배, 657; 임정평, 444; 정기웅, 362; 현승종, 356; 민법주해(11), 38(김대휘 집필부분).

1) 그러나 화환의 교부는 동시이행의 항변권을 가지는 매수인에게 대금의 선이행을 강제하거나 환어음의 인수의무를 부담시키는 결과로 되므로 변제제공이 되지 않는다.

2) 같은 취지: 대판 1990. 5. 22, 89다카13322: 기존채무에 관하여 채무자가 약속어음을 발행하거나 타인이 발행한 약속어음을 교부한 때에는 당사자간에 특별한 의사표시가 없는 한 기존채무의 변제확보를 위하여, 또는 그 지급방법으로 발행하거나 교부한 것으로 추정하여야 하는 것이고, 한편 채권자는 기존의 금전채권에 대한 지급방법으로 약속어음을 교부받으면서 그 어음이 장차 결제될 것을 예상하며 미리 금전을 수령하였다는 뜻의 영수증을 교부하는 경우도 있는 것이므로, 어음의 수령과 상환으로 위와 같은 영수증을 작성 교부하였다거나 채권자가 그 어음을 제3자에게 양도하면서 채무자에게 자기채무의 이행을 하였다고 하더라도 그것만으로 어음금의 지급이전에 어음의 수수만으로 대금지급이 완결

에 자기앞수표 · 우편환 · 은행발행수표 · 은행지급보증부수표 등 현금으로 교환받을 가능성이 매우 높은 증서를 제공한 때에는 현금지급불능을 해제조건으로 그 증서의 제공시에 변제제공의 효과가 발생한다. 현금지급이 분명치 않은 수표의 제공은 현실제공이 되지 못하고 단지 변제확보의 방법에 지나지 않으며, 채권자가 이를 가지고 은행으로부터 현금을 수령하는 때에 변제제공과 변제의 효과가 동시에 생긴다(대판 1997. 3. 25, 96다51271).[1)]

지급기일이 도래하지 않은 약속어음의 제공은 변제에 해당하지 않고 대물변제에 해당하므로 채권자의 승낙을 얻어 제공하여야 변제제공이 된다. 예금통장과 인장, 비밀번호를 채권자에게 교부하는 것도 거래관행에 비추어 변제제공이 되는 경우가 있다. 기존채무에 관하여, 채무자가 제3자에 대하여 가지고 있는 채권을 기존채무의 채권자에게 양도한 경우 그들 사이에 다른 특별한 의사표시가 없었다면 기존채무의 변제를 위하여 또는 그 담보조로 양도한 것이라고 추정한다(대판 1991. 4. 9, 91다2526).

4) 일부제공　　종류채무나 금전채무 등에서와 같이 가분급부의 경우에 물리적으로 일부(一部)의 변제제공이 가능하다. 일부제공이 일부의 변제제공으로서의 효과를 인정받을 것인가에 관해서는 학설이 대립한다.

① 부 정 설　　일부제공은 원칙적으로 채무내용에 따른 제공이 되지 못한다는 견해이다.[2)] 단지 변제제공을 무효로 하는 것이 신의칙에 어긋날 정도로 부족액이 매우 근소한 경우에 한해서 전부에 대한 변제제공의 효과가 생긴다고 한다. 판례는 종래 부정설(否定說)을 취했다(대판 1984. 9. 11, 84다카781).

② 제한적긍정설　　사견으로는 가분급부의 경우에 분할하여 일부씩 이행하는 것이 거래관행에 비추어 부당하지 않고 채권자에게 불이익을 주지 않는 경우에는 그 제공된 부분에 대하여 변제제공의 효과가 생긴다고 해석하겠다. 금전채무 등의 가분급부에서 채무자가 일부만을 제공한 경우에

된 것으로 단정할 수는 없다. 평석: 강위두, "금전채권에 대한 약속어음 교부의 성질," 상사판례연구 제4집, 1991. 6, 302; 배광국, "기존채무의 이행에 관하여 어음, 수표가 교부된 경우의 문제," 상사판례연구 제3권(편집대표 최기원, 박영사, 1996), 97; 설승문, "금전채권에 대한 약속어음교부와 대금지급 완결," 부산대 법학논집 창간호, 1991. 2, 110.

1) 대판 1956. 7. 12, 4298민상220(이행제공에서 은행보증수표는 현금과 같이 취급된다); 대판 1960. 5. 19, 4292민상784(신용 있는 은행의 수표를 제공하는 것은 현실제공이다).

2) 곽윤직, 346; 김상용, 467; 김석우, 373; 김용한, 499; 김주수, 416; 김증한, 137; 김증한 · 김학동, 341; 김형배(2판), 653; 임정평, 422; 현승종, 354; 주석 채권총칙(하), 376(박영식 집필부분); 민법주해(11), 42(김대휘 집필부분).

채권자는 특별히 일부수령을 거절할 사정이 없는 한 그것을 수령해야 한다. 그 근거로서는, 첫째 보통 일부변제는 채무자의 불이행 및 무자력에 따르는 채권자의 위험을 줄이는 이익을 주며 그로 인하여 채권자에게 불이익이 생기지 않으므로, 채권자는 반대약정이 있거나 일부변제가 그를 불이익하게 하는 다른 사정이 없으면 일부제공이라도 그를 수령하여야 한다. 둘째, 일부제공의 효과를 부정한다면 채무자를 부당하게 불리하게 만들기 때문에, 일부제공의 효과를 인정하여 그 부분의 지체책임을 면하게 해 주는 것이 타당하다. 원금 · 이자 · 비용 · 지연배당금 등 채무자가 지급할 전액이 제공되어야만 변제제공의 효과가 생긴다고 하는 것은 채무자에게 가혹하다. 셋째, 금전채무의 경우에는 거래관행상 일부제공을 수령거절하는 것이 부당한 것으로 취급되므로, 거래관행에 맞추어 해석하는 것이 바람직하다.

일부제공으로는 그 제공된 부분에 대한 변제제공효과가 발생할 뿐 전부에 대한 변제제공효과가 생기지 않음은 물론이다. 어음채무나 수표채무의 경우에는 일부지급이 허용된다(어음법 제39조 2항; 수표법 제34조 2항). 채권자는 급부의 일부를 수령했다는 이유로 전부에 관한 계약해제권(契約解除權)을 상실하지 않는다. 잔여부분의 이행지체로 해제권을 취득한 채권자는 계약 전부의 해제 또는 지체부분만의 해제 중 하나를 선택할 수 있다.

③ 판례는 부정설을 취한다. 즉 채무의 일부 변제제공은 채무의 본지에 따른 이행의 제공이라 할 수 없고 이행제공의 효력이 발생할 수 없는 것이어서, 그 채무의 일부를 공탁했더라도 변제의 효력이 발생할 수 없다. 채무담보의 목적으로 경료된 채권자명의의 소유권이전등기나 그 청구권보전의 가등기의 말소를 구하려면 먼저 채무를 변제하여야 하고, 피담보채무의 변제와 교환적으로 말소를 구할 수는 없다(대판 1984. 9. 11, 84다카781).

(3) 구두제공

㈎ 의 의 구두제공(口頭提供)은 현실제공을 요구하는 것이 부당하거나 불필요한 경우에 한해서 보충적인 변제제공방법으로서 인정된다. 구두제공은 채무자가 변제준비를 완료하고 이를 채권자에게 통지하여 수령을 최고하는 방법으로 한다(제460조 단서). 구두제공에서 요구되는 변제준비는 현실제공에서보다 훨씬 준비 정도가 약하다. 채무자가 어느 정도의 변제준비를 해야 하는가는 채무의 성질에 따라 달라진다. 인도채무에서는 목적물을

실제로 준비해 두지 않아도 조달가능한 것으로 충분하며, 그 물건을 변제장소에 둘 필요도 없다. 행위채무의 경우에도 수령거절의 경우에는 변제준비가 그렇지 않은 경우에 비해 간단하다. 구두제공도 현실제공과 같이 변제제공의 효과를 받는다.

(나) 구두제공이 허용되는 경우

1) 채권자가 수령을 거절한 경우 채권자가 정당한 이유 없이 미리 수령하지 않겠다는 거절(拒絶)의 의사를 표시한 경우에 채무자는 구두제공으로서 변제제공의 효과를 받을 수 있다. 채권자가 수령하지 않을 것이 확실한 경우에까지 채무자에게 현실제공을 요구하는 것은 불필요한 수고를 요구하는 것이 되어 불공평하기 때문이다.

채권자의 수령거절의 의사는 채무자에 대하여 명시적 또는 묵시적으로 표시되어야 한다. 채권자가 이유 없이 수령일을 연기하거나 계약의 해제를 주장하는 때, 제공될 변제목적물이 채무내용에 적합함에도 불구하고 트집을 잡아 수령을 거절하는 때, 쌍무계약에서 채권자가 부담하는 상환채무의 이행을 거절하는 때에 묵시적 수령거절이 있다고 해석된다. 채무자가 제공한 급부가 채무내용에 적합하지 않기 때문에 수령을 거절하는 것은 정당하므로 채권자의 수령거절의 문제로서가 아니라 채무자의 적합하지 못한 변제제공 및 채무불이행의 문제로 된다.

2) 채권자의 협력이 필요한 경우 이행에 채권자의 협력(協力)이 필요한 경우에, 채무자는 이행행위를 혼자서 수행할 수 없으며, 채권자의 협력이 있어야 착수 · 진행 · 완료할 수 있다. 이러한 협력이 필요한 이행행위는 채무의 성질상 채무자가 자신의 이행행위를 완료하여 채권자의 수령을 촉구하는 현실제공을 할 수 없다. 그러므로 이 경우에는 채무자가 이행행위에 착수할 준비를 하여 채권자의 협력을 촉구하는 구두제공을 함으로써 변제제공의 효과를 받도록 할 필요가 있다.

채권자의 협력이란 단순한 수령 이외에 그보다 적극적인 행위를 의미한다. 도급 · 고용 · 위임의 노무공급계약(행위채무)에서는 재료나 작업장의 제공, 작업지시, 다른 공동작업자의 배치 등 작업조건의 충족이 채권자의 협력에 의존하는 경우가 많다. 인도채무는 보통 채무자가 혼자서 이행행위를 마치고 채권자의 수령을 기다리므로 현실제공되어야 하지만 예외적으로 제3자를 위한 계약에서 제3자의 수익의사표시를 기다려야 하는 경우, 기타 채무이행에 채권자의 행위나 사정이 전제가 되어 있는 경우에는 채권자 측의 협력을 기다려 이행되므로 구두제공으로 충분하다.[1)]

(다) 구두제공조차 필요 없는 경우 신의칙상 다음의 경우에는 구두제공(口頭提供)조차 필요 없다고 해석된다.

① 채권자의 영구적 불수령 쌍무계약에서 채권자가 반대급부의 불이행의사를 확고하게 밝히는 등 불수령(不受領)이 확실한 경우, 채권자의 수령거절의 의사가 바뀌지 않을 것이 분명한 경우에까지 채무자가 구두제공을 하는 것은 무의미하므로 이 경우 구두제공을 면제해 주는 것이 타당하다.[2)] 판례는 채권자가 변제를 수령할 의사가 없음이 명백하고 번의할 가능성이 보이지 않는 경우에는 구두의 변제제공을 면제한다(대판 1976. 11. 9, 76다2218).

이 경우 채무자에게 모든 변제제공의 효과가 부여되는 것은 아니며, 채무불이행책임이 면제되는 효과가 생긴다. 그 밖에 채무자가 반대급부의 불이행을 이유로 전보배상청구를 하거나 계약해제를 할 수 있다. 채권자지체는 수령의 일시적 장애를 고려한 제도이므로, 영구적 수령거절(永久的 受領拒絶)의 경우에 채권자지체의 효과를 모두 부여하는 것은 부당하다(특히 제402조와 제403조).

② 회기적 급부 이자 · 월세 · 월부금 등 회기적 급부의무(回期的給付義務)에서 채권자가 전회분에 대해 채권자지체에 빠져서 그 상태가 계속되고 있는 동안에는 채무자가 차회분의 채무의 구두제공을 하지 않더라도 채무불이행책임을 지지 않는다고 해석된다.[3)]

③ 채권자 및 채권자의 주소나 전화번호를 채무자가 과실 없이 알 수 없는 경우.

---

1) 곽윤직, 350에서는 추심채무에서 채권자의 추심이 이 곳의 협력에 해당한다고 설명한다. 사견으로는 인도채무인 추심채무는 현실제공이어야 하며, 채권자가 수령거절하지 않으면 구두제공으로 부족하다고 생각한다. 추심채무란 변제장소가 채무자의 주소나 영업소로서 채권자가 그 곳에 와서 목적물을 인도받아 가야 할 채무를 말하는데, 그 경우 채무자는 채권자가 변제일에 오면 인도해 줄 모든 준비를 해 놓고 기다려야 하며(현실제공) 단지 채권자에게 협력할 것을 촉구하는 구두제공으로는 변제제공이 있다고 볼 수 없다.

2) 김기선, 323; 김상용, 546; 김석우, 379; 김용한, 506; 김주수, 381; 김증한 · 김학동, 345; 김형배, 660; 임정평, 466; 정기웅, 363; 황적인, 226; 현승종, 358; 민법주해(11), 45(김대휘 집필부분). 과거에 채권자의 수령거절의사가 명확하더라도 바뀔지 모르므로 채무자는 구두제공을 해야 한다는 견해도 있었다. 김증한 · 안이준, 180(그러나 김증한, 1988년판에는 그에 관한 언급이 없다).

3) 같은 취지: 곽윤직, 351; 김석우, 379; 김용한, 505; 김증한 · 김학동, 345; 김주수, 420; 김형배, 660; 임정평, 466; 정기웅, 425; 현승종, 359.

④ 채권자의 일시적 수령불능상태가 계속중인 경우.

⑤ 동시이행항변권 있는 채무　　쌍무계약의 채무자는 동시이행관계(同時履行關係)에 있는 상대방의 상환채무(반대급부)의 변제제공이 없는 한, 자기채무의 변제제공을 하지 않더라도 채무불이행책임을 지지 않는다. 쌍무계약의 당사자 일방은 상대방이 그의 채무의 변제제공을 할 때까지 자기채무의 이행을 거절할 수 있기 때문이다(제536조 1항). 매수인이 잔대금 지급의무를 이행하고 소유권이전등기를 넘겨받을 의사가 없음을 미리 표시한 것으로 볼 수 있는 객관적인 명백한 사정이 있는 경우에는 당사자 일방이 자기의 채무의 이행을 제공하지 않더라도 상대방의 이행지체를 이유로 계약을 해제할 수 있다. 이 경우 매도인은 매수인을 이행지체에 빠뜨리기 위하여 구두제공의 방법으로 자기의 반대채무를 이행제공할 필요는 없다(대판 1995. 4. 28, 94다16083).

(4) 변제제공의 효과

㈎ 개　　설　　변제제공(辨濟提供)의 효과(效果)로서 가장 중요한 것은 「채무불이행책임의 면제」이다(제461조). 그 밖에 변제제공과 관련하여 발생하는 효과로서는 「종류채무의 특정」과 「채권자지체」가 있다(제375조 2항, 제400조 이하). 종류채무특정에 따른 위험이전, 공탁의 요건충족, 쌍무계약에서 상환채무의 이행지체요건 등도 종합하여 고찰하는 편이 체계적인 이해에 도움이 될 것이다. 현실제공과 구두제공 사이에는 효과면에서 약간의 차이가 있다.

㈏ 변제의 첫 단계　　변제제공의 1차적인 효과는 채권자의 수령과 합하여 변제를 성사시킨다는 데에 있다.

1) 현실제공의 경우　　채무자가 현실제공(現實提供)을 하면 보통 그가 할 수 있는 이행행위를 모두 다한 것이 된다. 채권자가 그것을 수령하기만 하면 이행이 완료되어 채권이 변제로 소멸한다. 변제제공된 목적물에 하자가 있는 경우에 특정물채무와 종류채무에서 약간 다른 법률관계가 전개된다.

① 특정물채무　　특정물채무(特定物債務)에서는 인도되는 목적물에 하자나 수량부족이 있어도 일응의 유효한 변제제공이 되어 채권자는 그것의 수령을 거절할 수 없다. 물건의 상태가 나쁘더라도 그 특정물을 인도하는 것이 채무내용에 적합하기 때문이다. 그렇다고 하여 채무자가 언제나 채무를 완전히 이행했다고 볼 수 없다. 채무자가 선량한 관리자로서의 보존의

무를 게을리하여 하자가 생긴 경우에, 채무자는 목적물을 인도한 후에도 그에 대한 채무불이행책임(불완전이행의 유형에 해당함)을 진다(제374조, 제390조). 유상계약에서 채무자는 그 밖에 하자담보책임을 진다(제580조, 제581조). 그러한 손해배상의무가 발생하는 범위에서는 채무가 완전히 소멸하지 않고 형태를 바꾸어 존속한다.

② 종류채무 종류채무(種類債務)에서 채무자는 채무내용에 적합한 종류물을 제공해야 한다. 부적합한 종류물의 제공에 대해서는 변제제공의 효과가 생기지 않으면 채권자도 이를 수령할 의무가 없다. 채권자는 채무자의 귀책사유 있는 부적합물의 인도에 대하여 채무불이행책임을 추궁할 수 있다. 채권자가 물건의 부적합성을 모르고 수령한 경우에, 그것을 채무자에게 반환하고 완전물의 인도를 청구할 수 있다. 부적합성이 경미한 것이어서 수리나 보완으로 충분히 적합성을 갖출 수 있을 경우에는 신의칙상 보완청구권만을 인정하는 것이 타당하다. 채권자가 변제목적물의 부적합성을 알고도 이를 용인하여 수령한 경우에는 변제제공의 흠결은 치유되어 유효한 변제제공 및 변제로 된다. 유상계약에서는 채무자가 부적합성에 대한 귀책사유가 없더라도 하자담보책임(瑕疵擔保責任)을 진다.

2) 구두제공의 경우 구두제공(口頭提供)에 의해서는 현실제공에서와 같이 수령과 함께 변제를 완료시키는 효과는 생기지 않는다. 채권자의 수령거절로 인한 구두제공에서 채무자는 현실적으로 이행행위를 하지 않아도 된다. 구두제공에 응해서 채권자의 수령의사가 표시된 후에 채무자의 이행행위가 행해지고 이를 채권자가 수령함으로써 변제가 완료된다. 이 경우 구두제공 이후에 다시 채무자의 현실제공이 있어야 변제가 완료된다. 채무의 성질이 채권자의 협력을 필요로 하는 경우에 채무자의 구두제공에 응해서 채권자가 협력을 하면 그를 기초로 채무자가 이행행위를 하고 이를 채권자가 수령함으로써 변제가 완료된다.

(다) 채무불이행책임의 면제 채무자는 변제제공의 때로부터 채무불이행책임(債務不履行責任)을 면(免)한다(제461조). 자기가 할 수 있는 이행행위를 다한 채무자에게 채무불이행책임을 지우지 않음은 당연하다. 채무가 변제되지 않은 것은 채권자의 불수령이나 비협조에 기인하기 때문이다. 채무불이행책임의 면제필요성은 현실제공에서나 구두제공에서나 같다.

채무자가 변제기에 변제제공을 하면 채무불이행에 기한 지연배상이나 위약금의 청구를 당하지 않는다. 이미 채무불이행에 빠진 채무자라도 그 후에 변제제공을 하면 그 때부터 채무불이행이 정지되어 변제제공 이후의 지연배상금은 발생하지 않는다. 지체중의 변제제공에 있어서는 본래채무에 지연배상금이나 위약금을 합하여 제공하여야 완전한 변제제공이 된다. 이행지체의 경우에 채권자가 상당기간을 정한 최고 이후에 전보배상금을 청구한 때에는 이를 제공하여야 한다(제395조). 채무자는 채권자로부터 이행지체를 이유로 계약해제나 해지를 당하지 않는다(제544조).

변제제공으로 채무자는 이행행위를 다하였으므로 채권자에 의해 강제집행당하지 않는다(제389조 1항). 채무에 물적담보가 부착되어 있는 경우에 채무자의 변제제공이 있으면 담보실행을 할 수 없다. 연대채무나 보증채무에서 채무자 1인의 변제제공은 모든 채무자를 위하여 효력을 발생한다고 해석된다. 민법은 제422조에 채권자지체의 절대적 효력만을 규정하나, 그 밖에 채무불이행책임의 면제도 절대적 효력을 갖는 것이 당연하다.

(라) 채권자지체의 효과발생　　채무자가 현실제공을 했음에도 채권자가 그를 수령하지 않은 경우에 채권자지체(債權者遲滯)가 된다.[1] 채무자가 구두제공을 하였으나 채권자로부터 아무 응답이 없는 경우에도 구두제공시(口頭提供時)부터 채권자지체가 생긴다. 채권자의 협력이 필요하여 채무자가 먼저 구두제공을 한 경우에, 채권자가 이에 응하여 수령의사를 밝히거나 협력을 한 후에는 채무자가 다시 현실제공을 하고 채권자가 수령할 것을 기다려야 한다. 이 경우에 첫번째의 구두제공은 채권자에게 수령을 촉구하는 의미를 가질 뿐 채권자를 채권자지체에 빠뜨리지 않으며, 두 번째 한 현실제공에 의해 채권자지체가 된다.[2] 단 채권자가 미리 수령거절의 의사를 밝힌 까닭에 구두제공을 한 경우는 그 구두제공만으로 채권자지체에 빠뜨릴 수 있다(채권자지체의 효과는 채권자지체의 절에서 설명했음).

(마) 종류채무의 특정　　물건의 인도채무에서 채무자가 현실제공과 함께 변제목적물을 지정하여 분리해 놓은 경우에는 종류채무의 특정(特定)이

1) 채권자지체의 요건으로서 채무자의 귀책사유를 요구하는 채무불이행책임설에 의하면 변제제공은 채권자지체의 효과를 수반하지는 않는다. 그러나 채권자지체에 귀책사유를 요구하지 않는 법정책임설에 의하면 변제제공으로 채권자지체의 효과도 함께 발생하게 된다(채권자지체의 설명부분을 참조). 사견은 법정책임설을 취하므로 변제제공의 결과로 채권자지체에 관한 민법 제401조 내지 제403조의 효과가 발생한다고 해석한다.

2) 같은 취지: 곽윤직, 345; 김주수, 414; 임정평, 441~442면; 민법주해(11), 43(김대휘 집필부분).

생긴다. 채권의 목적물이 특정된 이후에는 변제목적물이 그 물건에 한정된다. 특정 후(채권자 지체중)에 물건이 멸실(滅失)된 경우 채무자는 자기의 고의나 중과실로 인한 때에만 채무불이행책임을 진다(자세한 것은 앞의 종류채무의 특정에서 설명했음).

(바) 변제제공의 계속과 공탁 변제제공의 효과는 채무자가 그를 계속(繼續)하고 있는 동안 존속(存續)한다. 채무자는 언제라도 채권자가 수령할 수 있도록 현실제공을 계속하고 있어야 함이 원칙이다. 변제제공이 중단되면 그 때부터 채무불이행책임의 면제와 채권자지체의 효과는 정지된다. 그러나 구두제공이 허용되는 경우에는 채권자의 협력과 수령을 최고하는 것으로 변제제공의 효과를 계속 얻을 수 있다.

채무자는 계속해서 변제제공을 하는 수고를 면하기 위하여 목적물을 공탁함으로써 변제와 같은 효과를 꾀할 수 있다(공탁에서 뒤에 설명). 채무자의 변제제공이 있음에도 채권자가 그를 수령하지 않거나 수령할 수 없으면 채무자에게 공탁권이 발생한다. 채무자는 채권자를 위하여 변제목적물을 공탁하여 채무를 면할 수 있다(제487조). 변제목적물이 공탁에 적당하지 않거나, 멸실·훼손될 염려가 있거나, 공탁에 과다한 비용이 드는 경우에 채무자는 법원의 허가를 얻어 그 물건을 경매하거나 시가로 방매하여 대금을 공탁할 수 있다(제490조). 상법은 상사매매(商事賣買)에서 매수인의 수령거부나 수령불능으로 매도인에게 공탁권과 경매권이 발생함을 규정한다(상법 제67조).

(사) 쌍무계약에서의 효과 쌍무계약(雙務契約)에서 당사자 일방은 자기채무의 변제제공으로 자기의 채무불이행책임을 면하고 상대방을 채권자지체에 빠뜨리는 변제제공의 일반적 효과 이외에 "상환채무에 관해 상대방을 이행지체에 빠뜨린다"는 일석이조의 효과를 얻는다. 채무자가 변제제공을 한 경우에 채권자는 수령준비와 함께 자기채무의 변제제공을 해야 한다. 채권자가 제공된 급부를 수령할 준비를 했더라도 반대급부의 변제제공을 하지 않았으면 채권자지체와 반대급부의 이행지체에 빠진다.[1] 매도인이 목적물을 인도할 준비를 해서 변제장소에 왔는데 매수인이 대금을 가져오지 않았기 때문에 매수인에게 목적물을 인도하지 않은 경우에, 매도인은 채무

1) 대판 1972. 11. 14, 72다1513: 쌍방계약의 당사자 일방이 먼저 한번의 현실제공을 하고 상대방을 채권자지체에 빠지게 했더라도 이행의 제공이 계속되지 않으면 과거에 이행의 제공이 있었다는 사실만으로 상대방이 가진 동시이행항변권이 소멸하지 않는다.

불이행책임을 지지 않을 뿐 아니라 매수인에게 대금지급의 이행지체 따른 지연이자와 물건의 추가보관비용을 청구할 수 있다. 변제제공의 효과를 묻는 것보다 반대급부의 채무불이행책임을 묻는 것이 더 효과적이므로, 변제제공한 자는 상대방에 대하여 채무불이행에 기한 손해배상청구권(제390조)과 계약해제권을 행사한다(제544조).

2. 변제기 · 변제장소 · 변제비용

(1) 변 제 기

(가) 의　　의　　채무자가 채무를 이행해야 할 시기, 즉 채무자가 변제제공을 해야 할 시기를 변제기(辨濟期) 또는 이행기(履行期)라고 부른다. 채무자는 변제기 전에도 이행할 수 있으므로(제468조), 변제기는 채무자가 늦어도 그 때까지 이행을 해야 할 시기를 의미한다.

(나) 변제기 도래　　계약채무의 변제기는 당사자의 의사표시, 거래관행, 채무의 성질, 법률의 규정(제603조, 제613조, 제635조, 제660조, 제698조 등)에 의해 결정된다. 불법행위에 기한 손해배상의무는 그 채무가 성립하는 것과 동시에 변제기가 도래하며 채무자에게 기한이 부여되지 않는다(대판 1966. 10. 21, 64다1102; 대판 1971. 6. 8, 70다2401). 그 밖에 상거래에 있어서 법령이나 관습에 의해 영업시간이 정해져 있는 때에는 채무의 이행 및 이행청구는 그 시간 내에 해야 한다(상법 제63조). 변제기는 다음과 같이 분류된다(이행지체에서 상세히 설명했음).

1) 확정기한의 채무　　○○년 ○월 ○일, 채권성립으로부터 5개월 후, 매월 첫째 월요일 등 확정할 수 있는 날로서 변제기가 정해져 있는 경우를 확정기한(確定期限)의 채무(債務)라고 한다. 채무이행의 확정된 기한이 있는 경우에 채무자는 기한이 도래한 때(실제로는 그 다음날)로부터 지체책임이 있다(제387조 1항 앞문장). 채권자는 채무자에게 확정기한의 도래를 알리거나 이행청구를 별도로 할 필요가 없이 이행이 없는 채 기한이 경과하면 바로 채무자에게 채무불이행책임을 추궁할 수 있다. 판례는 채권자가 변제기 도래 이전에 그 변제일보다 후의 일자가 만기로 된 어음을 교부받은 때에는 묵시적으로 변제일을 유예한 것으로 되어 변제기가 어음만기일로 변경된다고 한다(대판 2000. 7. 28, 2000다16367).

2) 불확정기한의 채무 채무자가 학교에 입학한 때, 결혼을 한 때 등 장래 일어날 것이 확실하지만, 그 시기가 불확정한 사건을 기점으로 하는 경우를 불확정기한(不確定期限)의 채무(債務)라고 한다. 불확정기한의 채무에 있어서 변제기가 도래하기 위해서는 우선 기한의 확정적 도래가 이루어져야 할 뿐 아니라 채무자가 그 기한도래의 사실을 알아야 한다. 민법은 채무이행의 불확정한 기한이 있는 경우에 채무자는 기한이 도래함을 안 때로부터 지체책임이 있다고 한다(제387조 1항 뒷문장). 채권자는 채무자에게 기한의 도래를 통지하고 이행청구를 함으로써 채무자를 이행지체에 빠뜨릴 수 있다. 상가건물의 임대차계약시 입점시기를 기재하지 않고 준공예정일에 관한 설명만 한 경우에, 건설공사의 예상가능한 지연기간이 경과한 때를 이행기로 하는 불확정기한이 합의된 것이다(대판 2000. 11. 28, 2000다7936).

3) 기한 없는 채무 채무이행의 기한(期限)이 없는 경우에 채무자는 채권자로부터 이행청구를 받은 때로부터 지체책임(遲滯責任)이 있다(제387조 2항).[1] 거래관행상 그 다음날부터 지체책임을 지우는 경우가 대부분이다. 채권자의 이행청구(최고라고 도 함)는 기한 없는 채무에서 채무자가 이행지체에 빠지기 위한 필수적인 요건이 된다. 이행소송의 소장의 송달, 독촉절차에 의한 지급명령의 송달은 이행청구에 해당한다.[2] 예외적으로 소비대차에서 반환시기의 약정이 없는 경우에 대주(貸主)는 상당한 기간을 정하여 반환의 최고를 해야 한다(제603조 2항). 만약 대주가 상당기간을 두지 않고 최고한 경우에는 최고한 때로부터 상당기간이 경과한 후에 이행지체로 된다(같은 취지: 대판 1966. 5. 31, 66다663).[3]

4) 변제의 유예 다음의 경우에는 변제기가 도래한 때에 채무자의 변제제공이 없어도 채무불이행책임을 지우지 않는다.

① 채권자의 변제유예 채권자는 채무자에 대하여 변제기보다 더 늦게 변제해도 된다는 변제유예(辨濟猶豫)를 할 수 있다. 변제유예는 채무자

---

1) 대판 1972. 8. 22, 72다1066: 지체책임은 최고가 도달한 다음날부터 생긴다.

2) 대판 1966. 5. 31, 66다663: 이행소송의 소장의 송달은 최고와 동일한 효력이 있다.

3) 대판 1982. 12. 14, 82다카861: 채무의 이행방법으로 교부한 제3자 발행의 어음이 그 지급기일에 지급불능이 될 것이 예상된다고 하여도, 잔대금의 이행기일이 경과하지 아니한 이상 원고는 기한의 이익을 보유하고 있다고 보아야 할 것이니, 특단의 사정이 없는 한 피고의 이행기 도래 전의 최고에 의하여 바로 이행지체에 빠졌다고 볼 수는 없다. 대판 1990. 6. 26, 89다카32606: 기존채무의 지급과 관련하여 만기를 백지로 하여 약속어음이 발행된 경우에, 당사자의 의사는 기존채무의 변제기를 그보다 뒤의 날짜로 보충된 백지어음의 만기로 유예한 것으로 해석된다.

에게 더 많은 기한을 부여하는 것이 되므로 채무자의 이익으로 되기 때문이다. 그러나 변제유예가 채무자의 이익이나 의사에 어긋나는 경우에는 채권자가 일방적으로 유예할 수 없다.

② 증권적 채무　지시채권 · 무기명채권 등에 있어서는 채권자가 증권(證券)을 제시(提示)하여 채무자에게 이행청구를 할 때에 채무자가 현실적인 이행의 의무를 진다. 확정기한의 변제기가 도래했더라도 채무자는 변제의 준비를 하고 채권자의 이행청구를 기다리는 것으로 충분하며, 채권자에게 수령을 최고하는 등의 적극적인 행위를 할 필요가 없다.

③ 동시이행의 채무　쌍무계약에서 동시이행(同時履行)의 관계에 있는 채무 상호간에는 일방당사자가 자기채무의 변제제공을 하여 상대방을 채권자지체에 빠뜨릴 때까지는 서로 변제기가 도래하여도 지체책임을 지지 않는다(제536조).

④ 채권자의 확고한 수령거절　채권자가 미리 수령하지 않을 뜻을 완강히 표시한 경우, 채무자가 채권자 및 그의 주소를 알지 못하는 경우에는 변제기에 변제제공이 없어도 이행지체가 생기지 않는다.[1]

5) 변제기 전의 이행　다음의 경우에는 약정된 변제기보다 빨리 이행의무(履行義務)가 발생한다(이행지체의 설명 참조).

① 기한이익의 상실　변제기(辨濟期)는 채무이행에 관한 기한(期限)으로서 다른 약정이나 관습이 없으면 채무자를 위하여 존재하는 것으로 다루어진다(제153조 1항). 그러나 채무자가 담보를 손상, 감소 또는 멸실하게 한 때 또는 채무자가 담보제공의 의무를 이행하지 않은 때에는 기한의 이익을 주장하지 못한다(제388조). 채무자가 기한의 이익을 주장하지 못한다는 것은 채권자가 변제기 전에 이행청구를 하더라도 이행해야 하며, 불이행시에는 채무불이행책임을 지게 된다는 것을 의미한다. 채무자가 파산선고를 받은 때에는 파산선고시에 변제기일이 도래한 것으로 본다(채무자회생 및 파산에 관한 법률 제425조). 법률의 규정에 의한 기한이익의 상실사유 이외에 약관으로서 그 상실사유 및 상실

1) 추심채무 또는 채권자의 협력이 필요한 채무에 있어서는 확정기한의 변제기가 도래하였더라도 채권자가 필요한 협력 또는 그 제공을 하여 이행청구를 한 후에야 이행지체로 된다는 견해가 있다. 곽윤직, 92; 김기선, 152; 김석우, 121; 김용한, 125; 김주수, 108; 김증한, 57; 김현태, 96; 김형배, 177; 이태재, 140; 임정평, 136; 현승종, 108; 황적인, 72. 사견으로는 이 경우 채무자가 구두의 변제제공을 하여야 채무불이행책임을 면할 수 있다고 해석한다(제460조 단서). 같은 취지: 김상용, 544.

효과를 정하는 경우가 종종 있는데, 그러한 약관조항을 기한이익 상실조항(期限利益 喪失條項)이라고 한다. 고객에게 부여된 기한의 이익을 상당한 이유 없이 박탈하는 조항은 무효이다(약관법 제11조 2호).

② 기한이익의 포기 당사자의 특별한 의사표시가 없으면 변제기 전이라도 채무자는 변제할 수 있다. 그러나 상대방의 손해는 배상해야 한다(제468조, 제153조 2항의 특칙). 판례는 채무자가 기한 미도래(未到來) 사실을 알면서 변제한 경우 이를 기한이익(期限利益)의 포기(抛棄)로 볼 수 있다고 한다(대판 1991. 8. 13, 91다6856).[1)]

㈐ 변제기도래의 효과 변제기의 도래는 다음의 효과를 유발한다.

① 이행청구 채권자는 변제기 전에 이행을 요구할 권리가 없다. 채권자의 채권, 즉 급부청구권은 채권의 성립시부터 존재하므로 채권자는 그 급부청구권에 기하여 장래(변제기)의 이행을 청구할 수 있고, 그를 민사소송으로 관철할 필요(소의 이익)가 있으면 장래이행의 소를 제기할 수 있다(민소법 제251조).

② 채무불이행책임 채무자가 변제기에 이행하지 않으면 이행지체로 되어 채무불이행책임(債務不履行責任)을 지게 된다. 그 변제기도과에 관하여 채무자의 귀책사유가 없는 때에는 채무불이행책임을 지지 않는다. 채무자가 변제기에 변제의 제공을 했음에도 불구하고 채권자가 수령하지 않으면 채무자에게는 채무불이행책임이 면제되고 채권자에게 채권자지체에 의한 불이익이 부과된다. 불가항력으로 인한 이행지체중에는 채무불이행책임이 면제되지만, 보관 및 변제에 드는 추가비용은 채무자의 부담으로 된다.

③ 상계적상 채권자와 채무자가 상호 동종의 채무를 부담하는 경우에 두 채무의 변제기가 모두 도래하였거나 또는 상대방채무의 변제기만이 도래한 경우에 상계가 가능한 상태(상계적상)로 된다(제492조).

④ 계약해제권 채무자가 변제기에 이행하지 않은 경우에 채권자는 상당기간을 정하여 최고하고, 그 기간 내에 이행이 없으면 계약(契約)을 해제(解除)할 권리를 갖게 된다(제544조). 계약의 성질 또는 당사자의 의사표시에 의하여 일정한 기일 또는 일정한 기간 내에 이행하지 않으면 계약의 목

---

1) 대판 1991. 8. 13, 91다6856: 민법 제743조 소정의 「착오로 인하여」라 함은 변제기 전임을 알지 못하였음을 의미하므로, 변제기가 도래했다고 오신하고서 변제한 경우에 한하고 변제기 전임을 알면서 변제한 자는 기한의 이익을 포기한 것으로 볼 것이다.

적을 달성할 수 없는 경우(정기행위)에 채무자가 변제기에 이행하지 않으면 곧 전보배상을 해야 할 의무를 지게 되며, 채권자는 최고 없이 계약해제권을 갖게 된다(제395조, 제545조).

⑤ 소멸시효 기산점　채권의 소멸시효(消滅時效)는 변제기가 도래한 때로부터 진행한다(제166조).

(2) 변제장소

(가) 변제장소의 의의　채무자는 변제장소(辨濟場所)에서 변제의 제공을 하여야 채무내용에 따른 이행을 하게 된다. 채권자는 채무자에 대해 변제장소에서 변제제공할 것을 청구할 수 있을 뿐이며, 그 밖의 장소에서 이행하거나 그곳으로 배달·발송하는 등의 송부행위를 청구할 권리가 없다. 채무자가 다른 장소에서 한 변제제공에 대하여 채권자는 수령을 거절할 수 있다. 그러나 다른 장소에서 행한 변제제공이라도 채권자가 수령하면 변제는 유효하게 완료된다.

변제장소가 어디냐는 채무자로부터 채권자 사이의 운송중 흔히 생기는 분실(紛失)·멸실(滅失)·훼손(毁損)의 위험을 누가 부담하게 되는가와 관계있다. 목적물이 변제장소에 도달한 후에 멸실되었으면 변제제공 후에 생긴 멸실로서 변제제공에 따른 효과가 발생하게 된다. 종류채무에서는 채무자가 변제장소에서 변제제공을 하면 대개 특정이 일어나게 되며(제375조 2항), 쌍무계약에서 채권자지체 이후에 운송과정에서 생기는 위험은 채권자가 부담한다(제538조 1항).

채권자로서는 자기의 주소에서 인도받은 편이 운송에 따르는 노력·비용·위험을 모두 채무자에게 부담시킬 수 있으므로 매우 유리하게 된다. 민법은 지참채무의 원칙을 취함으로써 채권자의 이익에 충실하게 입법하였다.[1)]

(나) 지참채무의 원칙　민법은 특정물인도 이외의 채무이행은 채권자의 주소나 영업소에서 함을 원칙으로 하는데(제467조 2항), 이러한 채무를 지참채무(持參債務)라고 한다. 지참채무의 원칙이 지배하는 경우는 주로 종류채무와 금전채무이다. 채무의 성질이나 당사자의 의사표시로서 변제장소를 정하지 않은 경우에 특정물인도 이외의 채무변제는 채권자의 현주소에서 해

1) 프랑스민법 제1247조, 독일민법 제269조, 스위스채무법 제74조, 오스트리아민법 제905조 등 많은 외국의 입법례가 추심채무의 원칙을 취한다. 그러나 일본민법 제484조와 우리 민법 제467조 2항은 지참채무의 원칙을 취한다.

야 한다. 그러나 영업에 관한 채무의 변제는 채권자의 현영업소에서 해야 한다(제467조 2항). 영업소가 여러 개인 경우에는 그 거래를 한 영업소가 변제장소로 된다(상법 제56조). 채권양도가 행해지면 보통 변제장소도 변경된다. 다만 매매 목적물의 인도와 동시에 대금을 지급할 경우에는 그 목적물의 인도장소에서 대금도 지급해야 한다(제586조).

(다) 특정물의 인도장소 채무의 성질 또는 당사자의 의사표시로 변제장소를 정하지 않은 경우에 특정물의 인도(引渡)는 채권의 성립 당시에 그 물건이 있던 장소에서 해야 한다(제467조 1항). 임치물은 그를 보관한 장소에서 반환해야 한다. 그러나 수치인이 정당한 사유로 전치(옮겨서 보관함)한 때에는 현존(現存)하는 장소에서 반환할 수 있다(제700조).

(라) 추심채무의 경우 채권자가 채무자의 주소나 영업소에 와서 목적물을 인도받는 경우를 추심채무(推尋債務)라고 하는데, 이러한 추심채무는 당사자의 합의나 거래관행에 의해 성립될 수 있다. 고객이 영업점포에 와서 매매계약 등의 계약을 체결한 경우에는 그의 이행도 그 계약을 체결한 영업소에서 하는 것이 거래관행이다. 추심채무의 약정은 물건의 운송에 따르는 노력 · 비용 · 시간 · 위험을 채권자에게 부담시키는 의미를 갖는다. 특히 위험의 이전시기를 앞당기는 효과를 부여한다. 또한 운송중에 생기는 사태와 관련하여 채무자가 채무불이행책임을 면하겠다는 면책특약의 의미도 갖는다. 그러므로 약관에 의하여 변제장소를 채무자의 주소나 영업소로 하는 경우에는 상당한 이유가 있는가 및 당사자의 이익형평을 깨뜨리지 않는가를 검토해야 한다. 부당하다고 판단되는 경우는 면책조항 및 위험이전조항에 관한 약관규제법의 규정에 의해 무효(無效)로 된다(약관법 제7조 1호 · 2호)..

(마) 송부채무의 경우 채무자가 채권자의 주소 또는 제3지에 우편 · 철도 · 기타 공공운송수단을 통해 발송하기로 약정한 경우를 송부채무(送付債務)라고 한다. 송부채무에서 채무자는 발송의 의무를 질 뿐 채권자의 주소나 제3지의 도달에 대하여 책임지지 않는다. 채무자의 변제제공 등의 모든 이행행위가 행해지는 이행행위의 장소는 채무자의 주소이지만, 그 효과가 발생하는 장소는 채권자의 주소 또는 제3지이다. 송부채무와 추심채무는 변제가 채무자의 주소(住所)나 영업소(營業所)에서 일단 완료되고, 그 장소를 떠난 이후의 사정은 변제의 효과에 영향을 미치지 않는다는 점에서 공

통점을 갖는다. 그러나 추심채무에서는 채무자가 자기의 주소에서 채권자의 추심을 기다리면 되지만, 송부채무에서는 채무자가 지정장소로 발송해야 한다는 점에서 추심채무와 구별된다.

민법은 지참채무의 원칙을 취하므로 채무자가 채권자에게 목적물을 우편 · 철도 · 선편 · 항공편 · 기타 운송수단을 통하여 운송하더라도 채권자에게 도달해야 변제제공, 종류채권의 특정, 채무자지체, 위험이전 등의 효과가 생긴다. 그러므로 송부채무의 발생에는 당사자의 약정, 거래관행, 법률의 규정 등을 필요로 하며, 약관에 의한 송부채무의 성립에서는 지참채무에서와 같이 그로 인해 당사자의 이익형평이 깨지지 않을 것이 요구된다.

채무자가 지정장소에 발송할 의무를 질 뿐 아니라 그 장소에 도착할 것을 조건으로 하는 경우에는 송부채무가 아니라 지참채무의 특수형태라고 보아야 한다. 채권자의 주소 또는 채권자가 지정한 장소에 물건을 안전하게 도달시키는 것은 지참채무의 속성이기 때문이다. 보통의 지참채무는 목적물을 채권자의 주소나 영업소에 도달시킬 것을 내용으로 하지만, 당사자의 합의에 의하여 그 대신 채권자가 지정한 장소에 도달시키는 것도 지참채무의 범주 내로 이해해야 한다.

(3) 변제비용

(가) 채무자가 부담하는 변제비용　　민법은 다른 의사표시가 없으면 채무자가 변제비용(辨濟費用)을 부담하도록 규정한다(제473조 본문). 우리 민법은 지참채무를 원칙으로 하는데(제467조 2항), 그 결과 채권자의 주소까지 드는 운송비는 채무자가 부담하게 된다. 채무자가 채무를 이행하기 위하여 지출하는 것을 변제비용이라고 한다. 변제비용으로서는 우송료 · 운송비 · 하역비 · 보관비 등이 있다. 변제비용은 채무자가 변제장소에서 목적물을 변제제공하기까지 드는 비용을 의미하며, 변제제공 이후에 채권자가 목적물을 수령하는 과정에서 드는 비용은 인수비용이라고 하여 변제비용과 구별된다.[1)]

민법과 다른 거래관행이 있는 경우에는 그에 따른다(제106조). 부동산매매

---

1) 프랑스민법은 채무자가 변제비용을 부담한다는 원칙규정을 두고(제1248조), 매매의 부분에서는 매도인이 인도비용을 부담하고 매수인이 인수비용을 부담한다는 규정을 둔다(제1608조). 독일민법(제448조)과 스위스채무법(제188조)도 매매의 부분에서 인도비용과 인수비용을 나누어 규정한다. 일본민법과 우리 민법에서는 아마 프랑스민법의 채무자부담의 원칙조항만을 도입하고 매매의 특칙은 빠뜨린 것이 아닌가 생각된다.

의 거래관행에 의하면 중개업자에 대한 소개료는 채무자와 채권자가 반씩 나누어 부담하고, 등기비용과 취득세는 채권자가 부담한다. 담보권의 설정에 드는 비용은 원래 채권자가 부담해야 될 것이나 약자인 채무자에게 부담시키는 경우가 많다.[1] 국제거래에 관해서는 별도의 원칙이 적용된다(FOB매매 · CIF매매 등). 소송비용과 집행비용의 부담은 민사소송법과 민사집행법에 따라 각각 패소자 및 채무자의 부담을 원칙으로 한다(민소법 제98조; 민집법 제53조).

(나) 채권자가 부담할 비용 채권자의 주소이전 기타의 행위로 인하여 변제비용이 증가된 때에는 그 증가액(增加額)은 채권자(債權者)의 부담(負擔)으로 한다(제473조 단서). 채권자지체로 인하여 목적물의 보관 또는 변제의 비용이 증가한 경우에 그 증가비용은 채권자의 부담으로 한다(제403조). 채권자가 목적물을 수령하는 데 드는 인수비용이나 수령 이후에 드는 비용은 채권자의 부담으로 한다. 그러한 비용에는 하역비 · 보관비 · 검사비 · 관세 · 등기비 등이 해당한다. 채권자가 부담할 비용을 채무자가 미리 지출한 경우에 채무자는 그 비용을 상환받을 때까지 목적물을 유치(留置)할 권리가 있다(제320조).

3. 변제의 수령[2]

(1) 수령권한

(가) 수령권자 채권자는 변제자가 제공한 급부를 수령(受領)할 권한을 갖는다. 채권자는 자기가 직접수령하지 않고 보조자를 사용하여 수령할 수 있다. 예금의 인출, 어음의 추심과 같이 수령행위가 법률행위인 경우에 채권자는 수령행위를 대리하도록 할 수 있다.

예외적으로 채권자 이외의 제3자가 수령권한(受領權限)을 갖는 경우는 다음과 같다. ① 채권에 대해 질권(質權)이 설정된 경우에는 질권자가 채무자에게 직접 이행청구하여 수령할 권한을 가지며, 채권자에게는 수령권한이 없다(제353조). ② 압류된 금전채권의 수령권자는 법원에 의해 전부명령(轉付命令)이나 추심명령(推尋命令)을 얻은 압류채권자이며, 본래의 채권자에게

1) 대판 1976. 12. 14, 76다957: 채무자가 피담보채무를 이행하지 않으므로 담보권을 실행한 경우에 그 실행비용은 채무불이행으로 인해 발생한 비용이므로 다른 특약이 없으면 채무자가 부담해야 한다.
2) 참고문헌: 이재성, "가집행에 의한 변제의 효력," 대한변협지 86호(1983); 장경학, "표현채권자에의 변제," 사법행정 1966년 12월호.

는 수령권한이 없다(민집법 제229조). ③ 채권자가 파산선고를 받으면 파산관재인이 수령권한을 갖게 된다. 단 파산선고 후에 채무자에게 한 변제도 일정한 요건과 범위의 제한 아래 파산채권자에게 대항할 수 있다(채무자회생 및 파산에 관한 법률 제332조).

(나) 수령권한 없는 자에 대한 변제 변제수령권한이 없는 자에 대한 이행행위는 표현수령권자에 대한 변제로서 보호를 받는 경우가 아니면 변제로서 효력이 없다. 급부제공과 수령이 있었음에도 불구하고 채권 · 채무는 소멸하지 않는다. ① 수령권한 없는 자에게 변제한 변제자는 변제물이나 기타 급부를 부당이득(不當利得)으로서 반환청구할 수 있다(제741조). 단 그로부터 채권자가 이득을 얻어 변제로서 효과가 생긴 부분에 대하여는 부당이득이 성립하지 않는다. 변제자가 수령자에게 「수령권한이 없음」을 알고 변제했다고 해서 언제나 악의의 비채변제가 되어 반환청구할 수 없는 것은 아니다(채권자의 친구에게 맡긴 경우). 악의의 비채변제는 「채무 없음」을 알고 한 변제를 말하기 때문이다(제742조). 그 밖에 수령자가 채권자로 사칭하는 등 고의 · 과실로 변제자를 해친 경우에 변제자는 수령자에 대해 불법행위책임을 물을 수 있다(제750조). 단 변제자가 표현변제권자에 대한 선의변제자로서 보호를 받는 경우에는 그러하지 않다. ② 수령권한 없는 자에 대한 변제는 그로부터 채권자가 이익을 받은 한도에서 변제로서 효력을 갖는다(제472조). 채권자가 채무자의 이행행위로부터 만족을 얻었다면 변제의 목적이 달성된 것이므로 그에 대한 변제의 효과를 인정함이 당연하다. 예를 들어 지참채무에서 채무자가 채권자의 주소를 잘못 알아 다른 주소에 변제물을 두고 온 경우에 그것이 채권자에게 전달되면 변제로서 효력이 발생하여 채권이 소멸된다. 변제자의 선의나 무과실은 이러한 변제효과발생의 요건이 아니다. 채권자가 채무자의 이행행위로부터 변제수령으로 보아야 할 성질의 이익을 얻었다는 이익의 객관적 사실 및 양자 사이의 인과관계가 존재하는 것으로 충분하다. 이익은 채무자가 급부한 것의 수령을 의미하는 것이 아니라 변형된 이익이라도 무방하다.

(2) 채권의 준점유자에 대한 변제

(가) 보호의 필요성 채권자로 오인될 외관을 갖추고 있는 자에 대한 변제는 보호되어야 한다. 민법은 이러한 표현수령권자(表見受領權者)에 대한 선의변제(善意辨濟)를 유효한 것으로 함으로써 거래의 안전을 도모하고자

한다.[1] 민법은 채권의 준점유자에 대한 변제는 변제자가 선의이며 과실 없는 때에 한하여 효력이 있다고 하며(제470조), 이의 특별규정으로서 영수증소지자에 대한 변제도 유효한 것으로 규정한다(제471조).[2]

(나) 채권의 준점유자 채권의 준점유자(準占有者)란 채권증서를 소지하고 채무자에게 이행청구를 하는 등 채권을 사실상 행사하는 사람을 말한다(제210조). 준점유 여부는 그의 외양에 의해 객관적으로 판단되어야 한다. 물건의 점유는 외부에서 쉽게 파악할 수 있지만, 채권의 준점유는 외부에 명백히 드러나지 않는다. 거래관행에 비추어 채권자라고 인정될 만한 조건을 갖추고 있는 자를 준점유자로 인정해야 할 것이다. 변제수령자가 진정한 수령권한을 갖지는 않았지만 수령권자로서의 외관을 갖추고 있는 경우는 표현수령권자(表見受領權者)라고 하는데, 표현수령권자는 채권의 준점유자를 수령권의 측면에서 표현한 용어이다.

1) 채권증서의 소지인 지명채권에서 채무자는 채권자가 누구인지 알고 있는 것이 보통이다. 그러므로 채권증서(債權證書)만을 소지(所持)했다고 해서 언제나 표현수령권자가 되지는 않는다. 그러나 채무자가 채권자를 잘 모르는 경우에 채무자는 채권자라고 주장하는 채권증서의 소지인에게 선의·무과실로 변제하면 책임을 면한다. 은행이 예금통장과 인장(기타 비밀번호)을 가진 자, 현금카드를 작동시킨 자에 대해 지급하면 유효한 변제가 된다.[3] 채무자가 채권자에게 면책증권(免責證券)을 발행해 준 경우에는 그 증권을 소지한 자에게 변제하면 유효한 변제가 된다(제526조). 예를 들어 소지품보관시 보관증을 발행해 준 경우에 그것을 제시한 자에게 맡긴 물건을 내어 주면 면책된다. 은행의 수신거래약관에 제470조의 책임을 배제하는 약정이 있더

---

1) 김형배(2판), 677은 채권자의 귀책사유를 요건으로 삼지 않는 현행민법 제470조에 대해 채권자에게 가혹하다는 비판을 한다. 같은 취지: 김증한·김학동, 350; 정기웅, 435.

2) 외국의 입법례와 비교할 때, 우리 민법은 매우 철저하게 선의변제자를 보호한다. 프랑스민법은 채권의 준점유자에 대한 선의변제는 준점유자가 그 후 채권을 추탈당하더라도 효력이 있다고 규정할 뿐이다(프민 제1240조). 독일민법은 영수증소지자에 관한 규정을 모두 갖고 있다(일본민법도 같다).

3) 대판 1985. 12. 24, 85다카880: 채권의 준점유자란 채권의 사실상 귀속자로서의 외형을 갖추어야 하므로 예금채권의 준점유자는 예금통장과 그에 찍힌 인영과 같은 인장을 소지해야 한다. 김환재, "기명식 예금에 있어서의 예금채권자의 판정기준," 민사판례연구 제9권, 1987 참조. 대판 1971. 12. 28, 71다2299: 은행이 예금주 아닌 자의 예금청구서만을 기초로(예금통장이 없이) 예금주에게 전화확인 등을 하지 않고 지급한 경우에 변제로서 효력이 없다. 절취한 예금통장에서 제1예금인출이 행해진 후 단시간 내에 거래지점을 바꿔가면서 행해진 제2예금인출과 제3예금인출에 따른 은행의 예금 지급이 채권의 준점유자에 대한 변제로서 유효하다(대판 2007. 10. 25, 2006다44791).

라도, 예금지급시 인감대조에 관한 통상의 주의를 다하지 못한 경우에까지 은행의 면책을 인정할 수는 없다(대판 2001. 1. 19, 2000다56655).

2) 영수증소지자　　영수증을 소지한 자에 대한 변제는 그 소지자가 변제를 받을 권한이 없는 경우에도 효력이 있다(제471조). 그러나 변제자가 그 권한 없음을 알았거나 알 수 있었을 경우에는 그러하지 아니하다. 영수증(領收證)이란 변제의 수령을 증명하는 문서로서 수령자의 수령권한을 간접적으로 증명하는 것을 의미한다. 영수증은 채권자나 그의 대리인 등 수령권한이 있는 자가 작성한 것이어야 한다. 그리고 표현대리인에 의해 작성된 영수증도 진정한 것으로 본다.[1] 소지의 경위는 영수증의 도난 · 분실 · 사취 등 어떤 사유라도 무방하다.

영수증소지자(領收證所持者)에 대한 선의변제는 「진정한 영수증」에 한해서 보호된다. 채권자의 인장이 도용되어 작성된 영수증에 관해서는 변제자가 보호되지 않는다. 제471조가 말하는 영수증은 반드시 진정한 것이어야 하며, 위조나 변조된 영수증에 대하여는 제471조의 적용이 없다고 본다.[2] 민법의 취지는 무조건 선의변제자를 보호하려는 목적이 아니고, 그 원인을 제공한 채권자로 하여금 그로 인한 불이익을 감수하도록 하려는 취지에서 영수증소지지에 대한 변제를 보호하는 것이다. 제471조는 제470조의 일반원칙과 별도로 특별요건을 규정하는 것이므로 그를 너무 완화하여 해석하는 것은 입법취지에 어긋난다. 위조의 영수증소지자가 채권의 준점유자의 요건을 갖춘 때에는 제470조로서 구제될 수 있다.

3) 채권자의 대리인이라고 사칭하는 자　　채권의 준점유자로서의 외관을 갖춘 사칭대리인(詐稱代理人)은 준점유자로 취급하여 변제자를 보호하는 것이 민법의 취지에 맞는다.[3] 채권의 준점유에는 자주점유(自主占有)뿐 아니

---

1) 같은 취지: 곽윤직, 336; 김기선, 309; 김상용, 519; 김석우, 363; 김용한, 526; 김주수, 436; 김증한, 148; 김증한 · 김학동, 351; 임정평, 426; 현승종, 368; 황적인, 220. 반대견해: 민법주해(11), 147(김대휘 집필부분).

2) 곽윤직, 336; 김기선, 308; 김상용, 449; 김석우, 363; 김용한, 526; 김주수, 436; 김증한, 147; 김증한 · 김학동, 353; 김현태, 313; 이태재, 269; 임정평, 426; 현승종, 368; 황적인, 222; 민법주해(11), 146(김대휘 집필부분).

3) 같은 취지: 곽윤직, 333; 김기선, 308; 김석우, 362; 김용한, 146; 김주수, 431; 임정평, 423; 장경학, 510; 현승종, 367; 황적인, 220. 그러나 일본에서는 입법취지를 근거로 하여 사칭대리인에 대한 변제는 준점유자에 대한 변제가 되지 못하며, 변제자는 표현대리의 법리로서 보호되어야 한다는 소수설도 주장된다(來栖三郎, 債權の準占有者と免責證券, 民商 제33권 4호).

라 타주점유(他主占有)도 포함될 수 있을 것이다. 채무자가 채권자의 대리인인 것처럼 사칭하는 자에게 변제한 경우에 그러한 변제를 유효로 함으로써 채무자를 보호할 필요가 있다. 예를 들면 타인의 예금통장과 인장을 가져와서 그의 대리인으로서 청구하는 경우가 그러하다. 채권의 준점유자에 대한 선의변제의 보호는 채권의 준점유 자체를 문제삼는 것이 아니라 표현수령권자에 대한 선의변제를 보호하려는 데에 목적이 있는데, 본인이라고 사칭하든 대리인이라고 사칭하든 변제자를 보호해야 할 필요는 같으므로 채권자의 대리인으로서 채권을 행사하는 자도 채권의 준점유자에 포함시켜야 한다.

이러한 대리인사칭(代理人詐稱)이 표현대리의 요건을 갖춘 경우에, 표현대리제도에 의해서도 보호받을 수 있다.[1] 민법은 표현대리를 본인의 대리권수여의 표시(제125조), 대리권한을 넘은 대리행위(제126조), 대리권소멸 후의 대리행위(제129조)에 한정하여 인정하므로 표현대리의 법리에 의해 모든 선의 변제자가 보호받을 수는 없다. 사칭대리인을 채권의 준점유자로 보는 경우에, 채권의 준점유 · 선의 · 무과실의 요건을 갖추면 선의변제자가 보호받으므로, 채권의 준점유제도가 표현대리제도보다 보호범위가 넓다. 그 밖에 사칭대리인이 채권자의 영수증을 소지하고 있는 경우에는 영수증소지자에 대한 선의변제에 해당할 수 있다. 이러한 표현수령권자에 대한 선의변제의 보호제도는 적용대상이 변제에 한정되므로, 제한적으로 표현대리를 인정하려는 민법의 기본취지를 크게 흐뜨리지는 않을 것이다.

4) 채권양도의 표현양수인 채무자가 채권자로부터 양도통지를 받았으나 채권양도가 아직 행해지지 않았거나 무효 · 취소된 경우에 선의로 변제한 채무자는 그 변제의 유효를 채권자에게 주장할 수 있다. 이 경우 표현양수인(表見讓受人)은 채권의 준점유자이긴 하지만 양도통지로 인한 선의변제(善意辨濟)에 관하여 민법이 채권양도의 부분에서 별도로 규정하므로(제452조), 준점유자에 관한 민법 제470조가 적용될 필요는 없다. 다만 채무자의 양도승낙에도 불구하고 양도가 행해지지 않았거나 양도가 무효 · 취소된 경우에 제470조가 적용된다. 임차인의 임대인에 대한 임차보증금반환채권이 유효하게 양도되었으나 임대인의 채무인수인이 채권양도사실을 알지 못한 채

1) 대판 1990. 5. 22, 89다카1121에서는 공탁금수령권이 없는 표현수령권자의 수령에 관하여 민법 제126조의 표현대리의 법리를 적용하였다. 판례평석: 양창수, "표현수령권자에의 공탁금출급과 부당이득," 민사판례연구 제15권, 1993.

전채권자에게 변제한 경우에, 채권의 준점유자에 대한 변제로서의 요건을 갖춘 때에는 변제의 효력이 인정된다(대판 1989. 11. 14, 88다카29962).

채무자에 대하여 양도의 통지나 승낙이 없어 대항력을 갖추지 않은 경우에는 표현양수인이 생기지 않는다. 채무자는 자기가 양도를 승낙한 양수인이 있음에도 다른 압류채권자가 나타나면 변제 전에 누가 확정일자를 먼저 받아 대항력을 갖추었는지를 확인할 주의의무를 진다(대판 1965. 12. 21, 65다1990).

5) 증권적 채무의 경우　채무자가 지시증권이나 무기명증권을 소지한 자에 대하여 변제한 경우에는 악의나 중과실이 없는 한 비록 수령권한 없는 자에 대한 것이라도 변제로서 유효하다. 채무자가 변제시 소지인이 권리자 아님을 알았거나 중대한 과실로 알지 못한 때에는 변제가 무효로 된다(제518조 단서). 증권적 채권(證券的 債權)의 경우에는 채권자가 증권의 유통에 따라 변경되므로 채무자는 누가 채권자인지 알기 어려우므로, 민법은 지시채권의 배서연속 있는 증권소지인이나 무기명채권의 증권소지인을 적법한 채권자로 간주하는 규정을 두어 증권유통에 따른 거래안전을 도모한다(제513조, 제514조, 제524조). 채무자는 배서연속(背書連續)을 확인하고 증서와 교환하여 증권소지자에게 변제함으로써 채무를 면한다(제518조, 제519조).

6) 표현상속인　채무자가 볼 때 채권자의 상속인으로서의 외관을 갖춘 자는 채권의 준점유자로 취급되므로 그가 당해 채권의 진정한 상속인이 아니더라도 그에 대한 변제는 유효하다. 교통사고 가해자가 진정한 상속인을 알지 못한채 호적부상의 상속인에게 손해배상합의금을 지급한 것은 채권의 준점유자에 대한 변제로서 유효하다(대판 1995. 3. 17, 93다32996). 인지판결이 확정되기 전의 정당한 상속인이 채무자에 대하여 소를 제기하고 승소판결까지 받았다면, 그 표현상속인에 대한 채무자의 변제는 채권의 준점유자에 대한 변제로서 적법하다(대판 1995. 1. 24, 93다32200).

7) 무효인 전부명령 · 추심명령을 얻은 자　무효(無效)인 채권압류 및 전부명령을 받은 자에 대한 변제라도 그 채권자가 피전부채권에 관하여 무권리자라는 사실을 알지 못하거나 과실 없이 그러한 사실을 알지 못하고 변제한 때에는 그 변제는 채권의 준점유자에 대한 변제로서 유효하다(대판 1997. 3. 11, 96다44747).[1] 제3채무자가 공정증서에 의한 강제집행인 전부명령을 믿고

1) 김학동, "무효의 전부채권자에 대한 변제의 효력," 저스티스 제31권 1호, 162는 "무효의 전부채권자

전부채권자에게 변제한 경우에 공정증서의 작성이 확실하다면, 비록 그 전부명령이 채무액초과로서 무효이더라도 제3채무자는 면책된다(대판 1989. 9. 12, 88다카34117).

변제자의 선의 · 무과실

변제자의 선의(善意)는 준점유자에게 수령권한이 없음을 알지 못하는 것으로는 부족하고, 수령자에게 수령권한이 있다고 적극적으로 신뢰한 경우에 인정된다.[1] 무과실(無過失)이란 변제자의 직업이나 거래상황에 비추어 볼 때 수령자에게 수령권한이 있다고 믿은 것에 잘못이 없다고 객관적으로 판단됨을 의미한다. 특히 은행 등의 금융기관에 대해서는 상관습상 요구되는 주의의무가 부과되며(인장대조 · 도난신고확인 등), 그에 대한 책임을 배제하거나 제한하는 면책약관은 무효이다(약관법 제7조).[2] 선의 · 무과실의 증명책임은 변제가 무효임을 주장하는 자가 부담한다. 보통 변제자가 표현수령권자에게 변제한 사실을 주장 · 입증하면, 진정한 채권자가 채무자의 악의와 과실을 증명하여 채권의 존속을 주장하게 된다.

은행은 인감대조에 숙련된 은행원으로 하여금 그 직무수행상 필요로 하는 충분한 주의를 다하여 인감을 대조하도록 하여야 할 것이고, 그러한 주의의무를 다하지 못하여 예금수령의 권한이 없는 자에게 예금을 지급하였다면 은행으로서는 그 예금지급으로서 채권의 준점유자에 대한 변제로서의 면책을 주장할 수 없다(대판 1992. 2. 14, 91다9244). 폰뱅킹에 의한 자금이체신청의 경우에 채권의 준점유자에 대한 변제로서 은행측이 주의의무를 다했는지 여부를 판단함에 있어서는, 자금이체시의 사정만을 고려할 것이 아니라 그 이전에 행하여진 폰뱅킹의 등록을 비롯한 제반사정을 총체적으로 고려하여야 한다(대판 1998. 11. 10, 98다20059).

㈐ 선의변제의 효력 채권의 준점유자에 대한 급여는 유효한 변제로서 인정된다(제470조, 제471조). 그 수령자에게 수령권한이 없던 것은 변제의 효력을 부인하는 항변사유가 되지 못한다. 변제가 유효하다는 것은 채무자는 채무

를 채권의 준점유자로 보아 그에 대한 변제는 제3채무자가 선의 · 무과실인 경우에 유효한 변제가 된다고 하는 것은 타당치 않다"고 비판한다.

1) 같은 취지: 곽윤직, 334; 김상용, 447; 김석우, 362; 김용한, 524; 김증한, 146; 김증한 · 김학동, 351; 김주수, 432; 김현태, 312; 이태재, 269; 임정평, 423; 장경학, 511; 현승종, 367. 비판적 견해, 김형배, 676은 소극적 신뢰의 경우도 보호해야 한다고 주장한다.

2) 은행이 수표나 어음을 예금주의 인감 · 명판을 통례적 판별로서 부합한다고 인정하고 지급한 경우에 은행은 어떤 책임도 지지 않는다는 면책약관은 통례적 판별로 알 수 있는 금액란의 위조 · 변조에 불구하고 지급한 은행에 책임을 발생시키는 취지로 해석된다(대판 1969. 10. 14, 69다1237).

를 소멸시킨다는 것을 의미하며, 이와 동시에 진정한 채권자의 채권도 소멸시킨다. 진정한 채권자는 채무자에게 이행청구를 할 수 없고, 변제수령자에 대하여 부당이득반환을 청구하거나 불법행위책임을 물을 수 있다.

준점유자에 대한 선의변제의 효과는 절대적인가 또는 상대적인가에 대하여는 논의의 여지가 있다.

① 절대적효력설　　선의변제에 절대적(絶對的)·확정적(確定的)인 효과를 인정하는 견해이다.[1] 변제가 절대적이라는 것은 선의변제의 효과는 채무자와 채권자 사이뿐 아니라 채무자와 표현수령권자 사이에서도 발생하여 채무자는 변제수령자에게 변제물의 반환을 청구하지 못한다는 것을 의미한다.

② 상대적효력설　　선의변제자의 변제는 진정한 채권자에 대한 관계에서 채권을 소멸시키는 상대적 효과를 가져올 뿐이라는 견해이다.[2] 사견으로는 상대적효력설(相對的效力說)을 취하겠다. 첫째, 상대적효력설을 취함으로써 채무자는 표현수령자에 대한 변제로서 채권자에 대한 항변권을 취득하는 것과 비슷한 위치에 놓인다. 진정한 채권자의 이행청구가 있는 경우에 채무자는 선의변제로서 채권이 소멸하였음을 항변하거나 또는 그 선의변제가 무효임을 인정하고 다시 변제할 수 있다. 둘째, 선의변제로 표현수령권자에게 수령권한이 부여되는 것은 아니다. 표현수령권자에게는 변제물을 보유할 권리가 없으므로 진정한 채권자의 인도청구가 있거나 변제자의 반환청구가 있으면 변제물을 인도해야 한다. 셋째, 변제자가 표현수령권자로부터 변제물을 반환받으면 변제의 효과는 소멸하고 채권이 부활한다. 채권자는 채무자에 대하여 본래의 급부를 청구할 수 있다.[3]

(3) 영수증교부청구권 등

㈎ 개　　설　　민법은 변제자에게 영수증(領收證)을 교부(交付)받을 권리와 채권증서(債權證書)를 반환(返還)받을 권리를 부여한다(제474조, 제475조). 변제가

1) 곽윤직, 470; 김기선, 308; 김석우, 362; 김용한, 525; 김증한, 147; 김증한·김학동, 353; 임정평, 425; 현승종, 368; 김주수, 434.

2) 김상용, 450; 김형배(2판), 682; 정기웅, 435; 채권각칙(하), 469(유현 집필부분); 민법주해(11), 137(김대휘 집필부분).

3) 상대적효력설의 약점으로서 첫째 변제자와 진정채권자가 동시에 표현수령권자에게 반환을 청구할 경우에 누구에게 반환해야 하는가의 문제가 생긴다는 점, 둘째로 진정채권자의 지위가 불안정하다는 점을 지적하는 견해가 있다. 장경학, 510.

있으면 채권자가 영수증을 발행했든지, 채권증서를 반환하지 않았든지에 관계 없이 채권은 소멸한다. 그러나 후에 변제와 관련된 분쟁이 생기게 되면 변제가 있었다는 사실은 채무자가 증명해야 한다. 채무자가 변제사실을 증명하기 위해서는 채권자로부터 변제에 관한 증거서류를 받아 두는 것이 좋다.

변제자에게 부여되는 영수증청구권과 채권증서반환청구권은 고유의 목적을 갖는 독립의 청구권이 아니라, 채권관계의 청산과정에서 당사자에게 부여되는 부수적(附隨的)인 권리·의무이다. 그러므로 영수증이나 채권증서의 인도를 소송상 청구하거나 강제집행청구하는 것은 허용되지 않는다(소의 이익이 없음).

(나) 영수증교부청구권 변제자는 급부를 수령하는 자에 대하여 영수증을 교부해 줄 것을 청구할 수 있다.[1] 영수증(領收證)은 변제수령자로부터 변제자에게 변제수령과 동시에 교부되는 것으로서 변제수령의 증거자료가 된다. 영수증은 채권자 또는 그의 보조자나 대리인 등 수령권한 있는 자가 채무자로부터 특정채무의 변제수령사실을 확인하고 변제일을 적은 후에 서명날인하는 서식을 보통으로 하지만, 어떤 형식에 구속되는 것은 아니고 변제수령사실이 변제 수령권자에 의해 확인되는 것으로 충분하다. 거래상 영수증이라고 말하는 것 중에는 진정한 의미의 영수증이 아닌 것들도 많이 있다. 영수증소지자에 대한 선의변제에서의 영수증과 변제증거로서의 영주증은 각각 제도의 취지에 맞게 해석하여야 하며, 양자를 반드시 동일한 것으로 볼 필요는 없다.

(다) 채권증서반환청구권 변제자는 수령자에 대하여 채권증서의 반환을 청구할 수 있다. 채권증서(債權證書)란 채권의 발생을 증명하는 서면을 말한다. 지명채권에서 채권증서의 발행은 당사자의 자유에 맡겨져 있다. 채권증서는 일정한 서식에 구애됨이 없이 보통 채무자가 채무의 존재와 내용을 승인하고 서명날인하여 채권자에게 교부하는 형식으로 행해진다. 지명채권증서(指名債權證書)의 반환이 문제되는 것은 채권증서가 발행된 경우에 한정된다(지명채권은 채권증서를 발행하지 않아도 무방함). 지시채권이나 무기명채권에서는 언제나 증서가 발행되며, 채무자는 증서와 교환해서만 변제할 의무를 진다(제519조, 제524조).

---

1) 변제와 영수증의 교부는 동시이행의 관계로 이해된다. 곽윤직, 340; 김증한·김학동, 381; 장경학, 499; 민법주해(11), 158(김대휘 집필부분).

채권증서의 반환청구는 채권의 전부를 소멸시키는 변제 · 상계 · 공탁 · 경개 등을 한 자만이 할 수 있다(제475조). 채권의 일부만을 소멸시킨 자는 증서를 반환청구할 수 없고, 단지 증서에 일부변제 등의 사실을 기재하도록 채권자에게 요구할 수 있을 뿐이다. 채권자가 채권증서를 소지하지 않고 있는 경우에는 반환받을 수 없다. 채권자가 증서를 분실하였거나 타인에게 맡긴 경우에는 그 사유와 그로 인해 채권증서를 반환하지 못한다는 사실을 영수증에 기재하는 것으로 반환에 대신할 수 있다고 해석된다. 변제자는 직접 제3자에 대하여 그가 소지하고 있는 채권증서를 인도할 것을 청구할 수 있다. 지명채권에서 채권증서는 권리를 형체화시킨 것이 아니므로 그의 반환은 장래 생길 채권소멸에 관한 분쟁에 대비하여 증거를 확보해 두는 의미를 가질 뿐 지시채권에서와 같은 중요한 의미는 갖지 않는다. 채무자는 영수증의 반환과는 달리 채권증서의 반환과 교환하여 동시이행으로 변제할 것을 주장할 수 없다.[1] 영수증을 받는 것으로도 변제증거가 확보되기 때문이다. 단, 어음 · 수표의 경우에는 특칙이 있고(어음법 제39조 1항; 수표법 제34조 1항), 지시채권과 무기명채권에 관해서는 민법 제519조와 제524조의 규정에 의해 채무자는 변제와 채권증서의 교환을 동시이행할 것을 주장할 수 있다.

(4) 변제물의 보유와 반환

(가) 인도채무에서의 변제 인도채무(引渡債務)에서 채무자가 변제로서 인도하는 물건은 채무자의 소유물(所有物)임을 원칙으로 한다.[2] 타인소유의 물건을 인도한 효과는 계약의 종류에 따라 달라진다. ① 매매 · 증여 · 교환 등의 양도계약과 소비대차에서는 채권자가 물건의 점유와 함께 소유권을 취득하여야만 변제가 완료된다. 양도계약에서는 채무자가 타인의 물건을 인도하면 채권자가 그 물건의 소유권을 취득하지 못하므로 유효한 변제가 되지 못한다. 예를 들어 매수인이 매도인으로부터 소유권이전등기를 경료하였으나, 매도인의 등기가 원인무효의 등기임이 밝혀진 경우에는 변제가 부정된다. 그러나 채권자가 목적물을 선의취득하게 되면 유효한 변제가 된다. 예를 들어 매도인이 타인의 동산을 팔았는데, 매수인이 그 사실을 모르

---

1) 같은 취지: 곽윤직, 341; 김용한, 529; 김석우, 383; 김증한, 154; 김증한 · 김학동, 362; 이태재, 277; 임정평, 434; 장경학, 501; 현승종, 379; 민법주해(11), 163(김대휘 집필부분).

2) 프랑스민법 제1238조 1항은 "변제가 유효하기 위해서는 채무자가 변제로서 인도한 물건의 소유자이며, 그 물건을 양도할 능력을 가져야 한다"고 규정한다.

고 받은 경우에 매수인은 그 물건에 대한 소유권을 원시취득하게 된다(제249조). ② 임대차 · 사용대차와 같이 채권자에게 목적물에 대한 사용 · 수익권만을 제공하면 되는 대차계약에서는 소유권의 귀속은 중요한 문제가 되지 않는다. 대차계약은 채권자에게 소유권을 취득시키지 않으므로 변제물이 타인의 물건이라는 사실 자체는 문제되지 않는다. 채무자가 채권자로 하여금 목적물을 사용 · 수익할 수 있도록 해 주면 유효한 변제가 된다. 그러나 소유자가 자기물건을 소유물반환청구권으로 찾아가는 등 제3자의 추탈(追奪)로 채권자가 목적물을 사용 · 수익할 수 없게 되면 채무자에게 채무불이행책임을 물을 수 있다.

(나) 채권의 급부보유력　　채권자는 변제로서 수령한 물건을 자기를 위하여 보유(保有)할 권리를 갖는다. 채권자의 변제물 보유는 채무자에 대한 관계에서 정당하며 부당이득(不當利得)이나 불법행위(不法行爲)가 되지 않는다(채권의 효력에서 설명했음). 채무자가 자신의 인도에 잘못된 점이 있어 그것을 반환받을 필요가 있더라도 채권자에 대해 변제물의 반환을 청구할 권리가 없다. 그러나 채무자가 다른 변제물(辨濟物)을 제공하고 그것과 교환하여 먼저 인도한 물건의 반환을 청구하는 것은 허용된다.

(다) 채무자의 변제물반환청구

1) 타인소유물의 인도　　채무자(債務者)가 변제로서 타인(他人)의 물건을 인도한 경우에 채무자는 다시 유효한 변제를 하고 그 물건의 반환을 청구할 수 있다(제463조). 이러한 변제물반환청구(辨濟物返還請求)의 요건은 다음과 같다. ① 변제자가 채권자에게 변제로서 물건을 인도하였을 것, ② 그 변제물이 변제자 이외의 타인의 소유물일 것, ③ 변제자가 채무내용에 적합한 다른 물건을 제공할 것 등이다.

그 효과로서는 변제자에게 변제로서 인도한 물건의 반환청구권이 생긴다. 수령자는 대물(代物)의 인도와 변제물의 반환을 동시이행으로 할 것을 주장할 수 있다. 채권자가 변제물에 대한 선의취득의 요건을 갖추었더라도 그 소유권취득을 갖고 변제자의 반환청구에 대항할 수 없다. 계약당사자 사이의 목적물귀속에 관해서는 소유관계보다 채권관계가 우선하기 때문이다(제213조 단서, 물권법 참조).[1] 제3자가 변제하는 경우 자기의 소유물을 인도하는 것이 정상

1) 반대설: 선의취득의 요건을 갖춘 채권자는 소유권을 취득하여 채권의 목적을 실현하게 되므로 채권

적인 변제이지만, 타인의 소유물을 인도한 경우에 채무자에 의한 타인소유물인도에서와 동일한 효과가 발생한다고 해석된다.

2) 처분권 없는 자의 인도 처분권(處分權)이 제한·박탈된 소유자가 채무의 변제로서 물건을 인도하였으나 그 변제가 취소된 경우에, 변제자는 대물을 제공하지 않으면 변제물의 반환을 청구하지 못한다(제464조). 압류당한 재산의 소유자가 압류물을 인도한 경우나 파산선고를 받은 자가 파산재단에 속하는 물건을 인도한 경우가 이에 해당한다. 다만 무능력을 이유로 한 취소의 경우에는 민법 제464조는 적용될 여지가 없으며, 무능력자는 채권자에 대하여 부당이득반환청구로서 변제물의 반환을 청구할 수 있다.[1)]

3) 인정범위 민법의 변제물반환청구는 주로 매매와 같은 양도계약만을 염두에 두고 규정한 것이다. 대차계약(貸借契約)이나 기타의 계약에서는 이 규정을 무조건 적용할 것이 아니라 계약의 성질에 비추어 적용 여부를 결정해야 한다. 이 반환청구는 인도채무에만 적용된다(행위채무에는 적용될 여지가 없음). 그런데 이 반환청구는 특정물채무에 관해서는 인정되지 않는다. 특정물채무에서는 변제물이 특정되어 있으므로 채무자는 반드시 그 물건을 인도해야 하며, 그것이 타인소유물인 경우에 채무자는 대물(代物)을 인도할 수밖에 없는데 특정물채무에서는 대물(代物)이 없으므로 반환청구를 할 수 없다. 부동산의 인도채무는 대부분 특정물채무이므로 변제물반환청구의 대상이 되지 않는다(단, 아파트 분양과 같이 부동산이 종류물로서 취급되는 경우는 예외임). 금전채무에서 금전은 가치를 나타낼 뿐 그 물건 자체의 개성은 없으므로 인도한 금전을 다른 금전(대물)과 교환하여 반환청구한다는 것은 무의미하다. 그러므로 변제물반환청구가 인정되는 경우는 인도채무 중 종류채무에 한정된다.

4) 채권자의 반환의무 민법 제463조와 제464조는 한편으로는 채권자에게 대물의 제공이 있을 때까지 변제물을 보유할 권리를 인정하고, 다른 한편으로는 대물의 제공이 있으면 변제물을 반환해야 할 의무를 부여한다. 타인소유물의 인도가 변제로서 유효한가는 일률적으로 정할 것이 아니라,

---

은 소멸하고 제465조는 적용되지 않는다는 견해도 주장된다. 곽윤직, 337; 김상용, 453; 김석우, 367; 김용한, 509; 김주수, 408; 김증한, 156; 임정평, 429; 현승종, 371.

1) 처분권한 없는 무능력자의 법률행위가 무능력을 이유로 취소되는 경우에는 채권이 소멸하게 되므로 변제도 무효가 되고 따라서 채권자는 변제물을 보유할 권리를 상실하게 된다. 같은 취지: 곽윤직, 338; 김기선, 311; 김석우, 368; 김용한, 510; 김주수, 408; 김증한, 150; 김증한·김학동, 357; 김현태, 316; 김형배, 689; 임정평, 429; 현승종, 371.

위에서 살펴본 바와 같이 채권의 성격에 따라 개별적으로 판단되어야 한다. 그러나 채권자가 변제로 받은 물건을 선의로 소비하거나 타인에게 양도한 때에는 그 변제물이 채권자의 수중에 없으므로 채무자가 대물을 제공하더라도 인도물의 반환청구를 할 수 없다. 이 경우 채무자가 처음에 한 변제는 유효한 것으로 간주되어(제465조 1항) 채권자는 그의 소비나 양도에 대한 책임을 추궁당하지 않는다. 이렇게 채권자가 목적물을 소비하거나 양도해도 되는 경우는 매매 · 증여 · 교환의 양도계약과 소비대차 등이다(임치에서는 채권자에게 소비의 권한이 없음).

㈑ 제3자로부터의 추탈의 경우

1) 물건반환　　소유자가 채권자에 대하여 소유물반환청구(所有物返還請求)를 하는 경우에 채권자는 그것을 소유자에게 인도해야 한다. 채권자의 급부보유력은 채권의 한 권능으로서 채무자에 대한 관계에서만 주장될 수 있으며 제3자에게까지 주장할 수 있는 것은 아니다. 반면에 소유권은 누구에게나 주장할 수 있는 대세적 효력(對世的 效力)을 갖는다. 그러므로 소유자는 민법 제213조에 기초해 채권자에게 수령물의 인도를 청구할 수 있으며, 이 때 채권자는 채무자에 대한 점유할 권리로서 제3자인 소유자에게 대항할 수 없다. 그러나 채권자가 목적물을 선의취득한 경우에는 그와 양립할 수 없는 제3자의 소유권은 소멸하므로 소유물반환청구를 할 수 없다. 목적물이 동산인 경우는 거의 대부분의 경우에 채권자가 선의이므로 선의취득(善意取得)이 생긴다.

2) 가액반환과 손해배상　　채권자가 목적물을 소비하였거나 다른 제3자에게 양도하여 선의취득케 한 경우에는 소유자의 추탈이 있더라도 물건을 반환할 수 없다. 채권자는 목적물반환 대신 소유자에게 부당이득(不當利得)으로서 그 가액을 반환하거나 불법행위(不法行爲)에 기한 손해배상을 해줄 의무를 진다. 불법행위책임이 발생하는 경우는 수령행위가 위법성을 갖는 경우(예: 도둑이 남의 통장으로 예금을 인출한 경우)에 한정된다. 처분권 없는 소유자의 목적물 인도는 처분권자(압류채권자 · 파산채권자)의 권리를 침해하는 것이 된다. 이 경우 채권자에게 고의 또는 과실이 있으면 불법행위에 기한 손해배상의무(損害賠償義務)가 생긴다.

3) 구 상 권　　이상의 이유로 채권자가 제3자로부터 배상의 청구를 받은 때에는 채무자에 대하여 구상권(求償權)을 행사할 수 있다(제465조 2항). 구

상은 배상 전(사전구상)에도 할 수 있고 배상 후에도 할 수 있다.

4. 변제의 충당

(1) 의 의

(가) 개 념 채무자가 동일채권자에 대하여 여러 개의 채무를 갖고 있는 경우에, 채무자(또는 제3자)가 변제제공한 급부가 어느 채무의 변제에 쓰여져야 할지를 정하여 그 채무의 변제효과를 가져오게 하는 것을 변제충당(辨濟充當)이라고 한다. 변제충당의 문제가 생기는 경우는 ① 동일한 채무자와 채권자 사이에 동종의 채무가 다수 존재하는 경우, ② 채무는 한 개 존재하지만 여러 개의 구성부분으로 되어 있는 경우(예: 수개월분의 월세 · 월부금), ③ 채무는 한 개이지만 그에 대하여 부가채무(附加債務)가 붙어 있는 경우(예: 연체이자 · 보관비용), ④ 채무의 존재 및 적법성에 대해 다툼이 있는 부분과 다툼이 없는 부분으로 구분되는 경우 등이 있다.[1)]

(나) 민법규정 민법은 한 채무자와 한 채권자 사이의 변제충당의 문제를 ① 동종의 다수채무의 경우(제476조, 제477조), ② 1개의 채무에 수개의 급여가 필요한 경우(제478조), ③ 1개 또는 수개의 채무내용이 원본 · 이자 · 비용으로 구성된 경우(제479조)로 나누어 규정한다. 그러나 ②의 경우에 ①의 규정을 준용함으로써 다수채무 사이와 한 개 채무의 다수급여 사이에 아무 차이를 두지 않는다. 민법은 변제충당의 방법으로서 「지정충당(指定充當)」과 「법정충당(法定充當)」을 정한다. 그 밖에 변제자와 변제수령자가 수령시에 충당방법을 합의하는 경우를 「합의충당(合意充當)」이라고 한다.[2)]

(2) 합의충당

(가) 합의충당의 우선 합의충당(合意充當)은 채권자와 채무자 사이의 변제충당에 관한 약정을 통해서 행해진다. 변제충당에 관한 민법 제476조 이하의 규정은 임의규정이므로 비록 민법에 합의충당규정이 없더라도 변제

1) 판례는 이자제한법의 최고이율을 초과하여 무효인 이자채무에 대하여도 채무자의 승낙이나 묵인이 있으면 변제로서 충당될 수 있다고 한다(대판 1966. 10. 25, 66다1058). 사견으로는 무효인 이자약정에 기초해서는 이자채무가 발생하지 않으므로 그 채무에 대한 변제라는 일은 생길 수 없다고 생각한다(좀 더 상세한 설명은 이자채무의 부분을 참조).

2) 대판 1978. 12. 26, 78다1785: 변제충당의 방법에는 지정충당 · 법정충당 이외에 당사자의 합의에 따른 충당방법도 있다.

충당약정에 따른 합의충당의 방법이 가장 우선적으로 적용되고, 합의가 없는 경우에 지정충당, 그리고 지정이 없는 경우에 법정충당의 순서로 변제충당방법(辨濟充當方法)이 정해진다.

(나) 유 효 성 변제충당약정(辨濟充當約定)은 그 내용이 사회질서에 반하지 않는 범위에서 유효하다. 담보권자의 우선순위를 무시하는 약정, 또는 채무자에게 지나치게 가혹한 방법을 합의하는 약정 등은 무효이다. 은행약관 등에서는 변제충당에 관한 약관조항을 둠으로써 약정을 대신하는데, 약관조항에 상충되는 개별약정이 있는 경우에는 그에 따른다. 신용보증계약의 내용이 된 신용보증약관에 변제충당의 순서에 관하여 규정되어 있더라도, 그 후 은행인 채권자가 신용보증기금과의 사이에 명시적으로 위 근저당권이 담보하는 채권자의 잔존채권이 있으면 양도한 근저당권에서 채권자가 우선하여 그 채권을 회수할 수 있다는 취지의 약정(충당합의)을 하였다면, 약관의 규정을 이유로 그 약정의 효력을 부인할 수 없다(대판 1998. 9. 8, 97다53663).[1]

변제충당에 관한 약관조항은 신의성실원칙에 반하지 않는 범위에서 유효하며 그 범위를 넘으면 무효이다(대판 2002. 7. 26, 2001다53929). 변제충당에 관한 약관조항이 채권자에게 무제한의 포괄적 충당권을 부여하면서도 그 순서와 방법의 기준 등을 전혀 규정하지 아니하여 채무자 또는 담보제공자가 충당되는 채무를 예측할 수 없는 경우, 약관의규제에관한법률 제6조 제1항, 제2항 제1호에 의하여 무효이다(대판 1999. 12. 28, 99다25938).

(3) 지정충당

(가) 의 의 지정충당(指定充當)이란 변제의 충당이 지정권자의 지정에 의해서 결정되는 경우를 가리킨다. 지정(指定)은 일방적 의사표시로서 행해진다. 그러므로 변제자와 변제수령자의 합의로서 충당방법을 정하는 합의충당과 지정충당은 다르다. 지정은 원래 다수채무 중에서 하나를 선택하는 것이지만 한 개의 채무가 수개의 급여로 구성되어 있는 경우에는 그 중의 한 급여를 선택할 수 있다(제476조, 제478조).

강제집행 및 담보권실행을 위한 경매에 의한 변제충당에서는 당사자에게 지정권이 부여되지 않으며 법정충당에 의한다(대판 2003. 5. 16, 2002다8506). 담보권의 실

---

1) 이 판결은 합의충당을 위한 약관과 개별약정이 있는 경우에 「개별약정우선의 원칙」에 따라 개별약정으로서 한 변제충당합의에 따라야 한다는 취지이다.

행 등을 위한 경매에 있어서 배당금이 동일담보권자가 가지는 수개의 피담보채권의 전부를 소멸시키기에 부족한 경우, 채권자와 채무자 사이에 변제충당에 관한 합의가 있었다고 하더라도 그 합의에 의한 변제충당은 허용될 수 없고, 이 경우에는 획일적으로 가장 공평·타당한 충당방법인 민법 제477조의 규정에 의한 법정변제충당의 방법에 따라 충당을 하여야 한다(대판 2000. 12. 8, 2000다51339).

(나) 지정권자　변제자에게 1차적인 변제충당의 지정권(指定權)이 부여되며, 그의 지정이 없으면 변제수령자가 2차적인 지정권자(指定權者)가 된다. 채무자가 동일한 채권자에 대하여 같은 종류를 목적으로 한 수개의 채무를 부담한 경우에 변제의 제공이 그 채무 전부를 소멸하게 하지 못하는 때에는 변제자는 그 당시 어느 채무를 지정하여 그 변제에 충당할 수 있다(제476조 1항).

민법은 지정충당에 있어서 변제자에게 1차적 지정권을 부여함으로써 채권자의 이익보다 변제자의 이익을 우선적으로 보호한다. 변제자는 여러 개의 채무 중에서 자기에게 유리한 채무변제를 택할 것이기 때문이다. 만약 변제자가 자기에게 불리한 채무를 택하거나 지정권을 행사하지 않는다면, 그 행위는 권리의 포기에 해당할 것이다.

채무자가 아닌 제3자가 변제하는 경우에도 1차적인 지정권이 변제자에게 부여된다. 채무자와 채권자 사이에 충당합의를 사전에 행하는 경우에도 제3자는 그와 다른 지정을 할 수 있다.[1] 변제자가 지정을 하지 않으면 변제받는 자가 그 당시 어느 채무를 지정하여 변제에 충당할 수 있다(제476조 2항 본문). 연대보증인이 분할채무 중 일부에만 연대보증을 한 경우, 주채무자가 그 채무의 일부변제로 수차례에 걸쳐 금원을 지급함에 있어 채권자가 주채무자에게 그 일부변제금이 연대보증되지 아니한 채무의 변제임을 명시하였다면, 주채무자가 행사하지 아니한 변제충당의 지정권을 채권자가 행사하였다고 보여지고, 채권자의 변제충당의 지정이 적법한 것인 이상 적어도 그 일부변제금은 연대보증인이 연대보증하지 아니한 나머지 채무부분의 변제에 충당된 것이다(대판 1995. 3. 14, 94다57244).

(다) 지정방법　지정권자의 변제충당은 상대방에 대한 의사표시(意思表

1) 같은 취지: 김용한, 531; 김주수, 397; 장경학, 517.

示)로서 한다(제476조 3항). 지정의 의사표시는 상대방에게 도달되어야 하는 일방적 의사표시이다. 그 의사표시는 묵시적으로 할 수 있다. 지정에 있어서는 다수채무 중에서 변제에 충당될 채무를 지정해야 한다.

(라) 지정시기　변제자의 지정은 변제의 제공시(提供時)에 하여야 한다. 변제의 제공시라 함은 구두제공시와 현실제공시를 모두 의미하지만, 구두제공시에 지정을 하지 않은 경우 그 후의 현실제공시에 지정할 수 있다. 변제수령자가 2차적으로 지정하는 경우에는 수령시 또는 수령 후 즉시 충당의 지정을 하여야 한다.

(마) 지정에 대한 이의　1차지정권자인 변제자의 지정에 대하여 변제수령자는 이의(異議)를 제기할 수 없다. 그러나 2차지정권자인 변제수령자의 지정에 대하여는 변제자가 즉시 충당의 이의를 제기할 수 있다(제476조 2항 단서). 이의도 지정과 마찬가지로 상대방에 대한 의사표시로서 한다. 이의는 변제수령자의 지정의 의사표시가 변제자에게 도달한 후 즉시 표시되어야 한다. 이의의 효력은 그 이의가 제기된 경우에 변제수령자의 지정이 효력을 발생시키지 못한다는 것이다. 이의가 있은 후 변제충당은 법정충당의 방법으로 행해진다. 이의로서 변제자에게 지정권이 부활되는 것은 아니므로 법정충당의 방법에 따라야 한다.[1] 그러나 변제자가 이의와 함께 충당방법을 제안하고, 그에 대해 변제수령자가 동의한 경우에는 그 지정방법에 따라 충당된다(합의충당).[2] 지정충당과 합의충당을 주장하는 자는 그 지정 또는 합의의 존재와 내용을 입증할 책임을 진다(대판 1994. 2. 22, 93다49338).

(4) 법정충당

(가) 법정충당의 의의　당사자가 변제에 충당할 채무를 지정하지 않은 경우에는 법률의 규정에 따라 충당된다(제477조). 변제자와 변제수령자가 모두 지정권을 행사하지 않은 때, 그리고 변제수령자가 지정하였으나 그에 대해 변제자가 즉시 이의를 제기한 때에 법정충당(法定充當)이 행해진다. 민법은

1) 같은 취지: 곽윤직, 342; 김기선, 318; 김석우, 384; 김용한, 533; 김주수, 439; 김증한 · 김학동, 363; 김형배, 698; 임정평, 438; 장경학, 517; 현승종, 375. 반대견해: 민법주해(11), 174(이인재 집필 부분); 주석 채권총칙(下), 537은 다시 변제자가 충당지정권을 행사할 수 있다고 한다.

2) 대판 1986. 7. 22, 84다카1481: 고객이 당좌구좌에 입금한 돈은 수시로 당좌차월채무의 변제에 충당하는 단계상호계산이 은행의 계산관행이다(당좌차월의 약정기간의 만료를 기다려 기말결산하는 방식이 아님). 그렇더라도 입금되는 즉시에 변제충당되는가, 또는 입금당일의 마감시간에 그 날의 입출금을 청산하여 잔액을 변제충당하는가의 계산관행의 구체적 내용은 증거에 의하여 확정되어야 한다. 단계상호계산의 관행이 있다고 해서 당연히 입금즉시 차월채무에 변제충당되는 것은 아니다.

법정충당에 있어서도 채권자의 이익보다 채무자의 이익을 우선적으로 배려한다.

(나) 충당의 순서　여러 개의 채무나 급여 중에서 어느 것의 변제로 충당할 것인가는 다음의 단계를 거쳐 결정된다(제477조).

① 이행기도래의 채무　채무 중에 이행기(履行期)(변제기)가 도래한 것과 도래하지 않은 것이 있으면, 이행기가 도래한 채무의 변제에 충당한다(1호).

② 채무자의 변제이익　이행기 도래에 관해 채무 전부가 같은 조건이라면, 채무자에게 변제이익(辨濟利益)이 많은 채무의 변제에 충당한다(2호). 무이자채무보다 이자부채무, 저이율채무보다 고이율채무, 무담보채무보다 담보부채무, 연대채무보다 단순채무, 보증채무보다 자기의 주채무, 동시이행의 항변권이 부착된 채무보다 그렇지 않은 채무, 민사채무보다 어음채무를 변제하는 편이 채무자에게 이익이 크다.

이자약정 있는 채무와 이자약정 없는 은행도 약속어음금채무를 부담하는 채무자가 채권자에게 위 총채무액의 일부만을 변제한 경우에 채무자에게 변제이익이 많은 이자약정 있는 채무에 먼저 충당하지 않고 약속어음채무에 충당한 것은 위법이다(대판 1971. 11. 23, 71다1560).

변제자가 주채무자인 경우에 보증인이 있는 채무와 보증인이 없는 채무 사이에서 전자가 후자보다 변제이익이 더 많다고 볼 근거가 전혀 없으며, 양자는 변제이익의 면에서는 차이가 없다(대판 1985. 3. 12, 84다카2093).

③ 이행기의 일자　채무자에게 변제이익이 같으면 이행기가 먼저 도래한 채무나 먼저 도래할 채무의 변제에 충당한다(3호).

(다) 동순위채무의 분할충당　여러 개의 채무나 급여가 앞에 설명한 이행기 및 이행이익에 따른 순위기준에 비추어 동일(同一)한 조건인 경우에, 변제제공된 것은 각 채무의 채무액에 비례하여 분할되어 각각의 일부변제(一部辨濟)에 충당한다(제477조 4호).

(라) 비용 · 이자에 관한 특칙　채무자가 변제기가 도래한 원본(元本) · 이자(利子) · 비용(費用)의 채무를 지고 있지만 변제제공한 금액이 모두를 충당하기에는 부족한 경우에, 어떤 순위로 변제충당할 것인가의 문제는 일반 법정충당과 다르게 특칙으로서 규율된다. 채무자가 한 개 또는 여러 개

의 채무의 비용 및 이자를 지급할 경우에 변제자가 그 전부를 소멸시키기에 부족한 급여를 한 때에는 비용 · 이자 · 원본의 순서로 변제에 충당하여야 한다(제479조 1항). 비용 · 이자 · 원본의 충당에 관하여는 법정충당에 관한 민법 제477조가 준용된다(제479조 2항).

비용과 이자에 관한 법정충당이 지정충당 및 합의충당과 어떤 관계를 갖는가에 관해서는 학설이 대립한다.

① 강행규정설　채무자의 일방적인 지정으로서 그 법정순서를 변경하는 것은 허용되지 않는다는 견해이다.[1] 그리고 지정충당에 관한 제476조가 준용되지 않는다는 이유로 비용 · 이자 · 원본에 관하여는 법정순서와 다른 지정이 있더라도 그에 의하지 않고 법정순서에 따라 충당되어야 한다고 주장한다. 따라서 이자 등에 관하여는 합의충당과 지정충당이 모두 허용되지 않는다고 본다. 다만 채권자가 법정순서와 달리 이자나 비용보다 원본채무에 변제충당할 것을 지정한 경우에 그러한 지정은 자기의 이익을 포기하는 것이므로 그를 무효로 할 필요가 없다고 한다.

② 임의규정설　사견으로는 민법 제479조 1항은 임의규정(任意規定說)이므로 그와 다른 당사자의 합의가 있으면 적용이 배척되며, 지정충당도 제479조에 우선한다고 해석하겠다.[2] 첫째, 민법 제479조 1항을 강행규정으로 보아야 할 이유가 없다. 채권법규정은 약자보호를 위해 특별히 강행성을 부여할 필요가 있는 경우를 제외하고는 임의규정으로 하고 있는데, 제479조 1항은 강자인 채권자의 이익에 부합하므로 강행규정이라고 볼 수 없다. 둘째, 제479조 2항은 제477조를 준용하는데, 제477조에서는 당사자가 지정하지 아니한 때에 법정의 순서에 따른다는 취지를 규정하고 있다. 이는 이자와 비용에 관한 법정충당순서도 지정충당을 할 수 없는 경우에 보충적으로 적용된다는 것을 의미한다. 셋째, 원본과 이자 중에서 원본에 먼저 충당하고 이자만을 남겨 두는 것이 부당하다고는 말할 수 없다. 오히려 채무

---

1) 김주수, 439; 김형배, 699. 독일민법 제367조 2항은 채무자가 법정순서(비용 · 이자 · 원본)와 다른 지정을 한 때에 채권자는 급부의 수령을 거절할 수 있다고 규정한다.

2) 같은 취지: 곽윤직, 342; 장경학, 519; 민법주해(11), 184(이인재 집필부분). 현행민법 적용 이전에 임의규정설에 따른 판결이 있었다. 대판 1956.5.24, 4298민상123: 원금 및 이식이 모두 변제기에 있고 채무자가 그 채무 전부를 소멸시키기에 부족한 변제를 한 경우에 당사자간에 변제충당순위에 관한 약정이나 지정이 없으면 이식 · 원금의 순서로 충당한다. 그리고 약정이율이 이자제한법을 초과한 경우에는 그 초과부분도 무효로 하고, 동법소정의 이율에 의해 충당해야 한다.

자가 원본에만 해당하는 금액을 지급한 경우에 원본에 충당하고 이자채무를 남겨 두는 것이 사회통념에 맞는다고 해석된다.[1)]

③ 판 례 판례는 임의규정설을 취하는 것으로 이해된다(대판 1990. 11. 9, 90다카7262). 비용, 이자, 원본에 대한 변제충당의 순서는 민법 제479조에 법정되어 있으므로 당사자 사이에 그와 다른 특별한 합의가 있었다거나 일방의 지정에 대하여 상대방이 지체없이 이의를 제기하지 아니함으로써 묵시적 합의가 되었다고 보여지는 경우 등 특단의 사정이 없는 한 위의 법정순서에 의하여 변제충당이 이루어져야 하는 것이며, 채무자는 물론 채권자라 할지라도 그와 다르게 일방적으로 충당의 순서를 지정할 수 없다(대판 1990. 11. 9, 90다카7262). 비용·이자·원본에 대한 변제충당에 있어서 민법 제476조(지정변제충당)는 준용되지 않으므로 당사자 사이에 특별한 합의가 없는 한 비용·이자·원본의 순서로 충당하여야 하며, 채무자는 물론 채권자라도 위 법정순서와 다른 충당의 순서를 일방적으로 지정할 수 없다(대판 1981. 5. 26, 80다3009; 대판 2006. 10. 12, 2004다818). 사견으로는 이와 같이 지정충당을 배척하는 견해를 취하는 점은(대판 1981. 5. 26, 80다3009 등) 논리가 허약하다고 생각된다.

사례연구

100만원의 원금과 25만원의 이자를 변제해야 할 채무자가 우선 100만원만 지급하려는 경우에, 그 100만원을 이자에 25만원, 원금에 75만원 충당할 것인가 또는 원금에 100만원 모두 충당하고 이자채무만을 남길 것인가 문제된다. 임의규정설에 따라 사례를 해결해 보겠다.

① 변제충당약정이 있는 경우: 원금에 우선충당하기로 약정한 경우에는 원금에 100만원을 충당한다. 그러나 이자에 먼저 충당하기로 약정한 경우에는 이자에 25만원, 원금 75만원을 충당한다. 약관이 있는 경우가 많은데, 약관에서는 대개 이자에 먼저 충당함을 정한다.

② 지정이 있는 경우: 채무자가 원금에 충당할 것을 지정한 경우에는 원금에 100만원 충당한다. 채무자의 지정이 없어 채권자가 이자에 우선충당할 것을 지정한 경우로서 채무자의 즉시이의가 없는 때에는 이자에 25만원, 원금에 75만

1) 우리 민법 제479조와 동일한 내용의 일본민법 제491조의 해석으로서 일본판례는 채무자가 원본·이자·비용을 지급해야 할 경우에 변제로 제공한 급부가 그 원본채무에만 상당할 때에는 그 급부로서 당연히 원본에 충당한다는 의사를 표시한 것으로 해석해야 하고, 채권자가 급부를 수령하고 지체없이 이의를 하지 않았으면 위의 임의충당을 승인한 것이라고 한다(日大判 1941. 10. 29, 新聞 4743. 18).

원 충당한다.

③ 약정도 지정도 없는 경우: 제479조 1항에 따라 이자에 25만원, 원금에 75만원 충당된다. 만약 강행규정설에 따른다면 언제나 이자 25만원, 원금 75만원에 충당하게 될 것이다.

5. 제 3 자변제와 변제자대위

(1) 제 3 자의 변제

㈎ 제 3 자변제의 허용원칙 변제(辨濟)는 채무자에 의하여 행하여짐이 원칙이지만 제3자도 변제할 권한을 갖는다(제469조). 변제에 준하는 효과를 갖는 대물변제(代物辨濟)와 공탁(供託)도 제3자가 할 수 있으며, 제3자는 채권자에 대한 자기채권과 상계(相計)할 수도 있다. 제3가 자기의 명의로써 채무자를 위하여 변제하는 경우에 그 제3자는 변제자이며 채무자의 이행보조자가 아니다. 변제를 위한 법률행위의 대리나 사실행위의 이행보조는 제3자변제가 아니다. 제3자가 자기가 채무자라고 착각하여 이행행위를 한 경우는 제3자변제가 아니라 비채변제에 해당하여 채권자에게 부당이득의 반환을 청구할 수 있다.

이해관계 없는 제3자의 변제가 채무자의 의사에 반하는지를 가림에 있어서 채무자의 의사는 제3자가 변제할 당시의 객관적인 제반사정에 비추어 명확하게 인식될 수 있는 것이어야 하며, 함부로 채무자의 반대의사를 추정함으로써 제3자의 변제를 무효로 하는 것은 피해야 한다(이 사건에서 제3자변제가 없었으면 채무자의 담보부동산이 경매당할 위기에 있었다: 대판 1988. 10. 24, 87다카1644).

㈏ 제 3 자의 이해관계 타인을 위하여 변제의 출재를 하는 자를 보통 그 변제에 대해 이해관계(利害關係)를 갖는 자이지만 그렇지 않아도 무방하다. 변제에 대한 이해관계는 제3자 변제의 소극적 요건이 될 수 있을 뿐이다. 이해관계 없는 제3자는 채무자의 의사에 반해서 변제하지 못한다(제469조 2항). 채무자의 반대의사는 명확하게 표현되어야 한다.

이해관계 있는 제3자에는 물상보증인이나 담보부동산의 제3취득자 등이 있다. 변제자의 법정대위의 요건으로서의 「변제(辨濟)할 정당(正當)한 이익(利益)이 있는 자(者)」(제481조)와 비교할 때, 이해관계가 변제할 정당한 이익보다 넓은 개념이라고 해석된다. 연대채무자와 보증인은 스스로 채무를 부담하므로 변제에 있어서 채무자이지 제3자가 아니지만, 변제자대위에서는 보증인과 연대채무자(부담부분 초과 변제에 한함)는 제3자변제로서 다루어진다(연대채무에 관한 설명을 참조).

건물의 매수인 겸 임차인은 그 권리실현에 장애가 되는 위 수급인의 건물에 대한 유치권 등의 권리를 소멸시키기 위하여 매도인의 공사금채무를 대신 변제할 법률상 이해관계 있는 제3자이자 변제할 정당한 이익이 있는 자이므로, 그가 매도인에게 지급할 매매대금의 일부를 건축공사수급인에게 공사금채무변제조로 지급한 것은 공사금채무의 범위 내에서는 매도인의 의사에 반하여도 변제로서 효력이 있다(대판 1993. 10. 12, 93다9903).

채권담보 목적의 가등기가 되어 있는 부동산을 시효취득하여 소유권이전등기청구권을 취득한 자가 있으나 그 등기 전에 채권자가 청산절차를 거치지 아니하고 가등기에 기하여 본등기를 경료한 경우에, 시효취득자는 소유자에 대한 등기청구권을 보전하기 위하여 그 채권자에게 변제할 법률상의 권한이 있어 이해관계 있는 제3자에 해당한다(대판 1991. 7. 12, 90다17774).

(다) 일신전속의 채무 채무자 자신이 이행해야 하는 채무를 일신전속적 채무(一身專屬的 債務)라고 하는데, 이러한 채무가 생기는 것은 채무의 성질에 기해서도 생기지만 당사자의 약정에 의해서도 생긴다. 이 경우에는 제3자의 변제가 허용되지 않는다(제469조 1항). 그러나 이 경우 이행보조자나 대리인에 의해 도움을 받는 것도 언제나 금지되는 것은 아니다. 그러한 도움까지도 금지되는 절대적인 일신전속적 채무도 있다(예술가의 작품활동, 교수의 강연 등).

① 성질상 일신전속적 채무 채무의 성질에 의해 제3자의 변제가 금지되는 채무를 성질상 일신전속적 채무(性質上 一身專屬的 債務)라고 한다. 채무자 자신의 이행행위가 아니면 채권의 목적을 달성할 수 없는 경우가 이에 해당한다. 인도채무는 누구라도 목적물을 인도하면 되지만, 행위채무는 보통 채무자의 능력에 따라 결과가 달라지므로 일신전속적 채무이다. 그러나 단순노무를 제공하는 경우, 또는 규격화된 노무로서 타인에 의해 대체될 수 있는 것은 그에 해당하지 않는다.

② 약정에 의한 일신전속적 채무 당사자의 의사표시로서 제3자의 변제를 금지 또는 제한한 경우에는 그에 어긋나는 제3자변제는 허용되지 않는다. 이러한 약정(約定)을 「제3자변제 금지약정」이라고 한다. 객관적

으로 대체성을 가진 채무라도 약정으로 제3자변제를 금지 또는 제한하는 경우가 이에 해당한다.[1] 이 경우 당사자에 의해 약정이 철회되거나 또는 당사자가 제3자변제를 승낙하면 유효한 제3자변제가 가능하다.

(라) 제3자변제의 채권소멸효과 제3자의 변제는 채무자의 변제와 동일하게 완전하게 채권·채무를 소멸시키는 효력을 갖지는 않는다. 채권자의 입장에서 보면 채권의 내용대로 만족을 얻게 되어 채무자의 변제와 동일한 결과로 된다. 제3자가 채무자에게 제3자변제(第3者辨濟)로서 증여하는 경우, 변제할 정당한 이익 없는 자의 변제로서 채권자의 대위승낙을 얻지 못한 경우와 같이 제3자가 변제 후에 채권자를 대위하지 않는다면 채권자와 채무자 사이의 채권관계는 절대적으로 소멸한다. 그러나 제3자가 변제자대위(辨濟者代位)를 할 자격을 갖추면(제480조·제481조) 채권은 소멸하지 않고 대위목적을 위하여 존속한다. 그 경우 제3자의 변제는 채권자로 하여금 채무자에게 이행청구를 하여 이중만족을 얻지 못하도록 하는 범위에서 상대적인 소멸을 가져올 뿐이다.[2]

(마) 구상관계 제3자의 변제는 타인채무의 변제이므로 변제자와 채무자 사이에는 구상의 법률관계가 생긴다. 변제자가 채무자의 위임을 받아 변제한 경우에는 채무자에 대해 위임사무처리비용으로서 상환청구할 수 있으며(제688조), 부탁 없는 변제의 경우에는 사무관리비용으로서 상환청구할 수 있다(제739조). 판례도 보증기간 이전의 채무에 대하여 연대보증인이 한 변제는 채무자에게 유익하고 그의 의사에 반하지 않는 것으로 인정하며, 그 변제는 일종의 사무관리이므로 변제자는 사무관리의 법리에 따라 변제액의 상환청구권(償還請求權)을 갖는다고 한다(대판 1961. 11. 9, 4293민상729).

그 밖에 채무자는 제3자의 출재로서 채무면제라는 이득을 얻은 것이 되어 그에 대해 부당이득반환의무(不當利得返還義務)를 지게 된다(제741조). 물상보증인의 구상권에 대하여는 별도의 규정이 있다(제341조, 제355조, 제370조). 이상의 권리를 기초로 변제자는 채무자에 대하여 구상권(求償權)을 행사할 수 있으

1) 약정에 의한 일신전속적 채무와 이해관계 없는 3자의 변제에 관한 제469조 2항의 「의사」에 관해 혼란이 생길 수 있다. 일신전속적 채무는 원칙적으로 행위채무에 관해서만 성립하는데, 행위채무에 관해서 이해관계 있는 제3자가 존재하는 경우는 흔하지 않다.

2) 독일에서는 제3자변제를 변제가 아니라고 보고, 변제가 아닌 별도의 채권소멸원인으로 파악해야 한다는 견해가 소수설로서 주장되었다. Boehmer, *Der Erfüllungswille*, 1910, S. 19ff.

며, 그를 위하여 채권자를 대위할 수 있다.

(2) 변제자대위 개설

(가) 의　　의　　제3자변제로 생긴 구상권의 만족을 확보하기 위해서, 변제자로 하여금 채권자가 누리던 담보에 관한 권리들을 대위하여 행사하도록 허락하는 제도를 변제자대위(辨濟者代位)라고 한다. 제3자변제는 타인의 채무를 변제한 것으로서 채무자에 대한 구상권(부당이득반환청구권)을 발생시킨다. 불가분채무자, 연대채무자, 보증인의 변제는 채권자에 대한 관계에서는 자기채무의 변제이지만, 채무자 상호간(또는 보증인과 주채무자의 관계)에서는 타인의 채무로서 변제한 것이 되는 부분이 있으므로 구상권이 생긴다. 대위행사될 필요가 있는 채권자의 권리 중 대표적인 것은 담보권이다.

변제자대위의 비교법적 고찰

변제자대위제도(辨濟者代位制度)는 로마법에서 연대채무자와 보증인의 변제 후에 얻었던 소권양도의 이익(beneficium cedendarum actionum)에서 유래를 찾을 수 있다. ① 프랑스민법은 임의대위(약정대위)와 법정대위로 나누어 종합적 규정을 둔다(프민 제1249조 내지 제1252조). 임의대위(任意代位)는 채권자의 동의에 의해 성립하는 경우와 채무자의 동의에 의해 성립하는 경우로 구분된다. 법정대위(法定代位)는 후순위의 채권자, 저당부동산의 제3취득자, 채무자와 같이 변제의무를 지는 자(보증인이나 연대채무자 등), 유산채무를 변제한 상속인 등이 할 수 있다. ② 독일민법에서는 종합적인 변제자대위규정을 두지 않고 강제집행을 면하기 위한 제3자의 변제권을 인정하는 조항에서 채권이 그 제3변제자에게 이전함을 규정하고(독민 제268조 3항), 그 밖에 물상보증인의 변제로 구상권 및 대위가 생긴다고 규정한다(독민 제1143조, 제122조). ③ 스위스채무법에서도 임의대위와 법정대위를 나누어 간단한 일반규정을 둔다(스채 제110조). ④ 우리 민법의 변제자대위의 규정은 프랑스제도와 유사하지만, 담보물권제도, 다수당사자 채권관계 등 변제자대위와 관련 있는 법률관계가 다르기 때문에 같은 규정의 해석이라도 차이가 생길 수 있다.

(나) 성　　격　　민법은 제3변제자는 "채권자를 대위할 수 있다"고 하며(제480조, 제481조), 대위의 효과로서 "구상할 수 있는 범위에서 채권 및 그 담보에 관한 권리를 행사할 수 있다"고 규정한다(제482조 1항).[1] 제3변제자가 취득하는

1) 비교법적으로 고찰하면 독일민법이나 스위스채무법은 채권이 변제자에게 이전한다고 규정한다(독민

대위권의 성질이 무엇인가에 관해서는 학설이 대립한다.

① 채권이전설 채권자의 채권은 제3자의 변제로서 소멸하지만, 그 소멸은 채권자와 채무자 사이에서의 상대적인 것으로서 채무자와 변제자 사이에서는 소멸하지 않고 채권이 변제자에게 이전(移轉)한다는 견해이다.[1] 대위에 의한 채권의 이전은 법률행위에 의해 생기는 것이 아니라 법률의 규정에 의해 일어나는 것으로서 피담보채권의 이전과 함께 저당권도 변제자에게 이전되는데, 이는 법률의 규정에 의한 이전이므로 등기 없이 효력을 발생한다고 한다(제187조). 대위로 채권을 이전받은 변제자는 채무자에 대한 동일급부를 내용으로 하는 구상권과 본래채권의 두 청구권을 갖게 되어 청구권경합이 생기게 된다고 한다. 임의대위(任意代位)에서는 채권자의 승낙을 얻어야 하는데, 이 승낙은 마치 채권자와 변제자 사이에 채권양도의 약정이 행해지는 것과 유사하지만, 이 경우 이전효과는 법률규정에 의해서 생긴다고 한다.[2]

② 대위행사설 사견으로는 변제자대위(辨濟者代位)란 변제자가 채권자의 권리를 이전받는 것이 아니라 채권자에게 둔 채로 변제자의 명의로 그 권리를 행사할 권한을 갖는 데 불과하다고 해석하겠다.[3] 첫째, 원래 대위란 스스로 권리주체가 되는 것이 아니라 타인의 권리를 자기의 이름으로 자기목적을 위하여 대신 행사하는 것을 의미한다. 이 점은 채권자대위권으로서 "채무자의 권리를 행사할 수 있다"는 것과 비슷하다(제404조 1항).[4] 둘째, 변제자가 행사할 수 있는 권리는 채권자의 것과는 달리 구상권의 범위로 한정

제268조 3항, 스채 제110조). 그러나 프랑스민법(제1249조)·일본민법(제510조)·우리 민법은 변제자가 채권자의 권리를 대위한다고 규정한다.

1) 우리 민법에서도 독일에서와 같이 대위로서 채권이 변제자에게 이전하는 것으로 해석하는 견해이다. 곽윤직, 352; 김기선, 298; 김석우, 386; 김용한, 539; 김주수, 442; 김증한, 134; 김증한·김학동, 365; 김현태, 302; 김형배(2판), 702; 이태재, 380; 임정평, 449; 현승종, 380; 주석 채권총칙(하), 556(강현중 집필부분). 김상용, "변제자대위," 고시연구 1994년 11월호, 96. 그 밖에 독일과 일본에서는 과거에 채권자와 변제자 사이에 매매의사를 추정하는 채권매매설, 변제자에게 변제금에 대한 배상청구권이 법률로 주어진다고 보는 배상청구권설이 주장되었다.

2) 이태재, "변제자의 대위," 고시계 1985년 11월호, 105.

3) 같은 취지: 장경학, 523.

4) 반론 있음: 양창수, "물상보증인의 변제대위와 부기등기의 요부," 사법행정 367호, 80에서는 "채권자대위권은 채권자의 권리를 보전할 필요에서 타인의 권리영역에의 간섭을 인정하는 이례적인 것이므로 권리의 귀속 자체는 채무자에게 그대로 두고, 그 행사만을 인정한 것임에 반해, 변제자대위는 채권자가 이미 만족을 얻어 그 채권 또는 담보권의 존속에 대하여 더 이상 이해관계를 가지지 아니하므로 권리 자체의 이전을 인정하는 것이라 볼 수 있다"고 한다.

되고, 다른 담보제공자에 대한 행사제한이 있으므로 동일한 채권이 그대로 이전된다고 보기 곤란하다. 셋째, 변제자는 자기의 구상채권을 가지므로 또 채권을 이전받을 필요가 없다. 권리이전설에서처럼 채권을 이전받는다면 변제자는 두 개의 채권을 갖게 되어 청구권경합의 문제를 야기시키는데, 이러한 이론구성은 불필요하다. 넷째, 민법은 분명히 변제자가 채권자의 권리를 행사할 수 있다고 할 뿐 대위자에게 채권이 이전한다고는 말하지 않는다. 채권이전설은 우리 민법이 독일과 같은 채권이전의 입법주의를 취하지 않고 프랑스식의 대위제도를 취하였다는 점을 간과하고 있다. 채권이전설은 무슨 근거로 채권이 변제자에게 이전하는지를 설명할 수 없다. 다섯째, 채권양도합의와 대위승낙(임의대위의 경우)은 개념상 구별되어야 한다. 채권자와 제3변제자 사이에 채권양도에 관한 합의가 있었다고 해석되는 경우에는 채권양도로 되며 변제자대위가 성립할 여지가 없다. 그러나 권리이전설에 의하면 채권양도와 임의의 변제자대위가 구별되지 않는다는 난점이 있다.

㈐ 효 과 제3자변제로 채권은 소멸하지 않고 대위목적의 범위 내에서 존속한다. 채권자가 스스로 이중의 만족을 얻기 위하여 채무자에 대하여 채권을 행사하는 것은 금지되지만, 채권자의 승낙(제480조)이나 법률규정(제481조)에 의해 제3자의 대위를 가능케 하기 위해 채권이 존속한다. 변제자는 이러한 목적으로 존속하는 채권에 부착한 담보물권이나 보증채권을 대위하여 구상채권의 만족을 얻을 수 있다. 채권이전설(債權移轉說)에서는 변제자가 구상권과 채권자로부터 인도받은 이행청구권의 두 청구권을 가짐으로써 양자가 청구권경합의 관계에 놓인다고 하지만, 대위행사설(代位行使說)에 의하면 구상채권만이 존재하게 되므로 청구권경합은 일어나지 않는다. 예를 들면 변제자가 채권자의 저당권을 대위행사하기 위해서 피담보채권의 상대적 존속을 필요로 하므로, 피담보채권은 변제자가 그 저당권을 대위하는 목적의 범위 내에서 존속한다. 변제자대위권의 행사에 의하여 변제자는 채권자의 위치에서 그 담보권을 실행하여 그 담보물의 경매대금으로부터 우선변제를 받아 자기 구상채권의 만족에 충당할 수 있다.

㈑ 채권양도와의 차이 채권양도와 변제자대위는 채권이전설을 취하게 되면 양자가 모두 채권의 이전을 가져온다는 점에서 매우 유사한 제도가 된다. 다만 법률행위에 의한 채권이전이냐 또는 법률규정에 의한 채권이전

이냐에 차이가 있다고 한다. 그러나 대위행사설에 의하면 양자 사이에 큰 차이가 있게 된다. 첫째, 채권양도는 양도행위라는 법률행위에 의하여 채권이 이전하지만, 변제자대위에서는 법률규정에 의하여 타인의 권리를 대위하는 것이 허용된다. 둘째, 채권양도의 원인관계는 양도인과 양수인 사이의 권리매매 등 법률행위이지만, 변제자대위에서는 채무의 변제가 기초로 된다. 셋째, 양수인은 채권액보다 적은 대가를 지불했더라도 그에 관계 없이 채권 전부를 이전받지만, 대위자는 자기의 구상권의 확보에 필요한 범위에서만 채권을 대위행사할 수 있다. 넷째, 대위권의 행사를 위하여는 채권양도에서와 같은 대항요건은 원칙적으로 필요하지 않다. 변제자는 채무자에 대한 통지 없이 곧 채무자에게 대위에 기한 권리행사를 할 수 있다. 그러나 임의대위에서는 채권양도의 대항요건(對抗要件)과 같은 것(채무자에 대한 통지 또는 채무자의 승낙)이 행사요건으로서 요구된다.

㈒ 채권자대위와의 차이　변제자대위와 유사한 제도로서 채권자대위(제404조)가 있는데, 타인이 권리를 대위행사한다는 점에서는 같으나 그 행사요건에 차이가 있다. 그리고 채권자대위권에서는 대위되는 권리의 주체인 채무자에게도 스스로 권리를 행사할 자격이 있으나, 변제자대위에서는 권리주체인 채권자의 권리행사가 금지된다는 점에 큰 차이가 있다.

(3) 변제자대위의 요건

㈎ 법정대위의 요건

1) 제3자에게 변제할 정당한 이익이 있을 것　변제(辨濟)할 정당(正當)한 이익(利益)이 있는 자의 제3자변제는 특별히 보호되어야 할 필요가 있으므로, 그 변제자에게 변제와 동시에 대위권이 부여된다. 사실상 이해관계 있는 자는 「변제할 정당한 이익 있는 자」에 포함되지 않는다. 변제할 정당한 이익이 있는 자는 다음과 같다. ① 자기재산에 대한 강제집행을 면하기 위하여 타인의 채무를 변제하는 경우. 채무자를 위하여 담보물을 제공한 물상보증인과 저당부동산의 제3취득자는 채권자의 담보권실행으로 자기소유의 물건을 경매당하는 불이익을 막기 위하여 채무자의 채무를 변제하므로 이에 해당한다. ② 채권자에 대해 법적인 채무를 부담하지만 실질적으로는 자기의 고유채무가 아니라 타인채무로서의 성격을 갖는 경우. 보증인의 변제는 전부가 타인채무성을 가지며, 연대채무자와 불가분채무자의 변제는

자기의 부담부분을 초과하는 부분만이 타인채무성(他人債務性)을 갖는다(대판 1961. 11. 9, 4293민상729). ③ 채권자의 강제집행으로 자기권리에 장애가 오는 경우. 대항력 없는 임차인은 강제집행으로 임차물에 대한 권리를 상실하게 되므로 임대인의 채무를 변제하여 임차권의 상실을 막는다. 후순위담보권은 선순위담보권의 실행으로 함께 소멸하므로 후순위담보권자가 선순위담보의 피담보채무를 변제하여 후순위담보권의 존속 및 승진을 꾀한다. ④ 그 밖에 판례는 타인의 채무확보를 위하여 어음을 발행·배서한 자(대판 1962. 2. 22, 4294민상636), 매도인이 매매부동산을 타인에게 양도담보한 경우에 매수인(대판 1971. 10. 22, 71민상1888), 양도담보권자가 담보물을 다시 타인에게 양도담보한 경우에 채무자(대판 1980. 4. 22, 79다1980), 담보제공자가 국세를 체납한 경우에 양도담보권자(대판 1981. 7. 28, 80다1579)를 변제할 정당한 이익이 있는 자로 본다.

2) 제3자의 변제나 기타 출재로 채권의 만족이 있을 것 제3자는 변제·공탁·상계·혼동·강제집행·매매(물상보증인이나 담보부동산의 제3취득자가 저당권의 실행으로 부동산을 경매당한 경우) 등으로 자기재산을 출연했어야 한다(제486조). 자발적 출재(自發的 出財)뿐 아니라 타율적 출재(他律的 出財)도 무방하다(공동불법행위자의 보험자들 사이에도 변제자대위가 인정됨. 대판 1999. 6. 11, 99다3143). 이러한 제3자의 출재로 채권자가 채권의 내용에 따른 만족을 얻어야 한다.[1)]

3) 제3자가 구상권을 취득했을 것 제3자는 채무자에 대하여 구상권(求償權)을 가져야 한다. 변제자대위는 변제자의 구상권의 만족을 확보하는 제도이므로 구상권의 존재가 요건이 된다. 제3변제자의 일반적인 구상권의 발생원인은 수임인의 비용상환청구권(제688조), 사무관리자의 비용상환청구권(제739조), 부당이득반환청구권(제741조), 기타 기초계약에 의한 청구권이다. 불가분채무자(제411조)·연대채무자(제425조)·보증인(제441조)·물상보증인(제341조, 제355조, 제370조)의 구상권에 관해서는 명문규정이 있다.

(나) 임의대위의 요건

1) 채권자의 승낙 민법은 변제할 정당한 이익이 없는 자는 채권자의 승낙이 있는 경우에만 대위할 수 있도록 함으로써 제3자의 투기목적의 변제를 제한한다. 채권자의 승낙(承諾)은 법정대위에서의 「변제할 정당한 이익」에 대신하는 요건이며, 변제할 정당한 이익이 있는 자는 채권자의 승

1) 대판 1993. 1. 12, 91다7828: 자신의 계약상 채무이행으로 보험금을 지급한 보험자는 민법 제481조에 의한 변제자대위를 주장할 수 있는 자에 해당하지 아니한다.

낙을 추가로 얻더라도 법정대위를 하게 된다.

채권자는 제3자가 제공한 급부를 수령함과 동시에 제3자의 대위를 승낙함으로써 변제자에게 임의대위를 가능하게 한다. 대위의 승낙은 제3자의 변제와 동시에 표시되어야 함이 원칙이다. 제3자는 채권자에게 변제제공할 때에 대위의 승낙을 조건으로 변제할 수 있다. 그렇지 않은 경우에도 변제를 수령하는 채권자는 변제자의 승낙에 대한 요구를 정당한 이유 없이 거절할 수 없다. 주위상황으로 보아 승낙을 거절할 상당한 사유가 없는 경우에는 묵시적인 승낙이 있었다고 해석될 수 있다.

2) 채무자에 대한 통지 또는 승낙　　채권자가 대위승낙에 의한 임의대위의 사실을 채무자에게 통지하지 않거나 채무자의 승낙이 없으면, 변제자는 채무자나 기타의 제3자에게 대위로서 대항할 수 없다. 채무자 이외의 제3자에게 대항하기 위하여는 통지(通知)나 승낙(承諾)이 확정일자 있는 증서로써 행해져야 한다(제450조). 제3자란 대위변제의 목적이 된 채권자체에 관하여 대위변제자와 양립할 수 없는 지위에 있는 자이다(대판 1996. 2. 23, 94다21160에서 관련없는 채권자에 대해 대위부정했음). 채권자가 채무자에게 제3자변제로 임의대위가 개시됨을 통지하였으나 아직 변제되지 않았거나 변제가 무효인 경우에, 선의의 채무자가 임의대위자에게 해 준 구상 등으로 항변사유를 갖고 있으면 그로서 채권자에게도 대항할 수 있다(제452조, 제480조). 채권자는 그 통지를 제3변제자의 동의를 얻어 철회할 수 있다.

3) 「제3자의 변제 기타의 출재로 채권자가 만족을 얻었을 것」, 「제3자가 채무에 대하여 구상권을 가질 것」의 두 요건은 법정대위에서와 마찬가지로 임의대위에서도 충족되어야 한다.

(4) 변제자대위의 효과

대위자는 자기구상권(自己求償權)의 범위에서 채권 및 담보에 관한 권리를 행사할 수 있다(제482조 1항).

(가) 채권의 대위행사　　변제자는 구상권확보의 목적범위 내에서 채권자의 권리를 대위행사(代位行使)할 수 있다. 대위자는 채무자 및 담보제공자에 대한 관계에서 마치 채권자인 것처럼 권리를 행사할 수 있다. 변제자의 채권에 대한 대위행사는 주로 담보권실행과 함께 그의 피담보채권을 행사하기 위해 행해진다. 제3변제자가 채무자에 대해 직접 이행청구할 때에는

구상채권에 기해서 하고 담보권을 행사할 때에는 피대위채권에 기해서 하게 된다. 제3자변제로 만족을 얻은 채권자는 채권을 변제자에게 대위행사하도록 할 수 있을 뿐 직접 자기가 채권을 행사할 수 없다. 민법은 전부변제를 받은 채권자로 하여금 채권증서를 대위자에게 교부할 의무를 지운다(제484조 1항).

(나) 채무자의 항변　채무자는 채권자에 대하여 갖는 항변사유(抗辯事由)로서 대위자에게 대항할 수 있다. 그러나 임의대위에서 이의 없는 승낙을 한 채무자는 그 항변사유로서 대위자에게 대항하지 못한다(제451조, 제480조). 채무자가 제3자변제 이후에 채권자에게 이행을 위하여 급여한 것은 반환받게 된다. 법정대위가 시작된 이후 또는 임의대위에서 채무자에 대한 대위통지나 채무자의 승낙이 있은 이후에 생긴 채무자와 채권자 사이의 항변사유로서 대위자에게 대항할 수 없다.

(다) 담보권의 대위행사　변제자는 채권자가 갖는 물적담보(物的擔保)와 인적담보(人的擔保)를 법률의 허용범위 내에서 대위행사할 수 있다. 변제자는 채무자가 구상금을 변제하지 않는 때에는 보증인에 대하여 그의 이행을 청구하고 강제집행할 수 있으며, 담보물을 경매하여 그의 매각대금에서 우선변제받을 수 있으며, 채권자가 대물변제의 예약과 가등기를 한 경우에는 예약완결권을 행사하여 목적물을 취득할 수 있다. 전부변제를 받은 채권자는 자기가 점유하는 담보물을 대위자에게 인도해야 한다(제484조 1항). 변제자는 채권자가 보유하는 저당권이나 가등기에 대해 대위의 부기등기(附記登記)를 청구할 수 있다.

채권자는 대위자에 대하여 담보보존의 의무를 진다. 채권자가 고의나 과실로 담보를 상실 또는 감소시킨 경우에 법정대위의 자격 있는 자는 그 상실이나 감소로 상환받을 수 없는 한도에서 책임을 면한다(제485조).[1] 채권자인 은행이 위조문서에 표시된 채권질권의 진정성을 충분히 조사하지 않고

---

1) 법정대위자의 면책금의 결정에 관하여는 채권자가 상실 · 감소된 담보를 실행했어야 할 때를 기준으로 하는 견해(곽윤직, 358; 김석우, 395; 김주수, 452; 김증한, 164; 김증한 · 김학동, 372; 김형배(2판), 716; 현승종, 338)와 담보의 상실 · 감소가 확정된 때를 기준으로 하는 견해(김용한, 553; 김현태, 309)가 대립한다. 면책의 의미에 관해서는 주석 채권총칙(하), 575(강현중 집필부분)에 자세한 설명이 있다. 대판 1987.4.14, 86다카520: 민법 제485조의 면책규정은 법정대위권자로 하여금 구상의 실효를 거둘 수 있도록 하기 위하여 채권자에게 담보의 보존을 간접적으로 강제하는 취지의 규정으로서 그 규정목적이 오로지 법정대위권자의 이익보호에 있으므로 그 성질상 임의규정으로 보아야 할 것이고, 따라서 법정대위권자로서는 채권자와의 특약으로서 위 규정에 의한 면책이익을 포기하거나 면책의 사유와 범위를 제한 내지 축소할 수 있다.

담보를 교체한 경우에 과실로 인한 담보상실이 인정된다(대판 1973. 10. 23, 73다1315).[1)]

(라) 형성권의 대위금지 채권자가 계약당사자로서 채무자에 대해 보유하는 취소권(取消權) · 해제권(解除權) · 해지권(解止權)은 변제자대위의 객체가 되지 않는다. 민법은 일부대위에 관해서 대위자가 해제권 · 해지권을 대위행사할 수 없음을 규정한다(제483조 2항). 전부대위의 경우에도 채권자의 형성권은 변제자대위의 객체가 되지 않는다고 해석된다. 채권자의 반대급부에 관한 권리관계에 영향을 미치기 때문이다.

(마) 일부대위 변제할 정당한 이익이 있는 자가 일부변제를 한 경우에는 일부(一部)의 법정대위가 생긴다. 그 밖에 채권자의 승낙을 얻은 일부변제자는 일부의 임의대위를 할 수 있다. 일부대위자의 법적 지위에 관하여는 학설이 대립한다.

① 불평등설 일부대위자는 채권자보다 언제나 열등(劣等)한 지위에서 권리를 행사한다는 견해이다.[2)] 일부대위자는 채권자와 공동으로만 권리행사가 가능하지만, 채권자는 단독으로도 권리행사할 수 있다고 한다. 변제에 있어서도 채권자가 우선적으로 변제받고 그 잔액으로부터 일부대위자가 변제받는다고 한다.

② 제한적평등설 사견으로는 일부대위자는 채권자와 평등한 지위에서 그 채권액에 비례(比例)하여 권리행사를 함이 원칙이지만, 제3변제자가 채무자의 보증인, 물상보증인, 저당부동산의 제3취득자인 경우에는 채권자의 권리가 우선한다고 본다. 제3자가 보증인 또는 담보제공자가 아닌 경우에, 채권자는 제3자로부터의 변제를 통해 만족을 얻은 이상 그 제3변제자와 동등한 지위에서 채무자 및 그 담보에 대한 권리를 나누어 행사함이 타당하다. 민법도 평등한 지위를 원칙으로 규정하고 있다(제483조).

제3자가 채권자와 평등한 지위에 놓일 때 일부변제의 효과는 다음과 같다. i) 일부변제자(一部辨濟者)는 채권자와 함께 변제가액에 비례하여 권리를 행사한다(제483조 1항). ii) 채권자는 일부대위를 채권증서에 기재하고 점유하

---

1) 채권자인 은행이 담보부동산의 감정에서 시가보다 높이 평가한 것은 민법 제485조의 담보상실 · 손상에 해당하지 않는다(대판 1974. 7. 23, 74다257).

2) 곽윤직, 355; 김주수, 405; 김증한, 160; 임정평, 453; 황적인, 235; 현승종, 384; 김상용, "변제자대위," 고시연구 제21권 11호, 1994년 10월호, 103; 하경효, "변제자대위의 효과," 고시연구 1998년 4월호, 89; 민법주해(11), 211(이인재 집필부분). 대판 1988. 9. 27, 88다카1797.

는 담보물에 관해 대위자의 감독을 받는다(제484조 2항). 일부만을 변제받은 채권자는 변제자에게 채권증서나 담보물을 인도할 필요가 없다. ⅲ) 담보권의 실행은 채권자와 변제자가 공동으로 해야 하며, 어느 한 사람이 단독으로 실행할 수 없음이 원칙이다. ⅳ) 담보물로부터의 경매대금이나 매각대금은 채권자와 변제자가 채권잔액과 변제가액에 비례하여 나누어 갖는다. 예를 들어 1,000만원의 채무 중 500만원을 변제한 제3자가 저당권이 설정된 부동산을 채권자와 함께 경매하여 700만원의 경락대금을 받은 경우에 변제자와 채권자는 각각 350만원씩의 만족을 얻게 된다. ⅴ) 대위자는 계약을 해제·해지할 수 없다. 채권자만이 해제권·해지권을 행사할 수 있으며, 채권자가 계약을 해제 또는 해지한 경우에는 대위자에게 그의 변제가액과 이자를 상환해야 한다(제483조 2항).

③ 일부변제자의 담보취득 변제할 정당한 이익이 있는 자가 채무자를 위하여 채권의 일부를 대위변제할 경우에, 대위변제자는 변제한 가액의 범위 내에서 종래의 채권자가 가지고 있던 채권 및 담보에 관한 권리를 취득한다(대판 1996. 12. 6, 96다35774). 채권자가 부동산에 대하여 저당권을 가지고 있는 경우에는 채권자는 대위변제자에게 일부대위변제에 따른 저당권의 일부이전의 부기등기를 해 주어야 할 의무가 있다. 만약 채권자가 일부 대위변제자에게 그가 대위변제한 비율을 넘어 근저당권 전부를 이전하여 준 경우라면, 채권자는 근저당권의 피담보채무 중 일부를 대위변제한 다른 보증인이 법정대위권을 행사할 수 있는 채권의 담보를 고의로 상실되게 한 것이므로, 다른 보증인은 그의 보증채무를 이행함으로써 채권자에 대한 법정대위권자로서 근저당권을 실행하여 배당받을 수 있었던 금액의 한도에서 보증의 책임을 면한다.

㈐ 최후부담자 대위를 둘러싼 여러 이해관계인의 상호관계는 다음의 원칙에 의한다(제482조 2항). ① 최후까지 채무를 부담해야 하는 자는 채무자이다. ② 그 다음은 담보물의 제3취득자이다. ③ 보증인과 물상보증인은 그 다음 순위이며 동등한 지위이다. ④ 기타의 제3변제자는 담보의무가 없으므로 다른 자로부터 대위의 대상이 되지 않는 가장 후순위의 가벼운 지위에 있다.

1) 채무자와 다른 변제자 채무자는 궁극적으로 채무를 부담해야 하

는 자이므로 어떤 변제자의 구상청구라도 최후까지 그의 전재산을 가지고 책임져야 한다. 채무자가 소유하는 담보물로부터 대위자가 우선변제(優先辨濟)받음은 당연하다.

2) 제3취득자　　저당부동산의 제3취득자는 채무자의 다음으로 무거운 책임을 진다. 여러 명의 제3취득자 중에서 1인이 변제한 경우에 변제대위자인 1인은 다른 제3취득자 대하여 각 부동산의 가액에 비례하여 대위할 수 있다(제482조 2항 3호).

3) 보증인과 제3취득자 사이(1호, 2호)　　저당부동산의 제3취득자는 보증인에 대하여 대위하지 못하지만, 보증인은 제3취득자에 대해서 대위할 수 있다.[1] 제3취득자(第3取得者)는 담보물권의 존재를 알고 나서 피담보채무를 인수하거나 담보권실행으로 인한 손실을 각오하고 취득한 자이므로 채무자의 다음 순위로 채무를 부담한다. 단 보증인은 전세권이나 저당권의 등기에 미리 대위의 부기를 하지 않으면 그 전세물이나 저당물에 권리를 취득한 제3자에 대해 대위할 수 없다. 변제한 보증인은 변제 후 제3취득자가 소유권이전등기를 하여야만 제3취득자에 대해 대위할 수 있다.[2] 예를 들어 3월 1일에 보증인이 변제하여 피담보채권과 저당권이 소멸하였으므로, 아직 저당권이 말소되지 않은 상태에서 저당권이 소멸했음을 알고 4월 1일에 부동산을 취득한 제3자는 그 저당권을 실행하려고 하는 보증인을 물리칠 수 있다. 그러나 제3자의 취득 당시에 저당권 등기에 대위의 부기가 되어 있었다면, 제3취득자가 저당권을 안고 취득한 것과 동일하게 다루어져 보증인의 저당권실행에 의해 부동산을 경매당한다.[3]

4) 보증인과 물상보증인 사이(4호, 5호)　　보증인(保證人)과 담보제공자(擔

---

1) 대판 1974. 12. 10, 74다1419: 매도담보로 저당권이 설정된 부동산을 취득한 제3취득자는 그 피담보채무를 인수하지 않았다고 보여지므로, 물상보증인들과 각 담보재산의 가액에 비례하여 채권자를 대위할 수 있다.

2) 같은 취지: 하경효, "변제자대위의 효과," 고시연구 1998년 4월호, 91.

3) 같은 취지: 곽윤직, 357; 김상용, 483; 김석우, 392; 김용한, 549; 김주수, 448; 김증한, 162; 이태재, 386; 임정평, 455; 현승종, 385; 민법주해(11), 205(이인재 집필부분). 반대설로서 부기등기는 제3자의 권리취득 전에 하면 되며, 보증인의 변제 전에도 가등기로서 대위예고를 할 수 있다는 견해가 있다. 김기선, 302; 김현태, 305. 사견으로는 물권변동의 형식주의 아래서는 제3취득자가 등기시에 소유권을 취득하므로 그 때까지 변제되지 않은 저당권을 안고 취득한 제3취득자에 대하여는 보증인이 채권자를 대위하여 저당권을 실행하여도 예측하지 않은 손해를 줄 염려가 없다. 변제로 소멸된 저당권임을 알고 취득한 제3취득자만 보호하면 되므로, 부기등기로서 변제 후 취득 전에 생기는 선의의 피해자만 막으면 충분하다. 변제 전의 가등기는 인정할 필요가 없다.

保提供者)(물상보증인) 사이는 인원수에 비례하여 대위한다.[1] 물상보증인이 여러 명인 때에는 먼저 인원수에 의한 보증인의 부담부분을 제외하고 나서 물상보증인들이 그 잔액을 담보물의 가액의 비례로 나누어 대위한다. 물상보증인만이 여러 명인 경우에는 담보물의 가액에 비례하여 대위한다. 공동보증인 상호간의 구상범위에 관해서는 보증채무에서 규정한다(제448조). 보증인이 물상보증인을 겸하면 한 사람으로 계산하며, 그 이중자격자는 자기가 보증인자격이나 물상 보증인자격 중에서 하나를 선택하여 대위한다.[2]

단 부동산에 관해서는 부기등기를 한 보증인만이 변제 후에 물상보증인으로부터 담보부동산을 취득한 제3자에 대해 대위할 수 있다. 자신들 소유의 부동산을 채무자의 채무의 담보로 제공한 물상보증인들이 채무를 변제한 뒤 다른 물상보증인 소유부동산에 설정된 근저당권설정등기에 관하여 대위의 부기등기를 하여 두지 아니하고 있는 동안에 제3취득자가 위 부동산을 취득하였다면, 대위변제한 물상보증인들은 제3취득자에 대하여 채권자를 대위할 수 없다(대판 1990. 11. 9, 90다카10305). 공동저당의 목적인 채무자소유의 부동산과 물상보증인 소유의 부동산에 각각 채권자를 달리하는 후순위저당권이 설정되어 있는 경우에, 물상보증인 소유의 부동산에 대하여 먼저 경매가 이루어져 그 경매대금의 교부에 의하여 1번저당권자가 변제를 받은 때에는, 물상보증인은 채무자에 대하여 구상권을 취득함과 동시에 민법 제481조, 제482조의 규정에 의한 변제자대위에 의하여 채무자소유의 부동산에 대한 1번저당권을 취득한다고 봄이 상당하고, 이 경우 물상보증인 소유의 부동산에 대한 후순위저당권자는 물상보증인에게 이전한 위1번저당권으로부터 우선하여 변제받을 수 있다(대판 1994. 5. 10, 93다25417).

---

1) 양창수, "후순위저당권자 있는 공동부동산에 대한 경매의 물상보증인의 지위"; 동 민법연구 제1권, 291 이하; 조성민, "보증과 대위," 1998년 8월호, 96 이하.

2) 같은 취지: 곽윤직, 357; 김용한, 550; 김형배(2판), 721; 조성민, 앞의 글, 104.

§ 49. 대물변제

1. 개　　설

(1) 대물변제의 의의[1)]

(가) 개　　념　　채무자(또는 제3변제자)가 채권자의 승낙을 얻어 현실적으로 다른 급여를 한 경우를 대물변제(代物辨濟)라고 하며, 이 때 변제와 같이 채권소멸의 효력을 발생시킨다(제466조). 대물변제는 채무의 이행방법의 하나이며, 이행의 내용이 본래의 급부가 아니라 대물(代物)이라는 점이 변제와 다르다. 채권자가 다른 급여라는 사실을 알고 본래급여에 대신하여 그를 수령할 것을 동의·승낙한 경우에는 채무자와 채권자 쌍방의 의사를 존중하여 채무가 이행되었다고 보는 것이 타당하다. 그러므로 민법은 채무자의 대물제공과 채권자의 승낙과 수령이 있으면 변제와 동일하게 취급한다. 대물변제의 성격과 상충되지 않는 한 변제의 제공, 변제의 수령, 변제의 충당, 제3자변제와 변제자대위 등 변제의 법리가 대물변제에도 적용된다.[2)]

(나) 수령의 필요성　　대물변제는 넓은 의미의 변제의 일종이므로「변제(辨濟)의 제공(提供)」과「수령(受領)」의 두 요건이 갖추어져야 그 효과가 발생한다. 채무자가 대물(代物)로서 변제제공한 것만으로는 대물변제가 성립하지 않는다. 채권자가 그 대물을 변제에 갈음한 것으로서 승인하여 수령한 때에 대물변제가 인정된다.

(다) 채권자의 승낙　　채무자는 대물의 변제에 대하여 반드시 채권자의 승낙을 얻어야 한다. 채무의 이행은 채무의 본래의 내용에 따라 하여야 하므로 본래의 급여와 다른 급여를 하는 것은 채무이행이 되지 못함이 원칙이다. 채권자는 다른 급여의 제공에 대하여 채무부적합성을 이유로 수령을 거절할 수 있다. 채권자는 본래의 급부를 수령할 권리를 가지며, 설사 대물급부가 본래급부보다 객관적으로 고가이더라도 그를 수령해야 할 의무는 없

1) 참고문헌: 권성, "대물변제의 법률적 성질," 민법학논총 제2권(곽윤직교수화갑기념), 박영사, 1995, 220 이하; 김형배, "대물변제," 고시계, 1991년 11월호, 131.

2) 같은 취지: 곽윤직, 362; 김기선, 339; 김상용, 496; 김석우, 404; 김용한, 566; 김주수, 460; 김현태, 334; 김형배(2판), 731; 임정평, 466; 현승종, 397.

다. 그러나 채권자가 승낙하여 수령한 경우에는 그 부적합성의 하자가 치유되어 변제의 효과가 생긴다.

사례연구

대물변제의 예로서 다음의 사례들을 생각할 수 있다. ① 매수인은 매도인의 가게에 있는 어떤 종류의 냉장고를 사고 일주일 후에 배달을 부탁하였다. 매도인이 일주일 후에 그 냉장고를 인도하려고 보니 제품이 품절되었다. 그래서 매도인은 매수인의 양해를 얻어 유사한 종류의 다른 회사 냉장고로 대신 인도하였다. ② 임차인이 임대인의 주택에 와서 보고 2층의 방을 계약했는데, 이사들어오기 직전에 그 방에 물이 새어 못쓰게 되었으므로 임대인은 임차인의 양해를 얻어 1층의 방을 대신 비워 주었다. ③ 대주(貸主)로부터 10만원을 빌려 쓴 차주(借主)가 변제기에 그 돈을 갚을 능력이 없으므로 대주의 승낙을 얻어 10만원 상당의 금반지를 대신 인도하였다.

(2) 성 격

㈎ 변칙적 변제방법 대물변제는 채무의 이행행위로서 변제에 준하는 효과를 가진다는 점에서 변칙적 변제방법(變則的 辨濟方法)이라고 할 수 있다. 대물변제는 채무를 발생시키는 계약이 아니며, 따라서 장래 일정한 요건이 충족되면 대물변제를 하기로 약정하는 「대물변제의 예약」과는 다르다. 대물변제에서는 장래 채권관계를 발생시키기 위한 청약과 승낙의 합치가 이루어지지 않는다. 변제제공과 수령의 변제과정과 합체되어 행해짐으로써 법적 의의를 갖게 된다.

대물변제는 변제의 한 방법이므로 그 전제로서 채무가 존재할 것, 그리고 그 채무를 발생시킨 계약이 유효하게 존재할 것을 요건으로 한다. 만약 채무가 존재하지 않음에도 대물변제자가 변제에 갈음하여 급여를 한 경우에는 대물변제가 되지 않고 그 급여자는 수령자에 대하여 부당이득반환청구권을 가진다. 채무자가 채권자의 승낙을 얻어 본래의 채무이행에 갈음하여 부동산으로 대물변제를 하였으나 본래의 채무가 존재하지 않았던 경우에는, 당사자가 특별한 의사표시를 하지 않는 한, 대물변제는 무효로서 부동산의 소유권이 이전되는 효과는 발생하지 않는다(대판 1991. 11. 12, 91다9503).[1]

1) A가 B에 대한 채무의 이행에 갈음하여 부동산으로 대물변제하려 하자, B는 자신도 C에 대하여 채

(나) 대물변제약정 대물변제(代物辨濟)는 그 변제제공되는 객체가 물건 · 금전인 경우도 있고 행위급부인 경우도 있다. 물건으로서 대물변제되는 경우에, 흔히 그 물건에 관한 소유권이전이 문제된다. 대표적인 대물변제의 사례인 소비대차의 대물반환에서 본래의 급부가 금전이고 대물급부가 물건인 경우에, 물건의 소유권이전에 관한 양도약정이 명시적 또는 묵시적으로 행해지며, 물건의 인도 또는 등기시에 물권행위가 행해진다고 해석된다(물권법의 물권변동의 설명을 참조). 대물변제를 하는 데 관한 채권자와 채무자의 합의를 대물변제약정(代物辨濟約定)이라고 부른다. 대물변제약정은 본래의 급부의무를 발생시킨 계약 등에 부종하는 약정이다. 대물변제약정은 본래의 급부를 대물인도급부로 변경시키는 급부변경약정(給付變更約定)인 경우도 있지만, 대개는 대물변제약정 이후에도 본래급부로서의 변제를 허용하는 보충급부약정(補充給付約定)에 해당한다.

(다) 대물변제에 의한 물권변동 부동산의 대물변제에서는 당사자 사이에 대물변제약정을 하고 이에 기해 소유권이전에 필요한 등기서류를 교부하는 것이 관행이며, 등기서류를 교부할 때에 물권적 합의(物權的 合意)가 이루어진다고 해석된다. 그런데 소유권이전의 원인이 되는 채권행위(債權行爲)는 소비대차계약(消費貸借契約)과 대물변제약정(代物辨濟約定)(또는 대물변제 예약과 예약완결권 행사)이다. 대물변제약정은 소비대차계약에 부종하여 행하여지는 부수약정이며, 대물변제약정만이 독립하여 소유권이전의 채권행위가 되는 것은 아니다. 법논리적으로는 대물변제약정을 경개(更改)로 하여 소비대차계약의 채무를 소멸시키고 대물변제약정만을 가지고 소유권이전의 채권행위로 삼을 수는 있으나, 실제 당사자의 의사가 소비대차채무를 소멸시키고자 하는 것도 아니고 또는 이러한 경개의사를 추정한다면 차주의 이익에도 어긋나기 때문에 부당하다. 따라서 경개는 성립되지 않았다고 보아야 한다.

그렇다면 소비대차계약과 대물변제약정이 합쳐져서 채권행위가 되는 것이 바람직하다. 채권자가 소유권이전의 원인이 매매계약인 것처럼 위장

무를 부담하고 있기 때문에 그 소유자인 A 및 C와 사이에 A 명의로부터 직접 C 명의로 소유권이전등기를 경료하기로 합의하여 소유권이전등기를 경료한 경우, A가 B에게 대물변제한 본래의 채무인 A의 B에 대한 채무가 존재하지 않는 것이라면, C가 B에 대하여 채권을 가지고 있었다고 하더라도, 위 부동산의 소유권이 A로부터 C에게 이전되는 것은 아니라 고 본 사례. 판례평석: 정옥태, "채무없는 대물변제와 물권행위의 무인성," 법률신문 2121호, 1992. 5, 15.

하기 위하여 매도계약서의 작성을 요구하여 그것을 등기원인서류로 하는 경우도 있으나, 매매는 진정한 소유권이전원인이 아니다. 매매계약서의 작성은 소비대차에서의 본래급부(원금과 이자)와 부동산양도 사이의 불균형을 은폐하려는 목적으로 행해지므로, 소비대차계약의 존재를 밝히고 차용금반환채무의 대물변제로서 부동산양도가 행해지는 것임을 등기원인에 밝히는 것이 바람직하다고 생각한다.

과거 판례는 부동산으로 대물변제를 하는 경우에 대물변제계약이라는 양도계약을 소비대차와 별도로 인정하였으며, 그 계약에 기초해 채무자에게 대물의 소유권이전의무가 발생한다고 이해하였다(대판 1974. 6. 25, 73다1819).[1] 그러나 현재 소비대차에 기한 부동산의 대물변제는 가등기담보법(假登記擔保法)으로 규율되므로, 채권자가 대물변제계약에 기해 부동산의 소유권이전을 청구하기 위해서는 이행지체, 청산기간의 경과, 청산금의 지급 등을 요건으로 하므로, 소비내차계약과의 관계를 단절시킬 수 없게 되었다(물권법 가등기담보에 관한 설명 참조).

㈑ 요물계약설과 그에 대한 비판　　대물변제의 성격을 요물계약(要物契約)으로 파악하는 견해가 있다(요물계약설).[2] 대물변제의 성격을 소비대차의 대물반환에 한정하여 파악하며, 이 때에도 주로 대물의 소유권이전이라는 물권적 측면을 중심으로 고찰하며 대물변제는 물건의 변제제공과 동시에 행하는 양도계약이라고 파악하는 것 같다. 물건의 소유권이전을 위해서 소비대차계약 이외의 별도로 「물권변동을 위한 법률행위」(제186조)가 필요하다고 생각하여 대물변제계약(代物辨濟契約)이라는 개념을 만들어 낸 것 같다.

사견으로는 요물계약설이 대물변제와 대물변제계약(대물변제약정)을 동일시하는 것은 잘못이라 여겨진다.[3] 양자는 별개의 개념이다. 당사자가 물

1) 대판 1974. 6. 25, 73다1819: 대물변제로서 채권소멸의 효과가 생기려면 채무자의 대물급여가 현실적으로 이루어져야 하지만, 대물변제계약은 그의 성립과 동시에 현실급여가 수반되지 않아도 된다. 이 사건의 토지에 관해 대물변제계약이 성립되고 그에 수반하여 채권자에게 소유권이전등기가 행해지지 않았다면, 채권자는 대물변제계약의 채권적 효력으로 이를 원칙으로 한 이전등기절차의 이행을 청구할 수 있다(같은 취지: 대판 1972. 5. 23, 72다414).

2) 곽윤직, 361; 김기선, 336; 김석우, 396; 김용한, 555; 김주수, 454; 김증한, 165; 김증한 · 김학동, 373; 김현태, 329; 임정평, 460; 현승종, 389; 황적인, 247; 민법주해(11), 70(김대휘 집필부분); 곽윤직, "대물변제의 요물계약성," 서울대 법학 43호, 1980, 14 이하; 독일에서는 20세기 초에 합의의 요소를 강조한 학설이 지배적이었으나(Leonhard, Kress, Planck's Komm 등), 근래에는 보조적 이행방법의 하나로서 이해하는 견해가 지배적이다(Esser, Fikentscher, Larenz, Enneccerus-Lehmann 등). Esser-Schmidt, *Schuldrecht I*, 6. Aufl., 1984, S. 260.

3) 같은 취지: 김형배, 718; 양창수, "타인의 물건에 관한 대물변제계약상의 책임," 민사판례연구 제12권, 140 이하에서는 대물변제약정의 법적 성질을 「채무변경계약」으로 파악하고 대물이 현실적으로 급

건의 소유권이전을 위하여 별도의 대물변제계약을 체결한 경우에도 그 처분행위의 법적 원인에는 소비대차계약이 포함된다. 요물계약설은 대물변제의 변제로서의 성격을 가볍게 처리하고 요물계약이라는 개념을 이용하여 당사자의 합의라는 면을 지나치게 강조한다. 물권변동에 의사주의를 취하는 입법례에서는 합의로써 소유권이 이전하기 때문에 대물변제의 의사적 측면이 중요하게 다루어져야 하지만, 우리 민법과 같이 형식주의를 취하는 경우에는 목적물의 인도나 등기이전이 중요하다.

(3) 경개와의 차이

(가) 개념상 구별 대물변제는 현실의 급여와 수령으로써 채무를 이행하는 것인 반면에, 경개는 채무의 변경으로서 채무를 존속시키는 점에 차이가 있다. 경개(更改)란 당사자가 채무의 중요한 부분을 변경하고 구채무는 소멸시키기로 합의(合意)하는 것을 말한다(제500조). 대물변제는 본래의 채무의 이행행위로서 대물변제가 행해지면 채무가 완전히 소멸하는 데에 반하여, 경개는 채무부담행위로서 본래의 채무를 소멸시키고 신채무를 발생시키는 효과를 갖 는다.[1]

(나) 대물변제약정으로의 해석 본래급부 대신에 대물급부를 하기로 약정하는 것(대물변제약정)은 채무의 중요부분의 변경에 해당하므로 경개로도 할 수 있다. 경개를 합의한 경우에는 무인(無因)의 채권관계(債權關係)가 발생하므로, 종전의 채무를 발생시킨 계약(매매, 임대차, 소비대차 등)과의 관계는 단절된다. 당사자들이 채무를 발생시킨 계약과의 관계를 단절시키는 무인의 채무발생을 의욕하는 경우는 거의 없으므로, 실제 사례에서 경개는 거의 행해지지 않으며 대물변제약정이 행해질 뿐이다. 도급계약과 관련된 대물변제예약에 있어서와 같이 공사대금의 지급에 갈음하여 부동산을 대물변제받기로 하는 약정은 채권보전을 위한 담보방법으로 행하여진 것으로 보아야 할 것이므로, 채무자가 채무의 본지에 따른 이행을 함으로써 기존의 채무가 소멸되고 난 뒤에는 채권자는 그와 같은 약정에 기한 부동산소유권이전등기를 청구할 수 없다(대판 1997. 4. 25, 96다32133).

여된 경우에 대물변제가 아니라 통상의 변제가 된다고 한다.

1) 요물계약설에 의하면, 대물변제와 경개는 요물계약과 낙성계약이라는 점에 차이가 있다. 곽윤직, 361; 김기선, 336; 김석우, 419; 김용한, 555; 김주수, 454; 김증한, 165; 김증한 · 김학동, 373; 김현태, 328; 이태재, 290; 임정평, 461; 현승종, 389.

2. 대물변제의 성립요소

(1) 대물의 변제제공

(가) 현실제공과 채권자의 승낙 채무자가 본래급부 대신 대물급부를 장래에 하겠다고 약속하는 것만으로는 부족하고, 채권자가 곧 수령할 수 있을 정도로 변제(辨濟)의 제공(提供)을 하여야 한다. 변제제공은 현실제공(現實提供)으로 하여야 한다. 제공 전에 채권자로부터 대물급여에 관한 승낙을 얻은 경우에는 대물의 변제제공으로서 채무불이행책임의 면제, 채권자지체 등의 효과를 얻을 수 있다. 그러나 사전승낙이 없는 경우에는 대물의 변제제공은 본래급부의 변제제공에서와 같은 효과를 발생시키지 않는다. 대물변제는 제3자도 할 수 있으나, 이해관계 없는 제3자는 채무자의 의사(意思)에 반하여 대물변제하지 못한다(제469조).

(나) 대 물 대물(代物)의 내용이나 종류에는 제한이 없다. 인도급부 대신 행위급부를 제공하는 것(예: 음식값을 내지 못해 대신 청소를 하는 것)도 무방하다. 대물로써 채권을 양도하는 경우도 있을 수 있으나, 채권자가 대물급여로서 그 채권을 양수받는다고 명시적으로 승낙한 경우에만 채권이 변제로서 소멸하고 그렇지 않으면 변제를 위하여 양도된 것으로 해석되어 채권은 현실적인 만족을 얻을 때까지 존속한다.[1] 금전의 지급에 대신하여 어음이나 수표가 교부된 경우에 그것은 보통 변제를 위하여 인도된 것이지 대물급여로서 변제된 것은 아니다.[2] 그러므로 다른 약정이 없는 한 채권자가 어음이나 수표로부터 현금을 수령한 때에 변제의 효력이 생긴다.

(2) 채권자의 승낙과 수령

(가) 승낙의 의의 채권자는 대물급부(代物給付)를 수령할 것인가를 자

---

1) 대판 1976. 3. 9, 76다12: 채무자가 채무변제를 위하여 채권자에게 다른 채권을 양도한 경우에 특별한 사정이 없으면 그 채무양도는 채권변제를 위한 담보방법으로서 행해지는 것이지 변제에 갈음하는 것이라고 볼 수 없다. 같은 취지: 대판 1981. 10. 13, 81다354; 대판 1990. 2. 13, 89다카10385.

단, 기초채무의 변제에 갈음하여 어음·수표를 교부한 때에는 대물변제가 된다는 견해가 있다(장경학, 537). 어음·수표는 그것을 성립시킨 원인과는 관계 없이 독립적 효력을 가진 무인채무로서 하나의 유가물로 보아야 하기 때문이라고 한다.

2) 같은 취지: 곽윤직, 367; 김기선, 338; 김석우, 403; 김용한, 564; 김주수, 458; 김증한, 166; 김증한·김학동, 376; 김현태, 333; 김형배(2판), 729; 임정평, 465; 장경학, 537; 정기웅, 468; 현승종, 395; 민법주해(11), 76(김대휘 집필부분).

판례도 같은 취지이다. 대판 1960. 4. 28, 4292민상197; 대판 1960. 7. 14, 4292민상893 등 다수판례.

유로 결정할 수 있다. 만약 채권자가 대물급부를 수령할 계획이라면 승낙의 의사를 표시해야 한다. 승낙(承諾)은 채무자 또는 제3변제자에 대한 일방적 의사표시이다. 승낙의 의사는 묵시적으로 표시되어도 무방하다. 채권자가 대물급부임을 알고 말 없이 그것을 수령하는 것은 승낙의 의사가 그 안에 포함되어 있는 것이라고 해석된다. 승낙은 채무자의 변제제공의 전에도 할 수 있고 그 후에도 할 수 있다. 채권자가 채무자에게 대물급부라도 제공할 것을 종용한 경우에는 사전승낙이 있다고 해석된다.

㈏ 승낙의 특정성　승낙은 특정성(特定性)이 있어야 한다. 채권자가 막연히 대물급부를 하여도 좋다는 뜻을 표시한 것은 승낙이 아니다. 어떤 대물급부로서 어떤 채무의 이행을 할 것인가가 특정되어 있어야 한다. 특정성이 있는 경우에만 채권자가 승낙시에 본래급부와 대물급부 사이의 등가성을 고려할 수 있기 때문이다.

㈐ 승낙의 철회　채권자가 중대한 과실 없이 대물의 가치를 착각했거나 중대한 하자가 있음을 모르고 승낙한 경우에는 그 승낙을 철회(撤回)할 수 있다고 해석된다(제109조의 유추해석). 채무자가 대물변제를 완료한 후에 승낙을 철회하려는 경우에, 채권자는 수령한 대물을 반환함과 동시에 철회의 의사를 밝혀야 한다. 승낙이 철회되고 대물이 반환된 경우에 대물변제의 효과는 부정된다. 이 때 채무자는 본래의 채무를 부담한다.

㈑ 채권자의 수령　대물변제가 완료되려면 반드시 채권자의 수령(受領)이 있어야 한다. 대물급부가 동산의 소유권이전인 경우에는 인도가 있어야 하며, 부동산의 소유권이전인 경우에는 채권자에게 등기가 이전되어야 수령이 완료된다(대판 1965. 9. 7, 65다1389 등 다수판례). 대물로서 채권(지명채권, 지시채권 등)을 양도하는 경우에 그 채권으로부터의 현실적 만족을 얻기까지 변제를 위하여 급부한 것으로 해석되며, 대물변제로는 해석되지 않는다.

㈒ 등기 · 등록　대물변제가 효력을 발생하려면 채무자가 본래의 이행에 갈음하여 행하는 다른 급여가 현실적이어야 하고 등기나 등록을 요하는 경우 그 등기나 등록까지 경료하여야 한다(대판 1995. 9. 15, 95다13371).

3. 대물변제의 법률관계

(1) 등가성의 요구

민법은 본래급부와 대물급부가 동일(同一)한 가치(價值)를 가질 것을 요구하지 않는다. 그러므로 양 급부 사이에 어느 정도 차등이 있어도 무방하다. 그러나 일방당사자의 지위가 약한 것을 빌미로 하여 본래급부보다 가치가 떨어지거나 가치가 높은 급부를 요구하는 것은 부당하다. 대물변제계약이 체결된 경우에 양 급부의 차이가 현저하고, 그것이 일방당사자의 궁박한 사정이나 경솔·무경험으로 말미암은 때에는 그 계약의 전부 또는 일부는 불공정한 법률행위에 해당되어 무효로 될 수 있다(제104조).[1] 대개의 거래에서는 채무자가 약자이지만, 채무자가 독점적 공급업자인 경우처럼 채무자가 강자로서 계약과 다른 대물급부의 수령을 강요하는 경우도 많다.

대물변제에 따른 양 급부의 등가성(等價性)은 대물변제 자체뿐 아니라 계약관계를 총체적으로 고찰하여 판단하여야 한다. 대물변제약정을 할 때에는 가격차이가 현저했으나, 그 후 경제사정의 변화로 양 급부가 가치의 균형을 이루게 되는 경우도 있다.

대물변제예약이 불공정한 법률행위로 되는 요건의 하나인 대차목적물의 가액과 대물의 가액 사이의 불균형을 결정하는 시점은 대물변제의 효력이 생길 변제기(辨濟期)를 표준으로 한다. 그러므로 채권액도 변제기까지의 원리금(元利金)을 기준으로 해야 한다(대판 1966. 6. 15, 65다610). 채무자가 그 소유 토지를 차용원리금에 대한 대물변제조로 채권자에게 양도하기로 약정하고 그 차용원리금의 담보조로 그 토지에 소유권이전등기청구권 가등기를 하였다가 그 차용원리금에 갈음한 현실적인 대물변제조로 채권자 앞으로 소유권이전등기를 한 경우, 채무자와 채권자간의 그 약정은 민법 제607조 소정의 대물반환의 예약이라 할 것이어서 같은 법 제607조, 제608조가 적용되어 그 재산의 가액이 차용원리금의 합산액을 넘는 경우에는 그 효력이 없고, 그 재산

---

1) 같은 취지: 곽윤직, 366; 김기선, 338; 김상용, 574; 김석우, 402; 김용한, 562; 김주수, 454; 김증한·김학동, 378; 김형배(2판), 729; 장경학, 539; 임정평, 463; 현승종, 394.

대판 1964. 10. 27, 64다카881: 대물변제의 목적물가액이 채무액을 초과하여 현저히 불균형한 경우라도 그 대물변제계약이 채무자의 경솔·무경험 또는 급박한 곤궁상태를 이용하여 체결케 한 것이 아니면, 이를 공서양속에 위반되는 계약이라 볼 수 없다.

의 가액이 차용액과 이에 붙인 이자의 합산액을 넘는지의 여부는 예약 당시를 기준으로 할 것이지 소유권이전 당시를 기준으로 할 것은 아니다(대판 1996. 4. 26, 95다 34781).

(2) 청산의무의 발생

본래급부와 대물급부 사이에 어느 정도의 가치차이가 있더라도 청산약정이 없는 한 당사자에게 청산의무(淸算義務)가 발생하지 않음이 원칙이다. 채권자가 채무자의 대물변제로서 약간의 이득을 보더라도 상대방에 대해 부당이득반환의무를 지지 않는다. 그러나 양 급부차이가 현저한 경우에 대물의 수령으로 부당이득을 한 채권자 또는 과소급부로 부당이득을 한 채무자는 상대방에게 그 부당이득분을 반환해 줄 의무를 진다. 대물변제로 과다한 이익을 본 자가 그 이익을 보유할 정당한 권리를 갖지 않기 때문이다. 대물변제자는 물건의 인도시에 청산금의 지급과 동시이행할 것을 요구할 수 있다. 당사자가 대물변제약정을 통해 청산금을 지급할 것을 약정한 경우에, 다른 사정이 없는 한 그 대물의 인도와 청산금지급은 동시이행관계에 있다고 해석된다.

(3) 대물변제자의 담보책임

대물변제자(代物辨濟者)는 그 대물변제의 원인이 되는 채무발생원인이 유상계약(有償契約)인 경우에 한해서 권리의 흠결 또는 물건의 하자에 대한 담보책임(擔保責任)을 진다(제567조).

요물계약설을 취하는 견해는 대물변제가 당연히 유상계약의 성질을 띤다고 파악한다(유상계약설). 대물변제는 대물변제계약(요물계약)이고 그것은 매매 유사의 양도계약이므로 유상계약에 해당한다는 주장이다. 대물변제를 유상계약이라고 보는 더 중요한 이유는 인도된 대물에 흠(권리의 흠결과 목적물의 하자)이 있는 경우에 채무자에게 매도인의 담보책임을 부과시키려는 의도이다.

사견으로는 명문규정이 없는 민법의 해석으로서 모든 대물변제자에게 담보책임을 부담시키는 것은 옳지 않다고 생각한다.[1] 채무의 발생원인이

---

1) 독일민법 제365조는 물건이나 채권을 대물로서 급여한 채무자는 매도인과 동일한 담보책임을 진다고 규정한다. 그러한 명문규정이 있음에도 불구하고 증여에 관해서는 담보책임이 축소 또는 면제되어야 한다는 주장이 행해진다(Leonhard, Esser 등). 그리고 보통의 대물변제에서도 담보책임을 지는 이유는 대물을 본래급부의 가격으로 매매 · 교환했기 때문이 아니라 단지 매매의 담보책임규정을 준용할 필요가 있기 때문이라고 설명된다. Esser-Schmidt, *a.a.O.*, S. 261.

증여와 같은 무상계약에서 증여자가 수증자의 허락을 얻어 대물(代物)로서 이행하는 경우에(예: 친구에게 생일선물로서 레코드를 사주기로 했다가 돈이 없어 자기가 갖고 있는 책을 대신 주는 경우) 증여자에게 매도인과 같은 담보책임을 지우는 것은 민법 제559조의 담보책임면제 · 경감의 규정에 어긋난다. 채무의 발생원인이 매매 · 임대차 · 이자부소비대차 등의 유상계약인 경우에 한해서 대물에 관해 매도인의 담보책임규정이 준용된다(제567조).[1]

4. 대물반환의 예약[2]

(1) 의　　의

(가) 개　　념　　대물반환(代物返還)의 예약(豫約)이란 차주가 변제기에 차용금을 반환하지 못하여 이행지체에 빠질 경우에 소비대차의 차용금반환채무에 갈음하여 동산이나 부동산 등의 대체급부를 인도할 것을 변제기도래 전에 합의하는 경우를 말한다. 「대물변제의 예약」으로서는 소비대차의 차용물반환채무에 관하여 행해지는 「소비대차의 대물반환의 예약」이 가장 많이 이용된다(민법 제607조는 「대물반환의 예약」이라는 용어를 사용함). 대물변제의 예약 또는 대물반환의 예약은 채무의 변제기가 도래하기 전에 약정되며, 변제기도래 이후에 약정하는 경우는 대물변제계약이라고 한다. 대물반환의 예약의 내용은 「만약 차주가 변제기까지 본래채무를 변제하지 않으면 특정의 대물을 차주에게 양도할 것」이다. 예를 들어 A가 B로부터 1,000만원을 월 2%의 이자로 3개월간 꾸면서, 만약 3개월 후에 갚지 못하면 A소유의 부동산을 B에게 양도해 줄 것을 미리 약속해 둔 경우가 대물반환의 예약에 해당한다.

소비대차의 차용금채무에 관련되지 않은 대물변제의 예약도 있다. 불법행위책임 등 법률의 규정에 의한 채무에 관해서도 대물변제의 예약을 하는 것이 금지되지 않으나, 법률의 규정에 의한 채무의 경우에는 대개 발생과 동시에 변제기가 도래하므로 예약이 아니라 대물변제계약(代物辨濟契約)이 체결되는 것이다.

(나) 대물반환예약과 대물변제　　대물반환예약(代物返還豫約)과 대물변

---

1) 같은 취지: 김형배(2판), 719; 양창수, "타인의 물건에 대한 대물변제계약상의 책임," 민사판례연구 제12권, 144.

2) 참고문헌: 곽윤직, "대물변제의 예약에 관한 연구 — 판례이론을 중심으로 —," 서울대 법학 40호, 1979; 김용진, "전세금반환채무에 대한 대물반환예약의 효력," 판례연구 제1집, 119.

제(代物辨濟)는 채무자로 하여금 본래급부에 대신하여 대용급부로서 변제할 것을 목적으로 한다는 공통점을 갖는다. 그러나 양자 사이에는 상당한 차이가 있다. 대물반환의 예약을 보통 대물변제의 예약이라고 표현하지만,[1] 대물변제가 예약의 대상이 되는 것은 아니고 대물변제계약이 예약대상이 되는 것이다. 대물변제계약과 대물변제는 다른 개념이다. 그러니까 정확히는 대물변제계약의 예약이 되는 셈이다. 대물변제계약은 본계약으로서 그에 의해 소유권이전의무가 발생하지만, 대물변제예약은 예약의 일종으로서 장래에 본계약을 체결할 완결권(完結權)을 유보(留保)하는 것이 목적이다.

(다) 대물반환예약과 경개 대물반환예약(代物返還豫約)은 대물의 인도채무를 발생시키는 경개와 다른 제도이다. 경개(更改)가 행해졌다면 차주는 본래채무를 면하고 대물급여의 신채무만을 부담하게 된다. 그러나 대물반환예약에서 차주는 변제기까지는 본래급부를 이행할 의무를 지며 변제기 이후에는 대물급부를 할 의무를 진다. 그리고 대물반환예약에선 대물변제에 의해 채권관계가 소멸할 때까지 본래의 채무가 존속한다.

(2) 예약완결권

대물반환예약은 장래 대물변제를 할 것에 대비한 합의(계약의 일종)이다. 그 예약은 장래 소유권이전의무를 발생시킬 것을 예약하는 약정이다. 현실제공과 수령에 의한 대물변제와는 구별된다. 대물반환예약은 확정적으로 대물의 인도채권을 발생시키는 것이 아니라, 차주의 이행지체라는 일정한 요건의 충족과 대주의 확정적 의사의 표명이 있을 때에 그 대물에 대한 소유권이전청구권이 발생된다. 대주가 소유권이전을 받기를 원하는 확정적 의사를 표시하여야 비로소 소유권이전청구권이 발생하게 되고, 그 청구권에 기하여 소유권이전등기(본등기)의 등기청구권이 발생하며, 이에 기하여 등기가 경료된 때에 부동산소유권이 대주에게 이전한다. 소유권이전을 원하는 확정적 의사를 표시할 권리를 예약완결권(豫約完結權)이라고 하는데, 대물반환예약은 일방예약으로서 그 예약완결권은 대주만이 갖는 것이 원칙이다(제564조, 채권각론의 예약에 관한 설명 참조).

---

1) 곽윤직, 362; 김기선, 339; 김상용, 500; 김석우, 388; 김용한, 567; 김주수, 461; 김증한, 168; 김증한 · 김학동, 379; 김현태, 329; 김형배, 733; 김정평, 467; 정기웅, 470; 현승종, 390; 황적인, 247; 민법주해(11), 79(김대휘 집필부분).

대물변제 예약완결(豫約完結)의 의사표시(意思表示)는 특별한 방식을 요하지 아니하고 단순히 예약의무자에 대한 의사표시로서 할 수 있다. 소장이나 가처분신청서가 상대방에게 송달된 때에 예약완결권의 행사를 인정한 판례가 있다(대판 1997. 6. 27, 97다12488).

(3) 대물반환예약의 공정성

본래급부와 대물급부 사이에 가치의 불균형이 현저한 경우에 대물반환예약의 공정성(公正性)이 문제된다. 특히 소비대차에서는 차용금과 대물급부 사이의 등가성이 중요하게 취급된다. 민법은 소비대차의 대물반환예약에 관하여 대물의 예약 당시의 가액이 차용액 및 이자의 합산액을 초과하지 못하도록 규정한다(제607조, 제608조). 대물의 가액이 원금과 이자의 합산액을 넘는 때에 대물반환예약은 그 초과부분에 한하여 일부무효(一部無效)로 되며, 대주는 차주에게 그 차액을 정산하고 대물을 양도받을 수 있다고 해석된다. 민법 제607조, 제608조의 규정은 가등기담보법이 적용되지 않는 동산의 대물변제예약에 있어서 특히 중요한 의미를 가진다.

부동산 매수인이 매도인에게 잔대금 1억원 중 금 5천만원만 지급하고 나머지 금원에 대하여는 매수인이 매도인으로부터 변제기를 정하여 월 2%의 이율로 차용하는 것으로 하되, 만일 매수인이 변제기까지 이를 갚지 못할 때에는 매수인이 매수한 부동산에 대한 소유권이전등기청구권으로 대물변제하기로 약정을 한 경우, 특별한 사정이 없는 한 금원을 차용하기로 한 부분은 준소비대차(準消費貸借)에 해당하고, 대물변제하기로 한 부분은 대물반환의 예약에 해당하며, 민법 제607조, 제608조는 이와 같은 준소비대차계약에 의하여 차주가 반환할 차용물에 관하여도 그 적용이 있다(대판 1997. 3. 11, 96다50797). 채무자가 채권자 앞으로 차용물 아닌 다른 재산권을 이전한 경우에 있어서 그 권리의 이전이 채무의 이행을 담보하기 위한 것이 아니고 그 채무에 갈음하여 상대방에게 완전히 그 권리를 이전하는 대물변제인 경우에는, 가사 그 시가가 그 채무의 원리금을 초과한다고 하여도 민법 제607조, 제608조가 적용되지 아니한다(대판 1992. 2. 28, 91다25574).

(4) 가등기담보와의 관계

거래관행을 살펴보면, 소비대차의 대물반환의 예약과 함께 그 대물에 대하여 담보물권을 설정해 두는 것이 보통이다. 대물반환의 예약과 함께 부동산에 설정하는 담보물권은 대개 가등기담보권(假登記擔保權)이다. 가등기담보권의 경우에 대물반환의 예약과 함께 그 목적부동산에 소유권이전청구권에 기한 가등기를 경료(經了)해 둔다. 채무자가 차용금채무의 이행을 지체하면, 채권자는 예약완결권을 행사하고 그 가등기에 기한 본등기를 경료하게 된다. 가등기담보에 관해서는 가등기담보법이 적용되어 그 본등기가 있기만 하면 소유권이 이전하는 것이 아니라, 청산기간의 경과, 청산금의 지급 등 법이 요구하는 절차와 요건을 갖추어야 비로소 소유권이 이전한다(물권법의 설명을 참조).

§ 50. 공 탁

1. 의 의[1)]

(1) 변제공탁의 개념

공탁(供託)이란 공탁자가 공적 기관인 공탁소에 금전이나 물건을 맡기고 제3자로 하여금 그것을 찾아갈 수 있도록 하는 제도를 말한다. 공탁은 공탁자가 자기의 채권자에게 채무를 변제하기 위한 목적(변제대용)으로 행해질 수 있는데, 그러한 공탁을 변제공탁(辨濟供託)이라고 한다. 민법이 변제공탁 제도를 두는 이유는 채무자가 변제제공한 목적물을 채권자가 수령하지 않는 경우에 이를 공탁케 함으로써 채무의 구속으로부터 벗어나게 해 주려는 뜻이다.

(2) 공탁의 종류

공탁에는 변제공탁 이외에 담보공탁 · 집행공탁 · 몰취공탁 등이 있다. ① 담보공탁(擔保供託)은 채무자가 특정한 채권자에게 공탁물의 수령권을 부여함으로써 마치 담보권을 설정해 주어 우선변제권을 갖도록 해 주는 것과 유사한 효과를 꾀하고자 이용된다. 소송비용의 지급을 담보하기 위하여 공탁해 두는 경우가 담보공탁에 해당한다(민소법 제117조). ② 집행공탁(執行供託)은 강제집행 · 경매 · 파산에 의한 배당금을 공탁소에 맡겨 관리 · 지급하도록 하는 것을 말한다(민집법 제222조; 채무자회생 및 파산에 관한 법률 제528조). ③ 몰취공탁(沒取供託)은 어떤 일을 방지하기 위하여 보증금을 공탁하도록 하고, 그 일을 저지르면 공탁금을 몰취하는 경우를 말한다. 법원은 보증금을 공탁케 하고 소명(疏明)시에 허위의 진술을 한 때에 과태료를 그 보증금으로부터 몰취할 수 있는데, 이 경우는 몰취공탁에 해당한다(민소법 제300조). ④ 상법에서는 사채권자(社債權者)의 집회를 위하여 무기명채권의 소지자에게 채권을 공탁하게 하는 등(상법 제491조 4항, 제492조 2항)

---

1) 참고문헌: 김상용, "변제공탁," 고시연구 1993년 7월호, 33; 김용진, "채권자의 담보물처분 후 채무자가 한 변제공탁의 효력," 법정 1977년 8월호; 남기정, "공탁신청절차," 사법행정 1980년 11월호; 동, "채권자불확지 변제공탁의 사후처리," 법조 1987년 11월호; 동, "채권가압류당한 제3채무자의 변제공탁방법," 법조 1988년 9월호; 서정우, "이의유보 없는 공탁물의 수령," 민사판례연구 제8권, 1986; 양창수, "공탁," 고시연구 1992년 10월호, 92; 이재성, "변제공탁물의 회수와 담보권의 효력," 민사재판의 제문제 제3권, 1985.

공탁제도는 다양한 목적으로 이용된다.

(3) 공탁의 성격

공탁은 공법상 임치(公法上 任置)로서의 공법관계(公法關係)와 채무의 이행행위로서의 민사관계(民事關係)라는 두 가지 측면을 갖는다.[1] 공탁관계에 관해서는 공탁법(供託法)에서 규정하며, 변제공탁의 사법관계에 관해서는 민법 제487조 이하에서 규정한다. 공탁은 제3자를 위한 임치계약과 유사한 성질을 갖는다. 공탁의 공법적 성질에 어긋나지 않는 범위에서 임치에 관한 민법규정(제693조 이하)이 준용된다. 공탁물의 보관 및 반환에 관해 선량한 관리자의 주의로서 보존할 의무(제374조), 이행보조자의 과실(제391조) 등 채권법의 법리도 준용된다. 공탁에 관한 분쟁을 행정소송으로 할 것인가, 민사소송으로 할 것인가는 의문이다. 판례는 공탁법이 정하는 항고를 할 수 있는 외에 소정의 절차를 거쳐 국가에 대한 민사소송으로서 공탁금지급청구를 할 수 있다고 한다(대판 1967. 2. 21, 66다2153; 대판 1975. 2. 25, 74다1531). 사견으로도 민사소송절차에 의하는 편이 공탁의 기초가 된 채권관계를 심리하기에 적합하다고 생각한다.

2. 변제공탁의 요건

(1) 공탁원인

(가) 채권의 존재 변제공탁은 채무의 변제를 목적으로 하므로 변제자가 변제하려는 채무가 공탁원인(供託原因)으로서 존재하여야 한다. 공탁자가 변제의 객체인 채무가 존재하지 않음에도 존재한다고 믿고 공탁한 경우나 공탁 후에 채무가 소멸한 경우에 공탁은 변제와 같은 면책효(免責效)를 가져오지 못한다. 그리고 공탁자가 지정한 공탁물수령권자가 채권자가 아닌 경우에도 공탁의 면책효는 발생하지 않는다. 공탁원인이 소멸했거나 채권자 등에 관하여 착오가 있는 경우에 공탁자는 공탁물을 회수할 수 있다(공탁법 제9조 2항).

(나) 채권자의 수령거절 · 불능 채권자가 변제를 받지 아니하거나 받

[1] 종래에는 공탁이 사법상의 계약인가 공법관계의 개시인가에 관해 학설이 대립했었다. 근래에는 공탁의 공법관계성을 인정하되, 민사법상 임치와의 유사성으로 인해 민사법상의 법리를 준용하는 절충설(折衷說)이 독일 · 일본 · 우리 나라의 다수설 · 판례의 태도이다. 주석 채권총칙(하), 580 이하(진성규 집필부분)의 설명을 참조. 김상용, 506; 양창수, 앞의 글, 94에서는 양면관계설(兩面關係說)이라 표현하였다.

을 수 없는 때에 채무자가 목적물을 공탁할 수 있다(제487조). 채권자의 수령거절(受領拒絶)·불능(不能)이 생긴 것이 채권자의 귀책사유로 인한 것일 필요는 없다. 채무자의 변제제공에 의해 채권자를 채권자지체(債權者遲滯)에 빠뜨린 후에야 변제공탁이 변제와 같은 면책효를 갖게 된다. 채무자는 상대방을 채권자지체에 빠뜨린 것만으로는 채무를 면하지도 못하고 이행을 완료시킬 수도 없는데, 급부를 공탁함으로써 채무를 소멸시킬 수 있다. 즉, 채권자의 태도로 보아 채무자가 설사 채무의 이행제공을 했더라도 수령을 거절했을 것이 명백한 경우에 채무자는 이행의 제공을 하지 않고 바로 변제공탁할 수 있다(대판 1981. 9. 8, 80다2851).

예외적으로 변제자가 변제제공 없이 바로 목적물을 공탁할 수 있는 경우가 있다. 채권자가 미리 수령을 거절하였거나 거절할 것이 명백한 경우에는 구두제공(口頭提供)을 하지 않고 곧 목적물을 공탁할 수 있다고 해석된다.[1] 이 경우 변제자는 변제제공을 하지 않았으므로 채권자지체의 요건을 갖추지 않게 되는데, 이와 같이 채권자를 지체에 빠뜨리지 않고도 공탁으로서 변제에 대신할 수 있다. 채권이 가압류되어 제3채무자에게 지급금지가 된 경우에 제3채무자가 이행지체책임을 면하려면 변제공탁을 하여야 한다(대판 1994. 12. 13, 93다951). 상인간(商人間)의 매매(賣買)에서 매수인이 목적물을 수령하지 않음으로 인한 공탁에 관하여는 상법에 규정이 있다(상법 제67조).

(다) 채권자의 불확지 상속 후에 누가 채권자로 되었는지 알지 못하거나, 채권자로 자칭하는 자가 여러 명인 경우 등 변제자의 과실 없이 채권자를 알 수 없는 경우에 공탁으로서 채무를 면한다.[2] 채권자의 불확지(不確知)란 객관적으로는 채권자 또는 변제수령자가 존재하고 있으나, 채무자가 선량한 관리자의 주의를 다하여도 채권자가 누구인지를 알 수 없는 경우를 말한다(대판 1988. 12. 30, 87다카3118). 채무자의 과실로 인하여 채권자를 알지 못한 경우에 그

---

1) 같은 취지: 곽윤직, 371; 김기선, 343; 김상용, 508; 김석우, 407; 김주수, 469; 김증한·김학동, 383; 김형배(2판), 744; 장경학, 547; 정기웅, 410; 현승종, 400; 민법주해(11), 275(이동명 집필부분); 대판 1981. 9. 8, 80다2851.

2) 대판 1963. 2. 7, 62다790: 채권압류와 전부명령이 경합한 경우에 국가가 어느 것이 우선하는지 모른다는 이유로 변제공탁한 경우, 국가는 채권자를 알지 못한 데에 과실이 있어 공탁은 효력이 없다. 대판 1971. 1. 26, 70다2626: 채권이 압류되기 전에 제3자에게 양도되어 채무자가 확정일자 있는 증서에 의하지 않고 그를 승낙한 경우에 채무자가 압류채권자와 채권양수인 중 누구에게 변제해야 할지 몰라 변제공탁한 것은 유효하다.

공탁은 면책효를 갖지 못한다(같은 취지: 대판 1963. 2. 7, 62다790). 운송인이 수하인(受荷人)을 알 수 없는 경우에 운송물을 공탁할 수 있다는 상법규정도 같은 취지이다(상법 제142조, 제145조).

(2) 공 탁 물

(가) 공탁에의 적합성 금전 · 유가증권은 물론이고 동산과 부동산도 공탁할 수 있다. 행위급부는 공탁의 목적물이 되지 못한다. 부패하기 쉽거나 인화성이 강한 물건 등 보관에 적합하지 않거나 보관에 과다한 비용이 드는 물건은 매각대금을 공탁한다. 이러한 공탁부적합물의 경우에는 변제자가 법원의 허가를 얻어 그 물건을 경매하거나 시가로 방매할 수 있는데, 이러한 권한을 자조매각권(自助賣却權)이라고 한다(제490조, 상사매매의 특칙: 상법 제67조).

(나) 채무에의 적합성 변제자가 공탁하는 물건은 채무내용에 적합(適合)한 것이어야 한다.[1] 공탁은 변제의 대신으로 행해지는 것이므로 공탁물은 변제물로서의 내용을 갖추어야 한다.

(다) 일부공탁 채무자가 급부의 일부만을 공탁한 경우에, 채무의 성질이나 계약의 해석에 의하여 일부변제가 허용되는 경우에 그 공탁한 일부에 관해서만 면책효가 생긴다.

판례는 일부변제를 허용하지 않는 것을 원칙으로 하므로, 일부공탁도 무효가 됨을 원칙으로 한다. 즉, 채무의 일부변제공탁은 그 채무를 변제함에 있어서 일부의 제공이 유효한 제공이라고 시인할 수 있는 특별한 사정이 있는 경우를 제외하고는 채권자가 이를 수락하지 않는 한, 유효한 변제공탁이라고 할 수 없다(대판 1998. 10. 13, 98다17046).

일부에 대한 공탁은 그 부분에 관하여서도 효력이 생기지 않으나, 채권자가 공탁금을 채권의 일부에 충당한다는 유보의 의사표시를 하고 이를 수령한 때에는 그 공탁금은 채권의 일부의 변제에 충당된다(대판 1996. 7. 26, 96다14616).

채무액에 다툼이 있는 채권에 관하여 채무자가 채무 전액의 변제임을 공탁원인 중에 밝히고 공탁한 경우에, 채권자가 일부수령 등의 유보의 의사표시 없이 수령한 것은 채무 전액에 대한 변제공탁으로 인정한 것이다(대판 1983. 6. 28, 83다카88).

---

1) 대판 1970. 3. 30, 69다1141: 판결이 현물급부의무만을 명하고 대상판결을 하지 않은 경우에 현물을 금전으로 환산하여 현금으로 공탁한 것은 판결이 명하는 이행이 아니다.

사견으로서는 가분급부(可分給付)의 경우에 일부변제가 채권자에게 불리한 사정이 없는 한 일부변제를 허용하므로, 일부공탁에 의해 원칙적으로 그 공탁부분에 상응하는 면책효가 생긴다고 해석한다. 비록 일부변제가 허용되지 않는 경우라도 채권자가 일부변제로서 수령한 경우에는 그 일부에 관하여 면책효가 생긴다. 그 밖의 경우에는 일부공탁이 있더라도 채권관계에 영향을 미치지 않는다. 채무자는 일부공탁을 한 후에 추가공탁(追加供託)을 하여 그 부족분을 보충할 수 있다.

채권액에 관하여 다툼이 있는 경우에, 채권자가 이의를 유보하지 않고 그 공탁물을 받아간 경우에는 전부변제의 효과가 생긴다. 이 때 이의(異議)의 유보(留保)는 채무자 또는 공탁공무원에 대하여 표시하여야 한다. 손해배상채무의 이행을 위한 공탁에 있어서 배상의무자가 일정액을 배상금으로서 공탁하고 배상채권자(피해자 등)가 그 공탁금을 이의를 유보하지 않고 수령한 경우에 그 금액으로서 모든 손해배상문제를 종결시키기로 하는 손해배상액(損害賠償額)의 합의(合意)와 화해계약(和解契約)이 체결된 것으로 해석하는 것은 부당하다. 당사자의 진정한 의사가 그렇다면 문제가 없으나, 자기의 공탁금수령이 손해배상합의와 화해계약으로 해석될 여지가 있다는 사실을 모르고 일부변제로서 수령한 피해자의 의사를 그의 진의와 달리 전부변제에 대한 동의의 뜻으로 해석하는 것은 잘못된 것이다.[1)]

(3) 공탁의 당사자

(가) 공 탁 자　변제공탁에서는 변제자가 공탁(供託)을 한다. 변제자는 채무자나 제3자이다. 이해관계 없는 제3자가 채무자의 의사에 반하여 공탁한 경우에는 채무가 소멸하지 않는다(제469조 2항). 공탁을 하는 변제자는 공탁자(供託者)로서 공탁소와 공탁관계를 맺게 되며, 공탁법에 따른 권리의무를 갖는다.

(나) 공 탁 소　공탁은 채무이행지의 공탁소(供託所)에 해야 하는데, 다른 법률규정이 없으면 법원이 변제자의 청구에 의하여 공탁소를 지정하고 공탁물보관자를 선임한다(제488조 1항·2항). 공탁사무는 지방법원장의 감독 아래

---

1) 같은 취지: 양창수, 앞의 글, 107; 장경학, 549에서는 채권자의 유보 없는 일부의 수령은 원칙적으로 채권 전액에 대한 변제공탁의 유효성을 인정하나, "단, 당사자 사이에 채권액에 대해 다툼이 있는 동안은 명시의 유보가 없더라도 유보의사가 있는 것으로 봄이 타당하다"고 한다. 일본판례도 같은 취지 日最判 1967. 8. 42, 民集 21, 1719.

그가 지정하는 법원서기관이나 법원사무관이 하며, 공탁물의 보관은 대법원장이 지정한 은행 · 창고업자가 한다(공탁법 제2조, 제3조).

(다) 수령권자 채권자는 공탁관계의 직접적인 당사자는 아니다. 그러나 공탁자의 지정과 채권에 기해서 공탁물수령권(供託物受領權)을 가지며, 이 때 채권자의 수익의 의사표시는 공탁물수령권의 발생요건이 아니다(제3자를 위한 계약의 제539조 2항은 적용되지 않음).[1]

(4) 공탁의 절차

(가) 공탁서와 공탁물의 제출 공탁을 하려는 자는 대법원규칙이 정하는 바에 따라 공탁서를 작성하여 제2조에 따라 공탁사무를 처리하는 자(이하 "공탁관(供託官)"이라 한다)에게 제출한 후 공탁물을 지정된 은행이나 창고업자에게 납입하여야 한다(공탁법 제4조). 단, 국내에 주소나 거소가 없는 외국인이나 재외국민은 국내 대법원 소재지의 공탁소에 할 수 있다(제5조). 공탁자가 공탁물을 공탁물보관자에게 맡기면 그는 이 사실을 공탁공무원에게 통지하고, 공탁공무원은 공탁자에게 공탁금납입서(또는 공탁유가증권 기탁서)가 첨부된 공탁서정본을 교부한다(공탁사무처리규칙 제27조).

(나) 채권자에게 통지 공탁자는 공탁 후 지체없이 채권자에게 공탁통지(供託通知)를 해야 한다(제488조 3항).[2] 실무에서는 공탁통지를 공탁공무원이 행한다. 공탁공무원은 공탁자가 공탁서와 공탁물을 제출한 것을 확인하면 공탁통지서를 채권자에게 발송한다(공탁사무처리규칙 제27조).

(5) 공탁의 무효와 하자의 치유

채무자가 공탁을 하였더라도 공탁원인이 존재하지 않거나, 공탁수령자의 지정이 잘못되었거나, 적법한 공탁절차를 밟지 않은 경우에 그 공탁은 무효(無效)이다. 공탁이 무효라는 것은 채무자가 그 공탁으로 인하여 채무를 면하지 못하고 채권자에 대한 관계에서 계속 채무를 진다는 것을 의미한다.

채무자가 하자(瑕疵) 있는 공탁을 한 후에 공탁원인이 갖추어지거나 절차상의 하자가 보완되는 등 무효원인이 소멸한 때에는 그 때부터 면책효가 생긴다. 공탁수령자가 이의를 유보하지 않고 공탁물을 수령한 때에는 하자

---

1) 같은 취지: 곽윤직, 372; 김상용, 588; 김용한, 587; 김주수, 470; 김형배(2판), 746; 임정평, 477; 장경학, 548; 정기웅, 483; 현승종, 401; 민법주해(11), 269(이동명 집필부분).

2) 대판 1976. 3. 9, 75다카1200: 채무자의 채권자에 대한 공탁통지는 공탁의 유효요건이 아니므로 통지 없이도 채무가 소멸한다.

가 치유되어 공탁은 면책효를 가져온다. 공탁자가 공탁원인으로 들고 있는 사유가 법률상 효력이 없는 것이어서 공탁이 부적법하다고 하더라도, 그 공탁서에서 공탁물을 수령할 자로 지정된 피공탁자가 그 공탁물을 수령하면서 아무런 이의도 유보하지 아니하였다면, 특별한 사정이 없는 한, 공탁자가 주장한 공탁원인을 수락한 것으로 보아 공탁자가 공탁원인으로 주장한 대로 법률효과가 발생한다(대판 1992. 5. 12, 91다44998).

3. 채권자의 공탁물수령

(1) 공탁물수령권

채권자는 자기의 채무자나 제3변제자가 공탁소에 맡긴 공탁물을 수령할 권리를 갖는다. 이러한 채권자의 공탁물수령권(供託物受領權)에 대한 직접적인 규정은 없지만, 민법의 공탁에 관한 규정들이 모두 채권자의 공탁물수령권을 전제로 하고 있다(특히 제491조). 채권자는 채무자가 자기를 위하여 공탁을 한 때로부터 공탁물수령권을 가지며, 채권자의 공탁승낙이나 수령의 통지가 있을 때에 비로소 취득하는 것이 아니다. 채권자는 공탁물수령권을 기초로 하여 공탁소에 대하여 공탁물의 인도를 청구할 수 있다(공탁물인도청구권). 공탁물을 수령하려는 자는 대법원규칙이 정하는 바에 따라 그 권리를 증명해야 한다(공탁법 제9조 1항). 채권자가 공탁금을 이의 없이 수령한 경우에는 공탁취지에 따라 수령한 것으로 다루어져 그에 따른 법적 효과가 발생한다(대판 1972. 9. 27, 72다596). 수령자가 그 후 그에 저촉되는 의사표시를 하더라도 영향이 없다(대판 1984. 11. 13, 84다카465).

(2) 상환채무의 이행

채무자가 채권자의 상환의무(相換義務)의 이행과 동시에 변제해야 할 경우에 채권자는 그 의무이행을 하지 않으면 공탁물을 수령하지 못한다(제491조). 상환의무의 대표적인 경우는 쌍무계약에서 발생한 상환채무이다. 하나의 쌍무계약에서 발생한 두 개의 상환채무는 동시이행(同時履行)을 원칙으로 한다(제536조). 채무자는 공탁에 의해서 동시이행의 항변권을 상실하지 않으므로 공탁물수령에서도 상환채무의 동시이행이 요구된다. 변제자는 공탁할 때 채권자가 상환채무를 이행한 후에만 공탁물을 수령할 수 있다는 조건을 명시해야 한다. 채무자가 자기채무의 변제를 공탁으로 대신한 때에 채권자는 먼저 상환채무를 이행하고 나서야 공탁물을 찾을 수 있다. 채권자는 공탁자의 서면이나 재판, 공정증서, 기타의 공정서면에 의해 그 상환채무를 이행했음(반대급부)을 증명하지 않으면 공탁물을 수령하지 못한다(공탁법 제10조).

상환채무 이외의 의무이행을 공탁물수령의 조건으로 붙일 수 있으나, 그 조건이 적당하지 않은 때에는 공탁으로 면책효가 발생하지 않는다. 채권자에게 이행의무가 없는 조건을 이행하지 않으면 공탁물을 수령할 수 없다는 취지로 공탁을 한 경우에 채권자가 이를 수락하지 않으면 변제공탁의 효력이 없다(대판 1966. 2. 15, 65다2431).[1)]

4. 공탁의 효과

(1) 채무자의 면책

채무자는 변제공탁에 의하여 채무를 면(免)할 수 있다(제487조). 채무자가 공탁으로 채무를 면한다는 뜻은 채권자의 이행청구가 있을 때 공탁 및 그로 인한 면책을 주장하여 대항할 수 있다는 것을 의미한다. 채무자가 채무를 면하는 시점은 채권자가 공탁물출급청구를 했는지 여부와 관계없이 「공탁을 한 때」이다(대판 2002. 12. 6, 2002다42278). 공탁공무원이 공탁자에게 공탁서정본과 공탁금납입서를 교부한 때에 공탁이 완료되었다고 본다. 채권자에게 공탁통지를 한 때에 공탁이 완료되는 것이 아니다.

채무자는 공탁 후에도 채권자의 공탁승인 등이 있기까지 공탁물회수권(供託物回收權)을 갖는데, 그 기간 동안 채무자는 임의로 공탁물을 회수하여 공탁하지 않았던 것과 같이 만들 수 있다. 그러므로 공탁의 면책효는 유동적이다. 공탁물회수는 공탁의 효과를 소급적으로 소멸시키므로(제489조 1항) 회수에 의해 변제제공은 처음부터 없었던 것으로 된다.[2)]

1) 같은 취지: 대판 1962. 5. 24, 4294민재항455(경매절차취소를 조건으로 한 경우); 대판 1966. 4. 29, 65다210(근저당권 말소등기의 서류교부를 조건으로 한 경우); 대판 1984. 4. 10, 84다77(토지수용보상금의 공탁에 수용토지의 등기부등본과 인감증명서의 제출을 조건으로 한 경우).

2) 다수설과 판례는 공탁의 효력이 공탁물회수권 소멸을 해제조건으로 하여 공탁시에 발생한다고 본다. 곽윤직, 375; 김기선, 345; 김석우, 410; 김증한, 177; 김현태, 343; 임정평, 481; 현승종, 404; 대판 1987. 4. 14, 85다카2313. 단 김상용, 592; 김용한, 591; 김주수, 474; 김형배(2판), 750은 회수권의 소멸을 공탁효력발생의 정지조건이라고 해석하며, 단 채무소멸의 효과는 공탁시에 소급한다고 한다. 생각건대 공탁물회수에 따른 법률관계는 마치 공탁의 채무면제의 효과가 공탁물회수를 해제조건으로 하여 발생하는 것과 유사하지만, 공탁물회수는 채무자의 임의적 행위로서 법률행위의 조건이 아니다. 오히려 공탁물회수는 공탁의 철회로서의 성질을 갖는다(철회설).

(2) 채권의 소멸

채무자가 공탁으로 면책되면 채권자의 채무자에 대한 이행청구권도 소멸한다. 채권자는 대신 공탁소에 대한 공탁물인도청구권을 취득한다. 그러나 채권자의 채권 자체는 공탁만으로 완전히 소멸하지 않으며, 채권자가 공탁물을 수령할 때까지 공탁물수령권으로 바뀌어 존속한다. 만약 공탁시에 채권이 소멸한다면, 채권자는 만족을 얻지 못한 채 채권을 상실하게 되어 부당하다. 또한 채권자가 공탁소로부터 공탁물을 수령할 권리는 채권에 기초하는 것인데, 채권이 이미 소멸했다고 가정하면 채권자는 공탁물수령권의 기초를 잃게 되어 곤란하게 된다. 채무자의 공탁은 채권자의 입장에서 볼 때에는 변제의 제공일 뿐이고 채권자가 공탁소로부터 공탁물을 수령할 때에 변제의 수령이 있게 된다. 채권은 변제수령으로서 완전한 만족을 얻고 소멸한다.

(3) 공탁물의 소유권이전

(가) 금전이나 소비물　금전(金錢)이나 대체물(代替物)을 공탁으로 혼장임치(混藏任置)(다른 동종의 물건과 함께 혼합하여 보관하는 경우)시키거나 소비임치(消費任置)(맡은 물건을 소비하거나 처분하고 나서 다른 동종의 물건으로 반환하는 경우)시킨 경우에 공탁물의 소유권은 공탁시에 공탁자로부터 공탁소로 이전하고, 채권자가 인도받을 때에 다시 공탁소로부터 채권자에게 이전한다.

(나) 특 정 물　채무자가 맡긴 공탁물이 특정물(特定物)로서 다루어져서 채권자에게 그대로 인도될 경우에 공탁소는 물건에 대한 점유만을 취득하고 소유권은 그대로 공탁자가 보유한다. 대체물이라도 공탁이나 임치에서는 특정물로서 다루어지는 것이 보통이다. 이 때 공탁소는 물건의 직접점유를 취득하고 채무자는 간접점유를 한다. 채권자는 공탁소로부터 소유권을 이전받는 것이 아니라 채무자로부터 직접 소유권을 이전받는다.

공탁물이 동산인 경우에 소유권이전은 채권자가 공탁소로부터 공탁물을 수령하는 때에 현실인도에 의해 일어난다(제188조 1항).[1] 물권변동에 관하여

1) 같은 취지: 곽윤직, 376; 김기선, 346; 김석우, 412; 김용한, 594; 김주수, 476; 김증한, 179; 김증한·김학동, 389; 김현태, 342; 김형배(2판), 752; 임정평, 482; 현승종, 406. 이 학설은 그 밖에도 채무자의 공탁신청에는 소유권이전에 관한 물권적 합의의 청약이 포함되어 있고, 채권자의 수령시에 승낙이 행해지며, 인도시에 물권변동의 요건을 갖춘다고 설명한다. 물권변동을 위한 법률행위(물권행위)의 시기가 계약시인가, 또는 별도의 소유권이전 합의시인가는 물권법에는 논의되므로 이 곳에서는 논평하지 않겠다. 그 밖에 채무자가 공탁소가 채권자를 위하여 제3자를 위한 물권계약을 체결했다고 보

형식주의를 취하는 민법의 취지에 충실하기 위하여는 이와 같은 현실인도설을 취하는 것이 타당하다. 공탁에 의한 채무이행에 있어서도 변제에서 변제제공과 그의 수령에 의하여 소유권이 이전하는 것과 같이, 채권자의 공탁물수령시에 현실인도로서 소유권이 이전한다고 해야 한다. 부동산의 경우에는 채권자가 채무자로부터 소유권이전등기를 받는 때에 이전된다.

(4) 공탁비용의 부담

공탁시에 드는 비용(費用)과 이후의 보관료(保管料)(공탁법 제8조)를 누가 부담하는가는 공탁원인에 따라 차이가 있다. 채권자지체중에 채무자가 한 공탁비용 및 보관료는 채권자지체로 인하여 증가된 변제비용 및 보관비용이므로 채권자의 부담으로 한다(제403조). 그러나 채권자지체의 요건이 충족되지 않은 때 채무자가 공탁을 한 경우에는 공탁비와 채권자지체시까지의 보관비는 채무자가 부담해야 한다.

5. 공탁물의 회수

(1) 공탁물회수권의 발생

(가) 회수의 임의성　　공탁자는 자기가 맡긴 공탁물을 회수(回收)할 권리를 갖는다. 공탁물회수는 공탁의 철회의 성질을 가지며, 공탁자에게는 그러한 철회권이 공탁물회수권으로서 유보되어 있다.[1] 변제공탁에서 공탁자는 임의로 공탁물을 회수할 수 있으며, 채권자의 불명이나 수령거절은 요건이 아니다. 채권자의 공탁물수령이 불확실한 상태에서 변제자는 공탁물을 회수함으로써 그가 한 이행행위를 없었던 것으로 만들 수 있다.

(나) 회수권의 박탈　　공탁물회수로 인해 채권자나 다른 이해관계인이 손해를 입을 염려가 있는 다음의 경우에는 공탁자가 회수권을 갖지 않는다. ① 채권자가 변제자에 대해 공탁을 승인하거나 공탁소에 대해 공탁물수령

아 채권자가 수익의 의사표시(공탁의 승인 또는 수령의 통지)를 하면, 채무자의 공탁소에 대한 반환청구권이 채권자에게 양도되어 동산소유권이 이전한다고 하는 견해도 과거 물권변동의 의사주의 아래에서 주장하였으나 현재에는 추종자가 없다. 이러한 반환청구권양도설(返還請求權讓渡說)은 채무자가 채권자의 상환채무이행을 조건으로 공탁한 경우에, 채권자의 채무이행에 관계 없이 공탁승낙만 있으면 소유권이 이전하게 되어 부당하다. 그리고 반환청구권양도설은 물권적 합의에 관한 제3자를 위한 계약 의 유효성을 전제로 하는데 이를 허용할 것인지는 의문이다.

1) 같은 취지: 김상용, 594; 장경학, 554.

을 통고한 이후(제489조 1항), ② 공탁이 유효하다고 선고한 판결이 확정된 이후(제489조 1항), ③ 질권 또는 저당권이 공탁으로 인하여 소멸한 경우(제489조 2항), ④ 공탁자가 회수권을 포기한 경우이다.

(다) 착오 등에 의한 회수 착오(錯誤)로 공탁을 한 경우(공탁법 제9조 2항 2호)나 공탁원인이 소멸(消滅)한 경우(공탁법 제9조 2항 3호)에 공탁자는 이 요건들 중 하나를 주장하여 공탁물을 회수할 수 있다. 이 경우 민법 제489조의 회수권의 박탈사유가 있더라도 회수할 수 있다. 이 경우의 회수(回收)는 취소사유의 제한을 받은 공탁의 취소로서의 성격을 갖는다.

(2) 회수의 효과

공탁물회수가 행해지면 종전에 공탁으로 소멸했던 채무는 부활한다. 공탁으로 소멸시켰던 채무에 붙어 있던 보증채무나 연대채무는 공탁으로 면책되었다가 공탁물회수로 부활한다. 보증채무나 연대채무가 존재했었다는 사실은 변제자의 공탁물회수권을 박탈하지 않는다.[1)]

1) 같은 취지: 곽윤직, 378; 김기선, 347; 김석우, 414; 김용한, 597; 김주수, 478; 김증한, 180; 김증한·김학동, 391; 김형배(2판), 755; 임정평, 485; 장경학, 555; 현승종, 597; 민법주해(11), 329(이동명 집필부분). 대판 1982. 7. 27, 81다495: 가등기담보권이나 양도담보권이 공탁으로 소멸했는가에 관계없이 변제자는 공탁금을 회수할 수 있다. 변제자의 다른 채권자는 공탁금회수청구권을 압류전부받아 변제공탁금을 회수할 수 있다.

§51. 상　　계

1. 의　　의[1)]

(1) 의　　의

(가) 개　　념　　상계(相計)는 변제와 다른 독립된 채권소멸사유로서, 상계에 의하여 두 개의 대립적 채무가 상호 조건적으로 소멸하게 된다. 상계적상에 도달한 동종의 채무를 지는 자 상호간에서 1인의 채무자가 상대방에 대하여 쌍방채무를 소멸시키는 의사표시를 하는 것을 상계라고 한다. 상계의 의사표시를 하면 자기채무와 상대방채무가 대등액의 범위에서 동시에 소멸한다. 상계는 상계자가 자기채무를 이행하는 방법의 하나이며, 상계의 결과 변제와 비슷한 효과가 발생한다.

상계는 상계적상(相計適狀)과 상계의사표시(相計意思表示)의 두 요소를 필요로 하는 법률요건이다. 상계적상이란 당사자간의 두 개의 채무가 상호 대립하며 동종이고 상대방채무의 변제기가 도래한 상황을 말한다. 일방이 상대방채무가 변제기에 도달하여 상계적상에 도달하게 되면, 그 채무자는 언제라도 상계로써 채무를 소멸시킬 수 있게 된다.

(나) 상 계 권　　상계적상에 도달하여 언제라도 상계의사표시를 함으로써 채무를 소멸시킬 수 있는 권한을 상계권(相計權)이라고 한다. 상계권은 형성권에 해당한다. 상계권은 상대방채무의 변제기가 도래해야 발생하는데 (상계적상), 아직 변제기가 도래하지 않은 동안은 일종의 기대권으로서 상계의 잠재적 가능성이 존재한다.

상계는 상계자가 상계상대방에 대해 일방적 의사표시를 하는 형성권의 행사이다. 상계적상에 도달한 후에 한 상계의사표시는 상계적상시부터 효력을 발생한다(제493조 2항). 또한 소멸시효가 완성하여 소멸한 채권에 대해서도 시효완성 전에 상계적상이 갖추어져 있었으면 상계할 수 있다(제495조). 이와 같이 상계에 있어서 상계의사표시는 필수불가결의 요건이며, 상계적상은

1) 참고문헌: 김상용, "상계," 고시연구 1995년 8월호; 양창수, "상계적상," 월간고시 1992년 7월호; 이상태, "물상보증인의 상계원용권," 고시연구 1997년 11월호; 전병서, "파산법상 상계권," 인권과 정의 268호.

그 상계의사표시를 할 권한을 부여하는 상계권의 발생요건으로서 중요한 의미를 갖는다.

> **외국의 입법례**
>
> 상계에 관한 각국의 입법례는 두 종류이다.
>
> ① 당연상계주의: 프랑스민법의 법정상계(Compensation Legale, 프민 제1290조)와 오스트리아 민법의 상계(제1438조)는 상계적상이 생기면 당사자의 의사표시 없이 자동적으로 상계되어 쌍방채무가 소멸하는 당연상계제도(當然相計制度)이다. 상계는 당사자가 그를 알지 못하는 경우에도 법률의 효력만으로서 당연히 성립된다고 한다.
>
> ② 형성권주의: 독일민법의 상계(Aufrechnung, 제387조 이하), 스위스채무법의 상계(제120조 이하), 일본민법의 상계(제505조 이하)는 우리와 같이 상계적상에 도달한 후에 당사자의 채무소멸을 위한 의사표시가 있어야 쌍방채무를 소멸시킨다.

(2) 기 능

(가) 간이한 상호결제방법 상계는 각 채무자의 입장에서 보면 상호 결제의 간편(簡便)한 방법으로서 각 채무자가 변제를 하지 않고도 변제와 유사한 경제적 효과를 가져오는 제도이다. 2인 사이에 같은 종류의 채무를 지고 있는 경우에 상계에 의한 채무이행은 현실적 변제를 생략함으로써 간이·신속하게 채권관계를 결제시킨다. 예를 들어 A가 B에게 50만원을 꿔주었는데, 그 후 B로부터 50만원어치 물건을 산 경우에 A는 B에게 물건값을 지급하는 대신에 꿔준 돈과 상계함으로써 매매대금지급과 차용금반환을 한꺼번에 결제할 수 있다. 만약 각각 채무를 현실로 변제제공하고 그것을 수령한다면 노력·시간·비용이 들 뿐 아니라 이행과정에 위험까지 따르게 된다.

상계할 채무를 갖는 채권자는 자기집행(自己執行)에 의해 다른 채권자를 제치고 우선변제받는 것과 같은 효과를 얻을 수 있다. 상계가 갖는 이러한 채권담보의 기능은 담보물권과 유사한 면이 있다(그러나 상계권이 담보권은 아니다). 상계에서 채권담보의 실행방법은 담보물권에 비하여 훨씬 간편하다. 상계의 채권담보기능은 은행거래에서 빈번히 활용된다. 예를 들어 자기은행에 예금을 갖고 있는 고객에게 대출를 해 주고 그 예금채권과 상계함으로써 채권담보의 효과를 얻을 수 있다. 상계자는 이러한 상계의 채권담보기능을 일종의 기대권처럼 보유한다. 상계는 언제나 할 수 있는 것이 아니라 상대방채무가 변제기에 도달하여 상계적상이 이루어진 후에야 할 수 있다. 상계적상에 이르기 전에는 상계권이 발생하지 않으며, 단지 장래 상계권(相計權)을 취득하리라는 기대권(期待權)만을 갖는다. 만약 상계적상에 이르기 전에 일방채권에 대한 채권압류가 행해진 경우에 상대방은 그 상계에 대한 기대권을 침해받을 우려가 있다. 이러한 당사자의 상계에 대한 기대권은 보호되어야 한다.

(나) 채권담보의 기능 상계는 채권자의 입장에서 보면 상호간의 채권을 경제적으로 연결시킴으로써 채권담보(債權擔保)로서의 기능을 갖는다. 상대방에 대해 채무와 함께 채권도 갖는 자는 상대방의 채무이행이 없을 경우에 자기채무이행과 상계함으로써 채권의 만족을 확보할 수 있다. 위의 예에서 매도인 B가 매수인 A에게 외상으로 물건을 팔더라도 자기채무와의 상계를 통해서 물건값 50만원을 전부 받을 것이 확실하다.

(다) 압류로부터의 회피기능 채무자는 그의 채권자가 압류(押留)당한 경우에 압류당한 채권과 자기채무를 상계함으로써 상대방에 대한 채권의 만족을 얻을 수 있다. 만약 상계하지 못한다면 압류채권자에게 자기채무를 변제하고 상대방으로부터 자기채권은 별도로 변제받아야 하는데, 그렇게 할 경우에 상대방에게 변제자력이 없으며 만족가능성이 희박하게 될 것이어서 부당하다. 위의 예에서 A의 B에 대한 차용금반환청구권이 A의 채권자인 C에 의해 압류되었더라도, B는 C에게 50만원을 변제할 필요 없이 매매대금 50만원과 상계함으로써 C에게 대항할 수 있다. 만약 B가 C에게 50만원을 변제한다면, A로부터 매매대금 50만원을 받기가 어렵게 될 것이다.

다른 한편 압류채권자의 입장에서는 상계가 공시 없이 불쑥 나타나는 담보권처럼 예상치 못한 불이익을 초래하는 원인이 된다. 상계의 기대권(期待權)은 제3자에게 공시할 방법이 없으며 상계권의 행사는 단순히 상대방에 대한 의사표시로서 할 뿐 현실적인 변제는 전혀 행하지 않으므로, 압류채권자에게는 상계권이 매우 위험한 존재가 된다. 만약 상계를 무한정 인정한다면 압류채권자는 압류에도 불구하고 무력하게 될 것이다. 이와 같이 상계자와 압류채권자는 대립되는 이해관계를 가지므로 형평에 맞는 이익조정이 필요하다(지급금지채권의 상계에서 설명함).

㈑ **파산으로부터의 회피기능** 채무자가 파산(破産)한 경우에도 채권자는 파산자에 대한 자기채무와 상계함으로써 상대방채무로부터의 만족을 확보할 수 있다(채무자회생 및 파산에 관한 법률 제416조). 위의 예에서 A가 파산하더라도 B는 파산재단에 50만원을 변제하지 않아도 되며, A에 대한 50만원의 매매대금채권으로 상계함으로써 파산절차에 참가하지 않아도 된다. 파산절차(破産節次)에 따를 경우 자기채무는 현실적으로 모두 이행하고 상대방채무로부터는 일부 배당만을 받는 불이익을 피할 수 있다. 만약 B가 파산절차에 참가한다면 자기채무는 50만원 전부 변제하고 파산재단으로부터는 2~3만원 정도를 배당받게 되어 매우 불리하게 된다.

(3) 상계와 유사한 제도

㈎ **상계합의** 당사자는 어느 채권과 채무를 상호 조건적으로 소멸시킬 것을 합의할 수 있는데, 이러한 상호채권소멸의 합의를 「상계합의(相計合意)」라고 한다. 합의에 의한 상계는 당사자 사이의 합의에 의한 채권소멸로서 상계권이라는 형성권의 행사에 의한 채권소멸과는 성격을 달리하는 별개의 제도이다.

민법의 상계에 관한 규정은 상계의 단독행위성을 고려한 것이므로 상계합의에 적용되지 않는다. 상계합의에서는 쌍방당사자의 자발적 의사에 의해 처분행위가 행해지므로, 민법의 상계금지규정이나 상계적상의 도달 등 상계의 요건규정은 상계합의의 효력에 영향을 미치지 않는다. 상계합의에는 조건이나 기한을 붙여도 무방하다. 그러나 강행규정, 선량한 풍속, 기타 사회질서에 어긋나는 상계합의는 무효이다(제103조, 제104조).

상계합의는 3당사자합의로써 할 수 있다. 즉 「자기채무」와 상대방채무에 대신한 「제3자채무」를 상계로써 소멸시킬 것을 합의할 수 있다. 예를 들어 A가 B에게 물건값 50만원을 내는 대신에 B의 동업자의 C가 A에게 꿔간 50만원의 채무를 소멸시키기로 하는 경우가 그러하다. 이 때 제3자채무의 소멸에 관해서는 제3자를 위한 계약과 유사한 법률관계가 생긴다.

㈏ **상호계산** 상호계산(相互計算)은 상인간이나 상인과 비상인간에 상시거래관계가 있는 경우에 일정기간의 거래로 인한 채권 · 채무의 총액에

관하여 상계하고, 그 잔액을 지급할 것을 약정하는 상사계약(商事契約)이다(상법 제72조). 일정한 계속적 거래를 기초로 발행한 채권과 채무를 결제하기로 약정하는 상호계산은 상계의 특수한 형태이다. 상계적상이 생기기 전에 장래의 채권 · 채무에 관해 포괄적인 상계합의를 한다는 점, 여러 개의 채권 · 채무를 집단적으로 총액상계한다는 점, 계산일이 도래하면 자동적으로 채권 · 채무가 소멸된다는 점 등 민사상계합의와 다른 특색이 있다,.

㈐ 어음교환 어음교환은 일정지역에 있는 금융기관이 매일 일정장소에서 각자 거래선으로부터 받은 어음과 수표를 교환함으로써 상호 결제하는 거래방법이다. 어음교환에는 교환당사자 이외에 어음채무자 등의 다수당사자가 존재하며, 조건부나 기한부로 상계하는 것이 허용되는 등 민사상계와 다른 특성을 갖는다.

㈑ 과실상계 과실상계(過失相計)란 채무불이행책임이나 불법행위책임에서 채무자나 가해자에게 과실이 있는 이외에 채권자나 피해자에게도 손해의 발생이나 증가에 원인을 제공한 경우에 법원이 채무자나 가해자의 손해배상책임을 면제 또는 감액하는 제도이다(제396조). 상계가 쌍방의 채무를 대등액의 범위에서 소멸시키는 것과 비교할 때 제도의 기본취지가 전혀 다르다. 과실상계에서는 상계로서 소멸할 쌍방채무가 존재하지 않으며, 상호적인 소멸의 대상이 채무가 아니라 손해발생에 대한 관여도이다. 또한 과실상계는 당사자의 단독행위로서 행하는 것이 아니라 법원에 의해 배상액산정에 의무적으로 고려된다. 그러므로 과실상계는 상계라는 표현을 달고 있기는 하지만 상계와 전혀 다른 별개의 제도이다.

㈒ 손익상계 이득공제(利得控除)(손익상계)란 하나의 손해발생원인이 채권자나 피해자에게 불이익을 가져오는 외에 이익도 준 경우에 불이익액에서 이익액을 공제함으로써 손해액을 산출해 내는 계산과정을 말한다. 손해배상액산정에서 행해지는 이득공제를 손익상계(損益相計)라고 표현하기도 한다. 이득공제는 쌍방채무가 발생할 여지가 없는 단순한 계산과정이며, 당사자의 의사표시에 의해 개시되는 것이 아니라 배상액계산과정에서 당연히 행해진다는 점에서 상계와 본질적으로 다른 제도이다.

2. 상계권의 발생요건

(1) 상계적상

상계의 의사표시만 있으면 상호 소멸할 조건을 갖춘 두 개의 채무가 존재하는 상황을 상계적상이라고 말한다. 상계적상(相計適狀)은 상계의 의사표시를 할 당시에 존재해야 한다. 다음의 요건을 갖춘 경우에 상계적상이 존재한다.

(가) 상호대립적 채무 상계로서 대립하는 채권관계는 자기채무와 상대방채무, 자동채권(自動債權)과 수동채권(受動債權)으로 호칭되는데, 전자는 상계자가 상계로서 자기채무를 이행한다는 시각에서 본 것이고 후자는 상계자가 자동채권을 처분한다는 시각에서 본 것이다. 상계의 채무이행측면에서 보면 상계자는 자기채무와 상대방에 대한 자동채무를 교환적으로 결제한다. 상계의 채권처분측면에서 보면 상계자가 상계로서 소멸시키는 자의 채권을 자동채권(상대방채무에 대한 자기의 채권), 그리고 상계의 상대방의 채권을 수동채권(자기채무에 대한 상대방의 채권)이라고 한다.

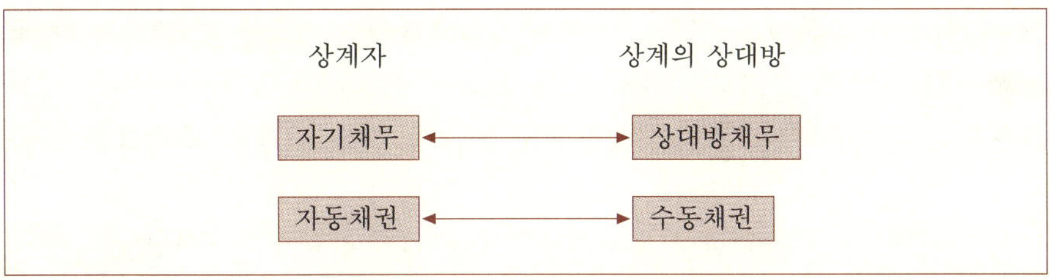

1) 상계의사표시 당시에 두 개의 상호대립적 채무(債務)가 유효(有效)하게 존재(存在)해야 한다. 무효인 채무로서 상계하는 것은 효력이 생기지 않는다.[1] 상계의사표시 당시에는 상계적상의 두 채무가 있었으나, 그 후 한 채무가 취소로 인해 소급적으로 소멸한 경우에는 상계적상도 소급적으로 소멸하여 상계가 없었던 것으로 된다.

---

1) 대판 1963. 11. 21, 63다429: 이식제한령(폐지)이 정하는 범위를 초과한 이식은 무효이므로 이를 자동채권으로 해서 상계의사표시를 했더라도 효력이 생기지 않는다. 대판 1962. 4. 18, 4294민상1543: 원금에 이식제한령의 제한을 초과한 약정이식을 가산한 금액을 매매대금으로 해서 상계합의할 수 있다(임의지급한 초과이자는 반환청구할 수 없다는 판례의 입장과 같은 취지임).

2) 소멸시효(消滅時效)가 완성된 자기채무(自己債務)로써 상대방에 대한 자동채권과 상계하는 것은 허용된다. 소멸시효가 완성하면 채무는 소멸하지만(소멸시효완성의 효과에 관한 절대적소멸설과 상대적소멸설에 따라 세부적인 설명방법은 달라진다), 그 후의 변제는 도의관념에 적합한 비채변제로서 법률의 규정에 의해 반환청구가 금지된다(제744조). 시효완성한 자기채무를 상계로써 결제하는 것은 그러한 도의관념에 적합한 비채변제의 반환청구금지와 같은 취지의 이행행위이다. 반대로 상대방에 대한 자동채권의 소멸시효가 완성된 경우에는 그 채권은 소멸했으므로 채권자가 그로써 자기채무와 상계할 수 없다. 단 소멸시효가 완성된 자동채권이 그 완성 전에 상계할 수 있었던 것이면 그 채권자가 상계할 수 있다(제495조). 이 경우 상계의사표시의 시점보다도 상계적상의 구비시가 더 중요하다.[1]

(나) 동종의 채무 상계의 객체가 되는 채무는 금전채무나 종류채무이어야 한다.[2] 종류채무의 목적물은 동종(同種)·동품질(同品質)의 것이어야 하는데, 동종인가는 당사자의 의사와 거래관행을 기초로 판단한다. 채무는 동액동량일 필요는 없다. 행위채무는 보통 상계에 적합하지 않으나, 그것이 개별성이 없는 것일 때에는 상계의 객체가 될 수 있다.

(다) 상대방채무의 변제기도래 민법은 「쌍방의 채무의 이행기가 도래한 때」라고 규정하지만(제492조 1항), 상대방채무(자동채권)의 변제기(辨濟期)가 도래(到來)하는 것만으로도 상계권은 발생한다. 변제기가 도래하지 않은 자동채권으로써 상계하는 것은 상대방에게 변제기 전에 이행을 강제하는 결과가 되어 부당하므로 자동채권의 변제기는 반드시 도래해 있어야 한다.[3] 상계권의 발생요건으로서의 상계적상은 상대방채무의 변제기도래만으로 충분하다. 수동채권은 반드시 변제기에 이르지 않았더라도 상계자가 기한의 이익을 포기할 수 있으므로 상계를 할 수 있다(대판 1979. 6. 12, 79다662). 채권자가 채무자에게 이행의 청구를 할 수 있는 시기가 도래한 때이며 채무자가 이행지체에 빠지는 시기는 아니다(대판 1981. 12. 22, 81다카10).

---

1) 제척기간의 경과로 소멸된 상대방채무를 상계로서 이행토록 강제하는 것도 소멸시효에서와 같은 취지에서 허용된다고 생각한다. 예를 들어 매매목적물에 하자가 있는 경우에 비록 하자담보책임의 제척기간이 경과했더라도 매도인이 그로 인한 의무를 상계로서 이행하는 것은 허용되어야 하기 때문이다.

2) 백미인도채무와 금전채무는 상계적상에 있지 않다(대판 1960. 2. 18, 4291민상424).

3) 이혼한 부부 사이에 상대방에 대한 양육비채권을 상대방의 양육자에 대한 위자료 및 재산분할청구권과 상계한다고 주장한 경우, 가정법원의 심판에 의하여 구체적으로 확정된 양육비채권 중 이미 이행기가 도달한 부분에 한하여 이를 자동채권으로 하는 상계가 허용된다(대판 2006. 7. 4, 2006므751).

반면에 상계의 효력발생시기를 정하는 상계적상은 「각 채무가 상계할 수 있는 때」로서 쌍방채무가 모두 변제기가 도래한 때를 원칙으로 한다(제493조 2항). 상계자는 변제기 미도래의 자기채무로써 상계함으로써 자기채무를 미리 변제하는 것과 같은 효과를 얻을 수 있다(제468조). 상대방채무에 기한이 정해져 있지 않는 경우에는 언제라도 상계할 수 있다(제387조 2항 유추적용). 상계자가 자기채무의 변제기가 도래하기 전에 상계의사를 표시한 경우에 상계의 효력발생시기는 상대방채무의 변제기도래시이다. 단 자기채무의 변제기에 이행하는 것에 대해 상대방이 기한의 이익을 갖는 특별한 사정이 있는 경우에는 채무자가 일방적으로 기한의 이익을 포기할 수 없으므로 쌍방채무의 변제기도래를 기다려 상계적상에 이른다.

㈑ 변제장소　각 채무의 이행지(履行地)가 다르더라도 상계할 수 있다(제494조 본문). 그러나 만약 상대방에게 상계로 인하여 손해가 생기면 상계자가 그를 배상해야 한다(제494조 단서).

(2) 상계가 금지되는 채무가 아닐 것

㈎ 상계금지약정　당사자가 상계를 금지(또는 제한)하는 의사를 표시한 경우에는 그 의사에 의한다(제492조 2항). 계약에 의하여 발생한 채무의 상계제한은 당사자의 약정에 의하여만 상계를 금지(禁止)할 수 있으며, 어느 한 당사자의 일방적인 상계금지는 효력이 없다. 상계금지약정(相計禁止約定)은 선의의 제3자에게 대항할 수 없다. 예를 들면 채권양도의 양수인이 그 채권에 상계금지약정이 붙어 있는 줄 모르고 양수받은 경우에 그 약정은 양수인에 대한 관계에서는 주장될 수 없다. 양수인은 채무자에 대한 자기채무와 양수받은 채권을 상계할 수 있다.

㈏ 고의의 불법행위로 인한 손해배상채무　고의(故意)의 불법행위(不法行爲)로 손해배상의무(損害賠償義務)를 지는 가해자는 비록 배상청구권자인 피해자에 대하여 채권을 갖고 있더라도 자기의 배상채무와 일반채권을 상계할 수 없다(제496조). 피해자측에서 자기의 다른 채무와 배상채권을 상계하는 것은 허용된다.[1] 과실의 불법행위로 인한 손해배상의의무에 대하여는 상계제한이 없다.[2] 이러한 민법규정은 고의의 불법행위가 사회적 해악이

---

1) 같은 취지: 대판 1975. 6. 24, 75다103.

2) 은행이 정리회사의 관리인으로서 법원의 허가를 받지 아니하고 한 자기거래행위로 회사에 손해를 가

크므로 상계금지를 통해 배상책임을 철저히 추궁하고, 아울러 피해자로 하여금 현실의 변제를 받도록 하려는 데에 목적이 있다. 만약 상계가 금지되지 않는다면 무자력의 채무자로부터 변제받지 못한 채권자가 분풀이로서 채무자에게 고의의 가해행위를 하고 상계하는 보복이 자주 일어날 것이다. 부당이득의 원인이 고의의 불법행위에 기인함으로써 불법행위로 인한 손해배상채권과 부당이득반환채권이 모두 성립하여 양 채권이 경합하는 경우 피해자가 부당이득반환채권만을 행사하고 불법행위로 인한 손해배상채권을 청구하지 아니한 때에도, 고의의 불법행위에 의한 손해배상채권은 현실적으로 만족을 받아야 한다는 상계금지의 민법 제496조를 유추적용한다(대판 2002. 1. 25, 2001다52506). 사용자책임이 성립하는 경우 사용자는 자신의 고의의 불법행위가 아니라는 이유로 민법 제496조의 적용을 면할 수는 없다(대판 2006. 10. 26, 2004다63019).

불법행위로 인한 손해배상청구권이라도 그 불법행위가 과실로 야기된 경우에는 상계의 자동채권 또는 수동채권이 될 수 있다. 또한 공동불법행위자 중의 1인이 피해자에게 손해배상함으로써 생기는 구상채권은 자동채권 또는 수동채권으로서 상계될 수 있다. 가해자는 피해자의 부담부분에 대한 구상권을 가지고 피해자의 가해자에 대한 손해배상청구권과 상계할 수 있다(대판 1991. 5. 14, 91다513).

(다) 압류금지채권 압류가 금지되는 채권은 이를 수동채권(受動債權)으로 해서 상계하는 것이 제한(制限)된다. 채무자가 자기의 일반채권과 상대방의 압류금지채권을 상계한 경우에 그는 상계로서 채권자에게 대항하지 못한다(제497조). 압류금지채권(押留禁止債權)은 법령에 의한 부양료와 유족부조료, 구호사업 또는 제3자의 자혜에 의해 받는 계속수입, 병(兵)의 급료, 급료 · 연금 · 봉급 · 상여금 · 퇴직금 · 퇴직연금 기타 유사한 성질을 가지는 급여채권의 2분의 1 상당액이다(민집법 제246조). 개별적 채권의 압류를 금지하는 규정이 특별법에 있는 경우도 있다.

(라) 지급금지채권을 수동채권으로 하는 경우 상계자가 지급금지(支給禁止)된 자기채무를 상대방에 대한 채권과 상계로서 소멸시키는 것은 일

한 데 대하여, 불법행위에 대한 고의가 없어서 과실에 의한 불법행위에 해당한다고 하여 위 불법행위로 인한 손해배상청구권을 수동채권으로 하는 은행의 상계항변을 인용한 사례가 있다(대판 1991. 2. 8, 90다카23387). 오수근, "정리회사관리인의 자기거래와 상계," 민사판례연구 제17권.

정한 여건 아래 금지된다. 지급금지명령을 받은 제3채무자가 그 후에 취득한 채권을 갖고 상계하더라도 그 명령을 신청한 채권자에게 대항할 수 없다(제498조). 금전채권을 압류 또는 가압류할 때에 법원은 제3채무자에게 채무자에 대한 지급을 금지시킨다(민집법 제227조 1항, 제296조 3항). 다만 제3채무자가 동시이행항변권을 주장할 수 있는 경우에는 압류명령을 받았더라도 상계할 수 있다(대판 2005. 11. 10, 2004다37676).

지급금지명령 이후에는 채무의 변제가 금지될 뿐 아니라, 변제와 같이 지급금지채무를 소멸시키는 상계 · 면제 등의 행위도 금지된다. 만약 제3채무자가 압류 이후에 취득한 채권으로 상계함으로써 지급금지채무를 소멸시키는 것을 허용한다면, 압류채권자는 그 채권으로부터 변제받지 못하는 손해를 입게 되므로 부당한 결과로 된다(압류에 있어서는 압류채권자, 그의 채무자, 그 채무자의 채무자인 제3채무자의 3당사자관계가 생긴다). 압류채권자가 전부명령(압류채권자에게 채권이 이전함)을 얻어 제3채무자에 대해 이행청구를 하면, 제3채무자는 그 상계로서 대항할 수 없고 다시 채무를 이행해야 한다.

그러나 제3채무자가 그 지급금지된 자기채무와 지급금지명령 이전에 취득한 상대방에 대한 채권을 상계하는 것은 허용된다(제498조, 제451조는 이 경우에 적용되지 않음). 제3채무자가 압류 전부터 가졌던 상계에 대한 기대는 담보권과 유사한 권리로서 압류에도 불구하고 보호받아야 하기 때문이다. 압류 이후에 상계의사표시를 하는 것은 허용되지만, 압류 당시에 상계할 상대방채무의 변제기가 도래하여야 하는가(상계적상)에 대하여는 견해가 엇갈린다.

① 상계적상설　상대방채무의 변제기가 압류 당시에 도래해야 한다는 견해이다(과거 판례의 입장).

② 변제기선도래설　압류 당시에 상대방채무의 변제기가 도래하지 않았더라도 그 후에 자기채무의 변제기보다 먼저 도래하면 된다는 견해이다.[1] 판례는 과거에 상계적상설을 취했으나 입장을 바꾸어 상대방채무의 변제기가 자기채무보다 동시 또는 먼저 도래한다면 압류 당시에 변제기말도래(辨濟期末到來)라도 무방하다고 한다.[2] 가압류명령을 받은 제3채무자가 채무자에 대한 채권으로 상계하여 가압류채권자에게 대항할 수 있는 요건은 가압류의 효력발생시에 상계적상에 있거나 아니면 그 채권이 압류 당시

1) 양창수, "상계적상," 월간고시 1992년 10월호, 82.

2) 판례는 이에 관해 매우 변화무쌍한 견해를 피력해 왔다. 초기에는 제3채무자가 전부명령을 받을 때

에 변제기에 이르지 않았더라도 피압류채권보다 동시 또는 먼저 변제기에 도달해야 한다는 것이다(대판 1982. 6. 22, 82다카200).[1)]

③ 무제한설 상계자가 압류 이전에 취득한 채권(상대방 채무)이라면 변제기에 관계 없이 상계할 수 있다는 견해이다.[2)]

사견(私見)으로는 변제기선도래설(辨濟期先到來說)이 타당하다고 생각한다. 첫째, 상계자는 자기채무의 변제기가 도래하지 않았더라도 변제기 전에 변제할 권리를 가지므로(제468조) 그를 변제하는 대신 상계로써 이행하여도 무방하다. 그러나 상계로써 상대방채무의 이행을 강제하는 것은 허용되지 않으므로 압류시에 변제기미도래의 상대방채무와 상계할 수는 없으며, 압류 이후에 변제기도래를 기다려 상계하는 수밖에 없다. 만약 제3채무자에 대한 압류명령과 전부명령이 1월 1일 행해지고 그 명령을 받은 제3채무자의 채무변제기가 2월 1일에 도래하고 상대방(압류채무자)의 채무변제기가 그 후 3월 1일에 도래했다면, 제3채무자는 자기채무의 변제기가 도래한 2월 1일에 압류채권자에게 변제해야 하며 3월 1일에 상계를 하도록 기다려 달라고 하는 것은 옳지 않다. 둘째, 무제한설은 상계적상 전의 기한부상계를 허용하지 않는 한 제3채무자가 압류채권자를 물리칠 수 있는 근거를 설명하기 곤란하다. 다른 한편 상계적상설은 민법 제492조를 지나치게 경직되게 해석하여 상계의 기대권을 해친다. 양자의 절충적인 입장인 변제기도래설이 제3채무자와 압류채권자의 이해관계를 공정히 조정한다.

(마) 질권이 설정된 채권 입질채권(入質債權)의 채무자는 질권자에게 이행할 의무를 지며 채권자에게 변제나 상계를 함으로써 채권을 소멸시켜

까지 채무자에 대해 상계할 만한 반대채권을 갖고 있었으면 제3채무자는 전부채권자에 대해 상계로써 대항할 수 있다고 했었다(대판 1964. 4. 21, 63다658). 그 후 압류 전에 상계적상에 있었더라도 압류채권이 전부된 후에는 전부채권자에게 상계로써 대항할 수 없다는 경직된 태도를 취했다(대판 1972. 12. 26, 72다2177). 그 후 전원합의체판결로서 압류 및 전부명령이 송달되기 전에 상계적상의 반대채권을 갖고 있었다면 상계로써 압류채권자에게 대항할 수 있다는 입장을 취했으며(대판[全合] 1973. 11. 13, 73다518), 그 이후에도 상계의 요건을 완화하여 왔다.

1) 같은 취지: 대판 1987. 7. 7, 86다카2762. 판례평석: 김병재, "제3채무자가 가압류채무자에 대한 반대채권으로써 상계할 수 있는 요건," 민사판례연구 제12집, 1990. 5, 125.

2) 김병재, 제3채무자가 가압류채무자에 대한 반대채권으로 상계할 수 있는 요건," 민법판례연구 제10권, 85; 이재성, "민사판례의 이론과 실제"은 무제한설을 지지한다. 일본에서는 무제한설이 많은 지지를 얻고 있으며, 판례도 최근 이 견해를 취했다(日最判 1970. 11. 6; 日最判 昭 50. 12. 8 등). 참고문헌: 이영수, "피압류채권을 수동채권으로 한 제3채무자의 상계," 사법논집 제4집, 212 이하; 이범주, "민법 제498조와 상계예약," 민사재판의 제문제 제2권, 1980; 주석 채권총칙(하), 693 이하(이태희 집필부분).

서는 안 된다. 질권자는 채무자에게 직접 이행을 청구하여 수령할 권리를 가지므로(제353조 1항), 질권자의 이행청구가 있으면 채무자는 이미 채권자에게 변제했더라도 다시 변제해야 한다. 채무자가 입질채권을 수동채권으로 해서(입질채무를 자기채무로 해서) 상계한 경우에 채무자는 그로써 질권자에게 대항할 수 없다.[1] 그러나 채무자가 입질채무를 질권자에 대해 갖는 채권과 상계하는 것은 가능하다.

(바) 항변권이 붙은 채권　항변권(抗辯權)이 붙어 있는 채권(債權)을 자동채권(상대방채무)으로 해서 자기채무와 상계하는 것을 허용한다면, 상계자의 단독행위로서 상대방의 항변권행사의 기회를 상실케 하므로 부당하다.[2] 항변권이 부착된 상대방채무(자동채권)는 상계로써 소멸시킬 수 없다(같은 취지: 대판 1975. 10. 21, 75다48). 다만 자동채권과 수동채권이 동시이행관계에 있더라도 현실적으로 이행하여야 할 필요가 없는 경우라면 상계로 인한 불이익이 발생할 우려가 없으며 채권 · 채무 관계를 간명하게 해소할 수 있으므로 상계가 허용된다(대판 2006. 7. 28, 2004다54633). 그러나 항변권이 부착되어 있는 채무의 채무자가 상계하는 것은 스스로 항변권을 포기하는 것과 같으므로 허용된다. 항변권에는 동시이행의 항변권, 보증인의 항변권 등이 있다. 상계약정에 기한 상계는 위 법리는 적용될 여지가 없다(대판 1982. 5. 25, 81다595). 수탁보증인이 주채무자에 대해 갖는 민법 제42조의 사전구상권에는 민법 제443조 소정의 이른바 면책청구권(免責請求權)이 항변권으로 부착되어 있는 만큼 이를 자동채권(自動債權)으로 하는 상계는 허용될 수 없다(대판 2001. 11. 13, 2001다55222).

(사) 상계권의 남용금지　상계의 대상이 되는 채권이나 채무를 취득하게 된 목적과 경위, 상계권을 행사함에 이른 구체적 · 개별적 사정에 비추어 상계제도의 목적이나 기능을 일탈하고, 법적으로 보호받을 만한 가치가 없는 경우에는, 상계권의 행사는 신의칙에 반하거나 상계에 관한 권리를 남용하는 것으로서 허용되지 않는다. 이 경우 일반적인 권리남용의 경우에 요구되는 주관적 요건을 필요로 하는 것은 아니다. 판례는 A의 부도로 A 발행의 약속어음의 가치가 하락하자 B가 A에 대하여 부담하는 임차보증금반환

1) 같은 취지: 곽윤직, 387; 김기선, 351; 김상용, 530; 김석우, 423; 김용한, 610; 김주수, 488; 김증한, 188; 김증한 · 김학동, 398; 김현태, 354; 김형배(2판), 773; 임정평, 498; 장경학, 570; 정기웅, 502; 현승종, 415.

2) 같은 취지: 대판 1969. 10. 28, 69다1084; 대판 1975. 10. 21, 75다48.

채무와 상계할 목적으로 약속어음을 낮은 가격으로 할인·취득하고 이를 자동채권으로 상계를 한 사례에서 양수채권을 자동채권으로 하는 상계가 허용되지 않는다고 하였다(대판 2003. 4. 11, 2002다59481).

(아) 특별법상의 상계금지규정 주주의 주금납입채무는 상계로써 회사에 대항하지 못하며(상법 제334조, 제596조), 사용자는 전차금(가불금)이나 기타 근로할 것을 조건으로 하는 전대채권(소비대차에서의 차용금의 반환청구권)과 임금을 상계하지 못한다(근로기준법 제21조). 그러나 근로자가 자진해서 가불금을 월급에서 공제하겠다고 한 경우에는 상계가 완전한 효력을 갖는다. 다만 사용자가 초과지급된 임금의 반환청구권을 자동채권으로 하여 근로자의 임금채권과 상계하는 것은 무방하다(대판 1995. 12. 21, 94다26721).

3. 상계권의 행사

(1) 상 계 자

상계는 변제기가 도래한 자동채권(自動債權)(상대방 채무)의 채권자가 한다. 제3자변제와 달리 당사자가 아닌 제3자는 상계할 수 없다. 다만 연대채무자나 보증인은 다른 연대채무자나 주채무자가 상대방에 대하여 갖는 채권으로써 그의 채무와 상계할 수 있으며(제418조 2항, 제434조), 그 상계의 효과로서 자기채무도 함께 면한다. 채권에 대한 처분권한이 없는 채권자(입질·압류 등으로)는 상계에 제한을 받는다.

(2) 일방적 의사표시

상계는 상계자가 상대방에 대한 일방적 의사표시(一方的 意思表示)로서 한다. 상계의 의사표시는 상계적상이 계속되고 있는 동안에 해야 한다. 상계는 형성권의 행사이므로 조건이나 기한을 붙이지 못한다(제493조 1항). 상계적상 이전에 한 상계의사표시는 기한부상계에 해당하므로 허용되지 않지만, 그에 대한 상대방의 추인이 있으면 상계합의로서 유효하게 되며 다른 약정이 없는 한 상계적상에 이를 때 채무가 소멸된다고 해석된다(제139조, 무효행위의 추인).

상계권자는 상계를 할 것인가 말 것인가를 자유롭게 결정할 수 있다. 보증채무의 경우에는 특칙이 있다. 채권자가 주채무자에 대하여 상계적상에 있는 자동채권을 상계 처리하지 아니하였다 하여 이를 이유로 보증채무자가 신용보증한 채무의 이행을 거부할 수 없으며 나아가 보증채무자의 책임이 면책되지 않는다. 다만 보증인의 주채무자에 대한 사전구상채권에는 민법 제443조 소정의 이른바 면책청구권이라는 항변권이 부착되어 있으므로 이를 자동채권으로 하는 상계는 허용되지 않는다. 이 경우에도 그 상계가 상계약정에 기한 경우에는 그 법리가 적용될 여지가 없다(대판 1987. 5. 12, 86다카1340).

상계의사표시는 소송절차 외에는 형식에 구애되지 않고 자유롭게 행해질 수 있다. 상계자가 소송절차에서 상계의 의사를 표시하는 소송상 상계도 가능하다.[1] 소송상 상계는 예비적 상계항변으로서도 할 수 있는데, 예비적 상계항변이란 피고가 채권의 부존재를 1차적으로 주장하면서 2차적으로 채권의 존재가 인정되는 경우에 대비하여 상계로써 그 채무의 이행을 하려는 것이다. 소송상 상계항변이 제출되고(변론종결 후 상계. 대판 1998. 11. 24, 98다25344) 판결이유에서 자동채권의 성립이나 불성립의 판단이 내려진 때에는 상계로써 대항한 금액에 관하여 기판력이 생긴다(민소법 제216조 2항).

(3) 증권적 채권의 상계

증권적 채권(證券的 債權)의 채무자는 증서와 교환하여서만 변제할 의무를 지므로(제519조), 상계자가 상대방의 증권적 채무를 소멸시키려면 상계의사표시와 함께 증서를 교부해야 한다. 그러나 재판상 상계는 어음을 서증으로서 법정에 제출하는 방법으로 할 수 있다(대판 1991. 4. 9, 91다2892). 증권적 채무의 일부만을 상계하는 경우에는 상계자가 상대방에게 증서를 제시하고 일부지급을 증서에 기재하여야 한다.

(4) 채권의 일부양도의 경우

채권의 일부양도가 이루어지면 특별한 사정이 없는 한 각 분할된 부분에 대하여 독립한 분할채권이 성립하므로 그 채권에 대하여 양도인에 대한 반대채권으로 상계하고자 하는 채무자로서는 양도인을 비롯한 각 분할채권자 중 어느 누구도 상계의 상대방으로 지정하여 상계할 수 있고, 그러한 채무자의 상계 의사표시를 수령한 분할채권자는 제3자에 대한 대항요건을 갖춘 양수인이라 하더라도 양도인 또는 다른 양수인에 귀속된 부분에 대하여

1) 소송상 상계의 성질에 관하여는 실체법행위설 · 소송행위설 · 절충설이 대립한다. 주석 채권총칙(하), 667 이하에 자세한 설명이 있음(박준서 집필부분). 김상수, "상계의 항변과 관련된 문제점," 고시계 2000년. 10월호; 동, "임금채권과 제3채무자의 상계권 우열," 판례월보 359호(2000).

먼저 상계되어야 한다거나 각 분할 채권액의 채권 총액에 대한 비율에 따라 상계되어야 한다는 이의를 할 수 없다(대판 2002. 2. 8, 2000다50596).

4. 상계의 효과

(1) 대등액에 관한 채권소멸

상계로써 양 당사자의 채무는 대등액(對等額)에 관해 소멸한다. 상계는 상호적인 채무이행의 한 방법이다. 상계로써 소멸하는 쌍방채무의 채무자는 채무를 이행한 것이 되어 채무불이행책임이 발생하지 않는다. 상계자의 자기채무가 상대방채무보다 소액(少額)인 때에는 상계로써 자기채무는 완전히 이행되고 상대방채무만이 차액에 한해 잔존한다. 반대로 자기채무가 다액(多額)인 때에는 상계로써 자기채무의 일부만이 이행되고 잔존채무가 남는다.

자기채무의 일부와 상대방채무의 일부만을 상계하는 것(일부상계)도 일부변제가 허용되는 경우에는 가능하다. 상계로 소멸하는 대등액은 상계자가 지정한 금액이거나 지정이 없으면 양 채무 중에서 소액인 채무의 액이다. 금전채권의 일부만을 청구하는 경우 이를 반대채권으로 상계함에 있어서는 금전채권 전액에서 상계를 하고 그 잔액이 청구액을 초과하지 아니 할 경우에는 그 잔액을 인용할 것이고 그 잔액이 청구액을 초과할 경우에는 청구의 전액을 인용하는 것으로 풀이할 것이며 이것이 일부청구를 하는 당사자의 통상적인 의사이다(대판 1984. 3. 27, 83다323).

(2) 상계의 충당

상계자와 상대방 사이에 여러 개의 채권관계가 있고 상계로써 모두 결제될 수 없는 경우에 상계자는 보통 상계의 의사표시와 함께 상계로써 소멸한 자기채무와 상대방채무를 지정한다. 상계자의 지정이 있는 경우에는 마치 변제에서 지정변제충당(指定辨濟充當)이 행해진 것과 같은 효과가 생긴다(제499조, 제476조). 그러나 지정이 없으면 변제의 법정충당순서(法定充當順序)에 의해 상계된다(제499조, 제477조). 상계적상시까지의 수동채권(담보물권의 피담보채권)의 원본 및 지연손해금에 대하여 상계충당의 순서에 따라 지연손해금, 원본의 순서로 자동채권과 대등액에서 소멸한다(대판 1992. 5. 12, 90다8855). 상계자와 상대방 사이에 각각 하나씩의 채무가 있으나 그 내용이 수개의 급여로 구성된 경우에 상계로써 그 두 채무의 전부만족이 안 된다면 변제충당의 민법규정이 준용된다(제499조, 제478조).

(3) 상계의 소급효

(가) 쌍방채무의 소급적 소멸 상계의 의사표시는 각 채무가 상계할 수 있는 때에 소멸한 것으로 본다(제493조 2항). 상계자가 상계적상이 생긴 후에 상계하더라도 채무는 상계적상이 생긴 시점에 소급(遡及)하여 소멸(消滅)한다. 쌍방채무의 변제기가 모두 도래한 후에 상계의사표시를 한 때에는 둘 중에서 늦게 도래한 변제기가 상계적상시이고, 상대방채무의 변제기가 도래한 후에 상계의사표시를 한 때에는 상대방채무의 변제기가 상계적상시가 된다. 상계의 의사표시 당시에 이미 상계적상이 소멸한 경우(예: 일방의 채무가 변제 · 계약해제 등으로 소멸한 때)에는 소급효를 갖지 못한다. 이러한 상계적상시의 효력발생은 상계에 의한 채무소멸이 단지 상계의사표시의 효과로서뿐 아니라 상계적상의 효과로서의 성격도 갖는다는 점을 말해 준다.

상계 당시 수동채권이 없었다면 자동채권은 소멸되었다고 할 수 없으므로, 원고회사의 피용자인 소외인이 원고회사가 상대방에 대하여 부담할 채무가 없는데도 자기자신이 상대방에 대하여 부담하는 채무와 상계하기 위하여 상계의 의사표시를 하였다고 하여도 원고회사의 상대방에 대한 채권이 소멸되었다고 할 수 없다(대판 1982. 12. 14, 82다카1201).

상계의 원인되는 자동채권이 존재하지 않는 것으로 확정되어 상계의 효력이 없다면 수동채권은 여전히 존재하는 것이어서 단순히 그 채무를 이행하지 않고 있다는 점만으로 법률상 원인 없이 이득을 얻었다 할 수 없는 것이고, 가사 수동채권이 시효로 소멸하게 되었다 하더라도 달리 볼 것은 아니다(대판 1992. 5. 12, 91다28979).

(나) 정산의 기준시 상계에 따른 당사자 사이에 계산 및 정산(精算)은 상계적상시를 기준점(基準點)으로 한다.[1] 변제기가 경과한 채무를 상계로써 소멸시키는 경우에 그 변제기가 상계적상시였다면 지연배상은 지불할 필요가 없다. 이자부소비대차의 경우에 이자계산은 상계적상시까지 한다. '은행이 상계를 하는 경우 채권 · 채무의 이자 등과 지연배상금의 계산기간은 은

1) 대판 1968. 8. 30, 67다1166: 상계의 자동채권이 원금 및 이에 대한 이자의 지급을 구하는 채권인 경우에 원금과 상계적상시까지의 이자의 합산액을 자동채권으로 해야 한다.

행이 상계를 위한 계산을 한 날까지로 한다'는 은행여신거래약관 제9조 4항은 약관의규제에관한법률에 의하여 무효이다(대판 2003. 7. 8, 2002다64551).

상계의 판례

• 파산자의 보증인이 파산선고 후 보증채무를 일부 이행함으로써 구상권을 취득한 경우, 채권자가 채권 전액에 대하여 만족을 얻은 것이 아니어서 파산채권액에 감소를 가져오는 것이 아니므로, 그 구상권을 자동채권으로 하여 파산채무자에 대한 채무와 상계할 수 없다(대판 2008. 11. 13, 2006다1442).

• 보험약관대출금은 보험금이나 해약환급금의 선급금과 같은 성격이므로 약관에서 비록 '대출'이라는 용어를 사용하더라도 이는 소비대차로서의 법적 성격을 갖는 것은 아니므로, 보험금이나 해약환급금에서 대출 원리금을 빼고 지급하는 것은 상계가 아니라 공제에 해당한다(대판[全合] 2007. 9. 28, 2005다15598).

§52. 경　　개

1. 의　　의

(1) 개　　념

경개(更改)란 채무내용이나 일방당사자를 변경하고 종전의 채권관계와의 단절을 합의하는 것을 말한다. 당사자의 변경합의 속에는 변경 전의 구채무는 소멸시키고 변경합의에 따른 신채무만을 존속시키겠다는 의사가 포함되어 있다. 경개합의는 하나의 행위이지만 각각 다른 성격을 갖는 두 개의 행위로 분해될 수 있다. ① 구채무에 관해서는 그를 소멸시키는 처분행위로서의 성격을 가진다. ② 신채무에 관해서는 새로운 채무를 부담하는 채무부담행위(계약)로서의 성격을 갖는다.

(2) 채권의 소멸사유

민법은 당사자가 채무의 중요한 부분을 변경하는 경개계약(更改契約)을 한 때에 그 경개계약을 채권의 소멸사유로서 인정한다. 경개는 채무가 이행을 거쳐 궁극적으로 소멸되는 변제 · 공탁 · 상계와는 성질이 매우 다르다. 당사자 사이의 채권관계는 내용이 바뀔 뿐 경개 이후에도 채권관계가 존속한다. 경개 이후에는 신채무가 발생하게 되는데, 신채무의 발생은 구채무가 소멸했을 것을 조건으로 한다. 신채무의 발생과 구채무의 소멸은 서로 조건관계에 놓인다.[1)]

(3) 사회적 기능

경개는 다음과 같은 목적으로 이용될 수 있다. 첫째, 채권양도, 채무인수, 계약양도의 목적으로 인정될 수 있다. 경개는 연혁적으로 채권양도나

1) 신채무의 발생과 구채무의 소멸을 유상의 대가관계로 보아 경개를 유상계약으로 이해하는 견해도 있다. 곽윤직, 538; 김기선, 354; 김상용, 615; 김석우, 427; 김용한, 615; 김증한, 191; 김증한 · 김학동, 400; 이태재, 313; 임정평, 502; 현승종, 418; 민법주해(11), 435(윤용섭 집필부분). 생각건대 양자가 조건관계에 있다고 해서 언제나 유상계약이라고 볼 것은 아니다. 같은 취지: 김형배(2판), 779. 구채무 대신에 그것과 동 가치인 다른 급부로 대체하는 경우에는 유상성이 인정되지만, 채무를 감면해 주는 경우나 채권자 또는 채무자를 바꾸는 경우에는 상호 조건관계는 있지만 그것을 대가관계로서 파악하는 것은 정확치 않다. 위 경우에 쌍무유상계약에 관한 규정(제567조)을 그대로 준용하는 것은 곤란하다. 예를 들어 하숙비를 내지 못한 대학생에게 하숙비 대신 주인집 학생의 공부를 지도하기로 경개계약을 한 경우에 대가관계에 서는 것은 숙식제공과 하숙비 및 그에 갈음하는 학생지도이다.

채무인수의 기능을 담당했었는데, 우리 민법에는 채권양도(債權讓渡)와 채무인수(債務引受)가 제도화되어 있기 때문에 경개제도를 이용할 필요성은 적다. 둘째, 화해계약과 경개는 과거의 법률관계를 정리하고 새로운 합의에 창설적 효력을 부여한다는 점에서 유사한 기능을 담당한다. 경개는 구채권관계와 신채권관계를 단절시켜 구채권관계에 붙은 인적 항변이 신채권관계에 영향을 미치지 않는 효과를 발생시키는데, 이러한 효과는 구채권과 신채권을 무인관계(無因關係)에 놓는다. 화해계약을 통해서도 구채권관계와의 관련성을 단절시키고 법률관계에 관한 분쟁을 일단락 지을 수 있다. 그러나 실제 거래당사자는 채권양도, 채무인수, 계약양도, 그리고 화해계약 등을 통하여 목적을 달성하고 경개제도를 이용하는 경우는 드물다. 셋째, 경개는 준소비대차와 유사한 기능을 담당한다. 매매대금을 소비대차의 차용금으로 전환하는 합의는 준소비대차로도 할 수 있고 경개로도 할 수 있으나, 매매계약상의 항변권존속이나 담보권의 존속을 위하여 준소비대차로 하는 것이 보통이다(같은 취지: 대판 1989. 6. 27, 89다카2957).

비교법적 고찰

채권양도나 채무인수를 허용하지 않았던 로마법에서는 경개가 채권양도나 채무인수에 대신하는 중요한 작용을 하였다.[1] 근대 이후에 프랑스민법(제1271조~제1281조)·오스트리아민법(제1375조)·스위스채무법(제116조 이하)·일본민법(제513조~제518조)이 경개를 성문화했다. 독일민법은 경개에 관해 규정하지 않지만 학설로서 인정한다.

2. 경개의 요건

(1) 당 사 자

㈎ 채무내용변경의 경개 채무의 내용을 다른 급부로 변경하는 경우에는 채권자와 채무자의 합의(合意)로 한다. 이 경우는 화해계약과 유사한 효과를 가져온다.

1) 참고문헌: 주석 채권총칙(하), 702(유태현 집필부분); 김용진, "채무의 인수와 채권자변경으로 인한 경개," 사법행정 1965년 11월호.

(나) 채무자변경의 경개 채무자(債務者)를 변경(變更)하는 경개는 채권자와 신채무자간의 계약으로 할 수 있다(제501조 본문. 제453조 1항과 비교). 구채무자까지 참가하는 3면계약으로 해도 무방하지만, 그러한 3면계약이 요건이 아니다. 그러나 구채무자의 의사에 반하여 경개합의를 하지 못한다(제501조 단서). 이 경우 채무인수와 유사한 법률관계가 전개된다.

(다) 채권자변경의 경개 채권자(債權者)를 변경(變更)하기 위한 경개는 구채권자·채무자·신채권자의 3면계약으로 해야 한다.[1] 채무자는 신채무의 채무자가 될 것이므로 경개의 당사자로 참여해야 하며, 또한 채무자가 경개에 참여함으로써 구채권에 부착된 항변사유의 소멸을 막을 수 있기 때문이다. 이 점에서 구채권자(양도인)와 신채권자(양수인) 사이에 행해지는 채권의 승계행위인 채권양도와 구별된다. 경개는 채권양도에서처럼 확정일자 있는 증서로 하지 않으면 이로써 제3자에게 대항하지 못한다(제502조, 제450조).

(2) 경개합의

(가) 명시적 합의의 필요성 경개에 있어서는 당사자 사이에 구채무를 소멸시키고, 그 대신에 신채무를 발생시키겠다는 경개의사의 합치가 있어야 한다. 경개의사는 추정되지 않는다.[2]

(나) 계약의 해석 당사자 사이에 경개의사(更改意思)가 있다는 판단이 서지 않는 때에는 다른 제도로 해석된다. ① 당사자가 구채무를 그대로 존속시키려는 의도로 그 채무의 이행수단으로서 다른 급부를 약정하는 대물반환예약을 체결하는 것은 경개가 아니다. ② 채권자를 변경하는 경우에도 구채권을 그대로 신채권자에게 이전시키는 것은 채권양도이지 경개가 아니다. 그러므로 채권자변경의 경개에서는 구채무와 그에 기초한 항변권이 경개에 의하여 소멸한다(제503조는 제451조 1항만을 준용하고 2항은 준용하지 않음). 단 채무자가 경개시에 이의를 유보한 때에는 그 유보된 사유로서 신채권자에게 대항할 수 있다(제451조 1항). ③ 채무자변경의 경개에서도 구채무가 소멸하므로 그에 부착된 항변이 경개로써 소멸하지만, 채무인수에서는 채무자 그대로 이전하므로 인수인은 전채무자의 항변사유로서 채권자에게 대항할 수 있다(제458조). 당사자의 의사해석

---

1) 곽윤직, 390; 김기선, 356; 김석우, 430; 김용한, 620; 김주수, 496; 김증한, 194; 김증한·김학동, 403; 김현태, 361; 김형배(2판), 781; 이태재, 312; 임정평, 506; 장경학, 579; 현승종, 422; 민법주해(11), 450(윤용섭 집필부분).

2) 프랑스민법 제1273조는 경개가 추정되지 않는다고 규정한다.

에 있어서 경개와 채무인수 등 유사제도 사이에 혼란이 있을 수 있으나 이 경우 경개의 의사가 명백하지 않는 한 구채권을 존속시키는 쪽으로 해석하는 것이 타당하다. ④ 어음이나 수표의 교부는 일반적으로 변제를 위한 지급수단으로 추정한다(대판 1964. 10. 20, 64다1005). 구어음을 회수하고 대신 새로운 만기를 기재한 어음을 교부하는 어음교환도 지급수단으로 추정한다. 그러나 어음채무를 소멸시키고 보통의 금전채무도 바꾸는 경우는 경개로 해석된다. ⑤ 기존의 채권이 제3자에게 이전된 경우 이를 채권의 양도로 볼 것인가 또는 경개로 볼 것인가는 1차적으로 당사자의 의사에 의하여 결정되고 만약 당사자의 의사가 명백하지 아니할 때에는 특별한 사정이 없는 한 동일성을 상실함으로써 채권자가 담보를 잃고 채무자가 항변권을 잃게 되는 것과 같이 스스로 불이익을 초래하는 의사를 표시하였다고는 볼 수 없으므로 일반적으로 채권의 양도로 볼 것이다(대판 1996. 6. 28, 96다16612).

㈐ 의사표시의 하자 등 　경개로 인한 신채무가 원인의 불법 또는 당사자가 알지 못한 사유로 인하여 성립되지 아니하거나 취소된 때에는 구채무가 소멸되지 않는다고 규정함으로써 그러한 경개를 무효(無效)로 한다(제504조). 신채무가 발생하기 위하여는 경개계약이 하자 없이 체결되어야 한다. 당사자는 행위능력과 구채무에 대한 처분능력을 가져야 한다. 경개계약이 구채무의 불법성을 은닉하기 위한 탈법의 목적으로 행해진 경우에는 무효이다. 신채무의 내용이 급부불능인 경우에는 경개는 무효이다. 경개계약의 의사표시에 불일치나 하자가 있는 경우에도 무효 또는 취소로 된다. 그러나 채권자가 신채무가 불성립하게 될 무효 · 취소 등의 사유를 알고도 경개계약을 한 경우에는 그 계약에 따라 구채무는 소멸한다.

(3) 구채무의 존재

경개로서 소멸할 구채무(舊債務)가 존재(存在)하였어야 한다. 당사자가 존재한다고 믿었던 구채무가 무효나 취소로 존재하지 않는 경우에는 경개도 무효로 된다. 구채무를 발생시킨 계약이 해제된 경우에도 그에 기초한 경개는 무효로 된다.

(4) 채무의 변경

㈎ 중요부분의 변경 　경개는 채무의 중요한 부분의 변경을 내용으로 한다. 채무의 중요부분(重要部分)에는 급부에 관한 것 이외에 채권자나 채무

자의 변경도 포함된다. 상호계산(相互計算) 등으로 일정기간의 거래를 결산하여 하나의 채무액으로 정리하여 장래에는 그 채무액만을 부담토록 합의하는 것은 경개에 해당한다. 두 번에 걸친 소비대차를 합쳐서 하나의 채무로 해서 약속어음을 발행하고, 이를 담보하기 위해 저당권설정계약까지 한 경우는 경개에 해당한다(대판 1976. 12. 28, 76다2563).

(나) 부수적 약정과의 구별　채무내용의 부수적(附隨的)인 부분을 변경하는 합의로서 그 부수사항이 그리 중요하지 않은 경우는 경개에 해당하지 않는다. ① 변제일이나 변제장소를 바꾸는 것, ② 기존채무에 물적담보나 인적담보를 추가하는 것, ③ 위약금약정을 추가하는 것, ④ 공정증서로 작성하는 것, ⑤ 이자채무에 이율을 변경하는 것, ⑥ 고용계약에서 임금을 인상하는 것 등은 경개에 해당하지 않는다.

경개와 준소비대차의 구별

경개(更改)나 준소비대차(準消費貸借)는 모두 기존채무를 소멸케 하고 신채무를 성립시키는 계약인 점에 있어서는 동일하지만 경개에 있어서는 기존채무와 신채무와의 사이에 동일성이 없는 반면, 준소비대차에 있어서는 원칙적으로 동일성이 인정된다는 점에 차이가 있는바, 기존채권 채무의 당사자가 그 목적물을 소비대차의 목적으로 할 것을 약정한 경우 그 약정을 경개로 볼 것인가 또는 준소비대차로 볼 것인가는 1차적으로 당사자의 의사에 의하여 결정되고, 만약 당사자의 의사가 명백하지 않을 때에는 의사해석의 문제이나 특별한 사정이 없는 한 동일성을 상실함으로써 채권자가 담보를 잃고 채무자가 항변권을 잃게 되는 것과 같이 스스로 불이익을 초래하는 의사를 표시하였다고는 볼 수 없으므로 일반적으로 준소비대차로 보아야 한다(대판 1989. 6. 27, 89다카2957).

3. 경개의 효과

(1) 구채무소멸과 신채무발생

경개에 의하여 구채무(舊債務)는 소멸(消滅)하고 신채무(新債務)가 성립(成立)한다. 구채무에 관하여는 마치 채무가 변제된 것과 같은 소멸원인이 된다. ① 연대채무자 1인과 채권자 사이에 경개가 행해지면 모든 연대채무자를 위하여 채무가 소멸한다(제417조). ② 보증인과 채권자가 경개를 합의한 경우에는 보증채무와 함께 주채무도 소멸한다.[1] ③ 구채무에 부착한 조건 · 기한 · 항변권 · 상계권 · 담보권(물적담보와 인적담보) 등이 모두 구채무와 함께 소멸한다.

(2) 담　보

당사자간에 담보승계(擔保承繼)의 약정이 있는 경우에는 구채권에 붙은 담보가 신채권을 위해서도 존속한다. 채무자가 제공한 담보는 경개의 부수적 약정을 통해 신채무의 담보로 할 수 있다. 그러나 제3자가 제공한 담보는 제3자의 승낙(承諾)을 얻어야 한다(제505조).[2] 특히 질권이나 저당권이 붙은 채무를 경개로 변경하는 경우에 이러한 담보승계의 합의로써 담보순위를 보전할 수 있어 채권자에게 유리하다. 이러한 담보승계의 합의가 부착된 채권자변경 또는 채무자변경의 경개는 실제로 채권양도 및 채무인수와 유사하다.

(3) 이의의 유보

채권자변경의 경개에서 채무자가 경개계약 당시 이의(異議)를 유보(留保)하면 경개 후에도 구채무에 관한 항변사유로서 채권자에게 대항할 수 있다(제503조, 제451조 1항).[3]

(4) 경개계약의 해제

채무자가 경개로 발생한 신채무를 이행하지 않는 경우에 채권자가 채무불이행을 이유로 경개계약(更改契約)을 해제(解除)할 수 있는가에 관해 학설이 대립한다.

(가) 해제불가설　　경개계약을 채무불이행을 이유로 해제하는 것은 허용되지 않는다는 견해이다.[4] 경개가 신채무의 유효한 성립으로 완결하고

---

1) 같은 취지: 장경학, 579; 주석 채권총칙(하), 708(유태현 집필부분); 민법주해(11), 456.

2) 대판 1975. 4. 22, 74다2015: 주채무자가 특정채권에 대해 지는 모든 채무를 연대보증한 보증인은 채무자변경의 경개의 경우에도 그 채권자에 대한 잔존채무가 있는 한 계속해서 보증채무를 진다(사견으로는 이 경우에 연대보증인의 승낙이 있어야만 신채무의 담보로 할 수 있다고 해석한다).

3) 대판 1964. 12. 8, 64다570: 채무자가 채권자변경의 경개계약을 채결할 때 이의를 유보하지 않은 경우에 채무자는 구채무자에게 대항할 수 있는 사유로 신채권자에게 대항할 수 없다.

4) 곽윤직, 391; 김상용, 620; 김석우, 423; 김용한, 623; 김주수, 498; 김증한, 195; 김증한 · 김학동, 404; 김현태, 364; 김형배(2판), 785; 이태재, 317; 임정평, 508; 정기웅, 433; 현승종, 423. 참고문헌: 한대현, "경개계약의 법정해제," 법조 1981년 6월호.

경개계약의 이행이라는 문제는 발생시키지 않으므로 신채무의 불이행을 경개계약의 불이행으로 볼 수 없기 때문이라고 한다. 이 견해는 경개의 해제로 구채무가 부활해야 한다는 전제에 서 있는 것 같다. 판례도 해제불가설을 취한다. 경개는 신채권을 성립시키고 구채권을 소멸시키는 처분행위로서, 신채권이 성립되면 그 효과가 완결되고 경개계약 자체의 이행의 문제는 생길 여지가 없으므로 경개에 의해 성립된 신채무의 불이행을 이유로 경개계약을 해제할 수 없다고 한다(사견으로는 이 판례가 경개의 처분행위측면만 보고 채무부담행위의 측면은 간과한 것으로 생각된다. 대판 1980. 11. 11, 80다2050).

(나) 해제허용설 사견으로는 경개계약도 일방당사자의 채무불이행이 있는 경우에 해제할 수 있다는 견해를 취하겠다. 해제불가설(解除不可說)과의 견해차이는 경계계약해제의 효과를 어떻게 파악하는가에서 비롯된다. 첫째, 해제권의 발생원인으로 대표적인 것이 채무불이행인데 경개계약에 관해서만 채무불이행의 경우에도 해제를 인정하지 않는 것은 부당하다. 둘째, 법리상 경개계약의 해제도 가능하다. 경개는 구채권의 처분행위와 신채무의 의무부담행위로서 양 측면을 갖는다. 원래 처분행위는 해제할 수 없지만 신채무의 의무부담행위는 해제할 수 있다. 셋째, 해제의 효과로서는 다른 약정이 없는 한 구채무가 부활하지 않는다고 해석된다. 일반적으로 계약의 해제란 그 계약에 의한 구속력을 소멸시키는 것이므로 경개계약의 해제에 있어서도 신채권관계의 구속력을 해소시키는 효과만이 발생한다고 보아야 한다. 신채권관계가 쌍무계약일 경우에 해제로서 양 채무를 소멸시킬 실익이 있을 것이다. 경개계약에 포함되어 있는 구채권에 대한 처분행위는 해제의 대상이 되지 않는다. 당사자가 해제의 효과로서 구채권관계의 부활을 약정한 경우에는 그 의사에 따라 구채권관계가 부활하게 되지만, 이 경우에도 제3자의 이익을 해치게 되어서는 안 된다.

(5) 구채무의 부활

경개계약이 무효사유로 효력을 발생하지 못했거나 취소된 경우에, 경개계약 이전의 법률관계가 그대로 존속(存續)하게 된다. 무효나 취소의 효과는 경개의 채무부담행위의 부분뿐 아니라 처분행위부분에도 미치므로, 경개의 무효 · 취소로 구채권이 부활(復活)하게 된다. 그 밖에 경개에 의해 구채무가 신채무로 변경된 이후에 당사자의 합의로써 경개의 효력을 소멸시키고 구채무를 부활시킬 수 있다.

§53. 면　　제

1. 의　　의

(1) 개　　념

면제(免除)란 채권자가 채무자에게 채무를 면하게 하는 의사를 표시하는 것을 말한다. 면제는 채권에 대한 처분행위로서 채권소멸원인에 해당한다(제506조). 채무면제는 권리의 포기에 해당하므로 권리자가 그 포기의 의사를 일방적으로 표시하여 권리를 소멸시키는 효과를 가져오더라도 의무자에게 불이익을 입히지 않는다.

채무의 면제는 부수적 의무의 면제와는 달리 채무 자체를 소멸시키는 경우만을 말한다. 연대채무관계에서 연대(連帶)의 면제(免除)는 채무 자체는 소멸시키지 않고, 다른 연대채무자와의 연대관계만을 면제시켜 분할채무로 변하게 해 주는 것으로서 채무면제와는 구별된다. 채권자가 본래급부와 다른 급부를 함으로써 채무를 소멸시키는 것은 대물변제(代物辨濟)에 해당하며 면제는 아니다. 상대방의 채무를 소멸시키는 대신 자기채무를 소멸시키거나 신채무를 발생시키는 경우에는 면제가 아니라 상계(相計) 또는 경개(更改)에 해당한다.

채무면제와 책임면제

흔히 "책임을 면제해 준다"는 표현을 사용하는데, 이 때의 책임면제(責任免除)는 채무면제(債務免除)와는 다른 개념이다. 책임면제는 면제받는 자가 고의 또는 과실로 손해를 야기하여 손해배상의무가 발생할 경우에 그 손해배상의무를 묻지 않겠다는 것을 의미한다. 면제해 주는 손해배상의무가 이미 확정적으로 발생한 경우에 그 의무를 면제해 주는 것은 채무면제에 해당한다. 그러나 장래 손해가 발생하더라도 손해배상의무를 지우지 않겠다는 취지로 말한 경우에는 아예 고의과실의 여부를 묻지 않겠다는 뜻으로서 확정적인 손해배상의무의 면제와는 다르다. 어떤 때에는 주의의무조차 부과하지 않겠다는 뜻으로 책임면제를 해 주기도 한다. 결국 책임면제는 구체적인 사례에 따라 그 법적 의미가 달

라지게 된다.[1]

(2) 단독행위

면제는 상대방 있는 일방적 의사표시로서 하는 단독행위(單獨行爲)이다.[2] 증여를 계약으로 한 것과 비교할 때 면제를 단독행위로 한 것은 균형이 맞지 않는 점이 있으나, 법률관계를 간명하게 하는 장점을 갖는다.

(3) 원인행위와의 유인성

면제라는 처분행위에는 그 법적 원인이 되는 원인관계가 존재한다. 증여를 위하여 채무면제를 하는 경우가 대부분이지만, 다른 채무의 이행의 수단으로서 면제하는 경우도 있고, 화해계약의 이행으로서 면제하는 경우도 있으며, 제3자를 위한 계약의 이행으로서 면제하는 경우도 있다. 특별한 원인관계가 없으면 증여를 위하여 면제한 것으로 추정된다. 증여를 위한 채무면제는 무상행위(無償行爲)에 해당한다.

2. 면제의 요건

(1) 처 분 권

채권자는 면제하려는 채권에 대해 처분권(處分權)을 갖고 있어야 한다. 자기채권을 타인에게 입질(入質)한 자, 자기채권을 압류(押留)당한 자는 채권자라도 처분권한이 없다. 채권의 추심권한이나 수령권한을 부여받은 자는 처분권한까지 부여받은 것은 아니라고 추정된다. 대여금의 영수권한만을 위임받은 대리인이 그 대여금 채무의 일부를 면제하기 위하여는 본인의 특별수권이 필요하다(대판 1981. 6. 23, 80다3221).

(2) 일방적 의사표시

채권자가 채무자에 대하여 면제의 의사(意思)를 표시(表示)해야 한다. 면제는 구두 또는 서면 등 자유로운 방법으로 할 수 있다. 민법은 면제의 의

---

1) 대판 1972. 6. 13, 72다556: 도급인과 수급인간의 제3자에 대한 손해배상책임은 수급인이 부담한다는 특약은 내부적인 손해부담의 약정에 불과하고, 제3자에 대한 도급인의 책임을 면제하는 효력이 있는 것이 아니다.

2) 프랑스민법 · 독일민법 · 스위스민법이 면제를 계약으로 규정하는 것과 대조적이다.

사표시를 특별한 방식으로 하도록 요구하지 않는다. 묵시적 의사표시로서도 면제할 수 있으나, 어떤 것을 면제의 묵시적 의사표시로 해석할 것인가는 신중히 판단해야 한다(대판[全合] 2007. 2. 15, 2004다50426).[1] 면제에 조건을 붙이는 것도 허용된다.[2] 증권적 채무를 면제할 때에는 증서를 파손하거나 채무자에게 교부할 것을 요건으로 한다.

대지의 소유자(원고)가 그 지상의 가건물에 관해 철거청구소송을 제기할 때까지 건물점유자(피고)의 대지점유를 묵인하였고, 가건물철거의 법정화해의 당시에 지료에 상당하는 손해배상이 거론되었는데도 대지소유자가 그를 청구원인에 포함시키지 않은 경우에 당사자간에 그를 면제하는 묵시적 약정이 있었다고 본다(대판 1979. 7. 10, 79다705).

(3) 원인관계의 존속

면제의 원인이 되는 권리관계(權利關係)가 소멸하면 면제도 효력을 잃게 된다. 예를 들어 증여자가 증여의 의사로써 수증자의 채무를 면제해 주었으나 후에 증여계약이 강박을 이유로 취소된 경우에는(제110조) 면제도 효력을 상실한다.[3] 어떤 계약의 이행을 위하여 면제하였으나 그 계약이 무효, 취소된 경우에는 면제도 효력을 상실하게 된다.

(4) 특별요건

주식회사에 대한 발기인 및 이사의 책임은 총주주의 동의로만 면제할 수 있다(상법 제400조, 제324조).

3. 면제의 효과

(1) 채권의 소멸

면제에 의하여 채권 · 채무가 소멸(消滅)한다. 일부면제(一部免除)는 그 해당 부분만의 채무를 소멸시킨다. 일부면제는 일부변제와는 달리 상대방의

---

1) 판례평석: 변동걸, "채무의 면제," 대법원판례해설 8호, 15.

2) 대판 1995. 3. 10, 94다47612: 일단 잔여채무를 면제하기로 하되 회사의 경영이 정상화되는 것을 정지조건으로 하여 면제된 채무 상당액을 변제받기로 약정한 경우, 많은 이익을 올리고 호황을 누려야 경영이 정상화되었다고 할 수 있는 것처럼 해석하여 경영 정상화의 조건이 아직 성취되지 아니한 것으로 본 원심판결을 파기한 사례.

3) 생각건대 면제가 무인(無因)이라는 특별규정이 없으므로 면제는 당연히 원인과 인과관계로서 연결된다. 그러나 주석 채권총칙(하), 721에서는 면제를 무인행위(無因行爲)로서 설명한다.

이익을 침해할 우려가 없으므로 넓게 인정되어도 무방하다. 학교법인의 이사장과 설립자간에 분규가 발생하여 내부 사정이 혼란상태에 빠져 있었던 관계로 담당자이던 위 법인의 서무과장이 채무가 면제된 사실을 모르고 채권자에게 변제한 경우 채권자가 법률상의 원인 없이 변제받은 금원 상당의 이익을 얻고 이로 인하여 채무자에게 동액 상당의 손해를 입혔다고 본다(대판 1992. 1. 21, 90다17576).

(2) 담보권의 소멸

채무가 전부 소멸하면 그에 부착된 담보권(擔保權) 등의 종된 권리도 소멸(消滅)한다. 주채무가 면제로 인하여 소멸하면 보증채무도 함께 소멸한다. 피담보채무가 면제로 인하여 소멸하면 담보물권도 소멸한다. 그러나 보증채무가 면제되었다고 해서 주채무까지 면제되는 것은 아니다(대판 1992. 9. 25, 91다37553).

(3) 제 3 자의 권리의 존속

채권자는 그 채권에 대해 정당한 이익을 가지는 제 3 자에게 면제로서 대항하지 못한다(제506조 단서). 정당한 이익이란 그 채권이 질권 등 제 3 자의 권리의 목적인 경우에 한정되지 않으며 그보다 넓게 인정된다.

(4) 연대채무의 소멸

연대채무자 1인에 대한 채무면제는 그 채무자의 부담부분에 한하여 다른 연대채무자의 이익을 위하여 효력이 있다(제419조). 공동불법행위자들 사이에 부담하는 연대채무는 부진정연대채무로서 민법 제419조와는 달리 1인에 대한 채무면제가 다른 연대채무자에게는 영향을 미치지 않는다고 해석된다(같은 취지: 대판 1969. 8. 26, 69다962).

§54. 혼　　동

1. 의　　의

동일한 채권과 채무가 동일한 주체에 귀속하는 것을 채권의 혼동(混同)이라고 한다(제507조, 제191조의 물권의 혼동과 비교). 채무자가 자기에 대한 채권을 양수받거나 상속받은 때, 회사의 합병으로 채권과 채무가 동일회사에 귀속하게 된 때에 혼동이 생긴다(물권의 혼동에 관하여는 물권법에서 설명함).

그러나 현대거래에서는 자기에 대한 채권도 보유할 실익이 있는 경우가 빈번하게 생겨 민법규정에 대한 적용제한의 요청이 높다(회사나 은행의 본점과 지점간의 거래 등). 지명채권에서도 채권자가 자기에 대한 채권을 보유할 정당한 이익이 있는 경우에는 혼동으로 소멸하지 않도록 해석함이 필요하다.

2. 혼동의 요건

(1) 개　　설

채권이 혼동으로 소멸하기 위한 요건은 다음과 같다. ① 채권(債權)이 존재(存在)할 것, ② 채권(債權)과 채무(債務)가 각각 다른 사람에게 귀속되었을 것, ③ 채권과 채무가 동일(同一)한 주체(主體)에 귀속(歸屬)할 것, ④ 혼동의 예외사유(例外事由)에 해당하지 않을 것 등이다. 특정의 물건에 관한 채권을 가지는 자가 그 물건의 소유자가 되었다는 사정만으로는 채권과 채무가 동일한 주체에 귀속한 경우에 해당한다고 할 수 없어 그 물건에 관한 채권이 혼동으로 소멸하는 것은 아니다(대판 1995. 12. 26, 95다29888).

(2) 예외의 인정

다음의 경우에는 예외가 인정되어 혼동으로 처리되지 않는다.

① 제3자의 권리의 목적　　혼동으로 소멸할 채권이 제3자의 권리의 목적인 때에는 소멸하지 않는다(제507조 단서). 채권에 대하여 질권(質權)·변칙담보권(變則擔保權)·용익권(用益權)(임차권 등)이 설정된 경우가 그에 해당한다.

② 귀속자격이 다른 경우　　채권과 채무가 외양으로 1인에게 귀속

한 듯이 보이더라도 그 채권 · 채무의 귀속자격(歸屬資格)이 별개인 때에는 혼동으로 소멸하지 않는다. 조합채권과 조합원의 개인채무(제704조), 신탁재산인 채권과 수탁인의 개인채무(신탁법 제23조)는 혼동으로 소멸하지 않는다.

③ 한정승인 상속인이 한정승인(限定承認)을 한 때에는 피상속인에 대한 그의 재산상 권리의무가 소멸하지 않는다(제1031조).

④ 증권적 채권 증권적 채권(證券的 債權)에서는 채권이 독립된 재산으로 취급되므로 혼동으로 소멸하지 않는다. 즉 지시채권은 채무자에 대하여도 배서하여 양도할 수 있으며(환배서. 제509조), 채무자가 무기명채권(無記名債權)을 소지하게 되어도 채권이 혼동으로 소멸하지 않는다.

⑤ 존속의 필요성 이상의 경우에 해당하지 않더라도 채권이 혼동으로 소멸하지 않아야 할 경제적 필요성 등이 있는 경우에 그 존속을 인정하는 것이 바람직하다. 법적으로 귀속주체가 같아지더라도 본점과 지점간의 별도 채권관리의 필요성, 회계처리의 필요성 등으로 혼동을 인정하지 말아야 할 필요가 생긴다. 자동차책임보험의 약관에 의하여 피해자가 보험회사에 대하여 직접 보험금의 지급청구를 할 수 있는 이른바 직접청구권(直接請求權)이 수반되는 경우에는 그 직접청구권의 전제가 되는 자동차손해배상보장법 제3조에 의한 피해자의 운행자에 대한 손해배상청구권은 상속에 의한 혼동에 의하여 소멸되지 아니한다(대판 1995. 5. 12, 93다48373).

3. 혼동의 효과

(1) 채권소멸의 원칙

채권은 혼동으로 소멸함이 원칙이다(제507조 본문). 이와 같이 채권과 채무가 동일인에게 귀속되면 그의 변제기에 관계 없이 소멸한다. 채권의 소멸로 담보도 같이 소멸한다. 채권소멸의 효과는 변제, 면제 등에서 설명한 것과 같다.

주택의 임차인이 제3자에 대한 대항력을 갖춘 후 임차주택의 소유권이 양도되어 그 양수인이 임대인의 지위를 승계하는 경우에는, 임대차보증금의 반환채무도 부동산의 소유권과 결합하여 일체로서 이전하는 것이므로 양도인의 임대인으로서의 지위나 보증금반환채무는 소멸한다. 대항력을 갖춘 임차인이 당해 주택을 양수한 때에도 임대인의 보증금반환채무는 소멸하고 양수인인 임차인이 임대인의 자신에 대한 보증금반환채무를 인수하게 되어, 결국 임차인의 보증금반환채권은 혼동으로 인하여 소멸하게 된다(대판 1996. 11. 22, 96다38216).

(2) 연대채무의 절대적 효력

연대채무자 1인과 채권자 사이에 혼동이 생긴 경우에 그 채무자의 부담부분에 한하여 다른 연대채무자도 채무를 면한다(제420조). 공동불법행위로 인한 부진정연대채무에 관해서는 혼동의 절대적 효력(絶對的 效力)이 제한된다.

판례색인

[대법원판결]

[대법원결정]

[서울고등법원판례]

[서울지방법원판례]

[헌법재판소결정]

조문색인

사항색인

[ㅈ]

[ㅊ]

著者略歷

서울大學校 法科大學 卒 · 同 大學院 卒(法學碩士)
獨逸 튀빙겐大 法大 卒(法學博士)
東京大學 法學部 客員硏究員 歷任
미국 하버드大學校 法科大學 客員硏究員 歷任
일본 규슈대학교 법학부 조교수 역임
대법원직속 사법개혁위원
韓國外國語大學校 法科大學 敎授
제17대 국회의원 역임
현 한국외국어대학교 법학전문대학원 교수

著 書

Bewohnung eines Wohnraums auf Grund dinglicher Nutzungsrechte und ihre Entgeltlichkeit in Zusammenhang mit Antichrese(Tübingen Uni. 1977)
民法總則(第5版, 博英社, 2009)
物權法(第4版, 博英社, 2006)
債權各論(第5版, 博英社, 2005)
民法 I (第5版, 博英社, 2007)
民法 II (第5版, 博英社, 2005)
約款規制論(博英社, 1984)
獨逸法(共著, 博英社, 1987)
約款規制法(博英社, 1994)
법여성학강의(박영사, 제3판, 2006)
관습의 정치(박영사, 2007)
로스쿨을 꿈꾸다(중앙북스, 2008)
기타 論文 多數 있음

第4版
債權總論

1991年	4月	25日	初版發行
1999年	4月	15日	改訂版發行
2006年	8月	10日	第3版發行
2009年	2月	10日	第4版印刷
2009年	2月	20日	第4版發行

著 者 李 銀 榮
發行人 安 鍾 萬
發行處 (株) 博 英 社
서울特別市 鍾路區 平洞 13-31番
電話 (733)6771 FAX (736)4818
登錄 1959. 3. 11. 제300-1959-1호(倫)
www.pakyoungsa.co.kr e-mail: pys@pakyoungsa.co.kr

定 價 43,000원 ISBN 978-89-7189-962-5